U0744952

厦门大学国学研究院资助出版丛书 ◎ 之三十四

沧桑刺桐

傅宗文著

蔡襄楷书真迹《万安桥记》原碑石

（作者 1987 年参观蔡公祠留影）

目 录

刺 桐 赞（代序）

远古伊始，今福建大地便繁植刺桐花。

暮春时节，刺桐枝头一排排亭亭玉立的蓓蕾，顷刻间迎风怒放。“初见枝头万绿浓，忽惊火伞欲烧空。”① 花朵，如泼血般鲜红，像烈火般明亮，似云霞般灿烂。红艳艳，红得刺眼，红得醉人。它成了一个魅力汇聚的符号，力量爆发的推力，永远令目击者心灵震撼，炽情沸腾，精神提振。

可刺桐的枝干却显得寒碜。枝柯嶙峋，躯干皲裂，树龄老时，枝枯皮黑，佝偻龙钟。然而，它却最适宜于福建的环境，能够不择地而生：岩岩群山，沙碛谽谺，风刀霜剑，雨卧雪餐，都不曾阻扼它的种子萌芽、茁壮、成长。它的生活史是一曲征服自然力的凯歌，意涵深沉，启人心智。所以古越人及其以后的汉族移民，无不喜爱刺桐花，并广事栽种。今福建北部丛山密林，建

① 王十朋《梅溪后集》卷二〇，《刺桐花》。

溪岸边却呈现一派“刺桐花下路高低”① 景象。西部地旷人稀，人虑“地僻寻常来客少，刺桐花发共谁看？”② 但它依然被人们所青睐。沿海城乡，刺桐茂盛。“海曲春深满郡霞，越人多种刺桐花。”③ 它真真成了人们上口吟唱，挥毫丹青，下笔题咏，人见人爱的花木。刺桐花不但给种植者以视觉上的观赏美感，而且以其枝干上的尖刺创造防卫功能上的突出价值。尖刺遍布的刺桐枝干像古代冷兵器钉槌那样令人生畏。因此，它曾经被古越人圈种于山间草屋、江海水栏周围，借以防止虎狼的袭击和盗贼的骚扰。

中原移民南来后，借鉴百越原住民的生活实践经验，也在聚落和田园周边修建起刺桐刺篱来。他们干得更出色，在繁密的刺桐树下栽种播田花，让它的藤蔓缠绕刺桐，互相纠结，形成一道厚实而又布满尖刺的篱笆。这就既能发挥它的防卫功能，又能把小农住宅装扮成一个红绿相间、刺篱围护的田园庭院，在闽南大地上构筑一道深具特色的风景线。

不仅如此，刺桐还是物候信息树。

北宋丁谓的《刺桐花》诗云：

闻得乡人说刺桐，叶先花后始年丰。
我今到此忧民切，只爱青青不爱红。④

宋太宗至道年中（995—997 年），丁谓任福建路转运使，因公莅泉，从老百姓那儿听到刺桐物候岁占。原来，雨水充沛，刺桐便先长叶后开花，否则便不吐叶而只开旱花。农民琢磨花信，

---

① 王象之《舆地纪胜》卷一二九，《建宁府·诗》，方干《题画建溪图》。

② 王象之《舆地纪胜》卷一三二，《汀州·诗》，张籍《送汀州源使君》。

③ 《全唐诗》卷七四六，陈陶《泉州刺桐花咏兼呈赵使君》。

④ 王象之《舆地纪胜》卷一三〇，《泉州·泉南花木诗》引。作者误作韩偓，今据宋人文集所引改正。

斟酌农事，减少生产的盲目性，自然收便利于预期。

大概从宋代伊始，晋江、九龙江以及木兰溪流域三个州军即已惯称为“闽南”[①]。据传当年刺桐也只繁殖于“上至兴化，下至漳而已”[②] 的地域范围内。地以物名，物以地贵，所以宋代闽南三州军又别称“刺桐乡”[③]。刺桐与闽南融为一体，成了闽南城名的代称，它的一花一叶，无不渗透着闽南乡园的风韵，表征着闽南人战天斗地的劳动创业精神。

“刺桐乡”之外，“刺桐城”就又成为诗文中的新词汇。

唐睿宗景云二年（711 年），武荣州正式改称泉州，其治所不久便从丰州（今南安市丰州镇）东移至今泉州旧城区。徙治初期，百废待举，主政者一定是从乡间刺桐藩篱获致灵感，“泉州初筑城日，绕城植刺桐，故谓之桐城。”[④] 一部中国古代的城市建筑史，实际上就是数千年中竹木栅栏城、夯土城与砖石城共存并且互相转化的历史。所以，最早的泉州城（即所谓子城）借刺桐繁植为垣墙并非历史特例。东晋政权匆忙移治于建康（今江苏南京市），台城（宫城）之外，都城只设竹篱。史载：“江左初立，并用篱为之。”[⑤] 京师如此，州县城郭竹木栅栏为垣的情形便可想而知。甚而时至南宋后期，仍有城市“以竹木为栅”圈作垣墙[⑥]。所以，自从太宗、真宗时人曾会创用泉州“刺桐城”一词以后，仁宗年中，吕造《刺桐城》一诗又展示意涵：“闽海云

---

① 王十朋《梅溪后集》卷二六，《泉州新修北楼记》；王象之《舆地纪胜》卷一三五，《兴化军·四六》引张渊《谢表》。

② 何乔远《闽书》卷三三，《建置志·泉州城》。

③ 郑杰《闽诗录》丙集卷九，林光朝《送别陈侍郎应求知泉州》。

④ 王象之《舆地纪胜》卷一三〇，《泉州·风俗形胜》。

⑤ 周应合《（景定）建康志》卷二〇，《城阙志》引《宫苑记》。

⑥ 凌万顷、边实《（淳祐）玉峰志》上，《城社》。

霞绕刺桐，往年城郭为谁封?”[①] 于刺桐、城郭之间画上等号。后来，南宋孝宗年中，王十朋《石笋桥》诗又凿凿指明：“刺桐为城石为笋。”[②] 于是，“刺桐城”、“桐花城”、“桐城”的诗歌文章，联篇累牍，它与“刺桐乡”一起，沸沸扬扬地诠释了“海曲春深满郡霞”诗句的历史意境。

月是故乡明，花是故园美。古代中国数千年中以家庭小农业和手工业相结合的经济结构盛行不衰，户口群体与乡园世代相联系的生活方式，构建和世代沿袭下来的故园观念深深地扎根于中华民族肢体内部。唐宋以降地方小商品市场有过迅速增长，扩大了小农经济活动的市场模式和投入小商品经济圈的人群，进一步发掘出地方物产的精粹，提升了人们对地方文物的认识，故园观念更获致充实和扩展，从而把自古以来孕育起来的对故园一草、一木、一山、一水的真情实感升华到一个更高的层面上去。当时，随着中国北方社会动荡而不得不南迁的中原移民，自落脚“丘陵王国”闽南大地以后，“梅洋三郎”型的先民们，历尽艰辛，胼手胝足，治山治水，年复一年，父死子继，建起家园，重塑河山。艰难备尝情更深。惟其如此，闽南居民钟爱家园的情感，便格外浓烈，格外持久。他们对家园的这份挚情，便也经由陈年旧月的冶铸，从与故乡草木山水的结合，进而移情集中于刺桐身上。看，刺桐乡里刺桐花儿红：崖畔坡头，路边村旁，城周巷内，挺立的刺桐铁骨摩云，火炬烧空，像头盔顶上红缨飘拂、剑拔弩张的武士，无处不在守卫着闽南人的家园。刺桐花就是闽南人家园的最佳标志。它的繁花丽色就是闽南人钟爱家园沸腾热血的天然象征。无怪乎漫漫千百年来，闽南人就与刺桐花建立了

---

① 王象之《舆地纪胜》卷一三〇，《泉州·景物》引。

② 王十朋《梅溪后集》卷十九。

特殊的人与花关系，姑且把它称为刺桐花情结吧。唐末泉州人陈樵，中举后供职京师，一时告假返梓。友人送别时劝他："帝京须早入，莫被刺桐迷。"[①] 这位陈樵，身在京师，总是念念不忘故园，常常夸赞刺桐。因此当他告假回乡省亲时，亲朋好友深恐他为魂牵梦萦的刺桐所羁，迟滞时日。泉州南安人刘昌言，大约于南唐元宗李璟保大四年（946年）攻取闽南之后应举未第，作诗自遣，末句云："唯有夜来蝴蝶梦，翩翩飞入刺桐花。"[②] 以显然傲岸心态，讥诮科举应试无异是庄周梦蝶，不如早早归去赏玩故园的刺桐花。刺桐花在这二位古代闽南先贤的心目中，无疑魅力十足，它所蕴含的乡情乡思是如此厚重，所以能发挥难以抗拒的羁绊和召唤的精神影响。正因如此，于是有人在惜别场合，一反唐人灞桥折柳方式，改取"去时期刻刺桐花"[③] 的时髦作法。

然而闽南人并不仅仅满足于刺桐花所饱含的乡土情思，古人还进而开掘其所能具有的哲学意蕴。

明代泉州人杨世显青少年时生活于家乡，长辈为他在清源山南麓建筑书房。书房周边栽满生机盎然的刺桐树。每逢明月跃上清源山巅峰，如水的月光泄辉刺桐梢头，参差的树影投落书房窗前，晦明动静，遐想联翩。这时或散步树下，仰望浩云碧霄，冰轮含情；或悠然长啸，如风穿层林；或对月抚琴，如珠坠玉盘。在这清夜里，刺桐掩映，月色如画，是它们二者，构建了开启心灵智慧之窗的时空环境，因此，他把书房命名为"桐月山房"。后来，杨世显登第仕宦，供职京师，又总是不忘故乡的"桐月山房"，一再请求友人为它撰写文章，准备携归勒石纪念。他答复

① 李调元《全五代诗》卷二〇，曹松《送陈樵校书归泉州》。

② 吴处厚《青箱杂记》。

③ 李调元《全五代诗》卷八一，徐夤《春末送陈先辈之清源》。

友人为何“恋恋”桐月山房时说：

> 君子小人，见或不同。刺桐，乡之桑梓也，我则敬止；清源，乡之高山也，我则仰止。彼显忌隐，贵忌贱，得鱼、兔而忘筌、蹄者，非我俦也。①

杨世显认为：“君子”、“小人”的价值观根本不同。“刺桐”在他眼中就是古来象征并代称故园的“桑梓”，他衷心为之“敬止”；“清源”，故园的名山，他真诚地对之“仰止”。他不是那些显达便厌恶晦隐，富贵便卑视贫贱，捕到鱼便忘记鱼“筌”（渔具）、捉到兔子便忘记兔“蹄”（捕兔工具）的人。显然可见，杨世显之“恋恋”刺桐，并不仅仅由于它表征了故园，还在于他是鱼“筌”、兔“蹄”，在促成他走向成功的人生征程中，刺桐竟然异乎寻常地发挥了鞭策作用。不错，刺桐金钩铁骨，红锷刺空，启人心扉，砺人斗志，激人豪情，催人奋进，时刻给“桐月山房”主人以精神力量。正因此，杨世显不能不心悦神服地“敬止”。而《桐月山房记》的作者从中又抽绎出“身庙堂而怀江湖之忧，迹市朝而心丘园之乐。其出处进退，虽忧乐埒，其道无不在也”的人生哲学理念，处世之“道”的奥秘。这也就是杨世显对桑梓“恋恋”而未能忘却的经过儒家思想体系锻就的刺桐花情结。做了官仍能关注民间疾苦，住城市记取山野乐趣，方能在官与民、富与贫、贵与贱之间，不但能保持平衡心态，而且要心藏大千世界，永葆处世之“道”青春常驻。这样，刺桐花情结的内涵极大地获得发掘，从而提升到人生观的更高层面上去。

岁月悠悠，人事如流。扎根闽南的越汉各族移民，自然由于财产划分、祖籍相异或姓氏族群等等的不同而形成互相区别开来

---

① 周学曾《（道光）晋江县志》卷十二，《古迹志》引王褒《桐月山房记》。

的人口群体，但既为闽南居民，又都有着相同的“恋恋”故园的刺桐花情结。所以，尽管他们宋元时期由于从事海上丝瓷香药贸易业而辗转于东西洋各寄碇港口，或“住冬”、“压冬”徙居于异域外蕃，但在各自的心目中，闽南的山，是故园的山；闽南的水，是故园的水；闽南的明月，是故园的明月。“青山一道同云雨，明月何曾是两乡。”① 各自的老家都在似火刺桐花、如水明月光的辉映里。

历史告诉人们，闽南人具有极强的创造性和凝聚力。就是在这方原先荒寂、贫瘠的土地上，经过世代挥锄，造出如画的田园，播下文明历史的种子；在无涯的沧海上，怒展风帆，驶向亚非海天接处的远方；在雪浪翻卷的岸边，串珠般的港口，有如天上撒下春花。珠串上，当年世界级大贸易港——刺桐，巍然挺立在太平洋西海岸，闪灼耀眼光芒……

呵！俏刺桐，你是喷射火焰的树，你是誉满寰宇的城，你是华蕃共建的港，你是永垂青史的碑。愿刺桐花的红光照亮碑上的字。那碑上铭刻着闽南儿女为你而付出多少辛劳，立下多少战功；也铭刻着海上丝瓷香药之路成长历程中，刺桐几度红？花开花落，帆擎帆收，盛衰嬗递，巨港沧桑！

① 《全唐诗》卷一四三，王昌龄《送柴侍御》。

第一章

桄榔土润蛮烟合*

一　徙居岸岛　移泊闽海

（一）史迹历历

今福建所辖境域，从古便自成一格。三面环山，一方临海。境内高山丘陵盆地平原纵横交错，林木葱茏，水源丰沛，气候湿润，适宜于各种生物的进化发展，也为以采集、狩猎与捞捕为生存手段的古人类，提供食物丰裕的家园。2002 年至 2003 年中，泉州市深沪湾与围头至石圳一带海岸发现一批时间约 80 万－50 万年前的旧石器制品，并旋经有关的专家会议确认。1999 年至 2000 年中，三明市岩前镇岩前村万寿岩灵峰洞与船帆洞各发现一批距今十多万年前的旧石器遗存与哺乳动物化石。1990 年漳州市北郊莲花池山与竹林山发现一批距今 8 万—4 万年前的旧石器制品。2005 年东山县金銮湾海边发现距今 3 万年人工砍砸的石核工具。2001 年武夷山市牛栏后山发现人工打击痕迹的砾石

* ［明］张羽《闽中春暮》诗句。

石核。2000年宁德市霍童镇芦坪岗和瓦窑岗发现距今2万—1万年的石核、石片工具。此外，古人类化石也时有发现。2010年底，考古人员在武平县岩前镇东瓜岌山猪仔笼洞发现两颗距今六七万年晚期智人牙齿化石与大批动物骨骼化石。2003年龙海市发现距今3万—2万年的“西山人”化石。1988年清流县沙芜乡洞口村狐狸洞发现“清流人”、1981年东山县发现“东山人”、1990年漳州市北郊甘棠东山发现“甘棠人”化石，时间均距今1万年左右。至于时间距今数千年的各类文化遗址，其分布范围更为广泛，数量尤为惊人。历史事实表明，今福建辖境内有着一部铁铮铮无可否认的绵延数十万年不曾间断的人类生活史，呈现树木年轮环环相扣的推进模式，为中华民族灿烂的编年史添上地缘经济文化多元多彩浓重的一笔。

福建地处中国东南海陬，山海阻隔，相较一马平川的中原大地，其经济文化发展，曾长期滞后，以致休养生息其间的社会人群的确切信息，也久久不为人所知。战国时期，基于石斧、石锛使用人群的特殊性，中原知识界给出了一个概括性名词：“扬汉之南，百越之际。”[①] 后来又划出一个更明确的区域：“自交趾至会稽七八千里，百粤杂处，各有种姓。”[②] 既然“种姓”“杂处”，则亦必人以类聚，地以群分，于是战国时期另一部典籍《周礼》，在细分当时中原外围族群集团时，将百越地域的人群，列入几个称为“四夷”、“八蛮”、“七闽”大类别中去。今福建简称“闽”，因之颇有学人便以今套古，断言这个叫法自古已然。

早在20世纪30年代，厦门大学叶国庆教授广征博引，考证

① 《吕氏春秋》卷二〇，《恃君览篇》。

② 班固《汉书》卷二八下，《地理志》注引臣瓒曰。

早期闽部落生活在今浙江南部[1]。如《山海经》卷一〇《海内南经》指出："闽中山在海中。三天子鄣山在闽西海北。"卷一三《海内东经》又指出："浙江出三天子都，在其东，在闽西北，入海余暨南。"据学者研究，《山海经·海内经》四篇系西周著作[2]。三天子鄣山、三天子都均系今安徽黄山古称。因此，至迟西周时期闽部落所在的自然地理方位已十分明白。大概独立活动的闽部落后来遭遇越王勾践"引属东海内、外越，别封削焉"[3]的政治扩张政策，与越政权实行联盟之后，自然联称为闽越。削通稍、郍，即采邑封赏。《周礼·太宰》的"家削之赋"即采邑贡纳分封制度。这个做法至周元王四年（公元前472年）灭吴之年，明显加强。如"东瓯，越王所立也，即周元王四年越相范蠡所筑"[4]。闽既与一时强盛的越国毗邻，便不能不接受勾践"定国立城"[5]联盟措施，一时成为越国附庸。纷争岁月，浮沉无常，在经过周显王四十六年（公元前323年）楚威王大败越王无疆"而越以此散"，"滨于江南海上"；又经"秦始皇并楚，百越叛去"；再经秦将王翦于始皇二十五年（公元前222年）"南征百越之君"，旋置闽中郡为止，越人与闽越人、百越人完成了被迫南迁进入今福建的历史过程[6]。

（二）武夷联盟

当中原大地进入夏商周国家形态时期，今福建境内因远古洪

---

① 叶国庆《笔耕集》，厦门大学出版社1997年版，第141～159页。

② 蒙文通《越史丛考》，人民出版社1983年版，第105页。

③ 《越绝书》卷八，《记地传》。

④ 罗泌《路史·国名纪》丁引《越绝书》佚文。

⑤ 赵晔《吴越春秋》卷五，《勾践归国外传第八》。

⑥ 蒙文通《越史丛考·越人迁徙考》，人民出版社1983年版。

水或当年海侵而纷纷山栖各地山头的人群，曾集结于以武夷山脉武夷人为盟主的部落联盟麾下。

武夷山雄踞福建的北西边陲。全境东西宽70公里，南北长72.5公里，总面积达2798平方公里。山区高峰巨岭纵横，摩霄插汉，主峰黄岗山海拔2158米，是我国东南沿海最高峰。但其间有盆谷平地低丘宜于农耕，有飞瀑流泉溪涧便于灌溉捕捞，植被茂盛富于造船建屋以及炉灶篝火之需，飞禽走兽利于采捕狩猎生活。据武夷山已取下的两具船棺碳十四测定数据，有夏商周几个不同朝代推定，证明武夷人入据武夷山脉的年代极为古老。经过漫长历史长河，道教神仙肊说把武夷山与武夷古人类幻化神化，直至南宋后期，理学家朱熹方才拨开历史迷雾，指出武夷山船棺：

> 柩贮遗骸，外列陶器，尚皆未坏。颇疑前世道阻未通，川壅未决时，夷落所居，而汉祀者，即其君长。盖亦避世之士，生为众所臣服，没传以为仙也。今山之群峰，最高且正者，犹以大王为号，半顶有小丘焉，岂即君长之居耶？①

稍后，时人熊禾更进而认定武夷君者，与中国古代诸多部落领袖同类：

> 大抵太极气化，其始也，挺生一二至人，以为一方生民祖，形化而后生类益众，则其间有材德绝异者，众皆臣服之，以长其地，故谓之君。上古以来，如姜嫄之弃，简狄之契，与夫蜀未通之先蚕丛、鱼凫、杜宇、开明，载在传记，皆其类也。②

---

① 祝穆《方舆胜览》卷一一，《建宁府·山川》武夷山条引朱熹《武夷图序》。

② 熊禾《勿轩集》卷三，《升真观记》。

他们的卓越之处在于，朱熹确切点明武夷人部落（所谓“夷落”）系远古特定环境（所谓“道阻”与“川壅”）时期形成，有“众臣”和“君长”。据南北朝时居住建安郡的顾野王亲见，小武夷“半岩有悬棺数千”①，整个武夷山区其时的悬棺数量必定十分庞大，称得上是个人数相当的“夷落”。因此，熊禾索性把武夷君抬高，等同于商族的祖先“玄王”契②、周族的先祖“后稷”弃以及古代蜀族的先祖蚕丛、鱼凫、杜宇、开明这些杰出的部落“君长”，正是他们辛勤经营，开创了灿烂的商周与巴蜀的发展道路。

悬棺天葬曾是几千年前武夷人有特色的葬俗。经过历史的风霜雨露，现在遗迹已经无多，就中以小武夷山与江西贵溪县较多。小武夷山的大王峰、小藏峰、大藏峰、幔亭峰、玉女峰、鼓子峰、鸣鹤峰、兜鍪峰、仙馆岩、白云岩、仙钓台等处与贵溪县的仙岩、水岩等处较为集中。此外，古文献曾登录悬棺葬的建阳县阑杆山“悬棺仙葬多类武夷”③，崇安县仙人石“室中有仙骸数函”④ 等等，武夷山脉西麓今江西新城、南丰、铅山、上饶、弋阳、横峰、南城等地，实物大抵荡然无存，虽然如此，仍可想见远古长期生活于武夷山脉的武夷人，长期雄踞福建屋脊，人多势大，物质与精神文明相应得到进步。据悬棺与文化遗址出土物品，清晰呈现武夷人掌握的农业、手工业生产技术是：石器制作、青铜冶炼与刀具铸造、稻谷生产与谷粒脱壳、木器制作、竹编、陶瓷器制作（数十个品种）、丝麻纺织（其工具近 20 种）、

① 《太平御览》卷四七，《地部一二》武夷山条引肖子开《建安记》。

② 《国语》卷三，《周语》下。

③ 《太平御览》卷四七，《地部一二》武夷山条引肖子开《建安记》。

④ 王象之《舆地纪胜》卷一二九，《建宁府·景物》下。

乐器制作[①]。这就足以使他们在三四千年前傲视群侪，崛起为地缘领袖族群。无怪秦始皇二年（公元前220年）举行幔亭大会，一下召男女二千余人进山，“于是闽中闻之，诸君长并来”[②]。有力地诠释了武夷部落联盟存在的历史真实性。

盛衰交替，世事沧桑。秦汉之际或更早一些时间，武夷人极可能因遭受百越人口南迁的巨大压力，被迫撤离武夷山脉，向东进发。迨汉武帝于元狩三年（公元前120年）派人东来“用乾鱼”致祭武夷君时，只剩下神怪的躯壳，不曾在武夷山脉激发些微的社会波澜。

（三）族群东移

武夷人东迁，从地方编年史视角上纵观，似乎开启了古代福建海岸带移民新局。

年深月远，文献阙佚，移民详细情形已无法弄清。福建第一部通志即黄仲昭的明弘治《八闽通志》称：“旧记云：闽之先居海岛有七种，卢亭、白水郎、乐山、莫徭、游艇（此字原误作般，现据有关典籍，径改）子、山夷、云家之属是也。”[③] 作者所据“旧记”未作全称。查宋人王象之《舆地纪胜》卷一二八《福建路福州·景物》下“白水江，在长溪县。旧记云：闽之先居于海岛者有七种，白水郎即其一也。”此前，宋人梁克家《（淳熙）三山志》卷六《地理类六·海道》白水江条起句亦有“旧

---

① 林忠干《闽赣悬棺葬的比较与族属研究》，载福建省博物馆编《福建历史文化与博物馆学研究》，福建教育出版社1993年版。

② 何乔远《闽书》卷一五，《方域志·建宁府崇安县·山》武夷山条。

③ 《（弘治）八闽通志》卷一二，《地理·山川》福宁州白水江条。明末何乔远编纂《闽书》（卷三〇《方域志·福宁州·白水江》），确指“昔闽人徙居水岛者，有七种”。“徙居”二字精准贴切。

记”二字。因知所据“旧记”必系有关福州历史之古籍。同书他处亦屡次注明：出自“旧记”，显示该“旧记”对阐释福州历史是一部扛鼎著作。幸好同书卷三十三《寺观类一》怀安景星尼院条夹注有“旧记作闽县，恐因林谞所载。”又卷首总述僧寺历代数量至唐宣宗（847－859 年在位）朝，夹注有“时闽人林谞作记”。显然，有关历史上首先提及“七种”族群徙居古代福建海岸带的“旧记”即唐宣宗朝成书的林谞《闽中记》，但该书早已佚失。宋仁宗庆历年中林世程重修本，亦已不存。所以，“七种”族群的历史状况，则只有依靠从其他典籍中加以搜索考实了。

1. 山夷

以武夷人为主体的山夷，东徙最早。其部落联盟阶段，曾对应“武”字意涵，采取“脚印”为部落族徽印记。这个做法与中原周代金文中以“脚印”造字，有时也作为部落族徽印记如出一辙。检索南宋以后几部方志总志及若干福建州县方志，居然发现被称作“仙人迹”、“仙人武”的记载历历在目，总数竟达 100 多个（参见表 1-1）。

表 1-1　方志有关“仙人迹”、“仙人武”的记载

		海岸带	
武夷山区	个数	府州	个数
建宁府	8	福建东部	
邵武府	4	福宁州	10
福建北部		福州府	27
延平府	4	福建南部	
福建西部		兴化府	7
汀州府	2	泉州府	27
		漳州府	27

显然可见，武夷人自武夷山区撤离而东徙，过路延平府（辖三县，县均脚印个数仅 1.3 个）直趋沿海各地。其中总量较少的福宁州（辖二县，县均 5 个）、兴化府（宋元时期辖三县，兴化县于明中期建制被撤后，二县县均 3.5 个）平均值并不低，证明山夷麇集海岸带，所以沿海各地都拥有较高的脚印个数。首先，饶有兴味的是，脚印岩刻常与社会物质生活共构岩画图面。如崇安县蓆帽山，“山半石上有巨人迹及马蹄、拄杖迹。”① 漳平县石鼓山，“山石多仙人武及牛羊迹，皆深入不灭。”② 活生生地表明岩刻者正生活在狩猎畜牧经济生活中。地处沿海的云霄县树洞村仙人峰上手脚印与日月、彗星、行云、流水、鱼鸟、叶脉、穗纹等雕琢成一幅广大的天上人间万象图，现场并有石锛等新石器出土③。这又表明至迟新石器时期，当地山夷农耕与渔捞并举，为了修农事而重视天象，关心物候变化。据专业人员考察，沿海岩画凡用石器凿刻的大抵系原始社会距今三四千年前所完成。是一批无言的非常真实表露百越先民历史步伐的证明书，是他们无惧艰难险阻日雕月琢而成的历史画集。其中，少的独立孤处，多的如绵延于今漳州漳浦、云霄、诏安县北部的梁山，宋代犹“山中时见巨人迹”④，为数尤多。其间不乏巨型脚印岩刻，如漳州龙海市云洞岩月峡石上脚印长 38 厘米；厦门市东海岸鸡山大脚印长 1.2 米，宽 30 厘米；福清县横山潭岸上一对脚印，各长 1 尺 2 寸；连江县云居山脚印长 2 尺；罗源县禹步石脚印亦长 2 尺等等。巨型岩雕耗时多，足见武夷人为主体的山夷徙居海岸带后一

---

① 黄仲昭《（弘治）八闽通志》卷六，《地理·山川》席帽山条。

② 何乔远《闽书》卷二九，《方域志》石鼓山条。

③《厦门日报》2009 年 4 月 14 日。

④ 何乔远《闽书》卷二八，《方域志》漳浦县梁山条引［宋］叶爽《辟西湖记》。

时为汪洋所阻，转入稳定状态，从而为“太武”脚印圣山的建设掀开帷幕。

明末何乔远纂修《闽书》，于综核沿海方志之后称：“闽越负海名山多名太姥者。”① 按古汉语通则，音同通假，姥武互用。今龙海市海边太武山，古代曾有太武夫人坛、漳州古《图经》称：“太武夫人坛者，闽中未有生人时，其神始开创土宇以居人也。”这显然是山夷的女性酋长拓土居人获致的赞誉之辞。惜祭坛已不知所踪。而其海拔 562 米峰顶石盘上，一个长 180 厘米、宽 70 厘米的巨型脚印仍栉风沐雨，以供后代人凭吊！福鼎市海边太姥山，满山巨石，万笏刺空，最高处，“顶天石有巨人迹二，可长二尺”。② 居中者为福清市海边，也有太武山。山夷以竹木筏渡海，于今莆田市湄洲岛命名天姆岩（天太、姆姥武互用），于今金门岛最高山岩命名北太武，与龙海太武山南北对峙。顺海流驶进今台湾海峡，在澎湖岛北山墩命名北太武，其中墩则命名南太武，等等。在古时海岸带海侵进进退退，飓风暴雨不时的年代里，太武圣山既能躲风避水，又能安集族群，对幼年时期的原始人群，其作用不能小觑。

2. 云家

云家应是安家的异名或误书。据三国时东吴末帝孙皓在位期间的临海郡太守沈莹所著《临海水土志》残编③，今福建东北宁德市辖境，东吴曾置为罗江县，与今浙江东南置为安阳县，两县山区有安家人。《闽中记》作者林谞系当年福州闽县人，其乡贯

---

① 何乔远《闽书》卷二八，《方域志》太武山条。

② 陈梦雷《古今图书集成·方舆汇编》卷一一〇八，《福宁州部·艺文》引林嵩《太姥山记》（唐乾符六年）。

③ 《太平御览》卷七八〇，《四夷部一》叙东夷条引。

与罗江县毗邻，对安家人必定耳熟能详。误记的可能性不大。云、安作为韵脚也相通。因此，林谞或者着眼于此，将安家书作云家。《临海水土志》称：

安家之民，悉依深山，架立屋舍于栈格上似楼状，居处、饮食、衣服、被饰与夷州民相似。父母死亡，杀犬祭之，作四方函以盛尸，饮酒歌舞毕，仍悬着高山岩石之间，不埋土中作冢椁也。男女悉无履。今安阳、罗江县民是其子孙也。

据此简要概述，安家人的干栏、犬祭、崖葬，与夷州（今台湾）人“相似”的衣食住状况，以致民族人类学的对比研究发现二者必系远古百越集群的同一成员，至少当年夷州“山夷”的一部分，即由安家人渡海所形成；安家人的生活模式，同时也可在南岛土著居民中寻获，因此，安家人是实实在在的海洋民族[①]。

“悉依深山”的安家人何时徙居海滨岛屿？方志缺乏明确记载。据南宋孝宗淳熙八年（1181 年）梁克家纂修首部福州地方志即《三山志》时，徙居海岸海岛的安家人，其中有的居住于福清县安夷北里与南里，隶该县崇德乡，南里地名练木屿（今名大练岛、小练岛，转属平潭县）[②]。居住环境的彻底改变，标志了安家人毫无悬念地走向海洋，融入恃海为生的海洋人群。

3. 莫徭

隋唐称莫徭，明清至今单称瑶。

（1）东源说。20 世纪 30 年代，徐松石先生根据古籍与民俗

① 凌纯声《古代闽越人与台湾土著族》，载《台湾文化论集》（1），台北中华文化事业出版委员会 1954 年版。

② 梁克家《（淳熙）三山志》卷三，《地理类三》福清县崇德乡；卷一四，《版籍·炉户》福清县炉户。

及瑶族语言特点，主张瑶族源于中国东南地区。聚焦于瑶字的古代来源。其例如《越绝书》记吴国有摇王、越国有越摇王①。《史记》载闽越有闽君摇、繇君丑、繇王居股。司马贞“索隐”认为：“繇音摇，邑号也。”② 摇繇相通，又显系部落称呼。因此清人屈大均断言后代瑶民的辞源即繇摇。今江、浙、闽、赣便成为后代瑶民的发祥地区。后因受到多种外部压力，瑶民大量西迁，以抵今湖南与两广等地。民俗考古学也展示了瑶民古代自东向西迁徙路线，即自今江苏扬州瑶民崇奉的始祖盘古冢、盘古祠，淮安的盘古庙，江西会昌的盘古山，湖南湘乡的盘古堡，以及湘粤桂为数较多的盘古山川地名。语言追踪同样证明“吴侬软语”也在许多瑶民地区流行，如今广西东南瑶人从前呼我为“侬”，呼我们为“侬队”等等③。东源说目前湮没无闻，在此以备一说，意在揭示，瑶族远古极可能便与海洋文化相关，迨至唐宣宗时林谞著《闽中记》，对久已居于海岛的瑶族重提而已。

（2）西源说。时下流行于学术界的瑶族历史观，主张瑶族系武陵蛮之后，在社会与自然的巨大压力下，南下两广或横穿江西，之后进入福建。唐诗人顾况《酬漳州张九使君》诗云：“薜鹿莫徭洞，网鱼卢亭洲。”④ 诗人于肃宗至德年间举进士后，曾任职于朝廷，诗篇即系当时的酬酢之作。显然可见，至晚盛唐时期，莫徭已驻足漳州山区。当时福建西北部不少人烟稀少尚未置县的地方，往往称为山洞（或作峒）。时漳州北辖今龙岩境，连山深菁，地旷人稀，诗人因之以莫徭洞称呼。

---

① 《越绝书》卷二，《记吴地传》。

② 司马迁《史记》卷一一四，《东越传》。

③ 徐松石《粤江流域人民史》，中华书局1939年版，第40～46页。

④ 《全唐诗》卷二六四。

唐代社会经济盛唐时期臻至巅峰，以农业繁荣为主轴的基础经济强力推向江南广阔腹地，同时也基于人口增加（自然增长与因社会动乱而南迁）与平原农田私庄发达，促成荒僻山区迅速开发，以畬耕为作业特色的畬田（火田与梯田）农业取得长足进步。因此，正当其时转徙进抵福建广大山区的瑶民百姓以及那些并未徙居海岛而仍栖山谷汲为生的山夷群众，经过相当历史时期的融汇磨合，一个人以技名、人以居称的崭新族群，遂首先于广东东部、福建西南部诞生——畬族。唐代诗人杜甫说："畬田，烧榛种田也。……《易》曰：不菑畬，皆音余。"[①] 另有读法。柳宗元说："畬音赊。吴楚烧山而种曰畬田。"[②]

迨南宋理宗景定年中，刘克庄作《漳州谕畬》，此文被公认系畬族史早期重要文献，称畬人"刀耕火耘，崖栖谷汲"[③]，与唐诗正同。当地至今仍有盘、雷、蓝、钟畬族完整四姓户口，证明漳州确系古老发祥地之一。王象之《舆地纪胜》则就广东梅州山地作物菱禾所出，说"此本山客輋所种"[④]。輋字的出处，明佚名《博罗县志》给出了一个深具地缘特点的注释："粤人以山林中结竹木障覆居息为輋，故称傜所止曰輋。"[⑤] 前面的畬字是自唐代后期以降的江南山区大开发中畬烟勃勃的一个大扫描；后面的輋字则就只特写了崖栖谷汲耕作者的竹木草屋，集中展示了公元8世纪以后社会经济重心南移中的新图像。而畬与輋同音，

① 《杜诗分类集注》卷七，《自瀼西移居东屯茅屋》原注。

② 《柳先生集》卷四七。《同刘二十八述旧言怀感时书事》原注。

③ 《后村全集》卷九三。《四部丛刊》影印赐砚堂本，亦作畬。其他古文献均如此。当前于现代民族识别时，采用畲字。本书系古史研究，故沿用畬字，希读者理解与见谅。

④ 《舆地纪胜》卷一〇二，《广东梅州·景物》上。

⑤ 顾炎武《天下郡国利病书·广东》上。

读为 shē，正是封建社会经济重心实现南移的宋代，畲族应运诞生。

既然至迟盛唐中瑶族已进入福建山区，基于尚不清楚的动因，引起他们再度徙居，以致跨海上岛，并非不可能。有一个可以用来追寻前史的例证。南宋孝宗淳熙年中发生“海贼姜太獠寇泉南”① 暴动，淳熙十一年（1184 年）春失败被捕。同年十一月，福建路官军又“讨捕汀（州）贼姜大老等”② 获胜。闽北丛山中的汀州，据刘克庄《回刘汀州书》：“临汀虽闽支郡而接徭蜑。”③ 显然，瑶族是当地重要的居民。僚老同音互用，被官军讨捕的正是二支瑶族暴动队伍，在海上作战的一支，其成员自然由岛居瑶人组成。

4. 白水郎　游艇子

我国自古就是“陆人居陆，水人居水”④。在大陆长达 1.8 万多公里的海岸洋面，以及江河湖泽水域，自古以来便生活着许多海洋部落与水居人群。从雪山飞泻东去的万里长江，也自古便是许多水居人群的栖息地。其中有“能卧水底，持刀刺鱼”水仡佬⑤，又有水精、昆仑、白水⑥、与鱼蛮子⑦等族群。因古代筏舟舫船建造及其操航技术不断进步的助推，水居人群出长江，浮大海，并顺洋流，环绕太平洋西缘海岸，构筑港汊水澳船居与离岸大小岛屿渔农营生的大航海民族。

---

① 毕沅《续资治通鉴》卷一四八，《孝宗纪》。泉南系泉州别称。

② 《宋会要辑稿·兵·捕贼》下。

③ 《后村全集》卷一三三。

④ 《国语》卷二〇，《越语》上。

⑤ 魏收《魏书》卷一〇一，《列传·獠》。

⑥ 《太平广记》卷二三二，《器玩类》引唐佚名《原化记》。

⑦ 苏东坡《苏文忠公诗集》卷二一，《鱼蛮子》。

据唐代薛莹《龙女传》[1]，其中白水人群约于东晋期间漂航泊居于会稽郡鄮县（今浙江宁波）周边海域，并被当地百姓呼为“庚定子”或“白水郎”[2]。穆帝时，白水郎庚氏家族因捕杀大批鳄鱼为民所称显名于世。之后，白水郎船队继续南下。可能南朝期间已移泊闽南范围洋面。“时南海先有五六百家，居水为亡命，号曰游艇子”（白水郎别称之一）[3]。

当时“南海”究在何方？查汉初南海国地域即稍后的揭阳县。揭阳北界在后代漳州漳浦县盘陀岭上蒲葵关。此“旧汉关”：“闽越曾为塞，将军旧置营。”[4] 蒲葵关南有今漳州云霄、诏安、东山三县地，因知古闽南南境系汉初南海国北疆，则当地海岸外乃古南海海域。爰及宋代，二度知泉州的真德秀曾在《申枢密院措置沿海事宜状》中确指泉州海域内的烈屿（今金门县所属小金门岛）以南系“南洋海道”[5]。故《元史》更为明确指出：“琉球（今台湾岛）在南海之东，漳、泉、兴、福四州界内。”[6] 则处于琉球与元代福建省四州之间而今称为台湾海峡的洋面，明系辽阔南海海域的组成区域。而海峡正西岸，即古今闽南地。北宋太宗端拱、淳化（988－994年）年中，乐史编纂《太平寰宇记》，胪述闽南的海上居民状况说：

> 白水郎即（泉）州之夷户，亦曰游艇子……
>
> 唐（高祖）武德八年，都督王义童遣使招抚，得其首

---

① 《唐代丛书》第一一六帙。

② 乐史《太平寰宇记》卷九八，《明州·鄮县》。

③ 李延寿《北史》卷四一，《杨敷附子杨素传》。

④ 王象之《舆地纪胜》卷一三一，《漳州·诗》引唐杨发《漳浦驿》、慕容韦《葵岗岭》诗句。

⑤ 真德秀《真文忠集》卷八。

⑥ 宋濂《元史》卷二一〇，《琉求传》。

领周造麦、细陵等，并受骑都尉，令相统摄，不为寇盗。（太宗）贞观十年，始输半课。

其居止常在船上，兼结庐海畔，随时移徙，不常厥所。船头尾尖高，当中平阔，冲波逆浪，都无畏惧，名曰了鸟船。①

脂泽悉用鱼膏，衣服兼资绢布。②

显然可见，自唐初而后，白水郎已由朝廷纳入官制和赋税体系，并成为地方政府的监管对象，故乐史径将白水郎称作泉州"夷户"。其他闽南州军同此。

5. 乐山（蜑、蜒）

林谞《闽中记》以"乐山"为古代福建水居族群名称，曾令笔者十分困惑。泉州永春县有乐山一座，但它是山岳，断非人群称谓。屡经搔首挠耳，方悟乐应读 yuè，与山（shān）相切为 yán，延音，当即蜒字的读音，而蜒乃蜑之别字。其所以如此，可能与当时文化界蜒蜑二字混乱使用有关。文献中南蛮集群的"蛮蜒"与"夷蜑"互见，甚而同一作者，于同类史事，在不同书中各异。如李延寿在其所著《南史》用"蛮蜒"，《北史》用"蛮蜑"，令人莫衷一是。但随着江南经济开发向纵深推进，文化界方才逐渐出现分别廓清蜒蜑音形义，并使之科学致用的趋势。《闽中记》作者乡贯海岸带，其时对自南海洋面逐步北碇闽海的蜑族或许颇为迷惘，而又身处文化视野对其混浊不清氛围中，故意标新立异，留下历史悬念，以待来者。

南海海域及其北缘岸带，自古就是水居蜑户的家乡。

---

① 乐史《太平寰宇记》卷一〇二，《泉州·风俗》，同书同卷漳州、兴化军风俗并同此。

② 乐史《太平寰宇记》卷九八，《明州·鄮县》

疍户的形成，历史十分悠久，源头也多种多样。大概原始社会时期渔猎采集经济大分工起，便有渔人习惯性过起水居生活；古代多次的人口南徙压力，也会逼迫今日两广地区的古越人下海奠居；秦始皇统一六国的战事，理所当然地酿成西瓯人的避战反抗等等。西汉刘安《淮南子》卷一八《人间训》指出：秦兵五十万“与越人战，杀西瓯君译吁宋，而越人皆入丛薄中与禽兽处，莫肯为秦虏”。一首疍户古民歌有：“朝风风，暮雨雨，恨煞秦官人，殴侬入蓁芼。”① 也道出因秦军暴力相加，逼使西瓯越人避入蓁芼以示反抗从而扩大疍户人群的历史真相。

陶璜三国东吴末期下迄西晋初年，长期任职交州（今越南）、广州（辖今两广），大约晋武帝太康初年上书朝廷道：“广州南岸周旋六千余里，不宾属者乃五万余户，皆蛮蛋杂居”。② 约略估计，其人数至少也应有几十万口。而人口的增长势必促成部分疍户逆流北上今台湾海峡。峡内冷暖海流交汇所造成的丰富渔业资源，又自然具有巨大诱惑力，召唤南海疍户踊跃徙碇闽海海域。

陶璜上书对疍族史也具有重要意义。“蛋”字为“疍”的俗体，因可界定疍字系指称以渔业为生的水居人群，同时标示其音为 dàn，从而与“蜒”字截然划开。降至隋唐，国家重新统一，文化整合更趋成熟，岭南与南海的历史与现实的观察，也跃上新的高度，稍微理性与严肃的学人，也逐渐将蜒疍合理分隔，使之文从字顺。迨五代年中，徐铉纂《说文解字》卷一三新附字，确切指明：“疍，南方夷也，徒旱切。”宋代学者毛晃更直截了当

① 转引自罗香林《百越源流与文化》，台北台湾书店 1955 年版，第 215 页。该书第 216 页指称广东近代出现的“疍”字是“臆造”行为，并不科学。故本书仍用正统疍、蛋字。

② 李世民《晋书》卷五七，本传。“皆蛮蛋杂居”五字，据顾炎武《天下郡国利病书》（《四部丛刊》版）第 29 册《广东》下引文补。

说："蜑，南夷海种也。"① 一句话便把蜑户华南海上居民的生活方式点破。

蜑户的祖源地既然在古代广州海域即今南海海域，北上今台湾海峡，地理近便，也就事属必然。准确年代，已无从考证。据顾况《酬漳州张九使君》诗，盛唐年中他们已入泊漳州洋面并广为人知。所以，顾况诗中的卢亭究为何种族群，应予弄清。据唐末刘恂《岭表录异》一书，唐代岭南人对卢亭一词已有明晰界定，如云"海岛夷人也。""惟食蠔蛎。"（卷上）又云"海夷卢亭。"（卷下）其内涵逻辑推定为蜑户的另一称呼。故宋代方信孺任职番禺，深知其详，便有"卢亭蜑户"连称②。大概受"水人居水"古训影响，唐人曹大宗《郡国志》具称漳州海上"中洲"有"水人"。乐史《太平寰宇记》卷一〇二，《江南东道》十四，漳州龙溪县条转引云："梁屿州，《郡国志》：在中洲，有水豹、水人。"

按梁屿州唐以后称谓数易。宋代称赤屿、丹霞屿，明清又称圭屿、龟屿等，今称海门岛，位于九龙江入海口中央，关锁海门，故称中洲。估计周近海面以及朝东嘉禾湾（今厦门湾）都泊有蜑户海船。宋仁宗天圣九年（1031 年）至景祐三年（1036 年）期间，蔡襄任漳州军事判官，因事巡视海防，其《宿海边寺》诗云：

潮头欲上风先至，海面初明日近来。
怪得寺南多语笑，蛋船争送早鱼回。③

---

① 司马光《资治通鉴》卷一三三，《宋纪一五》苍梧王元徽二年秋七月纪事胡三省注引。

② 《南海百咏·卢循河南故城》。

③ 梁兆阳《（崇祯）海澄县志》卷一六，《艺文志》引。

明示宋代漳州龙溪县（今龙海市）海域蜑户在晨光熹微中捞捕归来，并与当地居民愉悦从事鱼虾海鲜品的早市交易。明末清初当地人黄元埈也在《航海》诗中点出遭受改朝换代战争洗礼之后，“蛋户几家残。”[①] 稍后，当地人陈寅亮《圭屿》一诗，又直率指明：“蛋市可今成雁户，多收渔网当桑麻。”[②] 宋代丹霞屿（即圭屿）蜑市曾盛极一时，“城郭人民数万家。”[③] 清初凋零，以致蜑户只有重操旧业以度时艰。历史表明，蜑户确实至晚自盛唐年中溯今台湾海峡北上，入碇闽南海域，成为闽南海洋族群的一员。

6. 卢亭

唐代诗人顾况《酬漳州张九使君》：“薛鹿莫徭洞，网鱼卢亭洲。”[④] 此后卢亭二字有多种写法：卢循、卢余、芦渟、鲈鯅、卢屯[⑤]等。与晋末卢循暴动风马牛不相及。据有关研究，与古蜑语为近亲语种的马来语“奥郎卢循”（Orang Laoetan），义为“海上人”、“水上人”，也就是我国古书的“海人”、“水人”[⑥]。恰巧的是，白水郎其义也是白水人，因“郎”字发音，闽南话正好与“人”字发音相同。因此，卢亭一词既是蜑户同时又是白水

---

① 陈锳《（乾隆）海澄县志》卷二〇，《艺文志》引。

② 陈锳《（乾隆）海澄县志》卷二〇，《艺文志》引。

③ 何炯《清源文献》卷三，［宋］林宗臣《丹霞屿》。

④ 《全唐诗》卷二六四。

⑤ 顾炎武《天下郡国利病书》卷一〇四，《广东》八；《古今图书集成·方舆汇编·山川典》卷三二〇，《海部杂录》引《同话录》；梁兆阳《（崇祯）海澄县志》卷二〇，《录异》引《蔡中丞见闻录》；李拔《（乾隆）福宁府志》卷首《福鼎县疆域图》。

⑥ 徐松石《东南亚民族的中国血缘》香港东南亚研究所1967年版，第111页；邱新民《海上丝绸之路的新加坡》，新加坡胜友书局1991年版，第194页；乐史《太平寰宇记》卷一〇二，《江南东道》十四，漳州龙溪县引《郡国志》。

郎的通称，故闽南民间至晚自五代[①]直至明清时期，惯称他们为“海人”[②]。

在林谞《闽中记》所举的七个族群徙居海岛之外，南朝末年王国庆叛乱驱动相当数量的百越（包括闽越人）以及若干汉族人徙居海岛。王氏系“南安豪族也”[③]。其时南安辖今闽南大部分地区。早期的汉族移民无多。“南安豪族”极可能是百越族部落酋帅。因此，其叛乱迅速被杨素指挥的隋军击溃后，“余党散入海岛或守溪洞。”[④] 史万岁所部隋军也先后“踰岭越海攻陷溪洞不可胜数”[⑤]。显而易见，称百越人群所居为“溪洞”的水村山砦既纷被攻灭，百越人口“散入海岛”，人数可能不少。

降及唐代后期，福建居民的族群团落与居住空间明显形成水陆二元生态划分：“居洞砦，家桴筏者，与华言不通。”主政者不得不针对不同族群，采取不同措施，“兼戎索以治之。”[⑥] 甚而最高统治者，在严峻的现实面前，也不得不承认：“闽越之间，岛夷斯杂，非威望不足以慑伏，匪仁恕讵可以惠绥。”[⑦] 中国历史上宫廷软硬兼施、暴力与妥协并举的老套数又重提，缝隙里闪爆出当时海侵中显山露水与汪洋上的萋萋荒岛，历经越汉人群的迁徙垦辟，旧态改观，镜头切换，“岛夷斯杂”从此进入国家视野。

---

① 钱昱《重修忠懿王庙碑》，福州王审知祠藏。

② 陈汝咸《（康熙）漳浦县志》卷四，《风土志》下。

③ 李延寿《北史》卷四一，《杨敷附子杨素传》。

④ 魏征《隋书》卷四八，《杨素传》。

⑤ 魏征《隋书》卷五十三，本传。

⑥ 《全唐文》卷六〇九，刘禹锡《唐故福建等州都团练观察处置使福州刺史兼御史中丞赠左散骑常侍薛公（謇）神道碑》。

⑦ 《文苑英华》卷四五七，张元宴《授王潮威武军节度使制》。

二　渔火鲸波　畲火烧空

（一）地缘风物

从宋初伊始，“闽南”一词已经确立并被使用①。其地域范围，由北而南，包括兴化军、泉州和漳州。江山壮丽，风物奇特，往往令经行其间的人们留下不能磨灭的印象。所以，闽南古代百越居民的踪影，正可以借用后代人的诗篇以窥其一斑。明人吴兆《偶书闽中风土十韵寄金陵知己》（节录）云：

风气南来异，行行岁月赊。梅香逾五岭，猿响类三巴。

时见蛮烟黑，还惊左语哗。舟中喧水碓，城上出人家。

荔子家家种，榕阴处处遮。居民晴著屐，市女晚簪花。②

诗中交织着自然风光与人文景观。作者以写实手法，顺路拾景，连缀成福建风物全景画幅，云烟过眼，魂牵梦萦。而最为突出的则就是迟至16世纪，旅途上犹能随时看见袅袅“蛮烟”升入天际，耳边传来“鴂舌”“左语”哗然声音。同时另一位诗人，经行闽南，写及“桄榔土润蛮烟合，杨柳江深瘴雾遮”③，不约而同地道出东南海陬福建地缘风物的极大特色。

显然可见，理清闽南近海与海岸带不同族群划分的前提，显得十分必要。

福建濒临东海，地处太平洋大盆地西岸，受新华夏构造控

① 何炯《清源文献》卷三，吕言《寄九日山僧》。

② 陈梦雷《古今图书集成·方舆汇编·职方典》卷一〇三二，《福建总部艺文·诗》。

③ 陈梦雷《古今图书集成·方舆汇编·职方典》卷一〇三二，同上诗部，张羽《闽中春暮》。

制，海岸线延伸总趋势与东北、北北东向构造线一致，而西北和北北西向构造则又使其复杂化，以致地形被切割破碎。远古海退之后，沿海岸陆海水漫侵仍异常厉害。时迄明代，福建仍流行“三山六海一（分）田”[①]的谚语，山岳丘陵占三分，港湾水澳占六分，田地寡少占一分。“岐海”荡荡，二倍于岩岩群山。2008年2月28日福建省政府公布最新实测数据：全省大陆海岸线总长度为3752千米，海岛（乡级以上）海岸总长807千米。大陆岸线直距为535千米，比例为1∶7.5，曲折率全国第一，故港湾多达125处，近海岛屿1404个。基于地质构造的特殊性，海岸港湾大多朝向东南开口，湾口拦门沙少，且又常有山丘或岛屿以作屏障，封闭性能好，凡此均利于船舶进出与舟居人群住泊。

（二）沧海桑田

白水郎入泊福建东海洋域，其确切年月已无从考证。他们从长江三角洲东海岸南下，首先入泊今福鼎市白水江，之后又南碇兴化湾。当年海侵少退，但兴化湾西岸波及壶公山下，海水北线犹达县北五里使华桥前。因此，浅海上湾澳岛屿，首先成为他们水陆栖息地，其中称作白水荡（今名白塘）的是一处船居集结团落水体。嘉禾屿（今厦门岛）周边港湾，是另外一处白水郎集结海域。玉沙坡（今厦门沙坡尾）水居船，“家人妇子长年舟居，趁潮出入，日以为常。”渔捞之外，兼从事人货运输，“浮家泛宅，俗呼曰五帆。五帆之妇曰白水婆。”[②]这种“五帆船”同时

① 顾炎武《天下郡国利病书》卷九六，《福建六》，引郭造卿《闽中兵食议》。

② 周凯《（道光）厦门志》卷一五，《风俗记》。

又是闽南各地海汊中人货运输船的共名，足见白水郎分布的广泛[①]。其船或往来台湾，称作“白水船”[②]。嘉禾湾南岸，今龙海市辖境，有“浮宫”、“白水”、“白水洋溪”与明清二代的二个“水居社”[③]，均系白水郎集结水居江海洋域。降及清末民初，白水郎舟居船又称为连家船，已遍布九龙江的北、西、南三江，甚至溯西溪进抵南靖城关，下游福河、石美、浮宫、乌礁洲头、龙海桥、海门、海沧等地，均可见连家船踪影，蔚成族群水居聚落的人文大观。

蜑，福建地方作者与文献常使用俗体蛋字。虽然如此，但大概由于闽语闽音以讹传讹关系，今福建沿海地名又往往记作岱字。这就需要解密。根据章太炎先生在其《国故论衡·成均图说》中的说法，经研究，蜑字与惰、堕、太、歹等字，音本相通，义亦相近，韵部邻接，可以旁转互通。[④] 而歹（dǎi）、岱（dài）仅有第三、第四声差别，因此，闽南含岱字的地名即系古代蜑（蛋）户固有住地的遗迹。如东山县岱南，云霄县岱嵩、陈岱，漳浦县岱岛、岱仔，厦门市贞岱，晋江县钞岱、大小岱屿（近代改称“大坠”、“小坠”，音转），莆田市南日岛东岱等。另外，云霄县东山内澳有大霜、小霜二个岛屿，大概系岱讹为大（闽南话同音），桑讹为霜（闽南话同音）而来，同是蜑户住地遗迹。其中尤以泉州湾为蜑（蛋）户集结水居团落洋域。大岱屿、小岱屿横锁泉州湾水口。古代晋江尾闾法石草市周边，是一派碧波荡漾的湾澳水面。现城南厂口至沉洲村一带村庄称洋内宅，原

---

① 施鸿保《闽杂记》卷九，《五帆船》。

② 陈盛韵《问俗录》卷六，《鹿港厅·海防》。

③ 刘天授《（嘉靖）龙溪县志》卷一，《甲社》。

④ 罗香林《百越源流与文化》，台湾书店 1955 年版，第 221～222 页。

通淮门外至法石石头山下原田称白塔洋，陈埭即从溜石至塘市、埔内等处原来均系海侵之区。法石岩头为宋代祭海场所，建有海神庙，后改祀真武帝君。庙左明嘉靖年中竖立气势磅礴的“吞海”石碑。庙内有古代对联云：

脱紫帽于殿前，不整冠而正南面；

抛罗裳于海角，亦跣足以莅北朝。

法石石头山“吞海”古碑

紫帽山在法石西南，隔水遥对，貌似有冠不整。罗裳山在罗山境内西北，与庙相距足有二三十里，犹称“海角”，是可证岸线内海的浩渺。真武帝君雄踞岩头，真有气“吞海”陬之概。沧海桑田，晋江尾闾的这片湾澳水区，随着中原移民屯垦的增加而渐趋消失①。南宋孝宗淳熙年中，时人陈凯在《陂洋塘记》文中便指出晋江县城乡：“凡诸港、浦、埭、塘，皆古人填海而成之，

① 吴清潭辑《泉州法石志资料汇编》，1982 年打印本。

所谓闽在歧海中也”[①]。但即便如此，清乾隆年中，晋江县湾澳仍有 24 处之多。当年深沪港岸边，“蛋户锹螯蛤”[②]，依然司空见惯。更南的围头湾底，系唐宋以来海上贸易商的麕集之区石井澳。明代黄伯善安海八景诗之一《东海晴光》（节选后半）道：

水村鸡犬连鲛室，贾舶帆樯压蜃楼。

岁岁渔盐千万户，冯夷击鼓海童讴。[③]

蜑户善水又别称“鲛人”，他们的儿童小少便投身海上作业锻炼因称“海童”。显然，时届明季，围头湾仍不乏海上居民的踪迹。晋江（又曾称南安江、武荣江）及其流注的泉州湾，是蜑户栖息的另一重要区域。北宋前期，时人谢履有“岸隔诸蕃国，江通百粤舟”[④] 诗句，水上居民当然即“百粤（越）舟”主人。元代庄弥邵《罗城外壕记》也形容镇南门江浒，“潮流参错其冲要，渔歌响答于阛阓。”[⑤] 渔舟竞唱，飞声入南城的大街小巷。转入明代，晋江依然一派渔钓繁忙景象：

若夫高帆疾橹，出没于雾涛风浪，相衔首尾；而离离渔篷钓艇，讴嬉递发，前唱后和，击楫空明，鱼沉而鸟起，川虚山荡于微茫晻蔼之中。[⑥]

时至当今，介在泉州湾与晋江尾闾之间以古代法石澳为中心的半岛形狭长地块，仍然有许多蜑户后裔生活其上，他们的“纲

---

① 何乔远《闽书》卷八，《方域志·泉州府晋江县》引。

② 粘良图选注《晋江碑刻选》，厦门大学出版社 2002 年版，第 33～34 页。

③ 晋江市修编组《安海志》卷三六，《诗咏》引。

④ 王象之《舆地纪胜》卷一三〇，《泉州·诗》引。

⑤ 周学曾《（道光）晋江县志》卷九，《城池志》引。

⑥ 周学曾《（道光）晋江县志》卷四，《山川志》引明王慎中《笋江秋游记》。

仔船”也仍经常出没于附近水域，从事渔钓作业。捞捕所需的造船、打纲、编篷、织网诸种古老行业，在民间盛行不衰。偏僻乡村残留许多以牡蛎壳堆砌为墙体的古民居。1000多年前，唐昭宗年（889—904年在位）中出为广州司马，任后择居南海的刘恂所著《岭表录异》指出，卢亭于“海岛野居，惟食蠔蛎，叠壳为墙壁”①。这显然就是华南沿海“蠔蜑”的民俗景观。当地妇人串编小花环于髻际，俗称“簪花围”。他们又被昵称“蚌埔阿姨”，也都显示蜑人后裔延续其传统服饰装扮特色。

闽南遍布连家船的居住生态，形成深具民族人类学特色的大地镶边，引出当地社会走向海洋、使用海洋、让海洋为人们服务的新思考和新趋向。

闽南的海岸带当然也分布着奔向海洋的其他族群。翻阅地图册，最能吸引眼球的莫过于含有瑶畲文字即瑶族畲族固有住地或陈年遗迹。福安市流传的一首古畲歌：

宁德神匏福安生，下南兴化越匏棚；

匏藤跟到连江县，罗源县头有仔生。②

大意是畲族祖居“下南兴化”，即漳、泉州，兴化军乃畲族“神匏”萌发成长的果棚，之后“匏藤”延伸到了连江、罗源、宁德，最后定居福安。历史事实表明，瑶畲族群在迁徙过程中便留下印记。如云霄县火田、桃畲、下梨畲，诏安县火畲，漳浦县湖西、赤岭，华安县官畲，晋江县瑶琼、畲店，惠安县钟厝、畲厝，莆田县瑶台，安溪县崎畲等等，至于古代隶属于漳州的龙岩县、漳平县畲乡众多，不胜枚举。而历史文献足征，但当前或地名不彰或瑶畲已在民族融合洪流中，“言语相通，饮食衣服起居

① 刘恂《岭表录异》卷上。

② 《中国歌谣集成·福建福安市分卷》第84页。

往来，多与人同。瑶獞而化为齐民，亦相与忘其所自来矣。”①令后人无法洞悉其全貌。

① 黄许桂《（道光）平和县志》卷一一，《杂识志》，厦门大学出版社2008年版。

第二章

天公分付水生涯*

一　亦渔亦农　开发建功

（一）山夷耕凿

闽南原来就有众多先住的百越土著山夷。今漳州漳浦县西南的蒲葵关，史称旧汉关，系汉初南海国辖境揭阳县与日后闽越势力南渐后的分界关隘，故又称揭鸿岭①。蒲葵关以南有今漳浦县西南部与今漳州云霄、诏安、东山三县地。东晋安帝义熙九年（413年）置为绥安县，隶属安帝隆安元年（397年）设立的义安郡（尚包含潮阳、海阳、昭义、海宁四县）。由于绥安土著越人数多，刘宋期间便按当年"蛮左"数多划为潮阳县"左郡"②。无巧不成书，就在刘宋孝武帝（454－464年在位）年中，沈怀远被谪南越，途经该地，并作《次绥安》一诗云：

---

* ［宋］杨万里《蜑户》诗句。

① 王象之《舆地纪胜》卷一三一，《漳州·古迹》。

② 林大春《（隆庆）潮阳县志》卷一，《建置沿革纪》。

闽方信阻狭，兹地亦丰沃。苍山缭万寻，涨海涵千谷。
高秋桂尚荣，隆冬泉更燠。在昔汉世宗，开疆穷所欲。
余善既辞师，建德仍伐木。番禺竟灰烬，冶南亦沦覆。
至今遗父老，能言古风俗。阴崖猿昼啸，阳亩艺先熟。
稚子练葛衣，樵人薜荔屋。矜尔为生微，诲予从不辱。①

这是今人能见到的古代闽南土著百越人生活写照的最早孤篇。巍巍的梁山山脉南麓是“丰沃”的原野，有深秋的桂花，隆冬的温泉，一天两潮的涛声（海平面比现代高得多）。越人父老告诉诗人：闽越王余善上书朝廷出兵协征南越后，南越术阳侯建德还派人在绥安北山造战船。三千童男童女托举千石大船要下山，不料人船一齐坠入越王潭。青牛驰船侧，吆喝驱赶声，影影绰绰在山间②。诗人又亲睹坡地田垄上，农作物金黄，收获季节到来。秋收冬藏的景象，遮不住儿童深冬只穿青色葛麻衣裳、樵夫住着荆条小屋的贫苦窘迫。岁月移人，穿越狩猎采集原始生活的风风雨雨，至迟自公元5世纪以来，闽南沿海丘陵地的古越土著，毕竟跨进了农业社会的历史门槛。

当时闽南百越七族及闽越人占多数。汉人则在古代自然经济强烈与广大劳动人民普遍穷困制约条件下，安土重迁的择业法则，始终发挥作用，远离中原，僻处海陬的福建，便被视为畏途。时及南北朝，徙居人群依然无多。虽经梁武帝“开拓闽越”③，侯景之乱又复有“遭乱移在建安、晋安、义安郡者”④，

---

① 何乔远《闽书》卷二八，《方域志·漳州府漳浦县·川》引。

② 何乔远《闽书》卷二八，同一条目引沈怀远《南越志》。又见王象之《舆地纪胜》卷一〇〇，《潮州·古迹》引。

③ 魏征《隋书》卷二九，《地理志》上。

④ 姚思廉《陈书》卷三，《世祖本纪》，天嘉六年三月乙未诏。

但迄隋炀帝大业五年（609 年），建安郡仅有户 12420[①]。依当时国内每户平均 5.17 口[②]计算，不过 64211.4 人。除以所辖今福建面积 121300 平方公里，每平方公里则只有 0.52 人。远低于周邻日后浙、赣、粤同省级政区人口。根据南朝各代“诸蛮陬俚洞霑沐王化者，各随轻重收其赕物，以裨国用”[③]，“蛮”“俚”人口应在户籍统计之外，再据隋初史万岁率部转战闽越“攻陷溪洞不可胜数”[④]情形，又加以水上居民迟至唐太宗贞观十年（636 年）着籍“始输半课”[⑤]逆推，南朝年中居住带有农村公社残余色彩临水聚落（溪洞）与浮家泛宅的百越人，其数量应超过汉族移民。

溪洞星繁，族群纷杂，百越人的特色文化习俗便会在特定空间形成弥漫气势，并且在很长历史时期延续发展。唐初四大才子之一的杨炯浓缩当时泉州都督（辖今福建）辖境风物，指出：“境接东瓯，地邻南越。言其宝利，则瑇瑁珠玑；叙其风俗，则丹鸡白犬。”[⑥]显而易见，作为封建社会经济基础的农业，不在罗列范围。而佼佼者反倒是上层人士所需的奢侈品与原始蒙昧的文化气息。所以，闽南社会的真正发展，其时机则另有期待。

（二）海人务农

盛唐是我国封建社会经济高度发展的一个巅峰，但同时又是

① 魏征《隋书》卷三一，《地理志》下。

② 梁方仲《中国历代户口、田地、田赋统计》，上海人民出版社 1980 年版，第 69 页。

③ 魏征《隋书》卷二四，《食货志》。赕物，赎罪物资。

④ 魏征《隋书》卷五三，本传。

⑤ 乐史《太平寰宇记》卷一〇二，《江南东道十四》，《泉州·风俗》。

⑥ 杨炯《盈川集》卷七，《王义童神道碑》。

它的一个转折。安史之乱打碎了华北蓬勃向上的政治经济系统，成为社会经济重心南移的驱动力。随着其后多次的人口南迁洪流，闽南的垦辟持续得以扩展，农业和手工业不断取得进步。其中尤以平原区域的变化为巨大。

兴化平原的变化显然具有典型意义。

隋唐之际，兴化平原的相当面积仍在浅海海底。潮汐向西波及壶公山山脚，向北抵达莆田县城以北五里的使华桥前。出露水面的是一些低丘高地。莆田县城窝在乌石山的南坡。时人方大琮于南宋理宗淳祐初年回忆说：

> 数百年前，莆（田）特泉（州）一附庸，荒迥可想。至唐异僧始有山前之名。入国朝置郡，人烟渐稠。某少时见长老说：境多种果，有龙眼垞，有荔枝垞，今名犹存，而果地化为连甍。又来南（按指淳祐元年起知广州）见宋循推谐说乃祖佥判指其厅事，谓得之长上，二百年前只是盐埕。则后埭之为埭田，后塘之为塘地可见。①

显然，莆田县城的逐步扩张，根本原因是入宋以后“人烟渐稠”，居民日益增加，于是改果园为附郭，又填筑海塘或埭田、盐埕为商住用地。而居民之可能日增又系于农田建设事业的成功。唐德宗建中年中，以吴兴为首的居民，拦截萩卢溪等淡水溪流，筑成延寿陂灌溉冲卤平原北部（俗称北洋）广大围垦农地。接着又经过近300年，平原的滨海部分（俗称南洋）陆续埕海围垦成农地之后，北宋英宗、神宗之际，经过钱夫人、林从世与李宏分别主持的三次艰苦施工，建成木兰陂，使滨海平原区新旧围垦农地的灌溉与冲卤获得有力保障。

治水胜利标志当地农业生产有了重大发展的可能性。同时也

---

① 方大琮《铁庵集》卷一三，《龙岬庙题疏回郑学录》。

预示社会居民的新配置与职业的新变动已必不可免。

首先遭受影响的是白水郎、蜑户以及时人刘克庄笔下称为“獠”的水居族群。他们依水为生，捕鱼为业，深入海侵状态下的兴化平原城乡。其人数可能不少。看看他们播下的多种水族拜物教便可以一窥其底蕴。

当然，水族多神教的最根本动因潜藏在其身边：“人在自己的发展中得到了其他实体的支持，但这些实体不是高级的实体。不是天使，而是低级的实体，是动物。由此产生了动物崇拜。”[①]水上居民千百年来以渔钓为主要的谋生手段与物质基础。水族鱼类又是他们寄托生活愿望与哀乐的精神凭依。所以，任何一种能够激发他们虚幻生存梦想的鱼虾，在特定条件下都可能转化为人们的崇拜神物。

何乔远《闽书》卷二三，《方域志·莆田县山》大蚶山条：

> 旧志：莆有蚶田百顷，号大蚶山。《泉南录》：昔尝海溢，有物如瓦屋，轮囷而至，取之蚶也，邑人立庙祀之。故惠安县有大蚶庙。

大蚶山在今黄石半岛东北突出部，笋状伸入兴化湾。《泉南录》二卷，系北宋仁宗至和年（1054－1056年）中释洞源撰[②]。以此推测所称“昔”年事，似不应迟于唐季宋初。海蚶自此成为莆田县及其相邻的惠安县海滨与水上居民的自然物崇拜对象。及至神宗元丰年中，刘弇任兴化军录事参军，已见“蚶祠开琐碎，蟹井幕荒凉”[③]。宗教功能在于蚶祠以祈风，蟹井能祷雨，而其

① 《马克思恩格斯全集》第27卷，人民出版社1960年版，第63页。

② 张岳《（嘉靖）惠安县志》卷一〇，《丘墓》；怀荫布《（乾隆）泉州府志》卷七五，《拾遗》上，《庙记》。

③ 《龙云集》卷七，《莆田杂诗二十首》。

遍城乡建庙立祠，适足证明兴化平原也随地居留着原来漂泊于江海的水居人群。不仅如此，闽南的“滨海蛮夷”[①] 也都具有井蟹祈雨宗教习俗。莆田望山壶公山、仙游昆仑山与同安豪山均有径称为祈雨的蟹井、蟹祠[②]。年深月远，习随俗移，水居人群至迟入宋之后，于兴化平原海退岸带或唐凿六塘淤浅地上，拥有播种农稼的耕地——“白水之地”[③]。祈风行船，祈雨农耕，奥秘在此。

宋季莆籍大诗人刘克庄晚年卜居城北后埭草市，诗篇称呼居民为“村獠”[④] 或“獠奴”[⑤]。该草市的经济形态是：“村深保社杂樵渔，岁晚溪翁此卜居。”[⑥] “寻渔樵之保社，治农圃之生涯。”[⑦] 凸显这处自然村民职业是亦农（樵系农民副业）亦渔，所以该保社“僚”民即从事这两种职业为生，而且还成立专门捕捞的“鱼队”[⑧]，绘就“海图”以利海上作业使用[⑨]。在崇拜多种水生动物土神如“蚶祠”、“蟹井”群祀庙宇行列中，又特别突出乌石山坡上的“龙岫庙”——“神龙相传几百年，盖山川之灵之会也。”[⑩] 说白了就是蛇神崇拜。凡此种种，释证“獠”即蜑（蛋）户。按照宋朝伊始民族人类学对蜑（蛋）户内涵的观察，

① 司马光《资治通鉴》卷二五九，昭宗景福元年。

② 何乔远《闽书》卷一一，《方域志·泉州同安县》；同书卷二三，《兴化府莆田县》；卷二四，《兴化府仙游县》。

③ 周瑛《（弘治）兴化府志》卷二九，《艺文志》，郑旻《协应庙记》。

④ 刘克庄《后村全集》卷四十七，《始冰》；卷三十七，《村獠》。

⑤ 刘克庄《后村全集》卷二〇，《小园即事五首》。

⑥ 刘克庄《后村全集》卷二一，《溪庵十首》（八）。

⑦ 刘克庄《后村全集》卷一七二，《新居设醮》。

⑧ 刘克庄《后村全集》卷三八，《寒食二首》（一）。

⑨ 刘克庄《后村全集》卷一八，《登乌石山》。

⑩ 方大琮《铁庵集》卷一三，《龙岫庙题疏回郑学录》。

提出蜑（蛋）户原生态的族群内部分工“三蜑说”：

钦（州）之蜑有三：一为鱼蜑，善举网垂纶；二为蠔蜑，善没海取蠔；三为木蜑，善伐山取材。[①]

这一确论已为中外蜑（蛋）史研究所认可。其中鱼蜑或又称作“萝蜑”[②]、“蛋獠”[③]。刘克庄显然单取其一字为“獠”，在其《观社行》诗中，特以注音字称“獠奴”为“了（liǎo）奴”[④]。宋人因之又有“海獠”专称[⑤]。

特别令后人感兴趣的是其时当地蜑户不但有相当数量先海上舟居，之后因海成埭田转为陆居，而且也有许多人亦渔亦农或弃渔务农，表现了因地制宜职业灵活转变。备受这一经济环境影响，诗人极为圆通：“但愿海乡鱼稻熟。”[⑥]“丰年海熟田尤熟。”[⑦]真可算作兴化平原居民的衷心祈愿。

社会的人际结构与民族辨识，也可以通过风情描写呈现。刘克庄诗作便为后人提供了伏笔。试看其诗笔下的莆田乡间实景：

拂拂东风欲辨晨，新晴和气满郊闉。
未妨歙雅存豳俗，何必沉巫怖郢民。
田父扶携问鸡卜，村姑呼唤祭蚕神。
柴门不识征租吏，便是尧时击壤人。[⑧]

一旦社祭迎神，冬冬鼓声中：

---

① 周去非《岭外代答》卷三，《蜑蛮》。

② 徐松石《东南亚民族的中国血缘》，香港东南亚研究所1967年版，第157页。

③ 郑侠《西塘集》卷六，《上泉守蒋大夫》。

④ 刘克庄《后村全集》卷四三。

⑤ 岳珂《桯史》卷一一，《番禺海獠》。

⑥ 刘克庄《后村全集》卷四〇，《小诗戏赠》。

⑦ 刘克庄《后村全集》卷四六，《病起五首》。

⑧ 刘克庄《后村全集》卷二一，《次韵三首》。

坎坎击社鼓，呜呜歌蛮讴。①

村乐殊音节，蛮讴欠雅驯。②

“老巫”“鸡卜”，“蛮讴”飞扬。莆田乡俗沉浸在古代蛮族的文化气氛中。“蛮之种类，盖盘瓠之后，其来自久。”③瑶、畲之外，一定还有典籍佚略的其他种类。因此，兴化平原古代“和气”地生活着多种族群，并存着多种奇光异彩的民族文化与二元水陆居住空间，形成特色的海洋文化。

基于兴化平原治水成功，白水郎、蜑户、僚人、瑶畲蛮人以及汉族移民统通自然因此而遭受影响。“长者（李宏）遂得废塘六所，裂横塘、新塘、许塘、唐坑塘为田，惟（留）国清一塘以备大旱。其白地（按即白水郎等水居族群的海滨与塘淤耕地）尽输于官，以为官庄田。”④莆田县政府于南宋高宗绍兴二十一年（1151年）所拟《陂司规例》内正式宣布他们为“土著”⑤。劳动力与耕地的大量结合，赢得早期的财富变动，“由此屡稔，一岁再收，向之窭人，皆为高赀温户。”⑥但据南宋孝宗初年知军钟离松《奏乞除免犹剩米札子》：南洋“官田一亩所收仅及一石，而输租重者至七斗”⑦。可见以白水郎等水居族群为主体的官庄户肩荷被剥削率高达百分七十的沉重负担。而这也就意味着兴化平原上各不相同族群的移民，至此跨越式地迅速进入以汉族为主

① 刘克庄《后村全集》卷九一，《白湖庙》。

② 刘克庄《后村全集》卷二三，《神君歌十首》。“乐”原误作“药”，今改正。

③ 魏收《魏书》卷一〇一，《列传第八十九·蛮》。

④ 周瑛《（弘治）兴化府志》卷二九，《艺文志》，林大鼐《李长者传》。

⑤ 周瑛《（弘治）兴化府志》卷五三，《水利志》上。

⑥ 周瑛《（弘治）兴化府志》卷二九，《艺文志》，林大鼐《李长者传》。

⑦ 周瑛《（弘治）兴化府志》卷二一，《艺文志》。

体所延续的同一封建生产关系，同处于重新向前发展的起跑线上。兴化平原上的族群整合前进一大步。这个过程的特点就是：在国家强盛社会经济的支持下，通过大规模水利工程的兴修与吸纳，终于导致兴化平原也拥有与闽南其他平原（晋江平原与九龙江平原）类同的族群结构，和相似的社会经济模式，从而形成了同一的地缘社会形态，并逐渐酝酿出若干决定社会持续发展亟须解决的重大问题。

二　南海扬帆　南岛垦荒

（一）“习之于夷”

古代闽南海岸带与离岸岛屿居民，无论原来族群名氏称呼如何，均可以统通称之为海洋民族。他们是古代太平洋西海岸海洋族群中的成员。研究表明：“鸟田、骆田、留田、卢亭、獠蛋、鸟夷、獠、鲁、娄、辽、佬、寮各族，均是一音异译，意义乃海洋族，发源于中国东部。古代活跃，由中国直至南洋及美洲。”[①] 当然还有“一音异译”名单之外也“恃海为生”，也练就航行海洋、挑战海洋、衣食海洋的族群，蔚成中华民族自来就有移山搏海浩然气魄的泱泱人群。

鲸波连天，巨浪如山。身处大海而能自存，是异常艰辛的生活历程。即便近海捞捕，“凌飓母之长风，探骊珠之深渊，”[②] 殊非易易；更遑论远洋漂航，驾一叶筏舟，浪尖风口上摔打，常常是九死一生。所以，海洋民族经过极为长期的锻炼，本能地探索

① 徐松石《华人发现美洲考》中册，香港东南亚研究所 1983 年版。

② 吴宜燮《（乾隆）龙溪县志》卷二二，《艺文》，郑怀魁《海赋》。

并实践出一套行之有效的家庭教育方法。

“天公分付水生涯，从小教他踏浪花。”[①] 南宋著名诗人杨万里于孝宗淳熙年中出知漳州，后又出任广东提举常平茶盐、提点刑狱职务，对闽南与广东辖境的蜑户生活深有了解，所咏《蜑户》一诗，一矢中的地点明蜑户为了水上生涯，儿童小少便进行熟悉与掌握江海水性的家庭教育。“习之于夷。夷，海也。”[②] 千百年来古越人父教子传，代代相继秉承这种生存真谛：欲要在江海上求得生存，首先便须“习之于夷”。孝宗淳熙年中出任广西桂林通判的周去非，在《岭外代答》中详述蜑户如何让其儿童“习之于夷”：

> 儿自能孩，其母以软帛束之背上，荡桨自如；儿能匍匐，则以长绳系其腰，于绳末系短木焉，儿忽堕水，则缘绳汲出之；儿学行，往来篷脊，殊不惊也；能行，则已能浮没。[③]

有了能“浮没”江海的游泳本事之后，经过种种水上生产、生活实践，锻炼技巧，提升勇气，又在崇拜龙蛇图腾使之转化为仿生文身习俗的精神鞭策驱动之下，成就为水上无敌的采珠、捕鱼能手。因此，他们也就获得一个好恶参半的称谓“人獭”或“獭家”[④]。

海洋民族的江海生活技能，不但需要强壮的体能付出，而且还须具备优秀的品德驾驭。无力则弱，无德则愚。所以，浮家泛宅于江海的福建舟居人群，据宋代仙游籍贯的著名政治家蔡襄观

---

① 杨万里《诚斋集》卷一六，《蜑户》。

② 《越绝书》卷三，《吴内传》。

③ 周去非《岭外代答》卷三，《蜑蛮》。

④ 屈大均《广东新语》卷一八，《舟语·蜑家艇》。

察，衣食住极苦，但“趣”在其中，耿耿自如：

> 福唐（今福清古县名）水居船，举家栖于一舟，寒暑、食饮、疾病、婚姻未始去是，微哉其为生也。然观其趣，往来就水取值以自供，朝暮餘蔬一拌，不知鼎饪烹调之味也。緼衣葛服，不知锦纨粲粲之美也。妇姑荆簪，不知涂脂粉黛之饰也。蓬雨席风，不知大宇曲房之适也。相羊穷年，少而老，生而死，一事不入于中矣。与夫阴怀贼险，乘利求倖，盛时翕翕，其败熄灭无种，孰为胜负耶？[①]

自食其力，清清白白。苦则苦极，光明磊落。蔡襄做了一个对比：他们，比那些权倖奸佞，一旦失败灭门诛族，到底谁赢了，又是谁输了，答案不是清清楚楚吗？蔡襄出身农家，为官清正，借这一对比，寄同情于水居族群，也事实上肯定了他们的谋生品德。

“东越（今福建）通海，处南北尾闾之间。”[②] 这句话，用来说明北则长江流域，南则南海海域水居族群，自远古即如潮先后涌来，倒很恰当。加上武夷为首的山夷等族群也纷徙沓至，于是一个来自多地域多源头集结而成的海洋庞大群体便逐渐在融汇整合中形成。从而也就注定这个海洋族群聚合必然富于江河湖海长期航行经验、竹筏独木舟及一系列舟船制造与驾驶技术大交流、大筛选才能。

福建是“山岳王国”，林菁葱茏，竹木排筏应是最早出现的水上生活工具。时至当前，东山岛渔民还有人继续使用它。竹筏比木排浮力更强，价廉物美，所以长期得到渔民青睐。调查发现，东山竹筏既可靠篙杆驱动操舵，又可撑帆使风，一旦巨浪倾

---

① 蔡襄《蔡忠惠公文集》卷三一，《杂著》。

② 张华《博物志》卷一，《地理略》。

倒，能够迅速翻转，人称“不倒翁”。

独木舟大约在新石器时代便可能出现。石斧、石锛、凹刃刮削器显系早期凿刮利器。武夷山船棺证明三四千年前武夷人便能制作和使用内河舟船。1979 年，福建连江县海滨岱江下游出土西汉年间百越人独木舟。实物长 7.1 米，头宽 1.2 米，尾宽 1.6 米，近尾部侧舷最高达 0.83 米，中部有驾船人的站位与搁置横板的凹槽①。

驯至两汉时期，福建海洋族群的造船与航海能力，已渐为世人所知，“便于用舟”② 声名远播，竟成为淮南王刘安谏阻武帝用兵闽越的一大理由。东汉初年，“旧交趾七郡（即今两广、越南境），贡献转运，皆从东冶泛海而至。”③ 由东冶辖境中转，其接驳船只与水手，自然也交与福建海洋族群承担应付。故三国东吴经多年用兵后，将东南沿海广大境域收入版图，旋即设置瓯江流域的横藇船屯与闽江流域的温麻船屯④。其后又在今福州设置典船校尉，督造海船⑤。左思《吴都赋》揭明其中的奥秘：

> 弘舸连轴，巨舰接舻。……篙工檝师，选自闽隅。翼御长风，狎玩灵胥。责千里于寸阴，聊先期而须臾。⑥

这段引自宋版《吴都赋》的文字，纠正了传本《文选》的谬误。改“闽禺”为“闽隅”，“习御”为“翼御”，证明东吴舰队由于

---

① 卢茂村《福建连江发掘西汉独木舟》，《文物》1979 年第 2 期。

② 班固《汉书》卷六四上，《严助传》。

③ 范晔《后汉书》卷三三，《郑弘传》。

④ 沈约《宋书》卷三九，《州郡志》一，《扬州永嘉太守》；卷三六，《州郡志》二，《晋安郡》。

⑤ 沈约《宋书》卷三六，《州郡志》二，《晋安郡》。

⑥ 《太平御览》卷七七一，《舟部》四，左思《吴都赋》，中华书局 1960 年重印上海商务印书馆 1935 年影宋本。

选用福建海隅的梢手与舵师，善于使风转篷，推动“弘舸”“巨舰”海上若飞，创造船行千里日影仅移一寸的高速度。

按孙吴设置的典船校尉，唐李吉甫《元和郡县志》作“曲郍都尉”①。“郍”字一般字书失收。宋王象之《舆地纪胜》琼州景物条有“郍射山”、“郍射水”、“郍邓山”②，均与船舶无关。经考当即典舸二字形近而误③。因知孙吴所设置的典舸校尉，旨在监督谪成罪人制造白水郎的舸䑽船。温麻船屯则屯籍稍大的“温麻五会”船④。据晋人周处《风土记》“五会船”是一种并“合五板”而成的船只，属太平洋缘边古代流行的并合船结构，同为白水郎蜑户船系产品。舸䑽船不但是白水郎蜑户平时居住与交通工具，而且又是轻巧机动的战船。南朝梁承圣元年（552年），官军与叛兵会战于建康（今南京）城外江上。叛兵出动“䑽舸千艘并载士，两边悉八、十棹，棹手皆越人，去来趣袭，捷过风电”⑤。是舸䑽船发挥其高度机动性能，充分显示百越水手沧海蛟龙特色的典型战例。同时也显示了舸䑽船拥有当年民用、军用的多种优越性能。故宋初乐史客观地评述闽南白水郎的舸䑽船：“船头尾尖高，当中平阔，冲波逆浪，都无畏惧，名曰了鸟船。”⑥ 而温麻五会船，其孑遗就是直至晚清时期闽南各地海汊中使用的“五帆船”。⑦ 五会船系合五板（bǎn）而成，与五

---

① 李吉甫《元和郡县志》卷二九，《江南道》五，《福州》。

② 王象之《舆地纪胜》卷一二四，《广南西路·琼州景物》下。

③ 韩振华《试释福建水上蛋民（白水郎）的历史来源》，《厦门大学学报》1954年5期。

④ 《太平御览》卷七七〇，周处《风土记》。

⑤ 姚思廉《梁书》卷四五，《王僧辩传》。

⑥ 乐史《太平寰宇记》卷一〇二，《泉州风俗》，漳州、兴化军同。

⑦ 施鸿保《闽杂记》卷九，《五帆船》。

帆（fān）同音相假互用。饶有兴味的是，为省便计，厦门人晚清伊始即以“五帆”称呼舟居族群。但也证明温麻五会船源远流长，历史作用巨大，对海洋族群住宿、交通、渔捞须臾不可无。

（二）南海扬帆

闽南海洋族群以原始交通工具漂航东南亚显然得天独厚。经过无数次的航海实践，他们一定懂得并逐渐自觉地利用福建太平洋西缘岸段客观存在的海流，驾驭排筏舟船，创造远航佳绩。位于北纬20～26°之间的亚热带海流，常年西流，即始自今福建省长乐市梅花西流穿越台湾海峡，抵今海南岛北端。稍南至北纬18°，与北赤道海流衔接。该海流因受东北季风影响，也常年西流，南限为北纬7°，随波西进南海，于是今东南亚各半岛、群岛便成为漂航着陆圈①。不过，季风控驭该海流，一年两度改变方向。秋冬霜降以后，西北风起后，海流朝向南西流动，闽南舟船顺流驶过海峡直入南海，远点直趋苏门答腊。春末清明以后，西南季风，闽南寄泊境外的舟船则可反向顺海流回归。宋人风占说：“北风航海南风回”，精准有如钟摆。

20世纪80年代，文物工作者发掘漳州市东山县西南陈城乡东北方大帽山遗址，其面积长约24米，宽约20米，文化层由贝壳堆积而成。出土物有一定数量的石器（石锛、砺石、石球、石饼等）、陶器与脊椎动物骨骼等外，贝壳最多，经鉴定有海生贝类24种，海生蔓足类3种。其中多数现今仍产于福建沿海，约有6种则产于远离福建的海域。

① 《世界航线简介》，人民交通出版社1979年版。

学　　名	现今生长海域
节蝶螺（Turbo articulatus）	亚热带种，福建以南沿海
丽文蛤（Meretrie Lusoria）	亚热带、热带种，产地同上
环沟格特蛤（Katelysia rimularis）	种属、产地同上
鳞灼拿蛤（Anomalodiecus squamosa）	种属同上，广东以南沿海
金口蝶螺（Turbo chrvsostomus）	热带种，海南以南沿海
多角荔枝螺（Thais hippocustanum）	种属同上，海南至西沙群岛沿海

碳十四同位素年代测定，为距今 4030±100 年和 3990±100 年前，断限于新石器时代晚期①。东山县古代长期为一四面沧波的离岸孤岛，远古海洋族群之可能捞取远处海产，唯一手段即须拥有原始船只以及远航能力。所以，大概可以推定，至迟自新石器时代伊始，今东山岛的远古海洋族群即能使用原始排筏以从事远海捞捕作业。从表列的六种海贝的现今产地审视，呈现出来一条利用天然海流渔捞作业航线，证明三四千年前当地原始海洋居民就开始了远航南海的历史进程。

1967 年，徐松石先生的力作《东南亚民族的中国血缘》出版。本书冶文献、传说、语言、民俗等方面的调查研究于一炉，精辟阐发马来半岛主体居民的远祖来自古代中国东方，又着重说明借由福建亚热带海流之助，古代闽越各海洋族群远古即与马来半岛各地相互交通，并徙居。作者亦就若干马来语言底层进行比照，如马来语称人为“奥郎”，福建为“郎”，父为“郎伯”；脚马来语称 kaki，闽潮音 ka，最相近；眼马来语 mata，闽潮音 ma，也相近；马来语中丰富的 ng 鼻音，中国沿海语音中以福建为最多；以及体型、民俗等等方面，突出“马来地带是闽越人的

① 尤玉柱编《漳州史前文化》，福建人民出版社 1991 年版，第 77～84 页。

尾闾”这一杰出结论[1]。当然，这些从福建古代海洋族群与马来人群长期文化交流关系中积淀成果的淘金努力，确实令后人振奋，远古以来的海上交往绽放出灿烂花朵。

20世纪30年代，厦门大学林惠祥教授更从体质人类学角度，指出古代华南的海洋蒙古人南迁东南亚，与当地土著居民混血，产生后代的马来人，南迁过程又将有段、有肩石锛、石斧及印纹陶制作技术同时传播[2]，构成华南闽粤居民与东南亚居民的体质和文化的同源关系。1954年，马来亚的考古学者于该国吉兰丹州宁吉利河畔的瓜却从事新石器文化遗址的发掘工作。出土物品中有一个口部半残的“陶盂”。该盂侈口，腹部微鼓，腹壁稍带柔曲，胴体下部为一对呈螺旋形的蛇纹饰。发现的与研究的学者均认为该遗址系新石器时代来自中国南方海洋蒙古人迁入后的遗物，石璧、石锛与印纹陶器等相伴出土物均可确证[3]。许慎《说文解字·虫》释闽字云：“闽，东南越，蛇种，从虫门声。”福建远古百越居民自从进入氏族社会之后，大概便首选与狩猎、采集、渔捞有密切关系的蛇作为本氏族部落的图腾崇拜动物。其遗痕至今仍可寻获。1985年诏安县城东南方诏安湾东南角发现腊州山新石器遗址。其中检获“蛇形堆纹”陶器一件，器物腹部堆饰一道蛇形蜿蜒纹饰。据已发现陶器特征，该遗址的相对年代可能与闽江下游的昙石山遗址下层的年代相当，即距今5000年前[4]。该陶器之具“蛇形堆纹”，真可与马来西亚的瓜却陶盂联

---

① 徐松石《东南亚民族的中国血缘》，香港东南亚研究所1967年版，第32页。

② 《林惠祥人类学论著》，福建人民出版社1981年版。

③ 邱新民《东南亚古代史地论丛》，新加坡南洋学会1969年版，第103～105页。

④ 尤玉柱编《漳州史前文化》，福建人民出版社1991年版，第77页。

成姐妹器物，相对成趣。数千年前盛行的蛇图腾崇拜，还由于原始社会无名雕刻家的日雕月琢，被凝固在闽南多处花岗岩上，当今称作蛇岩画。其中以漳州华安县残存较多也较典型。该县新墟乡蕉林，巨石上刻蛇画五组，呈交配、蜷曲、游动形态的大小蛇数十条，蛇蛋一只。县城西南68公里草仔山，巨石上刻一长蛇及幼蛇、蛇蛋。县城外28公里贡鸭山，巨石上刻蜿蜒游动的粗壮蟒蛇一条。华安、漳平、南靖交界的三畲山，崖石上刻蛇画五组，呈多种形态的母蛇、幼蛇十二条及蛇蛋一批①。根据岩画由石器凿刻以及年代久远因而风化厉害等特点，其雕刻时间应有三四千年或更长，系新石器时期作品，适足证明当年闽南蛇图腾崇拜何等兴盛，与因随着人口移徙将其传入马来半岛瓜却，从而出现蛇纹陶盂显然有着必然关联。

悠悠岁月，渺渺鲸波。虽然在极为漫长的历史时期内，闽南诸海洋族群一定频历南海航路，由于文献阙佚，未能给后人留下凤毛麟角，借以阐叙其征服海洋历程。

迨西汉文景年中，闽越王郢“数举兵侵陵百越，并兼邻国，以为暴疆”②，大概今中国闽赣粤不少部落地区被并入闽越版图，其南疆“潮州亦古闽越地”③。武帝元封元年（公元前110年），官军平定南越后，乘胜转锋讨伐已弑兄自立的闽越王余善，期消灭最后一个百越政权。余善不敌官军锐锋，据汉廷大臣朱买臣所指，“东越王居保泉山”，其后“更徙处南行，去泉山五百里，居大泽中”④。福建泉山多处。然而根据闽越史实与地理形势，东

① 尤玉柱编《漳州史前文化》，第148页。

② 班固《汉书》卷六四上，《严助传》。

③ 杜佑《通典》卷一八二，《州郡》十二。

④ 班固《汉书》卷六四上，《朱买臣传》。

越王所屯保的只能是后代浦城县东北六十里的泉山。按浦城县控扼闽浙分界山险，县城东有东越堠台越王山，山的东隅有越王行宫，县东吴山下有东越遗民吴氏六千户聚落遗址，甚至县城也由余善创筑[①]。当时，余善不敌官军锐锋，不得不谋“亡入海”[②]，南撤五百里（举其成数），准备紧急即逃亡海上。宋代兴化军兴化县《图经》据史指明该县白沙越王峰即余善遁据所。宋人方翥吟诗持同样见解：“闻道驺余（善）避汉兵，窜身岩谷觊偷生！”当年莆田与兴化县毗邻丛山谷地与今兴化平原海侵严重，茫茫海荡，处处遗痕。莆田城北的粘蠔石山，满布蠔壳。“细看大石深孔窍，舟人操篙迹犹遗。”（同为方翥诗句）假如不是闽越内讧爆发，余善真有可能出船海遁[③]。显而易见，余善南撤至今兴化平原海荡，一旦需要“亡入海”，则既可使用闽南善于航海的梢工水手与船只，以装运其大批的精兵悍将，又容易航达其原来的南疆粤东，以事补充给养，遁入南海，躲上荒原野岛以弭灾。

东汉伊始，今福建往还中南半岛之间的航海获得加强。在郑弘奏开零陵峤道前，交趾七郡从福建转运[④]。三国年中，会稽太守王朗为躲避战祸“欲走交州”先“浮海至东冶（治今福州，辖今福建）”[⑤]，依稀展现了含闽南在内的福建海洋族群仍崭露头角，引领时代风帆。

南朝梁武帝中大同元年（546年），印度高僧拘那罗陀来华。嗣因侯景叛乱，辗转数地，于陈武帝永定二年（558年）抵晋安郡（治所在今福州）。讵料当时陈宝应父子图谋叛乱，与留意、

① 顾祖禹《读史方舆纪要》卷九七，《福建·建宁府浦城县》。

② 司马迁《史记》卷一一四，《东越传》。

③ 黄仲昭《（弘治）八闽通志》卷一一，《山川·兴化府莆田县》。

④ 范晔《后汉书》卷三三，《郑弘传》。

⑤ 陈寿《三国志》卷一三，《魏书·王朗传》。

周迪串通，“蠡贼相扇，叶契连踪”[①]，拘那罗陀“无心宁寄，又泛小舶，至梁安郡（治所在今南安县丰州镇，辖闽南全境），更装大舶，欲返西国。”[②]又因太守王方赊与佛教徒挽留，延至陈文帝天嘉三年（562 年）九月，趁东北信风，自梁安江（今晋江）发舶，拟前往棱加修国（今马来半岛中部北大年一带）。意料之外的是风信不顺，该年年终飘回南海海岸。尽管如此，拘那罗陀西行能“更装大舶”，“发自梁安”，不但为闽南海洋民族南海航线提供了一个新纪录，而且第一次为未来的泉州港海上交通鸣枪。意义非凡。

（三）南岛垦荒

闽南与台湾岛隔峡遥对，海上往来开始于数万年前，自然是闽南海洋族群南岛航线的第一目的地。

根据地质变化研究，台湾海峡系亚洲大陆边缘的断裂所造成，北端水深约 100 米，南端水深约 400 米，中部横卧一条浅滩，西端即自今福建东山岛起，中经澎湖列岛，东达台湾岛南部，浅滩水深仅 40 米或 10 米。由于全球气温 180 万年以来的多次变化，导致海峡之间几次海侵海退，于是就出现这条浅滩隆起带几次出露或被淹没，出露期间便形成了目前流行的“东山陆桥”这种便于大陆古人类与古生物顺畅步行达于台湾的天赐良机。大约距今 7000－6000 年前，气候转暖，海面回升，“东山陆桥”从此再次被淹没，直到现在。所以，在台湾海峡波涛之下，必然有大批的古人类和古生物遗骸化石，作为渡峡的牺牲品存在，为闽台交往提供实物证据。

---

① 姚思廉《陈书》卷三五，《陈宝应传》。

② 释赞宁《续高僧传》卷一，《拘那罗陀传》。

1998年石狮市祥芝镇渔民于台湾海峡澎湖列岛北至台中新竹以西海域渔捞作业时捞起大批化石，其中有晚期智人男性个体的右肱骨一件，长度311毫米，绝对年代距今26000－11000年前，被命名为“海峡人”。1987年东山县渔民于“东山陆桥”海域捞起人类肱骨残段一件，绝对年代距今10000年前，也属晚期智人，被命名为“东山人”。此外，东山博物馆收藏“陆桥”海域的大批古生物化石，研究判明距今30000－10000年前，“东山陆桥”一带存在庞大的大陆渡峡动物群落。凡此一切，有力证明历次“东山陆桥”出露期间，我国大陆古人类与古生物均络绎依恃该浅滩隆起带前往今台湾岛，并以其为继续前往南太平洋与印度洋诸岛的中转站。

“东山陆桥”最后一次被淹没消失后，大陆特别是海峡正对面西岸闽南诸海洋族群，依然凭借原始海上交通工具排筏舟船东渡台湾岛。据报载，20世纪80年代，台湾东南方兰屿渔民廖歌山撑竹筏捕捞遭遇大风浪，居然绕岛北漂直到福建东山岛，有力验证了排筏的海洋漂航功能。更何况闽南海洋人群早已能够利用亚热带海流穿峡，并至迟公元7世纪伊始即能望测台湾岛方位，致渡峡技术更为熟练。隋炀帝“大业元年（605年），海师何蛮等每春秋二时天清风静东望，依稀似有烟雾之气，亦不知几千里”[①]。海师即船老䑩，这位航海舵师出身于福建“滨海蛮夷”，何姓。他东望时把浪涛烟雾与台湾最高山脉的林菁翠色搅混，但惯于海洋视物让他仍然作出正确的岛屿方位辨识。因此，迨大业三年（607年）朱宽奉诏南来闽海“求访异俗。何蛮言之，遂与蛮俱往，因到流求国（今台湾）”[②]。首次导航便获致成功。

① 魏征《隋书》卷八一，《列传·流求国》。

② 魏征《隋书》卷八一，《列传·流求国》。

隋炀帝穷兵黩武，竟于大业六年（610年）派陈稜、张镇州率万余兵卒，“自义安浮海击之。”[①] 不少注家于“义安”注为今潮州。显有误。查义安郡于隋文帝开皇九年（589年）正月灭陈的当年“置潮州”[②]，距陈稜跨海击之已去21年。故《隋书》“自义安”三字是信笔故郡，不能当真。又查陈稜于大业六年二月衔命南下，其时东北季风鼓帆，船队正可依恃信风，迅速顺南奔的海流，从福建漳州以南的义安故壤漳浦县（含今漳浦、云霄、诏安及东山四县），依靠征集起来的数百只海船，顺风出船，经澎湖直取台湾西岸登陆。如潮州出船则是逆风行船，已拥有朱宽二度从福建渡海顺利入台经验的隋军，似不至于拿万余兵卒的生命冒险。此事凸显两重意义：（一）搭载万余隋军需短时间内征集数百只海船，兵卒、兵器、兵食有巨大重量，海船不能太小。隋文帝曾于开皇十八年（598年）下诏：“吴越之人，往承敝俗，所在之处，私造大船，因相聚结，致有侵害。其江南诸州人间有船长三丈以上，悉括入官。”[③] 按梁朝侯景叛军曾驱使越人驾每边八、十棹鶬䑼船作战于长江江面，据唐朝著名典籍《通典》作者杜佑说，水战游艇“四尺一床”[④]，即置桨床木间隔以四尺为准，隋初东南地方的八、十棹䑼鶬船约长3.2丈或4丈以上，属于“大船”之列。闽南当时只有南安、龙溪二县，竟能一次征集数百只大船与数千上万梢工水手以渡峡，其海洋族群人数自然庞大，造船能力与大船民间蕴藏量相当可观。（二）隋军登岸之后，“流求人初见船舰，以为商旅，往往诣军中贸易。”[⑤]

① 魏征《隋书》卷八一，《列传·流求国》。

② 魏征《隋书》卷三一，《地理志》。

③ 魏征《隋书》卷二，《高祖纪》下。

④ 杜佑《通典》卷一六〇，《兵》十三，《水平及水战具附》。

⑤ 魏征《隋书》卷六四，《陈稜传》。

显然是流求人长期养成与到岸海船进行商业交换习惯行为的原生态反映，证明海峡往来已初露物物交换的曙光。最靠近又最有条件参与这种经济关系的海峡西岸商旅，毫无悬念首先就是闽南的海洋族群。

天涯咫尺，渡峡何难。自古以来，今福建大地上的古越人群确实借由“东山陆桥”或排筏舟船之助，渡峡徙居今台湾岛。其详情已无从洞悉。但既是今福建先民，徙居后则必定在其民风民俗、衣食住行与语言行事各方面残留故土“胎记”，凸显老家烙印。后人可依以追踪。唐代林谞《闽中记》，根据闽中古文献综核福建先民徙居海岛七族，诸族群在历史发展进程中相互融汇合并的结果，卢亭这一“海人”大通称，早已囊括了白水郎与蜑户等水居族群；即便是白水郎与蜑户也愈后其称谓界线愈不明显。所以实际上福建传统的海洋族群约有山夷、云（安）家、莫徭与白水郎蜑（蛋）户及后来加入的闽越族。

依此，试索隐台湾岛上先民的故土“胎记”。

以武夷为主体的山夷族群，向东海岸带与离岸岛屿移徙过程中，一路上建有标志性的族徽圣山——太武山，并于岩石上雕刻“巨人武”。福建东海岸上建有东部（今福鼎市）、中部（今福清市）与南部（今龙海市）三座太武山，离岸跨海登上金门岛又南下澎湖列岛均建有太武山，即东向登上台湾岛，于今屏东县建有北、南太武山外，又于多处建有大武峦山、大武胷山与大武垄山，并以大武命名古番社。大武二字固然系清初收复台湾后据原住民口语译成汉字，但其“大武”发音自然千百年来原住民代代口传，由大陆故土带来的文化信息根深柢固，无由泯灭。

1978 年在台湾高雄县茂林乡万山村的密林中，发现刻有 30 个脚印的岩刻一幅，岩面长约 204 厘米，上刻原始棱线排列的杂乱足掌纹，地处排湾族、鲁凯族生活地区①。笔者深信今后必将在台湾高山密林内会有更多的脚印岩刻被发现，并将进一步证明福建古越人山夷也把脚印“胎记”传入古代夷州。

三国东吴季年临海太守沈莹著《临海水土志》，书成于孙权黄龙二年（230年）征夷州之后数十年，极可能据东征士卒亲历材料简要叙述夷州（今台湾）风土人情与物产。另段兼略述安家（云家）族群的概况，指出其“居处、饮食、衣服、被饰与夷州民相似”②。地处今浙江省东南部与福建省东北部“悉依深山”③的“安家之民”与隔着台湾海峡的古“夷州民”，竟然衣食住行生活方式“相似”，决非巧合；况安家（云家）系“昔闽人徙居水岛者”④之一，逻辑的合理解释就是古“夷州民”的一部分正是东渡海峡徙居的安家（云家）族群。

《临海水土志》指称：夷州民“饮食皆踞相对，凿木作器如猪槽状，以鱼腥肉臊安中，十十五五共食之。以粟为酒，木槽贮之，用大竹筒长七寸许饮之。歌似犬嗥，以相娱乐。”

无独有偶。大陆古瑶人也有此奇异习俗文化。晋朝干宝《晋记》指称，瑶人“糅杂鱼肉，叩槽而号，以祭槃瓠。⑤”

降及宋代，范成大《桂海虞衡志》仍指称：瑶人“岁首祭槃瓠，杂糅鱼肉酒饭于木槽，扣槽群号为礼。”⑥显而易见，古代瑶人与古夷州民奇特饮食文化之间，存在着源与流、因与果的继

① 李洪甫《太平洋岩画》，上海文化出版社1997年版，第214～215页。

② 《太平御览》卷七八〇，《东夷》一引沈莹《临海水土志》。

③ 《太平御览》卷七八〇，《东夷》一引沈莹《临海水土志》。

④ 何乔远《闽书》卷三〇《方域志》福宁州白水江条。

⑤ 范晔《后汉书》卷八六，《南蛮列传》李贤注引。

⑥ 范成大《桂海虞衡志》胡起望、覃光广辑注本，四川民族出版社1986年版，第185页。

承关系。正是由于远古瑶人东渡徙居古夷州，传播扩散了他们岁首祭祀槃瓠的仪礼文化，复因环境条件的变化而变异，祀典程式衍化为生活常态并获得瑶人以外族群的持久接受，凝结而成为古夷州民的共同饮食形态。

隋炀帝大业六年（610年）陈稜、张镇州率军征流求（今台湾），目睹当地“往往有村，村有鸟了帅，并以善战者为之”①。鸼舠二字，原为江东越人战船名称。白水郎南移今福建水域时，携鸼舠以俱来，战时平时并用，获得水居人群的普遍青睐。白水郎蜑户渡峡东徙后，将这种战平利器名称转化为勇士美称，并赋予他们“理一村之事”② 的光荣职责。

《临海水土志》指称，夷州民“呼民人为弥麟”③。研究结果是，“弥麟”缓读（或者说切音）即是“闽”，如《正韵》作“闽，弥麟切”，“此应是闽越族人自称。”④ 可谓确论。年深月久，这个称谓自然而然地广受当地各族群接受，从而成为当年夷州民的普遍用语。

人口流动并成为常态，是贯穿人类童年全过程的基本经济规律。距今数千年前，徙居今台湾岛的来自今福建的海洋族群，又相继向南移动。他们采取间隔年代地跨海登陆路线，与从多地缘相互流动的人口交织成最东抵达复活节岛，最西抵达马达加斯加岛极为广阔区域的“南岛语族”。

20世纪30年代以来，“南岛语族”的研究者兢兢业业，从事考古学、人类学、语言学、民俗学以及遗传基因（DNA）学

---

① 魏征《隋书》卷八一，《流求传》。

② 魏征《隋书》卷八一，《流求传》。

③ 《太平御览》卷七八〇，《东夷》一，引沈莹《临海水土志》。

④ 叶国庆《笔耕集》，厦门大学出版社1997年版，第182页注⑥。

等学科的探索工作，取得巨大成绩。关于“南岛语族”的祖居地也日益明确，“地理范围集中在闽江口向南到韩江口的福建和广东东端的海岸”①。自2003年起，中美两国的考古人员，历时二年多在福建漳州市东山县大帽山等新石器文化遗址进行考古发掘考证。美方人员美国夏威夷大学人类学系教授白瑞·罗莱语中肯綮：“太平洋岛屿上的原住民从人种、语言发音到使用的石器都与闽南地区相似，很可能是当时生活在沿海的福建原住民在那里的后裔。”② 1988年，日本两位法医学专家，依靠分析采集到的没有混血的293名库克群岛居民血液的抗体遗传基因后指出：“从东南亚到波利尼西亚的库克群岛这一广大范围内的居民，都是祖先在中国南部的‘南方型蒙古人种’。”“南方型蒙古人是大航海民族”。库克群岛往东即复活节岛，“在海边耸立着巨石人像的特殊文化，是蒙古人（此指中国南方人）远渡一万几千公里的大海，来到这里建造的。”③

历史事实有力指明，闽南的海洋族群自徙居今台湾岛后，又历经繁衍生息相当时期之后，渡过巴士海峡徙居今菲律宾群岛，其后又与别的海洋族群，采取波浪式规律移动方式，向洪荒岛屿迁徙并开发，蔚成今日世界上横跨太平、印度两大洋人口数亿的大航海语族太空星云聚合恢弘壮观的社会现象。

---

① 张光直《中国东南海岸考古与南岛语族起源问题》，《南方民族考古》第1辑，四川大学出版社1987年版。

② 《海峡都市报》，2003年11月6日报道。美籍学者杨江在《马来—波利尼西亚与中国南方文化传统的关系》（译文载《浙江学刊》1991年第1期）文中断言：“早在6000年前，马来—波利尼西亚人的祖先从中国的福建省出发，”向南岛迁移。

③ 日本《每日新闻》，1988年8月12日报道。

（四）头角崭露

放眼历史长河，古代百越许多族群徙居福建南部海岸与离岸岛屿，与当地的百越原住民共同繁衍了千万年。在我国中原大地文明花朵盛放年代，他们被视作“荒服”居民，仍是被遗忘的角落。

从采集、渔猎，到原始农业，地理原生态的产业分工持续了漫长时间。100多万年以来，“闽在歧海中”，海侵海退起起落落，支离破碎的福建海岸带促成了捞捕渔业的庞大规模。同时也注定了造船打篷产业的提升，并带动江海航运业的发展。这一切也预示了必然会有一个相对称的鱼货交换市场从无到有、从低到高的成长扩张。单一的捞捕渔业有其自己的特殊性，是它相伴以俱来的哪怕是最原始的物物互换行为。产品单一而又无法长久保鲜，使海洋族群远古年代便产生多种形式的互换活动。因此，咸淡水产品在沿海居民食物链中占有极为重要的地位，以致原始社会的贝丘文化被冶铸为沿海考古事业一道突出的风景线。自此以降，“饭稻羹鱼”、“果隋蠃蛤”① 陈陈相因，凸显了江南人尤其是沿海居民数千年来饮食文化的独特色彩。而树立在这种生产、生活物质基础之上的便是早早升腾起来的商贾精神。

南宋孝宗淳熙年中杨万里由知漳州转任广南东路新职，在携带眷属乘船南去履新途中，就所见写成《蜑户》一诗：

> 天公分付水生涯，从小教他踏浪花。
> 煮蟹当粮那识米，缉蕉为布不须纱。
> 夜来春涨吞沙咀，急遣儿童劚荻芽。

---

① 司马迁《史记》卷一二九，《货殖列传》。

自笑平生老行路，银山堆里正浮家。[①]

诗自然写得洗练生动，但这仅仅是生花笔端灵感动，并不能为后人提供全面观察海洋重要族群蜑户生活的基础。舟居而又以捞捕渔业为生的蜑户固然以江海水族为食品的主要成分，甚至“能食生鱼，兼取蚬蛤海物”，但也设法通过商品交换关系，“从舶人易少米及旧衣以蔽体。”[②] 生食鱼虾，易得胃肠病；单纯以鱼虾当粮，也会染上营养偏少病症。这个饮食怪癖，根本原因在于蜑户极度贫困，在我国封建社会中长期被人为设置的种种人际关系的隔离带所排斥，不得不重返原始社会的蒙昧野蛮状态。

晚唐诗人施肩吾《澎湖》（又题作《岛夷行》）诗云：

腥臊海边多鬼市，岛夷居处无乡里；

黑皮年少学采珠，手把生犀照咸水。[③]

诗中“无乡里”意谓当时澎湖列岛尚未纳入大陆唐朝政权系统所建立的乡里体制，当地亚洲小黑人体型的原住民却在原始社会阶段即自发诞育了交换双方不见面不接谈以物易物的被诬称为“鬼市”的早期岛屿市集。澎湖对岸的闽南海洋民族自然是其市集的参与者。他们甚至还把大陆流传的刘敬叔《异苑》所提倡的燃犀照海，水怪现形的潜水防卫怪论带进澎湖。证明闽南海洋族群不但隋初，而且晚唐时期都在从事渡峡商品交换活动，则在东海沿海带的此类活动不用说是持之有恒了。

与上述商品交换活动相对应，大概晚唐年中，今莆田县湄洲湾北岸黄石半岛的笋状突出部海边海蛤播种区域建成大蚶庙，南

① 杨万里《诚斋集》卷一六。

② 《古今图书集成·方舆汇编·山川典》卷三二〇，《海部杂录》引《同话录》。

③ 王象之《舆地纪胜》卷一三〇，《泉州·风俗形胜》澎湖屿条引。

岸今惠安县辖地也建成另一座大蚶庙，“海商祈风，分帆南北。”[①] 风是海上帆船的动力源。崇拜海生动物蚶蛤并为之建庙并借以祈风行船，显然是水居海洋族群的商贾群体日益壮大并热衷于海上商贸的铁证。闽南海洋族群毫无悬念地登上历史舞台。

唐昭宗景福元年（892 年），王潮兄弟攻占泉州后，出师北上攻打福州。泉州“民自请输米饷军。（仙游）平湖洞及滨海蛮夷皆以兵船助之”[②]。仙游平湖洞当时大概系山夷与莫徭住地，而以兵船相助的则就是白水郎蜑户水上居民。其所以如此，首先由于王潮入驻泉州后，“招怀离散，均赋缮兵，吏民悦服。”[③] 利民措施取得明效。王潮部伍由于得到百姓支持，获得胜利。败将范晖扁舟逃遁，“遂为海人枭首以献。”[④] 为闽南海洋族群初出茅庐的政治武装斗争的告捷添上浓艳一笔。

王潮于昭宗乾宁四年（897 年）十二月病卒。其季弟王审知接掌大权。他深具策略智慧，着手进行改革。其核心措施是：

> 兵戈荐起，帑庚多虚。凡列土疆，悉重赋税。商旅以之而壅滞，工贾以之而殚贫。公则尽去繁苛，纵其交易。关讥廛市，匪绝往来。衡麓舟鲛，皆除守御。故得填郊溢郭，击毂摩肩。[⑤]

解读其深刻意蕴，先须揭明其时的历史背景。公元 8 世纪初期，白衣大食与黑衣大食相继崛起并以战争扰乱中亚，阻断延续千百年的丝绸之路，天宝二年（743 年）唐朝政府被逼禁断此条

---

① 何乔远《闽书》卷二三，《方域志》兴化府莆田县大蚶山条。张岳《（嘉靖）惠安县志》卷一〇，《典祀》。

② 司马光《资治通鉴》卷二五九，唐昭宗景福元年二月。

③ 司马光《资治通鉴》卷二五六，唐僖宗光启三年。

④ 钱昱《重修忠懿王庙碑》，福州王审知祠藏。

⑤ 于兢《王审知德政碑》，福州王审知祠藏。

陆上交通通道。抽刀断水水更流。为大唐帝国高度物质与精神文明所磁吸的东西方世界的往来并未因此断绝。广州的海上贸易更为蓬勃。中唐年中，蕃舶多时一"年至者乃四十余柁"[①]，甚至"外国之货日至"[②]。蕃舶到岸的"舶脚收入"与遐方珍宝，成了朝廷的重要税收与皇帝及其权倖的垂涎之物。基于海上贸易的日益兴盛，及至唐朝末年，朝廷重臣竟视其为富国的根本："南海以宝产富天下，如与贼（此诬称黄巢农民军），国库竭矣。"[③] 国库富与否已不在农业、手工业传统决定论的支配之下，而寄托于"市舶之利，岁贡珠玑"[④] 海上贸易的有无。市舶富国论在江南十国时期继续发酵。吴越"沿海置博易务，听南北贸易"[⑤]。闽朝政府于乾宁五年（898 年）疏凿甘棠港，拓宽航道，使"江海通津，帆樯荡漾"[⑥]。天祐元年（904 年）任张睦领榷货务，"招徕海上蛮夷商贾。"[⑦] 在这一社会大背景下，王审知施展了他的政治才华：减免苛损杂税，提振商工从业者的信心与士气。废除关市阻隔限制，鼓励自由贸易往来，市场秩序由此获得整饬。山林狩猎砍伐的种种禁条，水居族群的船只及其航运或捞捕的无端约束，概予废止。《王审知德政碑》的舟鲛即鲛人之舟倒装。晋张华《博物志》："南海水有鲛人，水居如鱼，不废织绩，其眼能泣珠。"[⑧] 显即指古代南海蜑户。山林住有当时的山夷与莫徭，

① 欧阳修《新唐书》卷一三一，《李勉传》。

② 韩愈《昌黎集》卷二一，《送郑尚书序》。

③ 欧阳修《新唐书》卷一八五，《郑畋传》。

④ 刘昫《旧唐书》卷一二八，《郑畋传》。

⑤ 《十六国春秋》卷一一五，引周昂《十国春秋拾遗》。

⑥ 于兢《王审知德政碑》福州王审知祠藏。

⑦ 梁克家《（淳熙）三山志》卷六，《地理类》六，《海道》。

⑧ 《太平御览》卷七九〇，《四夷部》一一引。

江海漂泊白水郎蜑户的生计载体舟船。王审知在整饬市场的同时，又着力解决“衡麓舟鲛”的困难。不难看出，王军征伐范晖时，大获他们的资助，执政后，王审知不忘给予酬庸，以示感念。况海上贸易已经成为各沿海独立政权的荦荦大端，“招徕海上蛮夷商贾”当然蕴涵着对海洋族群的殷切期待。

显然可见，当历史车轮辗进五代十国世纪门槛之后，闽南的海洋人群已舒展其海上贸易的翅膀，准备迎接一个大展雄才时代的到来。

不过海洋族群在闽南海上贸易萌发时期晚唐五代年中首先遭遇到的是一个全新的社会人口格局。在封建经济盛世爆发的安史叛乱与黄巢农民战争，驱赶华北人口大批南迁，导致海陬闽南原来人口稀少的现象发生重大变化。安史叛乱前夕，玄宗天宝元年（742 年），闽南泉漳二州有 29652 户[①]。此后历经被中国人口大批南迁与闽朝内部战乱相互抵消削减，直至闽南半独立状态终结之年，即宋太宗太平兴国三年（978 年）四月，陈洪进归诚宋王朝，献泉漳二州十四县 151978 户[②]。同比增加：县七个，比旧七个即增一倍；户增 122326，增四倍以上。降至神宗元丰三年（1080 年），全国主客户统计出现我国古代史上首度具列汉族以外族群计账的户口比例数。据毕仲衍《中书备对》，当年全国主客户户数为 14852684，含弓箭手、僧寺道观、山徭、典佃乔佃、蜒船居、黎户、蕃部在内的户数为 430044 户[③]，他们仅占全国户数的 2.895％。况山徭、蜒船居、黎户、蕃部也仅占其中一部分，即便依此略计，五代季年，闽南百越原住民顶多只有数万

① 欧阳修《新唐书》卷四一，《地理志》五。

② 李焘《续资治通鉴长编》卷一九，太平兴国三年四月己卯。

③ 马端临《文献通考·户口考（二）》引。

户。他们在居民中占多数的岁月，已一去不复返了。中原华夏汉人徙居闽南源远流长。宋代人每以两晋为一个新阶段。今南安市丰州九日山下，西晋武帝太康九年（288 年），迁民中的佛教徒创筑闽南最早佛刹建造寺（即延福寺前身）。后来，西晋离乱，“东晋南渡，衣冠士族多萃（泉州）其地，以求安堵。”① 刘弇于兴化军任上咏《莆田杂诗》二十首，据其地民情变迁，叹赏“可怜晋耆旧，冠剑几星霜”②。显然，迁民内既有大批农民，也含有“衣冠士族”即族群中的豪门世族与文人学士，这种对立结构，也成为其后迁民群体的常态。政权、金钱、文化以及迁民在闽南所复制其原乡的宗族生态系统，迅即成为豪门手中的利剑，最终逼使百越原住民投归其麾下。所以，闽南海上贸易如何发展，便端赖汉族的有识之士与地方政府了。

① 王象之《舆地纪胜》卷一三〇，《泉州·风俗形胜》引乐史《太平寰宇记》。

② 《龙云集》卷七。

第三章

苍官影里三州路

一　梅洋三郎　斩荆劈棘

（一）三江腹地

“苍官影里三州路，涨海声中万国商。”[①] 这是宋人李邴一首有关泉州的诗篇仅存下来的二句。李邴南宋初执政中枢，高宗绍兴年中择地泉州退闲，先住城东法石草市，后迁住城中。据他长期观察，对当时已经趋于繁雄的海上贸易业的进出口商品的采集与运输机制，做出符合实际情形的描写：苍松浓荫掩映下，泉州、漳州和兴化军的道路上畜驮车载，将商品送达港口，又从那儿将许多国外商品从乘风破浪中前来的海舶上卸下运走。

泉州、漳州和兴化军之结合为泉州港（约自南宋中年后蕃商又称之为刺桐）的腹地，有着地缘、政缘、文缘、亲缘等等多种原因。它们历史上长期由置于南安江（后又称武荣江、晋江）流域的州郡政府统辖，两宋开始则又统称为“闽南”，地方文化发

① 王象之《舆地纪胜》卷一三〇，《泉州·诗》引《清源集》。

展的模式也大致相同，农业和手工业制造品各有优势，向来沟通有无互补利用。因此，作为大港口所依托的腹地，自然顺理成章，水到渠成。当时泉州辖区面积，约为12496平方公里，漳州约为18202平方公里，兴化军较小，约为3781平方公里。这三个行政辖区内各有一条主要河流，因此可以依次把它们划分为晋江流域的泉州区块、九龙江流域的漳州区块和木兰溪流域的兴化军区块。在上述三江入海口，又各有一个大小不等的海口三角洲，依次称为晋江平原（现代面积345平方公里）、漳州平原（567平方公里）和兴化平原（464平方公里），三大平原总面积占辖区总面积的3.99%，余下的90%以上均为山岳丘陵地貌。

宏观鸟瞰，闽南腹地大部分系闽东大山系中段戴云山、南段博平岭的南坡，并向东海坡降以抵海岸。

戴云山素称“闽中屋脊”，主峰在泉州德化县，海拔1856米，高插云汉，向东延伸于兴化军北部，向西横贯永春、南安、安溪诸县并切入漳州北部，而与博平岭（主峰1666米）、玳瑁山（主峰1807米）比肩，共同造成闽南西北部群山森列、岭谷纵横的地貌总态势。山地峡谷与河谷具有明显的侵蚀阶地，常形成串珠状盆地。盆地与盆地之间又常因峰峦、森林、水流等客观条件相异而形成小气候，使植被呈现多样性状。随着山岳向沿海渐呈下降，便出现低山丘陵，河谷坡地也逐渐开阔。大致北自仙游县中部横穿惠安、晋江、南安、长泰、龙溪、漳浦诸县的北部或中部为界线，地貌又逐渐向沿海阶地转化，汇入上述各自冲积、海积平原。兴化平原与漳州平原海拔低，土壤肥沃，水网密布，宜于农耕。而泉州所辖的惠安、晋江、南安、同安县诸处滨海地带多系剥蚀台地，在湿热气候作用下，化学风化强烈，造成巨厚风化壳，植被覆盖率较低，水土流失容易，岩石裸露，形成石蛋地貌，不利农耕[①]。

远古以降，闽南大地及其沿海近岸水域，系百越众多族群的故乡。先秦以来，在中原王朝不断开拓疆界的压力推移下，原来长期定居今浙江省南部的闽越族逐渐南下，并与百越族人错居或互相同化，从而转化成为闽南大地主要的原住民[②]。但自秦始皇统一六国，设置闽中郡，尤以汉武帝元封元年（公元前 110 年）出兵击败闽越王余善，并将其族人大部分内迁、结束其独立状态以后，黄河流域的华夏人（即日后所称的汉族）便一波又一波地陆续移居闽地。

早期移民经历过一个“筚路褴褛，以启山林”的艰辛过程。当时“户籍衰少，耘锄所至，甫迩城邑。穷林巨涧，茂木林翳，小离人迹，皆虎豹猿猱之墟”[③]。闽南乡间，至今尚存有古时遗留下来诸如虎岭、象径、豹谷、蛇溪之类地名，都是当年自然环境恶劣情形的印记。自中原南下的枵腹人群，他们必须想方设法战胜大自然的种种压力，才能扎根下来，耕垦安家。即便迟至两宋，闽南诸地尚“多瘴雾蛇豕之毒”[④]。仁宗景祐年中（1034—1038 年），吕𪸩任漳州漳浦县令，时猛虎出没噬人，县府即派人于“虎坑岭”设阱，并张贴告示咒虎云：“暴吾民者入吾阱。”次日果有虎陷入地阱，人以为神[⑤]。其实，这并非咒语灵验，而是老虎太多，到处觅食，所以容易捕捉。象群践踏农作物，伤害百姓是当地另一公害。宋人彭乘著《墨客挥犀》一书，说漳浦县

① 详见《福建省地图册》，福建地图出版社 1983 年版。

② 叶国庆《笔耕集·古闽地考》，厦门大学出版社 1997 年版，第 141 页。

③ 梁克家《（淳熙）三山志》卷三三，《寺观类·僧寺》。

④ 怀荫布《（乾隆）泉州府志》卷四六，《吕𪸩传》。

⑤ 怀荫布《（乾隆）泉州府志》卷四六，《吕𪸩传》。

“素多象，往往十数为群”。光宗绍熙二年（1191年），朱熹知漳州，春耕时发布《劝农文》，其中列出专项，号召农民“陷杀象兽”，杜绝“踏食之患”，除规定官府不得向杀象的农民追索象牙蹄角外，又另立赏钱30贯以资奖励①。当时盘陀岭下，也是一个野象成群，人烟稀少地带。后来僧人祖叶建庵念佛，人迹渐稠，象群远遁，周近居民喜称该寺院为“无象庵”。

（二）“梅洋三郎”

自古以来，“苛政猛于虎”。因此，一向为兵燹所震慑，为苛政所煎熬的中原移民，入闽后并不一定向往平原沃壤或城镇郊垧。在他们看来，地权分割殆尽的农耕地带，也可能是一个个新的社会陷阱。相反，岩岩山岳、莽莽林菁常被视作“世外桃源”。闽南山间串珠状的小盆地尤其如此。这便是为什么山区同样获得早期进入拓殖行列的一大奥秘。北宋末年陈非熊在《莆田榄巷文峰陈氏族谱总序》中追叙其远祖移居宋代兴化县谷目村的缘由时说：

> 陈氏之先，颍川人也。……远祖曰梅洋三郎。当时困于兵乱，人不自保，惟恨所居之不远……遂入深山穷谷，以为营生安业之地，若武陵桃源之避秦者。梅洋谷目，旧无蹊径与人世通。当时入山寻居之地，以为避乱之所。所经深山秽木，遂以刀刻记其所经。欲将出山，则寻刻木以求路。闽［音］以刻为琢，故谓之琢木。后语讹谷木（今作谷目）。以多梅树之故，又谓之梅洋。其后子孙滋众，寻平洋为耕植。

① 朱熹《晦庵集》卷一〇〇。

故所居之地，有浔洋，马垅焉。①

谷目村在今仙游县象溪乡，当地群峰攒聚，层峦叠嶂，是一处至今仍相当闭塞的高山地区。可是千百年前，“梅洋三郎”率同其男女家口，藏莫如深，选中这处山高水冷与外界无路相通的偏僻山间，不被虎狼霜寒所吓阻，寸土寸水，一锄一镬，年复一年，长子育孙，耕垦不辍，表现了入闽先民拓荒历程中的坚强意志和大无畏精神。

据明代周华所纂《兴化县志》，宋元明初存在过兴化县建制含谷目村在内的山间盆地，唐以前大概还只是一块洪荒大地。正是基于像“梅洋三郎”这样一批中原移民的拓殖，自然环境和社会人文终于呈现转折性变化。他说：

> 游洋自五代先（此处有脱误），然犹蛇踪豕迹，未隶中原文献之风。天命入唐，则胡马去不嘶，迺称次第归华哉，始有大姓占据其地。迨王氏自光州固始入闽，而一时仕宗宦族，率从而南，则大姓大都横纵矣。地因人名，人附地显。命世儒宗，冠时显吏，游洋特甲焉。②

对历史轮廓的叙述，这段评论大致不错，但唐五代之际，移居山间的先民，却不可能都是“大姓”或“仕宗宦族”。王审知兄弟所部原是屠户王绪纠集起来的江淮农民，跟随南下的还有不少离乱灾民。其间陈氏一支，避地数徙，最后定居福兴里谷目村。历尽艰辛，“梅洋三郎”的后裔于北宋年中也有人应试中举，出仕从宦。仁宗庆历以后，兴化县士人屡屡登第。其后又出现诸如被誉为兴化军文章开山祖的郑厚，史学巨著《通志》作者郑

---

① 转引自朱维幹《福建史稿》上册，福建教育出版社 1984 年版，第 68 页。

② 周华《兴化县志》卷三，《大姓志》。

樵，状元、丞相郑侨，一时人才辈出，蔚成文献之邦。

然而毋庸讳言的是，闽南山区固然也是早期拓殖地点，而由于自然条件严酷，生产条件较低，生活质量较差，使居民人数及其社会关系长期受到制约，因而社会各方面的发展，远较平原地区缓慢。州县政权建制的设置也就比较迟缓和稀少。更由于闽南中原移民拓殖前期年代，百越原住民为数不少，他们大抵丛住山地，所以汉族移民的散垦盆地只是若干“飞地”。

根据现有史料，南安江流域是汉族人口移居闽南的最早散垦地区。由黄河流域天灾人祸的驱动，汉族移民顺江而下，百越原住民则自流域向北退居后来的兴化军区块，向南进入龙溪流域以南山地。伴随移民人口的逐渐增加，三国孙吴景帝为稳定闽中五次用兵后，于永安三年（260 年）首度于南安江畔设立治所，建立管辖闽南大部分地区的东安县，并遣将率部驻守。史载吴将黄兴及其妻死葬惠安县凤山，吴将张悃死后入祀同县青山庙，均系明证。六朝年中，黄河流域战乱不止，移民进入闽南出现高峰，设治置县相应增加。晋武帝太康三年（282 年），东安县改名晋安县，治所置于南安江中游丰州（今南安市丰州镇）。同年设同安县（含今厦门市同安区）。梁武帝在位期间，晋安县改名为梁安县。不久，于龙溪流域首度设龙溪县（540 年设）。陈废帝光大二年（568 年）首度于木兰溪流域设莆田县。

隋唐两代是中国古代国家取得迅速发展的重要时期。闽南虽处于东南海疆，也同样受惠，社会安定，经济有所发展，人口不断增加，于是武后圣历二年（699 年），南安江流域设立武荣州，辖南安（梁安县改）、莆田、龙溪县，同年添设清源县（后改称仙游县）。武荣州名称经过变动后，于睿宗景云二年（711 年）改称泉州，治所东移至今泉州市鲤城区。玄宗开元六年（718 年）添设附郭晋江县，标志晋江平原进入一个发展的新阶段。

盛唐时期国家社会经济的繁荣，当然也投影于闽南大地。汉魏以降随着中原移民而移植于闽南大地的原来中原先进的农耕技术，经过漫长岁月，终于开花结果，六朝期间最早滋生于江淮流域的小商品市场——草市，也终于在闽南大地上涌现。闽南特殊地貌所形成的山区串珠状盆地所拥有的小气候，发育成植被的多样性，使农户之间，盆地之间的劳动成品容易由于其自身自然性质的相异而转化为小商品。在整个社会商品经济获致相当进步的大环境中，闽南乡间的小商品交换也就逐渐地成长起来。

同样，这个趋势也在南安江流域最为明显。

南安江呈树枝状分布。其上游大致分为东溪与西溪。东溪源自今永春县西部雪山的西南坡，汇集众水，横贯该县中部与东部，称为桃溪。然后南下今南安市，于双溪口与西溪汇合，之后始称本名。桃溪及其支流河谷地带散布一批今称为桃林、蓬壶、达埔、湖洋、岵山等等的山间串珠状盆地。从遥远的古代起，这些盆地逐渐进入垦殖时期。据载，陈朝末代君主陈叔宝的三个儿子，于灭国后即领兵南奔，分驻桃林盆地肥湖、石鼓及陈岩山，从事农耕，成为齐民。这至少可以说明，最晚在六朝年中，汉族移民已在桃溪该处盆地拓殖。岁月悠悠，时届晚唐年中，桃林草市为中心的盆地乡间市场终于形成。敬宗宝历年中（825－827年），便析出南安县西部二乡地设立桃林场。稍后，当地人盛均撰写《桃林场记》指出：

> 唐武宗（会昌）二年，余还斯境。其场由西十里右胁精舍，前距危岫，形拘势促，不似公门……
>
> 今己卯（按即宣宗大中十三年），觐季父于此。视廛里若巨邑，览风物如大邦。鳞鳞然廨宇之罗，霭霭然烟火之邦。一派趋碧，群峰走青；横飞而野鹤冲陂，旷望而晴郊远去。是以俗阜家泰，官清吏闲。凌晨而舟车竞来，度日而笙

歌不散……①

作者18年中两度返乡，市场的变化明显有别，一阓之市转为“廛里若巨邑”、“风物如大邦”的山间繁盛草市。溉田的陂坝，苍翠的田野，鳞鳞栉比的屋宇，袅袅升腾的炊烟，一派升平富庶景象。而晨光熹微，朝霞初展，四面八方的河上船只，路上车辆，趁墟入市；戛玉敲金，丝弦管匏，成天奏鸣不停，这又是何等的气派万千。

西溪源自安溪县西北，向东南倾注南安县。该县境内干流长，水量丰沛，称为蓝溪。蓝溪及其支流上也分布着今称为凤城、湖头、官桥等串珠状盆地。中原移民早期开垦蓝溪流域诸盆地的年代，已无法考定。但唐朝末年，从僖宗中和四年（884年）至哀帝天祐四年（907年）唐朝灭亡的二十几年中，相继有隐静院、灵像院等九座佛寺建立，标志崇信佛教的中原移民不断涌入，人口密度日趋增长，因而可以承担建筑费用、劳力及其他的多种费用。又经过半个世纪，南唐保大十三年（955年），詹敦仁向闽南割据势力当局申请建置清溪县（今安溪县），迅获同意。当时该县户近三千，设四乡十六里。农产品为“桑麻谷粟”，并且“冶有银铁”。清溪草市“居民鳞次”，“坐肆列邸，贸通有无”。② 詹敦仁谢事退闲后，迁居县西戴云山脉佛耳山山间，作《清隐堂记》，形容佛耳山“峭绝高大，远跨三郡”，显然处于万山丛中，但也相对得到垦辟，“有田可耕”，“春而耕，一犁雨足；秋而敛，万顷云黄。”③

---

① 郑一崧《（乾隆）永春州志》卷一二，《艺文》引。

② 林有年《（嘉靖）安溪县志》卷七，《文章》引詹敦仁《新建清溪县记》。

③ 何乔远《闽书》卷一二，《方域志·泉州府安溪县·山》引。

唐代后期这种类似南安江上游山间串珠状盆地由村墟——草市——场（即中心市场）小商品链条递进方式建立起来的富有地方特色的经济网络，也出现于泉州多处坡地乡间。德宗贞元年中（785—805 年）析永泰县归义乡置归德场（五代年中，闽龙启元年即 933 年提设德化县），贞元十九年（803 年）析南安县西南四乡置大同场（闽龙启元年提设同安县）。敬宗宝历年中（825—827 年）析南安县西北二乡置桃林场（闽龙启元年提设桃源县，后改称永春县）。懿宗咸通年中（860—874 年）析南安县西二乡置小溪场（留从效奉南唐正朔，保大十三年即 955 年提设清溪县，后改称安溪县）。僖宗乾符三年（876 年）析大同场西北地置武德场（保大十三年提设长泰县）。显然可见，县辖境的分割和再分割，所圈出的地域以中心市场命名，清晰地表明了当地户口增多，农业经济成长及由此导致的小商品市场的创立是以上一连串政权设施的现实基础。而场——县的递进又显然以地方基层政权可能获致各种赋役的支持为前提，所有这一切都深刻地揭示了泉州区块拓殖程度的空前提高。从历史遗留下来虽是不完整的户口数字的变动，同样也可以展示上述历史事件进程的必然性。泉州在唐玄宗开元年中（713—741 年）有 50754 户，居福建诸州之首。开元二十九年（741 年）割龙溪县改隶漳州，天宝元年（742 年）仍有 23806 户，160295 口，依然领先福建诸州。以后德宗建中年中（780—783 年）进为 24586 户，宪宗元和年中（806—820 年）又进至 35571 户，均呈现直线上升。

（三）漳江拓殖

九龙江流域的拓殖进程是另外一种模式。

这块广袤大地，北部穿越闽东大山系南段博平岭，与武夷山的东南坡相连接。“茅苇极目，林菁深阻。”[①] 曾是百越原住民母权氏族部落的一个南部发祥地。九龙江海口南岸有太武山。北宋《漳州国经》据古老传说：山上有太武夫人坛：“闽中未有生人时，其神始开创土宇以居人也。”[②] 太武夫人显然是远古原住民母权氏族社会的一位酋长。氏族部落拓土以居，九龙江流域便成为最佳地带。对照近年古代漳州辖境的古人类、古石器考古发现，该传说当有事实根据。汉武帝元鼎五年（公元前 112 年），南粤丞相吕嘉举兵反汉，拥立述阳侯建德为南粤王，并在九龙江以南山区造船。南北朝刘宋时人沈怀远赴贬所途中经过绥安县（辖今漳浦县局部及云霄、诏安、及东山县，设治于漳浦西南），根据当地越人居民口述，在《南越志》与《次绥安诗》中做过叙述。据他说，南粤王建德建造千石大船，地点就在绥安县北部山区。古时绥安县不但是百越原住民丛集之地，而且是善于造船之所。在漫长的历史演进之后，南朝时期，至少临海地带的越人已能从事农业种植劳作，借以维持低水平的物质生存条件。

绥安县以北地域，大部系梁朝所建立的龙溪县地。大概漳州平原西北山区，长期仍是越人原住民的集结地域。据漳州龙海市角美镇丁姓后裔珍藏的《白石丁氏古谱》所载，龙溪县虽建于梁朝，迄唐初，汉族移民入境尚少，大部仍被阻隔于龙溪东岸。“阻江为险，插柳为营。”因号此江为柳营江。高宗总章二年（669 年），将军陈政率部于上游江面狭窄处奇袭渡江成功，百越族“土黎附焉”，于今漳州市芗城区周边首建“唐化里”，从而为阻隔于东岸的汉族移民获得渡江垦殖机会。咸亨四年（673 年）唐军且战且招，挺进至今云霄县盘陀岭下，三年后，陈部跨越盘

① 刘克庄《后村全集》卷九三，《漳州谕畲》。

② 王象之《舆地纪胜》卷一三一，《漳州·古迹》。

陀岭，将负隅抵抗的越人击败，进占今云霄县地，并招募58姓移民及唐军屯田于今漳州平原及其沿海向南岸带[①]。武后垂拱二年（686年）代领陈部唐军的将军陈元光（陈政子）请准设漳州，置治所于今云霄县西林（后迁于今漳浦县李澳川，德宗贞元二年又迁至今漳州市芗城区），下辖漳浦、怀恩二县。玄宗开元二十九年龙溪县（最初辖今漳州龙海市、华安县。隋文帝开皇十二年省并州县时将绥安与含今南靖县的兰水县并入龙溪县）割隶漳州。至此，漳州辖境基本稳定下来。

陈元光率唐军进抵梁山盘陀岭后，即实行移民屯垦政策，其所部据研究前后约达七千余人，部将姓名可考的约百人，官兵及其眷属领取所分得到的荒地，在今云霄县火田、世坂、下沙一带拦截漳江，修筑“军陂”。该渠遗迹至今可寻的长约120米，宽高各为4米，盘山修建，凿岩劈石，历尽艰难。于其他移民散垦地，也奋力“劝课农田，惠工通商”[②]。随陈政戍闽的白石村丁氏先祖丁儒谢事归闲后，率族人及移民开屯于今龙海市角美镇白石村。当地处于九龙江海口三角洲北岸，当时是一片海潮退后的盐咸卤地。丁儒募众筑起防潮长堤，修渠泻卤。其后代子孙耕垦不止，终于辟出良田，农稼萋萋。届五代北宋之交，其四世孙丁祖托名丁儒撰《归闲诗二十韵》歌颂这方“乐土”（节录）云：

天开一岁暖，花发四时春。杂卉三冬绿，嘉禾两度新。
俚歌声靡曼，秫酒味温醇。锦苑来丹荔，清波出素鳞。
芭蕉金剖润，龙眼玉生津。密取花间露，柑藏树上珍。
醉宜藷蔗沥，睡隐木棉茵。茉莉香篱落，榕阴浃里闉。

---

① 《白石丁氏古谱·懿绩纪》。

② 《白石丁氏古谱·懿绩纪》。

雪霜偏避地，风景独推闽。[①]

风光旖旎，乡情浓郁，翠色可餐，令人陶醉。九龙江三角洲上，拓殖成绩不凡。当时先进的水稻复种制已在当地建立。品种繁多的果树，常年轮番结出硕果。藷蔗榨汁醒酒，自然知道炼制糖霜。割蜜、酿酒、捕鱼，这是当地传统的副业。缝制木棉茵褥，则又是农村新兴的“兼业”。闽南随处可见的榕树阴下，农舍隐现；茉莉栽成篱落，香飘十里。饮酒听歌，其乐如何！这就是诗人笔下九龙江三角洲的“鱼米之乡”。

漳州平原成为丰饶的“乐土”，至少有两个方面的原因。其一，环境优越，即耕地肥沃，雨量充沛，气温湿热，灌溉方便。许多农田可以长期依靠导引九龙江溪水，自流灌田。其二，长期地旷人稀。唐玄宗开元年中（713－741 年）仅有 1690 户，为同期泉州户数的 3.33％。天宝中（742－756 年）4680 户，为同期泉州户数的 19.66％。德宗建中年中（780－783 年）2633 户，为同期泉州户数的 10.71％。宪宗元和年中（806－820 年）1343 户，为同期泉州户数的 3.78％。又经过一个多世纪，即宋太宗太平兴国五年至端拱二年间（980－989 年），漳州历唐末、五代及宋初漳泉割据，一方安静，户口始激增为 24007 户。当时泉州已割出莆田、仙游二县归兴化军，余下 96581 户，但漳州户数仍仅为其 24.85％。当然，古代户籍统计并不绝对准确，但大体轮廓已确立，即漳州在几个世纪漫长发展期间一直处于地旷人稀状态。南宋高宗建炎四年（1130 年），綦宗礼知漳州，其谢表仍称：“七闽之俗逐末，境独多田。苟无横敛之忧，真有安生之

① 《白石丁氏古谱·懿绩纪》。考证详拙文《丁儒龙溪诗篇与宋初漳州平原农业》，《古今农业》1991 年第 3 期。

佚。"[①] 这种经济环境与人口、土地配置框架，容易成为自给自足和优越感很强的自耕农滋生并长盛不衰的温床。

漳州"负山阻海，林泽荒僻，为獠蛮之薮"[②]，百越族群遗裔众多，汉族移民所能屯恳拓殖的空间大受制约，估计唐初陈政、陈元光父子以军事为前导的武装拓殖主要获得漳州平原及向南沿海岸带构成的农业走廊，其余西北山地大概均为越人丛聚地区。而临海平原或低地边缘又因为海浸过后咸卤满目，难于种植使用，所以，族群关系状况与土地拓殖有效使用限制都给漳州社会经济、治安及文化发展以相当的影响。

百越遗裔住地有别、进化程度参差不同。为安定地方，唐朝福建观察使采取"兼戎索而治之"[③] 即所谓"有国者以不治治之"[④] 的政策，实际上就是"羁縻"而已。闽南山林茂密，越人大致以刀耕火耘的原始粗放农业或狩猎采集以维持低度的物质生活。随着汉族居民的不断增加，宋代便出现"省民山越，往往错居"[⑤] 犬牙交互的居住状态。因此，便在闽南腹地尤其是漳州形成三种居住状态，即汉人或越人各自独立以及二者错居的不同的住宅关系，并由此奠定多种经济成分、多元文化并存的生态。

每一特定历史阶段的生态空间内，社会动向都由活动于其间的物质手段与精神文明共同参与。唐宋时期闽南人的谋生战略转型——泉州（含宋以后的兴化军）"每岁造舟通异域"与"漳（州）民无大经商"之谜也便不同。

---

① 綦宗礼《北海集》卷三〇，《漳州到任谢本路监司启》。

② 《白石丁氏古谱·懿绩纪》。

③ 《全唐文》卷六〇九，刘禹锡《薛謇神道碑》。

④ 刘克庄《后村全集》卷九三，《漳州谕畲》。

⑤ 刘克庄《后村全集》卷九三，《漳州谕畲》。

二　奔向海洋　气贯长虹

（一）生存危机

唐朝初年，具有划时代意义的与民休息、劝课农桑被宣布为国策并在全国范围内执行。泉州区块内兴化平原、晋江平原的水稻种植面积迅速发展，漫灌与冲卤化淡需水量空前扩大，修建渠塘陂坝等等水利工程便显得异常迫切。太宗贞观年中（627－650年），兴化平原南洋（木兰溪南岸以远洋田）即修成横塘、颉洋塘、国清塘、诸泉塘、永丰塘、沥浔塘六大水库。北洋（木兰溪北岸以远洋田）于中宗神龙年中（705－707年）跟着建成延寿陂，兴化平原大面积田地成为灌区。稍后，晋江平原也陆续修成系列水利工程。德宗贞元五年（789年）刺史赵昌修尚书塘，宪宗元和二年（807年）刺史马总修仆射塘，文宗太和三年（829年）刺史赵棨修天水淮，也使一大批农田获得浇灌。五代年中，福建一隅平静，水利仍然有所兴修。莆田县闽朝知县何玉于县北山区修成太和、屯前、东塘等水库。其后留从效在仙游修留公池。陈洪进在莆田引萩芦溪水建南安陂。晋江平原上，泉州城南有吴某倡修的六里陂，外障潮汐，内蓄溪流，溉田数万亩。陈洪进则在晋江尾闾右岸筑埕海堤埭，汇合南浦众水，经陡门入海，堤内经冲卤化淡新增大片农田，灌溉拓荒一举两得。

宋朝建立，留陈归诚，闽南复归大一统王朝。人口迅速增长，与自然资源紧缺之间的矛盾，日趋突出。太宗前期，泉、漳州和新建置的兴化军共有154295户，比唐代晚期最后户数记录（即宪宗元和年中36914户）增长四倍以上。因此，推进水利修建，扩大灌区范围，填海造田，引进优良作物品种，提高农业成品数量、质量，是解决矛盾的必由之路，大约在北宋前中期已为人们所认识。

水利工程最著名的是兴化军的木兰陂与晋江平原的清洋陂。

兴化平原虽自唐初筑成六塘，能灌溉大批农田，但随着垦殖前沿不断向海滨推进，供水量缺口也日见扩大。所以，拦截发源于德化县，流经永春、仙游县的木兰溪水使之滔滔浇灌南洋广大农田，便成为唯一的成功之路。英宗治平年中（1064－1067年），长乐人钱四娘和林从世先后出资兴建陂坝，均告失败。神宗熙宁八年（1075年），福州侯官人李宏应诏捐资，改择坝址，石砌闸门32间，砌缝钩锁隼合，闸板可以依水文增减，拦截溪水流进坝首导沟，而后分流7条大沟109条小沟，蜿蜒20公里，广溉数万顷南洋田地。从此“变泻卤为上腴，更旱暵为膏泽”①。为妥善保护陂坝，有效管理水源，李宏于坝成之日，拨出所废唐初五塘（留国清塘）成田租谷800石设置“陂司”，并订立“陂司规例”，设正副陂长，由上户负责，按时维修和常年护卫。

清洋陂系神宗熙宁年中县令危雍所修筑。该陂拦截瓷灶溪与葛洲溪水，导入吟啸浦与烟浦埭，分溉晋江南乡下浯、沿江、吟啸、潘湖、池店、新店、沟头、下埭、陈翁、孤坑诸处田地千余顷。也设立陂长、塘长，分主维修工程与水源分配业务。

历史事实表明，神宗熙丰变法曾在闽南掀起一个治水高潮。其中如一向缺水的惠安县亦大建陂塘，即便一个世纪后，南宋宁宗开禧年（1205－1207年）后尚在发挥溉田作用的还有300余处。

唐宋之际闽南的围海造田，一如水利工程，主要在人口稠密的泉州和兴化军进行。同时，沿海低地平原的水利工程与围海造

---

① 周瑛《（弘治）兴化府志》卷二九，《艺文志》引林大鼐《李长者传》。

田常常一举两得，紧相联系。不治水，则盐咸土地无法耕种；不围海，则冲淡无所依托，潮汐啃噬，无以为功。真如宋人所说："莆地濒海广斥，昔人陂双溪（按指荻芦溪与木兰溪）以灌泻卤，田之号南北洋者，遂成沃野。"[①] 所以，水利工程种种，"凡诸港、浦、埭、塘，皆古人填海而成之，所谓闽在歧海中也。"[②] 事实是，闽南地名凡带水、土、石等偏旁的大都是填海成陆的历史遗痕。

占城稻被引进并获得广泛栽种，是当年闽南稻作农耕的一件大事。据清代乾嘉时晋江东石人蔡永蒹所辑补的《西山杂志》稿本，泉州湾海（宋初改称安海，今晋江市安海镇）一带，五代时便有不少海商远航中南半岛的真腊（今柬埔寨）、占城（今越南中部）、暹罗（今泰国）、交趾（今越南北部）从事海上贸易。李家港人李淳安是其中一位。他本人频繁前往，同时，"每次舟行，村里（人）咸偕之去。"[③] 陈厝村陈姓海商也不例外，大量运销木棉布。岑厝村岑姓海商则运销海盐。看来单湾海周近村庄，其海商与中南半岛有关国家、地区或部落之间的商贸交往，已经达到规模化程度，而且为时也颇漫长。这就为闽南海商识别和鉴赏占城稻并把它的良种携带回国提供了前提与便利。

占城稻耐旱、早熟、不择地而生便于易地栽培等优点，适应于闽南的自然环境。据宋真宗大中祥符五年（1012 年）从福建调配占城稻种并颁布浸种育秧方法诏令，强调早种早熟，说"二

① 周瑛《（弘治）兴化府志》卷三〇，《艺文志》引郑寅《重修濠塘泄记》。

② 何乔远《闽书》卷八，《方域志·泉州晋江县》下，引陈凯《陂洋塘记》。

③ 《西山杂志·李家港》。

月中下旬至三月上旬便可浸播”[①]，明显比其他水稻要早二三个月。而插秧后，恰值闽南梅雨时节，极有利于秧苗的生长。故南宋光宗绍熙二年（1191年），朱熹知漳州，在《劝农文》中提出：“浸种下秧，深耕浅种。趋时早者，所得亦早。”[②]《劝农文》发布于农历二月，文中所说的正是占城稻早浸、早播、早插的栽种特点。据现代实测，闽南年平均气温在摄氏20度以上，一月份平均气温在10度以上，无霜期沿海各地年达300多日，降水量年达1000多毫米，具备栽种双季稻的气象条件[③]。五代北宋之际当地的气温今不可考。但凡其时福建沿海州军可以栽种荔枝之处，据仁宗年中蔡襄考察，其范围北起福州北郊及连江县北岭以南，西北绕至古田县水口镇以南，取与海岸线平行的兴化军、泉州、漳州沿海城乡，均为良好的荔枝种植地带[④]，也便可以建立水稻复种制。因此，已被闽南农民种植的占城稻，恰好可以作为前作稻品种。所以，依年序早晚和依地域先南后北，历史载籍饶有趣味地提供了对应资料。漳州平原据前引丁祖托名丁儒所撰《归闲诗二十韵》，五代北宋之际已见“杂卉三冬绿，嘉禾两度新”大田景象。稍后，神宗年中，兴化平原修成木兰陂，南洋农业从而有了长足进展，稻作“由此屡稔，一岁再收”[⑤]。迨南宋理宗年中，木兰溪上游的仙游盆地，稻作也“有一岁两收者，春种夏熟曰早谷，《闽中记》谓之献台。既获再播，至十月熟曰穛”[⑥]。显然，一岁两收即双季栽种、两次收割，它不同于历史

① 《宋会要辑稿·食货》一之十七至十八。

② 朱熹《晦庵集》卷一〇。

③ 《丁颖稻作论文选集》，农业出版社1983年版，第95页。

④ 蔡襄《荔枝谱》第三。

⑤ 周瑛《（弘治）兴化府志》卷二九，《艺文志》引林大鼐《李长者传》。

⑥ 黄岩孙《（宝祐）仙溪志》卷一，《物产》。

上早已繁衍于长江下游的再熟稻。后者系一次插秧，首季收割后，让宿根在田中再生长结穗，而后再行收割，构成两熟，故称为再生、再撩、再熟或孙稻。由此可见，双季稻复作制在闽南农业史上具有划时代意义。

然而泉州辖境却至今未见栽种双季稻的历史记录。

宋人林凤一首吟咏泉州的诗云：

玉腕竹弓弹吉贝，石灰荖叶送槟榔。
泉南风物良不恶，只欠龙津稻子香。①

揣摩这首诗，作者显然在字里行间安了两个“诗眼”，借吉贝纺织业隐喻泉州民间的手工业制作发达，诸如矿冶、陶瓷、丝绸、棉布、船舶、海盐等等行业，确实成就突出。“只”是，笔锋一转，点出要害，粮食生产落后。所以，直至南宋后期，当地仍处于“高田种早，低田种晚，燥处宜麦，湿处宜禾”② 单季稻与麦禾连作制种植阶段。泉州沿海诸县属剥蚀台地经风化破坏所形成的红壤瘠地，大自然的悭吝，极大制约了农作物的种植生长。“嗟哉濒海邦，半是硗确地。三时劳耕耘，收获尚无几!”③因而长期处于粮食紧张状态。泉州山区属县，宋代的垦殖程度已经大为深化，梯田也较早便已出现。北宋后期供职泉州的朱服(字行中) 据实入诗：“水无涓滴不为用，山到崔嵬犹力耕。”④同一时期安溪知县黄锐《题大眉山小眉山》诗就更为形象：

一岭复一岭，一巅复一巅。步丘皆力穑，掌地也成田。
线引山腰路，针穿石眼泉。眉山同是号，此处合生贤。⑤

---

① 黄仲昭《（弘治）八闽通志》卷二六，《食货·土产》引。

② 真德秀《西山文集》卷四〇，《再守泉州劝农文》。

③ 真德秀《西山文集》卷四〇，《泉州劝农文》。

④ 王象之《舆地纪胜》卷一三〇，《泉州·诗》引。

⑤ 庄成《（乾隆）安溪县志》卷一，《艺文》引。

安溪农民耕云锄雾，一步之丘，一掌之田也都种上作物，针眼大小的山泉也导引浇灌，辛劳备尝。但“此间种田，多不耘草，致所收微薄”①。劳动强度未能与必要的先进技术相结合，因而所收有限，歉岁相望。

随着社会人口的不断增加，耕地的兼并与产权的集中出现同步恶性循环现象。早在五代闽朝时期，福建僧寺剧增。从王审知执政时起，便不断赐给寺田。王延钧即位后，变本加厉，竟然派官弓量田地，定为三等，上等赐予僧寺，中下等给土著百姓和流寓户口。各地豪门显贵为顾窃檀越美名，也纷纷舍田施租给僧寺。如留从效舍泉州南园建承天寺，即施给大批田庄，其中有惠安县隐居庄（租 2400 石），南安县润埕庄（租 1100 石），安溪县大洋庄（租 2400 石）。留朴续施惠安县隐居庄（租 1000 石）及晋江县长市、新店城、大小桥、蛶尾各处田庄（租 2180 石）。留正再施同安县南禅庄、丰成庄（租 2700 石）遍布大半个泉州辖区的大量田地②。按当时亩产一石五五分成租计算，约有田地 23000 多亩。陈洪进掌权时，施给泉州南山崇福寺南塘庄等十二所田庄（产钱共 83 贯）田地③。按宋初当地上田产钱亩 15 文计算，约有田地 5500 多亩。僧寺田产丰润，于此可见。

世俗乡间上户的田地兼并欲也很狂热。泉州知州蔡襄把它形容为：“虽焦手于猛火，残肌于白刃，必冒热当锋而进。”④ 五代年中，随王潮兄弟入闽的新旧豪门，争相攘夺。如有吴十一郎其人，定居晋江县象畔地方，不久即“置田宅数十里，筑堤为塘，

① 陈宓《复斋文集》卷四，《安溪劝农诗》。

② 《留氏族谱》绍熙元年承天寺方丈南墅《鄂国公舍封崇院契疏》。

③ 《清溪芳亭陈氏家谱·南山崇福寺庄记》。

④ 蔡襄《端明集》卷二七，《上运使王殿院书》。

灌溉阡陌”[①]，成为一方新贵。但也必须指出，由于社会耕地总量的限制，“素乏可耕之壤，”[②] 泉“州苗额不及江浙一大县”[③]，因而上户、高强户之间自发平衡制约，不容出现跨县轶州的大土地所有者。

这个地权集中级别状况还可以由产钱等级推导获得。宋太宗太平兴国三年（978 年），陈洪进将其割据自重的漳、泉州归诚中枢后，朝廷随即派员入闽均赋，以统一赋税制度。由于闽南丘陵地带多梯田，琐碎畸形，难以丈量，便改以田地质量高低评出五个等级产钱级别，作为征收两税标准，“一以产钱为宗，”[④] 同时即构成宋代赋税承担的乡村五等户体制。现据惠安、安溪、德化县产钱分配等第，以揭示各户等土地占有概况。据各县明代嘉靖年中纂修的县志，惠安定产钱以亩积，安溪以种子数量，德化以禾束（一束等于谷种一斗）。因此安溪、德化实际上均以种子数量为准绳。按南宋孝宗淳熙十年（1182 年）淮西路和州屯田，水稻种子每亩一斗五升，江陵府稍低，每亩一斗[⑤]。安溪、德化县居山，稻丛稀疏，姑以一斗计，制成表 3-1。以各县产钱高限除以亩积产钱高限即可以得出，惠安县一等户上、中、下等田地的拥有量在 200～400 多亩之间，依次递减，五等户三等田地则只有在 10～20 多亩之间；安溪县一等户三等田地拥有量在 300～1000 多亩之间，依次递减，五等户三等田地则只有在 20～60 多亩之间；德化县一等户三等田地拥有量在 600～3000 多亩之间，依次递减，五等户三等田地则只有在 30～100 多亩之间。显

---

① 《延陵吴氏通谱·始祖十一郎公世系图》。
② 真德秀《西山文集》卷四八，《太乙醮青词》。
③ 真德秀《西山文集》卷一五，《申尚书省乞拨降度牒添助宗子请给》。
④ 林有年《（嘉靖）安溪县志》卷一，《贡赋》。
⑤ 《宋会要辑稿·食货》六三之五三。

而易见，泉州的五等户的田地占有水平，与其他人口狭乡相比，都只是各自户等的“小生产”。上三等户虽系乡间的兼并之家，但上等田地最多不过数百亩。四五等户自耕农，中田也只有数十亩。何况表列的数字，也仅是机械算出的一种可能性。

表 3-1　惠安、安溪、德化县产钱等级标准

县别	每亩（或种子一斗）产钱数	五等户产钱标准					出　处
		五	四	三	二	一	
惠安	上等田十四至十六文 中等田十至十二文 下等田三至九文	1～199 文	200～499 文	500～1199 文	1200～3888 文	3889 文以上	张岳《（嘉靖）惠安县志》卷六《田赋》（499 文原误作 449 文，今改正）
安溪	上等田十文 中等田五七文 下等田三文	同上	同上	同上	1200～3889 文	3890 文以上	林有年《（嘉靖）安溪县志》卷一《贡赋》（1200 文原误作 2200 文，今改正）
德化	一文、三四文、五六文（不分等）	同上	同上	同上	1200～4000 文	4000 文以上	蒋孔炀《（嘉靖）德化县志》卷三《赋税》

兴化军与漳州的土地兼并与地权集中同样也在进行。据《（绍熙）莆阳志》，僧寺约 495 所，产钱为 1998 贯 440 文①，约占有田地 133299 亩。当地虽已出现双季稻，但由于农户资金缺乏与初期栽培技术可能不高，结果其产量或与福州郊县一样，双

① 周瑛《（弘治）兴化府志》卷一〇，《土田财赋总考》。

季稻种植制“不如一获”[①] 即单季稻的收获量高。南宋初年，莆田县官田水稻亩产量谷1石[②]，私田稍高谷1.3石[③]。与长江下游三角洲浙西路丰年亩产米3石、上等山田亩米2石相比[④]，真有天壤之别。因此方大琮说：“大家谷食不多，非如江浙，家以万计以千计皆米也。今家有二三百石甚可数，且半是糠秕，而小产尤可怜悯。”[⑤] 所以就全境而论，“虽甚丰年，仅足支半岁之食。大率仰南北舟”[⑥]，即北舟来自两浙路、南舟来自广南东路的粮船。漳州虽说地旷人稀，但僧寺田产“居此邦十分之七”[⑦]，故世俗“主户上等岁藏粟斛千者，万户中未一二。其次斛三五百者，千户中未一二。外此大率皆仅收斗斛，不足自给，与无产业同”[⑧]。显然可见，兴化军与漳州也同于泉州，在尚未扣除赋税消耗的家庭粮食成品毛额已经供不上一年的口粮之需；也与泉州一样：“虽当乐岁，尚多艰食之民。”[⑨] 显然，口粮紧张，处处如此。

此外，闽南宋代两税，夏税有布钱、税钱、小麦钱，布税钱折变为秆草；秋税有糙米、白米，糙米折变为黑豆，均以产钱为征收依据。丁男尚须缴纳身丁钱（五代期间每丁丁钱折纳丁米五斗，宋初衡制不同，泉州、兴化军增为七斗五升，漳州增为八斗

---

① 真德秀《西山文集》卷四〇，《福州劝农文》。

② 周瑛《（弘治）兴化府志》卷三一，《艺文志》，钟离松《奏乞除免犹剩米札子》。

③《莆田黄氏世德言行录·懿行篇·念祖第十一》。

④ 方回《古今考续考》。

⑤ 方大琮《铁庵集》卷二一，《书信·项乡守博文》。

⑥ 方大棕《铁庵集》卷二十，《书信·何判官士颐》。

⑦ 陈淳《北溪全集》卷四四，《上赵寺丞论秤提会子》。

⑧ 陈淳《北溪全集》卷四四，《上庄大卿论鬻盐》。

⑨ 真德秀《西山文集》卷四八，《太乙醮青词》。

八升八合，届时又折纳价钱）。北宋仁宗年间，蔡襄为闽南丁男的身丁钱算过一笔账：丁男佣工，一日佣钱约四五十文。年须纳丁钱 300 文。因此，扣除之后，不能为“欲耕而无尺土”① 的农民一家提供全年衣食消耗。结果只有靠借贷来苟延残喘。又不幸而积劳成疾，或旱年卖佣不成，又或缴纳身丁钱后收税官吏把丁钱帖子丢掉了，唯一的出路便是“死焉耳矣”②。而他的妻子儿女，必然“无营不能，缄口待绝”③，同归于尽，到头来是家破人亡。当然，乡村上户的状况与贫困农民的境遇不同，他们社会关系广泛，软财产丰厚，要是加上俸禄，自然家庭生活优裕，但所获得的农业活动空间依然十分狭小，经济发展的前景也不容乐观。

（二）谋生转型

籍贯兴化军仙游县又曾任职于漳、泉州的蔡襄，审察各地民情，指出：“凡人情莫不欲富，至于农人、商贾、百工之家，莫不昼夜营度，以求其利。”④ 轭于福建广大农村土地分配特殊构成的闽南农民，以及遭受波及影响的坊郭居民，势必要把争生存、求其利的人生追求拧在一起，突破原来困于农业耕作圈圈，实施谋生战略转型；“盖生齿蕃可耕之土狭，故良农寡而逐末之俗成。”⑤ 而且开创新格局：“州南有海浩无穷，每岁造舟通异域。”⑥ 从事跨海越洋的海上贸易业，以其巨大利润，广购南北

---

① 蔡襄《端明集》卷二七，《上运使王殿院书》。

② 蔡襄《端明集》卷二七，《上庞端公书》。

③ 蔡襄《端明集》卷二七，《上运使王殿院书》。

④ 蔡襄《端明集》卷三四，《福州五戒文》。

⑤ 真德秀《西山文集》卷五〇，《东岳祈雨疏》。

⑥ 王象之《舆地纪胜》卷一三〇，《泉州·诗》引谢履《泉南歌》。

粮食，以养活社会人口并推动社会经济文化发展。

纵剖历史，这一历史性转型，大约发轫于晚唐五代，完成于北宋年间。

实现这一转型则有赖于多种因素与机遇。

泉州具有建成海上贸易大港口的优越地缘。福建海岸线曲折率居全国首位。因此港湾水澳众多，闽南海岸从北到南有现代称呼的兴化湾、平海湾、湄洲湾、泉州湾、深沪湾、围头湾、厦门湾、东山湾等，近海又有大小棋布的岛屿，极便于建成系列辅助港口，又便于帆船中途避风或补给食物和饮用水。闽东大山系和闽南隔着海峡相望的今台湾岛上的中央山脉相对峙，构成了一条气流的走廊而又起着压缩约束作用，导致由海上来的东北季风不仅可以比山区的西北季风先期到达，而且进入台湾海峡以后风力得以加强，一般可以比东海风力提高一级①。这样，自泉州湾出海的帆船，一离海口，即受到东北季风的助推，风帆怒张，迅速滑过闽南弧形岸线，直下南海。泉州港又处于唐代晚期两大海港的中心点，南与唐代京师长安水陆联运大动脉南海港口广州，北与扬子江流域水运大动脉终点大港口扬州之间的距离约略相当。广州于六朝年中便已经是一大对外贸易港口，唐朝时候依然是“蛮胡贾人，舶交海中”，“外国之货日至”② 的大港口。扬州虽比广州晚些时间脱颖而出，唐时则扶摇直上，极为繁荣，有“富甲天下”③ 的美名，晚唐兵乱，扬州遭到屠掠，“商胡大食、波斯等商旅，死者数千人。”④ 这说明泉州已经处在西亚阿拉伯海

---

① 参陈佳源主编《福建省经济地理》，新华出版社 1991 年版，第 19 页。

② 韩愈《韩昌黎集》卷二一，《送郑尚书序》。

③ 刘昫《旧唐书》卷八二，《秦彦传》。

④ 刘昫《旧唐书》卷一一〇，《邓景山传》。

商的东西贸易圈内，并容易发育为广、扬两大港口之间的中继转运港口。懿宗咸通三年（862 年）朝廷据臣僚“大船一只，可致千石，自福建不一月至广州”[①] 的航运经验，成功试行了自扬州使用福建帆船运粮抵达广州，使广、扬两港中经福建来回航行大帆船进入实践阶段，标志着扬州——福建（泉州）——广州航线行之有效，昭示世人，泉州位居我国东南弯弧岸线中心点的优越地缘价值已经尽显并受到朝野青睐，这对提升广大商界人士、闽南居民的建港信心和士气，无疑具有重要的鼓舞作用。

自唐朝京师西向中亚、西亚的路上丝绸之路在盛行千百年之后，遭到空前劫难。中宗神龙元年（705 年）中亚出现伊斯兰教倭马亚王朝（661－750 年，又称白衣大食）发动的侵略战争，原来与唐廷友好的一批国家、地区或部落先后覆灭，兵烽东及帕米尔高原与喀什噶尔。玄宗开元七年（719 年），受害对象纷纷向唐朝求援，如安国，“从此年来，被大食贼每年侵扰，国土不宁”。康国，“从三十五年来，每共大食贼斗战”，等等[②]。天宝二年（743 年），唐廷有鉴于此，不得不关闭西向商贸通道。天宝九载（750 年），阿拉伯阿布尔·阿拔斯建立阿拔斯王朝（750－1258 年。俗称黑衣大食）。其后组建强大的帆船队，采取东向海上贸易战略。宋朝初年，鉴于吐蕃贵族军事割据西北边疆，朝廷便一再谕知海外有关商贸对象国家、地区或部落：“不得于西番出入。”[③] 所有这些中、西亚洲的政治风云变幻与海上贸易的新格局，无疑给刺桐港的崛起带来历史机遇。差不多与上述形势同时出现的是，自印度洋东来的帆船一改泊靠交州口岸而专注于

① 王溥《唐会要》卷八七，《漕运》。

② 《册府元龟》卷九九九，《外臣部·请求》。

③ 《宋会要辑稿·蕃夷》七之二二。

广州。日本、朝鲜的西向帆船，来华寄碇港自登州南移明州（今浙江宁波）。两者越来越泊近泉州。这又是给刺桐港启动带来紧迫感和挑战。

宋朝朝廷在福建路实行的若干政策，又直接地成为闽南人转向谋生的助力。方大琮指出："寺院惟闽为多，非泛科敷不及百姓者，寺院其保障也。"[①] 这类无固定时间、品种的临时杂敛，北宋初年原由城市坊郭户负担，后来渐渐转给寺院，坊郭户获得地域优惠，增强商业营运的积极性。但还不止于此：

> 且闽中之与诸道异者，奚止是哉（按此处指罢差保长）！以酒酤则无榷，以山园则不征，以邸肆营运则无和买。凡若是者皆优于他道。圣朝之所为加惠者，岂非以其山谷多而腴田少，民力穷悴，不可与诸道例论乎！[②]

宋初福建即酒无专卖，山园免征。和买亦始于宋初，由政府实行强制性的预先贷款按时纳绢，逐渐衍变成一宗重赋。但福建城镇坊郭户则例外获得蠲免优惠。显然，宋廷全国性的赋役政策与在福建地方实施时的特殊照顾相结合，从而产生的社会效果，造成一种转向谋生的可能性，使那些因耕地极少或根本缺乏陷入长期贫困的农村人口，也有一定耕地但无法使既具的赀财大展雄图的农村上户，已经从事陆上商业贩运而不能满足赢润限度的行商坐贾，拥有海船习于风波生涯的水陆两栖型海洋族群，诸如此类，统统找到谋生的新途径——"福建一路，多以海商为业。"[③] 闽南就尤为突出。

奔向海洋，闽南上下于是获得共识，唯有如此，谋生才有出路。

---

① 方大琮《铁庵集》卷二二，《书信·黄叔惠》。

② 真德秀《西山文集》卷二九，《福建罢差保长条令本末序》。

③ 苏轼《苏东坡集》卷五六，《论高丽进奏状》。

第四章

每岁造舟通异域*

一　风生湾海　潮涌笋江

（一）风生湾海

大唐王朝建成一个境域辽阔的帝国。“贞观之治”推动社会经济恢复和发展，又经过将近百年的和平时日，为数众多的“部曲”农奴制崩溃所导致的劳动者生产积极性的迸发，因而迎来盛唐时期经济文化齐头并进和谐高涨的年代。大诗人杜甫《忆昔》诗（节录）云：

忆昔开元全盛日，小邑犹藏万家室。
稻米流脂粟米白，公私仓廪俱丰实。
九州道路无豺虎，远行不劳吉日出。
齐纨鲁缟车班班，男耕女桑不相失。

唐玄宗的开天盛世之光也令东海海陬鼓起风帆。

风生于萍末。泉州西南方向，有日后隶于南安县管辖的称为

* ［宋］谢履《泉南歌》诗句。

湾海的天然港澳，澳口称为围头湾，弯弧中心有狭长港道进深达六十华里以上，港道口右方为石井村、左方为白沙村，如巨鳌夹峙海门，旧传港道九十九湾，既可停泊大量船只，又能躲风避浪。由于良港天成，远古以来，百越海洋族群便在此地繁衍生息。据当地古方志记载，三国时期东石一带便有日后改称畲族的瑶民村寨。隋朝炀帝大业年中，朱宽由何姓的“蛮夷”海船老舭导航渡海前往琉球，出船地就在东石澳。镇东明清两代均设置西畲乡社，以供畲民居住①。

清嘉庆年中，东石人蔡永蒹编撰地方故实《西山杂志》（稿成十卷，残存六卷）一书。其《林銮宫》条有颇可重视的内容。他说：

> 唐开元八年，东石林知祥之子林銮，字安车，（循）曾祖林知慧航海群蛮海路，试航至勃泥，往来有利。沿海畲家人俱从之往，引来番舟。蛮人喜采绣，武陵多女红，故以香料易绣衣。晋（江）海舟人竞相率航海。

蔡氏壮年从事海上贸易业，破产后转至晋江县古陵设馆教书。据说东家藏有旧手稿，他即据以编撰。当地人口传或记录当地地方旧闻，必有非臆说成分。林知慧试航东南亚，时间约在唐朝前期。迨林銮往来海上，适逢开元盛世，经济高涨，对外开放，因此一个湾海乃至泉州方圆几百里的海上贸易潮流便日逐浪高起来。但蔡氏狗尾续貂、画蛇添足，竟编出林銮子林光复，林光复子林藻、林蕴所谓“九牧林家”荒谬绝伦故事。莆田唐代名人林藻世系是：曾祖元泰，瀛洲刺史。祖万宠，饶阳太守。父披，官至检校太子詹事兼苏州别驾。林藻兄弟九人，而非二人。他们日后均官至刺史、司马、长史等职，故时人以“九牧林”荣

① 晋江市修编组《安海志》卷一二，《海港》；卷三，《封域》。

称该家族。蔡氏如此作伪，有其秘辛。东石林氏，可能是百越“闽中五姓”林氏。唐朝初期佚名《开元录》指出：“闽州，越地，即古东瓯。今建州亦其地，皆蛇种，有五姓，林、黄等是其裔。”[①] 这里须先弄清当时的政区建制。闽州最早设置于南朝陈永定元年（557 年），治今福州。几经变动，隋炀帝大业元年（605 年），再置闽州，三年（607 年）改为建安郡，下辖闽、建安、南安、龙溪四县。入唐，高祖武德元年（618 年）改置建州。因闽州或建州并隶设治于会稽的东扬州，故称为“越地”。但州郡下辖今福建绝大部分境域。《开元录》所谓“皆蛇种”，唐太宗四子李泰则在其《括地志》书中称作“皆夷种”[②]，显即指称当年所辖各县海洋人群，是以蛇为图腾的百越人口，并且证明唐朝之前他们已经有着采用林、黄等五个汉族姓氏的风俗习惯。林、黄外，陈是其中第三姓。南朝陈代季年晋安人陈宝应，被朝廷视为“椎髻箕坐”的“卉服支孽”，“世为闽中四姓”[③]。陈宝应“椎髻”显系福建百越原住民。接下或是郑姓，因其符合林黄陈郑老说法。林銮极可能即东石澳的白水郎蜑户酋帅。蔡氏开列林知慧、子林知某，孙林知祥，虽不完备，但显即古越族的父子联名制特点，从另一角度点破族群归属。

《西山杂志》又载，林銮出航东南亚，并掀起当地莫徭居民以及泉州海洋族群与汉人竞相结伙参加的热潮，当年他便命人沿围头湾进港东岸，建造七座石塔，作为导航标志。一是立象塔，屹立围头澳；二是西资塔，引船进入蔡家涯、肖家港；三是西港凤鸣塔，引船入林厝港；四是刘氏塔；五是石菌塔，遥相对峙，

① 《太平御览》卷一七〇，《州郡十六·江南道·福州》。

② 王谟《汉唐地理书钞》。

③ 姚思廉《陈书》卷三十五，《陈宝应传》。

引船入海门；六是钱店塔，引船入李家港；七是钟厝塔，引船入东石澳至湾海港口[①]。

东石澳海上贸易浪潮不久便波及港道底部唐代称为湾海的墟市。这里居住相当数量的汉族富户与官宦人家。宋人所夸耀的高、安、黄、叶、李五大姓，除安为宋初徙居外，其余均久居势雄。他们为东石澳的崛起所鼓舞，纷纷融资集货，招募海船，约于晚唐时期也投向海上贸易业。其中黄家入宋因致富而成为石井镇上等市户。其后裔黄濩南宋绍兴初年一次即捐出万贯助修安平桥。正由于这些挟巨资富户的加入，湾海的海上贸易获得迅速发展。当地明清族谱常述及其时海上贸易业的繁华岁月：

> 旧传东西无埭，海水东入内市、浦边、庵前；西入于西安、曾埭。商舡亦至其乡，与居人互市。其屋宇鳞鳞相次，北接曹店，南接内市，故二乡有市店之名。至今乡人作井为灌溉，往往得船缆、蛎房及海树，则旧说信然矣。[②]

东埭建于元代至元间，西埭稍早，建于南宋宁宗嘉泰中。未建海埭前，海舶可以自由入乡串村，使广大村民不入市而购物。桨声灯影不夜天，湾海熠熠鳌江边。连锁反应展开，潮涌笋江的时日也随之到来。

（二）潮涌笋江

泉州滨海岸带出现的海上贸易业的不断走向繁盛，导致泉州地方衙门为加强统治管理迅即采取对应措施。玄宗开元六年(718 年)，经朝廷批准，析南安县东南地于晋江下游设置晋江

---

① 晋江市修编组《安海志》卷一二，《海港》。

② 黄邦士纂修《莆阳碧溪黄氏宗谱·金墩黄氏祠堂图记》。（见本书附录六）

县，并将州治所迁入今泉州鲤城市区，并以晋江县作为附郭。泉州市文物管理部门近年在晋江下游池店镇境内，清理一批古墓。其中六朝古墓15座，隋墓1座。出土数十件陶瓷器皿、刀剑、玉石发饰及“太货六铢”南朝稀见钱币等物品。这证明当地的开发时间甚早，入唐以后当然更有所发展。所以晋江县的设置既是水到渠成，事属必然，但也折射出湾海（入宋改称安海）港海上贸易业的蓬勃状态。开元二十九年（741年），泉州别驾赵颐正自晋江北岸开挖人工运河，通舟楫至城下，更证明湾海港海事风云与泉州迁治之间显然互相关联。从此也就渐渐地显露泉州南关港的雏形。又经过二十多年的岁月淘洗，泉州城更浓重地呈现出海上贸易业的斑斓色泽。代宗大历年中（766—779年）时任起居舍人的包何写出那首脍炙人口的名篇——《送泉州李使君之任》云：

傍海皆荒服，分符重汉臣。云山百越路，市井十洲人。
执玉来朝远，还珠入贡频。连年不见雪，到处即行春。[①]

据史载，大历中适有李构、李行穆二人先后受命知州事，包何送行诗李使君，必系其中的一位。诗篇大意是，泉州临东海，原是百越人居住的荒凉边疆，朝廷为此也着意派遣臣工前往治理。云山渺渺，道路迢迢。泉州城中，“十洲”客多。使君莅职后定能像东汉大臣孟尝那样施行善政，廉洁奉公，珠蚌也会像古时传颂那样重新回归，可万万要频频给艰难的朝廷送来贡奉物品啊。泉州终年无霜雪，所到之处好春游。所谓“十洲”，语出南北朝盛行的《十洲记》一书，意谓中国九州大陆之外的广大海域中有祖、瀛、玄、炎、长、元、流、生、凤麟、聚窟十洲及其他仙岛。此处借喻前来泉州的贾胡商客杂沓，为数至多。更大的发

① 《全唐诗》卷二〇八。

展，则在期待之中。后来，这历史机遇却果真降临。

唐僖宗光启元年（885 年），河南光州固始县农民王潮兄弟所参与的一支唐末农民军，于辗转南撤途中，受到泉州遭受苛政迫害的众多父老的壶浆迎请，于是进围泉州，经过年余苦战，次年八月破城，诛暴将泉州判史廖彦若。福建观察使陈岩随即表王潮为泉州刺史。据此，王潮兄弟又制定前瞻性战略："致理一方，克平群盗，外惟征缮，中则经营。"① 泉州一时成为挺进福州、南征北战的大本营。果然，几年后，王潮瞅住陈岩病革时机，委仲弟审邽留守泉州，与季弟审知率部于昭宗景福二年（893 年）夺得福州。同年秋，又如风扫残云，底定福建全境。唐廷便即任王潮为福建观察使，王审知为副使，闽越封疆，尽归麾下。王潮、王审知如此迅速取得战争胜利，直接反映业已十分黑暗腐败的唐朝政权的末世状态。"农夫释耒，工女下机。"以致"饥馑荐臻"，"刻剥为苦"。② 所以一路军行，或遇"百姓壶浆塞路"③，或"民自请输米饷军。（仙游）平湖洞及滨海蛮夷皆以兵船助之"④。是可见闽南与福建各地汉越百姓均热烈拥护与支持这支农民军，因而出现全境政权顺利易手局面，也为其后王潮兄弟的保境安民、振兴农桑措施的贯彻执行创造有利条件。

王潮任福建观察使的次年，史称他分"遣僚佐巡州县，劝农桑，定租税"⑤。王审知继任后，也"极劝农桑"，"耕织无妨"⑥，并且"尽去繁苛，纵其交易。关讥鄽市，匪绝往来；衡麓舟鲛，

① 钱昱《重修王审知庙碑》，福州王审知祠藏。

② 于兢《王审知德政碑》，福州王审知祠藏。

③ 翁承赞《王审知墓志》，福州王审知祠藏。

④ 司马光《资治通鉴》卷二五九，唐昭宗景福元年。

⑤ 司马光《资治通鉴》卷二五九，昭宗乾宁元年。

⑥ 翁承赞《王审知墓志》，福州王审知祠藏。

皆除守御，故得填郊溢郭，击毂摩肩”①。农业与家庭手工业得到生息并有所发展，苛捐杂税也予以蠲免，农、牧及渔业的苛政束缚豁除之后，各种产品扩大流通范围，自由从事交换，城镇市场走上繁荣境地。王审知撤除山野江海的禁锢，不但松开了窒息狩猎渔捞生产的桎梏，而且大有裨益于当年经济结构、族群关系的整合。百越族群居山者狩猎，水居者渔捞，境况一经改善，他们与福建汉族执政者及其居民的关系，自然因此而同时取得改善。泉州地方的经济文化正沐着这个施政大环境的甘霖而获取助益。

修整后的五代开王氏刺泉历史的王审邽墓

早在王潮膺任泉州刺史期间，便“招怀离散，均赋缮兵”②。

① 于兢《王审知德政碑》，福州王审知祠藏。

② 司马光《资治通鉴》卷二五六，唐僖宗光启三年。

王审邽继任后，措施更为优惠："流民还者，假以牛犁，兴完庐舍。"[①]"极劝农桑"的力度增大，流散的农村劳动力复归耕作，最低的生存条件有所保障。史称王审邽十二年执政期间泉州"疲人尽泰"[②]，农村经济的恢复显然获得进展。尔后又由于风调雨顺，迨王延彬嗣位后，果然"仍岁丰稔"[③]，"境内升平"[④]。当年泉州辖境的晋江和木兰溪流域，盛产桑麻。恰好王延彬执政期间，当年诗坛泰斗韩偓自福州取道晋江上游，辗转南下，唐哀帝天祐六年（909 年）驻足桃林场（今永春县），《卜隐》诗云："桑梢出舍蚕初老，柳絮盖溪鱼正肥。"[⑤] 梁太祖乾化二年（912 年）后入住南安县，《南安寓止》诗又云："此地三年偶寄家，枳篱茅屋共桑麻。"[⑥] 晋江流域小溪场（后升设安溪县），其"土之所宜者桑麻谷粟"，"民乐耕蚕"[⑦]。木兰溪流域下游莆田县桑麻茂盛可人，所以从宦王审知门下的黄滔寄诗休致乡居延寿溪的徐夤，感叹他"故山无计恋桑麻"[⑧]。等等。桑麻的繁荣必然导致布帛纺织手工业的恢复和成长。其中，尤以锦、绢、纱、紬之类匹帛，正是泉州上贡与外销的一个最具优势的传统部门产品。

泉州农业经济恢复发展的结果推拓了茶树种植业。泉州的茶文化历史悠久。今南安市丰州镇莲花峰上崖刻"莲花茶襟，太元丙子"，表明东晋孝武帝太元元年（376 年）以来，当地已经泛

① 吴任臣《十国春秋》卷九四，《王审邽传》。

② 于兢《王审知德政碑》，福州王审知祠藏。

③ 宋无名氏《五国故事》卷下。

④ 《王氏立姓开族百世谱·王延彬传》。

⑤ 《全唐诗》卷六八一。

⑥ 《全唐诗》卷六八一。

⑦ 林有年《（嘉靖）安溪县志》卷七，《文章》引詹敦仁《新建清溪县记》。

⑧ 《全唐诗》卷七〇五，黄滔《酬徐正字夤》。

起茶饮风气。韩偓小住桃林场期间，《信笔》诗写出春季乡间的所见所闻："柳密藏烟易，松长见日多。石崖采芝叟，乡俗摘茶歌。"① 显然，晋江上源桃溪流域茶树种植已见兴盛，所以春茶采摘时节，"摘茶歌"便四处飞扬，声声入耳。茶树拓植的基础是茶饮人口群体的扩大。王延彬及其父执政期间，广揽海内文人雅士，建招贤院优礼接待，其中相当部分系唐朝的达官贵人。他们久染茶饮习俗，讲究茶道。徐夤任威武军幕僚时，王审知曾惠赠蜡面茶："金槽和碾沉香末，冰枕轻涵翠缕烟。"② 后来徐夤受王延彬邀入南安招贤院，自必将这种海外沉香入茶的时髦茶道传入泉州，促使当地茶道发生变化。其次，自王审邽执政时，泉州便陆续增建寺院，王延彬继位后，新建寺院竟多达二十余座，僧人数量随之大增。饮茶提神、生津、解渴，自然与僧人的坐禅、讲经、论道关系密切。其结果，便从多方面多渠道转化为茶文化的动力。

陶瓷茶具是茶文化的重要载体。晚唐陆羽《茶经》品评瓷质茶具云："越州瓷、岳州瓷皆青，青则益茶，茶作白红之色。"格外可爱。韩偓《横塘诗》也盛称越瓷茶具云："越瓯犀液发茶香。"③ 越州青瓷茶瓯不但饮誉寰中，极具审美价值；且能氤氲茶香，增进饮欲。徐夤《贡余秘色茶盏》诗更对越瓷茶具赞赏有加："巧剜明月染春水，轻旋薄冰盛绿云。"④ 莹亮、透光，釉色如春水，盏胎如薄冰，泛动的绿茶有如舒卷的云朵。即此可见，当时嗜茶的诗人何等钟情青瓷。正因诗人的生花妙笔同声夸青

① 《全唐诗》卷六八一。

② 《全唐诗》卷七〇八，徐夤《尚书惠蜡面茶》。

③ 《全唐诗》卷六八三。

④ 《全唐诗》卷七一〇。

瓷，如潮涌动的饮茶习俗又为青瓷推拓市场，于是以制作青瓷为主体的瓷业便蓬蓬勃勃发展起来。据不完全统计，唐五代窑址，在当年泉州辖境已发现数十处。近年厦门马銮湾周边已发现多口窑场，多靠近港湾航道，产品容易装船，同质器物也多在国外发现，显系外销瓷业。据传，王延彬为促进瓷器外销，甚至派遣部属李文兴前往湾海北岸建造窑场，所制成品，就近装船输出国外①。

一个能够织造多种美轮美奂的丝织业的存在并日趋发达，一个能够制造精美绝伦青瓷及其他成品的制瓷业的建立并方兴未艾，这就基本上具备了将唐代发轫的海上丝瓷香药之路贸易业经过低潮又重新驱动的物质力量，奠定进入两宋大发展的可靠基石。当年刺桐港的主港口——湾海港（今晋江市安海镇）又百舸桨声，千帆竞发。海上贸易业的日趋繁盛，必然对政权管理设施提出诉求。泉州开元寺出土南唐保大四年（946 年）泉州刺史王继勋所建《佛顶尊胜陀罗尼经幢》，落款署名所冠头衔，有“海路都指挥使”与“榷利苑使”二职。显而易见，海路都指挥使职在保护海上航道安全，榷利苑使当即仿效王审知所设榷货务，主持海上贸易业运作的海事机构。其始置年代，大概在天祐元年（904 年）福州榷货务置立以后不久，也即王延彬执政年间。至此，刺桐港的早期框架已经树立，为其日后的大发展，掀开崭新篇页。王延彬也因此赢得千秋美名：“凡三十年，仍岁丰稔。每发蛮舶，无失坠者，人因谓之‘招宝侍郎’。”②

① 蔡永蒹《西山杂志·窑前》。

② 宋无名氏《五国故事》卷下。王延彬刺泉实际时间为公元 904－920 年、926－930 年，头尾 22 年，中间被黜闲居岁月即便计入，也仅为 26 年。“凡三十年”举其成数而已。

南唐李璟保大四年（946年），泉州军将留从效从王家末任刺史王继勋和南唐军将手中夺得泉州地方政权。不久，名士詹敦仁自福州入泉，备获款待，写成《余迁泉山城留侯招游郡圃作此》一诗，云：

当年巧匠制茅亭，台馆翚飞匝郡城。
万灶貔貅戈甲散，千家罗绮管弦鸣。
柳腰舞罢香风度，花脸妆匀酒晕生。
试问亭前花与柳，几番衰谢几番荣。①

诗篇形象地描写了当时泉州郡城风貌，到处有飞耸的楼台馆阁、熠熠生辉的绫罗衣裳和动听赏心的管弦飞声；州衙花园有“歌舞戏”的精彩表演：舞女柳腰飞旋香风四溢，花脸巧扮粉妆酒晕酡然。显然，这是一首“总结”王家治泉政绩的赞美诗。楼阁、罗绮凸显泉州城的富庶，歌舞、管弦点明泉州城的升平安乐。岁月流逝，留代王谢，诗人感念不已，发为“几番衰谢几番荣”的喟叹！

留从效掌权后，继续施行扶植农桑生产、振兴社会经济政策：“昔时地广人寡，田不尽垦。（留从效）令边民习兵者，尽释戈拥耒，末技游食之徒，缘归南亩。储积岁丰，千仓之咏作；妇营蚕织，袴襦之颂兴。”② 农业是古代社会经济的支柱产业，尽可能多的劳动力投入是农业发展的基本需求。留从效裁减军队兵员，驱迫社会浮浪投归农亩耕种，因而出现千斯仓万斯箱丰登政绩。粮食丰收又必然使相当妇女劳力转向投入养蚕治丝，发展家庭纺织手工业生产，从而又为泉州的海上贸易业提供更多商品，推拓海上丝瓷香药交换获得新的进展。

---

① 《全唐诗》卷七六一。

② 《留氏族谱》卷二，张敬明《留从效墓碑铭》。

《清源留氏族谱·宋太师鄂国公传》据神道碑及其他资料，综述其发展社会经济的治绩，指出：

异时津梁有征，关市有税，屯田极租，盐榷擅利，苛虐之政，刻剥是务。公独一切蠲除。泉州城市旧狭窄，至是扩为仁风、通淮等数门，教民间开通衢、构云屋。间有土田不尽垦者，悉令耕种。储积岁丰，听卖买、平市价。陶瓷、铜铁泛于番国，取金贝而还，民甚称便。①

有如前述，留从效掌权期间（公元946—962年），泉、漳州辖区的社会经济在王审邽及其子孙恢复措施的基础上又有新的发展，城市商业得到推动力量。作为明显标志，便是泉州城郭的改建，不但推展城郭垣墙外向空间，而且内部结构作了相应变动：增辟街衢，建构货栈（云屋），以满足国内外商客有关商品销售、店铺陈列、仓储设备、驻城食宿等等需要。与此同时，海上贸易业也有了相应的进步。南唐保大十六年（958年），三佛齐“镇国李将军”携香药来华，航抵闽南，转贩至漳州，捐资兴建佛刹普贤院，落成后以番文题书于法堂梁柱以志念。② 这一事例说明：最初湾海周边的海商多半从事中南半岛若干国家及婆罗洲渤泥（今文莱）等地的商贸营运，如今航线估计已延伸到苏门答腊岛三佛齐国，因此“镇国李将军”逆向北上来到闽南回访。

五代年间泉州港海上贸易业的发展情形也投影于福建闽朝后期漳、泉州割据政权“以小事大”向中原王朝的贡奉物品清单。在兵纷马乱年代，虽然各地处于分崩离析状态，但中原王朝土广兵强，成为南方地方“小国”政权的投靠对象。自王审知在位时起，便不惜泛海遣使贡奉，海外犀象珍奇被作为最贵重物品列于

① 《宋太师鄂国公传》。（见本书附录一）
② 《古今图书集成·职方典》卷一一〇五，《漳州府古迹考》。

清单。如后唐明宗天成四年（929 年），闽朝向南唐贡奉犀角、象牙、玳瑁、珍珠、龙脑、笏扇、香药等一大批海外物品。这些物品自然由福州、泉州港二处进口品库藏选充。闽王昶通文三年（938 年）向后晋贡奉珍珠 20 斤、犀角 30 株、象牙 20 株、香药 10000 斤等大批海外物品，仍由福、泉二港库藏选充。留从效掌权后，投靠南唐，漳、泉二州军事割据自立，与福州闽朝分庭抗礼。为此留从效依然要频频向“大国”贡奉，争取政治支持，所贡海外物品则均由泉州港库藏选充。周世宗显德元年（954 年），留从效向后周送款内附，贡奉牯犀、獬豸通腰带一条、白龙脑香 1000 片。留从效病卒后，宋太祖建隆四年（963 年），陈洪进夺得泉、漳二州政权。当年即向宋廷上贡物品，略计有白金万两、乳香、茶、药万斤。又从太祖开宝九年（976 年）至太宗太平兴国二年（977 年）二年中，上贡五次，合计为香料共重 167000 斤，象牙 7000 株，犀角 25 株，白龙脑 20 斤，另有珍珠、玳瑁、没药、麒麟竭等数量不等的大批海外物品。刺桐港海上贸易业如果没有相当程度的进展，如果欠缺一定数量的蕃舶直接碇泊，陈洪进一时断难送上如此巨额的海外珍品。

太平兴国三年（978 年），陈洪进向宋廷献出漳、泉二州，归诚朝廷。闽南和平复归于大统一的中央集权国家。然而五代时期积累起来的种种社会矛盾，于当年即爆发仙游、莆田二县交界百丈镇山区的农民暴动。五代年中“小国寡民”政治压迫，集中表现为厉民重赋，身丁、兵役、馆夫等等名目繁多的刻剥，以及闽南泉、漳二州 150000 余户口，养兵 20000 名，平均 8 户养一兵的沉重负担，都成为农民暴动的导火线。匆促的暴动迅速被宋军击败。宋廷为加强掌控，即割出莆、仙二县，连同百丈镇周边地区新建立的兴化县，设置太平军（不久改称兴化军）。同时根据泉州监军何承矩所归纳并上报的闽南苛政数十事，连同他处五代政权的“掊克凡数百种”，“悉令除去”[①]。民间的沉疴稍为缓解。

北宋初年，刺桐港的海上贸易业仍在推进。造船原料“枋木”的需求量与价格急遽上扬。史载，真宗天禧四年（1020年），福建转运司向朝廷申奏：有官员奏请增设枋木税，“每估一贯，税一百文。本司勘会，《祥符编敕》：每木十条抽一条，讫，任贩货卖，不收商税。”[②] 如按这一官员要求，造船“枋木”税便骤升三倍（宋代住税一贯税 30 文）或五倍（过税一贯税 20 文）以上。结果必将戕害造船业。幸亏福建路转运司与真宗没有同意，一仍其旧。驯至仁宗年中，闽南的海外贸易业在经过太宗年间继京师香药榷易院强制榷买垄断制度及随后仍然“禁榷广南、漳、泉等州舶船上”[③] 的蕃货直接进入民间自由贸易渠道的打击后，又逐渐地复苏过来。嘉祐四年（1059 年），蔡襄于泉州知州任内，著《荔枝谱》，指出荔枝经加工为干果后，畅销海内外：

> 水浮陆转，以入京师，外至北戎、西夏，其东、南舟行新罗、日本、琉球、大食之属。[④]

由此可见，当时闽南帆船的航线首次具有十分确切的地缘界定，即自东北亚洲的朝鲜半岛、日本，经琉球（今台湾）迤逦西南太平洋、印度洋众多国家、地区或部落。显示闽南海商的海上贸易活动的规模有了空前进步。其中与朝鲜半岛的交往，尤为频繁密切。据朝鲜历史学家郑麟趾所著《高丽史》的登录材料，自

---

① 李焘《续资治通鉴长编》卷二四，太平兴国八年四月。

② 马端临《文献通考》卷一四，《征榷考》一。

③ 《宋会要辑稿·职官》四四之二。

④ 蔡襄《荔枝谱》第三。

真宗大中祥符八年（1015年）迄哲宗元祐五年（1090年）76年间，直接冠以“泉州商人”状词的海商前往贸易、献书、纳款或侨寓者，约有21批600余人次，居宋商之首。他们对发展宋丽之间的政治、经济与文化往来做出有益的贡献。至于与“大食之属”的往来，据泉州已经发现的真宗大中祥符二年（1009年）阿拉伯侨民黑提漆卒葬当地的墓碑以及始建是年至今尚存的伊斯兰教“圣友寺”[①]的出现，无疑都是北宋前期泉州已经拥有相当一批阿拉伯侨民的证明。蔡襄所概括的闽南帆船自东北亚洲远届阿拉伯地区的航线自北宋前期便已客观存在。与闽南帆船“浮海通商，钱散不聚”[②]同时，是国内外贸易船回碇或寄碇情形的增加。仁宗嘉祐元年（1056年），蔡襄向宋廷上奏《乞相度（福建）沿海防备盗贼》，指明沿海州军“海口小港”镇寨士兵“见作点检商税”。泉、漳州巡检每年“夏间下海”，“封椿舶船”。而兴化军巡检则因置于兴化县山间，应“移近军城，给与舟船”夏间下海之需[③]。所谓“夏间下海”即当西南季风到来，南海贸易船纷纷北上泊港，所以须在近海“封椿”，以防逃漏舶税，蔡襄这份疏文旨在因应国内外贸易船日趋频繁航抵闽南港口而提出请求。

饶有趣味的是，与仁宗后期刺桐港海上贸易业迅速发展，甚至出现“舶商岁再至，一舶连二十艘”[④]空前繁剧现象同时，乡贯泉州惠安县当时历任南安等县的谢履作《泉南歌》[⑤]，颇中肯

---

① 吴文良《泉州宗教石刻》，科学出版社1957年版，第12页；泉州海交馆编《泉州伊斯兰教研究论文选》，福建人民出版社1983年版，第105页。

② 蔡襄《端明集》卷二七，《上庞端公书》。

③ 蔡襄《端明集》卷二一。

④ 晁补之《鸡肋集》卷六二，《杜纯行状》。

⑤ 王象之《舆地纪胜》卷一三〇，《泉州·诗》引。

紧地揭示该现象其时涌现的谜底动因：

泉州人稠山谷瘠，虽欲就耕无地辟。

州南有海浩无穷，每岁造舟通异域。

自闽南复归大一统的宋王朝以后的七八十年间，人口激增，以致“家户联密，有欲耕而无尺土者”[①]。推进社会谋生战略转型的动力源明显扩大。于是以从事各个类型的商业营运为职业的人群也就远较过去为多。经商社会势力的骤升，对朝廷的政治压力成正比加强，逼迫朝廷通过新的“海行条法”：“应犯榷货，并不根究来历，止以见在为坐。”[②] 仁宗嘉祐年中（1056－1063 年）实行的这一“海行条法”，允许榷货走私商客被捉，只没收现场商货及铜钱，不株连提供榷货货源与协助私运人犯。事实上等于为走私商业留下出路，暗中打开方便之门。“无以杜绝私贩之弊，”[③] 只能是其必然的后果。这种新出现的经商环境，孵育出“人争倚市门”的商旅大军，民间私商不消说了，就连政府官员，也一反旧态，无不热衷此道。蔡襄晚年曾对比回忆童稚少年时，官吏固然有人从商，但“粗有节行者，皆以营利为耻”。如“今乃不然。纡朱怀金，专为商旅之业者有之。兴贩禁物茶、盐、香草之类，动以舟车懋迁往来，日取富足”[④]。谢履《泉南歌》恰好就是当代商贸热潮澎湃推动下，闽南加速谋生战略大转型步伐的艺术概括，唱出时代最强音。

---

① 蔡襄《端明集》卷二七，《上运使王殿院书》。

② 李心传《建炎以来系年要录》卷九一，绍兴五年七月甲午；卷一三二，绍兴九年九月己卯。

③ 李心传《建炎以来系年要录》卷九一，绍兴五年七月甲午；卷一三二，绍兴九年九月己卯。

④ 蔡襄《端明集》卷一五，《废贪赃》。

二　南北夹峙　舶司姗姗

（一）置司艰困

宋神宗即位后，鉴于仁宗年中长期受“三冗”所窘，财政困顿，同时民族矛盾与阶级矛盾也都十分尖锐，宋辽、宋夏战争经常败北，农民暴动此起彼伏，甚至逼近京郊等等政治、军事的严峻局面，决心变法，以求“强兵富国”。积极鼓吹急进变法的改革派、深受神宗垂注的南方政治家王安石便受命从事以理财为急务的变法运动。熙宁二年（1069 年）九月，神宗对发运使薛向等人讲到海上贸易经济为富国的一大渠道：

> 东南利国之大，舶商亦居其一焉。昔钱（镠）、刘（鋹）窃据浙、广，内足自富，外足抗中国（指中原朝廷）者，亦由笼海商得术也。卿宜创法讲求，不惟岁获厚利，兼使外藩辐辏中国，亦壮观一事也。①

即此可见，东南沿海海上贸易业已获得长足发展，以致能与传统的决定性的农业经济部门分庭抗礼，并得到君主的高度青睐。神宗皇帝因而谕令“创法讲求”。显然，能否借此机遇推动“舶商”经营，势必要成为沿海路分兴与衰、进与退、富与穷发展前景的严峻挑战。当时两浙路贸易港杭州与明州，广南东路的广州均先后于北宋初年设置了市舶司，“笼海商得术”主要问题在于进一步完善管理体制，以勾招更多的贸易海舶靠岸寄碇以扩大净利。而福建路泉州则既无市舶司，又是地方衙门贪黩枉法，弊病丛脞，一时成了朝廷理财的一个焦点。

---

① 黄以周《续资治通鉴长编拾补》卷五，熙宁二年九月壬午。

仁宗末年，刺桐港“舶商岁再至，一舶连二十艘，异货禁物如山。吏私与市者，价十一二售，幸不谁何！遍一州吏争与市”[①]。据《宋史·杜纯传》，当时只有知州关咏与司法参军杜纯奉公守法“无私买”。事实却是关咏暗中也“买部内蕃客禁物，亏价九十八匹”[②]。英宗治平三年（1066年），关咏东窗事发，受到降职处罚。这一繁荣与腐败并存、发展与整饬兼举的现实需要，促使福建路监司不得不认真加以考虑。估计在神宗发表“笼海商得术”讲话之后，福建路有关臣僚向中枢上疏，提出“置［市舶］司泉州”的奏请。于是神宗再次诏令发运使薛向对该事“创法讲求之”[③]。

刺桐港市舶司置否列入朝廷的议事日程。

早在太祖开宝四年（971年）攻灭南汉后，朝廷即明令设置广州市舶司。太宗太平兴国三年（978年）吴越政权向宋廷纳土后，不多久，即又设置杭州市舶司，再又设置明州市舶司。陈洪进与吴越钱俶同年归诚朝廷，宋廷却长期搁置刺桐港市舶司设置问题，成了一个历史悬案。无疑地，其间包含着一系列复杂的政治经济缘由。

原来陈洪进归诚朝廷后，以林居裔为首的百丈镇百姓及周边居民集结数万人进围泉州城。虽然被官军迅速扑灭，却也因此造成社会震荡，以致陈洪进眷属在隔年之后才护送北上。这个时候，朝廷自然不会即将刺桐港市舶司予以设置。

北宋前中期的海上贸易状况，也透露出宋廷不急于添置市舶司的消息。太宗太平兴国年中，由于岭南割据政权的覆灭，“海

---

① 晁补之《鸡肋集》卷六二，《杜纯行状》。

② 《宋会要辑稿·职官》六五之二六。

③ 《宋史》卷一八六，《食货志·互市舶法》。

南诸国连岁入贡通关市。”京师特设立香药榷易院，各种舶货“充盈府库”[①]。但成就此一局面还有别的原因。原来太平兴国元年（976年），朝廷订定严厉的禁榷刑律：民间商民敢与蕃商直接贸易，计值100文即科罪，过15贯黥面配海岛，再过押赴阙治罪，妇人犯罪配充针工。与此同时，朝廷实行舶货垄断包买制度。“官尽增价买之。”交榷易院销售[②]。这种做法固然能收一时效益，从长远看，效果却很严重。由于海上贸易迅速下降，所以，太宗雍熙四年（987年），朝廷便不得不派人分赴海外“勾招进奉，博买香药”[③]。广州、泉州系重点禁榷地点，又碰上这种年景，只维持一处市舶司，符合国家的财政需要。此后，直到仁宗末年，海上贸易额仍停留在踏步不前的水平线上。太宗太平兴国年中（976－984年），香药榷易院岁入500000贯。淳化二年（991年）岁入约50余万斤条株颗。真宗天禧末（1021年）523000余斤条株颗。仁宗皇祐年中（1049－1054年）530000斤条株颗。太平兴国年入以货币统计，其后则改为实物单项合计，但货币价值自然较前者为低。到了仁宗天圣年中（1023－1032年），市舶尤为冷寂。天圣六年（1028年）七月十六日诏：“广州近年蕃舶罕至，令本州与转运司招诱安存之。”[④] 由于蕃舶稀少，押纲使臣无事可做，端坐请给。此时为“三冗”所窘的朝廷，竟至把他们抽回三班院，何时需要，经马递申奏，再行派遣。广州系当年最大港口，犹且如此，杭、明州市舶司估计亦相去不远。刺桐港正因未置市舶司，海内外贸易帆船改到本港寄碇

① 《宋会要辑稿·食货》五五之二二。
② 《宋会要辑稿·职官》四四之一。
③ 《宋会要辑稿·职官》四四之二。
④ 《宋会要辑稿·职官》四四之四。

舶税轻微，因而一时繁剧，但一向垂直掌控市舶的朝廷，却仍囿于榷买旧体制而自缚手脚，所以也不以市舶司之有无为急事。

宋太祖于建国之后，在政治、经济、军事各方面，采取高度集中权力体制，以防范地方割据再现。蕃舶贸易自不能例外。市舶使及其下属由朝廷按例定员任命，由朝廷垂直掌控，地方无权干预，市舶司在特定港口遵照朝廷指令，统一管理对外贸易事务。对于舶货，北宋初期实行包买制度。太宗淳化二年（991年）四月，宋廷鉴于包买制度有弊病，“良苦相杂，官益少利”，作出新规定：榷货以外，其他货物，择良买半，余外听舶商自由售卖[①]。这种分成（官）榷买、（商）自卖制度，一直维持到神宗元丰年中，“元丰法：更不起发，就本处出卖。”[②] 至此才发生根本变化。

北宋朝廷关于舶货的禁榷制度，使得贸易港口必须拥有一条畅通、安全、省钱的交通运输线，显得更加特别突出。

广州至京师开封之间的运输线有二条：一由广州西入桂州，顺湘江北上荆湖南北，经江陵荆门东向到汴京。此为迂道，所以宋初以后，香药纲运即改道自广州水运抵南雄州，翻越大庾岭至南安军，然后放舟赣江到虔州，虔州以北，江宽水大，舟行迅便。因此，真宗咸平五年（1002年）朝廷为节省纲运费用与时间，决定先自南安军至虔州的陆运改为水运，一下省却香药递铺军士与使臣6100余人。杭州是纵贯长江南北大运河的南端，沟通汴京十分方便。明州至杭州之间有浙东运河互相联结，交通也方便。明州香药纲运可以避开杭州湾的浅沙由此路直达杭州转入大运河运抵汴京。广、杭、明州三处市舶司早早设置，显与其各

① 《宋会要辑稿·职官》四四之二。

② 《宋会要辑稿·职官》四四之一一。

自的便捷交通线有联系，从而促成朝廷作出关键决定。

泉州的交通运输条件就逊色多了。福建是丘陵大地，山脉大多作东北西南走向并与海岸线平行。闽赣边界横亘闽西大山系，闽浙交界的枫岭（仙霞岭）、闽赣交界的武夷山和杉岭，海拔高度1000米以上。闽东大山系的戴云山，雄踞中部，高度也在800米左右。沿海才是低丘与平原。刺桐港香药纲运如行陆路，就必得横越两大山系横贯的无数峻岭，而后进抵杉岭山脉。出杉岭山脉有三大隘口，即东北的仙霞岭、崇安县迤北的分水关以及光泽县以西的杉岭。宋代福建纲运走的是分水关即所谓武夷道一线。出泉州城西义成门，经南安县汰口驿、永春县桃源驿，进至戴云山中心区德化县龙浔驿、上壅驿，然后到达尤溪县，迤逦经南剑州至建州，再事攀援，方至杉岭山脉，而后趋武夷道出分水关，进入江南东路的信州境内。此处路分两条：西线从信州西入江南西路的洪州，泛鄱阳湖绝江至淮南西路的舒州逶迤北到汴京。东线则自信州经衢州、婺州、越州入杭州，沿江南运河北上汴京。相比之下，刺桐港香药纲运在福建境内无内河航道可以使用，陆路则又须翻山越岭，攀危径，渡湍流，艰难万状。建剑山区又经常爆发规模不一的盐贩或山民的武装暴动，因此纲运的安全也无法保障。为了解决高山地区的运输困难，一路上递铺相望，单福建崇安县至江东信州铅山县毗邻二县间即设置摆铺兵级一营共1000人。朝廷财政消耗也不少。此外，丛山间瘴气弥漫，气候恶劣，铺兵发病与死亡率又很高。自真宗大中祥符元年（1008年）后朝廷不得不特别给予照顾，是年“九月，诏福建山路险恶，其辇致官物军士，自今遇旬休节序，并特给假”[1]。但如改行航海北上，五代王审知自福州发送贡品，即常“漂没者十

① 《宋会要辑稿·食货》四二之四。

四五”①，“多损败”②。所有这些艰困之情，不能不成为刺桐港设置市舶司的障碍。

（二）置司之争

闽南春色关不住，桐花一枝出墙来。王安石变法前夕，刺桐港海上贸易一枝独秀，引起朝野的关注。然而，神宗对薛向下达“创法讲求”诏令之后仍又石沉大海，其间又暗藏何种历史玄机？

按薛向在神宗熙宁五年（1072 年）四月已权三司使，故神宗诏令发布时间当在是年春季。大约在此时前后，即该年三月二十六日，宋廷设立市易务（次年改称都提举市易司，总管各州市易务），任命三司判官吕嘉问为市易务提举。吕嘉问出身京东豪门。当时，“韩、吕，朝廷之巨室也。天下之士，不出于韩，即出于吕。”③ 仁宗末年，王安石与韩、吕两家子弟深相结纳。熙宁二年（1069 年），王安石以参知政事身份发动变法，与吕公著等人政见不和，友谊破裂。而吕嘉问则投入变法派阵营，因此深受王安石宠信。王安石即曾在神宗面前称道三司判官“吕嘉问最为称职”④。吕嘉问也善窥上司心态，既任市易务提举后，违反章程，极力扩充事权，暗中希冀控制市舶，笼利蓄货。其间奥秘，直至熙宁七年（1074 年）三月，市易务被朝廷追究审查时，才败露其内幕。诸如该机构曾掌理外国入贡的答礼物品；经管贡品买卖；把手伸入广州市舶司干扰行政事务等。据史载，熙宁七年四月十七日，神宗诏令查办“广州市易务勾当公事吕邈擅入市

---

① 薛居正《旧五代史》卷一三四，《王审知传》。

② 薛居正《旧五代史》卷二〇，《司马邺传》。

③ 邵伯温《闻见前录》卷三。

④ 李焘《续资治通鉴长编》卷二三〇，熙宁五年二月乙卯。

舶司拘拦蕃商物品”案。当时广州市舶司亏空岁课多达20万贯，传闻“或缘市易司之故，致舶客不至”。追查结果，同年六月十九日神宗下“诏：广州市舶司可依旧存留，更不并归市易务”①。证实市易务曾试图以合并广州市舶司办法鲸吞当年中国最大港口的财政收入。又如权京东转运判官王子渊专断于京东东路密州设置市易务，挪用官钱违反成规收买蕃商乳香。妄自非为，无所顾忌。故几年后有人奏请设置密州市舶司，朝廷委当地财政大员草拟方案，送呈的不是市舶司机构，而是拟设市易务的下属机构榷易务。显然可见，盛极一时的市易务断难同意在泉州新置市舶司，以干扰其控制市舶、搜刮蕃货的通盘计划。此外，据宋人记载：吕嘉问“挟王安石势，陵慢三司使薛向，且数言向沮害市易事，安石信之”②。在其挟持下，薛向事事屈从。市易司苛谑商人，笞责、黥面、编管，无所不为，而薛向听之任之。因此，熙宁七年（1074年）根究市易司时，薛向受到牵连责备。似此，薛向虽受诏“创法讲求”泉州添置市舶司事宜，一旦遭到吕嘉问反对，岂敢与争，只有让它被打入冷宫，不了了之。

神宗熙宁七年（1074年）四月，王安石再度罢相，市易司受到根究，吕嘉问遭到廷责。翌年，宋廷鉴于刺桐港蕃舶纷至，舶货盈溢，采取折衷办法，建立都税务以征舶税，借杜漏卮：

> 都税务，在镇雅街东，熙宁八年建。税之目有七，曰门税、市税、舶货税、采帛税、猪羊税、浮桥税、外务税。③

舶货税名列第三，位置相当突出。但都税务建立的目的在于

---

① 李焘《续资治通鉴长编》卷二五二，熙宁七年四月丙戌、己丑。同书卷二五四，同上年六月甲寅、乙卯。

② 李焘《续资治通鉴长编》卷二五一，熙宁七年三月壬戌。

③ 阳思谦《（万历）泉州府志》卷二四，《杂志》。

征收舶货税以充实国库，并不意味着港口从此开放。闽南海商或到港寄碇的帆船，仍须转口申请起航公凭，极不方便。

熙宁九年（1076年）五月二日，给事中集贤殿修撰程师孟乞罢杭、明州市舶司，只存广州一处。神宗熟知三处市舶司的利害冲突，诏令三方详议。经激烈争执，市舶司依然鼎峙，但瓜分贸易作业海区，东南亚及其以远洋域划归广州市舶司管辖，并附带条件："往复必使东诣广（州），不者没其货。"[①] 尔后，元丰三年（1080年）八月二十三日，中书门下作出正式行文："诸非广州市舶司，辄发过南蕃纲舶舡，非明州市舶司，而发过日本、高丽者，以违制论，不以赦降去官原减。"[②] 显然，根据这一通《广州市舶条》，刺桐港仍然被撇在一边，备受冷落。二十七日，朝廷命令两浙、福建、两广各路漕司负责实施。福建路以转运判官王子京"兼觉察拘拦"[③]。据陈瓘的《先君（陈偁）行述》，王子京长驻泉州，凡未到广州抽解的住舶，"拘其货，止其舟，""籍没以巨万计。""踪迹连蔓，起数狱。"闹得人心惶惶。当时知州陈偁，为此与王子京发生冲突。王子京依恃前任福建路转运使、现任朝廷都提举市易司贾青的袒护，上疏倒诬陈偁破坏国家法令。陈偁为此也呈文申辩说：

> 自泉（州）之海外，率岁一往复。今迂诣广（州），必两驻冬阅三年而后还。又道有焦［礁］石浅沙之险，费重利薄，舟之南日少，而广（州）之课岁亏，重以拘拦之弊，民益不堪。置市舶（司）于泉（州），可以息弊止烦。

---

① 《永乐大典》卷三一四一，《陈偁》引陈瓘《了斋集·先君行述》。（详本书附录二）

② 苏轼《苏东坡奏议集》卷八，《乞禁商旅过外国状》。

③ 《宋会要辑稿·职官》四四之六。

按《广州市舶条》规定，刺桐港帆船必须于冬季启碇南下，抵广州后须空耗日月以便办理出海手续，为此必得于次年冬季再度利用东北吹向西南的信风驶向南海，一切顺利，也得于第三年夏季趁西南吹向东北的信风回船广州，待抽解完毕北上本港。这就使得闽南海商成倍增加运输、生活种种费用，耽误时日，利润率大大降低，南海一线的海上贸易也自然要趋于凋敝状态。唯一的出路，只能是如陈偁所奏，“置市舶于泉。”然而在广州、明州市舶司极力维护其既得利益，又得到朝中官僚集团的有力支持下，陈偁的合理和有远见的主张又只能是黄鹤一去不复返，“未报”，杳无音信。

元丰八年（1085 年）三月，神宗去世，哲宗即位，高太后垂帘听政，反变法派执政。元祐元年（1086 年），户部尚书李常建请实行“泉（州）、密（州）市舶之法”①，获朝廷允准，并于次年付诸实施。至此，闽南上下期盼已久的开港目的终于实现。

三　徕远新政　出手不凡

（一）舶司机构

市舶司作为宋朝朝廷管理海上贸易作业的政权机构，既借鉴和传承盛唐时期市舶司衙门的若干特点，同时又体现不同时期朝廷现实政策的需要，所以，它也就不时有所变动。北宋前期，市舶使与判官，朝廷常委驻在地州郡知州、通判兼职，同时另派专人任幕职，主次分明，体制特点在借重地方。不过，朝廷又暗中

① 苏颂《苏魏公集》卷五五，《李常墓志铭》。

派遣御前人员“三班、内侍专掌”[1]，以便由朝廷垂直掌握。神宗即位后实行变法，举凡常平、坑治、茶马与市舶均分别设立办事衙门并派遣提举官。市舶司自此从州郡兼领下脱颖而出。嗣后即明确规定市舶提举由各路财经大员转运使兼任。徽宗即位后，市舶司提举则径由中央直接派遣专人担任。转运使兼任体制又告结束。泉州市舶司设置后，正值市舶官制转折时期，故哲宗元祐年中，既有知州兼领，又有转运使兼掌的情况。而自徽宗即位后，则由朝廷径遣专官担任。到了南宋宁宗嘉定年中（1208—1224 年）则又是“州郡兼领”制时或回潮，往往由泉州知州兼权。

市舶司提举官外，市舶司官员还有：

干办公事（北宋称勾当公事，建炎以后避高宗嫌名改）：通盘掌持市舶司的日常事务。

监官：监督市舶司行政与财政作业。后者如“主管抽（解博）买舶货、收支钱物”[2] 等一应事务。

监门官：由武职小使臣充任，警卫市舶库门，稽核逐日收支。

官员外还有若干吏人，但欠完整的文献载录。据《宋会要辑稿·职官·市舶司》散见材料，南宋孝宗乾道二年（1166 年）两浙路市舶司奉命裁撤，复奏时提及“市舶司元管都吏、前后行、贴司、书表［司］、客［司］共一十一名”[3]，应是大致人数，具体名号尚有专库（专知库子）、专秤（专知秤子）、手分、孔目官诸吏职。估计泉州市舶司组成应类似。现诠释如下：

---

① 《宋会要辑稿·职官》四四之一。

② 《宋会要辑稿·职官》四四之二五。

③ 《宋会要辑稿·职官》四四之二九。

孔目官、都吏：徽宗政和二年（1112 年）或三年曾将衙职吏职改换称谓，其中衙职都知兵马使改称都史，人吏改称典史。孝宗乾道年中（1165－1173 年）详定一司敕令所行文时误将"都史"二字作"都吏"并移称孔目官。两浙路市舶司奏疏则又以讹传讹，将该司孔目官职名误作"都吏"[①]。故二者实即一职。孔目官系市舶司高级吏人，如二名以上或置一名都孔目官。职在"点检"市舶司的日常公事。

手分：掌折博本钱、舶税及香药收入。

前行、后行：承领和投递市舶司文书。

贴司：汇编和解送档册账簿。

书表司：文书草拟及公凭誊录事务。

专知：攒造账册，出纳库藏香药等物品。

库子：市舶司仓库保管。

秤子：司秤。

客司：招待海内外宾客。[②]

两宋之交，政治争斗剧烈，泉州市舶司受到强烈干扰，难免兴废无常。如果说在神宗年中王安石变法期间，泉州市舶司千呼万唤出不来是一出历史的悲剧；徽宗年中蔡京执政期间搞假变法，屡屡扶持东南三路市舶司沉之使浮则就是一出历史的笑剧。这个卑劣的历史人物毕竟扮演了短暂时间内的助产婆角色，客观上仍具有其积极意义。崇宁元年（1102 年）七月，蔡京首任宰相，不久，即恢复杭州、明州市舶司及东南三路市舶提举官。大观元年（1107 年）正月，蔡京又任宰相，其年三月又恢复三路

---

① 《宋会要辑稿·职官》四八之一〇五。

② 《宋会要辑稿·职官》五之三四、二九之一。叶适《水心文集》别集卷一六，《后总》。王之道《王相山集》卷二〇，《论和籴利害箚子》。

市舶提举官。政和二年（1112 年）二月，蔡京再任宰相，五月，浙、闽则又依旧设置市舶提举官。不难看出其宰辅职位几乎与东南三路市舶司荣枯与共。建炎以后，宋金对峙，战争频繁，财政竭蹶，福建路监司各部门间的内讧日益加剧，泉州市舶司的隶属之争遂成为一个火爆热门。建炎元年（1127 年）六月，泉州市舶司并归于转运司。次年五月，恢复独立设司又置提举官。绍兴二年（1132 年）七月，市舶司拨归提刑司兼领。同年九月又转交茶事司兼领。迄十二年（1142 年）十二月，才又专置提举官。这种哄抢争夺闹剧，充分暴露了福建路监司官员的丑恶嘴脸。但既然“其利之所入，徒济奸私”①，因之也便从一个侧面，透露出当时刺桐港“物货浩瀚”、财源充沛的真实状况。

泉州市舶司在其创设初期，表现出朝气蓬勃的进取精神。徽宗崇宁二年（1103 年），宋廷同意泉州市舶司直接派员出境招徕海外国家、地区或部落“前来进奉”，其中，刘著赴占城（今越南中部）、罗斛（今泰国境内）“说谕招纳”，果然不辱使命。罗斛此前不曾“入贡”，此次进奉，尤为难得。政和五年（1115 年），泉州市舶司为适应海外贡使和蕃商不断增加的形势，设立来远驿，并拟定《犒设馈送则例》，其中一条则例云：

泉州市舶司所在地（水门巷）遗址

① 《宋会要辑稿·职官》四四之一五。

> 今措度：欲乞诸蕃国贡奉使副、判官、首领所至州军，乞用妓乐迎送，许乘轿或马至知（州）、通（判）或监司客位，候相见罢，赴客位上马。其余应干约束事件，并乞依蕃蛮入贡条例施行。[①]

所拟迎送礼仪极为隆重，不论对方所在国家、地区或部落面积大小，人口多少，文化高低，均一视同仁，充分体现一个泱泱大国、文明之邦的地方海事机构所具有的远见卓识和好客风度。此一条例虽系创新立法，但一经申报便即获宋廷批准。

高宗建炎年中及绍兴前期，泉州市舶司隶属关系又几经变化。绍兴二年（1132 年）九月，朝廷令福建提举茶事司自建州移驻泉州并兼管福建市舶司（按泉州市舶司自此时提衔，本书为脉络一致起见，仍按旧称呼）。与此同时，责成其“务要招徕蕃商，课额增羡”[②]，委寄愈益严峻。为此，泉州市舶司与泉州地方政府均采取有力措施，以促进海上贸易与文化交流。绍兴六年（1136 年），知泉州连南夫奏请市舶纲首能招诱舶䑸、抽解物货累计价值达到 5 万至 10 万贯，可给予补官旌奬，旋获朝廷同意。这年八月，首先为载运价值 30 万贯乳香的阿拉伯蕃商蒲啰辛特补承信郎，并赐予公服履笏。年终，又给自建炎元年（1127 年）至绍兴四年（1134 年）8 年间招诱舶货、抽解净利累计高达 90 万贯的蕃舶纲首蔡景芳补给承信郎。宋朝政府又命泉州市舶司转嘱蒲啰辛说：“令说谕蕃商，广行般贩乳香前来，如数目增多，依此推恩余人。除犒设外，更与支给银采。”[③] 意下即补官以外，还将宴请招待，并奖赏以银钱采帛，以便在政治和经济两方面刺

① 《宋会要辑稿·职官》四四之一〇。

② 李心传《建炎以来系年要录》卷五八，绍兴二年九月庚辰。

③ 《宋会要辑稿·蕃夷》四之九四。

激远方海商，鼓励海上贸易。显然，这是宋廷在刺桐港所实行“存恤远人，优异推赏”[1] 的特殊政策。

（二）管理职能

管理职能的充分发挥和正常运转，是泉州市舶司促进刺桐港海上贸易业较快发展的一支杠杆。市舶司职能大致有以下几种。

1. 签发公凭

宋朝政府规定，凡本国贸易船必须取得有关授权市舶司发给的“公凭”（公据、公验）此类许可证，始能出海经商。为弄清“公凭”申办手续及连带内容，最好的办法是先审视“公凭”实样。据日本三善为康《朝野群载》卷二十《大宰府附异国大宋商客事》所录徽宗崇宁四年（1105 年）泉州海商李充公凭，是宋代唯一完整且至今尚存的珍贵实物资料，特逐录如下。

公　凭

提举两浙路市舶司

据泉州客人李充状，今将自己船壹只，请集水手，欲往日本国转买廻赁［当作货］，经赴明州市舶务抽解，乞出给公验前去者。

一、人船货物：自己船壹只　纲首李充 梢工林养　杂事庄权　部领兵弟

第一甲　梁留　蔡依　唐祐　陈富　林和　郡滕　阮祐　杨元　陈从　住珠　顾冉　王进　郭宜　阮昌　林旺　黄生　强宰　关从　送满　陈裕　潘祚　毛京　阮聪

第二甲　左直　吴凑　陈贵　李成　翁生　陈珠　陈德　陈新　蔡原　陈志　顾章　张太　吴太　何来　朱有　陈

[1] 《宋会要辑稿·蕃夷》四之九四。

光　林弟　李凑　杨小　彭事　陈钦　张五　小陈珠　陈海　小林弟

第三甲　唐才　林太　阳光　陈养　林太　陈荣　林足　林进　张泰　萨有　张武　林泰　小陈贵　王有　林念　生荣　王德　唐兴　王春

物货

象眼肆拾匹　　生绢拾匹　白绫弍拾匹　　瓷垸弍佰床　瓷堞壹佰床

一、防船家事　锣壹面　鼓壹面　旗伍口

一、石刻［右列］本州物力户　郑裕　郑敦仁　陈佑　叁人委保

一、本州令　给杖壹条　印壹颗

一、今捻［检］坐　敕条下项：

诸商贾于海道兴贩，经州投状，州为验实条［牒］送，愿发舶州置簿抄上，仍给公据方听行。廻日公据纳任［住］舶州市舶司。即不请公据而擅行，或乘船自海道入界河，及往登、莱州界者徒贰年（不请公据而未行者减贡算），往大辽国者徒叁年，仍奏裁，并许人告捕，给船物半价充赏（内不请公据未行者，减擅行之半，其已行者，给赏外，船物仍没官）。其余在船人，虽非船物主，各杖捌拾已上，保人并减犯人叁等。

勘会：旧市舶法，商客前虽许至三佛齐等处，至于高丽、日本、大食诸蕃，皆有法禁不许。缘诸蕃国远隔大海，岂能窥伺中国，虽有法禁，亦不能断绝，不免冒法私去。今欲除此［北］界、交趾外，其余诸蕃国未尝为中国害者，并许前去。虽［惟］不许兴贩兵甲器仗，及将带女口、奸细并逃亡军人，如违，应一行所有之物并没官，仍检所出引内外

明声说。

勘会：诸蕃舶州商客愿往诸国者，官为检校所去之物及一行人口之数、所请［诣］诸国，给与引牒，付次捺印。其随船防盗之具、兵器之数，并量［置］历抄上，俟回日照点，不得少欠，如有损坏散失，亦须具有照验一船人保明文状，方得免罪。

勘会：商贩人前去诸国，并不得妄构［称］作奉使名目，及妄作表章，妄有构［称］呼，并共以商贩为名。如合行移文字，只依陈诉州县体例，具状陈述。如蕃商有愿随船来宋国者，听从便。诸商贾贩诸蕃间（贩海南州贩［人］及海南州贩人贩到同）应抽买，輙［辄］隐避者（谓曲避诈匿、托故日右［易名］、前期传送、私自赁［货］易之类），纲首、杂事、部领、梢工（令亲戚管押同），各徒式年，配本城。即雇募人管押，而所雇募徒人倩人避免，及所倩人，准比邻州编管。若引领停藏、负载交易，并贩客减壹等，余人又减式等，蕃国人不坐。即在船人私自犯，准纲法坐之。纲首、部领、梢工、同保人不觉者，杖壹佰以上，船物（不分纲首余人及蕃国人，壹人有犯，同住［往］人虽不知情，及余人知情并准此）给赏外，并没官（不知情者，以己物叁分没官）。诸海商舶货避抽买，舶物应没官，而已货易转买［卖］者，计直于犯人者［衍字］各［名］下近［追］理。不足，同保人备偿，即应以船物给赏，而同于令转买者，转买如法。诸商贾由海道贩诸蕃者，海南州县曲于非元发舶州［住］舶者，抽买讫，报元发［舶］州，验实锁［销］籍。诸海商冒越至所禁国者徒叁年配千里。即冒至所禁州者徒式年配伍佰里。不请公验物籍者，行者徒壹年邻州编管。即买易物货，而輙［辄］不注籍者杖壹佰，同保人减壹等。

钱帛案手分供　在判　注　在判　押案宣　在判　厉在判　勾抽所供　在判　孔目所检　在判　权都勾十［当］在判　都孔目所　在判

右出给公凭付纲首李充收执，禀前须［项］敕牒指挥，前去日本国经他［商］，回［日］赴本州市舶务抽解，不得隐匿透越，如违，即当依法根治施行。

崇宁四年六月　日给

朝奉郎通判明州军州管勾学事兼市舶谢 在判

宣德郎权发遣明州军州管勾学事提举市舶彭 在判

宣德郎权发遣提举市易等事兼提举市舶徐

承议郎权提举市舶郎①

据李充公凭，自神宗元丰三年（1080 年）中书门下据广、杭、明三州市舶司协议订立《广州市舶条》划分各自海上贸易业海域以后，刺桐港海商如前往东北亚高丽、日本经商，必须先向本州市舶司申请，经验实后转牒明州市舶司签发公凭始能出海。如前往南海海域（西南太平洋与印度洋）经商，则可径向泉州市舶司申请并取得公凭。海商向本州市舶司申请时，本州市舶司验实事项，大致包含审核货主身份、委保物力户身份、梢水名单以及货物内有无违禁品、船只装备等几个方面。宋朝政府禁止豪门权贵经商，不止一次诏令他们亦不得直接或附舶、“结托”从事海上贸易。为阻断不法海商暗通敌对政权辽、金，对前往北界经商者限制尤为严格。政治审查自不消说，哲宗绍圣元年（1094

① 本件转引自［日］森克己《日宋贸易研究》，日本国立书院昭和二十三年（1948 年）版，第 38～41 页。格式依该书，竖排改横排，若干繁体字改为简化体。公凭有若干错别字，当是明州市舶务誊录时的笔误，拟改的该书以［ ］括号标出。

年）甚至设定“财本必及三千万贯，船不许过两只”[①] 这种旷古未有的严酷条件。海商经发牒州验实批准后，随牒前往发舶州市舶司候批公凭。又经发舶州市舶司再次复查合格始能拿到公凭，所复查内容已十分具体开列于李充公凭内。公凭又载明种种必须认真遵守奉行的“市舶法”、“纲法”条文。海商收执公凭即意味着承担了守法责任；而公凭特意详列有关法律条文也意存警示。

海商纲首收执公凭是对发舶州市舶司作出义务承诺。发舶州市舶司则“给杖一条、印一颗”。据朱彧《萍洲可谈》：“市舶司给朱记，许用笞治其徒，有死亡者籍其财。”这却是付给纲首以政治管理的权利，所以，海舶纲首亦称“纲官”[②]，实际上是半奴隶、半农奴制的雇佣关系。以此为基础建立起来的宋代市舶司——纲首——梢水链条，标示了当时官督民营、身份隶属制的海上贸易制度。

帆船是海上贸易业最重要的技术手段，而海上季风则是帆船的自然动力源泉。所以，从刺桐港放洋的帆船，前往东北亚洲高丽、日本经商必须夏去冬返，往南海经商则反过来冬去夏返。往返周期决定于航线的长短。据神宗元丰三年（1080 年）陈偁所称：“自泉（州）之海外，率岁一往复。”[③] 应是当时南海航线中以东南亚港口为寄碇点的短程周期。加上航海过程遭受自然条件和社会动乱、海盗骚扰等因素的制约机会极多，公凭中硬性时限规定便成为海上贸易的一大障碍。李充公凭清晰反映这种不合理内容已被剔除。大概出于财政攒积需要，南宋孝宗隆兴二年

① 《宋会要辑稿·食货》三八之三三至三四。

② 《宋会要辑稿·食货》三八之二九。

③ 《永乐大典》卷三一四一，《陈偁》引陈瓘《先君行述》。（见本书附录二）

（1164年）重新作出周期惩奖规定："若在五月内回舶，与优饶抽税；如满一年内，不在饶税之限；满一年已上，许从本司（指两浙市舶司）根究责罚施行。"① 这一规定，估计仍无法执行。爰及孝宗乾道二年（1166年），朝廷鉴于两浙路市舶司"委是冗蠹"诏令废罢②，上述一司呈文也就自然同时作废。

公凭把海商乡贯或长期寄居所在州郡作为"发牒州"，授权签发贸易船前往海外贸易作业的市舶司所在州郡作为"发舶州"，旨在执行《广州市舶条》划分不同市舶司管理各别海域的贸易作业，亦收财政权益。所以，回舶抽解、博买港口之争便异常剧烈。神宗元丰三年（1080年）及此前市舶有关条法均规定何处发舶，舶回时返何处抽解。据李充公凭，该规定或只实行至徽宗崇宁四年（1105年）前，是年朝廷予以变更："今则许于非元发舶州往［当作住］舶抽买。"③ 结果"大生奸弊，亏损课额"，因此翌年便诏令废止，从新立法④。南宋初年，两浙市舶司一度请准回舶可以任便住舶抽解。至孝宗乾道三年（1167年）则又依泉州市舶司请求，即便贸易船回碇时"妄托风水不便，船身破漏，樯桅损坏"等借口，各沿海口岸仍应派员"押发离岸，回元来请公验去处抽解"⑤。自此以后便不见再有何种变更。

2. 抽解博买

北宋太宗淳化二年（991年）分别确立对舶货的抽分（又称抽解）与博买二种制度。按舶货分成十分实行无偿抽取，继承了唐代的"舶脚收入"做法。最初为十分抽二。大约仁宗年中降改

① 《宋会要辑稿·职官》四四之二七、二八。
② 《宋会要辑稿·职官》四四之二七、二八。
③ 《宋会要辑稿·职官》四四之九。
④ 《宋会要辑稿·职官》四四之九。
⑤ 《宋会要辑稿·职官》四四之二九。

为十分抽一。神宗熙宁中又降为十五分抽一。徽宗年中将舶货分为细、粗两色，细色十分抽一、粗色十分抽二。南宋高宗绍兴六年（1136年），经泉州市舶司申奏并经两浙市舶司“委是利便”附议，朝廷同意细色十分抽一、粗色十五分抽一分[①]。但至绍兴十四年（1144年）细色又升为“抽解四分”，引起“蕃商陈诉：抽解太重”。为此绍兴十七年（1147年）宋廷被迫稍作改变：龙脑、沉香、丁香、白豆蔻四色依旧法恢复十分抽一。“余数依旧法施行。”[②] 迨孝宗隆兴二年（1164年）两浙市舶司申文指出：“抽解旧法：十五取一，其后十取其一。又其后择其良者，谓如犀、象十分抽二分，又博买四分；真珠十分抽一分，又博买六分之类。舶户惧抽买数多，所贩止是粗色杂货。”建请此后十分抽一分，不再博买，获得朝廷同意[③]。然而直至南宋季年，抽分界线依然上下浮动，并不就此稳定下来。

博买又称“官市”或“和买”，名义上是宋廷通过有关的市舶司以颁下的折博本钱按时价购买海商的舶货，以满足中朝皇室权近豪侈生活的需要。博买的成数比抽分更加不固定，价钱抑低全凭市舶司官员恣意而为之，其残酷程度常常令人怵目惊心。南宋宁宗嘉定前期刺桐港的“和买”惨状即可一斑窥豹：

> 先是浮海之商以死易货，至则使者郡太守而下惟所欲刮取之，命曰‘和买’，实不给一钱。瑸珠、象齿、通犀、翠羽、沈脑、薰陆诸珍怪物，大半落官吏手，媚权近，饰妻妾，眂以为常。而贾胡之衔冤茹苦，抚膺啜泣者弗恤也。以故舶之至者滋少，供贡阙绝，郡赤立不可为。及是，公（赵

① 《宋会要辑稿·职官》四四之一九。

② 《宋会要辑稿·职官》四四之二五。

③ 《宋会要辑稿·职官》四四之二七。

崇度）以选来，余（真德秀）亦代公守郡，相与划磢前弊，罢和买，镌重征，期年至者再倍，二年而三倍矣。[①]

显然可见，当时刺桐港所在的泉州地方官员简直把“和买”等同于掠夺，肆意无偿“刮取”各种细色蕃货，严重程度达到“大半”，因之必然导致贸易帆船罕来，贡奉朝廷的物品难以为继，海上贸易衰落，郡库枯竭的艰难局面。真德秀、赵崇度协力改革，“罢和买，镌重征”，于是港口重现生机，到岸的海船持续增加，当年来舶 18 纲，翌年增至 24，再年增至 36。可见博买这种市舶司职能可以左右港口荣枯，有着十分重要的作用。发挥正常，港口便健康发展；恣意妄为，海上贸易立见萎缩。

3. 装发纲运

贸易帆船泊岸后，经由市舶司派员抽解、博买，将大批舶货运入市舶司仓库，并于积累到相当数量时，装发纲运解送京师或行在。

泉州市舶司设置后，依神宗《元丰纲法》，凡指定解送以外的物品与外国进奉贡品，均就地出卖，变为钱币解送京师。解送舶货于徽宗初年分细、粗色。细色如珍珠、龙脑之类，每纲 5000 两。粗色纲如犀角、象牙、紫矿、乳香、檀香之类，每纲 10000 斤。细色分担走陆路。粗色帆船行海道。每纲差派衙前一名押运，支脚乘与赡家费用 100 余贯。

但为时不长，纲法便大坏。高宗建炎元年（1127 年）十月，李则疏陈其弊：大观以后，犀角、象牙、紫矿之类都变为细色，原来粗色纲变成细色 20 纲，多费脚乘及赡家钱 3000 余贯。为此他建议粗色舶货一概就地出卖，变为现钱原地“椿管”。需要舶货的商客准许赴行在“中纳见钱”，政府发给“兑便关子”回当

① 真德秀《西山文集》卷四三，《赵崇度墓志铭》。

地取货。公私俱便。高宗“诏依旧。余依所乞”[①]。这是一个改革纲运弊政的合理主张。高宗“诏依旧”即依照徽宗大观年前的旧法划分粗、细两色与每纲重量规定，精减押纲人员，节省开支。同时，本建议把粗色舶货一概就地出卖变成现钱桩管，让商客入中现钱，付与“兑便关子”（信用票据），不但又为朝廷省却现钱解送费用，而且当时宋金鏖兵正酣，军费紧迫，商客直接入中现钱，使现钱安全、迅捷集中于国库，有助军机，意义重大。所以，高宗对后面的建议也“余依所乞”。大概由于宋金战争日趋剧烈，自绍兴元年（1131 年）后，三路市舶司均奉命暂停起发香药纲运。绍兴三年（1133 年），宋廷户部核定起发赴行在与就地变卖二种蕃货清单，颁示三路市舶司执行。起发货单开列香药 95 种及一批金银宝物、蕃布与杂货。变卖货单开列香药 93 种及一批日用物品。鉴于军情紧急，规定乳香、象犀等细色舶货外，“牛皮、筋角堪造军器之物，自当尽行博买”[②]，恢复解送纲运。孝宗淳熙二年（1175 年），香药纲运规格调高，凡粗、细色纲均以 50000 斤为一全纲，泉州市舶司限 6 个月到行在，无损即记赏。

宁宗嘉定十一年（1218 年），泉州市舶司遵照朝廷指挥，拟出《装发纲运事理》5 项，详尽陈述纲运全过程：（1）纲运交装开始前，市舶司令各有关人员“重立罪赏”，接着差官吏监视，将舶货分清“色额等第”。交装时再验收一次，并与“纲官”当面以法定“铜碙法物”过秤斤两装包，每包留两个“封角”，一角印市舶司提举官铜质朱记，另一角印监装官名衔印记。檀香等香料木则计条截两头，各用市舶司提举官押字雕皮记盖印。下船时，派可靠吏人、军员各一名随纲防察，限 2 个月到达行在。

① 《宋会要辑稿·职官》四四之一一、一二。

② 《宋会要辑稿·职官》四四之一七。

(2)“精选畏谨之人”押纲。据《庆元重修令》，纲运以本州县现任合差出官轮充。无官可差即募官管押。(3) 为防止纲官沿途逗留变卖纲物，市舶司呈请朝廷下令沿海州县遇纲运入境即差人防护催促出境，并于纲运“行程分明批凿起离时日”，而便根究。(4) 交装纲运时取样另外先行派员呈送行在户部。待纲运抵达行在交纳时以便与“各色香料”查验对比，以防作伪。届时“唤集行众，当官开拆封样，看验一同。即与交收”。细色纲遵陆。粗色纲泛海，必须先行准备妥当，待四五月“赶趁南风顺便发离，庶免飓风海洋阻滞”。(5) 纲运抵达左藏库后，不许多方需索，“自有元降指挥板榜，立定官脚等则例”可依，牙侩、库吏应严加约束，“重立罪赏”，防止作弊。[①]

在物品装船时，李充《公凭》告诉世人，泉州从业人员发明并使用定容定量竹木箱笼框架——“床”，将易碎奇零货物快速装入船舱。“床”无疑地是世界上最早的集装箱萌芽。

显然可见，从海商经商许可证签发，贸易船到岸博买抽分直至货品入库或解送等一应事务，均经由泉州市舶司操办。也表明市舶司在海上贸易中极具权威，因此，其职能发挥与其官员吏职善否，直接关系海上贸易的成败。

（三）勤政倡廉

几千年来，中国社会发展的一条基本经验是：政权机关的廉或贪，关系其时政治、经济和文化振兴或衰落。

市舶司职在掌持海上贸易，所以，如该司廉风劲吹，海上贸易必兴；污流汹涌，则海上贸易自馁。宋代既然实行官督民营的“纲船”体制，市舶司风气的影响就更为明显。

---

① 《宋会要辑稿·食货》四四之一八、一九。

泉州市舶司设置伊始，徽宗大观三年（1109年），朝廷明令其时并入转运使司的市舶司等专门机构，必须“职事修举，课利增羡”，并令户部订立条法，进行年终考核[①]。政和三年（1113年），朝廷重申太宗至道元年（995年）为广州市舶司而颁发的惩贪条法，明令各口市舶司遵守：

> 应知州、通判诸色官员并市舶司官、使臣等，今后并不得收买蕃商香药禁物。如有收买，其知、通诸色官员并市舶司官并除名，使臣决配，所犯人亦决配。[②]

据至道元年（995年）左正言冯拯察知，广南东路的地方官员及路过广州的使臣，垂涎海外珍奇，多请托广州市舶司官员转嘱有关蕃长，以低价收买蕃商杂货及禁物。其结果是内损国家课利，外招蕃商怨恨，贪赃枉法，海上贸易遭到严重打击。重申此条法，铲除市舶司积弊，扩大朝廷收入，应付当时国库因徽宗“丰亨豫大”挥霍而日趋枯竭的局面，自然具有十分重大的现实意义。炎兴以后，宋金争战剧烈，财政损耗巨大，约占国家货币岁入五分之一的市舶课利的稳定入库与扩收，事关军国大局。高宗皇帝一再诏令：“市舶之利，颇助国用，宜循旧法，以招徕远人，阜通货贿。”[③] 为此，宋廷也从多方面加强市舶司的肃贪倡廉力度。

朝廷的约束力往往与几千年来儒家的治国思想互相结合，逐渐形成廉荣贪辱的官箴。宋代这类从政官箴较前代远为丰富深刻。自北宋前期便逐渐抬头的理学思想运动又为这种社会思潮推波助澜，促使儒教官箴宣传走向成熟和高涨。南宋初年以后，理学领袖朱熹及其父朱松相继从宦于泉州石井镇、同安县与漳州，

---

① 《宋会要辑稿·食货》四九之二五。

② 《宋会要辑稿·职官》四四之九。

③ 《宋会要辑稿·职官》四四之二四。

聚徒讲学，形成所谓“清源别派”。两宋之交，理学谢派传人林光朝在家乡兴化军莆田县讲学，建立所谓“红泉学派”。他们的精神衣钵代有传人，在闽南社会影响十分广泛，给泉州市舶司勤政倡廉风气的弘扬以积极推动。

高宗绍兴末年出任泉州市舶司提举官的林之奇也是一个理学家。他在《到任谢宰执启》文中提出：

> 盖温陵事任之重，引贾胡之往返，斡泉货之低昂，自非蔚有重望如孔戣，素立清节如宋璟，不以橐金入怀如张属国，不以贪泉易心如吴隐之，则何以被皇华之遣而不惭，揽澄清之辔而无歉？①

林之奇在他的谢启中作了一种政治宣示。这种宣示不再诚恐诚惶地对皇帝谢恩，或者感激涕零，而在把前代名臣的从政重望，修养清节，与为官廉洁、自觉拒贪的宦情仕性同等看待，归结为自己的政治价值观。而且认为只有秉持这种从政的条件与愿望，才可在任职于泉州市舶司时，内心不至于因肩负重任而感到惭愧，也不致由于志存澄清市舶风气而歉疚在怀！

从理学家的这种临政抱负和官箴精神，明显可以看到南宋前期泉州市舶部门正在形成一种倡廉勤政的风气氛围，有益于海上贸易业的健康发展。

泉州市舶司官员传记资料流传下来的已不多。然而，从这些有限的资料中可以看出，两宋之交清官能吏为多。徽宗政和五年（1115 年）提举官施述，宣和元年（1119 年）提举官蔡柏、勾当公事赵寘，先后因课额增羡转一官，获得奖励。高宗炎兴年中，泉州地方官员廉洁奉公形象更有了个案记录。林孝渊建炎年中（1127－1130 年）通判泉州，后升任市舶司提举。曾按视舶货，

① 林之奇《拙斋文集》卷一一。

吏人循例送他一匣龙脑，“孝渊厉声曰：公则公物，私则商货，何例之有！”[①] 即予斥退。当时任签书判官的胡大正也同样公物不入私囊。绍兴十二年（1142 年）后，汪藻知泉州。阇婆（今印尼爪哇境内）帆船到岸，带来该国国王赠送的寿礼龙脑数百两。汪藻命交官库，一铢不取。在有宋一代港口官吏“率与贾胡交贿”的浊流中，林、胡、汪藻诸人堪称出淤泥而不染，人皆浑浊，“君独玉雪”。[②] 傅自修绍兴年中任泉州市舶司监官，力革弊政，整饬吏治。离任后，有蕃商为贪吏所困，号泣岸边，诉说曾有白胡须官人主持公道，故蕃商都乐于多载来华。如今他不在，官吏肆意抢掠殆尽。傅自修蓄胡须，蕃商夸奖怀念的正是他。事为朝廷中书所闻，因又将他调任市舶司提举，蕃商为之欢呼。范如圭绍兴末年知泉州。南外宗正司官员恃皇家气焰，抢夺海商巨舰，据以浮海经商。海商投诉于州衙门与市舶司，数年官司未能结束。另外南外官员又占役禁军百余人，私自煎熬海盐，无视盐法，苦了商民，而前任知州却不敢过问，“公皆以法义正之”，[③] 是范如圭廉洁不贪，方能执法如山，面对皇亲国戚，无所畏惧。

在群策群力的护持下，刺桐港终于在戎马倥偬、宋金鏖战最为激烈的年代中特立于东南海滨。大概高宗赵构也深谙个中奥妙。所以，绍兴二十一年（1151 年）右中奉大夫直显谟阁知抚州李庄改任泉州市舶司提举时，“上曰：提举市舶官委寄非轻，若用非其人，则措置失当，海商不至矣。（李）庄可发来赴阙禀议，然后之任。”[④] 高宗在日理万机繁忙中，竟要亟亟特别召见

① 阴思谦《（万历）泉州府志》卷一〇，《古今宦绩》。

② 刘克庄《后村全集》卷一五九，《宋应先墓志铭》。

③ 朱熹《晦庵集》卷八九，《范如圭神道碑》。

④ 《宋会要辑稿·职官》四四之二五。

正欲履新的泉州市舶司长官，不外是：品评其人之资质，或面授其人以机宜。不但表露他对刺桐港高度关切，而且也显示他对“委寄非轻”，政事在人的治国方略并非徒托空言。

孝宗年中（1163－1189 年），刺桐港的发展势头依然强劲。乾道四、五年间（1168－1169 年），泉州知州王十朋在《提举延福（寺）祈风道中有作次韵》诗中，描绘了农业丰登、海上贸易繁荣情景，又着重点明后者与市舶司吏治关系密切：

雨初欲乞下俄沛，风不待祈来已熏。
瑞气遥看腾紫帽，丰年行见割黄云。
大商航海蹈万死，远物输官被八垠。
赖有舶台贤使者，端能薄敛体吾君。①

孝宗乾淳时期是南宋政治修明，文物昌盛，社会比较稳定的年代。泉州当时也呈现一派生机蓬勃气象。“利贾而业儒，蛮艘獠舶，岁以时蕺，既富而安。”② 当时市舶司提举马希言事迹今已不清。但诗中既称誉为“贤使者”，强调其能“薄敛”，所以导致刺桐港成为“富商大贾往来之会。”③

总之，宋代泉州市舶司“其提举多儒绅，为名吏者众”④，是刺桐港崛起并走向繁盛不可或缺的人事基础。

（四）历史机遇

刺桐港的崛起自然也有它独特的历史机遇与外部环境。

南宋初年，两浙路屡屡遭受宋金战火的洗礼，铁蹄到处，

① 王十朋《梅溪后集》卷一七。

② 韩元吉《南涧甲乙稿》卷一九，《东岳庙碑》。

③ 王十朋《梅溪后集》卷二一，《泉州到任谢表》。

④ 顾炎武《天下郡国利病书》卷九六，《福建》引郭造卿《闽中兵食议》。

“所过燔灭一空”[①]。海上贸易一蹶不振。故孝宗乾道二年（1166年）以臣僚认为“委是冗蠹”而永久废罢两浙路提举市舶司。

两宋之交，华南各地掀起社会大动荡浪潮。其中有农民的军事暴动，也有军阀武装或盗匪集团的滋事扰攘。广东北部、江西南部和福建西部交叉三角地带，“剑槊不能胜，旂牓不能绥，垂二十年”。[②] 在南海、东海海域，自绍兴五年（1135年）以后，朱聪、郑庆、林元、刘宁等支海上武装船队，首先在广东起事，逐渐向北蔓延，“劫掠沿海县镇农村及外国海船、市舶司上供宝货”。[③] 给泉、广二舶司的海事活动，带来不少麻烦。而广州遭受的威胁尤为严重。“番禺为广东都会，多富商大贾番客之家，号为富庶”，“故为盗贼垂涎之地”。[④] 郑庆船队在滋扰珠江航道之后，继之北上围攻广州东郊港口扶胥镇，进逼广州。当时刘宣自江西扰揭阳，郑广、周聪抄掠南海航道，曾衮据惠州釜甑山，其余自称大王、太尉、铁柱、火星、飞刀、打天名号的武装队伍为数不胜枚举。所以，广州市舶司香药纲运翻越大庾岭顺赣江北运的传统路线，安全保障极少。建炎四年（1130年）兵将李棫奉命派人赴大理买马，鉴于实际艰难，“（李）棫奏江西道不通，乞自广西入闽中赴行在”[⑤]。当时赣江、鄱阳湖流域，“以舟楫为生者，或夺纲运”。[⑥] 因而广州市舶司香药纲运极可能被迫改为海运。但即便如此，南海洋域武装船队的骚扰事件，较之福建沿海，既频繁而又酷烈，因之香药纲运依然难以顺利北上。

---

① 孙觌《鸿庆居士文集》卷三四，《朱公墓志铭》。

② 叶适《水心文集》卷二二，《薛弼墓志铭》。

③ 李纲《梁溪全集》卷八二，《论福建海寇札子》。

④ 李纲《梁溪全集》卷一一七，《与秦相公书》。

⑤ 李心传《建炎以来系年要录》卷三三，建炎四年五月戊辰。

⑥ 李光《庄简集》卷一二，《应诏论盗贼事宜状》。

按照宋廷的规定，广州至行在临安香药纲运期限为 6 个月，泉州为 3 个月。估计这是陆运期限。南宋前期，福建名果荔枝畅销杭州。据时人记载，顺风运送，“闽中荔枝，三日到永嘉（今浙江温州）”；[1] “四明海舟自福唐（福清市旧称）来，顺风三数日至”。[2] 以此为基础，依现代实测海程，自刺桐港至庆元府约需 9 日。然后换装江船，从庆元府城下循浙东运河至杭州。浙东运河全长约 460 多里。南宋绍兴十二年（1142 年），宋廷订立浙西水运行程期限，平江府至杭州 360 里，计 8 日程，日均航行 45 里[3]。浙东运河有堰闸 7 处，稍事耽搁，约需十一二日。所以，略计自刺桐港发纲，顺风 20 日左右即可将香药纲运抵杭州，这在当时算是相当迅速的了。当时广州与此相比较，不啻有天壤之别。

宋代政治、经济的发展颇不平衡。朝廷也不曾在各设置市舶司港口实行统一的海上商贸政策。绍兴二十九年（1159 年），曾任市舶司提举的张阐便罗列如次情形：

> 三路市舶司相去各数千里，初无一定之法。或本于一司之申请，而他司有不及知；或出于一时之建明，而异时有不可用；监官之或专或兼；人吏之或多或寡；待夷夏之商或同而或异；立赏刑之制或重而或轻；以至住舶于非发舶之所，有禁有不禁；买物于非产物之地，有许有不许。若此之类，不可概举。故官吏无所遵守，商贾莫知适从，奸吏舞文，远人被害，其为患深！[4]

其结果，浙（五口）、闽（一口）、粤（一口）三路七处市舶

① 王十朋《梅溪后集》卷一二，《静晖楼前有荔枝一株》原注。

② 范成大《石湖诗集》卷二一，《新荔枝四绝》。

③ 《宋会要缉稿·食货》四四之一。

④ 《宋会要辑稿·职官》四四之二六。

机构各行其是，绩效便也千差万别。而最根本的一条，便是哪一处能施行最适宜于招徕海商的政策，哪一处就最有前途："官吏或侵渔，则商人就易处，故三方亦迭盛衰。"① 大食蕃客蒲啰辛、蒲亚里在泉、广州的迥异遭遇，就是一个生动例证。绍兴元年(1131 年)，蒲亚里载运大象牙二百九株，大犀角三十五株到广州，估价五万多贯。如依泉州市舶司则例，当补官。但广州市舶司不但不予官职，在给还其本钱时，肆意克扣，"官吏并缘侵渔，讼久不决"。② 当时广州武官右武大夫曾讷，又从另一角度算计蒲亚里，"利其财，以妹嫁之。"③ 直到绍兴四年（1134 年），蒲亚里才拿到本钱，"置大银六百锭，及金银、器物、匹帛"④ 一批，不料临行时又遭到强盗上船劫掠，当场砍伤蒲亚里并杀死蕃仆四人。蒲亚里的坎坷遭际，充分证明广州市舶司已庸劣不堪，不但未能实施优待蕃商以徕远人的政策，反而以贪黩无厌丑行促使自己转化为海上贸易的绊脚石，以致宋廷也不得不认为广州市舶司"提举官往往用非其人，致蕃商稀少"⑤。既然如此，它就势必拱手把海上贸易的黄金年华让给刺桐港。

两宋之际，烽火漫天。两浙与江西都未能幸免于兵燹浩劫。三面环山，一面临海的福建却得天独厚，一隅安静。因此，高宗建炎三年（1129 年）十二月，南外宗正司皇族三百余人自镇江募海船南下移驻泉州，西外宗正司皇族一百余人亦自泰州高邮军移驻福州避兵。翌年十月，高宗出发亲征前夕，"乃命六宫自温

① 朱彧《萍州可谈》卷二。

② 汪应辰《文定集》卷二三，《王师心墓志铭》。

③ 《宋会要辑稿·职官》四四之二〇。

④ 《宋会要辑稿·蕃夷》四四之九三。

⑤ 《宋会要辑稿·职官》四四之一七。

州泛海之泉州。”[1] 是宋廷上下无不视福建固若金汤。建炎三年（1129 年）冬，金兵横扫两浙，宋军惨败，高宗及朝廷中枢溃退至明州，危急之时，幸得闽、广招募而来的大批船只，其中有泉州、福州、兴化军大船二百多艘。高宗“甚喜”，即择兴化军船主田经的大海船作为御舟，其他分充中枢官员之用，“遂获善济，”[2] 浮海避开了金军的追捕。次年春季，宋廷粮饷交困，又“命福建市舶司（即泉司）悉载所储金帛见钱自海道赴行在”[3]，以济燃眉之急。刺桐港的航海技术装备与海上贸易盈余，给宋廷最高决策集团以雪中送炭，也就为自己的灿烂前程锦上添花。其结果自然是，当刺桐港振翅腾飞时，它无疑地比其他港口赢得都多的政治、经济以及军事战略品评优势。

朝廷对刺桐港的垂注，徽宗年中已见端倪，迅速在折博本钱的投放上得到体现。徽宗鉴于泉州市舶司不止一次课额增羡，即于宣和七年（1125 年）发下空名度牒泉、广州各 500 道，两浙 300 道充折博本钱。泉州已与当时的第一巨港广州平分秋色。高宗建炎二年（1128 年）又发度牒师号二十万贯付福建路，十万贯付两浙路充折博本钱[4]。数年之后，经广南路请求，才付给度牒 300 道，紫衣、两字师号各 100 道。南宋前期，度牒每道售价

---

① 李心传《建炎以来系年要录》卷八一，建炎四年十月戊戌。

② 李心传《建炎以来系年要录》卷三十，建炎三年十二月己卯。

③ 李心传《建炎以来系年要录》卷三十一，建炎四年正月丙辰。

④ 李心传《建炎以来系年要录》卷一五，建炎二年五月丁未条。同一作者《建炎以来朝野杂记》甲集卷一五，《市舶司本息》，均记作给闽、浙二司“度牒直三十万缗为博易本”。《宋会要辑稿·职官》四四之一二作“给度牒师号一十万贯付福建路，十万贯付两浙路。”语意累赘重叠，显然有误。查《宋会要辑稿补编》全国图书馆文献缩微复制中心 1988 年版本第 643 页同条，正作“二十万贯付福建路，十万贯付两浙路”。

在三十至二百贯之间[①]。师号售价不详，可能稍贵。但即便全部以最高价格二百贯计算，也不过八九万贯。可见，此时宋廷对刺桐港收购舶上香药资本的投入，高出广州港一倍以上、两浙市舶港口一倍。刺桐港之所以备受中央朝廷的眷顾，也从一个侧面透露本港海上贸易迅猛发展，正迎来一个空前旺盛的历史时期。迨孝宗乾道三年（1167 年），朝廷又于福建路泉、漳、福州、兴化军上供银内，截拨二十五万贯，专充抽买乳香等本钱。刺桐港的市舶资本，又升到新的高度。

宋廷不但慷慨拨给刺桐港以大量市舶资本，而且又破例容许市舶司兼掌部分监察审官特权。绍兴十六年（1146 年）提举泉州市舶司曹泳上疏："乞今后本路沿海令佐巡尉批书内，深入本地分内无透漏市舶物货一项，所属得本司保明，方得批书，及州县有承勘市舶透漏公事，如或灭裂，详本司奏劾。"[②] 福建路沿海福、泉、漳州及兴化军各县令佐巡尉的"批书"（为他们批写或填写付身文书，鉴定其在任期内的功过）须获得市舶司"保明"，而后发给；州县审理有关市舶案件，须获得市舶司认可，否则有权向朝廷举劾。显然，泉州市舶司的职权得到扩张，经朝廷中枢批准，它在地方政权结构中拥有监察地方吏治和司法审理举劾赋予的特殊权力。不仅如此，孝宗乾道三年（1167 年）占城使者，淳熙五年（1178 年）三佛齐使者先后来华进奉，宋廷特准免予北上行在，即由泉州市舶司馆接，留在刺桐港。这是当时全国范围内绝无仅有的破格待遇。

与朝廷加大市舶折博本钱投入相适应，高宗年中，刺桐港的市舶净利年收入也不断攀升。从建炎元年（1127 年）至绍兴四

① 李心传《建炎以来朝野杂记》卷一五，《祠部度牒》。

② 《宋会要辑稿·职官》四四之二四。

年（1134年），八年之间，“蕃舶纲首”蔡景芳招诱抵港的舶货，净利便高达98万余贯，年平均约12万贯。建炎四年（1130年），泉州市舶司抽买乳香13等共重86780斤。比照南宋初年一宗乳香共重91500斤计值120余万贯估算，约值几十至百万贯。绍兴八年（1138年），大食蕃商蒲啰辛一人运抵的乳香便值30万贯。绍兴末年，三路市舶司抽买岁入约200万贯，占当时国库货币总收入的五分之一。根据其时三方盛衰与折博本钱投入比例，大部应是刺桐港所提供。事实昭昭，南宋前期，腾跃于鼎盛阶段的刺桐港，以卓尔不群的态势对国家做出重大贡献。

四　顺济祭海　通远祈风

（一）通远祈风

帆船的航行动力是风。季节信风尤其为远洋航线的定向程限所依赖。在古代宗教氤氲弥漫朝野的岁月里，对信风的渴望往往表现为瓣芗祷祈。宋理宗绍定五年（1232年），真德秀再知泉州，其《祈风文》明白宣示：“舶之至时不时者，风也。而能使风之从律而不愆者，神也。”[①] 所谓“从律而不愆”的风，当然就是信风；能使风转化为信风的支配力量当然就是神。所以，祈风祀典必然随刺桐港的崛起而逐渐形成。

历史上长期作为泉州地方衙门所在地丰州（今南安市丰州镇）附近，西晋武帝太康九年（288年），兴筑建造寺。唐懿宗咸通年中（860—874年），时已迁至九日山麓的延福寺重建大

① 真德秀《西山文集》卷五四。

殿[①]，寺僧远至桃林场（后提设永春县）采购木材，据传得到俗称白须公、翁爹、乐山福王的指点与帮助，后来便将一处殿堂称为“神运殿”，并另建一所“灵乐祠”（或谐音“灵岳”）奉祀乐山神灵。大概自此以后便渐渐成为祈报祠宇。水旱、疾疫、吉凶种种珓卜之外，伴随泉州海上贸易业的扩大，于是又出现与贸易船出海与回归期限相对应的拈香现象：“每岁之春冬，商贾市于南海暨番夷者，必祈谢于此。”[②] 既然祠神能“神运”，最切海上贸易商的期盼心思，因此延福寺灵乐祠的造神浪潮一如海上贸易业那样方兴未艾，从而为官方祈报典礼的出现奠定了民俗基础。

但祈风肇始年月，史无明文。曾会（952—1033年）《延福寺重修碑记》逐一记述殿堂修建年月，法缘施主，并无只字涉及官府祈风祀典。仁宗嘉祐二年（1057年），蔡襄知泉州，以旱祷雨于延福寺，亦未见任内有祈风记录。目前所能见到的几种地方文献均以为泉州知州祈风始于神宗元丰年中（1078—1085年）。当时巡辖官陈益“从守祈风”时立地成佛[③]。查元丰中泉州知州前后三人，陈枢自熙宁九年至元丰元年（1076—1078年）在任；陈偁自元丰二年至六年（1079—1083年）连任；王祖道自元丰七年至哲宗元祐元年（1084—1086年）在任。陈枢庸碌，政迹平平。王祖道则声名狼藉：“人品污陋，天资巧佞”。“内则闺门不治，有帷薄之污；外则才识暗滞，而郡事废紊。”[④] 他们都不可能把一瓣心芗与海上贸易、吊民伐罪互相联系起来。所以，惟

① 唐代宗大历三年建造寺迁址，五年赐新额延福。

② 怀荫布《（乾隆）泉州府志》卷七，《山川·九日山》引李邴《水陆堂记》。

③ 何乔远《闽书》卷八，《方域志》泉州九日山；怀荫布《（乾隆）泉州府志》卷一六，《坛庙寺观·延福寺》。

④ 李焘《续资治通鉴长编》卷三九五，元祐二年二月丁酉。

有从陈偁政迹下笔索隐，才可能获得正确答案。

（二）陈偁滥觞

陈偁为人谦恭正直，关心民瘼，又敢作敢为。神宗熙宁八年（1075 年）曾知本州，不久即因此前知开封县（治今河南开封市）时失陷青苗钱获罪而离职。泉州市民得知内情后，便踊跃捐款，三天内凑足五千万钱代为赎罪。于是改知舒州（治今安徽安庆市），满任，再知泉州。陈瓘当时随任在旁，据他亲见，陈偁到任时，“泉民思慕既久，闻公复来，老稚抃叫，争走逆旁郡，至有灼臂于马前者，曰：复见公矣。”① 景象异常热烈，足见泉州市民对新任太守怀有颇高的期盼。陈偁果不负众望，很快就在恢复东湖灌溉功能、激励解送举子以振兴文教等事项上做出成绩。然而当时泉州最突出和紧迫、也是陈偁最为棘手的社会问题，是怎样“突围”以解决海上贸易业的发展，借以带动地方经济蓬勃向前，使人口增长不断压迫生产力的现象获得缓解，社会秩序趋于安定的荦荦大端。神宗即位初年已提上朝廷议事日程的泉州添置市舶司一事，以吕嘉问为首的市易司暗中作祟大体因王安石罢相、市易司受到追究而告终。但到陈偁莅职的次年，即元丰三年（1080 年）八月，广、杭、明州三口市舶司则又利用《广州市舶条》的拟定，对刺桐港实施围堵，企图继续封锁和扼杀它的勃勃生机。《广州市舶条》由中书门下于八月二十三日颁布，同月二十七日朝廷分别命令两浙、两广和福建路转运使司采取措施贯彻执行。福建转运使司即派其判官王子京入驻泉州兼提举与“觉察拘拦”（缉私）。

① 《永乐大典》卷三一四一，《陈偁》引陈瓘《先君行述》。（详本书附录二）

显然，按照三口市舶司私下达成并经中枢认可的《广州市舶条》协议，刺桐港热气腾腾的赴丽贸易被划归杭、明州市舶司管辖；南海航线所有亚非贸易口岸的海上贸易则划归广州市舶司管辖，为此闽南贸易船出今台湾海峡后，必须顺东南海岸线改为西南行船，抵今珠江口外，又改北上行船以达广州城外候办有关公凭等手续。至于原来就讨论泉州添置市舶司一事完全被搁置而不予考虑。所以，陈偁莅任后面临着极为严峻的社会发展形势，关系着自仁宗年中便日益凸显的社会大多数人口群体图生存而不得不舍农趋末，改取海上贸易以使谋生方式转型能否实现。正因如此，陈偁与王子京之间的冲突，便将十分尖锐，也会异常激烈：

> 子京为尽利之说以请，拘其货，止其舟以俟报。公以货不可失时，而舟行当乘风便，方听其贸易而籍名数以待！
>
> 子京欲止，不可。于是纵迹连蔓起数狱。移牒谯公沮国法取民誉。……①

可见，王子京的办法，以搜括民脂民膏为目的，竟将海商的出口商品加以扣留，远洋帆船统通不许离岸，以待朝廷批准后放行。陈偁据理力争，提出“货不可失时”，商品价值有其特定的时间尺度；“舟行当乘风便”，当时已是初冬时节，黄叶簌簌北风起，最是南海放洋时，帆船启碇之机不可失。所以，虽然王子京仍加以反对，陈偁却批准装纲完毕的贸易船启碇出海。

陈偁的儿子陈瓘当时借住九日山顶一所僧房读书。父子俩对山麓延福寺内灵岳祠长期以来就远近喧腾的商民水旱、疾疫、风信的祷祈目击心仪。早在熙宁八年（1075 年）任内，陈偁便俯

---

① 《永乐大典》卷三一四一，《陈偁》引陈瓘《先君行述》。（见本书附录二）

从商民吁请，上疏朝廷勅封灵岳祠神为崇应公[①]，乐山山神不但为善男信女广泛崇信，而且其神格也早已深铭陈偁心扉。如今，他力排王子京的戕民措施和恶意攻击，断然命令商帆启碇远航。切切忧民，沉沉使命，祭神如神在的传统文化心理，推动他走向灵岳祠，举起神圣香炷，开创了泉州知州祈风典礼的新篇章。

然而历史文献显示，陈偁拈香祈风，纯然仅是一宗偶发的个人举动，并未为后继者所传承，以及逐渐蔚成泉州地方衙门的典礼制度。

元丰七年（1084年），陈偁卸任，由福州人王祖道接手。此人到任后直至哲宗元祐二年（1087年）二月任满，堪称为一介贪官暴吏。但对上官则唯唯诺诺，“附会权贵”[②]，任凭已升任福建路转运使司副使的王子京肆意妄为。次年十一月，张汝贤按察福建抵达泉州，王祖道即“过饰厨传，曲为谀悦，以盖愆恶，至以锦绣覆地，被诸墙壁。其他越礼侈费，莫不称是。”[③] 刺桐港的海上贸易业早已被抛入九霄云外。

继王祖道任泉州知州的是丹阳人翟思，最能证明他同样并不传承市舶祈风彝典的是九日山的一方石刻。元祐二年（1087年）十月二十四日，他与同僚“同游延福寺，瞻弥陀石像，谒崇应公、无等禅师龛，由聚秀、圆通阁，登秦君、蔡公亭、白云堂，观菩萨坑、钓龙井以还”[④]。幸亏这方游山石刻详细刻记下游山路线，其中“谒崇应公”即亲抵灵岳祠拜谒乐山山神，但无只字涉及有关祈风事宜，尽管泉州市舶司已获中枢于同月六日勅准设

① 晋江市修编组《安海志》卷二十，《庙堂·昭惠庙》附陈道远《重建昭惠庙叙》。

② 李焘《续资治通鉴长编》卷三九五，元祐二年二月丁酉。

③ 李焘《续资治通鉴长编》卷三九五，元祐二年二月丁酉。

④ 祈风石刻，见本书附录三。

置，且十月又是南海帆船启碇时节，这位知州纯粹在于观览满山烂漫的秋光，一付“万事不关心”模样。

泉州市舶司设置后，在徽宗崇宁二年（1103 年）设置专职提举官前，常由福建路转运司或提刑司官员兼领。哲宗元祐六年（1091 年）十月转运判官韦骧、次年二月又有提刑祖无颇先后因公莅临泉州，也都登九日山，“同游延福寺，遍览胜景。”① 当时正都是遣舶良辰，二方石刻依然不着半点祈风笔墨。

更为突出的是钦宗靖康元年（1126 年）十月，泉州知州、市舶司提举与通判等结伴登临九日山，石刻云：

> 靖康改元初冬，提举常平等事林適述中，循按泉南，同提举市舶［鲁］詹巨山、太守陈元老大年、通判林孝渊全一，会食延福寺，遍览名胜，登山绝顶，极目遐旷，俛仰陈迹，徘徊久之。②

太守与提舶是九日山祈风的主要地方官员，提举常平与通判是路、州二级的财政大员。他们结伴游山同样并无祈风举动，足证时届北宋灭亡前夕，泉州地方各有关衙门并未确立延福寺的祈风机制。陈偁个人的祈风举动只是他心忧时局，情系民生，神驰南海的祈风滥觞而已。

当然，泉州地方衙门时届北宋末年并未正式确立市舶祈风机制，有其他一系列社会问题发挥其干扰作用。

闽南自西朝东坡降的自然地貌，溪江短程，易涝易干，维持农作收成，必须相伴以配套的水利工程，以便为大田作物时时供给必要的灌溉用水。据泉州方志，哲、徽二代除建中靖国元年（1101 年）晋江尉黄愿主持烟浦埭水工维修外，其余灌溉工程都

① 石刻全文见本书附录三。

② 石刻全文见本书附录三。

处于年久失修状态。更兼自哲宗年中起始，泉州又先后出现几次惨烈的酷旱。“仍岁民流徙以转沟壑多矣。”[①]“晋江仍岁焦旱，细民艰食，而至父子相弃，流移甚矣。矧莩死于道，不可胜计乎！”[②] 于是泉州与其他旱暵肆虐州军的边远山区乡村，饥民逐渐集结，“阻险”以抗官军，“为数州患。”[③] 逼得福建转运使司不得不下达“州县发廪”赈灾命令，但同时又派判官韦骧奔走“处画斩捕”[④]。哲宗元祐六年（1091 年）冬，韦骧莅泉，便是执行此项两手政策。

祸不单行，哲宗绍圣三年（1096 年）七月，酷旱灾沴稍息，飓风，大潮，暴雨，刺桐城又遭暴涨的江潮顶托山洪淹浸。一时平添千家万户的呼天吁地惨痛。又过了五年，即徽宗崇宁元年(1102 年)，泉州西北山区乡村又遭酷旱，农民无处汲饮，往往下山数十里外挑水饮用，踣毙渴死者相继于道。又过了七年，即徽宗大观四年（1110 年）十二月二十日，泉州突降大雪。这场大雪从福州横扫而南，荔枝等宜温果蔬、香花，一举冻死。少衣艰食贫民也纷纷大难临头，饥寒交迫，饿毙相枕。

然而就在如此自然灾害荐臻岁月中，徽宗赵佶与奸臣蔡京以“丰亨豫大”自欺欺民，掀起“花石纲”高潮。徽宗亲示蔡京，福建“须土宜进”[⑤] 献，诸如荔枝、龙眼、橄榄、异花、奇草无不成为各级地方官员搜罗进献目标：

> 绣衣中使动輶车，黄纸封林遍阡陌。

---

① 郑侠《西塘集》卷五，《代祭崇应公祈雨文》。

② 郑侠《西塘集》卷五，《代祭显应王庙祈雨》。

③ 潜说友《（咸淳）临安志》卷六六，《韦骧传》。

④ 潜说友《（咸淳）临安志》卷六六，《韦骧传》。

⑤ 杨仲良《通鉴长编纪事本末》卷一二八，《花石纲》引蔡絛《史补》。

浮航走辙空四郡，妙品人间无复得。[①]

福、泉、漳州和兴化军的荔枝冻后复发所结新果，经过官府掠夺，“妙品”为之一空。当时就连那些趁机奔竞的“臣庶之家”，也憧憧然“计置山石花竹之类，致有骚扰”[②]，于是“天下乃大骚然矣”[③]。

徽宗宣和二年（1120年）十月，两浙路青溪县（今浙江淳安）爆发以反花石纲掠夺的农民战争。方腊以“鼓扇星云神怪之说”[④]发动群众，摩尼教徒纷纷响应，进展极为迅速，不久即攻下两浙、江东路六州五十二县，威震遐迩。

闽南各地也多有摩尼教徒，因此泉州、兴化军等处的地方官员，朝夕恐惧，心焉惕惕。宣和三年（1121年）夏，方腊农民军俞道安部挺进温州瑞安县（浙江今地），并扬言将沿海岸越分水关南下福建。稍后，方腊农民军遭受官军重创，则又“欲掠舟于定海（今浙江舟山群岛），据七闽为巢穴”[⑤]，风声所至，令福建沿海“居民惶怖，携老扶幼奔窜于山谷，攀援蹂践，至有踣者。群不逞之徒，又相与睥睨之，于是有丧其家资，失其子女，忧愁惊悸，自陨其身者”[⑥]。顿使城乡居民陷于极度不安并由此引发相应的治安危机和社会震荡。

显然可见，北宋末年泉州社会一片王朝末日景象。天灾频繁，暴政惨烈，致使民不聊生，社会失衡，人心浮悬，一有风吹草动，便是风声鹤唳，草木皆兵，惶惶然不可终日。泉州地方衙

---

① 刘子翚《屏山集》卷一一，《荔子歌》。
② 《宋会要辑稿·刑法》二之八〇。
③ 杨仲良《通鉴长编纪事本末》卷一二八，《花石纲》引蔡絛《史补》。
④ 杨仲良《通鉴长编纪事本末》卷一四一，《讨方贼》。
⑤ 福建莆田市宋代《祥应庙记》碑。
⑥ 福建莆田市宋代《祥应庙记》碑。

门的日常议事日程与行政作业，自然以围绕赈灾、花石、安民几个重心展开，其举措一时势必远离海上贸易业。陈偁所开创的市舶祈风也一时势必束诸高阁，真正成为庄严祈风彝典，则须等待海上贸易业新时期的来临。

（三）绍淳成习

九日山泉州市舶祈风石刻最早一方系年于南宋孝宗淳熙元年(1174 年)。此前，见于宋人文集的有关祈风文字，应以高宗绍兴末年迄孝宗隆兴元年（1163 年）出任泉州市舶司提举林之奇的《祈风文》为最早。文称：其祈风“乃蒇仪于常礼”，“今虽袭礼，匪常之徇。”① 视祈风典礼为可袭可蒇的“常礼”，足见其来有自，即传承自元丰年中陈偁所始创，正式确立于绍兴年中的海事热潮。

南宋朝廷建立于遍地烽烟中。宋金战争炽热，农民暴动起伏，难民四处奔迸，州县政权解体。残酷而旷日持久的宋金战争是轴心，其他乱象则随它旋转而发展变化。江东西、两浙东西、福建和广东六路，自北宋以降便是国家的财富之区。南宋政权和赋税重心也在这里。而金军的进攻火力也集中于这里。经过多年的战争摧残，截至“绍兴和议”前，未曾遭罹战火的仅剩闽粤两路。其中，三面环山一面临海的福建尤具易守难攻的战略优势。与此同时，南宋初年福建一隅平静，水陆武装骚扰事件远比周边稀少。社会秩序的相对安定不但提升了福建地缘优势的政治战略价值，而且能动地抬高了社会经济阶位。因此，南宋中枢也便公然承认江、浙、闽为国家的“根本”。有鉴于此，建炎三年(1129 年）十二月南外宗正司率宗人自镇江移驻泉州，西外宗正

① 林之奇《拙斋文集》卷一九。

司率宗人自高邮军移驻福州。次年十月，高宗亲征前夕，一度拟命六宫眷属自温州泛海赴泉州。显然，福建被朝廷视作政治稳固的大后方。

在建炎末年、绍兴初年宋军接连败退并被金兵逼迫撤至浙江海滨最为艰难时日，泉州市舶司及泉州地方衙门奉命以海舶、金帛、钱粮航海，给予朝廷雪中送炭，大受赞赏。一时则又成了岌岌可危的朝廷中枢军政、财政的大后方。

综合上述两个方面，前者是后者的保障，后者自然是前者的产出。在兵纷马乱、人心惶恐社会状况下，在地瘠民贫的福建，需要大产出，则必须大投资。南宋中枢于是自始就选中刺桐港的海上贸易业作为大投资的目标。单建炎二年（1128 年）宋廷一次就给刺桐港市舶本钱二十万贯，高出当时给广州、两浙市舶港口的投入一倍或一倍以上。并多次责成市舶司“务要招徕蕃商，课额增羡”[①]。高宗赵构也多次发表重视海上贸易的口谕：“市舶之利最厚，若措置合宜，所得动以百万计。”“市舶之利，颇助国用，宜循旧法，以招徕远人，阜通货贿。”“提举市舶官委寄非轻，若用非其人，则措置失当，海商不至矣。”[②] 这一切，流露出为宫廷靡费、官吏贪黩、战争消耗等巨额支出所窘造成国库枯竭从而不得不渴求“市舶之利”的惶惶心态；同时，宋廷还在刺桐港着力实施“存恤远人，优异推赏”[③]，依到岸香药数量给予补官的特惠政策；又颁令闽、广市舶司官员凡抽买乳香达到一百万两，即可升转一官，以激励其“招商入蕃”[④] 的从政热情。所

① 李心传《建炎以来系年要录》卷五十八，绍兴二年九月庚辰。

② 《宋会要辑稿·职官》四四之二〇、二四、二五。

③ 《宋会要辑稿·蕃夷》四之九四。

④ 脱脱《宋史》卷一八五，《食货志·香》。

有这些，不言而喻地也给泉州市舶司带来巨大的行政压力。

为此，已如本书有关章节所叙述的那样，泉州官（州衙、市舶司）民（僧俗各界）为推展本港海上贸易业，确曾作出切实的努力。无论是硬件（海船、桥梁、道路、港口）抑或软件（招商、低税、补官、缉私）诸方方面面，官民同赴，措施有力，因而使原来开港较迟、步履滞后的刺桐港，在不太长的时间后，便展翅腾飞，跃为东南最大港口。

期间值得注意的是高宗绍兴十二年（1142 年）前，泉州市舶司几上几下遭到裁撤转隶厄运。建炎元年（1127 年）六月并归转运司；二年（1128 年）五月恢复独立建司；没多久，即绍兴二年（1132 年）七月又转隶提刑司；九月则又改隶福建茶事司，直至绍兴十二年十二月才再恢复建司。个中奥秘，固然由于监司部门间争夺市舶司的浩瀚物资和利入，也在于自然风信并不尽如人意，引出裁撤改隶的行政口实。绍兴二年（1132 年）四月宋廷中枢向福建路监司征询裁撤意见，转告有关臣僚的指斥说：

> 今既有提举，设属置吏，费耗禄廪，其利之所入，徒济奸私而公上所得无几？[①]

经福建路安抚、转运、提刑司斟酌后，联署上奏指出：

> 比置（提举）官后，所收课额，元无漏落。兼每岁自八月以后，至（次年）六月以前，风信不顺，即无贩蕃及海南回船到岸。其提举司官吏于上项月分，并各端闲，委是以废还逐司［为便］。[②]

裁撤的理由看来有三项：(1)“设属置吏，费耗禄廪”。据绍

① 《宋会要辑稿·职官》四四之一五。

② 《宋会要辑稿·职官》四四之一五。

兴十二年（1142年）泉州市舶司再度独立建司后，削减孔目官、手分各一名，整个市舶司官吏月薪仅支钱390贯、米17石，比此前并入茶事司时的禄廪，一年减少支钱2460贯、米126石。因此，市舶司稍事人员精简，其理由便不成为问题；（2）“利之所入，徒济奸私”。联署奏疏已申辩“元无漏落”。所以这项理由仍不成问题；（3）“风信不顺”，长达十一个月内就真的“并各端闲”，无事可做。这项才是击中要害，真正可怕的理由。

所以高宗初年像皮球那样被踢来踢去的泉州市舶司，其官吏必痛自惩前毖后，深知风信顺否为舶司存否的关键。陈偁延福寺祈风的陈年记忆，便会被重演为现实亟须的真诚典礼。当然，祈风固于事无补，但一瓣心芗，无异于向世人宣告：刺桐港的主宰者，对海上贸易的经营，对海上丝瓷香药之路的支持，委实最大限度地作出了许诺、保证与承担！

南安市丰州镇西九日山祈风石刻是迄今发现的最为重要的祈风资料和物证。经过七八百年岁月淘洗、风雨侵蚀、兵燹破坏或磨平改刻，仅剩下十方。[①] 根据祈风石刻，南宋初年确立并延续一代的刺桐港海上贸易祈风，凸显了若干清晰的特点。

首先，其神其庙依旧，但其封号与神格则一切惟新。自神宗熙宁八年（1075年）知州上奏并获敕准，封乐山山神为崇应公；徽宗政和四年（1114年）颁旨改灵乐祠为昭惠庙后，终北宋一代不曾变动。高宗建炎以后，绍兴五年（1135年）前，崇应公便敕封为通远王。孝宗淳熙元年（1174年）至十年（1183年）间，增封为通远、善利、广福王。这之后，又增二字显济。故终南宋一代为八字敕封。神格的增崇显然与市舶祈风的评价提升，也就是随着刺桐港海上贸易业在国家财政体系中地位持续稳固并

① 详本书附录三《九日山市舶祈风石刻校注》。

不断扩大其影响有关。

其次，祈风官员最初看来仅限泉州市舶司官员，在提举官统率下齐集通远王祠拈香行礼。逐渐便形成知州、典宗、提舶、统军泉州地方行政、南外、舶司、禁军最高首长联袂祈风体制。其庄严、凝重已达到最高程度，反映刺桐港海上贸易的重要性获得各方认同。

表 4-1　九日山祈风石刻表

序列	领衔祈风题名	时间		祈风类别月份		备注
		年号	公元	回舶	遣舶	
1	虞仲房（提舶）	淳熙元年	1174		十二月初一	
2	司马伋（知州）	淳熙十年	1183		闰十一月廿四日	
3	林枅（知州）	淳熙十五年	1188	四月	十月	
4	倪思（知州）	嘉泰元年	1201		十一月十九日	原文“十有一月庚申”
5	章梀（知州）	嘉泰十六年	1223	四月廿六日		年号后脱“孟夏”二字
6	颜颐仲（知州）	淳祐三年	1243	四月十九日		原文“孟夏乙丑”
7	赵师耕（知州）	淳祐七年	1247		十一月廿一日	
8	谢埴（知州）	宝祐五年	1257		十一月下旬	
9	方澄孙（知州）	宝祐六年	1258	四月卅日		
10	赵希怿（知州）	咸淳二年	1266		十二月初五	原文“南至后六日”

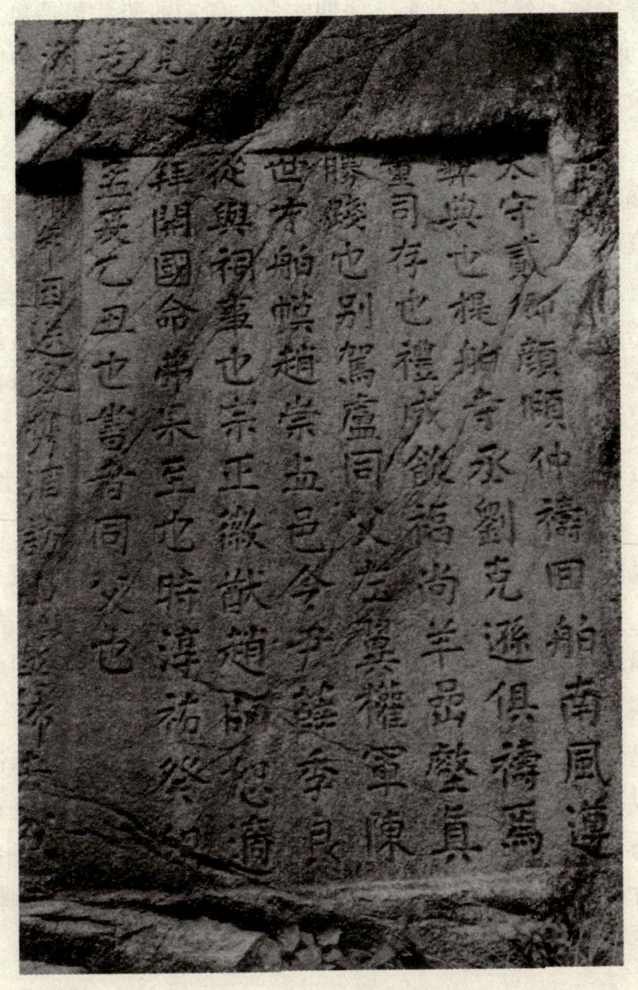

南安丰州九日山市舶祈风石刻

再次，祈风石刻显示，自孝宗淳熙元年（1174 年）迄度宗咸淳二年（1266 年）近百年中，祈风周期大致相同，即孟夏四月举行回舶祈风，祈祷西南信风助南海贸易船顺利回归；冬季十、十一与十二月举行遣舶祈风，祈祷东北信风强劲相送。百年中冬春季风固然守信不爽，如期吹息，闽南帆船凭借信风从容驰骋，“北风航海南风回”①，成为准确可循的规律现象。但随着航海技术的进步和航线的变化，遣舶与回舶的日期却渐渐出现微妙变动。

标志这一历史性航海技术变化的事件，便是横渡今台湾海峡，直航今菲律宾群岛的东洋航线的建立。过峡闽南贸易船利用澎湖海沟所造成朝东南方向奔涌的洋流迅速驶向今菲律宾群岛西海岸诸商贸港口。当年当地的主要贸易港麻逸（今民都洛岛）长时间盛行一种先赊宋商舶货，交易完毕再行结算，朴素讲信的贸易习俗。结果，“蛮贾乃以其货转入他岛屿贸易，率至八九月始归，以其所得准偿舶商，亦有过期不归者，故贩麻逸舶回最晚。”② 约略估算，刺桐港帆船北归当在十月左右。据清代闽台帆船过峡经验，虽然秋分后海峡北风强劲，海沸浪腾，但“十月小春，天气多晴暖”③，却是一年中三个稳妥“过洋”的月份之一，因此可以利用海上飓风间隙跨越澎湖海沟北上，顺利收船刺桐诸港口。

显然可见，冬季十月回舶是当时的新鲜事物，也是东洋航线开发成功的必然结果。但既不为传统因袭的祈风典礼所重视，也不曾为祈风石刻所反映。这种回舶、遣舶时间界线的互相交叉、往返方向的顺逆相对，正是航海技术进步的表现，研析刺桐港市舶祈风体制不能不予以重视。

---

① 王十朋《梅溪后集》卷二〇，《提舶生日》。

② 赵汝适《诸蕃志》卷上，《麻逸国》。

③ 黄叔璥《台湾使槎录》卷一，《风信》引《香祖笔记》。

（四）顺济祭海

风是帆船的推力源泉，海是帆船的浮力源泉，二者缺一不可。所以，刺桐港地方官员，既祈风，又祭海，以此表达他们对这两种自然力的殷切期盼，构成刺桐港海洋文化重要方面。

法石草市石头山上真武庙，据传“为郡守望祭海神之所”[①]。前已述及，法石澳靠近泉州湾入海口，系蜑户水陆两栖的一个中心地带，而自称“龙种”“龙户”以蛇为崇拜对象的海洋族群，自然以海洋为谋生依托，以海神为谋生神明，泉州郡守选择法石石头山建筑祭海庙坛，不仅登坛可以一览万顷东海碧波，瓣香神驰，“祭神如神在”，而且借这一拈香盛典，锲合白水郎蜑户情愫，收民心于袅袅香篆氤氲。

随着刺桐港海上贸易业的长足发展，规模更大、影响更深的海神神庙，终于出现。南宋宁宗庆元二年（1196 年），城南浯浦兴建首座顺济庙，成为“番舶客航聚集之地”[②] 民间奉祀莆田县湄洲神女场所。从此，九日山延福寺崇应公祠与笋江顺济庙便成为市舶祈风一西一东、官商分祀的神圣坛庙。斗转星移，入元之后，湄洲圣妃进封天妃并成为当年中国海上神祇最具影响力的女神。

区区湄洲一女巫，升华为大海神，其间蕴涵了怎样的历史玄机?!

莆田县濒临东海，岸线极为曲折，从南到北分列湄洲湾、平海湾和兴化湾，近海星罗棋布大小岛屿 126 个，自古以来是百越

① 怀荫布《（乾隆）泉州府志》卷一六，《坛庙寺观》。

② 怀荫布《（乾隆）泉州府志》卷一六，《天后宫》引《（隆庆）泉州府志》。

海洋族群水陆两栖的重要区域。城乡间遍布百越族群，“岛夷斯杂”景象随处可见，浓重的百越文化弥漫大地。南宋莆田大诗人刘克庄笔下，有着绘声绘色的描写。他住在城北附郭后埭草市：“田父扶携问鸡卜，村姑呼唤祭蚕神。”[①] 百越族群的“鸡卜”巫术仍在大行其道，其人口基础之厚实可以想象。断屿孤岛就更是如此了。

南宋初，莆田理学学者林光朝在与友人的书信中，描述湄洲岛状况说：

> 偶闻有说海中一山名湄洲，隔岸视之，约五七里许，一水可到，此洲乃合两山蜿蜒之状，有千家，无一人读书，亦有田数十顷，可耕可食，鱼米极易办。[②]

悉数文盲的居民为巫术的滋生成长提供了温床，鱼米自渔自耕的自然经济则又为巫术盛行不衰提供了保证。所以，北宋初年林氏女巫便成为海上断屿孤岛的精神世界主宰者。最早一篇关于女巫生平的文章，即廖鹏飞《圣墩祖庙重建顺济庙记》指出：其神女“姓林氏，湄洲屿人。初，以巫祝为事，能预知人祸福；既殁，众为立庙于本屿”[③]。林氏，系越族蜑姓。唐人“《开元录》曰：闽州，越地，即古东瓯，今建州亦其他，皆蛇种，有五姓，林、黄等是其裔”[④]。按今福建地，隋炀帝大业初改为闽州，唐高祖武德元年（618年）改为建州。所以《开元录》作者以“今建州”为辞，认为古越传人系崇蛇族群，林、黄等五姓便是它的遗裔。福建海滨白水郎蜑户崇蛇痕迹显然，直至晚清，福州农妇

① 刘克庄《后村全集》卷二一，《次韵三首》之三。
② 林光朝《艾轩集》卷六，《与林晋仲》。
③ 蒋维锬《妈祖文献资料》，福建人民出版社1990年版第1页引。
④ 《太平御览》卷一七〇《州郡部·福州》引。

多插蛇形银簪，漳州南门外建有蛇王庙，莆田囊山寺附近建有蛇神青云庙，南安市诗山也有蛇王宫等等。崇蛇族群往往自视为龙种、自称龙户。广东“蜑人神宫，画蛇以祭，自云龙种”①。唐宋以降，当地蜑户有事于官府，人称“衙时龙户集”②。社会稳定，则“龙户安堵，鲸海恬波”③。与此相似，宋代莆田籍作者，也称林氏为“龙种”、“龙女”④。元人奉命祭天妃，上湄洲岛，亲见“岛夷迎使舸”⑤，或则径称岛上居民为“龙户”、“鲛人”⑥。所以，深悉林氏神女与湄洲居民底蕴的莆田名诗人刘克庄所写《白湖庙》一诗，先称“灵妃一女子，瓣香起湄洲”，普遍获得祠祀，“每至割获时，稚耄争劝酬。坎坎击社鼓，呜呜歌蛮讴。”⑦其间奥秘，盖在于灵妃蜑巫，祭时便娱以蜑歌。

弄清湄洲蜑户神女的底蕴之后，对于自北宋哲宗元祐元年（1086 年）起始“通贤神女”跨出本岛后的发展轨迹，也就容易洞悉种种因果关系。是年，莆田宁海镇附近白水湾澳的渔民据梦兆首建圣墩神女庙。白水湾澳系海岸坳陷为白水郎蜑户以水栏或舟船丛居水域。显然，白水郎蜑户建庙奉祀“通贤神女”，“岁水旱则祷之，疠疫祟降则祷之，海寇盘亘则祷之，其应如响。故商舶尤借以指南，得吉卜而济，虽怒涛汹涌舟亦无恙”。⑧ 随着木

---

① 邝露《赤雅》卷一，《蜑人》。

② 韩愈《韩昌黎全集》卷一〇，《送郑尚书赴南海》。

③ 王迈《臞轩集》卷九，《代上广帅留郎中启》。

④ 丁伯桂《顺济圣妃庙记》、李丑父《灵惠妃庙记》（《妈祖文献资料》第 10、16 页）。

⑤ 《元诗选》初集引张翥《寄题顾仲瑛玉山诗一百韵》。

⑥ 蒋维锬：《妈祖文献资料》，第 36 页。

⑦ 刘克庄《后村全集》卷九六。

⑧ 廖鹏飞《圣墩祖庙重建顺济庙记》（蒋维锬《妈祖文献资料》前揭版本，第 2 页）。

兰陂修筑成功，兴化平原农业水平大幅度获得提高，冲卤淡化开垦的前锋哲宗元祐年中东达海岸，“内以受木兰漱激不注之水，外以御宁海昼暮暴至之潮”[①] 的林﨟斗门此时建成，圣墩神女庙正是这种经济冲动力的神化形式。其后，湄洲湾西岸枫亭镇（哲宗元符初）、兴化平原北缘北山溪海口江口草市（高宗绍兴二十七年）、白湖港（绍兴二十九年）、海口场（估计于南宋初年）、浮曦港（今莆禧，时间同上）、涵江镇（时间不清）等一连串草镇市港口，先后修建起敕赐顺济名称的庙宇。不仅如此，及至南宋后期，庙祀规模更为恢弘：“妃庙遍于莆，凡大墟市、小聚落皆有之。”[②] 甚至“莆人户祠之，若乡若里悉有祠”[③]。如果说诸海岸港口草镇市纷建妃庙大抵基于有众多水居白水郎蜑户与帆船白水郎蜑户梢水为人口依托，所论自然有据；然而以至“莆人户祠”，便应当承认莆田县汉族居民也必然参与奉祀行列了。显然可见圣妃崇祀已进入一个崭新阶段。

（五）祠遍天下

林氏“通贤神女”圣墩祠庙于北宋徽宗宣和五年（1123 年）赐额“顺济”，神女封号自南宋高宗绍兴二十六年（1156 年）后，一再褒扬，获封“夫人”四次，“妃”十次。同时，“神之祠不独盛于莆，闽、广、江、浙、淮甸皆祠也。”[④]

“神女”的造神运动传播如此迅速绝非偶然。

就主观条件而论，其所以能在海事祈报中崭露头角，首先与

① 林希逸：《竹溪鬳斋十一稿续集》卷一〇，《重造林﨟斗门记》。
② 刘克庄《风亭新建妃庙》（《妈祖文献资料》第 15 页）。
③ 丁伯桂《顺济圣妃庙记》（《妈祖文献资料》第 11 页）。
④ 丁伯桂《顺济圣妃庙记》（《妈祖文献资料》第 11 页）。

其“神性”定位有关。廖鹏飞所撰《圣墩祖庙重建顺济庙记》这篇迄今最早的圣妃文献，说“通贤神女”显梦凭祥的是“枯槎”。此处槎作桴解，枯槎即枯朽的船材。“异木”崇拜曾是福建海商的职业神。前往苏州经商的福建商人向当地的异木膜拜，“闽贾蒙私庇，年年此荐羞。”① 为一明证。因此，乐山山神能“神运”木材，莆田崎头罗仙庙神“浮海”巨木，通被商民视为神明。“神女”凭祥的是“枯槎”，自然更能深锲海商祈报心思。此外，“神女”又系“龙种”、“龙女”，而“龙之出入窈冥，无所不寓，神灵亦无所不至”②，她的海上功力更强大无比，也更具被从事海上运输、贸易、出征等等海事作业的商人、篙梢水手、水居白水郎蜑户等海洋族群所折服和虔诚皈依。

就客观条件而论，当年特殊历史条件下政治和经济二大因素，也都有力地为圣妃信仰的广泛传播开辟道路。

南宋前期，不但是刺桐港海上贸易高度繁荣的岁月，而且是其腹地人才辈出的黄金年代。兴化军尤为突出。仅高宗绍兴八年（1138年）登进士第者便有十六人，状元黄公度，亚魁陈俊卿，其间林邓以年七十三为“榜尊”，龚茂良年十八为“榜幼”，传为佳话。他们都是莆田人③。自徽宗年中仙游枫亭人蔡京致身揆路，闯开门径以后，南宋宰执出自兴化军者联翩不绝。孝宗、光宗两代，任宰相的有叶颙（1166－1167年在任）、陈俊卿（1168－1170年在任），任执政的有陈俊卿（1167年任）、龚茂良（1174－1177年在任）、郑侨（1194－1197年在任）。如加上泉州

① 许尚《华亭百咏·异木》。

② 李丑父《灵惠妃庙记》（《妈祖文献资料》第16页）。

③ 李幼杰《莆阳比事》卷一，《四异同科，七名联第》、《青衣告梦，紫气呈祥》。

乡贯的宰相梁克家（1172—1173 年在任）、曾怀（1173—1174 年在任）、留正（1189—1194 年在任）、执政的同上三人，前后多达十一人任。其中如陈俊卿在高宗朝为太子赵昚师傅，郑侨在孝宗朝为太子赵惇师傅，所以他们任宰执后，备受宠信。此外，据宁宗嘉定年中成书的李幼杰《莆阳比事》各有关章节不完全统计，任朝列、监司和牧守的兴化军人士达数百人之多。任所分布两宋版图各地。所有这些，就都为“神女”神格的提升与祠祀的推广，发挥了无与伦比的地缘政治优势作用。

高宗绍兴二十九年（1159 年），陈俊卿应其家乡白湖港父老转达的“梦兆”，捐自家地建顺济庙。他当时任太子普安郡王赵昚的王府教授，嗣迁监察御史、殿中侍御史，赵昚即位后，擢任宰执。接着同郡郑侨为礼部郎中兼太子赵惇侍讲。赵惇即位后，郑侨先后任侍读等职。因此，“通贤神女”在高、孝二朝四次诰封后，光宗绍熙三年（1192 年）突破“夫人”封号，易爵为“妃”，达到有宋一代妇人神封号的顶点。当时莆田有湄洲、圣墩、江口、白湖几处较大顺济庙，但光宗的灵惠妃诰封制辞特指：“居白湖而镇鲸海之滨。”① 其后宁宗庆元四年（1198 年）加封制词再次特指：“灵惠妃宅于白湖。”② 故赵师侠所填词，题目作《莆田酌白湖灵惠妃三首》③，陈俊卿子陈宓《白湖顺济庙重建寝殿上梁文》则敢于夸称：“今仰白湖香火，几半天下。”④ 均以白湖顺济庙为受封神宅。毫无疑问，白湖庙之所以傲视群伦，盖缘其地为名相陈俊卿故里，其庙又系其人所捐建。政治权威与

① 《妈祖文献资料》，第 4 页。

② 《妈祖文献资料》，第 7 页。

③ 《妈祖文献资料》，第 5 页。

④ 《妈祖文献资料》，第 5 页。

造神运动的密切相关暴露无遗。

在刺桐港腹地，兴化军商人的海内外商贸运作，仅次于泉州海商。莆田城北十里有祥应庙，高宗绍兴八年（1138年）的重修碑文说：

> 往时游商海贾，冒风涛，历险阻，以牟利于他郡外番者，未尝至祠下，往往不幸有复舟于风波，遇盗于蒲苇者。其后郡民周尾商于两浙，告神以行……自是商人远行，莫不来祷。①

该庙肇建于五代，迁建龟湖山麓于徽宗宣和四年（1123年），文中所述往事，当属五代北宋时期。其时当地商人已“以牟利于他郡外番”为规模，而自“郡民周尾商于两浙”，祈之获报以后，海商愈多前往祈求平安，即此可见兴化军海商的活跃。林氏女巫卒后一百年间，其庙祀并未出岛。迨北宋哲宗元祐元年(1186年)，一跨而至白水湾澳，其原因就在于一个世纪内，莆田兴化平原的社会经济有了新的发展。

期间最有重要的是北宋神宗熙宁变法中，经过前赴后继，建成巨大水利工程木兰陂并完成各有关灌渠、斗门、濠泄等配套工程，又废唐初六塘中的五塘，仅留国清塘以备旱，仅此一项增加垦田二百余顷②，木兰溪尾闾因泄卤冲淡扩大耕地，溉田数百万顷③，于是“变泄卤为上腴。”④ 大田作物产量获得提高。“由此屡稔，一岁再收。向之窭人，皆为高赀温户。”⑤ 一改积贫积苦局面。农业、手工业的发展导致商品经济的高涨，从军城向东，

---

① 莆田《祥应庙记》碑。

② 周瑛《（弘治）兴化府志》卷二九，《艺文志》，郑旻《协应庙记》。

③ 刘克庄《后村全集》卷九二，《协应李长者庙记》。

④ 周瑛《（弘治）兴化府志》卷二九，《艺文志》，林大鼐《李长者传》。

⑤ 周瑛《（弘治）兴化府志》卷二九，《艺文志》，林大鼐《李长者传》。

木兰溪中游形成白湖港，“舳舻相望。”[①] 横跨该港建成熙宁桥，直通黄石市。城南五里建成元丰桥，桥下为“海航所聚”[②] 的上杭港。商品输出数量与纲船放洋频率相应获得提高。

与上述社会经济进程同步，长期以来两河（黄河、长江）流域以汉族为主的大量移民来到兴化平原后，开始与百越原住民“和气”相处，休戚与共。进入北宋年中，特别是由于木兰陂大型水利工程成功筑就从而为兴化平原的深层开发开辟新时期后，汉蜑居民的磨合也便呈现更积极态势。陆居的蜑户（刘克庄笔下的僚蜑）不能不以更大程度向农业社会转化；水居蜑户白水郎也不能不以更大幅度向为海上贸易服务业人群转化。磨合的一个象征性事件，便是北宋哲宗元祐元年（1086 年）白水湾澳附近、宁海镇旁圣墩“通贤神女”庙的建立。它标志着蜑户神女庙宇首先北移木兰溪主航道获致成功，之后神女祠庙环绕海岸又遍布城乡灿若繁星般建立起来。这样，莆田的百越原住民蜑户等海洋族群以及移入的汉族居民，便共同找到一个神灵体系的磨合点：奉祀顺济神女。

宁宗庆元二年（1196 年），泉州城南创建首座顺济庙，其地点选择，大有深意：顺济庙“实当笋江、巽水二流之汇，番舶客航聚集之地。时罗城尚在镇南桥内，而是宫适临浯浦之上”[③]。庙址所在背倚城南海商“蕃人巷”住宅区，面对南关蕃舶聚集港区，明系依托当时海上贸易业的海商及其大批海内外帆船的从业族群，并即以他们为信奉的社会基础。

---

① 周瑛《（弘治）兴化府志》卷九，《户纪·里图考》。

② 周瑛《（弘治）兴化府志》卷五二，《道路志·桥渡》元丰桥引“宋志”。

③ 怀荫布《（乾隆）泉州府志》卷一六，《坛庙祀观·天后宫》引“隆庆府志”。

此前，顺济女神已经屡获宋廷敕封，其庙宇也遍满兴化平原及其周边港口，何以其咫尺距离的刺桐城，此时始建首座庙宇？显得有点姗姗来迟。

神由人造。宋代兴化军有识人士，便曾尖锐而深刻地作出揭示。《祥应庙记》作者方略指出："神依人而行。"方大琮又更切入内核："灵依大族，多敬信则益灵。"① 所以，当着刺桐港海上贸易蒸蒸日上时候，九日山延福寺的通远王自然为泉州广大海上贸易业从业者所由衷崇信，并形成地缘神系，神圣不可侵犯。兴化军土神顺济圣妃也便会被泉州的官民拒之门外。

斗转星移，盛衰无常。南宋前期的极盛过后，刺桐港迈进衰退周期。两度出任泉州知州的真德秀在《申尚书省乞拨降度牒添助宗子请给》疏文中，切中时弊指出：

> 然庆元之前未以为难者，是时本州田赋登足，舶货充羡，称为富州，通融应副，未觉其乏。自三二十年来，寺院田产与官田公田多为大家钜室之所隐占，而民间交易卒减落产钱而后售，日朘月削，至于今七县产钱元计三万四千七百余贯文，今则失陷一千六百余贯。经界未行，版籍难考，不坍落者指为坍落，未逃亡者申为逃亡，常赋所入，大不如昔矣。富商大贾，积困诛求之惨，破荡者多，而发船者少；漏泄于恩、广、潮、惠州者多，而回州者少。嘉定间某在任日，舶税收钱犹十余万贯，及绍定四年才收四万余贯，五年止收五万余贯，是课利所入又大不如昔也。②

显然可见，宁宗赵扩的即位成为泉州由盛转衰的分水岭。田赋与舶税不但是泉州地方政权依托的两大轮子，而且是宋廷处心积虑

① 方大琮《铁庵集》卷一三，《龙蛹庙题疏回郑学录》。

② 真德秀《西山文集》卷一五。

惨淡经营、殷切委寄的“国之南库”。由于大家钜室的侵蚀和残商以求的结局，两者都呈现今非昔比的颓象。而富商大贾的二多二少，更直接严重戕害刺桐港赖以存在的物质基础。同时也便潜移默化地削弱了通远王赖以独尊的族群势力，腾出刺桐港海事尊神多元化的神学空间。

兴化军是刺桐港腹地的北翼，莆田县的商民尤其频繁地往来刺桐城。莆田盛产丝织品及其原料、青瓷、铁器、酒、糖与鲜干荔枝、龙眼，这些都是海上贸易重要的出口商品。不仅如此，甚至青黄不接时节或秋成时日，莆田的米谷商贩，为了赢赚，居然将本地紧缺、泉州也急需的粮食，“搬洩”前来贩粜。方大琮当时致函地方政府，指出莆田“湾澳去处，且防搬洩；或又谓境内山窟海滨，有仰二洋（指兴化平原南北洋）之早谷者，一放过则去而之福清、之泉（州）城者，不可遏矣，第年搬洩于远处者何限”①。湾澳原是百越族群丛聚水居处，莆田的米谷商贩和雇蜑户船户将米谷等商品转运刺桐城。不难理解，蜑户白水郎海商与船户梢水势必自然而然地便成为顺济圣妃威灵发酵并传媒给南关港寄碇帆船的海商、梢水以及附近居民，并终于促成泉州城南笋江浯浦顺济庙的建立。北宋季年哲、徽宗年中长期任职于泉州的福清籍人士郑侠不止一次指出，刺桐港“航海皆异国之商”②，正因“海商辐辏，夷夏杂处”③ 的格局遂尔出现。而转入南宋高宗绍兴年中，刺桐港海上贸易达于巅峰，节度推官郑丙在其《泉州到任谢表》内则宣称当地“夷獠错居”④。“夷夏”转为“夷

① 方大琮《铁庵集》卷二一，《书信·乡守项寺丞博文》。

② 郑侠《西塘集》卷七，《代太守谢泉州到任》。

③ 郑侠《西塘集》卷八，《代谢仆射相公》。

④ 魏齐贤、叶棻《圣宋名贤五百家播芳大全文粹》卷一六引。

獠”，一字之差，实有奥妙。域外海商及其梢水称为“夷”；当地汉族居民与国内海商称为“夏”；“獠”则即系蜑僚，既指海洋族群梢水，又包括福建各地海洋族群商人。湄洲圣妃系其同族，敬仰于心，情有所系，于是创建顺济庙的民族人类学的心理元素亦已具备。

于是从刺桐港由盛渐衰转折年代宁宗庆元二年之后，泉州海事尊神出现对峙局面：城西九日山延福寺通远王，城南顺济庙圣妃，一男一女；官府祈风九日山，海商梢水祷安南关港。平添几分神灵对决、雌雄论道的分庭抗礼气氛。

然而随着南宋朝廷政治、军事、经济诸社会危机日深，延福寺通远王的祠祀渐趋冷寂，原来庄严肃穆、诚恐诚惶的祈报典礼也徒具形式。度宗咸淳二年（1266 年）十二月初，知州赵希侘与提舶王茂悦登山祈风，“是日也，霜日熙明，溪山献状，登怀古，景先哲，宛然有得，彝典云何哉！”[①] 这批官员把祈风变成秋游，祈风的传统仪式算得了什么呢?! 这些人亡国前夕已不对通远王怀有多少敬意了。

不久，泉州纳入元朝版图，举城降元并备受元廷宠待的大蕃商蒲寿庚摸透中枢官员采纳海运漕粮上京必须海神护持的心思，上请敕封顺济圣妃。元世祖至元十八年（1281 年），特派海外诸番宣慰使、福建道市舶提举蒲师文（蒲寿庚长子）就泉州顺济庙册封圣妃为“护国明著天妃”。据元文宗天历二年（1329 年）八月《癸丑祭泉州庙文》：“圣德秉坤极，闽南始发祥。”[②] 泉州顺济庙被抬高为策源地。神格也从“龙女”跃为“海神”，成宗大

---

① 祈风石刻，见本书附录三。

② 《妈祖文献资料》，第 35 页。

德三年（1299 年）二月诏敕即作“泉州海神”[1]。为了恭奉海神天妃，元廷在每年海漕发运前夕，皇帝亲遣大臣前往海漕都府苏州，虔诚致祷漕府妃庙，有时则又命大臣南下江、浙、闽各处妃庙修祀。沿海州郡，元廷诏命普遍建庙崇奉，一再加封，并出现“泉南、楚越、淮浙、川峡、海岛，在在奉尝”[2] 规模空前现象。

至此，天妃从刺桐港以海神冉冉升起，独尊一方，并为国内广大城乡居民所祠祀，位崇名著，旷古未有。湄洲林氏女巫之所以从一个民间巫咸，逐渐神化为天妃的攀升历程，从一个特殊侧面，反映宋元时期刺桐港由低到高成长为国内以至世界大港口的同步轨迹。

① 《妈祖文献资料》，第 24 页。

② 《妈祖文献资料》，第 25 页。

第五章

大商航海蹈万死*

一　海洋族群　梢水源源

(一)“招宝侍郎”

当一波又一波中原移民徙居闽南后，他们囿于世代陆居习惯，对海洋相当陌生，也惧怕狂风巨浪。自晚唐泉州海上贸易业提速发展，五代年中王延彬乍展其“招宝侍郎”身手时，王审知门下的重要幕僚黄滔作《贾客》一诗，颇能抒发那一部分患有恐海症从而远离海上贸易业的人的情怀。诗云：

大舟有深利，沧海无浅波，利深波也深，君意竟如何？
鲸鲵齿上路，何如少经过。①

不仅如此，甚至北宋初年“以备海道”而设置的“沿海州军兵士，不习舟楫，”② 也惧怕入海。進入南宋时期刺桐港海上贸

---

* ［宋］王十朋《提举延福祈风道中有作次韵》诗句。

① 黄滔《黄御史集》卷二。

② 梁克家《（淳熙）三山志》卷一四，《版籍类》五，《州县役人》。

易已经漫长历程，虽然往行在发送“海纲”不算远，“人畏风涛，多不愿行。”[①] 这种长期存在的恐海症增长了吸收海洋族群参与航运的必要性。差不多与此同时，自唐初逐渐起步的相互同化也呈现出加速的势头。唐高祖武德八年（625年），泉州都督（领泉、建、丰州）王义童派人招抚白水郎酋长，授给骑都尉官职，“令相统摄，不为寇盗。”是白水郎群体接受国家政治管辖的开端，稍后，太宗贞观十年（636年），“始输半课”，则是白水郎群体负担国家赋税的标志。从此他们作为唐朝正式编户，自然扩大了多方面接触以汉族为主体的各民族并缓慢进入互相同化的历史时期。宪宗元和八至十年（813—815）年薛謇任福建团练观察处置使期间，“居洞砦，家桴筏者，与华言不通，公兼戎索以治之，五州民咸悦。”[②]“家桴筏者”即包括白水郎蜑户在内的水上居民，薛謇显然在执行朝廷有关政治经济文化各种政策时，兼采“戎索”即照顾各人口群体的特殊需要加以优待，以期促进同化、加深磨合。作为这一关系演进过程的标志之一，是包括白水郎蜑户在内的百越原住民漫采汉族姓氏以冠其名字。唐太宗儿子魏王李泰在其《括地志》书中，已指称当时建州（辖今福建）的百越原住民“皆夷种，有五姓，谓林、黄是其裔。”[③] 其后佚名《开元录》仅将“皆夷种”改为“皆蛇种”，其余认同《括地志》说法[④]。可见自唐初文化界即已窥见今福建的百越族群在越汉同化浪潮中涌起此种新现象。崇“蛇”的“夷种”自然是以海洋族群

① 《宋会要辑稿·职官》四四之三三。

② 《全唐文》卷六〇九，刘禹锡《薛謇神道碑》。

③ 王谟《汉唐地理书钞·括地志（下）》。

④ 乐史《太平寰宇记》卷一〇〇，《江南东道》十二，《风俗·福州》；《太平御览》卷一七〇，《州郡部》十六，《江南道》上《福州》；王象之《舆地纪胜》卷一二八，《福州·景物》上均加以引用。

为主的百越原住民。他们之中已有林、黄等类同汉姓的五个姓氏系统。采用汉姓是对中原汉族居民传统文化的一个认同。驯至唐末，僖宗乾符间（874—879 年），白水郎陈蓬移家长溪县（今霞浦县）后崎海滨，“尝题所居云：竹篱踈见浦，茅屋漏通星。又云：石头磊落高低踏，竹户玲珑左右开。”又常与当地文士林嵩酬唱往来。曾对林嵩所拟玄宗召李白赋，续一联云：“时时花落琐窗，犹操凤诏；往往烛残璃殿，尚对龙颜。”林“嵩叹服”。又据北宋知县熊浚明所作《县记》，陈蓬尚撰有《地理志》、《阴阳书》（七十二卷）、《星图》（一卷）①。即此可见海洋族群的先进知识分子学习并醉心于中原传统文化已取得巨大成绩，相互同化日益加深。于是便出现闽南海洋族群直接参与地方政权更迭斗争。昭宗景福元年（892 年），王潮、王审知兄弟率军北上攻打占有福州的范晖，由于洛阳江、濑溪与乌龙江诸河流一时缺乏桥梁横渡，闽南“滨海蛮夷皆以兵船助之”②。次年，范晖败逃，中道“遂为海人枭首以献”③。显而易见，闽南海洋族群已经站在迎接族群协作推进历史发展的门槛上了。

所以，五代年中，刺桐港海上贸易业发展的关键时期，自中原辗转南下新来乍到的唐末农民军如何适应新环境，踏进航海作业全新历程，对继任泉州刺史的王延彬是个绝大考验。“每发蛮舶，无失坠者。”④ 个中包含了成功的重要信息。海洋族群既乐于出动兵船助王部攻打福州，王延彬借助其海船出海商贸，自然也会获致他们的支持。这就构成使用海洋族群的航海劳力与海舶

① 陈应宾《（嘉靖）福宁州志》卷一二，《仙释》。陈蓬系白水郎，见梁克家《（淳熙）三山志》卷六，《江潮》。

② 司马光《资治通鉴》卷二五九，同年条。

③ 钱昱《重修忠懿王庙碑》，福州王审知祠藏。

④ 宋佚名《五国故事》下。

从而创造成功业绩的现成手段，从而也为王延彬挣得“招宝侍郎”的千古美名。

（二）“部领兵弟”

闽南割据地方政权归诚统一的宋王朝后，海洋族群不少依旧从事渔捞和商贸或梢水生涯。“江通百粤（越）舟”[①]，他们是一支发展海上贸易业的梢水大军。所以，海洋族群“海船户”自始便被引进航海雇佣关系中来。“大抵海船之家，少上中户，轻生射利，仅活妻孥者皆是。”[②] 从而成为连人带船出佣的对象。于是“三结合”雇佣模式出现：海商——纲首（海商自任或由其“行钱”充任）——“海船户”或单身梢水。这种结合既有利商人减少垫支资本投入，降低成本费用，也给海船户以生活出路。据前引李充公凭，部领兵弟；第一甲内郡滕、住珠、强宰、送满；第三甲内阳光、生荣诸水手，上一字兵、郡、住、强、送、阳、生等字，如以为系姓氏，则既未为乡贯闽南兴化军的著名史学家郑樵《通志·氏族略》所登录，也未见于其时闽南方志居民姓氏所证明，故应是海洋族群水手名字。郑樵在《氏族略序》中指出：“姓氏分而为二，男子称氏，妇人称姓。氏所以别贵贱。贵者有氏，贱者有名无氏。今南方诸蛮，此道犹存。”因此，上述水手二字名称不可分为姓与名，大概这几个人未采汉姓，所以原汁原味地保持了百越族群的原生态老习惯。至于已改成汉姓的海洋族群水手，则就无从辨明了，但一定不少。从“部领兵弟”四字，便可探寻到正是重用这位能人，由他躬率一班同族水手，顺从他的指挥，各司其职，安渡扶桑。闽南贸易船拥有海洋族群

---

① 王象之《舆地纪胜》卷一三〇，《泉州·诗》引谢履诗句。

② 廖刚《高峰集》卷五，《漳州到任条具民间利病五事状》。

梢水是一大优势。大量航技娴熟、耐劳苦干、勇于浪涛搏击的舵师梢水，既能因应海上贸易业不断增长的需要，又不致因西亚、东非航线的开辟、船体膨胀、艰险剧增仍能挥洒自如。所以，闽南海洋族群水手不断为海商所倚重，而且也被官府水军所看好。宁宗嘉定十一年（1218年），泉州水寨战船缺少梢工、碇手，而“梢、碇乃船人司命”，非同小可，为此宋廷特准提高待遇，以招募包括海洋族群在内的合格居民，“庶几海滨强壮轻捷习熟风涛之人，欣然就募”①，以解决水军急迫难题。

（三）船户海商

伴随着刺桐港的崛起并走向繁荣，参与海上贸易大潮的水居人群，其规模也日益扩张。宁宗嘉定五年（1212年）九月一道臣僚奏疏指出：

> 窃见漳、泉、福（州）、兴化（军），凡滨海之民所造舟船，乃自备财力，兴贩牟利而已。朝廷以备边之务不可弛间，籍定其数，更番以备防托。奈何州县创例科取，胥吏并缘骚扰百出！利归于下，怨归于上。乞行下漳、泉、福（州）、兴化（军）等郡，禁戢沿海诸邑，凡大小海船，除防托差使外，应于科敛无名色钱，并行蠲免……
>
> 若水居小船，不应丈尺，不得拘籍骚扰，如违，许船户越诉，官吏计赃，重寘典宪。②

宋代文献提及福建沿海州军时，往往按福、泉、漳州、兴化军由北及南先州后军排列，本疏文将漳、泉州提前，显然意在强调刺桐港腹地范围；其次，叙述沿海居民舟船被骚扰现状时，又

① 真德秀《西山文集》卷八，《申枢密院措置沿海事宜状》。

② 《宋会要辑稿·刑法》二之一三七。

连带论及“水居小船”，而后者则多为水居人群所专用，因知其包括在被骚扰的居民之列。他们显然也自备舟船兴贩牟利。可见，当时闽南海域的水居人群最基本的谋生工具即海船的使用，在刺桐港商业渗透力激活下，出现多元化倾向，既用于传统渔捞作业，又用于兴贩牟利、承雇远航及人货载运等等。因此，他们的社会经济结构便由原始渔业生产发生质的飞跃，更进一步地融入多种经济结构多民族共处的社会中去，也更深地投入刺桐港的海上贸易业。

进入元代以后，朝政“宽纵，听民与番为市，故海岛居民多货番”①，他们也更深地参与海上贸易业，“往往走异域，称海商。”② 这样，海洋族群征风搏浪，历经磨炼，终于把自己塑为航海劲旅，商海新军。

二　林木森森　海船称雄

（一）精良海船

船舶制造业是闽南沿海居民的一项传统而又深具优势的产业。伴随着海上贸易业的发展，船舶制造业首先在社会需求的强劲刺激下，扶摇直上。宋初，闽南“海船”即已正式列为朝廷贡品，其上乘品质获得国家认可。

闽南三州军地块西北耸峙戴云山、博平岭与玳瑁山几座大山脉，地势向东倾斜，山峦与河谷交错，雨季与夏热同期，“林菁

① 周瑛《（弘治）兴化府志》卷四十八，《兵政志·防御》。

② 顾祖禹《读史方舆纪要·福建叙》。

深阻"[①]，植被茂盛，造船所需的木材极为丰富，尤多耐咸、硬挺，能制造海船各种部件的松、樟、楠、杉等种树木。南宋宰臣吕颐浩曾评论南北沿海各地的海船质量说：

> 臣尝广行询问海上北来之人，皆云南方木性，与水相宜，故海舟以福建船为上，广东、西船次之，温、明州船又次之。北方之木，与水不相宜。海水咸苦，能害木性，故舟船入海，不能耐久，又不能御风涛，往往有覆溺之患。[②]

因此，自北宋以降，朝廷每逢遣使航海而行，往往委福建监司先期雇募海舟，以应所需。据历史记载，闽南海船制造业，大多为民间经营的造船场。"凡滨海之民所造舟船，乃自备财力，兴贩牟利而已。"[③] 这种源于海上商贸兴旺，刺激舟船制造业繁荣；舟船产量提升，自然促成海上商贸更为发展。因果交叉，互相推动。这个现象于南北宋之交，表现得格外鲜明。高宗建炎三年（1129年）春，监察御史林之平奉命赴福州、泉州、兴化军招募海船，当年十月便接获大船二百多艘。绍兴初年，宋金战争炽盛，朝廷屡屡诏令泉州建造战船以应急需。晋江县为首选对象。时傅仡知县，赶造战船，以劳费仅及别县一半而工期最快的成绩获得减磨勘三年奖励。稍后，连南夫知泉州，又接宋廷造船诏令，时限急迫，因建请"以度牒钱买商船二百艘"，举手可得，且可"省缗钱二十万"[④]。是泉州民间海舶既多且廉。当时权知晋江县黄彦辉拨本分钱造船九只，上缴时"总其事者命水师校试，惟晋江县舡可用"[⑤]，质量上乘，因得减磨勘一年奖励。孝

① 刘克庄《后村全集》卷九十三，《漳州谕畲》。

② 吕颐浩《忠穆集》卷二，《论舟楫之利》。

③ 《宋会要辑稿·刑法》二之一三七。

④ 韩元吉《南涧甲乙稿》卷一九，《连南夫墓碑》。

⑤ 周瑛《（弘治）兴化府志》卷四七，《黄彦辉传》。

宗淳熙年中（1174－1189 年），林湜知晋江县，又奉命大造战舰，在蕃商慨然援助下，不扰民而功役便告完成。显然，在刺桐港主辅港口所在地晋江县，造船工场估计不在少数，熟练工匠也多，能够在较短工期内，耗资相对较少的情况下，建造优质海船。兴化军海船制造业也很发达。元世祖至元十三年（1276 年），元军将领高兴攻占当地，一举截获“海船七千余艘”①。当然，大量建造海船及建筑用材和城乡居民的燃料消耗，迅速导致闽南特别是泉州山区县份原始森林被砍伐殆尽。安溪县丛山复岭，但南宋中期已“是处荒山欲接天”②，自然生态环境受到严重破坏。因此，南宋后期，刺桐港不得不从日本进口造船枋板。

有元一代，海上贸易业继续高涨，元廷又多次海外用兵，闽南造船业的压力仍然十分巨大。世祖至元十六年（1279 年）令泉州等四行省造船 600 艘，十七年（1280 年）令泉州行省造船 3000 艘，十八年（1281 年）令泉州造船 200 艘，十九年（1282 年）令泉州等六地造大小船只 3000 艘。短短几年中，闽南单独或参与造船的数目竟多达 6800 艘。虽然元廷自外部调进船材，然而数目过大，时间匆促，行省左丞蒲寿庚也不得不把“民实艰苦”的实情上奏。至元二十年（1283 年）后，鉴于“江南盗贼相继而起，皆缘拘水手、造海船，民不聊生”，元廷才被迫停止掠夺性造船政策③。估计自此以后，闽南造船业经过缓解又渐趋复苏，海上贸易也再度辉煌。“漳、泉（州）大（海）艘旧（指元代）通番市者，不下千余。”④ 其数量依然十分可观。

① 宋濂《元史》卷一六二，《高兴传》。

② 陈宓《复斋文集》卷四，《安溪劝农诗》。

③ 宋濂《元史》卷一二，《世祖本纪》，至元二十年五月。

④ 顾祖禹《读史方舆纪要·福建叙》。

闽南海船设计精巧，技术含量较高，是其突出优点。

北宋徽宗宣和四年（1122年），宋廷为遣使赴高丽，先期于两浙、福建雇募“客舟”6艘。据笔者研究，闽南海船是其中的主要船只。当时，泉州海商在宋丽海上贸易业占据绝对优势，闽南海船北上朝鲜半岛整个航程的适应能力已被其成功率所确认，舵师、梢水人员也积累了丰富的航行作业经验。因此，闽南海船具有首选优势。“客舟”每艘篙师水手约60人，与崇宁四年（1105年）泉州海商李充船上水手数目68人相当。此外，据高宗绍兴二十年（1150年）兴化军仙游县人廖鹏飞所撰写的《圣墩祖庙重建顺济庙记》①，当年随从路允迪为正使使团同时赴高丽的尚有莆田白塘人李振。此人姓名未见于奉使高丽国信所、提辖人船礼物官员徐兢《宣和奉使高丽图经》所详为开列的使团职事名单。绝非徐兢疏忽。况廖文云：“时同事者保义郎李振，素奉圣墩之神”。按保义郎为政和二年（1112年）新易与右班殿直相当的武选第49阶，虽不甚贵显，然而《图经》竟至第51阶承信郎以及书符禁咒等下班祗应都姓名具备，岂独遗漏李振？笔者认为：李振应是“客舟”船上纲首、杂事、部领等侪辈，所以未被徐兢所登录。据莆田《白塘李氏族谱》载，李振，白塘人。白塘又名白水塘，原系白水郎海船麕集港汊。宋代以后因修筑埕海堤逐渐缩小。塘周圣墩，哲宗元祐元年（1086年），当地船民渔户首建陆上通天神女（日后又称圣妃、天妃、妈祖等）庙。李振即系白塘海船户，自然“素奉圣墩之神”并随机向使团鼓吹神女威力。明人丘濬在其《重修京都天妃宫碑记》中也指出路允迪回

① 文载于莆田县涵江洋尾村《白塘李氏族谱》忠部，转录于蒋维锬编校《妈祖文献资料》，福建人民出版社1990年版，第1～3页。

奏神女示灵，是由于赴高丽使团“挟闽商舟以往”[①]所致。无疑语中肯綮。故“商舟”者，闽南兴化军李振等人之海舶也。

据徐兢《图经》，“客舟”长十余丈，深三丈，阔二丈五尺，可载二千斛（110吨）粟，是一艘中等海船。船身用全木大板榫接制造，平面，尖底。“下侧如刃，贵其可以破浪而行也”。仓室划分前中后三区。前区置水柜与灶，中区为士兵床棚。后区又称“庨屋”，高出船面丈余，分设官员寝室。船头设颊柱安转轮，圈放长达500尺的巨型藤绳，用以收放矴石，如遇大风浪，加投“游矴”。船尾设正舵大小二把，适应深浅需要。在庨屋后面垂直插置副舵二把，类似大橹，船舶进入洋域后划动助舵。船舷两侧捆绑大竹竿为“橐”，用以抚浪，防止碰撞，又是吃水的限制线。竹“橐”上端安水棚，两侧各设大橹五把，入港过闸水涩则用之。船面设头桅高八丈，大桅高十丈，张挂布帆50幅。风正张布帆，风偏用“利篷”，左右撑开，以顺风势。大桅顶上设小布帆十幅，称为“野孤帆”，必要时扩大风力的收集。又挂鸟毛缀制的“五两”，以测风向。备有铅锤，以测水文。安装“指南浮针，以揆南北”。

显而易见，闽南的“客舟”装备先进，制作精良。极其注意对动力能源——风力的充分利用，能根据不同风向，分别设置布帆、利篷和野孤帆，当头风以外的七面风均可使用。对另一动力能源——水力的利用，则造底如刃，置舵、副舵与橹以发挥积极作用，设橐、矴与铅锤以降低其消极影响。

20世纪70年代泉州湾后渚港宋代海船的出土，提供了南宋末年远洋帆船的实物标本，该船残长24.20米，残宽9.15米，残深1.98米。据测算，载重量约为220吨左右，较北宋末年的

---

① 丘濬《丘文庄集》卷五。参见《妈祖文献资料》，第74页。

后渚港出土宋季远洋海船残骸

“客舟”稍大，但仍属宋代中型海船。船面平阔近似椭圆形，船底呈英文字母“U”形。船上残存的桅座、桅夹板等物显示该船设有头桅、大桅和尾桅。出土遗物中有一段绞车木，推断竹篷借它升降，减少狂风的危害。船内隔为 13 个水密舱室。隔舱板上下榫联填充舱料。舱壁近龙骨处开凿过水眼，以备舱内进水时，使海水在舱底自由流动，既可防止溅入某舱的海水在该处积贮上涨，又可使海水自动发挥调节海船稳定和船首船尾吃水浅深的作用，减少风浪掀簸。船壳底部用二重板，上部用三重板，分别采取榫接、鱼鳞、平接等复杂工艺技术固定。缝隙塞以麻、丝、竹茹、蛎灰和桐油混合制成的舱料。凡用铁钉处，先钻孔，再下钉，又用丁送打进，洞口涂上舱料，防止铁钉锈蚀而使板材腐烂。船只龙骨用粗大松木，肋骨用樟木，使海船的纵向和横向强度获得保障。船用木材主要为杉、松及樟木，这些木材耐咸，又都是闽南常见易得材木，价格又廉，有利于造船业的发展。[①]

北宋末年的兴化军“客舟”和南宋末年的后渚港沉船，无一例外证明，伴随刺桐港的繁荣，建造较大海船方能满足海上贸易业的进一步发展需要。此种需要则又促进闽南造船工匠适应并培养成为熟练的大海船制造者。据南宋孝宗淳熙九年（1182 年）调查发现广东大奚山（今香港大屿山）“多有兴化（军）、漳、泉等州逋逃之人聚集其处，易置大船（指超过八尺面阔海船）”[②]，是闽南造船工匠善造大船的又一历史证明。而进入元代以后，更攀上新的造船技术高峰。原因在于，由于东西洋航线的不断拉长，海上续航能力必须相应跟进。于是船舶的载重量与船体的膨胀也就成为制造的技术标志。元顺帝至正六年（1346 年），摩洛哥旅行家伊本·白图泰来华时，自今印度科泽科德港搭乘中国海船并在其游记做了详细描述[③]。当时，中国海船大小三等，大的称作“艟克”，中的称作“艚”，小的称作“舸舸姆”。艟克系由泉州或广州的船场制造，船上使用梢水 600 人，护舰兵士 400 人（含弓箭手、盾牌兵和发射汽油弹兵士）。跟进其后的还有小船三艘，体积分别为大船的二分一或三分一、四分一之大。大船挂 3 至 10 张篷，篷以籐条编织而成，永挂不落，视风向转动，以利行驶。船桨大如桅杆，每桨由 10 至 15 名水手操作。船面造甲板四层，乘客分居房舱、官舱和商人舱。水手可携带眷属同居，并在木槽内种植蔬菜鲜姜。随从大船的小船，估计就是“柴水船”，分载生活用品，以供大艑舶为首的这支䑸船一二千人远航行程中

---

① 详泉州海交馆《泉州湾宋代海船发掘与研究》，海洋出版社 1987 年版。

② 《宋会要辑稿·刑法》二之一二一。

③ 《伊本·白图泰游记》，马金鹏译，宁夏人民出版社 1985 年版，第 490 页。

的生活需要。粮足、兵众、船坚，“官本船”海上贸易舰队的规模和远航能力达到空前程度。

（二）浮针导航

精良的海船须与先进的导航技术相结合，才能组合成为完美的航海工具。指南针的发明和投入航运，使我国古代的帆船队推进到当时世界最先进最具远航实力的海上贸易舰队的前列。北宋哲宗元祐三年至绍圣二年（1088－1095年）间，杰出的自然科学家沈括（1031－1095年）筑室润州（今江苏镇江市）东郊梦溪园，撰写《梦溪笔谈》一书。总结出四个磁针微型构造方案，即水浮法、指甲旋定法、碗唇旋定法和丝缕悬旋法①，使我国自先秦以来多次出现的磁针指南试验及其装置方案设计接近于完成。稍后，即哲宗元符三年至徽宗崇宁元年（1100－1102年）间，《萍洲可谈》一书的作者朱彧，其时生活于广州，亲见海船上的“舟师”，“夜则观星，昼则观日，阴晦观指南针。”② 最早报道指南针投入海船实用。又过数年，即宣和四年（1122年），徐兢《宣和奉使高丽图经》则明确记录了包括闽南“客舟”在内的使团船队，“若晦冥，则用指南浮针，以揆南北”③。首次确指闽南海船已经装备其时最为先进的导航工具指南针，并具体说明是水浮指南针。及至南宋前期，泉州巨商王元懋发船往南海贸易：“淳熙五年，使行钱吴大作纲首，凡火长之属一图帐者三十八人，同舟泛洋。”④ 行钱系海商的委托人。吴大由王元懋委为

① 《梦溪笔谈》卷二四，《杂志》一。

② 《萍洲可谈》卷二。

③ 徐兢《宣和奉使高丽图经》卷三四，《半焦洋》。

④ 洪迈《夷坚志》三志巳，卷六，《王元懋巨恶》。

纲首，管理一行事务。火长即海船司针舟师。“风雨晦暝时，惟凭针而行，乃火长掌之。”① 海船由火长司针，闽南贸易船历宋元至明清均未改称，不过“火”字时或写作“夥”长，意在昭示其职务极为重要，“盖一舟人命所系也。”②

指南针导航为航线的稳定创造条件，因而经过长期航行实践，与海上实际地理水文状况相接近的海图便必然产生。宁宗嘉定十七年（1224 年），赵汝适任泉州市舶司提举，“暇日阅诸蕃图，有所谓石床长沙之险，交洋竺屿之限”③。显系一种早期的诸如标记南海海域石床长沙（我国南沙群岛）及交趾洋和东西竺屿（马来半岛东南奥尔岛）险阻的海图。闽南帆船当时普遍使用海图，以布帛绘制的海图在民间也便唾手可得，并不罕见。诗人刘克庄奉祠乡居诗云：“莫忆宫门谢时服，海图尚可补寒衣”④，也不那么稀奇可贵了。

可见，正因船坚器利，刺桐港贸易船队如虎添翼，驰骋于东西洋航线。

三　桥道网络　城乡珠联

（一）冲破阻隔

伴随刺桐港海上贸易业的成长扩大，商品输出的数量和集结的速度，必然与时间消逝成正比地增长其诉求。在晚唐海上贸易

① 吴自牧《梦粱录》卷一二，《江海船舰》。

② 吴自牧《梦粱录》卷一二，《江海船舰》。

③ 赵汝适《诸蕃志·序》。

④ 刘克庄《后村全集》卷一八，《壬子九日与群从子侄登乌石山用樊川韵》。

处于曙光初现阶段，出口量不多，集结速度缓慢于事并无大碍。但进入宋代，特别到了两宋之交，海上贸易进入鼎盛状态，进出口商品的数量大大增加，集结加快，“运物输官被八垠”①，官纲与舶货转销八闽城乡也都必须顺畅送达。集中为一句话，交通运输困难不解决，它就必然成为海上贸易业的“瓶颈”与桎梏。

有两大困难需要解决。

闽南是丘陵王国。戴云山、博平岭与玳瑁山山体朝东奔泻，层峦叠嶂，巨壑深涧，随处可见。迨山地坡降为中山台地之后，则又陡坡危岭、大溪峡谷，遍地纵横。临海岸带则又多为僻港、回浦、曲埭、塘坳所分割。这个大自然的缺陷，极大地为商品运输设置障碍。

闽南又是孤村独聚的世界。秦汉以后中原移民逐渐迁入闽南，初来乍到，移民们为了排除自然和社会的干扰，往往依照祖籍地的农村公社残余形态和宗法结构予以复制。“古姓聚成村”(苏东坡)，邻里鸡豚社。零碎的孤村独聚恰好与丘陵地地貌成为有机结合。海口三角洲与海滨平原总面积不多，然而即便在这种平坦地域里，乡村上户需要收族联宗，以图保卫新产权及其家庭。下户需要合族归宗，以便借此取得由血缘纽带织成的宗法网络增进自身的安全感。郡望、族谱、祠堂、祭田、义庄、义塾等等便构成闽南宗法躯壳的方方面面。所以，以姓氏为标志的单姓或数姓聚合村落，繁星似地散布于山间海陬，一个个以自然经济为基础的互相隔绝、各自封闭的人口共同体于是长期延续下来。

唐宋以降，缓慢进展的社会生产力也终于催绽了乡间小商品市场的花朵。村墟、草市、镇市开始冒出闽南农村地平线。刺桐港的崛起尤其明显地给了它们以推动。

---

① 王十朋《梅溪后集》卷一七，《提举延福（寺）祈风道中有作次韵》。

早先，由于人多地少，不绝如缕的生机促成了“惟以一艺诲其子”的传统家庭手工艺经济的浓重存在：

莆之为郡二百年，虽以州名，其实一大县也。原畛如绳，廛里如栉，十室五六无田可耕。故老所传习，惟以一艺诲其子，如豳人之稼，燕之击剑，越之操舟，邯郸之市门也。①

精绝的家庭手工艺，原是农村劳动者千年百代逐渐从生产经验中提炼而成的技术结晶。依靠它而制成的手工艺产品，技术含量很高，独家享誉，驰名遐迩，声噪八方，形成小商品市场上的垄断价格和独占利润。同时也因此不能不造成一个技术保密、水平重复的落后状态。不过，随着刺桐港的兴起，国内外市场的商品需求力量，对孤立细小的绝技家庭施加压力，垫支资本、产销劳力等等需求程度的提高，以及乡间上户则也由于需要适应市场的发展趋势，往往驱动家庭工艺制造业过渡为聚落生产体。据传盛唐时晋江县东石海商林銮直航东南亚从事海上贸易，并导“引蕃客［以］香料［交］易红柑”，有利可图，便在灵源山西坡“命宗人植柑满山坡，以与蕃客互市”，该地俗称“柑市”②。驯至南宋高宗绍兴年中，东石附近石井港海上贸易业蒸蒸日上，受其影响，林氏族人索性迁至近山地带，拓建果园，设立果栈，致力于发展果品经济，盛极一时。又如北宋仁宗皇祐年中，晋江人陈东明出资纠集“宗族植茶于大宅（地名）”，加工茶叶，运销广东并远及安南③。陈氏所住的陈厝，位于石井港以东，同样也在其海上贸易业的影响下，先种茶，尔后又渐渐转为“一方人咸

① 林光朝《艾轩集》卷九，《刘彦奇墓志》。

② 蔡永蒹《西山杂志》“内坑、加塘”条。

③ 蔡永蒹《西山杂志》“陈厝坑”条。

织”的从事棉布生产销售的专业聚落，“织布之雅，运之交州，交人皆曰陈氏之布焉。”①。

兴化军仙游县也有类似情形。据黄岩孙《（宝祐）仙溪志》，该县几种外销商品，也都以聚落产品出名。砂糖产于“风亭（市）者为最”，铁器“苏山（村）蔡家世其业焉”，纸张：“竹纸出东、西里（村落）。藤纸出香山里朱山（村）及慈孝里洪仓（村）。”荔枝“产于（风亭市）赤湖（村）者为佳”②。自然，还有不少地方存在着仍然处于闭塞状态的聚落手工艺制造业。南宋孝宗淳熙年中，陈凯在《陂洋塘记》中指出：

> 凡诸港、浦、埭、塘，皆古人填海而成之，所谓闽在歧海中也。沿海之民，则鱼鲜蠃蛤为业。其沿港、浦、埭、塘而居者，泉无源，田易涸，皆窳而资生。陈坑之民织竹以为器，龟湖之民细布而善酿，下浯之民织席榨油，沟头之民陶瓦砖，拱塘之民线猪。瘠土食业，不以传女婿。③

以互相隔绝为前提的这种聚落生产群体相当程度的存在，当然给海上贸易业的发展带来困难。发展社会生产和提升商品集散能力成为亟待解决的问题。而且也渐被城乡百姓所认同。其中，修桥铺路顺畅交通运输，便成为首选的基础设施。其目的在于运用桥梁道路这种纽带使聚落、田园、作坊、草市、镇市、城市、港口等等相互之间织成网络，打破隔绝状态，改变产业与住宅、聚落的空间分布，促进城乡商品经济和人际关系的发展。

（二）资金充裕

难得的机缘则又终于降临。刺桐港在两宋时期的迅猛发展，首先使泉州地方政府、市舶司和从商居民积攒了大批财富，因此

① 蔡永蒹《西山杂志》“纱冈”条。

② 黄岩孙《（宝祐）仙溪志》卷一，《物产》。

③ 何乔远《闽书》卷八，《方域志·泉州府晋江县》引。

改进交通所需的大笔费用便获得保证。

南宋前期，泉州“田赋登足，舶货充羡，称为富州”①、“乐郊”。泉州市舶司水涨船高，所得尤多。根据朝廷有关机构对于市舶司收入的分配规定，凡来自广南东西路雷、钦、南恩州及海南岛四个州军的黄蜡、吉贝、水藤、麻苧、槟榔、土香等大批所谓“南货”，全部由政府统购统销，收入存进市舶公钱库。此外，蕃舶所载的乳香等大批“舶上香药”，朝廷以度牒为买本，抽解统购后，扣留其中的二分也存入市舶公钱库。这二笔巨额公钱，在用充朝廷“圣节”、南外宗正司、香药纲运、官吏俸外开支、蕃商迎送及宴犒诸费用外，也可投入必须的修造建筑所需中去。②

民间有关路桥建造费用的提供，有乐捐或僧释化缘所得二个渠道。有宋一代，僧释化缘募集的资金，单晋江县便建造多处石桥。如高宗绍兴八年（1138 年），为建安平桥，市民黄濩与释祖派各捐缗钱 10000 贯，就是一个典型。此桥长 811 宋丈，耗费 20000 贯，略计每造一丈花钱 24.66 贯。两宋期间晋江县所建石桥有长度记录的共 6285 宋丈，略计共需缗钱 154988 贯。当然其中费用有民间也有官府二个来路。这笔钱与南宋中期宁宗嘉定十至十二年（1217－1219 年）真德秀知州任内的市舶司年税收入约略相当，在当时已是一笔大开支。明人张岳曾作出这样的评论：“所谓桥梁道路者，考《图经》，作于宋世居多，南渡后尤多”，“或言宋海舶无禁，利入甚富且易，不捐之于桥梁道路，则以崇侈释氏，无所爱惜，理或然欤？”③ 正确道出海上贸易业发展与桥梁道路两者之间的关系。

---

① 真德秀《西山文集》卷一五，《申尚书省乞拨降度牒添助宗子请给》。

② 何乔远《闽书》卷三九，《版籍志·杂课·市舶税课》。

③ 张岳《（嘉靖）惠安县志》卷三，《桥梁》。

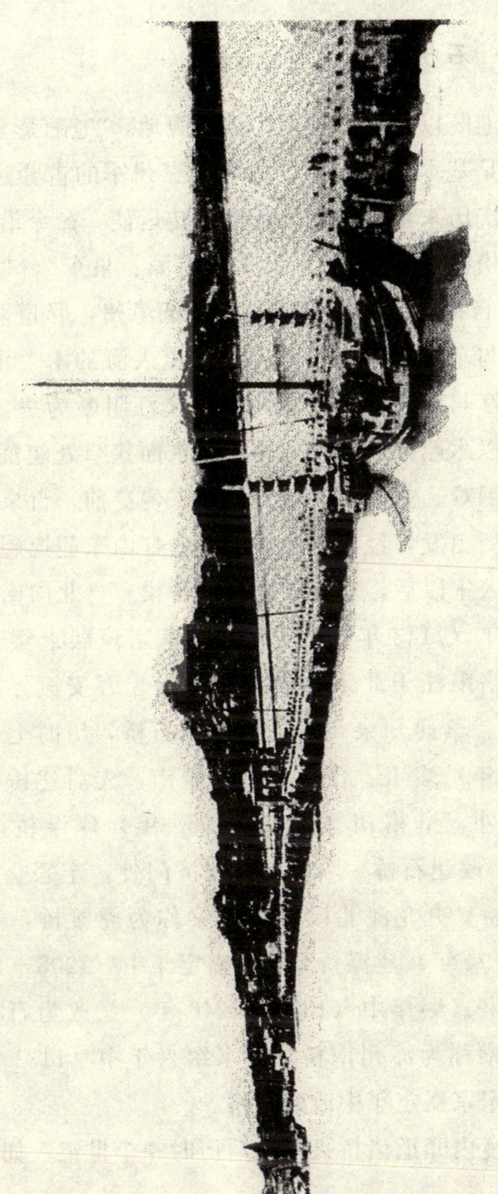

建于北宋的万安桥（华升摄于民国年间）

（三）石桥奇迹

刺桐港既以闽南三州军为依托腹地，“苍官影里三州路”，最重要的便是基本与海岸平行的纵贯三州军的古驿道以桥梁联通。北宋仁宗庆历末年，蔡襄出任福建转运使，命令沿线州县于驿道两旁栽种松树。“道边松，大义渡至漳、泉东”，“岁久广荫如云浓”①。即自福州闽江大义渡向南直抵漳州，驿道两边种松绿化，以便行人与车马。闽南境内则有横流入海的木兰溪（濑溪）、洛阳江、晋江与九龙江北溪、西溪诸溪江阻断为患。在未建桥前，统通必须以木船撑渡或绕远路寻觅水面狭窄处建桥或涉水，往往造成极大困难。如洛阳江万安桥尚未建造前，自泉州往福州，从城北朝天门出发，经100余华里抵白虹山东麓迤逦至仙游县，以避其险。入宋以后，就都陆续建造桥梁。自北向南，濑溪于高宗绍兴十三年（1143年）始建浮桥，孝宗淳熙十年（1183年）改建石桥。洛阳江于北宋仁宗庆历初始建万安渡浮桥，皇祐五年（1053年），蔡襄知泉州，决定改建石桥，历时七年，于嘉祐四年（1059年）竣工。晋江经泉州城南，先后建桥二座。石笋桥在临漳门外，皇祐初（1049－1050年）建浮桥，绍兴三十年（1160年）改建石桥。顺济桥在德济门外，宁宗嘉定四年（1211年）建石桥。九龙江北溪驿道桥梁称为虎渡桥，光宗绍熙年中（1190－1194年）建浮桥，宁宗嘉定年中（1208－1224年）改建木桥，理宗嘉熙年中（1237－1240年）又改为石桥。九龙江西溪驿道桥梁称为漳州南桥，高宗绍兴年中（1131－1162年）始建浮桥，宁宗嘉定年中改建石桥。

闽南境内驿道诸桥兴建前后历时一个世纪，如此拖延，固然

---

① 祝穆《方舆胜览》卷一二，《泉州名宦》。

与各地方政府的决策取舍和资金筹措关系不小，同时也与在江河湍流中建桥技术难题的研究解决息息相关。万安桥与虎渡桥两座石桥的成功建造，堪称 11 世纪与 13 世纪世界桥梁史奇迹。

修整后的北宋万安桥（俗称洛阳桥）

万安桥选址于洛阳江注入泉州湾渡口处。江水与海潮于此汇合，湍流汹涌，江面开阔。建桥时设计筏形石墩 48 座，以锐角朝东，犁开潮头，以降低潮流顶托冲击力，确保桥墩安全。又聚殖牡蛎于墩石四周，借以坚固墩体。明代以来民间传说选址以后，如何下石始终为江流潮水互相冲激，怒涛澎湃，难于着手。蔡襄因祈神助，命堂卒夏得海持檄入海求签。夏得海无奈，醉卧小艇，醒来手中檄上有一“醋”字。蔡襄拆字，解读为当月廿一日酉时可以动工。届时果然退潮，址石顺利砌筑。故事自然无稽，但建桥时精确掌握潮信，无疑十分重要。架设桥面石梁，历代相传：先将石梁以滚木横卧于平舷船面上，待潮平墩顶时，滚动石梁作水平移位跨卧墩顶。“激浪以涨舟，悬机以弦綷”①，在当时缺乏巨型起重机械年代，这真是奇思妙算，尽显建桥工匠的高超技艺。

虎渡桥选址于九龙江下游，两岸有小山，桥长 3000 宋尺，设石墩 13 座，各高 100 宋尺，铺架巨大石梁 58 方，各长 80 宋尺，广宽各 6 宋尺。一宋尺为 0.3165 米，每立方米花岗岩重 2.8 吨，因知每方石梁重达 255.66522 吨。桥址离海口远，不能借潮头涨架石梁。如何架设，至今还是令桥梁专家不得其解的一大技术之谜！

驿道桥梁之外，闽南各州县也都掀起建桥热潮。据不完全统计，泉州宋桥有 144 座，其中晋江县 51 座，永春县 30 座，南安县 27 座，惠安县 16 座，同安县 10 座，安溪县 8 座，德化县 2 座。漳州宋桥 50 座。兴化军宋桥 46 座。闽中桥梁甲天下。泉州石桥冠寰中。有力说明改善交通运输条件对刺桐港的海上贸易业关系何等密切。

刺桐港主要港区所在地晋江县建桥特多，单高宗绍兴年中便建成 13 座，有长度数字的 10 座，共长 6285 宋丈，折合39.7840 华里，即年建石桥一华里以上，成绩非凡。按桥梁方位，临海的开建乡（有石井镇、磁灶市等）、安仁乡（有畲［又作谢店或社店］店市、东石、深沪、蚶江、石湖诸港澳等）和永宁乡（有五店市、溜石镇、池店等）所建石桥多达 28 座，超过半数，分明体现桥梁作为草市、镇市、港澳空间网络联结的积极作用。

安平桥的建造，在泉州桥梁史具有特殊意义。该桥横跨安海湾，高宗绍兴八年（1138 年）始筑，中辍。赵令衿莅职知州后

① 周学曾《（道光）晋江县志》卷一一，《津梁志》引王慎中《万安桥记》。

修整后的安海南宋安平桥（俗称五里桥）

续建，绍兴二十一年（1151 年）竣工。首尾 14 年。桥面宽 1.6 宋丈，长 811 宋丈，折算超过 5 华里。因此该桥俗名五里桥。赵令衿《石井镇安平桥记》指出：建桥前，石井津上，“方舟而济者日千万计”。桥成，“车者、徒者、载者、负者、往者、来者，祈祈舒舒，无所濡蹇”，“马舆安行商旅通”①。从此，不但石井镇周边聚落、草市、镇市间交通便捷，而且漳州北来的物品，不必再绕道，便可径直自安海湾西岸经此桥以达石井镇及其港口，时间及运输费用大幅度减少。反过来，石井港到岸船货也便顺畅直下漳州。所以，安平桥是继万安桥开通刺桐港北通道后，建成了南通道。这双桥有如南北两翼，振翅而引港口腾飞。

安平桥以其长度，赢得世人“天下无桥长此桥”的赞美。但事实是晋江县不少宋代石桥比安平桥更为修长。高宗绍兴二十九

① 晋江市修编组《安海志》卷一四，《桥渡》附文。（见本书附录五）

年（1159 年）释守徽主持于沿海苏埭里建石桥 4 座，取联缀结构，共长 2400 余丈，同时期释仁惠于泉州湾南岸江阴里建玉澜桥长 1000 余丈。孝宗乾道年中（1165－1173 年），由陈君亢倡建，于聚仁里海滨建海岸长桥。当地原系盐碱滩涂。约五代北宋之交，筑堤防洪，沿堤置闸以控制水位，围造农田千余顷。海岸长桥则傍堤设墩架梁，计 770 余跨，比 362 跨的安平桥长一倍以上。桥上修亭置庵，可避风雨，憩疲累，系艇捕捞，祈赛田蚕，又便开关闸门，一举数得。

泉州知州王十朋曾在《石笋桥》诗中高度评价桥梁对刺桐港的积极影响：

> 南通百粤北三吴，担负舆肩走駛牝；
>
> 论功不减商舟楫，遗利宜书汉《平准》。①

首句写石笋桥贯穿南北，南联广南东西路，北达长江下游三角洲，熙来攘往，客货两便。次句歌颂桥梁的功劳等同于商代赖以发达的舟楫的发明与广泛应用，遗利丰富应写进汉代司马迁巨著《史记》的《平准书》中去。确实如此，如果没有如此众多的桥梁，刺桐港这颗闽南商贸“心脏”，便没有“动脉”、“静脉”，那它也就永远不能搏动。不仅如此，闽南州军“至宋而文明繁富之风，视中州有加焉，轨迹达于四方，若辐辏川赴，桥梁之功，继断接绝，于斯为盛”②。正是“桥梁之功继断接绝”的作用，使闽南有史以来首度有力地在“丘陵王国”、“孤村独聚世界”里打造成功一个国内外商品大荟萃的世界级大贸易港！

---

① 王十朋《梅溪后集》卷一九。

② 陈子龙编《明经世文编》卷二六四，王慎中《漳州府重修虎渡桥记》。

四　海峡飞渡　东洋畅通

（一）海峡通途

厦门市博物馆陈列一通《唐故颍川陈夫人墓志》。碑铭记载约唐代宗大历年中（766－779年）福州豪族陈僖，不愿参与当地官宦问鼎中原的政治夺权阴谋，举家浮海南奔：

> 宵遁于清源（今泉州）之南界，海之中洲曰新城，即今之嘉禾里（今厦门岛）是也。屹然云岫，四向沧波，非利涉之舟，人所罕到。于是度地形势，察物优宜曰：可以永世避时，贻厥孙谋。发川为田，垦原为园，郡给券焉。家丰业厚，又为清源之最。

陈僖奔驻嘉乐里时间，约略与包何《送泉州李大夫》说泉州“市井十洲人”的年代相当。大概有移民不断移居该岛，泉州地方政府又实行“给券”鼓励垦殖政策，因此嘉禾屿以前所未有的速度发展起来。陈僖一家，只经过一代人的努力，便“家业丰厚，又为清源之最”，成为泉州的新门豪族。拓殖回报率如此丰腴，嘉禾屿也便被移民视为“新城”，充满发展家族、家庭产业的殷切期盼。嘉禾屿东南不远是浯屿（今金门岛）。据传两晋年中，中原板荡，苏、陈、吴、蔡、吕、颜六姓居民已移居该岛。德宗贞元十九年（803年），福建观察使柳冕奏设泉州境内五个牧区，浯屿是其中之一。此后随监牧使陈渊上岛的又有许、翁、李、张、黄、王、蔡、吕、刘、洪、林、萧十二姓居民，该岛晚唐年中显然也得到拓殖。

嘉禾屿、浯屿更南去，便是澎湖屿（今澎湖列岛）也便自然地卷进移民漩涡。施肩吾《澎湖》（又题作岛夷行）一诗云：

腥臊海边多鬼市，岛夷居处无乡里；

黑皮年少学采珠，手把生犀照咸水。①

作者施肩吾，字希圣，号栖真子，常州武进人②，唐宪宗元和十五年（820 年）进士③。中举后不仕，其后事迹不详，或以为归隐江西洪州西山④，或以为率族迁居澎湖屿⑤。按《澎湖》诗篇，宋人王象之《舆地纪胜》（卷一三〇《泉州·风俗形胜》引题作《澎湖屿》）、祝穆《方舆胜览》（卷一二《泉州事要》）、清代康熙《佩文韵府》（卷三四上《鬼市》）、周元文《（康熙）台湾府志》（卷一〇《艺文志》）、余文仪《（乾隆）台湾府志》（卷二十三《艺文志》）、朱士玠《小琉球漫志》（卷一《泛海纪程》）、林豪《（光绪）澎湖厅志》（卷一四《艺文》、卷一一《旧事》）等书，概记作澎湖岛夷诗篇，则作者至少亲履其地目击其事写成其诗，理应可以信从。诗篇描述晚唐时期澎湖屿原住民已经有了原始人群羞涩而无声的物物交换行为，居止散漫尚无类似封建制下的"乡里"组织；原住民肤色黝黑，与我国大陆东南古代百越族群中的"小黑人"类似的人种学特征；而最可注意的就是他们大约从迁岛居民那儿学来的大陆古老传说有关潜水术的动作——"手把生犀照咸水"。口衔鱼形通天犀角潜水，可以排浪开路，自由呼吸⑥；燃犀照海，则水怪现形⑦。他们模仿行事，尝试采珠。可见，至迟晚唐年中，闽南的移民浪潮，已经跨海撒向海峡巨浸

---

① 《全唐诗》卷四九四引《西山集》。

② 史能之《（咸淳）毗陵志》卷一九，《人物》。

③ 陈振孙《直斋书录解题》卷一九，《诗集类》。

④ 史能之《（咸淳）毗陵志》卷一九，《人物》。

⑤ 连横《台湾诗乘》卷一。

⑥ 葛洪《抱朴子·登涉篇》。

⑦ 刘敬叔《异苑》。

中的澎湖列岛。

唐末农民战争驱动中原人口大规模南迁。闽南户数从晚唐最后一个数字记录即宪宗元和年中（806－820年）36914户，跃升为陈洪进归城北宋即太宗太平兴国三年（978年）151978户，相隔一个半世纪，户数增加411.708%。仁宗末年，“泉州人稠山谷瘠，虽欲就耕无地辟”①。人满为患，惶然不安。向沿海近海岛屿移民，无疑是一条减轻负担的必然道路。迨徽宗宣和二年（1120年）知泉州陆藻《修城记》，指称“泉距京师五十有四驿，连海外之国三十有六岛，城内画坊八十，生齿无虑五十万”②。宋人常用36计数代称澎湖列岛，此处“国”解作乡社。澎湖既为泉州所“连”属，当即为之所管辖。泉州为拥有不少于50万人口的海上贸易大城市，远辖原属州民的新移居岛屿，兼策贸易帆船往来海峡时的安全，完全符合情理。这一推断，稍后便为南宋初年的事态所证实。孝宗乾道年中（1165－1173年），终于传出澎湖屿垦殖和归属的确切讯息：

> 海中大洲号平湖，邦人就植粟、麦、麻。毗舍耶蛮，扬帆奄至，肌体漆黑，语言不通，种植皆为所获，调兵逐捕则入水，持其舟而已。俘民为乡导，劫掠近城赤屿洲。于是春夏遣戍，秋暮始归，劳费不赀。公（泉州知州汪大猷）即其地造屋二百区，留屯水军，蛮不复来。③

平湖即澎湖，闽南方言一声之转。由于泉州农民长期垦殖，农稼萋萋，引起原住今菲律宾群岛后来部分游移北上迁往琉球南部的毗舍耶人（即米沙鄢人，Visayans）的垂涎。为此，泉州衙

---

① 王象之《舆地纪胜》卷一三〇，《泉州·诗》引谢履《泉南歌》。

② 王象之《舆地纪胜》卷一三〇，《泉州·风俗形胜》引。

③ 周必大《文忠集》卷六七，《汪大猷神道碑》。

门不得不驻军以确保移民安全。迨南宋后期，据《清源志》所载，“人多侨寓其上，苫茅为舍，推年大者长之，不畜妻女，耕渔为业，雅宜放牧魁然巨羊，散食山谷间，各剺耳为记。有争讼者，取决于晋江县。城外贸易岁数十艘，为泉（州）外府。”[①]显然，当时澎湖的拓殖已经达到一个相当程度，隶属晋江县并岁岁直航南关港以与刺桐港进行贸易均获得确凿记录。闽南居民一时虽单身“侨寓”，但“宋时编户甚蕃”[②]，粮食生产不足食用，必须与大陆建立商贸关系，借以稳定持续垦殖前景。

澎湖屿拓殖获得成功，为闽南与琉球（流求、留仇、流虬、瑠求，均指今台湾）的历史新时期的海峡往来提供跳板，也为刺桐港创造性地开辟宋元时期的东洋航线奠定基石。

自闽南中经澎湖列岛向东直达台湾东海岸航海的汉字记录，以隋军陈稜部征伐流求为最早。闽南远古百越海洋族群固然一次次渡峡，但缺乏今日可以考实的史料。史载陈稜部伍自当时的义安（含今闽南漳浦、云霄、诏安、东山县辖境）集结出船东向，先“至高华屿，又东行二日至鼊鼊屿，又一日便至流求”[③]。据有关考证，高华屿即今澎湖列岛花屿，鼊鼊屿即今澎湖岛东北龟壁山[④]。横渡台湾海峡中经澎湖列岛驶向琉球的定位航线首次留下凿凿纪录。欧阳修《新唐书》卷四十一《地理志》稍作修订，写作“自泉（州）以东海行二日至高华屿，又二日至鼊鼊屿，又一日至流求国。”这一修订，实在是画龙点睛之笔。原来，“自义安汎海击流求国，月余而至流求”[⑤]，扣去至高华屿再有三

① 何乔远《闽书》卷七，《方域志》引。

② 陈学伊《谕西夷记》。

③ 魏征《隋书》卷八一，《流求传》。

④ 林豪《（光绪）澎湖厅志》卷一，《封域·山川》。

⑤ 魏征《隋书》卷六四，《陈稜传》。

日而至琉球，可见自义安朝东出船，洋流不顺，大约海浪中颠簸约有一个月光阴，但自泉州出船，顺风二日便到高华屿。顺逆之差，真有天壤之别。因此，《新唐书》修订后的闽琉航线，其后历宋元明清各代为有关志书所遵循①，说明《新唐书》作者对《隋书·流求传》的修订一定根据更为稳定的航海纪录。

北宋李复《与乔叔彦通判》书云：

某尝见张丞相士逊知邵武县日，编集《闽中异事》云：泉州去大海一百三十里，自海岸乘舟，无狂风巨浪，二日至高华屿。屿上之民，作鲞腊鲶鳀者千计。又二日至鼅鼊屿。鼅鼊形如玳瑁。又一日至流求国。其国别置馆于海隅，以待中华之客。每秋天无云，海波澄静，登高极望，有三数点如覆釜。问耆老云是海北诸夷国，不传其名。流求国，隋史书之不详。今近相传所说如此。去泉州不远，必有海商往来，可寻之，访其国事，与其风俗、礼乐、山川、草木、禽兽、耕织、器用等事，并其旁之国，亦可详究之。②

张士逊于真宗景德年中（1004—1007年）知邵武县③。《闽中异事》一书今佚。据李复书札转录文字，泉州赴琉球航线记录显然是欧阳修《新唐书》订正《隋书》文字的根据。由于闽南琉球商贸程度的提高，琉球始能置馆“以待中华之客”。稍后蔡襄所撰《荔枝谱》叙述荔枝贸易帆船航线，也明白开列“琉球”作为自东北亚洲迤逦亚洲大陆东缘港口市场链条的一环④，进一步证明《闽中异事》所记确凿。当时闽琉经济来往以外，早期移民横渡

① 王象之《舆地纪胜》卷一三〇，《泉州·景物》；李贤《大明一统志》卷八九，《琉球国》；怀荫布《（乾隆）泉州府志》卷六，《山川》。

② 李复《潏水集》卷五。

③ 王琛《（乾隆）邵武府志》卷一四，《职官》。

④ 蔡襄《荔枝谱》第三。

海峡史实渐为文献所著录。据泉州《德化（县）使星坊南市族谱》宋高宗绍兴三十年（1160 年）苏钦所撰《谱序》，称该族分房外迁地点中有今台湾①。系宋代闽南族姓具体移民琉球首次记录。但也有一种由于自然力作用导致偶然遭遇所造成的“移民”。孝宗淳熙九年（1182 年）梁克家纂修《三山志》，叙及福清县塘屿昭灵庙前，“光风霁日，穷目力而东，有碧色拳然，乃琉球国也。每风暴作，钓船多为所漂，一日夜至其界。其水东流不返，莎蔓错织，不容转柁，漂者必至而后已”②。正因双方来往趋于频繁，大陆居民对琉球的地理方位日见关注并渐熟悉。大约自北宋中期起始，攀登福州鼓山屴崱峰的游人，天清浪静时极目南望，都能在水天接处认出台湾中央山脉一线远影③。福州向北，当时长溪县（今霞浦县）浮瀛岛也能遥望琉球，南宋知县刘显为此题诗一首：“马头过了又驴头，何许飞来海上洲。绝顶试穷千里目，烟波深处是琉球。”④

历史文物也为两宋时期的闽琉交通提供佐证。清代乾隆年中朱景英赴台，在《海东札记》中说，“相传初开辟时，土中有掘出古钱千百甕者。”他亲见古代宋钱年号有太平、至道、天禧、元祐等等。家童随他往北道经笨港（今台湾北港市），轻易从港口滩涂中便掏出古钱数百文，“肉好深翠，古色可观”，因此推断：“乃知从前互市，未必不取道此间，果竟邈与世绝哉！”⑤见

① 庄为玑、王连茂编《闽台关系族谱资料选编》，福建人民出版社 1984 年版，第 328 页。

② 梁克家《（淳熙）三山志》卷六，《地理类·海道》。

③ 何乔远《闽书》卷一，《方域志》。

④ 陈应宾《（嘉靖）福宁州志》卷二，《山川》。马头、驴头系浮膺岛上山名。

⑤ 朱景英《海东札记》卷四。

解极为深刻。没有兴盛一时的“互市”贸易，或转口寄碇，极巨量的古代宋钱窖藏之谜就不可能有合理的解释。近年在台南茑松遗址和澎湖列岛更先后出土大量的宋元陶瓷器，那就愈加强了这种历史关系的说服力。

元朝统一中国后，元世祖忽必烈大约于至元后期设立澎湖巡检司，以加强海峡通道的安全管理。成宗大德元年（1297 年），应臣下关于“泉州与瑠求相近，或招或取，易得其情”[①] 的建请，改福建行省为福建平海等处行中书省，徙治泉州，更推动闽南的对琉关系。顺帝至正年中（1341－1368 年），航海家汪大渊自刺桐港搭乘贸易船莅琉球作实地考察，对其山川、风物、商贸状况有所记述。据他说，瑠求原住民以沙金、黄豆、黍子、黄蜡、皮革等物与刺桐港海商交换玻璃珠、金珠、玛瑙、陶瓷器等商品。宋元之间一度迷惘起来的闽琉交往又热络和明亮起来。

（二）东洋直航

南宋宁宗嘉定十一年（1218 年），知泉州真德秀上奏《申枢密院措置沿海事宜状》，其中根据航海人口群体的语言习惯，把刺桐港海岸以远各方海域作出划分，并以方位命名。诸如：围头半岛乃“南北洋舟船往来必泊之地”；烈屿是“南洋海道”、小兜寨则是“北洋海道”的“控扼之所”；永宁寨“直望东洋”[②] 等等。按之泉州海岸地形，“东洋”居正东方向，“南洋”在围头湾口以南，“北洋”在泉州湾口以北方向。其方位划分的轴心显然在刺桐港泉州湾、石井港二大港口岸段，也表明海域之所以进行习惯性划分与航海相关，使用价值在于方便航线识别，因此这种

① 宋濂《元史》卷二十，《成宗本纪》。

② 真德秀《西山文集》卷八。

划分必是刺桐港海商与梢水人员经常使用、约定法成的产物。形成时间估计不迟于南宋中期。周去非于孝宗淳熙五年（1178 年）就其任职于广南西路时的见闻编次为《岭外代答》一书。关于南海航行定向以三佛齐（在今印尼苏门答腊岛境内）为正南，稍东帆船只到阇婆（今印尼爪哇岛境内），再东有女人国，“愈东，则尾闾之所泄，非复人世”①。然而反观有关刺桐港帆船航线载籍，则明确著录当时以印尼群岛巽他海峡以东为东洋海域的国家、地区或部落名称。宁宗开禧初年，赵彦卫著《云麓漫钞》，其卷五《福建市舶司（按即泉州市舶司提衔名称）常到诸国舶船》即有渤泥（今文莱）、阇婆、麻逸（今菲律宾民都洛岛）、三屿（今巴坦群岛）、蒲哩唤（今马尼拉）、白蒲迩（今巴布延群岛）等地的来航记录。宁宗嘉定末年，赵汝适提举泉州市舶司，旋于理宗宝庆元年（1225 年）撰《诸蕃志》，又将东洋海域诸地加以著录。可知东洋海域乃刺桐港帆船常到洋面，故东、西洋之划分最早当源于刺桐港的海商和船户。

当时，刺桐港贸易已经有一条稳定的东洋航线。

周去非《岭外代答》卷三《航海外夷》叙述阇婆帆船北上线路云：“阇婆之来也，稍西北行舟，过十二子石，而与三佛齐海道合于竺屿之下。”十二子石在今加里曼丹岛西岸卡里马答岛稍北处，东西竺屿为今马来半岛东南的奥尔岛。反向南行，自然便是广州港帆船南下航线。因此，刺桐港帆船南下，自必有不同航线。盖因港口纬度不同，顺东北季风行船，航线便自不同。宋太宗淳化三年（992 年），阇婆使节来华，航抵明州定海县（今浙江舟山群岛）。“译者言云：今主舶大商毛旭者，建溪（今闽江）

① 周去非《岭外代答》卷二，《海外诸蕃国》。

泉州湾南侧宝盖山上宋建具航标作用的万寿塔
（俗称关锁塔、姑嫂塔）

人，数往来本国，因假其向导来朝贡”①。既然选择一位福建海商为向导，福建沿海港口必然已有一条与广州港口不同的南行航线。该线路为元朝初年的征爪哇军事行动所明确记录。世祖至元二十九年（1292年）十二月，元军帆船自泉州后渚港启帆：“过七洲洋、万里石塘，历交趾、占城界。明年正月，至东董、西董山、牛崎屿，入混沌大洋橄榄屿、假里马答、勾栏等山，驻兵伐木，造小舟以入”②。显然，帆船至占城海域便偏向东南，取道东、西董（今卡特威克群岛）、牛崎屿（今小卡特威克群岛），而后直下昆仑洋橄榄屿（今纳土纳群岛）、假里马答（今卡里马答群岛）、勾栏山（今加里曼丹岛附近的格兰岛），然后穿越吉利门

① 脱脱《宋史》卷四八九，《阇婆传》。
② 宋濂《元史》卷一六二，《史弼传》。

（今卡里摩爪哇群岛），抵达熙宁（今爪哇北岸西冷）登陆。可见刺桐港与广州港帆船自交趾洋便分道扬镳，奥尔岛位于东经104度附近，纳土纳群岛则位于东经108度附近，东西相距4度，截然不同。

阇婆物产丰富，象牙、犀角、珍珠、龙脑、丁香、豆蔻等均为重要输出品，特以“此番胡椒萃聚，商舶利倍蓰之获”①，因而是刺桐港贸易船的首选之地。其东邻苏吉丹（今爪哇岛中部布格角以南）所产相同，而“胡椒最多”②，也为闽南帆船所向往。所以，今印度尼西亚群岛长期系刺桐港海上贸易重要的东洋网络区域。八节那间（今爪哇岛北加浪岸）、重迦罗（今爪哇岛泗水一带）、新拖（今爪哇岛西部）、遐来勿（今爪哇岛北面卡里摩爪哇群岛）、苏门榜（今爪哇岛北面马都拉岛）、文老古（今爪哇岛东北马鲁古群岛）等地也都是刺桐港风帆所指处。甚至周去非《岭外代答》视为广州港海船所不到的“东大洋海”域的古里帝闷（今爪哇岛东面帝汶岛），也在刺桐港贸易圈内：“昔泉（州）之吴宅（今泉州市北郊梧宅）发舶，梢众百有余人，到彼贸易。”③ 幢幢帆影，映入东南亚洲极边沧波，帝汶海一过，便是澳洲大陆西海岸。

自印度尼西亚群岛，候春夏西南季风，取道东北方向越望加锡海峡，便可直上今菲律宾群岛。首先到达的是苏禄（今苏禄群岛）。当地出色泽清白的圆珠，加工为妇女首饰，久不褪色，号为绝品，是刺桐港海商的一大海外珍奇。越苏禄海北上，麻逸（今民都洛岛）、里汉（今八打雁）、蒲里噜（今马尼拉）、东流新

① 赵汝适《诸蕃志》卷上，《阇婆国》。

② 赵汝适《诸蕃志》卷上，《阇婆国》。

③ 汪大渊《岛夷志略》同条。

(今吕宋岛)、里银（今仁牙因）、白蒲延（今巴布延群岛）等一连串今菲律宾群岛西海岸港口一一展布在刺桐港帆船航线上。而自苏禄海西向，经今巴拉克海峡，则可径趋渤泥（今文莱）。

渤泥于盛唐年中与唐朝交往。当时泉州东石港海商亦已航抵其地，建立贸易关系。宋朝初年，渤泥使节来华，往往向西经占城（今越南中部）北上广州，常遭占城刁难。故神宗元丰五年(1082 年）再次入贡，“其使乞从泉州乘海舶归国。”①。这说明泉州与渤泥之间应有一条直通而不经占城的航线。斗转星移，海上贸易扩容延伸，渤泥所在的今加里曼丹岛周边口岸，诸如葫芦蔓头（今卡里马塔群岛)、丹戎武啰（今加里曼丹岛南部)、蒲奔(今瓜拉彭布安)、都督岸（今达土角)、勾栏山（今格兰岛）等地，先后一一为闽南风帆所问津。

然而毋庸讳言，直达型的东洋航线的建立，有赖于泉州中经澎湖、琉球以达今菲律宾群岛北端航线的开辟。

无巧不成书。在孝宗乾道年中移居琉球南部的毗舍耶人北上骚扰澎湖屿并扩及晋江县沿海赤屿洲之后，淳熙初年，今菲律宾群岛北部的白蒲延人则北上大掠漳州漳浦县流鹅湾，宋朝官军一时战败。文官周鼎臣一鼓作气，“代尉驰往，三日中生缚其酋二，剿贼无遗。”② 流鹅湾在今漳浦县六鳌东南海滨。白蒲延人显即乘船也同于毗舍耶航海一样，反向取道刺桐港帆船贸易航线北上进行掠夺。这证明此前必已存在一条自刺桐诸港口中经澎湖屿或由琉球中转寄碇之后南下今菲律宾诸港口的直达航线。而垂涎于流光溢彩商品财富并以武装掠夺为生存方式之一的古代部落，便自然追踪跟迹而北上。

---

① 马端临《文献通考》卷三三二，《渤泥》。

② 叶适《水心文集》卷二四，《周鼎臣墓志铭》。

帆船时代，地理环境往往发挥显著影响。今台湾海峡将东海与南海分开，并在大陆与琉球岛之间造成瓶颈缩束地形，因而出现激流澎湃的水文现象，和海风迅猛的气候条件。澎湖屿中流砥柱，周边水文、气候形势尤其多变。明代唐垣京《澎湖要览》指出：

凡洋船过澎湖，则另一气候。未至尚穿绵，一至便穿葛。其海水号彭湖沟，其水分东、西流，一过此沟，水即东流，达于吕宋；吕宋回日，过此沟水即西流，达于泉、漳。①

琉球南端与今菲律宾群岛遥遥相望，中隔巴士海峡，海峡之南是今巴坦群岛。晚唐以降，闽南移民陆续垦殖澎湖屿，在其上从事农牧经营，也以其为基地从事海上渔捞作业，一旦渔舟偏向，随时都可能误入近在咫尺的今巴坦群岛或其他菲律宾群岛北端岛群。如元世祖至元二十九年（1292年）元廷派人招谕琉球，一行人中有福建人吴志斗，元军官兵，以及今菲律宾三屿人陈辉。当年三月二十九日从澎湖列岛汀路尾澳出船，大概风信不顺，未能于琉球上岸，却北风鼓帆送轻舟，偏入巴士海峡上“三屿”。“三屿国，近琉求”，“此国之民不及二百户，时有至泉州为商贾者”，待客热忱，“饷以粮食、馆我将校”②。可见明人彭垣京所说一过彭湖沟水即东流，容易误入菲律宾近海岛屿显系历史事实。元军所到“三屿”即今巴坦群岛。元初三屿人“时有至泉州为商贾”，其事则应肇始于南宋。也证明宋时刺桐港确确凿凿与今菲律宾群岛之间存在一条直达型海上东洋航线，故其西岸诸港均先后为《云麓漫钞》、《诸蕃志》所著录。元末航海家汪大渊

① 何乔远《闽书》卷七，《方域志·澎湖屿》引。

② 宋濂《元史》卷二一〇，《琉求》、《三屿》。

两度自刺桐港搭船亲往东、西洋，其《岛夷志略》所述航程先后，开篇为《澎湖》，次及《琉球》，复次为《三岛》，再次为《麻逸》。次序昭昭。其后明初无名氏船工编次《顺风相送》海道针经，往今菲律宾各处及文莱帆船线路，均经过澎湖屿与琉球南端。正因今澎湖列岛控扼东、西洋咽喉，海道研究专著视其“是漳、泉一要害地也”[①]。

据赵汝适《诸蕃志》，刺桐港海商抵麻逸后，将舶货赊贷给当地的“蛮贾”，而“蛮贾乃以其货转入他岛屿贸易，率至八九月始归，以其准偿舶商，亦有过期不归者，故贩麻逸船回最晚”[②]。其回程如照旧西经渤泥、占城北上，约需二个月有余[③]。回碇刺桐港必在深冬。台湾海峡东北季风，“一交秋分至冬杪，则无日无风，常匝月不少息。其不沸海覆舟，斯亦幸矣。”[④] 秋分在农历八月。因此，刺桐诸港口“每岁自八月以后至六月以前，风信不顺，即无贩蕃及海南回船到岸”[⑤]。但如循由顺今菲律宾群岛西岸北上径取澎湖峡路，约不出半月便可回泊刺桐港[⑥]。如此，今菲律宾群岛西岸港口的闽南帆船，甚至渤泥的出港帆船，循此航线，也约需不到一个月时间即可北上泉州。正因泉州——今澎湖列岛、台湾——今菲律宾群岛航线如此便捷，开辟之后，便成为东洋（尤其以含加里曼丹岛在内的小东洋港口最迅便）海域交通的主航线。

---

① 张燮《东西洋考》卷九，《舟师考·东洋针路》。

② 赵汝适《诸蕃志》卷上，《麻逸国》。

③ 乐史《太平寰宇记》卷一七九，《渤泥国》；赵汝适《诸蕃志》卷上，《渤泥国》、《占城国》。

④ 林豪《（光绪）澎湖厅志》卷一，《风潮》。

⑤ 《宋会要辑稿·职官》四四之一五。

⑥ 张燮《东西洋考》卷八，《舟师考·东洋针路》。

五　浮亚泛非　岁月峥嵘

（一）西洋凌波

闽南帆船直航东南亚与南亚也源远流长。前述南朝陈天嘉三年（562年）印度高僧拘那罗陀“发自梁安，泛舶西引，欲还天竺”①，足证当时梁安郡（治今泉州南安市丰州镇）梁安江港口已有帆船径航东南亚或南亚。唐朝前期，今晋江市东石又有海商“林知慧航海群蛮”。盛唐初年，其曾孙林銮再度远航经商，其后林家子孙继续操持海商家业。受林家航海经商影响，泉州沿“海舟人竞相率航海”，甚至“沿海畲家人俱从之往”②，逐渐掀起一个湾海港口直航东南亚的海上贸易商潮。宋朝建国以后，泉州港海上贸易日逐高涨，驶往东南亚经商的海船也最为繁忙。祖籍安海港的交趾华人将领李公蕴、权臣陈日煚先后建立李、陈王朝，优待与重用闽南人士，激发刺桐舶商的巨大经贸热情，因而出现有宋二代泉交海上贸易长盛不衰局面。赵彦卫《云麓漫钞》卷五《福建市舶司（按即泉州市舶司）常到诸国舶船》据南宋宁宗开禧二年（1206年）之前市舶司的统计资料，在总数32个对泉贸易港中，东南亚来舶港计26个，占81.25％（略计中南半岛13个，马来半岛4个，东洋航线今印、菲、文莱9个）。次多是南亚印度来舶港2个，西亚阿拉伯来舶港1个，东北亚朝鲜来舶港1个。从这一统计数字可以看出东南亚地区在刺桐港海上贸易链条中占有重要地位。但该统计或年代稍早，攒司疏漏，故西亚稀

---

① 释道宣《续高僧传·拘那罗陀传》。

② 蔡永蒹《西山杂志·林銮宫》。

少，东非缺失。而如下文所引撰于相当南宋高宗绍兴二十四年（1154年）伊德里西的《旅途证闻》便断言当时中国贸易船人员已抵达并生活于东非港口或岛屿。泉州港其时扶摇直上，南亚、西亚与东非均已纳入其海上贸易网，应无疑问。

这条自刺桐港航达东南亚或又经马六甲海峡更续航南亚、西亚或远达东非海岸的航线，南宋中后期以后因与东洋航线对称而被称为西洋航线。

闽南帆船自刺桐港放洋，利用冬季东北信风，顺风月余到达凌牙门（今新加坡海峡），稍事贸贩之后寄碇蓝里（今印尼苏门答腊岛西北端亚齐）过冬。当地与三佛齐为邻。因三佛齐“扼诸番舟车往来之咽喉”，西南太平洋与印度洋周边国家、地区或部落的犀象香药“萃于本国”[①]。所以，海商在蓝里趁东北季风尚未停息，就近与三佛齐贸易，住冬后张帆驶向孟加拉湾。东北季风吹过赤道发生偏折，风向改为西北，而海流也因受赤道逆流及南赤道流的影响，对应孟加拉湾弯弧呈现马蹄形状[②]。故海船需一个月始抵印度半岛西南马拉巴尔海岸故临（今奎隆）。此处因地当印度洋北岸中心点，又在阿拉伯海与孟加拉湾汇合处，长时间系印度洋航线的主要寄碇港和中转站。所以，闽南海商或在这里换船前往阿拉伯半岛；或在此碇候亚丁港“马船”次年航期；或自此向马拉巴尔海岸其他港口回旋商贩，之后返回该港住冬。故临之北为古里佛（今科泽科德），“亦西洋诸番之马头也”[③]。南亚、西亚甚至东非的大批物品丛萃，四面八方的商人纷来沓

① 赵汝适《诸蕃志》卷上，《三佛齐》。

② 邱新民《东南亚古代史地论丛》，新加坡南洋学会1969年版，第10页。

③ 汪大渊《岛夷志略·古里佛》。

至，千帆云集。这令摩洛哥旅行家伊本·白图泰赞赏不置："故此港得为世界最大者之列"①。

刺桐港帆船自蓝里发舶，利用东北季风偏转为西北季风时，横渡印度洋，历时两个月或更多一点时间驶达阿拉伯半岛。赵汝适《诸蕃志》对此明确指出："自泉（州）发船，四十余日至蓝里，博易住冬，次年再发，顺风六十余日方至其国。"② 当时以今巴格达为都城的阿拔斯王朝处于鼎盛时期，成为亚、非、欧洲的贸易枢纽，所以波斯湾内外寄碇点特别多，有白莲（今巴林）、甕蛮（阿曼）、记施（卡伊斯岛）、思莲（古代撒那威港）、勿巡（苏哈尔）、伽力吉（加尔哈）、勿拔（米尔巴特）、奴发（佐法尔）、施曷（也门）及波斯东南的积吉（莫克兰）。波斯湾上桅樯如林，万商麕集，商业昌盛，成为印度洋海域的一大商品集散中心。在阿拔斯王朝鼓励向东方印度、中国积极从事海上贸易政策的驱动之下，阿拉伯帆船频繁远航我国东南港口，刺桐港尤为他们所瞩目。其中，撒那威的海商特别突出。他们当中有些人把毕生岁月付与沧海鲸波。据传某商人在甲板上便度过了40个年头。因此亿万富商辈出，积资6000万第纳尔、建筑高楼者不少，以致"撒那威居民之富有，盛传于伊斯兰教之国中"③。南宋高宗绍兴年中，刺桐城清净寺和蕃商公墓的捐建人便是撒那威巨商。

（二）回回物华

阿拉伯各地盛产香料，濒临阿拉伯海一带素有"香岸"美

---

① 《伊本·白图泰游记》，马金鹏译，宁夏人民出版社1985年版，第489页。

② 赵汝适《诸蕃志》卷上，《大食国》。

③ ［日］桑原骘藏《唐宋贸易港研究》，杨錬译，台湾商务印书馆1963年版本，第32页。

称。麻离拔（或作麻罗拔，今马赫拉）是其中一大港口，集中有乳香、龙涎、珍珠、象牙、犀角、没药、血竭、阿魏、苏合油、蔷薇水等大批珍贵商品，“皆大食诸国至此博易。”这里水陆交通发达，阿拉伯地区的许多城市港口，均可自此转往。正由于集散便捷，故港城浩穰，生活富裕，“以金银为钱，巨舶富商皆聚焉。”① 包括刺桐港在内的宋朝贸易船频频西去寄碇，精美绝伦的纺织品、陶瓷器以及许多农业、手工业品都一一展现它的东方商品魅力，引得麻离拔等地的海商也纷纷东来，在宋代文献里留下大量记录。

距麻离拔不远，便是遭际难得历史机遇而崛起的新港——亚丁。公元1258年（理宗宝祐六年），阿拔斯王朝为旭烈兀率领的蒙古西征军所覆灭。西亚经济遭到严重打击。此前，公元1171年（孝宗乾道七年）萨拉丁在今埃及建立的阿尤布王朝此时则日趋强盛，领土自北非东跨至阿拉伯半岛，在今也门也确立了宗主权。阿尤布王朝致力于社会经济的振兴，积极经营过境贸易，因此国际商路西移埃及、红海一线，处于阿拉伯海与红海联络点的甘埋里（亚丁）勃兴为印度洋西岸的中心贸易港口。当地盛行“马船”贸易，用缝合船上载千里马每艘数百匹，下以乳香压舱，又贩卖欧洲来港的木香、琥珀等商品，直航二月抵达印度西海岸小呗喃（即故临，今奎隆），以与南亚、东南亚或中国的贸易船进行交换。刺桐港帆船每载丁香、荳蔻、青缎、麝香、苏杭色缎、苏木、青白花器、铁条等商品直航甘埋里②。也可以在印度西海岸古里佛、小呗喃诸港专候“马船”。

甘埋里同时又是刺桐港海舶转航东非港口的中转站，西西里

---

① 周去非《岭外代答》卷三，《大食诸国》。

② 汪大渊《岛夷志略》，苏继庼校释本甘埋里条。

岛著名的地理学家伊德里西（1099－1166年）于公元1154年（高宗绍兴二十四年）撰《旅途证闻》一书，列举中国海船常到港口，除印度西海岸、印度河口以及幼发拉底河口诸港外，还有亚丁。并又说："中国人每遇国内骚乱，或由于印度局势动荡，战乱不止，影响商业往来，便转到商奈建及其所属岛屿进行贸易。由于他们公平正直，风俗淳厚，经营得法，因而和当地居民关系融洽。该岛（指翁古贾岛）人丁兴旺，外来者也能安居乐业。"① 所说商奈建及其所属岛屿系泛指东非黑人岛屿，而翁古贾岛则在桑给巴尔。高宗绍兴年中，刺桐港扶摇直上，繁盛一时，其帆船正可自甘埋里中转进入红海，当然也容易西趋东非诸港。其中桑给巴尔尤为我国唐宋史籍所著录，《唐书》的僧衹，《宋史》的层檀均为世人所熟稔。据赵汝适向刺桐港海商咨询，当年闽南帆船"每岁胡茶辣国及大食边海等处发船贩易，以白布、瓷器、赤铜、红吉贝为货"②，即既可从阿拉伯半岛诸港口，也可从印度古吉拉特邦一带③港口出船径航该岛。此外，刺桐帆船还在今索马里一带港口寄碇并从事贸易活动④。

（三）再展雄风

元移宋祚，刺桐港迎来一个海上贸易的新纪元。

---

① 转引自汶江《古代中国与亚非地区的海上交通》，四川社科院出版社1989年版，第156页，又见沈福伟《中国与非洲》，中华书局1990年版，第278页。

② 赵汝适《诸蕃志》卷上，《层拔国》。

③ 赵汝适《诸蕃志》卷上，《胡茶辣国、弼琶啰国、中理国》，杨博文校释本。

④ 赵汝适《诸蕃志》卷上，《胡茶辣国、弼琶啰国、中理国》，杨博文校译本。

宋末左右刺桐港海上贸易的蕃商首领蒲寿庚举城降元，备受元廷宠信。世祖至元十四年（1277 年），首先重建泉州市舶司。翌年，元世祖命唆都、蒲寿庚“诏谕诸蕃”①，并委蒲寿庚长子蒲师文为正奉大夫宣慰使左副都元帅兼福建路市舶提举，旋又命为海外诸蕃宣慰使，“通道外国，抚宣诸夷”②，广泛从事海外的招徕作业。阿拔斯王朝灭亡后，在印度洋上称雄一时的阿拉伯帝国的帆船队趋于衰落，印度洋北岸还先后建立了几个与元廷有一定宗法政治联盟的国家，这一切不能不成为刺桐港重振的机遇。

虽然元朝一代市舶机构时兴时废，由国家垄断的海上贸易体制时松时紧，但在刺桐港自南宋后期集结而就的蕃舶海商集团，大体上一直处于活跃状态，并始终得到元廷的礼遇与支持。他们兼又拥有海上贸易关系中亲缘、教缘、文缘、地缘等等优势。同时有元一代形成的“元政宽纵，听民与番互市，故海岛居民多货番。”③ 百越海洋族群从商更为踊跃，使刺桐港的海事活动经历南宋后期中衰之后重振雄风。刺桐港制造的巨舰，又昂首展帆，乘风驰骋。西洋航线依然远届西亚与东非。世祖至元二十八年（1291 年）六月初一日，一道斥责刺桐港不法海商贩卖人口的“圣旨”说：

> 泉州郡里每海船里，蒙古男子妇女人每，做买卖的往回回田地里、忻都田地里将去的有，么道听得来。如今行文书禁约者，休教将去者，将去人有罪过者。④

闽南并入元廷版图几十年，无法适应江南社会经济文化生活的蒙

① 宋濂《元史》卷一〇，《世祖本纪》。

② 汪大渊《岛夷志略·吴鉴序》。

③ 周瑛《（弘治）兴化府志》卷四八，《兵政志》。

④《通制条格》卷二七，《杂令·蒙古男女过海》。

古族贫穷人口，被少数不法海商载往西亚与东非伊斯兰教地区或印度贩卖。宋元时期，载籍往往在阿拉伯半岛以外，视东非如桑给巴尔“其人民皆大食种落，遵大食教度”①，今坦桑尼亚的加将门里，“丛杂回人居之。”② 故所谓“回回田地”即泛指西亚与东非。“忻都田地”则指今南亚印度次大陆。

《岛夷志略》一书是有元一代刺桐港风帆海上大展身手的真实记录。作者汪大渊于顺帝至正初年二度亲乘泉州贸易船，凡所到处均以日记方式加以笔录。至正九年（1349 年）整理成书。书中以地为纲，以事系地，记其亲历的国家、地区或部落寄碇点名称二百十九处，其中西洋的贸易港六十三处（约略统计，中南半岛二十五处，苏门答腊岛十一处，南亚次大陆十四处，斯里兰卡四处，伊朗、阿拉伯半岛、东非海岸各三处），标志有元一代海上贸易航线延伸与网络化程度较前大有进展。

刺桐港帆船约行船四十天到蓝里（今亚齐）住冬，次年发舶，经二个月横渡印度洋，抵达甘埋里（今亚丁）。越亚丁湾，到东非哩伽塔（今索马里纳卡塔港）。之后，顺海岸南行，可寄碇于自公元十世纪兴起并蔚成东非一大港口的班达里（今摩加迪沙）。此地是非洲黄金和象牙的重要贸易港。宋元以降中非贸易盛况，由一个世纪以来当地大量出土上起北宋真宗咸平年中下迄明清历代铜钱而得到确证。帆船继续南下，进入今肯尼亚境内，有层摇罗（今马林迪）、千里马（今格迪）、曼陀郎（今姆纳提尼）、加里那（今基林迪尼）。最远点可进抵今坦桑尼亚境内的加将门里（今基尔瓦·基西瓦尼）和麻那里（今松戈·姆纳拉）小

---

① 赵汝适《诸蕃志》卷上，《层拔国》。

② 汪大渊《岛夷志略·加将门里》，沈福伟考定为今基尔瓦·基西瓦尼。

岛[①]。此港斜对东南方，就是“遐昆仑”——马达加斯加岛。汪大渊指称泉州放洋后，“地脉”的“一脉至西洋遐昆仑之地”[②]，显证刺桐港帆船也寄碇于此。上述港口间转进航线以外，最能体现南宋或元代航海技术进步的是亚齐——马拉巴尔海岸、马尔代夫群岛——摩加迪沙直通航线的开辟。汪大渊《岛夷志略·针路》说：“自马军山水路，（或）由麻来坟至此地，则山多卤股，田下等，少耕植。”据考，针路系马尔代夫群岛中的肯特科卢岛，马军山系摩加迪沙附近的梅尔卡崖岸，麻来坟即马拉巴尔[③]。查明代《郑和航海图》，自印度马拉巴尔海岸的小葛兰（即小唄喃、俱蓝、故临，均指今奎隆）经45更可航至马尔代夫群岛的官屿（今马累岛），再自“官屿溜用庚酉针一百五十更船收木骨都束”，即从马累岛使用罗盘针南偏西方向行船，约15日（舟师分1昼夜为10更，1更约60里）到木骨都束（今摩加迪沙）。对照之下，《郑和航海图》显然其来有自，应是南宋或元代中国海员，极可能就是由闽南梢水首创的航线。

帆船横渡印度洋，必然使用当时最先进的导航工具指南针。马尔代夫群岛环礁险恶，“水中有石槎中牙，利如锋刃。”[④] 稍一失针，就会船破人亡，印度洋风狂浪大，一路险情多多。所以，自11世纪便装备水浮南针的中国帆船之成功横渡浩渺的印度洋，自然受到西亚与东非船员的赞叹，水浮南针也便备受关注并传入外籍船员群体。因此，波斯语、阿拉伯语用以标示航海罗盘方位

① 据沈福伟《中国与非洲》，中华书局1990年版，第392～393页。

② 汪大渊《岛夷志略·万里石塘》。

③ 据沈福伟《中国与非洲》，第368页。

④ 汪大渊《岛夷志略·北溜》。

的 Khann 字音，便是我国指南针的“针”字闽南方言发音[①]，有力印证刺桐港梢水无疑地承担了这条周年之内中非往返的迅捷航线的创造性开辟劳动，值得后人千古景仰与缅怀。

① 沈福伟《十二世纪的中国帆船和印度洋航路》，《历史学》1979 年第 2 期。

第六章

大舶高樯多海宝*

一　花舞泉缎　玉琢青瓷

（一）“泉缎”之乡

刺桐港腹地是古老而又著名的“泉缎”之乡。

唐代“泉、建、闽［州］之绢”品列全国第八。① “泉州清源郡土贡绵、丝、蕉、葛。”② 标志着泉州地方丝绵纺织原料及其成品生产稳定、质量上乘，因而列入朝廷地方名品贡纳系统。今泉州开元寺西圃有古桑一株，盘根虬干，老态龙钟，传说系唐初黄守恭大桑园原树的孑遗物。黄守恭栽桑养蚕，兼从事丝绢纺织，五个男儿分别命名为经、纪、纲、纶、纬，每一字都与丝织业密切关联，显示自汉魏以来桑蚕及丝织技术随中原移民入闽而移植，终于取得重大成功 。所以，著名诗人韩偓迁居闽南桃林

* ［元］释宗泐《清源洞图为洁上人作》诗句。

① 《唐六典》卷二十。

② 欧阳修《新唐书》卷四十一，《地理志》五。

开元寺大雄宝殿“桑莲法界”匾

开元寺西廊传系唐代黄氏桑园子遗桑树

场（今永春）、南安县，随处与桑蚕作伴而居。五代年中，中国虽然处处兵纷马乱，王家治理下的泉州由于农桑振兴，居然“千家罗绮管弦鸣”，充满着绸缎生辉、管弦飞声的升平气象。

北宋建立后，随着国家重新统一，社会和平安定，闽南的农桑经济更有所发展。晋江平原“绮罗不减蜀吴春”[①]，丝绸生产不亚于丝纺织业素称发达的蜀中与三吴（长江下游三角洲）地区。宋初从泉州分出的兴化军平原上，也是“平楚暗桑麻”[②]，一派桑麻茁壮，蚕织兴旺的田园景色。

福州南宋黄昇墓出土“泉缎”女上衣

20世纪70年代，福州北郊黄昇（女，卒于理宗淳祐三年）墓出土大批丝织物，包括服饰品、匹帛及碎料计334件。棺中二匹织物留有墨书题记，作“宗正纺染金丝绢官记”及“南外

① 苏颂《苏魏公集》卷七，《黄从政宰晋江》。

② 刘弇《龙云集》卷七，《莆田杂诗》。

福州南宋黄昇墓出土“泉缎”女上衣

宗司”，并朱钤“赵记”。按死者父黄朴曾知泉州兼提举泉州市舶司，夫之祖赵师恕曾任南外宗正①，故所出丝织物显即“泉缎”殉葬品。丝织品有纱、绉纱、绢、绫、罗、缎六大类，色泽繁多，有红、白、灰、金、绿、黄、褐、黑及烟色各种花纹质地，宋代的能工巧匠通过织造、印染方法，或服饰花边的提花、

① 黄朴于理宗端平二年（1235 年）知泉州兼提举市舶司，赵师恕于理宗淳祐三年（1243 年）前知南外宗正司。

刺绣、印染、勾彩技法，将百花、卷草、虫鱼、鸟兽、云朵、景物、仕女等等栩栩如生地呈现于世人面前。风格奔放的花朵，最大的直径竟达12厘米，完全从汉唐提花以细小规矩纹为图案的作风中脱颖而出。细微处，则在花瓣或叶片上工笔描绘人物、禽兽、屋宇、风景等图像数十种。画师们又匠心独运，图像构造动静反差鲜明，静如鱼眠藻丛、蝶恋花蕊，动如狮戏彩球。在一条花边内，两边对称自上而下各画12只狮子、12个彩球；每只狮子各戏一球，蹲、伏、坐、踞、奔、走、立等姿势各别，神态飞扬，飒飒生风[①]。这些织物虽历经漫长岁月的瘗埋，出土时其色彩依然绚丽可人，有力证明"泉缎"是宋代精美非凡的织品。南外宗正纺染题记同时又昭示世人，这批织品由南外宗正司的机坊制造。刺桐城中，燃膏继昼，机声连甍，由来已久。因此，神宗熙宁八年（1075年）设置的都税务税目下，即有与门税（城门税）、市税（铺摊税）相区别的彩帛税（彩帛织造税）。伴随海上贸易的发展，在海外需求的刺激下，"泉缎"的作坊机织业继续获得推进。南宋高宗绍兴三年（1133年），当时晋江县东石黄塘坡村侍郎邱家，在传世丝织业基础上，扩大生产规模，"蚕丝缫乎，机织之媪有异巧，两人穿踏焉。梳棕十耳有奇，七脚点之往返乎，神之灵矣。一日有获二十丈者，佃（当作佣）资之润厚焉。村人咸偕之学也。"[②] 织锦女工、挽花女工巧用织机，能织出花纹浮起的"泉缎"，整个机坊一日织锦多达20丈。当时官定锦缎匹帛每匹长24尺，阔2.5尺[③]，12日织成一匹[④]，依此推

① 《福州市北郊南宋墓清理简报》，《文物》1977年第7期。

② 蔡永蒹《西山杂志·园塘坡》该手稿系在"古陵旧稿"上修订，而旧稿应有所据。

③ 《宋会要辑稿·食货》六四之三二。

④ 《宋会要辑稿·食货》六四之一八。

算，邱家机坊约有织机 100 张，女工 200 名。稍后，政府公布的徽州绢每匹 42 尺[①]，按此计算，邱家也有织机 57 张，女工 114 名。足见南宋前期刺桐港丝织机坊已经具有相当可观的规模。

兴化军的丝织业南宋年中也继续取得进步。稍北的仙游县，“布帛之幅，则治麻与蕉，织丝以纻（原注：细织纻麻皮杂丝织为布。本军土贡葛布一匹非土宜，乃以本县土产兼丝代之）。纱出于土机者最精，细鬻于蚕户者为良。”[②]“兼丝”是一种以丝为经，以棉纱为纬织成的混纺织物。由于当地桑叶薄所产丝多纇（节疵），因用以纺织紬、絁。纱帛丝绸原料，“皆资吴杭而至者。”[③] 可见，当地“蚕户”所产丝料用来织紬、絁，从市场上购买的吴杭丝料则用以纺织绸缎匹帛。因此丝纺织业形成了明显的结构性分工，桑叶户、蚕户与机户各自与不同的市场挂钩，拥有不同的购销渠道。这是丝纺织业市场化的一个进步，但同时又预示如果缺乏足够的垫支能力，丝织作坊的出现，便困难多多。

元代刺桐港腹地的丝织业依然持久不衰。泉州城西南安县潘山草市附近乡间：“松篁一径秋声满，桑柘千村曙色齐。”[④] 兴化路乡间的《鸡豚社》，尤富田园诗意：

> 田翁逼社喧鼓鼙，携糕送酒遍东西。
> 土公志喜催行雨，邻叟相扶尽醉泥。
> 鸡唱茅茨生事足，蚕眠曲箔女红齐。
> 问天乞得时官好，随分山林尽可栖。[⑤]

---

① 《宋会要辑稿·食货》六四之三四。

② 黄岩孙《（宝祐）仙溪志》卷一，《物产》。

③ 周瑛《（弘治）兴化府志》卷一二，《货殖志》引宋代《（绍熙）莆阳志》。

④ 南安市《榜头吴氏家谱》载元末陈大观诗。

⑤ 洪希文《续轩渠集》卷六。

诗人在乡间传统社日喜庆气氛描写中着重提到两件事，与农事“行雨”同样重要的是“蚕箔女红”，当地的丝织行业依然普遍得到关注，蔚为农耕女织不可或缺的组成部门。

闽南腹地漳州大概宋代以前原也是桑蚕之乡。据清人说：“漳土古所谓善蚕之乡也。岁五蚕，吴越皆不能及。盖开国之始，民寡而地旷，桑盛而后凋，故蚕治焉。诏安［县］有蚕王庙，可征矣。今漳中桑柘无几株，拘忌之夫谓其音与丧同，划除殆尽。”[①] 南宋光宗绍熙三年（1192 年）朱熹知漳州，鉴于漳州缺少蚕桑经济，以为根本原因在于“民间种不得法”[②]，特以《劝农文》提倡种桑养蚕，敦劝农民冬月到外地采购桑苗，并须照他提供的种法认真试种。陋习难改，朱熹的努力未获兑现。

在刺桐港腹地可与丝纺织业媲美的是木棉纺织业。

闽南栽种木棉，历史悠久。坡地广袤，气候湿润，雨热同期，为木棉茁壮成长提供良好环境。五代年中，湾海（宋初改称安海）附近的陈厝坑一带，便已以宗法聚落手工业的模式，发展木棉纺织业。“从岭南至闽中，到处有木棉，又曰茄拌。陈氏已能于纺且织，机杼手拂之，自梳棕，皆自为之。一方人咸绩，绩之纺也。”[③] 所织雅丽棉布，远销越南。漳州九龙江海口三角洲，当地能用木棉织造“木棉茵”，可见木棉栽种和织造业均有所发展。岁月推移，北宋真宗、仁宗时人彭乘指出：“闽岭已南多木棉，土人竞植之，有至数千株者，采其花为布，号吉贝布。”[④] 显然可见，木棉大专业户的涌现，不但表示福建的木棉种植业取

---

① 官献瑶《（乾隆）漳州府志》卷四五，《纪遗》。

② 朱熹《晦庵集》卷一〇〇，《劝农文》。

③ 蔡永蒹《西山杂志·纱冈》。

④ 彭乘《续墨客挥犀》卷一，《吉贝布》。

得巨大成绩，而且预示木棉纺织业必然迅速发展起来。据仁宗天圣八年（1030 年）三司奏疏转引江西转运使苗稹上言，该路“每春冬衣赐三衣布”，“年支布五万匹”，“自来于福、泉、漳州、兴化军四处置物收买”[①]。再加上各种需求的市场销售额及布户自用数，总数一定相当巨大。吉贝布保温性能良好，价格低廉（据江西转运使上言，一匹布运到江西，包括运费在内售价不过 300 余文），销路必然兴旺，因此也将转化成为刺激农民家庭棉纺织业快速成长的经济动力。所以，神宗年中，兴化军农户便为此而大有赢润：“家家余岁计，吉贝与蒸纱。”[②] 吉贝棉织与蒸纱丝织家庭手工业均大展不凡身手，展现良好前景。转入南宋时期，木棉、蚕丝专业户大量涌现，产销也很火爆，“寒添着木棉裘。”[③] “南北走百价，白氎光欲流。”[④] 惟其质佳，所以价高。但也因此而招祸，高宗绍兴中，宋廷定例令泉州年和买木棉布 5000 匹为定额。迄南宋后期，棉花供不应求，以致远从海南岛与广南东路购入原料，纺织成布后，又回销至广东，“以供广人衣着。”[⑤] 这样，在海上贸易外销外，相互毗邻的广东与福建两路之间，建立了棉布、棉花对流市场供输关系。爰及元朝前期，基于福建木棉纺织业发达，元廷便将其列为年供棉布 10 万匹的五大产地之一。

（二）陶瓷之都

闽南古陶瓷的历史极为悠久。新石器时代遗址中往往有印纹

---

① 《宋会要辑稿·食货》六四之二一至二二。

② 刘弇《龙云集》卷七，《莆田杂诗》。

③ 刘克庄《后村全集》卷三十八，《春日六言》。

④ 朱松《韦斋集》卷三，《吉贝》。

⑤ 方大琮《铁庵集》卷三十三，《劝织吉贝布》。

硬陶、青绿釉陶出土，标志远古百越原住民能够制造陶瓷。经过漫长岁月的磨炼，尤以中原移民入闽，导致南北陶瓷制造技术交流创造提高之后，更有长足进步。晋江市磁灶溪口山窑系南朝至唐代的遗址，出土壶、盘施青绿釉；南安市丰州出土东晋时期的青釉虎子、博山炉、小唾壶；惠安县山腰出土六朝青釉水盂、托杯等等，均已达到一定的水平。唐至五代时期，窑址分布地域更为宽广，产品样式更为纷繁，技术含量也更高。然而毋庸讳言，如果与宋元时期互相比较，上述各地的历史成品则都显得落差巨大。原因多种多样，而主要一条便是刺桐港崛起后，产生了海外瓷器市场的巨大压力，推动闽南腹地的陶瓷制造业走上技术精益求精，产量成倍增长的道路。

陶瓷是耐用品，在国内市场达到一定饱和程度后，便会较长时间中处于相对稳定，需求停止在原来购买力水平上下稍作浮动状态。陶瓷又是易碎品。宋代以前，除去海上贸易利用海船输出那不大的部分外，要远输外地，人挑畜驮不但极易破碎，而且数量十分有限。所以海上贸易的扩大，也就开启了陶瓷器史的新时期。当时刺桐港帆船的贸易对象国家、地区或部落，大多处于生活方式较中国为落后，视陶瓷为财宝，对陶瓷具有巨大需求欲望状态，从而为刺桐港的陶瓷海上贸易带来极为宽广的前景。海船运输恰好又是陶瓷贸易安全的可靠保障。“舶船深阔各数十丈，商人分占贮货，人得数尺许，下以贮物，夜卧其上，货多陶器，大小相套，无少隙地。”① 陶瓷器需要海舶运输，海舶也需要陶瓷器压舱，相辅相成。运载工具与输出商品之间因果相生达到最佳组合。不仅如此，据前引李充公凭，大概北宋中后期，刺桐港海舶货物装填技术，为陶瓷器运输，发明了人类历史上集装箱技

① 朱彧《萍洲可谈》第二。

术设备雏形物——“床”。李充公凭：“瓷椀二百床，瓷碟一百床”，即长方形平面围以边框的定容定量贮瓷器获得使用，既加快装卸速度，又加强安全系数，给了陶瓷海上贸易以助益。

刺桐港的崛起，促使泉、漳州、兴化军振兴地方经济，确保海上贸易商品的供应能力。陶瓷原料高岭土闽南分布广泛，烧窑燃料木材储备充足，窑工劳动人手众多，因此，自晚唐五代以后，陶瓷业获得迅速发展。据不完全统计，宋以前瓷窑遗址目前可确指的不足20处，宋元两代，单泉州一地的瓷窑遗址即多达140余处，陶瓷业生产得到空前扩大，给闽南腹地各州县的地方经济发展以有力推动。其中佼佼者如号称瓷都的德化县，位居闽东大山系中段戴云山主峰中心区，交通闭塞，经济落后，人口稀少。但自刺桐港崛起之后，唐代自中原移入的三班泗滨颜氏、浔中坪埔陈氏、上涌桂格郑氏、上涌黄井蒋氏、上涌下涌赖氏、上涌平炉林氏、大铭上宅林氏、浔中蒲坂涂氏等大批移民群体①，大多从事陶瓷制造。如泗滨（今德化三班）颜氏自颜教先从河南移居归德场（后提设德化县）后，其第五子颜文丽中明经博士。颜文丽生子颜纹（字化綵，864—933年），年青时就读太学，善文有声，不图仕进，返乡研习瓷艺，“著《陶业法》，绘《梅岭图》，俾后人谋建所传习工艺，治生不仰他方。时力不逮，创始无从，厥后得遗本，按图依法，渐次恢绪。”② 显然，颜纹努力研习瓷艺有心得，但厄于财力，并未创建制造陶瓷产业，待到他子侄继承遗志，始将家族群体转化为经营瓷器制造业的地方势

---

① 徐本章、叶文程《德化瓷史与德化窑》，华星出版社1993年版，第10页。

② 《龙浔泗滨颜氏族谱》卷首，《唐国子博士化綵公传》。（见本书附录一）

力。这段时间恰与留从效执政年月相当。据宋人称赞留氏："陶瓷、铜铁泛于番国，取金贝而还，民甚称便。"① 由此可见，当年归德场蓬勃兴发的陶瓷制造业，是在海上贸易市场带动下的地方经济振兴浪潮。进入宋代以后，德化陶瓷制造长期繁荣，原来仅是一处乡间名为龙寻墟市的小聚落，建成一座群山间朱门华宅城市。其间既有"深深庭院锁清明，柳丝风送秋千影"，也有"百斛明珠米在仓，沉香火底捻银簧"② 这种豪侈生活设施与财富积累，无疑正是陶瓷业开辟了海上贸易财源涌进山区的大道。

以外销为主的陶瓷业勃兴浪潮也在闽南海岸涌现，其中以泉州同安县与漳州龙溪县交界处嘉禾湾岸段最为典型。该岸段包含今厦门市杏林、东孚、后溪及海沧几个产区。海沧原为宋代漳州龙溪县插入泉州同安县辖镜的一块飞地，宋代著名海港海口镇即在其南岸，其他镇境系宋代同安县西南辖境乡里。据近年文物考古发现，今厦门湾西北临海岸段，自唐末便大兴陶瓷制造热潮，杏林镇祥露、许厝、留埭、上路村，海沧镇囷瑶、上瑶村、黄牛山，东孚镇东窑、周窑村，后溪镇琬瑶、垄仔尾村等处都已有唐五代宋元历朝窑口发现。其中单祥露、许厝、上路村三地即有古窑炉十余条，古瓷残件堆积成堆，有的高达数米，散布范围有的约 20000 平方米，各窑口主烧青瓷，兼烧褐釉、黑釉器物，工艺以叠烧、匣烧与支烧相结合，产品以日用品碗、碟、壶、盘等为主，兼造渔捞工具梭子状和鱼脊骨状网坠。窑场往往临海，容易装船放洋，其产品遗物有的已在国外出土，显系外销瓷器。

显而易见，闽南腹地尤以泉州辖境为突出，自刺桐港于晚唐冉冉崛起后，从山区绵延至海滨广大乡间，即雨后春笋般地掀起

① 《清源留氏族谱·鄂国公传》。
② 朱继芳《静佳龙寻稿·朱门》。

陶瓷制造热潮，以配合丝纺织业名副其实地构成海上丝瓷香药之路的贸易格局。

本时期瓷器色泽以青釉为主。当然，青釉陶瓷在闽南有悠久历史。但自晚唐五代窑口主烧青釉瓷器，则应与当年尚青饮茶文化的广泛传播和有力推动直接相关。陆羽《茶经》提倡茶具“青则益茶”理论，深深渗透陶瓷工匠设计领域，因而形成风行一时的时尚色调。据统计，青瓷窑场以南安市为最多（计有 38 处）；此外，厦门市汀溪窑；安溪县桂瑶乡、魁斗乡窑（计 10 处）；永春县玉斗乡窑（计 4 处）；晋江市磁灶乡窑；以及漳州龙海市东溪窑，莆田市徐州窑等，均以烧造各具特色的青瓷而闻名。所烧器物多属日常用品碗碟之类，釉色常青中渗有他色，有青灰、青绿、粉青、蟹青、豇豆青等种。汀溪窑瓷胎灰白，釉色青中泛黄褐色，釉水莹亮透明，被称为“珠光青瓷”（日本高僧珠光喜用此类茶器故名），窑址堆积最厚处达 3 米，当年盛况可以想象①。

德化县宋元窑址集中于浔中、三班、盖德诸处，所烧影青器物外，尤以白瓷享有盛誉。白瓷釉色晶莹雪亮，光泽照人，釉层稍厚者则有细碎开片，别具一格。青白釉则微带水青色，有光泽感。早期象牙白也已发明。1976 年发现屈斗宫宋窑遗址，窑基残长 57.10 米，宽 1.4 米至 2.95 米，有窑室 17 间，系鸡笼窑结构。出土器具有印模、转盘、匣钵等 800 余件，产品有碗、碟之类 6800 余件。估计该窑需雇佣大批工匠，以从事采土（瓷土矿）、伐木（烧窑）、和泥、制坯、研釉、雕绘、上釉、装窑、烧火、出器等工序的大规模协作劳动。该窑也以烧造白瓷为主，器物除日常用品之外，还有瓷雕及专门为东南亚、西亚等地伊斯兰教徒使用的贮水器——军持。其中军持、盒、高足杯、弦纹洗、

① 陈鹏《福建青瓷考察》，《海交史研究》1989 年第 1 期。

德化屈斗宫宋代鸡笼窑残迹

执壶等在菲律宾、印尼及其他东南亚国家和日本均有发现。德化其他窑口为外销而在器物造型、纹饰等方面特意设计，如刻印外国文字，以汉字书写“长寿新船”，图绘国外消费者所喜爱的花草图案，提升外销魅力，也都在国外发现。

此外，如晋江磁灶土尾庵窑烧造的军持、执壶、瓶等，屡在国外发现，尤以日本、菲律宾发现最多；蜘蛛山窑以军持、注子、瓶为多，也多在国外发现；童子山窑主要产品有盆、洗等器物，装饰花纹除刻花外，还有釉下绘花，开泉州古瓷釉下彩的先导，还出土了题诗的器物和黄釉铁绘纹盘，后者已在日本福冈和长野县发现。至于南安窑系的东田窑瓜形盖罐、永春窑的碗、粉盒影青成品、安溪窑青瓷、白瓷器物等均在国外有所发现①。

（三）姑品闽南

铁矿（含地表铁砂）是宋元时期闽南直接制约农业、手工业、海上贸易业（出口、造船）及商业（铁钱）等经济部门兴衰的重要自然资源。北宋伊始，泉州铁矿采冶已进入蓬勃发展状态。全盛时约置场16处：安溪青阳，永春倚洋，德化赤水，晋江石菌、卢湾、牛头屿、长箕头，惠安卜坑、黄崎、焦头、许埭、港尾、沙溜、卢头、峰前、牛埭。南宋时永春添设东洋、肥湖，德化添设信洋、山田、丘埕诸场。其中以安溪县青阳山冶铁场规模最大，遗迹分布于今尚卿、大坑、湖头等地，毗连成片长达数十公里，铁渣场多达数十处，面积从数亩至数十亩不等，堆积厚度往往高达数公尺。兴化军莆田县海滨多铁砂。南宋《（绍熙）莆阳志》："莆海滨有铁沙场，舟载陆运凡数十里，依山为炉，昼夜火不绝。"② 炼铁所需木炭，则在当时浮曦港（今莆禧）双髻山砍伐原始森林，就地筑窑烧炭。据调查，当地古炭窑遗址尚可找到的约181处，分布遍及全山。漳州铁矿分布于今龙海市、漳浦县。当年铁产量不清楚。但历史提供了探寻线索。查仁宗庆历五年（1045年），福建路转运使高易简坐罪被降职。原因是他鉴于泉州青阳等铁矿大量开采，即擅自于泉州设置铁钱务铸钱，以便在本路发行使用。事属专擅，因而获罪。高易简选中泉州置铁钱务，显然系于当地铁矿产量相当可观，铸钱数量可供一路流通。按宋初福州大铁钱每贯重25.8斤，加火耗需用铁30斤。当时朝廷曾权宜令建州铸大铁钱10万贯在州境流通。据此

① 叶文程《略谈泉州地区的外销陶瓷》，《厦门大学学报》1982年增刊。

② 周瑛《（弘治）兴化府志》卷一二，《货殖志》引。

推论，八州军 80 万贯共 2400 万斤，约 12000 吨。其次，刺桐港造船业具有特别突出的作用。宋代造 700 料船一艘，铁钉用量在 200 斤以上。远洋海舶中等以上均系数千料船只，单此铁钉一项即已不菲。南宋朝廷为防敌把隘，常令泉州造战船以应需要，其数量动辄百数，加上民间私船数量，铁钉数量也不在少数。复次，农工铁器的铸造贩卖，用铁量也很大。仁宗庆历三年（1043 年）一度禁止闽南“兴贩下海”，但旋即作罢①。驯至南宋高宗绍兴五年（1135 年），侍御史张致远上言：“铜铁，利源也，而大贾擅之，比屋鬻器，取直十倍，海舟贩运，远出山东。”② 正是闽南铁器商贩的真实写照。如两浙路民间铁工具，“并是泉、福等州转海兴贩，逐年商税课利不少。”③ 所以，海上铁器贩运的需求量同样十分巨大。综上所述，有宋一带闽南铁矿的开采冶炼业始终火爆，产量也很巨大，有力地支持了刺桐港的海上贸易业和腹地的各行各业。

栽蔗熬糖是刺桐港食品外销的一大商品。甘蔗品种主要有昆仑蔗、竹蔗、获蔗，可以烹炼成砂糖、水糖、冰糖（又名糖霜）。兴化军木兰溪流域与相邻的惠安县东北部是主要产地。仙游盆地居木兰溪中上游，其土壤与气候宜于栽蔗，“细民莳蔗、秫以规利。”④ 南宋方大琮曾指出：“仙游县田耗于蔗糖，岁运入淮浙者，不知其几千万坛，蔗之妨田固矣。”⑤ 木兰溪下游兴化平原也有部分乡村栽蔗熬糖。惠安东北部今王孙走马埭与斗门港一

---

① 阳思谦《（万历）泉州府志》卷七，《杂课》。

② 李心传《建炎以来系年要录》卷八五，绍兴五年二月乙酉。

③ 梁克家《（淳熙）三山志》卷四一，《物产》。

④ 黄岩孙《（宝祐）仙溪志》卷一，《风俗》。

⑤ 方大琮《铁庵集》卷二一，《书信·乡守项寺丞博文》。

带，也盛产蔗糖，“商贾辐辏，官置监，收其税。”① 及至元末，仙游蔗糖熬制业依然十分旺盛。枫亭市临海平地是甘蔗优良的产地，岁末年初，制糖旺季便掀起热潮：

> 刳木为槽，断木为杵，饱万夫之食，而明烛继夜，长歌相舂，槌壁成哨，擘圭作甘，酾以清泉，甑不炊而神液滋漉；高灶蒸云，列鼎腾烟，调以甘膏，火不停而灵砂自熔。于以盛之，万甕竹络；于以奠之，千艘桂楫；顺风扬帆，不数日而达于江浙淮湖都会之冲……②

“万夫”协作劳动，“高灶”、“列鼎”熬糖的大规模作业，“万甕”、“千艘”自湄洲湾出海外销的盛况，勾勒出蔗糖商品化的壮观景象。

种植秫稻酿造米酒是刺桐港食品外销的另一重要商品。闽南系宋代万户酒地区，以秫稻酿造秫米酒，城乡居民几无不能。种植秫稻最多者，首推兴化军兴化县，其次即其相邻的仙游县。方大琮曾指出：“今兴化县田耗于秫糯，岁肩入城者，不知其几千担。”③ 仙游县由于耕地不足，殷实的城乡居民制卖酒麯，少地或无地的居民酿酒谋生，秫酒与蔗糖成为该县两种投入刺桐港海上贸易业的支柱产业。

荔枝系闽南城乡广泛栽种的果中骄儿，也是具有优势的外销果品。闽南的土壤、气象和丘陵坡地适宜于荔枝果树的成长，同时荔枝自身所具备的常年满树翠绿纷披，夏季果熟则绛囊累累点缀景色的观赏价值，特别是它果龄漫长、名品独擅垄断价格的经济价值，在在都令城乡居民喜爱，因此越种越广，沿海低地园池

① 张岳《（嘉靖）惠安县志》卷五，《货属》。

② 周瑛《（弘治）兴化府志》卷三三，《艺文志》引林亨《螺江风物赋》。

③ 方大琮《铁庵集》卷二一，《书信·乡守项寺丞博文》

胜处庭院宅周几无不种。种后对荔枝名木也无不爱护备至。兴化军莆田县城中宋公荔枝的一段佳话为世人提供典型事例。北宋蔡襄对荔枝颇有研究，据他品评，“以宋家香为上品”，并说：

> 世传此植三百年，黄巢兵过欲伐之。时王氏主其木，媪抱木愿并戳，巢兵为之不伐。今虽老矣，其实益滋繁，味益甘滑，真佳植也。[①]

蔡襄这段宋家香诗叙写于仁宗至和三年（1056年），上距僖宗乾符六年（879年）正月黄巢农民军过莆，宋家香已百余岁，树老而佳果依然，王媪倚以度日，因此愿同生死。解放前国民党兵士烧火其下裂而为二，但仍披绿挺枝，年年结实。据传黄巢农民军士兵先已斧砍一周，树干受创，至今果核有凹痕一圈，传奇罕见。就是这棵荔枝，据说后来种传衍生绝品陈紫，成为品冠群荔的优良极品，当地“富室大家，岁或不尝，虽列品千计，不为满意”[②]，无论价钱，以得尝为快。理宗景定四年（1263年）名诗人刘克庄为买一株陈紫，花钱200贯。当时汀州一石谷原价1.600贯，200贯刚好粜谷125石，陈紫身价高昂可见一斑。不过当时陈紫已经由于市道作祟，真伪混淆，于是皱玉便一跃直上，一颗时价1文。据蔡襄《荔枝谱》，福、泉、漳州和兴化军的优质荔枝共32种。为首12种分名次：陈紫、江绿、方家红、游家紫、小陈紫、宋公荔枝、蓝家红（泉州）、周家红、何家红（漳州）、法石白（泉州法石）、绿核（福州）、园丁香[③]。荔枝成熟，摘下即加工为外销品，有红盐法（以盐梅卤浸泡佛桑花制成浓液以醃制鲜荔，出味后晒成干果，可以长藏不蛀），白晒法

---

① 祝穆《方舆胜览》卷一三，《兴化军・土产》引徐师仁《壶山集》。

② 蔡襄《荔枝谱》第二。

③ 蔡襄《荔枝谱》第七。未书括号内产地者大多系兴化军荔枝。

（鲜荔晒干后入瓮封口百日“出汗”即成），蜜煎法（鲜荔肉榨去果汁，加糖蜜煮成蜜饯）。经过加工的干荔或蜜荔，长期不腐又特具风味，因而成为畅销食品。所以蔡襄《荔枝谱》确切指明其外销国内外市场：“水浮陆转以入京师，外至北戎、西夏，其东南舟行新罗、日本、流求、大食之属，莫不爱好，重利以酬之。故商人贩益广，而乡人种益多，一岁之出，不知几千万亿。”[①]成为福建、尤以名品为多的兴化军果品外贸的一大优势商品。然而时及北宋末年，荔枝遭逢二度厄运。徽宗大观四年（1110年）十二月自福州直至泉州，突降大雪，荔枝果木大部分“冻死，经一二年，始于旧根复生”[②]。幸免于难的荔枝，又于宣和年中（1119—1125年）惨遭掠夺。刘子翚《荔枝歌》：

我闻宣和全盛时，贡输不减开元日。
涪州距雍已云远，况此奔驰来海侧。
绣衣中使动輶车，黄纸封林遍阡陌。
浮航走辙空四郡，妙品人间无复得。[③]

所幸时间不长，随着北宋灭亡，这种暴政掠夺也便告终。南宋孝宗淳熙五年（1178年）“冬，大雪，亦多枯折”[④]，荔枝再次遭受厄运。大概兴化军一带，蔡襄《荔枝谱》优质名品，屡遭厄运后，所剩只有方红、游家紫、周红员、丁香四种。经过果农的努力，又出现一批新品种：王玉堂红、郎官红、游丁香、皱玉、

① 蔡襄《荔枝谱》第三。

② 梁克家《（淳熙）三山志》卷四一，《物产·果实》。又，廖必琦《（乾隆）莆田县志》卷三十四，《祥异》作“雨雪，山尽白，荔枝冻死”。怀荫布《（乾隆）泉州府志》卷七三，《祥异》作“大雪”。漳州方志无记载，可能大雪不到。

③ 刘子翚《屏山集》卷一一。

④ 梁克家《（淳熙）三山志》卷四一，《物产·果实》。

状元红、紫琼、百岁兰、寿香、西紫、红香、大小江、绿琉、黄红、瑞堂红、松红、麝囊红、百步香、黄玉之类。不过时人即已指出荔枝的特性："名品者，特出天成，虽核植，与旧本终不相类。宋香之后无宋香，所存者孙枝尔；陈紫之后无陈紫，过墙即为小陈紫。"① 荔林枯折，名木凋零，旧本绝续，不能不给北宋年间曾经颇为旺盛的荔枝加工品海上贸易以巨大影响。荔枝之所以未能出现于赵汝适《诸蕃志》与汪大渊《岛夷志略》外销商品名单中，从此可以找到答案。但荔枝在国内似乎仍在畅销，当时国内最大城市行在临安还特设"五间楼泉福糖蜜及荔枝圆眼汤"② 专卖店，显然是一个有力例证。

（四）共襄盛举

随着刺桐港的成长，适应海外市场所需，闽南腹地广大城乡，专门从事一种农业、手工艺或与港口营运相关职业的家庭，两宋时期开始冒出地平线。专门育蚕丝织的称为"蚕户"③，木棉栽种"至数千株者"为木棉户④，从事蚕丝木棉纺织的为"机户"⑤，制作陶瓷器皿的为窑户⑥，冶炼铜铁的为"炉户"⑦，捣蔗熬糖的为蔗糖户⑧，栽种荔枝"一家之有，至千万株"或等而

① 黄岩孙《（宝祐）仙溪志》卷一，《物产·果实》。
② 吴自牧《梦粱录》卷一三，《团行》。
③ 黄岩孙《（宝祐）仙溪志》卷一，《物产》。
④ 彭乘《续墨客挥犀》卷一，《吉贝布》。
⑤ 周瑛《（弘治）兴化府志》卷一二，《货殖志》
⑥ 《龙浔泗滨颜氏族谱》。
⑦ 梁克家《（淳熙）三山志》卷四一，《物产》。
⑧ 黄岩孙《（宝祐）仙溪志》卷一，《物产》。

次之为园户①，浮海通商的为“海商户”②，自备船只水上承运的为“船户”③，如此等等，都显示刺桐港经济领域分工日渐走向专业化。

但因应外销或市场需求的扩大，渐渐地各业内部必然依工序而产生分蘖，分工趋细，从业人手倍增，协作劳动愈益必须，前后便出现大小不一分工不同的作坊。如所熟知，丝棉纺织、铜铁冶炼、陶瓷烧造、捣蔗熬糖、制造船舶等自始便必须有小规模协作，而随着产量追求与产品素质提高，更趋专业化的分工逼使业主从事雇佣，所以只要市场压力不衰，作坊势必不断扩大。难怪度宗咸淳七年（1271 年）意大利犹太商人雅各·德安科纳来华，目击城内“各处都有巨大的作坊，在那里，数以百计的男女在一起工作，生产金属制品、瓷花瓶、丝绸、纸张等物品。这些作坊中，有的甚至有 1000 人，这真是一个奇迹”④，深表诧异。由于年代久远，内部分工与雇佣关系详情已无从考证，但众多工匠成群的相当规模作坊的出现，显然是刺桐港海上贸易繁盛的物质基础，从而奠定了刺桐港迄南宋末年依然挺立于政局风云变幻而不败的可靠后盾。参与制造业行列的不仅有本国而且也有外国商人。据这位犹太商人雅各·德安科纳透露，他的意大利商界友人纳森·本·达塔罗就是一个投资刺桐的制造业商人。外国资金的投入显然提升了刺桐港生产事业扩大和生存的能力。

当然，两宋期间，刺桐港之所以从一个地方性港口成长为全国独占鳌头并蔚成世界级贸易大港，并非依恃一城一地的生产

① 蔡襄《荔枝谱》第三。

② 真德秀《西山文集》卷四六，《叶文炳墓志铭》。

③ 廖刚《高峰文集》卷五，《漳州到任条具民间利病五事奏状》。

④ ［意］雅各·德安科纳著、［英］大卫·赛尔本编译、［中］杨民等译《光明之城》，上海人民出版社 1999 年版，第 164 页。

业。它因应海上丝瓷香药之路航线的不断延伸与贸易口岸的不断增加，建立了广义和狭义的二重腹地。

“苍官影里三州路，涨海声中万国商。”泉、漳州和兴化军互通有无，共襄盛举，因而开创了一个“万国商”大贸易港格局。丝绸、陶瓷、吉贝、铁器、糖酒、干果等等大批输出商品，闽南腹地都有兴盛的生产。驿道纵横，江海贯通，车船货担，把各地物产集中汇运至刺桐各有关码头，装纲放洋。

闽南人善商，陆驮海运，网罗全国农业、手工业精品以供出口之需。即便已届亡国前夕，“在这个城市里，从中国各个地区运来的商品十分丰富。”[①] 包括来自当时元朝辖属下的中国北方货物。正如明朝人的概括，这是“输中华之产，驰异域之邦。”

这样就形成了以刺桐城为圆心，贸易商品以作坊制造业为主的第一圈，与以闽南腹地为依托，贸易商品以家庭制造业为主的第二圈，以及以全国城乡为贸易商品或原材料采集为目标的第三圈的同心圆辐射海上贸易商品制造与采集网络体系，从而确保海上丝瓷香药之路的畅通与持续发展。后来的历史嬗递表明，纵令元代宋谢，只要这张网络存在，刺桐便能岿然峙立于世界东方。

刺桐港的外销贸易是“输中华之产，驰异域之邦”，仅据《诸蕃志》、《岛夷志略》二书所列出的商品冠以我国地名者，如建阳锦、建宁锦、苏杭五色缎、处（州）瓷、云南叶金、川芎、海南槟榔，大体可以看出输出商品的采集范围，已经覆盖南宋疆域的东西南北。元代以后，刺桐港商品采集范围自然更为扩大，品类也更为多样。周达观于元成宗元贞元年（1295 年）出使真腊（今柬埔寨），据调查了解，真腊百姓欲购买的中国货品是金、银、五色缣帛、真州（今江苏仪征）锡镴、温州漆盘、泉州青瓷

① 雅各·德安科纳《光明之城》前揭版本，第 153 页。

等等。[①]

黄河海口三角洲的京东东路密州板桥镇，地处胶州湾西岸，自登州港因靠近辽境而被宋廷强行关闭以后，逐渐成为三角洲上诸州军向海上集散物资的重要港口。北宋中期以后，“交易繁夥，商贾所聚，东则二广、福建、淮浙之人，西则京东、河北三路之众，络绎往来。”[②] 刺桐港商人以海外香药，交换当地的“见钱、丝绵、绫绢”[③]。一路南下，凡通州、黄姚、顾迳市，江宁、镇江府，青龙、广陈、澉浦镇，杭、明、温、潮、惠、恩、广州[④]，无不有闽南风帆碇泊口岸。地处长江口三角洲南部青龙江上的青龙镇，自北宋前期，“福、建、漳、泉、明、越、温、台等州（海船）岁二三至。”[⑤] 闽南漳、泉州的帆船已经问津而至。南宋以后，福建海商仍驶入吴淞江西通青龙镇，“闽贾蒙私庇，年年此荐羞。”[⑥] 海上贸易一向顺利的福建商人，借贸易品购销机会，还顺路在当地虔诚举行异木土神祭祀，以为报谢典礼。

当然，闽南帆船在采购外销所需物品以外，也为家乡百姓采购日常用品与输出商品所需的原材料或半成品。理宗末年，名诗

---

① 周达观《真腊风土记》卷二一，《欲得唐货》。

② 李焘《续资治通鉴长编》卷三四一，元丰六年十一月戊午。

③ 李焘《续资治通鉴长编》卷四〇九，元祐三年三月乙丑。

④ 顺次见刘弇《龙云集》卷二三，《独游狼山记》；《宋会要·食货》一八之二九；王象之《舆地纪胜》卷一七，《建康府·风俗形胜》；《隆平寺灵鉴宝塔铭》；徐硕《（至元）嘉禾志》卷二十四，《碑碣·金山顺济庙英烈钱侯碑文》；常棠《海盐澉水志》卷五，《寺庙·医灵祠》；欧阳修《欧阳文忠集》卷四十，《有美堂记》；王十朋《梅溪后集》卷一二，《静晖楼前》；真德秀《西山文集》卷一五，《申尚书省乞拨降度牒添助宗子请给》；洪迈《夷坚志》戊卷一，《浮曦妃祠》。

⑤ 青龙镇《隆平寺灵鉴宝塔铭》。

⑥ 许尚《华亭百咏·异木》。

人刘克庄休闲回乡，居住于莆田县城北后埭草市。他的《小斋》诗云："南船不至城无米，北货难通药阙参。"[1] 广南东路的海船不来，城里便籴不到米；金朝辖境的北货难于通过榷场购运南下，中药处方的党参、人参也就告罄欠缺。由此可见刺桐港腹地经常处于南北商品川流交换的状态中。

海南岛孤悬南海怒涛鳄水间，闽南海商依然勇往直前，往往年终或正月发船，利用东北季风南下。北宋前期，福建、两浙海商便互相联合采购海南岛的黄熟、真笺、沉香，进行"香市"[2]贸易。迨中期刺桐港海上贸易日益扩大后，去船则"一色载金银、匹帛，所直更及万余贯"[3]，贸易内涵已经有结构性的变动。其后所贩又扩及酒、米、面粉、漆器、陶瓷等物品，用以换回笺、沉等香、黄蜡等，其中"惟槟榔、吉贝独盛，泉商兴贩，大率仰此"[4]。海南岛同时又是闽南海商南海远航中途补给口岸，常需在当地停靠，补充必要的物品和淡水。万安军（治今海南省万宁）城内"舶主都纲庙"，海商须前去拈香祭祀。由于刺桐港帆船频繁碇泊，其梢水的精湛航技远近周知。哲宗绍圣四年（1097年），大诗人苏东坡获赦，欲自儋耳（今海南省儋州市）贬所北归，给秦观写信：

> 治装十日可办。但须得泉（州）人许九船，即牢稳可恃。余（海南）蜑船多不堪。而许见在外邑未还，须至少留待之，约此月二十五六间方可登舟。[5]

苏东坡急于北上，但鲸波滔滔，无可奈何，只好翘首伫等泉

① 刘克庄《后村全集》卷二。
② 洪刍《香谱》下引丁谓《天香传》。
③ 李焘《续资治通鉴长编》卷三一〇，元丰三月十二月庚申。
④ 赵汝适《诸蕃志》卷下，《海南》。
⑤ 《苏轼文集》卷五二，《答秦太虚七首》。

州船主许九海船的到来，俾便安渡以归梦萦魂牵的中原。泉州海船佳誉如此深入人心。

刺桐港海商为海上贸易驰骋风帆于沿海港口，又翻山越岭深入内地或边陲采集商品与原料。北宋末年，祝发于四川成都嘉祐院的释文英，原来“姓苏氏，泉州人，往来商成都，富巨万”①，后皈依佛陀，遁入空门，说明北宋年中正当刺桐港崛起过程中，便有泉商长期往返于闽岭蜀道上，并因此而巨富。海外阇婆、苏吉丹等东洋国家富于胡椒，采摘时易患头痛症，需服中药川芎以镇痛解苦。此外，当地又需要白芷、朱砂、绿矾、白矾、硼砂、砒霜等中药材。印度半岛西南海岸诸口岸，则需要黄连、大黄及川芎等中药材。四川丛山复岭，盛产各种药草，自然成为闽南商人特别瞩目的长程贸易目的地。

（五）震撼输出

北宋徽宗崇宁四年（1105 年），泉州海商李充前往日本贸易，所载商品象眼 40 匹、白绫 20 匹、瓷碗 200 床、瓷碟 100 床，鲜明而突出地为刺桐港外销商品揭示其以丝瓷为标志性内容的特色。如果结合以香药为主体的输入商品，便可以概括称呼宋元时代的海上贸易所建构起来的物流为海上丝瓷香药之路。

现据《诸蕃志》、《岛夷志略》二书所载出口及转口商品分列如后（标有*号商品已见于《诸蕃志》）：

丝绸：锦绫*、假锦*、缬绢*、建阳锦*、建宁锦、丹山锦、龙缎、草金缎、五色缎、苏杭五色缎、五色绢、花宣绢、狗迹绢、细绢、土绢、土细、白丝、南北丝、绫罗匹帛。

布匹：白布*、土印布、青白土印布、花印布、小花印布、

① 袁说友《成都文类》卷四十，郭印《超悟院记》。

色印布、红油布、红丝布、五色红布、水绫丝布、五色布、花布、色布、青丝布、棋子手巾。（转口布匹）麻逸布、阇婆布、占城布、西洋布、甘理布、巫仑布、八丹布、塘头市布、八都剌布、八节那涧布、剌速斯离布、竹布、丝布。

瓷器*：青白花瓷器、青白花碗、青碗、花碗、粗碗、盘、瓶、壶、乌瓶、处瓷。

陶器：瓦坛、水坛、大瓮、水埕、罐。

铜铁：赤铜*、铁*、铁鼎*、铁针*、铜珠、青铜、铜鼎、铜器、铜条、铜锅、铜线、白铜、铁块、铁线、铁器、铁条、铁锅、鼎、倭铁。

金银*：金、金珠、金首饰、沙金、赤金、紫金、云南叶金、银、花银、银首饰、牙锭。

铅锡*：锡、花锡、斗锡、铅、土粉（铅粉）。

香药：大黄*、樟脑*、砒霜*、硼砂*、白矾*、朱砂*、白芷*、川芎*、麝香、茅香、海南槟榔、良姜。（转口香药）豆蔻、荜茇、苏木、大风子、麒麟粒、达速斯离香、檀香*、丁香。

乐器：皮鼓*、鼓、板、琴、阮、瑟。

饰珠：琉璃珠*、五色烧珠*、牙臂环*、珊瑚珠、土珠。（转口饰珠）门邦丸珠。

食品：糖*、酒*、米*、麦*、白糖、糖霜、谷、米、盐。

杂货：漆器*、草席*、凉伞*、绢扇*、网坠*、牙梳、篦子、木梳、紫矿、牙箱、水银、涂油（石油）、硫黄、黄油伞、毡毯、针、白缨、青琅玕、棋子、纸札。

这份刺桐港外销或转口商品货单，当然并不完全。宋朝曾长期立“法，铜不下海”[①]，货单上虽然开列了铜货品目，但铜钱泄漏，始终未见记载。究其实际，泉州商人漏钱出海却屡禁不止。如南宋高宗绍兴十三年（1143 年），“泉州商人夜以小舟载铜钱十余万缗入洋，舟重风急，遂沉于海，官司知而不问。”[②]宁宗时，王居安知兴化军，在疏文中抨击“蕃舶多得香犀象翠，崇侈俗，泄铜镪，有损无益”[③]。其后理宗年中，包恢任广东转运使，在《禁铜铁申省状》中，指出铜钱外泄：“一船可载数万贯而去。每是一贯之数，可以易蕃货百贯之物；百贯之数，可以易蕃货千贯之物，以是为常也。此则北自庆元，中至福建，南至广州沿海一带数千里，一岁不知其几舟也。”[④]

铜铁外泄出海的持久化与普遍化，标志着刺桐港海商海上贸易在换货方式以外，还有以硬通货进行结算的商业渠道。同时又深刻揭示：泉州商人博易资本颇为雄厚，在海外市场上具有较强的竞争力。宋元时期，尤其是两宋年中，中国古代经济正上升到一个空前高度，是当时世界上最为强大的国家。所以，中国铜钱坚挺，各贸易对象国家、地区与部落信用度高，而且还以能得中国铜钱为荣，作为“镇国之宝”[⑤] 加以收藏，或径直投放当地市场流通行使。

如将反映宋代后期刺桐港海上贸易状况的《诸蕃志》与反映元末海上贸易状况的《岛夷志略》二书几类商品与贸易口岸列表，便可以比较其前后变化情形（见表 6-1）。

二书撰述时间相隔一个多世纪，纺织品（丝绸、棉布）、陶

---

① 周必大《文忠集》卷六七，《汪大猷神道碑》。

② 李心传《建炎以来系年要录》卷一五〇该年。

③ 脱脱《宋史》卷四〇五本传。

④ 包恢《敝帚稿略》卷一。

⑤ 《宋会要辑稿·刑法》二之一四四。

瓷依然是主要输出商品。“丝瓷之路”没有根本性改观，但已有部分质的变动。元代后期，丝绸销量有所缩小，布匹则崭露头角，市场趋旺。略计有单项花色28个，其中原产地在中国的有15个，转口商品13个。显然，布匹之所以畅销，无疑是当时进一步打开奉行衣崇木棉不贵匹帛教规的伊斯兰教人口消费市场的积极结果；长途运输本地商品的贸易格局受到了穿梭中转的灵活贸易方法的冲击而有所变动。

表6-1　《诸蕃志》与《岛夷志略》所反映宋元海上贸易商品比较表

书名	品名	丝绸	布匹	瓷器	陶器	铁	铜	铜铁器	金	银	金银器	饰品	文化用品
诸蕃志（1225年）	口岸（18）	14	1	17	4	2	1	0	8	6	5	4	2
	%	77	5	94	22	11	5	0	44	33	27	22	11
岛夷志略（1349年）	口岸（18）	39	55	44	14	35	21	14	22	34	1	24	12
	%	48	67	54	17	43	25	17	27	41	1	29	14

尽管如此，精美绝伦的泉缎及各种中国丝绸纺织品，依然魅力超群，享誉全球。菲律宾华裔学者陈台民在《中菲关系与菲律宾华侨》一书中指出：“当日的泉州是中国绸缎的重要的输出地，中古时代自阿拉伯至欧洲，都把中国缎叫做刺桐。刺桐今日衍变而为Satin，已经变成西方人日常生活中的共同口语了。韦氏大辞典中的Satin条称：‘Satin源自阿拉伯文Zaytuni，出自Zaytun（马可孛罗游记中的Zaitun），即中国的刺桐，中古时代的大海

港，今日福建省的泉州。’”[①] 元朝顺帝至正六年（1346 年），摩洛哥旅行家伊本·白图泰来华抵达泉州，说：“这是一个巨大城市，此地织造的锦缎和绸缎，也以刺桐命名。该城的港口是世界大港之一，甚至是最大的港口。”[②] 由此可见，当年风靡亚欧的“刺桐”，原意正用来代称“泉缎”，但因刺桐港系世界大港口，苏杭以及京东、河北诸地的匹帛也多自本港输出，当然也一并以“刺桐”代称了。当时“泉缎”十分华丽，朝廷常用充礼品，馈赠贡使，或赏赐友邦。伊本·白图泰来华途中在印度德里逗留，便亲见元廷以泉缎与杭绸各 100 匹赠送德里素丹。“泉缎”华美，艳惊西欧，一衍为“刺桐”，再变为 Satin，扩展为西方人的日常口语。听音怀旧，当年织造泉缎的能工巧匠，输运泉缎的舟师与海商，真堪宽慰于九泉！

陶瓷器皿是另一震撼世界的伟大出口品。

日本东京大学名誉教授、日本贸易陶瓷研究会会长三上次男先生，曾于 1964－1968 年中亲往东南亚、南亚、西亚及东非众多中古陶瓷贸易港与相关遗址访问调查，并写成《陶瓷之路》[③] 一书，简洁而清晰地为读者勾勒出中国自唐宋至明清陶瓷外销的盛况及遗痕。他指出：菲律宾群岛各岛屿的沿海地带，中国古陶瓷遗址已发现 100 多处，公私藏品约达四五万件。马来西亚沙捞越古晋博物馆收藏品极丰，堆积如山。印度尼西亚雅加达国立博物馆中国古陶瓷器约有数千件。斯里兰卡北部大城市阿努拉达普

① 陈台民《中菲关系与菲律宾华侨》，香港朝阳出版社 1985 年版，第 27 页。

② 《伊本·白图泰游记》，马金鹏译，宁夏人民出版社 1985 年版，第 551 页。

③ 三上次男《陶瓷之路——东西文明接触点的探索》，胡德芬译，天津人民出版社 1983 年版。

拉博物馆以及达迪加马遗址、印度迈索尔城博物馆及科罗曼德耳海岸的几处遗址、巴基斯坦旁浦尔、莫克兰这些阿拉伯海海滨遗址、伊朗的内沙布尔、雷伊、纳斯尔、菲鲁兹阿巴德、苏萨以及古代撒那威港遗址、叙利亚哈马、巴林岛、阿曼东海岸苏哈尔港、亚丁附近阿布扬、埃及福斯塔特、马拉丘陵、库赛尔港遗址、东非海岸索马里有萨丁岛、柏培拉、摩加迪沙、基斯马尤和科亚马群岛、肯尼亚有邓福特港、帕塔岛、曼达岛、吉迪、马林迪、基利菲、姆纳拉尼和蒙巴萨、坦桑尼亚已发现中国古陶瓷遗址 46 处，如奔巴岛、马菲亚岛、基尔瓦·基亚瓦尼岛、松加姆纳拉岛、基尔瓦岛等遗址，中国古陶瓷整器或碎片都有数量不等的发现或收藏，其中不乏华南福建、广东窑口烧制的白瓷以及青瓷、青白瓷。

1968 年春季召开的马尼拉东方陶瓷研讨会，经三上次男先生与其他与会学者讨论认定：中国古代“外销陶瓷中的大部分是闽、广二省的窑所烧制的”，“并且还清楚地证实了，早在中世纪时代，中国陶瓷已从整个亚洲输出到了非洲东部。”[①] 显而易见，三上次男先生亲自调查踏勘过的陶瓷之路，与文献所载明的宋元时期刺桐港海上贸易网走向和帆船的东西洋航线互相一致。所以，认定各有关一致出土的陶瓷遗迹，大部分系闽粤窑口烧制品的结论也十分正确。他在考察埃及福斯塔特遗址时，从六七十万片陶瓷片中鉴定出中国陶瓷片约 12000 片，其余为埃及工匠的仿制品。中国陶瓷片中，他又细心甄别出不同窑口的产品，其中有“福建窑和广东窑烧制的青瓷”以及“德化窑和其他南方窑的白瓷”[②]。从而为闽南陶瓷远销非洲进一步做出论证。

① 三上次男《陶瓷之路》，第 233 页。

② 三上次男《陶瓷之路》，第 23 页。

这真是一条艰辛的陶瓷之路。闽南以千万计的海商和梢水经历宋元四个世纪的风霜雨露，鲸波鳄水，驾驶帆船穿越太平、印度两洋，把中国美仑美奂的陶瓷产品远输海外诸口岸，把陶瓷之路铺向“天方”。

陶瓷之路也是传播中华文明之路。

陶瓷带给亚非广大人民以无尽的生活方便，使那些原来使用树叶、竹筒、蚌壳、兽角等自然物品为餐饮用具的人民，进入锅、碗、壶、罐、杯、盘等人工陶瓷器皿时代，有助于生活多样化，熟食普遍化，用品美观化。

陶瓷带给亚非广大人民以各类建筑物装饰美学以新途径。伊斯兰世界的不少清真寺和邸第，东南亚地区的不少寺庙，常用陶瓷盘碟或其彩色碎片作为壁饰或屋脊嵌塑。陶瓷制品还大大丰富了各类建筑物内部空间的美化工程，厅堂陈设成为一门学问，小小空间竟能引发居民无穷的遐思，促成人类的想象力大为发展。

陶瓷带给东南亚不少地区的居民以财富新概念。菲律宾群岛和沙捞越居民视精美陶瓷器皿为“财富”，广泛用于偿债、交易、继承或馈赠。甚至认定为神器宝物，每年择日举行盛大“甕节”，平日则呵护备至，不允许有任何亵渎行为。举行宗教仪式时，供品必须盛以瓷器，以示心芗洁净。

陶瓷带给东南亚不少地区的居民以祖先崇拜新条件。菲律宾和婆罗洲原住民远古便有“瓮葬”习俗。中国唐宋以降陶瓷外销品的输入，为这个习俗提供更为精美的用品，画龙陶瓮成为热销商品。瓷碗、碟、盘等则并可置于尸体的特定部位，祭祀时巫师又用贝串或木槌敲击瓷器，祈求亡灵安乐、子孙吉祥。婆罗洲居民还在祖先坟墓前，建造陶瓷碗碟嵌镶的墓柱，寄托哀思，也极有特色。

显然，中国古代外销陶瓷器“神通广大”，在人世间、神仙界、阴司里都有着超凡脱俗的作用，因此深得亚非各地居民的欢迎。柬埔寨居民最为喜爱的中国货品，“泉州之青瓷器”① 是其中一种。当年埃及和波斯等地的陶瓷工匠，一旦遭遇中国外销陶瓷器皿，便掀起仿制热潮，孑遗下来的仿华陶瓷至今为数甚丰。菲律宾吕宋岛深山，宋时有号称“海胆”部落，当时生活落后，“巢于木颠，或三五为群，跧伏榛莽，以暗箭射人，多罹其害，投以瓷椀，则俯拾忻然跳呼而去。”② 陶瓷器皿的神奇魅力，竟然保护闽南海商以平安。

也正因如此，刺桐港海商风帆所向，备受各寄碇口岸居民的欢迎。如文老古（今马鲁古群岛）居民，“每岁望唐舶贩其地，往往以五梅鸡雏出，必唐船一只来，二鸡雏出，必有二只。以此占之，如响斯应。”③ 姑不论占卜效果如何不可靠，他们对中国贸易船的伫待，却是异乎寻常虔诚。刺桐港海商航抵菲律宾三屿，“先驻舟中流，鸣鼓以招之，蛮贾争棹小舟，持吉贝、黄蜡、番布、椰心簟等至与贸易。”④ 情景热烈感人。当地男子曾附舶至泉州贸易，罄资文身，返回后“则国人以尊长之礼待之，延之上座，虽父老亦不得与争焉。习俗以其至唐，故贵之也”⑤。其歆慕之情可掬。海外国家、地区或部落对刺桐港风帆的热忱，于此可见。

当年高度发达的中华文化，也是刺桐海舶输出“商品”的组成部分。福建路建州及其辖下建阳县麻沙镇系东南刻书中心，号为“图书之府”。其所刊刻的儒家经典及文化艺术、日用百科书

① 周达观《真腊风土记》卷二一，《欲得唐货》。
② 赵汝适《诸蕃志》卷上，《三屿》。
③ 汪大渊《岛夷志略·文老古》。
④ 赵汝适《诸蕃志》卷上，《三屿》。
⑤ 汪大渊《岛夷志略·三岛》。

籍，“无远不至。”[①]“书籍高丽、日本通。”[②]首先成为朝鲜和日本两国引入中国汉字文化的桥梁。闽南贸易帆船航抵新罗，“用五色缬绢及建本文字博易。”[③]建州及建阳刻本成为商品交易的一个手段。南宋孝宗年中，基于刺桐港舶税年入丰裕，泉州地方政府与州学也投入巨资于刻书。据现存藏本，乾道二年（1166年）刻印《孔氏六帖》、五年（1169年）刻印《蔡忠惠公集》、淳熙三年（1176年）刻印《沈忠敏公龟溪集》、八年（1181年）刻印《演繁露》、《考古编》、九年（1182年）刻印《致堂先生读史管见》、《潜虚》、九、十年（1182－1183年）刻印《司马文正公集》、十一年（1184年）刻印《资治通鉴举要历》等。淳熙七年（1180年）程大昌由权吏部尚书，调知泉州，次年即由州库拨出大笔经费刻印其所著《禹贡论》、《后论》、《禹贡山川地理图》三书。一时“刻书为诸州冠”[④]。这些泉本无疑都将成为文字商品参与海上贸易。此外，刺桐港海商还受高丽政府委托，为其多方购买中国图书或雕造书版。哲宗元祐四年（1089年），泉州海商徐戬一次即代为雕造经版2900余片，并载送高丽。南宋宁宗嘉定年中，日本僧人庆政附舶到达泉州，与其也僧人一起运回由福州东禅寺和开元寺刊印的《大藏经》等经书。宋元时期，福建的刻书能工多达三十余人，先后前往日本，直接在该国雕刻汉字书籍。其中最值得称道的是元代兴化路莆田县仁德里人俞良甫。据日本现存传本，他先后手雕《月江和尚语录》、《宗镜录》、《碧山堂集》、李善注《文选》、《新刊五百家注音辨唐柳（宗元）

---

① 朱熹《晦庵集》卷七八，《建阳县县学藏书记》。

② 熊禾《勿轩集》卷四，《书坊同文书院上梁文》。

③ 赵汝适《诸蕃志》卷上，《新罗国》。

④ 张秀民《张秀民印刷史论文集》，印刷工业出版社1988年版，第101页。

先生文集》、《昌黎先生文集》、《春秋经传集解》等书。这位能工巧匠，侨居日本长达25年，惨淡经营，常在刊记中留下心声："自辛亥四月起刀，（历时四年）至今苦难始成矣。"（《文选》刊记）"凭自己财物置板流行。"（《传法正宗记》刊记）"几年劳鹿，至今喜成矣。"（《唐柳先生集》刊记）为中日文化交流，捐资捉刀，鞠躬尽瘁，芳名永垂青史，为中日人民所永远怀念。[①]

二　犀象连艘　香药满艓

（一）蕃货如潮

刺桐港海上贸易的进展，导致蕃舶连艘而至，舶货输入较前大为增加。太宗太平兴国七年（982年）岁末，朝廷诏令开放部分香药，特申明仍"禁榷广南、漳、泉等州舶船上"[②]，显然，这批所开禁的"舶上香药"就是漳、泉州的进口物品，有：木香、槟榔、石脂、硫磺、大腹、龙脑、沉香、丁香、檀香、皮桂、胡椒、阿魏、莳萝、荜澄茄、诃子、破故纸、豆蔻花、白豆蔻、硼砂、紫矿、胡芦芭、芦荟、荜拨、益智子、海桐皮、缩砂、高良姜、草豆蔻、桂心苗、没药、煎香、安息香、黄熟香、乌樠木、降真香、琥珀，共计36种。仍予禁榷的蕃货8种，即玳瑁、象牙、犀角、宾铁、鼊皮、珊瑚、玛瑙、乳香。估计当时进口品约有40多种。南宋高宗绍兴三年（1133年）岁末，宋廷户部核定起发赴行在与就地变卖二种蕃货名单，颁示三路市舶司

① ［日］木宫泰彦著、胡锡年译《中日文化交流史》，商务印书馆1980年版，第347、483～484页。

② 《宋会要辑稿·职官》四四之二。

执行。起发货单开列香药95种及金银宝物、蕃布及杂货一批，变卖货单开列香药93种及一些日用品。绍兴十一年（1141年），户部重新审订货单，香药与布匹、杂货增至近400种。足见随着海上贸易的日益高涨，进口物品也便日见增加。

明末泉州名士何乔远延揽人才编撰《闽书》，在《版籍志》部分，于缕述宋代刺桐港海上贸易口岸及市舶司税制之后，分列粗、细二色胪举进口舶货。细色计有：金、银、沉香、夹煎香、笺香、细胃头、亚显香、安息香、琥珀、龟鼊皮、夹煎黄、熟香、温肭脐、木香、芦荟、苏合油、珊瑚、琉璃、火丹子、蕃油、龙涎、金头香、阿魏、血竭、丁香、鹿茸、硼砂、姜黄、没药、米脑、脑板、速脑、朱砂、牛黄、硫磺、腊油、栀子花、茑耨脑、梅花脑、金脚脑、赤仓脑、木扎脑、丁香母、白豆蔻、蔷薇水、茑耨皮、鸡舌香、兜罗锦、没石子、茑耨瓢、石碌、鬼谷珠、番红花、毛丝布、玛瑙珠、草竭、玳瑁、龟筒、象牙、犀柴磺、珍珠、木珠、药珠、顶珠、条珠、麻珠、束香、乳香。粗色计有：暂香、檀香、胡椒、黄蜡、黄熟香、生香、丁香、香扎、桂皮、茴香、苏木、粗熟香、降真香、修割香、肉豆蔻、豆蔻花、荜澄茄、丁香皮、洗银珠、土琥珀、赤石珠、鸡骨香、水牛角、海桐皮、香螺餍、大石芎、青桂头、乌库头、扶律膏、石决明、乌纹木、花梨木、桂花、莳萝、番布、诃子、犀蹄、大黄、鱼胶、胡芹、水藤、麂皮、香沉、榛子、草席、番丝、牛皮、鹿皮、杏子、松子、荜拨、缩砂、益智、白锡、黑锡、楮皮、麻籸、椰子、高良姜、石花菜、麝香木、水盘头、赤白藤、大腹子、吉贝纱、帽头香、吉贝、松花、螺壳、苧、麻、藊、布、簟。①

① 何乔远《闽书》卷三九，《版籍志·市舶岁课》。

《闽书》卷一四六《岛夷志》还列举与《版籍志》相同的域外地名，并申明系宋时“旧志所载”。考南宋宁宗嘉定初年及理宗淳祐年中，泉州曾先后编纂两部《清源志》，无论出自哪一部，均为南宋时的进口舶货。

有元一代，刺桐港的海上贸易登上新的高度，进口舶货的品类和数量，理应凌驾两宋。惜文献散佚，无从稽考。宋本《舶上谣送伯庸（马祖常）以番货事奉使闽浙十首》，其中一首诗云：

薰陆胡椒腽肭脐，明珠象齿骇鸡犀。

世间莫作珍奇看，解使英雄价尽低。[①]

足见当时刺桐港也与两宋一样大量输入海外的奇珍异宝。由于数量巨大，世人司空见惯视为凡品。因此诗人也就奉劝“世间莫作珍奇看”。迨元代末年，刺桐港依然“海上舟频入”[②]，“大舶高艢多海宝”[③]，海外象犀香药等各种商品，还是如潮涌来，一派繁荣。

（二）渗透城乡

大量的海外商品运抵刺桐港，市舶司按朝廷所颁的有关规定进行抽解博买后，又根据朝廷下达的指令装纲上京外，余下的商品即可由市舶司、海商或民间的“香行”、“香铺”及“香人”出售。高宗绍兴年中，战争频繁，库藏空虚，经费竭蹶，指令装纲上京的金银、香药及战备用品众多。其后经过多年积累，行在临安的香药库藏日益充实，大大超过中央君臣及内宫消耗所需与由朝廷转为分配发交各地销售限额的总和。宁宗末年，甚至出现

① 顾嗣立《元诗选》二集引《至治集》。

② 释大圭《梦观集》卷三，《南国》。

③ 释宗泐《全室外集》卷四，《清源洞图为洁上人而作》。

"香药充斥，积压陈腐，几为无用之物"① 的严重状况。因此，自孝宗以后，香药就原口岸变卖的次数与额度都逐渐增加。而到了宁宗末年，朝廷终于准"令舶司就地头变卖，止以官券来输左帑"②，香药犀象等蕃货绝大部分都可以由泉州市舶司径直加以销售。孝宗年中泉州知州王十朋有诗云："大商航海蹈万死，远物输官被八垠。"③ "八垠"即八闽。因自孝宗淳熙二年（1175年）后，经泉州市舶司请准，蕃商可在福建路任便出售舶货，八闽便成为蕃货稳定的流通范围。春雨润物细无声。远地舶至的海外商品物流通过城市、镇市、草市，向福建路广大城乡居民生活的各个方面渗透，在八闽大地上腾起一股诸蕃香药风。

兴化军仙游县枫亭市，地处纵贯福建沿海南北驿道中段，濒临湄洲湾，系当地蔗糖、荔枝、龙眼等土特产品集散的太平港所在地。据元代林亨《螺江风物赋》，蕃货在当地有大宗的销售：

> 通道而南，城趋乎刺桐。胡椒槟榔，玳瑁犀象，殊香百品，异药千名，木绵之裘，葛布之筒，重载而来，轻赍而去者，大率贸白金而置青铜。④

上自香药犀象，下至布匹槟榔，都在进入枫亭市市场之列，可以窥见舶上蕃货深入刺桐港腹地的具体"微循环现象"。正是这种涓涓细流，把海上贸易的触角深深扎进福建路乡村角落中去，发挥人们意想不到的影响。

蕃货在城市里的作用就更为明显。宋朝政府在州在城一级，特设和剂局、惠民局，加工配制各类舶上香药成品丸、散、汤、

① 《宋会要辑稿·刑法》二之一四四。

② 《宋会要辑稿·刑法》二之一四四。

③ 王十朋《梅溪后集》卷一七，《提举延福［寺］祈风道中有作次韵》。

④ 周瑛《（弘治）兴化府志》卷三二，《艺文志》引。

丹公开出售。民间的香行、香铺更是所在皆有，广泛从事香药的贸易作业。泉州德化县位处戴云山高山区，当地的朱门富户，“沉香火底捻银篝。”[①] 在进口香药烟雾袅袅氤氲中尽醉尽欢。泉州城中，香药及海上其他贸易商品的销售则更为火爆。泉州湾后诸港出土的宋船上，遗存有“礼贤香记”木签，正是城内这家香铺结托船主从事海上贸易业的物证。许多本小利微的香担小商货郎，则走街串巷，挨户上门兜售：“户外声声卖紫檀，贫家谁办买香钱？如何不向朱门唤，沉水烟中人醉眠。”[②] 即此可见，贫民住宅区的荒街陋巷，香担小贩也不轻易放过。不仅如此，泉州地方政府还允许海外蕃客任便在街头摆摊，自销其运载的商品，“市有生蛮卖象牙。”[③] 为刺桐港香药象犀商业行为的自由度平添浓彩一笔。

香药之风劲厉，又直吹向闽北山区。元代宋褧《福建道中》诗云：

北人不惯住炎方，英簜函边约裹香。

鼻到崇安试苏合，舌过南剑渍槟榔。[④]

这位长住北方的诗人，一进入闽北武夷道，便少见多怪起来。崇安县（今武夷山市）境上，路上行人不时从漆画盛饰的小竹箱内取出苏合香，嗅嗅闻闻，据称那便能去邪扶正，祛病保身；更奇怪的是行至南剑州（治今南平市）以远，人们不饮茶，却改嚼海南槟榔，满口殷红，唾沫尽赤，习俗奇异。

张养浩《建宁道中》诗云：

---

① 朱继芳《静佳龙寻稿·朱门》。

② 释大圭《梦观集》卷五，《诘鬻香者》。

③ 张翥《蜕庵集》卷四，《怀清源洞游》。

④ 宋褧《燕石集》卷七。

行尽溪山得市廛，桥楼深入路绵延。

商帆腥带诸蕃雨，天宇昏连百粤烟。①

建宁（今建瓯市）也在闽北山区，沸沸扬扬的海上贸易时代大潮，浪花竟也飞溅到了此地，建溪上的从商帆船，往返海外诸蕃口岸，海腥犹在；苍穹昏昏然，飘浮着八闽百越大地上升腾的香药烟尘。诗篇是一幅水墨画，城边廊桥飞架，江上商帆高擎，八闽大地飘汇而来的香药烟雾，把万里云天染成阴霾沉沉。

（三）香药化俗

唐代以降，海外香料在古代中国人生活领域的影响日益扩大。转入两宋，伴随海上贸易业的发展和社会物质生活条件的不断改善，它的影响力更有增无减，举凡人们的服饰、饮食、居处、社交、医药、宗教活动等方面，无不与香料相互结合，成为不可缺少的物质手段。

其中，舶上香药经过中国郎中的研制，使外来药材与中国医方、医艺深相锲合，诞生了许多经过实践证明行之有效的中药新药和验方。因而丰富了中医药宝库，增进了中国人民的治疗智慧，发展了中医药成就。南宋泉州名医李迅与福州名医杨士瀛，则是八闽大地上杰出的二位代表人物。

李迅，字嗣立，平时“广收方书，多蓄药味，有问方者必告，有求药者必与，了无吝色厌心”②。医德也很高尚。在其总结治癌心得的《集验背疽方》书中，坦陈心迹说：“疽疮之方，有验者，载于方书。然有贫乏无钱买药，又有适居僻邑草市，难得药材”者，可以据其所著，按图索骥，用以治疗。书中各方参

① 顾嗣立《元诗选》初集引《云庄类稿》。

② 李迅《集验背疽方》郭应祥序。

用大量海外香药如木香、乳香、丁香、没药等等。

杨士瀛，字登父，号仁斋。理宗景定五年（1264 年）著成《仁斋直指》26 卷，男女内外各证具备。书中各方采用大量海外香药，略计有舶上茴香、南木香、木香、没药、乳香、荜拨、海桐皮、槟榔、龙脑、安息香、沉香、乌犀骨、丁香、草豆蔻、白豆蔻、片脑、大腹、苁蓉、诃子、胡椒、荜澄茄、硫磺、益智子、芦荟、阿魏、葫芦巴、降真香、血竭、朝脑、新罗白附子、陆熏香、苏合香、苏木、大肉豆蔻等数十种。不少方剂又径以海外香药命名、配制，如“苏合香丸”（治疗心肺、肠胃及妇科、儿科十多种疾病）、“沉香降气汤”（治肠胃病）、“顺气木香散”（治疗肿胀、泄泻）、“撞气阿魏丸”（治疗心胃等病）、“沉香开膈散”（治疗肠胃病）、“木香槟榔丸”（治疗心肺、肠胃病）以及“白豆蔻散”、“沉香磨脾散”、“丁香煮散”、“青木香丸”、“治瘴木香丸”、“龙脑鸡苏丸”、“龙脑川芎丸”、“丁香半夏丸”、“乳香膏”、“豆蔻橘红散”等等，即此可见，海外香药在他的验方中，不但大量应用，而且得心应手，对症下药，使中西药材巧妙结合，发挥良好的治疗作用。

唐宋之际，当香药伴随海上贸易发展而大量传入时，海外香花也姹紫嫣红于八闽大地。

茉莉、素馨（原名耶悉茗）、阇提（又名蛇蹄）、佛桑、鹰爪、渠那异（又名半年红、夹竹桃）、含笑等原产于地中海东部巴尔干半岛、阿拉伯半岛或南亚、东南亚地区的一大批香花，先后传入我国。据汉初陆贾《南越行记》，茉莉与耶悉茗二花，当时已传入今广东境内，“皆胡人自西国移植于南海，”① 以香冠群芳而闻名。魏晋以降，随着我国海上贸易的逐渐兴盛，许多香花

① 谢维新《古今合璧事类备要别集》卷三六，《花卉门》引。

便由蕃商携带，首先移植于六朝隋唐南方最大港口广州所在的珠江三角洲各地。五代年中，南汉君主刘龑侍女素馨得宠，平生喜爱耶悉茗花，卒后坟上遍种此花，好事者便把耶悉茗改称素馨。宋人傅伯成《素馨花》诗正为此而发：

昔日云鬟锁翠屏，只今烟冢伴荒城。
香魂断绝无人问，空有幽花独擅名。①

北宋初年，素馨等香花又传入闽南。蔡襄诗句所咏“素馨出南海，万里来商舶”②，恰好道出香花传播与海上贸易业密切关联。这些香花不但清香扑鼻，婀娜可人，可以净化空气，美化环境，又可以“蒸取花油和香”③，成为当时新兴化妆业经济的优良资源。因此，刺桐港腹地城乡竞莳香花，花卉种植业获得发展。

这种经济形态首先在泉州“蕃人巷”住宅区出现。两宋年中，外侨聚居区分布于镇南门外沿江迤逦法石港条状地带。转入元代，部分蕃侨改向经营农渔经济，移住陈江，离城新建一个“蕃人巷”住宅区。蕃侨群体中，伊斯兰教徒居多。他们“荐神惟香花”④。宗庙祭祀，亦“先一日扫室、涤器、焚香、荐花、燃烛”⑤而已。香花在其“明洁为尚”的日常生活中，具有异乎寻常的位置。因此，他们便以随船携带的香花种苗遍植住宅周边，或另辟园圃专门栽花种果。元朝顺帝至元二年(1336年)，陈埭蕃侨后裔麻合抹因故出卖部分房产田地，其间有其父沙律忽丁在世时购置的山地，已“辟成园，于内栽种花

① 王象之《舆地纪胜》卷一三〇，《泉州·泉南花木诗》引。
② 黄仲昭《（弘治）八闽通志》卷二五，《食货·花之属》引。
③ 《永乐大典》卷七九六九，《素馨》引《莆阳志》。
④ 陈埭《丁氏谱牒·祖教说》。
⑤ 陈埭《丁氏谱牒·祀约》。

木，四围筑墙为界”的“梯己花园”[1]。显然是拥有相当土地面积并专门种植香花从事商业经营的“花园”，所以地契上一再写明“花园一段”、“上项花园”、“所卖花园”这些具有专指产权的话语[2]。宋元时期“蕃人巷”另一所在地法石港，至今仍有据传系蒲寿庚兄弟后裔、明初以后改蒲为卜以避政治迫害的居民，曾经长期以种植香花为职业。显然可见，蕃商外侨历史上是刺桐港花卉种植业的倡导力量；而海外香花则是输入商品中缺载的一种商品。

至于刺桐港城乡的莳花业，大约形成于北宋。苏颂（祖籍泉州同安县，今属厦门）在《图经本草》中已指出蕃栀子等花已为人“竞种以售利”。一方面，因“南方花，皆可合香”[3]；另一方面闽南人又“以陶盎种之，转海而来，浙中人家以为嘉玩”[4]，具有显著的经济效益，花卉业一时成为有利可图的种植部门。

据《（绍熙）莆阳志》，当年莆田县居民所种海外香花品种不少，如瑞香（二种）、玉簪（二种）、金灯、玉灯、素馨、鹰爪、麝香、山丹（三种）、含笑（三种）、大笑（二种）、阇提、茉莉（二种）、蕃茉莉、凤尾（二种）等[5]。

刺桐港所在地泉州晋江县，据传两宋年中莳花专业户便已经营盆花出口业。第一代专业户花琳善于栽花，花圃所在人称“花埭”。花卉茂盛后，成批外运，卖至交趾（今越南北部），获利不菲。花琳后代又填海拓园，并培养成功陶醉、姚黄、兰桂等名品。时人咏赞花家经营有方：“花埭名花万里香，一盆

① 《元代地契》。（见本书附录九）

② 《元代地契》。（见本书附录九）

③ 陈敬《陈氏香谱》卷一，《南方花》。

④ 张邦基《墨庄漫录》卷七。

⑤ 周瑛《（弘治）兴化府志》卷一二，《户纪·山海物考》引。

奇景竞飘洋。”爰及元文宗天历二年（1329 年），花顺昌联合其他 36 家花户成立“花局”，大做莳花及花卉出口生意。政府则从中抽税，世称“花当”[①]，为刺桐港的海上贸易经济平添一朵新葩。

① 蔡永蒹《西山杂志·花埭》。

第七章

满市珠玑醉歌舞*

一　连甍富饶　东方明珠

（一）桐城雄峙

海上贸易的繁荣，给刺桐城带来勃勃生机，它反映于城郭的恢弘壮大，也表现为富商豪贾的风云际会。

泉州自迁移治所于晋江北岸，清源山南麓之初，百废待举，草创的郡城原只是砌筑四个城门之外，环植刺桐树以代替垣墙。关于泉州城郭的唐城、即子城的竹木栅栏城特点，宋人在诗作中有过确切记述。最早揭示此一特点的是宋初太宗、真宗时人曾会，他在《寄泉僧定诸》诗中，首先创立“刺桐城”一词①。稍后吕造便以《刺桐城》为题，咏出“闽海云霞绕刺桐，往年城郭为谁封?”② 具体把刺桐和城郭联系在一处。以后两浙路名士王

* ［元］贡师泰《泉州道中》诗句。

① 北大古文献研究所编《全宋诗》卷七四“曾会”引。

② 郑杰《闽诗录》丙集卷二，“吕造”引。

十朋莅郡知州，《石笋桥》诗中，进一步揭示二者关系："刺桐为城石为笋"[①]，因果关系十分明白。因此清代方志根据史实，概括为子城四门"分隅而列，环植刺桐，谓之桐城"[②]。应是确论。

中国古代历史上早已有过竹木栅栏城。东晋建都建康（今江苏南京市），都城周围只设竹篱，城门56所也以篱建成，因称为"篱门"；刘宋时宫门外的"六门城"，也是竹篱城，直至齐高帝建元元年（479年）才改建垣墙[③]。都城如此，郡城以竹木栅栏为城，更不必大惊小怪。北宋前期，近邻漳州始筑城，也是列棘为之。宋元时期，刺桐港虽然由于海上贸易繁荣而有"富州"、"乐郊"美称，但其属县仍视城垣为"奢侈品"，大概除同安县于宋高宗绍兴十五年（1145年）建成垣墙外，其余都只是有市而无城状态。

伴随晚唐泉州海上贸易的日渐进步，子城周围附城街衢和住宅区也不断扩大。据传子城周围只有三里一百六十步，州衙建筑物之外的剩余空间太小。因此唐末曾几度扩容，建成罗城。这是一座夯筑土墙的城郭。日后僖宗光启元年（885年）王潮兄弟率部围城，竟以近一年时间才破城而入。

五代年中，半独立的闽南长期相对平静，王延彬首倡而为后继者持续奉行的着力推进海上贸易的经济战略，绩效日益明显。于是扩建原有罗城以应现状所需便被提上日程。留从效治泉期间（944年11月至962年8月），实施"重加版筑"[④]工程。《清源留氏族谱》据留从效神道碑与遗事写成《宋太师鄂国公传》说：

---

① 王十朋《梅溪后集》卷一九。

② 怀荫布《（乾隆）泉州府志》卷一一，《城池》引高霆《重建肃清门记》。

③ 周应合《（景定）建康志》卷二〇，《城阙志》。

④ 祝穆《方舆胜览》卷一二，《泉州·事要》。

"泉州城市旧狭窄，至是扩为仁风、通淮等数门，教民间开通衢、构云屋。"可见留从效是在唐末罗城土垣基础上进行加固并适度拓宽，同时增加城门，以与增辟的通衢大街对称以便疏通人流物流。于是城垣周围计长二十三里二百八十三步，高一丈八尺，较子城周围扩大七倍以上。城门七座：仁风（东）、镇南（南）、通淮（东南）、义成（西）、朝天（北）、临漳（西南）、通津（西南）。东西、南北城门相对垂直，形成自子城十字大街延伸而出的十字形中轴线，奠定刺桐城千余年中维持不变的十字街架构。街衢两旁，允许破除唐代封闭式的坊制，建筑商业繁荣所需的商店客栈兼备的"云屋"。在扩固罗城时，留从效明显把南门临江垣墙尽量向江岸推移并取与其平行走势，显在加强晋江海舶碇泊、装卸作业的便利上下工夫。以后宋元时期，临江城垣便顺势转化为南关港口所在地。

陈洪进挈闽南和平归顺宋朝，朝廷按照太祖平定各割据政权的既定方针，随即下达堕城命令。但未及执行，游洋百丈镇农民军便进围泉州城，旋即被官军扑灭。极可能由此偶然历史事件，泉州罗城意外地获得保存。之后，仁宗皇祐四年（1052 年）、神宗熙宁九年（1076 年）因二度宋交（交趾，今越南北方）战事，朝廷诏令东南沿海州军修筑城垣，泉州罗城虽列为"添修"事项，又由于经费无着而未能动工。

进入北宋中期，海上贸易导致的刺桐城市民人口的不断攀升，表现于宋代城市在摆脱唐代方块坊曲制之后逐渐形成的住宅无序化与城垣街衢硬件规整性之间的矛盾也日益扩大，终将引发灾难性结果必不可免。"大都罗城、子城内外壕沟如人之一身，血脉流贯，通则俱通，滞则俱滞。乃民家傍壕沟而居者，多填委粪壤，以致堙阏，而跨沟为屋者尤甚”。[1] 英宗治平三年（1066年）六月，一场豪雨，无壕沟宣泄的城内积水便泛滥成灾，淹没并冲毁民宅数千幢。两年后，知州丁竦被迫掘开东南角城垣，疏引积水转注城外东南方的天水淮。又疏通城内沟水注于光孝塘，再合流于通淮水门。高宗绍兴十八年（1148年），知州叶庭珪鉴于通淮水门疏导功能不可废绝，便于其旁正式创筑通淮城门。之后，城区人口继续攀升，而民居侵沟、垃圾淤塞问题始终突出，地方政府补苴罅漏，未能奏效。壕沟堙塞最为厉害的街区则在城内东南隅，濒临巽水、笋江的“番舶客航聚集之地”[2]，当地即中外海商麇集聚居地段。因此，神宗熙宁初年郡守丁竦穴城以通天水淮，不但疏浚沟渠，而且也为了“便于舟楫，百贾贸迁皆至于市”[3]，从而给海商以生活和装纲作业的便利。

徽宗宣和二年（1120年），知州陆藻首次以外砖内石包砌城垣。南宋前期也多次进行修补。宁宗嘉定四年（1211年），知州邹应龙向蕃商募集巨资又进行一次大修。理宗绍定三年（1230年），知州游九功对罗城实行第二次展拓。当时罗城南门外笋江沿岸中外海商住宅鳞次栉比，鉴于蕃商于宁宗嘉定四年捐资大修城郭，作为回报，泉州地方政府便慨然东自浯浦，西抵临漳门，砌筑一道基阔八尺、高一丈、长四百三十八丈的石城，将该住宅群围护起来。这道石城史称“翼城”。此外，又于各座城门口修筑瓮城。至此，泉州城垣壮实雄伟，楼橹相望，雉堞耸峙，瓮城整齐。所以，尔后百多年都不再大修。

元顺帝至正十二年（1352年），监郡偰玉立第三次对罗城施

① 阳思谦《（万历）泉州府志》卷四，《城池》。

② 怀荫布《（乾隆）泉州府志》卷一六，《坛庙寺观》引《隆庆府志》。

③ 何乔远《闽书》卷三三，《建置志·泉州城》。

泉州古城楼和城墙逃眺

行展拓，合并罗城与翼城，全城一律外砌条石，基阔二丈至二丈四尺、高二丈一尺、周回总长三十里。南门改称德济，废西南通津门，稍东另辟南薰门。展拓工程也施行于原来西北角王延彬，东北角陈洪进所凸出部分，囊括于新罗城，又特意将通淮门与仁风门之间原来平直的垣墙改向东南凸出，以便该地附城草市也收入罗城。显然可见，此次展拓旨在将基于海上贸易而发展起来的住宅群收入罗城，使其居民同样获得城垣保护，实现社会秩序的安定。特别突出的是东南部分海商住宅区收入罗城后竟形成锐角形状，一如鲤吻饮江，自此刺桐城又有“鲤城”美称。民间以“鲤跃龙门”期盼好运，刺桐城确实由于海上丝瓷香药之路而腾飞，城形与商机巧妙统一，意外地珠联璧合。

城垣是居住其内市民住宅数量与质量的综合硬体表现。因此，城垣的展拓本身就意味着市民群体的扩张。北宋哲宗元祐二年（1087 年）泉州市舶司的设置、刺桐港的开放，自然会带出户口的急剧膨胀。熙宁变法时直言不讳的批评者郑侠，哲宗一朝均在泉州供职，在一篇替别人草拟的《代谢章（惇）相公启》文内，形容刺桐城为“农士工商之会，东西南北之人”[①] 丛杂众多的城市。同时，永春县令江公望的《多暇亭记》描述城中“巨商大贾，摩肩接足，相刃于道”拥挤不堪情形。因此，其结果可想而知。徽宗宣和二年（1120 年）知州陆藻于《修城记》中指出：

泉距京师五十有四驿，连海外之国三十有六岛；城内画坊八十，生齿无虑五十万。[②]

本文已佚，现在能见到的只有这几句。前二句说明泉州遥对京师、东连群岛的地理方位，后二句笔锋一转，指出泉州城内有如画坊巷八十区、人口无疑有 50 万。这笔人口数当然也包括多处城门外附城草市和城南江干流动性商客以及大量住唐的蕃商与其眷属。他们是“化外人，法：不当城居”[③]，所以人数虽多、财力也大，但只能一时暂栖南门江干迤逦法石草市条状地带。如按单口 5 人为 1 户折算，约为 10 万户。北宋汴京，神宗时城郭居民达 20 万户[④]，刺桐城是它的半数。等而下之，就没有其他城市可以比肩看齐。杭州城郭户数，比泉州要晚 75 年，即宁宗庆元元年（1195 年）才拥有 112000 户[⑤]。成都则晚半个世纪始出现“繁雄十万户”[⑥] 局面。苏州、鄂州也只有在南宋年中分别

① 郑侠《西塘集》卷八。

② 王象之《舆地纪胜》卷一三〇，《泉州·风俗形胜》引。

③ 朱熹《晦庵集》卷九八，《傅自得行状》。

④ 脱脱《宋史》卷三二七，《王安石传》。

⑤ 杨万里《诚斋集》卷一二四，《余端礼墓志铭》。

⑥ 陆游《剑南诗稿》卷九，《晚登子城》。

达到“所谓十万家之数”、“江渚鳞差十万家”[①] 稠密高度。

南宋后期，刺桐城人口又继续有所爬升。知州游九功展拓罗城后，祝穆父子根据刺桐城城郭户口总数，以为“中藏阛阓余十万家”[②]，显比宣和户口数又有增加。度宗咸淳七年（1271 年），意大利犹太商人雅各·德安科纳莅泉，据其亲见并估计刺桐城人口在 20 万以上[③]。户口历来盈缩无常，雅各的估计或有一定道理，宋朝末年朝政黑暗、社会纷乱，也可能出现城居户口流失、脱籍等现象而有所减少。

（二）温陵都会

刺桐城俊美壮观，五代后期，便呈现“台馆翚飞匝郡城”[④] 景观。其后伴随海上贸易所带来的经济繁荣，城市容颜更趋华贵，令兴化军籍的名诗人刘克庄赞叹不已：“温陵大都会，朱门华屋，钿车宝马相望。”[⑤] 但毋庸讳言，一如历史上的任一城市那样，刺桐城也有两副面孔，即它随着贫富悬殊的拉大，贫民街衢便日趋惨淡和凋零。雅各·德安科纳来泉后，亲见这些街区以竹木建成的店铺拥挤不堪，街道显得狭窄肮脏。而随着人口攀升引发严重的住宅侵街、侵沟现象，致使街衢粪壤填委，甚至有人径直往人行道上拉小便泼脏水。

数十万人口的大城市，必然有着蜘蛛网状的街巷。唐朝后

① 《吴都文粹续集》卷八，周南老《齐云楼记》；戴复古《石屏集》卷一，《鄂州南楼》。

② 祝穆《方舆胜览》卷一二，《泉州·四六》，本书初刻于 1239 年，其子祝洙增补后又刻于 1266—1267 年。

③ 雅各·德安科纳《光明之城》，第 158 页。

④ 《全唐诗》卷七六一，詹敦仁《余迁泉山城留侯招游郡圃作此》。

⑤ 刘克庄《后村全集》卷一五四，《丘迪吉墓志铭》。

期，泉州城街巷以刺桐为城郭内外绿化树木已见诸诗文。试看：

猗猗小艳夹通衢，晴日熏风笑越姝。[①]

南国清和烟雨辰，刺桐夹道花开新。

林梢簇簇红霞烂，暑天别觉生精神。[②]

这里，人文景观与自然景欢和谐共存，人与刺桐互相传递信息，红霞般灿烂的刺桐花魅力十足，放眼观赏它就焕发起奕奕神采。可惜的是进入宋代后，这种景观已不复重现，诗文中也不再看见有关文字。这大概是人口膨胀，住宅侵街、侵沟以及街衢改造，刺桐被迫退出街衢两旁。对于刺桐城的街巷网络，历史文献也差不多把它忘却。幸亏雅各莅泉，据他说，当时有红花街、小红花街、三盘街、四宫街、和街、万寿街。主要街道口则筑有报时钟塔，楼上设置滴漏，每个时辰，报时人便鸣锣周知，俾便各行各业遵照时辰行事。夜晚一到，刺桐城的大街小巷，店前屋下，处处灯火通明，“这个城市被映照得特别灿烂，在很远的地方都能看得到它。”[③] 城市晚间照明普及化标志着自唐代封闭型坊制废止以后的又一大进步，市场夜晚经营，瓦市、勾栏、妓院、酒楼等等的夜生活，也便成为城市生活的结构性内涵。

然而刺桐城最富创造性的事件，则是雏形“日报”的出现。据雅各目击：“每一天他们都把一张大纸贴在城墙上，上面写着这个城市的高层官员、天子代理人所颁布的法令和决议，还有市民的条例以及其他考虑到值得一提的消息，每个市民都可以免费得到这样的纸。”[④]

---

① 《全唐诗》卷七四六，陈陶《泉州刺桐花咏兼呈赵使君》。

② 《全唐诗》卷六九四，王毂《刺桐花》。

③ 雅各·德安科纳《光明之城》，第151页。

④ 雅各·德安科纳《光明之城》，第164页。

这里需要对这种雏形“日报”产生的背景略作探寻。北宋年中，朝廷进奏院将政令与官员人事变动等有关信息写为“朝报”(或称“邸报”) 分送有关机构或个人，成为政府间新闻传播的经常性正规工具。南宋伊始，进奏院吏员为物质利益所驱使，将刺探所得或街市传闻、或私自撰写，编写为“小报”，每日一纸，在政府官员中先期传阅，造成轰动效应。但同时又有“不逞之徒，撰造无根之语，名曰小报；传播中外，骇惑听闻”①，从而成为民间编撰传媒工具的滥觞。雅各所亲见城门口垣墙上每日一纸所公布的内容，既有政府法会、决议和条例，又有“消息”新闻，显然是南宋“小报”的一个发展。又由于既可免费赠送“每个市民”，所需数量必然庞大，便有可能进行活字印刷。当时泉州刻书相当发达，雅各眼见当地雕版工人“用小块的木头，不仅巧妙地在上面刻文字，还刻图像。用他们特有的一种褐色的墨水，在纸上印出来”②。因此，这项活字印刷术完全可能转而被移用于巨量“小报”的印刷上，这样，刺桐城便会是我国古代活字“日报”萌芽的家乡。

刺桐城也盛行城市娱乐活动，五代末年，詹敦仁自福州莅泉，留从效招待以“歌舞戏”：“柳腰舞罢香风度，花脸妆匀酒晕生。”③ 入宋以后，海上贸易繁荣，市民剧增，“富州”被人公认，刺桐城的瓦市生活更趋丰富，以致知州真德秀在劝农文告中把“莫贪浪游，莫看百戏”④ 都列为规劝城市居民惜阴行为的内容。据雅各说：“城中还有一个地方，在他们的语言里叫做瓦市，

① 《宋会要辑稿·刑法》二之一二四。

② 雅各·德安科纳《光明之城》，第417页。

③ 《全唐诗》卷七六一，詹敦仁《余迁泉山城留侯招游郡圃作此》。

④ 真德秀《西山文集》卷四〇，《再守泉州劝农文》。

那里说书的、卖唱的和卖淫的人极多。”① 城东门附近的一处瓦市，参与优棚表演的便有“一百个剧团”②。其规模之大，于此可见。杂剧搬演之外，当时流行于闽南城乡的傀儡、砑鼓和小儿队等文化娱乐项目自然也在瓦市里经常演出。“满市珠玑醉歌舞，几人为尔竟沉酣。”③ 财富盈溢，歌舞喧腾，刺桐城沉浸在千载一时的风光里。

基于城市人口的不断攀升，城垣内人口必然溢出垣墙，在城门外另外形成住宅区和附城草市。这个进程至迟应于北宋后期发轫。刘子翚建炎末年（1130 年）供职于兴化军，绍兴初年谢职后途经泉州，专程往刺桐城通淮门外 10 里法石草市看望李邴。当时晋江下游北岸的法石草市“阛阓”已颇具规模，人们已把它当做“桐花城”的一个组成部分④。估计附城草市应当七个城门外都曾经出现。迨雅各·德安科纳来华时，据他亲见：“实际上构成这个城市的居住区与周围的村镇看上去是联为一体，建筑物的数量由于非常多，以致彼此挨得很近，因此城里人和乡下的人住所混在一起，就好像他们是同属一体的。”⑤ 城外住宅区和草市显然融入事实上编制为城外厢坊的刺桐城厢的总体之内，使磁吸而至的巨量人口、不断增添的店铺与街衢以及各不相同的侨民新住宅区，进行有序重组，合理分配。因此，在保持原有城垣并依其为中心，向周围郊垧扩大街衢，城“郭”与村“乡”互相靠近，逐渐融合，构成北宋仁宗年中已创建起来的“郭乡”生态。“郭乡”之外，散布草市、镇市、村庄，形成“温陵大都会”嵌

① 雅各·德安科纳《光明之城》，第 176 页。
② 雅各·德安科纳《光明之城》，第 228 页。
③ 贡师泰《玩斋集拾遗·泉州道中》。
④ 刘子翚《屏山集》卷一二，《法石见李汉老参政》。
⑤ 雅各·德安科纳《光明之城》，第 158 页。

镶式的对城服务经济带，这无疑是中国古代城市化、城建史上的新发展、新模式。

刺桐城的规模及其结构，随着社会经济的发展而变动。北宋前期，封闭性的坊制还占有城垣内的部分空间，晚至仁宗康定年中（1040－1041年），“泉州旧多盗，日暮市门尽闭，禁民勿往来。”[①] 显然，时届十一世纪中期，坊制下的古典阛阓即只设少量市门并围以垣墙的商业经营区域，仍有一定残余，并与更早些年留从效新辟通衢兴建“云屋”的区域并存，所以，为了夜间杜绝偷盗行为，地方政府采取了日暮收市后即封闭市门断绝行人往来的预防性措施。这种封闭型市场形式，只能与小规模商业行为互相适应。但随着刺桐港海上贸易的迅速扩大，刺桐城“海商辐辏”[②]，市民人口急剧攀升；“舟车遴集”[③]，海内外商品荟萃于此；因此，商品的交易数量成倍增长，泉州也从原来州级城市脱颖而出，一变而成“七闽之都会”[④]。所有这些客观条件，无疑都会给市场结构带来巨大变化，也会最终结束坊制阛阓的残余存在，并导致临街设店、日夜营业的从商风气获得普遍推广。

基于商品货源、交通运输条件、当地市民购销需求不同以及社会传统习惯各异等原因，在刺桐城垣墙内外，商业市场的空间分布与结构大致有几种不同的形式：

星货铺：据高宗绍兴十八年（1148年）知州叶庭珪观察，当时泉州城内已有此种综合性店铺，“市肆以筐筥等鳞次其物以鬻者，星货铺言罗列如星繁密。”[⑤] 类似如今的百货杂货商店，

① 王安石《临川文集》卷九八，《沈周墓志铭》。
② 郑侠《西塘集》卷八，《代谢仆射相公》。
③ 郑侠《西塘集》卷八，《代谢右丞启》。
④ 郑侠《西塘集》卷七，《代太守谢泉州到任》。
⑤ 叶庭珪《海录碎事》卷一五，《市廛门·星货铺》。

样样俱全，便于居民多方购求需要。

专卖街：专门销售单一特产名品。度宗咸淳七年（1271年）犹太商人雅各来华，约有半年时间旅宿刺桐城。据他说：“有一条街叫三盘街，那里全部出售丝绸，其种类不下二百种。”[①] 此外尚有专卖金银器、或药剂等的街区。

主题市场：在街巷特定区域，集中一批商店货摊以销售若干土特产或名品为主题特色的市场。它的硬件建筑物极可能经由对崩坏了的封闭型坊制阛阓加以改建而成。据雅各说：当时城内外存在许多相对称的主题市场。诸如有丝绸、布匹、珠宝、香料、陶瓷、鲜花、水果、谷物、大米、牛、羊、肉、鱼等市场。城门口外附城草市也建有许多市场，但“他们与城里的不同地区分布着的不同职业和手艺相接近”[②]。即城门口外市场与城内不同地区的生产体或作坊相对应相接近，这就为城内的供货系统尽可能创造向郭乡或外地销售方便。

刺桐城不但是一座高度繁华的商业城市，而且也是一座有着发达制造业的城市。

因应海上丝瓷香药之路贸易经济的迅猛发展，北宋以降，刺桐城的各种制造业逐渐被建立起来。真德秀于南宋宁宗嘉定、理宗绍定中两知泉州，他指出当州：“盖生齿蕃而可耕之土狭，故良农寡而逐末之俗成。”[③] 这里所谓“末”相对于农事“本”业，即包括商业，也包括从家庭手工业分离出来的独立手工业“末作”。刺桐城里为海上贸易而创立的制造业便是一种“末作”。因此，一旦海上贸易停滞或萎缩，它也便首当其冲遭到冲击。故

① 雅各·德安科纳《光明之城》，第175页。

② 雅各·德安科纳《光明之城》，第173页。

③ 真德秀《西山文集》卷五〇，《东岳祈雨疏》。

“浮海之商罕至，失业浸多。”① “番舶罕来，市廛之失业者众。”②除了港口作业人员外，大概其次便是制造业的劳动者遭受的打击为惨重了。由此也可见制造业规模的广大。

雅各说：城里“各处都有巨大的作坊，在那里，数以百计的男女在一起工作，生产金属制品、瓷花瓶、丝绸、纸张等物品。这些作坊中有的甚至有 1000 人，这真是一个奇迹”。③

雅各还说：他的意大利商友纳森·本·达塔罗是投资刺桐的“一个制造商”。④

显然可见，刺桐城拥有基础雄厚的作坊制造业，其中也有外国商人的投资。因此，刺桐城是一座以丝绸、陶瓷、铜铁等许多种制造业为基础的国际经济都会。所以，它便能使自己在海上丝瓷香药贸易风浪中立于不败之地，直至南宋末年还能让雅各·德安科纳这位外国商人赞叹不已。

行会是民间手工制造业及其成品流通领域商贩的公益组织，渊源已久。进入南宋以后，朝廷先是于神宗熙宁变法期间，便于敷纳“免行钱”，着力在国内大小城市实行行户编制；后来大概于北宋后期，便于为营缮募匠或采购用物，又创立“当行”制度，命令京师及州县在城编籍商业与手工业者名册。南宋伊始，“免行钱”与“当行”编排全盘被朝廷接受。福建路州军在城与县在城也无例外地普遍置行。高宗绍兴初年漕司便令各地城市“月输列肆行户等第谓之铺例，亦曰免行钱”⑤。因此，泉州毫无例外也需置行，如宁宗嘉定十一年（1218 年）泉州市舶司上报

① 真德秀《西山文集》卷四八，《上元设醮青词》。
② 真德秀《西山文集》卷四九，《上元设醮青词》。
③ 雅各·德安科纳《光明之城》，第 164 页。
④ 雅各·德安科纳《光明之城》，第 151 页。
⑤ 周瑛《（弘治）兴化府志》卷三七，《名臣·方廷实传》。

"装发纲运事理"即规定香行行人须临场配合过秤等事[①]。据雅各胪举，南宋末年刺桐城内有珠宝、食品、镀金、医药、兑币与掏粪行等行会组织。

流光溢彩的世界大港刺桐城，楼台争峙，双塔刺空，廛肆栉比，车水马龙。南关港一带，尤其繁雄。元成宗大德六年（1302年），庄弥邵撰《罗城外壕记》说：

一城要地，莫盛于南关，四海舶商，诸番琛贡，皆於是乎集。旧有镇南门，门之外有河，跨河为桥，流东西贯直南，并受潮汐，岁久湮阏，有力者占为园池亭榭，以便娱乐。……

南门桥鼎建崇楼，仍扁镇南，潮流参错其冲要，渔歌响答于阛阓，吞吐溟渤，雄视东南，望之如垂虹，登之若骑鲸，云栋飞翚，星河影转。……[②]

南门笄江之滨，有如林的帆樯，飞耸的城楼，锦簇的园苑，临江的阛阓，荡漾的渔舟。诗情画意可掬，园苑亭榭更幽。江岸孙家园亭便具这种魅力。大约元仁宗年中，著名蕃族诗人马祖常因公莅泉，其《泉南孙氏园亭》一诗云：

凿石通归汐，浮梁看浴暾。鸭阑萍上甃，鹿栅藓生垣。
薝葡垂栀子，篔簹长竹孙。书香芸辟蠹，席暖锦裁鹓。
交客登仙籍，承家荷帝恩。冰瓯蜂蜜溜，酒榼荔浆翻。
吹籥花围屋，弹琴鹤舞园。海云春有态，闽雪夜无痕。
谁谓衣裳懒，予今杖屦烦。捋须歌月地，翘首望天门。[③]

---

① 《宋会要辑稿·食货》四四之一八。

② 怀荫布《（乾隆）泉州府志》卷一一，《城池》引。

③ 顾嗣立《元诗选》初集，引马祖常《石田集》。其莅泉年月据苏天爵所作墓志。

泉州开元寺宋建东西塔

这是一处贵族园亭。“承家荷帝恩”，推测园主系宋末协助蒲寿庚背宋归元因被封为万户侯的孙胜夫的后代[①]。孙氏园亭坐落笋江岸畔。石渠引水，栽竹种花，养鸭驯鹿，小桥飞虹，蓉葡悬珠。宅内则典籍琳琅飘香，锦席鸦飞凤翔。主人热情款客，捧出泉州佳品冰蜜与荔汁，命人吹箫又弹琴，引得花舞鹤蹈，诗人兴奋不已，也引吭高歌，久久不想离去。孙氏园亭布局，恰能与日后航抵刺桐城的摩洛哥旅游家伊本·白图泰亲见情景相印证：“该城花园很多，房舍位于花园中央。”[②] 可信当时的刺桐确是花园式

① 何乔远《闽书》卷一五二，《畜德志·蒲寿庚》；宋濂《元史》卷二一〇，《占城传》。

② 《伊本·白图泰游记》，马金鹏译，宁夏人民出版社 1985 年版，第 551 页。

城市。

刺桐城中，也有另一类园亭。园主并不是豪门显贵，无非农士工商。园亭有松桂泉石，房舍不多，但“数椽亦潇洒”，是所谓玲珑小筑。南宋理宗瑞平年中[①]，诗人戴复古访友来到泉州，借住其间，时日将近两个月。在其《久寓泉南》长篇组诗中，为后人留下当年泉州政通人和、升平安定的宝贵图卷。

随着海上贸易业的蓬勃发展，槟榔代茶成为新兴风尚。所以，诗人一住进小园“东家送槟榔，西家送槟榔”，“南人敬爱客，以此当茶汤”，凸显泉州市民热情好客、彬彬有礼的人际关系。这座园亭地处城郊草市小巷，但端赖城市商品经济的高度发达，小巷深深，园边门前，店铺近便：

寄迹小园中，数椽亦潇洒。主人既相知，此地可久假。
县官送月粮，邻翁供菜把。咫尺是屠门，亦有卖鲜者。
里巷通往来，欲结鸡豚社。

围墙外，有肉铺、有鱼肆、有菜担、也有酒家。购物近便，经营风度近乎儒家价值观的讲信修睦、生熟无欺。从一个小视角，披露了刺桐大城市的一种良好的人际关系。

事属凑巧，在诗人莅泉的前一年，真德秀第二度出任泉州知州[②]，即以《劝谕文》尖锐斥责市井经营中短斤少两、欺诈顾客、取息太高、米肉掺水等“天理不容”的市道恶行，规劝商人务必“读书为儒，师慕圣哲，自知义理”[③]。作为世界大贸易港，

---

① 《石屏集》卷一，《久寓泉南待一故人消息桂隐诸葛如晦谓客舍不可住借一园亭安下即事凡有十首》。无年月。然据集内自泉州往《访漳州赵用父使君》诸什，知漳州太守为赵以夫（字用父）。其知漳州在端平初年。作者莅泉即在其时。

② 真德秀于理宗绍定五年再知泉州，次年改任福建安抚使。

③ 真德秀《西山文集》卷四〇。

刺桐城中自然弥漫商品拜物教的乌烟瘴气。然而《久寓泉南》组诗也向后人打开一扇历史窗户，显示古老的中华传统道德习尚仍具有顽强的生命力，在地方政府倡导、社会居民相互戒励之下，即便在商品金钱交关的泥淖中，他依然能出污泥而少染。

诗人戴复古旅泉时，知州为李韶。此人政声颇佳，为方志所称道："忠厚慈爱，简淡冲粹，纯实便民，州人戴之。"[①] 或许就是基于这位地方父母官的此种品性，让远方旅居生活中的诗人，获致格外优待：

> 寄迹小园中，颇欲阏形影。谁为饶舌者，太守忽相请。
> 开心论时务，细语及诗境。坐中有蛮客，狂言事驰骋。
> 明日酒醒来，熟思令人瘿。

太守宴犒海外"蛮客"，盛情邀陪。畅论时事，兼及诗艺。后人看到，李韶为政，还真有几分当时的"开明"几分当时的"民主"。他居然把万里蕃客请到府邸痛饮，就像老友举觞；他又当着海外来客与旅居诗人"开心论时务"，不隐瞒自己的观点。太守知道诗人善饮，事后又派人给诗人送来佳酿。左邻右舍围观，诗人呼童开樽，与四邻一醉方休。

戴复古的这组诗篇，也为后人展开一轴泉南采风图。城外近郊小院周围，民风温淳，生活优裕："第一薪水便，逐日炊黄粱，兼得鱼虾贱。"当时海上贸易业正滑向不景气，但市民生活尚未陡然下降，所以，旅居中，诗人竟"久客若忘归"。

意大利东海岸、亚得里亚海之滨港口安科纳城犹太学者兼海商雅各·德安科纳于度宗咸淳七年（1271 年）八月至次年二月，因经商旅居刺桐城。经过半年的走街串巷，目见耳闻，回国后于《光明之城》一书中，综合各种评价，把刺桐定位为"无比繁华

---

① 周学曾《（道光）晋江县志》卷三四，《政绩志》。

的贸易城市”①。

他的综合评价就是将街头即景为出发点，把各种景象摄入眼帘并予以剖析：

黎明时分，街头早餐熟食摊前便挤满顾客。有的吃完就走，有的边走边吃，他们行色匆匆，向四面八方奔去。男男女女，成千上万的人如潮水，各种各样的人都有。“有在蚕丝与陶土作坊劳动的人，有在酒馆或商店工作的人，有出售食品和其他货物的商人和小贩”，也有抬轿子的人、占星家、魔术师等等。显然，因应海上贸易业，刺桐生活之弦绷紧了，生活节奏加快了。

马车是最重要的交通运输工具，大街上，“成千上万的货车、马车不停地穿来穿去”，人流如潮水，市声似震雷。人群中外国人很多，“可以听到一百种不同的口音”，因此刺桐像“是整个世界的一座城市”。

两宋时期，人们的服饰不仅显示贫富差别，而且更重要的在于用来表现贵贱等级。富贵等级的男人穿丝绸长袍，着高底鞋靴。穷人只能穿着抵腰臀的短衣，其中有的人赤脚步行。富人和贵族将钱装在衣袖中，付钱时弯下腰直接把钱放入对方的衣袖里。他们走路时，手里总拿着扇子，一脸傲慢神态。或者骑着贴金雕鞍的马匹。他们的夫人又往往乘坐轿子以示尊贵。

海上贸易业的繁荣给商人带来巨额财富。他们不少人出身低贱，但不甘示弱，也穿绸着靴，摆出阔气，而且花大笔钱财购置外国用品装点脸面。

刺桐作为世界级港口，堆金垛银，财富盈溢。“这里的商店数目比世界上任何城市的商店都多。”商店里充满从中国各地和国外许多地方运来的各种商品。“这里商品的丰富程度是整个世

① 本节据雅各·德安科纳《光明之城》第四章拟就。

界的人所从来不知道的。”中外商人的数量也是极其巨大。黄金、白银、银币和纸币作为支付手段，额度也十分惊人。

福建沿海城乡，向来“市廛阡陌之间，女作登于男”①。刺桐商店里，妇女站柜台：

插花作牙侩，城市称雄霸。梳头半列肆，笑语皆机诈。

新奇弄浓妆，会合持物价。愚夫与庸奴，低头受凌跨。②

这多么大方、能干，又多么潇洒可爱。

不但这样，外国蕃客也可以在大街上摆摊售货，“市有生蛮卖象牙”③，也成为街头的新奇小景。走街串巷的则是当地的货郎小贩。

刺桐城有各种各样的市场。售卖食品的市场里出售大米、水果和配制饮品的香草和茶叶，此外还有多种肉食商品。猪肉是当地居民最为嗜好的肉类。

夕阳西下，大街主干道的钟塔报罢白天最后一个时辰，万家灯火亮了起来。“整个城市都在闪烁，处处都有灯光”。刺桐是不夜之城、光明之城。

酒楼、瓦市、妓院开始夜生活……

然而最有标志性的生活，那便是许多市民永不满足地处于商品贸易的漩涡里。“的确，对商品的需求难以测量，所有的人，无论是富人还是穷人，都燃烧着欲望之火，甚至于没有办法来使之满足。因此，他们白天黑夜都拥挤在市场上，在那里，他们不只是观看一般的物品，而且留心世界上每个国家中最为贵重的商品。此处有一个人生活所需要的所有物品。不

① 梁克家《（淳熙）三山志》卷三九，《土俗类》。

② 陈普《石堂先生遗集》卷一六，《古田女并序》。

③ 张翥《蜕庵集》卷四，《怀清源洞游》。

过，做买卖的狂热是如此厉害，对占有被大家看好之物品的那种贪婪的欲望也是那么强烈……”所以，无论白天，抑或夜晚，海上丝瓷香药贸易所诱发的商品争夺战，令中外商客都诧异不止。

车水马龙，堆金垛银，歌舞喧腾，不夜之城。五彩缤纷镜头，留下不会磨灭的历史记忆。

二　港口市镇　众星拱卫

（一）郭乡繁盛

刺桐港由逐渐崛起到蔚成世界大贸易港，同时也在港区周边推拥出一批海舶碇离货物装卸作业港口，在闽南腹地滋生一批城镇商贸网络。港口和城镇尽管规模不一，位置各别，但都如众星拱月，发挥双向作用：从各个角落集中输出商品，传输到港区；又从刺桐城分配进口舶货，渗透于穷乡僻壤。这一集散功能循环往复，使刺桐港的海上贸易业的吞吐持恒，充满活力。

据文献资料，正规港口三个，即南关港、石井港和后渚港。

1. 南关港

唐睿宗景云二年（711 年），新设置的泉州治所，自晋江中游丰州（今南安丰州镇）谷地东移至泉山（今清源山）南麓、晋江下游北岸今泉州市鲤城区北部。当时晋江径流充足，江滩漫衍，稍后建成的日后被称为子城的刺桐城距江岸颇远。玄宗开元二十九年（740 年），“别驾赵颐贞凿沟通舟楫至城下。”[①] 城南江流的启用开始与刺桐城联通。晚唐泉州“市井十洲人”[②] 景观的出现，意味着城郭扩建与南移成为必要。于是唐末罗城的创建也就接踵而至。五代后期，留从效因应海上贸易需要，对唐罗城“重加版筑”，其南垣已移近江岸。泉州市城建局前些年在该地段施工，地表下发现松木横直叠排设施，其上系古代镇南桥遗址，稍前方的地表下为古代江滩软土。事实证明，唐五代罗城南垣前移直抵江岸，港口“马头”显处于使用状态。当时江面宽广，水体深度远较目前为大。自泉州湾入口的海潮可以涨溯至丰州以远的黄龙江上金鸡桥下。元末南安人陈大观唱和诗中“海潮西上接金鸡”[③] 句，正指这种潮势而发。因此，南关港以有这个海潮顶托优势，使港口在宋元两代获得方便。

南关港周近还有修船、编篷等配套设施。至今，城南江岸稍东还有车桥、打帆庭等地名。车桥古代称为“车桥澳”，有港名“园通”，泉州有“破船收入园通港”的俗谚，可知园通港系修造帆船船坞。“打帆庭”显即编竹为篷场所。

斗转星移，随着城市垃圾长期委弃入江，及晋江上游伐木过甚水土流失长期得不到治理等原因，晋江下游逐渐淤塞江底抬高，北岸也逐渐南移，成陆以后的江岸大都建为海商住宅区。宋理宗绍定三年（1230 年）知州游九功建筑翼城，“沿江为蔽”，给裸露的海商住宅区以围护，同时给帆船的商品装卸以方便。元代泉州市船司仍使用这处港口，“四海舶商，诸番琛贡，皆于是

① 欧阳修《新唐书》卷四一，《地理志》。

② 《全唐诗》卷二〇八，包何《送泉州李使君之任》。

③ 南安《榜头吴氏家谱》引。

乎集。”① 继续发挥其城下港口的优势。

2. 石井港

围头湾在刺桐城西南方向，呈葫芦状，前丰后削，港口深广，半腰以下为狭长港道，从湾口向内进深达 60 华里以上，能住泊大批海舶。湾壁北侧，最前为围头半岛，有围头草市，腰部有东石港，底部有石井湾。

盛唐年中，东石海商林銮已远航渤泥（今文莱）等地经商。稍后，另一个商人王尧也航抵其地并运回木材，为林銮建造载重大海船。当时从东石西邻的石井至泉州城，沿途驿铺草市不少，如畲店（又作谢店，今称社店）、池店、新店、五店市（元代改称青阳市）等②。渤泥唐初已遣使来华③，东石海商盛唐与其商贸往来当有可能。

宋初以后，东石凋零，石井崛起。石井原称湾海，归南安县管辖。北宋后期为安海草市。由于它是围头湾底部一个重要津渡地点、航海口岸，所以又称作石井津、石井港。港内居民，以从事海上职业为生。因此航海保护神崇应善利广福显济真君（按即九日山延福寺通远王），“凡家无贫富贵贱，争像而祀之。惟恐其后，以至海舟番舶，益用严恪。”④ 这无疑是经济冲动力的迷信转化形态。来刺桐港贸易的海船也多至石井港碇泊。因为从围头湾这个东南敞口的“州海道门户”归帆，可以少走从围头湾至刺桐城一百多里水程，而且港湾深阔，又易于避风，所以，一旦

① 怀荫布《（乾隆）泉州府志》卷一一，《城池》引庄弥邵《罗城外壕记》。

② 蔡永蒹《西山杂志·林銮宫·王尧造舟》。

③ 张燮《东西洋考》卷五，《东洋列国考·文莱》。

④ 晋江市修编组《安海志》卷二〇，《庙堂》附［宋］王国珍《昭惠庙记》。（见本书附录四）

“客舟自海到者，州遣吏榷税于此”[①]。伴随泉州市舶司设置、港口开放新时期到来而掀起海上商贸高潮。北宋末年，安海草市“文物井井，山会水集，家肥人富”[②]，十分繁荣。高宗建炎四年（1130年），经泉州申请，朝廷敕准升格为镇市，以迪功郎注拟监税兼烟火公事。从此，这个港口便获得进一步的建设并日趋壮丽。

南宋高宗炎兴年中的建桥高潮，也集中地反映石井港迅速发展的需要。依照桥梁的空间分布，以石井港为支点，不少桥梁对它构成辐射格局，以便利于向港口运送物资，又能较快地将香药珍品转输泉州城。其中，尤以安平桥为重要。安平桥横跨石井镇与对岸水头村之间的水面，长811宋丈，合今5华里，素有“天下无桥长此桥”的美誉。飞虹卧海，漳州腹地丰富的农业、手工业产品不必绕走原驿路，可顺畅地经此桥运抵港口。安平桥建成的次年，即高宗绍兴二十二年（1152年）泉州知州赵令衿又主持建成东洋桥，长660宋丈，跨越石井与东石之间的水面，使石井镇与围头湾北侧沿海联成一线，大大便利围头半岛、深沪湾一带物资的集中和运输。

两宋之际，石井港蕃舶涌腾，商客纷至，石井镇市容及镇郊结合部大为改观：

> 安海于宋全盛时，东有新市，西有旧市，无非贸易之处，店肆千余座。盖四方射利所必趋，随处成交，惟直街为最盛。[③]

---

① 何乔远《闽书》卷三三，《建置志·泉州府安平镇》。

② 晋江市修编组《安海志》卷二〇，《庙堂》附［宋］王国珍《昭惠庙记》。（详本书附录四）

③ 明代佚名《安平志》（抄本）。

宋全盛时万有余家……①

显而易见，在刺桐港海上贸易业的全盛时期，其港口自然相应而趋于繁荣。安海由草市而升格为镇市，并扩展而为国内最大镇市之一。其镇郊结合部也集结为草市群体，在以石井镇为圆心多层次的商业网环上，缀满了由聚落成长而成的“市店”，通过水道，直接与海商建立购销关系。这样，石井镇及其郊区草市群体构成了一个以集散、购销海上贸易商品为主题的市场网络，对刺桐港海上贸易业发挥重要作用。

为了保护石井港，宋朝政府于绍兴十四年（1144 年）在湾口南侧的下坊村设立石井巡检司。宁宗嘉定十一年（1218 年），知州真德秀又设围头寨（经准于宝盖山置寨），南北夹峙，以保护镇市及碇泊船舶的安全。

南宋一朝，石井港大体上保持着繁荣状态。理宗绍定四年（1231 年），宋廷尚书省颁布侍郎左选选人注授条例，石井镇监官仍列入“破格及三万贯场务阙”② 内。这意味着到南宋后期当镇年税额依然处于国内镇市税额较高水平上。与此相适应，围头湾南侧石井镇巡检阙，也备受朝廷关注，在尚书省侍郎右选条例中，在沿海巡检阙后，专条作出规定：“诸泉州南安县石井镇巡检，先差曾经海道捕贼立功、谙会船水人。”③ 系国内独一无二具名的镇市差注条目。

鉴于石井港在刺桐港港口系统和物资集中的腹地范围，以及与南关港不可分割的关系，可视其为刺桐港的辅港口。

---

① （清）黄邦士辑《莆阳碧溪黄氏宗谱·金墩黄氏祠堂图记》。（见本书附录六）

② 《永乐大典》卷一四六二二，《吏部》引南宋《吏部条法》。

③ 《永乐大典》卷一四六二二，《吏部》引南宋《吏部条法》。

3. 后渚港

泉州湾在泉州城东北，水深湾阔，晋江汇流于海门附近，为此它一向被视作为另一“州海道门户”，具有控扼南关港与护卫泉州城的重要战略地位。

泉州湾后渚港现状

20 世纪 70 年代宋代海船残骸在后渚港出土后，后渚港普遍受到有关研究者的重视，有人甚至径直将其当作刺桐港。其实，根据文献著录，后渚港作为官方使用港，非常之晚。最早恐怕不会前于理宗年中。宁宗嘉定十一年（1218 年），知州真德秀所上《措置沿海事宜状》，其中胪举刺桐港港区各港口及所拟建置军寨名称、兵员配置与设防状况，如南关港的宝林寨（城南一里）；法石港附近的法石寨（去城十五里）；石井港附近的围头寨（后建于宝盖山）；控捍泉州湾海口的晋江县石湖寨、惠安县小兜寨。

惟独一字不及后渚港。因此大致可以判明：直至宁宗年中，后渚港仍非泉州市舶司海上贸易港口。

后渚港其后所以夤缘昌盛，自另有其独特的机遇。宁宗庆元之后，泉州港的海上贸易逐步下降。嘉定年中，舶税岁入十多万贯，较前大为减少。主要原因在于泉州地方官员对蕃舶肆意掠夺："惟所欲，刮取之，命曰和买，实不给一钱。"[①] 因而蕃舶便易处住泊。嘉定十年（1217 年），真德秀、赵崇度分别出任泉州知州、提舶后，痛加裁革，"罢和买，镌重征。"果然，当年来舶 18 纲，翌年增至 24 纲，再年更增至 36 纲。但真德秀等人卸任后，旧态复萌，海上贸易再度下降。理宗绍定四年（1231 年）岁入才四万多贯，次年也只有五万多贯。从此日趋衰退，其中奥秘在于：

> 富商大贾，积困诛求之惨，破荡者多，而发舶者少；漏泄于恩、广、潮、惠（州）间者多，而回（泉）州者少。[②]

因此，尽管真德秀二度莅泉供职，也采取措施加以整顿，甚至泉州提举市"舶司拘于岁课，每冬津遣富商，请验以往，其有不愿者，照籍点发"[③]，强迫放洋，仍然无法根本扭转局面。

刺桐港北起泉州湾南迄围头湾，在这绵长曲折的海岸线上，可供住泊卸货的港澳颇多。因此，伴随着泉州地方政府市舶司官员残酷掠夺的加剧，"漏舶"事件也必然相应地增多。如早在孝宗淳熙十五年（1188 年），大海商王元懋的蕃舶回州，载有"沉香、真［珍］珠、脑麝价值数十万"，原应顺海道进入石井港或南关港，却偏以小舟偷载至深沪湾水澳（寨名永宁）卸货，躲避

---

① 真德秀《西山文集卷》四三，《赵崇度墓志铭》。

② 真德秀《西山文集》卷一五，《申尚书省乞拨降度牒添助宗子请给》。

③ 《宋会要辑稿·刑法》二之一四四。

市舶司的抽分与和买[①]。尤其值得注意的是，南宋后期，泉州地方政府为了争取蕃商到岸，于刑事裁决时，“豪族有扰政者，必裁以法；贾胡犯禁，即纵之使去。”[②] 即便采取如此明目张胆的偏袒政策，仍无济于事。度宗咸淳初年，蕃商“蒲八官人”凭借行贿手段，依然漏舶。显而易见，千方百计回避重征，已成为舶商的赢利窍门与斗争焦点。市舶司严加监控的南关、石井港便会被海商视为畏途。

南宋前期，刺桐港大海商多为国内商客，朱纺、蔡景芳、王元懋、杨某等人，都是亿万巨富。中期以降，本地海商则“破荡者多，而发舶者少”，海上贸易优势逐渐转移至“贾胡”蕃商手中，就中尤以蒲蕃海商最为得势。如蒲开宗于理宗初年已被封为承节郎（第 50 阶）。蒲啰辛曾于高宗绍兴六年（1136 年）因运载大量香药获封承信郎（第 51 阶），蒲开宗也必是在海上贸易中有更大贡献因而获致更高爵赏。蒲寿庚于咸淳末年被宋朝政府授予“福建安抚沿海都制置使”，景炎年中，进授“福建、广东招抚使”，“总海舶”事务[③]。悉为蒲蕃海商集团财大势盛的明证。当时贾胡聚居于南关港迤逦法石港条状地带，邻靠泉州湾。南宋季年前，当然已有海船在使用这处港湾，蒲蕃海商勃兴后，促进了对泉州湾的开发。当时该海商集团已拥有大量海船，如祖籍佛莲（今巴林）的蒲氏女婿拥有“海舶八十艘”[④]。蒲寿庚既“总海舶”，也有自己的船队，景炎元年（1276 年）张世杰拥赵昰南下，因船只不足，“乃掠其舟”[⑤]。可见南宋末年刺桐港的海上贸

① 洪迈《夷坚志》三志已卷六，《王元懋巨恶》。

② 《永乐大典》卷八八四三，《游九功》引《建安志》。

③ 何乔远《闽书》卷一五二，《畜德志》引“泉志”。

④ 周密《癸辛杂识续集》下，《佛莲家赀》。

⑤ 脱脱《宋史》卷四七，《瀛国公本纪》。

易主要由蒲蕃海商操控。因此，他们的大量海舶势必就近碇泊泉州湾。蒲开宗于理宗淳祐三年（1243年）重修濠溪上的龙津桥，六年（1246年）又重建长溪上的长溪桥。濠溪与长溪为注入泉州湾的主水洛阳江上游的支流。蒲开宗之出资修桥，显然与改善泉州湾港区的运输有关。后来蒲寿庚又在泉州湾南岸后渚港岸畔山头建筑望舶楼台："海云楼在（泉州）城东北三十六都海岸。宋季蒲寿庚建，以望海舶。"[①] 蒲寿庚之建海云楼，正标志蕃商舶纲积极使用泉州湾，以此作为海上贸易的吞吐港。

当年泉州湾的视角景观，蒲寿宬《题海云楼下一碧万顷亭》云：

> 倚阑心目净，万顷一磨铜。欲画画不得，托言言更穷。
>
> 阴晴山远近，日夜水西东。此意知谁会，鸥边独钓翁。[②]

碧波浩渺，岸山迷濛，浪涛翻卷，鸥影横空。其壮观辽阔，可见一斑。当时海水深度也较大。据研究，北宋后期海水深度在七米以上[③]，可供大型海舶碇泊。海湾南岸后渚港，距海口不太远，海船自东海洋域内碇方便。如住泊南关港，自入海门，尚须溯晋江而上。在晋江尾闾航道北岸，地名鹧鸪口地段，江中"多暗礁伏石，非潮涨，巨舟不得行。仅龟屿前一线，舴艋可通"[④]，因而给航运带来不少困难，而且愈来愈与随着造船工艺进步、远洋航程拉长而膨胀起来的船体不相适应，候潮溯江成了南关港寄碇亟须解决的难题。后渚港的启用，使回帆船只依型分港住泊，给海商纲首提供了方便。

---

① 黄仲昭《（弘治）八闽通志》卷七三，《宫室》。

② 蒲寿宬《心泉学诗稿》卷四。

③ 泉州海交馆《泉州湾宋代海船发掘与研究》，第174页。

④ 怀荫布《（乾隆）泉州府志》卷一一，《城池》引史继偕《鹧鸪口铳台记》。

据公元1271年（度宗咸淳七年）8月25日航抵后渚港的意大利犹太商人雅各亲见，港口极为宽广，当天下碇的海船即约有15000艘（不必死套字眼，肯定是举其成数，夸大形容），包括来自阿拉伯、大印度、小爪哇、欧洲以及中国北方的各种船只。有大海船、三桅帆船和小海船。其数量“比我以前在任何一个港口看到的都要多”，最大的海船有6层桅杆，4层甲板，12张大帆，可搭乘1000多人。港口“马头”（码头）一侧建有许多装着铁门的大仓库，阿拉伯和犹太商人的仓库像一座修道院，成批的商人沿堤来来往往，极为热闹①。

有元一代，后渚港仍然发挥其重要作用。

元世祖至元二十九年（1292年），元廷在该港进行兵二万、舟千艘的大规模海上军事集结②；同年意大利旅行家马可·波罗奉命护送蒙古公主远嫁；成宗大德三年（1297年）元廷遣使忽鲁谟斯（今伊朗霍木兹海峡霍木兹岛）；顺帝至正二年（1342年）罗马教廷来使；六年（1346年）摩洛哥旅行家伊本·白图泰来华，都经由此港出入。他们赞美：“刺桐是世界上最大的港口之一。”③“甚至是最大的港口。我看到港内停有大艟克约百艘，小船多得无数。”④据伊本·白图泰说，所谓艟克挂3～10帆，可载600名海员，400名战士，尾随柴水船3只，拥有极大的载重和远航优势。可见，泉州湾恢弘壮大的历程，正是刺桐港黄金岁月驰誉寰宇的年代。

---

① 雅各·德安科纳《光明之城》，第152页。

② 宋濂《元史》卷二一〇，《爪哇》。与本书《世祖本纪》二十九年条海船500艘小异。

③ 《马可·波罗游记》，陈开俊等译，福建科技出版社1981年版，第192页。

④ 《伊本·白图泰游记》，马金鹏译，第551页。

海上丝瓷香药贸易不仅造就刺桐城与其港口的繁荣，而且也于城郭郊垌区域发育出因应海上贸易需要，对城郭、港口提供多种必要服务的城镇草市群大致有四个类别。

馆驿 湾海东石一带唐代中后期逐渐涌动海上贸易浪潮之后，它与泉州城之间的驿道上也就先后产生了一批为商旅食宿和货物运输提供方便的馆驿，形成一条馆驿草市链。据传有畲店（古代畲人聚落，元代易称谢店，今称社店）、福埔、五店市（蔡氏五兄弟于青阳山麓建店营业，元代改称青阳市至今）、新店、池店等①。

瓷场 宋代称为瓷市（今为磁灶镇）的晋江县著名陶瓷制造窑群，位于刺桐城西南、紫帽山南麓，据考自晋武帝泰始元年（265年）即有陶瓷工匠建窑场从事陶瓷制造，可寻的古窑址达19处，其中南朝窑1处，唐窑5处，宋窑13处，分布于梅溪两岸金交椅山、溪口山、土尾庵、大树威、虎仔山等地，所产成品有碗碟日用品及军持等外销瓷，釉色有青、绿、黑、黄、橙等颜色②。东门外碗窑，离城约七里，古窑址所存瓷片，其釉色有纯白、月白、浅青、缎青、深青、赤青绿、鳖裙、油灰八种，器物多为碗、盘、盂、杯、瓮、罐之类。窑前（今作瑶前），五代王延彬派员于围头湾岸畔筑窑制造陶瓷器皿"以充蛮舶交易"，成品从附近的涂沙街装船外销③。赤店，理宗绍定元年（1228年），曾慎师从磁市工匠成艺，建窑制造黄土陶器，并由东石许氏运销爪哇、渤泥④。

---

① 蔡永蒹《西山杂志》有关各条。

② 晋江市文管会、博物馆编《磁灶窑址》，第1～2页。

③ 蔡永蒹《西山杂志·窑前》。

④ 蔡永蒹《西山杂志·赤店》。

炉场　城西龙头山铁炉庙遗址，系五代留从效所建炼铁炉场所在。河市，城北洛阳江边河市系宋代大规模冶炼炉场所在，附近“铁屎山”铁渣堆积达数公尺厚，产品由洛阳江运入泉州湾装船出海。

小港　有晋江下游的溜石镇、晋江尾闾的法石草市和围头草市、永宁澳等草市，这类草镇市小港或方便海船泊靠候航，或供给淡水、食品等物资，为航运业提供服务。

以上草镇市分布于刺桐城周边郊垌，组成对城对港在交通、供货、航海等方面提供服务的经济网络，使海上贸易生生不息取得长足发展。

公元 1272 年（度宗咸淳八年）2 月 7 日至 14 日，雅各连同商界友朋与仆人结伴出城，深入城南“郭乡”与平原低地区域采购回程物品。据他亲见，晋江平原环境优美、绿树成荫、河水清澈，像个大花园。聚落和客栈密布，居民待客十分友善，他们都按规定而得到免费的床位和食粮。更令他惊奇的是，“家家都有造丝业的生产。”此外尚有其他一系列的经济作物栽种和工艺制造业：“这片土地的城镇都比较富裕，因为这儿有各种香料、草药、树木以及丝绸、缎子和瓷器等物品。”以及纸张、油漆、靛蓝、明矾、食糖、治牙齿的油膏和治便秘的山扁豆的产销。一旦产品出来，“人们就把它带到光明之城去出售。”而在郊垌或聚落里，也有旺盛的“买卖交易”①。显而易见，在刺桐港海上贸易经济巨大辐射力的渗透下，郊垌城镇和村庄转化为对城对港服务经济网，遍地翻卷着商品经济浪潮，使大田种植和家庭制造业被改造为海上贸易业的从属部分，形成宋元时期世界级海上贸易港口周边的外向型经济圈。

①　雅各·德安科纳《光明之城》，第 367～369 页。

（二）腹地壮阔

商业化、城市化的春潮也在刺桐港腹地涌动。

兴化军在宋初析出泉州辖境并独立建军前一直是泉州的边陲。这里人稠地少，缺粮严重，从商风气浓厚。北宋建国后，朝廷奉行不抑兼并、不禁逐末政策，又只能更加有力地鼓励以末补本，着力于发展商业经济以弥补农业生活资料产品不足的缺陷。“夫七闽诸郡，莆田最为濒海，地多咸卤，而可耕之地又皆高仰，无川渎沟洫之利，旬日不雨，则民有粒食之忧。”①农事环境的恶劣，既促成地方尊神祷祀风气的盛行，同时又导致逐末浪潮的高涨。莆田城北十里白杜村（今西天尾镇溪白村）五代年中建立一座规模不大的大官庙（徽宗大观二年赐号祥应庙），香火颇盛。高宗绍兴八年（1138年）镌刻的碑记于疾疫、水旱珓卜祷祈事项之外，又指出：

> 往时游商海贾，冒风涛，历险阻，以谋利于他郡外番者，未尝至祠下，往往不幸，有覆舟于风波、遇盗于蒲苇者。其后郡民周尾商于两浙，告神以行……舟卒无虞。又泉州纲首朱舫，舟往三佛齐国，亦请神之香火而虔奉之，舟行神速，无有艰阻，往返曾不期年，获利百倍。前后有贾于外番者，未尝有是，咸皆归德于神，自是商人远行，莫不来祷。②

显而易见，碑文以两宋之交当地商民珓卜于该庙为转折点。此前，兴化军的游商海贾已经“谋利于他郡外番”，但尚未至该庙祷祈。后来商民周尾首获“善报”，喧腾推波的结果，引来泉州

① 莆田《祥应庙记》碑。

② 莆田《祥应庙记》碑。

海商朱舫；朱舫又获“善报”，再喧腾推波，于是“商人远行，莫不来祷”。祥应庙珓卜人群的起伏变化，折射出兴化军与刺桐港海上贸易业大潮的趋涨澎湃相一致，也显示出作为腹地的兴化军与主港口刺桐城之间存在密切联系。

刺桐城陆路出仁风门，经万安桥、惠安县洛阳市、江市，抵达水陆运输线交汇的枫亭镇（又称太平港）。从枫亭镇向北，经莆田县濑溪桥直趋兴化军。太宗太平兴国八年（983年），兴化军治所从兴化县东移莆田今址。早期城郭简陋，子城外包以覆茅土垣。徽宗宣和三年（1121年）土垣始包砌砖块，周回7里，门5处。直至理宗绍定年中，始予加固扩建。军城地处兴化平原北缘，城东门名望海。海，即白湖。该湖系木兰溪下游积水湖泊，水面宽广，又近军城，商帆鳞集。神宗熙宁年中，连舟成浮桥。郑叔侨《熙宁桥》诗云：

> 千寻水面跨长桥，隐隐晴虹卧海潮。
> 结驷直通黄石市，连艘横断白湖腰。①

经过熙宁桥，便到达兴化平原中心草市黄石市。继续取东南方向，可直达介于湄洲湾与平海湾之间黄石半岛南端浮曦港（今莆禧）。出城南迎仙门五里，有温泉渡口，神宗元丰年中建浮桥，俗称上杭桥，杭航音同，是“海航所聚”② 的一处港口。白湖与上杭桥当时多聚广南东路粮船，“贩粜往来，民食以济”③，同时又是莆田兴化平原海上贸易出口商品装纲分帆所在。

出兴化军城东北宁真门，沿驿道，先抵涵头市。该草市系兴

① 黄仲昭《（弘治）八闽通志》卷一九，《地理·桥梁》引。

② 周瑛《（弘治）兴化府志》卷五二，《道路志·桥渡》引宋代《（绍熙）莆阳志》。

③ 宫兆麟《（乾隆）莆田县志》卷末，《潮汐》引宋代《（绍熙）莆阳志》。

化平原北洋中心草市，市区商业繁荣，航运发达，商品装船后出兴化湾便可分帆南北。又沿驿道北上，莆田北山溪入海处有江口草市，又五里有萩芦溪入海处的迎仙草市。由于沿海大驿道经过以上草市，福建沿海州军的商品川流不息进出，贸易量始终保持在较高水平上，因此南宋年中涵头、迎仙草市均升格为镇市[①]。原来"一日两潮鱼蟹市"[②] 的早期海鲜墟市便被物货充斥、买卖旁午的繁剧状态所代换。

自南朝梁陈时郑露兄弟在莆田县城西南南山山麓创筑书堂，开风气之先以后，兴办教育日益成为莆田的社会文化潮流。唐代末年，南迁的文人学士荟萃其地，一时艳"号小稷下"[③]。北宋建国后，社会稳定，文化发达，"家贫子读书"普遍被社会各阶层奉为圭璋，公私教育机构如雨后春笋，以致"有三家两书堂之谚"[④]。此外，万卷楼、三余斋、一经堂之类的私人藏书楼也不在少数。据不完全统计，有宋一代，刺桐港腹地范围内，进士名额以兴化军1003名为最多，泉州815名次之，漳州161名殿后。兴化军进士既众，出将入相、监司州县得官多多。优厚的俸禄廪给便转化成地租的补偿和增殖手段。然而在地方市场经济的啃噬和诱惑之下，宦族仕支分化沉沦甚嚣尘上。南宋后期方大琮指出：

> 莆衣冠大姓不一，然多与编户之姓同。而有非所能杂者独吾方姓，不甚见于农工商之版。[⑤]

---

① 李幼杰《莆阳比事》卷一，《闽分八郡，莆有三邑》，《永乐大典》卷八二三，《诗话》。

② 李幼杰《莆阳比事》卷七，《乌石荔枝，通应子鱼》。

③ 释赞宁《宋高僧传》卷一三，《本寂》。

④ 李幼杰《莆阳比事》卷一，《干戈不动，弦歌相闻》。

⑤ 方大琮《铁庵集》卷三二，《述莆方三派聚族》。

意谓除其方姓大族之外，其他宦族转而务农、任工、从商的已不少见。官俸与地租或工商营运挂钩或互相转化。毋庸置疑，这个普遍现象正深刻揭示出作为海上贸易大港口腹地社会居民各层面之间必然受商品经济影响的本质特征。即便宦达之后务农，“士大夫家收租时多折价”[①]，也无不以货币为猎取目标。赢利的欲望甚至使人在歉食之年，犹将粮食搬运前往泉州粜卖以赚取高价利润，而把乡里饥饿抛诸脑后。爰及元代，民间商潮更趋高涨，“元政宽纵，听民与番互市。”[②] 兴化军的海上贸易也以空前规模发展起来。

仙游县在兴化军西北部，地处戴云山南麓坡谷。三面环山，中南部为仙游盆地，构成向东南开口的大马鞍形地貌。木兰溪自西北纵贯盆地，因其堆积作用，发育了河谷开阔的洪积——冲积平原。该县夏秋高温，雨量充沛，适宜甘蔗栽种，自来盛产各种蔗糖制品。而蔗糖则是刺桐港外销商品中仅次于瓷器、锦绢、酒类的重要物品。所以，该县的一批草镇市大致都分布于甘蔗种植区盆地的周围，位于木兰溪干支流水际。盆地西北有中岳市、石碧潭镇（又称潭边市），盆地中心有阜安镇（又称龙华市），盆地东缘有县在城，东南湄洲湾西岸则是枫亭镇（后改为市）。残年早春时节，农民纷纷伐蔗捣汁，运至各有关草镇市的炊糖作坊加工成各类蔗糖成品，之后运至枫亭太平港装船出海。

枫亭镇（市）地处福、兴、泉、漳纵贯大驿道与湄洲湾西岸唯一港口交汇点，长期发挥沿海商业网络中心支点梳理、集散海上贸易物品的重要作用。据元人林亨《螺江风物赋》[③] 所叙，公

① 方大琮《铁庵集》卷二一，《书信·项寺丞乡守博文》。

② 周瑛《（弘治）兴化府志》卷四八，《兵政志·防御》。

③ 周瑛《（弘治）兴化府志》卷三二，《艺文志》引。

元 14 世纪中期，枫亭镇仍不过是“一哄之市”，由于水陆交通便捷，街衢浩穰，“百货骈集”，“列肆喧雷”。镇市内积屯着当地及附近城乡的大批农副产品，诸如蔗糖制品、干鲜荔枝、柿梨枣栗、薪炭竹木、子鱼紫菜、蚶蟹蟳蛤等等，“其积如崇墉”，数量至多。这些物品显然是一个数十万人口的刺桐城居民以及海上贸易船的必需品。于是，“通道而南，城趋乎刺桐，”便可以通过商品买卖，交换到大批的犀象香药、槟榔胡椒、绵裘葛布等物品。东部便是螺江（枫亭溪）入海口，“舳舻衔尾”，贾客辐辏，又有大批的粮食、海物以及“遐琛远货”任供选择。可见。枫亭镇商客既可以车马把刺桐城所需的物品运送前去，刺桐港帆船也可以把“遐琛”这类远方的珍品海运而来，川流不息，以此易彼，之后分割为物流，渗透到地方小商品市场的旮旮旯旯。

辽阔的漳州是刺桐港腹地的南翼。漳州于唐初独立建州前，曾长期隶属南安郡，其主要属县龙溪县盛唐时从泉州析出来隶。五代期间，漳州与泉州又同处于半独立的泉州行政长官麾下，二者在地缘、文缘、史缘、血缘等方面有紧密联系。刺桐港崛起并走向繁荣过程中，漳州则又以其丰富的农业与家庭手工业产品，对海上贸易经济作出有力支撑。

出刺桐城西南临漳门，经晋江县磁市、南安县康店、同安县在城，越九龙江虎渡桥，即抵漳州在城。另自石井镇经安平桥，中道也可与沿海南北大驿道衔接前往漳州。

漳州在城宋初筑为土城，周回四里。真宗大中祥符六年（1013 年）浚濠并列棘为外城，周回十五里。南宋宁宗嘉定、理宗绍定中相继扩建并砌石垣。在城郊坰便是如砥的漳州平原，有着素称发达的农业经济。

宋元时期，漳州始终是闽南三州军人口数量最少的一个。据元文宗至顺元年（1330 年）统计，三州军户数、口数[①]如表 7-1。

表 7-1　三州军户口数统计

项别＼路别	泉州路	漳州路	兴化路
户　数	89060	21695	67739
口　数	455545	101306	352534
面积（平方公里）	11038	18208	3781
人数/每平方公里	41.2706	5.5638	93.2382

当然，漳州属县之间，户口数量分布也不平衡，其平原北缘随着低山向中山、岭谷地带高度趋峻，人口也急遽稀疏，越今板寮岭进入今龙岩市山区，人口就更为稀少。而自漳州城向南，距漳浦县 120 里间，“崖谷倾亚高下之势，谺然洼然，斜川断港，湍注奔溢，春霖秋潦，交流之势益悍，往来憧憧，睨视咨嗟，畴克拯之。”[②] 宁宗庆元四年（1198 年）之前，连一座桥梁都没有。漳浦县城向南，“路益荒，人益稀，极目数千里，无寸木滴水，无传舍行店。”[③] 由此可见，当年漳州的农业经济集中于平原区域。然而基于人口寡少，即便平原地带，宋代仍号称“境独多田”[④]，元代当然更显得地旷人稀。耕作环境的优越使农业经济成为长期稳定的具有压倒优势的产业模式。人口无多又导致这个模式持续而不可动摇。南宋中期陈淳指出：

① 户口数据宋濂《元史》卷六二，《地理志》。州军面积据《福建省地图册》（福建省地图出版社 1983 年版）各有关县份面积累计。

② 《古今图书集成·方舆汇编·职方典》卷一一〇六，《漳州府部艺文》引黄櫄《三十五桥记》。

③ 刘克庄《后村全集》卷二一，《漳州鹤鸣庵记》。

④ 綦崇礼《北海集》卷三一，《漳州到任谢两府启》。

盖南漳僻在一隅，无番舶来往，民无大经商。所谓富室上户者，亦无甚巨力。中产之家，则仅足以自遣。谓之下户者，大率皆贫窘者而已耳。①

漳民无大经商，衣食甚艰，十室而九匮，非如温陵市舶，连甍富饶之地。②

漳州商业水平不高的奥秘，便是农业条件优越，农业发展前景广阔，造成社会资金的投向重复与地租互相结合，而地租的丰厚又远超市井的小规模经营。尽管田地相当部分为寺观所占有，佃耕佣力依然可使“贫窘者”在苛刻条件下生存下去。其结果便不像泉州与兴化军农民“虽欲就耕无地辟”，使巨量的无以为生的社会人口，投向商贸领域。所以，田地众多的漳州既吸纳了大量社会人口，又吸纳了所可能获得的资金，“漳民无大经商”，城镇里盛行的是小商业，足供一日开门七件事——柴米油盐酱醋茶所需即可。与此相适应，漳州的都市化进展也较缓慢，虽说广阔平原是鱼米之乡，草市、镇市这些乡间商品小市场却极为稀少。

漳州农业和手工业产品参与刺桐港外销，主要经由驿道直抵港口装纲。据现有资料，今厦门市海沧区辖境宋元时系龙溪县的一块飞地，临嘉禾湾有海口镇（今海沧区）。据近年在当地发现一批古窑遗址，出土青瓷器皿、陶制渔网坠、刻有北宋英宗治平元年年号陶拍等物品。经鉴定，该类渔网坠系外销品，已在印尼、马来西亚等东南亚国家发现同类成品，可见该处陶瓷产品连同稍北今厦门马銮湾周围多处宋元窑址的成品，同属该时期刺桐港海上贸易的陶瓷货品。

岁月如流，民生变幻。由于尚不清楚的经济动因，大约有元

① 陈淳《北溪全集》卷四四，《上赵寺丞论秤提会子》。

② 陈淳《北溪全集》卷四七，《上傅寺丞论民间利病六条》。

一代漳州的社会经济有趋于高涨迹象。明太祖洪武元年（1368年），明朝派往漳州的首任通判王祎于任内写出《漳南十咏》诗篇①，透漏出一些前所未知消息。现作若干摘引，以飨读者：

阻山犹贼盗，并海尽盐鱼。田稻春秋种，园蔬伏腊需。（其二）

奢侈仍民俗，纤华亦土工。杯盘箫鼓里，灯火绮罗中。（其三）

近岁兵戎后，民风亦稍衰。番船收港少，畬酒入城迟。（其四）

麦收正月尽，茶摘上元前。绿笋供春馔，黄蕉入夏筵。（其五）

水晶疑石髓，月彩耀珠胎。珉紫裁为砚，犀花解作杯。（其八）

两溪遥合港，大海暗通潮。（其九）

在诗人笔端，漳州平原一年中双季稻一季麦，野富果蔬，海多鱼盐，前所未见的茶树种植也已成为山区经济作物种植业的一个稳定部门。农业的发展为手工业成长提供了物质条件、人力资源以及市场需求，于是琢玉、雕晶、刻犀纤华求精究丽。豪宴的杯盘在箫曲鼓声里狼藉，鲜妍的霓裳在华灯彩炬中飘舞。奢侈固然是对财富的巨量消耗，但民俗的如此趋向则是社会较多人口告别贫穷和践踏物质生产丑恶表现的明证。九龙江北溪和西溪在流经城北和城南之后，入海前遥相汇合，汹涌的海潮溯江而上，把海上贸易的“番船”推至城外埠头，直接向漳州城装卸商品。只因元末的战乱尚未完全平息，所以海舶到来得少一些吧了。

漳州在城临江海上贸易船的住泊和启碇，实在是当地其时商

①　何乔远《闽书》卷六四，《文莅志》引。

业化的一个里程碑！

三　人杰地灵　海商奔进

（一）海商奔进

泉州港于唐代后期逐渐崛起为地方港口，至北宋神宗熙宁五年（1072年）臣僚向朝廷中枢建请设置泉州市舶司，显示其海上贸易水平已跻身国家港口约略经历了3个世纪；之后，至南宋高宗绍兴前期凌驾广州港而成为国内最大港口，就只经历了六七十年；又之后，至元世祖至元末年，发展壮大为被艳称为世界最大港口之一的刺桐港，则再花去一个半世纪的时间。从整个过程观察，从中国大港至成为世界大港的时间，不到从地方港口至成为中国大港一半的时间，发展走上加速度轨道。集中货源、组织船队、开辟航线、扩大市场等等的综合港力，显然获得空前加强。毋庸置疑，一个港口的充分发展，有各种自然和社会原因的交叉作用。然而社会因素中，一定规模高质量的海商群体的存在，无疑是关键。

闽南海商的大量涌现，是当地社会人口谋生战略转向的必然结局。“盖生齿蕃而可耕之土狭，故良农寡而逐末之俗成。”[①] 所以，商贸大潮初泛，便具有广泛的群众基础。据传，盛唐年中，东石林銮循由其曾祖林知慧开辟的南海航路试航勃泥成功，当时居住泉州沿海的海洋族群及汉族居民“竞相率航海”。[②] 五代年中，湾海海商李淳安常抵中南半岛许多国家从事商贸，“每次舟

① 真德秀《西山文集》卷五〇，《东岳祈雨疏》。

② 蔡永蒹《西山杂志·林銮宫》。

行，村里咸偕之去”。[1]

两宋期间，闽南人口更趋骤升，从商浪潮日益高涨，本（农业）弱末强（商工技艺等）现象也随之突出。时人指出：“居今之人，自农转而为士、为道释、为伎艺者，[所] 在有之，而惟闽为多。闽地褊不足以衣食之也，于是散而之四方，故所在学有闽之士，所在浮屠、老子宫有闽之道释，所在阛阓有闽之技艺。”[2] 这段犀利的分析颇中肯綮，但是更为重要的一句：“福建一路，多以海商为业。”[3] 而最能集中表现最后这一特点的便是泉州了。

北宋伊始，伴随“泉州人稠山谷瘠”引发的口粮危机逐渐显露，“每岁造舟通异域”[4] 的解困出路也便日逐浪高，北上东北亚洲或南向南海太平、印度两洋盆地周边国家、地区与部落从事海上贸易的帆船，千帆竞发，万艘如飞。北线情形，幸得朝鲜古代史学家郑麟趾所撰《高丽史》详作乡贯冠头纪录，令后人信服地看出泉商冲冒万里鲸波北上的雁阵衔尾态势。现补充其他资料，按年代顺序罗列如下：

真宗大中祥符八年（1015 年）泉商欧阳征。天禧元年（1017 年）林仁福等 40 人；三年（1019 年）陈文轨等 100 人；四年（1020 年）怀贽等人。仁宗天圣六年（1028 年）李颤等 30 人；八年（1030 年）卢遵等人。明道二年（1033 年）林蔼等 55 人。庆历五年（1045 年）林禧等人。皇祐元年（1049 年）王易从等 62 人；四年（1052 年）萧宗明等 40 人。嘉祐三年（1058

① 蔡永蒹《西山杂志·李家港》。

② 曾丰《缘督集》卷一七，《送缪帐干解任诣铨改秩序》。

③ 苏轼《苏轼文集》卷三〇，《论高丽进奏状》。

④ 王象之《舆地纪胜》卷一三〇，《泉州·诗》引谢履《泉南歌》。

年）黄文景等人；八年（1063 年）黄文景、林宁。英宗治平元年（1064 年）林宁等人。神宗熙宁元年（1068 年）黄慎（或作黄谨、黄真）、林宁；二年（1069 年）傅旋；三年（1070 年）黄慎；七年（1074 年）林宁等 35 人。元丰七年（1084 年）郭敌。哲宗元祐二年（1087 年）徐戬等 28 人；四年（1089 年）徐成等 59 人；五年（1090 年）徐成等 150 人。此后，《高丽史》虽仍对宋商续作纪录，但已无“泉州商人”乡贯冠头笔法。在上述 76 年间，泉州海商赴丽计 21 批，612 人次，超过该书有乡贯识别的任一地区的宋商，占同一时期泉州以外宋商总数的 37.73%。确如苏东坡所说：“泉州多有海舶入高丽往来买卖。”① 如依朝代顺序各别统计，真宗一朝计 4 批 142 余人次。仁宗一朝计 8 批 192 余人次。英宗一朝 1 批 1 人。神宗一朝 5 批 40 余人次。哲宗一朝 3 批 237 余人次。可见在泉州市舶司设置、泉州开港之前，仁宗一代特别突出。谢履《泉南歌》作于仁宗晚年，恰好唱出当代的最强音。闽南泉商为了打开社会谋生僵局，无视历朝禁止赴丽贸易敕令，成群结队，逆流北上，既是集团航海势力的崭露头角，又是拼搏商贸利益的形象塑造。

当着海上贸易如潮涌来时，营运融资便成为一个当务之急。“结托”② 则是当时最主要的一个手段。大约有三种“结托”模式。

（1）乡族“结托”：闽南是移民社会，“古姓聚成村”，邻里鸡豚社。同乡相熟，同族更亲。因此，乡族天赋一种讲信相助的人际责任感。当着非航海从商不能维持生计时，义田、义庄、义塾便自然延伸衍生出“义商”行为。泉州晋江人林昭庆“尝与乡

① 苏轼《苏轼文集》卷三，《乞令高丽僧从泉州归国状》。

② 包恢《敝帚稿略》卷一，《禁铜钱申省状》。

里数人，相结为贾”[1]是一个显例。由于这种“结托”简单易行，一时间“浮海通商，钱散不聚”[2]竟成为闽南社会财富流动的非常现象。

（2）商友“结托”：海上贸易的日逐浪高，泉州声名鹊起，商客纷至，群豪沓来，“农士工商之会，东西南北之人。”[3]为了争相置舶航海，商友也便纷然相与“结托”。“泉州商客七人：曰陈、曰刘、曰吴、曰张、曰李、曰余、曰蔡，绍熙元年六月，同乘一舟浮海。”[4]这种情形随着海上贸易的持续发展而会成为一个主要形式。

（3）中外“结托”：中国海商与熟悉的蕃商合作经商。较早的事例如真宗天禧三年（1019年）十月，福州商人林振自海外归来，所载舶货系与蕃商你打、小火、章阐三人合伙经商购置。[5]

无论何种形式的“结托”，都是刺桐港海上贸易早期融资所必需，也是刺桐港所以能恢弘壮大的社会人际合作必不可少的手段。正因如此，从事海上贸易取得成功，早期的历史文献具名著录，便首先是“结托”商例。秦观《庆禅师塔铭》载：

> 师讳昭庆，字显之，俗姓林氏，泉州晋江人也。少跅弛，以气自任。尝与乡里数人相结为贾，自闽粤航海道，直抵山东，往来海中者十数年，资用甚饶。[6]

这是由乡族“结托”从商的典型。林昭庆于仁宗皇祐中因故出

---

① 秦观《淮海集》卷三，《庆禅师塔铭》。

② 蔡襄《端明集》卷二七，《上庞端公书》。

③ 郑侠《西塘集》卷八，《代谢章相公启》。

④ 洪迈《夷坚志》三志己卷二，《余观音》。

⑤ 《宋会要辑稿·食货》三八之二九。

⑥ 秦观《淮海集》卷三。

家，其操海商事业约始于宝元年间。当时朝廷“三冗”严重，财政竭蹶，宋夏战事正酣，泉州人却能从容扬帆南起两广，北抵京东漫长海岸线诸港口，十数年中即获致“资用甚饶”，生动展现乡族“结托”的有效和刺桐港商人具有陶朱公型的从商长技，直是“畜积逾年即为陶朱猗顿之富者”[①] 的发迹历程。后来林昭庆因故削发出家，又“以财物属同产，使养其亲”，乡族“结托”从融资起点又成为共财终点。北宋后期，伴随宗金关系趋向紧张，赴丽贸易的限制也日益严厉。哲宗绍圣元年（1094 年）闰四月二十五日竟然新颁敕令，所有赴丽海商，“财本必及三千万贯”[②] 高限。由于郑麟趾《高丽史》自元祐年后不再按乡贯冠头纪录宋商事迹，泉商是否继续赴丽经商成为须加探索的历史问题。幸南宋高宗绍兴年中明州知州《乞差人至高丽探报金人事宜状》提供了线索：

> 因令舶主张绶，招致大商柳悦、黄师舜问之。二人皆泉州人，世从本州给凭，贾贩高丽，岁一再至，留高丽者，率尝经岁。[③]

可见柳悦、黄师舜二人系世代赴丽经商的泉州“大商”。绍圣元年距南宋初年不过三四十年。因此可以推知他们的“财本”应可在 3000 万贯以上，是名副其实的“大商”。南宋初年，巨富又联翩而出。朱舫远航三佛齐经商，“往返曾不期年，获利百倍。”[④]

---

① 蔡襄《端明集》卷二七，《上运使王殿院书》。

② 《宋会要辑稿·食货》三八之三三至三四。

③ 杨士奇《历代名臣奏议》卷三四八，叶梦得《乞差人至高丽探报金人事宜状》。按：编者谓叶时任浙西安抚使，查无实据。又状内明言“本州”，应是明州“知州”所上奏状。

④ 莆田《祥应庙记》碑，现藏该市城内玄妙观。

海商杨某，从事海上贸易不过“十余年，致赀二万万”。[①]“蕃舶纲首”蔡景芳数年中善于招诱蕃舶到岸，使朝廷获得净利98万贯之多。如此等等。时间少则不足周年，长则十余年，便化白屋为润室，成为豪商。有元一代，刺桐城一跃为国际知名都会，“殊方别域，富商巨贾之所窟宅，号为天下最。”[②]达到历史顶峰。

刺桐港海商文化素质较高，是其特点和优势。乡贯兴化军的名诗人刘克庄《泉州南郭》诗云：

> 闽人务本亦知书，若不耕樵必业儒。
> 惟有桐城南郭外，朝为原宪暮陶朱。[③]

诗篇先点出福建居民的两个传统职业构成：务农，或者业儒走科举入仕之路。然而，笔锋一转，指出只有刺桐城南门外（中外海商住宅区）的居民那样，上午还是蓬户瓮牖贫困得像孔子学生原宪（子思）那样，下午却可能是经商致富的陶朱公（范蠡）。诗人特意借喻原宪，与上句“业儒”相应，旨在揭示闽南海商具有较高的文化素质，儒商结合，刺桐港海商善贾的奥秘便撩起面纱。

宋代以来，就传颂一段儒商佳话。北宋仁宗年中，泉州青年学子苏颂（字子容）、吕溍（字晋叔）、崔唐臣同窗友好。庆历二年（1042年）同时应举。苏、吕先登，崔名落孙山，便绝意仕途。多年音问杳然。嘉祐年（1056－1063年）中，苏、吕在三馆供职。某日，忽见汴河岸边船篷下坐着崔唐臣，便亟往相见，并询问别后况味。崔告诉他们：“初倒箧中，有钱百千，

---

① 洪迈《夷坚志》丁志卷六，《泉州杨客》。

② 吴澄《吴文正集》卷一六，《送姜曼卿赴泉州路录事序》。

③ 刘克庄《后村全集》卷一二。

以其半买此舟，往来江湖间，意所欲往则从之，初不为定止；以其半居货，间取其赢以自给，粗足即已，不求有余，差愈于应举觅官时也。”苏、吕感慨而去，次日又联袂往访，崔船已不知去向，回到寓所看到崔唐臣名片末尾写一小诗云：

集仙仙客问生涯，买得渔舟度岁华；

案有《黄庭》樽有酒，少风波处便为家。①

落第举子改行从商，在宋代并不少见，稀奇的是崔唐臣从商生涯中的谋生原则。汎梗飘蓬，四海为家，赚钱有节，只求粗足。这在地方商品市场蓬勃发展，全国商品市场也在逐渐酝酿的历史时期，世人唯钱是求，物欲横流，拜金主义泛滥成灾的两宋，崔唐臣的“儒商”风采，有如荷拔污泥，亭亭玉立，孤傲，清高，雅洁，潇洒。“案有《黄庭》樽有酒”。船舱几案上摆着六朝道学作品，知道怎样养生却病，读经饮酒，对酒当歌，盘缠不缺，三江五湖津步渡头，“少风波处便为家”，其磊落不群气质，确实比官场钻营、商海厚黑者流高尚得太多太多。

有元一代，刺桐港海商也不乏儒商佳话。孙天富、陈宝生便是一对儒商典范。他们是异姓结拜兄弟。陈宝生（字彦廉）父陈思恭，浙江海盐州（治今浙江海盐）人，迁居泉州并从事海上贸易业，娶庄姓女子为妻。陈宝生出生后，其父出海不幸溺死。孙天富（字惟善）同情陈宝生童年失怙，便约为兄弟，又合资继续经商。为了侍侯庄氏，二人相争航海，把安全生活留给对方，一旦争持不下，就并肩出海。经过十年，资财盈溢，他俩仍共财营运，不结账，不贪占。沧海渺茫，航路悠悠，自朝鲜半岛迤逦南下，历东、西二洋迢迢数十万里路，所

① 叶梦得《避暑录话》卷下。

到口岸，异方殊俗，"身往其地，而亲其人。"在长年侨居异国生活中，仍处处以中国的儒家言行为表率：

两人客万里裔夷，动必服中国礼俗，言必称二帝、三王、周公、孔子，又能道今国家圣德、神功、文章、礼乐，与凡天下之人材。异国于是益信吾中国圣王之道，海内外可共行也。异国有号此两人者，译之者曰：泉州两义士也。①

孙、陈宣传中国辉煌的历史方化，以及当代的文治武功、伟烈人材，并以身作则实践传统礼仪和风习，使所到之地的原住民，启开了解和向往华夏历史与现实的心灵窗户。因此，他们成为名副其实的当年中国的友好使者，并在侨居地人民的心目中塑造出当之无愧的"义士"形象。

爰及元朝末年，孙、陈移居江苏太仓，又"以周穷援难为务"。陈宝生能诗善画，有"才名"，尤能广交文化名流，更显儒商的倜傥风采。

孙、陈密友，另一泉州海商朱道山，"以宝货往来海上，务有信义，故凡海内外之为商者皆推焉以为师。"② 同样以"信义"为其他海商所折服而赢得信赖。

显而易见，孙天富、陈宝生和朱道山都以信义见称于人，即以儒家的价值观为经商准则。儒家提倡人际关系"讲信修睦"，凡事取信于人，和睦待人，商贸活动固然是"交利而竞货"过程，但利与义是一个矛盾体的两面，互相区别又互相联系。所以，不为不义，不牟暴利，货惟其真，竞惟光明，应该是起码条件。欺诈、掠夺、陷害、杀人，这些商贸圈中的鬼蜮

① 王彝《王常宗集续补遗·泉州两义士传》。

② 王彝《王常宗集补遗·送朱道山还京师序》。

伎俩，统通应受到儒学原则的无情宣判。海上贸易业尤为艰险。“大商航海蹈万死。”① “以身殉货绝堪悲。”② 患难相助，救死扶伤，便应是信义的自然延伸。所以，孙、陈、朱三人也都能以“周穷援难”为乐！

忠孝原则是儒家提倡的崇高理想。陈宝生事母至孝，客居海上时，每每想念起孤独生活于故乡的母亲便感泣，孙天富视陈母为己母，对人谈起她“辄欷觑乃已”。后来移居太仓，陈宝生又专为其母建筑“春草堂”，取意唐诗人孟郊《游子吟》“谁言寸草心，报得三春晖！”儒家认为，孝是维持一个家庭“父为子纲”必不可少的“齐家”准则。家齐方能国治，以至平天下，也才能够实现君臣父子互相维系不散的“三纲五常”。因此，忠孝是相辅相成的统一体，但又有一定区别，孝于父母，忠于君王；如不能统一两全，便须损孝全忠，以国家利益为至上。“国家兴亡，匹夫有责”，成为儒家几千年的绝唱！孙、陈的表现，令世人信服地看到：这两位刺桐港海商，正是忠孝两全的实践者。

在闽南这方移民大地上，故乡家园具有特别难忘的韵味。“梅洋三郎”模式的垦殖历程，留给子孙后代一大笔饮水思源、光前报本的精神遗产。故园的一山一水、一草一木都在人们的情感领域占有位置。加以豪族需要联宗收族，贫户也有归宗获安的期盼，以报本堂之类宗祠建筑为纽带，铸就极为牢固的地缘血亲板块，并建成了由地缘血亲板块胶合层叠式的乡里、州县阶梯结构。在闽南人的心目中，国家便是由同类数目巨大的板块缔成的宝塔系统。国家与宗法板块密合，爱国光宗一体两

---

① 王十朋《梅溪后集》卷一七，《提举延福祈风道中有作次韵》。

② 刘克庄《后村全集》卷一二，《泉州南郭》。

面。宋孝宗乾道七年（1171 年）晋江彭膜在《温陵中山彭氏族谱自序》中说：

> 予于大宋乾道庚寅年（按即七年）元日贺岁，见子姓稀疏寥落，咨嗟不已，因以祠内神主，考究推排，乃知为士、为农、为商、为僧者，代不乏人。
>
> 惜乎今之未能光前振后，因而谱之，使子子孙孙知木之本、水之源。冀有隆而勿替，有引而勿绝，以继监仓（指福州监仓彭相龄）、司户（指广州司户彭相荣）二曹及安抚（指高州安抚使彭烨，彭相龄子）之遗风，无负厥初，是则予之志也。[①]

显然，彭膜在谱序中期盼同宗的正就是光宗报本即为臣拥君纲常体系的不堕不废。也正是在这种宗法国家融为一体思想漩涡中，闽南人以其特具的向心力、凝聚力与爱国精神凸显在海上贸易大潮中。

北宋仁宗康定元年（1040 年），浙东温台巡检兵卒，愤于巡检使张怀信残暴，起事暴动，杀死张怀信后，到处打劫，为患范围达数十州，一时成为朝廷大患。后又南窜广东，与官军战海上，败逃占城匿迹。适值泉州海商邵保在当地从事贸易，便回报广东转运使司并“以私财募人之占城”，[②] 协助朝廷缉凶，平定叛乱。

神宗熙宁元年（1068 年），朝廷拟恢复宋丽友好关系，委发运使罗拯派泉州商人黄慎前往致意，次年又派泉州商人傅旋，三年再派黄慎前去斡旋，终于成功。元丰七年（1084 年），宋朝官员赴丽，得知女真人正与高丽互通商贸，于是朝廷“密

---

① 泉州文物保护研究中心藏《温陵中山彭氏族谱》。

② 司马光《涑水纪闻》卷一二。

谕泉州商人郭敌往招诱（女真）首领，令入贡及与中国（指宋廷）贸易”。[①] 郭敌受命后便开展活动，但未如愿。南宋初年，宋金鏖战，严重威胁南宋政权存亡，东南沿海州军又深恐遭受金兵陆海两线的钳形攻势。明州（治今浙江宁波）知州经向驻州的刺桐港海商柳悦、黄师舜二人探询他们赴丽贸易时获悉的金朝种种情况，便报请朝廷暗中授以承信郎名目令前往高丽继续刺探金朝动静，“其人皆感奋，愿自效。”[②] 所有这些都勾勒出刺桐港海商的政治形象：尽心尽力，乐于为国效劳。泉州海商具有这种政治素质，是一大优势，刺桐港之能崛起并发展为世界大港口，当与此有关。

然而毋庸讳言，在刺桐港海商群体中，也不乏唯利是图、卖假贩伪、杀人越货之辈。曾在闽南地方任职的著名学者洪迈据实记述的《王元懋巨恶》[③]，即系此类典型。

泉州人王元懋年少时于僧寺打杂，受有学养僧师指教，学会多种南蕃外语。后附舶去占城（今越南中部）经商，凭此特长，获得占王宠信并招为驸马。盘桓十年经准回乡，带归奁金百万缗。于是大做海上生意，迅为一方豪贾。留正丞相、诸葛廷瑞侍郎等均与之结姻亲。孝宗淳熙五年（1178 年），派经商代理人“行钱”吴大为纲首，梢水 38 人出船南海。十年后，贸易船载运价值数十万缗香药犀象北返，航经广东惠州附近洋面，林五、王儿等人按预谋行事，砍死吴大等 21 人，抛尸大海。水手宋六中刀落水未死，潜回家乡。林五、王儿回船深沪

---

① 李焘《续资治通鉴长编》卷三五〇，该年十二月丁亥。

② 杨士奇《历代名臣奏议》卷三四八，叶梦得《乞差人至高丽探报金人事宜状》，作者误植，见前注释。

③ 洪迈《夷坚志》三志己卷六。

湾，避开市舶司。事为王元懋察知。王贪得漏舶财物，厚贿新任市舶司提举张逊、孔目官吴敏等人，以虚报分数抽解后，暗与凶手瓜分回船物品。后经宋六父子誓死上诉力争，经过艰难曲折，福建安抚使以“王元懋知情杀人，包赃入已”为由改令晋江县严鞫，奏请朝廷将市舶司提举张逊与南安县宰革职，孔目官吴敏黥配，林五、王儿极刑，王元懋从义郎、重华宫祗应停官并羁管兴化军。一桩巨蠹贪财、匿凶、包赃、行贿大案落下帷幕。

（二）“南外”经商

南外宗正司是刺桐港国内海商的另一重要组成部分。高宗建炎三年（1129年）十二月，迫于金兵南下锋芒，南外宗正司奉命率宗属349人迁驻泉州。此前，北宋徽宗政和元年（1111年），魏王赵廷美子孙一支已迁居泉州同安县。此后，高宗绍兴六年（1136年），太宗子商王赵元份子孙一支又迁居泉州。太祖子秦王赵德芳子孙二支，则先后迁于漳州漳浦县南溪（今官浔镇赵厝村）与龙溪县北溪（今华安县银塘村）。岁月推移，泉漳二州的宗属人口不断增加。宁宗庆元中（1195－1200年）居住泉州睦宗院的计1300余人，外居的440余人。嘉泰三年（1203年）二项合为1820人。理宗绍定六年（1233年），在院人口又增为1427人，外居人口增为887人。按朝廷规定，任官宗子的俸钱及全体宗子的口粮、匹帛、婚丧等费用，依亲疏分等由泉州地方政府、福建转运使司与泉州市舶司分担供给。所以，自始它便成为一项地方财政重担，宗室男女向来寄生成性，依恃皇室戚属关系，构成社会上的特权消费集团。固然，南宋朝廷为照顾南外宗子所需，在泉州市舶司折博本钱的投入分量上予以优先照顾。但并不能完全满足其种种特权消耗。况且海外香药犀象的巨大诱惑力又必然从多个方面刺激他们的贪欲，并驱使他们违反“训饬同姓，使知礼义”[①] 的置司宗旨，斗胆走上非法经商道路。

高宗绍兴后期，南外宗室的为非作歹、奸商行径，已令泉州地方衙门深感棘手。他们公然占有并役使成百禁军，盗煮海盐，特权私贩，甚至强夺海商的“浮海巨舰”。海商向泉州地方衙门及市舶司投诉，拖延多年也未能解决。

与此同时，南外与西外（驻福州）宗正司则又暗中酝酿联袂经营海上贸易计划。此前数年，漳州商人黄琼与其父借债赴南蕃经商，其父不幸在异国病故，物货遭人干没，黄琼空船四国，负债累累，无力偿还，拟将海舶出卖抵债。当时正在泉州参与南外、西外年度联席会议的西外知宗赵士衎得知此消息，便借他人姓名“承买”黄琼海舶[②]，以便与南外知宗赵士䎘以强夺到手的“浮海巨舰”共同出海经商。

绍兴二十九年至三十一年（1159—1161 年）间，范如圭知泉州，对南外宗官强夺“浮海巨舰”一案，“公皆以法义正之。”[③] 范虽遭受权贵中伤免官，但泉州衙门不敢过问南外恶行，南外肆无忌惮为非作歹歪风却一时为之稍加收敛。无独有偶，当时黄琼因不服西外强买其海舶，远赴行在临安告状，朝廷责令西外归还黄琼海舶。经右谏议大夫何溥奏请，绍兴三十一年（1161 年）二月二十一日，诏罢赴士衎、赵士䎘西外、南外知宗职，并再次“申严两宗司兴贩藩舶之禁”[④]。同时撤销两

① 《宋会要辑稿·职官》二〇之三〇。
② 《宋会要辑稿·职官》二〇之三〇。
③ 朱熹《晦庵集》卷八九，《范如圭神道碑》。
④ 李心传《建炎以来系年要录》卷一八八，绍兴三十一年二月甲子。

司泉州年度联席会议制度。但时曾几何！宁宗嘉泰初年，“南外宗子商于泉（州）者多横。”① 又再度哗然上浮，成为地方政府与民间的一大疾苦。

不过令人困惑的是此类问题此后却又销声匿迹，几乎从历史文献中消失。

宗室权贵参与社会商业经营，是宋代社会的一个痼症。北宋开国之初，宗室人口便投身市井贩鬻。真宗天禧五年（1021年），枢密院为此不得不作出若干限制，“皇亲诸宅置船，长公主二，郡县主一，听于诸河市物。”② 及至仁宗末年，局面更加严峻，“诸王邸多殖产市井，日取其资。”③ 憧憧于行市，与平人无异。南宋伊始，宗子“为懋迁之利，与商贾皂隶为伍”④。其动因之一，则是南外宗属渡江入居泉、漳州后，“富者十不一二，贫者不啻七八”⑤。大多穷苦潦倒，“不能自存”。⑥ 有的甚至盘缠缺乏，无钱上州入县申请“训名”，以致长到四五十岁尚无名字。“而孤幼贫乏钱米，尤未易得。”⑦ 地方有关机构虽百端罗掘，犹穷于应付。宗正司开支拮据，以致根据朝廷户绝条法，将宗室孤幼暂行拘收财物侵欺挪用，仍无法支持。为此，宗正司、宗室房派家支找到一个唯一解困办法，抛开中朝禁令，斗胆放洋，从事海上贸易经营。可这是一个历史之谜！文献无征，金石不铭。

---

① 何乔远《闽书》卷一一六，《英旧志·泰宁县·邹应隆传》。

② 李焘《续资治通鉴长编》卷九七，天禧五年八月戊申。

③ 李焘《续资治通鉴长编》卷一八七，嘉祐三年八月辛酉。

④《宋会要辑稿·帝系》六之一二。

⑤《宋会要辑稿·帝系》七之二六。

⑥《宋会要辑稿·帝系》六之一。

⑦《宋会要辑稿·帝系》七之二〇。

1974年，泉州湾后渚港附近滩涂上发掘出远洋帆船残骸，经笔者研究，是解开这个谜团的一把钥匙。根据船舱内出土的木质牌签的释读，帆船残骸便呈现庐山真面目。它，正是南宋末年南外宗正司依然漂洋从商的铁证。

古船出土的木质牌签共96件，出土时凭肉眼可辨识而又与货品物主有关的约73件。不妨先分类依次释读。

《南家》牌签（18件）和《南家记号》牌签（1件）数量最多，占可辨认牌签的26%，是判断舱内主要货品归属的关键。

以家字结尾组成汉语语词，由来已久。唐宋以降，此风犹炽。常见的约有以下数种：（1）与地域方位结合，如南家。唐末诗人陈陶《鄱阳秋夕》诗："忆者鄱阳旅游日，曾听南家争捣衣；今夜重开旧砧杵，当时还见雁南飞。"[①] 此处"南家"，显指江南人家，辽金时期常用来沿称地处南方的宋人。（2）与人称代词结合，如我家、汝家、他家。（3）与居民姓氏结合，如李家、张家。（4）与数词结合，如一家、二家。（5）与族别结合，如番家、奚家、辽家、汉家。[②]（6）与政府级别结合，如朝家、州家、县家、镇家。唐宋人常称中央政府为"天家"、"朝家"[③]；州军政府为"郡家"、"州家"[④]；县政府为"县

① 《全唐诗》卷七四六。

② 徐梦莘《三朝北盟会编》卷一三五引合肥野叟《杨庐州忠节录》；卷一四二引张棣《正隆事迹记》。

③ 余靖《武溪集》卷二，《送苏祠部通判杭州》；曾协《云庄集》卷二，《老农》。

④ 胡太初《昼帘绪论》。

家”[1]；镇市政府为镇家[2]。如此等等，为数不少。

泉州在中国东南，家喻户晓，船上人员完全没有必要以标记地域方位性质的“南家”自我嘲弄，故第一种语词用法可以排除。泉州居民姓名，唐宋二代方志或族谱资料均未见有此姓氏。且统观全部牌签文字，凡上一字标姓者，下一字必承以职业类别，故第三种语词用法也可以排除。二、四、五几种语词用法与本题无关。所以，剩下最有可能和最重要的便是最后一种用法。

按南外宗正司自高宗建炎三年（1129 年）十二月迁入泉州后，直至宋亡，不曾移驻。朝廷议事或行文时，常省称为“南外”[3]。泉州居民或南外宗正司属员，当然可以仿效“州家”、“县家”惯例，尊称其为“南家”。

《南家》牌签特多，证明该海船主要部分货物归南外宗正司所有。与其他牌签统筹考察，可信该海船系以南外宗正司为业主，联合所属宗支房派集团经商的回舶。

与《南家》牌签密切相关的是宗支牌签。有《安郡》、《河郡》、《兆郡》牌签各 1 件，《昶郡》牌签 5 件。

宋代地方建制，有州无郡。只是民间文书，有时沿袭汉唐旧习，以郡字指称地方州军。但既作为货物牌签，郡字当与物主身家相关。故非赵氏宗支之郡王、郡公、郡主、郡君、郡夫人莫属。鉴于封建伦常的男尊女卑意识，经由宋代理学家的鼓吹而膨胀巩固，释读此类牌签不得不优先在宗支的男性谱系中搜寻答案。

---

① 陆九渊《象山文集》卷五，《与徐子宜》。

② ［日］圆仁《入唐求法巡礼行记》。

③ 《宋会要辑稿·帝系、崇儒、职官》各部分。

《安郡》：南外人口中，太祖直系后代不少。燕王赵德昭房派，自神宗熙宁元年（1068年）起，诏与秦王赵德芳房派轮流封一名安定郡王以崇其威。高宗绍兴年中起，又以燕王居长，世世袭封。入居泉州的该房派子孙，因恃此自相标榜，以为殊荣，并以此享受封赠带来的政治经济权益。《安郡》应当是安定郡王房派的省记。

《河郡》：南外人口中，太宗直系子孙也不少，尤以商王赵元份的后代为多。故先后出任南外知宗的也以该房派为众。入居泉州的赵元份四世孙仲霜封河东郡王，系南外初创期间知宗赵士瑨的伯父。《河郡》应当是该房派的省记。

《昶郡》：商王赵元份五世孙赵士劄，自绍兴二十四年迄三十一年（1154—1161年），连续三任南外知宗，历时八年，为南外知宗资序最长的一位。由于他敦睦宗属有功，卒后被封赠咸安郡王。泉州《天源赵氏族谱》明代后裔的《续谱序》，公然宣称奉祀太祖、太宗是“溯源”，追念赵士劄为“崇祖”，可见其影响深远。该房派家支也必以“咸郡”揭榜家庙。爰及后渚古船发舶之年，恭宗赵显在位。咸、显嫌名同音，故须回避，因取与显字字义相通的昶字以省称为《昶郡》。

《昶郡》如照字面直解，则将于史无征，于义无取。三国时期曹魏荆州牧王基固曾筑上昶城（故址在今湖北安陆西北，早已不存），以逼夏口（今武昌）；江夏郡也曾一度徒治于此，但它从来不曾作为州郡专称。宋代权臣封赠，也不曾有此郡望。所以，只有从史讳另辟蹊径，才可能获得合理解释。

《兆郡》：宋代宗室男性中只有钦宗赵桓即位前一度获封京兆郡王。故此疑是一位南外京兆郡夫人的省称。具体房派名氏无考。

南外宗正司知宗及宗属中荣宠有加的郡王、郡公侪辈，史称为金枝玉叶，养尊处优，从商欲念固然强烈，但必不愿鲸波万里冲冒风险。所以，海上贸易船的管理势必委之南外属吏或家支干人。舱内出土有《朱库国记》、《裀司》牌签各 1 件；《曾幹水记》、《曾仝》、《林幹水记》、《张幹水记》、《张仝》牌签共计 20 件（仝系宋代幹字的俗体），便是海船管理人员货品的签据。

南外宗正司衙门财政官吏有主管财用司一员，监亲睦库一员，所属胥吏，财用司有军典等 4 人，亲睦库有攒司 1 名、库子 2 名[①]。海船贩运货品而非朝廷拨给的钱财，回舶后还有市舶司抽解、博买以及贮藏、贩卖等作业，故应以委亲睦库官吏为宜。

《朱库国记》：朱姓监亲睦库官，南外宗正司委以监管海船，职同纲首。“国记”二字应是“国尔忘私”“官箴”之简称，含有廉洁奉公、隐喻官阶的双重意思。

《裀司》：裀系古代罕见姓氏。此人应是亲睦库裀姓攒司，借充船上货物及钱财账目攒造保管人。

《曾幹水记》、《曾仝》、《林幹水记》、《张幹水记》、《张仝》：南外宗正司不曾获准配置干办公事官员，即便权宜，也不可能多至三名。故应释作宗属私家干人。宋代干人制度非常发达。他们貌似低贱，事实上常狼假虎威，凭恃主家权势，祸福由己，气焰冲天。论其出身，低者有停罢公吏，教书夫子。高者甚至如张俊府干乃和州防御使张贵[②]、福王赵与芮庄干乃曹姓知县[③]。所以，南外宗支府邸干人，绝然不会是猥屑细民，

① 《宋会要辑稿·职官》二〇之三七。

② 周密《武林旧事》卷九，《高宗幸张府节次略》。

③ 长谷真逸《农田余话》。

也可能颇有社会地位。曾干牌签多达13件，林干5件，多数与《南家》、《昶郡》牌签同置于三、五、六舱，这几个舱位又多贵重物品，有龙涎香、乳香、朱砂、铜钱（计227枚，占出土铜钱的一半），他们很可能是当时知宗家或咸安郡王府的干人。

海员牌签9件。《张什》：水手什长，即《李充公凭》中的部领，或明州海船上的“水手头目”。《丘碇水记》：丘姓碇工。《张绊》：张姓缆工。《杨工》、《尤工》、《陈工小记》、《三九工》：杨、尤、陈、三姓水手。三九两字也可连读为宋元时期的数字人名。《安厨记》：安姓厨子。《小陈》：陈姓小厮。《料匠曾》：船上备用急难时修船的曾姓工匠。梢水员工物品微薄，人各一签。其他员工连牌签都缺如，大概无力捎带海外货物。

“结托”牌签。有《吴兴》、《吴兴水记》计5件；《王美》、《哑哩》、《狗间记号□□》、《六十》、《山中》、《礼贤香记》牌签各1件。哑哩大概是蕃商。其余吴、王、狗、六、山均系汉人。六十也可连读为数字人名，《礼贤香记》系香铺名称。

通过沉船出土牌签的释读，确证南外宗正司是该海船业主。按牌签作为货物所系签凭，《南家记号》木签最多，意味占有船上物品的主要部分。宗支与搭客牌签，则是宋代“结托”经营海上贸易的证据。宗正司纠合宗支、熟人，让他们部分参与海上商贸，收取应付费用，借以降低成本，又可同担风险。海员牌签则出于宋代官纲运输中古老的官物八分、私货二分优惠梢水，加强责任感的传统做法。南外宗正司所委吏人，实际成为海船的纲首、副纲首、杂事之类的管理人员，张什即部领，下属有碇工、缆工、水手、厨子、小厮和料匠等。

沉船残骸舱内尚出土香料木（绛真香、檀香等），未脱水时计4700余斤，胡椒5升，槟榔个体碎块51个块，乳香6.3克，龙涎香1.1克，朱砂4.6克，水银385克，玳瑁1件，铜钱504枚，以及其他生活用品。经有关专家鉴定，香药均系自东南亚迤逦东非诸地产品，船身上附生的海洋生物和贝类，属于暖海种，适应于25℃水温环境，故可认定帆船航线网络分布于西南太平洋与印度洋。铜钱有唐代年号钱33枚，其余均为宋钱。宋钱年号最晚的有度宗“咸淳元宝”2枚，大者背文“五”（即铸于咸淳五年，公元1269年），小者背文“七”（铸于咸淳七年，公元1271年）。它们便成为海船沉没年代上限的物证。

这艘远洋帆船，就在那个风雨如磐的年代沉入泉州湾碧波。

恭宗德祐二年（1276年）春，元军进逼行在临安，宋廷危在旦夕。谢太后准备投降的同时，接受文天祥南保福建，徐图兴复、狡兔三窟战略，命益王赵昰、广王赵昺出镇，赵昺另加判泉州兼判南外宗正司事。旋又以赵吉甫知南外宗正司兼福建同提刑，赵必晔为副，旨在“先入闽中抚吏民，谕同姓”①。同年五月初一日，赵昰即位于福州，估计此前赵吉甫、赵必晔已莅新于泉州。鼙鼓频催，战云密布，形势极为严峻。新任南外知宗面对枵腹饥号的宗属男女，必然采取拯饥救灾方略，迅即策划本次救亡航海行动。意在借此振奋人心，扭转困顿，巩固景炎政权。泉州湾出土的远洋帆船正是当此多事之秋，肩负历史重托，驶上涨海沸洋。去时春寒料峭，待到翌年荔枝熟了的初夏，远洋帆船回到后渚港时，泉州城门昼闭，蒲寿庚杀尽南外宗子，举城降元。海外香药已物归无主，连同无人之舟，沉

---

① 脱脱《宋史》卷四七，《瀛国公本纪》。

入海底。于是又出现了一个历史之谜：船残、货存、不见乘员骸骨。人，去了何方？船，为何损残而下沉？[1]

四　物华天宝　蕃商接踵

（一）蕃商接踵

晚唐五代以降，海外商人前来泉州从事商贸的日益增多，"住唐"的侨居人口随之出现。包何《送泉州李使君之任》诗中所谓"市井十洲人"，薛能《送福建李大夫》诗中所谓"船到城添外国人"，都为蕃商"住唐"做出明晰的注解。北宋真宗大中祥符二年（1009 年），阿拉伯蕃商在今泉州涂门街首建一座伊斯兰教圣友寺（或又称为麒麟寺），标志泉城外侨中的伊斯兰教徒人口必已不少。神宗年中，泉州便以"州多番商"[2]为时人所瞩目。朝野上下开始议论于泉州增置市舶司问题。市舶司虽不曾获得增置，但由此掀起的海上贸易浪潮却继续奔涌不息。泉州市舶司设置后，哲宗绍圣二年（1095 年），泉州永春县知县江公望在《多暇亭记》文中描写当州的现状云：

> 海船通他国，风顺便，食息行数百里。珍珠玳瑁，犀象齿角，丹砂水银，沉檀等香，希奇难得之宝，其至如委。巨商大贾，摩肩接足，相刃于道。[3]

显然，流光溢彩的海上奇珍源源涌入，亚非诸地的巨商大贾也

---

① 恭宗德祐二年（1276 年）二月，赵昰兄弟被护卫至温州，经合议，改命赵吉甫、赵必晔为南外正副宗正官。温州至泉州，行船迅便，故帆船出海当在二三月时。沉船舱内出土荔核一批，显是荔熟初夏回帆。

② 陈瓘《宋陈忠肃言行录》卷三，《陈偁行实》。

③ 何乔远《闽书》卷五五，《文莅志·永春县》引。

宋建伊斯兰教“清净寺”残垣

便如潮旋卷而来，于是“海商辐奏，夷夏杂处”① 这种连锁反应，会反复出现，也会作为规律现象而成为社会中的一大焦点呈现于世人面前。港口的正式开放，涌现巨量商机，蕃商驻足泉州，数量成倍增长。因此，徽宗大观、政和年中（1107—1117 年），因应“土生蕃客”的日益增加，朝廷批准泉州兴建“番学”，以便他们入学就读。南宋半壁山河，蕃商杂沓不曾稍减。高宗绍兴元年（1131 年），波斯撒那威港商人纳只卜·穆兹喜鲁丁又于泉州南城新建一座伊斯兰教清净寺。蕃客公墓也于高宗绍兴三十二年（1162 年）至孝宗隆兴元年（1163 年）在城外东郊东坂建成。捐建的是撒那威港巨商蒲霞辛②，足证

① 郑侠《西塘集》卷八，《代谢仆射相公》。

② 林之奇《拙斋文集》卷一五，《泉州东坂葬蕃商记》。

传系唐建伊斯兰教圣墓

高宗绍兴年间刺桐港海上贸易迅猛发展结果，“蕃人巷”住宅区随之底于建成。自城郭镇南门外逶迤东抵法石草市条状地带，散落着各自不同的外侨住居区。沿江上下，十里繁华。毫无疑问，蕃商聚居区的形成和发展，有利于将其故土的风习信仰、家庭结构、经济生活模式以及建筑风格延续和复制于异国他乡。故泉州地方官员也承认：“廛肆杂四方之俗，航海皆异国之商。”①“夷夏”纷争，政府则每以蕃俗了事：

> 蕃商杂处民间，而旧法与郡人争斗，非至折伤，皆用其国俗，以牛赎罪，寖亦难制。公（汪大猷）号于众曰：“安有中国而用番俗者，苟至吾前，当依法治之。”始有所惮，无敢斗者。②

① 郑侠《西塘集》卷七，《代太守谢泉州到任》。

② 楼钥《攻媿集》卷八八，《汪大猷行状》。

汪大猷于南宋孝宗乾道七年至九年（1171—1173 年）知泉州。是可知此前蕃商与州民争斗，泉州地方衙门采取默认蕃俗以牛赎罪的民间传统做法。汪大猷为扭转风气，也不过扬言示儆而已。

北宋前期，朝廷实行严厉的舶上香药禁榷制度，直至太宗太平兴国七年（982 年）十二月，仍将一批贵重的犀象香药，划定范围禁榷漳、泉二州的进口品交易，蕃商在刺桐港的商贸活动受到极大限制，及至淳化二年（991 年），朝廷同意择良购半，其余部分允许蕃商自行销售。从此蕃商与中国百姓之间的直接交易被纳入合法轨道。神宗元丰三年（1080 年），朝廷对国外的进奉物品准予就地销售，直接交易的范围又有所扩大。其后徽宗崇宁三年（1104 年）五月二十八日，朝廷明令：

> 应蕃国及土生蕃客愿往他州或东京贩易物货者，仰经提举市舶司陈状，本司勘验诣实，给与公凭，前路照会。①

至此，宋朝政府将全部辖境向蕃商开放。此举对招徕远客，无疑具有重大意义并产生深远影响。一个世纪中，宋朝政府从松动禁榷垄断制度走向大幅度开放的时间历程，恰好与前述刺桐港海上贸易业之由低到高、市舶司之从无到有的发展进程相一致。意味着刺桐港一贯奉行的旨在招徕与保护蕃商合法经商的政策日益发挥其积极作用，因而必然为南宋前期的繁荣局面的形成创造有利条件。

但到南宋孝宗淳熙二年（1175 年），宋朝政府遽然决定：“蕃商止许于市舶置司所［在］贸易，不得出境。此令一下，其徒有失所之忧。”② 危急之际，泉州市舶司迅即向朝廷请准刺

① 《宋会要辑稿·职官》四四之八。

② 《宋会要辑稿·职官》四四之三〇。

桐港蕃商可以在福建路各州军兴贩，从而缓解了他们经商的困境，排除了市场过分缩小必然导致货滞财枯的破产威胁。

南宋一朝，闽广两浙三口市舶司鼎峙，在执行朝廷有关市舶的敕令、条法外，各自为争取海上贸易船到岸率，而施展徕远招商手段。泉州地方衙门与市舶司于高宗绍兴六年（1136年）首先请准实施多载香药海商给以补官奖励。后又几度以降低或蠲免进口舶税办法，试图激活濒于下降的贸易船到岸率，也发挥过有益作用。孝宗淳熙十六年（1189年），颜师鲁知泉州，鉴于海商惧重税而稍趋稀少，“始至即蠲海舶诸税。”[1] 他本人也注重树立廉政形象，于是“诸商贾胡尤服其清”，[2] 获得良好绩效。宁宗嘉定初年，舶税再度下降，岁入只有十多万贯。嘉定十年（1217年），真德秀、赵崇度分别出任知州、提舶。据真德秀日后所撰的《赵公（崇度）墓志铭》，弊政已发展到极为严重地步：

> 先是，浮海之商，以死易货，至则使者郡太守而下，惟所欲，刮取之，命曰和买，实不给一钱。……而贾胡之衔冤茹苦、抚膺啜泣者，弗恤也。以故舶之至者滋少，供贡阙绝，郡赤立，不可为。及是公（赵崇度）以选来，余（真德秀）亦代公守郡，相与划碶前弊，罢和买，镌重征，期年至者再倍，二年而三倍矣。[3]

真德秀的记述当然可信。但据嘉定十二年（1219年）十二月二十三日的一份臣僚上言，泉州市舶司与州税务，竟然在首次蕃舶抽分、和市后，私下再事刮取“额外”的抽解和买，结果是“太

① 怀荫布《（乾隆）泉州府志》卷二九，《名宦》引“旧志”。

② 怀荫布《（乾隆）泉州府志》卷二九，《名宦》引“旧志”。

③ 《西山文集》卷四三。

半”之后再刮“太半”。“克剥太过”，令蕃商“惮于此来”[①]。问题显然比真德秀的记述更为严重。因此真赵携手“罢和买，镌重征”，应当视作南宋中期一次弭弊振衰的改革举措。不但税额下调，而且严禁官吏直接向蕃商购物，政府衙门“台委倅属市物，必申州，始得奉行”[②]，只有经报州核准始可从事，因而取得明显绩效。嘉定十二年（1219 年），真德秀调知江西隆兴府（今南昌市）。政策随人，海上贸易旧态复萌，蕃舶到岸率与舶税收入又大幅下降。理宗即位后，外则宋金、宋蒙战争鼙鼓频催；内则宫廷倾轧与道学禁锢之争激化，国库竭蹶，泉州市舶税入以蠲税争取到岸率的手段被搁置。但也推涌出惩贪倡廉、洁身自好的若干代表人物。嘉熙三年（1239 年），赵涯莅职知州兼舶。他以唐代好官元结为治政偶像，下车伊始，即重拳惩贪除恶：“职曹与舶属，时号大驵侩。两疏劾四凶，人喜如爬疥。州胥富盖藏，至则系以械。曰此其渠魁，岂止为罥絓。县官庇黠胥，期限稍宽解。山判吁可惊，即日命追解。”[③] 一时吏治为之一清。洁身自好型的清官，如陈梦庚任添差通判，在当时贪贿浊流中，“屹立如冰霜”，“人目为古老通判”。[④] 赵彦侯摄郡兼舶，“化以廉平”，吏以例行习惯送他舶琛，便被笞责。[⑤] 而为了招徕蕃商，游九功知州时，竟不惜公然违法，“贾胡犯禁，即纵之使去。”[⑥] 仍然无法挽狂澜于欲倒。迨贾似道执政时期，倒行逆施，践踏市舶成规，改倡“市舶尽利”，对泉州蒲蕃海商，公然设定成数渔取净

---

① 《宋会要辑稿·食货》三八之二四。

② 刘克庄《后村全集》卷一六八，《真德秀行状》。

③ 王迈《臞轩集》卷一二，《有客一首寄温陵使君赵侍郎涯》。

④ 林希逸《竹溪鬳斋十一稿续集》卷二二，《陈梦庚墓志铭》。

⑤ 刘克庄《后村全集》卷一六九，《秘阁东岩赵公》。

⑥ 《永乐大典》卷八八四三，《游·游九功》。

利招致“蕃人怨”。[①] 恭宗德祐元年（1275 年）三月，贾似道垮台之后，宋廷明令恢复“市舶法”[②]，给蕃商一个喘息机会。不过，据度宗咸淳七年（1271 年）七月抵达泉州后诸港的意大利犹太商人雅各·德安科纳称，是时泉州市舶司重拾“减免进口税”办法[③]，顿时又见泉州湾上，云帆鳞集，重现勃勃生机。然而亡国在即，大厦将倾。

南宋前期，刺桐的蕃商便已呈现集团化。

高宗绍兴元年（1131 年）波斯撒那威港巨商纳只卜·穆兹喜鲁丁既建伊斯兰教清净寺于南城，又建一座二层寺楼，恰好“楼峙文庙奇龙之左角，”[④] 挡在文庙前方，因而引起州学师生与蕃商对簿公堂案件。“贾［胡］赀钜万，上下俱受赂，莫肯谁何！”[⑤] 三十余年不决。孝宗乾道元年（1165 年）傅自得通判泉州，始以“化外人，法不当城居”[⑥] 为由把它撤了。可见撒那威港蕃商当时财钜势大，能够以财把持官司。更可注意的是，该清净寺与寺楼已建于城垣之内，开宋元之交蕃商肆意占有镇南门周近隙地建筑豪宅园池的先声。

当着伊斯兰教阿拔斯王朝鼎盛时期，阿拉伯商人的帆船队曾称雄于印度洋与太平洋西南海域，东印度群岛与中南半岛的不少城市与港口曾是它的商业殖民地。以蒲（Abu）冠名的阿拉伯商

① 高斯得《耻堂存稿》卷一，《彗星应诏封事》。

② 脱脱《宋史》卷四七，《瀛国公本纪》。

③ 雅各·德安科纳《光明之城》，第 321 页。

④ 李光缙《重修清净寺碑记》。

⑤ 朱熹《晦庵集》卷九八，《傅自得行状》。

⑥ 朱熹《晦庵集》卷九八，《傅自得行状》。

人侨居三佛齐，北上占城、我国海南岛、广州等地。[①] 他们入居剌桐城后，南宋前期便逐渐取代波斯撒那威港巨商。

南宋名将岳飞三媳即岳霖之妻许氏，系泉州晋江县石龟村人。岳霖于光宗绍熙后期去世，许氏曾携子岳珂返乡小住。日后岳珂把见闻写进《桯史》，说："泉（州）亦有舶獠尸罗围（按即撒那威异译），赀乙于蒲。"[②] 蒲蕃海商此时便已凌越撒那威港巨商了。爰及恭宗德祐元年（1275 年），方回乞斩贾似道疏中对蒲蕃赀财与贾的搜刮估算说："泉（州）之诸蒲，为贩舶作三十年，岁一千万而五其息。每以胡椒八百斛为不足道。"[③]

方回对蒲蕃海商年营业收入的估算，是否精确，一时缺乏可依以复核的文献，无法置评，暂且姑妄听之，则自理宗淳祐年中以后的 30 年中，常年的收入已达到高过绍兴末年国家市舶岁入的 5 倍。而贾似道任相（1259 年 10 月—1275 年 2 月）期间常年饱入私囊的金钱竟至比剌桐港舶税岁入还高。其中某蒲蕃女婿、祖籍佛莲（今巴林）的一名海商，便拥有海船 80 艘。元世祖至元三十年（1293 年）病卒，无子，元廷按市舶法没收其家产，单珍珠就有 130 担之多[④]。基于赀财富盛，蒲蕃海商进而谋求政治攀援，"求婚宗邸"[⑤]，向皇室靠拢。此事虽然未能得逞，但也裸露他们勃勃越轨的心态。

理宗绍定六年（1233 年）前些年，海商蒲开宗携子蒲寿宬、

---

① ［日］桑原骘藏《蒲寿庚考》，陈裕菁译，中华书局 1954 年版，第 127～134 页。

② 岳珂《桯史》卷一，《番禺海獠》。

③ 方回《桐江集》卷六，《乙亥前上书本末》。

④ 周密《癸辛杂识续集》卷下，《佛莲家赀》。

⑤ 刘克庄《后村全集》卷一五五，《王太冲墓志铭》。

寿庚，自广州移居泉州。其祖上居住广州有年，“总诸蕃互市”①，显系一方豪贾。蒲开宗迁泉后，于绍定六年出资重建前郡守倪思祠，真德秀《重建太守倪公祠记》指明：“为之者承节郎蒲开宗”②。泉州市舶司自高宗绍兴六年（1136 年）后，奉命给载运大批量香药犀象的蕃商报请以官职旌奖，当年即予乳香到岸计抽解价钱 30 万贯的大食海商蒲罗辛补官承信郎。估计蒲开宗此前自广州移居泉州时，极可能也以大量香药犀象到岸因获补官。兴化军名诗人刘克庄熟悉蒲寿宬家史，证实当时蒲家鼎盛，拥“有陶猗之名”。③ 果然，理宗淳祐三年（1243 年）、六年（1246 年）蒲开宗又先后出资重建龙津桥（旧名濠溪桥）和长溪桥，以改善泉州湾北部港区的陆上交通，也意味着蒲家刻意利用后渚港从事海上贸易业，从而成为刺桐港蕃商翘楚。蒲寿庚继承家业后，不但善于经营，财源茂盛，而且时来运转被授予宋末元初泉州乃至福建方面的大员，奠定并持续了伊斯兰教海商执刺桐蕃商群体牛耳的辉煌局面。其人数也较多，度宗咸淳后期，据估计约有 15000 人④。

阿拉伯蕃商之外，刺桐还麇集了亚洲、非洲，甚至欧洲来的蕃商。雅各·德安科纳于度宗咸淳七年（1271 年）因经商航达刺桐。他说泉州“这座城市是一个民族的大杂烩，据说有 30 个民族之多，城中的每一个民族，都已居住了很长一段时间，都有它自己的语言”⑤，因而是浓缩了“整个世界的一座城市”⑥。雅

① 何乔远《闽书》卷一五二，《畜德志》蒲寿庚条引“泉志”。
② 真德秀《西山文集》卷二五。
③ 刘克庄《后村全集》卷一一一，《蒲领卫诗》。
④ 雅各·德安科纳《光明之城》，第 166 页。
⑤ 雅各·德安科纳《光明之城》，第 166 页。
⑥ 雅各·德安科纳《光明之城》，第 167 页。

各·德安科纳把欧洲人按当时习惯称作法兰克人，并指出如英国人、日耳曼人，以及属于意大利的威尼斯、热那亚、安科纳等地的商人。他又提及犹太人是外国人中最早来华的民族，甚至说泉州已坍塌的祈祷堂已有千余年历史。[①]（这纯属瞎说，汉代福建大地一片苍莽，更遑论泉州设治建城）。当时人数约二千。雅各又煞有介事地叙述若干当地犹太人的生活状况：由于来泉长久，犹太人体貌严重汉化；《托拉》经也用汉字写成；祷告用汉语夹杂希伯来语；一张以希伯来文字书写的有关律法的羊皮卷轴，反而大多数人不能读懂等等[②]。犹太人住泉已为新近的犹太教六角星抱鼓石的发现所确证，详情待考。欧洲人何时东来剌桐城，是一个历史之谜。雅各·德安科纳叙述的犹太人状况，更是谜中之谜。历史文献的散佚，令后人无法使用泉州的地方资料对上述问题进行比勘研究。

然而历史大环境又总能抽绎出有价值的线索，以追寻逝去的陈年足迹。

理宗宝庆元年（1225 年），泉州市舶司提举赵汝适撰成《诸蕃志》，书中据蕃商口述提及意大利西西里岛火山[③]，及辖有今西班牙南部部分国土与非洲北部的穆拉比特王朝[④]。其他则付诸阙如。假如当时剌桐城有许多欧洲侨民，作为主管海事部门的行政长官，赵汝适一定耳熟能详，也一定会在书中有所载述。然而斗转星移，半个世纪之后，意大利犹太人雅各·德安科纳便因商来华，旅居剌桐近半年，并确证同时有欧洲人侨居该城。

---

① 雅各·德安科纳《光明之城》，第 168 页。

② 雅各·德安科纳《光明之城》，第 159 页。

③ 赵汝适《诸蕃志》卷上，《斯加里野国》。

④ 赵汝适《诸蕃志》卷上，《木兰皮国》。

看来这半个世纪的风云变幻，饱含了欧风东渐的历史玄机。

成吉思汗于公元13世纪初年建立蒙古国家，旋即凭借强兵悍将，四出征战。西征军如疾风骤雨，席卷中亚大地，攻占钦察、斡罗思，扫荡波兰，侵入马扎儿平原，饮马多瑙河。公元1241年冬，窝阔台去世，西欧才幸免于难。这支“比狮熊更凶猛”[①] 的蒙古铁骑大军，第一次令全欧洲的君主、教廷和贵族震惊颤抖，于是1245年根据里昂主教会议的决定，教皇英诺森四世派遣意大利圣方济各会士柏朗嘉宾、1253年法兰西国王圣路易士九世又派遣该国圣方济各会士鲁布鲁克先后跋涉数千里路去蒙古草原朝见大汗，以执行有关的秘密使命。与此同时，欧洲商人也怀着探寻商机的欲望前往蒙古。元世祖中统二年（1261年）五月七日：

> 是日，发郎国遣人来献卉服诸物。其使自本土达上都，已逾三年，说其国在回纥极西徼，常昼不夜，野鼠出穴乃是入夕。人死，众谒诚吁天，间有苏者，蝇蚋悉自木出。妇人颇妍美，男子例碧眼黄发。所经途有二海，一则逾月、一则期月可度。其舡艘大，可载五十百人。其所献盏斝，盖海鸟大卵，分而为之。酌以凉醑即温，岂世所谓温凉盏耶？上嘉其远来，回赐金帛甚渥。[②]

发郎（Frank，《光明之城》译作法兰克）按其方位，即今北欧，“常昼不夜”正是北极圈附近地域特殊的自然现象。这些来“使”花三年时间，横渡二处海域，跋涉千山万水抵达上都。王恽亲聆翻译，竟无一句政治相关话语，欧洲史籍也未发现当年有宫廷遣

---

① 《鲁布鲁克东行记》，何高济译，中华书局1985年版，第188页，英译本序言引1240年马太《历史编年纪》。

② 王恽《秋涧集》卷八一，《中堂事记》上。

使记事[1]，因此可以肯定这是一桩民间商人自发东来事件，为掌握商贸先机，不惜跋山涉水，辛劳备尝。

欧洲商人东来中国，既可走陆路，当然也可航大海。刺桐港在南宋一代跃居中国对外最大贸易港，其远洋帆船队不仅西碇阿拉伯海诸多口岸，而且也遥泊非洲东海岸；不但输送大量的丝绸、棉布、陶瓷等上乘物品，同时也于所到之处传播中华文明，扩大海外声威。因此，蒙古军西征成了中欧交往的一个意外契机。在战火纷飞声中，开启一个欧洲教士、商人前来东方探奇的新纪元。正是在这个背景下，欧洲海商完全有可能进行破冰之旅，首航刺桐港。祝穆初刻于理宗嘉熙三年（1239 年），其子祝洙重刻于度宗咸淳三年（1267 年）的《方舆胜览》一书，凿凿断言："诸蕃有黑白二种，皆居泉州号蕃人巷。"[2] 其中的白人蕃商，谁能说其中就不包含欧洲侨民？

当时的"蕃人巷"住宅区，据雅各·德安科纳目击，规模与设施已趋于完善。

聚居坊巷：郑侠曾说泉州北宋末年是"夷夏杂处"[3]。目前不清楚此"处"字是住处抑或相处？但到南宋孝宗初年，傅自得通判泉州，便以朝廷"化外人，法不当城居"[4] 为由将文庙前面伊斯兰教寺楼撤除，"蕃人巷"与本地居民住地划了明显界线。估计此后蕃商住宅群便以镇南门外并逶迤向东的条状地带为格局。理宗宝庆中，知州游九功建翼城，将镇南门外"蕃人巷"包砌，形成一片原江干地域的新城区。雅各·德安科纳

① 韩儒林《元朝史》下册，人民出版社 1986 年版，第 439 页。

② 《方舆胜览》卷二，《泉州·土产》。

③ 郑侠《西塘集》卷八，《代谢仆射相公》。

④ 朱熹《晦庵集》卷九八，《傅自得行状》。

所说“蕃人巷”“在城内各自的地方”[①]，显然是这个状况的反映。

宗教会场：蕃商的宗教信仰有充分保证，不同的宗教建有不同的寺堂场所。伊斯兰教有清真寺。印度教设有印度教寺。犹太教设有祈祷堂。基督教设有教堂。

“蕃客墓”碑

① 雅各·德安科纳《光明之城》，第158页。

生活设施：不同的“蕃人巷”各设置所需的旅馆、饭店、库房、学堂、医院等。

蕃客公墓：伊斯兰教徒公墓建于南宋前期。犹太人公墓，雅各说是在城外称为 Ciuscien 的地方。

蕃商公会：据雅各说，威尼斯人、热那亚人、安科纳人组成 24 人公会。阿拉伯商人组成称为 ortaq 公会。

为便于联络各方蕃商和处理相关事务，泉州地方衙门为此特置专职官员一名。

（二）蒲蕃首领

南宋中后期刺桐港海上贸易经济不景气导致海商群体的结构性沦替，蕃商势力扶摇直上，尤以其中坚力量蒲蕃海商的攀升为突出。蒲寿庚于是脱颖而出，经过时代大潮的淘洗，他终于成就为刺桐港承前启后、操柄乾坤的历史人物。

蒲寿庚祖籍，宋末连江人郑所南记作“南蕃人”[①]；元初王磐记作“西域人”、“回紇人”[②]；明代福建籍作者也多记作“西域人”。[③] 貌似歧异，实际均指西亚阿拉伯地区。西亚帆船来华，先东后北方能抵达泉州，因此宋元史志便把他们视为“南蕃”。宋元惯称西亚为“西域”，元代则又称其为“回回田地”[④]，当时回紇视同回回。同时“南蕃”与“回回”连称为“南蕃回回”[⑤]。

---

① 郑所南《心史·大义略叙》。

② 李正儒《（嘉靖）藁城县志》卷八，王磐《藁城令董文炳遗爱碑》；卷九，同上作者《赵国忠献公神道碑》。

③ 《清源金氏族谱》附佚名《丽史》；曹学佺《泉州名胜志》卷五；何乔远《闽书》卷一五二，《畜德志》引“泉志”。

④ 《通制条格》卷二七，《杂令·蒙古男女过海》。

⑤ 周密《癸辛杂识续集》卷下，《佛莲家赀》。

况且宋代西亚大食来华贡使又多冠蒲字。蒲寿庚祖籍确在阿拉伯。

这里，还须撩起历史面纱，还给蒲寿庚一个真实身世。

蒲寿庚与父兄迁居泉州后，投身海上贸易业，经营得法，不但迅速站稳脚跟，而且逐渐崭露头角于刺桐航海业。宋亡以后，元人每谈论蒲寿庚，叹赏为“寿庚素主市舶”[①]，或“寿庚提举泉州舶司，擅蕃舶利者三十年”[②]。这里有两个要点，一个是提举市舶司，另一个是擅蕃舶利三十年。前一个要点显然是《元史》撰人从元初的《董氏家传》“素主市舶”转化为“提举市舶司”；后一个要点显然从方回《乙亥（按即宋恭宗德祐元年，公元 1275 年）前上书本末》中的“泉［州］之诸蒲，为贩舶作三十年”句脱化而来。两宋市舶采官督民营体制，朝廷通过提举市舶司贯彻有关政策，并负责抽解、博买一套相关作业；而中外海商则自己另外有行业组织维持航海、货运等技术、劳力、外延关系的正常运转。“素主市舶”便是指海商民间的谋合功能。由于南宋中后期以后海外蕃商势力的稳固发展，其间的蒲蕃集团尤操左右大权。蒲寿庚在其父去世后，仍能得心应手从事海上贸易业，也便掌握当时刺桐港市舶运转的主持权力。至于宋末官员方回论劾奸相“贪”财而提出 30 年之说，乃指贾似道自理宗淳祐初年日渐得势以至亲自督军大败被罢官刚好 30 年中对刺桐“诸蒲”所施行的敲剥。退一步说，从恭宗德祐元年上溯 30 年，为理宗淳祐五年（1245 年），其时提举泉州市舶司是莆田人刘克逊，蒲寿庚年纪不大，其父蒲开宗也健在，从来不见有蒲寿庚时任市舶司提举官的任何历史记录。大概淳祐八年（1248 年）左

① 《元文类》卷七〇，元明善《藁城董氏家传》。

② 脱脱《宋史》卷四七，《瀛国公本纪》附《二王本末》。

右，兴化军人王太冲任大宗正丞，泉州“贾胡蒲姓求婚宗邸。公曰：归明徭□乃欲妇宗姬乎?！婚帖不可得也”。[①] 泉州史研究者以为此“蒲姓”当即蒲开宗家。如果此前蒲寿庚荣任市舶司提举官，则其家地位自然大步攀升，而不至还只是一个“归明徭□”了。

泉州市舶司提举，南宋年中“自嘉定后皆以知泉州事兼权之”[②]。据现有研究成果，固然不能说百分之百如此，但以知州兼权市舶提举官仍是一个十分突出现象。22 名市舶司提举中，14 名系知州兼舶，占 64%[③]，实际上知州兼舶人数不止这些。度宗咸淳八年（1272 年）左右，知州赵日起也以知州身份而兼舶使。[④] 检索历史文献，蒲寿庚未曾担任此职，也就缺少了一条兼权渠道。虽然元人有“泉州太守蒲寿庚”[⑤] 的说法，但缺乏可靠依据。

蒲寿庚获得宋廷授予官职，地方文献一致归因于度宗咸淳末年平海盗有功，被风雨飘摇不能自保的朝廷授官福建安抚沿海都制置使。端宗即位福州后，景炎元年（1276 年）进授福建广东招抚使，总海舶[⑥]。虽然有人指陈安抚使与沿海都制置使的授命为不可信[⑦]，但明代泉州地方文献如林希元《（嘉靖）永春县志》、阳思谦《（万历）泉州府志》等仅记以“沿海制置使”应有

① 刘克庄《后村全集》卷一五五，《王太冲墓志铭》。

② 阳思廉《（万历）泉州府志》卷九，《官守志》。

③ 杨清江、陈苍松辑《福建市舶司人物录》，铅印本，第 11～13 页。

④ 俞德邻《佩韦斋集》卷五，《故舶使知泉州赵公挽词五首》。

⑤ 李正儒《（嘉靖）藁城县志》卷八，《文集志》，王磐《藁城令董文炳遗爱碑》。

⑥ 何乔远《闽书》卷一五二，《畜德志》引“泉志”。

⑦ 苏基朗《唐宋时代闽南泉州史地论稿》，台湾商务印书馆 1991 年版，第 10～12 页。

可能①。何况，自高宗建炎即位伊始，便认定地貌自成一格、三面环山、易守难攻的福建路为皇家固若金汤后院，所以南外、西外宗属均移驻泉、福二州，如今，蒲寿庚兄弟平定泉州海盗，稳定一方，危在旦夕的临安皇族必要时仍将作入闽避难的严峻局势，逼使宋廷中枢作出破格、躐等授命，也属情理中行为。朝廷未必依旧死抱吏部条法不作变通?!端宗景炎元年（1276年），行朝仰仗蒲寿庚之情更为浓烈，又嘉官晋爵。时人黄渊为泰宁人叶必茂写墓志，说当年“兵戈横放，蒲海云（蒲寿庚字）以招抚幙辟儒学提举，辟俱不就”②，可见蒲寿庚确实被进授福建广东招抚使。“总海舶”官职，系景炎行朝权宜所设总管海舶的官员。以后赵昺转战南海，漳州诏安人陈植被任命为督岭南海路兵马、提领海舟官职，其弟陈格被任命为海舟监簿③官员，都属于性质相同的管辖海舶职衔。

蒲寿庚何以能平定海盗，立功海上，擢膺显宦？元初王磐两段蒲寿庚对元朝中书左丞董文炳的“自白”文字载述：

> 寿庚本回纥人，以海舶为业，家资累巨万计，南海蛮夷诸国莫不畏服。闻张世杰出海上，寿庚愿奉威灵，率本家丁壮镇守东南，必保无虞。④

> 蒲寿庚者，本西域人，以善贾往来海上，致产巨万，家僮数千。及降，愿与子男家人辈，保护东南一隅。⑤

① 脱脱《宋史》卷四六，《度宗本纪》咸淳十年福建安抚使为赵顺孙。

② 黄渊《四如集》卷四，《叶必茂墓铭》。

③ 何乔远《闽书》卷一二一，《英旧志·缙绅》。

④ 李正儒《（嘉靖）藁城县志》卷九，《文集志》，王磐《赵国忠献公神道碑》。

⑤ 李正儒《（嘉靖）藁城县志》卷八，《文集志》，王磐《藁城令董文炳遗爱碑》。

碑文概述蒲寿庚经营海上贸易致富外，最突出的是他向董文炳所做的效忠表白：投入“本家丁壮”、“家僮”、“丁男家人辈”，足可“保护东南一隅”。伊斯兰教实行多妻制，固然可以拥有大群“子男”。但充其量至多数十上百，仍嫌不多。其实，这其中包含了两个系列人群：“本家丁壮”、“子男家人辈”乃蒲寿庚在华所复制出来的阿拉伯贝杜因人的义子收养制所形成的系列人群；所谓“家僮”，则是蒲寿庚在华既延续阿拔斯王朝又模仿中国权贵传统的广蓄奴婢所形成的另一系列人群。贝杜因人收养义子，渊源久远，仪式简便。据传被收养者只须与主人共餐或吮吸主人的几滴血即可成为其主人的养子。两宋时期，闽南田少人稠，穷人遍地，而当地历史上又盛行赘婿习俗，入赘谋生，人以为常，蒲寿庚巨富，无论收养义子，抑或广蓄“家僮”奴婢，唾手可得。又可以名正言顺称之为“本家丁壮”，或“子男家人”。据明初泉州无名氏所撰《清源丽史》，端宗景炎元年（1076 年）十一月，张世杰等奉端宗赵昰抵泉州港口，与蒲寿庚闹翻，一举掠“取寿庚货舟四百艘以载军士”。其时南航海舶早已趁东北季风放洋，蒲家“货舟”犹碇泉州湾 400 艘，即以此数约略估计，舶上梢水等人员少说也需万人以上，蒲家“子男家人”平时划归海事作业，一旦亟需，便能组成大队兵马。度宗咸淳末年在海盗侵扰时，蒲寿庚兄弟便指挥一时武装起来的私家人马，迅即平定海疆，赢得显宦、荣宠与美名。

海盗侵扰，而赖蕃舶海商指挥武装队伍予以平定，其本身包含了严重的社会危机。

南宋后期，政府机构的极度腐败导致政治、经济、军事、文化各方面都陷入危险境地而不能自救，呈现一派末日景象。泉州一地则表现为海上贸易业日渐下降，并出现蕃商集团取代本土海商的结构性变动；人口继续攀高，人口与口粮的生存危机也继续紧张化；驻军与地方的矛盾暗流潜伏，并逐渐走向明朗化。等等。海盗侵扰而需蕃商出面平定，便是驻军与地方矛盾的一个侧面反映。泉州驻军主要为禁军，其中有威果第 26 指挥（兵额 510 人）、全捷第 10 指挥（兵额 510 人）、左翼军（1882 人）。以左翼军兵员最多，也能战。但自理宗淳祐初年以后，主持军饷禀食的通判衙门常利用广米就籴机会，与奸商暗中勾结，“虚申妄喝，高下在口”，赚取差价，克扣军饷[①]，引起驻军的不满情绪。岁月推移，嫌隙渐深。理宗景定五年（1264 年），贾似道发行金银见钱关子，废十七界会子，以十八界会子 300 贯抵关子 1 贯。结果“诸行百市，物价涌贵”[②]，长期持续的物贵楮轻局面趋于恶化。届度宗咸淳四年（1268 年），十八界会子每道仅值 257 文铜钱，“十八界二百不足以贸一草履而以供战士一日之需。”[③] 十八界见钱关子大贬值，不但给广大百姓的艰难时日雪上加霜，而且进一步引起军官士兵的愤懑。同年，泉州晋江县籍的潮州知州洪天骥轮对时，坦言“泉［州］有屯戍左翼一军乏兴之害，米舟搜籴生变之虞”。[④] 所谓“乏兴”，细味语意，便是调动不灵。一语道破左翼军积贫积怨，情形异常严重。既然如此，咸淳末年的海盗侵扰，改由蒲寿庚兄弟带领人马予以平定，就不足为奇了。

左翼军对朝廷与现实的不满，却为蒲寿庚建构地方势力网络提供了方便。当时左翼军统领为夏璟，大概平时便与蒲寿庚深相结纳，所以时人称赞他获得“海云蒲平章器爱之”，[⑤] 从而日后成为蒲寿庚叛宋投元的左股右肱。

① 刘克庄《后村全集》卷一四三，《颜颐仲墓志铭》。

② 吴自牧《梦粱录》卷一三，《都市钱会》。

③ 方回《桐江集》卷六，《乙亥前上书本末》。

④ 文天祥《文山全集》卷一六，《洪天骥行状》。

⑤ 黄渊《四如集》卷四，《夏璟墓志铭》。

此外，蒲寿庚还暗中结纳福建兵马都钤辖、泉州南安县人尤永贤[1]、泉州司马晋江县人田真子等地方实力派。

端宗景炎元年（1276 年）十一月，蒲寿庚与行朝关系破裂，设圈套诱杀南外宗室与张世杰派驻泉州的淮兵。次年夏季，泉州降元集团在夏璟、尤永贤指挥下，与自广东北返的张世杰指挥的宋军鏖兵 90 天，又暗中离间与宋军联合前来围城的畲族陈吊眼、许夫人部队。当年九月，元军援兵赶到，宋军不敌南撤。

蒲寿庚于上年十二月初八日向率部抵泉的中书左丞董文炳投降，正式归元，并郑重作出“愿与子男家人辈，保护东南一隅”的承诺。次年四月，董文炳朝见元世祖忽必烈时，面奏：“寿庚素主市舶，谓宜重其事权，俾为我捍海寇，诱诸蛮。”[2] 几句话道出当时中枢对蒲寿庚所寄予的期待：保卫海疆，扩展邦交。而蒲寿庚拥有前述的人力资源，确实可以“保护东南一隅”。蒲寿庚几十年来又系蕃商翘楚，“南海蛮夷诸国莫不畏服。”拥有扩展邦交所需的亲缘、教缘、商缘、文缘诸种优势，扩大联络，勾招进奉，推进商贸，安抚创痕，自然不致有克服不了的困难。所以，元世祖听了董文炳将自身所佩的金虎符私自转给蒲寿庚佩戴之后，不但不予斥责，而是大加叹赏。故元朝政府亟授蒲寿庚昭勇大将军、闽广大都督兵马招讨使，随改镇国上将军，福建及泉州行省或分省设立后，又续除参知政事、中书左丞等职。蒲寿庚平步青云，标志着刺桐港以蒲蕃为首的蕃商集团已获得元廷中枢的信任，在蒙古贵族联合色目贵族（含刺桐港蕃商集团）共同治国政权架构中，取得稳定位置。

于是，元朝初期刺桐港的三大变化便接踵而来。

---

① 《闽泉吴兴分派卿田尤氏族谱·尤永贤传志》。

② 《元文类》卷七〇，元明善《藁城董氏家传》。

政权阶位提升。自唐初置州以后，泉州始终位居地方中层行政序列。并入元代版图后，开始出现新态势。元世祖至元十六年（1279 年）二月，增置泉州行省，一年半后移江西隆兴（今江西南昌）。十八年（1281 年）十月，仍又泉州行省，一年半后并入福建行省。二十一年（1284 年）九月，福建行省并入江淮行省，泉州设为分省治所。成宗大德元年（1297 年），设立福建平海行省，治所在泉州。三年（1299 年）二月改称福建宣慰司都元帅府。如此等等。因此，大德六年（1302 年）庄弥邵撰《泉州罗城外壕记》，指出："泉［州］本海隅偏藩，世祖皇帝混一区宇，梯航万国，此其都会，始为东南巨镇，或建省或立宣慰司，所以重其镇也。"① 在其阶位提升过程中，与以蒙古贵族为达鲁花赤地方长官的通例不同，"福建州县官类多色目、南人。"元廷于惊诧之余，不得不颁"参用汉人"（原金朝辖境居民）诏令，以保持政权架构内的民族四等制均衡状态。②

海外招谕授权。元朝政府之所以在闽南海陬，史无前例地创设泉州行省、分省，旨在"招谕南夷诸国"③。为此授蒲寿庚长男蒲师文正奉大夫工部尚书海外诸蕃宣慰使，与其副职孙胜夫、尤永贤等人"通道外国，抚宣诸夷"④。此前，元世祖忽必烈即已诏令福建行省参政唆都、蒲寿庚：

> 诸蕃国列居东南岛屿者，皆有慕义之心，可因蕃舶诸人宣布朕意：诚能来朝，朕将宠礼之；其往来互市，各从所欲。⑤

---

① 怀荫布《（乾隆）泉州府志》卷一一，《城池》引。

② 宋濂《元史》卷二〇，《成宗本纪》大德三年六月。

③ 宋濂《元史》卷一二九，《唆都传》。

④ 汪大渊《岛夷志略》吴鉴序。

⑤ 宋濂《元史》卷一〇，《世祖本纪》，至元十五年八月。

所以，泉州行省既设，左丞唆都、孙胜夫、尤永贤等便“奉玺书十通，招谕诸蕃”①，先后赴占城（今越南中部）、爪哇（印尼今地）、马八儿（今印度西南马拉巴尔一带）诸国。此外，元廷又派唆都原部属、时任广东招讨司达鲁花赤杨庭璧赴俱蓝（即故临，今印度西南奎隆）招谕。结果，南亚次大陆及东南亚一批国家便先后遣使贡奉。

成宗大德元年（1297年）二月，元朝政府改福建省为福建平海（宋太祖乾德二年改清源军为平海军，亦即泉州）等处行中书省，治所移至泉州。起因是平章政事高兴奏请：“泉州与瑠求（今台湾）相近，或招或取，易得其情。故徙之。”② 泉州又成为元廷拟议招谕瑠求的政治基地。

市舶设司重点。元世祖至元十四年（1277年），元廷首先复设泉州市舶司，以都督忙古艀提领。其后陆续增置达七所，之后又合并为泉州、庆元（今宁波）、广州三所。然而此后终元世祖一朝，市舶司体制的变动，常以泉州市舶作为重心展开。至元二十一年（1284年）元朝政府设市舶都转运司于杭、泉二州，并实行“官本船”贸易体制，政府出资出船，雇募舟师从事海上贸易，回船所得净利三七开，官七民三。二十二年（1285年）并福建市舶司入盐运司，称为都转运司，管领福建漳、泉盐货市舶。至元三十年（1293年），元朝政府又议定市舶司的抽分制度。行大司农燕公楠、翰林学士承旨留梦炎鉴于七口市舶司现行办法参差不一，“唯泉州物货三十取一，余皆十五抽一，乞以泉州为定制。”③ 终于获得元世祖同意，是刺桐港再次以较低税率

---

① 宋濂《元史》卷二一〇，《马八儿等国》。

② 宋濂《元史》卷一九，《成宗本纪》。

③ 宋濂《元史》卷一五，《世祖本纪》，姚桐寿《乐郊私语》。

徕远的卓识赢得胜利。

泉州并入元代版图后，即采取适当措施拯救兵燹带来的创伤。军饷仍令僧寺输纳，民户该年租赋一律减半，水灾难民，另外赈济。所以，大约自元世祖至元后期起，远洋贸易船航线又遥指非洲东海岸。“做买卖的往回回田地里（指阿拉伯、东非一带）、忻都田地里（指南亚次大陆）。”① 为了迅速将刺桐港舶上商品运往大都，元世祖至元二十六年（1289 年）命杭州的行泉府以其所辖 1500 艘海船，自泉州至杭州分建海站 15 所，每站驻船 5 只、水军 200 人，“专运番夷贡物及商贩奇货，且防御海道。”② 至元二十八年（1291 年）八月因故撤销。次年，福建道宣慰司高兴向元廷建议：鉴于“海外诸番进献官物，都把福建地面里投北去，若于泉州为头，起立水旱站赤”，将货品运至铅山州（今江西铅山县）汭口下船，由信江入鄱阳湖，进长江抵真州（治今江苏仪征）过淮河行大运河以抵大都，经元廷枢密院审议同意，申省施行③。海站与水旱站赤的先后建成，标志刺桐港海上贸易业继续其繁荣状态，并获得元朝中枢的高度重视。

蒲寿庚挈刺桐归元，因此备受宠待。父子继代簪缨，成为财大官高的新贵，其府邸据传在今泉州市鲤城区中山南路东南侧地名花园头。1937 年 2 月 7 日，施工单位在该处掘出一批遗物。其中青石花盆刻“丞相花园”四字，确系蒲家旧物。府第坐东朝西，大门口今称“大隘门”。自此入门，有池名“关刀池”，池边为“溪亭”，因种刺仔花，故称“刺仔花园”。想当时池亭台榭，小桥流水，风景一定佳胜。池北有“蒲门祠”，系蒲家宗祠所在。

---

① 《通制条格》卷二七，《杂令·蒙古男女过海》。

② 宋濂《元史》卷一五，《世祖本纪》至元二十六年二月。

③ 《元典章》卷三六，《兵部》三。

西有“三十二间”，传说住的是被选充活人棋子的女子。楼阁北面，过大旷地，北有厨房“灶仔巷”，东北有“讲武巷”练兵场。“讲武巷”对过为其家塾“东鲁巷”。二巷夹一空地称“棋盘园”，即蒲寿庚与宾朋以女子为棋子对弈场地。“三十二间”西有“待礼巷”，馆驿所在。府第方圆占地约半平方公里，豪宅深院，甲于刺桐城①。

死生祸福，世事沧桑。宋端宗赵昰景炎元年（1276年）十一月，蒲寿庚大开杀戒，南外宗居住睦宗院的宗属被杀殆尽。赵由馥当年七岁，“亦刃下”受伤。幸亏得到元军将领达平章（具体姓名失传）救助，送往北方养为己子，后来又送入太学就读。达平章病殁，赵由馥三年服厥后，与同时被俘北上的妇女庄附二妈南归泉州。成宗大德四年（1300年）五月初一，年仅25岁但已备尝人生况味的赵由馥写成现称作《南外宗孙由馥府君遗嘱》②的重要文献，为后人研究宋元之际泉州地方史开拓新境界。

例证一：蒲寿庚老死，南外冤案得平反。

元世祖早在至元十三年（1276年）便绍承太宗“凡占儒籍者皆复其家”政策③，儒户获得蠲免差役④的特殊待遇。至元二十五年（1288年）又一次重申此令⑤。赵由馥以其元廷太学生身份，与其叔赵孟俊前往泉州路总管府申请免役：

> 因与孟俊叔告免差役，而泉州路总管潸然出涕，既为移

---

① 安永绥《蒲寿庚府第的历史地名》，载《泉州市地名研究文集》，1987年版，第75～80页。

② 载泉州《南外天源赵氏族谱》。（见本书附录七）

③ 宋濂《元史》卷一七〇，《雷膺传》。

④ 宋濂《元史》卷九，《世祖本纪》。

⑤ 《元典章》卷三一。

文蠲免，复为追还故基。苟创祠宇宗祊，奉祀祖先及伯叔姑姐之神。不能尽记忌辰，但岁时节序，祭献而已。

据泉州地方文献，元世祖至元年中的总管为马坦之、王之问、脱和思和贾庭直数人，① 接受赵由馥呈文的究系何人，已不可考。显然，这位当时的泉州父母官，对南外宗族的悲惨遭遇十分同情，竟至“潸然出涕”，并照准所请，“既为移文蠲免，复为追还故基。”为赵家叔侄创造了“苟创祠宇宗祊”的物质前提，使远离故土十多年并事实上易姓为嗣的赵由馥“归宗”。一切均十分顺利。但如果更为深入地追寻下去，就必须承认：备受元世祖倚赖的刺桐色目人领袖蒲寿庚已经老死，因而南外宗正司冤案实际上获得平反，赵由馥的呈文方能一一照准。南宋一代泉州南外睦宗院劫后余生者不但意外地享受到人世间的物质优惠温暖，而且可以草创宗祠以奉祀曾是蒲寿庚集团屠刀下的冤魂！

蒲寿庚行迹最后登于《元史》的一宗，系至元二十一年（1284年）九月元廷并福建行省入江淮行省，泉州设为分省治所，行省左丞忽剌出、蒲寿庚与参政管如德同时受命分省②。以后的变迁，正如赵由馥《遗嘱》明白断限：“吾至元二十五年遇赦归宗。”显然，要是大权在握的南外宗血案刽子手蒲寿庚尚在，赵由馥的“归宗”断不能兑现。所以，有充分理由推断：蒲寿庚离开人世，大致就在至元二十一至二十五年（1284—1288年）四五年之间。

例证二：田真子主谋，多行不义必自毙。

---

① 周学曾《（道光）晋江县志》卷二八，《职官志》。

② 宋濂《元史》卷一三，《世祖本纪》。

自明前期以来，若干有影响的地方文献[①]便先后相传蒲寿庚屠杀南外男女、叛宋降元系其兄蒲寿宬为之策划。早在南宋政权覆灭前夕，泉州诗人胡仲弓于《次心泉卜隐韵》诗中，借“窗前多栽竹，相期晚节坚”，[②] 歌颂竹子傲霜斗雪郁郁葱葱直立不屈形象，相互期许和激励。更为突出的是同安籍的著名南宋爱国遗民诗人丘葵，于元初蒲寿宬去世时，写出《挽心泉蒲处士二首》悼亡诗篇。其中如“把钓秋风辱赠诗，伤心无路送灵輀。欲书诔语应难尽，独倚寒梅照石漪”[③] 等字里行间充满了凄然的衷心悼念之情，正是惺惺惜惺惺地对蒲寿宬的晚节给予了公正评价。

幸得赵由馥《遗嘱》，蒲寿庚叛宋投元的谋主问题，终于尘埃落定。《遗嘱》指出：

> 我创立宗祊时，四邻皆来贺，老者且言且泣，惟田氏不至。盖寿庚、寿晟作乱，州司马田子真为之谋主。田子真往杭州见唆都纳降，而后寿庚杀其子。凡据我第宅，占我田园，夷我坟墓，获我宝器，皆斯人之子孙也。

田子真，据南宋理宗宝祐四年《登科录》应作田真子(1223—?)，泉州晋江县人。高祖曾任安抚使，接下二代未任，父迪功郎，可见其家庭系日趋式微的官户。宝祐四年（1256 年）田真子中文天祥榜一甲第八名进士。初期任职情况不明，直至端宗赵昰景炎元年（1276 年）与蒲寿庚一起降元时，始见载籍著录。元代陈桱《通鉴续编》卷二四、脱脱《宋史》卷四七《瀛国

---

① 明初佚名《清源丽史》(载《清源金氏族谱》)、黄仲昭《（弘治）八闽通点》卷八六《拾遗》、何乔远《闽书》卷一五二《畜德》上。

② 胡仲弓《苇航漫游槁》卷二。

③ 丘葵《钓矶诗集》卷四。

公本纪附二王》以田真子为泉州知州。赵由馥《遗嘱》、明初佚名《清源丽史》、《泉州府志》（何乔远《闽书》卷一五二《畜德志》引）、阳思谦《（万历）泉州府志》卷一七《赵必晔传》、怀荫布《（乾隆）泉州府志》卷三三《选举志》则均引作“州司马”。论者或以为宋代州军属吏不设司马，因主张田真子必系泉州知州。显失细考所致。

宋代地方府州政府，凡确定为大都督府或节度等使州郡，一般采取两班官制，构成深具朝代特色的地方重叠官吏系统，以达其分化权力、互相掣肘、便于统驭目的。施宿等纂修的《（嘉泰）会稽志》卷三《职官曹官廨舍》条详加揭示，指出：

> 国朝大都督府官属之制，有长史、左司马、右司马、录事参军、司户参军、司法参军、司士参军、司理参军。大都督阙，则置知府一人、通判一人，而长史、司马皆省。节度兼观察处置等使官属之制，有行军司马、节度副使、节度判官、节度掌书记、节度推官、节度观察判官、观察支使（原注：有掌书记则省）、观察推官。其实，大都督、节度、观察使职务悉归知州、通判兼总之。

泉州于太宗太平兴国初年，改平海军节度[①]。为此，泉州地方衙门在普通府州设官置吏之外，也按节度州另置其幕职官员。[②] 其间也便依法设置给俸不厘务的所谓“行军司马”闲职。显而易见，田真子之为“州司马”，正是“行军司马”这类闲散官职。推而论之，出身于没落、下降官户，而又仅得到一个支俸

① 脱脱《宋史》卷八九，《地理志》。

② 阳思谦《（万历）泉州府志》卷九，《官守志》，与怀荫布《（乾隆）泉州府志》卷二六，《职官志》均明记泉州设节度掌书记、观察支使、节度推官、观察推官等节度等使官属，但欠完备资料。

不厘务可有可无小官，田真子身处金银交关、商品如潮的大贸易港刺桐城中，内心的不平衡，物欲的饕餮化，必然日趋激烈，冒险性格也就日冶夜铸。因此，社会条件一旦臻于成熟，他便伺机而发，终于成为蒲寿庚叛宋降元的谋主，并且在血腥覆灭南外宗室之后，张开如盆巨口，吞噬宗室的第宅、田园、宝器，一时摇身变为政治暴发户。

然而，报应是人类社会的普遍性法则。由于尚不清楚的原因，蒲寿庚集团内讧的结果，他的儿子率先被诛杀，他也被抛弃。南外冤案被平反后，肆意攫夺的第宅田园，被总管府明令退还，到头来，落得个身败名裂，遗臭万年。

蕃商夺得刺桐港的压倒优势权位后，以蒲寿庚为首的掌权集团，大力奉行元廷海外招诱政策，凭借其亲缘、教缘、文缘等等人脉，因而出现蕃商到港的新局面："泉南之地，外接海岛，帆舶互市，蛮夷交关。"① 海上贸易获得长足发展："番货远物，异宝奇玩之所渊薮；殊方别域，富商巨贾之所窟宅，号为天下最。"② 以致合只铁即剌、马合马丹之流向元廷进贡珍宝，竟被艳称之为"泉州大商"③，享受殊荣。他们腰缠万贯，豪第耸峙，称雄刺桐，甚而效颦儒雅，插手科场。顺帝至正四年（1344 年）元廷科场行贿案件中，其内也有泉州蕃商，"元孚乃泉南之大贾，挥金不啬于泥沙。"④

（三）教派林立

来自不同地域的蕃商群体，几乎是凭借其与社会宗教习俗密

① 虞集《道园学古录》卷一六，《月鲁哥神道碑》。
② 吴澄《吴文正集》卷一六，《送姜曼卿赴泉州路录事序》。
③ 宋濂《元史》卷二二，《武宗本纪》至大元年九月。
④ 陶宗仪《辍耕录》卷二八，《非程文》。

不可分的文化生态以相互区别其归属。“缠头赤脚半蕃商，大舶高樯多海宝。”[①] 阿拉伯商人仍占刺桐外商的一个主要部分。因此民间也有“蒲半街”、“回半街”的谣谚。宋时，他们已建清真寺两座，迄元顺帝至正十三年（1353 年）前，便“增为六七”[②]。据考，城东今津头埔有元代也门人奈纳·奥姆尔建造的也门教寺，南门有穆罕默德·本·艾敏伯克尔建造的穆罕默德寺，城东东头乡至治年（1321—1323 年）中纳希德重修清真寺，元末那兀纳建造号称“番佛寺”的清真寺等等[③]。此外，出土的伊斯兰教墓碑、墓盖石不下 200 多方，数量居其他教派蕃商石刻遗存之首。

波斯摩尼教于唐武宗会昌灭佛时，呼禄法师（传教师）避难辗转入闽，传教泉州，卒葬清源山下。朱熹《与诸同僚谒奠北山》诗云：“祠殿何沈邃，古木郁苍然。明灵自安宅，牲酒告恭虔。”摩尼教又称明教，“明灵”即其教神灵，因此呼禄入闽来泉传教是史实。两宋时期，泉州摩尼教已颇为盛行，民间也组织“明教会”进行宗教活动。晋江县磁灶市大树威窑专门烧造黑釉阴刻“明教会”字样的碗碟以供其使用（遗物于 1982—1983 年出土）。元顺帝至元五年（1339 年）泉州晋江华表山下摩尼教草庵由谢店市信徒陈其泽捐资就岩壁雕成摩尼光佛坐像。1979 年 9 月在该寺前方发掘出黑釉阴刻“明教会”碗一枚，制式釉色与大树威窑同类器物相似，足证该草庵两宋年中便已存在。摩尼教遗物中最具历史价值的是元仁宗皇庆二年

---

① 释宗泐《全室外集》卷四，《清源洞图为洁上人作》。

② 吴鉴《重立清净寺碑》。

③ 庄为玑、陈达生《泉州清真寺史迹新考》、努尔《那兀纳与番佛寺》，载泉州海交馆编《泉州伊斯兰教研究论文集》，福建人民出版社 1983 年版，第 102～125 页。

(1313年）卒葬泉州的“管领江南诸路明教、秦教等也里可温，马里失里门、阿必思古八、马里哈昔牙”墓碑石的出土，确证刺桐城至迟元代也有外国的摩尼教徒侨居并从事有关的宗教活动。

晋江草庵全球仅存的元雕摩尼光佛像

基督教的聂思托里派最早传入中国。唐太宗贞观九年（635年）景教上德阿罗本来长安，受到朝廷欢迎。以后潜移衍化，渐传华夏大地。

唐宋泉州城有无基督教的聂思托里派（景教），颇有争议。自明代万历后期当地出土十字架下承莲花或飞天景教中西合璧石刻以后，便先后引起中外研究者的兴趣。20世纪20年代，

清源山下宋代道宫毁余老君石像

国外已有人认定最初出土的几方系两宋遗物①。其后，日本佐伯好郎也以为万历、崇祯年中出土的三方景教石刻，与唐代长安景教石刻图案相近，其中唐代所建水陆寺遗址出土物可能性更大，因主张系八、九世纪遗物②。日本江上波夫在比较扬州、房山、泉州景教遗物图饰后，认为泉州景教遗物的年代或许可以上溯到北宋年中③。历史文物缺乏本身年代记号时，从造型、纹饰等可靠方面进行比较研究，是公认可行而且符合科学要求的一种研究手段。泉州东郊明神宗万历四十六年（1618 年）出土的景教石刻，与唐德宗建中二年（781 年）长安景教石刻、

① 德礼贤《中国天主教传教史》，商务印书馆 1933 年版，第 22 页注㉟。

② 转引自杨钦章《试论泉州聂斯脱里教遗物》，《海交史研究》第 6 期。

③ 转引自杨钦章《试论泉州聂斯脱里教遗物》，《海交史研究》第 6 期。

辽穆宗应历十年（960 年）北京房山县崇圣院景教石刻[1]，确实具有密切关联，锐角十字下承莲花底座，十字交叉中心为圆圈或圆点，莲花七瓣向上舒放，神韵一致，主体造型相同，国外研究结论值得重视。此外，元世祖至元二十九年（1292 年），意大利旅行家马可·波罗偕同其叔父马弗于护送蒙古公主出国，行经福州时，与当地景教徒接触，并为他们诵经和逐句翻译讲解，断言“你们是基督教徒，我们也是基督教徒”[2]。福州的景教徒则向来宾说明“他们保持这个信仰已有七百年的历史”[3]。“七百年”固属无稽，但唐宋时期景教传入福州并为部分百姓信仰似无疑问。所以，综合上述泉州景教遗物与近邻福州景教传入历史，两宋年中刺桐城已有聂思托里派（景教）存在便十分可能。近年泉州文物考古学界有人就一方女信徒的古基督教碑从事考析，也认定南宋末年泉州已有基督教在传播，华人也有人信仰该教[4]。转入元代以后，聂思托里派（景教）基督教在官方景教徒的推动下，发展更快。至今已发现景教石刻 30 多方。成宗元贞年中泉州路达鲁花赤马速忽系色目人景教徒，大概由于他的努力，景教兴明寺便得以建成。大德十年（1306 年）该寺主持安东尼为教友题书的墓碑石已被发现。

方济各派（天主教）基督教于元朝初年传入刺桐城，仁宗

---

① ［英］穆尔《1550 年前的中国基督教史》，郝镇华译，中华书局 1984 年版，第 33、85、99 页图片。

② ［英］穆尔《1550 年前的中国基督教史》，郝镇华译，第 164 页引《马可·波罗游记》未刊手稿（藏意大利米兰阿姆布罗西亚图书馆）。

③ ［英］穆尔《1550 年前的中国基督教史》，郝镇华译，第 164 页引《马可·波罗游记》未刊手稿（藏意大利米兰阿姆布罗西亚图书馆）。

④ 林英乔《一方泉州女信徒的古基督教墓碑考析》，《泉州文博》第 7 期。

皇庆二年（1313年），成立该教派主教区。罗马教廷派遣来华的哲拉德、裴莱格林、安德鲁先后到泉州任职。至仁宗延祐五年（1318年），方济各派（天主教）已建有教堂两座。其中一座由来自亚美尼亚的女商人捐建并资助教会活动经费。据1326年（元泰定帝泰定三年）泉州总主教安德鲁的书信，他莅职后，改由元朝朝廷发给俸金。当年俸金按上浮汇率竟有100金佛罗林，因又以其大半在城外再建一座教堂。信中安德鲁对当时的宗教政策有所置评，他说：

在此大帝国境内，天下各国人民，各种宗教，皆依其信仰，自由居住。盖彼等以为凡为宗教，皆可救护人民。然此观念，实为误谬。吾等可自由传道，虽无特别允许，亦无妨碍。犹太人及萨拉森人（按指伊斯兰教教徒）改信吾教者，至今无一人。然偶像教徒（按指佛道儒明等教）来受洗礼者，前后甚众。

既受洗而不守基督正道者，亦复不鲜。①

证明元朝辖境内宗教信仰的自由度很高，各种教派也允许其教徒改信他教，看来中国居民从传统偶像教派中分离并改信天主教的为数不少。但又由于基督教要求信仰上帝，禁止敬拜其他神祇，反对崇先祭祖，与中国人的传统神文化互相抵触，所以在改信基督教后又即予放弃，“亦复不鲜”。因此信奉基督教的多是欧洲或少数亚洲蕃商。

意大利人马黎诺里于顺帝至正六年或七年（1346或1347年）莅泉任教职。据他说：“刺桐城为大商港，亦面积广大，人口众庶。”教会已建有教堂三所、浴堂一所、栈房一所，“以

① 张星烺编注《中西交通史料汇编》第1册，中华书局1997年版，第231～232页。

印度教寺残存石柱

储存商人来往货物。”① 可见教会善于经营。建造栈房，分明可以增加收入，又可方便商人，加强招揽。爰及顺帝末年，教堂

① 张星烺编注《中西交通史料汇编》第1册，第254页。

骤增至八座，基督教的规模大为扩张。

两宋年中，许多印度商人东来刺桐港经商。印度马拉巴尔海岸的商人时罗巴智力干父子即侨居城南“蕃人巷”。元初马可·波罗到达刺桐港时，也见到城中印度蕃商不少。杨庭璧奉命出使马八儿（今印度西南马拉巴尔），该国宰相告诉他：“本国船到泉州时，官司亦尝慰劳。”① 两地关系融洽。印度教寺院番佛寺，即系圣班达·具鲁玛或泰米尔商人于元世祖至元十八年（1281年）获元廷敕准建立。近年陆续于泉州城南等处出土印度教碑石遗物多达300余方。

（四）华化诗人

刺桐港及其腹地有着厚实的中华文化积淀。史载，东晋元帝南渡，中原“衣冠士族，多萃其地”②，时称晋安县（辖境与日后的闽南三州军约略相当）的百越处女地，便以迅速吸纳中原文化而取得日益显著的进步，并以“地雅多士，素习诗书”③ 形成自身有特色的社会人文风貌。唐宋以降，经过长期的历史发展，中华文化的丰硕成果，在闽南城乡随处可见。在城市里则表现得更为集中和鲜明。从城市的硬件设施，诸如衙门、街坊、学校、坛庙、津梁种种建筑，直至意识形态领域书册、诗文、条法、文娱、风习种种熏陶，无不弥漫中华文化氤氲，闪耀中华文化光辉，对生活于其中的居民以潜移默化、春雨润物的深刻影响。

蕃商来到刺桐港，虽然相对集中建成各族群住宅区，但稍经

---

① 宋濂《元史》卷二一〇，《马八儿等国》。

② 王象之《舆地纪胜》卷一三〇，《泉州·风俗形胜》引乐史《太平寰宇记》。

③ 王象之《舆地纪胜》卷一三〇，《泉州·风俗形胜》引曹修睦《乞建州学表》。

岁月，便不能不受到不同程度的影响。尤以北宋末年朝廷敕准泉州创建“番学”，以便“土生番客”入学就读之后，中华文化对外侨的作用，更以教育手段发挥系统灌输和言传身教的有力方式推展开来。

阿拉伯蕃商蒲开宗的长子蒲寿宬，在随其父莅泉定居后，正是通过入学就读这一重要渠道，接受并认同中华文化，自觉融入以儒学为价值观的中华民族群体、归化南宋朝廷的典型人物。其《示儿》诗云：“种谷一岁事，读书一生期。”“少年不向学，终身成愚痴。饥犹一家愁，愚被众人欺。”① 不妨把这些示儿警句看做蒲寿宬青少年时刻苦读书的自白。当时蒲家富盛，他又广事跋涉，东南沿海、闽山晋水的许多地方，他都曾游履所踏，神悦心仪。翻检残存的今本《心泉学诗稿》，令人信服地看到：诗人对中华文明古国的文物是多么的熟悉，上起远古，下迄当代，包含男女名人、典章制度、历史故事、民间传统、风俗习惯、山川湖海、天时物产等等方面的内容，都能如数念珠般熟练地织进他的诗篇，确实无愧地是第一位阿裔华化诗人②。

蒲寿宬于度宗咸淳七年（1271 年）受命知梅州（治今广东梅县)。任内写有《七爱诗赠程乡令赵君》一诗③，对中国古代的地方循吏官绩撷其精华并抒发其从政理念。他说，战国时期魏国邺令西门豹破除迷信，废止以人祭河陋习，是“其事深可效”；汉代中牟令鲁恭勤政爱民，故“治效多致祥”；密县令卓茂重视感化手段，“礼律乃并用，化嚚以为良”；堂邑令钟离意救荒有

① 蒲寿宬《心泉学诗稿》卷一。

② 陈垣先生生前在《元西域人华化考》卷一《绪论》中指出：“西域中国诗人，元以前唯蒲氏一家耳。”语中肯綮。

③ 蒲寿宬《心泉学诗稿》卷一。

方，以茅竹造屋大庇难民；雍丘令刘矩亦倡导“礼逊以化强，谆谆耳提训”，以致民间纠纷大减；南朝齐代山阴令傅琰善辨是非良奸，“一县称神明，鼠辈榛其蹊”；唐代鲁山令元德秀执法严明，清廉公正，“岁满何所为，柴车一缣随”。显然，诗人所颂扬和出自衷肠的爱戴之情，是古代那些关心民瘼，敢作敢为，礼法并举，宽严相济，勤谨廉洁的地方良吏。他们的作为突出体现儒法诸家治国保民，以民为本的从政原则，这又都符合中华历史文化传统的崇高精神。不仅如此，蒲寿宬又在《咏史八首》[1]诗中，称颂蔡文姬、谢道韫、孟光、黔娄妻等八位在文学艺术、操持家务方面有作为的古代妇女。如果说良吏能在治国，则贤妇善于齐家。诗人通过这七爱八咏篇什，揭示了他心目中完全中国儒家型的齐家治国平天下楷模。这种中国古代从家庭到国家的社会管理模式深深地锲入诗人的心扉，融入诗人的情愫，作为其华化的温度计而呈现于后人面前。

中国儒学崇尚气节，重视品格。蒲寿宬经过十余首咏梅诗，用高度拟人手法，极力推崇寒梅人品。诗人自禁军部伍中归来后，基于家道中落，不善理财而又厌恶铜臭的缘故，促使诗人过起山居林栖生活。前期住于城北清源山。宋末元初兵燹，导致清源山残破，转至法石山，仍然幽居度日。两山多梅树，也增添了诗人触景生情，畅咏梅花的意蕴。之任梅州，仍多梅树。“岁寒铁石心，山中玩芳洁”[2]，“枯株类铁汉，瘴疟不敢侵。”[3]正因梅花有“铁石心”，与铮铮“铁汉”骨，成了蒲寿宬钦仰的对象。在《回谒蓝主簿道傍见梅偶成》诗中，诗人更把梅花人格化为中

① 蒲寿宬《心泉学诗稿》卷一。

② 蒲寿宬《心泉学诗稿》卷六，《心泉》。

③ 蒲寿宬《心泉学诗稿》卷二，《梅阳郡斋铁庵梅花五首》。

国古代民族气节的代表人物：

谁家一树铁斜欹，的皪疏花出短篱。
黄叶久随风卷地，幽姿当与雪同时。
白头朔漠穷苏武，瘦骨西山饿伯夷。
三嗅清芬一杯水，徘徊无语笑掀眉。[①]

一树雪白的花朵被比喻为贝加尔湖边多年受囚牧羊的苏武白发，枯枝瘦干被视同不食周粟宁可饿死的孤竹君儿子伯夷的嶙峋身躯。“徘徊无语笑掀眉”，末三字事实上点出“无语”潜台词，便是傲霜斗雪寒梅的伯夷、苏武气节象征，令诗人仰慕不已！

蒲寿宬还写下许多政治含量很高的诗，鲜明标志他的归化南宋朝廷立场。

稔熟蒲家历史同时又与蒲寿宬谈诗论文的兴化军籍名诗人刘克庄曾指出：“心泉蒲君示余诗百三十，古赋三。前此二十年，君家有陶猗之名，余未之识也。后君家赀益落，诛第泉上，余（衍字）始诗为赋。又十年，乃见君诗。”[②] 按刘克庄于理宗景定三年（1262 年）秋以知建宁府（治今福建建瓯）回乡，五年（1264 年）正式致仕。度宗咸淳元年（1265 年）给蒲寿宬的《生日回启》称俩人关系为“布衣之交”、“陈人关系”[③]。极可能蒲寿宬把诗什送请刘克庄指点的时间即正式致仕返乡的景定五年，因此蒲寿宬“始诗为赋”便当在理宗宝祐年（1253－1258 年）中。这样，他的时局篇什便容易解读。

理宗端平元年（1234 年），南宋朝廷重蹈北宋朝廷联金灭辽招致亡国覆辙，联合蒙古，共灭金朝。自此，宋蒙之间的障碍一

① 蒲寿宬《心泉学诗稿》卷五。
② 刘克庄《后村全集》卷一一一，《蒲领卫诗》。
③ 刘克庄《后村全集》卷一二三，《乙丑生日回啟》。

夕撤除，蒙古铁骑便毫无遮拦地向南奔袭，饮马长江，飞越秦岭，整个长江流域，烽烟冲天。理宗宝祐五年（1257 年）蒙哥大汗采取大迂回战术，派奇兵穿川滇，下越南，旋即北指，“斡腹”荆湖，如入无人之境。然而此时此刻，南宋朝廷却是文湉武嬉，君昏臣佞，王朝大厦，眼看便要坍塌。诗人忧心忡忡：“举目嗟新亭，缅怀忆神州。”[①] 故事如所周知：东晋渡江立国于金陵，每至美日，大臣权贵常邀饮于“新亭”，唏嘘长叹！只有丞相王导作气，规劝大家：“当共戮力王室，克复神州，何至作楚囚相对！”[②] 诗人显然借此掌故讽谕当权者，又暗自伤心，只有遥忆神州大地的份儿了。但诗人并不因此气馁心灰，在《送沈保叔国谕试艺右庠》篇中，写出：

> 读书读心不读迹，以言易言竟何益。射弓射志不射箭，以力假力何足羡。
>
> 因蹄得兔蹄安用，以虎视石虎则中。设科取艺良已拘，分毫得失如摴蒱。
>
> 微官况复多绳墨，千里思驰困羁勒。生女嫁属他人屋，生男不出出许国。
>
> 堂堂八尺无创瘢，如斗金印栀蜡颜。一条秋水持赠君，腰间愿看生风云。
>
> 君不见唐家将相娄师德，也曾应诏红抹额，挝钟饮酒皆儿嬉，握拳透爪真男儿。[③]

诗人开篇时用饱含哲理意味的笔触，点出读书务求攻“心”，习

---

① 蒲寿宬《心泉学诗稿》卷二，《赋采菊东篱下，悠然见南山韵十首》之六。

② 刘义庆《世说新语》卷一，《言语》。

③ 蒲寿宬《心泉学诗稿》卷三。

武重在立“志”，勿以侥幸取胜为荣。笔锋一转，对科场桎梏，官场局限，提出批评，勉励友人应举须有思想准备。接着大笔一挥，虎虎作气，发出“生男不出出许国”的爱国主义呼喊：八尺男儿应是刚烈丈夫，生来便当以身许国，与国家民族共荣枯、同兴亡。世人看到，蒲寿宬在这里完全遵循儒家的“国家兴亡，匹夫有责”的古训指导自己的创作。最后，诗人又请出古人来作为友人的榜样。唐代名臣娄师德（630—699 年）曾束着红抹额应诏从军，远征吐蕃，营田边陲，战功煊赫，治绩超等，为国家民族作出重大贡献。后人明白，蒲寿宬给沈国谕的赠诗，实际上就是一篇他的“时局宣言”。礼赞娄师德，借古喻今，事实上就是鼓舞宋军将士在对蒙战争中赢得胜利。在其他篇什中，诗人也在呼吁：“男儿岂暇谋温饱，丹心要使辉青素。”[①]“何当表丈夫。”[②]“终身愿秉清忠节。”[③] 更须如“神骏”驰骋，“飞去度赤水，横行抹燕山。”[④] 击退蒙古军队，收复燕山北地！力挽狂澜，以使“江左脉自长。”[⑤] 偏安的南宋能够长治久安。

“烈士暮年，壮心不已。”蒲寿宬也有类似的晚景。理宗宝祐中他归隐泉州城北清源山，并“始诗为赋”。由于尚不清楚的原因，度宗咸淳七年（1271 年）他被任命知梅州，卸任回乡后，恰遇海盗滋事，眼看极度腐朽的地方政府无能又无韬略，便拍案而出，与其弟蒲寿庚率私家武装击退海盗，清静一方，因获吉州（治今江西吉安市）知州任命。鉴于大厦将倾，一木难支，经请

---

① 蒲寿宬《心泉学诗稿》卷三，《送林城山归上饶》。

② 蒲寿宬《心泉学诗稿》卷四，《送清老弟归荆湖幕》。

③ 蒲寿宬《心泉学诗稿》卷三，《送刘童子试艺天京》。

④ 蒲寿宬《心泉学诗稿》卷三，《神骏歌送赵委顺就漕》。

⑤ 蒲寿宬《心泉学诗稿》卷二，《呈大帅侍郎阳岩洪先生》。

辞，又上清源山栖隐。“君恩已遂祈闲请，莘野归耕是本心。”[1]期间写出《寄何我轩》一诗明志：

> 十年不见此髯翁，笑我而今鬓亦蓬。
>
> 几度因诗亲水部，一回看剑泣山公。
>
> 无心尘世云移岫，极目仙壶浪拍空。
>
> 痛饮剧谈非是梦，寸丹长与荔枝红。[2]

唐诗人元结肃宗上元年中任水部员外郎兼殿中侍御史，关心民瘼，写有《舂陵行》、《贼退示官吏》等脍炙人口的名篇。杜甫盛赞：“两章对秋月，一字偕华星。”（《同元使君舂陵行》）蒲寿宬也写过《送使君给事常东轩先生》（卷一）、《梅阳壬申劭农偶成书呈同官》（同上）、《书草屋壁》（卷三）、《郊行有感》（卷五）等心系劳苦百姓的诗什，自我感觉因此跨越陈年旧月，与元结拉近了距离。山公指晋代山涛。山涛为官廉慎，奖掖人材，享有美誉。当时晋武帝一度拟偃武修文，撤除州郡武备。山涛“以为国者不可以忘战”谏阻，晋武帝改变主意并称赏其为“山少傅名言”[3]。南宋朝廷已病入膏肓，亡国在即。战必亡，不战亦亡，到了回天无术时。诗人为此摧心泣血，抚剑唏嘘。但对天旦旦而誓，忠于国家的“寸丹”，要永远像荔枝一样红。

显然，蒲寿宬用诗歌作品坦露他的内心世界，实现了对中华古代文化从不了解，到取得认识以至认同的转化；实现了对中华文化主要指导思想儒学的了解，到自如运用于诗歌写作的转化；实现了从一个普通蕃商外侨蜕变而为南宋归化人士的转化。对于这一转化，他怀有自豪感。他在《古赋》篇中以设问句式作了

---

① 蒲寿宬《心泉学诗稿》卷五，《岭后山庄》。

② 蒲寿宬《心泉学诗稿》卷五。

③ 刘义庆《世说新语》卷三，《识鉴》引《晋史记》。

陈情：

尔乃托延陵之厚俗，曰夷獠之同波。苟声教之所暨，岂古道之有他？①

春秋时代，吴国公子季札受封于延陵（今江苏常州），号称延陵季子。吴王余祭四年（公元前544年）聘于鲁，邀观乐舞。听“秦乐”，评以“此之谓夏声”，“其周之旧乎！”又看了几出华、夏舞蹈，便表示“观止矣。若有他乐，吾不敢观。”② 如所周知，秦乐原系“戎狄之音”。出于“尊王攘夷”，特别强调其中也寓有“夏声”，周平王东迁后，秦襄公占有部分周地，因又强调“周之旧”。观舞也只愿观看华、夏舞蹈。蒲寿宬篇中借用历史典故，说有人认为我是“夷獠”（宋代冬烘脑袋常称蕃商为海夷或海獠）被“同波”（同化）的过来人。他自豪辩称：即便如此，倘若受惠中华文化之光，难道不为“古道”所允许？岂能“有他”！蒲寿宬的辩解符合历史真实。一部中华民族形成及其发展的历史，正是九州各民族及若干海外民族人口不断同化、融合的历史。

“蒲寿宬现象”反映了海上贸易大港口刺桐港及其腹地的海外侨民当时以不同程度和速度“转化”和“归化”，为日后回族的诞生创造物质基础。

转化的另一现象是蕃侨农业与华蕃家庭。

人数众多的蕃商于有元一代致力从事海陆商业及高利贷经营同时，又有部分人转向投资农业，标志蕃商的经营方向出现结构性调整。阿拉伯商人阿合抹（1270—1352年）入居泉州城南后，陆续置产。卒后，“公所遗田租九百余石，房屋五十间，花园、

① 蒲寿宬《心泉学诗稿》卷一。

② 司马迁《史记》卷三一，《吴太伯世家》。

菜园、荔枝宅五所。家资黄白钞贯、物资及诸假贷契券俱贮横巷土库封锁焉。”① 这一笔遗产颇为丰厚。宋元时期泉州农田亩产只有一二石，田租多为对半分成制，因此，有租九百余石，约有耕地一千多亩，成为闽南大庄主。此外，还有面积不明的果树、蔬菜、香花种植园五处。软财产中“假贷契券”（即高利贷债券）特别引人注目。名副其实是巨富的高利贷田园经营者。

居住于桐城的赛典赤·赡思丁的后裔丁夔夔（1298—1379年），元末置地陈江，“其地卤泻，宜生海错诸鲜。居民受产以为业谓之海荡。沿海弥漫，一望数千顷，大约产以什计，公有七八。”② 陈江今晋江市陈埭镇，地处泉州湾南岸，自五代陈洪进时筑堤围海，至元代末年尚属卤泻荒滩，但可以经营自南宋后期新兴的海荡动植物渔捞作业，也大有利可图。夔子丁善，娶宋代永春县开国男少师庄夏的六世女孙淑懿为妻。她本着儒家价值观，劝丈夫“括地力所出以长赀产”，“安能向市廛混贾竖”③，因扶老携幼迁居陈江，奋力围垦，到明朝初年，荒滩变样，农稼萋萋，取得极大成功。

蕃商在刺桐城虽然建立“蕃人巷”聚居区，但鸟瞰全城，总体上依然是“夷夏杂处”。在当时便拥有数十万人口的中世纪大港口城市中，“蕃人巷”无非是大“杂处”中的小“聚居”，更遑论在刺桐港腹地各州军芸芸中国众生中，蕃商更属稀少。在悠悠的岁月长河里，中国各族人民同侨居刺桐港的蕃商及其眷属，同饮三江水，同戴一片天，休戚相关，苦乐共尝，相互影响，双方同化。在嫁娶、饮食、服饰、起居、语言、信仰、婚丧诸多文化

① 《燕支苏氏族谱》，傅凯《燕支族谱序》。

② 《丁氏族谱》，丁自申《仁庵府君传》。

③ 《丁氏谱牒·二庄孺人传》。

形态、精神领域里，“杂交”现象日趋纷繁，华蕃混血型家庭也屡见不鲜。兹举一方伊斯兰教徒墓碑为例证：

> 人人都要尝死的滋味。[此引《古兰经》] 艾哈玛德·本·利加·哈吉姆·艾勒德死于艾哈玛德家族母亲的城市——刺桐城。生于 [伊斯兰历] 692 年 [公元 1292 年 12 月—1293 年 12 月] 即龙年 [元世祖至元二十九年，壬辰]。享年三十岁。[波斯文译文]

> 先君生于壬辰六月二十三日申时。享年三十岁。于元至治辛酉九月二十五日卒，遂葬于此。旹至治二年岁次壬戌七月　日，男阿含抹谨志。①

这一方墓碑是迄今发现的泉州蕃客自志华化的最早实物文献。立碑人阿含抹所属的艾哈玛德家庭的始祖母是一位泉州汉族妇人。其子孙繁衍后，怀以虔诚意念，尊称泉州为“家族母亲的城市——刺桐城”。阿含抹刻记其亡父艾勒德生卒年月时，除保留一个伊斯兰历的生年数字外，全部采用中华文化标准，即皇帝年号，干支岁次，时辰和生肖，农历月日，并以古代虚岁记年登其先父为享年三十（1293—1322 年）。墓碑的字里行间透露出这样一个历史信息：华蕃组合家庭早在两宋年中已在刺桐城诞生，入元其为数当不少。

据福建三明市三元区中村《谢氏族谱》记载：祖上谢祐，北宋神宗元丰五年（1082 年）莅泉供职，娶蕃商金氏女子为妻②。这大概是目前已知的泉州华蕃家庭的首例。之后，随着“夷夏杂处”现象的持久化和外侨数量的日趋增长，华蕃家庭的数量也必

① 泉州海交馆《泉州伊斯兰教石刻》，宁夏人民出版社、福建人民出版社 1081 年版，第 20 页。

② 傅金星《泉山采璞》，泉州方志办 1992 年印，第 103 页。

然相应发展。明朝宣宗宣德元年（1426年）李广齐在《荣山李氏族谱·垂戒论》中说：

元氏（按指元朝朝廷）失驭，而色目人来据闽者，惟我泉州为最炽。部落蔓延，大肆凌暴，以涂炭我生灵。迨今虽入编户，然其间有真色目人者，有伪色目人者，有从妻为色目人者，有从母为色目人者。

显然可见，这些所谓从妻、从母为色目人的泉州居民，便是其妻或其母是蕃女，其家庭必是华蕃混合家庭。他们在实行族群四等制的元代，享受了色目人应有的政治、经济等方面的优待，在元亡之后不免遭到假色目人的嘲讽。从泉州回族族谱考察，元代蕃商家庭也多娶入汉族妇女。原住城南后迁陈江（今晋江陈埭镇）的丁氏，自始祖丁谨以后，四代六人先后娶陈、苏、庄姓汉族妇女计六名。原住城东法石后迁惠安县白奇（今百崎回族自治乡）的郭氏，自始祖郭德广以后，三代三人先后娶吴、翁、陈姓汉族妇女计三名。泉州城内西街金氏，自始祖金吉以后，二代二人先后娶刘、陈姓汉族妇女计二名。唯有元初自同安县迁往泉州城内燕支巷的蕃商苏氏，自始祖阿合抹以后，几代人均娶本族妇女。可见，元代泉州蕃族商人多娶入汉族妇人，华蕃混合家庭普遍存在。这种婚姻结构的普遍与持久出现，正是蕃商群体必然向崭新民族——回族转化的强固基础。

五　住蕃异域　华人先锋

（一）发展失衡

泉州港从一个地方港口逐渐崛起为饮誉世界的东方大港，为太平洋、印度洋的海上丝瓷香药之路的茁壮成长，作出富有历史意义的贡献。然而只要对本港口的整体结构作详细审察，便不难发现其中存在着严重的难于解决的矛盾。这种矛盾即地方社会经济生活发展过程中的地区差别十分突出。朝廷投入巨大数目的折博本钱，直接采购巨量入港商品（主要为细色香药）；输出物品的相当部分不但从福建一路，而且从国内特别是长江流域及其以南广大地区采集。这种海上贸易业商品集散的特殊性，使刺桐港的海上贸易带有几分转口贸易特点。其结果便不言而喻地加强了地方经济发展的不平衡程度。在大小港口周围，是海上贸易业所形成的商业化、制造业化的核心地带。以港口为圆心，随着半径的逐渐延伸，这种商业化、制造业化比重越来越稀薄；而原来传统的自然经济分量则愈为浓重。社会生活的穷困落后，就长期像梦魇一样折磨着广大居民。

在泉州辖境中，德化县是远离港口中心区的穷乡僻壤。

德化县地处戴云山脉中心，丛山複岭，十分闭塞。南宋理宗绍定五年（1232年），朱继芳任县令。任内写有《和颜（仁郁）长官百咏》[①] 长篇组诗。虽然诗人只做浮光掠影描绘，但也能为后人展示当年城乡生活若干重要方面。农民是德化人数最多和最重要的劳动者，但也最穷苦。“如何说得农家苦，雨笠风蓑过一生。”（《农桑》）春夏秋冬，无日休息。“雨愁烂死旱愁干”。胼手胝足，忘寝废食，可到头来家中“那复斗升储”。原来，一到收成季节：

淡黄竹纸说蠲逋，白纸仍科不稼租。

努力经营犹恨晚，官司那问有钱无？

编茅为屋荻为簾，老小团栾苦乐兼。

① 朱继芳《静佳龙寻稿》。

乐岁输丁犹未了，饥年家口更堪添！（《农桑》）

淡黄竹纸写出蠲免欠租的诏书才颁示，白纸写上追讨荒年不长庄稼田地赋税的命令则又跟着下来。不问收成，只知刮取，彻底暴露宋朝专制政权的饕餮凶残。直到南宋后期，宋朝政府曾经三令五申轻减的闽南身丁钱依然照收不误。

农妇不比男人轻松，田园劳作之外，她们还须辛勤从事家庭纺织业，以应夏税布帛的征收。“请看贫妇通宵织，身上曾无挂一丝。”自己千辛万苦织出的成品，几乎全给政府搜刮净尽。“借问输官零落否？儿郎寒冷且无衣。”（《农桑》）与小块地自耕农业相结合的家庭手工纺织业，仍然成为提供国家实物税收的无偿劳动形式。

佃农比自耕农民生活更困难：“客户耕田主户收，螟蝗水旱百般忧。”他们苦苦挣扎到收成，“债主相煎得自由！”（《农桑》）所收割的稻谷则又成了财主索偿的猎物。

广大农民衣食艰困之外，燃料又成了一大难关。德化居山，林木葱郁。昔时官山公山处处，可以随便上山割砍草树以盖屋煮饭取暖。然而时届南宋后期，耕地兼并浪潮席卷群山，“近市山山皆有主。”（《负薪》）逼迫广大农民“腰镰上到白云边”，需长程攀登，才可能找到暂时尚未被城乡上户兼并以去的荒山野岭，“远山高峭步难前。”（《负薪》）因此出现住山没柴烧的荒唐情形。

农民的生活所需对应于小块土地的微薄产出。最低度的生活消费使他们像蜗牛一样局限于“荒村牢落数家居”（《负薪》）的乡间，超出自产以外的小商品需求，也会驱动他们“带得鸡豚趁晓虚”（《负薪》），就近去乡间草市从事物物或货币采购活动。春夏秋冬，山间农民难得进一趟县城。然而官府花样百出的实物税收或货币索取，一旦晓虚草市无法解决时，他们也不得不“为了官租才出市”（《城市》）。

德化县是刺桐港最主要的外销陶瓷制造业所在地。丰厚的赢润造就了一批被形容为“晋代豪华不数家，万钱下筋未为奢。”“百斛明珠米在仓，沉香火底捻银篝”（《朱门》）的山区巨富。生活豪侈是他们财富消耗的一大出处，豪赌是另一出处：“王孙公子少年游，醉里樗蒲信采投，指点某庄还博直，明朝酒醒到家求。”（《城市》）其结果，人数远过城乡朱门不知多少倍的乡间农民与城市贫民，势必要在各类大所有权的缝隙之间呻吟，也与刺桐港海上贸易带来的繁华遥相隔阂。

安溪县是泉州边陲的又一个穷乡僻壤。“安溪距（泉州）城百里，计绝一隅，地无重货，商旅不至。惟贫困无聊之民，僦力执事，往来山谷间。”① 德化县有外销陶瓷制造业为其支柱，而安溪县除去一度大发的青阳铁矿以外，确实“地无重货，商旅不至”。县城有蓝溪驿，驿尉罗时用一首自嘲诗极为生动地描写了该驿的孤寂冷清：

寥寥孤馆白日静，酣睡有魔那得降。
扣户故人风动竹，跐箕赢马浪翻江。
飞残蝙蝠灯留壁，啼尽栖鸦月到窗。
堪笑浪游成久住，一秋赢得鬓丝双。②

既无官吏到驿，又无商旅问津，驿尉无所事事。然而这种死水一潭状态，最容易腐败滋生，“山邑煎熬百弊俱。”③ 广大劳动者同样生活于“贫困无聊”和愚昧无知之中，“俗信巫鬼，市绝无药。”④ 他们也同样与刺桐港海上贸易带来的繁华遥相隔阂。

① 庄成《（乾隆）安溪县志》卷一一，《艺文》引陈宓《安养院记》。

② 何乔远《闽书》卷一一，《方域志·泉州府安溪县》引。

③ 林希逸《竹溪鬳斋十一稿续集》卷五，《得安溪书知义役义舟图册已成喜寄二首》。

④ 庄成《（乾隆）安溪县志》卷一一，《艺文》引陈宓《惠民药局记》。

显而易见，在刺桐港口半径稍远的腹地，商贸辐射力逐渐减弱，人们生活的根本矛盾——人口增加与粮食短缺——却未能获得充分解决。于是人口地缘再分配的机制便自发不可阻遏地驱动起来。“闽地褊不足衣食之也，于是散而之四方。故所在学有闽之士，所在浮屠老子宫有闽之道释，所在阛阓有闽之技艺。”[①]与福建交界的广南东西路，宋元时期多为地旷人稀区域，便成为福建尤其是闽南人“散而之四方”的首选地带。近则广州城南：“比屋尽闽人。”[②] 远至雷州半岛、海南岛各地，随处可闻“福建人语。”[③]“闽人奋空拳过岭者往往致富。”[④] 前赴者的成功为后继者绘就了诱人的前景。外迁闽南人的踪迹既已遍满南海北岸，于是展开风帆远驰东南亚洲便只要稍需时间。

刺桐港海上贸易业的长足发展，为闽南人散而之海外提供了极大方便。

（二）华人“住蕃”

宋元时期，太平洋、印度洋的许多岛屿或沿海地区，大都地旷物丰，人口稀少，社会发展尚处于比较滞后状态。闽南风帆到处，海商、梢水与搭客一旦滞留，容易获得生活条件。元初周达观于今柬埔寨亲见：

> 唐人之为水手者，利其国中不着衣裳，且米粮易求，妇女易得，屋室易办，器用易足，买卖易为，往往皆逃逸于彼。[⑤]

当然，这种生活条件容易获得的情形，在许多地方估计一

---

① 曾丰《缘督集》卷一七，《送缪帐干解任诣铨改秩序》。

② 刘克庄《后村全集》卷一二，《城南》。

③ 王象之《舆地纪胜》卷一百，《潮州·四六》。

④ 王象之《舆地纪胜》卷一一六，《化州·风俗形胜》。

⑤ 周达观《真腊风土记·流寓》。

样令人向往，从而形成闽南人移居“住蕃”的重要原因。此外，海外异域许多地方当时尚在盛行的部落酋长或早期国家状态，社会自由、人际关系宽松，也成为闽南失意“士人及过犯停替胥吏，过海入蕃，或名为住冬，留在彼国，数年不回，有二十年者，取［娶］妻养子”①，结成蕃华混合家庭。南宋初年，宋金战争炽烈，福建沿海船民，不时被官府招募至长江流域及东海洋面把隘防敌，“多有损坏，又拘靡岁月，不得商贩。缘此民家以有船为累，或低价出卖与官户，或往海外不还。”②如此等等，也便在经济成因以外，增加了政治驱民因素。

刺桐港最早有姓名为文献登录的华人始于五代年中。当时湾海（入宋改称安海）梧山李家港海商李淳安（字山平），常远航真腊（今柬埔寨）、占城（今越南中部）、暹罗（今泰国）等中南半岛国家经商。“每次舟行，村里咸偕之去。”③ 次子李公蕴（字兆衍，984—1028 年）与其他乡人因此滞留交趾（今越南北部）。李公蕴日后渐成交趾郡王黎至忠的亲信，被赐姓黎氏，并擢任左亲卫殿前指挥使，掌握兵权。北宋真宗大中祥符三年（1010 年）李公蕴趁交趾百姓群起抗争时机，逐走黎至忠，自称留后，遣使贡奉宋廷，被宋朝封为交趾郡王，攫得政权，建立李氏王朝。史载：“交趾所任，乃多是闽人。”④ 宋神宗熙宁中，岭南人徐伯祥上书李乾德，也指称：“大王先世本闽人，闻今交趾公卿贵人多闽人也。”⑤ 直至南宋一代，“闽人

① 《宋会要辑稿·刑法》二之五七。

② 《宋会要辑稿·食货》五〇之一三。

③ 蔡永蒹《西山杂志·李家港》。

④ 李焘《续资治通鉴长编》卷二四七，熙宁六年十月甲午。

⑤ 李焘《续资治通鉴长编》卷二七三，熙宁九年三月丁丑注。

附海舶往者，必厚遇之，因命之官，咨以决事。”[1] 当时刺桐港海商组纲成䑸前往交趾或占城，滞留在当地的估计为数不少，长子育孙，繁衍“土生唐人”[2]。李朝政府厚待福建同乡，或委以官职，或选作女婿，或保护其经商致富。交趾辖境长期成为福建籍海商乐往、华人安居之地。

李朝自李公蕴以后传国八世，南宋宁宗嘉定五年（1212年），第九世李昊旵立。昊旵卒，无子，陈日煚入宫掌权，建立陈朝。

陈日煚（字阳光），祖籍湾海陈厝坑。该聚落自五代年中以规模经营外销棉纺织品的海上贸易而著称。北宋仁宗皇祐时，日煚曾祖陈东明率宗人种茶并外销，因成为海商世家[3]。日煚少有大志，行为不检，好与博徒豪侠游。后蹭蹬于荆湖南路，以授受生徒自给，经人提携南下邕州（今广西南宁市）永平寨，邂逅交趾国相，随入其国。经举人考试居榜首，被选为国相女婿。恰因国王李昊旵无子，以政事委国相全权处置。“相又昏老，遂以属婿，以此得国焉。”[4] 宋理宗宝庆二年（1226年），陈日煚遣使贡奉宋廷。端平三年（1236年）再次入贡，宋廷于是封陈日煚为安南国王。

基于上述关系，刺桐港与交趾往还融洽，商贸发达。巨商纲首陈应、吴兵等人的船队，除载运商品外，还为安南朝廷转运贡品。李、陈两朝最高统治者的祖籍既然都在泉州，因此刺桐港海商也就获得格外厚待。

---

① 范成大《桂海虞衡志·志蛮》。

② 《宋会要辑稿·蕃夷》四之八二。

③ 蔡永蒹《西山杂志·陈厝坑》。

④ 周密《齐东野语》卷一九，《安南国王》。

刺桐港海商前往高丽从事海上贸易业也十分踊跃，前述自北宋真宗大中祥符八年（1015 年）至哲宗元祐五年（1090 年）76 年间略计有 21 批 600 余人次，多时一批即有 100 多人泉商北航朝鲜半岛，估计其中必然混杂海商以外的闽南居民，附舶北上寻找生活出路。故其“王城（今朝鲜开城市）有华人数百，多闽人因贾舶至者，密试其所能，诱以禄仕，或强留之终身”①。以闽南外迁居民为主体的暂时或终身侨居高丽的“华人”，无疑是当时中国的华侨。

今印度尼西亚群岛盛产香料，又地处东西洋航线的交汇点，既为刺桐港海商所向往，又为其风帆所必经。所以，自晚唐以降，包括刺桐港海商在内的中国海商即出现在群岛的众多寄碇港口，滞留下来的也大有人在。唐末黄巢农民军横扫大江南北，挥师直取东南沿海，于是便有许多沿海商民避难前往印尼。阿拉伯旅行家麻素提在他所写的《黄金牧地》一书，谓其于公元 943 年（后晋天福八年）经过苏门答腊岛，目睹“有许多中国人耕植于此岛，而尤以巴林邦（今旧港）区域为多。盖避其国中黄巢之乱而至者”②。黄巢农民军于唐僖宗乾符五年（878 年）十二月下福州，次年春经沿海州县挺进岭南。闽南部分居民有可能入海南奔苏门答腊岛。北宋建国后，刺桐港海上贸易迅猛发展，闽南帆船常于冬季放洋，趁东北季风南下，经过四十多日航行，抵达蓝里（今苏门答腊岛西北角亚齐）“住冬”。期间闽南海商利用候风空隙，回旋苏门答腊岛城乡采购转口贸易商品，住至次冬。这种自然风信的周期“住冬”有时便成为附舶人口滞留的动因，“住冬”转化而为“住蕃”。明太

① 脱脱《宋史》卷四八七，《高丽》。

② 温雄飞《南洋华侨通史》，东方印书馆 1929 年版，第 36 页引。

祖洪武十年（1377 年），爪哇军队攻入三佛齐，苏门答腊大乱，“华人流寓者往往起而据之。有梁道明者，广州南海人，久居其国，闽、粤军民泛海从之者数千家。”① 这些流寓的闽粤籍“华人”，当然是宋元时期自中国本土移居三佛齐方可称为“久居其国”。之后，成祖永乐十一年（1413 年），马欢随郑和舰队抵该地，更明确指称“华人”的祖籍地乡贯：“国人多是广东、漳、泉州人逃居此地。”② 据马欢在他处所见均同：杜板（今爪哇岛东北岸厨闽）：“其间多有中国广东及漳州人流居其地。”③ 满者百夷（今爪哇泗水西南）：“唐人皆是广东、漳、泉等处人窜居此地。食用亦美洁，多有从回回教门受戒持斋者。”④ 杜板，《诸蕃志》作“打板”，满者百夷即 13 世纪末至 16 世纪初阇婆国都，均为闽南贸易船常到地方。当地闽南籍“华人”的相当部分，自然仍是宋元时期海上航线带来的外迁人口集聚的结果。

刺桐港与今菲律宾的海上交往历史悠久，直达型的东洋航线开通后更为方便。所以，今菲律宾诸多古代贸易港口，自然也有祖籍闽南的华人迁居其地。前些年在今菲律宾某地发现的古代泉州南安县籍华人陈国世墓地便是明证。渤泥（今文莱）为菲律宾西邻，也是刺桐港海商常到贸易港。前些年发现“有宋泉州判院蒲公之墓”碑石，左边小字一行“景定甲子男应甲立”。死者是曾出任宋朝被尊称为“判院”官职的泉州人蒲某，卒于理宗景定五年（1264 年）。显然，蒲氏父子及其眷属已迁

---

① 张廷玉《明史》卷三二四，《三佛齐传》。

② 马欢《瀛涯胜览·旧港国》。

③ 马欢《瀛涯胜览·爪哇国》。

④ 马欢《瀛涯胜览·爪哇国》。

居渤泥而成为华人[①]。

此外，今新加坡发现有五代后梁和南宋度宗咸淳年号的华人墓地[②]，元末汪大渊也亲见当地“男女兼中国人居之”[③]。今加里曼丹岛西南的格兰岛，“今唐人与番人丛杂而居之。”[④] 新加坡海峡为西洋航道咽喉，系闽南帆船经常航靠水域，其间当有闽南祖籍华人。格兰岛华人传系元初南征爪哇战役元军留下的伤病员所繁衍的后代。出征前，元军备战于泉州湾后渚港，士兵 2 万人，船舰 1000 艘，其中大多为福建籍士兵及闽南水手。因此，当地华人必有闽南祖籍血统。

晚唐宋元以降闽南早期华人出国，标志刺桐与海上丝瓷香药贸易发展同时，掀开了与此俱来的蕃商驻泉、闽南人“住蕃”人口交流的新篇章。

宋元时期的中国，是当时世界中世纪经济、文化最为发达、首屈一指的国家。“这一时期，中国在世界经济中居主导地位。”[⑤] 对地球上被高山、冰川、雪原、大河，尤其是受鲸波万顷海洋所分割的国家、地区或部落，陆上与海上的贸易通道便构成互相联络并借此汲取外部文明乳汁必不可少的“天路”。所以，“在 11 世纪至 12 世纪期间，东方和西方相互连接贸易

---

① 碑石发现经过及其后讨论文章见《泉州文史》第 9 期、《海交史研究》1990 年第 2 期、1991 年第 2 期、1998 年第 1 期等刊物。“判院”指代范围颇广，大概中枢、监司及州军中的相当职务皆在其中。目前研究得并不充分，因此“蒲公”姓名及其具体出任过哪些职务不得而详。

② 颜斯综《南洋蠡测》。

③ 汪大渊《岛夷志略·龙牙门》。

④ 汪大渊《岛夷志略·勾栏山》。

⑤ ［美］斯塔夫里阿诺斯《全球通史》，上海社会科学院出版社 1988 年译本，第 332 页。

通道。正值宋朝时期的中国是世界经济增长的发动机。”① 显然，屹立于东方中华帝国东海岸的刺桐港，毫不夸张地说，恰是这一时期海上丝瓷香药贸易“天路”的“发动机”内极为关键的一叶涡扇。正是它，不断地将巅峰状态中的物质和精神文明驰送给其亚非贸易网络上的天涯海角的国家、地区和部落。显而易见，富有农业、手工业生产实践经验的各类劳动者、熟悉儒家经典并掌握中国传统科技或各种文化知识的各类知识分子，以及海商、梢水等等人群外迁“住蕃”，无疑地有裨于迁居地的开发。他们言传身教，诱掖蒙昧；挥斧洒汗，筚路褴褛。他们是建桥人，输中华之光；他们是播种机，撒文明之火；他们是垦荒者，耕凿蛇山鳄水、虎啸猿啼的洪荒大地，与当地土著人民并肩缔造人类文明史。

六　习俗化移　蕃雨蛮风

（一）饮食新风

泉州从一个地方小港崛起并逐渐发展成为世界贸易大港口，“船到城添外国人，”蕃商也由少到多地“住唐”泉州，从而又形成不同教派、不同族群的“蕃人巷”。于是刺桐城垣内外，“夷夏杂处”，“廛肆杂四方之俗，”② 成为多民族、多元化中外风俗习惯共存共荣、交流交融、色彩斑斓的民俗园圃，培育出奇光异彩

① ［法］雅克·巴罗《2011 年或千年后的全球化》，原载法国《论坛报》（2011 年 1 月 5 日），转载《参考消息》2011 年 1 月 24 日。

② 郑侠《西塘集》卷七，《代太守谢泉州到任》；卷八，《代谢仆射相公》。

的海洋文化。

亚非热带地区盛产香料。自唐代以降，随着宫廷权贵和城乡豪门对香料需求的迅速增长，刺桐港的海上贸易自始也就以香料为输入商品的大宗。从北宋中期以后，除少数中枢指定解送京师或行在的细色外，就地变卖与蕃商持证自销的香料不断扩大渗透于城乡，海外香料给予刺桐港城乡居民的影响也成正比地强化起来。据有关文献载录，香料用途多种多样，诸如香笼（薰沐衣裳）、香篆（室内燃香）、香毬（车轿悬挂）、香片（口含除臭）、香粉（擦抹身体）、香炷（礼神拜佛）、香烛（蜡烛入香）、香墨（墨条入香）、香砚（砚台薰香）、香茶（香料和茶）、香酒（香料泡酒）、香囊（佩带避邪）等等。其中尤以岁节和寺院宫观的宗教集会大量消耗最为可观。降真香气味劲烈，民间以为能驱邪，故“泉［州］人岁除，家无贫富皆爇之如燔柴，然其值甚廉”①。泉州佛寺道观众多，家家供奉神佛，信徒如云，“满城香气旃檀绕。”② 摩尼教于宋元二代在闽南有过迅猛发展，其教徒“烧必乳香，食必红蕈，故二物皆翔贵”③。此外，泉州富户甚多使用麝香木制作家具，美观、耐用、溢香。

香药使用于餐饮领域，使我国古代的饮食进入骤增香辣味的新时期。据元代无名氏所编《居家必用事类全集》④，沉檀诸香和胡椒、肉荳蔻等辛辣药品，可以广泛与餐饮食品结合，并广为人们所喜爱。林洪（字龙落，号可山人，原籍今石狮市蚶江）《山家清供·梅花汤饼》（汤饼即今汤面）云：“泉［州］之紫帽

① 赵汝适《诸蕃志》卷下，《降真香》。

② 释宗泐《全室外集》卷四，《清源洞图为洁上人作》。

③ 陆游《老学庵笔记》卷一〇。

④ 日本收藏。见［日］篠田统《中国食物史研究》，中国商业出版社1987年版，第128～142页。

山有高士，尝作此供。初，浸白梅、檀香末水，和面作馄饨皮，每一叠用五出铁凿如梅花样者，凿取之，候煮熟，乃过于鸡清汁内。”这种以香料粉末为添加剂烹制米面加工食物，自然能使食物种类大为增加，并使我国繁富的食谱获得新内容。

闽南常年气温较高，饮料成品“渴水”（止渴果子露）、“熟水”（入香凉开水）的市场极为广阔。当地盛产的荔枝、龙眼、青梅、柑橘、木瓜、荻蔗、紫蔗等瓜果，榨汁后加入香料添加剂又经冷冻便成为市井畅销的渴水。“冰瓯蜂蜜溜，酒榼荔浆翻。”[①] 成为款待宾客的佳品。“玉椀霜寒凝紫蔗。”[②] 则让中道的远客凉沁心肺。

闽南茶饮入香习俗，五代年中便已在权贵和文士中流行。徐夤《尚书惠蜡面茶》诗，说他在福州时得到王审知馈赠之后，“金槽和碾沉香末。”[③] 把沉香末与茶叶共碾泡饮。后来他应王延彬礼请移居泉州招贤院，便将此道推广开来。驯至宋代，入茶的香料品种更有增加。

然而纵览舶上香药对闽南食文化冲击力度，最为普遍而又持久的便要算槟榔了。

槟榔系产于东南亚与我国海南岛的棕榈科植物，其果实切片以荖叶（芙蔃藤）包蚶壳灰同食，据传有抗瘴疠助消化功能，初嚼时又有刺激感，泉州晋江一带居民极为嗜好，“石灰荖叶送槟榔”，[④] 曾成为泉南风俗的一大景观。其实，漳州、兴化军居民也都有同样嗜好。因此，传统的茶饮习惯便一时受到阻断。南宋

---

① 顾嗣立《元诗选》初集，引马祖常《泉南孙氏园亭》。

② 贡师泰《玩斋集拾遗·泉州道中》。

③ 李调元《全五代诗》卷八二。

④ 黄仲昭《（弘治）八闽通志》卷二六，《食货·土产》泉州府引林凤诗。

中期福州籍诗人郑域一首闽南风味诗云：

海角人烟百万家，蛮风未变事堪嗟。

果堆羊桃乌青榄，菜饤丁香紫白茄。

杨枣实酸薄蒳子（薄蒳如枣而酸），山茶无叶木棉花。

一般气味真难学，自啖槟榔当啜茶。[①]

木棉花下，诗人作客受到款待。但对桌上堆饤着的传自或产自古代所谓“南蛮”区域的果蔬，味觉不佳，不感兴趣，并以“蛮风未变”发为嗟叹。宋元时期，海南岛“惟槟榔、吉贝独盛，泉商兴贩，大率仰此”[②]。正因槟榔大量输入，城乡为之泛滥，人人“槟榔口沫红”[③]，颇让当时南来的北人惊骇。

（二）城乡新俗

刺桐港在其崛起过程中，受商品经济浪潮的冲击，城乡人口集团结构分化整合，浮沉多变，“为士、为农、为商、为僧者，代不乏人。”[④] 成为时尚潮流。反映这种变局，人们在服饰、称呼等方面也便相应出现新风尚。曾仕为宰执的泉州晋江人梁克家于孝宗淳熙九年（1182年）指出：

自缙绅而下，士人、富民、胥吏、商贾、皂隶，衣服递有等级，不敢略相陵躐。士人冠带或褐笼衫，富民、胥吏皂衫，农贩下户白布襕衫，妇人非命妇，不敢用霞帔，非大姓不敢戴冠用背子。自三十年以前，风俗如此，不敢少变。又其称呼，文人非实读书，不称秀才。豪门大户，爹呼父、娘

---

① 陈景沂《全芳备祖后集》卷三一，《药部·槟榔》引。

② 赵汝适《诸蕃志》下，《海南》。

③ 何乔远《闽书》卷六四，《文位志》引王柟《漳南十咏》。

④《温陵中山彭氏族谱》乾道七年彭腆谱序。

呼母。其奴仆及在己下，呼之曰郎君、曰娘。农贩下户，罢呼父、妳呼母。其党类及在己下，呼之曰叔、伯，曰嫂。锱铢甚严，虽骤富骤贫，不可移易，故其名分类素定，岁时揖逊俯伏，井井可观。三十年后，渐失等威，近岁尤甚。农贩细民，至用道服、背子、紫衫者，其妇女至用背子、霞帔，其称呼亦反是，非旧俗也。①

按照梁克家的观察，两宋之交，是当时等级森严的服饰、辈分称呼剧变的分水岭。此一过程，恰与刺桐港迅速发展并跃进为中国最大贸易港的进程互相一致。海上贸易业的大发展，促使城乡财富来一次再分配。因此，原来已相对稳定的风俗框架便不得不全部或部分崩坏，出现新陈代谢现象。正如兴化军莆田县衙门对趋于衰落的原田主被致富了的穷佃户后代“殴人阑丧”纠纷引发的诉讼所作的判词：“世降俗薄，名分倒置，礼义凌迟，徒以区区贫富为强弱也。”②

海商与远洋帆船梢水从海外引进的“番衣”，以及蕃商外侨带进香花与蕃俗，更增添了闽南民俗的蕃味。于是在中国大地上，人们看到“南客贾胡装”，“人穿真腊裘。”③ 妇人的发式也有所变化：“女髻皆殊制。”④ 头上还颤巍巍插上海外香花：“素馨花插髻丫双。”⑤ 或又“茉莉头围白，槟榔口沫红。不雨犹穿屐，因暄尽佩香。”⑥ 时至今日，泉州市四郊，东抵惠安县洛阳，

① 梁克家《（淳熙）三山志》卷四〇，《土俗类·岁时》。

② 《名公书判清明集·户婚门·主佃争墓地》。

③ 顾嗣立《元诗选》初集，引方夔《富山懒稿·秋晚杂兴》。

④ 顾嗣立《元诗选》初集，引张翥《蜕庵集·寄题顾仲瑛玉山诗一百韵》。

⑤ 顾嗣立《元诗选》初集，引马祖常《石田集·闽浙之交三首》。

⑥ 何乔远《闽书》卷六四，《文莅志》引王祎《漳南十咏》。

南及晋江市青阳，北到河市，西至南安市丰州，许多妇女头上发髻还围上一圈含笑或其他花苞串圈，再插上玉簪、银篦等饰品。这种“簪花围”发饰无疑就是宋元时期妇女受百越原住民或蕃侨妇女装扮的影响，在发饰上呈现的新风尚。

元朝实行严厉的族群政治四等制，以确保其对人口远多于蒙古族的汉人、南人的统治。然而在社会婚姻政策方面，如前所述，却格外宽松。笔者数年前访美，得见《新编事文类要启札青钱》一书。该书祖本当系建安（今福建建瓯）刘氏日新书堂于南宋季年所编撰，元泰定元年（1324 年）增订重刊。其《别集》卷四《婚礼部·往复聘定启式》列举多种供农工商杂各界备用行文启式。诸如田家娶铁匠、染铺娶采帛铺、花匠娶采帛女、商人娶商女、酒家娶盐铺、屠户娶鲞铺、素果道娶白莲道女、书客娶人妾、田家娶园户、农人娶巫者、酒家娶冶匠、帽匠娶采帛、吏人娶娼女、屠户娶竹匠、木匠定银匠、银匠定盐铺、医人定卜者、泥匠定卖水、梢工定梳剃、梢工定农夫等等。同样证明元政府对民间族群内外人口团组互通婚姻不加限制，允许自由选择。所以，不但多年定居刺桐城的蕃商（色目人）与汉族居民（南人）之间，可以相互嫁娶；就连出任当时南安县达鲁花赤的蒙古贵族答剌真本人及其子孙三代七人，先后娶许、赵、马、刘、汪、李汉族妇女十人，本族妇女仅一人。

元廷既然对婚姻采取纵容态度，于是婚前进行曲，花季男女自由择偶的恋情便会从炼狱中被释放出来。诗人何中的《莆阳歌》[1] 正可作为刺桐港腹地采风之什的典型：

两两筠篮湿暖烟，窄衫短鬓袅行肩。
到门迎着郎来早，待向街头卖海鲜。（一）

---

① 何中《知非堂集》卷六。

窄衫短鬓渔家女，袅袅婷婷挽挑竹鱼筐。鱼虾活跳跳，水气烟腾腾。走到大门口，一早遇上少年郎，乐滋滋双双去街头卖海鲜。

惯得骄骢识妾家，佛桑庭院绣帘斜。

镂银合子槟榔片，戏喷猩红散唾花。（二）

青白壮马识路途，驮着公子少爷到了伊人家。海外佛桑花，绣帘半卷斜，闺院美如画。俩好品尝银合子装着的槟榔片，笑呵呵，忽而逗乐喷散红唾花。

天妃庙前斜日时，女郎歌断綵鸳飞。

林花满地瓜船散，城里官人排马归。（三）

天妃庙前摆歌场，女郎放歌日西斜，歌声嘹亮遏断鸳鸯的飞翔。待到风起林花落，小小船儿举桨忙，摇向水一方。城里公子少爷们，情索意懒排马还。文艺来源于现实生活，但比它更高、更集中、更含意蕴。诗人笔下的莆田渔女、娇娃、村姑，勤快、活泼、豪放，宋代理学的精神桎梏和置妇女于死地的窒息阴霾一扫而光。从蒙古草原吹来浪漫之风，从百越船上飘来豪放之雨，又从异域溅来自由之浪，催绽闽南大地崭新气息少男少女的恋情春花。

在海上贸易经济有力冲击下，刺桐港及其腹地的家庭动态模式也发生相应的变化。

作为世界大港口，它必然把刺桐城与大小港口周边城乡的相当人口商业化或制造业化。庞大的远洋帆船队需舵师、篙梢、装卸人手，为其后备工作服务的造船、打篷、伐木、冶铁、制瓷、丝纺、棉织、熬糖、酿酒以及深入国内各有关城乡采集商品等等所需必然是巨量人手的投入和长期使用，故真德秀早已明白宣示，泉州是“良农寡而逐末之俗成”，一旦“番舶罕来，市廛之失业者众"[①]。据明人估计，元代闽南通商帆船不下千艘，每艘通融以约需百人计，至少在10万人以上。元世祖至元二十七年(1290年)，泉、漳州与兴化军总人口为909385人，则航海从业人手即达总人口的九分之一左右。其中大部分需要青壮年劳力。留在家中务农的便只有老弱妇孺，农事与家务劳动受到巨大影响。由于航线的延长与贸易圈的繁复化，帆船从刺桐港港口启碇与回归的周期相应地拉长，间隙也愈来愈大。

元代刘仁本《闽中女四首》[②]诗题注："闽之人泛海入番，十余年不归。其妻诉之，述其言为赋。"后面二首云：

当时郎着浅番衣，浅番路近便回归。
谁知却入深番去，浪逐鸳鸯远水飞。

象犀珠翠海南香，万里归来水路长。
薄倖又从何处去，十年海外不思乡。

"浅番"当是东南亚一带，"深番"便就是西亚与东非。远洋帆船舵师篙梢一趟出船要相隔十余年始再回港，因此，元人视泉州"瘴烟为屋海为家"[③]，确实颇有新意。他们真的把沧海为家了。结果，几千年传统的几代同堂、"日出而作，日入而息"的团圆家庭生活被现实的航海职业改变了。青壮男子常年不在家，守家的人口年龄层面往妇孺群体集中。

壮男去航海，妇女来当家，便慢慢演绎为闽南城乡的家门新风尚。

我国古代农村的小农家庭，不但是生产、消费的独立结算单位，而且也是国家政权系统赋税、徭役与兵役的课征单元。其家

① 真德秀《西山文集》卷五〇，《东岳祈雨疏》。

② 刘仁本《羽庭集》卷四。

③ 张养浩《云庄类稿·泉州》。

庭规模，闽南城乡原就由于宗法结构发达，数代同居风气浓厚，又因宋朝政府一向禁止直系父辈健在便分爨析炊而得以强固延续，因此小农家庭有较重的赡养义务。既然青壮男子外出，其妻子就须独当一面，扶老携幼，辛劳备至。自古以来，闽南民间就有“草绳拖阮公，草绳拖阮爸”（方言称祖父为阮公，父亲为阮爸）的警示语，意谓父祖一旦老病，不可以草绳拖弃原野。如今，这副重担不能不移交给广大年青的妇女。

大概两河流域移民入闽以后，在与百越原住民磨合同化过程中，原住民女权氏族社会的浓重传统颇为有力地给了汉族妇女以影响，故福建沿海福、兴、泉、漳州军，素有“市廛阡陌之间，女作登于男”[①] 阴强于阳的奇特现象。如今，双肩挑上重挑的妇女，在海上贸易业赋予商业化与制造业化神圣使命时，其形象自更卓然特立。多年生活于闽南的元代作者陈普亲见：

> 插花作牙侩，城市称雄霸。梳头半列肆，笑语皆机诈。
> 新奇弄浓妆，会合持物价。愚夫与庸奴，低头受凌跨。[②]

泼辣机警的商女形象活灵活现于诗行句间。正是宋元以来刺桐港海上贸易给广大闽南妇女以沉重家务负担的同时，也让她们多方面走向社会，在商业化园地上展示新风尚，不自觉地开始了近代妇女解放的超前尝试。时至今日，闽南广大妇女犹能本着祖先“女作登于男”的精神遗泽，以矫健姿态活跃于山之巅海之滨。

---

① 梁克家《（淳熙）三山志》卷三九，《土俗类》。

② 陈普《石堂先生遗集》卷一六，《古田女并序》。

第八章

刺桐花谢刺桐城*

一　一场酷旱　十年兵乱

（一）苛政厉沴

刺桐港在元朝达到它发展的顶峰，城市繁华，海商云集，帆樯如林，航亚泛非。真所谓“泉［州］据南海津会”，“万货山积来诸蕃，晋江控扼实要关”。[①] 但时曾几何，即仅经过数十年的发展历程，到顺帝至正前期，在大自然旱暵肆虐的打击之下：

南国地皆赤，吾生亦有穷。丰年何日是，菜色万人同。

海上舟频入，民间楮已空。犹闻谷价涌，开籴若为功。[②]

元气销折，哀鸿遍野，广大城乡为一个巨大社会危机的凄然气氛所笼罩。虽然“海上舟频入”，从亚非各地前来寄归的贸易船频频入港，但“民间楮已空”，藏镪告罄，社会购买力大幅度

* 郭沫若《1962年秋访泉州》诗句。

① 王恽《秋涧集》卷五五，《王道神道碑》。

② 释大圭《梦观集》卷三，《南国》。

下降，物价（以谷价为严重）暴涨，市场迅速萎缩。刺桐港的海外贸易从而成为一种海市蜃楼式的虚假繁荣景象。

至正前期泉州大饥荒的深刻原因是一时的大天灾与长期城乡产业结构内部的危机因素交叉作用的结果。

早在宋元之交，刺桐城及其闽南腹地便曾几度遭受战火劫难。蒲寿庚大量屠杀赵宋宗室和淮兵；唆都率领的元军攻围兴化军，惨杀反抗军民；高兴率领的元军镇压漳州一再暴动的畲汉农民；夏璟率领的叛附蒲寿庚的前宋左翼军，与张世杰率领的宋军，在泉州城外鏖兵三个月等等。据元人记载，张世杰率兵围攻泉州城时，城中“粒价日穷，死者万计”①，城外郊垧农民便趁机到处暴动，“薄城都鄙，咸效尤焉。”② 此起彼落，烽火连绵，“则凡岭以北豪右俱罗殃矣。”③ 其后暴动浪潮又从泉州北郊扩展至安溪、永春、德化县乡间，规模也继续蔓延扩大。数年中，元廷屡派军马，直至命平章伯颜亲统大军入山镇压。元世祖至元二十八年（1291 年），以安溪湖头为根据地，以“杀富招贫”为旗号的张弟仔、方德龙暴动始告失败④。

战火所及，城乡一片残破。蒲寿宬《郊行有感》诗作出真切记录：

鸡犬不鸣何处村，颓檐破壁问谁门？

---

① 南安《榜头吴氏家谱·始祖考妣獭山墓志》（《海交史研究》1993 年第 1 期，王连茂《元代泉州社会资料辑录》）。

② 杜冲弼《宋元兵乱小纪》（《海交史研究》1993 年第 1 期，王连茂《元代泉州社会资料辑录》）。

③ 杜冲弼《宋元兵乱小纪》（《海交史研究》1993 年第 1 期，王连茂《元代泉州社会资料辑录》）。

④ 杜冲弼《宋元兵乱小纪》（《海交史研究》1993 年第 1 期，王连茂《元代泉州社会资料辑录》）。

蓬蒿满地田园在，瓦砾如山井臼存。

青草髑髅疑是梦，白头老父泣无言。

谘诹邻旧多为鬼，倚仗徘徊堪断魂。①

如此怵目惊心的景象，预示着刺桐港广大城乡人口锐减，生机殆尽。

表 8-1　宋末元初闽南人口增损比较表

地别	宋淳祐年中（1241—1251 年）户口数		元至元二十七年（1290 年）户口数		增损程度比较	
	户	口	户	口	户	口
泉州	255758	358874	89060	455545	166698⁻	96671⁺⁽?⁾
漳州	112014	160566	21695	101306	90319⁻	59260⁻
兴化	64887	148647	67739	352534	2852⁺	203887⁺⁽?⁾

资料来源：表内宋淳祐年中户口栏，据黄仲昭《（弘治）八闽通志》卷二〇，《食货·户口》。系年则核诸阳思谦《（万历）泉州府志》卷六，《户口》、沈定钧《（光绪）漳州府志》卷四，《赋役·户口》，俱作《淳祐志》。至元二十七年栏据宋濂《元史》卷六二，《地理志》。

如表 8-1 显示，年代相差约半个世纪，只有原宋代兴化军（元为兴化路）至元末年户数有所增加，泉州、漳州都呈大幅度下降趋势。这里需特别指出的是，至元末年泉州人口较宋理宗淳祐年中并不增加。由于身丁钱与差役重轭，宋代户口原就不实。泉州淳祐年中有二十五万五千余户、三十五万八千余口，平均一户 1.4 口，不合情理。如依接近实情的至元末年一户五口计算，当有一百二十余万口，远较至元末年该州人口为多，故至元末年人口增加是假象，锐减才是事实。兴化路人口至元末年增加一事

① 蒲寿宬《心泉学诗稿》卷五，《郊行有感》。

也与泉州事理相同，都是一种历史假象。因此，闽南元初人口实际上都远较南宋后期为低。

人口锐减来自耗损与脱籍两种成因。

如上所述，闽南并入元朝版图的最初几年，兵燹杀伤以及刺桐城北郊及以远山区在暴动后随之蔓延“马头瘴”[①]瘟疫，导致社会人口耗损锐减。兵燹过后，社会秩序重建，元朝赋役重担接踵而至，不能自存的城乡居民，被迫脱籍逃亡，社会人口再次下降锐减。

元代泉州路晋江县马夹（马甲，今属泉州市洛江区）人杜冲弼在《宋元兵乱小纪》文中指出，元代赋役苛重，政出多门，诸色户计极为厉害：“古先圣贤有言：‘名其为贼，贼乃可服。’此真言也。然世道之反乱，虽人心善恶不齐，亦官司无美意所致。禁铜钱，行钞法，禁私盐，增税课，立僧司宣政衙门，立站户通政衙门，招屯田户，招木棉户，招打捕户，立船户，立盐户，立营田司，立宣慰司，其政出多门矣。始则谓免别差役，终则立法无定，朝是而夕非矣。官司科派差拨，无非病民。至此上、中、下户，俱各破家荡产。公吏下乡，数十为群，支撑不得，计出无聊，遂将荆棘塞门，走山逃林，此时尤甚。又兼土旷人稀，无力耕种，为站户者不胜其苦，亦逃移矣。”为后代人提供了一幅苛政猛于虎图像。杜冲弼家，南宋末年分为其祖父杜巽户，房叔杜龚户，元初合而为一，共有田地八石种谷。依宋代安溪、德化例，每亩田约一斗种谷，即约有八十亩田地，年收谷一百五十石，系宋末晋江县的上三等户。元世祖至元十六年（1279 年），元廷勾当地上户为“站户”，发官马一匹，下设正副“马首”，管

① 杜冲弼《宋元兵乱小纪》（《海交史研究》1993 年第 1 期，王连茂《元代泉州社会资料辑录》）。

米一百石，为官府养马。其后又令站户买马一匹。马匹递解或死亡，马户须补买。当时马价少则每匹二三锭，多则四五锭中统钞。此外，杜家还抵当“库子”、“主首”两种身役[①]。役烦苦重，他家伯母率先逃移，杜冲弼“一年支撑不过一年”，不得不“弃妻离子”，一介诗书家子弟，亲自下站充“站户”勾当，跟随蔡知县，执鞭堕镫，方混个“免钞输官”的日子，勉强守住家门，哀叹“世道未能反否为泰，反制为复，不知何时太平！”

“上中下户俱各破家荡产。”时人杜冲弼一语惊世。广大农村居民的贫困，劳动人口锐减，耕牛短缺，以致耕种时节，“可怜人代牛”。[②]水利是农业的命脉，恰恰有元一代水利工程最少，规模也较小。据不完全统计，当时闽南水利项目只有四个，即晋江县的白衣埭（约整修于元初）、南安县石井镇东埭（建于前至元）、南安城南万石陂（建于至正中）、莆田县木兰陂北渠（建于延祐中）。与两宋相较，不啻是天壤之别。因此，在社会劳动力、资金与农业资源均剧烈削减投入状态下，注定闽南农业将出现一个波谷局面。

入元以后，闽南的耕地分配有了新的变动。由于元朝朝廷的肆意掠夺，系官田地急遽膨胀，职田、屯田、学田、赐田等无不大量增加。如世祖至元二十一年（1284年）所定江南行省及诸司职田数目，泉、漳州及兴化三路，达鲁花赤、总管各七顷，同知三顷五十亩，府判二顷五十亩，经历二顷，知事、提控案牍各一顷。三路所辖十四县，且按下县估计，达鲁花赤、县尹各一顷五十亩，主簿兼尉一顷，录事司达鲁花赤、录事各一顷五十亩，

① “库子”为官府代管物资，“主首”佐“里正”“催督差役，禁止违法”（《通制条格》卷一六，《田令理民》），均为农村中类似宋代“职役”的身役。

② 蒲寿宬《心泉学诗稿》卷四，《种麦》。

录判一顷，司狱、巡检各一顷，合计即为一万四千六百亩。职田佃户，元朝朝廷也有所规定，“诸职官居三品（路一级）职田佃户有五七百户，下至九品（县丞一级），亦不下三五十户”。[①] 福建职田租米奇重，“每亩岁输米三石，民率破产偿之”。[②] 三石米需谷子四石碾成，远超闽南水稻亩产，是极残忍的剥削。佃户如不耕种职田，则须供官私驱使，备受凌虐，不但生活困苦，人身也有种种不自由。

自耕农民必须缴纳二税，夏税输木棉布绢丝绵等物，秋税输租。租粮一石，泉州路输钞二贯，漳州路一贯五百文。兴化路无考。此外还得输纳科差的丝料和包银。丝料在江南又称户钞，每岁折支中统钞五钱。成宗以后，加至二贯。包银始于仁宗延祐七年（1320 年），户征二两，佃佣贫下不科。征收时，州县往往“征之加十倍”[③]，极为苛刻。直至泰定帝泰定二年（1235 年）元廷在震灾大饥袭击下方予蠲免。夏税木棉、布绢、丝绵，征收时按时价定值，户钞与包银也经常加倍扩征，逼迫农民必须将农业及家庭手工业产品的一大部分，通过市场变卖，转换为时价的货币形态白白奉送给元朝朝廷。

正赋以外，还有繁多的苛杂。世祖至元二十八年（1291 年）以后，一度蠲免的宋代苛杂又逐渐恢复。贵族、官僚、豪贾则又不时兼并土地，转嫁赋役。因此，闽南农民平时过着“半锭一石谷，十两一斗米，寻常欲求一饱不可得”[④] 的饥寒交迫生活。即便如此，大量徭役仍然横飞而来。据元末惠安县农民泣诉：“我

---

① 《元典章》卷二五，《户部》五，《禁职田佃户规避差役》。

② 苏天爵《滋溪文稿》卷九，《齐履谦神道碑》。

③ 宋濂《元史》卷一八四，《王都中传》。

④ 卢琦《圭峰集》卷下，《谕寇文》。

里百余家，家家尽磨灭。休论富与贵，官事何由彻？县帖昨夜下，羁縻成行列。邻里争遁逃，妻儿各分别。”① 就愈使农民坠入苦难深渊。

元代官手工业较前代大为膨胀。

福建自入隶元朝之初，就专置人匠提举司，大量拘刷工匠。世祖二十七年（1290 年）三月，福、泉州提举司合并，经拣择，将其中滥拘人口放还归农。可信当初胡乱拘刷，滥捕狂抓必定不少。福建各地系官手工业部门也为数颇多，见于史籍的即有银、铁、铅、锡、矾、盐场所，木棉、绣匠提举司，织染、蔗糖局等等。闽南有泉、漳、兴化铁场，上里、惠安、浔美、浯洲、丙洲盐场，泉州织染局，兴化蔗糖局等。泉州织染局规模庞大，织染技术先进，能织作纻丝、五色缎绢、五彩布等等。被拘刷的系官工匠，必须在严格监管下造作。按朝廷规定：“各处管匠官吏、头目、堂长人等，每日绝早入局，监临人匠造作，抵暮方散。提调官常切点视，如无故辄离者，随即究治。”② 系官工匠从清晨至薄暮长时间造作，劳动强度极大，而人身又极不自由，随时可能遭受监管官吏的究治。范梈《闽州歌》揭露福州文绣局虐待工匠：“那更需求使者急，鞭箠一似鸡羊群。”③ 结果，生产效率只能不高，质量也时有不精。又因规模庞大，“囤棚坐肆杂男女，”④ 必然成为大量耗费库藏，掊克贪浊之所在：

去年居作匠五千，耗费府藏犹烟云。

官胥掊克常十八，况以鸠敛夺耕耘。

---

① 卢琦《圭峰集》卷上，《忧村氓》。

② 《通制条格》卷三〇。

③ 范梈《范德机诗集》卷四，《闽州歌》。

④ 范梈《范德机诗集》卷四，《闽州歌》。

祇今弃置半不用，民劳竟是谁欢欣？①

这一福州文绣局，即曾拥有五千工匠，则闽南其他官手工业部门，也可能互相仿效，肆意占有大批手工制造业工匠。但由于其间监管官吏大量克扣贪浊，胡作非为，被强制劳动的工匠常以粗滥成品回报，造成一半不能上供或外销的严重浪费民脂民膏情形。

官手工业部门不但拘刷大量工匠，当其生产任务紧迫时，又往往征召农民承当夫役。熊禾于元成宗年中路过兴化路，亲见荒年派役情形：

春来一月雨，米斗钱三千。江空尽绝市，灶冷厨无烟。

我从莆城来，四望良凄然。滨海皆食淡，逻卒相寻挺。

累累起夫役，蔗局供熬煎。玉食宁几何？千百俱并缘。

只今二月节，何暇及种田。②

兴化路当时春荒厉害，城市萧条，万家饥饿。逻卒到处捉私盐，滨海人家也只能少盐食淡。但就在二月插秧农忙时节，官府却大起夫役，摊派农民奔赴蔗糖局劳动。正因拘刷工匠或征召夫役，必然妨碍农业生产劳动，“鸠敛夺耕耘”，“何暇及种田”。

城镇居民的生活状况也不容乐观。吴兴（今浙江湖州市）市民褚天祐的遭遇是典型事例：“城居差科尤多，不惟应当坊、里正之重，而又包办酒课、和雇、和买、夫役”，“不能一日安居。”只好“复归故里，以治田园”③。这也将在一定程度上削弱城镇经济。

蠹民苛政丛脞，以致日后明太祖朱元璋也承认：“福建从昔

---

① 范梈《范德机诗集》卷四，《闽州歌》。

② 熊禾《勿轩集》卷七，《春雨》。

③ 《吴兴金石记》卷一五，《褚天祐祠碣》。

富庶，元末困于弊政，朘剥尤甚，民病未苏。”[①] 显然，农业是古代国家机器存在的基础，也是刺桐港腹地赖以存在的前提，广大农民的贫困化与独立手工制造业的衰落，直接削弱刺桐这个世界大贸易港根深叶茂的源泉，使它愈来愈显露转运商业的特点，同时也深深埋下一旦遭遇大灾大难袭击而砉然崩溃的隐患。这个社会总崩溃的历史时期自元顺帝妥欢帖睦尔即位宣告开始，从元统元年（1333 年）后，天灾连年不绝，横扫大江南北，席卷河岳东西。至正十四年（1354 年），酷旱自中原南移，“泉州种不入土，人相食。”[②] 更把刺桐港腹地的灾情推向高峰。酷旱使得“春秧黄槁百物枯”[③]，“谷价腾涌田苗空”[④]，“斗米而今已十千”[⑤]。农村中纷纷“卖尽犁鉏食养牛”[⑥]，以求苟延残喘；城镇内则“饿殍载道”，仰赖慈善家“设粥”[⑦] 施赈。由于旱情延续不解，元廷束手无策，慈善家施赈又如杯水车薪，“谯门有粥如甘露，活得操瓢死道边。”[⑧] 转而酿成人祸：“既而大疫，死者相枕藉。［赵］深道造舟施轮其下，会众僧以长绳挽拽，沿街搜索，或遇门闭，辄排以入，舟挽各城门外埋瘗之，日不下数次。”[⑨] 惨绝人寰的灾情，逼迫走投无路，奄奄一息的城乡居民揭竿而起。

早在至正十年（1350 年），安溪、同安县便有群众暴动。十

① 《明太祖实录》卷四八，洪武三年正月癸巳。

② 宋濂《元史》卷五一，《五行志》。

③ 释大圭《梦观集》卷五，《苦旱》。

④ 释大圭《梦观集》卷二，《贺太守雨》。

⑤ 释大圭《梦观集》卷五，《哀殍》。

⑥ 释大圭《梦观集》卷五，《闵农》。

⑦ 阳思谦《（万历）泉州府志》卷一八，《人物志·赵深道传》。

⑧ 释大圭《梦观集》卷五，《哀殍》。

⑨ 阳思谦《（万历）泉州府志》卷一八，《人物志·赵深道传》。

二年（1352年）仙游县民陈君信等数百人攻陷县城，进围兴化路郡城，莆田民黄信一等聚众响应，不久遭官军镇压。十四年（1354年）安溪县民李大、南安县民吕光甫等聚众暴动，七月围泉州城，八月围兴化路郡城，旋攻破仙游县城，杀达鲁花赤倒刺沙等等。穷凶极恶的官军则滥施屠戮，于是而诱发人食人悲剧：

> 四门磔群贼，饿者竟趋之。顾此果何物，犹能疗汝饥。
>
> 虎今生角翼，民已竭膏脂。无怪人相食，干戈正此时！①

刺桐城委实成了悲惨世界。昔日的繁华化为烟尘。从此，就如诗人的预言那样："干戈正此时"，一场毁灭世界东方大港的兵乱帷幕一下被掀开。

（二）兵乱惨烈

刺桐港毁灭性的兵乱首先由色目人发难。元顺帝至正十七年（1357年）三月初一，"义兵万户赛甫丁、阿迷里丁叛据泉州。"②此"义兵"有关文献则按阿拉伯语译为"亦思巴奚"③、"伊巴尔希"④等，意为色目人骑兵军。

考"义兵"成军，史籍不详。元末泉州开元寺释大圭诗作《梦观集》内，有幸为后人留下极为珍贵的线索。该集卷一《僧兵叹》云：

> 饥民聚为盗，邻警来我疆。有兵既四出，头会家人良。
>
> 趣赴义军选，万室日夜忙。吏言僧实多，亦可就戎行。
>
> 牧守为所误，殴僧若殴羊。持兵衣短夹，一时惧反常。

据此可知，由于邻郡饥民暴动，官军四出征讨，泉州地方政府应

---

① 释大圭《梦观集》卷三，《次韵詹生因所见有感》。

② 宋濂《元史》卷四五，《顺帝本纪》。

③ 吴源《至正近记》，黄仲昭《（弘治）八闽通志》卷八七，《拾遗》引。

④ 陈寿祺《（同治）福建通志》卷二二六，《元外纪》。

急组建二支新军，一为“义军”，二为“僧兵”。查闽南此前发生饥民暴动并令泉州驻军出动协助镇压的严重事态，只有漳州南胜县（今南靖县）李志甫暴动与之相符。顺帝至元三年（1337年），漳州畲民黄二使率众起事，旋告失利，由李志甫收集余部退守南胜山险，先后战胜漳州官军并进围郡城，大挫守将搠思监部于城下，威震遐方。于是元廷命江浙行省平章别不花总浙、闽、赣、粤军马前往镇压，仍未能达到全歼目的。直至至元六年（1340年）三月，李志甫、黄二使方为土豪陈君用所诱杀，前后经历四载，鏖兵百余阵的畲汉联合暴动始告失败。是可知泉州“义军”建立于顺帝至元三至六年间。所以，至正十三年（1353年）福州遭古田、罗源、福安诸县农民军围攻，行省即檄令泉州市舶司提举项棣孙率“泉州、兴化二郡义兵为援”[1]，前去解围。泉州“义军”分汉、蕃（色目人）二部[2]，赛甫丁、阿迷里丁率领的亦思巴奚部显系其中的色目人部队。

刺桐港腹地统治集团之间的内乱，根本原因在于元朝立国体制所确定的蒙古人、色目人、汉人、南人族群四等制各集团之间政治、经济权益分配的不平衡及其差距所引发的摩擦和冲突，必然在严重天灾和日益扩大的农民暴动导致中央朝廷控制力趋于削弱并面临总崩溃之际，各集团便以兵戎相见，要求政治、经济权益的再分配。早在南宋季年，蒲寿庚举城降元，备受元廷宠信，成为蕃商在刺桐港官高爵峻、傲视群侪的总代表。长子蒲师文，也官居显位，成宗大德元年（1297年）袭父职，任福建平海等

① 怀荫布《（乾隆）泉州府志》卷二九，《名臣·项棣孙传》。

② 怀荫布《（乾隆）泉州府志》卷二九，《陈阳盈传》。

处行中书省平章，顺帝至正十二年（1352 年）去世[①]。其父子两代显达与泉州并入元版图后整整一代相始终："父子继世恃宠专制，峻法严刑，以遂征科，人苦薰炎"。"蒲（师文）贼死，其婿那兀呐自立，据土擅赋，大肆惨夷，遣骑袭劫，冠扰莆阳。"[②]作者李堺系明初人，距元亡时间短，乡土掌故又熟，所说当为事实。阳思谦《（万历）泉州府志》亦以为"西域那兀纳者，以总诸番互市至泉，元末兵乱，遂攻泉州据之"[③]。可见作为蒲氏女婿，那兀纳既掌握泉州海上贸易大权，又赓续蒲家衣钵，独擅一方，一旦干戈相趁，也便拥兵自重。因此，明初人往往称元末兵乱为"蒲那之乱"[④]。这样，泉州就成为武装起来的蕃商色目人的巢穴，而与其他族群集团所掌握的地方势力展开武装斗争，一决胜负。

战乱于至正十七年（1357 年）以义兵万户赛甫丁、阿迷里丁叛据泉州开始。次年，福建省平章政事普化帖木儿与簾访佥事般若帖木儿互相倾轧。普化帖木儿勾结退闲于兴化路的官僚三旦八和安童，并赂请泉州亦思巴奚部队驰援福州。十九年（1359年），三旦八率兴化部队、赛甫丁率亦思巴奚部队北上福州。阿迷里丁旋亦率亦思巴奚部队趁虚攻入兴化郡城，"纵兵杀掠，蹂践郡境几一月"[⑤] 后退回泉州。此举即成为撬动当地统治集团间的潜伏杀机。二十年（1360 年）正月，兴化路推官林德隆陈兵

---

① 泉州德化县《蒲氏家谱》，见《泉州伊斯兰教研究论文集》，福建人民出版社 1983 年版，第 224 页。

② 《清源金氏族谱》，李堺《元武略将军一庵金公传赞》。（详本书附录八）

③ 阳思谦《（万历）泉州府志》卷一四，《杂志・盗贼类》。

④ 《清源金氏族谱》，朱梧《序》、李堺《金吉传》。

⑤ 吴源《至正近记》，黄仲昭《（弘治）八闽通志》卷八七，《拾遗》引。

黄石市，逐走府判柳伯祥，入城称雄。至是秋，为宿敌、同知陈从仁、陈同兄弟所谋害。林德隆长子林珙奔福州投靠赛甫丁。自此以林珙为一方，陈同、柳伯顺为另一方，大开杀戒，兵连祸结："莆［田］四百年文物郡，自陈从仁、林德隆作难，兵连不解，遂引异类，肆其流毒，前后戕杀二万余人，焚荡三四万家。"[①] 二十二年（1362 年）后暂罢兵，但各有所据，虎视眈眈。兵燹所及，"泉州数百里烟火萧然。"[②] 大概由于阿迷里丁军事无能，那兀纳于二十二年将其诛杀，同年赛甫丁率部返回泉州，于是那兀纳便亲统亦思巴奚部队及驻泉官军，于翌年遣兵攻搜陈同党羽于惠安、仙游、兴化各县，并长驱直入莆田境内涵江、江口、新岭各地，进逼福清县，"所至焚掠。"[③] 二十六年（1366 年）又转攻兴化、仙游、"所至杀掠毒甚。"[④] 不久又迁道仙游县枫亭市，沿海滨杀奔莆田县新安、武盛、奉国、醴泉、合浦等里各处，"亦皆被其杀掠扫荡一空"[⑤]，遍地疮痍。

那兀纳既占据泉州，"炮烙邦民，以取货财，［晋江县尉刘］益设法赎之，所活甚众。"[⑥] 又滥抓民女为妻妾。市民无奈，被迫纷纷削发，一时"僧居半城"[⑦]。那兀纳妄图霸占一方，先是"州郡官非蒙古者皆逐之，中州士类咸没"[⑧]。阵地巩固后，自至正二十四年（1364 年）至二十五年（1365 年）间，多次拒绝福

---

① 吴源《至正近记》，黄仲昭《（弘治）八闽通志》卷八七，《拾遗》引。
② 《清源金氏族谱》，明初无名氏《丽史》。
③ 吴源《至正近记》，黄仲昭《（弘治）八闽通志》卷八七，《拾遗》引。
④ 吴源《至正近记》，黄仲昭《（弘治）八闽通志》卷八七，《拾遗》引。
⑤ 吴源《至正近记》，黄仲昭《（弘治）八闽通志》卷八七，《拾遗》引。
⑥ 阳思谦《（万历）泉州府志》卷一〇，《官守志·刘益传》。
⑦ 《清源金氏族谱》，明初无名氏《丽史》。
⑧ 《清源金氏族谱》，明初无名氏《丽史》。

建行省所委官员之任，泉州宛如一独立国。行省左丞观孙奉旨分省兴化、泉州，提调市舶与兵马，遂派员赴泉州封市舶库藏及检查仓库钱粮，那兀纳故意掏空市舶库并阻其封视，排挤观孙莅泉之后，“遂缮城浚河，日役万夫，苛政滋出，民不堪扰。”① 次年，行省左丞帖木儿不花分省兴化，那兀纳又重展故伎，派员赴莆田“追取军储，出入城内外，公行为虐，无所顾忌。”② 又将其挤走。上述行径，分明勾勒出那兀纳侵吞“市舶”，攫取“军储”，从事战备，意在长期叛据泉州的嘴脸。

至正二十六年（1366 年）四月，拥有军事实力的行省参知政事陈友定，率部南下，围歼回旋骚扰莆田县城乡的亦思巴奚部队后，进逼泉州城。事前受命暗中从事反间的浔美盐场司丞陈弦，策动泉州西门守军色目人左翼副万户府上千户金吉为内应，夜开城门，陈友定部队便一举攻克泉州城，活捉那兀纳。“是役也，凡西域人尽歼之，胡发高鼻有误杀者。闭门行诛三日，民间秋毫无所犯。”③ 翌年，明军挺进闽中，改朝换代。泉州居民又掀起一波反民族、阶级压迫的正义斗争，不少蒙古、色目人逃离刺桐港。风声所至，“故彼等之多数来航泉州者暂止。”④ 蕃商一时视泉州为畏途。“蒲那之乱，泉将歼焉。”⑤ 昔日云帆如林、蕃商杂沓的刺桐港一改旧观，顿时繁华乍歇，容颜猝萎。

---

① 吴源《至正近记》，黄仲昭《（弘治）八闽通志》卷八七，《拾遗》引。

② 吴源《至正近记》，黄仲昭《（弘治）八闽通志》卷八七，《拾遗》引。

③ 《清源金氏族谱》，明初无名氏《丽史》。

④ ［日］桑原骘藏《蒲寿庚考》引《年代纪》，陈裕菁译本，中华书局 1954 年版，第 223 页。

⑤ 《清源金氏族谱》，朱梧《序》。

二 防倭禁海 商机断送

（一）倭患蔓延

明朝建国后，面临着一个非常严峻的外部形势，即相当于元朝末年，倭寇已凌波冲浪，出现于太平洋西海岸各地，给中国社会的稳定造成极大困扰。

洪武二年（1369 年），明太祖朱元璋从高丽来使口中得知倭寇已骚扰该国，便劝谕高丽："王欲御之，非雄武之将、勇猛之兵，不可远战于封疆之外；王欲守之，非深沟高垒，内有储蓄，外有援兵，不能以挫锐而擒敌。"[①] 从日后的历史事实看，这一军事韬略后来便成了明初抗倭的指导方针。

从洪武二年（1369 年）四月倭寇侵扰太仓为始，倭祸即迅速蔓延，北起辽东金州，迤逦山东、江苏、浙江、福建、广东，南抵雷州半岛，广大沿海城乡先后惨遭倭寇的野蛮烧杀掠夺。洪武三年（1370 年）六月，千百人倭寇肆虐山东沿海，转掠温、台、明州，长驱南下抄掠福建沿海府县。洪武五年（1372 年）七月，又入侵福州福宁县（今福安市），前后杀戮居民三百五十余人，焚烧庐舍千余家。其猖獗情状，可见一斑。倭寇的骚扰给明朝敲响海防警钟。明太祖与明朝朝廷迅即作出反应：命令沿海府县加强防务，赶造战船，悬赏捕杀敌寇等等。尤其重要的是洪武十七年（1384 年）正月派信国公汤和巡视浙江、福建沿海城池。二十年（1387 年）四月又命江夏侯周德兴至福建，于福、兴、泉、漳四府民户三丁抽一为沿海卫所戍兵，共五万余人；新

① 《明太祖实录》卷四六，洪武二年十月壬戌。

筑城堡十六座，增置巡检司四十五个，加强防倭战备。是年六月，“徙福建海洋孤山断屿之民居沿海新城，官给田耕种。”[1] 既充实卫所，又虚“孤山断屿”，以绝倭船生活补给。次年，调整海防军事编制，置福宁、镇东、平海、永宁、镇海五卫指挥使司，莆禧、崇武、金门、高浦、铜山等十二千户所，军兵增至十五万八千余人。

（二）禁海锁国

与加强海防军事措置同时，明朝朝廷严禁沿海各地居民交通海外国家、地区或部落。早在洪武四年（1371 年）十二月，明太祖就谕令大都督府臣僚：

> 朕以海道可通外邦，故尝禁其往来。近闻福建兴化卫指挥李兴、李春私遣人出海行贾，则滨海军卫，岂无知彼所为者乎？苟不禁戒，则人皆惑利而陷于刑宪矣。尔其遣人谕之，有犯者论如律。[2]

这里有两层意思，一是禁止军民利用海道交通外邦。我国海岸绵长，港澳繁多，海上又无关津哨卡，一舟离岸，四通八达。在自然地理意义上交通最为便捷，所以明太祖主张予以禁戢；二是鉴于宋元以来海上贸易发达，尤以南海航线浮亚泛非，相互往来的国家、地区与部落数量众多，因此明太祖又以不禁“则人皆惑利”为借口，一并杜绝。这样，以防倭为公开理由，遮蔽一个禁海固疆隐秘的政治目的，在明朝建国初期，就主张并逐步实行一系列的锁国政策。

据洪武二十七年（1394 年）明廷礼部的统计数字，当时通

---

① 《明太祖实录》卷一八二，洪武二十年六月甲辰。

② 《明太祖实录》卷七〇，洪武四年十二月乙未。

过海道朝贡的国家、地区或部落约十七个，即：日本、朝鲜、琉球（今琉球群岛）、安南（今越南北方）、占城（今越南南方）、暹罗（今泰国）、真腊（今柬埔寨）、缅甸、彭亨（今马来半岛彭亨）、淡巴（今马来半岛某地）、须文达那（今印尼苏门答腊岛）、览邦（今苏门答腊岛某地）、三佛齐（今苏门答腊岛巨港）、爪哇（今印尼爪哇岛）、百花（今爪哇岛西部）、渤泥（今文莱）、西洋琐里（今印度科罗曼德尔海岸）。它们原都处于刺桐港海外贸易圈内，其中一部分明初仍与刺桐港互相往来。如洪武四年（1371年）七月，占城入贡，明太祖在谕知有关事项外，“并谕福建行省，占城海舶货物，皆免其征，以示怀柔之意。”① 同年九月，“三佛齐海舶至泉州海口，［户部］并请征其货，诏勿征。”② 据不完全统计，洪武一朝，南海贡舶即多达一百余次。海上官私贸易如能上承宋元余热，刺桐港仍将持续得到一定程度的发展。不幸的是，随着倭乱渐炽，明太祖禁海政策日见凌厉，使原来海上贸易的势头完全处于被窒息状态。试依年序略作排列如下：

——洪武十四年（1381年）十月己巳：“禁濒海民私通海外诸国。”③

——十七年（1384年）正月壬戌：“禁民入海捕鱼，以防倭故也。”④

——二十三年（1390年）十月：“诏户部申严交通外番之禁。上以中国金银、铜钱、段匹、兵器等物，自前代以来，不许出番。今两广、浙江、福建愚民无知，往往交通外番，私易货

① 《明太祖实录》卷六七，洪武四年七月乙亥。

② 《明太祖实录》卷六八，洪武四年九月辛未。

③ 《明太祖实录》卷一三九，该年月条。

④ 《明太祖实录》卷一五九，该年月条。

物，故严禁之。沿海军民官司纵令私相交易者，悉治以罪。”①

——二十七年（1394 年）正月甲寅：“禁民间用番香、番货”。“凡番香、番货，皆不许贩鬻。其见有者，限以三月销尽，民间祷祀，止用松、柏、枫、桃诸香，违者罪之。其两广所产香木，听土人自用，亦不许越岭货卖，盖虑其杂市番香，故并及之。”②

显而易见，明太祖的禁海范围，先泛限政治关系上内外勾结，图谋不轨，旋为防倭，不许入海从事捕捞作业，转入经济领域。接着又不准私人海上经商。再之复不许使用番香、番货，海外商品不得在中国买卖流通使用，甚至两广所产香货，只可自用，也不许贩卖。禁海闭关政策已走到这样的地步，即与唐、宋、元各代数百年来虽各有特色，但基本上海上贸易从未中断的传统一刀两断，特别是对民间中外政治、经济交往横施暴力封锁。于是我国沿海各港口不得不萎缩，实行数百年的市舶制度不得不衰谢。洪武初年首先在太仓黄渡设置的市舶司，洪武三年（1370 年）二月撤销；又置宁波、泉州、广州三处市舶司，也寻即于洪武七年（1374 年）九月罢废。而为了维系与各朝贡国家、地区或部落的主从关系，不得不实行的贡舶制度，便应运而生。

明朝建国后，陆续遣使东北亚、东南亚及南亚次大陆不少国家、地区或部落，就当时国际关系习惯，确立宗藩从属关系。过后不久，它们便也相继派使入贡。于是明朝政府又就朝贡年限、手续及特定海道口岸，陆续加以程式化立法。洪武五年（1372 年）九月，明太祖命礼部通知各入贡对象，“古者诸侯之于天子，比年一小聘，三年一大聘，若九州之外，番国远邦，则惟世见而

---

① 《明太祖实录》卷二〇五，该年月条。

② 《明太祖实录》卷二三一，该年月条。

已。其所贡献，亦无过侈之物。今高丽去中国稍近，人知经史，文物礼乐，略似中国，非他邦之比，宜令遵三年一聘之礼，或比年一来。所贡之物，止以所产之布十四足矣，毋令过多，中书以朕意谕之。占城、安南、西洋琐里、爪哇、渤泥、三佛齐、暹罗、真腊等国，新附远邦，凡来朝其亦明告朕意。”[①] 这之后，明朝礼部又几次以差不多相同的谕意达知入贡对象，并又相继拟定琉球二年，高丽及占城等东南亚入贡对象三年一贡的期限。永乐年中又定日本十年一贡。但这种限期迅即流为形式。缘由是洪武二年（1369 年）九月明朝政府拟定朝贡礼仪时，明太祖对贡使经商行为，极为宽容：“若附至蕃货，欲与中国贸易者，官抽六分，给价以偿之，仍除其税。”[②] 三年（1370 年）十月高丽贡使多载私货，明太祖仍令：“听其交易，勿征其税。”[③] 四年（1371 年）七月，占城入贡，明太祖又一次谕令：“占城海舶货物，皆免其征。”[④] 十七年（1384 年）正月更统一规定：“凡海外诸国入贡，有附私物者，悉蠲其税。”[⑤] 这就为贡舶旗帜下的“私物”贸易给予合法地位和免税优惠待遇。因此，素来向往有着高度物质文明中国的许多入贡对象，便也自然乐于频繁入贡，不但有时一年再贡，而且有时同月数贡。明朝朝廷为着“怀柔远人”、“皇恩浩荡”的宗主国政治形象，对贡品不惜给以远超实际价值的赏赐或收购，就更刺激和助长了频繁入贡的势头。所以，尽管明朝政府对贡纳过程设定颇为繁琐的手续，并又于洪武十六

① 《明太祖实录》卷七六，洪武五年九月。
② 《明太祖实录》四五，洪武二年九月壬子。
③ 《明太祖实录》五七，洪武三年十月。
④ 《明太祖实录》六七，洪武四年七月。
⑤ 《明太祖实录》一五九，洪武十七年正月丁巳。

年（1383 年）开始给有关入贡对象颁发防止诈伪的“勘合”文簿[①]。明太祖也多次发表入贡频繁“劳费太甚”的谈话，又岂能扭转局面？

明成祖永乐元年（1403 年）八月，恢复设置泉州、广州及宁波三处市舶司，分隶各省布政司。市舶司设提举一员，从五品；副提举二员，从六品；吏目一员，从九品。三年（1405 年）九月，鉴于贡使日益增多，命各市舶司置馆驿，泉州来远，广州怀远，宁波安远。随又规定各有关贡道港口，如日本于宁波，琉球于泉州，安南、真腊等国于广州上岸卸货。之后经过一系列勘合核对、贡品查验手续，由地方政府有关部门派员护送晋京。可见贡舶制度是政治上宗藩主从关系严格掩盖下的特殊形式的海上贸易。据明世宗嘉靖八年（1529 年）两广巡抚都御史林富的奏状，贡舶往来，贡品以外的“私物”依例抽解，不但于国家有利，而且于地方也有利。他说：“查得旧番舶通时，公私饶给，在库番货，旬月可得银两数万”。“贸易旧例，有司择其良者，如价给之，其次资民买卖。故小民持一钱之货，即得握椒，展转交易，可以自肥。广东旧称富庶，良以此耳。”[②] 其手续，据庞尚鹏说：入贡所附“货物，照例抽盘。其余番商私赍货物至者”，经验实，“抽其十之二，乃听贸易焉。”[③] 其结果，是在明初海禁森严时，广州民间的海上贸易仍然以特殊形式有所恢复。不幸的是，这种光景未能在刺桐港出现。其缘由，据明世宗嘉靖三十三年（1554 年）任福建市舶提举司提举高岐所撰《福建市舶提举司志》：

① 《明会典》卷一〇八，《朝贡通例》。

② 顾炎武《天下郡国利病书》卷一二〇，《海外诸番》。

③ 顾炎武《天下郡国利病书》卷一〇二，《广东》六引。

> 我朝司署初设于泉（州），正取泉府意焉。建官三员，以海市开舶欲分治之。兹惟理贡船，不复开海市，副提举遂未铨授矣。吏目闲来任亦虚设耳。虽有正提举，贡至经理之，此外他无事事。①

福建市舶提举司未获朝廷铨授副提举，根本原因在于“不复开海市”。这种状况大约自成祖永乐元年（1403 年）八月恢复设置泉州市舶司时已缺如。据《明太宗实录》，永乐二年（1404 年）正月明廷严申“禁民下海”诏令，缘“福建濒海居民私载海船，交通外国，因而为寇。”故又诏令福建濒海府县将“原有海船者，悉改为平头船，所在有司防其出入。”② 两事前后相距仅为四个月，后一措施极可能就成为明廷特意不除授泉州市舶司副提举的动因，以示“不复开海市”的严厉姿态。

当时刺桐港一个海商世家的衰落，也为后人提供了明初刺桐港海上贸易凋零的缩影。泉州南郭居民林闾（字君和，号睦斋），元朝后期，“承藉前人蓄积之资，常俵家客，航泛海外诸国。”子林驽（字景文，号东湖），承家经商，亦“航吴泛越，为泉钜商。洪武丙辰九年，奉命发舶西洋，娶色目人，遂习其俗，终身不革。”这里值得注意：一入洪武年中，林家往西洋仅限于“奉命发舶”，大概只是肩负前往某方出使谕旨职任。林驽子通衢（名仙保，字居安）就蜕化为行商广东的陆贾，卒葬广东惠州。通衢子易庵（名恭惠，1414—1489 年）受家风熏染“谙晓译语”，因被市舶司任为“冠带土通事”③，并于明宪宗成化二年（1466 年）

---

① 高岐《福建市舶提举司志・官职》。

② 《明太宗实录》卷二七，永乐二年正月辛酉。

③ 高岐《福建市舶提举司志・属役》。

“率长子琛引琉球入贡。事毕，以年迈表辞，蒙恩钦赐冠带荣身。”① 一个曾经“航泛海外诸国”的刺桐港海商世家，迄明初碍于时代桎梏，遂尔不振，林易庵仅以一介“土通事”谢事退闲。

历史进程交织着必然与偶然。洪武二十五年（1392年）明太祖给琉球王“赐以闽人之善操舟者三十有六姓焉，使之便往来时朝贡，亦作指南车之意焉耳”②。但结果却成为刺桐港封港的最后一击。

据日本琉球那霸市史编委会所辑久米村系闽人赐姓家谱，其中梁、郑、金、蔡、林诸姓始祖均来自闽江下游府县③，为目前可以查明的赐姓乡贯中的主体。三十六姓入琉后，琉球国王择“知书者授大夫、长史，以为贡谢之司；习海事者授通事、总管，为指南之备”④。他们为中琉友好往来及琉球与东南亚国家的通航贸易，作出贡献。但也由于故里情深，至晚自成祖永乐中年伊始，祖籍闽江下游府县的琉球贡舶人员常将海舶引抵福州城南河口⑤。之后，先例可鉴，后继接踵，迨嘉靖年中陈侃奉命使琉，“驾舟者闽县河口之民约十之八，因夷人驻泊于其地，相与情稔，欲往为贸易耳。”⑥ 就是久历年所，关系胶固的例证。故郭造卿《闽中兵食议》云：

---

① 林家变迁史据《清源林李宗谱草刱》，转引自王连茂《泉州与琉球》，载《琉球—中国交流史学术文化讨论会报告书》，日本浦添市教育委员会出版。

② 陈侃《使琉球录》。

③ 详谢必震《略论明代闽人移居琉球的历史作用》，《海交史研究》1986年第2期。

④ 《明神宗实录》卷四三八，万历三十五年九月己亥。

⑤ 周煌《琉球国志略》卷三，《封贡》。

⑥ 陈侃《使琉球录》。

> 泉（州）有市舶提举司，在水仙门外……泉在宋富饶本此。自元以夷人提举，而诸夷为虐，人或惩之，因废市矣。明初立舶司，（洪武）七年罢，仍复之，为琉球入贡。其国与泉之彭［澎］湖山直，而受贡于此，不使外夷窥省城，犹浙置之宁波是也。后番舶入贡多抵福州河口，因朝阳通事三十六姓，其先皆河口人也，故就乎此。①

泉州市舶司至此已名存实亡。因此，明穆宗隆庆初年，唐顺之以惊诧不置的口吻，说："国初浙、福、广三省设三市舶司，在浙江省，专为日本入贡，带有货物，许其交易；在广东省，则西洋番舶之凑，许其交易而抽分之；若福建［泉州］，既不通贡，又不通舶，而国初设立市舶之意，漫不可考矣。"② 其症结盖在乎已"不复开海市"，继又贡舶北移福州，则刺桐港唯有无可奈何花落去之一途了。

琉球贡舶常往福州港，不但有贡舶人员的亲缘纽带在牵合，而且也有双方的地缘因素在驱策。查福州与对海冲绳岛南端那霸纬度等高，均在北纬 26 度附近。据明初佚名编辑的针经《顺风相送》一书《福建往琉球》与《琉球回福建》二则航海针路，由闽江口外东涌岛（今马祖岛北海上东引岛）放洋往琉球，北风、南风均可开船；由闽江口南梅花千户所（在今长乐市东北）放洋，南风十五更（一天半）即可航抵马齿山（那霸西海上庆良间群岛）。而自琉球马齿山开船，回针收闽江北定海千户所（在今连江县东）③，均颇便捷。这又无形中给予贡道北移福州港以推动。

---

① 顾炎武《天下郡国利病书》卷九六，《福建》六引。

② 顾炎武《天下郡国利病书》卷九三，《福建漳州府·洋税》引。

③ 向达校注《两种海道针经》，中华书局 1961 年版，第 96、99 页。

爰及宪宗成化二年（1466 年），这种“番舶抵福［州］城南河口，是司（市舶司）犹在泉［州］”[①] 身首异地的局面再也无法僵持下去，巡按御史朱贤首先发难，奏请将市舶司迁移福州，迅获明廷同意。但因衙门屋宇未备，稍事迁延，迨成化十年（1474 年），购澳门都指挥王钦私宅充用，于是泉州市舶司自此寿终正寝，福建市舶提举司及来远驿在福州悬匾庆成。

三　浴火重生　新港辉煌

（一）经济重振

明朝建国后，出身贫民、累历红巾军农民战争的太祖朱元璋，鉴于当时社会残破，民生凋敝，又汲取元季苛政导致政权覆灭的历史教训，着力实施一系列休养生息，恢复社会经济的政治方略。洪武元年（1368 年）春正月，他面谕天下府县官员说：“天下初定，百姓财力俱困。譬犹初飞之鸟，不可拔其羽；新植之木，不可摇其根。要在安养生息之而已。”为此，他又概括为“宽民”政治：“宽民必当阜民之财，息民之力。不节用则民财竭，不省役则民力困，不明教化则民不知礼义，不禁贪暴则无以遂其生。”[②] 因此，洪永年中，劝课农桑，省徭薄敛，惩贪禁暴，社会安定，农工商各经济领域都有不同程度的发展。

这一政策也在刺桐港腹地有所反映。水利的兴修与耕地的扩大是振兴农业的前提。漳州水利大兴，溪、潭、洋、港、浦、渠、沟、圳、塘、陂、埭、岸各类灌溉排涝工程，无不获得重

① 高岐《福建市舶提举司志·艺文》，林玭《福建市舶提举司记》。

② 谷应泰《明史纪事本末》卷一四，《开国规模》。

视。宪宗成化年中知府姜谅开浚一塘一圳五港，修筑六埭十六陂二十九岸[①]。兴化府最大的水利工程木兰陂，明初太祖洪武八年(1375年)、成祖永乐十二年（1414年)、宣宗宣德六年（1431年）先后三度兴修，增固陂闸设施，提高灌溉功能。继木兰溪、晋江和九龙江三江平原充分垦殖之后，明初闽南耕地的扩大，主要表现为向临海坡地和戴云山、博平岭山地推进。明世宗嘉靖年中，王慎中指出："国家承平久，隆洪阜康之盛，莫如今日。虽岭限海带，越在遐徼，如吾泉州为郡，亦且生齿蕃殷，地力竭作。谷深山阻，崎岖而曲折，皆有保聚之民，垦辟之壤。"[②] 又如漳州府，"深山中巅崖皆开垦种艺，地无旷土，人无遗力。"[③]与此同时，则又向江河海洋要田地，填筑江海低地成田称洲田，修建堤埭障水成田称埭田，垦拓滩涂成田称海田。稻麦是闽南重要的农田作物，据不完全统计，水稻品种多达四十九个[④]。其复种耕作技术，也已在三江流域获得普遍推广。单位面积产量，也有所提高。永春山县，"土沃泉膏，率种一斗，而收十之六七，余可食郡中。"[⑤] 种一斗约用田一亩，"而收十之六七"句中必有夺误，不能通解，应作"而收米斛之六七"，如是，则亩产稻谷约一石五斗。漳州龙溪县六、八都埭田，"亩收谷一钟有余。"[⑥]约六石四斗多。经济作物栽培，明代前期闽南也颇为发达。甘蔗、柑橘、荔枝、龙眼、茶叶、棉花、桑麻等等，广植于城乡。

---

① 黄仲昭《（弘治）八闽通志》卷二三，《水利》。

② 王慎中《王遵岩集》卷七，《余柏坡公平寇兴学记》。

③ 顾炎武《天下郡国利病书》卷九四，《漳浦县》引《漳浦志》。

④ 何乔远《闽书》卷一五〇，《南产志》。

⑤ 何乔远《闽书》卷一五〇，《南产志》。

⑥ 陈锳《（乾隆）海澄县志》卷二二，《艺文志》，林俊《汪公陂记》（弘治十一年），该地后划归海澄县。

泉州“园有荔枝、龙眼之利”，“附山之民，垦辟硗确，植蔗煮糖。”[①] 如同安县北部坑柄乡，“其物产桑麻之衣，竹木之材，姜、芋、蕈、笋、芹、蘋之蔬，丹荔、碧眼、黄弹之果，蔗糖、蜂蜜之甘，禽、鱼、獐、鹿之鲜，被及四方，岁时不断也”。[②] 安溪、永春山间则茶树层绿。漳州果树品种繁多，尤以“漳州朱橘”，最负盛名。如海澄县，“处处园栽橘，家家蔗煮糖。”[③] 兴化府则久以荔枝、龙眼、蔗糖擅名海内外。

肇始自南宋后期的海荡渔捞作业，迄明代而大盛。漳州沿海，“潮至而网取鲜物者谓之纲门。有深水纲，有浅水纲。潮涸而手取鲜物者谓之泊，纲门之下即泊也。有泥泊，有沙泊。泥泊产鲜盛，沙泊次之。”“顾其为值一而利十之。”[④] 成为新兴的一大海洋产业。插竹、布石以引牡蛎，“耘海泥若田亩然，浃杂咸淡水”以种蛏，名蛏田、蛏埕或蛏荡，这又是一种新兴的海洋养殖业[⑤]。标志着社会生产向海洋纵深推进的新创造。

伴随着社会生产的发展，手工业各部门也相继取得进步。

闽南熬煮蔗糖，首先必须碎蔗榨汁。宋元二代，俱入碓捣烂，入明改以“磨以煮糖”[⑥]，由椿捣转为轧磨，生产效率有所提高。白砂糖成品过程则推广元代南安县黄长者发现的“覆土法”，方法简易，极受蔗农欢迎。据传黄氏于熬糖时，陈年老墙倒塌，墙泥散覆装贮黑糖的陶器之上，经含硝墙泥漂白作用而得

---

① 何乔远《闽书》卷一五〇，《南产志》。

② 林希元《次崖文集》卷一三，《黄轸墓志铭》。

③ 陈锳《（乾隆）海澄县志》卷二〇，《艺文志》，徐燉《海澄书事寄曹能始》。

④ 顾炎武《天下郡国利病书》卷九四，《漳浦县》引《漳浦志》。

⑤ 何乔远《闽书》卷一五〇，《南产志》。

⑥ 陈懋仁《泉南杂志》。

洁白砂糖。莆田人郑立学得此法，推广于家乡，后日益扩大，因而出现白砂糖制造技术的飞跃发展[①]。荔枝、龙眼运销必须加工干化。宋代有“红盐法”防止腐烂，“白晒法”脱水干化，入明则采取“焙干法”[②]，既缩短成品时间，又不受日照限制。衣料纺织技术，较前也有所改进。苎麻系闽南农村广泛栽种的园艺作物，农家普遍能用家庭织机织成夏布，尤以惠安县“北镇之布行天下”[③]，驰名远近。丝纺织品，莆田县黄石市机户善织丝布，或以丝为经、棉纱为纬的兼丝，以及串四（稀薄）、串五（厚密）的绫，“与宋制异”。[④] 然而最突出的是宋元丝纺织落后的漳州府，于入明之后，异军突起。在巨大海外市场需求的刺激下，漳州城中，“百工鳞集，机杼铲锤，心手俱应。”[⑤] 纺织作坊林立，能织出明代驰名的漳州纱绢，一改荒索旧貌，转而成为闽南的丝纺织中心。时人王世懋《闽部疏》指出：

> 凡福之紬丝，漳之纱绢，泉之蓝，福、延之铁，福、漳之桔，福、兴之荔枝，泉、漳之糖，顺昌之纸，无日不走分水岭及浦城小关，下吴越如流水。

福建八种农业及手工制造业名品中，产自闽南的占其五。此外，闽南茶叶又崭露头角。唐宋以降，武夷山茶叶久擅盛名。及明世宗嘉靖年中，安溪岩茶脱颖而出，成为畅销的大宗商品。南明阮旻锡《安溪茶歌》云：“安溪之山郁嵯峨，其阴长湿生丛茶。居人清明采嫩叶，为价甚贱供万家。”[⑥] 从此，安溪岩茶开始进入

---

① 何乔远《闽书》卷一五〇，《南产志》。

② 何乔远《闽书》卷三八，《风俗志》。

③ 何乔远《闽书》卷三八，《风俗志》。

④ 周瑛《（弘治）兴化府志》卷一二，《货殖志》。

⑤ 官献瑶《（乾隆）漳州府志》卷二〇，《艺文》，张燮《清漳风俗考》。

⑥ 陈棨仁、龚显曾《温陵诗纪》卷二引。

千家万户并成为闽南工夫茶原料的故乡。

总之，闽南一系列驰名商品的存在和日益发展，势必形成向国内外寻觅商品市场的物质力量，逐渐与妨碍它的陋规互相冲突。

明代前期闽南的农业固然得到恢复并有所发展，但早已铸为历史传统的粮食供不应求的矛盾依然没有解决。当时泉州府“近年以来，生齿日繁，山穷于樵采，泽竭于罟网，仰哺海艘，犹呼庚癸，非家给人足之时”[①]；不得不照旧“仰粟于外”[②]。兴化府食粮也时常短缺，只有翘首外地粮商“载谷鬻贩于莆”[③]。曾几何时，“境独多田”的漳州府，人口滋长，“生齿甚繁，以口度地，常一亩十口资焉。”[④] 因之只有“仰给粤潮商粟以为粮”[⑤]。集中为一句话：“故边海之民，皆以船为家，以海为田，以贩番为命。”[⑥] 显而易见，刺桐港腹地社会生存方式的根本矛盾依然未能获得解决。这一社会根本矛盾，就会像梦魇那样萦绕在人们的脑际，成为大多数人惶惶不可终日的荦荦大端。出自大多数人的精神“合力”，也会把北宋刺桐港开港前的陈年一幕重新演出：以此之有，贸与所无，易为财宝，致粟为我，以饱老少。这种生存方略简易有效，也能振作士气。正如时人所评述的那样：

> 岁虽开熟，获少满篝。戴笠负犁，个中良苦。于是饶心计与健有力者，往往就海波为阡陌，倚帆樯为耒耜。凡捕鱼

① 阳思谦《（万历）泉州府志》卷三，《风俗》。

② 何乔远《闽书》卷三八，《风俗志》。

③ 黄仲昭《（弘治）八闽通志》卷八一，《灾异》。

④ 沈演《止止斋集》卷一九。

⑤ 吴宜燮《（乾隆）龙溪县志》卷二一，《杂记》。

⑥ 台银经研室编《明实录闽海关系史料》，台北 1971 年版，第 87 页引万历二十一年福建巡按陈子贞疏文。

纬箫之徒，咸奔走焉。盖富家以赀，贫人以佣，输中华之产，骋彼远国，易其方物以归，博利可十倍，故民乐之。虽有司密网，间成竭泽之渔；贼徒煽殃，每奋当车之臂。然鼓枻相续，吃苦仍甘，亦既习惯，谓生涯无逾此耳。①

所以，从明代前期恢复和发展过来的刺桐港广大腹地社会经济，蓄积为中后期重新开辟闽南海上贸易新格局的坚韧力量，扭转刺桐港猝败之后闽南腹地的经济僵死状态，推出港口转移实际上使刺桐港浴火重生的新篇章。

私人的海上贸易，在我国有悠久的历史。但因古代专制国家每以舶税为国库重要财源之一，往往巧设花样，把海上贸易纳入不同程度的国家管理体制之内。两宋朝廷凡海上贸易港一经国家批准"开放"，即设置市舶司统辖港口一应事宜，对远洋贸易船予以编籍，放洋船队，排定纲组，选设纲首，颁给"朱记"及"杖"，以示朝廷任命，代表政府行使管理权力，必要时可以杖笞梢水，因此"蕃舶纲首"时又称作"纲官"。事实上这是"官督民营"的外贸体制。元世祖至元二十一年（1284 年），元廷分设市舶都转运司于杭、泉州，明令确立"官本船"的海上贸易体制。按照规定，经营资本及船只由官府提供，回舶所得七三开，官七民三。任何私人均不得从事海上贸易，违法经营一旦被发现，即没收其家产的半数。这显然是"官营民佣"，三分给海上纲梢人员充作佣资，无疑这一体制比两宋更为凌厉了。"官本船"制度虽然并未贯彻始终，但它是一种独立存在的国家贸易模式。降及明初，海禁森严，"寸板不许下海"，"贡舶"以外，举凡"海商者，王法之所不许，市舶［司］之所不经，乃贸易之私

① 梁兆阳《（崇祯）海澄县志》卷一一，《风土志·风俗考》。

也”[1]。于是私人贸易被明廷宣判了死刑。

然而，“抽刀断水水更流”。恢复和有所发展的刺桐港腹地经济，太祖洪武初年即零星地人格化为“走私”活动，兴化卫指挥李兴、李春私自遣人出海经商创下私商的最早纪录。尔后有关福建沿海居民所谓“私载海舡，交通外国”，或“通番为寇”之类的文字记载便屡见不鲜。代宗景泰三年（1452 年）九月，漳州郑孔目一伙，在海上与官军格斗，捉走署都指挥佥事王雄，酿成轩然大波。次年，漳州府即向朝廷报称：“月港、海沧诸处多货番为盗。”因即“随地编甲置总”，“校其违式船只，皆令拆卸。”[2] 两事前后呼应，清晰显示：漳州府沿海已卷入武装从事海上贸易漩涡。意味着敢于违抗朝廷的私商已登上历史舞台。

自明代中期蜂拥而起的闽南“私商”的海上贸易，鲜明呈现两大特点：

一是户别复杂，人数繁多。宋元两代，出任“纲首”或“官本船”经营人理论上是只有城乡上户、富户才可以充任。入明后，嘉万时期，随着社会经济关系“身分制”、“等级制”色彩的淡化，货币雇佣关系的加深发展，闽南城乡从商风气浓厚，队伍庞大。泉州同安县人洪朝选即曾指出：“异时贩西洋，类恶少无赖，不事生业；今虽富家子及良民，靡不奔走。异时维漳［州］缘海居民习奸阑出物，虽往，仅什二三得返，犹几幸少利；今虽山居谷汲，闻风争至，农亩之夫，缀耒不耕，赍贷子母钱往市者，握筹而算，可坐致富也。”[3] 据此可知，当时参与海上贸易的族群，不但有“富家”、“良民”，而且有“田亩之夫”与“恶

---

① 郑若曾《筹海图编·经略·开互市》。

② 沈定钧《（光绪）漳州府志》卷二五，《明宦绩·谢骞传》。

③ 洪朝选《洪芳洲摘稿》卷四，《瓶台谭侯平寇碑》。

少无赖”；不但有“缘海居民”，而且也有“山居谷汲”之人。户别之繁，人数之多，地域之广，远轶前代。又据稍后毅宗崇祯三年（1630年）兵部尚书梁廷栋上言，漳、泉“民之富者怀资贩洋，如吕宋、占城、大小西洋等处，岁取数分之息；贫者为其篙师、长年，岁可得二三十金。春夏东南风作，民之入海求衣食者以十余万计”①。当然，富家从商极具优势。月港大海船宽三丈五六尺，长十余丈；小船亦宽二丈，长七八丈。“造舶费可千余金，每还往，岁一修葺，亦不下五六百金。”② 如此高昂的建造与维修费用，“富家”绰有余裕，其他“散商”、“众商”便需“醵钱”合资了。且船上梢水众多，储备充足，又都所费不赀。故“富家”独任，称为“舶主”，“每舶，舶主为政，诸商人附之。”③ 次职称“财副”。“舶主”与“财副”二种职称，也都如实反映明代闽南私商经营者海上贸易的时代色彩。“散商”、“众商”的组成十分复杂。世宗嘉靖二十三年（1544年）泉州海商李王乞等一百五十余人驾船北上，于朝鲜附近海面停泊时被李朝官兵捕捉，“头人”可考的约十名，同安县人李章系“头人”之一。此人上书朝鲜朝廷说：“章僻处遐陬，生居同安。人民稠密，寸土如寸金之贵，家室悬罄，灶甑有旧染之尘，兼以往年十月大旱，越春夏不雨，田圻龟文，野草自焚，饥饿辗转于沟壑，流殍乞丐于道傍，有父子不相顾者矣，有妻子离散矣，菽水之欢，其能几何！无奈买卖造船，经商于外国，营求微利，庶一家朝夕之欢，驾一叶之轻舟，凌万顷之茫然。”④ 书信写得真实感人。它

① 台银经研室编《明实录闽海关系史料》，台北1971年版，第153页引。

② 张燮《东西洋考》卷九，《舟师考》。

③ 张燮《东西洋考》卷九，《舟师考》。

④ 吴晗等辑《朝鲜李朝实录中的中国史料》，第四册第1369页。

令世人相信，泉州同安县由于人口膨胀爆炸，居民度日原就艰难，加上往年数个月苦旱不雨，无法生存下去的居民，被迫出卖家当买进木材制造海船，“经商于外国，营求微利”，以拯救一家老少。如果再加上李章书信中尚未涉及的明朝官府的赋役重担，同样也势必成为城乡平民结伙从商的重要动因。所以，各种类型的私商合计匡算起来，总数将大大超过“十余万计”。海商户等的平民化和扩大化，正是闽南经济园地对当时中国社会经济关系出现所谓资本主义萌芽的一种特色反映。

二是僻港荒汉，化为闹市。“走私”海商最佳的进出港口，必然选择僻港荒汉，官府控扼最为薄弱的地方，以便躲开明朝政府和军队的耳目。据《东西洋考》的作者张燮观察，“先是发舶在南诏（今诏安县）之梅岭，后以盗贼梗阻，改道海澄［月港］。”① 明成祖永乐元年（1403 年）多次提到闽南“海寇”猖獗，次年又明确此“海寇”原来系“私载海舡，交通外国，因而为寇”② 行为。推测漳州诏安县梅岭港“走私”商船或即其时出入该港，而被官方诬称为“海寇”。以后宣宗宣德八年（1433 年）再颁禁止通商外国明令，并敕漳州卫官兵严防③，再后至代宗景泰四年（1453 年）月港、海沧便被直指为通商港口。约略可以看出梅岭贸易船北移月港当在宣德八年至景泰四年前的这段时间之内。

---

① 张燮《东西洋考》卷七，《饷税考》。

② 《明太宗实录》卷二一，永乐元年六月丁卯；卷二五，同年闰十一月辛酉；卷二六，同年十二月丁丑；卷二七，永乐二年正月辛酉。

③ 《明宣宗实录》卷一〇三，宣德八年七月己未；卷一〇四，同年八月丁未。

（二）新港辉煌

月港原属漳州府龙溪县东南海滨八九都辖境，地处九龙江海口南岸，背倚漳州平原，濒临大海，港道一弯如月，物资吞吐便捷，“官司隔远，威命不到，”[①] 帆船利于隐蔽。所以，私商帆船自梅岭北移后约一二十年，成弘之际，由于发展迅速，即被时人艳称为“小苏杭”[②]。武宗正德十二年（1517 年），广东明军驱逐葡萄牙势力，一并“将安南、满剌加诸番舶尽行阻绝，皆往漳州府海面地方私自驻扎”[③]，月港一时顿增番舶泊靠。之后，日本、西班牙商船也纷来寄碇[④]。世宗嘉靖二十年（1541 年），据传葡萄牙人居留漳州月港已达 500 多人[⑤]。二十七年（1548 年）据福建按察司巡视海道副使柯乔呈文：

> 议得漳州府龙溪县月港地方，距府城四十里，负山枕海，民居数万家，方物之珍，家贮户峙，而东连日本，西接暹、球，南通佛郎、彭亨诸国，其民无不曳绣躧珠者，盖闽南一大都会也。[⑥]

名副其实地成为我国东南沿海的国际贸易港口。阛阓纵横，“人

① 陈锳《（乾隆）海澄县志》卷二一，《艺文志》，李英《请设县治疏》。

② 梁兆阳《（崇祯）海澄县志》卷一一，《风土志·风俗考》。

③ 顾炎武《天下郡国利病书》卷一二〇，《海外诸番》。

④ 顾炎武《天下郡国利病书》卷九六，《福建》六。

⑤ 据傅衣凌《明代福建海商》转引小叶田淳《中世南岛交通贸易史研究》。

⑥ 朱纨《甓余杂集》卷三，《增设县治以安地方事》引。

烟辐辏，商贾咸聚。”[①] “估客如云集，东西两洋船。”[②] 一派繁荣。但与此同时，社会秩序紊乱，“游业奇民，捐生竞利”。“剽悍成俗，莫可禁遏。”[③] 明廷有鉴于此，以为有设治控驭，稳定一方的必要，同时又有开征饷税，充裕国库的前景，经有关地方当局申请，明廷便于世宗嘉靖四十四年（1565 年）割龙溪、漳浦二县毗邻辖地，于月港设立海澄县（今龙海市辖境）。穆宗隆庆元年（1567 年）正式修建廨舍衙门，命官就职。同时宣布解除海禁，准贩东西洋。从此，月港的海上贸易便以更为迅速的步伐发展起来。进口年税额自隆庆年中（1567—1572 年）的三千两，以成倍猛增的速度攀升，至万历二十二年（1594 年）达到二万九千两，二十几年中激增八倍以上。驶往东西洋领引的帆船，万历十七年（1589 年）限定每年八十八艘，旋因供不应求，陆续放宽，增至二百一十艘。有贸易关系的东西洋国家、地区与部落近五十个。闽南及福建等地的出口商品，源源从此输出。王世懋《闽部疏》中所开列输出福建境外的大批商品，于海禁解除后，“其航大海而去者，尤不可计。”阮旻锡《安溪茶歌》同样接着吟唱：

迩来武夷漳人制，紫白二毫粟粒芽。

西洋番舶岁来买，王钱不论凭官牙。

溪茶遂仿岩茶样，先炒后焙不争差。

随着海上贸易业的腾飞，月港城市风貌也大为改观。时人徐𤊹《海澄书事寄曹能始（学佺）》诗云：

---

① 陈锳《（乾隆）海澄县志》卷二二，《艺文志》，傅夏器《王公城碑记》。

② 梁兆阳《（崇祯）海澄县志》卷一六，《艺文志》，吕继梗《海澄督饷》。

③ 梁兆阳《（崇祯）海澄县志》卷一六，吕旻《新建海澄县城碑记》。

货物通行旅，赀财聚富商。雕镂犀角巧，磨洗象牙光。

棕卖夷邦竹，檀烧异域香。燕窝如雪白，蜂腊胜花黄。

处处园栽橘，家家蔗煮糖……

诗篇描绘的正是一个商旅熙攘，异货充陈，橘园飞金，蔗糖飘香，中外闻名贸易港的冬日景象。其他海外商品如“犀象、玳瑁、金刚、琥珀、沈木、檀楠、片魏、珊瑚，以及未名未见之物如篱落间，天下推华腴地”[①]。于是月港“寸光尺土，埒比金钱”[②]，身价百倍。月港的高度繁荣，直接推动漳州城也改容易貌，“甲第连云，朱甍画梁，负妍争丽。”[③] 显然，九龙江流域的城乡经济，得到了超越前代的纵深开发。

“泉州之安海，漳州之月港，乃闽南之大镇。”[④] 如前所述，安海市提设为石井镇后，成为刺桐港的辅港口。但到后渚港崛起后，特别是元代宏舡巨舰北移新港，石井镇也便日趋式微。顺帝至正年中，东西两海湾湮淤并筑为埭田，海船不通，镇市建制也被撤销，镇廨改为石泉门巡检司廨舍。明太祖洪武二十年（1387年）江夏侯周德兴整饬闽海防务，石泉门巡检司南移浯州屿（今金门岛），由同安县陈坑巡检司兼管本处。然而镇市建制的撤销与巡检司的远离，坏事变成好事，反倒让这个元末泉州伊思巴奚兵乱未曾波及，因而元气未损的港口，经明初洪永年中休养生息后，安平镇便又以私商海上贸易而重新振兴起来，“衣食四方者，十家而七。”[⑤]“浮大海趋利，十家而九。”[⑥] 一个十余万人口的镇

① 陈锳《（乾隆）海澄县志》卷首，王志道《初修海澄县志序》。

② 陈锳《（乾隆）海澄县志》卷一五，《风土志》引《康熙志》。

③ 官献瑶《（乾隆）漳州府志》卷三〇，《艺文》，张燮《清漳风俗考》。

④ 朱纨《甓余杂集》卷二，《阅视海防事》。

⑤ 何乔远《镜山集》卷四八，《寿颜母序》。

⑥ 李光缙《景璧集》卷一四，《二烈传》。

市，便约有十万左右的人口从商，不是小数目。“山镇田稀多贾海，小村市闹亦成墟。”安平及其周边一二十个村庄都融入商海中去。“巷女能成紵麻布，土商时贩木棉花。”[①] 在村的妇女织夏布，外出的本地商人贩运木棉花。据明代无名氏《安海志》记载，苎麻自永春、德化等地购进，木棉花则自同安或远至河南、江苏太仓、浙江温、台州购进。经“巷女”或富商“家机”纺织成苎麻布、木棉布后，再回销出去。明世宗嘉靖二十四年（1545年）三月，有由漳州籍人任“舶主水梢”的日本海舶数十只进港，泊于围头、白沙等水澳，销售“四方土产货，如月港新线、石尾棉布、湖丝、川芎。各自逐利商民，云集于市”[②]。迨神宗万历年中，“港通海外昆仑舶”，“贾舶帆樯压蜃楼。”[③] 番舶到港一时掀起热潮。安平人“矜贾”、“善贾”，国内大江南北，东海西陲布满他们的踪迹。同时又勇于从事海上贸易，“或冲风突浪，争利于海岛绝夷之墟。近者岁一归，远者数岁始归，过邑不入门，以异域为家，壸内之政，妇人秉之，此其俗之大都也。”[④] 日本、菲律宾及其他东南亚国家、地区或部落又无不是安平风帆所向之地。明末，郑芝龙武装海商集团以围头湾南侧石井澳为基地，人员数万，海船千余，横行海上，成为太平洋盆地西缘北起日本，南抵东南亚海域，一时无与伦比的商贸势力。安平商人在郑芝龙的保护下，海上通行无阻，一时取代月港海商。毅宗崇祯元年（1628年）郑芝龙受抚，基地北移安平，大兴土木，港口愈趋繁盛。郑芝龙在明朝政府的纵容下，“海舶不得郑氏令旗，

---

① 晋江市修编组《安海志》卷三六，《诗咏》，何乔远《秋日安平八咏》。

② 晋江市修编组《安海志》卷一二，《海港》，黄堪《海患呈》。

③ 晋江市修编组《安海志》三十六，《诗咏》，黄伯义《天妃庙》、黄伯善《东海晴光》。

④ 李光缙《景璧集》卷四，《史母沈孺人寿序》。

不能往来。每一舶例入三千金，岁入千万计，芝龙以此富敌国。”① 以郑氏为代表的后期安平海商势力，跃升及于巅峰。

在漳州府月港与泉州府安平港对峙的海岸中部坳陷处，为唐代“新城”、宋元嘉禾屿、明代中左所厦门（下门、夏门、鹭门），海船自月港启碇后，出海门前必经此地，故明神宗万历年中月港督饷馆曾于此设盘验点置船引以征税。船只查验完毕，移驻曾家澳（今曾厝垵）候风开船。自此伊始，厦门即渐为世人瞩目并成为闽南海岸一个方兴未艾的启舶港：“商舶四穷，冬发鹢首，夏返梓栊；朱提成岳，珍巧如嵩。”② 参转商移，爰及清圣祖康熙二十三年（1684 年），清政府正式设立闽海关于厦门，榷征关税。建立近千年的市舶司制度终于被海关所替代。悠悠岁月，刺桐港及其腹地诸港口，谱写了一曲海上贸易沧桑歌。

（三）闽南史鉴

自宋初以后，闽南居民在国家开放海上贸易国策的引导下，实现社会谋生方式的大转变，陆耕海商，大力扩展太平、印度二洋沿岸的商贸空间，建成宋元时期世界知名的刺桐港，推拥出一系列中外经济文化交流的辉煌成果，为中华民族挣得历史的光辉荣誉。转入明初以后，受倭寇侵扰等主客观因素影响，太祖朱元璋开始实施、其后代嗣君长期恪守未变的海禁政策，就显然是一个历史的大倒退。进入十五世纪以后，公元 1497—1498 年间（明孝宗弘治十一年），葡萄牙人达·伽马乘帆船绕过非洲好望角，到达印度。1521 年（武宗正德十六年），西班牙人麦哲伦率领的环球航行船队到达今菲律宾群岛南部。此后，随着欧洲与亚

---

① 林时对《荷锸丛谈》卷四。

② 林学曾《（民国）同安县志》卷二五，《艺文》，池显方《大同赋》。

洲之间新航路的开通，以从事资本主义原始积累亟谋到处实行殖民地掠夺的西欧各国，联翩东来，世界形势急遽发生变化。

早在公元1474年（宪宗成化十年）6月24日，著名的意大利佛罗伦萨学者保罗·托斯加内里在答复哥伦布远航前询访的信中，便盛赞刺桐港及中国富庶，怂恿他前往：

> 盖诸地商贾，贩运物货之巨，虽合全世界之数，不及刺桐一巨港也。每年有巨舟百艘，载运胡椒至刺桐。其载运别种香料之船舶，尚未计及也。……拉丁人大可设法往其国。盖不独金、银、珍珠、宝石、香料，所在皆是，可以致富也。①

不难看出，刺桐港的强盛和中国的富饶，大约经由马可·波罗与伊本·白图泰宣扬之后，早已引起欧洲人垂涎三尺。哥伦布闻名全球的远航及其后继者接踵而至，其奥秘也盖在于此。

由于明朝朝廷禁海锁国，自设囹圄，东来的西方资本主义势力，凭借船坚炮利，相继蚕食我国沿海领土。公元1518年（武宗正德十三年）葡萄牙舰队侵占广东屯门岛。公元1538年（世宗嘉靖十四年）葡萄牙商人趁广州市舶司移入香山县壕境（今澳门）之机，混入其中，并用无赖手法最终侵占该地。公元1604年（神宗万历三十二年）荷兰舰队侵占澎湖列岛，旋被明军通令撤退。公元1622年（熹宗天启二年）荷英联合舰队再度攻占澎湖列岛。公元1624年（天启四年）转攻大员港（今台湾安平），稍后二年西班牙进占鸡笼港（今台湾基隆），接着抢占瓜分台湾。如此等等。充分暴露了肇始于明太祖的锁国政策，并不能在新的世界格局中有效防止和抗击西方侵略势力。锁国政策使明廷故步

---

① 张星烺《中西交通史料汇编》，中华书局1977年版，第一册，第337～338页。

自封，缺乏洞察波谲云诡国际形势的能力。对内则扼杀海上贸易，导致东南沿海经济崩溃，民生困穷，民怨沸腾，动乱不息。闽南沿海，反抗不绝，“无处不造船下海。”[①] 禁海实未能禁，为生计所窘的少数商民遂铤而走险，甚至丧失国家民族气节，与外部势力勾结，于是番寇频扰，自不能不造成海防溃裂的险情。神宗万历二十一年（1593年），福建巡抚许孚远《疏通海禁疏》引述月港海商及漳州府官员的言论，有典型意义：

> 据海澄县番商李福等连名呈称：本县僻处海滨，田受咸水，多荒少熟，民业全在舟贩，赋役俯仰是资。往年海禁严绝，人民倡乱，幸蒙院道题请建县通商。数十年来，饷足民安。近因倭寇朝鲜，庙堂防闲奸人接济硝黄，通行各省禁绝商贩。贻害澄商，引船百余只，货物亿万计，生路阻塞，商者倾家荡产，佣者束手断飧，阖地呻嗟，坐以待弊［毙］等情。批据漳州府海防同知王应乾呈称，查得：漳属龙溪、海澄二县，地临滨海，半系斥卤之区，多赖海市为业。先年官司虑其勾引，曾一禁之，民靡所措，渐生邪谋，遂致煽乱，贻祸地方。迨隆庆年间，奉军门涂右佥都御史议开禁例，题准通行，许贩东西诸番。惟日本倭奴，素为中国患者，仍旧禁绝。二十余载，民生安乐，岁征税饷二万有奇，漳南兵食，藉以充裕。近奉文禁绝番商，民心汹汹告扰。[②]

显而易见，“开”与“禁”是刺桐港腹地同时也是中国东南沿海民生苦乐、兵食裕缺、防务强弱与社会秩序治乱的关键。历史证明，明朝森严的海禁及配合这种政策而创立的“贡舶”制度，给元季十年动乱导致元气大损的刺桐港以致命打击，最终加速其衰

① 朱纨《甓余杂集》卷八，《公移》。

② 《明经世文编》卷四〇〇。

落。隆庆元年（1567 年）海澄置县通商之后，月港、安平港在新条件下延续了刺桐港国际贸易中心的使命，刺桐港浴火重生，闽南地方经济获得新的发展前景。

当年闽南海商与菲律宾吕宋岛之间贸易热潮的形成，便是一桩卓有成效的范例。

无论是月港，抑或安平港，其海商都对菲律宾群岛情有独钟。自宋代创辟经澎湖列岛取东南针路直下吕宋岛西岸东洋航线以后，刺桐港帆船驶往吕宋岛的航程大大缩短。据成书于神宗万历四十五年（1617 年）的张燮《东西洋考》所列东洋针路统计，自漳州府太武山开船，风色顺利，九十更（约九日）便可收吕宋岛。正因“其地去漳为近，故贾舶多往”[①]，故出现“［海］澄民习夷，什家而七”的热烈景象[②]。至于安平海商，“自吕宋交易之路通，浮大海趋利，十家而九。”[③] 驯至神宗万历后期，吕宋岛马尼拉城中称为涧内的华商住宅区居民“渐至数万”人[④]。由于华商大量与吕宋进行海上贸易，逐渐吸引周边岛屿与地区的海商前来吕宋岛，为其创建为地区商品市场“大会”作出了应有的贡献，同时“亦由我压冬之民，教其耕艺，治其城舍，遂为隩区，甲诸海国”[⑤]。这一彪炳千秋的历史功绩，将永志史册。闽南海舶每年都有几十艘满载各种生活用品、丝料及丝织品、纱、绢、绫、罗、绸、缎和大小麦加工品运抵马尼拉。统计显示，万历二十二至二十六年（1594—1598 年）五年中，马尼拉中国大陆进港船只最多时达 40 艘，向华货课征的入口税为 22065 西元，

① 张燮《东西洋考》卷五，《东洋列国考·吕宋》。
② 张燮《东西洋考》卷一一，《艺文考》，高克正《折吕宋采金议》。
③ 李光缙《景璧集》卷一四，《二烈传》。
④ 张燮《东西洋考》卷五，《东洋列国考·吕宋》。
⑤ 《明经世文编》卷四三三，徐学聚《报取回吕宋囚商疏》。

占总税额的61%；海澄课征的饷税收入29000两（1594年）；估计输华的西班牙银币约100万元①。不难看出，当年华菲海上贸易规模相当可观。闽南帆船的商品在吕宋入港贸易品中占压倒优势。菲律宾的西班牙殖民地政府通过大帆船将中国丝料及精美的绸缎运往南美洲殖民地，在墨西哥、秘鲁等地从事再加工或销售。这就为当地居民提供了大量就业机会和精美丝织品。其中部分商品则运往欧洲。可见，唐宋元三代开创和繁荣起来的海上丝瓷香药之路是自中国华南沿海向西穿越西南太平洋和整个印度洋，进抵南亚、西亚及东非港口并转口输入欧洲的商品西进大交流航线。而明代后期高涨起来的华菲海上贸易，开创了另一条丝瓷白银之路，并借助西班牙大帆船向东横渡太平洋直抵南美洲，或延伸横渡大西洋以抵欧洲的商品东进大交流航线。显示中国人民历史上通过这两条贸易通道，东西环绕地球，创造人类物质文明方面的丰功伟绩。

华菲贸易的昌盛，导致美洲白银大量涌入我国，极大缓解了明朝白银供求矛盾，使市场物价持衡；而且在有明一代，经由闽南商船罗致，原产于美洲的番薯、落花生、玉蜀黍几个传入菲律宾的农作新品种被引入福建，之后在中华大地上广泛繁衍。就中尤以番薯的传入和推广极富革命作用，特别对素来缺粮的福建沿海各地，缓解了粮荒频发的生存威胁。

好事多磨。熹宗天启四年（1624年）由于荷兰势力骚扰沿海城乡，明朝政府再度实行海禁。然而“海禁日严，民生憔悴，一伙豪右奸民，倚藉势官，结纳游总官兵，或假给东粤、高州、闽省福州及苏、杭买卖文引，载货物出外海，径往交趾、日本、

① 据全汉昇《中国经济史论丛》，香港中文大学新亚研究所1972年版，第一册，第428～444页。

吕宋等夷买卖觅利，中以硝磺、器械违禁接济更多，不但米粮饮食也。禁愈急而豪右出没愈神，法愈严而衙役卖放更饱”[①]。这又一次深刻说明：逆着社会经济发展的方向，任何残酷的海禁政策都无法真正达到目的。因此，其后的几次海禁也都宣告失败，明朝的国力与海防也从未因海禁而得到增强。显然，要阻遏西方扩张势力的入侵，需要一系列高瞻远瞩、足智多谋的文韬武略，而日益腐朽的明王朝完全缺乏起码的政治素质和外抗强权的胆识。

① 顾炎武《天下郡国利病书》卷九六，《福建》引沈铁疏文。

附录一

宋太师鄂国公传

公讳从效，字元范，生永春县留湾村。少孤，事母兄以孝弟称。弱冠时，有宿者寤视为龙，又相者称公龙睛虎鼻，当大贵，由是自负。及壮，事王氏为神机指挥使。

初，唐末王审知据有福建。子延钧，后唐长兴称帝，都福州。至子继鹏，为其下所杀，立审知次子延曦。晋开运初，部将朱文进杀延曦，据其位，署其党黄绍颇为泉州刺史。泉人念王氏失国，郡迭分据，兵革不休，暴骨草莽，心甚苦之。公乃顺民心，与其刘思安、张汉思及所亲苏光晦，募得死（士）陈洪进等五十二人，持白刃梯城而入，劫库兵，擒绍颇斩之，迎王孤继勋为泉州刺史，仍送绍颇首于建州。因署公平贼统军使，封会稽开国子。未几，福州乙巳年，朱文进闻泉乱，率将来攻，钟鼓声闻五百里。公与战败之，功除都指挥使，封会稽郡开国男。南唐主李景亦闻闽乱，遣兵攻围福州。又将李仁达送款于景。又因攻破建州，迁延政于金陵，封鄱阳王。公闻延政降唐，乃以兵送继勋诣金陵。南唐欲除公汀守，辞以长乐未平，不奉诏。景因命公讨贼。贼将李弘义遣兵攻泉州，威势甚盛。公勒兵破之，以功除团练使、泉州刺史，兼御史大夫、彭城郡开国伯，食邑七百户。冬十月，漳浦戍将林赞尧扰乱，劫杀州刺史，公又破之，以功除清源军节度使，加检校太傅、会稽郡开国侯。显德元年，周世宗征淮南，唐王李景兵败，江北之地，尽入中朝。公遣衙将蔡仲宾、别驾黄禹锡送款内附，已而贡牯犀、獬豸通腰带一条，白龙脑香千片。世宗赐诏答，加公特进兼中书令、开国公。是时唐亦封晋江王，镇抚漳、泉二郡。建隆元年，艺祖受禅，首倡义奉表贡银绢千匹两。玺书报答忠诚。二年，假道吴越入贡。艺祖宠赐优渥。三年，奉表起居，旋赐戴恩奉国保庆功臣，加开府仪同三司、检校太师。信使未至，疽发背薨，壬戌秋八月八日也。享年五十七。追赠太尉、灵州都督，封鄂公，赐谥恭勤。葬晋江县永福里吴山。娶杨氏，封萧国夫人；继室崔氏，封滕国夫人。无子，以兄太傅从愿公之子绍镃、绍镃，从兄邑宰仁琠之子居道为嗣。

公素知书，好孙子兵法。（抚）郡孜孜为理，视民疾若己痌瘝。异时津梁有征，关市有税，屯田极租，盐榷擅利，苛虐之政，刻剥是务。公独一切蠲除。泉州城市旧狭窄，至是扩为仁风、通淮等数门。教民间开通衢，构云屋。间有土田不尽垦者，悉令耕种。储积岁丰，听卖买，平市价。陶器、铜铁泛于番国，取金贝而还，民甚称便。建寺捨田，安养流遗，鳏寡穷独之人，死丧无主，手足不敛，买棺以埋之。而自奉俭素，常衣布衣，置公服于中门之侧，出则衣之。岁取明经、进士，谓之秋堂。有陈仁璧者，文行为考官首荐，即署晋江令，仍以宾幕削其没皆之礼。王氏有二女，嫁为郡人妻，公追念旧恩，资给丰厚。宋运方兴，虽番奉贡，而唐王洪州之迁，亦遣子厚币为质。初，世宗征淮南，唐人以兵十万保紫金山。公累表极言顿兵老师，形势非便，已而果败。黄禹锡官荣而寿者，虽间道朝周，孰能害之。暨太祖乾德开宝间，果尽平江、广、楚、蜀，吴越王内朝京师。禹锡后为监察御史，年过七十，皆如公言。

考终之际，从愿牧南州。绍镃质金陵，居道到莆田，绍镃尚幼嗣立。陈洪进代领留务。月余，会吴越使至，镃夜（疑当作宴）之。洪进诬镃将绍（疑为结字）越人以叛，执送江南，推副使张汉思为留后，自为副使。明年，洪进杀汉思自立。

依神道碑及遗事修。

（原载留名辉纂修《清源留氏族谱》）

附录二

先君（陈偁）行述（部分）

［宋］　陈瓘

（北宋神宗熙宁八年）公诣执政请曰：赤县名擢材之地。不材瘝官是惧，愿得一州自效，乃除泉州。未几，卒坐开封事罢去。州人方怙冒德政，始闻欷歔相语：太守以陷失青苗钱被罪，能裒钱五千余万输之县官，当还我父母。合辞相唯，无一人以罄匮解，多者至捐百千，少者一二钱。期三日而五千万之数积于州门，然后相与诣部使者言之。部使者以闻。公至阙下，一年事释。转驾部郎中，除知舒州。州濒皖溪，公调薪石鸠民力，筑隄十余里以防水患。明年公去，水大至平隄不为害。部使者上之，诏奖后守。民则曰：陈公之惠也。秩满，就除泉州。泉民思慕既久，闻公复来，老稚抃叫争走逆旁郡，至有灼臂于马前者曰：复见公矣。

时贾青为转运使。青贵家子，駤骀残刻，部之材良，掇拾无免者，联事者耻名出其下。以苛察相胜，民大凋困。公之来，非青等意，善潭（州）守陈洌，奏曰：洌材，请使治泉；漳小郡，得某足矣。不行。青等不自得，于泉事务为挫揠，常咄咄毁公。或解之曰：泉州恺悌人也。青嘻笑而嫚言曰：恺悌！恺悌！盖谓恺悌为可薄云。东湖旧溉民田四万余顷，岁旱，湖涸田废。公教民以牛车汲潮水入湖，复以灌溉，自是环湖之田无旱岁。进士解发，故事有鹿鸣宴。自修例册，削其费。公曰：兹费有为也，奚可已。以俸钱为之。会大礼，进勋上柱国，赐四品服。

泉人贾海外，春去夏返皆乘风便。熙宁中始变市舶法，往复必使东诣广，不者没其货。至是命转运判官王子京拘拦市舶。子京为尽利之说以请，拘其货止其舟以俟报。公以货不可失时，而舟行当乘风便，方听其贸易而藉［籍］名数以待！子京欲止不可，于是纵迹连蔓起数狱，移牒谯公沮国法取民誉，朝廷所疾，且将并案。会公得旨再任，诏辞温渥，子京意沮，而搜捕益急。民骇惧，虽药物燔弃不敢留。公乃疏其事请曰：自泉之海外，率岁一往复，今迂诣广，必两驻冬，阅三年而后还。又道有焦石浅沙之险，费重利薄，舟之南日少，而广之课岁亏，重以拘拦之弊，民益不堪，置市舶于泉，可以息弊止烦。未报，而子京倚法籍没以巨万计。上（哲宗）即位，子京始惧，而遽以所籍者还民。

（原载《永乐大典》卷3141《陈偁》引陈瓘《陈了斋集》）

附录三

九日山市舶祈风石刻校注

九日山摩崖石刻群，清末陈棨仁曾亲往搜寻笔录，收入氏著《闽中金石略》书中。民国初年陈衍纂修《福建通志》又转收入《艺文志·史部》内。台湾学者宋晞执教于泉州海疆大学时，也曾亲往踏勘笔录，撰写《宋泉州南安九日山石刻之研究》一文（其笔录的祈风石刻，先由台湾方豪《宋泉州等地之祈风》一文附录中采用）。华东师大黄柏龄家山故水丰州镇，桑梓情深，多年遍访山岩水壑，摩挲勾稽，著成《九日山志》一书，载录宋清八百年间各类石刻共七十五方，得宋刻五十八方，其中含祈风石刻十方，系晚出而集大成于一书的力作。本文即以其为基础互校，择善而从。讹误无疑者径加改正，一时未能遽断者加注两存。

第一方　虞仲房祈风石刻

淳熙元年，岁在甲午季冬朔，吴人虞仲房[1]帅幕属洪子用、朱彦钦、赵德季、赵致孚祈风于延福寺通远王祠下，修岁祀也。与者许称叔、吴景温、闻人应之、赵子张。

校注：

［1］虞仲房，名似良，号横溪真逸、宝莲山人。原籍浙江余杭，高宗建炎年中其父迁居从教地点黄岩县，故文献又称其为黄岩人。时任泉州市舶司提举，率属下祈风。后调任兵部郎官等职，官至监

左藏东库。善篆隶，著有《篆隶韵书》。

第二方　司马伋祈风石刻

淳熙十年，岁在昭阳单阏[1]，闰月廿有四日。郡守司马伋[2]同典宗赵子涛[3]、提舶林劭[4]、统军韩俊[5]，以遣舶祈风于延福寺通运、善利、广福王祠下，修故事也。遍览胜慨，少憩于怀古堂[6]，待潮泛舟而归。

校注：

［1］大约自春秋战国以后，我国逐渐形成星岁纪年法。昭阳天干中的癸，单阏即地支中的卯。癸卯即淳熙十年，公元1183年。

［2］司马伋，字季思，陕州夏县人，北宋著名史学家司马光的从曾孙。孝宗乾道中任户部员外郎、淮西总领，淳熙九年以宝文阁待制知泉州，二年后升龙图阁待制连任。

［3］赵子涛，太祖子燕王德昭后裔，袭封安定郡王，尝知浙江金华县，时知南外宗正司事。

［4］林劭，字致夫，浙江宁波人，时任泉州市舶司提举。

［5］韩俊，字用章，原籍河南开封，孝宗初年亲擢为泉州左翼军统制，治军有方，任期长达二十余年。

［6］怀古堂亦称思古堂，系南宋著名理学家朱熹所建并亲书“仰高”横匾的一处堂馆，旨在纪念晚唐秦系、姜公辅二人。

第三方　林枅祈风石刻

舶司岁两祈风于通远王庙。祀事既毕，登山泛溪，因为一日之款[1]。淳熙戊申夏四月。会者六人：林枅[2]、赵公迵[3]、胡长卿[4]、韩俊、折知刚[5]、赵善采[6]。冬十月，会者五人：赵不逷[7]．胡长卿、韩俊、赵善采、郑颐顺。

校注：

［1］款，款待宾朋款洽游玩的意思。黄《志》此字作欵，当因欵与款之俗体欵形近而误。

［2］林枅，字子方，福建莆田人。高宗绍兴二十一年进士。孝宗淳熙十二年任福建路转运使司判官兼知泉州。任内倡廉肃贪，废除苛杂，秉公断案，奸豪敛迹。泉州、莆田近在咫尺，亲故不敢前来攀援。后调江西运判等职，年六十三卒。据怀荫布《（乾隆）泉州府志》卷二六《文职官》：林枅自淳熙十二年上任。十四年傅淇接任。十五年九月又改由曾逮续任。又据《仙游罗峰傅氏族谱》卷三《傅淇传》："视事数月，寻丁太夫人忧。"因知祈风当年（淳熙十五年），林枅大概只是原地候任官员，故姓名前未敢冠以郡守衔称。傅淇丁忧撂下的知州职事似由他人暂摄。

［3］赵公迵，字仲和，魏王廷美子广平郡王德隆后裔。福建晋江人。高宗绍兴二十一年进士，历汀州户曹、邵武知军。孝宗淳熙、光宗绍熙年中先后两知西外与南外宗正司事。何乔远《闽书》卷四四《文莅志》：淳熙中"知西外宗正事，改南外，摄州事。为政简洁，人不敢干。"当即此次祈风前后暂摄知泉州事，以补傅淇丁忧出现的空白。据传赵公迵为人廉俭，谢事后托居晋江盘龙僧舍，年八十余以终。

［4］胡长卿，时任泉州市舶司提举。其余事迹不详。

［5］折知刚，时任泉州通判。其余事迹不详。

［6］赵善猔，太宗子商王元份后裔，登进士，孝宗淳熙十一年尝任建安县丞。其余事迹不详。

［7］赵不逷，字茂中，太宗子汉王元佐后裔。光宗绍熙年中知南外宗正司事，又历严州知州、江西提刑等职。

第四方　倪思祈风石刻

嘉泰辛酉十有一月庚申，郡守倪思正甫[1]、提舶余茂实腾甫[2]，遵令典祈风于昭惠庙。既事，登九日山，憩怀古堂，回谒唐相姜公墓[3]，至莲花岩而归。统军韩俊用章，同僚朱曾景参[4]、戴溪肖望[5]、钱箪仲渊[6]、曾应定之、陈士龙云卿与焉。

校注：

[1] 倪思，字正甫，浙江归安（今吴兴县）人。宁宗嘉泰元年知泉州，任内增置学校、整修城垣、训练禁军、浚河建桥、设养济院等善政甚多，政声鹊起。真德秀致书求教主政之道，倪思告以“毋崇宴觞，毋艳琛货，静以安民，俭以化俗”十六字。因被真德秀誉为泉州著名三郡守之一（外为蔡襄、王十朋）。

[2] 余茂实，字腾甫，时任泉州市舶司提举，其余生平事迹不详。

[3] 唐德宗初年宰相姜公辅，忠谏遭贬为泉州别驾，筑室九日山东峰，与隐君秦系相依相伴，互惜互怜，白云野鹤，斗室诗书，卒葬东峰东南麓，向为历代文人墨客怀古凭吊之地。

[4] 朱曾，字景参，时任泉州通判，其余生平事迹不详。

[5] 戴溪，字肖望，浙江永嘉（今温州）人。淳熙五年登进士第，历实录院检讨官、宗正簿、兵部郎官职。宁宗庆元中添差通判泉州，有能声，与知州刘颖合纂《清源志》七卷，后历资善堂说书、太子詹事兼秘书监。嘉定八年以龙图阁学士致仕。

[6] 钱箪，字仲渊，时任节度推官。其余生平事迹不详。

第五方　章梾祈风石刻

嘉定癸未孟夏二十六日戊戌[1]，东阳章梾敬则[2]、寿春魏岘叔子[3]、山西杨进勋元功、三山林力行勉之[4]、郡人留元圭持中[5]、括苍何法德常之、合肥陈亿曼卿、莆阳王彦广居之[6]、清漳郑名卿坤辅、句水戚达先兼叔、嘉禾陆相同甫、莆阳黄筌德言、即墨于达卿兼仲、天台应基子履、开封赵汝芪千里、三山赵与官清叟[7]、三山南璒士登，以祈风於　昭惠祠下，因会于延福［寺］，登山瞻石佛[8]，访隐君亭[9]，少憩于怀古［堂］而归。期而不至浚仪赵善軿载卿[10]、莆阳刘㷮叔元览[11]。

校注：

［1］陈棨仁《金石略》、宋晞笔录嘉定癸未后均有孟夏二字，黄《志》缺略，应增补。

［2］章梂，字敬则，浙江缙云人。孝宗淳熙十一年进士。宁宗嘉定十五至十七年知泉州。为官清正，据传上调福建提刑日，送别人群空巷而出。后历右文殿修撰等职。敢言，时禁锢道学，章梂不但极力疏辩，而且攻讦权臣韩侂胄，因遭罢官。后召任宗正少卿兼侍讲，卒赠少师。著有《疑尘集》。

［3］魏岘，字叔子，浙江宁波人。时任泉州市舶司提举。后坐事罢官，居家讲求水利，著《四明它山水利备览》。理宗淳祐中起知吉州（治今江西吉安）兼管内劝农使。

［4］林力行，字勉之，福建福州人。时任泉州通判。其他生平事迹不详。

［5］留元圭，字持中，福建永春人。时主管南外睦宗院。其他生平事迹不详。

［6］王彦广，字居之，福建莆田人。时任泉州南安县令。其他生平事迹不详。

［7］赵与官，字清叟，太祖子燕王德昭后裔。福建福州人。理宗淳祐四年出任福建惠安县令。其他生平事迹不详。

［8］石佛在九日山西峰绝顶，系就当地岩石于北宋太祖乾德三年由陈洪进倡镌而成，通高 7.5 米，为九日山胜景之一。

［9］隐君亭，秦系卒后，唐人于其住处构亭，供世人吊古瞻仰。现遗址尚存于九日山高士峰右侧。

［10］赵善輧，字载卿，太宗子商王元份后裔。时知南外宗正司事。其余生平事迹不详。

［11］刘煇叔，字元览，福建莆田人。时任泉州安溪知县。其余生平事迹不详。

第六方　颜颐仲祈风石刻

太守贰卿颜颐仲[1]，祷回舶南风，遵彝典也。提舶寺丞刘克逊俱祷焉[2]，重司存也。礼成，饮福，尚羊岚壑，真胜践也。别驾卢同父[3]、左翼权军陈世才、舶幙赵崇盀[4]、邑令尹薛季良[5]，从与祠事也。宗正徽猷赵师恕，适拜开国命[6]，弗果至也。时淳祐癸卯孟夏乙丑也。书者同父也。

校注：

［1］颜颐仲（1188—1262），字景正，号员峤，今漳州龙海市人。以荫补福建宁化县尉。时以刑部侍郎衔知泉州，故称“贰卿”。任内减商税、除盗贼、养孤老、掩暴骸，获致百姓赞誉。改知临安府（今杭州），累迁吏部尚书。年七十五卒。

［2］刘克逊（1189—1246），字无竞，号西墅，福建莆田人。以父荫补，历古田知县、邵武知军，均有善政。理宗淳祐三年提举泉州市舶司，五年兼知州。任内严禁官吏强买索贿，蕃商闻风而至，舶税顿增。不久因病去职。

［3］卢同父，时任添差通判。其余生平事迹不详。

［4］赵崇盀，太宗子商王元份后裔。幙同幕，指“幕僚”（市舶司官员）。其余生平事迹不详。

［5］薛季良，字传叟，江苏兴化县人。时任泉州南安知县，后迁广州左司理、监登闻鼓院、知潮州等职，在任廉约，为政简明，自匾所居为“廉村”，有《千林漫稿》。

［6］赵师恕，字季仁，福建长乐人。太祖子燕王德昭后裔。喜

好理学，师从黄干问学。时知南外宗正司事。据宋代朝廷条法，当时已直徽猷阁的赵师恕，可依宗室近亲条件遇恩或特旨获封开国七等爵位中的一种。

第七方　赵师耕祈风石刻

淳祐丁未仲冬二十有一日，古汴赵师耕[1]以郡兼舶，祈风遂游。

校注：

[1] 赵师耕，浙江黄岩人。太祖子燕王德昭后裔。宁宗嘉定七年进士，历知西外宗正司事、提举福建常平茶盐公事，时知泉州兼提举市舶司。

第八方　谢埴祈风石刻

宝祐丁巳仲冬下浣，郡守天台谢埴允道，因祈风昭惠庙，邀宗正天水赵师淯东之，及总管寿阳纪智和子常、别驾姑苏赵梦龙骧父、莆阳方澄孙蒙仲、晋江宰三山彭樵道夫、南安宰三山王广翁居安、权舶干三山卢文郁从周、监舶豫章李宏模希膺，陟西峰，探石穴，寻佛岩之遗迹，访君谟之旧游，觞咏梅竹泉石间，竟日而归。

校注：

此方石刻所列历史人物，除方澄孙外（详下碑），其余人生平事迹均待考。

第九方　方澄孙祈风石刻

宝祐戊午四月辛卯，莆田方澄孙[1]，被旨摄郡兼舶，越十有八日戊申祈风延福［寺］，寿阳纪智和、开封赵梦龙、三山彭樵、王广翁、赵时緍、豫章李宏模同会，遵故事也。时农望方切，并以雨祷，瓣芗才兴，霡霂随至。乃书于石，以纪之云。

校注：

［1］方澄孙（1214—1261），名蒙仲，字澄孙，以字行。福建莆田人。淳祐七年进士，由国子监出为泉州通判，旋摄郡兼司市舶，任内剔除蠹弊，惩罚贪吏，澄清政风。官终秘书丞。澄孙初以文字为贾似道所赏识，后贾为相，方则独求外放，以终其节。著有《通鉴表微》、《洞斋集》等。其余人生平事迹无考。

第十方　赵希侘祈风石刻

咸淳丙寅，南至后十日，祷风此山。知宗兼郡事古汴赵希侘安宅[1]、提举缫事眉山王槦茂悦[2]领郡优三嵎虞会和叔、三山郑君为瑞国、寮居番禺史霆声宏甫、天台卢应伯和、东嘉赵东崇晹卿、三山林起东景仁、黄以谦谦之、潘昌廷孔时、邑令三山陈梦发以道、陈山公仰卿。是日也，霜日熙明，溪山献状，登怀古，景先哲，宛然有得。彝典云何哉！

校注：

［1］赵希侘，字安宅，号见泰。浙江黄岩人，汴京系其所标原籍。太祖子燕王德昭后裔。时知南外宗正司事兼郡守。任内提倡理学，创建泉山书院，奉祀朱熹等人。

［2］王槦，字茂悦，号会溪，四川眉山县人。时提举泉州市舶司。缫事，据宋人叶廷珪《海录碎事》卷一二《市舶门》引赵思协《市舶录》："海南诸国，缫货所凑。"故缫事即掌理蕃货的市舶司。贾似道安插其爪牙王槦任泉州市舶司提举，意在鲸吞舶税，渔取琛品，以供其挥霍，是南宋末年政治极端腐败的强烈表征。

其余人生平事迹待考。惟碑文“郡优”似应为“郡倅”、“寮居”似应为“寮属”之讹误。盖因其碑文高悬崖巅，字迹不清，而又形近致误。“郡倅”即通判、添差通判；“寮属”同于僚属，即州衙门与市舶司属员。则此次祈风系由赵、王率领通判以下幕僚、南安县令、“山公”（九日山修炼者）云集聚会。

附录四

昭惠庙记

［宋］王国珍

夫有功于民则祀之，常制时之报功者必新之，明宫斋庐必旌之，以美号显爵，陈其俎豆而荐献之，盖所以示不忘。崇应公功烈在民，尤难忘者。唐咸通中，延福殿基方兴斤斧，公降神于桃源驲之岳山阴，治材植沿游而下，人不劳倦，故殿宇飞翚，垂数百年而屹然轮奂者，实公之力。公有庙于寺之东隅，为州民乞灵市福之所。吾泉以是德公为多，凡家无贫富贵贱，争像而祀之，惟恐其后。以至海舟番舶，益用严恪。公尝往来于烈风怒涛间，穆穆瘁容于云表。舟或有临于艰阻者，公易危而安之，风息涛平，舟人赖之以灵者十常八九。时丁天旱，大泽焚如，守令忧之，为民勤祷，每用享于公之祠下，未终祀礼，而雨泽滂沛。其社士民有祷于公，事无巨细莫不昭格，吾泉以是佥感公之威灵。公尝以阴光相国，膺明天子之宠眷。疏封锡爵，可谓蕃庶。比颁昭惠之额，为庙之荣，兹诚一时盛举。公之神，窃意其如泉之在井，随汲皆足；如声之在谷，随响皆应。故安海市沐公之庇，时为厚市，虽滨于溟渤，而未尝有汛滥海涌之恐者，以公之庙端居于右。市之风雨以时，而文物井井，山会水集，家肥人富，济济然而向礼义之方者，亦公有以致之也。故市之民德公，而愈不忘。初以公庙卑湿，遂迁高燥之地，经营就绪，未惬舆情。又即其旧，贯而广大之，百用具备，像图孔肖，示之俨然，有可畏之威。故祈报禳谢者，顶踵相继。

庙之造，以政和四年（1114 年）八月癸酉经始，而政和五年十二月己丑迄功。倡其事而致诚竭力者：叶俊德、陈贞、杨从、吴宗淮、陈毅、杨高等计百五十余人，共施金财。庙已落成，遂来乞文以纪作。时国珍教学于庙之左，亦荷公之赐。故为之铭曰："岧峣群山开云屏，滂洴大江长练横。公安斯宫赫厥圣，山之秀兮江之清。"

都劝首叶俊德。会稽谢成绩书。乡贡进士王国珍撰。通政郎权知兴化县管勾学事兼管劝农黄　篆。奉议郎太医学博士充编类政和圣济宫郎阅官刘惟立石。

（原载晋江市修编组《安海志》卷二〇，《庙堂》）

附录五

石井镇安平桥记

［宋］赵令衿

濒海之境，海道以十数，其最大者曰“石井”，次曰“万安”，皆距闽数十里，而远近南北官道所从出也。皇祐中，莆阳蔡公始桥万安，碑其事而请于朝。惟石井地居其中，两溪尤大，方舟而济者日千万计。飓风潮波，无时不至，船交水中，进退不可，失势下颠，漂垫相系，从古以然，大为民患。爰有僧祖派，始作斯桥，会派死不克竟。余至郡之初，父老来谒曰：“斯桥之不成，盖有所待。今岁太和，闾里无事，而公实来，事与时协，且有前绪，不可中废。请相与终之。而不敢以烦吏。使君幸德于我，是得邦之贤士。”新兴化令黄逸为倡，率僧惠胜谨洁而力实，后先之。经始之日，人咸劝趋，即石于山，依村于麓，费缗钱二万有奇，而公私无扰。自绍兴辛未（1151 年）十一月，越明年壬申十一月而毕，榜曰“安平桥”。其长八百十有一丈，其广一丈有六尺，疏为水道者三百六十有二。以栏楯为周防，绳直砥平，左右若一，隐然玉路，俨然金堤。雄丽坚密，工侔鬼神。又因其余财为东、西、中五亭以附，实古今之殊胜，东南未有也。涓是良辰，属宾落祭其上。老壮会观，眩骇呼舞。车者、徒者、载者、负者、往者、来者，祈祈舒舒，无所濡蹇。日出雾除，海风不扬。岛屿瀴湾，寂寞无声。空水苍苍，千里一色。神怪灵幽，滮涛弭伏。鸟雁之群，鱼龙之族，遡廻影限，翱翔上下。耿祝南山，通望扶桑。贝阙珠宫，鸿濛可想。恍如仙游，忽若羽化。虽驱石东来，游鱼漉水，不能绝也。斯桥之作，因众志之和，资乐输之费，一举工集，贻利千载，是岂偶然也哉！且乘舆济人，君子以为惠政；邮梁不修，古人讥其旷职。守令之职，固未有先于此者也。今国家安静，文明武戢岭海之陬，仁均无外。令衿误膺寄委，假守是邦。早夜之思，惟惧弗称。其敢以此自为功乎？亦因民之利，而勉其所当为耳。既而邦人又请镵诸石，以示永久，且作诗以系之。其诗曰：

维泉大海濒厥封，余波汇浸千里同。
石井两间道所从，坐令往来划西东。
怒涛上潮纡天风，舟航下颠一瞬中。
孰锐为力救厥凶，伟哉能事有南公。
伐石为梁柳下扛，上成若鬼丽且雄。
玉梁千尺天投虹，直槛横栏翔虚空。
马舆安行商旅通，千秋控带海若宫。
震惊蛟鼍骇鱼龙，图维其事竟有终。
我今时成则罔功，刻诗涯涘绍无穷。

（原载晋江市修编组《安海志》卷一四，《桥渡·安平桥》）

附录六

金墩黄氏祠堂图记（部分）

泉城以南，循五陵而下五十里为安平。宋全盛时，万有余家。其最著曰高、曰安、曰黄、曰叶、曰李，五大姓而已。其地势则有：三峰毫光转东北十里许，为六都熊山，迤逦而行，为吕林、钱埔、曹店，自是而东，曰坩坂，掩以内市、浦边，障安平之左臂。由内市南行，为庄头、桂林，以至东石，拒海门之东。其西曰许田，接以西埭、曾庄，拥安平之右臂。由曾庄直南，为南安界之朴兜、水陆、江崎，以至石井，拒海门之西，则是东石、石井之处，实安平之二巨鳌也。其水则自晋江趋东南隅入于海，南归于石井。江由海门而入安海，以通天下之商舶。而南安诸水，则自九溪东折于南瀛溪，入溪尾、水陆而注于海，与晋江诸水大会于海门，此则安平外局之形势也。又自曹店而下至龙山寺，分为三支：一支举坑墘连皇恩，而尽于东洋；西一支起颜家、墘埔，连西安而周于西畴；中一支乃为安平鳌山之大都会也。

其东西之水，东自坩坂、内市、浦边，下汇为东埭；西自许田、西安，下汇为西埭。二埭内灌田数千亩，外设二斗门以泄水势，并会于安海港，朝宗于海焉。此则安平内局之形势也。旧传东西无埭，海水东入内市、浦边、庵前，西入于西安、曾埭，商舡亦至其乡，与居人互市。其屋宇鳞鳞相次，北接曹店，南接内市，故二乡有市店之名。至今乡人作井为灌注，往往得船缆、蛎房及海树，则旧说信然矣。

又自中一支言之，由龙山南行，为今北门外，转东北山佑圣宫，乃三分其派：东西为两派，中为正派。其东曰后库、田墘，而尽于海，护正脉之左腹；西由鳌头、西柯、下坂坑，亦尽于海，包正脉之右腹。至于正脉，则起山头，连于高家祠堂，突起一山鹦哥山，后高贵盛，山以用土而尽。由高而南，为鳌尾塔、十字街，以跨于海，吾家居地，乃正脉之正高，尽处为都会之趋也。是以古今称贵盛者必正脉。高家尚书惠连之族。而黄氏则长者黄护之居。李为承务郎李钦之第，与夫所为业者。但居正脉惟安连济，居西安之水陆坊，而吾宗实据高黄之胜也。

（下略）

（原载黄邦士纂修《莆阳碧溪黄氏宗谱》）

附录七

南外宗孙由馥府君遗嘱

我生泉州睦宗院小府，已登名玉牒。景炎家亡，时甫七岁。我幼主被兵逼近城下，叛臣招讨使蒲寿庚闭城不纳，尽杀宗人长幼三千余口，我亦刃下。有达平章者，仁慈人也，无子，见而怜我，遽下马拥抱超跃而去。携居江北，遂养为嗣。既长，为我由良辅送入太学。我虽幼尚能记所自出，每怀水源木本之思。及平章没，三年服阕，葬之礼，遂与庄附二妈来归西北隅之故里。因与孟俊叔告免差役，而泉州路总管潸然出涕，既为移文蠲免，复为追还故基。苟创祠宇宗祊，奉祀祖先及伯叔姑姐之神，不能尽记忌辰，但岁时节序，祭献而已。呜呼！痛哉！天也奈何。我创立宗祊时，四邻皆来贺，老者且言且泣，惟田氏不至。盖寿庚、寿晟作乱，州司马田子真为之谋主。田子真往杭州见唆都纳降，而后寿庚杀其子。凡据我第宅，占我田园，夷我坟墓，获我宝器，皆斯人之子孙也。吾思前代帝王家，子孙诛夷，自古为然。吾至元二十五年遇赦归宗，而二十六年有漳民陈机察寇龙岩，假兴复赵氏为名，一时广东、泉州、福州宗族，尽俘北去。事白放回。世事如此，安知无复此祸哉？为我子孙，须知谨慎守己，勿苦贱辱，而怀郁抑；勿恃权势，而致谤诬；勿视遗失宝器，而兴嗟叹；勿感第宅荒芜，而存歹亡。枕席涕泪，人前强笑，皆亡国子孙免祸之道也。惟有坟墓没人之手，至于毁掘暴露者，不可不祈哀于人而返之。呜呼！痛哉！戒之念之。

大德四年五月朔日 南外宗孙由馥泣血嘱

（原载泉州南外研究会编《南外天源赵氏族谱》，个别字句参考别本，择善而从）

附录八

元武略将军一庵金公传赞（部分）

［明］李　墀

公名吉，别号一庵，上都人也。少聪慧，长有勇略。至顺壬申王禅盗乱，公以头目募兵追捕，爰献捷勋，文宗嘉之，授武略将军、左副翼万户、上千户，赐符节，镇守泉州路。拜命来止，用守厥官。先是泉壤自宋景炎幼主南渡，蒲寿庚以武臣叛命，宗室士类至于淮兵，歼杀罔遗，表降于元，赐爵镇国，俾统州政。父子继世恃宠专制，峻法严刑，以遂征科，人苦薰炎。甫九十年，公比到官，拱手听命而已。然公温恭仁恕，不与人忤，佥推钜人长者，蒲亦雅敬，礼惠不衰，公益致谦谨，示罔为异。有伊楚玉与公友善，辄切时事，公曰：事贵有机，患乃先忿。玉卒罹害。蒲贼死，其婿那吼呐自立，据土擅赋，大肆惨夷，遣骑袭劫，寇扰莆阳。行者上其事，檄福州军校及泉之浔美场司丞陈弦、炳洲场司丞龚名安合兵讨之。弦谓军校曰：蒲那为乱，州民无辜，战必驱之前列，良可哀恻，宜请行间。公时守西门，兵利卒锐，不与他等。弦往谓公曰：官军诛回回，大至，至且玉石俱焚，公宜早计，转桐为切，实此其时。公喜曰：吾夙心也。夜即开门，密纳官兵，擒那吼呐，槛送行省。发蒲诸家，裸尸声诛，戮厥贼，屡绥厥土，庶兵不血刃，市不易肆，州人舞蹈欢快，若获更生，皆公之力也。既平乱，越数岁，至正丁未，天兵入泉。其年公已先殁，众论乐公之忠勋，名为寓贤，牢醴载祀。公有子二人，长曰阿哩，次曰嘛哈吻。阿哩先以陈林之乱，倡义往征，死节于莆。公寝疾病，谓嘛哈吻曰：古人以官为家，生有功德于地，死祭于社。吾自上都拜官于泉，生有微勋，死当归魄泉土，宜尔世守，永为泉人。嘛哈吻以公命营葬东郭荔林之原，土石简素，悉依夷风，至今坟茔俨然，堂宇壮观，手画尚存。

（原载泉州《清源金氏族谱》）

附录九

元代地契

施一揆

一、地　契

1954年厦门大学历史系庄为玑先生等在福建泉州考古调查，访得晋江陈埭丁姓于清代道光年间所辑家谱一部，该谱附有自元代至清代丁姓与外姓买卖山园、屋基、坟地等的契约，当时由厦门大学历史系托人抄出。其中元代地契共八件，计至元二年四件，至正二十六年三件，至正二十七年一件。地契原文如下：

至元二年四件

第一件

泉州路录事司南隅排铺住人麻合抹有祖上梯已花园一段山一段亭一所房屋一间及花果等木在内并花园外房屋基一段坐落晋江县三十七都土名东塘头村今欲出卖□钱中统钞一百五十锭如有愿买者就上批价前来商议不愿买者就上批退今恐□□难信立账目一纸前去为用者

至元二年七月　日账目　立账出卖孙男　麻合抹
同立账出卖母亲　时　邻
行　帐　官　牙　黄隆祖

不愿买人姑忽鲁舍　姑比比　姑阿弥答　叔忽撒马丁

第二件

皇帝圣旨里泉州路晋江务据录事司南隅住民麻合抹状告父沙律忽丁在日原买得谢安等山园屋基山地辟成园于内栽种花木四围筑墙为界及有花园外屋基地一段俱坐落晋江县三十七都东塘头庙西保递年立麻合抹通纳苗米二斗八升原买山园屋基东西四至该载契书分晓今来为□□□远不能管顾又兼阙钞经纪欲将上项花园山地出卖未敢擅便告乞施行得此行据三十七都里正主首刘观志等申遵依呼集耆邻陈九等从公勘当得上项花园山地委系麻合抹承父沙律忽丁□买□□物业中间别无违碍□到各人执结文状缴连保结申乞施行得此除外合□□□又字九号半印勘合公据付本人收执前去立账□□亲邻愿与不愿执买□便□人成交毕日赍契□□投亲合该产苗依例推收毋得欺昧违错所有公据合行出给者

至元二年九月十一日给　　　　右付麻合抹收执准此

第三件

泉州路录事司南隅排铺住人麻合抹有祖上梯已花园一段山一段于内亭一座房屋一间及花果等木在内坐落晋江三十七都东塘头庙西四周筑墙为界东至孙府山西至谢家园南至瑞峰庵田北至谢家山又花园西边屋基一段东至小路西至陈家厝南至空地北至谢家园因为阙钞经纪用度前项花园并屋基连土出卖遂□晋江县□给公勘据□明白立帖□问亲邻俱各不愿承支今得蔡八郎引到在城东隅住人阿老丁前来就买经官牙议定时价中统宝钞六十锭其钞随立交契日一完领讫□□批目其花园并基地□□上手一应租契听从买主收执前去自行经理管业并无克留寸土在内所卖花园屋基的系麻合抹梯已物业即不是盗卖房亲兄弟叔伯及他人之业并无诸般违碍亦无重张典挂外人财物如有此色卖主抵当不涉买主之事所有合该产钱

麻合抹户苗米二斗八升自至元二年为始系买主抵纳今恐□□难信立卖契一纸付买主印税收为用者

元至元二年十月　日文契

情愿卖花园屋基人　麻　合　抹

同卖花园母亲　时　邻

引　进　人　蔡　八　郎

知见卖花园屋基姑夫　何　暗　都剌

代　书　人　林　东　卿

第四件

皇帝圣旨里泉州路晋江县今据阿老丁用价钱中统钞六十锭买到麻合抹花园山地除已验价收税外合出给者

至元二年十月初三日给　　　　右付本阿老丁准此

至正二十六年三件

第一件

晋江县三十七都东塘头住人蒲阿友祖有山地一所坐落本处栽种果木今因阙银用度抽出西畔山地经官告据出卖为无房亲立账尽卖山邻愿者酬价不愿者批退今恐无凭立此账目一纸为照者

至正二十六年八月　日　　　　立　账　人　蒲　阿　友

不愿买山邻　曾大　潘大

第二件

皇帝圣旨里泉州路晋江县三十七都住民蒲阿友状告祖有山地一所坐落本都东塘头庙西今来阙银用度就本山内拨出西畔山地东至自家屋基西至墙南至路北至本宅大石山及鱼池后为界十上一二

果木欲行出卖缘在手别无文凭未敢擅便告乞施行得此行据三十七都里正主首蔡大卿状申遵依兹去呼集亲邻人曾大等从公勘当得蒲阿友所告前项山地的□□□□物案中间并无违碍就出到□人执□文状缴连申乞施□得此合行给日字三号半印勘合公据付蒲阿友收执□□□□问亲邻愿与不愿依律成交毕日赍契付务投税毋得欺昧税课违错所有公据须至出给者

至正二十年　月　日　　　　　　　右付蒲阿友准此

第三件

晋江县三十七者东塘头庙西保住人蒲阿友父祖阿老丁在日买得麻合抹花园及山坐落本处今来阙银经纪用度就本山内拨出西畔山地连花园东至自家屋基外地西至墙南至路北至本宅大石山及鱼池后山为界于上□有屋基并四角亭基及樟树果木等树及井一口在内欲行出卖经官告给日字三号半印勘合公据为无房亲立账尽问山邻不愿承买遂得本处庙东住人徐三叔作中引至在城南隅潘五官前来承买三面议定直时价花银九十两重随契交领足讫当将上项前地连园交付买主照依四至管业为主其山的系阿友承祖物业与房亲伯叔兄弟无预亦无重张典挂他人钱物如有此色卖主抵当不干买主之事其山园该载产钱苗米一斗自卖过后从买主津帖阿友抵纳父祖原买祖契干碍祖坟难以分析就上批凿今恐无凭立此卖契一纸缴连公据付买主收执前经官印税□□为照者

至正二十六年八月　日文契　　　　卖山地人　　蒲阿友

作中人　　徐三叔

至正二十七年一件

晋江县三十七都东塘头庙西住人蒲阿友父祖在日买得麻合抹荔支园及山地坐落本处今来阙银用度就本山内拨出西畔山地连荔

支树及六角亭一座并门屋等处东至自家麦园西至墙南至姐姐住小屋北至后山墙及路为界欲行出卖经官告给日字三号半印勘合公据为无房亲立账尽问山邻不愿承买托得本处庙东保住人徐三叔作中引至在城南隅潘五官前来承买三面议定价钱花银六十两重随立文契日交领足讫当将上项山地连荔支园六角亭等处交付买主照依四至管业为主其山园内系阿友承祖物业与房亲伯叔兄弟并无干预亦无重张典挂他人财物如有此色卖主抵当不干买主之事其园该载产钱苗米五升自卖过后从买主津贴阿友抵纳父祖原买祖契干碍坟山难以分折就上批凿今恐无凭立此卖契一纸缴连公据付买主收执印税管业永为用者

至正二十七年二月　日

立卖山地荔支园人　　蒲阿友
知　　见　　人　　吴侄仔
作　　中　　人　　徐三叔

二、说　明

上面八件地契的发现，对于研究元代历史，能有用处。这里略加说明。

1. 这八件地契，应该都是元末的材料。后四件属至正，至正为元顺帝脱欢帖睦尔的年号，而至正二十六年及至正二十七年，即公元 1366 年及 1367 年距元代覆亡仅有二三年（元亡于 1368 年）。前四件为至元二年，按元代世祖忽必烈与顺帝脱欢帖睦尔均有至元年号，但是地契中所载至元二年肯定是后至元二年，即公元 1366 六年。因为前至元二年，即公元 1265 年，亦即南宋度宗赵禥咸淳元年，这时南宋尚未亡国，泉州路民间的一切典质借贷契约断无用至元年号之理。而且前四件买主即为后四件卖主之祖阿老丁，时间上相去也不远（至元二年与至正二十六年相去恰三十年)。

2. 这八件地契，可以说明元代出卖田宅的手续及其完整过程，即：一、卖主出立定约，遍问房亲邻里，是否愿买，征求买主议价；二、赴官呈报，官给半印勘合公据；三、书立文契成交；四、赴官验价缴税过割。这些手续过程，据史书记载，元代官方亦有明文规定，《通制条格》卷一六《典卖田产事例》：

> 大德七年（1303 年）五月中书省户部呈："诸私相贸易田宅，即与货卖无异，似合给据，令房亲邻人画字估价，立契成交，都省准呈。"

同书同卷同条：

> 大德十年（1306 年）五月规定："今后质典交易，除依例给据外，须要写立合同文契，各各画字，赴务投税，典主收执正契，业主收执合同。虽年深凭契收赎，庶革侥幸争讼之弊。"

至于卖主出立定约，遍问房亲邻里是否愿买，其限日多少，八件地契没有明确反映。但是，从至正二十六年第一件蒲阿友出立定约至第三件蒲阿友与潘五官立契成交，为时不出一月看，限期当然少于一月。那么这与元代官方规定，也极符合。《元典章》卷一九《户部》五《典卖》，《典卖田宅须问亲邻》：

> 至元六年（1269 年），"……旧例，诸典卖田宅及已典就卖，先须立限取问有服房亲（先亲后疏）次及邻人（亲徒等及诸邻处分典卖者听），次见典主。若不愿者限三日批退，愿者限五日批价。……"

《元典章》卷一九《户部》五《典卖》，《典卖税问程限》：

> 延祐二年（1315 年）规定："今后军户诸色人户，凡典卖田宅，皆从尊长画字，给据立账，取问有服房亲，次及邻人典主。不愿者限一十日批退，如违限不行批退者决一十七下；愿者限一十五日批价，依例立契成交，若违限不行酬价

者，决二十七下。……”

八件地契中对于买主卖主立契成交后，须于多少限日内赴官纳税过割，同样没有明确反映，而从至元二年第三件与第四件时间相去只有三日者，限期也是有限的。这点史书有记载，《元典章》卷一九《户部》五《典卖》，《买卖田宅告官推收》：

元贞元年（1295年）江西行省准，中书省咨：“……若委因贫困，必合典卖田宅，依上经官给据出卖，买主卖主一月随即具状赴将合该税石推收，与见买地主依上送纳。”

至正二十六年第三件及至正二十七年一件中所书“父祖原买祖契干碍祖坟，难以分析”，又可与这一史料互相参证，《通制条格》卷一六《坟茔树抹》：

“皇庆二年（1313年）三月十八日，中书省钦奉圣旨，百姓每的子孙每，将祖上的坟茔并树木，卖与人的也有，更掘了骨殖将坟茔卖与人的也有，今后卖的、买的并牙人每根底要罪过。行文书禁断者，么道钦些。”

至元二年第二件及至正二十六年第二件中（即官给公据中），均载有卖主所卖田地经由里正、主首呼集房耆邻等调查公勘，于里正、主首的作用说得非常明白，与元代《至元新格》所言里正、主首职责，完全一致。《通制条格》卷一六《田令理民》：“至元二十八年（1291年）六月中书省奏准《至元新格》……诸村主首使佐里正催督差税，禁止违法，其坊村人户，邻居之家，照依旧例，以相检察，勿造非违。”

3. 这八件地契按土地买卖的完整过程看，当为两组，前四件为一组，后四件为一组。而第二组中少验价收税一道手续，多文契一件。其所以多文契一件，从两件文契（即至正二十六年第三件及至正二十七年一件）中看，很可能是第一件文契中卖地四至不够清楚的实，地价偏高，地税过重等，因此第二件文契中四至有所修改，地价由花银九十两贬为花银六十两，地税由苗米一斗减为苗米五升。故至正二十七年一件，不是单出，似可并入第二组作为第四件。至谓少验收收税一道手续，其因可能有二：一、验价收税手续已办，官给文据可能遗失，以致丁姓修家谱时未能列入；二、至正二十七年（1367 年）正当元代崩溃的前夜，朱元璋重建汉族政权的形势已定，这时很有可能元代下令已经不能普遍彻底推行，卖主蒲阿友与买主潘五官立契成交后，根本没有赴官办理纳税过割手续。但是，一组地契仅遗失其中一纸，可能性似很少，因此，第二种原因的可能性比较大些。

4. 两组地契还可反映当地（元代泉州路）的土地价格和地税标准，对于研究元代东南沿海地方经济史，不无小小参考价值。同时，两组地契也反映了至元二年到至正二十六年、三十年中地价上升的情况。按后四件所卖地为前四件地的一部分（见至正二十六年第三件），而前四件中地成交时，价中统宝钞六十锭，即银六十两，后四件中地最后成交时价银六十两，地已少而价相等，即是地价上升的证明。而且以前后地税苗米二斗八升与苗米五升的比例来分析，则在三十年中地价上升了五倍多。地价的上涨，在一般情况下是纸钞贬值的结果，从而不难想见当时物价腾贵，细民生计煎迫的惨状。再从两组地契中卖主出卖土地时所标地价与成交时买主所出地价差距之大看（第一组中卖主标价中统钞一百五十锭，买主出价六十锭；第二组中第一次立契时价银九十两，至第二次立契时价银六十两），又可知当时有钱者杀价的狠，破产者受苦的深。

5. 两组地契，也或多或少地反映着元代阿拉伯人侨居泉州的情形。第一组地契中所载卖主是沙律忽丁子麻合抹，母名时邻，姑名忽鲁舍、比比、阿弥答，叔名忽撒马丁，姑夫名何暗都剌；买主即第二组卖主蒲阿友之祖阿老丁，这些人当系阿拉伯商人无疑。如众所周知，泉州五代以后，逐渐发展成为我国中古时代对外贸易的重要商埠。印度、波斯、阿拉伯以及南洋各地商人来此寓居经商的很多。南宋末年为泉州市舶司卅年，降元后以海舶助元灭南宋的蒲寿庚，就是阿拉伯侨商。到了元代，随着泉州成为当时全国第一的对外贸易大商港，外商寓居的更多。这点不论文献记载和文物资料都足以说明。现在这两组地契，反映了元代阿拉伯商人确实不仅全家在泉州买地置产居住下来，而且更历着数代，如沙律忽丁至麻合抹为两代，阿老丁至蒲阿友为三代。由此，我们说中国人民善与外人友好往来，和平共处，以及与西南亚各族人民的文化交流有着久远的历史，并不是毫无根据的。

此外也反映了元代西域商人（包括中亚和阿拉伯商人），虽然在蒙古统治阶级的庇护下，政治上经济上占有优越地位，但是所谓致富发迹的究属少数，没落破产的大有人在。

以上几点说明，不一定妥善和正确，主要目的是把这八件元代地契拿出来公诸同好。

（原载《历史研究》1957 年第 9 期）

附录十

末代江山犹有一枝俏

——宋元外国人第一本刺桐见闻录评介

一

公元1271年8月25日，意大利犹太学者兼商人雅各·德安科纳经商来华，逗留当时世界最大的贸易港刺桐，次年2月22日出境回国，前后半年。时间跨度相当于中国宋朝度宗皇帝咸淳七年七月中旬迄八年正月下旬。期间他亲历港口、城厢并一度为采购转口商品而出城入郊，对近城乡间也有所踏访。又在翻译李芬利的陪同下，参与多次各界代表人士辩论会或私人采访。回国后根据亲身见闻及李芬利的随译笔录，整理为系统化的经商旅游见闻评论手稿。该手稿秘藏七百多年后，经大卫·塞尔本教授的细心编译出版，从而使广大读者阅看之后，对当时中国的若干政治体制、刺桐的经济模式、城乡物质生活层面、文化蕴涵以及风俗习惯等等，有一个堪称详细明晰的印象。不仅如此，他对历次辩论会与私访内容更是奋笔详述，为后人录存了当时刺桐各界人士对时局与人事的抗辩资料。明朝泉州著名的文献编纂家何炯曾经指出，南宋末年蒲寿庚集团的叛宋降元事件，令泉州地方文献

"概遭兵火，无复遗者"。[1]因此，《光明之城》① 一书所提供的那些信而有征的见闻纪录，便不仅仅是补苴罅漏，简直是吉光片羽，弥足珍贵。

然而毋庸讳言，《光明之城》的手稿并非白璧无瑕。限于雅各的主客观条件，手稿内自然留下臆测、夸张以及谬误成分。在其秘藏七百多年的漫长岁月中，手稿收藏者几经易主。由于尚不清楚的原因，仅据大卫·塞尔本所接触到的稿面，即有字迹不一、删改和多种批注，语种也多种混用并存等情况。[2]以此，手稿便事实上形成雅各起草，后人增饰的杂乱局面。何况手稿末尾尚有盖奥·波纳尤蒂的签名，更将后人参与增饰删削一事证据明摆。其结果是使得该书的若干历史事实与年代序列错位或者颠倒，使得原有的瑕疵越发严重。

基于上述情形和若干别的问题，自该书问世以来，即引发沸沸扬扬的真伪之争。目前争论仍在持续。所见若干诘难文章，大多只抓住个别问题，便据以否定全书，给人以只见树木，不见树林；攻其一点，不及其余的感觉。鄙意以为如果能综览全书，并把它置放于其时泉州社会政治、经济和文化发展的总体框架内加以审察，又梳理其历史的传承脉络，结合有关文献进行比勘研究，势将肯定《光明之城》一书总体上是一位首次来华欧洲人的亲历见闻录。

社会生态实现于特定的时间和空间内，拥有其经济基础及上层建筑领域系列的全面特征。因此，它在人类社会发展长河中，能够清晰的互相区别开来。单个历史事例却与这种全面特征迥然不同，它在不同形态的社会生态阶段，可能具有不同程度的重复

① ［意］雅各·德安科纳著，［英］大卫·塞尔本编译，［中］杨民等译：《光明之城》，上海人民出版社 1999 年版。

现象，而社会生态的全面特征则不具备这一重复机制。其次，社会生态之所以互相区别为特定空间内部不同时间阶段现象与另一空间单元相同时间阶段互异的系统特色，又在于它具有深刻的规定社会生态的本质特征。众所周知，本质特征乃深深地蕴涵在社会经济基础内部，有时又混合呈现于与其他条件（自然、种族、战争、人口等）相互交叉环节方面。再次，人类社会之所以构成既互相区别又互相钩锁的社会生态发展链条，在于它的本质特征内部孕育着从前一阶段过渡为后一阶段的“遗传基因”。这种不以个人意志为转移的动向特征，信息量较大的那些“物质鳞片”，常能为拥有经验分析力的人们所捕捉，作为舆论传播中的预见性被谈论，并为若干政治家在抗争中所利用。

依照上述所拟的思维模型，本人将在后续的前一部分对南宋末年刺桐社会生态经济基础领域的若干方面（一篇不长的文章仅能如此）就《光明之城》与历史事实结合考察，后一部分将在上层建筑领域的若干方面进行结合考察，期盼通过这一工作能对《光明之城》的文献价值做出评估。

尽可能地厘清雅各·德安科纳与日后增饰者之间的原著与续作关系，无疑是讨论《光明之城》一书必要的步骤。然而限于手稿的秘不示人、巧伪乱真等等条件，分辨的成功概率自然不高，同时也是一个十分棘手的问题。

据笔者考察，原稿的系统化或重要的一次誊录整理，当发生于公元 1297 年之后的邻近岁月。《光明之城》约有四处谈到刺桐是中国地方政权建制“省”行政机构的所在地。[3]事实是，两宋一代，泉州始终属于福建路辖下的中级地方行政单元。其名称自唐睿宗景云二年（711 年）正式被确定后，也一直沿用不变。雅各来华时，怎能匪夷所思地设想出一个“刺桐省”（或泉州省）来?! 更奇怪的是熟谙政典并历仕中央及地方官职的白道古其人，辩论时竟公然宣称“我们省”[4]云云。

查我国秦汉迄唐宋历朝，均无“省”级地方单元。集权专制的中央朝廷，直辖地方州县政权。唐开始创设州县以上的监察单位“道”。两宋在监察职能基础上增入行政管理权力成分改设“路”。蒙古崛起后，元世祖忽必烈采用“汉法”治国，于至元二年（1265年）准平章政事赵璧奏请，将当年朝廷中枢权臣“行省”职称，移作地方行政大区称号，作为中央中书省的派出机构“行中书省”。福建路于元至元十四年（1277年）纳入元朝版图后，当即设立福建行省。大约出于就近经营瑠求（今台湾地区）考虑，旋即于次年创设泉州行省直至至元十九年（1278－1282年，期间至元十八年一度中断）[5]。元成宗即位后，大德元年（1297年）准福建行省平章政事高兴关于泉州邻近瑠求，“或招或取，易得其情”的奏请，改福建行省为福建平海（泉州于北宋初年置为平海军）等处行中书省，治所由福州南移泉州，直至三年（1299年）春季撤销为止。[6]鉴于原稿中元世祖忽必烈去世后的庙号已被使用，泉州行省自以大德初年的变动作为断限为宜。其时手稿的系统化或誊录整理者，毋论直接或间接接受泉州行省大量信息而又昧于对中国悠久历史底蕴的了解，便都有可能移花接木，张冠李戴，造成信息时间差的大大小小错误。痕迹之一是书中残留地方建制混淆夹称。如“这个省的大官，用他们的语言称之为CiCiu（知州?）和tunpan（通判?）”[7]，更将原稿与后人增饰笔墨和盘托出。大概雅各知道南宋季年泉州地方长官一、二号官员的正确称谓，后来的增饰者则浑浑噩噩，忘乎所以了。

此外，诸如：蛮子、色目人、回人、也里可温等专称不止一次出现于书中的时间差问题，也便迎刃而解。南北朝时期，南北方社会上层人士之间，因种种物质利益矛盾，以“伧子”（对北）、“貉子”（对南）互相讥笑、丑诋。流风遗响，相因不绝。

入宋以后，金人转以“蛮子”贬称宋人。蒙古崛起于漠北，沾染此风，继承并扩大了这一侮辱性用语的使用范围，不但民间如松江人曹梦炎田多，被“北人目之曰富蛮子”[8]；而且政府令文、官员奏疏也大量加以使用。[9]《光明之城》多处出现该词语正是元代这种社会风气的真实反映。“色目”二字早在唐朝便首先在赋役统计，而后又在科举类别等方面得到使用。但范围有限，也并非用来划分社会人口族群。蒙古崛起后，接纳了大量外族人口，因而逐渐采用“色目人”来规范人口分划。一般用指蒙古民族、原金朝辖区各族合称汉人以及原南宋辖区各族合称南人以外的族群，数目多达数十个。“回回”二字北宋沈括《梦溪笔谈》便已使用。元代用指色目人中的伊斯兰教徒，并获得广泛使用。也里可温（基督教聂思脱里派教徒）一词，据研究，源于希腊文erkou，后辗转传到中亚，并又传入蒙古。[10]元朝统一全国后，在中国广泛被使用。同样，《光明之城》使用这些词语仍是元代社会风气又一个真实反映。凡此均印证元成宗大德年中手稿确实有过编纂学上的大动作。如果说南宋末年或许有一二以上人群专称偶然传入刺桐并为人们所知悉，那么时届元成宗大德初年刺桐已并入元朝版图二十几年，这些专称必然广为使用，人所熟知，并传给来华的欧洲人，直接或间接地使用于手稿的编纂。

类似的情形或明或暗仍有迹象可寻，但都不如这一次剧烈。

《光明之城》洋洋数十万言，按有关刺桐的内容，大致可以分为商贸环境与行为以及私人或集体访谈与辩论二大部分。但前者只有一章，后者却多达六章。显示雅各对刺桐当时的精神文明极为重视。其间也到处录载雅各对刺桐时局的观点与对基督教等等的评论，因此，这一部分也含有作者为自己树碑立传的目的。

雅各逗留刺桐期间，依靠混血儿李芬利（母汉人，父意大利商人）翻译。李能边翻译，边笔录。雅各回国后根据李的笔录整理出手稿。[11]这恐非事实。大辩论时群情激越，话语飞快，加上闽南方言中掺杂不少有意有音但无字的语词，李岂有详细速记成为意大利语言的能力？之后雅各在其基础上整理成系统化的书稿？因此，对一个海外泱泱大国数千年的历史文化不甚了解，对多次百千人大辩论会的沸沸扬扬的抗辩进程欠缺现代音像录存技术，则其事后的撰作，除了几分依稀的追忆或粗略的笔记，作者临时添加的成分自然不可避免。所以，从事手稿翻译长达数年的大卫·塞尔本教授即多次指出该部分手稿有的是“事后精心组织的”，有的“手稿是在某个闲暇的时候所写，因为其中包括的一些辩论，在那个时候是很难提出来 的”[12]等等。由于宋代文献全然欠缺当时有关刺桐各界人士对时局及人事的讨论资料，结合比勘的研究工作难于从事。但由于它仍然发生于刺桐这个特定环境和度宗咸淳七年至八年头尾半载这个特定时间内，细心的读者如果能应用历史逻辑思维方法，去粗取精，去伪存真，当能曲径通幽，一定程度地达到弄清真相的目的。

雅各依靠李芬利向导，走街串巷，广作访谈交际。此外，据他说当时刺桐尚有每隔 20 天各界人士代表便有一次集会，辩论有关事宜。在一个商贸鼎沸、金银财物交关的大都会里，一次动辄召集百千人是否真实？该书第八章“我说出上帝的真理”大会于 1272 年 2 月 4 日召集。召集人系商人安礼守，并以商人领袖孙英寿的名义邀请雅各前赴大会，作揭批基督教的演讲。事实是，那天系中国农历咸淳八年正月初四，按宋朝的传统习惯，当时正值“关扑”市场高潮时候（即购销黄金时日），商人处于大忙状态；赴会的尚有许多士绅（在职、候任、奉祠、休致、寄居等类官员及士子），他们正可利用宋廷元旦七日假期间，“多相问遗”，[13]应酬不暇，岂有闲情逸致前来枯坐聆听对基督教的辛辣批判？另外，当日聚会距前次聚会也不符合雅各所说的 20 日一会规则，看来此章恐怕是雅各主观设计之作，假托刺桐聚会名义以抨击基督教。

各界辩论会令人不能无疑的另一原因，是雅各个别访谈与参加集会所开列的大批人名，至今无法找到文献根据。商人安礼守、何祝申、黄达第等人固然“小百姓”青史不留名，连士绅领袖白道古、商界巨擘孙英寿、甚至所谓当朝大臣周敏、高定夏诸人，也于史无征，《宋史》不载，方志无名。可能性有二，或许由于闽南方言与意大利语言的对音未能找准，或出于雅各动因不明而采用的虚拟手法。更令人困惑的是刺桐行政长官（泉州知州或通判）几次亲临辩论大会致开场白，则又不登其尊姓大名。因此，不能不使我们更有理由倾向于人名均系虚拟的揣测。谅雅各懂得：地方行政长官的踪影，即便《光明之城》缺录，但却可能在中国古史书林中留下印记，觅致线索，借以检核雅各见闻的信实程度。

雅各·德安科纳恃才傲物，自诩博闻。在最后一次辩论大会上甚至借白道古的嘴，推荐他充任刺桐地方政府法官、法律顾问。唐宋朝廷确曾封赐一些归化的境外人士出任官职，但这与被州政府限期出境的雅各却根本无缘，因此这只能是一个噱头，徒令读者捧腹。他对宋朝历史也不甚了了，竟然又借白道古的嘴，二度指斥朝廷向商人出售土地、矿藏和沼泽。[14]其实，这一政策只是一百多年前神宗熙丰变法期间王安石的一个大胆尝试，昙花一现，早已烟消雾散。即便当时的权臣贾似道，也不敢逆流而进。相反，他的公田措施，反而是朝廷向部分田主抑买耕地，实施地域仅限浙江西路，远离福建，与刺桐商人风牛马不相及。

显然可见，雅各·德安科纳提供的这份绝无仅有的咸淳后期大贸易港刺桐汹涌澎湃的思潮文献，其间含有种种谬误，同样应引起我们重视。

二

刺桐即“温陵大都会”。它，港口壮阔，市场繁盛，作坊发达，人口众多，城厢恢宏。郊区郭乡又是草市、镇市、村庄星罗棋布，环绕和烘托着世界东方的这颗商贸明珠。

“这是一个很大的港口”

雅各·德安科纳乘船抵达刺桐港口，放眼纵目，海面上桅杆如林，万舟凌波（书中数目，无非举其成数）。本国的南船北艘，亚非及南欧的大小海舶汇聚一港。最大的是中国制造的六桅四层甲板十二帆搭载千人的远洋巨舰。不觉衷心浩叹：“比我从前在任何一个港口看至的都要多，甚至超过了威尼斯。”[15]中国海舶的技术装备又很先进，有“航线图”和“运用天然磁石的人”。[16]这位蕃商据其亲见，无异于向世人证明：刺桐港确是当年举世无双的大贸易港。南宋末年隐居同安县小嶝岛的诗人丘葵《晚步》诗中，所见略同：“稻田尽处为沧海，时见乘风万斛舟”。[17]岛在刺桐港航道上，自南海航道北上的巨舰“万斛舟”，乘风破浪，随时映入诗人的眼帘。据笔者所知，水浮指南磁针最早于刺桐海舶上投入运作约在北宋徽宗宣和年中；航线图使用最迟在理宗宝庆元年（1253 年）之前。雅各所见为中国航海史添一佐证，并为中国古代远洋船舶史中乘员千人巨舰产生的时间，比元末伊本·白图泰所见提前了四分之三世纪。这一既深且广的良港，当然是南宋后期伊始日趋繁盛的泉州湾后渚港。[18]编撰于度宗咸淳末年的《梦粱录》作者吴自牧因此指出：“若有出洋，即从泉州港至岱屿门（按即泉州湾海口）便可放洋过海，泛往外国也。”[19]显然，咸淳年中刺桐港仍然凌驾广州港，独占南海航线鳌头。

港口作业区建有花岗岩块砌入水体便于海舶碇泊宋代称为“马头”（现通用码头二字），以及大批货栈仓储和饭店、客栈等等建筑物。

据雅各说，他来华前刺桐市舶税率是：珍珠、宝石、金银之类5%，香料10%～20%，衣料15%。较目前可以见到的南宋至迟孝宗隆兴二年（1164年）的抽解法，香料持平或微调，其余物品均略为下降。[20]这极可能是由于自理宗初年刺桐市舶税岁入已下降，之后又因贾似道采行“市舶尽利而蕃人怨”[21]政策而加甚，因此泉州市舶司不得不改采招徕优惠权宜措施。然而海商对宋廷长期苛征，必怀惧怨，依然千方百计“漏舶”，以逃避征榷。或则改港碇泊，或则不愿“放洋”。度宗咸淳二年（1266年）王茂悦提举市舶司，刺桐势力雄强的阿拉伯蒲蕃海商所谓“蒲八官人者漏舶事发”，以白银八百锭托士人林乔代为斡旋，即一显例。[22]估计“蒲八官人”漏税巨额，才不惜支付巨款行贿，以求息事。舶税征榷与逃脱之争形危势迫，市舶司必须改弦更张，已是燃眉之急。果然，迨咸淳七年（1271年）雅各海舶下碇后，他与“所有的商人均免除交纳各种额外的贡赋和税收”[23]，他处简称“免税”的新政策已付诸执行。可惜这一历史转折未为正史与方志所载录，竟成了一个谜团。

这就须下一番钩沉功夫。

查度宗咸淳年中，目前考得的泉州知州约有四人：

(1) 常梃（字东轩），咸淳元年（1265年）莅职，翌年调离，任期不足一年。[24]

(2) 赵希侘（字见泰），提舶王槠（字茂悦，号会溪，以字行），咸淳二年莅职，离职岁月不详，可能在咸淳四年（1268年）。[25]

(3) 赵是斋，任期可能为咸淳五至七年（1269－1271

年）。[26]

（4）赵日起（号月山），莅泉前，咸淳五年六月至十月知镇江府。其年十一月起奉祠。[27]约咸淳八年（1272 年）之任，至咸淳终年。

南宋自宁宗嘉定年间伊始，泉州市舶司如不另派提举，即由知州兼权。赵是斋、赵日起任内即兼市舶司提举。

雅各到华时，恰逢二赵任内。试引有关诗什借以阐明其政绩。蒲寿宬《送使君右司赵是斋》（部分）诗云[28]：

> 南州六月暑，千里暍欲狂，借此一掬润，冰雪生肝肠。
> 谁起心中炎，夺我脑上凉？我愿去为龙，为雨膏八荒。
> 年年刺桐华，树树皆甘棠。

作者系当时刺桐港蒲蕃海商首领蒲寿庚胞兄。海商当时最为关注的焦点当然是妨害他们海上贸易的市舶政策，首当其冲的自然就是抽解、博买和索贿等情事。诗人如今以取酷暑狂暍比喻解除海商困扰的急切愿望。赵是斋莅职，给了“一掬润”，刹那间令海商群休“冰雪生肝肠”，似乎炎蒸乍消，身畅脑凉。大概权奸乱舞，赵氏被罢去。但诗人表态：愿化及时雨，浇得刺桐花年年怒放，纪念赵知州的甘棠恩惠。那么赵是斋的“一掬润”究系何物？笔者认为：孝宗淳熙十六年（1189 年）泉州知州颜师鲁给了他灵感，并成为他仿效的榜样。颜师鲁莅职后，鉴于海上贸易经济因遭受苛征干扰而萎靡不振，于是：“始至即蠲海舶诸税，诸商贾胡尤服其清”。[29]宁宗嘉定十年（1217 年）泉州知州真德秀与提舶赵崇度则是另外二位光辉的先行者。鉴于重征与和买导致海舶“至者绝少”[30]局面，真赵“相与划碘前弊，罢和买，镌重征”[31]，绩效显著，商舶抵港数量周年后增一倍，二年后增三倍，舶税因之迅速恢复增长。历史的榜样具有激励斗志、鼓舞士气的惊人作用。赵是斋正是依恃这种精神力量采取了免税举措。

赵日起继任后，又持续下去："芾棠南国里"，"立德独清风"。[32]借用《光明之城》中刺桐巨商孙英寿的话：如此便收一举两得明效："不征收外国人的税，人们也不必悄悄地贿赂 Scibaso（市舶司），以便他的商品可以免税。"[33]蕃舶多了，城市商税自然丰盈；不必行贿，吏治自必为之一清。其实，一张一弛，欲擒故纵，这种中国古代屡行有效的政策，既是封建朝廷两种手段轮流使用自我调节机制的一个表现，也是在特殊环境里封建君臣可以接受的一个权宜之计。穿过风雨岁月，它到头来将给国库增加收入。试看泉州湾上，桨声帆影，浪吟涛唱，雅各所见，不正是当时官清商喜、徕远悦至的一幕。

"这是一个无比繁华的商业城市"

汉晋以后，随着中原移民逐渐移居闽南，蚕桑养殖业也慢慢在泉州及其周边落户并获得发展。盛唐时期，泉州城内外出现紫云黄家的大桑园及一定规模的丝织业。入宋之后，伴随国内商品经济的长足进步，机织专业户不断冒出闽南地平线。北宋神宗年中，刺桐城中，燃膏继昼，机声连薨，丝绸织造业有显著进步，机户大批涌现，为此州衙门都税务税目中，有与门税（城门税）、市税（铺摊税）相区别的采帛税（彩帛织造税）。腹地兴化军"平楚暗桑麻"，[34]蚕桑兴旺，"家家余岁计，吉贝与蒸纱"[35]棉布丝纱织造业一派繁荣。转入南宋，终于创立家庭协作型的机织作坊。据载，当时晋江县东石黄塘坡村侍郎邱家，在传世丝织业基础上，扩大生产规模，"蚕丝缫乎，机织之媪有异巧，两人穿踏焉。梳棕十耳有奇，七脚点之往返乎，神之灵矣。一日有获二十丈者，佃（当作佣）资之润厚焉。村人咸偕之学也。"[36]织锦女工、挽花女工巧用织机，能织出花纹浮起的泉缎，整个机坊一日织锦多达二十丈。当时官定锦缎匹帛每疋长二十四尺，阔二尺五寸，[37]十二日织成一匹。[38]计算结果，即邱家机坊约有织机一百张，女工二百名。稍后，徽州绢每匹四十二尺。[39]据此计算，邱家也有织机五十七张，女工一百十四名。一夜春雨绽新芽，机坊的涌现，把泉缎织造业推上新台阶。迨南宋末年，据雅各亲见，城外乡间“家家都有造丝业的生产”[40]，城内随处都有机坊，大机坊甚至拥有一千工人（举其成数）。泉缎精美非凡，“五颜六色”，“绿黄相间”，“世界上还没有见过像那样富丽堂皇、缀满小珍珠的缎子”。[41]正因如此，次年离开刺桐时，雅各竟然采购了大量的绸缎、瓷器等满载而去。

此外，刺桐城内“各处都有巨大的作坊，在那里，数以百计的男女在一起工作，生产金属制品、瓷花瓶、丝绸、纸张等物品”。[42]品类多样、劳动人数不等的集约协作作坊的存在，奠定了刺桐迄南宋末年依然挺立于政局风暴而不败的坚实基础。参与制造业行列的不仅有本国而且也有外国商人。据雅各透露，他的意大利商界友人纳森·本·达塔罗就是一个投资刺桐的制造商。外国资金的投入提升了刺桐生产事业扩大和生存的能力。

当然，两宋期间，刺桐之所以从一个地方性港口成长为全国独占鳌头并蔚成世界级贸易大港，并非依恃一城一地的生产业。它因应海上丝瓷香药之路航线的不断延伸与贸易口岸的不断增加，建立了广义与狭义的二重腹地。

“苍官影里三州路，涨海声中万国商。”南宋前期定居刺桐的著名政治家李邴的这二句诗，生动地描绘出泉、漳州与兴化军三州互通有无，共襄盛举，因而开创了一个“万国商”大贸易港局面。丝绸、瓷器、棉布、蔗糖、铁器、乾果、酒类等输出商品，在广大闽南腹地都有兴盛的生产。近年在北起兴化湾南迄嘉禾湾沿海岸带不断发现唐宋元各代陶瓷制作的遗址与遗物，是刺桐海上贸易业繁荣留下的历史痕迹和物证。

闽南人善商，陆驮海运，网罗全国农业手工业精品供输出之需，向为国内商贸的重要一环。即便已届亡国前夕，“在这个城市里，从中国各个地区运来的商品十分丰富。”包括来自元朝辖境中国北方的货物。[43]正如明朝人的概括，这是“输中化之产，驰异域之邦”。

这样就形成了以刺桐为圆心，贸易商品以作坊制造业为主的第一圈，与以闽南腹地为依托，贸易商品以家庭制造业为主的第二圈，以及以全国城乡为贸易商品或原料采集为目标的第三圈的同心圆辐射海上贸易商品制造与采集网络体系，从而确保海上丝瓷香药之路的畅通与持续发展。后来的嬗递表明，纵令元代宋谢，只要这张网络存在，刺桐便岿然峙立于不败之地。

制造业发达是商品繁荣的前奏与基石；沸腾的市场街巷又是厢坊恢弘壮丽的细部嵌镶。“满市珠玑醉歌舞，几人为尔竟沉酣”，都市文化舒展了它的翅膀。

雅各·德安科纳对刺桐城区的商品市场作了极为精彩而又宝贵的描绘。

黎明来临时，街头巷尾的食品货摊挤满了人。公共早餐供应成为一天生活的先锋现象。巨大的人流忽聚忽散，其中“有在蚕丝与陶土作坊劳动的人，有在酒馆或商店工作的人，有出售食品和其他货物的商人和小贩”[44]等等，标志着刺桐城生活频率在曙光照耀之下，开始绷紧，市场开始商品交换变奏曲。

当时刺桐城有仁风、义成、朝天、通淮、临漳、通津、镇南七门，“每个城门口有市场，它们与城里的不同地区分布着的不同职业和手艺相接近”。[45]这样就使得制造业与商场在空间组合上相邻近，俾便减少运输层次，降低成本，同时也为居民尽量创造生活便利条件。于是不同的城门口便各各分布诸如丝绸、香料、牛、马、羊、五谷、水族品等主题市场，又有水果、花卉、布匹、书籍、陶瓷以及珠宝市场。因此，“这里的商店数目比世界上任何城市的商店都多”。[46]其中不少是百货杂陈的“星货铺”，[47]可也有专业街衢，其中远近闻名的三盘街，专门售卖品种不下二百种绸缎。此外如金银器、药品、占卜等行业也都有专业街巷。

把物件悬挂在竹竿上，挑担走街串巷、挨户叫卖的是各色货郎。饶有趣味的是，这种叫售的小贩，至今还能在闽南城乡见到。

男人掌店，甚至妇女当垆，是刺桐街道的一大特色，令雅各颇感惊异。其实，这种宋代“市廛阡陌之间，女作登于男”[48]是福建沿海州军的普遍风气：

插花作牙侩，城市称雄霸。梳头半列肆，笑语皆机诈。

新奇弄浓妆，会合持物价。愚夫与庸奴，低头受凌跨。[49]

瞧，这该多风流！多机警！多能干！

官商是刺桐市场的另一特色，一反宋太祖立国禁令，“现在一些贵族和官僚不仅从事经商活动，有的人甚至还在大印度等地方拥有自己的代理商。”[50]刺桐城内有些大商店和库房也暗中归其所有。显例便是南外官商集团始终从事海上贸易业。度宗咸淳末年，该集团的远洋帆船依然驰骋于南海航线，[51]充分展现他们对商业利润的贪欲和金钱诱惑的倾倒。

行会是我国古代源远流长的市民民间公益组织。北宋神宗熙丰变法期间，政府出于敷纳免行钱，着力在国内大小城市实行行户编制。大约北宋后期，朝廷为营缮募匠或采购物品方便，又创立“当行”制度，命令京师州县编籍商业与手工业者名册，小本经营与微末手作，无一得脱。因此，厢坊街衢分划命名约定法成地与“当行”制度结合，产生奇特的主题团行空间格局，年长月久的团行所在地街衢，便往往以该团行命名。炎兴以后，“免行钱”与“当行”编排为南宋朝廷全盘接受。福建州军在城与部分县在城也无例外地普遍置行。早在北宋仁宗年中，福州城中行会有关情况，已为知州蔡襄发布的“教民十六事”[52]文告所披露，之后，闽南腹地漳州有“市行”，[53]甚至闽北山区建宁府（治今建瓯市）也有“市区二十四行”。[54]福建路漕司便于绍兴初年令各地州军城市“月输列肆行户等第谓之铺例，亦曰免行钱”。[55]刺桐大都会，行会设置普遍。当行行人也多。如市舶司装发纲运，香行行人即须多番应召协助。[56]据雅各举证，有珠宝行、食品行、镀金行、医药行、兑币行与掬粪行等等，实际当不止这些，详情因文献佚失而无从获悉。

物换星移。自然，在刺桐繁华景象背后，也日渐显露多种社会危机。

理宗景定五年（1264 年），贾似道专权，发行金银见钱关子，废十七界会子，以十八界会子三贯抵关子一贯。结果，“诸行百市，物价涌贵”。[57]长期持续的物贵楮轻局面更形恶化。原来掌握大量十七界会子的豪商巨贾，一个月二界无法尽兑，商业营运损失惨重。迨度宗咸淳四年（1268 年），十八界会子每道仅值二百五十七文铜钱，二百贯只可买一双草鞋。兼以刺桐港海商长期大量偷运铜钱出口“一船可载数万贯而去”。[58]物贵、楮轻加上钱稀，物价飞涨，商品滞销，民怨沸腾，愈来愈形尖锐。

雅各于咸淳七年岁末（1272 年 1 月 7 日）参与泉州官绅商人集会。会上听到行政长官开场白：“天子的几个主要大臣，哲人周敏、和高定夏都崇仰孟子，他们已经奏请天子发布命令，要求我们城市免去商品税，这就像孟子所云，市廛而不征，法而不廛，则天下之商皆悦，而愿藏于其市矣。同样，在一个城市的范围内，如果没有税赋，那么，行旅皆欲出于其地，也乐于把商品藏于此市，这个城市也就财源滚滚而来了。”[59]这里，请出历史的亡灵是为了遮羞现实的伤痕。同时也是有所指而发。原来行在临安府苦于物价腾涌，市民怨声载道，自理宗景定年中以降，中枢常破格允许免税。度宗咸淳二年（1266年）以后，又许一年免税五月，以期“平物价，纾民力”，“至今行之，藏于市、出于涂者，莫不鼓舞”。[60]显而易见，刺桐要援例而行，也就由于有了相同的遭遇。所以，在港口舶税减免后，扩大宽纾范围，也把商税豁免。为了这一期盼，临安府与泉州的两位当权者，又都不约而同地引用了孟轲老夫子的著名论断。[61]

据雅各在刺桐市面所见，基于楮币轻贱，市民金银、纸币并用（应该还有铜钱）。但另处则又说使用称为“飞钱”的纸币，“他们用它而不是黄金和白银来买进或卖出”。又描绘关子纸币票面，以及“大汗的纸币”的票面。[62]此处显然是雅各手稿收藏者自作聪明、画蛇添足弄出的笑话。姑不论“飞钱”系唐代后期商业信用汇票以之妄作南宋关子已属张冠李戴，即以其票面云云，也证明该收藏增饰者既未亲睹见钱关子，也未见元代宝钞，只是信口雌黄罢了。亲见者指出，关子票面上头黑色印章如品字，中间红色印章三颗相连如目字，下层两边各盖一颗细长黑色印章似二点，“宛然一贯字也。”[63]精心设计为贾似道歌功颂德。至于元世祖发行的至元宝钞，上半为钱数与钱串，下半为流通行用与严禁伪造令文，外加复杂绘制的边框。[64]手稿收藏者既然提及“大汗的纸币”，那他的增饰时间大概也与前述元成宗大德年间的重要整理同时。

“整个城市都在闪烁”

雅各·德安科纳逗留刺桐达半年之久，走街串巷，赴会访人，对城市各方面都已经有了比较客观的认识：“这里的商店数目比世界上任何的商店都多。”商人“的人数也是多得无法统计。”“刺桐城中的人口多到没有人能够知道他们的数目。”“它确实是世界上最伟大的城市之一。”[65]稍早一些时候，莆田籍诗人刘克庄便已称赞“温陵大都会”，[66]漳州籍理学家陈淳叹赏为“连甍富饶之地”。[67]随着岁月飞驰，刺桐果然在商海里滚动得更为壮丽了。

因此，南宋末年刺桐城市的各个类别的常住人口和流动人口必然颇为巨大。雅各听说它“超过了20万”。[68]福建籍的著名编纂家祝穆于理宗嘉熙三年（1239年）编竣《方舆胜览》一书，其子祝洙于度宗咸淳三年（1267年）重刻时又予增补，于该书卷一二泉州《四六》栏下指出：“中藏阛阓余十万家。”这便给出一个宽广的研究空间，怎样计算也都将超过20万。据《（淳祐）清源志》，全州主客户总255758户，[69]即约占州户数39%的人口居于州在城。难得的是雅各所见：“实际上构成这个城市的居民区与周围的村镇看上去是联为一体，建筑物的数量由于非常多，以至彼此挨得很近，因此城里人和乡下的人住所混在一起，就好像他们是同属一体的。”[70]由于人口膨胀，街区溢出城郭，并与郊区即宋代所谓的“郭乡”紧相结合。高宗绍兴年中，泉州东门外相隔十余里的法石草市的“阛阓”已颇具规模，且已为人视作“桐花城”的一部分。[71]迨雅各来华时，它显然融入事实上编制为城外厢坊的刺桐城厢的总体之内，使磁吸而来的巨量人口、不断增添的店铺与街衢以及各不相同的侨民新社区，进行有序重组，合理分配。因此，在保持原有城区并依其为中心，向周围郊坰扩大街衢，“城郭”与“村乡”互相靠近，逐渐融合，构成北宋仁宗年中已创立起来的“郭乡”生态。“郭乡”之外，散布草市、镇市、村庄，形成“温陵大都会”嵌镶式的对城服务经济带，无疑这是中国古代城市化、城建史的新发展、新模式。

刺桐城内外，巨富固然“朱门华屋”，[72]一般街衢建筑，据雅各所见，大都取材竹木，拥挤不堪，街道狭窄。然而刺桐街衢的这种景观，却是唐宋时期南方城市风貌的普遍现象。以南宋年中的若干城市为例，便可概见一般。南宋初年，温州火灾，二日烧及1185户，“茅屋相间计一千九百五十余间。”[73]建康府（今南京）一次火灾，“府前东西居民席屋”皆烬。[74]行在临安府，“城中军民，多是席屋居住。”[75]“自大瓦子至新街约数里，是时皆苇席屋。”[76]有的城市甚至“以竹木为栅”圈作城垣。[77]街道狭窄又另有原因。刺桐城居民占道侵街问题一向严重，或临街扩大营业店铺，或叠盖棚屋收取赁金僦钱，而“跨沟为屋者尤甚”。[78]结果形成人口愈密，街道愈窄的恶性循环，导致粪壤填委，淫雨成灾，整治不易局面。

尽管如此，刺桐地方政府及广大商民，于以服务商业为中心的市政设施，诸如白昼报时，晚间照明，行政日报方面，则均有可观的便民创举。

街头巷尾出现大众化的早餐供应，有的人“迈着飞快的脚步向四面八方奔去”，有的人“边走边吃”，[79]形象说明当时刺桐市民因应制造业和商业运作需要，不得不提升生活节奏，同时又要保持节奏平衡，关注时间分配，于是泉州地方衙门“在城市所有干道塔上都挂有一个时计”，届时由看守人用锣声传播时辰，使大街小巷人尽听闻。[80]北宋初年燕肃发明莲花漏壶后，朝廷颁令州军普遍采用。这种漏壶后来几经改进，沿用不衰。刺桐“时计”应该是把它大量置放于干道塔楼处，俾报时工作真正发挥家喻户晓的积极作用。

“夜市千灯照碧云”。自晚唐创立夜市市场机制以后，城市街衢的照明逐渐成为市政设施的必要内容。同时，随着封闭型坊市体制的终结，日趋沸腾的城市夜生活获致重大进展，城市照明技术成为城市发展的重要环节。刺桐的夜晚，街上灯光、火把竞辉，商店、酒楼、歌馆、瓦市灯火通明；市民门口院内挂着灯，行人手里提着灯笼，“因此整个城市都在闪烁，处处都有灯光。”[81]“由于这个原因，人们称这座城市为光明之城。”[82]刺桐夜晚照明程度大幅提升，既是城市财富盈溢的标志，又是夜生活文化高涨的象征。

北宋年中，朝廷进奏院将政令及官员任命等有关信息写为“朝报”（或称“邸报”）分送给有关机构与个人，成为政府间新闻传播的经常性正规工具。南宋伊始，进奏院吏员为物质利益所驱使，将刺探所得或街市传闻、或私自撰造，编写为“小报”，每日一纸，在政府官员中先期传阅，造成轰动效应。但同时又有“不逞之徒，撰造无根之语，名曰小报，转播中外，骇惑听闻”，[83]从而成为民间编撰传媒工具的滥觞。雅各在刺桐城门口看见地方政府官员每天将“法令和决议，还有市民的条例以及其他考虑到值得一提的消息”，誊录纸上，张贴于城墙上，并免费赠送给市民。[84]这显然是“小报”的一个发展，即政令决议内容之外兼具发布“消息”的每日发行的“日报”。又鉴于既可免费赠给“每个市民”，数量必然庞大，也有可能采用活字印刷。有关研究表明，南宋孝宗年间泉州即“刻书为诸州冠”。[85]雅各眼见刺桐雕匠“用小块的木头，不仅巧妙地在上面刻文字，还刻图像”，[86]再行印刷。这样，刺桐真有可能成为我国最早活版发行日报的故乡。

《光明之城》还对刺桐的重要交通运输工具马车、轿子、饮茶、素食、缠脚、火葬等风俗习惯作了客观载录，这都一一为我国的古籍资料所验证。[87]此外，雅各还饶有兴味地对街上富人和贵族都穿着丝制长袍（所谓“深衣”），脚穿高底靴子，手执扇子，摆出高傲神气走路，而穷人则穿着只抵腰臀的短衣作出对照描写。这也符合历史事实。最初，这些富贵士大夫以青缣为扇以障日，不用时放入青色袋内。折叠扇南宋年中已经流行，以竹或以象牙为骨，裱以绫罗，饰以金银，此外尚有绢扇、纸扇、异色影花扇等。[88]雅各具有鹰隼般的视力，竟能将瞬间发生的刺桐风俗细微处摄入眼帘：富人和贵族把钱装于衣袖中，付钱时弯腰迳直把它置放于对方袖内。这正是作揖致谢，快放遮羞。莆仙戏传统剧目中至今仍有这个动作。莆田、仙游二县原属泉州，传统剧目无疑是古代习俗的艺术化石。

“整个世界的一座城市”

“这座城市是一个民族的大杂烩”。是微缩了“整个世界的一座城市”。[89]雅各·德安科纳对刺桐城侨居居民的繁多，感到惊讶。据他叙述，居住刺桐的有被称作萨克森人的阿拉伯穆斯林，也有被称作法兰克人的欧洲基督教教徒，以及其他侨民（族群繁多，或有后来的增饰成分）。

宋代刺桐有无欧洲侨民是个谜。赵汝适任泉州市舶司提举时，于理宗宝庆元年（1225 年）撰成《诸蕃志》，书中根据蕃商口述提及意大利西西里岛火山，[90]及辖有今西班牙南部部分国土与非洲北部的穆拉比特王朝，[91]其他则付诸阙如。假如当地其时有大批欧洲侨民，作为主管海事衙门长官，赵汝适势必耳熟能详，也一定会在书中有所记载。然而时隔近半个世纪，意大利犹太商人雅各航抵刺桐，并证明有大批欧洲侨民生活在这个大贸易港。

因此，拨开这半个世纪中欧之间的风云变幻面纱，或能细绎出海上交通的新线索。

成吉思汗于公元 13 世纪初年建立蒙古国家后，凭借强兵悍将，四出征战。西征军如疾风暴雨，席卷中亚草原，攻占钦察、斡罗思，扫荡波兰，侵入马扎儿平原，饮马多瑙河。公元 1241

年冬，窝阔台去世，西欧才倖免于难。这支“比狮熊更凶猛”[92]的蒙古铁骑大军，令欧洲君主、教廷和贵族震惊颤抖，于是1245年根据里昂主教会议的决定，教皇英诺森四世派遣意大利圣方济各会士柏朗嘉宾，1253年法兰西国王圣路易士九世又派遣该国圣方济各会士鲁布鲁克先后跋涉数千里去蒙古草原朝见大汗，以执行有关的秘密使命。与此同时，欧洲的商贾也怀着探寻商机的欲望，陆续前往蒙古。元世祖忽必烈中统二年（1261年）五月七日，“发朗国（Frank，《光明之城》中译本作法兰克）遣人来献卉服诸物。”据来人称：发朗“男子例碧眼黄发”，来时跋涉三年，渡过二处海域，备尝艰辛方才抵达上都。忽必烈为此嘉奖来人，“回赐金帛甚渥”。[93]有关著作指出，所谓发朗国来使，欧洲史籍不见官方文字，一定是民间的自发行为。[94]他们为商业利润所驱动，跋山涉水，备尝艰辛而不辞。

欧洲商人东来中国，既可行陆路，当然也可航海线。刺桐在南宋一代跃居中国对外最大贸易港，其远洋帆船队不仅西泊阿拉伯海不少港口，而且也遥碇东非海岸；不但输送大量的丝绸、棉布、陶瓷等等上乘物品，同时也于所到之处传播中华文明，扩大海外声威。因此，蒙古军西征偶然地成了中欧交往的一个积极契机。在战火纷飞声中，意外地开启一个欧洲教士、商人前来东方探奇的历史新纪元。正是在这种背景下，欧洲海商完全有可能进行破冰之旅，率先航抵刺桐。祝穆所谓“诸蕃有黑白二种，皆居泉州号蕃人巷”，[95]谁能认为白人蕃商不包含欧洲侨民?!

相当数量的蕃商族群侨居刺桐，历有年所之后，自然而然地形成了各自巩固的侨民社区。《光明之城》指出，其社区含有这样一些功能设施：

（1）聚居街区：族群不同，聚居街区即“蕃人巷”则各异，但都“在城内各自的地方”。[96]南宋初年，泉州衙门依照朝廷

“化外人法不当城居”[97]的规定，同时也为了蕃商就便往来南关港与笋江以利帆船运输，安排他们聚居南门外并迤逦法石草市沿江带状地区。其后游九功知州年中，兴建翼城，将城南蕃人巷包砌围绕，顿时转为南城街区。雅各来时大概就是这个空间分布格局。

（2）宗教会场：蕃商享有宗教自由，各自建造宗教活动场所如伊斯兰教的清真寺，印度教的番佛寺，基督教的礼拜堂，犹太教的祈祷堂（雅各来时已坍塌）等等。

（3）生活设施：旅馆、饭店、货栈等等，既便于他们的经商活动，也为他们延续和保持本土的物质生活习惯创造条件。

（4）子弟学校：北宋徽宗大观、政和年中（1107－1118年），鉴于泉州“土生蕃客”渐多，朝廷批准建立“番学”。南宋末年，此类子弟学校应该有较大发展。

（5）蕃客公墓：高宗绍兴末年（1162年），波斯湾港口设拉子的巨商蒲霞辛出资捐建城东东坂公墓。此后，估计不同族群的蕃商也将建筑各自的公墓，如犹太人墓地，雅各指出是在城外称作 ciuscien 的地方。

为管辖外侨并处理其有关案件，泉州衙门特置专职官员一名。

雅各还以相当笔墨仔细而又真切地叙述刺桐城内犹太人社区的设施、人事及陈年旧月事项，是研究此一历史问题极为宝贵的资料，弥足珍惜。遗憾的是迄今尚无中文资料可以与之比勘结合研究。

三

两宋朝廷实行一定程度封建主义的开放政策，容许设置市舶司的开港口岸，在海上贸易对象国家、地区或部落来使与贸易商到港或在国境内经商、旅游、侨居（建立社区，蕃汉联姻，投资城建、造船，民事纠纷以蕃方习惯法裁决，蕃客按原来方式延续其物质与精神生活等），旌奖巨量到岸货品的纲商以不等官职等等。海纳百川。年长月久，潜移默化，锻炼并陶冶刺桐广大居民在与海外蕃商交往过程中的开放性格与风习。不仅如此，甚至若干知泉州军州事的行政长官，也学会对异国来客雍容大度的待客风范。南宋理宗端平年中，李韶知州，恰遇蕃商到岸，夜间竟一并邀请当时旅驻刺桐的诗人戴复古赴衙门宴饮，席间“开心论时务，细语及诗境。坐中有蛮客，狂言事驰骋”。[98]显然，这位李太守豪情可掬，当着异国来宾，与诗人畅谈时事，同时也仔细讨论吟诗作文，还让蕃客就沧海历险大放厥词。理宗淳祐年中，阿拉伯穆斯林巨商蒲开宗携子寿宬、寿庚自广州转驻刺桐。敦请华人师傅督导长子蒲寿宬学习汉语与中国古代丰富的文史知识。蒲寿宬勤学苦练，虚心四处问学，果然吟得汉赋诗词，并与当代名诗人刘克庄、胡苇航、丘葵等人酬答唱和，获得教益，成长为中国古代第一位阿裔华化诗人。事实表明，刺桐这个大贸易港，已建构成功中外商品经济以及思想文化交流融合的大环境。正因如此，雅各·德安科纳虽是初来乍到刺桐，但一经涉足其间，访谈也好，集会也好，他就获得尽可能详尽了解社会集团间最紧迫、最集中、也最敏感的时代焦点的谈论与交锋的难得机遇。

虽然，《光明之城》有关刺桐各界代表人物和辩论访谈部分，雅各于回国后经过精心设计安排，掺入相当数量的个人添加内容，也存在这样或那样问题，但时代焦点却是篡改不了，挥之不去，普遍存在的讨论主题。它便是刺桐商人集团的日益壮大及其导致的道德伦理影响，以及对即将兵临城下的元军是抵抗或投降的大是大非之争。

刺桐的从商之路并不平坦。海上贸易南海航线的开港营运，一波三折。[99]几经拼搏，哲宗元祐二年（1087 年），朝廷批准设置泉州市舶司，南海航线终于获得开港经营。但是官府付与印杖的“纲官”——官督民营制度，毕竟是海商从事海上贸易的紧箍咒。事事必统必督的市舶司，凭恃征榷手段，给海事作业与收益分配以种种干扰。朝廷（包括监司、州县衙门）对海舶下碇后的种种刮取以及征调海船守隘或参与宋金与后来的宋元战争，更使海商时或在劫难逃。及至南宋后期，海商因苛征或“照籍”点发放洋制度，采取漏舶或不归或改行等等方式予以抗拒，官商矛盾更形尖锐。南外宗正司官吏与地方官吏的经商活动，盛气凌人，往往运用特权瓜分民间商人的利润收入。诸如此类，当然都必不可免地造成商人集团（居肆商人、行商、国境海商、国外海商、制造商与作坊、马头及货运等从业人员）对官府、官商的愤懑。

随着刺桐跃居中国最大以至世界大贸易港，商人集团日趋强盛。真德秀于理宗绍定五年（1232 年）再知泉州，指出：“盖（泉州）生齿蕃而可耕之土狭，故良农寡逐末之俗成。”[100]“惟泉为州，所恃以足公私之用者，蕃舶也。”[101]显然可见，其人数已大大增加，其营运已达到左右地方财政盈亏的规模。不言而喻，派生于商业及制造业营运的道德行为规范自然也就日益发挥其巨大影响。

“山雨欲来风满楼”。宋元战争前线，宋军屡屡败北，尖锐的外部矛盾也激化了内部矛盾，于是刺桐时代焦点提升为人们谈论的中心课题，并在特定场合展开集团争辩，凸显了以白道古为代表的士绅与以孙英寿为代表的商人二个派别之争。

雅各最早访谈的是白道古。这位道貌岸然的老人是官宦士大夫集团的发言人。刺桐城中居住大批在职或闲散官吏与举子，他们大抵系城居田主，称作寄庄户、遥佃户或寫佃户，依恃田庄经济获取地租或其转化形态的俸禄以生活。岁月电掣，在刺桐海上贸易业与在城商业日趋强盛推动货币腐蚀作用扩大的局面中，货币折价租与秋苗税在闽南也日益扩大，因而田庄经济的自然性愈难维持，与商品市场的距离则日益靠近。折射出来的便是怨气冲天，牢骚太甚。白道古进士登第，熟悉儒家经典。他对现实的不满，发为辛辣的披着儒家外衣的抨击与讽刺。如怒斥与政者纲纪废坠，法制紊乱，卖官鬻爵，贿赂公行，为子不孝，妇女淫荡等等。这些指斥固然切中时弊，也可以在当时其他臣僚的章奏中读到，说明这些政治与社会风习诟病是当时的普遍时局危机。但他谈锋一转，便把抨击矛头指向刺桐这个特殊环境中的特殊集团即商人集团身上。白道古怒斥商人把刺桐变成“野蛮之城”，原因是“人心中的野兽被解开了锁链”，造成人、城市与国家都面对野兽的危险情形。[102]在他看来，“野兽”是人心中的“贪婪”。它造成物欲横流，带来“腐败”，造成城市“失衡”。因此，“贪婪才是我们这个城市的最大敌人。”[103]

不妨稍转笔锋，让我们根据历史事实，看看刺桐城中“贪婪”行为的若干真实情形。真德秀《再守泉州劝谕文》揭露仅比白道古评论刺桐商人行为早三十九年时的情景：“市井经营，虽图利息，亦须睹事，莫太亏瞒；秤斗称量，各务公当，大入小出，天理不容；湿米水肉，尤为人害；放债收息，量取为宜，分数太多，贫者受苦；举债营运，如约早还，莫待到官，然后偿纳。”[104]这些宋人称为“市道”的奸商行为，固然伤风败俗，损人利己，但并不会就成为社会的“最大敌人”。可见他施展了危言耸听伎俩。在另处他又指出：商人“贪婪”不止，竟至认为与“所有的人是平等的，甚至比别人都高一等”。[105]商人政治上的“贪婪”，这才是要害。雅各逗留刺桐期间，也深感“贵族和官僚对于这些出身低贱的商人根本不放在眼里”，“自己属于第一等人，其次是农民，再次是工匠，而商人则是城市里最低等的人”。[106]显然，批判重商，是为了贱商，以便巩固和坚持封建等级制度，达到永葆贵族和官僚们的政治经济权益于不坠。

无独有偶。也就在这一年，一份《词诉约束》赫然又将宋廷的传统规定广告周知：

> 词诉次第：国家四民，士、农、工、商，应有词诉，今分四项——
>
> 先点唤士人听状。吏人不得单呼士人姓名，须称某人省元。其为士而已贵与荫及子孙。有官用干仆听状者，随附士人之后。干仆却呼姓名，然须有本宅保明方受。
>
> 士人状了，方点唤农人。须是村乡种田务本百姓，方是农人。农者，国家之本，居士人之次者也。余人不许冒此吉祥之称。
>
> 农人状了，方点唤工匠。应干手作匠人，能为器具，有资民生日用者皆是。
>
> 工匠状了，方点唤商贾。行者为商，坐者为贾。凡开店铺及贩卖者皆是。
>
> 四民听状之后，除军人日夕在州，有事随说，不须听状外，次第方及杂人，如伎术、师巫、游手、末作（末作谓非造有用之器者）、牙侩、舡梢、妓乐、岐路、干人、僮仆等皆是杂人，此外有僧道亦吾民为之。然据称超出世俗，不拜君王，恐于官司无关，官司不欲预设此门。[107]

这是一张反映宋代社会经济变动表现为人口群体趋于复杂化的等级序列图谱。种种“杂人”的产生，标志传统固有农业、手工业经济之外新的经济成分的衍化，种种服务性行业增多，代表人物品色纷繁。尽管他们各有所事，但身份很低，实际是“贱民”。而商贾仅比这些“杂人”稍高，也与他们有千丝万缕的联系，止是孙英寿所说“穷人属于我们的党派，不属于白道古以及他周围一些老人的党派”。[108]事实上，“杂人”中大概除师巫外，各色人应当都是大贸易港刺桐商人的附庸角色，甚至与市场频繁交换的农民，也都不同程度地成为海上贸易业的从业人员。他们人数很多，一旦“番舶罕来，市廛之失业者众”。[109]所以，白道古所代表的集团势力，无非就是等级序列顶上一小撮而已。历史昭示世人，大凡人数寡少、力单势孤的社会派别，实行虚声恫吓策略，往往借过激、诡异言词试图达到自己的目的。白道古似乎走上这条争论道路。

孙英寿是商人集团的代表。刺桐商人相当一部分具有较高的文化修养。兴化军籍贯的名诗人刘克庄熟悉这个特点：“闽人务本亦知书，若不耕樵必业儒。唯有桐城南郭外，朝为原宪暮陶朱。”[110]所以，他们参与论战过程中，能征引中国古代哲人的章句以阐明自己的论点，提升论争力度，也能综核局势，抓住中心，以攻其要害。对白道古痛击时局显弊，他们不持异议。但关乎切身问题，商人代表则作出毫不妥协的批驳。白道古把“贪婪”的内欲视作洪水猛兽，主张“百姓应该少追求而不应该多追求，说失败比成功更好，穷人比富人更高贵”。[111]“那些起早贪黑、不知疲倦地为自己劳作的人，也不比盗贼好多少。因为他们仅仅追求世界上最龌龊的那种东西：对财富的贪婪追求。”[112]显然，白道古所主张的是不分青红皂白的禁欲主义，由于界线不清，将劳动人民与盗贼等同，真善美的追求与龌龊的贪婪并举。商人安世年辩论时，指出“市场”是“工作”场所，人们为了商品“而拼命努力工作”[113]，方能使“我们的城市果实累累，财源滚滚”[114]，跻身于世界级大贸易港行列。但要使人们创造财富，必须首先创造环境，安世年正确下了一个定义：“财富是自由人生活在自由环境中的财富，我们不但要抵抗那些想限制财富的人，而且要努力使它扩大。和白道古所说的相反，这个财富决定了全城的幸福和富裕，包括今天那些穷人和缺衣少食者的幸福和富裕。”[115]这一段富有哲理和博大豪气的精彩议论，充分表现了刺桐商人的气派、斗志和理想！

在中国古代历史上，禁欲常被封建君主应用于他们朘削民脂民膏过度导致饿殍载道，或他们文湉武嬉、政乱纲紊造成百姓涂炭场合，发挥遮羞布和麻醉剂的恶劣作用。南宋后期，刺桐港已逐渐由“富州”、“乐郊”向“愁叹相望”的州军转化，于是地方官员也祭起“食足充口，不须贪味；衣足蔽体，不须奢华。”“既不妄费，即不妄求，自然安稳，无诸灾难”[116]禁欲主义法宝，期盼以精神上的灵丹妙药化解百姓的不满情绪。时届度宗年中，宋廷已病入膏肓，白道古深谙治政奥妙，面对商人代表公然提倡扩大财富追求主张，居然也抛出人们需要的只是“灵魂”“快乐”，“这种快乐并不需要占有财物”[117]的荒谬理论。

白道古基于否定“欲望”从人类的心理机制转化为“追求”财富的动力论断，滑到上帝创世说的客观唯心主义泥潭，竟然提出“是上天孕育了五谷杂粮以养育百姓”[118]的神道宣传。与之相反，商人安礼守冠冕堂皇地歌颂了现实世界的创造者。他说：“那些老老实实的农民、工匠、金匠和裁缝忙于他们手中的活计，正是他们，维系了这个城市和国家，而不是什么头脑里充满了知识，却连一桶水也不能从井里打上来的儒雅之士。”[119]这令世人又一次信服地看到：刺桐的商人代表具有唯物主义的辩论才华。唯一的缺陷的是未能甄别“儒雅之士”的类别和“首先不是”之类限制词。

商人集团对封建等级深恶痛绝。他们之中的各种人大抵都以切身利害直观地提示人是平等的这个概念。但其间贫穷的众多商业制造业从业者，与商业集团中的富商出发点明显有别。他们对社会财富集中到“少数人手中，因为高低收益不均，所以富人脑满肠肥，而穷人则瘦骨嶙峋”不满，而穷人又得不到帮助。因此要求“穷人和富人都应该同样平等”，[120]以改善自己的境遇。这种由直观自发提出的“平等”要求，在中国古代历史上的转折年代，屡屡产生，因而是一个封建社会阶级斗争的正常现象。北宋末年，钟相在荆湖一带酝酿起义，便提出“法分贵贱贫富，非善法也；我行法，当等贵贱、均贫富”。[121]南宋后期，社会财富的偏重集中，超过了两宋三百年历史中的任何阶段，大田主“岁入号百万斛”，[122]巨富则“金帛山积，有拥二三千万赀者”，[123]国内最著名的财主无非“数十大家”。[124]贫富如此悬殊，如此鲜明，无怪普通穷人也都能够击中要害，对时局直斥痛陈，要求以“平等”处理惶惶不可终日的阶级、阶层矛盾。富商也要求“平等”。自然，他们这一层面与下层从业者不一样。他们对政治上被挤压而无权少益不满；科举上高低优劣愤怒；文化上业分势隔非议；直到习俗上服饰等，“且如士、农、工、商，诸行百户，衣巾装着，皆有等差”[125]的陈年旧俗深深地感到屈辱；即便有冤有苦，公堂上也要有话在后面说，处处不如人。所以，政治等级制度便成为商人集团的众矢之的，而“矢”别元可替代地就是“平等”口号。反之，白道古所代表的官宦士大夫，为稳定赵宋宝座，要持续政治统治体制，自然就要针锋相对地坚持和紧抓这一等级制度。所有奥秘，盖在其中矣。

从社会发展长过程看，官宦士大夫抱残守阙，无视劳动，诬称人欲为万恶之源，最终走向天道设教。商人集团体现贸易港蓬勃朝气，鼓斗志，向前看，与社会发展方向一致。

雅各来华时，元军铁骑饮马长江，士气低落的宋军节节败退。刺桐各个政治集团不能不在争论中接触到或抗或降，何去何从这一时代最为迫切的走向问题。

历史常常嘲弄人。曾经在论战中潮头挺立的商人代表，一下子成了投降派；白道古拍案而起，大声疾呼，并最终一腔热血气浩然，成就为抵抗派英雄人物。我国历史上充满着无数可歌可泣的坚持正义、反对压迫的英雄故事，这一伟大不朽主题，则又是孔孟杀身成仁民族气节的关键点。所以，自幼从孔孟学说中接受教育的白道古，早已把这些内容铸为座右铭，溶为世界观，坚持终生，义无反顾。白道古的政治见解是田庄经济的上层建筑。“如果没有土地，就都会比以前更穷”。[126]在商品浪潮侵袭下，闽南的田庄早已不振，更堪让元军铁蹄肆意践踏?！所以，保卫百姓的身家性命，保卫官宦士大夫的孱弱田庄，便成为理直气壮、奋不顾身的神圣事业。

蒙古崛起后，随即将战争引入金朝和夏朝辖境，又旋即侵扰南宋川蜀、荆湖边疆。从草原畜牧经济成长起来的军事贵族，昧于封建农业运作，轻忽人命，常将“人民杀戮几尽，金帛、子女、牛羊、马畜皆席卷而去，屋庐焚毁，城郭邱墟矣”[127]《光明之城》叙述对立双方讨论战降一事时，往往清晰地陈述过蒙军的惨烈战祸，说明刺桐的官宦士大夫和商人消息灵通，对元军的步步进逼忐忑不安。每争论及此，双方态度即迥异对立。白道古的振臂高呼战守与商人的恐战惧屠形成鲜明对比。白道古曾经指责商人一派：“他们甚至不想去抵抗鞑靼人，而是想在鞑靼人征服了这个城市之后从中谋利。”[128]这就更显得居心叵测了。据雅各记录，他临离开刺桐的一天晚间，当地谣传元军兵临城下，许多商人果真“准备迎接他们”。[129]一切征象表明商人一派不但在争论中声言投降以避战祸，而且也决心采取相应行动。

显然可见，以巨商孙英寿为首的商人一派，财大气粗，从对朝廷与官宦士大夫不满逐渐走向图谋投降元军以使自己社会地位的改善获得飞跃。

这是泉州地方史的一个重要启示！

当泉州跃为世界级大贸易港而被号称刺桐港并扬名于寰宇时，由于蕃商大量集结驻港，于是在土著海商与南外海商二大集团之外，又平添一个蕃舶海商集团。大约宁宗与理宗交替年代，“富商大贾，积困诛求之惨，破荡者多，而发船者少。”[130]土著海商趋于式微，南外海商长期以来又由于朝廷禁约和财本有限未能恢宏，于是蕃舶海商遂获得天赐良机而扶摇直上。这个蕃舶海商集团约至理宗晚年，其经营规模已很可观，巨贪贾似道垂涎欲滴，“岁一千万而五其息。”[131]从它年入净利每一万贯中抽取五成以饱私囊。此时的蕃舶海商首领即崭露头角的蒲寿庚。转入度宗年中，时局动荡，政纲废坠，人心不隐，更给“心怀异志”的蒲寿庚以可乘之机。他不但尽量笼络各派海商，而且暗中串通驻州的左翼军；同时积极发展蕃汉人口兼蓄的私人武装。

如雅各所录，当时土著海商集团首领为孙英寿，其所作所为，大有蒲寿庚同伙的色彩。该商人一派居然公开倡说降元论，也为日后以蒲寿庚为首的投降派将刺桐城拱手送给元朝作出超前的拙劣表演！

注释：

[1] 陈懋仁：《泉南杂志》卷下。

[2]《光明之城》第6、7页。

[3]《光明之城》第151、154、367、374页。

[4]《光明之城》第374页。

[5]《元史》卷10至13《世祖本记》与卷62《地理志》均有记载，但时间长短不同。此据后者。

[6]《元史》卷19、20，《成宗本记》。

[7]《光明之城》第300页，又见199页。

[8] 长谷真逸：《农田余话》上。

[9] 元代官修的《元典章》、《通制条格》随处可见。

[10] 韩儒林主编：《元朝史》下册，第354页注②，人民出版社，1986年。

[11]《光明之城》第475页。

[12]《光明之城》第339页注①、323页注①。

[13] 陈元靓：《岁时广记》卷38。

[14]《光明之城》第303、321页。

[15]《光明之城》第152页。

[16]《光明之城》第152页。

[17]《钓矶诗集》卷3。

[18] 详拙作《宋代泉州港的崛起与港口分布》，《厦门大学学报》(哲社版)，1985年增刊。

[19]《梦粱录》卷12，《江海船舰》。

[20] 马端临：《文献通考·市籴考·市舶互市》。

[21] 高斯得：《耻堂存稿》卷1，《彗星应诏封事》。

[22] 周密：《癸辛杂识别集》上，《林乔》。

[23]《光明之城》第153页，参见第297、321、325页。

[24] 周学曾：《(道光)晋江县志》卷28《职官志》；蒲寿宬：《心泉学诗稿》卷1，《送使君给事常东轩先生》。

[25] 九日山石刻。

[26]《心泉学诗稿》卷1，《送使君右司赵是斋》。

[27] 俞希鲁：《(至顺)镇江志》卷15，《刺守·宋太守》。

[28]《心泉学诗稿》卷1，《送使君右司赵是斋》。

[29] 怀荫布：《(乾隆)泉州府志》卷29，《名宦》引"旧志"。

[30] 刘克庄：《后村全集》卷168，《真德秀行状》。

[31] 真德秀：《西山文集》卷43，《赵崇度墓志铭》。

[32] 俞德邻：《佩韦斋集》卷5，《故舶使知泉州赵公挽词五首》。

[33]《光明之城》第 297 页。

[34] 刘弇：《龙云集》卷 7，《莆田杂诗》。

[35] 刘弇：《龙云集》卷 7，《莆田杂诗》。

[36] 蔡永蒹：《西山杂志·园塘坡》，该手稿系在“古陵旧稿”上改订，而旧稿应有古史资料为据。

[37]《宋会要辑稿·食货》64 之 32。

[38]《宋会要辑稿·食货》64 之 18。

[39]《宋会要辑稿·食货》64 之 34。

[40]《光明之城》第 367 页。

[41]《光明之城》第 203 页。

[42]《光明之城》第 164 页。

[43]《光明之城》第 153 页。

[44]《光明之城》第 172 页。

[45]《光明之城》第 174 页。

[46]《光明之城》第 175 页。

[47] 叶廷珪：《海录碎事》卷 15，《市廛门》。

[48] 梁克家：《（淳熙）三山志》卷 39，《土俗类》。

[49] 陈普：《石堂先生遗集》卷 16，《古田女并序》。

[50]《光明之城》第 185 页。

[51] 详拙作《后诸古船：宋季南外宗室海上经商的物证》，《海交史研究》1989 年第 2 期。

[52]《蔡忠惠集·别纪补遗》上。

[53] 廖刚：《高峰集》卷 5，《漳州到任条具民间五事奏状》。

[54] 刘克庄：《后村全集》卷 89，《建宁府新建谯楼》。

[55] 周瑛：《（弘治）兴化府志》卷 37，《名臣·方廷实传》。

[56]《宋会要辑稿·食货》44 之 18。

[57] 吴自牧：《梦粱录》卷 13，《都市钱会》。

[58] 包恢：《敝帚稿略》卷 1，《禁铜钱申省状》。

[59]《光明之城》第 301 页。

[60] 潜说友:《(咸淳)临安志》卷 59,《贡赋·商税》;吴自牧:《梦粱录》卷 18,《免本州商税》。

[61] 潜说友时知临安府(杭州)。

[62]《光明之城》第 183 页,又见第 163 页。

[63] 刘一清:《钱塘遗事》卷 5,《银关先谶》。

[64] 千家驹、郭彦岗:《中国货币发展简史和表解》,第九图,人民出版社,1982 年。

[65]《光明之城》第 175、182、157、261 页。

[66] 刘克庄:《后村大全集》卷 154,《丘迪吉墓志铭》。

[67] 陈淳:《北溪全集》卷 47,《上傅寺丞论民间利病六条》。

[68]《光明之城》第 158 页。

[69] 阳思谦:《(万历)泉州府志》卷 6,《版籍志·户口》引。

[70]《光明之城》第 158 页。

[71] 刘子翚:《屏山集》卷 12,《法石见李汉老参政》。

[72] 刘克庄:《后村大全集》卷 154,《丘迪吉墓志铭》。

[73] 王之望:《汉宾集》卷 7,《温州遗火乞赐降黜奏札》。

[74] 叶梦得:《建康集》卷 6,《奏居民遗火待罪札子》。

[75] 程俱:《北山集》卷 38,《五月纳相府札子》。

[76] 张仲文:《白獭髓》。

[77] 凌万顷、边实:《(淳祐)玉峰志》上,《城社》。

[78] 阳思谦:《(万历)泉州府志》卷 4,《城池》。

[79]《光明之城》第 171 页。

[80]《光明之城》第 176 页。

[81]《光明之城》第 176 页。

[82]《光明之城》第 151 页。

[83]《宋会要辑稿·刑法》2 之 124。

[84]《光明之城》第 164 页。

[85]《张秀民印刷史论文集》，第 101 页，印刷工业出版社，1988 年。

[86]《光明之城》第 417 页。

[87] 近年《海交史研究》、《泉州学刊》、《泉州晚报》等刊物常有此类文章。

[88] 周锡保：《中国古代服饰史》，第 318 页，中国戏剧出版社，1984 年。

[89]《光明之城》第 166～147 页。

[90]《诸蕃志》卷上，《斯加里野国》。

[91]《诸蕃志》卷上，《木兰皮国》。

[92] 何高济译：《鲁布鲁克东行记》，英译本序言引 1240 年马太：《历史编年纪》，第 188 页，中华书局，1985 年。

[93] 王恽：《秋涧集》卷 81，《中堂事记》上。

[94] 韩儒林主编：《元朝史》下册，第 439 页，人民出版社，1986 年。

[95] 祝穆：《方舆胜览》卷 12，《泉州・土产》。

[96]《光明之城》第 158 页。

[97] 朱熹：《晦庵集》卷 98，《傅自得行状》。

[98] 戴复古：《石屏集》卷 1，《久寓泉南》。

[99] 详拙文：《宋代泉州市舶司设立问题探索》，《福建论坛》1983 年第 2 期。

[100] 真德秀：《西山文集》卷 50，《东岳祈雨疏》。

[101] 真德秀：《西山文集》卷 54，《祈风祝文》。

[102]《光明之城》第 207 页。

[103]《光明之城》第 318 页。

[104]《西山文集》卷 40。

[105]《光明之城》第 207 页。

[106]《光明之城》第 184～185 页。

[107] 黄震：《慈溪黄氏日抄》卷 78。

[108]《光明之城》第 297 页。

[109] 真德秀:《西山文集》卷 49,《上元设醮青词》。

[110] 刘克庄:《后村全集》卷 12,《泉州南郭》。

[111]《光明之城》第 316 页。

[112]《光明之城》第 313 页。

[113]《光明之城》第 313 页。

[114]《光明之城》第 317 页。

[115]《光明之城》第 319 页。

[116] 真德秀:《西山文集》卷 40,《再守泉州劝农文》。

[117]《光明之城》第 318 页。

[118]《光明之城》第 314 页。

[119]《光明之城》第 312 页。

[120]《光明之城》第 310~311 页。

[121] 徐梦莘:《三朝北盟会编》卷 137。

[122] 刘克庄:《后村全集》卷 51,《备对札子》。

[123] 王迈:《臞轩集》卷 1,《乙未馆职策》。

[124] 王迈:《臞轩集》卷 1,《乙未馆职策》。

[125] 吴自牧:《梦粱录》卷 18,《民俗》。

[126]《光明之城》第 311 页。

[127] 李心传:《建炎以来朝野杂记》乙集卷 19,《鞑靼款塞》。

[128]《光明之城》第 207 页。

[129]《光明之城》第 411 页。

[130] 真德秀:《西山文集》卷 15,《申尚书省乞拨降度牒添助宗子请给》。

[131] 方回:《桐江集》卷 6,《乙亥前上书本末》。

(原载《海交史研究》2001 年第 2 期)

后　记

泉山兰水，几十年来令我魂牵梦萦。我的家园，就在晋水北邻木兰溪畔，坐落在古代的刺桐乡里。因此，自 20 世纪 80 年代以来，课余便耕耘搜访，期许还古代刺桐港一个真实图景。遗憾的是，宋末元初兵乱，泉州地方文献被付之一炬，所剩寥寥无几；加以笔者不敏，虽数易其稿，仍感资料欠缺，研释维艰。垂垂老矣，寸阴寸金；抛砖引玉，时不我待。希专家读者指正与谅宥。

本书搜集资料期间，曾承诸友好惠予支持；此次出版，厦门大学国学研究院慨然给予适当资助，列入厦门大学国学研究院资助出版丛书；厦门大学出版社薛鹏志主任尽心尽力；书中插图又蒙泉州市文物研究保护中心主任陈鹏研究员热情提供，使本书顺利面世，谨此一并敬致谢忱！

本人也借此深具人生意义的留言，感谢内子陈金莲长期对本人科研的鼓励与支持！

傅宗文

于五老峰下听涛斋

2011 年 6 月 10 日

图书在版编目(CIP)数据

沧桑刺桐/傅宗文著.—厦门:厦门大学出版社,2011.9
(厦门大学国学研究院资助出版丛书)
ISBN 978-7-5615-4036-7

Ⅰ.①沧… Ⅱ.①傅… Ⅲ.①泉州市-地方史 Ⅳ.①K295.73

中国版本图书馆 CIP 数据核字(2011)第 190072 号

厦门大学出版社出版发行
(地址:厦门市软件园二期望海路 39 号 邮编:361008)
http://www.xmupress.com
xmup @ public.xm.fj.cn
沙县方圆印刷有限公司印刷
2011 年 9 月第 1 版 2011 年 9 月第 1 次印刷
开本:889×1240 1/32 印张:15.5 插页:2
字数:380 千字 印数:1～1 500 册
定价:42.00 元

厦门文献丛刊

福雅堂诗钞

【清】林鹤年 撰

厦门市图书馆 校注

厦门大学出版社

图书在版编目(CIP)数据

福雅堂诗钞/(清)林鹤年撰;厦门市图书馆校注.—厦门:厦门大学出版社,2016.10

(厦门文献丛刊)

ISBN 978-7-5615-6176-8

Ⅰ.①福… Ⅱ.①林…②厦… Ⅲ.①古典诗歌-诗集-中国-清代 Ⅳ.①I222.749

中国版本图书馆 CIP 数据核字(2016)第 185157 号

出 版 人 蒋东明
责任编辑 薛鹏志
封面设计 鼎盛时代
责任印制 朱 楷

出版发行 厦门大学出版社
社　　址 厦门市软件园二期望海路 39 路
邮政编码 361008
总 编 办 0592-2182177 0592-2181406(传真)
营销中心 0592-2184458 0592-2181365
网　　址 http://www.xmupress.com
邮　　箱 xmupress@126.com
印　　刷 厦门市明亮彩印有限公司

开本 880mm×1230mm 1/32
印张 16.875
插页 4
字数 450 千字
印数 1～2 000 册
版次 2016 年 10 月第 1 版
印次 2016 年 10 月第 1 次印刷
定价 68.00 元

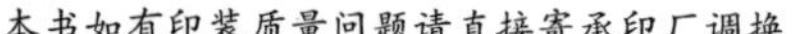
本书如有印装质量问题请直接寄承印厂调换

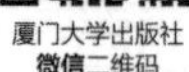

厦门大学出版社
微博二维码

厦门文献丛刊

总　　序

厦门素有“海滨邹鲁”之誉，文教昌明，人文荟萃，才俊辈出，灿若群星。故自唐代开发以来，鸿章巨著，锦文佳作，层见叠出，源源不绝，形成蔚然可观的厦门地方文献。作为特定地域之人文精神的载体，这些文献记录了厦门地区千百年来之历史发展与社会变迁，讲述着厦门地区千百年来之政教民生与人缘文脉，是本地宝贵之文化遗产，更是不可多得的地情信息资源，于厦门经济建设之规划与文化发展之研究，具有彰往考来的参考价值。

然而，厦门地处滨海扼要，往昔频遭战乱浩劫，文献毁荡散佚颇多，诸志艺文所载之厦门文献，十不存三。而留存于世者，则几成孤本，故藏家珍如拱璧，秘不示人，这势必造成收藏与利用之矛盾。整理开发厦门文献，是解决地方文献藏用矛盾的有效手段。它有利于地方优秀传统文化之传播，有利于发挥地方文献为当地社会和经济发展服务之作用，从而促进地方文献的价值提升。因此，有效地保护、整理与开发利用厦门地方文献，俾绵延千百年之厦门地方文献为更多人所利用，已成当务之急。

保护人类文化遗产是图书馆的重要职能之一，而开发利用文献资源更是图书馆的一个重要任务。近年来，厦门市图书馆致力于馆藏地方文献的搜集、整理与开发，费尽心思，不遗余力。为丰富地方馆藏，他们奔走疾呼，促成《厦门地方文献征集管理办法》正式颁布，为地方文献征集工作提供法规保障；为搜罗地方珍本，他们千里寻踪，于天津图书馆搜得地方名士池显方的《晃岩集》完本，复制而归，俾先贤文献重返故里；为发挥馆藏效用，他们更是联袂馆人，群策群力，编纂《厦门文献丛刊》，使珍藏深闺的地方文献为世人所利用。厦门图书馆人之努力，实乃可贺可勉。

余观《厦门文献丛刊》编纂方案，入选书目多为未曾开发的地方文献，其中不少是劫后残余、弥为珍贵之古籍。如明代厦门文士池显方的《晃岩集》、同安名宦蔡献臣的《清白堂稿》等，皆为唯一存世的个人文集，所载厦门、同安之人文史事尤多，乃研究明代厦门地方史之重要文献；又如清代厦门文字金石名家吕世宜的《爱吾庐笔记》、《爱吾庐题跋》等作品，乃其精研文字，揣摩金石之心得，代表清末厦门艺术研究之时风；再如宋代朱熹过化同安时所著的文集《大同集》、明代曹履泰记述征剿海上武装集团的史料文献《靖海纪略》、清代黄家鼎权倅马巷时所著的文集《马巷集》、清代沈储记述闽南小刀会起义的史料文献《舌击编》等，亦都是厦门地方史研究的重要资料。这些古籍文献，璞玉浑金，含章蕴秀，颇有史料价值。更主要的是这些文献存世极少，有的可能已是存世孤本，急待抢救。《厦门文献丛刊》之编纂，不以尽揽历代厦门文献为能事，而是专注于这些未曾开发之文献，拾遗补缺，以弥补厦门地方文献开发利用之空白，实乃匠心独运之举。

《厦门文献丛刊》虽非鸿编巨制，然其整理、编纂点校工作繁重，决非一蹴可就。愿编校人员持续努力，再接再厉，使诸多珍贵的厦门文献卷帙长存，瑰宝永驻，流传久远，沾溉将来。

是为序。

罗才福

己丑年岁首

海东归子长啸歌

——林鹤年的《福雅堂诗钞》

中日甲午战争，清廷战败，签订了《马关条约》，割让台湾。条约规定，以两年为限，未迁徙离台的民众，“视为日本臣民”。一些宦绅耻为异族之民，愬然作蹈海之举，先后离台内渡，归籍或寄籍于福建各地。当年，林鹤年亦海东归厦，寓居于鼓浪屿。家国离愁的痛心记忆和现实，令他处于一种无奈的悲愤之中，长啸悲歌成为他寄托忿怨心情的宣泄方式。林鹤年的《福雅堂诗钞》，就有许多的作品反映了当时海东归子的心路历程，留下了一首首悲愤交织的诗篇。

林鹤年，字氅云，又字谦章，号铁林，福建安溪县人。其父林远芳于安溪娶王氏，经商于粤，又娶梁氏。清道光二十七年(1847)，林鹤年出生在广东番禺之太平沙，为梁太夫人所生。自幼聪慧，长而博涉群书，为文有英气，精擅诗歌，喜谈兵事，学兼文武。清光绪八年（1882），他参加福建乡试。考官读到林鹤年的时务策论答卷，称赞他“博洽淹贯，通达时务，可见诸施行”，将他的策论刊入《墨选》。次年，他应礼部考试，取誊录第一，充任国史馆誊录官。而后多次参加会试，均未取中。清光绪十八年(1892)，林鹤年渡台，奉命承办台湾茶税和船捐等局务。而后，又应台湾巡抚邵友濂、友人林维源等人之聘，商办垦抚，兴办水利，开发金矿，对台湾经济建设做出贡献。台湾防务告急，林鹤年毁家纾难，同御海氛。清廷命其襄理前敌军务，保以道员用，加按察使官衔。清光绪二十一年（1895），清廷与日本签订丧权辱国的

《马关条约》，割让台湾。林鹤年与林维源等人遵旨内渡，携眷卜居厦门，于鼓浪屿鹿耳礁择地建“怡园”。“怡”者，含有一个“台”字，就是心怀台湾之意。林鹤年始终难忘自己的第二故乡台湾，常在家中作诗吟咏，抒发怀念台湾之情。清光绪二十四年(1898)，因其四子林辂存膺经济特种官员之荐，再次入都，任职工部虞衡司，官至虞衡司郎中。未几，愤于朝政纷更，辞官回厦，定居鼓浪屿。清光绪二十七年（1901）病卒，年仅五十五岁。

林鹤年为晚清闽中八大诗人之一，时人比之为杜牧、陈亮。其诗作“不仅以雄深沉郁胜，兼能为清丽之辞”（许贞幹《福雅堂诗钞序》)。他少年时就有“扶余倘祚虬髯汉，款段羞从马少游”的佳句，名家叹为璞玉浑金，甚为赞赏。在旅居台湾时，“尝涉鲲身山，登鹿耳门，见夫岛屿之潆洄、波涛之汹涌，故其诗笔汪洋恣肆，不可端倪”（叶芾棠《福雅堂诗钞序》)。闲暇即与台湾士绅结社联吟，唱酬不辍。清光绪十八年（1892）某天，台湾布政使唐景崧邀集台北名士聚会吟诗。林鹤年应邀参加，他还特地用船运载了二十盆开放的山东曹州名种牡丹到会，以增众诗人之雅兴。故唐景崧特别将诗会取名为“牡丹吟社”。此次聚会一时传为美谈，一度促使台湾北部诗风盛行。

林鹤年著述甚丰，有《福雅堂全集》。全集包括文稿、疏稿、诗稿，曾于清光绪二十九年（1903）由许贞幹等人编校，其子林辂存刊刻行世。文稿、疏稿后来均散佚，惟有诗稿一部存世，即现今可见的《福雅堂诗钞》，乃民国五年（1916）林鹤年的后裔重刊。

《福雅堂诗钞》共收林鹤年古近体诗二千零十八首，分为四册十六卷，按其编排顺序分别为《华年集》、《珠讴集》、《山园集》、《岭云集》、《烟浒集》、《水仙集》、《春明集》、《宝林集》、《浇余集》、《万梅集》、《东海集》、《鼓浪集》、《燕筑集》、《湖游集》、《园隐集》、《唱和集》。各集大体按不同时期、不同题材的诗作辑纂，如他居粤时有《珠讴集》，归乡时有《山园集》，渡台时有《东海集》，寓居鼓浪屿有《鼓浪集》、《园隐集》等，贯穿其一生之轨迹。卷首有晋江吴鲁撰的《林氅云先生家传》、冯誉骢等五人的序言，以及许世英等人所题古近体诗三十九首。该诗集今尚存，有北京都门印书局铅印线装本四册，藏于厦门、泉州、南京等图书馆及福建省图书馆、辽宁省图书馆和国家图书馆，福师大图书馆、厦大南洋所、中科院图书馆等馆亦有收藏。

林鹤年一生关心时局，他的诗歌多为感事忧时之作。其气势磅礴，直追杜少陵、陆放翁忧国爱民的风格。《福雅堂诗钞》较为完整地保存了林鹤年的毕生诗著，让后人得以了解其生平阅历、处世为人和文笔风范。其主要心路旅程，映射了一个闽台文人在晚清风起云涌的时代浪潮中的真实心理，具有时代深刻的印记。

甲午中日战争爆发前夕，林鹤年撰写了累千上万言的策论，详陈台湾战守形势，上呈清朝封疆大吏，冀对台湾有所匡救。至乙未割台，他义愤填膺，毁家纾难，襄赞军务，并参加台胞自发组织的义军．积极投入抗日保台战斗。当时，唐景崧、刘永福等领导的反割台斗争在台湾岛上风起云涌，如火如荼。他期盼着抗日义军的胜利喜信。有“五洲琛赆图王会，海上楼船望六师”（《福雅堂诗钞·乙未五月朔越日全台绅民权推唐中丞总统民主国有纪》）句，寄望义师光复河山。遵旨内渡后，他还暗中组织人力、物力，支援台北抗日的刘永福黑旗军及台湾义军。当得悉义军退守台南，坚持抗日，在新竹、大甲溪、嘉义等地给日军以重创时，他欣然寄诗给刘永福副帅，有“兵销甲洗天河夜，只手澜回力障东”（《福雅堂诗钞·刘渊亭守台南》）句，鼓励他们抗日到底。

但是，由于清朝对日妥协，不派军支援，台湾抗日义军坚持四个多月的抗战，最终因弹尽援绝而失败。祖国宝岛沦落日寇之手，这对海东归子无疑是凄入肝脾的悲痛。林鹤年心虽愤慨，却无力回天，悲愤之情，只能付之狂歌悲吟。故在他的诗集中，家国破碎之恨、眷念故园之情之叹，常见诸笔端。有“山河涕泪田横岛，家国离忧杜甫诗”（《福雅堂诗钞·寄挽台北刘履尘通守》）、“海枯石烂看东溟，几度沧桑眼底经”（《福雅堂诗钞·题延平王井栏》）等诗句，“响悲意苦，以歌代哭，几于一字一泪。其忠君爱国之切，视少陵何多让焉”（叶芾棠《福雅堂诗钞序》）。从他的诗集中，可以看到乙未之役后海东归子的心绪情感。

甲午战败，朝廷主和派以牺牲台湾换取和约的签订，引起台湾民众的极度愤慨。在林鹤年的诗中，亦可听到他愤怒的心声。有“万里随槎虚奉使，千秋孤注误和戎”（《福雅堂诗钞·五月十三日台北激于和议，兵民交变，偕家太仆遵旨内渡，仓皇炮燹，巨浪孤舟，濒于危者屡矣，虎口余生诗以志痛》）等诗句，表达了他心中的不满。

尽管他内渡回到“故里”，却无法抹去对台湾的思念。他东望台湾，泣而赋诗，以寄眷恋故地、忧伤离愁的悲愤之情，写下了《丁酉四月初七日厦门口东望台澎泣而有赋》、《徐心田大令岛上述旧》等诗篇。在他的诗集中，“鹿耳”、“鲲身”之词，流露笔锋，几触目可见，足见美丽的台湾在他心中，梦寐驰思，未尝或忘。与所有的海东归子一样，他也借着咏颂郑成功，以浇胸中块垒。有《台北避乱，初寄孥于厦门，再迁鳌江，为郑延平王故里地患时疫，余内渡次江口，谒延平王庙，携眷仍住厦门》等诗，寄望当年英雄再世，实现复台壮举。

海东归子曾将祖国视为光复台湾的希望所在，因此，内渡之后，林鹤年仍然关心祖国的发展。他曾热心社会活动，亦尝投身政界。然而，清代末年的外患内乱，使得海东归子寄托于祖国身上的复台之梦，愈似遥遥无期。在他的诗集中也有所反映，如“漏卮无计补疮痍”（《福雅堂诗钞·铜牛篇》）、“环中时局只心伤”（《福雅堂诗钞·钟德门大令卸同安任诗以送之》）等诗句，正是他无可奈何的感叹。晚年的林鹤年只好卜居鼓浪屿，以“闲向诗情悟道修”（《福雅堂诗钞·厦门鼓浪屿卜居》）自解，过起避世桃源的园隐生活，在“怡园”日夕会友吟诗，纵酒长歌。同时，也为后人留下了许多具有较高地方史料价值的诗歌。

编者

2016年3月

目　　录

福雅堂诗钞卷首

吴辉煌　校注

林鳌云先生家传

[清] 吴　鲁[1]

公讳鹤年，字谦章，号鳌云，姓林氏，闽之安溪人。安溪之林，自唐金紫光禄大夫珊始，别为金紫派，代有传人。宋有名仲麟者，以忠谏闻世，所称六君子之一也。累传至奇泰，由漳州之长泰林墩，迁安溪崇信里胪传乡。曾祖子里，明经，官国子监，典籍有《松陇轩舆地星学》等书，刻于浙江之永嘉。祖腾振，业儒，旋就贾于粤，置家焉。以筹办海防出力，议叙[2]同知。父远芳，幼通十三经，不屑为帖括业，弗应科举。时粤海开禁，因而治商。当道于筹防案内，保以道员选用，继以子膺一品封。于安溪娶王氏，在粤娶梁氏，子十一人。公序四，梁太夫人出也。

公生于粤番禺之太平沙。少而岐嶷[3]，博涉中外群书，为文有英气。回闽就试，因从伯氏征士翰章学，文益进，尤工于诗。曹学使秉濬[4]拔之补博士弟子员，试辄优等，充增广生。冯学使誉骥[5]岁试，以公优行咨部。避姻戚之嫌，辞，不就试。频应乡试，诡得复失。光绪壬午，罗大令大佑分校得卷嗟赏，因有过激语，恐干时忌，未荐也。时宝侍郎廷[6]为正考官，患三场少佳策，罗以公卷进，遂举是科乡贡，策对刊入《墨选》[7]。癸未，应礼部试，挑取誊录第一，充国史馆誊录官。会《臣工列传》告成，叙以知县即选[8]。后以公车屡上，终荐而弗售，人咸为公惜，而公自若也。旋入都，就郎中之选，分工部虞衡司。盖公所抱者大，将因之小就其端。其浮沉郎署，非素志也。

公善事父母，能先意承志。母患痰喘，恶寒，公常以背附母，经夕不寐。及患手疾，复以舌吮血，躬侍汤饵，不解衣带者阅月。人哀其诚，而母病亦以愈。及执父丧，哀毁骨立，晕绝而苏者数。有欲慰之者，卒不能出诸口，盖至性之悱恻动人也。既葬，庐于墓，读礼。事诸母如所生，及诸母没，公力疾治丧，躬亲扶椋，见者为之泪，今乡人尚能道之。公生而失乳，就养于伯母陈氏。及长，事之终身弗衰。待兄弟尤笃友爱，家口累百，度支均。其平伯兄瑞年卒，公日偕诸兄弟分操父劳，夜始毕力诗书。故虽有折阅[9]而家终以兴，实公与弟松年力也。松年由邑庠生得海防筹饷，保以花翎二品衔道员，签分浙江。未及赴，省亲于粤，得疾而终。讣闻，公悲恸特甚。无何而犹子[10]祖志、三子福存，其能与公分劳役者，皆相继没，公于是精力亦骤衰矣。

其平居训子弟，慈爱而严，尝曰："吾族本山居世农，业至先王父，以商起家，于书尤为夙嗜。今若辈贤者，读书取科第，大门闾，或继先人业于商，毋坠基绪。否则守遗田，在家奉先祀。若效纨袴恶习，游荡失业，非吾家子弟也。"公治家有法，而性情肫挚。家人有失，恳款规戒，从无加以棰楚。婢仆衣食必加厚，曰："是亦人子也。"接人蔼蔼有大度，人以缓急告者，无弗应。定交倾肝胆，规过奖善必面尽。故所与结纳，皆海内知名士，啧啧有孔北海[11]风。而处己能耐俭，以带抵裘，阅数冬弗易。念家中生齿日繁，安溪地硗瘠，田不足于耕，爰于龙岩之宁洋、台湾之苗栗，置田若干顷。

公虽生于粤，而待安溪之人甚厚。先是乡苦于荒，公仿常平例，立义仓于胪传，以备凶岁。次延师以课族人，复为联珠社义塾。每冬寒，恒制绵衣数千袭，分披乡人之贫者。于大宗支祠，咸竭力修理。邑中考舍岁久就圮，公捐资振倡，躬亲督视，士林有颂声焉。他若修理寺观、施医给榇[12]、育婴恤贫诸义举，皆汲汲如不及行。闽粤间，有械斗者，恒以公一言而止，远近称善，则曰："此祖父遗志耳。"公之内行克敦，谦揖可尚者盖如此。

当英人之犯粤也，公仅数龄，出入炮火，卫母以避，且能挽教士以辩屈英酋，粤人至今能述其事。甲申，沿海告警，彭刚直[13]派驻香港，为粤省筹饷；左文襄[14]调办金厦海防。当是时，大吏方稔公才，争招为指臂助，而公淡于进取。事平，仅保以府同知遇缺选用，比就郎选，以今上大婚亲政，两次随班祝贺，叠加一级。壬辰渡台，承办茶厘、船捐等局务。公思时事孔亟，课入有赢，辄分以报效，视前有加。台地边界，生番出没靡常，时为民患。公应邵中丞友濂[15]、林冏卿维源[16]聘，商办抚垦，拓地数百里，悉皆向化[17]。又购西洋机器，以兴水利，创办金矿、樟脑。用人日以千计，有私枭被侦知者，辄厚遣以去，有泣下无敢再犯，畏公知也。暇则与台湾士绅立吟社酬和，虽匡攘之中，恒不忘吟咏。公以山东赈案，奖给花翎加四品衔；于筹办全台铁路，奖以知府用。台警告急，复襄前敌军务，保以道员用，加按察使衔。

先是台事未肇，公曾上书大吏累千万言，备陈形势战守。虽不获用，然至事急，犹与南北诸将帅，往还电商，冀有以补救。迨割地使至，公于是知台事不可为，遂尽室内渡。回首枪林炮雨，一霎沧桑，公酒后纵谈，未尝不涔涔泪下也。既还厦，乃辟地鼓浪屿，莳花草，取怡怡之义名其园，将迎母以养，不复作出山计。旋赴粤，以母老不耐风涛，留侍两年。母命归，教诸子，爰备举古今经史有用之学，旁及泰西格致，晨夕晤对，以父兼师。四子辂存[18]，尤聪慧，能体公教以成其学。戊戌，以辂存膺经济特科[19]之荐，公携入都，自就工部职。派修则例、陪祀列坛，奉旨签注《校邠庐抗议》[20]。又疏陈商务六条，钱尚书应溥[21]因以举办全闽商务团练荐。然以事多沮棘，难售素志，且维新守旧，朝政纷更，顾谓辂存曰："时局至此，上下犹以意气争乎！"浩然告归。未几，而政变作矣，众皆服其识之先也。

公居厦门，凡轮船、矿务、报馆、平粜等事均待公言而成。中日两国，于厦门合创东亚书院，公子辂存任监督，公示以宜尊崇圣教，以中学为体，西学为用。月课以策论、经义、诗、算，而评定之，所得多南省之英迹。公自甲申以来，由台而粤，历申浦，溯析津，上金台，诣急南，旋复遍揽虎丘、西湖之胜，于家人生计未尝介介，可谓旷达矣。今上三十万寿，复覃恩[22]加一级。公虽在籍，其于天下事恒弗去诸怀。得西狩[23]信，北面痛哭。于厦门戒严时，偕绅商募练民兵，择险守防，夜分巡视不辍，其中设法保全，用意良苦。妒之者，虽腾蜚语，而事定卒白。鼓浪屿拟作公地，公又力争主权，遂有设华董之议。则公之盘错万端，始终不辞劳瘁，其精力阴耗于国，以至于不起者，又如此悲夫！公之训子也，尝谓："世治当如文勤[24]、文恭[25]二蔡，否则当如黄忠端[26]、李壮烈[27]。"而公乃不能自竟具志耶！

公卒于光绪二十七年十月十六日。先一日，尚泛舟携幼子赴厦塾，及向亲友处谈情话。晚赴夕阳寮酒家独酌，入夜始归怡园，登燕云簃为族人书箑[28]，下楼与园叟商量菊事，望月行吟。入内寝尚作言笑，乃一拊枕而长逝耶。道释二氏说，儒者弗信，公岂登仙而羽他耶？抑归真而生天耶？公著作甚夥，已刊者为《福雅堂东海集》、《选订东亚书院课艺》初、二集。其《福雅堂全集》文稿、疏稿、诗稿若干卷未刊。距生道光二十七年丁未九月十五日，春秋五十有五。

母梁太夫人，尚健在也。配，何氏。公父在日，为公别置室施氏于安溪，分祧两处。何氏没于厦门，续娶郑氏、妾岑氏。子十四人：铭存，国学生，少习计，然无贵介习气，历办轮船、樟茶各业，与西商往还，恒以片言取信。公晚年得以养闲怡园，盖铭存之力居多也。以海防议叙得五品秩。琼存，国学生。福存，国学生，性至孝，先卒，别有传，星洲诸公立也。辂存，字景商，邑庠生，前举经济特科，以郎中用。嗣改道员签分江苏，奏调广东，奖给花翎。贺存，以吏员候选府经历，议叙五品衔。尤精于英国语言、文字，盖亦留心时务者。嘉存，业儒，居于乡。铿存、宪存，殇。载存，幼读。祜存、惠存、厚存、鉴存、偶存，俱殇。男孙六：兰曾、国馨、三酥、国通、淡生、国华。女十三人，女孙五人。

赞曰：公少有大志，遇事不畏难，耻为苟且计。尝有博士为人物像进者，偶有破坏，亟毁使重塑。人劝以略加雕绘，缺者补之具旧，则仍之而已。公曰："物犹人也，朽烂迂腐，同一不可用矣。仅事补苴，从而惜其劳，未有不举后日之功而尽弃之者。"公之志趣如是，亦可以想见其为人矣。公卒年甫五十五，使早得尺寸柄，其所至讵可量耶？公早岁所履皆顺，豪情逸概，其发为诗者，绝少角徵音。中年以后，身世之感，多伤于哀乐，而年以不永，亦遭际使然矣。乌乎！以公之才，值国家用人之日，方谓封圻节钺，旦暮可戾契[29]致，而竟遗志殁，伤已！

晋江吴鲁撰

[1] 吴鲁（1845—1912），字肃堂，号且园、老迟、白华庵主，福建晋江人。清光绪十六年（1890）状元，历任陕西典试（主考）、安徽及云南督学、云南主考、吉林提学使等职，官至正二品官衔，诰授资政大夫。宣统三年（1911），曾寓厦门鼓浪屿。著有《兵学经学史学讲义》、《百哀诗》等。

[2] 议叙，清制于考核官吏之后，对成绩优良者给予奖励。又由保举而任用之官，亦称议叙。

[3] 岐嶷，峻茂的样子。多用来形容幼年聪慧。

[4] 曹学使秉濬，即曹秉濬（1838—1893），字子明，号朗川，广东番禺（今广州市）人。清同治元年（1862）进士，授翰林院编修。曾任山西主考官，提督福建学政等职，官至南昌府知府署盐茶道。著有《味苏斋集》等。

[5] 冯学使誉骥，即冯誉骥（1822—1884），字仲良，号展云，斋名为"绿

伽楠馆”，广东高要（今肇庆市端州区）人。清道光二十四年（1844）进士，授翰林院编修。历官内阁学士、福建学政，官至刑部左侍郎，授陕西巡抚。著有《绿伽南馆诗存》等。

[6] 宝侍郎廷，即爱新觉罗·宝廷（1840—1891），初名宝贤，字少溪，号竹坡。后改为字仲献，号难斋。晚年自号偶斋、奇奇子，满洲正蓝旗人。清同治七年（1868）进士，授翰林院庶吉士、翰林院编修。曾任浙江乡试副考官、福建乡试正考官等职，官至礼部右侍郎、正黄旗蒙古副都统。以敢谏名于时，与张佩纶、黄体芳、张之洞并称“翰林四谏”。善诗工词，是晚清诗坛上的领军人物。著有《长白先生奏议》、《偶斋诗草》等。

[7]《墨选》，清代流行的八股文选本，主要供应试者学习、摹仿。选文的来源有程墨、房稿、行卷和社稿等。

[8] 知县即选，也作“即选知县”。翰林改外用知县，遇缺即选，即指只要有职位缺出，得由他们先当选。

[9] 折阅，指亏损卖物（商品减价销售）。

[10] 犹子，指侄子或侄女。原义谓如同儿子。

[11] 孔北海，即孔融。是汉末文学家，建安七子之一。

[12] 椚，小棺材，泛指棺材。

[13] 彭刚直，即彭玉麟（1816—1890），字雪琴，号退省庵主人、吟香外史，人称“雪帅”，湖南衡阳人。官至兵部尚书，是清末水师统帅，湘军将领。死后谥号“刚直”。

[14] 左文襄，左宗棠（1812—1885），字季高、朴存，号湘上农人，湖南湘阴人。清光绪中法战争时曾督办福建军务，官至军机大臣，是清末湘军首领，洋务派首要人物。死后谥号“文襄”。

[15] 邵中丞友濂，即邵友濂（1840—1901），字筱春、小村、攸枝，浙江余姚人。清同治举人，曾任台湾布政使、台湾巡抚、湖南巡抚等职。主纂光绪《余姚县志》。

[16] 林冏卿维源，即林维源（1840—1905），字时甫，号冏卿，祖籍福建省漳州龙溪县（今龙海市），台北板桥人，“板桥林家”第四代，时为台北漳人领袖和首富。中法战争时，为台湾巡抚刘铭传提供大笔军费，协助官府开发台湾山区。官至太仆寺正卿，赐二品侍郎衔。清光绪年间，日

本占据台湾后，举家迁居厦门鼓浪屿。

[17] 向化，归服的意思。

[18] 林辂存（1879—1919），字景商，号鹭生，福建省安溪县崇信里胪传乡（今芦田乡芦田村）人。林鹤年之四子。清光绪二十四年（1898），参加经济特科考试并被录用，派充总理各国事务衙门章京上“行走”（官名，非专任的官职）。辛亥革命后，为福建咨议局议员和咨政院议员，任福建暨南局局长。民国二年（1913），为民国政府第一届国会议员，任福建暨南局总理。

[19] 经济特科，是清末戊戌变法失败后特设的一种科举考试科目。由内外大臣荐举通晓时务者，以策论试时事。

[20]《校邠庐抗议》，冯桂芬撰。共收政论47篇，针对清咸丰朝以后的社会大变动，及当时科技水平落后的状况，提出一系列改革方案。戊戌变法时，光绪帝奉为改良思想先声，令人签注，印发群臣阅读。冯桂芬（1809—1874）字林一，号景亭，江苏吴县人。道光二十年（1840）进士，授翰林院编修，擢詹事府右中允。

[21] 钱尚书应溥，即钱应溥（1824—1902），字子密，号葆慎、闲静老人，浙江嘉兴人。清道光二十九年（1849）拔贡生，咸丰年间，为曾国藩的幕僚，奏章多出其手。曾任七品吏部京官，官至工部尚书。死后谥号“恭勤”。著有《葆真老人日记》等。

[22] 覃恩，广施恩泽。常用来称呼帝王对臣民的封赏、赦免等。

[23] 西狩，原指古代皇帝出去打猎，这里是皇帝逃跑的遁词，即指1900年，八国联军侵入北京，慈禧太后和光绪皇帝出逃西安。

[24] 文勤，即蔡世远（1682—1733），字闻之，号梁村、鳌峰，人称“梁山先生”，福建漳浦人。清康熙四十八年（1709）进士，曾任福建鳌峰书院院长，官至礼部侍郎，死后谥号“文勤”。著有《二希堂文集》、《鳌峰学约》等。

[25] 文恭，即蔡新（1707—1799），字次明，号葛山、缉斋，福建漳浦人。是蔡世远的堂侄。清乾隆元年（1736）进士，曾任吏、礼、兵、刑、工等部尚书，官至文华殿大学士，加授太子太师。死后谥号“文恭”。著有《缉斋诗文集》等。

[26] 黄忠端，即黄道周（1585—1646），字幼平，号石斋，福建漳浦人。明

天启二年（1622）进士，曾任翰林院修撰、詹事府少詹事、吏部兼兵部尚书、武英殿大学士等职。明末抗清时殉国，明隆武帝赐谥“忠烈”，至清乾隆帝改其谥号为“忠端”。著有《石斋集》等。

[27] 李壮烈，即李长庚（1750—1808），字超人，号西岩，福建同安县民安里后滨村（今厦门市翔安区马巷镇）人。清乾隆三十六年（1771）武进士，授蓝翎侍卫，曾任福建海坛镇总兵、闽浙水师提督等职，官至浙江提督。嘉庆十二年（1808）征剿海霸蔡牵时，中炮身亡。死后追封为壮烈伯，谥号“忠毅”。著有《水战纪略》等。

[28] 箑，扇子。

[29] 戾契，曲折辗转。

冯　序

[清] 冯誉骢[1]

铁林四弟廉访，少喜谈兵，暇辄为诗。余目为今之杜樊川[2]、陈同甫[3]。弟向余诵少作：“扶余倘祚虬髯汉，款段[4]羞从马少游”，余甚壮之。弟生长岭海，叠遭夷乱。甲子还闽，猝遇漳变，集乡兵为其家少保[5]赴援。中年渡台，复同时甫京卿、荫堂方伯[6]，暨其弟静云都转，同御海氛，毁家纾难。故其生平所为诗，随兴标举，慷慨忧时，而气识深沉，仍出以和平冲澹，不露剑拔弩张。其蕴蓄者，宏也。至其天性纯挚，独粹悃忱。中年随侍方伯公，兰馨陔膳，莱彩娱欢，落落寡营、愔愔在抱。其时疆吏，群思论荐，弟一笑谢之。独于座师长白宝公[7]结契弥深，唱和成集，都人称盛。

弟素具大志，暇时读《瀛寰汇纪》，重译究宣，喟然叹曰：“中邦四百余兆人民之众，十七万里幅员之广，待人而兴。欧西深忮震旦之雄，欲联五洲诸大邦先为发制，实自肇祸阶。俄人植党弄权，英人尾大不掉，自谋不暇，遑恤其他？”所言能窥其大。惟愤时嫉俗曰："今之士夫泄沓相仍，吾辈可为痛哭流涕。"而以世运有以中之。

迩来抱膝长吟，不谈时局，舍格天之事业，为平地之神仙。处乡党、朋友，则又挥手黄金，豪情少日。《周礼》孝友，睦姻任恤，铁林有焉，而诗特其偶寄矣。余由驾部改官闽中，权守延平，恒主其家，居擅园林之胜，堂分槃敦之光，门巷两家，相依王谢，江河万古，忝附杨卢。是为序。

高要冯誉骢蓬樵

[1] 冯誉骢，字蓬樵，广东高要人。附生出身。清光绪三年（1877）八月，任延平府通判，十一年（1885）四月由附贡任台湾府凤山县知县，官至詹事府主簿。

[2] 杜樊川，即杜牧（803—852），字牧之，号樊川居士，陕西西安人。是唐代诗人。平生致力于经世致用之学，尤喜议政谈兵，著有《樊川集》等。

[3] 陈同甫，即陈亮（1143—1194），原名汝能，字同甫，人称"龙川先生"，浙江永康人。南宋思想家、文学家。其文章气势纵横，词作豪放，著有《龙川文集》等。

[4] 款段，指马行迟缓貌，这里借喻普通的生活。

[5] 家少保，即林文察（1828—1864），字密卿，祖籍福建省漳州平和县，台湾台中县雾峰人，台湾望族"雾峰林家"第五代。曾协助清军平定小刀会、戴潮春事件，在福建、浙江与江西等地领兵对抗太平军，终战死于漳州万松关。死后赠太子少保衔，谥号"刚愍"。

[6] 时甫京卿，即林维源，字时甫。荫堂方伯，即林朝栋（1851—1904），又名松，字荫堂，号又密，人称"目仔少爷"，台湾台中县雾峰人，林文察之子。捐官获兵部郎中，曾参与中法战争的台湾战事，协助刘铭传办理台湾新政、平定施九缎事件，支持筹组台湾民主国。乙未之役后，举家迁至厦门，辞官经营樟脑事业。

[7] 座师长白宝公，即爱新觉罗·宝廷，人称"长白先生"。光绪八年（1882），任福建乡试正考官，故称作林鹤年的"座师"。

翁　序

[清] 翁昭泰[1]

铁林水部，余四十年旧雨[2]，无学不偕，有游必共同。生长于粤，天性孝友，澹于仕。家有园亭，处境丰腴，而刻苦一如寒士。居恒以著述自娱，究心时务。尝总举古今中外文学、政治，衷其要而补其偏；引欧亚数万里，置诸座中。其发为论议，不诡于时，而亦不背于古，闻者韪之。以其绪余，辄流露于诗，仍出以和平中正之音，其蕴蓄为何如也。文稿多不自存，诗亦删节止此。嘱予弁言曰："留以示家塾。"则其自晦者，即其所以自信矣。铁林其进于道欤！

武夷翁昭泰撰序，时光绪辛丑春三月

[1] 翁昭泰，字诚纲，号安宇，福建崇安（今武夷山市崇安街道）人。清光绪二年（1876）举人，曾任福建浦城县南浦书院主讲。善山水画，能诗，与沈葆桢、杨仲愈时相唱和。著有《福建画人传》等。

[2] 旧雨，借指老友。典出《全唐文·杜甫二·秋述》。

叶　序

[清] 叶芾棠[1]

从来言诗教者，必推原于温柔敦厚。故虽一吟一咏，其性情薄者，其体格必卑，然后，知言为心声，不可以伪为也。予癸未试礼闱，晤鳖云先生于京寓，色温言蔼，善气迎人，为钦迟[2]者久之，然未知先生之能诗也。

丙申，于役珠江道，出鹭门，访先生于鼓浪屿之怡园，相见甚欢，遂约同舟偕行。旋主先生家，始得见先生所为诗，气韵沉雄，直入浣花[3]之室。盖先生素好泛舟[4]，至赤嵌城，侨居数载。间尝涉鲲身山，登鹿耳门，见夫岛屿之潆洄、波涛之汹涌，故其诗笔汪洋恣肆，不可端倪。既而，陵谷变迁，间关寇乱，感事忧时之作，则又响悲意苦，以歌代哭，几于一字一泪。其忠君爱国之切，视少陵[5]何多让焉？

先生孝于亲，友于兄弟，而尤笃爱朋友。壬午乡试，为宝竹坡[6]侍郎所识拔，尤盛称其五策，谓通达时务，直可见诸施行。侍郎好吟，每入都唱和，无间晨夕。及侍郎罢官，贫甚，先生岁以巨资赡其家。故交寒士，时周其乏，累千金无所吝。

读先生诗者，第骇为天才卓绝，而不知其原本于性情者为独至也。当道经庚子之变，改弦更张，新政次第举行，以先生夙负殊猷，苟得位乘时，必有所建白于天下，而先生旋归道山矣。天殆富其才而靳其用欤，抑啬其遇而昌其诗欤？！所著《福雅堂诗钞》十六集，哲嗣景商观察，属予为序。予维先生才力雄杰，固足陵轹[7]今古，而性情之肫挚[8]流露于歌咏间者，尤深得诗人温柔敦厚之旨，良足称三百篇坠绪，夫岂独词调格律之工哉！

宣统元年三月，侯官叶芾棠拜撰

[1] 叶芾棠，福建侯官（今福州市闽侯县）人。清光绪二十一年（1895）进士，改翰林院庶吉士。曾任翰林院编修、国史馆协修官，江西道、陕西道、河南道监察御史等职。

[2] 钦迟，敬仰。旧时书函用语。

[3] 浣花，用典，寓《浣花溪记》一文中的意境，借指杜甫。《浣花溪记》是明代文人钟惺游览成都浣花溪杜工部祠后写的一篇游记。文章描绘浣花溪的自然风景及周边名胜古迹，对杜甫在穷愁中犹能择胜境而居的洒脱襟怀深表赞赏。

[4] 泛舟，这里借指旅游。

[5] 少陵，即杜甫。

[6] 宝竹坡，即宝廷。

[7] 陵轹，同“凌轹”，凌驾，超越。

[8] 肫挚，真挚诚恳。

许　　序

[清] 许贞幹[1]

余交鲞云二十年，以宦游，故不得常聚，聚不得相与尽其怀抱之所蓄，而鲞云自戊戌访余杭州，游西湖后，未几即殁。殁之日，闻尚有诗寄余。令子景商亦能诗，今岁以议员应选来都门，投诗来谒，并出《福雅堂全集》，属为校定，乞余一言。因具言鲞云临殁念余状，而后叹人生遇合，常若有数限之者，往往得一二知己焉，乃不能遂其相需之殷、相知之笃。而嵚奇磊落之才，又常若不自得于天，坐耗其精神于山水、文字间，卒无以见于世，如鲞云者，乃仅托于诗以传，为可悲也。

鲞云少有大志，才兼资文武，又遭逢国家多难，每酒酣耳热，与言天下事，辄慷慨悲歌，若不自聊者。其豪纵不可一世之概，殆陈同甫、辛稼轩[2]一流人。顾其所为诗，乃不仅以雄深沉郁胜，兼能为清丽之辞。盖其得力于义山[3]者为多。倘昔贤评书，所谓刚健之中含婀娜气者，非欤？晚近以来，海内论诗者，盛推吾闽，而吾闽诗人自嘉道后，唐音寖[4]绝，争模仿宋人语以相尚。有所谓同光体[5]者，吾友弢庵[6]、叔伊[7]其尤著也。鲞云独不为风气所囿，以自成为唐人之诗，亦可谓能自淬厉[8]之士矣。虽然，以鲞云之才之学，使多假以年，其所造当不止于诗。仅以诗人目之，鲞云有知，必其不乐受也。

余老矣，于国学无能为役。追思旧日文酒之欢，邈若山河，而世变相乘，斯文将绝。手鲞云遗集，不自知其感慨之深，抑又不禁欲以曩所望于鲞云者，而期之于景商矣。

癸丑九月，如弟许贞幹书

[1] 许贞幹（？—1914），字豫生，福建侯官人。清光绪十八年（1892）进士，曾掌书记、领教职、从事船政局等。刘铭传巡抚台湾，随林维源帮办抚垦，官至道员，署理浙江按察使。后入北洋军幕；武昌起义时期，为袁世凯幕僚。辑著有《八家四六注》等。

[2] 陈同甫，即陈亮，里居、阅历见《冯序》注。辛稼轩，即辛弃疾（1140—1207），字幼安，号稼轩，山东历城（今济南市历城区）人。南宋豪放派词人，抗金将领。死后赠少师，谥号“忠敏”。

[3] 义山，即李商隐（约813—约858），字义山，号玉溪生、樊南生，河南荥阳人。晚唐婉约派诗人。

[4] 寖，古同“浸”，逐渐。

[5] 同光，指清代“同治”、“光绪”两个年号。同光体，指清同治、光绪年间的诗歌流派。其主要特点是模仿宋人的诗风，代表作家有陈三立、陈衍等。

[6] 弢庵，即陈宝琛（1848—1935），字伯潜、伯泉，号弢庵、陶庵、听水、沧趣楼主，福建闽县（今福州市）人。清同治七年（1868）进士，授编修。曾任江西学政、福建铁路总办、清帝溥仪之师、弼德院顾问大臣等职。创办全闽师范学堂。著有《沧趣楼诗集》等。

[7] 叔伊，即陈衍（1856—1937），字叔伊，号石遗，福建侯官人。清光绪八年（1882）举人，曾为台湾巡抚刘铭传、湖广总督张之洞的幕僚。平生宣扬“同光体”诗歌之成就，其影响广泛，是近代诗坛闽派的代表人物。著有《石遗室丛书》等。

[8] 淬厉，同“淬砺”。淬火和磨砺以使刀剑坚利，比喻刻苦磨炼。

陈　　序

［清］陈宗蕃[1]

呜呼！人生遇合，岂易言哉！或一见如故，或白首如新，斯固然矣。若乃生同时、居相近，而景仰企慕，终不获一见其人，相需殷而相遇疏，则又何哉？是有天焉，而非人之所能为也。

辛丑岁，吾师鼇云夫子主讲于厦门东亚书院[2]。蕃三应月试，皆列第一。时蕃读书于福州乌石山之麓，福州距厦门数百里，虽感知遇，而晋谒无由。次年春，吾师徐乃秋[3]观察，归自厦门，具言吾师殷殷期许之意，乃知契合之深，不仅偶然文字之知也。是年冬，以事莅厦，而吾师已归道山，景商世兄又他适，不获登吾师之堂，展拜其遗容。越十年，见景商于京师。又三年，以遗稿属预校正之役，乃得于卷首见吾师之遗容。此盖十余年来感激仰慕而莫之见者，仅于是一觏焉。然则人生遇合，岂易言哉！盖尝论之人生知己之感，恒在神而不在迹，故有并世而不遇，或旷代而相知。

蕃平生所最服膺之师友，吾师而外，首推梁任公[4]先生。自丙申以后，以迄于今，凡先生之文章，无不讽诵至熟。庚辛之间，海内方禁言先生之学术，蕃仍罔顾忌讳，妄为赞同。即试于东亚书院时，所称为康、梁[5]诸君子者也，而同客日本，同旅京师，同隶于进步党，终未获一修晋谒之礼。是与感吾师之知遇未获一见者，其遇合殆复相似。然吾师已逝，而任公先生且来京师。近又与先生之介弟仲策，同服务于银行，当求介绍而一谒，不致如吾师之终不获见焉，是若人之所能为而亦天焉。吾因读吾师之诗，而感夫人生之遇合盖如此。遂书之以为序。

受业陈宗蕃谨撰

[1] 陈宗蕃（1879—1954），字莼衷，福建闽侯人。清光绪三十年（1904）进士，授刑部额外主事，后官费留学日本。新中国成立后，在中央文史馆工作。著有《淑园文存》、《新北京赋》等。

[2] 厦门东亚书院，创办于1900年，为教授日语、英语及普通课程的新式学校。由日本人与厦门当地绅商合作创办，其幕后则为台湾总督府所操纵。

[3] 徐乃秋，即徐兆丰（1836—1908），字乃秋，号癯道人，江苏江都（今扬州市）人。清同治十二年（1873）进士，曾任山西道监察御史、福建邵武知府、兴泉永道、延建邵道等职。工诗善书，尤擅画梅。著有《香雪巢诗集》等。

[4] 梁任公，即梁启超（1873—1929），字卓如，一字任甫，号任公，又号饮冰室主人、饮冰子、哀时客、中国之新民、自由斋主人，广东新会人。清光绪十五年（1889）举人，是中国近代思想家、教育家、史学家和文学家。一生著述宏富，其著作合编为《饮冰室合集》。

[5] 康梁，即康有为、梁启超。康有为（1858—1927），原名祖诒，字广厦，号长素、明夷、更生、西樵山人、游存叟、天游化人，人称“康南海”，广东南海人。清光绪二十一年（1895）进士，官至工部主事。著有《新学伪经考》、《孔子改制考》等。

题 词

题《福雅堂诗钞》

秋浦 许世英[1] 静仁

风神倜傥志权奇，文采翩翩系我思。
草檄军中枚叔[2]壮，侧身山谷杜陵悲。
温柔敦厚诗人旨，珠玉琳琅幼妇辞[3]。
一度沉吟一惆怅，子将空有发如丝。

[1] 许世英（1873—1964），字静仁、俊人，号双溪老人，安徽秋浦（今东至县）人。清光绪二十三年（1897）拔贡，曾任清山西布政使，民国福建巡按使、安徽省长，北洋政府内阁总理，国民政府驻日大使等职。1915年，游览鼓浪屿日光岩，留有其题写的“天风海涛”四个刻字。1950年，在香港被蒋介石挟持至台湾。著有《治闽公牍》等。

[2] 枚叔，即枚乘（？—前140），字叔，江苏淮阴（今淮安市）人。因在七国叛乱前后，两次上谏吴王而显名。是西汉辞赋家，作有《七发》、《柳赋》等辞赋。

[3] 幼妇辞，也作“幼妇词”，代指极好的诗文。典出《世说新语·捷悟》。

题《福雅堂诗钞》

庐江　王善荃[1]　仲荟

百年诗派闽中盛，海内骚坛孰可当？
法乳[2]曾传宗两宋，遗音复见继三唐。
西昆酬唱[3]无虚夕，南国讴谣更坛场。
同甫稼轩今不作，人间流落一毫芒。

贞元法曲传闻鲜，天宝词人寂寞多。
花月清时余丽什[4]，沧桑变后剩悲歌。
每怀耆宿成陈迹，自古诗家有劫魔。
差喜斜川[5]才调好，风流应许续东坡。

[1] 王善荃（1869—1923），字仲荟，安徽庐江人。曾任福建闽海道尹、署理福建省政务厅长。1921年9月，许世英当安徽省省长时，在安庆组建安徽省道局，任命他为警务处处长兼局长。

[2] 法乳，佛教语。比喻佛法像用乳汁哺育众生。这里借指诗家的正法。

[3] 西昆酬唱，宋真宗景德二年（1005）九月，杨亿、刘筠、钱惟演等秘阁学士奉旨编纂《册府元龟》，编书之余，学士们常诗酒唱和。杨亿将其

作品结集为《西昆酬唱集》，故其诗作风格称“西昆体”，其创作者称“西昆作家”。

[4] 丽什，佳丽的篇章。

[5] 斜川，即苏过（1072—1123），字叔党，号斜川居士，四川眉山（今属眉山市）人。苏轼的儿子，人称“小坡”，是北宋文学家。陶渊明50岁作《游斜川》诗，其诗在赞美斜川自然风光的同时，亦抒发诗人晚年之苦闷及孤高坚贞的情操。苏过慕仿陶渊明，在他50岁那年，特卜居城西，寓名为“小斜川”。著有《斜川集》等。

读《福雅堂诗钞》

中州　王敬芳[1]　抟沙

前尘回首总堪哀，蹈海鲁连[2]归去来。
鹃血啼残人不见，扶桑初日满澎台。

天人贾傅策犹存，涕泪空留纸上痕。
《鹏鸟赋》[3]成归去也，神州剩有未招魂。

结客华年铗剑鸣，元龙豪气太纵横。
居然诗律老来细，万古江河杜少陵。

得句曾从盾鼻磨，风波满眼助悲歌。
即今余韵未衰歇，故国诗人闽海多。

[1] 王敬芳（1876—1933），字抟沙（一说抟沙），河南巩县（今巩义市）人。清光绪二十八年（1902）举人，光绪三十一年（1906）留学日本，为同盟会会员。曾任中原煤矿公司和福中公司的经理，民国政府国会众议院议员、宪法起草委员，创办中国公学（今上海交通大学）、河南留学欧美预备学校（今河南大学）和河南福中矿务学校（今河南理工大学）。

[2] 蹈海鲁连，即鲁连蹈海。战国时齐国人鲁仲连不满秦王称帝的计划，表示“秦如称帝，则蹈东海而死。”后用来形容志士宁死不屈的节操。

[3]《鹏鸟赋》，是汉代文学家贾谊谪居长沙时的赋作，赋中借与鹏鸟问答抒发其忧愤不平之情，以老庄“齐生死、等祸福”之达观自我解脱。

爪哇将归题《福雅堂诗钞》

管碌生

苦恨匆匆走马驰，空留全豹未能窥。
称名自有千秋在，笑我劳劳去不迟。

《福雅堂诗钞》题词

长汀　康咏[1]　步崖

翠微深处屡探奇，尚忆飞笺索和时。
那识廿年遗稿在，许侬醮墨更题诗。（先生游西山，曾以诗索和。予愧无以报之，今读遗集，诗仍存集中，为之怅然。）

京华一别各伤神，无复江亭唱和频。
倘令英灵常不死，应怜夜半读诗人。

风流雅爱竹坡师，牛耳骚坛仗主持。
今日故人零落尽，阿谁重校偶斋诗？

美雨欧风特地催，中原风雅渐衰颓。
迩闻东国征文献，定有鸡林估客[2]来。

[1] 康咏（1862—1916），字步崖，号漫斋，福建长汀人。清光绪十八年

(1892) 进士，官至内阁中书。后辞官返乡，曾任潮州东山书院、汀州龙山书院山长、京师资政院议员等职。民国初年，创办潮州盐业公司，并任总经理。著有《漫斋诗稿》等。

[2] 鸡林估客，即鸡林贾，是古代对新罗（朝鲜）商人的称呼。后用作称文章精美、为人购求的典故。语本《新唐书·白居易传》：“居易于文章精切……鸡林行贾售其国相，率篇易一金。”

题林鬐云同年诗集后

福州　卓孝复[1]　芝南

昔校《偶斋集》，中有君联句。如望海上山，髣髴[2]时一遇。
君性耽吟咏，曾得吾师顾。奇才遭抑塞，往往以诗露。
讽世多寓言，弗察知者怒。伤哉命不偶，自广《服鸟赋》[3]。
殁后世事非，沧桑变旦暮。假而身犹在，感哭将谁诉？
晞发歌西台，皋羽[4]宁独步。遗稿裒然存，有子良可付。
秋风怆予怀，宿草故人墓。

[1] 卓孝复（1855—1930），原名凌云，字芝南，号毅斋、巴园老人，福建闽县（今福州市）人。清光绪二十一年（1895）进士，曾任清朝刑部主事、杭州知府等职。辛亥革命后辞官，客居北京。能诗善画，著有《巴园老人山水扇集》等。

[2] 髣髴，同“仿佛”，隐约，依稀。

[3]《服鸟赋》，即《鵩鸟赋》。

[4] 皋羽，即谢翱（1249—1295），字皋羽、皋父，号宋累、晞发子，福建霞浦人，后移居闽北浦城。曾参加科举考试不第。宋景炎元年（1276），文天祥起兵抗元，他率乡兵投奔效命，任咨议参军。文天祥兵败，他避地于浙东，后寓居杭州西湖。著有《晞发集》等。

恭题《福雅堂诗钞》

福州　林纾[1]　琴南

卅年同事偶斋师，当日长安已可悲。
变灭难寻前度梦，行藏长系一生诗。
清才通赡[2]真无匹，传本雕镌幸有儿。
挑尽残灯终夜读，回头却感鬓边丝。

[1] 林纾（1852—1924），原名群玉，字琴南，号畏庐、蠡叟、冷红生，福建闽县人。清光绪八年（1882）举人，曾任北京大学教师等职。后在北京以译书售稿、卖文卖画为生。一生著译颇丰，是近代著名文学家、翻译家。著有《畏庐文集》、《畏庐诗存》等。

[2] 通赡，指学识通达而丰富，诗文通畅而富丽。

题《福雅堂诗钞》

晋江　龚显灿[1]　幼笙

鼓浪山头笔一枝，潮声日夜答新诗。
问山去后遗音在，今日传灯付与谁？

历遍邮程与水程，锦囊收拾一身轻。
诗人妙得江山助，风雨如闻击钵声[2]。

苍苍佳木倚红栏，四壁烟云隔海看。
记取怡园风景好，擘笺重拜旧诗坛。

交游阅遍京华丽，酬唱都成绝妙词。
读罢感恩知己泪，宝林遗集有余思。

[1] 龚显灿（1861—1930），字幼笙、仲谦，福建晋江人。清光绪年间邑庠生，民国五年（1916），担任福建暨南局首任局长。

[2] 击钵声，即寓“击钵催诗”的成语故事，指限时成诗，比喻诗才敏捷。典出《南史·王僧孺传》。

题林鹭云夫子《福雅堂全集》

长乐　施景琛[1]　涵宇

香火因缘一水通，敢将遗稿例雕虫。
墓门奠酒伤徐稚[2]，绛帐谈经拜马融[3]。
文字等身原是寿，烟花过眼半成空。
晋安风雅[4]今犹在，都付先生杖履中。

玉溪风调少年场，俪句清词字字香。
鹿耳且题新第宅，鲲身还唱旧家乡。
衣冠一昨皆春梦，歌舞何时近夕阳？
最是耐人寻味处，珠江诗料属桄榔。

金台横涕卸征衫，国脉秋丝口已缄。
独客骚情悲放逐，晚年世味杂酸醎[5]。
携将梅鹤谋真隐，赢得莼鲈恣老馋。
诗祸竟教成党祸，湖西烟雨下孤帆。

行囊检点买山钱，一局残棋付洞天。
回首江湖疑画境，洗心风月证诗禅。
沉雄气概追工部，浑灏胸怀匹谪仙。
梨枣[6]百年儿辈责，闽南衣钵有真传。

[1] 施景琛（1873—1955），字涵宇，晚号泉山老人，福建长乐人，后移居榕

城（今福州鼓楼区）。清光绪二十三年（1897）举人。曾任北洋政府国务院秘书、参议等职。1933 年，参与蔡廷锴等人领导的“福建事变”。1949 年迁居台湾。著有《鲲瀛日记》等。

[2] 徐稚（97—169），字孺子，号聘君，豫章南昌（今南昌市）人。是东汉隐士、经学家，人称“南州高士”。他不愿做官而乐于助人，曾有不少人推荐他做官，他都谢绝了。但他对曾推荐过他的人，都心存感激，铭记不忘。后人以此典故形容不忘旧恩。

[3] 马融（79—166），字季长，右扶风茂陵（今陕西省兴平东北）人。是东汉经学家，著有《易传》、《尚书注》等。

[4] 晋安风雅，指明代福建晋安诗人徐熥兄弟的诗风。他们刻意吟咏，自成诗派并选闽中诸先辈诗编为《晋安风雅》集。其为诗宗法唐人，影响了当时闽中诗坛。徐熥（1561—1599），字惟和、调侯，福建闽县人。明万历（1588）举人，福建大藏书家，著有《幔亭集》等。

[5] 醎，古同“咸”。

[6] 梨枣，指雕版印刷的版。古代印书的木刻雕版多用梨木或枣木，故用“梨枣”指代书版。

读《福雅堂诗钞》题后

晋江　苏大山[1]　荪浦

一代能扶大雅轮，琳琅著作薄梁陈。
闽风莫谓今销歇，子羽而还此替人。

过江名士属兰成，跌宕还推阮步兵[2]。
焚罢略韬谈竞病，笑他竖子浪成名。

半山新义辟经畬，妙策天人射仲舒。
枉费丛残稽古力，悔留东海未烧书。

弗堪回首赤嵌城，往事牢骚触不平。
一局残棋天欲暮，满窗风雨作秋声。

百战威名误黑旗，苍生胡罪即东夷。
洪涛劫火须臾事，赢得先生袖里诗。

崎岖万里上燕台，击碎千声筑语哀。
但说时清无阙事，只教同甫拂衣来。
（公戊戌供职工部，曾上书言事，不遇而归。）

游踪约略遍西湖，旧梦梅花处士孤。
笑酹岳于双少保，荷花桂子未全枯。
（公出都与景商舅泛游西湖，集中多当时大作。）

纳纳乾坤寄一园，只今何地是桃源？
燕云一角论长恨，尊酒天涯注罪言。

生涯笑我笔如锤，象刻浮名悔少时。
敢比东坡传逸事，虫声似雨夜编诗。

一声柔橹剪江流，曾向名园十日留。
醉里不知身是客，朔风吹泪过西州。

[1] 苏大山（1869—1957），又名有洲，字荪浦、君藻，福建晋江人。清代贡生，曾参加中国同盟会，任厦门教育会会长，创办崇实学校。善诗，1919 年，为鼓浪屿林尔嘉“菽庄吟社”中坚。1933 年，为泉州著名诗社“温陵韬社”首倡。新中国成立后，任泉州市人民代表、政协委员。家中藏书近万册，其中地方文献和明清刻本较多，1958 年，悉数捐赠给泉州市图书馆。是福建近现代诗人、藏书家。著有《红兰馆藏书目》、《红兰馆诗钞》等。

[2] 阮步兵，即阮籍（210—263），字嗣宗，人称“阮步兵”。陈留尉氏（今河南省开封市尉氏县）人。曾任步兵校尉，是魏晋时期竹林七贤之一、诗人。

林鹭云观察袖出《东海集》属印即题卷端二首并简豫生索和

无闷道人[1]

铁林我鲍叔[2]，一见若平生。对策陈同甫，吟诗阮步兵。
鼓轮涉沧海，把臂论台澎。早作陆沉[3]叹，前言未可轻。

偶存诗一卷，岂为豹全皮。总是忧时泪，非同测海蠡。
关心六退鹢[4]，侧目一高骊。我忆林和靖[5]，从来不着棋。

[1] 无闷道人，即林朝崧（1875—1915），字俊堂、峻堂，号痴仙、无闷道人，台湾台中人。晚清秀才，清廷割台时，他避走福建晋江。后又返台，成立台湾著名诗社“栎社”，筹办台中中学（为台中一中前身），为遗民型诗人。著有《无闷草堂诗存》等。

[2] 鲍叔，鲍叔牙的别称。春秋时齐国大夫，善知人并忠于友谊。后人常用来作知己好友的代称。

[3] 陆沉，比喻领土被敌人侵占。

[4] 六退鹢，即“六鹢退飞”典故，原意指水鸟高飞，遇风而退，预示灾难。这里借指灾异或局势逆转。语出《公羊传·僖公十六年》。

[5] 林和靖，即林逋（968—1028），字君复，浙江大里黄贤村（今奉化市裘村镇黄贤村）人。性情孤高自好，常年隐居杭州孤山。不仕不娶，梅妻鹤子，以布衣终老。精诗词书画，独不会下棋。是北宋隐士、诗人。死后谥号“和靖先生”，著有《林和靖诗集》等。

读《福雅堂·东海集》触及游台旧事率题四律

张秉铨[1]　幼亦

十年不见陈同甫，今日相逢岂偶然。

宇宙几人如我辈？海天一笑亦天缘。（用君句）
扶余恨[2]满劫中劫，《梁父吟》[3]成颠倒颠。
白璧青蝇[4]关甚事？感君浩气障东川。

但听谈言大义伸，卓哉天下有心人。
关河都道皆诸将，草莽何知有逸民。
我欲包胥[5]思复楚，谁为陈涉起亡秦？
区区尺地何须较，卧榻其如鼾睡频。

陆沉恶忏我知音，惜别翻为恨别心。
杜甫相知伤按剑，成连[6]何处觅听琴？
行行终悔依人计，去去曾为弃妇吟。
（到台无一遇，赴大科嵌办文案，功成，拂袖而归。）
得失何尝关祸福，读君佳句益沾襟。

瓯脱区区不复哀，中原净土且尘埃。
罪言小杜归何益？痛哭长沙竟莫回。
难得簪缨多义士，即今节钺几奇才？
长歌我欲吞东海，愤起临风尽百杯。

[1] 张秉铨，字幼亦，福建侯官人。清同治十年（1871）进士，官至知府。光绪年间到台湾，为抚垦总局记室。著有《御夷制胜策》、《哀台湾》等。

[2] 扶余恨，即寓喻“台湾民主国”的事情。扶余，古国名，位于东北松花江平原。晋太康年间为鲜卑族慕容氏所破，后复受他族频频袭扰，至南朝宋、齐间消亡。后借为假托的国名。台湾民主国是自 1895 年 5 月 25 日起 10 月 19 日止，短暂存在于台湾的一个共和国政体。起因于甲午战争后，清廷被迫签订《马关条约》，把台湾和澎湖割让给日本。当地民众不服，自拥台湾巡抚唐景崧为总统，成立台湾民主国。后因唐景崧弃职内渡厦门，众人又拥立将军刘永福为第二任总统。但不久刘永福也内渡厦门，台湾民主国即告灭亡。

[3]《梁父吟》，也作《梁甫吟》，是古代用作葬歌的一支民间曲调，音调悲切凄苦。

[4] 白璧青蝇，指白玉和苍蝇，比喻好人与坏人。

[5] 包胥，即申包胥，春秋时楚国大夫。楚昭王十年（前506），吴国用伍子胥计攻破楚国，他到秦国求救，在秦庭痛哭七日夜，终于使秦国发兵救楚。

[6] 成连，是战国时著名的琴师伯牙的老师。他曾带伯牙到东海的蓬莱山，领略大自然的壮美神奇，使其从中悟出音乐的真谛。伯牙在成连的指导下琴艺大进，创作出《水仙操》等名曲。后借为咏学琴（名师善导）的典故。

读《东海集》题句

番禺　潘飞声[1]　兰史

五百田横[2]泪有声，伤心才子旧论兵。
八贤诗里铜琶响，（近人诗中《八贤歌》，以“风弦永调铜琵琶”七字拟鹭云诗。）半壁台南铁血争。
少谷呻吟同杜甫，后堂丝竹醉花卿。
独怜东海沉鳞羽，不及酬书答老成。（鹭云贻菽园书云：“兰史为三十年前所主河南双桐圃之后人，余见其，仅象勺之年，今忽成诗老，能勿慨然。”书发于去年九月，今秋七月始得见，时鹭云已归道山，不及复书矣。）

[1] 潘飞声（1858—1934），字兰史，号剑士、心兰、老兰，别署老剑、剑道人、说剑词人、罗浮道士、独立山人，广东番禺人。曾任香港《华字日报》、《实报》主笔，善诗词书画，与罗瘿公、曾刚甫、黄晦闻、黄公度、胡展堂并称为近代岭南六大家。著有《西海纪行卷》、《说剑堂诗集》等。

[2] 五百田横，即田横与五百壮士。事见《史记·田儋列传》。田横（前

250—前202)，是秦末齐国旧王族，有养士遗风，时“齐人贤者多附焉”。汉高祖统一天下后，田横与五百壮士仍死守在一个孤岛（连云港市前云台田横岗，一说在山东）上。汉高祖下令：如果田横来投降，便可封王或侯；如果不来，就派兵把岛上的人全消灭。田横不降，自刎而死；重义之五百壮士也相续自杀。

福雅堂诗钞卷一

华年集

吴辉煌　校注

鸿　　鹄

苍冥有鸿鹄，群戏海天宽。戢翼千仞松，皎然凌岁寒。
葆此雪霜姿，舞影还独看。泰华风月清，绝顶相盘桓。
雉梁三嗅作[1]，鸾枳[2]一枝安。大道满禾黍，网罗摧心酸。
匪无燕与雀，炊刀以为餐。日暮散投林，棘荆路漫漫。
仰彼虬龙枝，孤巢云气蟠。健翮回天池，一洗尘中翰。

[1] 雉梁三嗅作，语本《论语·乡党篇第十》："色斯举矣，翔而后集。曰：'山梁雌雉，时哉时哉！'子路共之，三嗅而作。"朱熹集注："言鸟见人之颜色不善，则飞去，回翔审视而后下止。人之见几而作，审择所处，亦当如此。"这里借用朱熹注释的意思。

[2] 鸾枳，即"鸾枳叹"，用来比喻贤者屈就卑小官职的感叹。典出《后汉书·循吏传·仇览》。

感　　时

天地如两轮，车辙胡不改。芒芒大造心，留以穷山海。
时未生齿繁，似若将有待。一朝动化机，谁与观千载？

测海骋轮船，煤电严搜采。拔山走火车，神鬼泣真宰。
铁甲水雷轰，无乃肆人醢。鼓荡至气球，戈矛森傀儡。
器机日以开，杀机日为倍。用夷以攻夷，好生得无悔？
天有厌乱时，终见若敖馁[1]。物力胜于人，此意将何在？
琛賨[2]集梯航，于然百川汇。巧乃拙之奴，惟巧见庸猥。
忠信涉波涛，德修慎无怠。重译庆怀柔，六州布和恺[3]。

[1] 若敖馁，即“若敖鬼馁”成语，指若敖氏的鬼受饿了。比喻没有后代，无人祭祀。若敖，指春秋时楚国的若敖氏。馁，饿。语出《左传·宣公四年》。

[2] 琛賨，亦作琛赆。指进贡的财宝。

[3] 和恺，和谐快乐。

洛阳桥[1]题词

洛阳江阔水西东，目极寒流砥柱中。
底事千年呼不起，只今沧海卧长虹。

芳草斜阳忠惠祠[2]，万家乡树晚烟炊。
水仙分荐寒泉菊，香火残僧卖断碑。

还乡昼锦[3]彩娱欢，自出承明领晋安。
依旧玉壶冰一片，相公清节贡龙团[4]。

负鼓盲翁唱《挂枝》，将军夏海讯蛟螭[5]。
龙宫书记真才子，黄绢翻猜绝妙词。

雄镇天南第一桥，行人歌遍《万安谣》。
蛎房想出神仙种，香米讹闻降玉霄。

浪说轻舟载郁林，压装碑石价论金。

我曾索靖经三宿，初拓《黄庭》直到今。

风引慈航信有之，石麟天降报恩时。
支机分助填桥鹊，寄语金闺补绣丝。

铁桥生长话罗浮，曾驾灵鼍访十洲[6]。
今日归来驴背稳，纵无诗思亦勾留。

商量题柱不胜思，十里枫亭款段骑。
驷马高车人去也，沧江千顷独垂丝。

《荔谱》《茶经》著作新，津梁闽海愧先民，
江天锁钥鱼龙静，东障川澜望替人。

[1] 洛阳桥，又名万安桥，位于福建泉州东郊的洛阳江上，由蔡襄主持建造，宋皇祐五年（1053）始建，嘉祐四年（1059）完工。是中国现存最早的梁式石桥。与北京的卢沟桥、河北的赵州桥、广东的广济桥并称为中国古代四大名桥。

[2] 忠惠祠，位于洛阳桥的南端，为纪念蔡襄造桥功绩而建。蔡襄撰文并书写的《万安渡石桥记》宋碑立于祠内。蔡襄（1012—1067），字君谟，福建兴化（今仙游县）人。宋天圣八年（1030）进士，曾任馆阁校勘、知谏院、福建路转运使，知泉州、福州、开封和杭州府事等职。死后赠礼部侍郎，谥号“忠惠”。著有《荔枝谱》、《茶录》等。

[3] 昼锦，即“衣锦昼行”，指富贵还乡。典出《汉书·项籍传》。

[4] 龙团，又名龙茶、盘龙茶、龙焙、小团龙。是一种小茶饼，专供宫廷饮用，始制于宋代的丁谓任福建转运使，监造贡茶时。

[5] 蛟螭，蛟龙，传说中的一种神龙，也泛指水族。

[6] 十洲，传说中仙人居住的十个海岛，也泛指仙境。

春　郊

踏花回马遍丛祠，杨柳疏烟澹欲丝，
十里围场星月皎，酒边闲校汉唐碑。

李雨梧军门[1]行脚僧图

归来斩马不言功，赤手屠鲸贯日虹。
眼底淮阴误年少，我从仙佛识英雄。

[1] 军门，清代为提督或总兵加提督衔官的尊称。

万斛泉[1]先生行卷

白云过太虚，舒卷还自如。志乐天伦慰，时艰野兴疏。
山林储礼乐，风雪老樵渔。我祝苍生福，昌黎荐士书。

[1] 万斛泉（1808—1904），本名永致，字齐玉，号清轩，湖北兴国（今阳新县）人。不应试，以授徒自给。清咸丰、同治、光绪年间，主讲于崇正、龙门、叠山等书院。恪守程朱之学，以督抚奏举，给国子博士五品卿衔。著有《尉山堂稿》等。

读《张睢阳传》[1]书后

秋灯幢幢雷电交，狂风拔户蹲危巢。
摊书兀坐呼热酒，拍案䯏[2]跳驱神蛟。
我生嗜读睢阳传，按剑张口如悬匏。
睢阳神武张夫子，吹髯如戟铁如齿。[3]
一身砥柱淮以南，功成奴仆呼郭李。
一将亡家万将归，英雄儿女同生死。
千年把臂许同年，南八男儿痛啮指。
睢阳平地雷轰轰，春风万里挥流矢。
当年同视死如归，续命汤悬饱茶纸。

苍苍胡靳三日期，四下节度空舆尸。
夕阳塔影流银箭，援军终老贺兰师。
天教壮士负奇节，正以纲常匪激烈。
千古万古人中豪，罗雀掘鼠悲臣妾。
焚香无语泣龙颜，正襟西拜臣力竭。
竭力乾坤誓补恩，击贼作厉愁忠魂。
人伦植干国以立，天道寥廓谁则闻？
斯言凛凛泣青史，浩歌我拊云中髀。
破寺窗昏万叶号，鬼火目作愁胡视。
冥冥六合照汗青，零泪吹空风雨起。

[1]《张睢阳传》，即《旧唐书·张巡传》。张巡（708—757），山西永济人。唐开元末（741）进士，官至御史中丞。安史之乱中为保卫睢阳而殉难，死后被追封为“通真三太子”。

[2]䶣，高声大呼。

[3]睢阳神武张夫子，吹髯如戟铁如齿，指“张睢阳齿”典故。事见《旧唐书·张巡传》：安禄山叛乱时，唐睢阳守张巡誓死守城，每战大呼，眥裂血流，齿牙皆碎。及城陷，贼将尹子奇谓巡曰：“闻君每战眥裂，嚼齿皆碎，何至此耶？”巡曰：“吾欲气吞逆贼，但力不遂耳！”子奇以大刀剔巡口，视其齿，存者不过三数。后因此把他树为忠义的典型。

如意谣

种瓜爱瓜肥，种竹爱竹瘦。春风护落花，冬晴锄地豆。

家密卿[1]宫保佐左恪靖师，视师漳州，檄招族党筹饷报效，予自粤航海次厦口，羽报宫保阵没江东桥[2]战垒，重经抚膺志恸

万松山[3]头屯细柳，旌旗丽天拂南斗。
石殒长城大星沉，狐狸夜半空山走。
夺关舞纛冲前锋，君侯年少人中龙。
月沉斩马西营黑，鹳鹅声乱飞艟艨。
虎桥横渡江波立，银河倒挽燃犀觬[4]。
光弼[5]靴刀竟自抽，武侯襟泪常相泣。
檄飞骂贼常山死，子弟平原集闾里。
家破勤王花粉钱，筹军竟少援军至。
洛下书生胆气粗，弓衣诗绣映征袍。
渡江击楫归来晚，马革旋惊士女号。
夕阳鸟散将军树，残客招魂卖宝刀。

[1] 密卿，即林文察。里居、阅历见卷首《冯序》注。

[2] 江东桥，原名虎渡桥，位于福建漳州龙海市榜山镇马崎村东，横跨九龙江的北溪与西溪交汇入海处。始建于宋绍熙年间（1190—1194），与泉州的洛阳桥、晋江的安平桥、福清的龙江桥合称为古代“福建四大石桥”。

[3] 万松关，位于福建漳州龙海市榜山镇梧浦村后岐山与鹤鸣山之间的万松岭，东邻瑞竹岩、江东桥，西毗龙文塔、云洞岩，南临九龙江西、北两溪交汇处。是进出漳州的门户，古称“入漳第一关”，自六朝以来就是险要关隘。明崇祯二年（1629）始建石城，遗址尚存。

[4] 觬，兽角多的样子。

[5] 光弼，即李光弼（708—764），辽宁朝阳人，契丹族。唐天宝十五年

(756)，为河东节度副使，参与平定安史之乱。官至太尉兼侍中、天下兵马副元帅，封临淮郡王。死后赠司空、太保，谥号“武穆”。

读文端公《尚友堂集》[1]题后

万里投荒去，孤臣淡死生。
（公有句：“万里投荒明主德，一封书奏老臣心”）
斯文关气数，谏草大声名。珊网收崖海，珠船出石城。
褒忠思旧德，尚友重遗楹。
（雍正五年，奉旨与太祖忠义同祀昭忠祠，旌奖祖孙忠谏）

[1] 文端公，即林秉汉（1564—1614），又名兆奎，字伯昭、聚五，号光寰，福建省长泰县人。明万历二十三年（1595）进士，官至浙江道监察御史、巡按广东。死后赠太仆寺卿、忠宪大夫，谥号“文端”。《尚友堂集》，林秉汉著有《馆稿》、《长山集》等，总名为《尚友堂集》。

海山仙馆题壁

塔耸碧云穿，廊阴万树连。图书真富贵，谈笑老神仙。
柳港花田路，荷香荔熟天。主持风月地，多少酒诗钱。

寄挽翁子修

旗亭旧别月凄清，杨柳萧萧路几程？
最苦渡江同落第，剧怜指石问来生。
一家词赋难为弟，半世因缘怆乃兄。
为计销魂何处好？杜鹃花下杜鹃声。

机云入洛鬓青青，诗酒论交见性灵。

一梦竟辞棠棣馆，(尊斋) 九原应废《蓼莪》[1]经。
每谈家世愁金谷[2]，未合神仙去幔亭[3]。
悲更天涯君有母，白头人在客中听。

[1] 蓼莪，代指对亡亲的悼念。典出《诗经·小雅·蓼莪》，此诗表达了子女追慕双亲抚养之恩的情思。

[2] 金谷，指钱财和粮食。

[3] 幔亭，指幔亭峰。因福建武夷山有幔亭峰胜境，也用来泛指武夷山。相传秦始皇时仙人武夷君，于中秋节在武夷山设幔亭一座，宴请山下的乡人。今武夷山大王峰北侧的“幔亭峰”就是由此而得名。

书感，和中丞沈幼丹[1]先生韵兼寄刘小彭丈

济川舟楫瘁臣躬，乡国筹楼子弟雄。
微管至今成左衽[2]，安刘自昔悔藏弓。
谮当豺虎还投北，狂尽川澜莫障东。
袖上中兴平海议，大江民力苦和戎。

[1] 沈幼丹，即沈葆桢（1820—1879），榜名振宗，字幼丹、翰宇，福建侯官人。林则徐的外甥兼女婿。清道光二十七年（1847）进士，曾任江西巡抚、福建船政大臣等职，官至两江总督兼南洋通商大臣。死后谥号“文肃”。著有《沈文肃公政书》等。

[2] 左衽，指中国古代某些少数民族的服装，后用来代指少数民族。

漳州行营谒从叔芳圃参戎[1]啖荔有作

海螺烽警万营环，擘荔哦诗夜夺关。
烹羊椎牛军校走，葡萄酒碧玫瑰丹。
尘飞骑进将军荔，(名出东坡诗序) 以之下酒酡其颜。

摇头品第岭南好，醉谈挂绿形如枣。
一校投戈前致词，未见桓侯休绝倒。
黑叶耶？黑枝耶？（两种荔名）小校一笑曰否否。
须臾盛进水晶盘，沃以溪流啖盈斗。
腻胜冰桃爽若梨，回甘似谏消谗口。
今之皮相失当途，丽服鲜衣门走狗。
孤忠黯淡见冰心，清白能传黑可守。

[1] 参戎，清代武官参将的俗称。

燕子诗[1]，与翁云客孝廉同赋

王谢风流感此身，绮罗香里散轻尘。
故宫帘影秋云薄，深巷巢痕夜雨新。
红线缠绵终恋主，乌衣飘泊半依人。
画梁睇盼泥金换，重贺华堂赋锦春。

[1] 燕子诗，是咏物诗的一个类别。借燕子抒怀、虚实结合的诗。这类诗多百感交集，幽情万种，昭示诗人沉重的忧患意识和痛苦的生命体验。

柬翁安宇[1]云客即以志别

五岭三山客亦乡，群龙角逐少年场。
云泥不隔苔岑迹，雨露重联桂籍香。
湖海十年同骨肉，田园千顷付沧桑。
秋风寄语青云侣，双凤衔恩到玉堂[2]。
（安宇将赴廷试，云客近捷乡科）

后会前缘未可知，满城风雨逼归期。

燕衔泥尽惊巢幕，（指燕子事）
龙去台空倦钓丝。（同寓龙台）
芳草有情还自合，落花无语又将离。
中原匹马横鞭渡，转为云程惜盛时。

金钗敲断卜科名，罗绮丛中笑语清。
十里红楼传落第，半生黄卷累闲情。
壶觞北海思朋座，丝竹东山感战枰。
此去珠江江上路，越台[3]杨柳作秋声。

载酒西园并辔行，团圞[4]家庆慰平生。
重看王谢新门第，曾向机云附姓名。
车马分荣同学贵，江山遗事故乡评。
金鳌[5]抗手他年会，始信郊祁[6]有弟兄。

[1] 翁安宇，即翁昭泰。里居、阅历见卷首《翁序》注。

[2] 玉堂，宫殿的美称。宋朝以后翰林院亦称玉堂。

[3] 越台，这里指广东广州市越秀山的越王台。又名越井冈、歌舞冈，为赵佗所建。赵佗（约前240—前137），嬴姓，恒山郡真定县（今河北正定县）人。秦朝时著名宗室将领，致力开发岭南，创建南越国，后“赵佗归汉”，岭南正式列入中国统一的版图。

[4] 团圞，团圆，团聚。

[5] 金鳌（1814—?），原名登瀛，字伟军、晓六，江宁（今南京）人。清道光十四年（1834）岁贡生。性格亢直，朋友有过，必当面指出。热心研究文学、经学、地方文献。与佐廷、志伊并称“东城三金”，是清代知名文人。著有《金陵待征录》、《鹭藤花馆诗钞》等。

[6] 郊祁，指宋代的宋郊、宋祁兄弟，俱以文学知名，同时中进士。事见《宋史·宋祁传》。后常用来赞美兄弟同时享有美誉。

鹤

冷抱梅花梢，鸡群慰寂寥。十年茹冰雪，一羽到云霄。

感　事

江水忽已远，秋云空复情。悠悠一片心，皎洁悬太清。

龙台宋梅出兰花周芸轩图之索题

吾家和靖笑披图，偕隐孤山定不孤。
一样纪兰天眷好，昨宵吹梦到西湖。

春日偕同人登是岸寺[1]访空生上人

寻春随喜渡南洲，是岸回头感旧游。
重证禅心经六载，肯将凡骨负千秋。
闻钟我自羞王播[2]，煨芋谁当拜邺侯[3]？
同坐菩提发微笑，花围金带认来不？（庭前金边牡丹茶盛开）

[1] 是岸寺，位于今广州市海珠区瑶溪石马岗附近。

[2] 闻钟我自羞王播，即“饭后钟”。形容人贫穷时遭受冷遇，或人才落魄民间时。典出《唐摭言》。相传王播少年孤贫，客居扬州惠明寺木兰院，随僧斋食。日久，众僧厌恶，故意斋后才敲钟。王播闻声就食，扑空。后来王播当了官，因题诗“上堂已了各西东，惭愧阇黎饭后钟。二十年来尘扑面，如今始得碧纱笼”。王播（759—830），字明扬，山西太原人。唐贞元进士，官至宰相，封太原郡公。死后谥号“敬”。

[3] 煨芋谁当拜邺侯，即“懒残煨芋”。指唐宰相李泌发迹前遇方外高人，

后显达封为邺侯的典故。典出《宋高僧传》、《邺侯外传》。相传唐衡岳寺有僧，性懒而食残，自号懒残。李泌异之，夜半往见。时懒残拨火煨芋。见泌至，授半芋而曰："勿多言，领取十年宰相。"李泌（722—789），字长源，陕西京兆（今西安市）人，官至宰相，封邺县侯，人称"李邺侯"。

书《杨忠愍集》[1]

太虚苍莽山河愁，不死丹心与古忧。
义烈有声回板荡，权奸失策祸清流。
香飘枷锁千门泣，气愤钗裙一疏留。
听说生前恩未补，忠魂应傍孝陵[2]游。

[1]《杨忠愍集》，杨继盛撰。杨继盛（1516—1555），字仲芳，号椒山，直隶容城北河照村（今属河北省容城县）人。明嘉靖二十六年（1547）进士，明代著名谏臣，任兵部员外郎时，因疏劾宰相严嵩而被害死。死后赠太常少卿，谥号"忠愍"。

[2] 孝陵，即明孝陵。是明朝皇帝朱元璋和皇后马氏的合葬陵墓，因皇后死后谥号"孝慈"而得名。位于南京市紫金山（钟山）南麓独龙阜玩珠峰下。

越王台[1]观红棉[2]歌呈郑小谷[3]丈

振衣独立扶桑东，楚庭花发千丈红。
皎然日出星摩空，越秀娇夭腾苍龙。
扶轮大化毓青葱，斗寒僵扑梅与松。
一夜吹转大王风，北枝朝汉南枝同。
将军大树受降封，薄竭绵力安边烽。
赤心捧出明苍穹，红羊劫[4]剩坡山钟。

冈头歌舞鸣春虫，路冷呼銮访旧踪。
霸才无主游骑穷，故山乔木坠刀弓。
珊瑚枝纽柯青铜，蜉蝣树撼群儿攻。
支撑大厦驱鸿蒙，臂伸盘古鬼斧凶。
扫开南极其光熊，元气扶干天无工。
万家香雨蔽帡幪[5]，势凌海岳悬中峰。
我来碎踏金芙蓉，笑问何年手植几春冬？
白云招手郑仙翁。

[1] 越王台，这里指位于广东广州市越秀山的越王台。

[2] 红棉，即红棉树，又名英雄树。属木棉科，落叶大乔木，树形高大，枝干舒展，花红如血，硕大如杯，常用来作为英雄人物的象征。

[3] 郑小谷，即郑献甫（1801—1872），原名存纻，字小谷，号识字耕田夫、草衣山人，广西象州县人。清道光十五年（1835）进士，官至刑部主事，以乞养归。后主讲广州、桂林等地的书院。是清代著名教育家、经学家、诗人，著有《愚一录》等。

[4] 红羊劫，也称红羊劫年、红羊换劫年，指国家或个人遭受灾难的岁月。古人认为丁未年是容易发生灾祸的年份，按谶纬说法，丁属火，为红色，未属羊，故称。

[5] 帡幪，本指古代帐幕之类的物品，后引申为覆盖。

古　剑

聚首琴书未肯闲，几番磨洗出深山。
销沉烽火逃秦劫，叱咤风云入汉关。
斩马果能如我愿，化龙聊复戏人间。
故交肝胆今谁是？千古英雄为破颜。

郭意诚丈自楚南以诗寄次韵作答

湖南草绿正飞花，太傅祠[1]前落日斜。
河朔少年今白发，功名犹后贾长沙。

[1] 太傅祠，指贾太傅祠，位于湖南长沙市太平街太傅里，传说是贾谊的故居。

湖游杂诗（福州小西湖）

溶溶晴港杂蒲菇，绕郭榕阴绿一隅。
桑柘几家村社好，十年茶话小西湖。

大梦山[1]头送夕阳，台宫遗事落花香。
只今十里芙蓉路，拾得残钗问道场。

雄戟桥[2]边水自流，昔年春屐饯春游。
江湖旧约怀鸡黍，十亩菱荷雨打秋。

到处湖光一色新，故乡无此未全真。
携来海鹤移家住，好署西湖旧散人。

别筑诗堂结净缘，冶城[3]萧鼓散荒烟。
西风落叶孤篷立，十丈红尘水隔天。

隐隐湖楼正上灯，一川薄暝稻花塍。
绿荷香饭村边酒，风味吾徒得未曾？

[1] 大梦山，又名廉山。位于今福建福州市鼓楼区，为西二环路、梦山路、福州西湖所环抱。其“大梦松声”为福州西湖前八景之一。周围有元末

陈友定西坡园、明代薛家池馆、清代萨家廉山草堂等遗址。

[2] 雄戟桥，即雄兵桥，旧时称为熊兵桥，因宋代曾经驻扎过熊兵营而得名。位于今福州市后营村东出口与旧湖头街北端结合处，属福州西湖大梦松声景区。

[3] 冶城，位于福州市屏山一带，是闽越王无诸建造的福州史上最早的城池。当时冶城的面积不大，城内的居民主要是王族、官吏和守城士兵。

西城驿口号

莫唱西陵旧词曲，杏花寒食东风促。
萧萧野庙响灵旗，落日杜鹃啼楚竹。

木棉庵[1]故址

漳州城南二十里，明俞大猷[2]树石碣，大书："宋郑虎臣诛贾似道[3]于此。"

乔木低头也汗颜，疏篱蟋蟀豆花间。
下车不遇南州尉，又向天涯半日闲。

[1] 木棉庵，位于今福建省龙海市九龙岭下。

[2] 俞大猷（1503—1580），字志辅、逊尧，号虚江，福建晋江溪山村（今属泉州市洛江区河市镇）人。明嘉靖十四年（1535）武进士，授职守卫金门、同安一带。曾任千户、武备、参将、总兵等职，官至都督同知，是明代著名抗倭名将。死后谥号"武襄"。著有《兵法发微》等。

[3] 郑虎臣诛贾似道，贾似道，宋末奸臣，以其姐为贵妃，累官右丞相，封太师。宋德祐元年（1275）元军南侵，贾领兵御敌，全军覆没，孤舟潜回。群臣上疏，请斩首以平民愤。因太后庇护，谪为高州团练使，往循州安置，后被奉命监押他的县尉郑虎臣，在途经漳州木棉庵时杀掉。

怀靖海侯东园[1]

松风犹作怒涛声，石笏参天一柱擎。
花竹岁寒余晚节，园林清福际升平。
再来地主都侯伯，(李袭伯[2]重葺)
自许风骚属后生。(友人拟招余修作八友园)
剧忆战鸦亭畔立，几株梅柳几啼莺？

[1] 靖海侯，即施琅（1621—1696），字尊侯，号琢公，福建省晋江衙口人。原为郑芝龙和郑成功的部将，投降清朝后曾任同安总兵、福建水师提督等。清康熙二十二年（1683）率兵渡海收复台湾，受封为“靖海侯”。死后赠太子少傅，谥号“襄壮”。著有《平南实录》、《靖海纪事》等。东园，位于今福建泉州市释雅山公园，为施琅故宅。

[2] 李袭伯，即李廷钰（1792—1861），字润堂，号鹤樵，福建同安后滨村（今属厦门市翔安区马巷镇）人，为清朝闽浙水师提督李长庚的养子，后立为嗣子，承袭伯爵，曾任九江、南赣、潮州等镇总兵、浙江提督等职。因“巡洋稍缓”遭弹劾而被免官，解职后居泉州玉犀巷9号“李伯府”（买施琅的废园修建而成）。清咸丰三年（1853）因办理团练，镇压小刀会起义军有功，重被启用，任福建水师提督。著有《七省海疆纪程新编》、《靖海论》等。

哭吉云二兄三十韵

吹断埙篪响，伤心只问天。四回相见面，一世弟昆缘。
策我高梯月，悲君永逝川。半生同作客，大梦赋游仙。
渺渺怀初会，依依尚少年。掉头珠海畔，转眼玉楼边。
乡国迷芳草，池塘有暮烟。儿时嬉戏地，壮岁读书田。
都仗谋生苦，相期晚节坚。自惭芹藻[1]咏，翻惹棣花[2]怜。

故里重逢话，他乡旧事传。须眉还各认，手足动相连。
计日刚三五，离词属万千。偶惊堂北信，又着岭南鞭。
小别期偏速，怀归约不愆。大椿齐上寿，荆树互争妍。
此日家全盛，良宵月再圆。慈云偏恋粤，流水不依泉。
至性天伦乐，离怀俗累牵。苍穹胡靳此？白首竟徒然。
忽听长分手，无因共比肩。鳌峰初落第，鹭岛缓归船。
见自今生已，恩难再世联。
合欢留镜影，（同影行乐图）分赠买花钱。
华屋新愁寄，（龙眉山庄始落成）高堂老泪涟。
纵酬鸿鹄志，终怆鹡鸰篇[3]。
坠翼飞还振，伤心望独悬。垂危犹听榜，宿恨怅离弦。
桂落空修斧，蘋馨冷荐笾。凄凄秋雨夜，含涕忆灯前。

［1］芹藻，比喻贡士或才学之士，这里是自谦的称呼。典出《诗·鲁颂·泮水》。

［2］棣花，即常棣之花，比喻兄弟。棣，常棣，又名“白棣”。典出《诗经·小雅·常棣》。

［3］鹡鸰篇，咏兄弟情谊。典出《诗经·小雅·常棣》。鹡鸰是一种常见的食虫鸟，当遇到危险时会发出叫声，呼唤其同伴来救它。

陈古樵[1] 李恢垣[2] 两丈同次峡口

舟随山转乱流中，十里弯环九里同。
海岛随波轻出没，羚羊穿峡忽西东。
归帆倒抱江心塔，转缆斜牵树背风。
指点夕阳村落近，计程今夜泊孤篷。

［1］陈古樵，即陈璞（1820—1887），字子瑜，号古樵、尺冈归樵、息翁，广东番禺人。清咸丰元年（1851）举人，曾任江西省福安县知县、广州学

海堂学长、《番禺县志》分纂等职。工诗、书、画，著有《尺冈草堂遗文》等。

[2] 李恢垣，即李光廷（1812—1880），字著道，号恢垣，广东省番禺人。清咸丰二年（1852）进士，曾任吏部封验司主事、禺山书院主讲、学海堂学长等职，后管理端溪书院至终年。工诗及骈散文，尤精研史学地理。著有《汉西域图考》等。

读瞻云幼弟诗有喜

囊锦评来句欲仙，天涯风雨对床眠。
未愁才尽生花笔，春草池塘梦阿连[1]。

[1] 春草池塘梦阿连，咏兄弟间的情义。典出南朝梁钟嵘《诗品》引《谢氏家录》，康乐每对惠连，辄得佳语。尝在永嘉西堂思诗，竟日不就，寤寐间忽见惠连，即成“池塘生春草”。故常云：“此语有神助，非我语也。”康乐，即谢灵运；阿连，即惠连，谢灵运的从弟。

除夕口占

除夕三更急贺正（叶平），年来风俗遍乡城。
富家避客贫家债，一样敲门两样惊。

别六弟

客中送客倍关情，况复离怀感弟兄。
怜我风尘惟骨肉，累人湖海是功名。
长河柳色东西路，寒驿梅花远近程。
此去好将堂上慰，天涯眠食尽安平。

秋日客感寄和黄霁川[1]中翰（贻楫）

南来乘兴足清游，五岭三山眼底收。
松菊故园劳客梦，江湖明月易中秋。
樽开北海思同座，帘卷西风怕上楼。
一夜乡心逐鸿雁，萧萧芦荻满前洲。

[1] 黄霁川，即黄贻楫（1832—1895），字远伯，号霁川，福建晋江人。清代两广总督黄宗汉的大儿子。清同治十三年（1874）进士，授翰林院编修。曾任馆阁校勘、刑部主事、湖北候补道、礼部任主事、广东学政等职。后辞官归里，为泉州清源书院山长。著有《柔远纪略》等。

读史吊杨忠愍[1]

丈夫读书求无愧，岳岳高冠惟有帝。
书生结习我未除，古今几辈能相契？
椒山[2]先生人中杰，气吐长虹肝胆烈。
手扶元会补疮痍，此生消尽填胸血。
青词宰相[3]焰熏天，倒挽乾坤弄日月。
无人放胆论辨奸，郎官列宿走人间。
人间自有千秋在，方袍坐食终惭颜。
绕朝疏泣呼天语，内贼早戕外贼御。
天高不违咫尺威，臣罪当诛明圣主。
禁城香满九衢昏，千家万家泪如雨。

[1] 杨忠愍，即杨继盛。
[2] 椒山，即杨继盛。

[3] 青词宰相，这里借喻严嵩。明朝世宗皇帝信奉道教，宫中每有斋醮，便命词臣起草祭祀文章。其文章用朱笔写在青藤纸上，故称为“青词”。时李春芳等均以善写青词邀宠，官居宰相（大学士）。后被喻指“走捷径”晋升高官的人。严嵩（1480—1569），字惟中，号介溪，江西分宜人。明弘治十八年（1505）进士，官至宰相（大学士）、太子太师。史载严嵩亦善写青词。

送客之金陵

楚尾吴头日夜潮，白门杨柳正飘萧。
江山文藻怀双阙，人物风流话六朝。
龙脖雨花开玉垒[1]，虎头云树失金焦[2]。
菱荷灯影秦淮水，烟月横塘第几桥？

[1] 龙脖雨花开玉垒，指太平天国时太平军保卫都城天京（今南京）的战斗。1862 年曾国荃率湘军围困天京，李秀成集结大军救援，但未能击破敌人重围。1864 年 7 月，湘军用地雷轰塌城墙，冲入城内。太平军终因众寡悬殊，天京失陷。在清军长达两年的围困中，太平军进行了艰苦的保卫天京战。以在雨花台、龙脖子一带的战斗最为激烈。龙脖子，位于南京紫金山脚下的索道口处。历来为兵家必争之地。玉垒，即郁垒，门神之一。

[2] 金焦，金山、焦山的合称，位于今江苏省镇江市。

题西湖夜泛图

花为眷属水为家，记取苏堤[1]贯月槎。
白舫青樽余画鹢，碧云黄叶乱宫鸦。
采茭新唱听吴女，折柳离怀问馆娃。
遥指灯红旧游处，六桥[2]曲曲《浣溪纱》[3]。

[1] 苏堤，又名苏公堤，为贯穿杭州西湖南北风景区的林荫长堤。北宋元祐五年（1090），苏轼任杭州知州疏浚西湖时，利用挖出的淤泥修筑而成。

[2] 六桥，苏堤上共建有六座桥梁，自南向北依次是映波、锁澜、望山、压堤、东浦和跨虹等桥梁。

[3] 《浣溪纱》，唐代教坊曲名，后用作词牌名，因西施浣纱于若耶溪而得名。

赛神词

神祠叠鼓闹连村，桐桑妇，新妆个个浑。
灵母庙前深下拜，者番酬得薄鸡豚。
盘鱼荐脍趁芳辰，蟹舍渔庄集水滨。
幸庇海波清晏甚，一杯吾欲醉江神。

轮船眺远

山山海海浪悠悠，电掣轮飙遍九州。（洋名）
白水翻空渺无极，欲回天地入孤舟。

马嵬坡

罗袜无端惹俗埃，千秋一死笑颜开。
此生生长长生殿，埋没何人吊马嵬？

方芷曲（并序）

秦淮方芷[1]一传，详吴门沈桐威[2]别录。虽外史记载不尽可征，余为长曲以歌，视梅村《陈圆圆曲》、随园《柳如是歌》，不更为当时儿女子生色耶？噫！勿谓黄天荡[3]一击后，风台月榭千古寂无传人也。

秋镫[4]杨柳秦淮水，照见兴亡歌舞事。
儿女英雄多少人，词场一代烟花史。
薋菉葹[5]盈香草沉，美人迟暮怜方芷。
方芷英英淡素娥，姗姗微步秋凌波。
罡风吹作摇钱树，湘竹空含泪点多。
押班倾动胭脂队，门巷枇杷换绮罗。
戟门揖客杨家郎，翩翩裘马碧鸡坊。
侠气柔情相爱悦，卸鞭扶上百花堂。
醉中捧出盘龙砚，索郎试写东风面。
金管飞花纷黛香，纵横铁干摩霄健。
傲骨凋零亦是魁，定情不待桃花扇。
红拂虬髯陌路人，一时声动南北院。
院中姊妹娇如花，眉楼迷醉五侯家。
夕阳无限蘼芜怨，一着残棋误岁华。
儿家那有海棠福，不把余生恋金屋。
从来薄幸是文人，妾身能死不能辱。
放将青眼托人豪，身许珍珠偿十斛。
无何马阮祸纷纷，桴鼓随同将六军。
九庙烟尘风鹤警，此身誓与作完人。
夜半仙霞兵内变，袖回披拂风流箭。
金带银刀媚玉郎，气通河岳光雷电。
君能报国我报君，贞魂化作楼头燕。

[1] 方芷，晚清的秦淮名妓。
[2] 沈桐威，即沈起凤（1741—1802），字桐威、桐翊，号蕡渔、红心词客，

江苏吴县（今苏州市区）人。清乾隆三十三年（1768）举人。曾任官祁（今安徽祁门）、全椒（今安徽全椒）教谕等职，是清代戏曲家。一生著述甚丰，尤以杂剧、传奇著名，著有《谐铎》、《红心词》等。

[3] 黄天荡，指南宋初年宋金之间的一次战役。1129年，金将兀术率军南下直达浙江临安（今杭州）、越州（今绍兴），高宗逃到海上避难。次年，宋将韩世忠率军于镇江截金军归路，围金兵于黄天荡（在今江苏南京市附近）。后金军凿渠出江，才得以渡江北逃。

[4] 镫，古同“灯”。

[5] 薋菉葹，三种恶草，出《离骚》：“薋菉葹以盈室兮，判独离而不服。”薋、菉、葹，王逸注：“三者皆恶草也。以喻谗佞盈满于侧者也”。这里借用王逸注释的意思，指恶人。

淮阴台

一掷千金哭逝川，淮阴台畔水涓涓。
王孙未必非明哲，风浪如何系钓船？

家悦萱太史[1] 招同群季清源书院讌[2] 集

十年京国话行尘，杯酒家山笑语真。
似此天留桃李宴，江南五月有余春。

[1] 悦萱太史，即林梁材，字弼卿，号悦萱，福建晋江人。同治四年（1865）进士，授翰林院庶吉士。历任吏部员外郎。

[2] 讌，通”宴”。

漳平寓李雁亭都戎水阁蒙以家蓄梨园佐觞赋诗答谢

箫鼓元龙百尺楼，英雄裙屐两千秋。
骠骁民颂丁都护[1]，款段吾从马少游[2]。
知有才人来日下，（周竹山孝廉偕行）
断无儒将不风流。
陌头杨柳添新绿，夫婿何须悔觅侯。

[1] 丁都护，即丁督护，这里借喻替民办事、为民分忧的官吏。典出《宋书·乐志》：南朝宋高祖刘裕的女婿徐逵之为鲁轨所杀，刘裕便派遣府内直丁督护去料理丧事；丁回来之后，徐逵之的妻子向他询问殡殓时的情况，每问一声，就哀叹一声"丁督护"！其声哀切，催人泪下。

[2] 马少游，是汉将马援从弟。这里借喻不求仕进、知足求安的士人。典出《后汉书·马援传》：马少游志向淡泊，认为优游乡里即足以了此一生。他说："士生一世，但取衣食裁足，乘下泽车，御款段马，为郡掾史，守坟墓，乡里称善人，斯可矣。致求盈余，但自苦尔"。

寓永福寺，窗前龙眼树久不结果，寺僧欲斫之，诗为营救，僧一笑而止（次年花果繁盛）

根蟠大地北风吹，燕雀争栖欲折枝。
雷雨未成青眼少，十年终有点睛时。

闽山览古

一声石鼓[1]海朝宗，天柱灵鳌[2]蹑上峰。
旧梦有祠来白马，霸图无井钓黄龙。
金瓯半壁遗弓剑，玉尺千年振鼓钟。
王气早随秦汉断，越台[3]花鸟暮云封。

[1] 石鼓，指鼓山，位于福建福州市东南郊，因山巅有巨石如鼓，每当风雨大作，即簸荡有声而得名。

[2] 灵鳌，指鳌峰，位于闽江之西南沿岸。有岩如鳌，名为“鳌峰岩”。

[3] 越台，这里指位于福建闽侯县冶山的闽越王台。闽越王无诸曾在冶山前建都城，开辟闽疆。无诸（约生于战国晚年期，卒于汉朝），姓驺，为越王勾践后裔。周显王三十五年（前334），越国解体后，无诸移居闽地当闽越王。秦统一后，降其为君长。秦末，他率兵北上参与灭秦。汉元年（前206）楚汉战争爆发，他出兵辅佐刘邦打败项羽，后刘邦又立其为闽越王。

赠松下老人（有序）

老人籍南安，不著姓氏。言谈有道气，检拾残字为业，足迹数千里，所到文人供奉，乞诗遍题其筐。

仙风道骨寿而康，善气迎人话倍长。
谪降福缘犹未了，不司符箓隶文昌[1]。

似曾相识鬓毛班[2]，风雨重逢一笑颜。
同是上清供洒扫，打包行脚尚人间。

修来善果总前因，不及其身及后人。

一字千金君细算，半挑风月未为贫。（郎君读书，有声庠序）

我亦曾经万里游，书生投笔事封侯。
年来声价文章贱，翻恨秦灰劫未收。

山水游踪不记年，也应呼作地行仙[3]。
赤松他日相逢问，留取文光照九天。

[1] 文昌，即文昌帝君，民间和道教尊奉的掌管士人功名禄位之神。文昌本星名，也称为文曲星、文星，古人认为是主持文运功名的星宿。
[2] 班，古通“斑”。
[3] 地行仙，是佛教典籍所记载的长寿神仙，后用来代指高寿或隐逸闲适的人。事见《楞严经》。

宿漳平驿次

山城如斗大，风雪送诗来。寒尽不知醉，谈深各见才。
鸡随残柝响，马逐乱云开。又上临官道，乡心日几回。

温陵览古（梦中作）

绕郭[1]桐花半壁秋，麒麟荒冢凤凰游。
鲤鱼城下多龙种，千古风云护帝州。

[1] 郭，是城的外围加筑的一道城墙，即外城。泛指城市。

喜晤邱伯贞[1]袭爵归镇金门

弓剑出都城，春风万里生。弦歌儒将略，肝胆少年情。
柳细新调马，花深静试莺。蛟龙听锁钥，海甸[2]乐承平。

[1] 邱伯贞，即邱炳忠，福建同安人。邱联恩的过继子，承袭男爵。清同治十三年（1874）曾任福建水师“扬武号”轻巡洋舰的大副。戎务之余喜爱文事，曾重刻邱葵《钓矶诗集》。邱联恩（约1811—1859），字伟堂，福建同安人。丘葵的后裔、浙江提督邱良功之子，承袭男爵，授乾清门侍卫，官至河南南阳镇总兵。丘葵（1242—1332），别名崇山，字吉甫，号钓矶翁，福建同安小嶝（今厦门市翔安区小嶝）人。笃修朱熹理学，长期隐居海岛。著有《周礼补亡》、《钓矶诗集》等。

[2] 海甸，近海地区。这里指金门岛。

荆南咏古

蜀亡失箸借雄筹，筑室辞家傍土州。
老向荆台成大隐，半蓑明月卧黄牛。

易水渡

击筑[1]呜呜夜渡津，白衣挥泪洒边人。
英雄第一伤心事，易水西来不过秦。

[1] 击筑，筑，古代一种弦乐器，似筝，以竹尺击之，声音悲壮。喻指慷慨悲歌或悲歌送别。典出《史记·刺客列传》。

幽燕老将

铁骑出天山，烽烟靖海寰。耕桑三世业，戎马半生闲。
旗闪星分野，笳凉月满关。头颅如许白，杯酒话平蛮。

弥陀岩[1]观瀑布歌

清源之麓藏石骨，中有佛岩殊兀兀。
相传石影现弥陀，喝断水龙垂石发。
水从天半驭云飞，点点珠落寒溅衣。
偶然拄杖倚山听，晶帘倒卷钩斜晖。
万松消夏忘暑日，水声回环抱石室。
老僧入定寂无言，指向心源水自出。
掉头我向山灵问，飞瀑千寻有余韵。
好教吹去作苍霖，卷舒未合凭天运。

[1] 弥陀岩，位于今福建泉州市清源山风景名胜区，是景区“幽谷梵音”景点之一。岩上有石室依石壁而建，室内后壁岩面有 5 米高的阿弥陀佛立像的浮雕；弥陀岩山门后有瀑布从峭壁上凌空而下；两侧崖壁有“洗心”、“清如许”、“泉窟观瀑”等题刻。

资政幼侄入泮书赠

伴我寒山苦，惟君意气真。备员新博士，末座小词人。
令伯陈情志，（大伯母魏恭人两世抚孤）希文大任身。
匪徒千里誉，摩角玉麒麟。

资熙资美两侄同举乡科

宫傅儒门旧，书香累叶新。榜花扬伯仲，词藻答君亲。
报马停科久，（自资迪乡举后，已停多科）潜龙得水伸。
他年金殿对，臣叔尚痴人。

携诸侄秋试榕垣[1]，区觉生[2]方伯、潘星符太守、何善坡、冯蓬樵两司马、刘子麟通守、何悌甫大令连日集两粤行馆分谳

长把家山作客来，越人安越笑颜开。（诸公反向予叙乡谊）
偶骑竹马欢留辙，翻话莼鲈共举杯。
两地关河成熟道，十年科第负强台。
苍苍有意留斯会，深愧韩门欲荐才。

[1] 榕垣，指福州城。
[2] 区觉生，即区天民，字觉生，广东香山（今中山市）人，祖籍广东新会。举人出身。清咸丰二年任光泽知县。咸丰十年（1860），台湾始设海关，奉命赴台，与镇台、道台会商办理海关事宜，以道员衔首任台湾海关道监督（即海关关长），并督办北路军务。

宿涌泉寺题壁[1]

石鼓初声晓日红，潭龙飞去水朝东。
夜凉灯影谈山乘，谁继风流十砚翁[2]。（黄莘田辑《鼓山新志》）

[1] 涌泉寺，初名华严寺，位于福建福州市的鼓山山腰，始建于唐建中四年（783），为闽刹之冠，是全国重点寺庙之一。题壁，原文误作“题璧”。
[2] 十砚翁，即黄任（1683—1768），字于莘，号莘田、十砚翁、十砚老人，福建永泰县人。清康熙四十一年（1702）举人，曾任广东四会县令，兼署广东高要县事等职。他爱砚成癖，家藏有十方佳砚，故其福州故居又

称“十砚轩”。善书工诗，著有《秋江集》、《香草笺》等。

九月十三日

虫沙莽莽感乾坤，福命文章悟夙根。
纺织分灯慈母课，十年犹未报深恩。

杨柳楼头空折枝，梦中夫婿尚归迟。
昨宵零落青衫泪，犹是深闺望榜时。

几年飘泊负黄花，七度重阳不在家。
纵使归来三径扫，故交新贵半天涯。

悔　读

文章误我揣摩功，（乡荐遗卷主司有“揣摩功深”等语）
悔读《南华》[1]恨正同。
壮不逢时休问老，敢从末路说英雄。

借花消遣替花愁，薄命如花不自由。
一样飘零两相感，与卿同是几生修？

父老江东莫问归，五湖载酒且忘机。
绕船明月浮梁梦，别抱琵琶事已非。

多生绮语纤[2]应迟，入世疏狂我自知。
寄语故山猿鹤伴，名场珍重少年时。

[1]《南华》，指《南华真经》，即《庄子》，庄周著，道教奉为经典。庄周（约前369—前286），又称庄子，字子休（一说子沐），战国蒙（今河南商丘，一说安徽蒙城）人。官“漆园小吏”，是战国时期著名的哲学家、文学家，世尊称为“道家之祖”、“南华真人”。

［2］纤，似为“忏”字之误。

冯蓬樵[1]姊丈（誉驺）由驾部改官吾闽权守延平

念年郎署恋宸京[2]，五马分镳出凤城。
我亦苍生望霖雨，一潭秋水颂延平。

［1］冯蓬樵，即冯誉驺，字逢樵。里居、阅历见《卷首·冯序》注。
［2］宸京，京城，帝都。

和沙溪店题壁诗（有序）

戊寅大雪夜，投宿沙溪驿[1]。见破壁题数诗，有“到底天心亦仁爱，只无郑侠绘流亡，行人莫讶呻吟苦，我亦东南旧部民”诸语。跋云：“道听乡民诉岁饥、厘征之苦，题诗以告来者，并以自勖。”年久字迹漫灭，多无完句，末署：“华胥生罪言。”亦风尘下吏分司关榷者欤？何晨门之有心也。年来晋豫奇荒，东南告籴，感诗意，剪烛和成，想后之视今有同慨焉。

匪风尽变但民讹，荒驿凄凉一曲歌。
铁泪绘图君见否？（晋豫官绅近绘有《铁泪图劝赈》）
封章臣力尽南河。（督赈阎少司空疏中语）

桥霜店月晓闻鸡，柳外鸣鞭马向西。
我亦书生频挟策，十年五度纪鸿泥。

诗尘半壁太模糊，待得笼纱墨已芜。
欲向斯人续斯句，宵来残梦到华胥。

小盈岭[2]接大盈塘[3]，水驿兼程唤渡忙。

分付奚童报津吏，满船明月是行装。

[1] 沙溪驿，又叫沙溪铺，为古驿站。位于今福建厦门市翔安区内厝镇前垵村顶沙溪、下沙溪社内。

[2] 小盈岭，位于今福建厦门市翔安区与南安市交界处，有古驿道。

[3] 大盈塘，即大盈驿，位于今福建南安市水头镇大盈村，为古驿站。

龙台九日

大江东望息烟烽，醉把茱萸[1]笑语浓。
千顷沧江舒素抱，十年风雨记游踪。
弟兄异地输归雁，王霸雄图忆钓龙。
海外三山余一览，此身原在最高峰。

[1] 茱萸，又名越椒、艾子，是一种常绿带香的植物。按中国古人的习惯，在九月初九日重阳节时爬山登高，臂上佩带插着茱萸的布袋（古时称“茱萸囊”），以示对亲朋好友的怀念。

毷氉[1] 将归翁云客孝廉以诗赠行次韵作答

槐忙[2]空踏苦匆匆，又把归程讯远鸿。
落落无心谈去就，苍苍何处问穷通？
学难用世思藏拙，名为娱亲转热中。
深负故人期望意，日边红杏倚东风。

[1] 毷氉，烦恼，愁闷。

[2] 槐忙，即“槐花黄，举子忙”的略语，常用来形容考生准备科举考试。语本唐代李淖《秦中岁时记》。唐代以科举考试选拔官吏，每当科举考试结束，未考中进士的考生常会留居京城写作，至当年七月再献新作，

希望得到朝廷的提拔、录用，时值槐花泛黄的季节，故有此说。

登泉山因雨留宿清源洞[1]

出郭六七里，言寻古清源。万山皆引骑，群屿独当门。
海雨鱼龙啸，松风鸟鼠昏。尚传歌拍胜，拂石认题痕。

探幽卅六洞，怀旧廿年余。海国神仙窟，名山有道居。
（素庵先生[2]讲室）
草堂阴夏木，花圃杂秋蔬。且吃伊蒲馔，尘心悟太虚。

平生爱幽胜，随意小勾留[3]。村郭夕阳下，山川风雨愁。
邯郸聊借枕，（乡愚于此祈梦）庾信[4]独登楼。
不待归来鹤，人民半白头。

刺桐芜没尽，红雨长斑枝。锦鲤腾沧海，篮花赛古祠。
竽曾东郭滥，文肯北山移[4]。欲向仙灵问，浮生入梦时。

东下洛阳桥，高车驷马骄。丈夫谈意气，仙子乐逍遥。
眼阔空双塔，歌残送六朝。丹丘犹代谢，无事叹萧条。
（时主席僧交替）

人间久炎热，此地尚惊寒。老衲传衣易，孤灯入梦难。
叶稀经雨战，花瘦耐风餐。尽把诗肩耸，维摩[5]丈室宽。

何年金布地？说法护丛林。（时拟募修）
菩萨开眉日，英雄退步心。
夜谈因果活，禅课妙音深。尘海谋身拙，虚名误到今。

出山回首望，曾饮在山泉。清绝风规峻，源深土脉坚。
此邦多士气，胜地独仙传。矫矫云中翼，相看咫尺天。

[1] 清源洞，亦名纯阳洞，位于福建泉州清源山顶峰，为清源山三十六岩洞之首，人称“第一洞天”。

[2] 素庵先生，即林孕昌（1595—1657），又作允昌、胤昌，字为磬，号素庵，福建泉州人。明天启二年（1622）进士。授南都户部主事，官至吏部郎中。后无意仕途，深研理学，在泉州清源山南台舟峰岩辟室讲学，府城士绅毕集，从游者众。

[3] 勾留，逗留、停留。

[4] 庾信（513—581），字子山，南阳新野（今属河南）人。官至骠骑大将军、开府仪同三司。善诗赋、骈文，是南北朝时北周文学家。著有《哀江南赋》等名篇，后人辑为《庾子山集》。

[5] 北山移，指《北山移文》，孔稚珪著，文章旨在揭露和讽刺以隐居为名而实求利禄的人。“移”是一种文体，相当于现在的通告、布告。孔稚珪（447—501），字德璋，会稽山阴（今浙江绍兴）人。曾任南北朝时期宋安成王车骑法曹行参军，官至太子詹事。著有《孔詹事集》等。

[6] 维摩，即维摩诘。意译为净名、无垢尘，意思是以洁净、没有染污而著称的人。他是早期佛教的著名居士，著有《维摩诘经》等。

鱼城电线

电线之设，将遍寰宇。吾郡名鲤城，初设电时，青乌家有穿鱼之说，士绅几激事变。追忆前事，为诗以辨之。

飞电烧鱼尾，南溟脱网罗。丝纶归阁下，鳞甲动天河。
钥放重城静，书传阆苑多。风雷平地起，龙跃禹门过。

台北晤蔡醒甫[1]

东瀛游客鬓飘萧，诗酒风流话六朝。
鹭岛帆樯通水寨，龙台裙屐半云霄。
榕阴海燕营新垒，柳曲春莺锁旧桥。
一样九年前夜月，隔江灯火岸初潮。

[1] 蔡醒甫，即蔡德辉（1833—1891），又名德琚，字醒甫，福建晋江东石人。邑庠生，善作诗词，曾任教于厦门。清同治年间，在台湾彰化县城设帐施教，培养出周宗武、吴德功等一批诗人。光绪年间，创立台湾史上首个诗钟社团——“荔谱吟社”。著有《龙江诗话》等。

五绝　三首

五律　十七首

五古　二首

五排　一首

七绝　五十二首

七律　二十三首

七古　七首

以上古近体共一百零五首

福雅堂诗钞卷二

珠讴集

吴辉煌　校注

珠江载酒送客从军滇南兼寄岑节度诸幕府

儿女英雄酒一杯，红云宴罢冷江隈。
五陵年少封侯誓，不斩娄阑[1]马不回。

西风六诏[2]赋从军，铁柱[3]寻崖早勒勋。
料得风流旧裙屐，秋笳诗思响层云。

十里红楼选梦多，珠儿珠女近如何？
只今惟有西濠[4]月，依旧清光总不磨。

红灯香乱百花围，月落潮回醉未归。
扶上玉骢歌《折柳》[5]，越台诗绣满弓衣。

殿上归来乞爱卿，名臣传里最知名。
功成一掷黄金印，花下残棋细论兵。

[1] 娄阑，同“楼兰”。
[2] 六诏，指唐初分布在洱海地区的少数民族部落经过相互兼并，最后形成蒙巂诏、越析诏、浪穹诏、邆赕诏、施浪诏、蒙舍诏六个大部落。
[3] 铁柱，即南诏铁柱。在今云南省大理州弥渡县太花乡铁柱庙内的佛台正中。传说为诸葛亮平定南蛮，缴兵器融铸而成，后由南诏国王蒙世隆

重铸。

[4] 西濠，广东广州市西北部的江河在入海口的河汊之一，曾是广州城墙周边的西护城河。1965 年，改建为暗渠。

[5] 折柳，这里指《折柳曲》，寓含“惜别怀远”之意。古人离别时，有折柳枝相赠的风俗。

李与吾军门邀同诸幕府江楼讌集

年少终军誓请缨，灯围红袖夜谈兵。
中兴郭李[1]归田录，乐事樊楼[2]醉太平。

青衫词客祖风骚，匹马中原酒力豪。
才子襟怀美人眷，天留风月慰吾曹。

百尺元龙镇上流，绮罗香里不知秋。
霓裳声换重霄劫，人倚天河作卧游。

[1] 中兴郭李，指唐朝中兴时的名将郭子仪、李光弼。

[2] 樊楼，位于宋都御街北端（今河南开封市中山路北段）。相传，此楼为北宋东京七十二家酒楼之首，风流皇帝宋徽宗与京都名妓李师师常在此相会。

江游杂诗，次李山农[1]方伯韵兼寄龙熏琴郎中、温飏园[2]员外

红袖香围簇绮罗，灯船十里闹笙歌。
江天风月年年在，分与诗人领略多。

检点何曾旧食单，万钱下箸赏心难。
菊虀[3]蒼鲊香山谱，剧累红儿到夜阑。

月堕星忙看渡河，大船扶醉小船过。
春风料峭桃花枕，似听江南又绿波。

风鬟雾鬓倒盘鸦，浅裹轻梳未破瓜[4]。（时妆瓜髻）
撤帐娇慵妆半卸，钗围香瓣[5]汉宫花[6]。

背灯无语待潮鸡，薄怒含情半笑啼。
心怯呼郎还避影，索茶声隔海棠西。

暗香浮动玉搔头，寒抱梅花几世修。
蛱蝶罗浮春有梦，梦从乡里话温柔。

翠袖偎寒护玉郎，岸边杨柳试风狂。
窗棱晓日莺初语，豆蔻梢头结子红。

料量裙屐走香街，选饭朝来傍午牌。
三五少年涂抹甚，语调金粉杂诙谐。

玉钩斜畔素馨田，一棹沧江起暮烟。
珠海唱霞人去后，杏花寒食雨余天。（游听松园杏林庄）

箫鼓船归趁夕阳，隔河风卷浪花香。
携来土物扬州月，赢得他乡作故乡。（调座中扬州王部郎）

翠华飞舰玉流觞，南汉灯词画壁凉。
钗畔珍珠浑记曲，抛残红豆缕金箱。

挥手黄金少日豪，力凭诗酒续风骚。
莺花占尽湖山福，濯笔天河掷锦袍。

[1] 李山农，即李宗岱（？—1896），字山农，广东南海人，清道光二十九年（1849）副榜贡生。官至山东候补道员署山东盐运使、布政使。曾在平度、招远开办采金工场，在牟平办矿务公司。著有《南海李氏宝彝堂藏器目》等。

[2] 温飏园，即温子绍（1834—1907），字飏园，广东顺德县人。从小喜欢钻研西方机器制造技术，清同治十二年（1873）捐官为花翎候选员外郎，加捐三品衔江苏试用道。曾是广州机器局首任总办，光绪二十三年（1879），建造了中国人自主生产的第一艘近海作战舰“海东雄”号。

[3] 齏，古同“齑”。

[4] 破瓜，也作“分瓜”。瓜字可以分割成两个八字以纪年龄，即十六岁，诗文中多用于女子。

[5] 嚲，下垂。

[6] 汉宫花，一种用轻薄柔软的织物做成花朵，来点缀衣帽裙裾或簪在头上的发饰。最先是从汉代宫廷中传出的一种手工艺产品，所以名为“汉宫花”。

春日江游书寄翁安宇

花田催得百花开，十万金钱载酒来。
记否珠江花事好？鹧鸪声里越王台。

珠儿珠女解春愁，卧酒吞花[1]斗粤讴。
惟有侬情背花说，落红如雨下江楼。

珠帘放出女儿香，翡翠为篷玳瑁梁。
赢得西濠好风景，阿侬家住水云乡。

烟雨楼头烟雨迷，夕阳一抹海珠西。
板桥曲处通花舫，杨柳回风莺乱啼。

素馨[2]为帐月为钩，香雾轻笼十里游。
如此春光如此水，二分明月唱《扬州》。（《扬州》，粤曲名）

桃花潭水我怀人，同是当年久客身。
料得故乡风味好，一家春对幔亭春。

[1] 卧酒吞花，又作“吞花卧酒”，指赏花饮酒，游春行乐。

[2] 素馨，为清朝时广州曾盛产的一种香花，一名那悉茗花，属木犀科。花白色，香气浓郁，用途广泛，粤人常将其制成饰品挂在帐中。

西洋女儿行为李竹农太史作（有序）

苏子卿[1]忠持汉节，河梁之顾托，不坠遗篇；胡忠简[2]归恋黎涡，溪崗之采风，艳谈逸事。千秋风月，两地莺花。自古纪离，于今同慨，吾于竹农太史有深感焉。嗟夫！楚馆秦楼秋雁咽，渔阳戍鼓；蛮乡蛋户[3]木鱼编，海国闲讴。快流水之奇逢，恋栈云而小住。乃有厮波光妓、狄鞮妖娼，一寸星眸，双悬月鉴。寻得龙宫故剑，牒判诗媒；吹来凤阁新箫，舟同仙侣。六千里，踏遍风花世界；五百年，证成水月因缘。金马玉堂[4]，天子曾呼待诏小戎。板屋游女，亦解谈诗。古所称：雉咏朝飞，娘歌夜度，移宫换羽，绝调双弹，非偶然矣。

慨夫五陵车马，想张绪[5]于当年，万斛情丝，绣平原之颜色。美人恩重，公子怜多。岂待珠络旋胸，金诃熨体，始谓之两美相投也哉！然而产自明妃冢畔，草尚含青；邀来云母屏边，花犹解语。无如鸳鸯一宿，杨柳千条。好月终亏，回波无术，唱到一声河满。身同凤泊鸾飘，催来《三叠阳关》[6]，泪洒乌头马角。予也，客中送客，愁叠新愁，影分太白之杯，魂销无那声。按小红之曲，意亦云何？量海水以情深，指星河而会在。手挥金管，零珠慰鲛室之悲；体变玉台，裁锦待鸡林之价。记取牙牌金字，李邕传及第于南宫；倘逢烟水湖船，范蠡订逃名于西子。

波斯酒红羊灯碧，珠罗帘卷花围壁。
风定琉璃百扇开，荡空明月江云湿。
人倚青山楼外楼，醉倾酒落翻铜狄。（酒器）

楼畔西洋好女儿，春风妙舞花如飞。
旧制箜篌按莺板，新翻筚篥[7]调螺徽。（席间华夷音乐迭举）
座中白也原仙吏，沧海曾经九龙地。
杏花春雨忆江南，（觞于杏花楼）银鞍白马欢买醉。
婉婳奇姿悦游目，锦靴箭袖胡家服。
雪霏交串鹦鹉杯，露香斜拂鸳鸯褥。
感情为唱《少年行》，金樽敲落搔头玉。
胭脂坡上拥貂裘，花月春江听一曲。
花能解语嬉春嬉，不数杨枝更柳枝。
娇痴少小通胡拍，多情犹自愁明妃。
悲笳声起山月落，风吹红豆何离离？
朝来别向香江水，风动流苏拂珠翠。
五更潮拥大江流，珊瑚碎溅鲛绡泪。
生离死别两情同，何惜楼前绿珠坠？
相知相慰期相见，帆飞轮转船如电。
鱼门东洋虎门西，脉脉情波自深浅。

[1] 苏子卿，即苏武（前140—前60），字子卿，陕西西安人。汉武帝时为郎，天汉元年（前100）奉命以中郎将持节出使匈奴，被扣留在北海（今贝加尔湖）边牧羊。苏武留居匈奴19年持节不屈。至始元六年（前81）才获释回汉。赐爵关内侯。

[2] 胡忠简，即胡铨（1102—1180），字邦衡，号澹庵，吉州庐陵芗城（今江西吉安市青原区值夏镇）人。宋建炎二年（1128）进士。南宋政治家、文学家，爱国名臣，庐陵“五忠一节”之一。死后谥号“忠简”。著有《胡澹庵先生文集》等。

[3] 蛋户，也叫做蜑户、疍民，古字“蛋”同“蜑”。指广东、广西、福建等沿海地带的水上居民，他们以船为家，从事捕鱼、采珠、运输等职业。

[4] 金马玉堂，为玉堂殿和金马门的并称。玉堂殿，原为汉未央宫的属殿；

金马门，原为汉宫宦者署门。都是学士待诏的地方，后也作为翰林院的代称。

[5] 张绪（422—489），字思曼，江苏吴县（今苏州市）人。宋明帝时曾领长水校尉、侍中、祠部尚书等。南齐高帝时，曾任中书令、散骑常侍、太常卿，领国子祭酒等。武帝即位，转吏部尚书。其言行风流儒雅，有财辄散之。死后谥号“简子”。

[6] 《三叠阳关》，即《阳关三叠》。琴曲。琴谱以唐王维《送元二使安西》诗为主要歌词，并引申诗意，增添词句，抒写离别之情。因全曲分三段，原诗反复三次，故称“三叠”。后泛指送别之曲。

[7] 筚篥，即觱篥。本名悲篥，也叫笳管、头管、管子，古代管乐器之一种，声音低沉悲咽，多用于军中，流行于中国北方。

西濠口感旧

鹅湖波静软于烟，云水光中镜里缘。
折柳漫题桃叶渡，转篷难系藕花船。
盟寒鸥鹭遗江珮，字叠鸳鸯寄薛笺[1]。
最是销魂帘不卷，有人低唱“碧云天”[2]。

花舫停桡西复东，海山楼阁玉玲珑。
银屏珠箔溶溶月，锦缆牙樯款款风。
双管艳销曾染黛，半奁香冷剩啼红。
眼看云物都陈迹，只在秋江画里中。

小棹频移珠海过，记从花下泛红螺。
解貂赌胜欢呼酒，掷锦争怜浪踏歌。
杨柳春归辞白傅[3]，芙蓉秋老倦青娥。
少年裙屐当年会，为底情深恨倍多。

数行诗绣尚罗巾，往事豪情问水滨。
梦里细谈新阔别，镜中横影旧丰神。

光阴过客偏怜夜，风雨离人惯负春。
何日重题襟上酒？江花如锦月如银。

无赖诗狂醉吐茵，冶游车马散轻尘。
题来门面愁崔护[4]，誓向楼头报季伦[5]。
一卷多心鹦鹉梦，十年落魄凤凰身。
河桥宴罢抛金缕，谁向灵山问夙因？

莺莺燕燕倦春心，钗股敲残玉漏沉。
此际定教花有语，当时还望叶成阴。
东家姊妹谈恩眷，南国宾朋播雅吟。
香草不栽红豆地，孤山茅屋慰知音。

记否前身鹤守花？冰心曾许字林家。
如何一样垂青眼？辜负三生萼绿华。
艳福只堪销岁月，素交从此傲烟霞。
乡园桑柘鸡豚局，贫贱夫妻乐事赊。

闭门归去静如禅，忏尽浮生恨与愆。
有泪尚为知己感，无才可受美人怜。
潮回狮海风云壮，浪隔龙门雨露偏。
修到嫦娥犹有恨，天边明月不常圆。

[1] 薛笺，又称“薛涛笺”，薛涛设计的一种便于写诗的笺纸，后逐渐用来写信，甚至官方国札也用此笺，流传至今。薛涛（约768—832），字洪度，陕西长安（今西安市）人。16岁入乐籍，后脱乐籍，终身未嫁。与刘采春、鱼玄机、李冶并称唐代四大女诗人。

[2] “碧云天”，词句出自宋代范仲淹的《苏幕遮・怀旧》。这首词主要抒写低回婉转的愁思。

[3] 白傅，唐代诗人白居易的代称。他晚年曾官太子少傅，故称。

[4] 崔护，字殷功，河北博陵（今定州市）人。唐贞元十二年（796）进士，

曾任京兆尹、御史大夫、岭南节度使等。是唐代诗人、官吏。《全唐诗》有存其诗，以《题都城南庄》流传最广。

[5] 季伦，即晋代石崇，字季伦，以生活豪奢著称。后世诗文中常用来喻指富豪。

闻江楼歌者佛堂皈戒过门题诗而去

种花心是惜花心，花自飘零感不禁。
崔护再来门似旧，那堪憔悴到如今。

药炉经卷侍维摩，听说逃禅隐薜萝。
卿纵负心侬未忍，逢人犹问近如何？

微笑拈花色色空，眼前哀乐付东风。
如何夺得金龟婿？一样浮梁竟不终。（余与颍川廉访先后为之落籍）

三月春波上画桡[1]，断桥杨柳正飘萧。
何当重泊秋娘渡[2]？醉里乾坤酒未消。

惹我风怀乱我愁，隔帘谁唱“白门秋”？
画梁多少双栖燕，何事人间悔觅侯？（妹阿柳归梁镇军）

青鸟[3]飞来慰别情，无劳石上证三生。
梨花门卷春深浅，鱼磬销沉下玉京[4]。

女儿香爇讲经台，合掌簪冠笑口开。
恩怨自消烦恼灭，好描金粉绣如来。

为卿重写《断肠词》[5]，凄绝江南旧竹枝。
莫问纱笼红袖拂，几行尘壁补残诗。

[1] 画桡，有画饰的船桨。这里代指雕梁画栋的游船。

[2] 秋娘渡，指吴江渡，位于江苏吴江（今苏州市东南部）。秋娘，又称杜仲阳，为唐德宗时镇海军节度史李锜的侍女。后常用来作唐代歌伎的艺名，或作善歌貌美歌伎的通称。

[3] 青鸟，神话传说中为女仙西王母传递音讯的神鸟。相传西王母与汉武帝传情，就是靠青鸟送信，后人因此以它作为信使的代称。隐喻爱情。

[4] 卞玉京（约1623—1665），又名卞赛，字云装，自号“玉京道人”。出身于秦淮官宦之家，因父早亡而沦落为歌妓，诗琴书画无所不能，后出家当了女道士。与顾横波、董小宛、李香君、寇白门、马湘兰、柳如是、陈圆圆等明末清初南京秦淮河上的名妓并称“秦淮八艳”。

[5]《断肠词》，朱淑真著。因自伤身世，所以用“断肠”做词集名。朱淑真（约1135—约1180），一作淑贞，号幽栖居士，浙江海宁人，一说是浙江钱塘（今杭州市）人。相传她能文善画，尤工诗词，素有才女之称，由父母做主，嫁给一个小吏，婚后生活很不如意，抑郁而终。

梁七秀才（耀衮）江楼小坐

竹深荷静晚风时，款款蜻蜓立钓丝。
隔院鹦哥闲唤茗，一帘花雨对敲诗。

旧梦三十首

淡淡星河耿耿天，半庭风露晚灯前。
梨花旧梦春无主，触拨闲愁又隔年。

平安栖稳凤凰枝，催断鸡声动客思。
千古风云累儿女，壮心从不计归期。

晓风无力唱回波，强笑衔杯奈别何。
卿解怜才侬解怨，消磨人在少年多。

相聚时欢别倍愁，恩情百日总前修。

倘教分与年年会，织女银河也白头。

残红荡堕雨飞烟，十万金铃锦缆牵。
约束莺花归管领，去留前定也凭天。

此去茫茫可莫论，旧游芳草暗销魂。
帐边玉马原如系，应念从前故主恩。

浪传踪迹寄苍梧，我愧逃名范大夫。
惆怅浣纱人访旧，尚疑飘泊在江湖。

误闻嫁得胜瞿塘，十斛明珠缀玉珰。
纵使弄潮儿有信，源头何处问渔郎？

浮梁生计六斑茶[1]，枫叶飘零更荻花。
泊岸始知风浪紧，夕阳门巷认儿家。

由来沧海浪浮沉，海不成枯水自深。
遮莫桃花潭上望，年来愁思尽难禁。

去年今日强登楼，楼上花枝唤莫愁。
底事[2]多情浑善病？捧心无语只低头。

绣金诗系紫香囊，苏蕙回文字字香。
刺到金针心欲碎，针痕无线不鸳鸯。

花下消凉月下游，江深五月只如秋。
《红菱碧藕》新河调[3]，《蝶扇蛾灯》旧粤讴[4]。

总宜船畔总相宜，郎约来朝看水嬉。
扶病五更梳洗罢，隔帘呼伴尚嫌迟。

含颦脉脉厌时妆，花渡人来集野航。
金络素馨三百颗，系郎襟上笑分香。

腰围束瘦藕丝裙，帘卷西风话夕曛。

我不红颜偏薄命，百花添个女儿坟。

料量无命续情丝，黄绢亲书堕泪碑。
谁信返魂香可借，合欢枝上接将离。

争得当前未了因，一朝相托百年身。
海棠那有修来福，花为留开减却春。

蜂波蝶浪闹情天，夜合惊开忿莫蠲。
好向花神和泪诉，再来休上百花船。

经课多心心课坚，倒偿天女散花钱。
买丝误绣如来佛，错补三生石上缘。

格仿簪[5]花写玉台，苦心慧性碧莲胎。
玉钗声断蓬山约，红袖题残化蝶灰。

风流队里绮罗场，花爱浓妆酒爱强。
眼底可儿零落尽，尽教黄竹叠空箱。

紫标掷尽更黄标，锦瑟华年怨未销。
三万六千无限恨，回头多少可怜宵。

纵不天涯亦路人，风翻花信未全真。
片云望断孤鸿影，今夜飘零何处身？

断无消息到王昌，旧事花田总断肠。
海燕巢空金屈戍[6]，红桥风卷落花香。

春生南国种相思，暮雨潇潇响竹枝。
红豆衔来鹦鹉语，不知人去几多时？

画中身是镜中身，姊妹多姿淡入神。
听说桃根能忆我，生来柳絮惯依人。

三千路隔枉凝眉，酒入愁肠泪入诗。

尽有深情书不得，是侬心事是侬知。

泪烛吹残夜五更，此心常觉欠分明。
画眉倘借朝天笔，不向人间诉不平。

好梦催人最易醒，绣屏香软暗流萤。
研脂补缀烟花史，一觉扬州鬓尚青。

[1] 六斑茶，古代名茶。
[2] 底事，何事。
[3] 河调，广东曲艺粤曲之一。“河”，指当年广州的红灯区大沙头、谷埠一带的河面。因有“南词班”的歌女在此地卖唱江南小调，故称“河调”。
[4] 粤讴，广东曲艺说唱之一，也称为粤调。起源于珠江一带的蛋歌和咸水歌，本是珠江花舫、妓院歌女唱咏的情歌，后也为岸上瞽姬师娘所习唱。
[5] 簪，当为“簪”。
[6] 屈戌，指门窗、屏风、橱柜等的环纽、搭扣。

江上读旧题诗

走马城南醉掷鞭，闭门花下学逃禅[1]。
剩来绮语浑难忏，合把黄金铸浪仙[2]。

斑管摛华渍泪痕，竹枝轻脆斗西昆。
何戡[3]老去闻歌吹，唱到新词也断魂。

红袖青灯旧酒场，几行题墨衬花香。
平章风月湖山福，中晚词人过盛唐。

旧情惟有镜中知，杨柳春风晓画眉。
我自飘蓬卿错嫁，英雄儿女合如斯。

[1] 逃禅，指遁世而参禅。

［2］浪仙，即贾岛（779—843），字浪仙，一作阆仙，号无本，人称“贾长江”，河北涿州人。唐文宗时任长江（四川蓬溪县）主簿，是唐代诗人。著有《长江集》、《诗格》等。

［3］何戡，唐代长庆时著名的歌者，后人借指遭逢世乱后幸存的歌者。

百花坟[1]吊古

粤岳耆英旧酒场。一齐弹泪落花香。
青山眉黛怜春暮，黄绢碑词艳夕阳。
珮影吹残珠海月，钗声摇落白云乡。
他生好绣鸳鸯句，莫再临风误玉郎。

［1］百花坟，指位于广州沙河梅花园山坳的张乔墓。张乔（1615—1633），字乔倩，号二乔，原籍江苏，在广州出生。工诗善画，是明末广州的名妓、诗人。张乔死后，广州名士彭孟阳把她葬在梅花园。出殡之日，广州百余文人前来送葬，并各为她赋诗一首，植花一株以寄哀思。环墓栽下红梅、紫薇等名花近百种，又称“百花冢”。

春日忆花埭

旧游花舫泊花田，花树园亭花月天。
镜里花容容易老，惜花人少买花钱。

旧游春感

春江花月总如烟，十里旗亭认酒船。
重向樽前问名姓，琵琶声里诉当年。

河桥吹梦雨如丝，一觉扬州杜牧之。

豆蔻梢头绿阴浅，那堪重唱《惜春词》。

万花围里斗春灯，灯火楼船最上层。
听唤侍儿将进酒，一杯残醉我犹能。

嫩寒风刺骨珊珊，小试春衫尚觉单。
闲斗尖叉弄花影，夜深犹记旧凭栏。

汉上题襟奈别何，酒痕分与泪痕多。
年来我亦风怀减，春水斜阳送绿波。

珠江端午

飞龙追逐浪花开，珠翠楼船结队来。
红粉青衫齐拍手，看谁先上锦标台。

午日征歌午夜回，管弦按部不停催。
万花围唱连环曲，一度歌成一举杯。

灯泛银槎万柄荷，笛边消受晚风多。
凉添半臂分钗影，不辨檀郎与翠娥[1]。

暮暮朝朝斗水龙，红灯簇簇下江东。
倘教借得今宵月，十万金钱乞桂宫。

[1] 檀郎，指晋代姿仪美好的潘安，后作为妇女对夫婿或所爱慕的男子的美称。翠娥，指美女。

情　禅

瓶钵生涯旧恨多，情禅一转动秋波。
从今莫洒英雄泪，寄语三生谢小娥[1]。

长斋绣佛一灯青，妙粲芙蕖吐语馨。
隔世峨眉山下问，是谁同授《法华经》[2]？

珊珊瘦骨伴维摩，面壁灵山岁月多。
卿解我怜还似我，命宫双注礼般陀[3]。

金粟吹香露色身，灵钟慧业过文人。
芒鞋踏遍梅花雪，绮语何年忏净因。

[1] 谢小娥，唐代商人之女，幼丧母，后嫁给历阳侠客段居贞为妻。14岁时，父与夫同时被强盗杀害。她立誓报仇，历经周折，终寻得凶手并杀之，还将其同党报官擒获归案。时任浔阳太守张公赞叹小娥的志气和行为，将其事迹上报，使免去死刑。后来，小娥削发为尼。

[2]《法华经》，即《妙法莲华经》的简称，是释迦牟尼佛晚年在王舍城灵鹫山所说，为大乘佛教初期经典之一。

[3] 般陀，即半托迦尊者，意译为道生，又名“探手罗汉”，因尊者闭目盘腿静坐结束时，常双手举起，呵欠伸腰，安然自乐，所以得名。是早期佛经记载的十六罗汉中的第十位。

有　赠

记从残雪款高轩，花外娇娃笑语温。
风雨隔年重访旧，未愁崔护冷题门。

落花时节又欢逢，一月勾留兴倍浓。
郎去郎回侬不管，只须临别少从容。

江南草长暮烟霏，陌柳团团绿正肥。
那有封侯到夫婿，鹧鸪啼叫不如归。

小别无多数旧缘，一番相见一番怜。
青衫重叠樽前泪，潭水桃花照画船。

阅　历

花开花落事如尘，阅历情场见始真。
莫待铁枯方铸错，十年我是过来人。

几人犊鼻[1]慰穷居？闲剪秋灯读《汉书》。
赢得当炉花似锦，十年风雨病相如。

章台走马柳如丝[2]，张绪[3]当年事可知。
惆怅东风吹絮散，向人犹自舞腰支。

住向迷楼梦亦迷，断风斜雨板桥西。
香丛多少闲蜂蝶，衔着花飞认雪泥。

到眼情天色色空，爱根未断惜残红。
事从觉后方知悟，失马何曾福塞翁？

[1] 犊鼻，即“犊鼻裈”的略语，也称“犊褌”，褌，古同“裈”，古代服饰，一种短裤（一说围裙），因形如犊鼻而得名。常用来喻指贫穷。典出汉代赵晔《吴越春秋·勾践入臣外传》。

[2] 章台走马柳如丝，句中含典故二：一是“章台走马”，典出《汉书·张敞传》。章台，指汉代长安城妓院较集中的章台街，原指骑马经过章台街，后借指名士风流。一是“章台柳”，典出《太平广记》引唐代许尧佐《柳氏传》。原指唐代韩翃的宠妾柳氏，后用来形容美女。

[3] 张绪，指“张绪柳”、“风流张绪”的典故，喻指人谈吐风流，举止儒雅。典出《南史·张裕列传·张岱兄子·张绪》。

初夏温五碧藁携歌姬江上纳凉招余话旧

漏泄春光散柳阴，清和天气倦春心。

绿荷凉雨鸳鸯梦，那记灯前唤夜深。

板桥多少泪相思，添上潮痕只自知。
雨打桐花风碎竹，鹪鹩[1]栖遍凤凰枝。

[1] 鹪鹩，一种体形巧小的鸟，俗称巧妇鸟，又名黄脰鸟、桃雀、桑飞等。身长约三寸，羽毛赤褐色，略带黑褐色斑点，尾羽短小上翘。以昆虫为主要食物，巢只有鸡蛋大小。此鸟形微处卑，因此被用来比喻弱小的人或容易满足的人。

张广文为金莲落籍[1]适蔡进士有紫云之请索予诗为催妆

莲心清苦藕丝长，供得文人一瓣香。
笑比焦桐收爨[2]下，怜才终属蔡中郎。

两行红烛艳妆楼，蛮女熏香礼数优。
教我迎门传吉语，翰林风月占瀛洲。（蔡大将入都补殿试）

[1] 落籍，销掉户籍。旧特指官妓从良，从乐籍上除名。也指替妓女赎身，以除去妓院乐籍。
[2] 焦桐收爨，即“爨桐”，指焚烧桐木为炊的典故，后用来比喻遭毁弃的良材。典出《后汉书·蔡邕列传》。

吊白菱女子（有序）

珠江镜花歌者阿菱，生而娩婳。幼遭离乱，为沙吒利[1]妇养儿，爱怜如掌珠。肤理莹洁，以白菱噪于时。比长，红楼选梦，誓从一而终。闻予租船养疴，泊向江寺，菱朝夕习来问侍，涤砚焚香，光含佳侠。暇辄叹曰：“君能怜我，矢以女儿身，归侍金屋，为章台吐气。”予深感之。七夕后，逼于槐黄[2]之行，落第过厦，羁留闽中。今春返珠江，才及船唇，旧人泣告：“菱近失足，沉汨罗死。阿母延僧船作道场，起葬百花坟侧，君何迟暮？”是夕，壬甫观察招予过船慰藉，步滑桥霜，只履堕海，众惊曰：“是恰为菱赴龙宫处，珊珊其来，然耶？否耶？”予惊，泣久之。

嗟夫！野田草露犹能以礼自防，其天性然也。君子悲其遇，哀其志，不必深论其人，而菱也千古矣！为诗五章以当《薤露》[3]。

月白湘娥泣洞庭，天涯凄绝数峰青。
红棉花发珠江寺，鱼磬僧船夜讽经。

零落人间十七春，飘流何事怨香尘。
西陵松柏青青在，犹是东风未嫁身。

咏史租船记我曾，香添红柚读书灯。
如今泊向秋娘渡，肠断江南唱《采菱》[4]。

花埋青冢土犹香，冷语酸人带侠肠。
莫笑章台无劲节，独留青眼对垂杨。

达摩面壁自年年，我亦楞严十种仙[4]。
浮笠渡江遗只履，拈花何处问情禅？

[1] 沙吒利，指唐代蕃将沙吒利恃势，劫占韩翊美姬柳氏的典故。后用来代指霸占他人妻室或强娶民妇的权贵。典出《太平广记》引唐代许尧佐《柳氏传》。

[2] 槐黄，“槐花黄”之省。古指忙于准备应试的季节。

[3]《薤露》，是汉代流传下来的著名的挽歌。意为生命短促，有如薤叶上的露水，瞬间即逝。

[4]《采菱》，又称《采菱歌》、《采菱曲》。古代乐府清商曲名。

[5] 楞严十种仙，指佛教经典《楞严经》中介绍的十种神仙：地行仙、飞行仙、游行仙、空行仙、天行仙、通行仙、道行仙、照行仙、精行仙、绝行仙。

花朝后四日泛舟访温五碧蕖留题

花竹萧疏接绮寮[1]，绕栏杨柳总魂销。
绿波春水停诗舫[2]，犹认溪南旧板桥。

半榻茶烟话别情，落花和雨暗啼莺。
凭君莫问春江月，往事凄凉不忍听。

白水青蒲（筼坡[3]侍郎斋名）结旧缘，相逢樽酒惜花天。
樊川飘泊文园病，红豆江南剧可怜。

画禅诗史一灯青，旧学商量语性灵。
好向人间修绮忏，拾将残叶写《心经》。

[1] 绮寮，雕刻或绘饰得很精美的窗户。
[2] 诗舫，供人赋诗吟咏的游船。
[3] 筼坡，即温汝适（1755—1821），字步容、水南，号筼坡、景莱、慵讷居士，广东省顺德县人。清乾隆四十九年（1784）进士，选庶吉士，授编修。官至兵部右侍郎。工诗文、书法，著有《咫闻录》、《携雪斋诗钞》等。

赠女伶郑襟友

小菱靴窄鬓横貂，杨柳楼头醉舞腰。
一样木兰儿女侠，歌场装点总魂销。（襟友善串女侠诸剧）

酒罢筝停雨夜寒，玉兰西畔碧阑干。
镜窗花影春灯寂，一卷宫词两校看。

花开姊妹事如何？愿托通辞水不波。
生世浮家太飘泊，酒边情绪负卿多。

将离乍合合还离，巧试郎心郎未知。
淡后转思浓更好，落花蝴蝶过墙时。

赠我崔徽旧画图[1]，江湖风雨太模糊。
读书灯畔焚香供，聊当彭郎嫁小姑[2]。

小别三年鬓有丝，那堪还问再来时。
袖中零落秋风扇，知有深情寄阿谁？

[1] 崔徽旧画图，指崔徽和裴敬的爱情故事。崔徽，唐代名妓。相传她曾与唐朝特使裴敬相爱，不久两人分手。崔徽将她的肖像画寄给敬中并交代说："一旦我不如画上的模样时，那就是我为你而死了。"后来她积怨成疾，抱恨而亡。

[2] 彭郎嫁小姑，指小姑和彭郎的爱情故事。相传江西彭泽县大江中的小孤山相对着附近江侧的澎浪矶，民间好事者以"浪"作"郎"；以"孤"作"姑"，并流传下一个"小姑前年嫁彭郎"的爱情故事：美丽的小姑与彭郎相爱，因难成眷属而投江殉情，化作"小孤山"（又名"小姑山"）；彭郎则因思念小姑，化作"彭浪矶"立在江边，俩人终于死后长相守了。

香风词柬郑荔裳员外

又向天涯梦一场，海山何处不容狂？
秦台月冷箫声寂，零落人间小凤凰。

才到中年百感并，看花无复旧时情。

琵琶触拨襟怀恶，且莫当筵唱《渭城》[1]。

春雨春风乱打楼，隔河杨柳住行舟。
久于世路波涛惯，无用灯前祝石尤[2]。

拚将离恨补情天，彩翼双飞到我前。
一片落花衔不住，绿阴重护再来年。

白袷[3]飘萧两鬓丝，解鞭平揖郑当时。
樊楼借重莺花选，香海才名更数谁。

[1]《渭城》，即《渭城曲》，是唐代诗人王维为送别友人去边疆写的一首七言绝句，它描写一种深挚的惜别之情，适合于离筵别席演唱，后来成为以告别为主题的流行古曲。

[2] 石尤，指“石尤风”，逆风、顶头风的俗称。传说古代有商人尤某娶石氏女，情好甚笃。尤远行不归，石思念成疾，病重临死时说：“吾恨不能阻其行，以至于此。今凡有商旅远行，吾当作大风，为天下妇人阻之。”典出《琅嬛记》引《江湖纪闻》。

[3] 白袷，旧时平民的服装。常用来借指无功名的士人。

题李山农方伯风怀诗后

草檄关西眼界雄，铜琶铁绰大江东。
参军蛮语都能解，擘画旗亭赋落红。

荒驿秋风鬓欲丝，英雄旧梦少年时。
萧萧陌路谁红拂？错过人间李药师。

我亦珠江旧酒徒，海幢烟树听啼乌。
凭君莫问西濠月，剩有倪迂[2]《夜泛图》。

（同题倪耘劬[3]《珠江泛月图》）

瘴海相逢岂偶然，笑谈风月亦前缘。

蓬莱诗吏归吟社，出世情怀澹欲仙。

[1] 萧萧陌路谁红拂？错过人间李药师。指李靖和红拂私奔的故事。事见唐杜光庭《虬髯客传》。红拂，本姓张，是南北朝司空杨素府中为歌妓。因常手执红色拂尘，故称“红拂女”。李靖（571—649），字药师，陕西三原县人。唐初杰出的军事家将领、军事理论家。

[2] 倪迂，即倪瓒（1301—1374），初名珽，字泰宇、元镇，号云林、荆蛮民、净名居士、朱阳馆主、萧闲仙卿、幻霞子等。江苏无锡人。性情清高，怪癖多，人称“倪迂”。善书画，工诗词，是元代画家、诗人，著有《清閟阁集》等。

[3] 倪耘劬，即倪鸿（1829—1892），字延年，号云癯、耘劬，广西临桂人。长年游宦广东，曾任巡检、福建襄办台湾军务等，官至七品。工诗文，善书画。著有《退遂斋诗钞》、《桐阴清话》等。

梅　是

梅是前身是后身，问卿何事谪香尘？
怜侬自诩看花眼，珠海南来第一春。

风裁原是女儿家，肯向江春斗丽华。
天意挫磨名士气，可怜一例到名花。

丰神楚楚玉亭亭，闲屑金泥乞写经。
听说平生多绮忏，命宫谁为注双星。

凌寒标格太孤高，声碎琵琶酒力豪。
洗尽喁喁儿女态，盲词高唱取金刀。
（粤俗弹词有《杨八妹取金刀》附会宋史杨业事）

含情脉脉两相看，尽日无言泪暗弹。
我亦强颜卿解语，惜花须要耐春寒。

重话天涯未可知，满天飞絮送春时。
凤凰栖稳平安竹，一任东风过别枝。

情到忘情总是情，人间天上证分明。
缘何私语长生殿，不说今生说再生。

年来红豆谢相思，漫怅临河折柳枝。
尽有恩情同纸薄，玉珰缄札雁来时。

何二颖幼金十三祖香连日邀同龙熏琴郎中、崔夔典太史、周献伯大令、俞桂阶醝尹江游宴集，醉后率赠

珠江之水清且长，几人汗漫归故乡。
春明梦破江头月，桃花锦浪双鸳鸯。
人生适意恣行乐，直以风月回千觞。
邯郸之枕聊复尔，玉堂纷署相翱翔。
或为飞凫佐调鼎，神仙游戏安可量。
《汉书》填胸酒不下，舞低浑脱思大娘。
英雄事业半牢落，妇人醇酒差能强。
红拂不作桴鼓寂，狄鞮妖妓寒且僵。
野花劝醉亦不恶，归对黄面愁眉长。
此生此乐能有几？军书夜半严海疆。
朝来请缨系南越，楼船旗鼓驱降王。
男儿意气凌八表，满浇块垒摧刚肠。

一　棹

一棹仙源旧有涯，重寻洞口夕阳斜。
那堪前度刘郎别，愁向风前讯落花。

一枝花现女儿身，兰絮何缘证旧因。
只惜匆匆太辜负，至今弹泪说行人。

流云无滓亦无瑕，浅裹轻梳亦大家。
谁信飘零天莫问，蝶除痴梦证南华。

风华如许镜中春，淡抹浓妆不碍颦。
倘向红颜论福命，怎教沦落到斯人。

到底浮生色是空，漫须回首怨东风。
河桥旧种纤纤柳，身后浮萍任转蓬。

鹃啼寒食雨潇潇，肠断春江日暮潮。
忽忆旗亭旧时句，不谈诗忏亦魂销。

珠海大观园观剧漫赋

红棉十里鹧鸪风，如画江城细雨蒙。
锦缆牙樯盛弦管，数声檀板出帘东。

百扇琉璃九曲屏，团圞笑语隔花听。
牡丹楼阁酴醿架，筝未停催酒未醒。

歌吹南濠问水滨，壶中花木镜中春。
素馨斜畔如珪月，曾照昌华院里人。

听雨听风百尺楼，海天霞唱摸鱼讴。

蓬莱清浅桃花笑，王母西来宴十洲。

江南箫鼓十番新，小队雏鬟杂笑颦。
东海云璈亲按拍，袖中谁复记扬尘。

前身明月后身花，香国修成萼绿华。
游戏人间仙眷属，银河风静泊星槎。

花为舫杂咏示翁安宇孝廉叶仲垣太史兼示六弟十一弟

樽酒珠江记旧缘，大堤波绿软于烟。
弟兄风雨江湖外，此景依稀二十年。

双鬟歌吹浣行尘，烟浒旗亭壁月新。
几辈江游旧裙屐，绿杨门巷两家春。

（安宇仲垣同寓敝庐，自春徂冬有游必共）

故园风味忆莼鲈，花雨帘栊唱鹧鸪。
宋嫂鱼羹[1]绿荷饭，怎抛尘梦到西湖。

（六弟将赴官两浙）

烟波书画花为舫，我亦江南旧钓徒。
重检《四朝闻见录》[2]，清明佳节上河图。

柳塘花屿款行舆，锦伞油幢侍起居。
莺蝶帘边春似海，后堂分课到琴书。

（连句奉太夫人江游）

锦棚十丈海云红，金紫擎天扬晓风。
一曲霓裳众仙咏，太平楼阁正当中。

（太平楼阁，牡丹名）

彩帆箫鼓胜扬州，南汉昌华纪御游。
依旧西濠赛灯月，万家珠翠犒龙舟。

盂兰斋饭呗音宣，铙钵僧船海会前。
几队湖篷水灯忏，瓣香同结万人缘。

故乡今夕幔亭游，风景家山语未休。
花好月圆人共醉，天涯难得此中秋。

烟揩云抹镜中天，不羡鸳鸯不羡仙。
悟得前身原是月，桂轮香满夜团圆。

[1] 宋嫂鱼羹，一种杭州传统名菜。

[2]《四朝闻见录》，叶绍翁著，为史料笔记。记载南宋高宗、孝宗、光宗、宁宗四朝事迹，所记多为作者亲历或耳闻。叶绍翁，本姓李，后嗣于龙泉（今属浙江丽水）叶氏，字嗣宗，号靖逸，处州龙泉人，祖籍福建建安（今建瓯）。曾任朝廷小官，长期隐居钱塘西湖，是南宋中期诗人。

连日偕六弟十一弟春江泛棹

十里花田接荔湾，浮家行乐笑开颜。
向平婚嫁团圞会，何点欢游大小山。
胜地园林春绚烂，中年丝竹日清闲。
最难风雨彭城夜，兄弟江湖数往还。

石星巢[1]太守为菊仙女士征诗

十斛量珠数石家，珍珠无价玉无瑕。
他年重合珠还浦，何事东风怨落花。

百花坟吊楚庭幽，死别生离一例愁。

恼我浮梁旧枫荻，因君重拨《四弦秋》[2]。

瘴江风雨惯消磨，不减朝云侍老坡。
谁信宝山怅空手，心清何碍此乡多。（菊仙原名宝玉）

惜春无那断肠词，黄绢亲书堕泪碑。
检点灯前旧罗帕，（弥留时以手持帕乞太守题词为殉）
秋坟应唱饱家诗。

维摩丈室散花天，营奠营斋待俸钱。（太守指分西粤）
消受檀郎瓣香拜，瑶光鱼磬梦初圆。

好呼明月认前身，兰絮何缘忏净因。
语向珠江齐下泪，护花人是葬花人。

红棉疏雨鹧鸪天，十里花村好墓田。
寒食春游斗壶榼，踏青来醵杖头钱。

玉虚斗姥灿花缸，（菊坨在斗姥宫）十丈盂兰礼绣幢。
惆怅归魂目莲忏，寒泉菊盏荐秋江。
（花舫年例醵赀[3]作盂兰供甚盛）

月落潮回新旧沙，隔江哀怨动琵琶。
秋娘昨夜《烧衣曲》[4]，愁绝何戡《舞蝶花》。
（《珠江舞蝶花》得古舞剑器遗意）

谢家飞絮满庭芳，燕子东风为底忙。
飘泊只余身后累，浮生萍聚信茫茫。

烟浒垂杨袖海花，（袖海、烟浒两楼为南城觞咏之地）
渡江桃叶惯辞家。
南园草绿飞蝴蝶，濠上清波唱晚霞。
（太守住南濠为珠江老渔唱霞旧地）

花开姊妹旧连枝，分绣平原学买丝。

补读神瑛《石头记》，从残香墨替笺诗。

高烛浓妆照海东，吹来残梦正惺忪。
玉箫我为韦皋祝[5]，再世红鸾注命宫[6]。

[1] 石星巢，即石德芬（1852—1920），字星巢，号惺庵，一名柄枢，广东番禺人。清同治十二年（1873）举人，以纳资捐官，曾任广西、四川道员。后在广东、北京设学馆讲学，任惠州丰湖书院讲习。嗜藏书，家有“石室”、“徂徕山馆”等藏书室，著有《惺庵诗词》等。

[2]《四弦秋》，（清）蒋士铨著，是根据白居易《琵琶行》诗而创作的一本杂剧，故事描写唐朝长安名妓花退红（演出本改名《花绣红》）不幸的婚姻遭遇。蒋士铨（1725—1785），字心余、苕生，号藏园、清容居士、定甫，江西铅山县人。清乾隆二十二年（1757）进士，曾任翰林院编修，是清代戏曲家、文学家。著有《忠雅堂诗集》、《藏园九种曲》等。

[3] 赀，同“资”。

[4]《烧衣曲》，即《男烧衣》和《女烧衣》，俗称“老举南音”，是清代盲乐师在妓寨卖唱时，为娱乐妓女、嫖客所唱的广东南音。

[5] 玉箫我为韦皋祝，指韦皋和玉箫的爱情故事。事见唐代范摅《云溪友议》：韦皋与玉箫相约，约定5至7年后来娶她。因韦皋违约，玉箫绝食而死。韦皋知此事后“广修佛像”，结果玉箫托生为歌姬，又回到韦皋身边。韦皋（745—805），字城武，陕西西安人，官至剑南、西川节度使，赐爵南唐郡王，顺宗（李诵）立，加封为检校太尉，死后谥“忠武”。

[6] 再世红鸾注命宫，是古代术士根据天象按命理推算婚姻的说法。红鸾，即红鸾星，汉族神话中的吉星，主婚配等喜事。命宫，是中国占星算命学中的名词，指人命的归宿。若女性的命宫中有红鸾出现，则将有婚姻嫁娶的事情发生。

七绝　一百六十三首

七律　一十首

七古　二首

以上古近体共一百七十五首

福雅堂诗钞卷三

山园集

吴辉煌　校注

初　归

路入家乡感此身，未应长作岭南人。
问程我计三千里，还汉人经十九春。
梅国有香生长地，莲山无恙酒诗邻。
须眉约略通昆弟，羹饭矜严当主宾。
母子情怀悭一面，(王太夫人先逝) 祖宗丘墓记初巡。
分来土物聊通讯，辨到乡音屡带颦。
入座烟霞添故主，联床风雨话天伦。
琴书带古遗楹旧，楼阁依山院落新。
偶步园林花引路，爱寻山水鸟知津。
归家无室翻为客，隔岭看云又忆亲。
别有心香寄何处，榕村俎豆礼先民。

山中春兴

春风门不掩，贯酒读《离骚》。醉倒梅花侧，醒来山月高。

过　滩

水折峰回天地窄，万木悬藤山背黑。
猿臂攀崖放缆来，舟子齐声祷灵塔。
上滩水浅下滩深，波如箭流石如闸。
溪流一转夕阳明，竹木萧瑟横河清。
寸心惊定推窗看，始知险极还复平。
羡煞沙鸥两两自来去，不知安乐不担惊。

岁暮怀竹园

忆昔读书始，夙负凌霄志。梦寐总角年，感慨嬉游地。
修竹数千竿，炎夏不知暑。白云自悠悠，室远徒思尔。
闻道幽篁亭，落箨风雪里。何日插天高，一一负节义。
转眼春风生，披拂鸣得意。

晓行山雾大

晓行山雾大，瘴湿熏篮舆。舆夫健如猱，冲雾凌太虚。
举头招黄鹤，下界疑有无。呼吸天门开，红日升东隅。
清净现光明，有觉非凡夫。合参仙佛途，不与吾儒殊。
愿学贵精能，待兔胡守株？取譬近于仁，于此其庶乎？
云烟过眼明，道不纷歧趋。行行重行行，陟蹑忘崎岖。
升天天匪高，道在立志初。返身一却步，雾豹[1]长嗟吁。
崇德爱景光，莫待补桑榆。

[1] 雾豹，原指隐居的地方，后也指退藏避害的人。典出汉代刘向《列女传

·陶答子妻》：答子治陶三年，名誉不兴，家富三倍。其妻谏曰："能薄而官大，是谓婴害；无功而家昌，是谓积殃。南山有玄豹，雾雨七日而不下食者，欲以泽其毛而成文章也，故藏而远害。"

山中五日

寒深草阁混樵渔，艾虎蒲龙[1]绿野居。
四日先斟五日酒，未时才写午时书。
闲来采药归琼杵，往事分香到彩裾。
曾记鹭门珠海胜，满船箫鼓吊三闾[2]。

[1] 艾虎蒲龙，即"蒲龙艾虎"，指端午节汉族传统风俗。端午节，旧俗扎蒲草做成龙形，扎艾草做成虎形，挂在门上，以驱恶辟邪。
[2] 三闾，即屈原。

屈子[1]曹娥[2]皆以五日沉江为诗吊之哀千古忠孝之同调也

千秋同调怀忠孝，佳节遗闻感逝波。
角黍系丝投屈子，辛虀题绢慰曹娥。
湘流尚有孤臣泪，江水能为烈女歌。
山里闭门闲读史，一杯吾欲酹长河。

[1] 屈子，即屈原（约前342—前278），自云名正则，字灵均，湖北丹阳人。官至楚国三闾大夫，后被楚襄王放逐。战国前278年，秦国破楚，因感忠君爱国无望，于同年五月初五日投汨罗江自杀。历朝均作为忠君之典范。著有《离骚》、《九章》等。
[2] 曹娥（130—143），东汉上虞家堡人，相传，东汉汉安二年（143）曹娥的父亲溺于江中，时年仅14岁的她，日夜沿江号哭寻父，于同年五月初

五日投江而亡。历代帝王都对曹娥孝行大事褒扬，将她所住的村镇改名为“曹娥镇”，殉父之江改名为“曹娥江”，为其立碑建庙。

登漱珠冈[1]题壁

登高豁幽境，流水涤尘襟。疏磬隔林际，茶烟扬竹阴。
蝉鸣黄叶老，鸡唱白云深。徙倚星台上，沧江日暮吟。

[1] 漱珠冈，即“漱珠岗”，宋代称“万松岗”，位于今广州市珠江南岸新港路五凤村。清道光年间，道士李名彻见此岗“山环水曲，松石清奇”，遂取名作“漱珠岗”。曾为近代文士诗酒结社之地，留有“梅社”两字石刻。

家园秋夜

岭云倦游梦，归卧东山傍。雨过棋声寂，秋深灯影凉。
读书游侠传，击剑少年场。回首天涯共，团圞此月光。

乡园除夕

长从客里过除夕，今夕团圞聚故乡。
几卷诗篇供祭酒，一年功过静焚香。
荒村爆竹疑疏雨，寒驿梅花送夕阳。
惜取光阴纳余庆，镜边新觉鬓毛苍。

灯火天街夜未阑，风传吉语报平安。
暂赊花月游春债，少慰亲朋度岁难。
市外健儿喧饮博，朝来田父例衣冠。
家山风味从头话，一夕围炉洽笑欢。

肯抛清梦忆南中，守夜应教两地同。
群季料量桃李宴，高堂凝盼杏花风。
景光满目催鸣漏，岁月惊心类转篷。
彩笔题符新气象，春王书上万年红。(纸名)

钟鼓天街歇晓筹，卖花人唱太平讴。
他年预贺凭春燕，昨日喧传送土牛[1]。(先日立春)
筝笛村童欢彻夜，杯盘田祖卜新秋。
五云光近瞻初日，捧出祥轮万国游。

[1] 送土牛，指立春节汉族传统的迎春风俗。土牛，也叫“春牛”，立春日劝农春耕的象征性的牛，用泥捏纸粘而成。

村　居

村居寂寂水云横，物外升沉两不惊。
亲老未抛儿女累，妻来方见弟兄情。
平将孤愤书排闷，阅尽群雄剑欲鸣。
寄语豪交众年少，五陵裘马悔平生。

故山楼阁雨初晴，意气元龙界上清。
万里风云盼秋隼，五湖烟月卧长鲸。
闲来诗酒聊充隐，梦里莺花浪得名。
倒屣相迎长袖揖，柴门疏懒到公卿。

村居即景

水绕亭台树绕山，画栏低压碧云间。
半园桃柳自春色，花落无言鸟倦还。

留别乡园

万山风雨倚危楼，飘泊浑如不系舟。
尘海功名催短鬓，天涯岁月怕回头。
词场走马新花样，野店闻莺旧酒筹。
检点丁年胜冠剑，鱼龙池上几经秋。

几卷新诗两袖风，飘然一去大江东。
男儿事业风云上，士女情怀夕照中。
芳草乍抛新涨绿，落花犹趁暮潮红。
此行休更寻桃渡，肠断春江雨打篷。

三年坐老故园春，生长天南岭外人。
未谙土风安薄俗，长存直道待斯民。
何妨退步留余地，尽可分甘洽比邻。
我亦临歧呼子姓，耕桑余事乐天伦。

弟兄话雨好联床，诫语无多别雁行。
入世总无纨袴习，累名还在酒诗狂。
家肥原不关温饱，亲老长怀祝寿康。
倘念服畴[1]先世力，莫教嬉乐促韶光。

半园松竹夜窗虚，消遣年华乐有余。
久把风尘困鹰隼，未容乡物恋鲈鱼。
九边烽靖图王会，五色云深校秘书。
收拾名山一枝笔，蓬莱还是列仙居。

[1] 服畴，指从事农活。

舟次浦南

极浦环春水，维舟傍钓居。渔灯沉远港，人语杂荒墟。
沙涨溪流转，篷低月到初。乡心分两地，今夜梦何如？

山居漫兴

斜日水西流，沿溪钓网收。云高招野鹤，波阔浴闲鸥。
倚石发清啸，临风得早秋。渔樵随问答，笑语凌沧洲。

村醪不醉人，花下樽常满。白也桃李园，我家田荆馆。（斋名）
千秋乐天伦，游夜相结伴。犬吠月三更，篱边人未散。

山楼雨望酬文田叔

坐看微云起，雨从西北来。溪痕长蘋藻，石气润莓苔。
泼墨浓如画，焚香净不埃。群儿驱犊返，小婢报花开。
斜日淡蓑影，凉风入酒杯。偶逢诸父老，闲与话蒿莱。
生意动林际，杉茶遍户栽。

雨后行田陇间访家倬云兄缓步至下殊旧庐

山深冱寒气，六月始分秧。太古余耕凿，先人旧圃场。
溪声喧过雨，山色澹斜阳。莫漫谈高隐，茅添旧草堂。

山庄遣兴，寄从兄印川征君(宗瀚)兼示心存[1]侄

柴门临水竹罘罳[2]，豚栅鸡栖护短篱。
十亩禾田供酿酒，一帘花雨助催诗。
机声时与书声间，枝影还同月影移。
好是乡园风物美，晚香蓣芋佐新炊。

[1] 心存，即林心存，福建安溪人。光绪元年（1875）举人。曾在安溪西坪南岩村讲学。

[2] 罘罳，古代设在门外或室内的网状建筑物（屏风）。

偶　憩

偶憩古松下，静听蝉一鸣。翛然万虑寂，微觉晚凉生。

趁墟和从叔文田原韵

倚影淡孤村，家家昼掩门。年丰鱼米贱，人杂水云喧。
平准风仍古，亲宾谊自敦。依然日中市，温饱住桃源。

独步，呈从兄印川师兼示周竹山王永纯两丈

竹木入云深，荒径人踪少。泠泠石泉响，滴沥自昏晓。
山花照眼明，微风动林杪。澄怀万籁清，孤想入幽窅。
郁郁千年松，上有高飞鸟。

鹭田八咏（有序）

余乡万山环耸，虚其中，形如香炉，峰初名炉田，又名胪传。詹咫亭[1]尚书诗作《炉田乡中莲花山》，诸胜备详邑乘。偶归田园，钓游所及，分景赋诗，集同人唱和，山灵秀钟，其或于此占彰晦欤！

莲洞茶歌

采茶莫采莲，茶甘莲苦口。采莲复采茶，甘苦依相守。

新岩梵响

白云一声钟，下界动清响。即此悟真如，乾坤小方丈。

杯桥泛春

桥石如流杯，传自仙人凿。买得玉壶春，相寻智者乐。

石潭钓雪

落月澹荒山，空潭澄止水。下有双鲤鱼，世无王祥子。

边林山瀑

林有仙人瀑，锡[2]名“小匡庐”[3]。闲与作卧游，因风自卷舒。

朵岭樵云

古径入云深，寒蝉咽暮林。隔山樵唱晚，黄叶散秋阴。

鱼山啸月

结庐鲤鱼山，啸歌闲自适。明月下双溪，观空万缘寂。

狮寨品泉

东泛狮子洋，（在东粤）归帆日已暮。言念在山泉，清浊应如故。

［1］詹思亭，即詹仰庇（1534—1605），字汝钦，号思亭、巢云居士，福建安溪崇信里多卿乡（今祥华乡美西村）人。明嘉靖四十四年（1565）进士，授广东南海令，官至刑部右侍郎。晚年定居泉州，死后赐祭葬，赠刑部尚书。著有《詹少司寇奏疏》、《思亭文集》等。

［2］锡，同“赐”。

［3］匡庐，指江西的庐山 。相传殷周之际有匡俗兄弟七人结庐于此，故称。

山馆夜坐示心存侄

溪声间雨声，凉气挹山馆。风吹户牖开，皎皎庭月满。
今夜月逾明，微雨淡相浣。散步出西廊，涉趣呼邻伴。
隔帘读书灯，丛竹相留款。

登尚良楼（又名松陇楼）

斯楼全揽溪山胜，家守楹书二百年。
村社古风留朴拙，高曾遗矩属薪传。
研经岂为科名重，操行何惭气识先。
（高祖哲侯公著有《群经集解》，屡荐不第）
天半朱霞云外鹤，清严遗像见公贤。

山楼除夕寄广州冯诏南

去年除夕岭之东，围炉团坐灯光红。
亲朋骨月迭欢笑，声声人寿兼年丰。
夜半相携书画市，赝辨北苑嗤南宫。
摊钱揩眼别骨董，汉瓦秦璧商周铜。
归途香拥水仙担，雕镂江蟹穿山龙。
(蟹爪水仙屡见近人题咏，市有刻为鱼龙之形，花样更新矣)
尔时爆竹千街响，卖花唤蚬雷轰聋。
比邻一笑各归去，检点巾服犹冬烘。
利市襕衫秀才语，钱神拜乞文运通。
手持名笺礼数简，鬅鬙[1]赤脚喧书僮。
欢然入坐屠苏醉，隔篱呼取记邻翁。
于今天涯各乡井，重数旧事将毋同。
小窗风雨千山寂，兀坐剪烛裁诗筒。
宵来焚香代君祝，欲酬百事先送穷。
他年途路开口笑，马足得意鸣春风。
欲书吉利作何语？大树长揖将军冯。

[1] 鬅鬙，指头发散乱的样子。

携粤厦眷属避乱还安溪

杜陵兄妹滞天涯，此日团圞聚一家。
到底故山风物好，隔篱花雨课春茶。

万山风雪掩柴门，世外朱陈[1]别有村。
始信桑麻成福地，人间何处不桃源。

[1] 朱陈，村名，位于今江苏丰县东南，常用来喻指世外桃源的现实翻版。典出唐代白居易的长诗《朱陈村》，诗中歌咏了唐代徐州丰县朱陈村的淳朴民风。

澄华园落成有赋（园在安溪）

临溪辟池馆，竹木亦清华。穿磵[1]奇搜石，分泉静养花。
海天鱼鸟乐，岩壑水云赊。世外谁渔父？仙源别有家。

平地楼台起，千山入座青。三层宏景宅，半角子云亭。
风雨怜幽卧，莺花笑独醒。投闲学充隐，回首谢山灵。

旧梦风涛恶，溪痕长半篙。桃花经世乱，香草注《离骚》。
礼乐空山古，林泉士气高。草茅随位置，无地著吾曹。

天伦有真乐，（天伦书屋）何论买山钱。梅鹤依和靖，池塘梦阿连。
醉歌明月下，谈笑好风前。记得江湖夜，花深共泛船。

红桥添岸舫，风景小珠江。司马题犹壮，元龙气未降。
豪情倾北海，寄傲到南窗。欲访前山寺，云深护石幢。

地选书堂胜，山从粤岳移。（后山遍栽梅花，名曰“小罗浮”）
鲤鱼烧尾[2]日，莲子苦心时。（文阁环拥莲花、鲤鱼诸峰）
庇厦惭多士，谈瀛译九夷。（义塾兼课泰西天文、地舆、机器）
高堂双鬓健，园圃护孙枝。

[1] 磵，同“涧”。

[2] 鲤鱼烧尾，比喻升迁更新的意思。典见唐代封演《封氏闻见录》：士子初登荣进及迁除，朋僚慰贺，必盛置酒馔音乐，以展欢宴，谓之“烧尾”。最早的意思来源于传说中“鲤鱼跳龙门”：鲤鱼跃过龙门时，天雷击去鱼尾，鱼乃化身成龙。事见《太平广记》引《三秦记》。

山　雨

空山多白云，满作为霖想。况复时节知，入夜滴清响。
方春事农畴，茅屋娱心赏。小慰望霓情，差胜临风仰。
待得卖花声，知有鱼苗上。来日板桥头，撑进前溪桨。

天公滩

敢凭忠信涉重渊，人在滩头命在天。
我欲千寻凿幽险，为君常济往来船。

险　溪

零丁洋接滩惶恐，客久曾经次第寻。
漫道险溪真险绝，最无潭底是人心。

恶　岭

千盘石磴起嵯峨，闽道难于蜀道过。
明月清风原不恶，路人休自苦蹉跎。

除　夕

回首京华又一年，家园今夕庆团圞。
敢夸书锦辉莱彩，（腊月中旬，诸弟侄从远道归，为家君庆七秩）又酌屠苏侍绮筵。
海屋筹添新岁月，天涯囊剩旧诗篇。

老亲指向诸孙笑，万里来分压岁钱。

山居杂咏

余家安溪万山中，广州、厦门、台北皆有寓园，还山日少。今年山园落成，住山独久，因随意作《山居杂咏》。

山　鸟

翡翠宿兰苕，因风叹寂寥。万花栖涧谷，一羽托云霄。
求友难为侣，呼名不自聊。山光能悦性，饮啄有余饶。

山　花

山深花有信，土厚得春迟。只觉林泉美，非关雨露私。
渔樵增眼福，莺蝶任天随。回首烘开者，风斜绿满枝。

山　泉

分涧得新泉，涟漪鉴碧鲜。地炉槐火活，云碓浪花圆。
影泻千潭月，香生十丈莲。鱼龙趋大壑，清记在山年。

山　茶

山茶、山兰重以闽产，其余悉以花树概之。山蕷重民食山药，戒求仙也。

十里贱栽花，千村学种茶。根难除蔓草，地本厚桑麻。
谷雨抽香葅，花风绽玉芽。如何龙凤碾，出自相公家？

山　　石

凿山搜怪石，聚石欲成山。何似孤山托，长教万石环。
天然林壑美，人共水云间。待补娲皇手，凭他笑我顽。

山　　云

能为天下雨，不负在山心。肤寸开衡岳，天章照古今。
仙源秦世隔，亲舍狄梁寻。出岫原无意，行人尚借阴。

山　　树

大厦惭何补？空山性独完。云雷长自护，风雪不知寒。
浩气凌霄壮，中流作柱难。撑天余晚节，根厚郁龙蟠。

山　　月

皓月照荒山，山古月更古。迢迢遍大千，皎皎逢三五。
定静现光明，虚空绝吞吐。我憩小茅团，三万六千户。

山　　寺

无寺山不幽，有寺山更俗。我家万峰巅，僧居半岩曲。
鱼磬渐生尘，耕锄有余粟。随缘托空山，苦行心无欲。

山　　墟

太古日中市，桃源鸡犬清。泉刀余世累，海错盛风行。
逐逐鲁邹哄，纷纷滕薛争。东南民力薄，盐铁慎输征。

山　　兰

近日，建兰甲中外，时论素心为兰、赤心为蕙，仍以“香有余”一语为断。贡品之佳者名“十八学士”，每茎生十八花，叶光润而柔长。古谱称“一茎一花”，今名“独占”，叶微短，仍有素心赤心之分，实兰之一种，未可概以全兰也。画苑拘定一茎一花，叶长而窄为兰，今殊少见。

一箭一花香，丛生笑蕙强。论谁翻画史？名早冠花王。
大节素心定，崇封奕叶长。龙岩汤沐赐，何事叹孤芳？

山　蓣

山蓣即番蓣，亦名地瓜，以花落地而瓜成。自烟毒流于四民，国有惰农不耕而获，赖有此矣。

烟草盛原膴[1]，山蓣济其穷。移根传域外，大利溥寰中。
地不分肥瘠，年先兆歉丰。（岁歉则蓣丰）系匏嗤老圃，惭负落花风。

山　药

十年东海游，饱啖安期枣[2]。采药得长生，吾身恒不老。
朝栽称意花，暮种忘忧草。笑问白头翁，何如首乌好。

山　妇（山中多幼蓄苗媳）

不栽陌上桑，只采山中茶。君为浮萍草，妾作女贞花。
十五为人妇，十三学当家。城中有女儿，两鬓才髻丫。

山　猎

月落角弓鸣，繁灯照野城。呼鹰新纵酒，斩马旧谈兵。
狗兔将军泪，旗枪义侠名。壮心悲暮烈，搏虎北山行。

山　僮

手缚青松帚，茅檐扫落花。朝随采山药，夜共课《南华》。
睡听《秋声赋》，慵煎雪里茶。有时伴儿读，偏解斗涂鸦。

山　酿

清溪老红酒，村居称李文贞得传禁方。如史国公之类，土产红曲绝佳，深红带绿晕者，为酒极品。此蓝溪本色，溪山深处家酿有之。

蓝溪女儿红，天贶山中相。色夺葡萄醅，香倾琥珀酿。
千家种秫田，一水翻桃浪。携与渡黄河，旗亭歌绝唱。

山　田

掌地也成田（宋莆田陈俊卿[3]句），田多涧底穿。
千盘开鸟道，九曲泛螺旋。
龙咒潭中雨，蛙翻屋上泉。不须图郑侠，半饱是丰年。

山　塾

杉茶租税薄，余力课儿书。鸡黍先生馔，莺花处士庐。
皋比尊语录，（山乡多藏宋五子书，城邑转多不见）
蝉蜕训经畬，（村学童子专经用蝉蜕法，每日恒背诵至数十卷，故先辈未冠多通十三经）
仰止榕村学，秋风荐野蔬。

山　园

因山以为园，兼有泉石胜。花木一家村，羊求三友径。
卧游海岳宽，香梦罗浮证。归辟万梅龛[4]，野服闲身称。

山　客

山中经年不得一客，且懒酬应。性嗜石，园中多妙品，终日与石丈人周旋，如高朋满座也。

闭门万山中，不放石头去。呼作丈人行，谈深留客处。
拨云古道寻，把酒涤尘虑。说法妙点头，余情犹絮絮。

山　樵

烂柯一局棋，七日山中住。踏踏半溪云，丁丁几烟树。
归日讯行踪，来时忘去路。只今幽谷莺，啼落花无数。

山　祠

石室存忠裔，长林一脉兴。力田修孝弟，遗矩仰高曾。
根庇枝能大，年丰户自增。丸丸松柏茂，长与颂冈陵。

山　家

往来如昼夜，荷锸笑刘伶。埋玉怜芳草，骑骕哭谪星。
家无千日酒，人限百年经。郁郁佳城气，丹心照汗青。

山　营

解甲罢南征，连乡散绿营。雄边严戍守，逾岭慎军行。
坚壁能清野，屯田寓训兵。只今谈斥堠[5]，纪效见书成。

山　城

山城如斗大，四野起秧歌。雉堞迷芳草，蜂衙补绿罗。
兵犹存戍额，官独拙催科。残柝花村静，邮亭满黍禾。

山　寨

海寨环山寨，渔团结户团。力犹资土堡，功已障江干。
戈壁摩天势，星旗特地看。夕阳耕废寨，飞鸟度千盘。

山　庙

野庙降灵巫，刀山拔万夫。神羊刚跳舞，鬼马任揶揄。
上界逢青使，荒畦赛紫姑[6]。浩然歌正气，血食扫榛芜。

山　兽

日落牛羊下，山风动四邻。虎狼凭窟宅，狐鼠啸荆榛。
月黑花含雾，磷青草不春。阳和开薮泽，天瑞贡麒麟。

山　雨

溪涨满楼风，千山送落红。连旬联雨榻，镇日伴诗筒。
花木萧疏处，烟云起灭中。苍霖思岳降，天半又晴虹。

[1] 原膴，土地肥沃。
[2] 安期枣，指传说中的仙果名，后用来喻咏仙道。典出《史记·封禅书》。
[3] 陈俊卿（1113—1186），字应求，别称陈正献、陈福公、陈魏公，福建莆田人。宋绍兴八年（1138）进士，曾任泉州观察推官、尚书右仆射、同中书门下平章事兼枢密使等职，官至左丞相，封魏国公。死后赠太保，谥号“正献”。著有《陈正献集》、《陈正献奏议》。
[4] 盦，同“庵”。
[5] 斥堠，指侦察敌情的建筑物，又指探测敌情的士兵。斥，侦察的意思；堠，古代瞭望敌情的土堡。
[6] 紫姑，中国古代传说中的司厕之神，有先知的能力，人多迎祀于家，占卜诸事。事见南朝宋刘敬叔《异苑》。

辛卯夏还山有作

两年不到故山庄，绕屋荷花傍柳塘。
养得冬虫成夏草，渍将春雨发秋棠。
起居乡老惊衰谢，问讯村儿记辈行。
循分自安耕读好，人生难得此韶光。

晴鸠雨燕自朝朝，（山中至夏深方种田）我爱田家乐事饶。
有酒洽邻敦古处，吟诗消昼破清寥。

逍遥雅集图真率，澹泊家风戒吝骄。
每服先畴思旧德，何年归计遂渔樵。

墓田丙舍[1]郁山光，小酹壶觞泪数行。
今日鸡豚诚未逮，阅时霜露最难忘。
（旬日，三谒先观察封茔，拟筑墓庐，卜地未定）
先芬图籍心香在，（宋益王赠先仲麟公诗翰忠祠，回禄失去，先观察以重直购回，垂为家宝）
遗念冠绅手泽长。
珍重摩挲垂世祀。千秋彝鼎秘尊藏。

出山泉话在山泉，清白长留晚节坚。
千里倚闾将母愿，一经遗箧望儿传。
狂澜有藉思回手，时局关怀待仔肩。
寄语抟风须健翮，（诸侄将赴乡闱）侧身黄鹄尚摩天。

[1] 丙舍，指在墓地的房屋。

山园夜坐

三层楼阁最玲珑，花木沿溪曲水通。
四面云山皆绕闼，一轮冰月正当中。
湖堤柳曲围新舫，海上花田驻旧骢。（柳曲花田园中拓景）
今日卧游开别墅，依稀风景去年同。

龙瀑歌（有序）

闽中山水多奥区[1]，余家安溪之炉田乡，地处万山中。邑乘载：莲花山、瀑布漈为吾乡两胜迹。莲峰秀矗，终日垂青。惟林边瀑布漈，二十年前初归时，隔岭一望，未穷幽奥。洞口古木千章，仅通樵径。询诸乡老，亦云不着游踪。今夏，冒暑还山，求纳凉处，村樵有以瀑涧告，云门径三重奇石，位置天然，大者如门如屏，小者为几为榻，靡不神工鬼斧。将至龙潭，石坡三叠如画，其地爽垲。瀑悬处，石壁矗百余丈，横半之石平如镜；飞泉静喷，散如马尾，初名“马尾漈”。石壁多龙须草，又名“龙须漈”，乡人呼瀑为漈，余故以“龙瀑”名之。乡愚相传，石潭有赤鲤，旱久出游，甘澍立沛，壁左陡绝处，有仙龛叠石，如人工砌成，宽广容数十人。余振衣千仞，直造其巅，藉探龙瀑来源，为山乡得一大观。年来游屐遍重瀛，遇名瀑不一，无此幽靓。山灵蕴秘，非时不彰，亦非人不著，因为长歌以纪之。

庐山水帘天下一，三百五丈排云出。
金楼玉阙注甘泉，万壑千岩蔽霄日。
罗浮九百八十瀑，村里梅花旧丹灶。
七十石室丽朱明，我骑蝴蝶曾修到。（罗浮之蝶身大如凤）
闻闻见见见未闻，故山自有匡庐君。
浮家南海邻粤岳，左股割取蓬莱云。
归来家山巧安置，千叶莲花初堕地。
林边扬出百珠帘，沐日浴月衔丹翠。
我昔还山尚少壮，腰脚登临殊旷放。
乡老笑指瀑布泉，隔岭看云曾一望。
耳目从来囿所见，目不见眉眉失面。
失之交臂三十年，我对山灵惭障扇[2]。
今年冒暑还山来，赤脚踏水消炎埃。
山人引我浣瀑涧，诛茅辟径通幽苔。
或疑马尾搓风线，或指龙须卷冰练。

或逢玉女戏倾盆，或笑云郎刚涤砚。
远望仙龛半即离，云中舞蝶窥天池。
平拖绿玉仙藤杖，得遂平生一见之。
万木阴森发雷响，散花历落明仙掌。
侧身蛇伏臂悬猱，举头忽见天开朗。
悬崖峭壁镜砥平，百丈直落鸣琮琤[3]。
横坡三叠开画境，石潭印月微云清。
下有千年渴蛟睡，未云何龙强之醉。
一朝洒雨遍大千，苍霖慰望年丰瑞。

[1] 奥区，内地。
[2] 障扇，又称长扇、掌扇，长柄扇，帝王仪仗之一。
[3] 琮琤，象声词，形容如敲打玉石的流水声。

田家述

山泉通荒畦，引竹资灌溉。硗土慎培滋，余力薙芜秽。
民生端在勤，莫作禽犊爱。山居学灌园，筋力尚能耐。
我祖辟町畦，松陇启荒昧。时平值岁丰，家洽有余贷。
晚岁别墅营，四皓[1]敦夙爱。（曾王父同怀四人三百八十岁）
课孙守遗楹，专经肄劳诲。
王母百岁余，（魏太君天恩三锡）山灵通謦欬[2]。
月明静纺车，猛虎隔篱对。
若为听纺来，驯习更朔晦。精诚感百神，山君亦孙辈。
于今门祚昌，流庆自前代。三代履丰腴，是富善人赉。
儒门盛冠绅，德厚福乃载。耕读还本来，留步斯善退。
我闻君子泽，五世递兴废。膏粱文绣儿，自省当疚内。
孝弟力田科[3]，明诏西京佩。长作识字农，毋为骄吝态。

人生贵清高，五岳尊泰岱。南阳事躬耕，军饱诸葛菜[4]。
莫笑山中氓，乾坤清气倍。为诗诏儿曹，知艰勤负耒。
柳阴清昼谈，竹马泥龙[5]队。大女簪菜花，不羡城中黛。
小女打鸭回，色赛钟馗妹。山妻爱娇儿，犊背抛书在。
远指阿爹回，“天地元黄”背。踏月浩然歌，犬隔柴门吠。
酒不向妇谋，（不善饮）茗或呼童焙。种梅三万株，终老吾何悔？

［1］四皓，即商山四皓：秦末隐士东园公、夏黄公、绮里季、角里四人。因避秦乱世而隐居商山，采芝充饥，四人年皆八十多岁，须眉皓白而得名。

［2］謦欬，咳嗽声。

［3］田科，指农业税。

［4］诸葛菜，是中国北方常见的一种野菜，传说因诸葛亮率军出征时曾采嫩叶为菜而得名。

［5］泥龙，泥塑龙像，古人用以祈雨，比喻无用之物。

涉　园

涉园成趣静相宜，偷得闲身补旧诗。
茶熟山妻长对品，花开小婢惯先知。
方塘雨过鱼偏活，野槛云移鸟自嬉。
十二明窗临水遍，卷帘风试薄绵时。

一樽聊为故人开，短彴[1]长廊扫绿苔。
戏掷诗牌同斗草，纠参觞政陋猜梅。
桃寻源里评花甲，（座有老人自忘年齿）
李拨炉边忆芋魁。（乡老爱谈文贞[2]相国）
到底山中多岁月，神仙富贵付深杯。

［1］彴，独木桥。

［2］文贞，即李光地（1642—1718）字晋卿，号厚庵、榕村，人称“安溪李相国”，福建省泉州市安溪湖头人。清康熙九年（1670）进士，官至文渊阁大学士兼吏部尚书。是清初著名的政治家、理学家。死后追赠太子太傅，谥号“文贞”。著有《周易通论》、《榕村语录》等。

涂楼隔（地名）阴雨候晴次大坪口占

万山齐送雨，风鼓助雷声。行李方歧路，诛茅得数楹。
三家成守望，两日滞邮程。虎啸传空谷，朝来或放晴。

乍晴还乍雨，湿翠熏篮舆。恶岭云横在，寒流水倒无。
山花含野瘴，村鸟习蛮呼。群峭摩天碧，难于蜀栈图。

莲花山[1]观海（山在同安）

海漈灏无边，千峰叶叶莲。涛声疑卷地，云气欲浮天。
远岛开晴旭，横江荡晚烟。大轮[2]（山名）随世转，何处认沧田？

［1］莲花山，古称金冠山，位于今福建省厦门市同安区莲花镇后埔村境内，方圆12平方公里，主峰738米。因峰峦耸秀，状若莲花而得名。
［2］大轮，即大轮山，位于今福建省厦门市同安区城东1公里，因山体层峦起伏，横亘数公里，如车轮滚滚而得名。

山中积雨闷[1]坐

雨声狂吼间溪声，山色空蒙未放晴。
九陌桑蚕占噪鹊，千场柑酒负流莺。
闭门似把庚申守，比屋聊将甲子评。
欲话金銮闲曝背，补天无术慰苍生。

[1] 闷，底本目录作“閟”。

经年未登先观察坟茔[1]于弟侄还乡跪香致虔泣而有赋

陇阡尚待欧阳表，今日凭君荐豆觞[2]。
一洒西风游子泪，海门流不到山乡。

连宵有梦侍庭帷，撰杖承欢笑语嬉。
泪湿重衾惊睡觉，隔窗还忆课孙时。
（余中岁住厦门二十年，侍先观察联榻而居，爱同幼稚）

陇头扫雪拾枯松，香暖瓶笙玉女峰。
一盏寒泉荐春荈[3]，山园风味淡还浓。
（先观察性嗜茶，云：“初泡过浓，二泡味淡而香始出。”余嘱弟侄于扫墓忌辰朔望时，虔作茶供一如生时）

白发慈亲岭海边，平安如旧健如前。
分灯纺绩严闺课，勤俭持家老愈坚。
（余自幼见先观察，年例返粤一次，每到仅一月。偕慈亲训督家课，四十年如一日。时家道全盛，日习勤劳不自觉也，慈亲至今老不言倦）

[1] 茔，底本作“莹”，误。
[2] 豆觞，指酒馔。豆，古代的一种食器，形如高脚盘；觞，古代盛酒器。
[3] 荈，指茶的老叶，即粗茶。

晚　　眺

雨过云逾静，山高月更清。楼台连岫起，花木与溪平。
笛舫添诗兴，灯窗得画情。林园闲涉趣，湖海悔浮生。

五绝　一十首
五律　四十七首
五古　六首
七排　一首
七绝　一十首
七律　二十四首
七古　四首
以上古近体共一百零二首

福雅堂诗钞卷四

岭云集

吴辉煌　校注

粤中怀古，呈方子箴[1]文树臣[2]两观察

江花江月总纷纷，风卷层楼入暮云。
老去称臣蛮大长，少年失路汉终军。
崖州八百酬恩泪，金鉴千秋寿世文。
过客未应才子尽，韩潮苏海要平分。

[1] 方子箴，即方濬颐（1815—1889），字子箴，号梦园，安徽定远人。清道光二十四年（1844）进士，曾任御史、两淮盐运使等，官至四川按察使。后退出政界，在扬州开设淮志书局，广揽四方贤士，校刊群籍，重修平山堂。著有《二知轩诗文集》、《忍斋诗文集》等。

[2] 文树臣，即文星瑞（1825—?），字树臣，号奎垣，江西萍乡归圣乡人（今萍乡市湘东区麻山镇）。道光年间举人，历署罗定直隶州知事、廉州知府、分巡高廉兵备道等职。著有《啸剑山房诗草》。

春暮游樵山访朱子襄[1]先生（次琦）有呈

移舟泊沙渚，溪雨长三篙。水静游鱼聚，风多野鸟高。
柳香寻酒幌，花落典春袍。莫笑谋生拙，烟波一钓舠[2]。

车马尘劳者，能消半日闲。羡君多岁月，招我到溪山。
鱼笋评乡味，莺花识笑颜。醉谈天下事，明月满前湾。

朝市何须问，升沉世网多。忘机随造化，到眼息风波。
吾道尊清介，斯游足啸歌。青灯课儿读，旧业未蹉跎。

香稻柴门外，何时遂买邻。帆低风拍岸，桃笑水知音。
大雅无今古，高怀洽主宾。年年生计足，杨柳两家春。

（避乱移居樵山）

[1] 朱子襄，即朱次琦（1807—1882），字子襄，号稚圭、浩虔，人称九江先生，广东南海（今佛山市南海区）人。清道光二十七年（1847）进士，官至襄陵知县，后辞官在家乡收徒讲学，是维新变法领袖康有为的老师、晚清的教育家和诗人。生平著述甚丰，但多未脱稿，临终时焚去。学生简朝亮集其诗文，编为《朱九江先生集》。

[2] 舠，小船。

卓笔峰和梁斗南[1]孝廉（耀枢）

太华峰头一枝笔，去天尺五矗天直。
九霄雷雨横奔驰，四海烟云供给役。
君来上界倒持之，千军未扫吞龙螭。
玉皇下语香案吏，写罢两京词赋六朝文字三唐诗。
大书“忠孝”两字扶伦彝。

[1] 梁斗南，即梁耀枢（1833—1888）字斗南、冠祺，号叔简，人称“金玉状元”，广东顺德人。清同治十年（1871）状元，授翰林编修，为广东最后一位状元。曾任湖南乡试主考官、翰林院侍讲、侍读学士等，官至参事府詹事。

应坤应绅两侄移居潮州有园林之胜余闽粤往来[1]维舟小住

万里江河洗眼来，维舟几度笑颜开。
功名肯事此中老，（应坤以监司将出山，应绅以同知在粤铨选）
花木都从绝顶栽。
沧海有田成岛屿，黄金无路起楼台。（吾乡多山，难辟楼台）
云横雪拥湘桥夜，莫忘乡园酒一杯。

[1] 往来，目录作“往还”。

同寓霞阳园与李若农[1]太史（文田）夜话兼简主人李仲彝孝廉（嘉树）

明珠孔雀斗风华，日丽江山景物嘉。
南海衣冠开百粤，西园坛坫属三家。
华年滋味同煨芋，雨夜清游解护花。（主人赠婢，余为执柯）
留取霞阳鸿雪迹，画檐诗句待笼纱。

[1] 李若农，即李文田（1834—1895），字畲光、仲约，号若农、芍农，广东顺德人。清咸丰九年（1859）进士，官至礼部侍郎。晚年归故里，主讲于广州凤山、应元书院，是清代的蒙古史研究专家和碑学名家。死后谥“文诚”，著有《元秘史注》、《元史地名考》等。

西　施

五湖虽好自繁华，那有闲情到范家。
一片姑苏台畔月，照侬心事浣溪纱。

闺　怨

莫打野鸳鸯，鸳鸯飞过墙。东邻小儿女，夫婿是辽阳。

岁暮怀西樵[1]书舍

避乱西樵西，读书樵山麓。瀑布千丈强，洗耳聊破俗。
主人结园亭，幽居傍岩谷。课子事诗书，布帛与菽粟。
怜我事游场，招我就乡塾。相安六月余，遂使三冬足。
一别十二年，劳我还瞻瞩。昨日山人来，问讯到乡曲。
云说富桑麻，天厚善人福。感深一饭恩，此意常往复。
世有淮阴台，手把黄金筑。世无淮阴台，将军诚负腹。

[1] 西樵，即西樵山，又名锦古山、花山，位于今广东省佛山市南海区的西南部，与丹霞山、鼎湖山、罗浮山并列为“广东四大名山”。山里有书院、寺庙、楼阁等建筑，皆具有岭南风格和地方特色。

哭捷云五弟

半帆风影渡斜阳，九死犹能返故乡。
搥向灵床思大被，苦留残喘问高堂。
伤心不远求秦楚，披发何由诉大荒？

昨夜梦中闻唤我，江湖风雨一灯凉。

名场枉说受恩知，盼到风云泪欲丝。
杨柳楼头悲少妇，栗梨怀里慰孤儿。
他生纵有前缘在，此别应难后会期。
廿载弟昆天亦靳，风尘多半别离时。

题　画

万松如海屋三间，寒石秋林照古颜。
忽下当年袍笏拜，醵金来买米家山。

年来同学争以少年事戎轩诗以箴之

年少淮阴悔不渔，圯桥黄石意纾徐。
坐看豪杰纷投笔，望慰苍生且读书。
剑古不磨关气养，竹高能小见心虚。
太平有道修儒术，报国文章董仲舒。

本事诗

有鸟东南飞，大江阑[1]不住。杨柳风依依，解恋春归去。
妾家红楼边，绿杨最深处。生长绮罗丛，解赋东风事。
六街年少郎，连鞭玉骢驻。黄金好赠欢，欢逢亦几许。
明日百花船，箫鼓夕阳里。可惜此时情，欲语君不语。
但愿长相知，不愿长相依。郎心肯负妾，对面别离时。

[1] 阑，同“拦”。

拟陶渊明《读山海经》诗即次其韵

五柳深闭户，久与世情疏。浩歌发长啸，风雨鸣一庐。
众绿压檐低，幽人此读书。鸟啼三径荒，门无长者车。
妻子供术醪，带雨剪嘉蔬。白云时往还，此身乐与俱。
散发卧北牖，佳哉《山海图》[1]。开卷益性情，得失浑自如。

[1]《山海图》，古《山海经》原来有图，称为《山海图经》，晋朝后失传；今《山海经》图绘于明清。

灯　花

不逐凡花带笑开，为谁报喜灿银台。
呼童莫把金刀剪，留与飞蛾仔细猜。

西樵月夜茏苁阁观瀑

梯月登茏苁，风声间瀑声。岩先临万户，花影坐三更。
照眼银鱼出，推窗玉露横。水流天不夜，七十二峰明。

醉歌行

掷杯不作皱眉语，斫剑酣歌夜起舞。
天涯落落谁平原，梦魂不到赵州土。
慷慨雄谈击唾壶，羊灯凝碧秋江雨。
潇潇尽作不平鸣，天山敕勒铙歌[1]声。
麒麟侧步大荒纵，酒边月黑沉西营。

更阑一醉复一斗，倒骑黄鹤鞭沧鲸。
大罗天远神仙府，烟霞无路通蓬瀛。
掉头未肯尘中老，汗马功名殊草草。
耻将笔砚焚君苗，兰成射策年何早。
君不见燕照神骏筑高台，市骨千金成画虎。
夕阳荒草尽变迁，秋风黄叶邯郸道。
我今卖剑还买书，俯仰蓬庐任大造。

[1] 铙歌，军中乐歌，后泛指军歌。传说为黄帝、岐伯所作，属汉乐府的鼓吹曲，用以激励士气，也用在大驾出行、宴享功臣及奏凯班师。

追悼李霞生

三年怆就哭君诗，更隔三千里外思。
梅雨一江春梦短，年年愁煞落花时。

少小年华大雅群，绮罗池馆正逢君。
交期笑指逢山在，谈到深时半入云。

风雨交情后此谁？一生惟我最相知。
少年旧事窗前话，听到闺人亦泪垂。

野草斜阳散暮愁，如何华屋忽山丘？
肯教宽着平生眼，纵不青云也白头。

病际弥留久闭门，强来花下赋高轩。
因缘未了琴书局，笔尚横时酒尚温。

落鸿沉雁渺沙洲，消遣闲情镜海游。
禅榻三更君入梦，梦魂一别抵千秋。

离愁幽恨满萧斋，往事凄凉感客怀。

有泪痛从何处寄，夜深和雨滴空阶。

诗成谁解寸心灰，小李才如大李才。
生作达观聊慰死，替兄垂泪和诗回。(谓李少植)

读唐史四咏

魏郑国[1]

唐宫谏议鬓苍苍，四世浮沉历两王。
田舍余生逢哲后，园陵分泪望先皇。
殿前洗马飘弓影，袖里佳鹞触鉴亡。
身后封书陈俭德，千秋贞谥让闺房。

褚河南[2]

爱知词翰冠公侯，白帢飘萧去国忧。
还笏臣依唐社稷，论书人赏晋风流。
那因失谏方迎武，不信无心便谮刘。
帝许佳儿付诸葛，独泠老泪督潭州。

狄梁公[3]

紫袍金笏旧臣悲，坠马风巾势不支。
鹦鹉梦回重庆日，牝鸡晨唱太平时。
公门桃李兴唐室，沧海遗珠照妒祠。
孤愤易为家国祸，十年忍辱仗安危。

宋广平[4]

铁石风清漫等伦，若论姚宋失斯人。

赐来座客劳天子，呼到家奴屈宰臣。
莲近六郎羞对面，梅从一赋认前身。
陈诗听到《鸤鸠》[5]什，花萼楼边总是春。

[1] 魏郑国，即魏徵（580—643），字玄成，河北巨鹿郡（今巨鹿县，一说馆陶县）人。官至光禄大夫，封郑国公，谥号“文贞”。著有《谏太宗十思疏》、《十渐不克终疏》等。

[2] 褚河南，即褚遂良（596—659），字登善，浙江钱塘（今杭州）人。人称“褚河南”。曾任谏议大夫、中书令等职，唐太宗时封河南郡公。善书法，作品有《倪宽赞》、《阴符经》等。

[3] 狄梁公，即狄仁杰（630—700），字怀英，山西太原人，唐代著名政治家。死后追赠文昌右相，谥号“文惠”。后又追赠司空、梁国公。著有《狄仁杰集》等。

[4] 宋广平，即宋璟（663—737），河北邢台市南和县人。唐调露年间进士。唐玄宗时宰相，武则天时官至御史中丞，封爵广平郡公。死后谥号“文贞”，著有《梅花赋》等。

[5]《鸤鸠》，指《诗经》中的《国风·曹风·鸤鸠》。诗中用鸤鸠饲养小鸟的方法作比，劝诫君王应该平均如一对待子民。后用来作为君王以仁德待下的典实。鸤鸠，即布谷鸟，传说它哺育群雏能平均如一。

客中自况

十年一觉悟来今，袖满新诗酒满襟。
深夜客谈因果录，天涯人倦看花心。
风流裙屐存清议，福命文章听赏音。
飘泊谁怜汉南柳，行人犹为借秋阴。

箴学诗者

诗人之诗贵性情，《毛诗》[1]三百天籁清。

温柔敦厚比兴赋，导源汉魏《离骚》经。
六朝五代多作者，分唐界宋尊其名。
我独寸心千古求其是，眼低唐宋元与明。
前朝七子囿风格，国初诸老犹咿膺[2]。
乾嘉振越中天响，皋夔[3]扬拜唐虞赓。
皇朝黼黻盛遭际，手抉云汉开沧溟。
天根月窟吐晶彩，金鳌玉蝀鸣瑽琤。
下及衙官逸流女，才子各以其盛争。
相鸣流余风韵多取法，贞金乐石词润英。
学成翻得性灵句，景光娱目垂心声。
吁嗟乎！风云月露，何代何时无？
君不听，春雨绿杨啼鹧鸪。

[1]《毛诗》，指西汉时鲁国毛亨、赵国毛苌所辑注的《诗》。后作为《诗经》的代称。

[2] 膺，同“应”。

[3] 皋夔，传说中舜时贤臣皋陶、夔的并称。亦借指贤臣。

寄六弟静云

海外归鸿一纸书，清风明月怅何如？
天涯各有还乡梦，梦里逢君讯起居。

秋老龙台一病身，十年容易感前尘。
飘萧袍笏方三拜，权与梅花作主人。

不合逃禅也学仙，文章福命亦何权。
蕊珠细读登科记，漫道嫦娥爱少年。

一家词赋慕机云，誉满东南旧有闻。

入洛自惭名太早，更教才调不如君。

次第看花记旧游，珠江消夏鹭江秋。
桂梁兰室参军妇，绷緥灯前弄阿侯[1]。

桃李园中大雅群，江头花月要平分。
年来洗尽筝琶耳，樽酒相逢只论文。

频年踪迹渐飘离，鸡黍乡园有所思。
北望京华南望越，两人心事水云知。

苏蕙回文叠劝归，何当步障解郎围。
楼头杨柳飘零甚，难道君来不下机？

些些琐语叙家庭，百事关心不忍听。
詈到女嬃[2]吟泽畔，楚骚[3]何事感湘灵？

自悔诗狂更酒狂，三生绮忏又何妨。
证明功过焚香夜，旧学商量爱景光。

纷纷鳞爪向云舒，点额翻成纵壑鱼。
听说神龙好头角，风雷犹自借吹嘘。

惊闻忠信涉风波，天意裁成半折磨。
季子多金能慰嫂，分君颜面未蹉跎。

一木权当大厦支，稻粱谋食强维持。
关心无寐呼予季，时局艰难语向谁？

鸡犬同牢百忍张，虀盐薄味有余香。
向平幸了高堂愿，姜被田荆集庆长。

挑灯草草客中吟，聊当窗前语素心。
君自加餐依正健，漫须湖海怅分襟。

[1] 阿侯，古诗中美女莫愁的女儿。
[2] 女嬃，屈原的姐姐。屈原《离骚》："女嬃之婵媛兮，申申其詈予。"东汉学者王逸注："女嬃，屈原姊也。"
[3] 楚骚，指战国时期楚国屈原所作的《离骚》。

柳枝词

乍逢青眼展愁眉，长日章台惯弄丝。
谁信沾泥身后累，轻狂还恐不多时。

一　灯

一灯销尽十年心，旧学商量耐讨寻。
献绝卞和犹抱璞，怨非延寿误怀金。
白门秋老江乡思，翠袖天寒日暮吟。
谁为风云长太息，卖浆屠狗也知音。

河岳通灵若有词，荒唐聊自慰孤羁。
（乡中莲山大吼，近传吉谶）
健儿斩马疑无路，老女颦娥强入时。
必待晚成非大器，终当一着定残棋。
藏弓静盼中原鹿，少慰雄心未可知？

金钱花诗，感悼刘灵岩解元关雁门布衣

子午时来命不差，日开暮合向谁家？
鱼洪双陆前身债，误尽文人润笔花。

何仙姑祠[1]

半桃悟道事何曾，旧梦开元感不胜。
补读赵家《仙鉴录》，十年风雨过零陵。

[1] 何仙姑祠，又称何仙姑家庙，位于广东广州市增城。何仙姑，道教传说的八仙之一。

衾

布衾如铁梦天涯，领略春风护绛纱。
尚有号寒惭白傅，愿将奇暖送姜家。
清时凤锦联花萼，少日牛衣泣草麻。
绣榻绳床且安放，炎凉翻笑俗情差。

如　何

万里伊凉尚用兵，五陵年少誓澄清。
如何赢得双蓬鬓，饱看溪山卧月明。

寄李绮林

万里京华愁远道，十年萧寺证前因。
江湖风雨游仙梦，台阁文章报国身。
桃叶绿阴迎渡口，藕香红浪忆船唇。
一潭秋水千花影，始信南华道味真。

乞　巧

银汉年年话别愁，聘钱十万也偿不？
天孙自悔聪明误，昏夜人同水火求。
巧合有时来噪鹊，乞灵何事到牵牛？
此情旧向闺人说，无用西风上玉钩。

访到君平旧恨多，泛槎无路问天河。
月斜云幄窥金镜，风定星桥想玉珂。
万国女儿夸压线，一年夫婿慰停梭。
夜深别有添香伴，不拜双星拜月娥。

题金陵女子谢秋娥绣蝶图

红桥草绿正飞花，江左风流忆谢家。
香梦怕随流水去，淡描金粉绣南华。

励　志

励志凌云薄紫霄，如何尘海路迢迢。
玉堂有酒甘为吏，金屋无愁合买娇。
一代文章传彩笔，十年身世负华貂。
男儿别有千秋在，与世低昂懒折腰。

题《随园集》后

清才艳福两能消，一个诗人胜六朝。
残雪落花春有恨，青山红粉日无聊。

平章风月围诸老，跌宕琴书付阿娇。
梦笔作桴何处所，钱塘潮接白门潮。

送　别

深院流莺尽日啼，秋千人散玉绳低。
一声河满津门笛，杨柳桥东水向西。

自况答陈古樵[1]丈

皎皎天中月，滔滔江上波。升沉论清浊，身世两如何。

[1] 陈古樵，即陈璞（1820—1887），字子瑜，号古樵、息翁、尺冈归樵，广东番禺人。道光二十四年（1844）举人，官江西安福知县。后任学海堂学长。工诗、书画。著有《番禺县志续稿》、《寒松阁谈艺琐录》等。

后唐杂诗

三垂冈下百年歌，老去英雄唤奈何。
帐下奇儿能破贼，手摩遗矢誓山河。

百战筹军误老奴，江山半壁夕阳扶。
千秋一个张宫监，抹杀残唐几士夫。

深宫彩服舞婆娑，慈训荆条拜七哥。
到底内家能礼士，素车门下报恩多。

天容缯画笑颜开，万岁传呼拜殿回。
太息挥戈余落日，老臣横笔又重来。

兴亡底事付俳优，傅粉编珠且悦刘[1]。

空署头街［衔］李天下，功成手搏赐幽州。

崔李纷纷费较量，名家识字作平章。
河东忽忆冯书记，苏合投残笑蛣蜣[2]。

风雨潇潇过华嵩，晋阳迷路识真龙。
交深贫贱能知我，光禄酬恩下紫封。

梨枣功深亦汗青，名山石室灿华星。
无人更解怜寒士，宫市门开卖九经。

五代推排号小康，望霓犹自待兴王。
玉清夜夜焚香祝，谁为生灵乞上苍？

老臣长乐宿天宫，受禅书成待晓钟。
忽听蒋桥班马响，潞王迎出鄂王封[3]。

千秋杯酒远辞天，放出蛟龙欲化渊。
唤醒瓶中双宰相，洛阳楼畔冷飞烟。

［1］“兴亡底事付俳优……”句，典出《旧五代史》。后唐庄宗李存勖“自为俳优，名曰李天下，杂于涂粉优杂之间”。其母贞简太后赐其歌女刘玉娘，绝色，善歌舞，深得李存勖宠爱，立为皇后。刘玉娘贪婪成性，好兴利聚财。时国内连年大旱，大臣请以宫中的金银赈灾，不允。后李嗣源叛，李存勖中箭伤重，刘玉娘弃之而走，终“为嚚妇恶伶之倾玷”。

［2］苏合，即苏合香。蛣蜣，即蜣螂，俗称屎壳郎。苏合投残笑蛣蜣，典出《资治通鉴·后唐明宗天成二年》：“明公舍李琪而相崔协，是犹弃苏合之丸，取蛣蜣之转也。”李琪，字台秀，河西敦煌人。唐末、后梁、后唐三朝官吏，博学宏辞。崔协，字思化，河北清河人。唐末、后梁、后唐三朝官吏，文才平庸。后唐明宗李嗣源即位，任圜奏请命李琪为相，为孔循、郑珏排阻，而任崔协为相。

［3］潞王，即李从珂（885—936），后唐明宗李嗣源的养子，骁勇善战，官至凤翔节度使。后唐长兴四年（933），封潞王。应顺元年（934），闵帝

李从厚采大臣之议，拟削弱藩镇实力。李从珂恐惧，遂反，夺权登基，废李从厚为鄂王，不久杀之。清泰三年（936），河东节度使石敬瑭叛，李从珂兵败自焚。死后无谥号及庙号，史家称之为末帝。

品　画

花浣清笺雪浪铺，琉璃砚匣架珊瑚。
闲来写幅家山景，兰草春深舞鹧鸪。

行　尘

年年依旧纪行尘，五岭三山阅历身。
两地家乡随处好，半生骨肉别来亲。
山堂鸡黍围昆弟，锦里莺花迭主宾。
尽把功名薄苍狗，不妨诗酒作闲人。

少壮年华逝水流，抟沙[1]聚散等浮沤。
卫填沧海劳虚愿，牝掷黄金悔冶游。
出世风怀余傲骨，入时花样强低头。
东涂西抹相逢日，三五丛中我更羞。

每念先畴乐故乡，闲身从此愿耕桑。
太平时节花村静，田舍人家谷雨忙。
亩畎[2]自来多大任，林泉[3]何敢遂膏肓。
明朝又上临官道，检点琴书理旧装。

瘴雨蛮烟日几回，乡心消后客怀开。
随缘只好多行乐，感遇无如愧不才。
未分资郎随牍荐，怕逢商妇过船来。
（落第，有劝余入都纳资为郎，或东渡作浮梁客）

飘零袴下王孙泪，莫问淮阴旧钓台。

[1] 抟沙，捏沙成团。比喻聚而易散。
[2] 亩畎，即畎亩，田野。泛指民间。
[3] 林泉，即山林与泉石，指隐居的地方。这里指隐居之人。

感　赋

逃名戆戆更颠颠，时局荣枯事偶然。
立脚不儒还不贾，随缘成佛亦成仙。
世途冷暖襟怀恶，壮志销磨骨气坚。
未卖痴呆安我拙，自怜终或胜人怜。

入世方知直道难，本来面目任人看。
钱偏有口言能济，烛未灰心泪不干。
富贵得时羞妾妇，文章流祸到儒酸。
山河大地多风月，浊酒狂歌强笑欢。

终宵筹计买花钱，知己情深任仔肩。
孤愤托为儿女怨，不才乐有父兄贤。
谁能放眼留余地，我未低头只问天。
手把绿章阊阖奏，湖山长卧太平年。

廿载冰操自洁身，偶为落第困香尘。
只余本色英雄泪，曾济风流侠士贫。
僮仆飘零寒铗剑，宾朋寥落散车茵[1]。
中原匹马追年少，涂抹何妨更笑人。

[1] 散车茵，即“污车茵”。车茵，也作“车裀”，指车坐垫。喻指替人掩盖过失。典出《汉书·魏相丙吉传》：丙吉的车夫喜欢喝酒，曾跟随他外

出，喝醉吐污在他的车上，西曹（古官名）要将车夫撤职，丙吉却说："以醉饱之失去士，使此人将复何所容？西曹但忍之，此不过污丞相车茵耳。"丙吉（？—前55），字少卿。山东人。官至宰相，为政崇尚宽容礼让。死后谥号"定"。

暖　砚

雪案功成九转丹，火龙飞去墨池宽。
石当灰后心犹热，铁未穿时胆尚寒。
守黑不存冰炭想，纯青还耐琢磨难。
摩挲福泽传薪在，光焰文章万丈看。

箴幼弟

一封书劝一封箴，书外余言付短吟。
骨肉至情关痛痒，在原急难弟兄心。

倚闾何日慰愁思，记得慈亲远致词。
酒入药瓶还带泪，寄将残泪补吾儿。

烟霞[1]锢疾更烟花，销尽黄金误少华。
有女怀春风化始，可怜荡子正天涯。

饕性由来节戒难，客中珍重慎加餐。
床头火胜心头火，劫里神仙换骨丹。

布衣昆弟有余欢，待尔归来话岁寒。
松柏后雕[2]还健在，家园风物足盘桓。

玉楼寒耸入诗肩[3]，寄我珍珠字字圆。
到底聪明归浑厚，莫将绮语缚情禅。

色色空空幻作真，与君同是过来人。
从今好悟拈花笑，爱惜才华爱惜身。

未能身教费言铨，我亦楞严十种仙。
游戏人间多岁月，最难消受是尘缘。

[1] 烟霞，指吸鸦片烟。
[2] 雕，同“凋”。
[3] 诗肩，指贫寒与苦吟使诗人的肩胛耸起，后形容诗人苦吟。语本宋代苏轼《是日宿水陆寺寄北山清顺僧》：“遥想后身穷贾岛，夜寒应耸作诗肩。”

闻内子在粤病讯，由厦门坐轮船历三日达广州，入门询病势濒危，犹能勖以科名，属以后事，阅四日始逝，若待予至，追思怆然

大块[1]谁无死？怜卿独有情。凄凉诉衷曲，努力事科名。
到耳言犹在，伤心气未平。如何难瞑目，我自负卿卿。

[1] 大块，指大自然，大地。

悼　亡

绛纱娇客早承恩，斗草编花到竹园。
怕记髫时同笔砚，十年回首负师门。
（余幼负笈[1]外舅竹园）

美人含笑木樨禅，摇落风铃欲雨天。
钗畔分香凝几案，再无卿赠买花钱。
（晨妆未竟，书案供花，十余年如一日）

灯影书痕旧雪帷，抽簪劝学费愁思。
虀盐薄味谙予性，未肯寻常托侍儿。（予食品不嗜浓腻，内子手制盘飧，倾沥群液，杂治香蔬，虽病深不假婢仆）

病讯催归语可怜，颓唐难着祖生鞭[2]。
三千里路归旬日，残喘空留半面缘。

强说无妨泪不收，风涛慰问到归舟。
凄凉握手弥留语，才拨征尘且莫愁。

力辞纨绮守清寒，尘世梳妆眼倦看。
中妇持家习劳怨，纵无人谅亦心安。

井臼操持力不支，强扶残喘吩诸姬。
玉珰缄札声声泪，珍重吾儿即若儿。

群花消遣酒诗魔，一样交情薄似罗。
手碎金台空买笑，十年书谏负卿多。

携壶临水复登山，酒莫卿谋带泪颜。
今日狂奴狂未改，九原相谅到痴顽。

频年下第恋江湖，空说罗敷自有夫。
落拓少年成薄幸，可能一事慰卿无。

早知转眼成长恨，悔不当初意气平。
家事难言心事苦，却缘恩怨太分明。

生何闷对死何悲？侬也情怀只自知。
痛写罪言还纪实，忸颜题作《悼亡词》。

[1] 负笈，背着书箱。指求学。
[2] 祖生鞭，也作“祖逖鞭”。常用来作勉人努力进取的典故。典出《世说新语·赏誉》“刘琨称祖车骑为朗诣”，刘孝标注引晋虞预《晋书》：“刘

琨与亲旧书曰：'吾枕戈待旦，志枭逆虏，常恐祖生（指祖逖）先吾着鞭耳。'"

吊古息夫人

花落无言水自香，白云黄竹傍潇湘。
夕阳影里桃花庙，蛱蝶春深飞过墙。

哭温碧藻（其莲）

寒食梨花荐瓣香，东风吹泪过羚羊。
生离已隔三千里，休说泉台路渺茫。

去年今日访君家，杨柳园亭日暮斜。
听说明朝江口别，为侬扶病写棠花。

叔宝神清瘦可怜，羊车看杀太翩翩。
买丝欲绣浑难似，哭到平原尚少年。

画船十里海珠西，金粉南朝属品题。
我亦风流逐王谢，乌衣无地浣香泥。

联床风雨记平生，春梦无聊付晓莺。
斗采百花熏锦褥，与君团坐说诗清。

天涯芳草怨如何？愁向吴刚借斧柯。
有约秋风试京兆，桂香消息误嫦娥。

圣明遭际近臣家，两代清风翰墨华。
盛事梁园旧宾客，跋来诗字胜簪花。
（以先代所遗成邸诗贴见贻）

清华门第冠江东，懒向人间爵上公。

归侍玉皇香案侧，少薇原领紫清宫。

去年今日

去年今日倍凄然，白首同归只问天。
一样黄梅时节雨，替侬滴泪到重泉。

宵梦惊残百八钟，天涯萧寺瓣香供。
伤心日向空王[1]问，身在人间第几重？

墓门宿草总青青，路隔三千冷荐馨。
欲写愁心何处寄？九原犹为怨飘零。

十年夫婿望登龙，锦字瑶函讯远踪。
今日槐忙忙更甚，为卿愁绝紫泥封。

[1] 空王，即佛的别称。

忆　　内

纸阁芦帘事已非，（新葺旧庐）侍儿重整嫁时衣。
倚栏独自成惆怅，天上人间有梦归。

柳风棠雨又清明，原野鹃啼带泪声。
数陌纸钱情思薄，十年持俭最怜卿。

哀丝豪竹感中年，絮语儿郎莫放颠[1]。
记得旧游花月夜，最愁归去五更天。

竭来酒力已无多，醉里看花唤奈何。
没齿不忘垂泪诫，频年风月倦消磨。

画留残荻动哀情，摩抚儿髫望长成。

花外灯窗人语寂，夜深犹记课经声。

放归樊素黯消魂，手把残钗说主恩。
旧侍低鬟含泪别，落花无语又黄昏。

[1] 放颠，放纵颠狂。

与冯大夜坐

曾从汉上记题襟，绮忏何劳问赏音。
灯影夜谈因果录，铃声春碎落花心。
十年旧梦轻尘过，半榻残诗倦眼吟。
杨柳岸边风欲晓，天涯多少绿成阴？

登内子墓经宝汉茶寮题壁（寮有南汉马廿四娘碑[1]碣）

柳阴回马夕阳时，愁读碑亭半壁诗。
千古英雄儿女泪，伤心惟有落花知。

[1] 马廿四娘碑，即《马氏二十四娘买地券》，今位于广州北郊宝汉茶寮(原址在广州小北门外下塘的村道旁)。券碑刻于南汉大宝五年（962），为长 40 厘米、宽 21.5 厘米深褐色的石碑。券文楷书 19 行，共 298 字，字迹清晰。券文大意是，买了风水好之地为穴，有神仙李定度等为证人，有龙神守护。买地券，是一种给死者亲属以精神上的安慰和墓地所有权的凭证。

题文信国琴榻

望崖门兮白鹇飞，思故里兮黄冠归。
企忠孝而无憾兮，终耻食夫西山薇。
欲援琴以歌一曲兮，怆终古而长欷谁？
其剪纸以招魂兮，侑铜鼓而迓灵旗。
琴兮琴兮知音稀，孔孟不作公庶几？

塔　影

雄标海岳出平原，晴望岿然势欲吞。
六代浮图参幻相，三唐名字印题痕。
风摇自直全神耸，日丽当中正气存。
拾级攀登涵照远，拨开云雾斗山尊。

瞻云病后夜深不寐诗以箴之

养病方知却病难，何如未病慎加餐。
醒来一枕游仙梦，换骨都成九转丹。

澹能养性静延年，悟彻传灯自在禅。
香火灵山缘未尽，到头非佛亦非仙。

寒天霜晓五更钟，想见阇黎[1]饭后容。
君意欲眠吾欲醒，隔帘香露滴芙蓉。

老亲白发愁中泪，少妇红颜梦里声。
惟有邻鸡知此意，隔墙频唤到天明。

[1] 阇黎，梵语的译音。一译作“阇梨”，“阿阇黎”的略语，意译为轨范师。可矫正弟子的行为，为其轨则模范，是高僧的敬称。也泛指僧人、和尚。

前数年梦中得歌板二语偶忆及戏为续成

悔从流水忆年华，旧梦东风客路赊。
歌板唱残三月暮，桃花红入酒人家。

叔子瞻云为其亡室曾宜人征诗（有序）

叔子宜人，予女弟子也。幼同里闬[1]，尝学诗于余。归予弟瞻云州司马十余年，孝姑嫜，和妯娌，德言容工，声称无间。只以身弱，恒多病。经卷药炉，借诗自遣。司马君亦酷嗜吟咏，闺门之内，纺织与咿唔之声相间答，人多艳之。司马君远涉东瀛，出入必携，有高柔[2]爱玩贤妻终老之志，天胡遽夺之速也。闻讣于三千里外，师弟情怀，悲深谁恸？而复重以手足之谊，寄诗八章申挽，并慰予弟。王玉卿诗云：“文章灵气归何处？师弟情缘结再生。”悲夫！

天长地久恨绵绵，予季伤心尚慎旃。
妯娌雍和兄弟翕，姬姜憔悴舅姑怜。
玉楼竟替修文召，金屋难偿薄命缘。
生作红颜原不幸，多才翻更损华年。

夫婿相随附绛帷，后堂寂寂不胜悲。
解围步障羞郎面，促织停机佐嫂炊。
代选食单供座客，爱谈诗偈得心师。
从今悟得无言旨，一笑拈花解脱时。

地下相逢娣姒无，莫谈坎壈到儿夫。
每愁家事呼将伯，重寄音书续藐孤。
慰我高堂竟迟暮，怜渠卿婿尚江湖。
天涯扶病临歧语，语到而翁泪欲枯。

去年今日哭亡儿，不见亡儿哭奠时。（先以幼儿资铿过房殇）
负子螟蛉伤式穀，失群鸿雁慰连枝。
传经有忝先生馔，作诔无惭幼妇辞。
多少南园旧词客，藁砧含泪遍征诗。

海山楼阁总茫茫，营奠营斋选佛场。
布地黄金开觉路，遥天青草望家乡。
久翻经课皈莲界，分得诗情梦草塘。
多谢瑶光好鱼磬，莫将禅缚误檀郎。
（粤俗时尚选俊尼修斋荐以瑶光寺夺婿，语讽吾弟）

瓣香我欲拜针神，范水模山宛是真。
儿女深情资丽则，乾坤间气吐清新。
悟将蝴蝶原非我，笑把鸳鸯枉度人。
怕忆年时桃李宴，隔帘持赠绮罗春。

几载持家泯怨劳，和平原不碍孤高。
田园两地肩承苦，湖海扁舟胆气豪。（叔子相携三渡澎洋）
女子有才中馈福，弟昆无间外人褒。
老亲念佛慈姑泪，肠断弥留寸寸刀。

少日提携共里居，聪明得祸女相如。
蹇修嘉礼歌宜弟，笑昐陈诗仗起予。
梁案不齐情脉脉，庄盆空鼓梦蘧蘧。

郎君珍重收遗稿，（叔子挽联有遗稿代收之语）
一卷梅花读道书。

[1] 里闬，指里门，代指乡里。闬，里巷的门，又泛指门。

[2] 高柔，字世远，浙江乐安（今仙居县）人。东晋时期名士、官员，历任司空参军、安固县令。《高柔集叙》：“柔字世远，乐安人。才理清鲜，安行仁义。婚泰山胡母氏女，年二十。既有倍年之觉，而姿色清惠，近是上流妇人。柔家道隆崇，既罢司空参军安固令，营宅于伏川，驰动之情既薄，又爱玩贤妻，便有终焉之志。”

谒外舅何焕堂师墓经宝汉茶寮题壁

墓在广州城北白云山三捷岭，离白云寺数百步。墓左为陈姓坟，墓下有晋江许氏界石，与南海潘司业衍桐[1]各封茔相近，内兄允升及其配李祔焉。

云白山青放眼来，十年茶话此心开。
亭遗碑碣三千载，（寮主人藏汉马廿四娘墓券）
风到棠梨廿四回。
师弟情怀余宿草，英雄事业付深杯。（师素嗜酒）
此行我复寻燕市，（时将北行）闻道黄金买骏才。

[1] 潘司业衍桐，即潘衍桐（1841—1899），又名汝桐，字菶廷，号孝则、峄琴，广东南海人。清同治七年（1868）进士，曾任国史馆纂修、越华书院主讲、国子监司业、浙江督学等职。清光绪二十三年（1897），在广州创办《岭学报》，并任主编。著有《拙余堂诗文集》等。

叔子淑配曾宜人为予诗弟子忌日家祭感赋五诗

少小提携到长成，鸡豚里社记分明。

伤心垂老无多别，寄语泉台女学生。

白头昆弟尚清狂，相对无言爇瓣香。
料得九京重问讯，新添妯娌说家常。
（六弟妇何夫人新逝）

无多清供一瓶花，悟到前生萼绿华。
羊祜金环[1]应了彻，后身福慧落谁家？

菊虀蓄鲊谱犹香，少妇卢家旧品尝。
忍向小姑谈食性，老饕无复酒诗狂。

凭谁式穀负螟蛉，属纩遗言带泪听。
但祝向平归五岳，绿杨移荫两家青。

[1] 羊祜金环，用典，事见《晋书·羊祜传》：祜年五岁时，令乳母取所弄金环。乳母曰："汝先无此物。"祜即诣邻人李氏东垣桑树中探得之。东邻主人惊曰："此吾亡儿所失物也，云何持去！"乳母具言之，李氏悲惋。时人异之，谓李氏子即祜之前身也。羊祜（221—278），字叔子，山东泰山南城（今泰安市新泰）人。官至征南大将军、南城侯，是西晋战略家、政治家和文学家，死后追赠侍中、太傅。著有《老子传》、《请伐吴疏》等。

舟发虎门

海门风急水潇潇，虎卧平沙夜沉寥。
万顷波涛双桨渡，扶桑红日正初潮。

五绝　二首
五律　三首
五古　三首

七绝　九十四首

七律　四十三首

七古　三首

以上古近体共一百四十八首

福雅堂诗钞卷五

烟浒集

吴辉煌　校注

夜集潘园[1]水榭赠海山主人

夕阳箫鼓锦帆张，荔子湾[2]环夜泛觞。
展遍琉璃窗万叠，红罗灯影藕花香。

三百游廊卅六桥，摩空塔影半云霄。
石门吹上一轮月，鸡犬花田唱晚潮。

光生银海酒怀宽，簇簇笙歌起画栏。
手引金荷踏鳌背，满衣花露不胜寒。

解醉烟花放几回？钗环声动水云开。
十番女部新荣乐，(菊部名)隔着星河上露台。

复道逶迤缀锦棚，珠缨香串百花灯。
素馨帐底光如雪，卷上猩帘第几层？

花筹飞递倒衔杯，香令森严羯鼓催。
惊起鱼龙天不夜，海风吹浪上楼台。

昌华旧地说沧桑，宴罢红云夜未央。
杯影尚留南汉月，野田珠翠草凝香。

主人豪气抗元龙，补拓丛残汉鼓钟。
沧海未干铜狄泪，夜深风响六朝松。

天赐安亡奉板舆，愤怀忠孝赋闲居。
霓裳声里渔阳鼓，筹笔犹劳十上书。

珠玉随风唾九天，西园品第属群仙。
晋唐墨劫空南渡，珊网炎州八百年。

我向神仙借一椽，醉吟长到晓钟天。
珍珠花放珊瑚树，堤上鸳鸯梦亦仙。

题罢吴绫几字诗，横塘渡鹤雨如丝。
移船菱藕最深处，隔浦沈香访旧祠。

[1] 潘园，又名“海山仙馆”，位于广州荔枝湾（今广州市荔湾区泮塘一带），是潘仕成的园林豪宅，建于清道光十年（1830）。同治十二年（1873），潘仕成经营盐务失利，潘园被查封拍卖，现已荡然无存。潘仕成（1804—1873），字子韶，号德畬，室名天响琴斋、宝琴斋等，广东番禺人。道光十二年（1832）贡生，因捐款赈济灾民，获钦赐举人。曾任两广盐运使、浙江盐运使等职，亦经营洋务，为广州十三行巨商。著有《海山仙馆丛书》等。

[2] 荔枝湾，又名荔枝涌，全名荔枝湾涌，位于今广东省广州市荔湾区，为广州市名胜，素有“小秦淮”之称。此湾有新旧之分：旧的位于荔湾路驷马涌彩虹桥附近，为荔枝湾故址；新的指位于龙津路到多宝路一带，即泮塘周围的（上、下）西关涌。从清末起被称为“荔枝湾”的多指后者。

寓　粤

誓投南越请长缨，聊作诗人醉太平。（里名）
杨柳晓风烟浒渡，红棉疏雨海珠营。

三间老屋机云聚，一卷残书管乐轻。
游子天涯权奉母，绝裾何以慰苍生。

三月二日同人集歌姬百人于潘园水榭唱百年歌为随园先生祝生日

西湖高唱百年歌，才子风骚寿世多。
难得千秋佳日在，更逢三月惠风和。
两行红袖称春酒，一夜文星照大河。
诗佛灯传无量福，散花天女祝维摩。

城南泛舟图

谁家舫子泛秋潭？携得诗朋恰两三。
袖海[1]寒灯烟浒[2]笛，（袖海、烟浒两楼）半江风月属城南。

[1] 袖海，即袖海楼，位于今广州市越秀区北京路南段太平沙，取苏东坡“袖中有东海”的诗意为名，为许祥光的别墅。许祥光（1801—1854），字继仁，号宾衢，广东番禺人。清道光十二年（1832）进士，广州抗英运动领导者之一。

[2] 烟浒，即烟浒楼，位于今广州市越秀区北京路南段太平沙。为孔昭鋆的藏书楼。孔昭鋆（1863—1921），字季修，广东南海人。清光绪十五年（1889）举人，藏书家。

崖　门[1]

铁舻驱浪阵云黑，莽莽乾坤风起灭。
君臣儿女哭焚香，惨淡天容众山色。

赵家块肉[2]悲奔波，张陆[3]南沉文山北。
茫茫汪洋界九洲，（洋名）鱼龙白日上天游。
悬崖双门闭不得，鞭石不起城为愁。
蜃楼海市慈元殿[4]，祸水翻空南渡变。
百年孙子小朝廷，悔不黄龙饮一箭。
少保忠魂挺执戈，挥戈无日奈天何。
碧血不埋三字狱[5]，冬青移影照沧波。
后先报国揆符节，各以气烈援山河。
六百年来江干路，灵旗出没看无数。
三忠祠[6]外夕阳斜，白鹇飞向横江渡。
满目苍茫今古愁，艰难自昔移天步。
君不见汨罗清胥江碧，夜夜波涛泣明月。
白马嘶残香草吟，地下相逢莫相说。
鼎湖有幸攀龙髯，风波无事危舟楫。
剩水残山半壁遮，渭桥不受单于谒。

[1] 崖门，位于广东省江门市新会区崖门东岸银洲湖出海口，东有崖山，西有汤瓶山，两山对峙如门，地形险要，为扼守南海之门户。宋祥兴二年（1279），南宋末朝皇帝与元军决战于此地，最终宋军以覆灭告终，史称“崖门海战”。

[2] 赵家块肉，指亲生独子或遗孤。典出《宋史·瀛国公纪》：宋祥兴二年，元兵攻陷崖山，陆秀夫背幼帝赵昺跳海死。帝母杨太后闻之，大恸，曰：“我忍死艰关至此者，正为赵氏一块肉尔，今无望矣！”遂投海死。

[3] 张陆，即张世杰、陆秀夫。张世杰（？—1279），河北范阳人。官至太傅，枢密副使，封越国公。抗元名将，与陆秀夫、文天祥并称“宋末三杰”。陆秀夫（1236—1279），字君实、宴翁，别号东江，江苏省建湖县建阳镇人。宋理宗宝祐进士，南宋左丞相，抗元名臣。

[4] 慈元殿，原名“全节庙”，俗称“国母殿”，位于广东江门市新会区崖山，是宋末皇帝驻崖山时杨太后议政居住的地方。南宋亡后，崖山行宫

成废墟，后建殿以纪念杨太后。

[5] 三字狱，指宋朝名将岳飞的冤狱，后也泛指冤狱。典出《宋史·岳飞传》。

[6] 三忠祠，又名大忠祠，位于广东省江门市新会区崖山，建于明成化十二年（1476），是为纪念宋末三杰文天祥、陆秀夫和张世杰所建的祠堂。

送友人赴伦敦

十年沧海誓屠鲸，一夜乘风转旆旌。
此去欧西三万里，逆风还作顺风行。

舟望

画里仙源一棹中，海天烟树湿云封。
夕阳红叶江心寺[1]，水静风来雨后钟。

[1] 江心寺，位于今浙江省温州市鹿城区的江心屿。是中国著名的古刹丛林之一。

红桥[1]听歌有感

折戟沉沙逝水流，江山半壁夕阳收。
南朝泪落《桃花扇》[2]，灯影秦淮十四楼。

[1] 红桥，位于江苏扬州瘦西湖，扬州名胜。原是明崇祯时建的一座木桥，因桥的栏杆为红色而得名。至清代中叶，木桥改建成单拱石桥，如虹卧于波，故又称“虹桥”。

[2]《桃花扇》，孔尚任著。是明清传奇戏剧的名著，剧本讲述侯方域和李香君的爱情故事。孔尚任（1648—1718），字聘之、季重，号东塘、岸堂、

云亭山人，山东曲阜人。孔子六十四代孙，清初诗人、戏曲作家。著有《湖海集》、《岸堂文集》等。

秋江雨夜

潮涨千山雨，天涯一夜秋。近关喧市舶，隔浦乱沙鸥。
海黑星摇树，灯红浪入楼。怕歌公竞渡，江阔暮帆收。

待月桥[1]和杨湘舲兼简廖泽群[2]

潮涌大江来，流云荡空碧。穆穆湛金波，下有蛟龙宅。

[1] 待月桥，位于今广东省广州市海珠区的闹市中，清代时原为木桥，桥东是一望无际的水田，直达鸭墩珠江边，风景幽雅。朗月东升时，常有名流雅士在桥上弄弦品茶，论文赋诗。后木桥改建成石桥，更名为“利济桥”。

[2] 廖泽群，即廖廷相（1844—1898），字子亮、泽群，广东南海人。清光绪二年（1876）进士，曾任水陆师学堂总办、惠济义仓总理、南海保良局总理，金山、羊城、应元、广雅等书院山长、学海堂和菊坡精舍学长。著有《粤东水道分合表》、《顺天人物志》等。

夜　泊

夜泊知何处？帆风渡海坛。树多山影乱，沙净月光寒。
村犬花前路，河豚柳外滩。酒楼灯寂静，人语落江干。

河　鲤

天池吹气过龙门，烧尾雷高破浪奔。
云路倘教霖雨洒，倒倾银汉洗乾坤。

喜闻应绅侄引见出都

凤凰翔帝都，羽翮原自殊。独抱九霄志，阊阖相扶趋。
翩然下大荒，文采贵道腴。以之善风俗，读书无愧乎。
他年登循良，大阮齐令誉。(桐轩兄官粤有政声)
莫抱不平鸣，潮鳄韩能驱。(指去年潮汕事)
鸱鸮毁我巢，飞向天之衢。易言屈则伸，勖尔吾家驹。

楼居书事

十年豪气多消尽，怕上元龙百尺楼。
深巷卖花连日闹，对床风雨屋如舟。

检点残笺说往年，天涯杯酒又新篇。
旗亭怕录风怀句，半是伤心半可怜。

阿连春梦隔池塘，千里星邮字数行。
爱我情深知我浅，看花犹戒少年狂。

海外论交有几人？孤危才觉性情真。
冯唐[1]未老伤迟暮，说到中原屡顾身。

[1] 冯唐，指“冯唐易老”的典故，常用来感慨生不逢时或年老不能再有所作为。汉代书生冯唐饱读诗书，毕生一心想当官，他亲历汉文帝、汉景帝、汉武帝三朝，直到汉武帝时，才被推举为贤良。可是，他时年已90岁，不能再任职了。

江上逢谭叔裕[1]兼怀廖泽群潘椒堂[2]

少日交游证旧因，梧桐庭院门吟身。
相看同学多新贵，直把斯文望故人。
红药翻阶偏向日，绿杨连巷自成春。
鸾凰鸥鹭同飘泊，记筑诗堂德有邻。
（叔裕以东坡书《德有邻堂墨拓》见贻）

[1] 谭叔裕，即谭宗浚（1846—1888），原名懋安，字叔裕，广东南海人。清同治十三年（1874）进士，曾任云南粮储道、按察使等职。工诗文，熟于掌故，著有《希古堂文集》、《辽史纪事本末》等。

[2] 潘椒堂，即潘宝鐄（1853—1892），字凤锵，号椒堂，广东番禺人。清光绪二年（1876）进士，授翰林院庶吉士散馆编修，兼功臣馆纂修。曾任广西乡试副考官、禺山、粤秀等书院主讲，名士多出其门。喜欢收藏书画，著有《望琼仙馆诗钞》等。

留示六弟

江亭小别怅心旌，话到维桑[1]忍泪行。
鱼米终年朋旧累，莺花少日弟昆情。
力肩劳怨扶全局，身爱清闲愧后生。
自笑匡时[2]无学术，读书聊以答升平。

[1] 维桑，指故乡。典出《诗·小雅·小弁》。

[2] 匡时，指挽救动荡的局势。语出《后汉书·荀淑传》。

渡海吊文信国[1]

江山寥落慈元殿，风雨崖门旧驻兵。
天为陆张留后死，人从孔孟哭先生。
黄冠倘遂勤王愿，碧海终偿望母情。
泪尽指南前后录，读书原不负科名。

［1］文信国，即文天祥（1236—1283），原名云孙，字宋瑞、履善，自号文山、浮休道人，江西吉州庐陵（今江西省吉安市青原区）人。宋宝祐四年（1256）状元，官至右丞相，封信国公。是宋末政治家、诗人、抗元名臣。著有《文山诗集》等。

落灯夕六弟邀同邓弼卿驾部、何颖幼郎中、王春海广文花舫赏灯，是夕，因雨未至者于晦若[1]、吴玉臣[2]两太史，石星巢[3]中翰

春江花月集花船，湖海归来一笑缘。
总角交游成旧雨，风怀跌宕又新篇。
诸公共惜前尘梦，（诸君京官久别珠江）
予季偏迟薄宦缘。（六弟以司员在籍未补官）
每为云泥[4]最相忆，不妨沽酒对灯前。

［1］于晦若，即于式枚（1853—1915），字晦若，号穗生、潜史，广西贺州人。清光绪六年（1880）进士，授兵部主事。曾任广东提学使、出使考察宪政大臣、修订法律大臣、国史馆副总裁等职。民国二年（1913），任清史馆纂修《清史稿》总阅。有文存于《菊坡精舍集》。
［2］吴玉臣，即吴道镕（1852—1936），字玉臣，号用晦、澹庵，广东番禺

人。光绪六年（1880）进士，授编修，曾任肄江、丰湖、韩山和金山等书院主讲，潮州《海阳县志》总纂等职。辛亥革命后，闭门著述，以遗老自居。著有《澹庵诗存》、《澹庵文存》等。

[3] 石星巢，即石德芬，字星巢。里居、阅历见卷二《石星巢太守为菊仙女士征诗》注。

[4] 云泥，指相差像天空的云和地下的泥，形容极大的差别。语出《后汉书·逸民传·矫慎》。

秋水楼开樽迟姊婿刘丽堂郎中侄婿于晦若太史兼寄姊婿冯蓬樵[1]太守

珠海旧酒徒，日日寻花市。抱瓮三春游，筝琶轰俗耳。
苦雨闭门居，詄荡[2]到文史。消得半日闲，尘心净罗绮。
偶思文字饮，此会真率尔。花下平头奴，折柬色先喜。
乌衣对巷便，绿杨移荫美。长日溯伊人，宛在水中沚。
（两君屡访予不遇）
照人李延平，蒹葭隔秋水。（蓬樵时守延平）

[1] 冯蓬樵，即冯誉骢，字逢樵。里居、阅历见卷首《冯序》注。

[2] 詄荡，即佚荡，又作跌宕、佚宕，超脱，洒脱，不拘束。

寄仲姬

几曲溪山绕画屏，烟波深处话樵青。
郎心轻薄桃花浪，妾自将身愿化萍。

村庄黄叶夕阳楼，万卷牙签次第收。
他日鹿门容我隐，添香应为忏封侯。

携季姬渡海

笑语逃名范大夫，竹林茅舍浣纱图。
风波江上公无渡，何事人间恋五湖。

目极南溟水接天，乘槎真到斗牛边。
姬人指向神山笑，何止齐州九点烟。

龙门随意挈清娱，笑傲沧江兴不孤。
梦醒忽看天上月，前身同记住蓬壶。

万里澜翻转木牛，（时附轮船）贾胡琛舶海为愁。
骑驴莫问黄天荡，桴鼓千声属女流。

寄挽仇少川文学

万山风雨正潇潇，此日江楼酒一瓢。
目极南溟向何处？泪痕添上海门潮。

二十年前旧酒人，绿杨烟浒斗吟身。
天涯忽有骑鲸信，他日黄垆[1]倍怆神。

闲哦李密《陈情表》[2]，重和张华[3]《励志》诗。
且喜砚田无恶岁，算来心苦亦开眉。

天教寒士负恩多，止谤翻成信口讹。
今日九原才大白，好留铁面对阎罗。

满天风雪卧江干，客路方怜范叔寒。
典尽琴书还结侠，斯人休作布衣看。

局外思景感不禁，劬劳将母到如今。

《蓼莪》掩卷泉台泪，犹是春晖寸草心。

含饴恩恋誓同归，宝婺[4]星沉黯少微[5]。
说向路旁人堕泪，母孙为命竟相依。(后祖母八日卒)

宁馨文褓付孀孀[6]，后死何人挟热肠。
将伯遥呼吾党事，故山猿鹤有余粮。

定知灵运早生天，感旧何因语后缘。
千里梦魂犹作别，愧无杯酒洒重泉。
(讣至前夕，梦君告予往生，把杯言别)

苦记江行送我时，三更雨后讯归期。
如何不待归来日，便赋千秋古别离。

[1] 黄垆，也作“黄卢”、“黄庐”、“黄炉”，指坟墓。

[2] 李密《陈情表》，李密（224—287），又名虔，字令伯，犍为武阳（今四川省眉山市彭山县）人。曾仕蜀汉，蜀亡后，晋武帝要他出来做官，他写了《陈情表》给晋武帝，以祖母多病须供养为由而推辞。其祖母过世后他才出仕，官至汉中太守。著有《述理论》等。

[3] 张华（232—300），字茂先，范阳方城（今河北省廊坊市固安县）人。魏朝末年，为太常博士。西晋取代曹魏后，官至司空。是西晋文学家，著有《博物志》等。

[4] 宝婺，即婺女星，常借指女神，用作妇女的美喻。

[5] 少微，即少微星，又名处士星。喻指处士、隐士。

[6] 孀孀，孕妇和寡妇。

题浔阳送客图

江花江月近如何？枫荻萧萧付短歌。
千载伤心湓浦恨，美人从古爱才多。

江上别冯大

一年一相见，一别一回吟。往事浮云梦，离怀旧雨心。
艰危余世累，寥落感知音。海月迢迢夜，苍茫自古今。

晓棹沧江发，风吹岸柳生。几番金谷醉，三叠玉关情。
秋讯凭鱼雁，春心付燕莺。风云新事业，珍重此回行。

寓香江叠闻马江[1]警电呈大司马彭雪琴[2]师（甲申七日）

雨压涛头夜夜风，戈船十万海东雄。
金牌孤注黄龙饮，铁锁连环赤壁攻。
见说跛狼成困兽，（马江炮伤法酋，孤跛折左臂，从船上望台摧倒，五脏易置，洋医决以十日必毙，如期殒于香港。同时，督战英籍人汤姆生先生在望台轰毙。）
翻教渴骥吸长虹。
苻离往事论功远，失马何当福塞翁？（丰润学士驻马江，传闻各异）

海战新开东部州，五千年辟电书邮。
地舆疆画原风马，天庾澜翻失木牛。（讹传招商船散，海运不济）
哭到包胥终复楚（越南使臣），羁深王粲愿依刘。（越南刘团[3]）
太平（山名）箫鼓香江月，休问杭州与汴州。

莲花山下受降时，节钺吾家有义师。（港酋追述林文忠公纪律）

一夜生擒吐谷浑，半生遗恨傅修期。
触藩悔作亡牢补，破甑终难巧妇炊。
白马灵旗襟上泪，忠魂应有故乡思。（马江为林文忠公故里）
手挽川澜障横流，荒荒海气虎门秋。（师大营驻虎门）
倾河雨洗千军甲，（七夕大雨，师闻警星夜出虎门）破浪风乘一叶舟。
涂豕倘逢车载鬼，烂羊何吝爵通侯。（代筹贷款，师拟奏奖三品衔，鹤年峻辞，请移奖英国银行商董）
宵来传箭天山外，气吐燕云十六州。（越南告捷）

[1] 马江，指马江海战，又称马尾海战、马江之役、闽江口之役、甲申之役，是清光绪十年（1884）中国和法国因越南问题冲突而爆发两国战争中的一场战役。同年8月23日，法国侵略舰队在福州马尾军港内的马江江面上向清朝福建海军舰队开炮，法舰击沉福建舰队“扬武”、“济安”、“飞云”、“福星”、“福胜”、“建胜”、“振威”号舰等7艘，还摧毁了马尾造船厂和两岸炮台，福建海军几乎全军覆没，阵亡水师官兵有名姓可考者736人，连同沿江参战军民的牺牲人数，计逾千人。船政学堂培育的新一代海军将士中，25人参战，18人阵亡殉国。

[2] 彭雪琴，即彭玉麟。1883年，法国加紧侵略越南，刘永福率黑旗军助越抗法，屡次击败法军。这时，彭玉麟以清朝兵部尚书身份帮办两广军务，主张接济刘永福。

[3] 刘团，指刘永福的军队。刘永福（1837—1917），字渊亭，广东钦州（今属广西）人。原是反清的黑旗军将领，兵败后移军越南。1884年中法战争爆发，清政府正式对法宣战后，收编了黑旗军，授予刘永福记名提督。

闻津门和议成呈左侯相[1]彭宫保[2]两师

一纸甘泉夜到书，万家刍粟缓军储。

运消羊劫烽全敛，海漏鲸屠网未疏。
底定有功思郭李，小惩何福戒荆舒。
故山铜鼓祠忠定，战乃能和[3]语不虚。

铜柱珠崖界旧碑，藤烟竻雨受降时。(刘团效顺)
雉驯南越田归我，虎出东蒙柙守谁？(徐唐诸帅受谴)
朝汉有台蛮大长，约金浮海宋偏师。(港酋建约金伐辽之策)
楼船旗鼓将军下，寄语乌孙莫漫羁。

挞伐从轻济以宽，伏波垂老尚登坛。(左侯相督师入闽)
羌茅庸附归图籍，壁野坚清散练团。
唾手燕云心自热，(岳武穆表：唾手燕云，终欲复仇而报国)
亡唇虞虢齿犹寒。(缅甸、琉球)
大风谁为雄东海？江左夷吾莫陋看。(税务司赫德出为调停)

痛饮黄龙会有期，中兴刘岳正连师。
官军河北方传箭，子弟江东尚义旗。
(台湾家时甫京卿助军粮，家荫堂统领作乡导，先观察奉廷寄筹防金厦两岛，余时在香港为宗党姻戚监守巨资，宫保师谕权照洋例保借)
道梗豺狼休搏击，性驯羊犬困羁縻。
越裳莫忘惟薪胆，一舸鸱夷[4]记范蠡。

[1] 左侯相，即左宗棠。
[2] 彭宫保，即彭玉麟。
[3] 战乃能和，中法战争时，左宗棠提出“必能守而后能战，能战而后能

和”的主张，反对一味求和的妥协论调。

[4] 鸱夷，即鸱夷子皮，是春秋末期楚国商人范蠡经商时取的名字。范蠡辅助越王勾践卧薪尝胆，灭吴称霸。功成后果断退隐，泛舟五湖，经商三致千金。一轲鸱夷，典出唐杜牧《杜秋娘诗》：“西子下姑苏，一轲逐鸱夷”句。

陪彭宫保师自鱼珠行营泛舟萝冈洞[1]访雪谷山人[2]探梅绝顶

雪梅浩无际，萝冈尚古村。云中余葛井，岭外此桃源。
书画得真趣，林园无俗喧。梅花三万树，流水不知门。

小队郊垧外，将军礼数宽。罗浮遗一老，淮楚薄千官。
暖意回郊岛，清谈接范韩。卢鸿村舍好，拄笏画中看。

卅年旧童冠，沂水忆春风。（甲子年识雪谷于罗文恪公[3]家）
鸣鹤各求和，孤云不记踪。
雄边筹海寨，清野握江冲。（宫保沿村踏看形势）
锁钥鱼龙静，军咨佐上公。

蓑笠平生梦，枌榆地主贤。
十年梅驿使，（雪谷参赞长江幕府最久）百万草堂钱。
虎海严兵卫，龙天证画禅。（雪谷精指头画）
清修还戒体，泰华藕如船。（雪谷前身为岱云僧，不娶）

[1] 鱼珠，位于今广州市黄埔区西部，是千年名墟；萝冈洞，即萝岗洞，宋代称邝家洞，位于今广州市萝岗区。萝岗因独特的自然条件，盛产梅花，梅林绵亘数十里，俗称“十里梅林”，为“羊城八景”之一。

[2] 雪谷道人，即罗清（1821—1899），字雪谷，号壶冰，别署罗浮山樵、中外散人、五岳散人、物外散人、雪谷道人、雪谷山人等，广东番禺人。

工画，以擅长指头画著称。

[3] 罗文恪公，即罗淳衍（1814—1874）字星斋，号椒生，广东顺德人。道光十五年（1835）进士，官至户部尚书。谥文恪。

宫保分贻雪谷自制梅花饼

读《易》天心见，相期鼎鼐调。清风怜宦味，明月记童谣。
绿萼传春信，红绫梦早朝。龙团忠惠谱，茶话佐深宵。

雪谷山人为雪岑尚书[1]画梅次龚蔼人[2]方伯原韵

戏作梅根雪作心，海天行脚抱孤琴。
和羹未分空山老，还向虀盐味外寻。

[1] 雪岑尚书，即彭玉麟，因他字雪琴，号吟香外史，官至兵部尚书而得此称呼。

[2] 龚蔼人，即龚易图（1836—1893），字蔼人（一作蔼仁），号含真（一作含晶）、少文、谷盈子等，福建闽县人。咸丰九年（1859）进士，官至广东布政使。工诗善画，著有《谷盈子》、《乌石山房诗存》等。

闲中遣兴

儿女团圞笑语温，春风何处不桃源。
百花多处门深闭，鱼自嬉游鸟自喧。

平安一纸报高堂，絮语家常缀末行。
瑞溢庭兰初出土，循陔洁膳庆天香。
（庭兰生异种，名出土香，花谱称为“兰瑞”）

偶然得酒便哦诗，诗满行縢[1]酒满卮。
橘叟岂无行乐地，杞人终有解忧时。

澹处论交意态真，热肠终古不因人。
世情纵比秋云薄，一入阳和气便春。

行坐咿唔兴有余，短檠[2]风雨夜窗虚。
平生一事差强意，除却看花便读书。

说法龙天现戒身，鸳鸯针度竟无人。
阿婆涂抹刚三五，少日蛾眉不厌颦。(秋试将发榜)

醉发狂言四座惊，书成孤愤不平鸣。
满腔血热凭谁溅，负鼓盲翁奏太平。

推将明月出窗前，怪底邻翁学信天。
宽着肚皮低着眼，纵教少吃得酣眠。

一池吹绉不干卿，梦缚降王夜请缨。
卧榻肯教鼾睡去，他人犹自苦分明。

渡口闲来约老渔，瓦盆盛酒足相于。
丝纶十丈抛篷背，何处湾头好卖鱼。

石头呼作丈人行，书画船中结伴忙。
未分低头向卿拜，我于颠米独为狂。

满天斜雨飐风筝，尽日牵丝未放晴。
输与儿童一场笑，此身犹自盼云程。

剪彩千枝烂漫红，盛夸人巧应天工。
何如砌角闲花草，长在尧天雨露中。

灯帷低护受风多，蟾影当空月镜磨。
灰尽雄心销尽劫，熄将残焰救飞蛾。

十亩榕阴蔽芾中，南方樗朽[3]亦称雄。
栋梁未任谁舟楫，天厚庸材亦化工。

岛石雄奇界海疆，阅来尘世几沧桑。
果然不负中流柱，直洗乾坤出大荒。

物情领略悟盈亏，造化无心任转移。
我正偷闲闲不得，满城风雨又催诗。

[1] 行縢，即行幐，行囊。幐，盛物的布袋。
[2] 短檠，矮灯架。借指小灯。
[3] 樗朽，腐朽的樗木。喻无用的人，常用作自谦之词。

己丑除夕

喜雨得春先，新年入旧年。鸿钧调玉烛，鳌禁掌金莲。
爆竹千街响，围炉一室圆。宜春传吉语，长此颂尧天。

天地见梅心，春光霁上林。门迎新利市，邻慰送穷吟。
喜鹊传佳兆，迁莺盼好音。时和江海宴，丰乐庆祥霖。

元旦喜占

天街喜雨酿春和，民乐年丰《得宝歌》[1]。
万国怀柔方辑睦，八荒福禄自骈罗。
鸿钧气运调元会，虎榜（庚寅恩科）恩浓庆士科。
一曲春台集霓唱，望中双凤五云多。

[1]《得宝歌》，唐乐曲名，歌词描写盛唐时期的长安东郊南方租赋漕运总码头落成典礼的盛景。相传为唐玄宗所制曲，后来成为唐朝的一个曲牌名。

这里借喻盛世颂歌。

送杨榛舲贰尹之官海阳

春雨潇潇春水平，万丝杨柳拂行旌。
传家圭组遗清白，报国涓埃答圣明。
君佐仙凫分剧邑，我惭戎马尚书生。（将赴台北）
临歧珍重无多别，好播仁风谱政声。

英年奉檄重娱亲，不择南州敢厌贫。
天与官闲书补读，地防民瘠政培仁。
他年仙侣同舟旧，（余拟指分粤东）此日王程发轫新。
一水盈盈隔衣带，欢迎竹马到江滨。

丙申春太平烟浒寓庐[1]重葺落成志喜

闾先许史馆张金（宅邻许尚书[2]袖海楼、孔方伯岳雪楼[3]），
烟浒风杨踠[4]绿深。
天眷板舆光彩服，楼香花萼胜华簪。
千欢万悦宜春帖，百鹿双鱼宝墨林。
珠海披图集家庆，太平麟凤盛元音。

[1] 太平，即广州太平沙，乃广州珠江北岸的著名街区，在今越秀区北京路一带；烟浒寓庐，林鹤年一家位于太平沙的寓所，原址在今南堤二马路36号，为富商孔昭鋆所建，取名于清初著名诗人陈恭尹所题坊额“太平烟浒”。

[2] 许尚书，即许应骙（1832—1903）字筠庵，广东番禺人，道光三十年（1850）进士。历官翰林院侍讲、甘肃学政、詹士府少詹事、礼部尚书

等职。官至闽浙总督兼署福州将军、船政大臣。著有《谕折汇存》、《许尚书奏议》等。

[3] 孔方伯，即孔继勋（1792—1842），原名继光，字开文，号炽庭，广东南海县人。清朝翰林、藏书家，著有《岳雪楼书画录》等。岳雪楼，为孔继勋于道光五年（1825）所建，位于广东佛山市禅城区南庄镇罗格村，是清末广东四大藏书楼之一。

[4] 踠，弯曲。

梦游仙词

渔童合与樵青伴，树拂珊瑚撒网歌。
始信神仙多艳福，独传天语到烟波。

香雪峨眉漱玉童，栖真同住翠微宫[1]。
落花门外三千尺，才听鹦哥唤晓风。

风静天河旧舣槎，蓬莱清浅惯浮家。
何年下跨扬州鹤，十万金钱赛月华。

云軿[2]簇簇幔亭游，天际虹桥跨十洲。
间抱孙曾话恩宴，不知人世几中秋。

[1] 翠微宫，位于今西安市长安区翠微山下，建于唐贞观二十一年（647），为唐代著名皇家行宫之一，后常泛指山间宫殿。

[2] 云軿，传说中神仙所乘的车。

三儿福存完婚喜赋

佳儿佳妇费平章，洗手羹汤漫品尝。
生就蒙聋原是福，谁家富贵过汾阳。

卧游五岳谢华荣，婚嫁何年了向平。
我亦生儿愿愚鲁，厚资广福胜公卿。

康衢击壤语喃喃，盛世华封庆祝三。
垂老消磨累儿女，古来多福始多男

呼马呼牛福命存，含饴乐事待开尊。
老夫合作蛮夷长，五十平头学抱孙。

怀广雅书局[1]

笙簧六籍簿书闲，百粤人文此领班。
十子风流树坛坫，三忠庙貌傍河山。
南皮高会[2]群跄济，北海朋游胜往还。
玉局书巢风月地，蓬莱香案水云间。
承明侍从蹲孤凤，（廖泽群太史）游戏神仙草吓蛮。（李肇初明经）
琼佩天风吹碧落，晶莹旭日浴黄湾。
一编襄校同天禄，万卷雕搜遍海寰。
翰墨林园宏藻绘，仙山楼阁快跻攀。（罗浮精舍）
新栽桃李青云上，广种松篁绿水弯。
声送铜壶仙露滴，光凝珊网彩云殷。（地近贡院）
红羊换广劫怀兴替，白鹿谈经事订删。
欲语风骚谁抗手，偶觞裙屐共开颜。
山阴雪霁常呼棹，月夜云开静款关。
我羡调羹旧仙吏，独来福地主嫏嬛。（俞桂陔鹾使）

[1] 广雅书局，旧址位于广东著名园林“南园”（今广东广州市越秀区文德路62号）。为张之洞于光绪十三年（1887）创办，光绪三十年（1904）停办。张之洞（1837—1909），字孝达、香涛，号香岩、壶公、无竞居

士、抱冰。河北南皮人。官至体仁阁大学士，死后谥“文襄”。是晚清洋务派的代表人物，著有《书目答问》、《广雅堂集》等。

[2] 南皮高会。汉末建安时，魏文帝曹丕为五官中郎将，与友人吴质等文酒射雉，欢聚于河北南皮，传为佳话。后成为称述朋友间雅集宴游的典故。高会，盛大宴会。

岁晚偕六弟冒雨宿郑仙岩[1]下院晨兴访云泉山馆[2]题壁兼赠守初炼师

枣熟蒲香地，云泉雅集留。(云泉诗社[3])
三贤景芳躅，七子萃吟俦。
花石奥而旷，亭廊曲更幽。神山犹海上，何处访丹丘。

云顶鹤舒台，摩星眼界开。江流无日夜，山势挟风雷。
一鸟夕阳下，千帆细雨来。澄怀观物象，寒意欲催梅。

野馆浓花发，临江得早春。孤松经岁晚，芳草逐年新。
世事江湖下，天涯骨肉亲。仙源如可避，桃笑认前津。

子弟绍门风，(张延秋[4]侍御、孔少唐[5]郎中为先人重拓云泉诗社)
山堂配食隆。曲江诗振响，北海酒称雄。
坛席清时盛，莺花异代同，寒泉分荐菊，长傍古仙宫。

一灯禅榻伴，此意弟兄知。风雨江湖夜，豺狼道路时。
出师襟上泪，(访旧友邓壮节墓) 怀旧袖中诗。
千岁辽城鹤，归来会有期。

语无蔬笋气，自在即神仙。得共花前醉，聊随世上缘。
避秦真福地，筹粤古雄边。归望罗浮近，梅开万顷田。

[1] 郑仙岩，位于今广东省广州市白云区白云山风景区。

[2] 云泉山馆，今名“广州白云仙馆”，位于广东广州市麓湖路 11 号麓湖公园内，为黄培芳、张维屏等七人建造于清朝嘉庆十七年（1812），是当时广州文人墨客雅集的地方。

[3] 云泉诗社，为清代广州文人定期聚会作诗吟咏而结成的社团，清嘉庆十七年（1812），黄培芳、张维屏等七人成立于广州白云山云泉山馆。

[4] 张延秋，即张鼎华（？—1888），字延秋，广东番禺人，清光绪三年（1877）进士，曾入职军机处，官至翰林院编修记名御史。学问渊博，是康有为的师友。

[5] 孔少唐，即孔广陶（1832—1890），字鸿昌，号少唐，广东南海人。以盐业起家，官至刑部福建司郎中。广东近代著名藏书家与刻书家，编有《三十三万卷书堂目录》等。

题郑安期仙祠[1] 再赠守初炼师并示六弟

江春欲渡岭云开，百粤河山洗眼来。
鹤吭清寥接星斗，鳌头高会[2]待风雷。
神仙窟宅花千树，兄弟江湖酒一杯。
今日五洲麟凤集，海天如镜即蓬莱。

白石青蒲亦雅缘，云泉竹木起苍烟。
源花历乱长迷路，涧草幽深不记年。
诗到韩苏犹逐客，代非秦汉枉求仙。
联床记取彭城夜，细嚼寒香老愈坚。

[1] 郑安期仙祠，俗称“郑仙祠”，位于今广东省广州市白云山风景区。相传，秦末方士郑安期曾在白云山一带行医卖药。某年瘟疫流行，为了拯救民众，他在山上采仙草九节菖蒲时失足坠崖，驾鹤成仙，人们为纪念他便在其升仙处建造了此祠。

[2] 鳌头高会，人称“鳌头会”，即郑仙诞活动日。农历七月二十五日，人们登山到郑仙祠礼拜郑仙，同时进行采集菖蒲、涧中沐浴、诗歌比赛等

活动。

汕头

潮汕灏无边，峰青断复连。涛声惊坼地，云气欲浮天。
海石疑帆峭，沙洲抱塔圆。重溟烟几点，莫辨去来船。

灯楼

轮船公会于沿海沙屿筑建灯楼，又名灯塔，使轮船辨沙汕，识风潮，为海道之标准。

水驿一星孤，遥分岛屿无。海轮光引线，石塔浪浮珠。
中外同烟堠，瀛寰辨地图，五洲靖烽火，太乙照天都。

烟感

浩劫恒河剩此灯，边烽余烬瘴烟腾。
他人卧榻鼾还睡，行乞吹箫唤欲应。
处处死灰燃故鬼，家家尘壁对枯僧。
残枪磨洗闻鸡舞，薪胆吞吴力尚能。

他生未卜此生休，八百孤寒[1]也泪流。
国有漏卮[2]容待补，命悬炊剑竟忘仇。
枉教黑白分明误，那有神仙自在修。
认取庐山真面目，不须棒喝亦回头。

东南生计尽桑麻，罂粟千塍遍早花。
万里悲啼妃子竹，十年和议大王茶。(武夷大王峰茶)
芙蓉梦醒朝闻鹤，杨柳腰纤暮隐鸦。
世外只余高士伴，未应流祸到烟霞。

几家游手妙空空，爨尽琴焦火尚红。
丹鼎九还成拔宅，金牌孤注悔和戎。
祸深豺虎思投北，狂尽川澜莫障东。
多少功臣好颜色，凌烟[3]生面写来同。

[1] 八百孤寒，指许许多多贫寒的读书人。八百，形容很多；孤寒，贫寒的读书人。语出五代王定保《唐摭言·好放孤寒》。

[2] 漏卮，有漏洞的盛酒器，比喻国家利益外溢的漏洞。

[3] 凌烟，指凌烟阁，位于唐朝皇宫内三清殿旁，已毁于战乱。是唐朝为表彰功臣而建筑绘有功臣图像的高阁。

瞻云弟同作

面目从何认本来，十年积习总难回。
吹箫吴市甘残炙，借枕卢生恋死灰。
双膊耸成寒起栗，几生休得瘦和梅。
江头沦落烟霞伴，芳草王孙剧可哀。

何当叠奏到埙篪，冷眼凭君唤醒迟。
双管生花齐吐艳，一灯如豆费相思。
终宵偎倚浑同枕，长日消闲不让棋。
此味缠绵曾领略，晓风残月五更时。

草堂春梦乍惺忪，三顾频烦起卧龙。
退步难移同踯躅，断肠曾唤是芙蓉。
不因午倦神如醉，才到宵来意便慵。
栩栩化身蝴蝶幻，唤回尘海一声钟。

空怀衽席起千家，欲觉迷津未有槎。
一粒分来沧海粟，九衢呵作赤城霞。

楼头风送三更笛，枕畔烟笼顷刻花。
太息[1]东南民力竭，万畦香蕊换桑麻。

[1] 太息，叹息。

五绝　一首
五律　一十九首
五古　二首
七绝　六十四首
七律　二十四首　附录四首
七古　一首
七排　一首
以上古近体及附录共一百一十六首

福雅堂诗钞卷六

水仙集

吴辉煌　校注

重阳登虎溪岩[1]梵楼望海吊古怀施靖海侯（琅）

大海回澜中峰高，棱层[2]虎跳金银涛。
南溟汪洋海天接，沙台落日明金刀。
英雄已矣山川寂，江海不钥鱼龙号。
秋九登临醉村酒，萧萧帐马谁羊羔？
掉头凭吊古战场，风吹白骨黄河香。
鹿门之鹿凤山凤，地不挺险鸣归昌。
当年横海威名重，手拓两担开澎洋。
诏下江南曹武惠[3]，深仁戒杀思筹济。
承平草木不知兵，鼾睡榻旁深国计。
天生君侯报天子，草鸡旧日谣乡市。
一朝南纪尽安流，力挽江河福桑梓。
衮龙解赐荣褒忠，上将星辰贯日虹。
卸甲归来天亦笑，半江明月采芙蓉。
千秋唤破封侯梦，海门潮落一声钟。

[1] 虎溪岩，位于今福建厦门市虎溪路的尽端，山上有寺称“虎溪岩寺”。

为厦门八大景之一，中秋传统赏月胜地。

[2] 棱层，即棱层洞，又名夜月洞，位于虎溪岩，明万历四十二年（1614），名士林懋时开拓山岩，凿有“棱层洞”，洞内供奉虎神。

[3] 曹武惠，即曹彬（931—999），字国华，河北灵寿人。北宋名将，官至武宁军节度使、枢密使，封鲁国公。死后追赠中书令，封济阳郡王，谥“武惠”。下江南，指曹彬率军南下灭掉南唐李煜。

秋日鹭门[1]登佩南兄墓

立马百丈原，萧萧生古愁。临风奠一杯，怜子忽千秋。
客路魂何往，天涯骨未收。为言小儿女，无恙在南州。

[1] 鹭门，即今福建厦门岛。

秋日虎溪岩即目感怀昔年同游二兄逝去六弟客外并寄在乡诸弟

言上虎溪岩，岩中多秋草。草是同根生，荣先谢亦早。
秋草总无言，只恋春风好。风好不多时，雁叫秋容老。（苏句）

秋深鸿雁过，一一东南飞。或在山之阳，或傍水之湄。
相看亦不远，对影成参差。南国多霜风，红豆吹离离。

下山明月光，分光照故乡。如何人不见，对月成断肠。
团圞复团圞，风吹桂枝香。望断秦蛾眉，皎然升朝阳。

江楼晚坐寄家香溪[1]丈（昌彝）

海天渔唱夕阳收，窗影涵虚入镜流。
半榻琴书供客话，万重山水困乡愁。

灯明极浦星沉戍，帆翦横江雨打舟。
风景易添游子泪，一声孤雁下南楼。

[1] 香溪，指林昌彝（1803—1876），字惠常、芗溪，号茶叟、五虎山人，福建侯官人。年轻时拜鳌峰书院山长陈寿祺为师，饱览群书，才华横溢，屡次科考不第，遂游历各地，作诗评诗，晚年以授徒为生。著有《射鹰楼诗话》等。

江楼夜月

月窗几扇净琉璃，醉倚江楼动客思。
时节落花裙带路，唤回春梦是天涯。

初夏江乡偶题

松阴细雨走轻车，故国翛翛梅熟初。
到眼江乡风物好，绿杨墟贩市鲥鱼。

榕林载酒邀同杨习之司马陈少彭何悌甫两大令送苏少伊太守捧檄浙东

一麾出守续题襟，旧雨招邀集故林。
时事艰难乡国泪，文章豪宕少年心。
铜琶曲唱江东去，玉版禅参寺北吟。
忽忆西川贤节度，后人能报国恩深。

水仙楼题壁

扇扇荷亭瑟瑟秋，白云红鹤与天游。

异乡加饭书千里，大地飞觞月一楼。
东海宵征沉画角，西湖香恨入诗钩。
家山风景河梁话，水北花南夜泊鸥。

附：静云六弟和作

水仙庑下十年游，海客忘机狎野鸥。
几叠青山帘外雨，半江红树雁来秋。
露凉翡翠黏金锁，风弄蜻蜓拂玉钩。
短榻茶烟花韵寂，天涯兄弟读书楼。

附：瞻云十一弟和作

同是华年入洛游，我惭身世等浮鸥。
江湖兄弟姜家被，诗酒神仙太白楼。
鹭水闲来舟泛月，龙眠图处笔横秋。
（周芸轩中翰橧[1]《水仙楼图》）
投竿坐看珊瑚树，卷上丝纶谢钓钩。

[1] 中翰，明清时内阁中书的别称。橧，似为“绘”之误。

残腊六弟书来悼渠邓姬病殁鹭门，是余五年前所蹇修[1]者也，征诗作挽，率成八绝[2]，聊以寄慰

红颜命薄寻常事，底事儿夫詈蹇修？
触我频年花月恨，一齐和泪到心头。

凄风酸雨断残年，撒手红尘去亦仙。
寒食梨花寻白鹿，（寄葬白鹿禅院[3]后）

可无诗酒慰重泉？

兄弟江湖落第回，哀丝豪竹酒衔杯。
怜才直到痴儿女，得嫁参军愿亦灰。

独扶莺燕出风尘，红叶由来不负春。
料得泉台感恩遇，五年前是受知人。

当年几费文人力，扇底桃花记旧缘。
语向词场齐下泪，五湖泣望范家船。（从台北病返鹭江）

[1] 蹇修，指促成男女婚姻；媒人。
[2] 校注者按：原书只存五首。
[3] 白鹿禅院，即白鹿洞寺，位于今福建省厦门市思明区白鹿路5号，创建于清康熙四十四年（1704）。

醉题梅壁

洛阳年少鹭江头，貂马长街逐贵游。
黄金累累印如斗，日餍梁肉堆山丘。
中有铁崖[1]旧诗裔，长日骑驴觅诗句。
软尘无地起楼台，薜剔石皮搜石髓。
石罅泉甘接外清，就中叠石环诗城。
诗城拟补梅千树，怪石岩巉呼不去。
主人爱石复爱梅，移石栽梅费周虑。
谽砑[2]粉壁相撑张，泼墨纵横发幽趣。
君能笔补造化工，顽石点头梅与语。

[1] 铁崖，即林嗣环（1607—1662），字起八，号铁崖，原籍福建省晋江县，福建安溪赤岭后畲人。清顺治六年（1649）进士，曾任广东琼州府先宪

兼提督学政。官至广东提刑按察司副使，分巡雷琼道兼理学政、山西左参政道。著有《铁崖文集》、《口技》等。

［2］ 谽谺，山石险峻。

重至舫斋感怀习之司马少彭悌甫两明府

水仙渡头红藕舫，半榻琴樽幸无恙。
诗狂酒豪老少年，触我三年旧酬唱。
忆昨戎幕来诸公，只今叶散零秋风。
鸥鹭为群凤凰侣，叱咤风浪鞭群龙。
一朝士食太平福，江干水石围诗屋。
依旧珊瑚弄钓竿，美人日暮怜修竹。
南浦迢迢万里春，江波几度添新绿。

偶　题

雨丝风片水仙楼，凉送江潮又早秋。
一曲旧情桃渡口，十年残梦板桥头。
灯窗蕉竹供吟话，酒舫菱荷起晚讴。
到处湖山成卧隐，腰缠今不羡扬州。

吴纶堂[1]以苏笑三[2]画水仙帐子索诗

绝胜人间萼绿华，冷香清影入平沙。
凭君一枕游仙梦，梦到仙源第几家？

惊鸿洛浦掠秋光，环佩珊珊淡素妆。
惆怅东风浑不语，无人解赋十三行。

唐宫道子宋坡仙，（余曾见吴道子画《罗汉图》苏东坡题跋）
书画三生有旧缘。
得向吴绫泼残墨，香留名字也千年。

水仙门巷赋闲居，卧雪幽栖愧不如。
陈榻久悬徐孺子，半窗风雨冷琴书。

[1] 吴纶堂，即吴大经，字纶堂，斋名“地瓜庐”，福建同安人。因先世军功袭云骑尉，改县丞，分发浙江，但不赴任，自甘淡泊，擅长画山水、花鸟，喜作梅菊怪石。与苏元、章瀣并称厦门“同光三画家”。

[2] 苏笑三，即苏元，字笑三，晚号梦鹿山樵，别署笑道人，福建海澄人，世居厦门。光绪十八年（1892）优贡生，后东渡台湾，任淡水教谕，擅长画山水、花鸟，是清末民初著名画家。

登　楼

水仙琴操水仙楼，海上移情访十洲。
手把枯桐向谁和，数峰青入大江流。
（作此诗未旬日，内子病讯至，追思第三语，已兆悼亡）

十万戈船下海东，女儿桴鼓亦英雄。
披襟独坐凭霄汉，谁挽澜回唱大风。

韦生弟散馆归，偕王可庄[1]殿撰、陈芸敏[2]太史远访水仙楼，流连匝月，予适粤游赋诗却寄

香稻柴门傍水开，五云丹凤下蓬莱。
奎躔书府文星聚，风满山楼旧雨来。
君代主人休问竹，我惭仙侣枉妻梅。（时赋悼亡）
宵来应作池塘梦，半壁新诗和几回。

[1] 王可庄，即王仁堪（1849—1893），字可庄、忍庵，号公定，福建闽县人。清光绪三年（1877）状元，授殿撰，曾在厦门玉屏书院讲学，官至苏州知府。喜诗善书，他的诗文由其子编为《王苏州遗书》。

[2] 陈芸敏，即陈琇莹（1853—1891），一作陈秀莹，字芸敏，福建侯官人。清光绪二年（1876）进士，改庶吉士，散馆授编修。曾任江南道监察御史、河南学政等职。喜藏书、目录考证学，曾续朱彝尊《经义考》、谢启昆《小学考》，书未完成而卒。

题水仙楼雅集图并视周中翰（有序）

周芸轩中翰访予鹭门，适王可庄殿撰、陈芸敏太史、沈少洲比部，群季韦生太史、静云驾部、侄资明观察、资礼司马、资熙教习、资美孝廉，旬日间先后同集水仙楼。皆从远道至，纵谈海疆事。中翰绘为雅集图，索予纪以长篇，醉后放言，不值周郎一顾也。

海门落日吹腥风，轮飞夷舶鬼伯雄。
鼓浪山头一雪涕，靖海澄海谁侯公。

飘零几个书生某，百川莫试狂澜手。
长歌浩浩天地春，浇块日累他人酒。
虎溪鹿洞石头顽，大小榕林织花柳。
读画谈诗无所事，旧雨坛场结新雨。
池塘草绿竹林香，同是天涯忘尔汝。
十年回首沧海经，桑田阅历增如许。
何来鞍马群翩翩，水仙楼聚玉堂仙。
周郎词翰司薇省，顾曲怜依断续弦。
水仙图继荔枝图，（为可庄绘荔湾图）
朝野纷纷索画逋。
赠我丹青聊善慰，家风梅鹤亦仙乎。
搔头我向苍天问，如此湖山合充隐。
几人文正秀才时，忧乐斯民吾本分。
君家济美凤毛英，勖将斯语垂彝训。

题家汉章都尉[1]晴轩读画图

（尊甫龙江军门[2]殉难台阳）

枕畀兵符数卷书，忘名诗画混樵渔。
海门落日求忠裔，天语频闻问起居。

[1] 汉章都尉，即林向荣之子。因其父殉职，袭骑都尉职。

[2] 龙江军门，即林向荣，字战志，号龙江，福建同安马巷（今属厦门市翔安区）柏头人。清道光十三年（1833）入金门镇营为战兵，因功升千总、守备、游击、参将、总兵。同治三年（1864）台湾戴万生起事，以台湾镇总兵衔率部围剿。因粮食、兵力不济，血战而死，随死亲勇四百余人。赐祭葬，建专祠，随死附祀。

红玉词为邱伯贞男爵索赠

红拂早知河北帅，玉箫重遇剑南军。
英雄儿女千秋事，珍重诗题白练裙。

[1] 邱伯贞，即邱炳忠。里居、阅历见卷一《喜晤邱伯贞袭爵归镇金门》注。

赠吴二纶堂

落木萧萧驿路秋，海天长啸倦封侯。
先公部曲多持节，上将楼船佐运筹。
泣到流亡图郑侠，悟将元化梦庄周。
骑驴仍向西湖过，休问杭州与汴州。

平原子弟愤孤忠，时局艰难语尚雄。
桴鼓直堪携少妇，囊沙曾记策元戎。
官贫未改书生面，年少常怀长者风。
待我蓬山齐抗手，掉头高唱大江东。

贺王六公子例承袭子爵

横海威名草木知，当年帐下有奇儿。
十年瘴檄编循吏，万里风声警远夷。（以海防事回籍）
阀阅分荣兄弟荫，河山同誓主臣词。
恩承绣铁千秋券，不数三槐著盛时。

开春后，王六（衡之）、邱二（仲立）、吴大（树堂）、吴二（纶堂）同聚水仙楼觞咏无虚日，亦盛事也，诗以纪之

各谈忠悃各怀奇，犹有余情到画诗。
儒雅风流偏并世，（诸君皆勋爵门荫）
才人事业却伤时。
楼台近水襟怀阔，箫鼓连宵笑语嬉。
烂熳莺花谁是主？太平村社赛江祠。

挽邱伯贞爵镇（炳忠）

仲华拜衮正韶年，累叶勋名动九边。
嵩岳降灵方应运，江河遗恨早生天。
前身福慧应成佛，总角英雄亦象贤。（哲嗣将承袭男爵）
消得九原襟上泪，将军横海正楼船。（时方海疆筹防）

节钺还乡镇上流，只论风雅亦千秋。
诗词远逑鸡林国，歌舞长旌燕子楼。
四海论交知我最，九重图报为公愁。
艰难时局维桑梓，白马灵旗怅旧游。

宿虎溪岩晨兴题壁

蹑屩棱层岭，岚光湛晴晖。扫地朝焚香，老僧敞禅扉。
一见相问讯，拂石净苔衣。绕榻山四围，万绿含清辉。
花香悦禅性，鸟语静尘机。相对两忘言，白云无是非。
去住本何常，此意知者稀。平旦一声钟，大地同皈依。

大赈诗六章（有序）

家时甫京卿，遵旨独力筹五十万金，为修建台阳铁路，以时局多变，此款虚悬。适晋、豫奇荒，予在粤寓书六弟，就近谆劝先出此款助赈。嗣予返鹭门聚首听涛园，谈及李子和[1]河帅恰有是议，予再三怂恿，慨然乐从。事成后，特旨晋三品卿，其太夫人闻之，复捐赡养银二万添赈，优诏宠异，尤为盛德，补作大赈诗六章，以美其事。

台山之阳，有园有田。善人是富，维德不愆。
松柏丸丸，于斯万年。令妻寿母，嘉祜绵绵。
绵绵嘉祜，厥德孔彰。既饫义粟，复餍仁浆。
南有铁路，伊谁锲之？百千万缗，于我挈之。
嗷嗷飞鸿，大河既四。移此多缗，以福蒸黎。
其功粜粜[2]，其志躬躬。何以贶之，福禄来同。

[1] 李子和，即李鹤年（1827—1890），字子和，号雪樵，奉天义州（今辽宁义县）人。道光二十五年（1845）进士，选庶吉士，历官翰林院编

修、御史、给事中，湖北、河南巡抚，闽浙总督兼署福州将军。光绪元年（1875）调任河东河道总督，授兵部尚书衔。

[2] 嵲，高。

楼居即事

忙里光阴自爱闲，登楼聊看画中山。
荔香高接邻园荫，鸦影斜侵夕照还。
风静估儿喧市舶，日长海客话瀛寰。
凭栏知有凉风飙送，吹动江头月一弯。

赠郑植生丈兼视荔裳员外

几年庑赁水仙祠，湖海论交鬓亦丝。
诗派我惭林子羽[1]，侠肠人说郑当时。
一灯述旧英雄泪，半世闲情幼妇词。
早岁机云同入洛，只今回首怅江湄。

逆旅谁能识马周，鸢肩何恨不封侯。
卖浆屠狗心犹热，舞剑闻鸡志未酬。
秦地山河余大贾，汉家禺筴亦名流。
谁云市隐甘长卧，海外雄谈更九州。

[1] 林子羽，即林鸿（1338—?），字子羽，福建福清人。明洪武初年，以人才举荐，授将乐县儒学训导，升礼部精膳司员外郎。后辞官归里，与诗友集会结社，相互唱和。是当时以诗知名的“闽中十才子”的领袖，福建诗派的代表人物。著有《鸣盛集》等。

赠陈逸樵

风雅应追壮悔堂[1]，翩翩公子擅词场。
最怜海上遗忠裔，无事消闲托翰香。

正平挝[2]鼓碎缨绅，浪说山膏[3]愤骂人。
到底未离才子气，好教文字善全身。

世路荆榛唤奈何，渔樵随分且高歌。
秋灯寂寞编耆旧，摭拾丛残到绮罗。

结伴天涯玉局仙[4]，闭门高卧共逃禅。
峰青江上泠泠响，由也升堂意惘然。

（昨访君于苏仙根[5]农部处，拟听大操不遇）

[1] 壮悔堂，位于商丘古城北门内，为明末才子侯方域壮年著书处。此处借喻侯方域与秦淮名伎李香君的爱情故事。

[2] 挝，敲。

[3] 山膏，传说中的山中怪兽。

[4] 玉局仙，也称“玉局翁”，是玉局观提举（宋代祠禄官名，只食官禄的闲职）的戏称。苏轼晚年被朝廷封为成都玉局观提举，故借指苏轼。典出《苏轼文集·提举玉局观谢表》。

[5] 苏仙根，即苏瑞桢，字仙根，马巷（今属福建省厦门市翔安区）澳头人。精于琴艺，著有《琴苑》一书，专采琴典。

周中翰赐季姬梅鹤画扇寄诗代谢

老去才人感不休，轻纨远寄太迟留。
只怜叠在空箱里，已过重阳又暮秋。

扇底梅花识放翁，教侬好梦忆吴中。
如何赢得家家画，香到梅花句亦工。

吾家旧事忆逋仙，惹得诗人笑欲颠。
今日又开新画本，西湖明月正团圆。

颖脱囊中恰待时，千军横扫笔尖儿。（以笔囊绣此七字奉酬）
寻常指爪难云报，欲绣平原未买丝。

题吴纶堂画竹

驿路相逢揖马周，凌霄气节笔横秋。
萧萧风雨钱塘夜，记取平原十日游。

陈穆斋[1]太守出塞诗题后

驿路萧萧匹马鸣，玉关杨柳尽秋声。
黄河远上旗亭句，似听双鬟诉不平。

先公部曲半忠勋，建节黄岩旧有闻。
迎上江边书画舫，行人犹拜小将军。

王谢门风冠上卿，围棋赌墅笑谈兵。（群从同事西征，屡著战勋）
倘教飞絮添酬唱，谱入伊凉雪有声。（赖云亭[2]军门眷属偕行）

流马澜翻转木牛，残书遗落武乡侯。
干戈销后耕桑好，衣被苍生遍九州。（左侯相奏改机器局作织造，檄君佐理）

海氛满目语何堪，公子桃花古佛庵。
他日编诗述耆旧，千秋名附左宁南[3]。

瘴雨蛮烟五岭中，我矜磨盾不能雄。
自从南亩躬耕后，失马何曾福塞翁？

一灯风雨剧谈诗，镜里头颅各自知。
钟鼎山林两无负，期君觞咏太平时。

[1] 陈穆斋，即陈联科，字穆斋，清代厦门人。随父镇守黄岩，以战绩得议叙。曾随军助剿甘肃回民起义，为福州制造局总办赖长佐理帮办，兼理文案。

[2] 赖云亭，即赖长（1833—1884），字云亭，广东普宁人。随曾国藩、左宗棠转战南北，由兵士累功升总兵。清同治五年（1866），左宗棠在福州设制造局，奉令以记名提督衔任制造局总办，后调职任兰州制造局行政长官，为中国近代军工之先驱。

[3] 左宁南，即左良玉，明将领，因功封宁南侯。

李秋农[1]司马再莅鹭江（名迈平，广东番禺县人）

镇南关外去思碑[2]，我记攀辕泪欲丝。
今日儿童齐拍手，好官还有再来时。

再来人祝李青天，共道官清不爱钱。
荒驿凄凉话筹笔，尚余子弟说雄边。
（时予襄办团练，会办军饷）

[1] 李秋农，即李迈平，秋农当为其号，广东番禺人。清光绪元年（1875）任厦门海防厅同知，次年离任。光绪五年（1879），再次回任。

[2] 去思碑，旧时碑志的一种。官吏离任时，凡为官清正廉洁、造福一方者，地方士绅就借代民意，记人记事，颂其德政，为其著文立碑于显眼的地

方作为留念。

除夕祀神曲

菜花红雪豆花青，箫鼓鞭春喜雨亭。
休笑随班迎太岁，十年前读《相牛经》。

水田衣短舞婆娑，野庙神巫血食多。
我亦豚蹄上苍祝，万家丰乐四时和。

和合山田樟柳仙，迎门利市福如天。
果然赐得天官福，多买肥牛学种田。

太平租税旧农家，郎赛茶神妾赛花。
花价纵同茶价好，也应留地种桑麻。

一钱不值纸财神，枉化人间亿万身。
自笑冬烘无媚骨，相逢对面不相亲。

纸马纷飞灶疏黄，家家司命醉清觞。
人间薪水寻常事，动辄烦君亦太忙。

家有先芬旧谏书，只留青白荐香蔬。
如今横海征兵急，惭抱遗经守敝庐。

送神歌罢又迎神，太古衣冠礼数真。
相聚田头话神贶，桃源鸡犬一家春。

榕林席上有赠

桃叶桃根总是春，兜罗[1]弹指现花身。
玉钗声冷娇莲老，十六年来此替人。

直把眉楼作选楼，绿榕压屋冷于秋。
南朝泪落《桃花扇》，同是天涯悔壮游。

［1］兜罗，又作兜罗锦，古代一种棉的纺织品。喻指象洁白细软的兜罗绵一样的佛手。

左侯相檄方伯沈吉田[1]师冒险援台，舟次厦口，余倡集渔团约吴春波[2]军门护吾师所部湘军，飞渡澎湖沟（师名应奎，后署台湾巡抚）

鱼龙夜啸答潮音，垂老苍茫海上琴。
忧乐早存天下想，艰危何负秀才心。
（余幼时赴郡试受师，知师以秀才辟帅幕膺保荐，不一年，权署郡守，时发逆初平）
还我珠崖气尚雄，艅艎万斛趁东风。
中原无复黄天荡，驴背斜阳问相公。

［1］沈吉田，即沈应奎（1821—1895），字小筠，号吉田，浙江平湖县人。附贡生出身，曾任温州府泰顺教谕、以知府衔署福建泉州府，历贵州布政使等职。清光绪十一年（1885）二月，因中法战事，奉令率师援台，授台湾布政使，护理台湾巡抚。

［2］吴春波，即吴鸿源，字春波，福建同安县石浔人。行伍出身，清同治八年（1869），任台湾水师协副将，升浙江处州总兵。咸丰年间，先后官金门右营游击、安平镇副将、海坛镇总兵、福建提督。光绪十一年（1885）正月，募勇援台。

四十初度

依依膝下身，四十犹孩子。两老时抚摩，汝今抱孙矣。

雁行十一人，服贾谋甘旨。时作千里游，岁一还桑梓。
惟予读父书，老不离尺咫。家督守先畴，堂构奂轮美。
阿连[1]亦逾冠，诗城坚壁垒。遏末与封胡，负剑诏辟咡。
季子时多金，分润令嫂喜。我幸虱其间，俯仰诚足恃。
游或快逍遥，性不耽纨绮。崇德爱景光，款段娱乡里。
花木富园亭，文史堆案几。偶添红袖香，问字围诗婢。
读书乐天伦，灯味儿时似。教子愧燕山，其数差堪拟。
有女赋七襄[2]，灿灿星河指。(时五子七女)
情不隔关津，礼共修盘匜。
五岭接三山，南船如马驶。重闱奉板舆，千里测风晷。
富贵漫逼人，瞬息年强仕。垂髫作秀才，长老夸稚齿。
既壮贡贤书，为文惊俗耳。策上十万言，纵论到国是。
京华播微名，海内论知己。南宫屈荐剡，宾馆充国史。
行将现宰官，发轫为之始。老父训周详，身荣饬簠簋。
有子望高官，悬弧射蓬矢。汝非百里才，胡以供任委。
家免升斗谋，躁进失操履。老母时倚闾，寄书言满纸。
上言长别离，无为羡金紫。下言戒温饱，莫饮盗泉水。
封鲊愧母贤，抱犊非吾舐。不如多读书，养作中流砥。
官乃民父母，痛痒关骨髓。记汝初生年，瞻依聿云靡。
跪听两亲言，求远虽自迩。再过四十年，膝前商仕止。
但祝堂上欢，岁岁介繁祉。作书学还童，乳名呼跪起。
樽前北海齐，兕晋南山比。八十老莱衣，依然褓褓视。
为诗诏儿曹，继志乐伦理。生子望聪明，斯愿坡公鄙。
愚鲁作公卿，解嘲聊复尔。予生鲁且愚，四十犹如此。
纵不到公卿，差喜灾难弭。熊鱼美难兼，知足复谁毁。
养志羞绝裾，浮名轻敝屣。抚兹时局艰，荏苒年华驶。
男儿志四方，车书正文轨。卅九笑龙钟，未免甘废弛。
葆此强固姿，夙夜勤顾諟[3]。几人任巨肩？我辈长抚髀。

读书志圣贤，无闻实堪耻。上寿逾百龄，将半及四纪。
黄花晚节香，开向重阳里。中秋月轮徂，前度飘丹蕊。
今夜醉团圞，园游约桃李。盼得好春来，千红齐万紫。
岁月补蹉跎，征诗明览揆[4]。

[1] 阿连，指南朝宋诗人谢灵运从弟谢惠连。后亦泛指兄弟。
[2] 七襄，指织女星。
[3] 顾諟，指敬奉、禀顺天命。
[4] 览揆，指生日。

丁讱臣太守江楼话旧

金波穆穆月融融，楼瞰南溟接远空。
万派江流都入海，九寰烟净不惊风。
东山丝竹中年感，北海壶觞少日雄。
闻道使君重惜别，剧怜竹马旧儿童。

化鹤飞凫事偶然，蓬莱小谪吏如仙。
春归杨柳双鬟笛，秋老茱萸九日筵。
风雨论交同骨肉，江湖重聚亦因缘。
他时记取闻鸡夜，途路商量祖逖鞭[1]。

百盆兰卷播元音，（新刻中丞师诗集）
小阮流风绍竹林。
一代贤良知有后，（中丞文孙芝田大令同行）
万民歌颂到于今。
平章风月扶轮雅，笑傲沧洲泛棹吟。
我向韩潮论衰起，挑灯重话岁寒心。

莽莽乾坤笑掷梭，梦回尘海倦飞波。

久拼锁钥成孤注，忍唱箜篌竟渡河。
世味深尝甘草癖，宦场中变浪花歌[2]。
海门无限风云思，眼底鱼龙角逐多。

[1] 祖逖鞭，又称“祖生鞭”，为勉人努力进取的典故，典出《晋书·刘琨列传》。

[2] 浪花歌，古代广西山歌的一种。语出明代邝露《赤雅》：“三月之歌，谓之浪花歌。”《赤雅》是邝露游历广西时记录当地民族风情、趣事轶闻等的著作。邝露（1604—1650），字湛若，号雪海，广东南海人。南明唐王时任中书舍人，永历帝时，出使与诸将坚守广州，清兵攻下广州城后，他抱琴绝食而死。是明末广东著名诗人，著有《邝露诗集》等。

丁讱臣太守过访
为诗追述旧政即送北行兼柬芝田大令

同指头颅感不休，对谈往事泪交流。
三层楼阁栖宏景，两度旌旗拜细侯[1]。
尽有柴门容剥啄，剧怜宦海叹沉浮。
清风两袖翛然远，重订鸥盟白鹭洲[2]。

五马分符渡海来，快园花竹手亲栽。
玉皇小谪司香尉，金粟前生老辨才。
恍听令威重化鹤，漫嗤和靖冷妻梅。
烽烟销后湖山寂，庾信江南事可哀。

重话师门旧学深，（令叔大中丞丰顺师）
傍墙桃李发新阴。
清芬祖德辉兰锜，（芝田为中丞文孙同仕闽中）
济美贤声绍竹林。
愿慰瞻韩千里梦，时危借寇万家心。

只今众母舆人颂，忍听邻机弃妇吟。

新人欢笑旧人悲，鬻子恩勤更闵斯。
满眼疮痍成漏脯，逢场傀儡任牵丝。
平将孤愤吟香草，灰尽雄心付劫棋。
何待洛阳亲友问，壶冰难语夏虫知。

戈船横渡涉重溟，稳把佳音洗耳听。
早识蠡湖堪共泛，悔教沧海却曾经。
歧途莫漫谈知己，田舍由来怕识丁。（自述近事）
今日偷闲同一笑，青天鸿鹄已冥冥。

雪霁黄河泰岱雄，髯苏词拍大江东。
此行好献平淮颂，（北行重谒李伯相）
往事休论入蔡功。（公以海防曾膺保荐旋镌级去）
我赋召棠怀伯憩，人钦窦桂述家风。
他年谱作双丁传，竹马重迎已半翁。

[1] 细侯，指郭伋，字细侯，东汉时扶风茂陵人。历任渔阳太守、颍川太守、并州太守，有政绩，所至县邑，老幼欢迎。

[2] 白鹭洲，位于今福建省厦门市思明区白鹭洲路，原是筼筜港中的台地，现为白鹭洲公园。

鹭门观竞渡遇吴二绝堂追忆旧游

芙蓉帘幕水云乡，箫鼓游船趁夕阳。
二十年前烟雨渡，与君同是少年场。

海风吹蜃幻楼台，庾信江南剧可哀。
谁为忠魂诉真宰，有人曾自马江来。（马尾江甲申之役）

通词那复托微波，欲讯惊鸿唤奈何。

曾记年前钗扇影，此中人似隔天河。

美人香草屈离骚，天问无聊气尚豪。
一掬湖湘最清水，为君重浣旧征袍。

海门风啸静南溟，日射扶桑一发青。
好放蛟龙破天去，十年沧海记曾经。

满城丝管下南关，百丈惊涛报汐还。
有客苍茫话渔父，溜潮还过虎头山。

偶检杨雪沧[1]丈岛居杂咏感题

万里西征剑未疏，萧萧仆马返衡庐。
年来岛上添新录，（刻有《岛上三录》）娱老英雄学著书。

中兴百战出雄才，从事宁南幕府来。（左文襄欲老其才留为世用）
多少朱门滥竽客，如君弹铗正堪哀。

乡国飘零抱一经，忘年小友最垂青。
甘心执梃门生长，重见新阴护鲤庭。（幼雪明经继掌浯江书院）

枫林塞黑雨潇潇，手抱青琴海上招。
今夕诗魂何处所？泪浪添上虎门潮。

民讹风影信非真，树憾群儿冷笑人。（何道州出游，曾文正谓“湘中少年无以安长者”，公复似之）
剧忆西川严节度，（石泉制军）草堂深庇杜陵贫。

十年风义友兼师，入洛平生仅见之。
身俭绮罗还未嫁，洛阳贫女对门时。（同客鹭江已逾十稔）

敢抛风月负江山，时事关心强醉颜。
归去玉皇香案侧，未应重谪到人间。

[1] 杨雪沧，即杨浚（1830—1890），字雪沧，号健公、冠悔道人，祖籍福建晋江，福建侯官人。清咸丰二年（1852）举人，同治四年（1865）任内阁中书，及国史、方略两馆校对官。晚年致力讲学，曾任教于漳州丹霞、霞文，厦门紫阳、金门浯江等书院。著有《冠悔堂诗文钞》、《冠悔堂赋钞》、《冠悔堂骈体文钞》、《冠悔堂楹语》等。

江楼独坐

重溟风倦夕阳西，有客临江酒自携。
阅世艰难谁雪炭？旧游踪迹半云泥。
离怀早动新秋雁，起舞常先午夜鸡。
坐看中台接南斗，倚天栏槛与云齐。

虎溪岩题壁

欲向山灵问，沧桑月几圆？红羊销劫运，白鹿听经年。
海寨渔团集，江乡蛋户编。重瀛环岛屿，何以障东川。

登高发狂啸，瘴雾洗南溟。闽粤通潮汐，台澎此翰屏。
山僧谈战纪，海客借图经。晓策灵鳌去，苍茫混太青。

凉飙起天末，长忆故山秋。随地得佳境，临风结胜游。
石多林壑美，江阔水云浮。独踞棱层顶，萧萧白鹭洲。

海峤东林地，喧嚣逭暑时。有花皆献佛，无石不题诗。
风静鱼龙暝，云深鸟雀知。春醪如可过，还就菊东篱。

鹭江棹歌（并序）

鹭江嘉禾屿，为南闽重镇，海阔涛雄，不宜歌棹。筼筜港，又远隔村落，曾约同人，制苏舸，月夜逭暑，作容与之会。时则海雾冲帆，焦石压缆，鱼龙水啸，楼阁灯沉。座中海客，尚有栗容，几不可以游，何有于歌？未及新秋而打桨之兴索矣。濒海诸山，不宜木植，赵云松[1]观察谓："此地山童水廓。"孙文靖[2]公诗："厦门本荒碕……褊陋等自郐。"所言亦犹齐山可登而不可望矣。余谓此间水石雄奇，天然岩壑，不愧海山福地。但未可以乌篷载酒，取例湖游。回忆生长岭南，少游吴楚。灯船花舫，旧梦魂销。画壁旗亭，天涯唱遍。独于故山游钓，忍无一言，江神有知，亦应贻笑也。迩来闭门习静，草阁寒深，枨触前游，感时抚事，学为沧浪之歌，差等向若之叹，抒写无聊，随兴所发，亦藉以纪风土、叙游踪云尔。

大担横来小担开，千重海蜃幻楼台。
十三渡口谁渔父？多少桃花劫后栽。（厦岛十三渡头）

掉头高唱大江东，（江东桥）
天际归帆叶叶风。（吾乡水师宿将多半罢归）
寄语平原诸子弟，不妨酣醉满江红。（船名）

海风吹雾草鸡谣，二百年来战气消。
不断嘉禾有遗种，清时麟凤识天骄。

白鹭横江点点烟，鱼雷衡浪演楼船。
海门终古华夷限，放出蛟龙欲拂渊。

洞天鼓浪隔江寻，旧梦沧桑思不禁。

忍向日光岩畔望，参差楼阁暮云深。（对河新辟洋场）

才闻祆庙福音宣，又报天宫洗礼旋。
谁赎文姬归绝塞，唐山回望祖家船。
（夷人自呼洋舶曰“祖家船”）

十年打桨草洼安，（地名）垂老归来甲必丹。（华佣头目）
争说弄潮儿有信，石头犹作望夫看。
（志载：“望高石”，俗讹为“望夫石”）

沿街铙盏送王船，剑树刀山日万钱。
知否河黄图铁泪，眼前因果大西天。
（郑州告赈，有绘为《铁泪图》募缘）

罂粟花开遍野塍，山场花价逐年增。
何年洗尽烟花劫，大海回澜此一灯。

乘槎约略乌衣国，浮岛分明白鹭江。
太息东南民力薄，是谁賨赋[3]到乡邦。
（燕窝贡始于某先达冒误）

此邦海寨尚蛮风，双桨连环八桨攻。
气尽一时闾里侠，锦帆杯酒识英雄。

龙头山峙虎头山，万国旗分五彩斑。
此日梯航集王会，不劳惩挞到荆蛮。

台澎新辟电书邮，锁钥重溟控部洲。
欲访涵园[4]铸金事，眼看南纪尽安流。（靖海侯涵园）

筼筜港静水湾环，暧暧如舟屋数间。
我趁开帆访场老[5]，夕阳无限薛家山。

荔崖风冷镜塘秋，罗绮无人续雅游。
生怕黄公垆下过，一声残笛倚江楼。

闭门不放石头去，花竹萧疏隐钓踪。
几叠青山红树外，半江凉雨梦吴淞。（榕林多天然巨石）

江荻江枫语故乡，天涯身世倦浮梁。
四弦谱出秋江怨，司马青衫泪数行。

秦淮灯戏鱼龙舰，珠海花围翡翠篷。
裙屐少年场里过，结茅归傍水仙宫。

浪掣沧鲸两岛开，独梯云顶望蓬莱。
此间疑有神仙窟，一笑先登海日台。

腰钱骑鹤事如何，乘兴闲来放棹歌。
消受湖山故乡好，海云岛月总婆娑。

[1] 赵云松，即赵翼（1727—1814），字云松，号瓯北，江苏阳湖（今常州）人。清乾隆二十六年（1761）进士，授翰林院编修。曾任广州知府等职，官至贵西兵备道。后辞官任扬州安定书院主讲。诗与袁枚、蒋士铨齐名，时称“乾隆三大家”。著有《瓯北诗集》等。

[2] 孙文靖，即孙尔凖（1770—1832），字平叔、莱甫，号戒庵，江苏金匮（今无锡市）人。清嘉庆十年（1805）进士，曾任福建汀州府知府、福建巡抚等职，官至闽浙总督。死后谥号“文靖”。著有《泰云堂集》等。

[3] 賨赋，秦汉时期四川、湖南等地少数民族所缴的一种赋税。

[4] 涵园，即施琅的来同别墅宅园。位于厦门水师提督府（今福建厦门市思明区新华路43号东侧）的厅堂后。

[5] 场老，即陈黯（约805—877），字希孺，号昌晦，福建厦门人。十岁会写诗，十三岁就带诗拜访地方官，后却屡次应试落第，故自称“场老”，后隐居金榜山。这里代指金榜山。有文章收录在《全唐文》里。

江楼杂诗

水仙门巷月波凉，窗影琉璃界粉墙。

隔岸灯沉人语寂，白莲风定水生香。

小小亭台澹澹风，夜凉如水露华浓。
桃笙七尺方藤枕，梦倚天河钓玉虹。

谈瀛有客漈澎湖，滉栟龙宫夜晒珠。
一片晴光荡遥彩，碧鲸吹浪守珊瑚。

绿杨压屋石拏云，楼阁笙歌月二分。
好忏绮缘休堕劫，玉宵宫冷最怜君。
（楼对榕林园主人近亦凋谢）

大江东去鹤南飞，破浪乘风愿不违。
游遍十洲三岛地，再来依旧款松扉。

玉宇琼楼照影孤，桂香消息月轮徂。
十年曾读登科记，犹带羞颜对蕊珠。（时当秋试）

一帘秋水静生香，兰草分根护晓霜。
君自爱花侬爱叶，纵无风露亦清扬。

半角斜阳露远山，山光云影有无间。
忽然吹作西风雨，一洒甘霖遍海寰。

三层屋子碧玲珑，拳石梅花点缀工。
六曲阑干闲倚遍，半潭花影水仙宫。

凤凰山曲小灵阿，倒影明窗澹翠螺。
镜海花天诗界好，画船随处足烟波。

黄丈吉甫挽词

香草招魂属美人，玉溪生世现花身。
乌衣门巷今谁主？金谷园林旧结邻。

洒脱总离文字障，疏狂还觉性情真。
小南溟外摩青阁，惆怅西风酒数巡。
撒手红尘去亦仙，笙歌毕竟是离筵。
（赴友人歌席，回园即逝）
平章秋月三千界，管领莺花六十年。
一息尚存行乐地，百身难缔再生缘。
伤心耆旧凋零甚，无恙琴尊付后贤。

叶云石孝廉（奎山）倚石看云图

云垂海立开浮岛，（主讲厦岛义学）
石破天惊出大荒。（青乌家谓同安自晴皋太使登第将周甲，近必有破天荒者）
六十年来谈士运，大轮山顶现奎光。

水窗漫兴

野馆斜阳歇，翛翛竹数竿。窗涵秋月白，楼倚大江寒。
摩剑发长啸，看书得古欢。悠然一杯酒，独自倚阑干。

区卓群甥省我鹭门于其行诗以送之

头角掀看汝长成，数千里外话平生。
洗心纨裤斯为幅，努力诗书岂近名。
荻训最伤乌待哺，萍逢须慎鸟求声。
桑弧蓬矢非无志，回首京华夜雨情。
人生何处不徜徉？浩养原从至大刚。

百行根源归孝友，千秋福命托文章。
学为有用羞藏拙，品到无求贵自强。
耕织教家书教子，虀盐淡薄有余香。

秋司马[1]（嘉禾）为民事不惬于长官，以病假去，厦门士民攀辕泣恋，为作去思诗

岛上棠阴满口碑，万民遮道驻襜帷[2]。
瞻韩有幸宾寮慰，借寇无从士女悲。
尝遍小姑谙食性，巧难新妇作空炊。
残厨洗手羹汤在，泪湿怀中待哺儿。

竹马欢腾颂祷工，元宵灯火万家红。（厦门于元夜悬灯彩为公寿）
绛云舒巷随甘雨，（久旱，公到任之日大沛甘澍）
黄鹄回翔盼远风。
清献香焚携一鹤，细侯车辔拥双骢。
年年箫鼓鳌山夜，赤舄[3]东归望我公。

[1] 秋司马，即秋嘉禾，字露轩，别号诲老人，浙江山阴（今绍兴）人。清同治四年（1865）举人，历任福建云霄厅同知、南平知县、鹿港厅同知。光绪十六年（1890）十月，调任厦门海防厅同知，颇多惠政。次年夏，以病去职回绍兴。

[2] 襜帷，车上四周的帷帐。借指车驾。

[3] 赤舄，舄是一种用兽皮或丝绸作面，布底下加一厚木为底的鞋。最早出现于周代，为古代天子、诸侯所穿的鞋，仅用在朝觐、祭祀等礼仪场合穿着。舄有三等，以赤舄为上，赤舄标显贵族的身份与地位。

厦门碧山岩[1] 曾烈女纪忠诗

千秋岳庙傍香茔，不种棠梨种女贞。
闾里只今传义侠，几闻巾帼请长缨。

菊荐寒泉井不波，自囊花骨瘗香罗。
现身莫说三生石，愧煞当年曳落河。

补天无术坐观天，忍说娲皇炼石年。
清净道场还戒体，一声鱼磬梦初圆。

半壁斜阳认故山，妆楼犹记话平蛮。
海邦再见田横岛，别有钗裙耀镜寰。

依稀如见妙高台[2]，我亦前生戒行来。
放下戈矛事瓶钵，百年身世悟飞埃。

知是前因是后因，此心不昧证天人。
晨昏共课弥陀诵，修到梅花悟色身。

双修福慧种菩提，杨柳回风自向西。
悟得此心无着处，画梁睇燕正衔泥。

绰有须眉浩气存，参来善果释烦冤。
本无我相无人相，大愿船归正觉门。

海荒两岛效孤忠，倒挽狂澜独障东。
一代延平表忠录，可怜儿女亦英雄。

天祚扶余未可知，擎天只手好男儿。
倘教贞烈光河岳，不数虬髯李药师。

南溟雄镇海天宽，水月当前自在观。
宦海归帆碧山寺，他年同证旧蒲团。

绕膝团圞亦众生，由来我佛本多情。
只今祇说只今话，如意珠圆镜自澄。

[1] 碧山岩，位于今福建厦门市思明区巡司顶，有风动石、碧山寺等景观。
[2] 妙高台，又名晒经台。位于今浙江宁波市溪口镇雪窦山风景区。

四言　六首
五律　五首
五古　六首
七绝　一百零一首
七律　三十一首　附录二首
七古　四首
以上古近体及附录共一百五十五首

福雅堂诗钞卷七

春明集

吴辉煌　校注

壬午乡闱前戏题寓壁

沧海鱼龙逐队来，天门跌宕水云开。
痴心尚想能烧尾，俗骨何因便脱胎。
七趁黄槐聊自慰，一枝丹桂为谁栽？
中庭揩眼层霄望，南极文星接上台。（寓庐对奎阁）

一麾未忍负初心，城阙何缘恋子衿。
肯与文章争气数，转教风义重山林。
琴材入爨凭枯菀，眉样逢时较浅深。
涧底竹松经岁晚，岳云高寄凤鸾吟。

独立苍茫百尺楼，人生明月几中秋？
雄心未分沧江老，壮志空怜绝域侯。
容易出头藏矮屋，剧难只手挽狂流。
宵来磨盾还濡墨，烽火南交入土州。（越南警报）

十六年来梦也非，绿榕新翠看成围。（榕城）
秋风久已成捐扇，蓬巷今犹作嫁衣。
尽有黄金烦嫂爨，（六弟同试）更欣白发报慈晖。
琼楼玉宇高寒甚，知有嫦娣待早归。

九月十五日乡榜揭晓

午门走马榜花红，天许称觞到月宫。（余是日初度）
光满桂轮腾北斗，香添桃浪趁东风。
莱衣归宴娱双老，筹笔匡时答上公。
（以《海防兵制诸策搜遗》受知宗室宝少宗伯[1]）
袖上中兴海防议，读书原不负初衷。

泽潞[2]谈兵亦罪言，皇华宣诏策临轩。
（座师引雍正朝成例，许条陈时事）
书生报国文章贵，天使传经斗岳尊。（以圣经全章命题）
十丈莲开偏得水，（乡中莲山出水）
双清兰瑞早迎门。（庭兰忽发异种，并蒂出土香）
尧衢遍祝逢恩榜，知有嘉祥属弟昆。

两世传薪溯豫章，（侄心存癸酉科亦出罗房师门下）
邦人从此艳书香。
三科昆玉联登榜，（资熙诸侄联科）千里泥金捷到乡。
天与贤书光白屋，家传谏草守青箱。
奎躔有象烧鱼尾，南极星明应寿昌。
（乡中鲤鱼山[3]新筑奎星阁）

远望慈云笑口开，一家团聚乐衔杯。
三千里外初归客，（慈亲携诸儿自粤初次返乡）
十七年前小秀才。
云作雨时兴海岳，鲲为鹏化奋风雷。
山灵早兆胪传谶，恩遇终惭干济材。
（宝座师有留心经济之奖）

[1] 宝少宗伯，即爱新觉罗·宝廷。里居、阅历见卷首《林鳖云先生家传》注。少宗伯为礼部侍郎的别称，宝廷官至礼部侍郎，故称。

[2] 泽潞，即泽潞商帮，指明清时期山西省东南部泽州（今晋城市）、潞州（今长治市）一带经营盐铁、丝绸等物起家的商人群体。这里泛指商人。从汉代起朝廷就禁止商人当官，至明代万历，官方始许商家子弟参加科考为吏，清代捐纳制度又为商人取官另辟蹊径。

[3] 鲤鱼山，位于福建省泉州市安溪县龙门镇。

海上题壁

风花结想十年前，几辈诗狂更酒颠。
三五抹涂成避面，隔帘高唱《杏花天》。

镇日轻车走小雷，绿杨深处菜花开。
茶寮小憩逢僧话，冷处偏逢热客来。
（静安寺[1]旁筑申园茶寮）

花韵晴窗习静宜，携来红袖界乌丝。
淡妆浓抹分明在，宫样随人斗画眉。

随喜坛场逐队来，涌泉池畔讲经台。
夕阳西坠东升月，照遍名花入酒杯。

宝珞珠缨拂路尘，飞花如锦草如茵。
千街电掣灯球转，不夜城中别有春。

缓辔归来月正中，香云低护碧玲珑。
半醒半醉酴醿露，小试春衫尚觉风。

打球场散绮筵开，十幅红笺绕道催。
绕过东街又北院，月移花影上重台。

酒冷书场夜绣经，江南二月草青青。

六朝兴废凭谁话，可有当年柳敬亭[2]？

雄谈旧事半销魂，侠骨棱棱解报恩。
寄语群公高着眼，绣丝不愧女平原。（王绣君，歌者）

射策兰成逐少年，不才容或主恩偏。
殷勤钗卜归来日，为补黄花晚节坚。

小住勾留半月余，游仙一枕梦蘧蘧。
春申君[3]后风流歇，此地由来侠少居。

千金一刻可怜宵，记取横塘旧板桥。
好趁桃花三月浪，蓬莱清浅水初潮。

[1] 静安寺，位于今上海市静安区南京西路1686号，初名沪渎重玄寺，为著名江南古刹之一。建于三国孙吴赤乌十年（247），创始人为康僧会。

[2] 柳敬亭（1587—1670），原姓曹，名永昌，字葵宇，号逢春，扬州府泰州人，祖籍南通州。是明末清初著名的评话艺术家，一生多在十里秦淮的桃叶渡畔"长吟阁"说书献艺。

[3] 春申君，即黄歇（前314—前238），与魏国信陵君魏无忌、赵国平原君赵胜、齐国孟尝君田文并称为"战国四公子"，他博闻善辩，楚考烈王元年（前262），被任命为楚相，封"春申君"。

画兰并系小诗呈给谏谢吉六[1]丈（谦亨）

带雨拖泥正出山，国香从此占人间。
乌盘打破知何日，独对春风转厚颜。
（"打破乌盆再入山"郑板桥题兰句）

[1] 谢吉六，即谢谦亨（1820—？），字吉六，福建长泰人。清道光二十五年（1845）进士，曾任刑部主事、督办漳州团练等职，官至中宪大夫，钦

加四品衔江南道监察御史。

邓铁香[1]京卿游羊城，书来赁庑，兼讯宝竹坡师去官近状

十年衮职补天工，拂袖南归作寓公。
今日书来成一笑，相逢师友大冬烘。

[1] 邓铁香，即邓承修（1841—1892），字铁香，号伯讷，广东归善（今惠阳县）人。咸丰十一年（1861）举人，曾援例捐郎中签分刑部。历任浙江道监察御史、会试稽察磨勘官、内阁中书、八旗教习监试官、河南道监察御史等职。官至鸿胪寺正卿。著有《邓铁香集》等。

韦生弟典试山右假归，迟予潞河驿[1]，与家时甫[2]学士夜话防海旧事

潞河杨柳雪霏霏，烽静郊原马正肥。
云里帝城天尺五，征轺犹自傍星辉。

桥霜店月梦江南，两渡河桥旧驻骖。
记否杏花三月雨，酒痕犹未浣春衫？

去年今夕海门寒，百丈波涛撼将坛。
夜半鼾声惊卧榻，枕残腰剑梦楼阑。

轮樯刍粟海朝东，七二津沽锁钥雄。
谁识飞车天谶定？南州真个北州通。
（当事议建火车路由北通州达南通州为海运要道）

[1] 潞河驿，又称“通州驿”，位于今北京市通州区东关附近的赵登禹大街5

号院。设于明代永乐年间，为水陆两用驿站。当年外国使节走水路出入北京必经此驿，并由朝廷礼部官员在此接送。是北京地区唯一保存完好的驿站遗址。

[2] 时甫，即林维源，字时甫。里居、阅历见卷首《林鼇云先生家传》注。

和安平驿题壁诗（安平离通州四十里）

乙酉冬，入都经安平驿，见厢壁有丰润《闺中寄外闽中》之作，诗云："遥从横海觅封侯，只识封侯不解愁。他日归来应铸错，为君收铁十三州。"想必吾乡京宦诸公闻马江之役，托词书愤，抑丰润学士自为解嘲？若实人实事，则《东山》瓜苦[1]，怨而不失其正，诚风骚佳话。作者既留题驿次，想过客亦不嫌于和。诗成并序，留以俟考。

风逆槎乘博望侯，支机归赠不须愁。
玉关尚带春闺信，海外飞轮更九州。

[1]《东山》瓜苦，指《诗经·国风·豳风·东山》，诗中"有敦瓜苦"句，《东山》是一首征人解甲还乡途中抒发思乡想妻之情的诗。东山，在今山东境内，周公伐奄驻军之地。瓜苦，即瓠瓜，一种葫芦。古俗在婚礼上剖瓠瓜成两张瓢，夫妇各执一瓢盛酒漱口。

丙戌元旦早朝恭纪

曈曈晓日五云开，太史传宣奏瑞来。
万国衣冠瞻镐洛，九衢鞍马宴蓬莱。
中天士气开文运，瀛海仙班接上台。
寒岁柏松春酝酿，厚培根节答涓埃。

元宵连夕偕探花黄霁川[1]丈、学士林时甫[2]丈、陈啸云大令、王可庄[3]殿撰、叶秋汀农部、沈少洲比部、黄菊三[4]状元、吴实甫比部乡馆灯谯兼怀家二有[5]、王云汀[6]两太史，吴肃堂[7]、黄祝堂[8]两部曹

箫管繁灯富贵花，城南尺五烂云霞。
金鳌顶上笙歌满，玉笋班中笑语哗。
炬撤莲归新甲第，镜开蓉兆旧臣家。
（霁川、菊三、可庄，三鼎甲）
五陵裘马多年少，蓬阆团圞阅岁华。

[1] 黄霁川，即黄贻楫，号霁川。里居、阅历见卷一《秋日客感寄和黄霁川中翰》注。

[2] 林时甫，即林维源，字时甫。里居、阅历见卷首《林鳖云先生家传》注。

[3] 王可庄，即王仁堪，字可庄。里居、阅历见卷六《韦生弟散馆归，偕王可庄殿撰、陈芸敏太史远访水仙楼，流连匝月，予适粤游赋诗隙寄》注。

[4] 黄菊三，即黄培松（1855—1925），字贤礼，号菊三，福建南安人。清光绪六年（1880）武状元，授正三品官，头等侍卫。曾任广东参将、游击等职。1913 年，为福建护军使，授陆军中将。1923 年，解甲隐居厦门，倡建厦门江夏堂。1926 年，北洋政府追赠他为陆军上将。

[5] 家二有，即林壬（1848—1887），字二有，福建诏安人。清光绪三年（1877）进士，授翰林院编修，兼国史馆协修。光绪十一年（1885），任山西乡试主考。

[6] 王云汀，即王式文，字伯清，号云汀，福建晋江人。清光绪九年

（1883）进士，改庶吉士，授编修。擢兵科给事中。光绪十年中法之役，回闽会办海防事务。和议成，擢户部给事中，以忧归。服阕，不再出仕，主讲台南蓬壶书院。乙未割台，携眷内渡。

[7] 吴肃堂，即吴鲁，字肃堂。里居、阅历见卷首《林氅云先生家传》注。

[8] 黄祝堂，即黄抟扶（1848—1931），字通材，号祝堂，福建泉州人，祖籍晋江县深沪镇。清同治十三年（1874）进士，授刑部浙江司主事。历任秋审处总办，加员外郎衔，记名军机章京。因母病假归，从此终生不仕。

鸟啼花放游倦春明与翁六昭泰[1]联句

大漠盘雕盼望空，（鹤）三年徒养羽毛丰。
平芜瞥眼皆凡鸟，（泰）矫翼回飞有顺鸿。
磨蝎未应愁并命，（鹤）闻鸡期不负初衷。
沧溟六月聊同息，（泰）飞倦知还也避弓。（鹤）

年来花样太翻新，（泰）样却翻新未化陈。
锦上纵添徒剪彩，（鹤）镜中原幻况封尘。
将离两度春同饯，（泰）及第三年谶亦神。
香恋马蹄寻蝶梦，（鹤）并鞭重许问仙津。（泰）

[1] 翁六昭泰，即翁昭泰。里居、阅历见卷首《林氅云先生家传》注。

翁六安宇[1]约同出都

沦落天涯信弟兄，廿年回首几枯荣？
绿杨影散津沽月，红杏声沉阆苑莺。
雪点头颅双鬓共，剑悬肝胆一身轻。
同舟郭泰如相济，百丈涛头泻不平。

[1] 翁六安宇，即翁昭泰。里居、阅历见卷首《林氅云先生家传》注。

翁六同游沪上申园[1]题壁

嘘蜃楼台战气荒，偶来茶话感沧桑。
谁家弦管邀新月？隔圃秋千送夕阳。
海上神山仙子曲，洋场花露女儿香。
只今灯火繁华夜，抵得游人泪数行。

碧油幢卷款青骢，大好湖山点缀工。
艳带六朝烟水气，香摇十里稻花风。
葡萄酒熟围貂紫，杨柳歌停喝雉红。
消得浮生闲半日，朝来劳燕又西东。

[1] 申园，位于上海市静安寺西侧（今愚园路235弄新华园），是上海市最早的经营性私家园林。清光绪八年（1882）竣工，占地12亩，耗银1.6万两。光绪十九年（1893）关闭。

小住沪上偕翁六作逍遥游恒至宵深始返

海上何年旧种桑，江山如画费评量。
秦淮灯火扬州月，无数游人话晚凉。

十里楼台柳万株，青骢油壁酒家垆。
春申去后风流歇，为补吴淞士女图。（翁六善绘事）

洋场剩有书场在，旧事中原不忍听。
小约桑麻茶社长，碧油幢驻海天青。
（吾乡海客醵赀结茶社名“申园”，乡老连旬觞予于海天青酒榭）

十日平原汗漫游，神仙随处足勾留。

南来为解相如渴，一骑红尘笑未休。

（翁六嗜荔，谓能补火，恰连旬海舶自粤闽载至）

黄浦潮回月正中，如云飞盖度晴虹。
大堤杨柳真无赖，又逐游鞭趁晓风。

梦 觉

梦觉樊川未十年，江湖风雨太缠绵。
绿阴似带春归信，海燕呢喃欲絮天。

瑶函锦字说余恩，寒驿梅花欲断魂。
为语西湖旧和靖，纵留疏影月黄昏。

称身素服澹眉妆，习礼明诗巧慰郎。
底事惊鸿还顾影，更无人赋十三行。

纸阁芦帘度岁华，霜乌啼尽客还家。
年来愁绪凭谁语？门掩春山扫落花。

几家红袖伴添香？懊恼生从快活场。
画里崔徽浑解事，对谈恩怨两无妨。

一纸人情薄胜无，命同纸薄画难图。
未知命薄还情薄，愧煞须眉几士夫？

大珠错落小珠穿，十斛明珠一笑捐。
曾向绿珠池畔过，珠儿珠女总团圞。

美人香草例同看，欲续离骚下笔难。
三百年来谁作替，江南重见马湘兰。

六月十九日游普陀山追纪竹枝

法轮东转落伽山，（由上海附轮船至山角）
千里香航计日还。
忽忆去年今夕话，恍疑钟磬落人间。

舞衫歌扇暂抛违，绮忏情场是也非。
听说回头知有岸，藕丝斜挂水田衣。
（同船遇京皖梨园进香，多携眷属，礼佛时，改易僧装）

十年香愿证菩提，隔岛风潮待晓鸡。（船至宁波小驻）
不碍同舟仙侣共，禅心风絮久沾泥。
（舟中遇旧识歌姬，合掌一参，香船例极虔肃）

娇喘扶栏上翠微，化身岩畔柳霏霏。
千声合掌莲台唤，一角涛痕认白衣。
（俗传化身岩峭壁雄涛，游女多于此唤菩提现身）

冰瓜雪藕记雕镂[1]，花木禅房爱静幽。
消得浮生闲半日，怎抛尘梦再来游。
（各寺供客瓜果之精，有苏杭殷富所不逮）

[1] 雕镂，雕刻。

赋　凤

团云队里曳云仙，难得双清掌翰笺。
群女凤窠谁是凤，多生欢喜再生缘。

不逐春风柳絮狂，谁云史凤善迷香？

照春屏上新诗在，梦里寻来旧酒场。

东风抬举到花枝，多谢行人好护持。
寄语梧桐栖凤隐，不须惆怅旧微之。

一双红并玉芙蓉，宝帐香熏第几重。
百鸟高翔舞轻凤，人间何处笑相逢。

大梦峰头种凤仙，盘云蛇髻总娟娟。
故宫无地寻芳草，欲钓黄龙纪汉年。

清浅蓬莱阿母家，吹箫犹自怅随鸦。
三生莫弄秦台玉，雏凤飘零老凤嗟。

沪上杂诗二十首

郁郁葱葱海上城，平沙漠漠控重瀛。
沧波嘘蜃排云出，藻井垂莲太乙明。

那有千年卖酒楼，倒骑黄鹤访丹丘。
求仙枉种阿房火，寄语春申侠少游。（沪市烟楼最著者为第一楼，被焚后，复筑更上一层楼，又焚，足征天戒）

三年一度换楼台，百宝骈罗海市开。
到底男耕还女织，漏卮徒付劫余灰。
（外洋百货皆为漏卮，而烟祸尤烈）

眼低金谷更华林，绝地通天斗匠心。
如此园亭如此福，九州顽铁尽成金。（大花园[1]之闳壮、愚园[2]之富丽，皆费十数万金计日而成，仅供游人茶憩，日可得园资数百金）

白玉盘飞海月升，彩竿高出十三层。

真成夜夜元宵谶，银汉长年转电灯。

香尘飞扬倚阑回，簇簇明妆结队来。
玉宇琼楼高处望，海天何地不蓬莱。

家家铜鼓叩金钗，豪富真成绛蜡柴。
安得裴渊重作记，明珠南海阵云排。

柳拂隋堤入暮云，秦淮歌吹夜纷纷。
三千年后繁华地，不数扬州月二分。

玉局牙牌录事囊，金钱摇落海天荒。
宝山何处空回首，梦获青龙尚望洋。（吕宋赌票沪上销售过半）

当筵争识杜司勋，才夺琼枝乞紫云。
谁与偷闲文字饮？十年消受醉红裙。

白马银鞍倩醉扶，口琴声袅淡巴菇[3]。
葡萄香滴朱樱啭，跳舞联翩万岁呼。（中西公讌对译颂词）

曼衍鱼龙舞拔河，瀛洲绛节列仙多。
中天百兽陈王会，（泰西狮象百戏）谱入霓裳奏大罗。

巷语街谈速耳邮，图陈郑监悯栖流。
九重刍问虞初志[4]，天庾[5]催来助麦舟[6]。
（善堂办赈新闻纸、画报，复广为劝募）

车书全盛仰同文，河汉原无泾渭分。
听说野田多草露，侏俪还解颂神君。（会审公廨）

瀛寰福地富民侯，环拥书城辨九丘。
宫市何须镂经卖，（后唐故事）香留点墨也千秋。
（点石斋书肆印行殿板书籍极富）

怀远通商更惠工，（招商局）飞刍挽粟海轮东。
锦帆休借甘兴霸，河连终防海运穷。

何年觉路转金绳，游屐吴淞感废兴。（中华铁路创始自吴淞，旋折去）
今日九州成大错，未应点铁仗神僧。
（铁路非不宜创，当先自策利权，未可专恃外资）

征商不扰受廛氓，大贾时来亦富秦。
记取毫厘千里失，渊驱何计弭强邻。
（沪贾避厘金，多冒充西商行栈，此间货厘原可豁免）

东南民力注全吴，谁识当年范大夫？
还我地图尊国体，断无诗兴败催租。
（各口租界条约租额从轻，界址极严）

南洋东控北洋连，忠愍吾乡壁垒坚。
（吾乡陈忠愍化成，庚申，吴淞御夷，沪民至今报赛不绝）
千古羁縻成大患，海楼重为策筹边。

[1] 大花园，原址位于上海市杨浦区引翔港附近（今杨树浦路、腾越路路口）。占地180余亩，面积雄踞于上海市各营业性私园之首。清光绪十四年（1888），为候补知府卓乎吾的大花园公司所兴建。20世纪初废圮。

[2] 愚园，原址位于上海市静安寺附近（今愚园路），是上海市营业性的大型私家园林。清光绪十四年（1888）为宁波张姓巨商所兴建，光绪十六年（1890），又购得相邻的原西园园地，将全园面积扩增至33. 5亩。民国五年（1916）废圮。

[3] 淡巴菇，又名金丝薰，吕宋国（今菲律宾吕宋岛马尼拉一带）所产烟草，原产于南美洲。

[4] 虞初志，《四库全书总目》署为《陆氏虞初志》，陆采编辑，为志怪传奇小说选集。陆采，明代长洲（今江苏苏州）人。擅长戏曲，所作《明珠记》演述唐代传奇《无双传》故事，在当时颇著名，著有《南西厢》、

《怀香记》等。

[5] 天庾，国家的仓廪、粮库。

[6] 麦舟，指宋苑尧夫以麦舟助故旧治丧事的典故，喻友人间仗义资助，也借指以此典故为内容的图画。典出宋惠洪《冷斋夜话》。

沪上谒陈忠愍公（化成）祠

灵旗风卷海边城，箫鼓沿街膜拜迎。
迎得当年陈佛子，十三儿女亦谈兵。
（军中呼公为“陈佛”，沪上歌场多编公逸事）

军乐呜呜节步趋，雕题卉服解扶舆。
瀛寰传遍须眉样，如此人间信丈夫。
（沪民年例报赛洋人助西乐致虔并影相流播中外）

马革雄心誓不还，枌榆东望泪潺潺。（公先期以遗齿寄家属）
可怜牛李纷成党，早兆渔阳阿荦山。（牛制军军舰失机）

天南一柱障全吴，泪洒全吴目未枯。
芦荡萧萧问残戍，万家重绘负骸图。
（公吴淞殉节后，刘弁负忠骸匿葬芦荡，历久而目如生）

君恩未报志难酬，（哲嗣芷塘部郎以“君恩臣未报，父志子难酬”十字书门）
列宿郎官尽玉楼。
天语旌门臣将种，读书为善亦千秋。

闹邻冬学记儿时，摩顶还将远大期。
千里祠堂重进酒，卅年前是受恩知。

若论俎豆[1]到吾乡，我为文忠补一觞。

天许中兴同福命，张睢阳并郭汾阳。
（海患以来，文惟家文忠，武惟陈忠愍，为外人所震慑，文忠曾抚江苏）

金牌几度悔和戎，一死黄龙亦效忠。
愁煞剑南诗绝笔，（公能诗，与李忠毅长庚唱和极多）中原无语慰而翁。

摞[2]牲铜鼓侑闽歌，丹荔黄蕉海舶多。
袍笏尚严包孝肃，鬼方传说活阎罗。
（守祠人说："至今风雨之夕，闻公剑履声甚厉，洋人欲进祠，望门而栗。"）

海军重驻马江湄，子弟平原故垒思。
他日盛推乡祭酒，一樽同觋太平时。
（长君官碣石总兵，勋门世荫，后起方盛）

[1] 俎豆，古代祭祀时盛食物的礼器。引申为祭祀、奉祀。
[2] 摞，击。

壬辰春将赴公车戏作老女嫁十绝句柬同行诸君聊当催妆

千门走马榜花红，谣诼蛾眉斗绝工。
闻说西施还未嫁，敢将迟暮怨东风。

洛阳贫女对门居，多买胭脂总不如。
身俭绮罗还称体，隔楼歌舞正长裾。

绝塞明妃听画工，琵琶一曲殿春风。
回头寄语昭阳伴，敢忘承恩出汉宫。
（闱后拟由议叙班就官东粤）

蓬门深自掩双扉，翠袖天寒倚夕晖。
长日颦蛾休问宠，十年重叠嫁时衣。（癸未，挑誊录）

东风十里杏花枝，春满长安得意时。
休笑阿婆涂抹甚，未妨三五嫩[1]孩儿。

百花还让老来娇，艳说寒松岁后凋。
井臼操持中妇健，背将明镜自梳描。

曾记当筵伴嫁无？迎门吉语笑相扶。
如今重理羹汤手，食性频烦问小姑。

无端夫婿嫁金龟，天上人间有会期。
随分虀监旧裙布，任他儿女斗门楣。

不种相思种女贞，蓝桥玉杵捣云英。
神仙眷属多年少，牛女天河正问名。

举案相庄出洞房，齐眉介寿试新妆。
赁舂得庇梁鸿庑，始信人间有孟光。

[1] 嫩，柔美貌，古又同“嫩”。

陆石荪为其亡姬索题图

拈花微笑万缘空，絮果兰因付雪鸿。
锦瑟华年漫惆怅，日边红杏正东风。（同赴公车）

浪说韦皋嫁玉箫，此怀谁与遣无聊？
天涯无路将诗访，明月扬州第几桥？

银鞍白马醉新丰，往事寻思一梦中。
几树棠梨寒食雨？落花愁趁暮潮红。

不迎桃叶遣杨枝，镜里韶华鬓欲丝。
二十年前花月夜，那堪重话少年时。

夕阳无语下金台，鹰隼风尘倦眼开。
闻道千金曾市骨，只今神骏不蒿莱。

宝汉诗寮旧品茶，雨丝风片路三叉。
他年乡国招游屐，重为香坟补百花。

四月十四日游陶然亭龙树院归途访悯忠寺看牡丹

落月照城阴，夏草生众绿。驱车出郊原，骋怀恣游目。
高阜耸江亭，旧是诗人屋。临风怀古欢，朝市得幽筑。
于此豁襟怀，一洗利名辱。

巡廊望远山，葱葱复郁郁。恒岳自西来，鹰隼盘云出。
坐延爽气清，俯仰超众物。花木深翳如，中有盘陀室。
半榻扬茶烟，妙香吐清逸。茗战宣诗牌，得句先呈佛。
我从壁上观，诗雄伯仲茀[1]。（旧友伯茀、仲茀题壁）

惭为利名绊，抛却[2]故山园。风物忆山南，麦浪翻江村。
此间芦荡清，疑住旧川原。薄暝炊烟起，时闻花市喧。
多谢众流莺，深树不知门。结此澹泊缘，长揖谢高轩。
随地得真乐，茸茸百草芳。相对静忘言，何必濯扶桑。
烟雨净凫潭，浴水相鸣翔。高瞻龙爪槐，孤荫含青苍。
何年筑诗龛，永奉南丰香。东风吹落花，洒扫供门墙。
（同人拟为宝竹坡师筑诗龛于龙树院）

归途穿山丛，门叩悯忠寺。斜日叠山祠，古柏纷萦翠。
摩挲《裂砚图》，一洒千秋泪。丈夫树功名，星岳配天地。

何处诉西风，人生亦如寄。把酒且尽欢，看花聊破睡。
重锦护香台，天心留位置。待得牡丹开，秾华谢桃李。

踏月浩然归，庭幽风欲絮。相寻素心人，清谈涤烦虑。
汪波千顷涵，（黄祝堂比部）道广太丘誉。（陈剑门大令）
了无陈俗状，一室称胜侣。相与话天游，陶然拼一醉。
俯仰聊自宽，于此得佳趣。皓月悬中庭，一洗流云吐。
软红十丈尘，肯困江东步。手把珊瑚竿，不如且归去。
海鹤一声高，天半云霞曙。

［1］伯仲茀，即伯茀、仲茀。伯茀，即爱新觉罗·寿富（1865—1900），字伯茀，号菊客、菊坡，满洲正蓝旗人。爱新觉罗·宝廷的长子，清光绪二十四年（1898）进士，选庶吉士。愤国势不强，成立知耻会，鼓励自强。戊戌变法期间，参与创建京师大学堂，任分教习。光绪二十六年（1900），八国联军入侵北京时，为表明他“虽讲西学，未尝降敌”，与弟寿蕃等人一起自杀。死后追赠翰林院侍读学士，故称“太史”。著有《日本风土志》、《搏虎集》等。仲茀，即爱新觉罗·寿蕃（1869—1900），字仲茀，爱新觉罗·宝廷的次子，过继给族叔宝锡作嗣子，官至右翼宗室副管。死后追赠太仆寺卿衔。
［2］抛却，丢弃。

访西山岫云寺[1]（旧名潭柘）

我家万山中，日日与山侣。踏遍软红尘，不如归山去。
野鹤绊闲云，暂向尘中住。中朝旧舍人，（番禺邬伯献舍人）
约我西山寺。且抛数日闲，拨云最深处。

晓渡卢沟桥，万柳森众绿。黄云压远山，风沙眯尘目。
遥瞻一角青，风松袅林麓。古塔照影微，台榭云簇簇。
映带大河黄，初日凌朝旭。一洗气沉雄，疏秀肖天竺。

近水绕平沙，村舍环花木。好景话家山，使我忘尘轂。
老僧下山迎，岫云添小筑。

岫云开下院，其地幽以清。小歇豁尘襟，夏木方始荣。
久渴思泉甘，为我品瓶笙。幔亭漱仙液，乡物难忘情。
亭馆自疏野，好鸟时一鸣。香风吹鼠姑[2]，瑞色参妙明。
徘徊庭院间，使我相忘形。片云任去留，半日消浮生。
午倦憩僧榻，休更问山程。

一跃爬山虎，（舆名）兴往相加鞭。登高望大荒，河流纷牵连。
山势郁嵯峨，莽莽依平川。独立众山顶，大气相盘旋。
当关思雄风，极目怀幽燕。招寻登古刹，开辟唐晋前。
猗玕得清境，（北地少竹，惟西山有之）古木长参天。
潭龙陡风雨，一去经千年。神山多奥区，翠嶂鸣丹泉。
（“翠嶂丹泉”，圣祖赐额）
高登太古堂，万虑殊翛然。

众木自萧森，银杏古于寺。孙枝护吉云，神物彰圣瑞。
琅玕照清漪，（“琅玕清漪”，纯庙[3]赐额）左右列其次。
山门静无尘，崖壁纷苍翠。地以鸣泉幽，诗清浣芳思。
山僧说妙华，赠我拜砖记。（元妙华公主拜砖趺迹深透砖背）
金石通贞诚，双趺秘灵异。宏此大愿船，报以极乐地。
寄语发心人，合掌参微义。苦行出天家，具此大慧智。
仙佛圣贤心，英雄儿女事。

我生不谈禅，往往参众妙。因知如来心，精诚相感召。
梯登毗卢阁，延揽发清啸。清泉万籁寂，濯魄生光耀。
饮此活水源，凿石通泉窍。本无出山心，清浊漫嘲笑。
寄语岫边云，舒卷随风料。枯坐豁心亭，皎月澄空照。

[1] 岫云寺，即潭柘寺，初名“嘉福寺”。明宣宗赐名为“龙泉寺”；清康熙

赐名为“岫云禅寺”。位于北京市西部门头沟区东南部的潭柘山麓。始建于西晋永嘉元年（307），是佛教传入北京后所建的最早寺院。

[2] 鼠姑，牡丹的别名。

[3] 纯庙，指清高宗乾隆。

西山谒姚少师[1]庙堂题十二绝句

西山遥望歇心亭，师傅勋名亦汗青。
不脱袈裟还赐锦，《阴符》一卷即《心经》。
（史称少师微时嗜读兵书）

读书种子绝南中，劫火坑儒十族同。
瓶钵生涯有何恋？（少师官成始终不易僧装）
可怜烹狗到英雄。

由来仙佛最多情，家国关心到弟兄。
一样黄台瓜抱蔓，郧侯而后见先生。

女媭何事詈申申，骨肉调停冷笑人。
底事不僧还不俗，却惭巾栉耐长贫。

内家颁出九重春，出世还修清净身。
散尽天花浑不着，福根原是慧根人。（赐宫女事）

十三陵畔草萋萋，寒食东风御柳齐。
天下大师还有墓，（墓同在西山不封不树）隔墙愁听杜鹃啼。

白龙庵冷事云游，牒里君臣记注愁。
（程济诸贤披剃随建文出亡，行在记注犹谨君臣之礼）
弥勒开颜行脚苦，一般和尚两般修。

菩提明镜本非非，眉睫如今尚杀机。（庙像犹露英气）
病虎威容还恍佛，谁教燕子度城围。

北固青青绕故都，龙蟠虎踞拓雄图。
萧梁事业今成谶，醒却江南倦眼无。
（“萧梁事业今何在？北固青青倦眼看。”少师句）

千年银杏树婆娑，龙去潭空历劫多。
黛色参天同际会，只今如见手摩挲。

肯教钟磬落人间，富贵何心当了闲。
我亦书生同渴睡，愿分坛席到名山。

人民城郭感非今，鹤返云巢认故林。
旧梦相寻话皇觉，（皇觉寺）十年空负托孤心。

[1] 姚少师，即姚广孝（1335—1418），江苏吴县人。少出家为僧，法名道衍，字斯道。明初，为燕王朱棣幕宾，助其夺得王位。后奉命还俗，赐名广孝，受太子少师，曾参与重修《太祖实录》、编撰《永乐大典》。工诗文，著有《姚少师集》。

西山戒台寺[1]纪游呈荫园主人（恭亲王号）妙性和尚[2]（潭柘[3]以泉胜，戒台以松胜）

孤松撑天朝日赤，海眼下注蛟龙宅。
（俗传台基下为海眼，时闻风涛声）
浑河缭绕戒台高，辽金国师曾说法。
香林莲界壮龙天，万壑千岩矗寒碧。
拨云寻径访松龛，戒师指我天桥迹。
飞锡鹅头去不还，四百年来护坛席。
（明鹅头禅师道孚曾登台说戒）

胜会龙华恭祝厘，帝祚遐昌培国脉。
几度璇题玉辇游，圣祖纯皇播瑶册。
拏云矫夭森孙枝，一龙骧首群龙出。
（寺松有卧龙、翔龙、凤尾、凤眼、凤凰窠、活动松诸名）
重量解带长十围，掞藻辉煌灿球璧。
四度哦松勒寿珉，（纯庙圣制）钧天响答罗诗碣。
迄今风雅嗣贤王，（主人近重新寺院广拓园邸）
湘东金管濡云液。（主人题壁纪游，集唐句至数十首）
百万金钱两梵天，吉祥花木涵新泽。
长廊深榭石玲珑，俪以苍虬耸云脊。
高枝擎出凤凰窠，万岁千年毓晶珀。
下士摩挲发古思，果然天寿昭平格。
抚今追昔问山灵，未必培塿不松柏。
雨淋日炙辽金幢，（尊胜陀罗弥金幢）大书深刻护灵石。
太康年月纪坤时，赐紫沙门动盈百。
大唐追纪辟山年，慧聚禅宗溯沿革。
（唐名慧聚寺，主人新葺山堂仍署旧名）
有明敕赐万寿坛，嘉靖穹碑恣搜索。
当年左藏富貂珰，千佛层楼倚云辟。
五百罗汉环山堂，金雕玉琢昭灵赫。
旃檀[4]十丈结绿沈，瓣以梵莲穷刻画。
（台上戒座前明遗制，皆奇楠刻画，穷极奢丽）
只今斋粟连村庄，海单长挂供晨夕。
愧我诗狂号半僧，闲云一片留香客。
八千里路记南游，曾向南能问香积。
风吹一苇自东来，鬼伯魔王幻轮舶。
于今法盛转轮王，渡江应悔空携舄。
进香直到大西天，释迦坟上飞钱陌。

（近年香港中外檀樾集香赀数万金税，轮舶招香客到佛国进香）
偶携海客话瀛洲，（岭海邬舍人宝铨[5]同游）方丈蓬壶去天尺。
偷得闲身半日游，聊向西山蹑云屐。
从来明镜本非台，静心会处皆灵窟。
我从四大悟虚空，风逆南溟憩鹏翮。（邬君落第时将束装南下）

[1] 戒台寺，又名戒坛寺，位于北京西山山脉的马鞍山。清光绪二十六年（1900），八国联军攻入北京时，戒台寺成为多达千人的避难所。

[2] 妙性和尚，清光绪年间的戒台寺住持。

[3] 潭柘，即潭柘寺，位于北京西山山脉的潭柘山。清康熙至光绪年间的皇帝，都曾来寺中敬香礼佛，因此，官员们也将其作为进香的首选之地，以求官运亨通。

[4] 旃檀，又名檀香、白檀，是一种古老而又神秘的珍稀树种，其木香味醇和，历久弥香，素有“香料之王”之美誉。

[5] 宝铨，即邬宝铨，广东番禺人。清同治九年（1870）举人。邬彬的长子。邬彬，字燕天，广东番禺人。清同治六年（1867）举人，官至刑部主事。

渡　江

渡江梅柳惜余春，似听流莺尚比邻。
巧语忏余鹦鹉舌，枝栖愁寄凤凰身。
静参色相原无我，阅尽风尘好做人。
荡堕何心休问絮，纵教藩溷[1]亦如茵。

湖海逃名结范蠡，扁舟同泛旧西施。
修来香艳原非福，误尽聪明悔不痴。
仙佛有情终历劫，英雄失路复何歧。
无多别语还相慰，同是天涯也可知。

［1］藩溷，厕所。

入　　都

金台花发凤凰城，谁唱鸿胪第一声？
愿借风云增士气，乞将雷雨慰苍生。
科名得遂娱亲愿，文字终偿报国情。
恩许临轩重策士，众仙同日奏升平。

公车道经岭海喜晤十一弟时弟亦有台北之行

意外萍逢喜欲颠，春江花好月团圆。
东西帆转分劳燕，南北轮飞共水天。
丹凤仪宵衔宝篆，苍鲸横海驾楼船。
长风万里平生志，敢把初心负昔贤。

渔父词

（庚寅落第，舟次潞河，偕陈丈橥仪[1]、族侄心存同赋）

半帆风泊夕阳滩，月上澄江水正寒。
休笑渔人空撒网，枕边还有钓鳌竿。

丝纶十丈抛篷背，浅水芦花任所之。
多少鱼虾齐上市，拥簑犹是醉眠时。

不风波处几人归？水角菇蒲绿正齐。
好趁月明闲补网，海门红日待朝鸡。

几度槎乘万里游？袖中东海转浮沤。
何须世外寻渔父，逢着桃花笑不休。

何年清浅话蓬莱？缥缈神仙倦眼开。
好向五云高处望，神仙原是劫中来。

[1] 陈丈棨仪，即陈棨仪，字义门，福建晋江永宁人，移居泉州。陈棨仁之四弟，同治六年（1867）举人，泉州“桐阴吟社”成员。

出都次潞河旅舍题壁

春树城中雨万家，夕阳回首恋金华。
碧桃红杏原天上，谁信人间有落花。
（是科吾郡得第者，仅军机章京吴君[1]捷大魁）

翻向蓬山扫落红，路人休自怨罡风。
春来还荷东皇宠，同在尧天雨露中。

晚秋花胜早春花，花太嫣红影易斜。
寄语长安看遍后，故山还有好桑麻。

晚风吹上潞河船，岸柳平拖水一川。
屈指海程乡思近，绿荷香饭正炊烟。

[1] 军机章京吴君，即吴鲁，里居、阅历见卷首《林鳖云先生家传》注。吴鲁于光绪十二年（1886）考军机章京，光绪十四年（1888）顺天乡试中举，光绪十六年（1890）中庚寅科状元。此诗即作于光绪十六年。

沪上重游

芙蓉镜下迟归日，豆蔻梢头恋早春。
今夕扬州重跨鹤，二分明月属何人？

枇杷花下对门居，尽日消闲此读书。

且喜狂奴容剥啄，笑谈惊座女相如。

相逢曾识倍相亲，欲语年前带泪颦。
同是天涯未沦落，风前休自斗花身。

重啄春泥补画梁，旧时王谢亦寻常。
惊同野草桥边梦，门巷如今半夕阳。

第一琵琶掷锦缠，娉娉袅袅记从前。
风尘眼倦秋心寂，犹是人间未嫁年。

冰雪聪明水月身，梅花香眷澹中春。
三生合注林和靖，知是前因是后因。

江行无语别卿卿，也学温柔澹养情。
洗尽六朝烟水气，江南山好只能平。

怕迎桃叶遣杨枝，潘鬓年华我自知。
红豆抛残还忏绮，替卿重唱惜春词。

由杨村抵都车上口占

风城春色万人家，尺五蓬壶望眼赊。
杨柳津沽村店月，晓风吹梦到金华。

排云千舸集帆樯，天庾分廒贡帝乡。
且喜江淮成乐岁，诏书新放禹余粮。

詄荡龙门两扇开，纷纷谁是谪仙才？
有缘补入霓裳队，曾策金鳌渡海来。
（予二月二十六日自台北登程，三月初五日抵都，补名入场）

云路腾骧马首灯，（乘夜开车灯光照驿）九衢烟月接芳塍。

小臣愿进金天颂，万国胪欢寿寓登。（万寿恩榜）

文章声价凤凰池，诵德清芬尚有诗。

好向柯亭述耆旧，晋安人物盛当时。

（清阙堂柯亭为吾乡柯潜[1]所建，先文端公有诗纪之）

不怕船迟要顺风，后来居上老犹雄。

人间位置难为地，许借飞琼旧紫宫。

（迟到，郡馆无住处，于仙龛旁下榻）

[1] 柯潜（1423—1473），字孟时，号竹岩，福建莆田县安乐里（今莆田市城厢区灵川镇柯朱村）人。明景泰二年（1451）状元，曾任翰林院修撰，右春坊、右中允、詹事府少詹事兼翰林学士等职。工诗善书，是明代文学家、书法家，著有《竹岩集》等。

游西山经卢沟桥纪永定河工

自从海道飞轮后，渐觉桑乾晓气清。

京国繁华津要地，沧田阅历见人情。

（此地旧为通衢要津，今改由海轮达津沽）

赵北燕南古帝都，万方玉帛此跄趋。

如今尽隶琛航贡，无恙山河晓月图。

（“芦沟晓月”都城八景之冠）

治河贾让先三策，明季纷纷议刷沙。

七十二沽原近海，不如分导注低洼。

宵旰忧勤悯泽鸿，毁家卜式愿纾忠。

（余去岁劝家时甫太仆助赈巨款）

两行杨柳开新坝，从古河渠赈代工。

桥趾金元剩网兜，（见乾隆御制芦沟桥工碑记）燕云从古界鸿沟。
笑迎津吏横江馆，下马斜阳问故堠。

晋用何妨借楚材，广方言馆旧招徕。
龙门碛石天能补，神女娲皇百炼来。
（洋匠携眷属报效，河工炼石砂甚精坚）

河清难俟寿能期，鬼斧神工译汽机。
缚得蛟螭齐放溜，障川澜挽系安危。

恒岳西来一发青，使君无事借图经。
读来不若游来好，翠嶂丹泉（康熙赐额）列御屏。

岫云题壁（潭柘赐名“岫云”）

潭柘今岫云，山泉独逾胜。东华踏软尘，于此拓幽境。
驱车出城隅，酒半得诗兴。浑忘路远近，振策穿云磴。
万木环山门，一杵落清磬。翠嶂鸣丹泉，天语光山乘。
福海拥珠轮，璇题昭瑞应。银杏蔽霄日，黛色参天迥。
品峻骨逾苍，志静神弥永。轮囷四十围，旒缀三千瘿。
石罅云根蟠，下有蛟龙瞑。何年遍大千，洒润流甘井？

岫云宿延清阁[1]寄呈乐道主人（恭邸）[2]兼索慈云慧宽两师同和

海灯现光明，月吐流绿彩。潭柘一声钟，旧梦春明在。

花影宿行宫，山光唾新绿。凤尾翅丹霄，百尺琅玕竹。

葆光老道士（恭邸自号），丹心照何许。

擎天只手高，初日撑松柱。（“孤松柱日”恭邸署额）。

集唐句翛然，宾客梁园盛。无缝本天衣，衲补松圆证。（壁中多恭邸集唐）

致富奇书读，千秋厌薄名。西山属金火，财库礼双星。（近建财星阁）

书有黄金屋，春留白玉堂。扶鸾仙语密，我自计行藏。

拨火寻煨芋，何劳问十年。黄台瓜[3]未熟，长日抱诗篇。

名山旧坛席，广孝辟禅居。踏月浩然去，言寻诸葛庐。

我本山中氓，日日山中住。江风吹片云，独自悟来去。

武夷接罗浮，故乡旧汤沐。天赋与清闲，便算神仙福。

[1] 岫云，即潭柘寺；延清阁，潭柘寺寺院东路的庭院式建筑。

[2] 乐道主人，即恭亲王爱新觉罗·奕訢（1833—1898），道光帝六子，咸丰帝异母弟。清道光三十年（1850），封为和硕恭亲王，是咸丰、同治、光绪三朝名王重臣。恭亲王府邸的东路后院正厅名“乐道堂”，是奕訢起居的地方。其为皇子时，道光帝曾赐“乐道堂”匾额一方，故其自称“乐道主人”。恭邸，亦指恭亲王爱新觉罗·奕訢。

[3] 黄台瓜，指唐代李贤《黄台瓜辞》。诗有“种瓜黄台下，瓜熟子离离”句。典出《新唐书·承天皇帝倓传》，用作比喻兄弟。

因雨歇岫云下院口寄慧宽方丈即以走别

卓午天日炎，微风动檐马。小憩岫云深，千丈潭光泻。
咒钵现潭龙，志公开莲社。天变逾顷刻，落纸云烟写。
催诗诗未工，造化为炉冶。忽鼓千山雷，大风振屋瓦。
蒙正唱归窑[1]，杜陵思庇厦。沙弥支伞迎，雨汗动盈把。
愿慰苍霖望，斧柯阿香假。掉尾神龙游，肤寸润云洒。
笑我沐猴冠，挥扇鱼鱼雅。杏雨唱江南，先生归去也。

[1] 蒙正，即吕蒙正（944—1011），字圣功，河南洛阳人。宋太平兴国二年（977）状元，曾三任宰相，封许国公，授太子太师。死后谥“文穆”，赠中书令；归窑，即《破窑赋》，又称《寒窑赋》，也叫劝世文，为吕蒙正所作，是一篇警世的文章。粤曲中有《蒙正衣锦归寒窑》曲目。

步月至山门

万松峭无声，月白山逾静。犬讶山僧归，忽吠流云影。

西山和尚留我过冻[1] 寄林同年群玉[2]

群玉性高旷，去年以刻宝座师《偶斋诗集》龃龉，向余广绝交书后不见书至，因为诗以嘲之。

去年听广绝交书，一纸人情亦子虚。
为道无书交亦绝，万山风雪闭门居。

苍霞洲畔德邻孤，传得诗门独行无。
遗稿纵留封禅议，敢因梅鹤傲林逋。

[1] 冻，冬。

[2] 林同年群玉，即林纾（1852—1924），原名群玉，字琴南，号畏庐、畏庐居士，别署冷红生，晚称蠡叟、践卓翁、六桥补柳翁、春觉斋主人。福建闽县（今福州）莲宅村人。光绪八年（1882）举人，官教谕。七次会试不中，遂绝意仕途，专心于文学著译，著有《畏庐文集》等40余部书，译有《茶花女》、《大卫·科波菲尔德》等180余部西洋小说。曾主持编辑爱新觉罗·宝廷的《偶斋诗集》。林鹤年与林纾同年中举，故称“同年”。

松窗小憩

浑河山曲水深深，雨战西风动客心。
落木寒涛趋大壑，有人清夜伴龙吟。

丰台得句

软红尘里走轻雷，报道丰台芍药开。
横海飞轮八千里，五年三度看花来。
（庚寅至甲午公车）

西郊车行遇雨

西风一雨涨成河，杨柳千条变态多。
立脚不牢平地稳，始知人世尽风波。

泥淖何辞滑滑行，道从履险得衢亨。
久于世路嵚崎惯，敢向人前诉不平。

潞河舟行书所见

大田青青麦，来时二寸许。相隔两月余，临风自高举。
好雨虽及时，天赋厚所予。蓬蓬多生机，丰稔不怕鼠。
频年河决患，遗穗不盈筥。俭以培其丰，蒿蒌亦堪煮。
积谷裕边防，除暴安行旅。告尔村中氓，当请事斯语。

泊杨村

天气北而南，雪拥鸡笼屿。地气南而北，潞河叹徂暑。
方今清和月，炎蒸已如许。泛泛书画船，蝉纱罥[1]清渚。
恰受两三人，小谪蓬莱侣。清谈无俗韵，那便嗟行旅。
香梨沁盘冰，朱樱灿盈筥。小泊绿杨村，疏灯沽酒处。
我独倚船舷，苦茗瀹冰煮。小品杜家糕，茯苓渗香秬[2]。
聊以撑诗肠，解缆津沽去。忙里自偷闲，中流赋容与。

[1] 罥，挂。
[2] 秬，黑黍子，古人视为佳谷。

携眷客海上次第园游选胜同车团圞乐事漫赋

海上神山不系舟，淞滨花气蜃云浮。
二分明月三分水，十里芳塍五里楼。
汉室舆图蛮大长，平津池馆富民侯。
乘槎莫问支机石[1]，闲挈清娱汗漫游。

漫夸间馆胜金张，（张氏味莼园[2]）百战蛮蜗阅海桑。
戏马试寻英法路，看花聊逐汉洋场。
山川雄带金银气，楼市光涵草木香。
我欲扁舟随范蠡，五湖烟月艳行装。

香闺频讯好湖山，千里重寻一笑颜。
江汉游春盈士女，越吴编户杂瓯蛮。
此间娱老真长乐，随处浮家得半闲。
何幸西园小儿女，九州齐唱月弯弯。

桃李迎春菊绽秋，百花亭榭小勾留。
豪雄广结三河侠，婚嫁翻迟五岳游。
行乐全家宜胜地，对谈仙侣记同舟。
虎门潮汐通黄浦，海曙云霞灿十洲。

[1] 支机石，传说为天上织女用以支撑织布机的石头。辞见《太平御览》卷八引南朝宋刘义庆《集林》。

[2] 张氏味莼园，简称张园，又称张家花园、上海张园。位于今上海市南京西路以南，石门一路以西的泰兴路南瑞。1878 年由英国商人格龙营造；1882 年张叔和自和记洋行手中购得此园，面积为 21 亩。后来张又对此园屡加增修，至 1894 年，全园面积达 61. 52 亩，是清朝末年上海最大的市民公共活动场所。

上海遇洪荫之[1] 将之高句骊[2]

十年湖海激昂身，一笑楼头旧酒人。
壮志未忘江上楫，豪情何负相门茵。
金鸡宽大酬恩泪，铜狄摩挲历劫尘。
好向五洲崇位业，天骄从古识祥麟。

[1] 洪荫之，即洪述祖（1855—1919），字荫之，号观川居士，江苏常州人。清光绪二十年（1894），朝鲜两党相争为乱，袁世凯派兵赴韩“平乱”。时洪述祖为直隶提督叶志超聘作军师随军赴韩。因赴韩之役得以结识袁世凯。后袁世凯窃取大总统后，委以内务部秘书，成为袁嫡系。1913 年 3 月 20 日，受袁世凯指使，行刺宋教仁。1919 年被判以绞刑。

[2] 高句骊，即高句丽，又称“句丽”、“句骊”、“高氏高丽”。是公元前一世纪至公元七世纪在中国东北地区和朝鲜半岛存在的一个地方政权，其政权所辖地横跨今日的中韩两国地域，属于中国东北的古国。过去学者将它与三韩人王建于公元 918 年建立的高丽王朝相混淆，误认高句丽为

韩国的古国。

春明元夕

玉树琼花倚槛开，青春鹦鹉好楼台。
彩棚灯月笙歌夜，曾踏金鳌第几回？

金吾风静太平宵，薇月宣茶待早朝。
闲儤[1]玉堂清话好，宫壶银漏海初潮。

香戒宣牌玉阆扃，宫鸦槐影露华凝。
明朝御赐天官福，同礼斋坛宝塔灯。

平明骑马款春坊，香满天街正晓霜。
归语宣南小儿女，宫花烟火九龙翔。

[1] 儤，古代官吏连日值班；尽义务，试用。

五绝　一十一首
五古　一十六首
七绝　一百四十二首
七律　二十四首
七古　一首
以上古近体共一百九十四首

福雅堂诗钞卷八

宝林集

吴辉煌　校注

癸未出都呈宝少宗伯[1]座师

红兰生深山，荣悴羞众草。凤凰游九霄，时亦下三岛。
斯意本微茫，静言思大造。澹泊以为缘，得失除烦恼。
吾师西山游，语我西山好。示我西山诗，言寻西山老。
罢官一身轻，行乐须及早。倘与乘桴游，狂喜真绝倒。
无如返岫云，下视揠苗稿。只此苍生情，太息伤怀抱。

高堂罗酒浆，嘉蔬美而旨。吾家八十翁，欧门同荐士。
（族伯君赞八十四岁同登科）
相扶花下醉，此会非偶尔。君相能造命，士亦伸知己。
依依傍门墙，松柏森桃李。渊源溯大贤，贱子学识鄙。
著书寓忧时，击筑游燕市。寥落酒杯深，芒肠生块垒。

晓发卢沟桥，濯濯风吹柳。临行重踌躇，一步一回首。
残梦落春明，浮云尽苍狗。惟有牵衣情，师恩感循诱。
从此望京华，羁栖傍南斗。程遥八千路，期越三年久。
相见能几回，须鬓各老丑。挑灯夜抄诗，（出示大集）口沫胝右手。
见诗如见师，真气惊户牖。倚赖朝野身，岂遽辞荣绶。
皇华赋余闲，都出圣恩厚。一朝东山出，正气消阳九。

小草望卿云，太华依培塿[2]。此愿何穷期，长把贞心守。

[1] 宝少宗伯，即爱新觉罗·宝廷。里居、阅历见卷首《林鳖云先生家传》注。

[2] 培塿，小土丘。

宝师和作（并跋）

［爱新觉罗·宝廷］

鳖云临行，以诗赠我，书此答之，不用原韵，避俗也。端阳夜，率成于偶斋，时漏下四鼓，雨暂住，雷犹有声。

赤日灼东海，万里如探汤。天吴远避暑，蛟螭水底藏。
之子翻南行，炎蒸何可当。岂其念闾里，承欢思高堂。
同行有诗叟，唱酬年共忘。远离兼久别，握手弥感伤。
况值时势难，蛮触方争强。魍魉逞技巧，得意相铺张。
我年逾强仕，鬓毛渐已苍。闲居习疏慵，朝夕酣杯觞。
报国无奇材，谋生乏良方。身后名尚远，生前忧正长。
煮酒送君行，仲夏当端阳。永昼肆炎热，流汗沾衣裳。
晴空一声雷，好雨随飘扬。回峰聚乱云，纵横连电光。
天威赫斯怒，群邪不敢狂。百谷仰膏泽，远近同瞻望。
行矣须勉旃，有志终能偿。匡时重经济，用世轻文章。
请缨怀古贤，勋业何辉煌。翘首空浩叹，南望天茫茫。

又　赠

［爱新觉罗·宝廷］

余壬午搜闽闱，得鳖云《海防兵制诸策》，极留心时务。故以其乡先达李忠定[1]纲勖之。

男儿生世间，读书当救时。文章能华国，无用亦可嗤。
科名以人重，何须争早迟。侥幸得速售，躁进有识讥。
海云矗天起，魍魉翻风飞。不得钓鳌竿，凌波徒蹈危。
经纶贵夙裕，临事方无疑。先贤缅忠定，桑梓千载师。
三年弹指顷，闭户无荒嬉。

[1] 李忠定，即李纲（1083—1140），字伯纪，号梁溪居士，福建省邵武市人。宋政和二年（1112）进士，授镇江教授，曾任国子正、监察御史、太常少卿、兵部侍郎等职，官至南宋宰相。死后赠少师、陇西郡开国公，谥号“忠定”。著有《易传内编》、《论语详说》等。

濒行再赠

［爱新觉罗·宝廷］

大风吹海水，有客返泉州。远火标高塔，孤烟走巨舟。
羽书申浦急，烽燧鬼门稠。时事方如此，分离那足愁。

春日怀西山兼呈宝师

峰青罗睺[1]雀儿庵，箧底蛟龙起卧吟。
一夜东风潭柘雨，傍墙桃李自成阴。

五台山小拓行窝，春在先生杖履多。
拾取天花作蔬供，百家残衲补牵萝。

[1] 罗睺，是古印度人所认为的夺去太阳和月亮的光而引起日月蚀的黑暗星，用以解释日月蚀的现象，及有关人间的祸福吉凶。

偶斋即席咏雪寄邓铁香[1]京卿（承修）兼呈宝竹坡师

薪烬红炉火未寒，阳春布地万家欢。
庙堂老柏蟠根厚，铁石梅花晚节难。
阅尽岁华添鬓白，操来冰鉴尚心丹。
羊裘下濑承天问，可有星辰动钓竿。

[1] 邓铁香，即邓承修，字铁香。里居、阅历见卷七《邓铁香京卿游羊城，书来赁庑，兼讯宝竹坡师去官近状》注。

除夕从宝竹师偶斋辞岁，归道经下斜花厂，见盆梅、牡丹盛开，呼园丁驰作馈岁之献，元旦补呈一诗

腊鼓催年隔凤城，关心矾弟[1]与梅兄。
梦中富贵千场幻，（书来谓所馈牡丹为黄漱兰[2]侍郎元旦索去）
醉里神仙一笑迎。（红梅）
元日书春增绚烂，岁星现丙应昌明。（丙戌元旦立春）
花神有约如相贺，桃李门前日向荣。

[1] 矾弟，即山矾花，又称山矾、七里香。常绿灌木，春开白花，芳香。
[2] 黄漱兰，即黄体芳（1832—1899），字漱兰，号莼隐、瘦楠，自署东瓯憨山老人，浙江瑞安人。清同治二年（1863）进士，曾任顺天乡试同考官、福建学政、山东学政、翰林院侍读、福建乡试正考官等职，官至内阁学士兼礼部侍郎、兵部左侍郎。和张佩纶、张之洞、宝廷合称“翰林四谏”。晚年参加强学会，主张变法图存，创办江阴南菁书院。著有《漱兰诗葺》、《江南书文牍》等。

丙戌出都呈座师宝公

三年愁落第，万里作赀郎[1]。（国史馆议叙拟指分粤东）宦海原非计，名心尚未忘。穷途商出处，天意苦苍茫。五岭三山近，南州亦故乡。

不择穷荒尉，娱亲奉檄情。海云含雨润，泉水在山清。欲舞翻愁鹤，迁乔尚盼莺。操刀聊小试，莞尔管弦声。

爱人原学道，此意重师门。有锦忧难制，寻涯幸溯源。南行衣钵冷，北望斗山尊。休更谈时局，楼船尚海屯。

潮海平分后，苏韩媲政声。遥知严武节，应有草堂情。（两粤张制军掌经筵时，与师同负朝望）尺刿劳嘘植，千秋附姓名。龙门高可托，蒲柳向春荣。

[1] 赀郎，因家富资财而被朝廷任为郎官。后即称出钱捐官的人为“赀郎”。

宝师和作

［爱新觉罗・宝廷］

无官难报国，有幸作赀郎。吏事果能习，名心何必忘。人生原忽忽，宦海更茫茫。男子四方志，谁甘老故乡？

赠别无多语，吟诗抒别情。娱亲非独养，作吏必先清。我似休巢鸷，君如出谷莺。龙钟侧老耳，万里听循声。

三载归京国，穷居此闭门。有田羡彭泽，无用类深源。累重惭良友，时艰愧至尊。临歧望闽海，师旅尚云屯。

庭院绿阴满，新蜩忽有声。别离亦常事，老病倍关情。议罢休忧国，身闲乐辱名。前途君自励，奉檄匪希荣。

长公子和作

寿富[1]（伯茀）

奇才应作吏，有志肯为郎。（君先拟援例为曹郎，落第后仍拟就外职）
小试亦堪喜，浮名原久忘。
云烟一挥手，江海隔苍茫。我亦孙山客，无能老故乡。

文字前缘重，相逢契夙情。心高难遇合，志大在澄清。
岂有凌云鹤，翻为入谷莺。琴堂弹古调，应作不平声。

闻道园新葺，楼台壮海门。全家居福地，一水护仙源。
报罢原常事，求才尚至尊。征鞭谁再着，未必运终屯。

送君悲抱病，伏枕作哀声。生死亦无定，别离能少情。
几人同血泪？万古此浮名。惭愧亲同老，曾无一第荣。

[1] 寿富，即爱新觉罗·寿富。里居、阅历见卷七《四月十四日，游陶然亭龙树院归途，访悯忠寺看牡丹》注。

再呈宝师

语重临歧泪暗弹，一回伤别一回难。
离怀枨触六千里，宦境艰危十八滩。（师极言宦情之苦）
泽潞罪言甘废弃，崖州回望慰单寒。
嘶风蹀躞金台路，尽被风尘冷眼看。

半生知遇感师门，深负侯嬴解说恩。
那有文章能报国，未穷星宿却思源。
望中蓬阆云双阙，世外桃源水一村。（乡居近桃源场）
养拙名山归亦好，几人担荷到乾坤？

宝师和作

[爱新觉罗·宝廷]

鹫云临行复以二律留别，再依韵和之。如愿再叠，尚当勉和，不自知其苦也。

古调何须叹枉弹，知音自昔说艰难。
浮生本似驹过隙，得第真如船上滩。
泪洒穷途枯尚热，心忧时局夏犹寒。
欲将赠别诗重写，多恐离人不忍看。

休将知遇感师门，我亦今生负国恩。
携伎那堪希谢傅，书空却耻学深源。
莫嗟杏苑难同宴，且喜桃源在近村。
把酒送君南望远，海风吹雾满乾坤。

叠前韵题长公子伯茀诗卷即以奉别

爨桐焦尾向谁弹？寥落知音旷代难。
两世深情潭上水，一官前路峡中滩。
名场走马心犹热，宦海惊涛胆尚寒。
输与郎君蓉镜下，入时眉样浅深看。（公子新婚）

三苏词翰萃名门，歌咏余闲亦主恩。
机杼一家工组织，文章千古重渊源。
褒忠门巷怀甘井，（宅住甘井胡同为前明范忠贞[1]殉难处）
大好湖山傍水村。（昆明旧第）
强作诗人聊复尔，（君刻印章语）最难清气得乾坤。

[1] 范忠贞，当指范景文（1587—1644），字梦章，号思仁，别号质公，河间府吴桥（今属河北）人。明万历四十一年（1613）进士。历官东昌府推官、吏部郎中、工部尚书兼东阁大学士。崇祯十七年（1644）李自成攻入北京，他自缢殉节。明朝赠太傅，谥号“文贞”。后清朝又赐予谥号“文忠”。

伯茀和作

寿富

三载光阴指一弹，当筵休怅别离难。
满囊诗卷辞京邑，六月风涛过米滩。
良玉未逢廊庙用，剑光终射斗牛寒。
请君浣却青衫泪，莫使高堂老眼看。

闲吟终日闭柴门，愧少涓埃答帝恩。
不道小才同潦水，反劳大笔溯星源。
即今谢尚怀临汝，敢此随园重似村。
此别应须各努力，（借句）请看豺虎尚乾坤。

三叠韵呈宝师

无鱼有铗亦空弹，（家时甫学士奉使先行）客路真如蜀道难。
愧我马瘏回峻坂，送人风顺过长滩。
酬时敢忘肝肠热，造命无如骨相寒。
怜是当年旧培植，落花权作未开看。

万里归鸿度海门，得瞻阊阖亦君恩。
云低衡岳疑无路，水接昆仑待溯源。
桃李新阴遮广厦，菱荷旧淀抱孤村。（师先代赐庐在海淀）
谢公重为苍生起，大业旋乾更转坤。

宝师叠和（并节录笺谕数则）

［爱新觉罗·宝廷］

鹭云三叠前韵见赠，予亦叠韵答之，渐觉勉强，此事不得不服尹文端[1]矣。

我辈诗随手，原无深意。若教不喜我辈人见，未必不附会，以为骂人，甚至指为有所讥谤，可怕之至，东坡可鉴也。

小儿亦力疾吟诗，我辈可谓诗痴矣。明日必行否？如仍不行，可再唱和，亦不必泥定前韵，叠韵诗原一时游戏。尚有七古一首已成八分，因天晚将闭城，容再补寄。远离在即，相见何时？此后惟望寄诗来，互相酬唱。

穷途气馁畏讥弹，万事都因易后难。
病马何堪重泛驾，破舟幸免再行滩。
雨多草死终归腐，日远葵心敢遂寒。
不是诗人耽比兴，吟成恐有外人看。

桃李休夸种满门，文衡再秉负殊恩。
自惭众望非安石，却喜诗名类巨源。
老尽欢娱常感慨，贫居京国似乡村。
一家衣食犹难备，莫说旋乾与转坤。

［1］尹文端，即章佳·尹继善（1694—1770），字元长，号望山，满洲镶黄旗人。东阁大学士兼兵部尚书尹泰之子，清雍正元年（1723）进士，曾任云南、川陕、两江的总督等职，官至文华殿大学士兼翰林院掌院学士，协理河务，参赞军务。闲暇好吟诗作文，是当时八旗文坛的领袖人物。死后谥号“文端”。著有《尹文端公诗集》等。

五月十四日宝师赐饯西长安街酒家醉谈时事命即席联句

人生作诗本无用，心闲无用聊为之。
诗人相遇例有酒，联吟角饮君无辞。（师）
文章经济愧衣钵，酒肠诗胆真吾师。
有唐白傅宋坡老，清修戒律开莲池。（鹤，师设馔守杀生戒）
恨无长剑倚天外，一挥热血西溟飞。
坐视魍魉不敢杀，鸡鱼烹割良可悲。（师）
莫为前席筹借箸，天心好杀胡已期。
近来杀机日逾甚，地雷震撼鱼雷驰。（鹤）
西方天竺久侵据，（西印度不靖）世界极乐同悲啼。
火坑雾毒法雨小，恒河战骨纷成堆。（师）
地球穿过九万里，六合混一原无奇。
海轮翻飞电灯闪，鬼伯雄长东南夷。（鹤）
彼族极侈糜国债，海量[1]习尚潜为移。
从来国奢示以俭，时局至此成漏卮。（师）
东山重为苍生出，未容赌墅抛残棋。
鲤庭趋陪结童冠，阿翁微晒装聋痴。
（鹤，师近作翁，名其诗曰《聋痴集》）
熏风催暑红日迟，羲驭力瘁踆乌饥。
吾侪醉饱恣欢笑，酒醒忽忆行别离。（师）
大江东去片帆下，登堂再拜将歌骊。
行行复止强为乐，今日不乐来日非。（鹤）
三年迅速若转瞬，再期痛饮赓新诗。
太平幸值免劫杀，闲身多病愁早衰。（师）

冥冥之鸿潜息机，洋洋之鱼纵游嬉。
古来万事皆泡幻，惟有饮者名能垂。(鹤)

[1] 畺，古同“疆”。

宝师赐饯意极拳挚归途口占一律驰谢

泪落临歧酒一杯，夕阳无语下金台。
直声久已储台鼎，风味依然语秀才。
青眼高歌劳怅望，白头忧国答涓埃。
中庭卿月层霄近，知有团圞在后来。

宝师和作

[爱新觉罗·宝廷]

鼇云临行来辞，赊酒为饯，次日以诗来谢，依韵答之。鼇云知余贫，不欲使添酒债，当日辞之甚力，意颇不安，故二句云然。

临歧一笑且倾杯，别后何妨筑债台。
有病那能争酒量？无聊且自斗诗才。
离云龙莫为霖雨，失水鱼甘困土埃。
过去回思多负负，衰颓安敢望将来。

师设馔向不杀生，忆前日误点食单，叠韵告罪即以自忏

磨励冰霜愈见才，悲歌燕市且衔杯。
酸醎况味从头忆，冷淡交情阅世来。
敢忘僧庐旧虀粥，尽教诗壁满尘埃。

参来米汁知禅悦，负鼓盲翁唱《五台》[2]。(归途所见)

[1] 醎，同“咸”。

[2] 《五台》，又名《五台会兄》，是昆班常演折目。讲述北宋杨家将六郎自辽昊天塔盗回杨父遗骨，经过五台山时，与出家为僧的兄长五郎相会的一段巧遇。

宝师叠和

[爱新觉罗·宝廷]

鹫云酒后熏鸭下酒，后忆及余戒杀，以诗来谢，依韵答之，以广其志，且俾知余非好西方法，亦非戒杀求福也。

余尝谓释家不好杀，极好，可全天地生机。而不娶则又伤生机，故自号半禅。

菜榜何须学子才？且餐净肉与衔杯。
寿夭难出百年内，人物原从一处来。
海国烽烟熏白骨，边庭战血染红埃。(海防边防迭次告警)
民生畜命同堪悯，岂为清修般若台。

宝师以叠韵长篇见赐仍依韵敬答

天涯游子将安之？不如归去从此辞。
得侍吾亲违吾师，燕燕之羽何差池？
旧时王谢堂前飞，更傍谁户心伤悲？
新巢重补来春期，堂堂白日驹光驰。
夕阳门巷声乱啼，飞花搅絮纷成堆。
天半鸿鹄矫翼奇，渐逵之羽何坦夷？
九天阊阖云雉移，丹凤上晋南山卮。

烂柯旁立方局棋，下视尘土如醉痴。
利名纷逐争早迟，饱攫直等苍鹰饥。
世网不顾鸿雉离，是何身手龙探骊？
过眼起灭烟云非，何如消遣凭酒诗。
先生八代文起衰，示我荣辱明枢机。
果能精业惩荒嬉，健翮养到云天垂。

宝师原作

[爱新觉罗·宝廷]

鳖云临行投诗甚夥，皆依韵和之，惜皆今体，未能畅所欲言。爰叠前日饮酒联句韵，复成七古一篇，未知尚有暇答我否？老夫兴仍未尽也。

漫漫四海君安之，老夫有酒君勿辞。
慨君两度游京师，蛰鳞养力潜咸池。
不能冲天辜再飞，文能憎命千古悲。
春风弹指三年期，六螭怵鞭行如驰。
得第休笑落休啼，文章难出故纸堆。
鏖文战赋矜才奇，问谁安华能攘夷？
夷风传华华俗移，海门倏变无当卮。
世局百变变逾棋，成谱墨守毋乃痴。
利权一着争速迟，天产夺尽天愁饥。
忧深何暇悲别离，长吟代哭慵歌骊。
行年隔二当知非，结习皆尽惟剩诗。
积闲作懒病成衰，枯炭有质无生机。
勉之行矣毋荒嬉，诗名那能竹帛垂？

宝师叠和

［爱新觉罗·宝廷］

鼇云亦叠联句，前韵见和，因复叠以和之，一日不行一日诗不止也。

君歌善友我和之，我歌送君多愁辞。
我闻前年闽海遇西师，戈船飘忽行天池。
彼族使船船如飞，我船自凿吁可悲。
幸而岭南节度（张香涛[1]制军）知军期，南交赴援行风驰。
水寇嘻笑陆寇啼，谅山战骨齐山堆。
将军大树谋多奇，（冯萃亭[2]宫保）镇南一战胆落夷。
从此和戎功成祸乱弭，我辈安居不觉三年移。
老夫无事耽酒卮，残年待尽如残棋。
国事不闻况家事，耳聋自夙非装痴。（近颇耳聋）
丧贫欲速幸不迟，罢官昨日今已饥。
三年愁种本天界，愁城未死安能离。
长白旧里托尊贵，传闻地近高句骊。
元勋开国耀史册，王孙凌替[3]门第非。
手无缚鸡难杀贼，名士结习惟工诗。
与君酬唱有余勇，三犹不竭安再衰。
人生去住由化机，闲身无业任酣嬉。
古来万事皆泡幻，（用原句）十二万年以后谁名垂？

［1］张香涛，即张之洞。
［2］冯萃亭，即冯子材（1818—1903），字南幹，号萃亭。广东省钦州（今属广西）人。曾任广西提督、贵州提督、云南提督等职，清光绪十一年（1885），在中法战争中，指挥清军在广西镇南关（今友谊关）打败法军

的著名战役。是晚清抗法名将，死后谥号“勇毅”。著有《军牍集要》等。

[3] 凌替，衰落，衰败。

和　作

（政和）宋滋蓍[1]（豸之）

林子性伉爽，喜谈兵，曾见其与竹坡侍郎联句，长篇慷慨激昂，目无余子。兹礼闱归，过我言别，因次其联句韵，书箑赠行。

林子才气今牧之，罪言滚滚多微辞。
诗律雄于百万师，朝发扶桑暮咸池。
风抟水击鹍鹏飞，有时拔剑含酸悲。
与古作者同襟期，霹雳应手神珠驰。
诗成往往鬼夜啼，柘枝舞罢蜡成堆。
高歌痛饮何权奇？方今有事于四夷。
一言得君山海移，壁上画饼无当卮。
坐令国事如奕棋，山公启事空尔为。
有才不荐毋乃痴，君今行矣休逶迤。
从来季女愁輖饥，鹭门岛屿烟迷离。
仆夫在门行歌骊，吾道焉知是与非？
且复说剑哦新诗，再鼓再接气勿衰。
吾曹行止随天机，南溟浩荡从遨嬉。
一旦展翼如云垂。

[1] 宋滋蓍（1860—1887），字豸之、象之，号梦爻，福建省政和县人，清光绪十二年（1886）进士。着主事分部学习，官授刑部河南司主事。著有《恐斋诗钞》等。

附：宝师赠词步东坡韵填大江东去一阕

茫茫四海，叹埋没，多少出群人物？
一第犹难，何况是，天上西园东壁。
闽峤涛深，越裳山险，战骨纷如雪。
文章无用，救时别待豪杰。

送子下第南旋，长风吹巨浪，孤舟遄发。
奉檄承欢，聊小就，幸喜烽烟消灭。
笑我无能，青春登甲第，忽生白发。
闲身醉卧，尚余几许年月？

连科春榜均得而复失，回忆秋闱五荐不售，壬午秋试将揭晓，宝师命各房搜落卷以经策荐拔，重纪恩遇补呈一诗

知己平生岂偶然，名场得失数由天。
丝能续命终如愿，香返离魂信是缘。
感遇直从看榜日，匡时还仗报恩年。
刘蕡[1]对策惭何补，赢得声名落第传。

[1] 刘蕡（？—848），字去华，幽州昌平（今北京昌平区）人。唐宝历二年（826）进士，在选拔官员的考试时，他秉笔直书，因主张除掉宦官，未被录取为官，赢得社会舆论的同情。令狐楚、牛僧孺等镇守地方时，曾征召他做幕僚。后遭宦官诬害，他被贬为柳州司户参军。死后赠谏议大夫，谥号“文节”，封昌平侯。著有《策集》等。

行期已定再呈宝师

千里赠行终一别，况教一别更三年。
情当久聚离方觉，诗到无言泪自涟。
师弟中年哀乐感，河山熟道去来缘。
汉南旧植飘零甚，吹向东风更惘然。

一曲骊歌结尾声，婆娑元老剧关情。
最难面别登程语，无限心期薄宦名。
欲答升平惭报最，是何濡滞忍言行。
夕阳回马金台望，双塔云中傍帝城。（师寓双塔寺后）

宝师和作

［爱新觉罗·宝廷］

书来知行期尚有两日，想诗逋犹未了。老夫兴不减壮年，当再整旗鼓，与君鏖战，试看青蓝毕竟孰胜也。

无期远别过万里，有限余生知几年？
忧世同兹怀郁郁，伤离能弗涕涟涟。
闲身羞说安攘事，老境思留笔墨缘。
漫向东风叹摇落，桑榆回首更凄然。

唱罢阳关三垒声，穷途送别倍伤情。
不才难与人间事，未死谁知身后名。
孤舵无方随斗转，高桅有力触风行。
海程迢递嗟艰苦，愧我沉酣卧凤城。

连日呈诗陈情多于述德补献两律藉抒颂私

忧时那复醉羊羔，强学诗仙更酒豪。
无负生民唐谏议，有怀宗国屈《离骚》。
半禅悟道聪明净，（师自号半禅）一子成书著作高。
且向名山修位业，欲穷天问首频搔。

去国飘萧两鬓丝，中原属望系安危。
人疑谢傅多哀乐，我作樊川费护持。
腰脚登临成苦行，（师罢官后好作名山游，游必臻绝顶）
胆肝披沥仗明时。
寻常离别休言感，棋局如今已可知。

宝师和作

[爱新觉罗·宝廷]

鹭云知予无聊，以诗消遣。濒行，复投二律，依韵和之。骊驹在门，北风渐紧，含泪握管，写意而已，不求工也。

不杀愚仁慕子羔，征歌纵酒性偏豪。
无田归隐惭陶令，有罪休官愧楚骚。
葵岂心痴因日近，杞徒忧重奈天高。
回头往事弥生感，白发频添不忍搔。

别绪缠锦比乱丝，一身何足计安危。
漏卮未尽夸甘饮，利剑频磨忘倒持。
梦里尚存行乐地，死前焉有解忧时。
愁怀固结难人语，纵是同心讵得知？

濒行以粤中扇罗贻伯茀蒙以诗谢次韵奉酬

山中归卧葛天民，留得冰心见故人。
箧底秋风缘有旧，天边炎日夏方新。
指挥君负澄心志，遮蔽吾羞障面尘。
千里鸿毛应记取，肯教摇落泪沾巾。

欲买新丝绣未成，平原风义剧分明。
交情旧雨疏尤密，世态秋云薄更轻。
尘俗绮纨休结侠，自家机杼继贤声。
天涯赠别原将意，清白留芬企盛名。

伯茀原唱

［爱新觉罗·寿富］

知君有志惠斯民，先把仁风及故人。
握手忽惊秋雨后，开函犹带岭烟新。
几年入夏愁浓暑，从此临风免俗尘。
更喜郊游添别趣，芒鞋竹杖九华巾。

妙手何人巧织成，柔丝经纬甚分明。
临风折叠秋云薄，向日霏微夏雪轻。
萤恐缝囊先敛影，蝶愁作帐转无声。
白衣稳称山人体，忠孝神仙早避名。

仲茀[1] 亦以长篇答谢扇罗次韵奉酬即以柬别

卢沟桥畔杨柳青，卢沟桥下苍波明。
只身天地四回顾，穷途谁复相忘形。
君家昆季原高谊，追逐裘马嗤肥轻。
临岐挥涕望天末，师门恩义谈平生。
相期努力崇明德，蹉跎闻道嗟无成。
赠行携取双纨扇，戋戋之物愁零星。
更无鞶组[1]佐筐篚，秋罗机杼寒闺情。
惭非长物聊将意，相逢不愧此回行。
多君未忍相捐弃，出入怀袖摇风清。
他年重入霓裳队，抗手群仙侍玉京。

[1] 仲茀，即爱新觉罗・寿蕃。里居、阅历见卷七《四月十四日游陶然亭龙树院归途访悯忠寺看牡丹》注。

[2] 鞶组，精美的带子。

仲茀原唱（宝师仲子时年未冠有集）

［爱新觉罗・寿蕃］

火云突兀长天青，炎炎烈日当空明。
满堂坐客汗如洗，我独潇洒忘劳形。
贫家岂有迎凉草，赖此罗縠摇风轻。
丝柔着体肉不觉，纵无风至仍凉生。
毋乃太古雪未化，良工取制冰绡成。
不然何为孔细碎，依稀六出排零星。
小扇不摇暑亦却，握之珍重良朋情。
虚堂五月颇得所，怜君万里翻长行。

他年一麾宦东粤，勺水独励贪泉清。
一酒一饭尚须买，有何长物远寄京。

登西山怀少宗伯宝公

独携谢朓惊人句，（时偕同人编校遗集）呼吸潜通帝座无。
身据凤凰窠绝顶，桑乾几见海能枯。

奏罢长杨谏猎书，十年风雨病相如。
家徒四壁还消渴，弥勒何妨共结庐。

美人香草逐臣心，天问茫茫泽畔吟。
欲注《离骚》无一字，江湖憔悴到如今。
（时适落第，暂辍编校）

我为招魂唱《九歌》，江山风月任消磨。
只今华表归来夜，应有诗情动薜罗。
（公集有《西山纪游》长篇数百韵）

谒宝竹坡师墓（在西直门外八里，近三官庙）

重过西州怆不禁，海山终古寂牙琴。
六千里路三年泪，筑室空余未了心。

名山坛席重渊源，老去彭宣怕说恩。
惆怅中原诗绝笔，只今无语慰师门。
（壬午以搜闱受知久深期望）

黯黯寒云水不流，郊原一角认松楸。
百年乔木思宗社，忍听青门话故侯。

河岳英灵贯日星，放怀忠孝望传经。

此情惟有千秋感，独对垂杨眼尚青。

诗魂依旧恋西山，明月清风数往还。
今夕定归华表鹤，未应流落到人间。

表圣雄篇待策勋，无聊心事托传文。
诗家自有麒麟阁，带砺天潢旧诵芬。（师为郑亲王哲裔）
叠山池馆草凄凄，庵冷松筠路不迷。
欲筑诗龛何处所？江亭东畔古槐西。
（师在日，讌游之地龙树院，即俗称“龙爪槐”。道光时，月泉上人购为松筠庵下院，余拟拓东院为师筑诗龛。）

香草沈吟本至情，有怀宗国泪纵横。
六经以后无文字，始信《离骚》是正声。（时同校遗集）

浑河缭绕接桑乾，目极荒原一水寒。
独得乾坤气雄直，千年魂魄此中安。

遍栽桃李欲成林，负土空怀弟子心。
一事思量还未报，木棉红借万家阴。
（师尝寄谕从南移植木棉，至今未报，拟补栽茔上）

拟集同人为宝竹坡师卜筑诗龛于龙树院

海龛曾侍白香山，野鹤闲云日往还。
香火灵山如有旧，未应流落到人间。

松筠下院怀忠愍，龙树参天合比清。
俯仰千秋论位置，书生结习未忘情。
（龙树院旧名“松筠”，下院为杨忠愍公山庄）

送寿伯茀太史（富）[1] 奉使日本

万国球图镇海寰，皇华东唱落人间。
岛夷卉服宣重译，星使词曹动百蛮。
秦火诗书求在野，天潢旌节冠崇班。
扶桑依旧长安日，柱下征文访礼还。（采访学校诸规）

[1] 寿伯茀太史富，即爱新觉罗·寿富。曾任京师大学堂分教习，戊戌变法期间，奉派赴日本考察学校章程。归国后著成《日本风土志》四卷。

感伯茀之行怆怀先公宝座师

鲤对叨陪忆曩时，十年庭训诏吾师。
乾坤整顿方垂后，家室殷勤记闵斯。
化雨遗型尊北斗，采风清问耀南离。
扶桑一发东来学，犹抱秦燔校汉碑。（日人多主汉学）

寿伯茀太史（富）哀词

太史，予壬午座师宝少宗伯廷之长嗣、戊戌翰林。曾偕李京卿盛铎[1]使日本，死庚子都门七月之变，赠翰林院侍读学士。

大漠扬风沙，万里将魂招。浩气鸿燕筑，此风殊寂寥。
勋阀崇天潢，孤凤翔丹霄。濯足看扶桑，仙槎无近遥。
抱此匡济怀，平生事久要。救时万言策，抗疏联宫僚。
清时无洛蜀，党祸胡纷嚣。君辱斯臣死，大节凌松乔。
联公丈人行，岳岳扬清标。（君外舅联仙蘅[2]京卿元同时受命）

崇班司玉局，华胄弭金貂。风月翰林清，玉堂仙客娇。
一灯明东床，听鼓齐趋朝。乾清方听宣，金甲环骠骁。
视死如归矣，天高幸鉴饶。忠诚贯金石，偷息殊幸侥。
五洲疑矫诏，万口肆群谣。天王自圣明，臣罪甘诛枭。
（南中初传与联公同时被难，后访实，方知与弟妹同殉都门七月之变）
九原见先公，襟泪同飘萧。国事竟如此，鼎鼐伊谁调。
长安似局棋，小丑空梁跳。保国复保清，竟赋阿房焦。
处士横议俦，车乘方翘翘。待将臣目瞑，但祝兵气销。
仙著出残枰，孤注难为幺。予侮致绸缪，风雨徒飘摇。
西征策勤王，万骑奔腾骄。尘扬廓东海，呜咽胥江潮。
一语慰忠魂，闻道方夕朝。风车云马来，残梦思无聊。
寒泉荐秋盏，一掬不成浇。萧萧龙爪槐，休更系诗瓢。

［1］李京卿盛铎，即李盛铎（1858—1937），字椒微，号木斋，江西省九江市人。清光绪十五年（1889）进士，曾任京都大学堂京办、出使日本大臣（驻日公使）、山西布政司等职。民国后，曾任大总统顾问、参政院参政、农商总长、参政院议长、国政商榷会会长等职。晚年专注收集古籍。著有《木犀轩藏宋本书目》、《木犀轩收藏旧本书目》等。

［2］联仙蘅，即崔佳·联元（1838—1900），字鹤年，号先亨、仙蘅，满洲镶红旗人。清同治七年（1868）进士，曾任安徽太平府知府、安徽按察使、三品京堂、在总理衙门行走等职，官至内阁大学士兼礼部侍郎衔。晚清庚子事变，与徐用仪、许景澄、袁昶、立山合称“庚子被祸五大臣”。死后谥号“文直”。

补挽宗室寿（蕃）仲茀

（四品宗室管右翼学，死庚子七月都门之变，照四品官荫恤）

初海上邮报寿伯茀太史殉北直之难，余为诗吊之，续得都门书，谓其弟仲茀偕堂妹二人、亲妹一人亦同时殉节，伯茀死前数日，告友人曰："此时惟有一死，尚得自主之权。"故饮鸩后，复自缢。噫！一门忠节，光炳日星，洵可敬亦可哀也。因补作挽章。

忠门难弟更难兄，魂返天河赋洗兵。
此日九原应鲤对，中兴灵武正西征。

杜陵兄弟怅离居，何幸先人守敝庐。
地下相逢定相笑，这回差慰大雷书。

井底银瓶数岳家，师门犹记旧呼爷。
伤心绣褓瑶环日，斗草池边舞鬓鸦。

教忠遗泽谏书存，德种天潢远溯源。
一掬灵均儿女泪，夕阳芳草吊王孙。

五律　四首　附录九首
五古　四首　附录二首
七绝　二十二首
七律　一十八首　附录一十四首
七古　三首　附录四首
词　　附录一首
以上古近体及附录共八十一首

福雅堂诗钞卷九

浇余集

曾舒怡　校注

东园赏牡丹和邓双坡[1]方伯三首

黄牡丹

葵心捧日冠三台，羯鼓声中次第开。
金谷春浓天府宴，锦堂昼永帝乡回。
二分明月高魁榜，一曲清平绝妙才。
领袖群芳中正气，宫袍新惹御香来。

黑牡丹

疑花疑影两萧森，开近朝阳避众阴。
洛邑贬迁犹铁面，杨家富贵未灰心。
繁华旧梦乌衣巷，香艳新词宝墨林。
夙许黑头公辅器，浮云无事感升沉。

紫牡丹

东来揽胜满林园，万艳相推魏国尊。
得气早曾通桂籍，移根端合傍薇垣。
花封夙借丸泥力，香诰新承赐袋恩。

闻道绛霄春烂漫，朵云三叠护风幡。

[1] 邓双坡，即邓廷楠，号双坡，广西新宁州（今扶绥县新宁镇）人。清道光二十四年（1844）进士，历任工部屯田司主事、兴泉永道、福建按察使、福建布政使等职，官至广东布政使。

续和杨仲愈[1]太史三首

（时太史有东坡朝云之悼，原唱借花抒恨，和韵即以慰之。）

红牡丹

名闻入洛擅风流，绝世红颜福慧修。
一半开时犹带澹，十分浓处便成愁。
胭脂有井[2]怜香眷，罗绮逢场逐贵游。
身堕秾华休问劫，为谁选梦到重楼？

白牡丹

空空色色悟缘因，云想衣裳冰镂神。
看罢玉环梳洗后，衔来银鹿谶词真。
前身莲界皈香佛，再世梅魂梦美人。
月下瑶台照秋水，凌波罗袜涴芳尘。

绿牡丹

连宵章奏达瑶京，乞借神仙撮土成。
悔把绿珠论国色，惯呼碧玉[3]误香名。
眼青不作豪门态，眉黛曾邀绝世评。
旧事歌亭巢翡翠，戏书花叶集闺情。

[1] 杨仲愈（？—1879），初名仲愉，字子恂，福建侯官县人。清同治二年（1863）进士，朝考第一，充国史馆协修，散馆授主事。才华出众，工于诗文，著有《剑秋阁吟存》。

[2] 胭脂井，又名景阳井、辱井。故址在今南京市玄武湖侧。南朝陈祯明三年（589），隋兵南下过江，攻占台城，陈后主闻兵至，与妃张丽华、孔贵嫔投此井。至夜，为隋兵所执。

[3] 碧玉，人名，唐乔知之妾，一名窈娘。据《朝野佥载》载，碧玉能歌舞，有文华，为知之妾，被武承嗣所夺。收到乔知之的《绿珠怨》后，饮泪不食，投井而死。

落花，和太守冯铁华[1]三丈韵，兼呈少詹、展云[2]二丈，驾部蓬樵姊丈

倚遍阑干踏遍莎，帘边莺燕奈离何。
有情夜雨抛红豆，无力春风送绿波。
银管三千书恨短，金铃十万负恩多。
手持玉尺蓬山立，大地平量尽绮罗。

[1] 冯铁华，即冯誉骢，字叔良，号铁华，广东高要县人，冯誉骥弟。清道光二十四年（1844）举人，历官广东罗博县教谕，衢州、处州、金华知府。著有《钝斋诗钞》等。

[2] 展云，即冯誉骥，号展云。里居、阅历见卷首《林鳌云先生家传》注。

潘鸿轩[1]丈招陪郑小谷[2]、陈兰甫[3]、樊昆吾[4]、李子虎[5]诸先生暨家香溪叔双桐圃[6]赏菊

万松山畔郁双桐，金谷园亭百卉丰。

富贵场中留晚节，神仙队里挹清风。

（园菊以白牡丹、葛仙衣为最）

未妨老圃秋容澹，尚映余霞夕照红。

花里绿衣参末座，酒筹如海寿群公。

[1] 潘鸿轩，即潘恕（1810—1865），字子羽，又字梦莲，号鸿轩，广东番禺人。贡生。工山水画，善诗词，著有《双桐圃诗钞》等。

[2] 郑小谷，即郑献甫（1801—1872），原名存纻，为避咸丰名讳，以字行，字小谷、号识字耕田夫，广西象州人。清道光十五年（1835）进士，任刑部主事。以赡养双亲乞归。大半生在两广从事教学，历广西秀峰、象台等书院，广东凤山、越华等书院主讲，被誉为“两粤宗师。”

[3] 陈兰甫，即陈澧（1810—1882），字兰甫，号东塾，广东番禺人。近代著名学者。清道光十二年（1832）举人，六应会试不中，初为河源县训导，后受聘为学海堂学长、菊坡精舍山长。于天文、地理、乐律、算数等无不研习，著有《东塾读书记》等。

[4] 樊昆吾，即樊封（1789—1876），字昆吾，清广州驻防汉军正白旗人，原籍沈阳。受阮元赏识，曾担任学海堂学长。清同治九年（1870）恩赐为副贡生，主纂《驻粤八旗志》，并著有《三朝御制诗注纂》等。

[5] 李子虎，即李长荣（1813—1877），字子黻、子虎、紫黻，号子虎居士，广东南海茅州乡人，世居广州。廪贡生，清咸丰六年（1856）官儒学训导，同治四年（1865）广州教谕，著有《柳堂师友诗录》等。

[6] 双桐圃，在广州珠江南岸龙溪乡（今南华西街的龙溪首约、栖栅街、龙庆北街一带）的“潘园”内，为潘恕所建的读书处所。当时，潘恕与广州的文人、儒商常聚会于此，春秋佳日觞咏无虚。今已圮。

题　梅

铁干拏空[1]老霜骨，梅花本是吾家物。

孤山亭畔鹤归来，一梦罗浮三万日。

[1] 拏空，凌空。

素馨斜[1]

月斜芳埭海珠西，绿上裙腰草一犁。
艳骨未埋三月恨，香名不被百花迷。
荔湾水曲藏金凤，柳港春明赛碧鸡。
遮莫昌华空吊影，大风分泪到虞兮。

[1] 素馨斜，南汉宫女葬处，据传素馨是南汉后主刘鋹宠爱的宫女，喜欢佩戴那悉茗花，素馨死后，葬在广州北郊，坟上遍种那悉茗花。这地方后来被称为“素馨田”，或叫“花田”。其墓坐落处则称作“素馨斜”。

花圃五咏

赏　花

金台搥碎作花钱，几度长安醉掷鞭。
别有风流还自赏，漫教时样向人怜。
生如解语原知己，悟到闲拈不碍禅。
我向蓬山独惆怅，玉堂春好误华年。

评　花

当场万紫更千红，去取能教一顾通。
何事东风偏及第，断无西子不吴宫。
菊梅晚节尊流品，桃李春官属化工。
富贵得时公论定，几人青眼慰飘蓬。

吟　　花

香界仙班绝顶登，满城觞咏兴飞腾。
谢家庭院春风絮，工部祠堂夜雨灯。
驿梦至今传彩笔，园游自昔赐红绫[1]。
深惭铁石平生志，独有寒香赋未能。

寻　　花

香街选胜路西东，尽日芳游款玉骢。
有约不来秋月白，无言当遇夕阳红。
龙门水暖掀桃浪，蟾窟云开见桂宫。
曾遍十洲三岛[2]地，燕莺如旧笑春风。

移　　花

隔墙蜂蝶逐芳菲，十万金铃度锦围。
与世推迁根性在，随人位置本心违。
金樽瓦缶生原定，月斧云斤事已非。
听说瑶台多雨露，好携仙种竞春辉。

[1] 红绫，指红绫饼餤。古代一种珍贵的饼，以红绫裹之，故名。是唐代的一种御用点心，常在曲江宴时赐予新科进士。
[2] 十洲三岛，道教中的神仙居所，具体说法不一。一说三岛为昆仑、方丈、蓬丘，十洲为祖洲、瀛洲、玄洲、炎洲、长洲、元洲、流洲、生洲、凤麟洲、聚窟洲。

画　　竹

不随凡响作声骄，百尺龙竿凤尾摇。
暂托人间一枝笔，此君风节本凌霄。

虞美人

大地山河属汉家，芳魂何处长名花。
江东父老归刘日，迎辇无心傍翠华。

种　菜

闲课园丁业，分根护早霜。
乱蛩筛晓月，瘦蝶抱斜阳。
绿雨荒畦秀，黄花绕郭香。
莫嫌风味薄，张翰正思乡[1]。

[1] 张翰正思乡，用张翰思念家乡风味，辞官归隐事。据《晋书·张翰传》载："翰因见秋风起，乃思吴中菇菜、莼羹、鲈鱼脍，曰：'人生贵适志，何能羁宦数千里，以邀名爵乎？'遂命驾而归。"

白莲花二首寄呈冯展云[1]学使（誉骥）

五岳平看十丈莲，白衣宰相本神仙。
不妨泥染生原洁，（在粤世联姻娅，予回避不赴试，人以为迂）
始信冰操老愈坚。
君子素交风味淡，美人绮忏瓣香虔。
旧游心迹盟鸥鹭，花在横塘月在天。

采菱唱罢满江红，洗尽铅华悟色空。
敢把清高谈出处，
（当道拟合词保荐优行，乡绅复以孝廉、方正报举，余皆峻辞）
自明澹泊慰飘蓬。

瑶台皓月心俱净，香海微波步未工。
绝调青莲原白也，漫须秾艳赋东风。

[1] 展云，即冯誉骥，号展云。里居、阅历见卷首《林鹭云先生家传》注。

未开牡丹诗，与区觉生[1]方伯、司徒伯芬都转同赋兼呈制府何小宋[2]师

东风领袖百花王，羯鼓频催殿众芳。
培植尚滋新雨露，英华全敛大文章。
贞心待奏清平调，冷眼争趋富贵场。
福命汾阳还寿考，春留晚景有余香。

[1] 区觉生，即区天民，字觉生。里居、阅历见卷一《携诸侄秋试榕垣，区觉生方伯、潘星符太守、何善坡、冯蓬樵两司马、刘子麟通守、何悌甫大令连日集两粤行馆分谳》注。

[2] 何小宋，即何璟（1817—1888），字伯玉，号小宋，广东省香山县（今中山市）人。清道光二十七年（1847）进士，曾任安徽按察使，后任湖北布政使、福建巡抚，光绪间官至闽浙总督。中法战争爆发后，曾与巡抚张朝栋布置沿海及台湾防务，马尾海战后被革职，晚年任教广东应元书院。著有《春秋大义录》等。

瓜菜图寄温五碧蕖

香畦十亩足生涯，记取青门学种瓜。
王谢风流旧庭院，且留余地莫栽花。

夜围红袖醉羊羔，捶碎金台少日豪。
画粥断齑[1]成底事，年来天下苦吾曹。

[1] 画粥断齑，宋范仲淹早年求学时曾寄局僧寺，贫困异常，每天“惟煮粟米二合作粥一器，经宿遂凝，以刀取四块，早晚二块。”后以“断齑画粥”喻刻苦力学。

残　　菊

浪向西风战一场，归来门尚捷柴桑[1]。
未应冷眼看篱落，敢把秋心怨夕阳。
霜过已无枝可傲，月移翻觉影犹香。
若非晚节弥珍重，撒手黄金了热肠。

[1] 柴桑，借指晋陶潜，因其故里在柴桑，故称。

冯大分赠挂兰以诗塍之次韵答谢

小草何知也向荣，直将风谊比田荆[1]。
诗歌伐木原求友[2]，易筮如兰解慰情。
尘土讵能安世浊，国香从不负天生。
离骚纫佩怀忠孝，聊慰幽人泽畔行。

[1] 田荆，南朝梁吴均《续齐谐记·紫荆树》载，京兆田真兄弟三人析产，拟破堂前一紫荆树而三分之，明日，树即枯死。真大惊，谓诸弟曰：“树本同株，闻将分斫，所以顦顇，是人不如木也。”兄弟感悟，遂合产和好。树亦复茂。

[2] 诗歌伐木原求友，指《诗经·小雅·伐木》：“伐木丁丁，鸟鸣嘤嘤。出自幽谷，迁于乔木。嘤其鸣矣，求其友声。”

赠兰次日恰为亡室三年奠醊谁与赏心对花增感复和前韵

影落残钗认故荆，兰闺补植不胜情。
但将素愿明心迹，转借王封遂显荣。
香梦有缘通上界，夙根无地证前生。
好同絮果[1]参真谛，天半逍遥自在行。

[1] 絮果，飘絮离散的结果，后世多指夫妻离散。

卖花吟

卖花老人青娥莲，（老人善栽青娥莲，因以得名）
手扶竹枝花盈肩。
登我南楼卸花坐，叹道花价不如前。
旧时花价春潮似，暮去朝来趁花市。
珠女珠儿艳姓名，东风醉饱花田里。
回头门巷几沧桑，十里平芜照烟水。
红叶飘流怨美人，黄尘奔走怜公子。
帘卷高楼大道旁，绿杨城郭旧村庄。
晓梦似闻前度唤，好花能耐几春光？
春水游船谈往事，花棚十丈零珠翠。
生逢天宝乱离年，白发慵耕瘦花地。
花开花落花自知，对花闲忆少年时。
油头粉脸朱门立，钱掷香篮唱《挂枝》。

东洋海棠

扬帆东海记招寻，章奏通明到夜深。
香梦有情怜故国，托根随地借新阴。
向阳小草东西府，照影扶桑主客吟。
艳福未应愁远嫁，浪传风信过鸡林。

春日招张丈赞卿殿校卢杏樵明府秋水楼讌集是日花田园丁恰以东洋秋海棠见饷

排日歌楼更酒船，看花争趁艳阳天。
二三真率来茶话，始觉筝琶是俗缘。

扶桑晓日正繁华，一夜江春渡海涯。
仔细诗人误笺疏，绿杨亭馆晚秋花。

寄庐花木咏即简庐主人

结庐在尘境，众芳自怡悦。福艳寓贵花，寿补松筠节。
桃李斗春姿，蕉荔趋炎热。龙门百尺桐，托荫荣绰楔[1]。
太华十丈莲，得气耐冰雪。香飘白玉台，色映黄金穴。
纵云三径草[2]，亦傍高人辙。中有幽兰丛，墙根自高洁。
回首白云深，世味淄渑[3]别。好剪蓬中麻，莫任霜风折。
偶然入室来，交淡情逾切。记取故山时，寒共铮铮铁。

[1] 绰楔，古时树立于正门两旁，用以表彰孝义的木柱。

[2] 三径，晋赵歧《三辅决录·逃名》“蒋诩归乡里，荆棘塞门，舍中有三径，不出，唯求仲、羊仲从之游。”后因以“三径”指归隐者的家园。

［3］淄渑，淄水和渑水的并称。两水皆在今山东省，相传二水滋味各不相同，混合则难以辨别。

鹿洞探梅闻陈穆斋[1]病起便道问讯

春好何妨赠一枝，对谈药石见襟期。
君家自有陈琳檄[2]，吾辈惭无杜甫诗。
爱惜精神图报国，怆怀忠孝剧忧时。（乞假终制[3]）
揭来又作《西征赋》，驿路江南寄所思。

旧雨追寻十二年，故园鸡黍共陶然。
梅坳问讯春犹健，萍海相逢月正圆。
惆怅西风帘影菊，销沉东道杖头钱[4]。
巡檐分付花如放，留与诗人一笑缘。

［1］陈穆斋，即陈联科，字穆斋。里居、阅历见卷六《陈穆斋太守《出塞》诗题后》注。
［2］陈琳檄，陈琳（？—217），字孔璋，广陵射阳人，东汉末年著名文学家，建安七子之一。善写章表书檄，代表作为《为袁绍檄豫州文》。明人辑有《陈记室集》。
［3］终制，父母去世服满三年之丧。持丧期间，不得行婚嫁之事，不预吉庆之典，任官者需离职。
［4］杖头钱，典出《晋书·阮修传》："常步行，以百钱挂杖头，至酒店，便独酣畅。"后因用杖头钱指买酒钱。

唐花[1]诗感赠家时甫[2]学士

十分红处一分香，大庇单寒有热肠。（时甫学士为余筹赀，由郑工例捐[3]，遇缺，先用郎中。余以亲老不能留京，婉辞）

莫讶此花开便早，盘根原自耐冰霜。

盼得东风未较迟，凌寒先放最高枝。
倘教悦尽游人眼，莫忘春来结子时。

千声挝鼓大排场，剪彩隋宫斗色香。
唤得早春回大地，百花从此向朝阳。

[1] 唐花，在室内用加温的方法培养的花卉。清王士禛《居易录谈》卷下："今京师腊月即卖牡丹、梅花、绯桃、探春，诸花皆贮暖室，以火烘之，所谓堂花，又名唐花是也。"

[2] 时甫，即林维源，字时甫。里居、阅历见卷首《林氅云先生家传》注。

[3] 郑工例捐，即因郑工事例所开的捐纳。清光绪十三年（1887），黄河在河南郑州决口，造成洪灾，为筹款赈灾治河，清政府下令开办郑工实官捐例。初定一年，后因为郑工未竣，展期一年。

题　兰

出身原是百花王，辜负东风说国香。
空谷自芳还自赏，露桃云杏总寻常。

潘椒堂太史[1]招同伦梦臣郎中、孔静航中翰、石星巢[2]潘樵云两孝廉陪少司农许筠庵[3]丈极乐寺赏海棠

花霭祥云福种缘，玉堂衣钵老神仙。
宏文璧合多清润，如意珠澄总妙圆。
西府有香皈紫竹，南交无梦隔红绵。
何当一指天龙树，极乐菩提遍大千。

［1］潘椒堂，即潘宝鐄（1853—1892），字凤锵，号椒堂，广东番禺人。清光绪二年（1876）进士，散馆授翰林院编修，兼功臣馆纂修。后主粤秀、禺山两书院讲席。著有《望琼仙馆诗钞》。

［2］石星巢，即石德芬，字星巢。里居、阅历见卷二《石星巢太守为菊仙女士征诗》注。

［3］许筠庵，即许应骙，字筠庵。里居、阅历见卷五《丙申春太平烟浒寓庐重葺落成志喜》。

饷鼓浪洞主梅花十三株诗以媵之

园梅真个渡江春，疏影横斜照水滨。
天为安排百花首，肯随云鹤寄闲身。

洞天深处小榕城，修到梅花亦几生。
梅是主人人是客，冰壶依旧照心清。

陈静其以瓦盘饷独占牡丹为赋四绝

由来富贵出单寒，锦上添花兴易阑。
莫笑瓦盆浑不称，繁华须向澹中看。

几人本色识英雄，镜里花枝照影空。
桃李门墙齐俯首，饶他万紫更千红。

自家扶植自家知，绿叶何须借护持。
好把芳心明澹泊，敢缘俗眼买胭脂。

海国阳和万象新，春风一夜转鸿钧。
玉山云影瑶台月，还向唐宫忆后身。

秋海棠词

小院西风荡碧烟，石华红唾闷婵娟。
此花自合儿家种，半傍妆楼半水边。

绿天亭馆雁来红，取次安排锦绣丛。
蓦地月凉斜更好，蜻蜓枝亚不禁风。

燕支微绚粉痕轻，仙蕊传来自玉清。
烛影摇红春睡觉，晓风吹梦到花棚。

野田珠翠草凝霜，绛点轻含褪晚妆。
一角夕阳无限思，澹移花影上潇湘。

瘦于帘菊怯双钩，肠断长门枉种愁。
无用罡风怨西府，数声蝉曳汉宫秋。

背书花叶惜残红，欲托微波语未工。
流出御沟成底事[1]，绿阴还傍院墙东。

嫩叶柔枝不耐狂，檀心一点妒春光。
金丝细绾秋云薄，枕上江南泪数行。

长年依旧护花心，翠袖天寒日暮吟。
今夕绿章重奏乞，后身何处借秋阴。

[1] 流出御沟成底事，用御沟红叶典，事见唐孟棨《本事诗》。顾况在洛阳游苑中拾得流水中飘出的梧桐叶，上有宫女题诗。顾况也在叶上题诗，与宫女唱和。又一说，题诗宫女名韩翠苹，诗为于祐所得，于又题诗为韩所得，韩、于最终成为夫妻。后用以比喻男女奇缘。

葛潭指园中蜂蝶探花从不损花此言颇近禅理

种得芳塍度岁华，众香清供入山家。
惜春最是闲蜂蝶，秀色餐来不碍花。

为游蜂更下一转语

为谁辛苦为谁痴？长日花房费护持。
纵使游蜂原有虿，肯教狼藉到花枝。

古　意

春草碧连天，落花飞满地。
迢迢隔江人，独下相思泪。

木　棉

十丈花开照海东，未甘樗朽信英雄。
支撑霄汉扶炎运，绚烂文章夺化工。
大节有心常捧日，霸材无主忽歌风。
万家衣被苍生福，不负光芒气吐虹。

补种海棠

都门泉郡馆为孙退谷[1]旧园，中院海棠高出檐际，传是公手植，花时满庭秾郁。余癸未公车，尚憩榻花下，次年即枯萎，今春补莳，并系以诗。

杖策分钱莳海棠，平泉花木谢公庄。
日边琼宴陪红杏，夜奏金銮补绿章。
嫁得东风原种福，梦回西府旧司香。
蓬莱清浅前身月，好续兰台赋晓妆。

[1] 孙退谷，即孙承泽（1592—1676），字耳伯、耳北，号北海、退谷、退谷老人等，北京人。明崇祯四年（1631）进士，官至刑科给事中。李自成占领北京，他在大顺政权中任四川防御使。清顺治元年（1644）起，历任吏科给事中、吏部右侍郎、都察院左都御史等职。著有《春明梦余录》、《庚子销夏记》等。

兰

空谷无人亦自芳，出身原是百花王。
时平漫托灵均[1]怨，欲反《离骚》慰国香。

梦帝谁家与纪兰？宜男花事兆多欢。
一年两度开原好，分付闺人仔细看。

[1] 灵均，即战国时期楚国文学家屈原，字灵均。

卖花者言

秋江吹晓风，晨兴无个事。忽逢卖花人，久不担花至。
谓道双莲池，莲蒌叶坠地。忽产并蒂莲，村邻侈为瑞。
担送入城来，纷疑罔市利。我思花不常，善以求位置[1]。
先生抱清高，于花其有意。无为论祯祥，猥曰拜吾赐。
土厚花乃肥，少见遂多异。新进少年场，未锋思及试。

有麝曝其香，西子且掩鼻。楚词纫秋兰，君子服其媚。
斯莲将毋同[2]，殆亦有根器。我闻卖花言，能为近取譬。
何妨一笑拈，于此阐微义。欲问花无言，合掌观所自。
如来一叶中，世界一花里。即此妙空空，不开还不萎。
再过五百年，缤纷花乱坠。弹指一刹那，浮生尽如寄。
不羡花重台，休祝麦双穗。物理须顺时，禀赋自不贰。
转眼春雷鸣，满地发新翠。首夏扇熏风，亭亭众香萃。
物植含化机，忘机发幽思。迢迢采花人，空江叹憔悴。
言念秋葭湄，云胡不遐弃。呼童汲新泉，瓶养供清閟[3]。
露香沁诗脾，聊以醒午睡。

[1] 位置，品评人称，分别高下。这里指品评花的高下。
[2] 将无同，犹言莫非相同，恐怕相同，语出南朝宋刘义庆《世说新语》："阮宣子有令闻，太尉王夷甫见而问曰：'老庄与圣教同异？'对曰：'将无同？'"
[3] 清閟，清静幽邃。

蔗

人间何处乞琼浆？倒啖原知别有方。
却喜回甘同谏果[1]，只留清节伴修篁。
淡交滋味从头忆，阅世情怀向尾尝。
垂老蹉跎姜桂烈，含饴翻笑弄孙忙。

[1] 谏果，橄榄的别名。

千叶水仙

王蕊缤纷貌洛神，层波荡漾影翻新。
湘梅叠雪莲千瓣，修到前身是后身。

单瓣水仙

一掬灵苗夜气清，花宫环佩六铢轻。
神仙别具凌寒骨，淡抹朝天总让卿。

红花水仙

盘装七宝浴华清，不信神仙享艳名。
欲语微波愁忏绮，对弹湘竹泪盈盈。

蟹爪水仙

晶宫入道高松雪，公子无肠湔俗情。
修到神仙亦忠孝，人间何地可横行。

种　　梅

梅花村里梅花叟，修到梅花历几生。
岁岁花村梅子熟，酸咸随分作和羹[1]。

[1] 和羹：配以不同调味品而做成的羹汤。古人用梅子和盐调出酸咸两味，《尚书·说命下》："若作和羹，惟尔盐梅。"

以牡丹赠刘履尘[1] 并系小诗

斗得繁华耐得寒，东风吹遍玉阑干。
是谁解奏清平调，休作寻常富贵看。

[1] 刘履尘，即刘鼎。里居、阅历见卷十一《寄挽台北刘履尘通守(鼎)》注。

题窗前老树

直干参天浩气存，风霜雨露识天恩。
于今大厦需梁栋，百尺龙门浪欲吞。

月斧云斤事偶然，栖来鸾凤独擎天。
万牛回首荒山里，再到人间八百年。

法源寺[1]看牡丹与乐道主人崇文山上公同作(寺初名悯忠)

法海得心源，旃檀郁清气。
香国冠诸天，斯为真福地。

我佛悯忠魂，同登极乐境。
城中富贵家，合把前身证。

[1] 法源寺，位于北京宣武门外教子胡同南端东侧，建于唐太宗贞观十九年(645)，是北京最古老的名刹。唐时为悯忠寺，清雍正时重修并改为今名。

芍药当开公车被放诗以惜别

一杯娄尾祝花神[1]，不逐繁华次第新。
万紫千红齐放后，独留香国殿芳春。

裙屐丰台逸兴赊，最开迟处最繁华。

腰缠十万扬州月，不数长安富贵花。

红桥春禊吏如仙，金带香围继集贤。
万朵祥云齐献寿，折枝高画御屏前。

一挑斜过碧鸡坊，唤尽东风为底忙。
悔不镂诗还剪彩，日高犹剩半篮香。

蜂喧蝶闹唤将离，绰约风幡护玉枝。
乞借绿章[2]同日奏，由来春好不嫌迟。

[1] 婪尾，本指酒巡至末座。因芍药花开在众花之末，称芍药为“婪尾春”。
[2] 绿章，即青词，是道士上奏天庭或征召神将所用的符箓，因为用朱笔写在青藤纸上，所以称青词。

牡丹曲

蓬莱仙仗玉天香，万叠红云现吉祥。
记得太平楼阁望，楚庭羞尽小南强。[1]

慈恩寺里锦枝柯，藉草江边笑语过。
十斛量珠成底事，过墙蝴蝶负春多。

买尽胭脂绣尽丝，相逢三五抹涂时。
年来宫锦多花样，选遍东风第几枝？

鞭摇十里杏花风，欲赋清平句未工。
珍重曲江好题雁，等闲沽酒过新丰。

靖节秋花茂叔莲，怜才翻觉爱才偏。
世间别有黄金屋，富贵由来与俗缘。

[1] 小南强，指茉莉。五代周世宗遣使至南汉，南汉主刘晟赠使者茉莉花，

美其名曰“小南强”。其后，宋平南汉，执晟子鋹至洛阳，鋹不识牡丹，人谓此花名“大北胜”，以报“小南强”之语。

送日本泽村梅田赴榕城办木植

十洲楼阁五云祥，玉树琼枝发古香。
消得烂柯棋一局，寿山松柏本康强。

卜居屿上，东邻聋叟以艺菊为业，拓乌埭角荒畦数亩，编篱栽菊数十种，恒得异卉，择其尤异者饷予，不甚较值，殊得风趣

楚骚遗逸记餐英，一样秋心晚节荣。
解得邻翁呼取意，隔篱风月尽幽情。

源水桃花好避秦，桑麻鸡犬太平春。
何须世外寻渔父？随意看花好结邻。

无端秋兴动江关，酒满金樽洽笑颜。
京国软红诗谶在，冷香和雨梦西山。
（前年在都，梦中有“酒满金樽菊满篱，暮年诗赋动江关”等句）

漉中毵白醉颜红，鼓腹家家乐岁丰。
绿野花村好时节，柴门香稻鲤鱼风。

榕阴压屋绿成围，《秋水》《南华》悟道机。
装就蒙聋原是福，管他花瘦与蟹肥。

短彴长廊扫绿苔，昨宵灯穗报花开。

思量丁卯桥边路，把臂翻疑入梦来。

（许豫生以监司朝请后，枉道来园，住旬日方赴浙）

三径芳留酒数巡，杖头钱挂主兼宾。
春来不负西湖约，放鹤亭边认后身。（豫生订游西湖）

卖花谣

官渡声喧集野航，看花人比卖花忙。
年来花价春潮长，十斛量珠斗内坊。

绿墅红楼半上帘，筠篮银甲玉纤纤。
隔街香閧游蜂蝶，浅草湘裙蹴凤尖。

雪瀹龙团御苑开，天光云影玉楼台。
独摇铃索鹦哥唤，初碾头纲[1]茉莉堆。

百宝花幡卐字钩，素馨银串滚珠球。
九莲香塔中人产，富贵长春玉牒修。

杏雨春灯敞画屏，折枝风袅玉亭亭。
蕊珠传出登科记，十里花飞走马听。

书带风萦瑞草香，别饶花气种芝房。
山家清供琴书润，仙尉前身侍玉皇。

欲注离骚众楚咻，高人纫佩只宜秋。
巫云三峡湘江怨，香草灵均误蹇修。

乱剪春罗绾柳丝，瓣香重祝百花祠。
他生愿化双蝴蝶，绣尽南华寄阿谁。

[1] 头纲，指惊蛰前或清明前制成的首批贡茶。

怡园牡丹

曹州牡丹移植粤闽，迎年盛开。园丁颇擅培莳，粤植尤佳。每逢年腊，粤眷恒以花寄，岁朝至元夜，庭堆烂漫，佳气芜葱，开樽延赏，同庆春魁，大为怡园增色。

蓬莱云现日南乡，箫鼓迎年胜洛阳。
珠海月明闲弄影，玉屏（厦门山名）风袅静生香。
清时富贵神仙福，献岁韶华草木祥。
琼岛露秾光昼锦，春魁原属百花王。

牡丹杂咏十首

一枝秾艳女真黄[1]，潞国精神殿众芳。
细读南朝闻见录，盛传京洛洗红妆。

休夸北胜与南强，分得棠阴奏绿章。
朝汉台[2]前春万里，花田汤沐遍江乡。

河山锦绣盼春回，玉露金风羯鼓催。
漫道洛阳花似海，人间何处不蓬莱？

曲江随喜艳云罗，有漏[3]根因悔不柯。
寄语慈恩诸长老，会昌朝士已无多。

洛社觞春昼锦红，香名早隶日华宫[4]。
杏花十里陪仙仗，冠盖东华款玉骢。

太平楼阁庆天香，五色书云独奏祥。
肯与梅花较魁首，春风及第富文章。

数声檀板太倥偬，花罥帘栊照殿红。
十部笙歌来秘院，锦围香护肉屏风。

三叠《清平》养士恩，霓裳仙队漫同论。
隔江烽火渔阳鼓，深院梨花独闭门。
(频年粤眷以花寄台北寓园，今园为日官充作法院)

一帆高借马当风，春渡江南便不同。
桃李园游花月夜，举觞遥祝海云红。
(六弟寓粤，元旦游花埭，买花数十丛，附急轮驰寄怡园，应人日开樽)

琼岛香分护锦棚，金铃十万缀芳塍。
此花自是神仙种，丹凤衔来唤欲应。

[1] 女真黄，一种千叶浅黄色牡丹。据记载北宋元丰年间文彦博镇守洛阳，银李献上自己园中出产的千叶淡黄牡丹，并请文彦博为这种牡丹命名。文彦博名之为“女真黄”。后人“始知其谶”。

[2] 朝汉台，据记载南越王赵佗为表臣服，建高台北望汉朝，岁时朝拜，此高台名“朝汉台”。高台原址在广州市越秀区的越秀山上。

[3] 有漏，指世间一切有烦恼的事物。漏，或译为烦恼。

[4] 日华宫，古代宫名。原为汉代刘德所筑，用以招徕名儒学士。明成化年间，御史王注寻得日华宫旧址，在此处“建别业，植杏树数百株”，称为“红杏园”。清乾隆时皇帝在此敕建行宫，名为“红杏园行宫”，园内遍栽诸树，尤以杏树最为繁茂。

鸡冠花诗

戊戌六月十六夜，奉诏签注《校邠庐抗议》，假寐，梦至层楼与客咏鸡冠花，仅记限谋、俦、楼韵，(音如是，记不清) 醒后成此一绝。

鹦鹉何尝作稻谋，一枝秾艳若为俦。
平生岸帻高冠想，今日飞从百尺楼。

秋　树

乔木河山易感秋，万牛回首栋梁愁。
六朝金谷空啼鸟，半壁珠崖待济舟。
尽有孤根蟠大漠，不妨晚节壮层楼。
春明依旧风烟长，铁石寒香阅几修。

秋　草

秋入平芜夜有霜，出尘鹰隼盼伊凉。
美人迟暮怜幽思，名士空山抱古香。
绝塞未应沉雁影，后身何负化萤光。
闭门独把离骚注，无限芳心对夕阳。

秋　叶

绿翳鸣蝉认故宫，乐游车骑等飘蓬。
十年香梦曾巢凤，几缕斜阳旧驻骢。
打桨尚迎前渡碧，题诗重检御沟红。
千寻欢庇同遮厦，忍听高台唱大风。

秋　花

老圃疏篱艳艳开，诗人仔细不须猜。
湘东品第留金管[1]，江左风流续玉台[2]。

里社鸡豚娱晚景，园林莺燕醉余杯。
谢兰窦桂谁家院，尽把清芬裕后来。

[1] 金管，指饰金的毛笔管。据《太平广记》引《北梦琐言》载：梁元帝做湘东王的时候好学著书，毛笔管分为三品，忠孝两全的用饰金的毛笔记录，德行清粹的用饰银的毛笔记录，文章赡丽的用斑竹做笔管的毛笔来记录。

[2] 玉台，即《玉台新咏》。这是公元六世纪编成的一部上继《诗经》、《楚辞》，下迄南朝梁代的诗歌总集，历来认为是南朝徐陵在梁中叶所编，收诗769篇。

五绝　三首
五律　一首
五古　二首
七绝　七十四首
七律　三十二首
七古　一首
以上古近体共一百一十三首

福雅堂诗钞卷十

万梅集

曾舒怡　校注

于文襄[1] 砚（有序）

近得文襄旧砚，作瓢形。其自为铭曰："云汉天，水石渊，金石兼。柔而立，华而质，温而栗。雷霆驰，风雨迷，吾用之。"铭语雄峭，颇类其为人，因为诗以张之。

廿载赞中枢，清晨滴花露。上手治军书，下手问清赋。
笔阵扫千人，墨沈[2]开重雾。凿得端州鸜，杀尽中山兔。
其声清以闳，其色黝而素。其气舒以长，其质莹而悟。
风雨写奇情，雷霆失故步。怪哉十石瓢，性本硁硁固。
流落百十年，几等沙泥数。谁为重琢磨，囊锦秘珍护。
太璞夙储材，升降感今故。川岳孕地灵，金石秉天铸。
阁下掌丝纶，书生致云路。石友毋相忘，名姓千秋附。
调和鼎鼐功，元气关邦祚。徒以操切为，未免瑜瑕互[3]。
正笔斯正心，公胡改此度？隔世相切磋，我不为公误。
葆此贞固姿，摩挲有余慕。持向掷砚沙，面铁包公怒。

[1] 于文襄，即于敏中（1714—1780），字叔子、重棠，号耐圃，江苏金坛人。清乾隆二年（1737）进士，授翰林院修撰，累迁户部侍郎兼军机大

臣，官至文华殿大学士兼户部尚书。在军机处近二十年，死后谥号“文襄”。著有《浙程备览》、《素余堂集》等。

［2］沈，汁。

［3］暇瑜互，即瑕瑜互见，比喻有缺点也有优点。于敏中死后，其一系列贪渎行为被发现。先是其孙控告堂叔侵吞其祖父在京资产，清乾隆帝下令追查，发现于氏资产达二百万两之多。紧接着，苏松粮道章攀桂私下为于敏中营造花园的事情被察觉。乾隆四十六年（1781），甘肃冒赈贪污案败露，于敏中的牌位被移出贤良祠。

闲居遣兴

云影山光水一楼，江天亭馆澹于秋。
梦中去住骖鸾鹤，身外浮沉狎鹭鸥。
明月有情还共醉，落花无语半含愁。
何当自署西湖长，细嚼寒香证道修。

悟彻禅机与俗缘，不谈游侠不求仙。
居家乐善斯为福，闭户澄心独省愆。
清到琴弦筛竹露，澹宜书幌扬茶烟。
归来灯下添余兴，儿女团圞尚一编。

新　夏

山雨涤新暑，江风怯嫩寒。四窗鸣野筱，一水护崇兰。
澹得静中趣，空从象外观。悠然参物理，花落倚阑干。

按摩苏病骨，竹枕小藤床。稚子分新荔，村姬课晚桑。
动能生悔吝，闲自觉康强。睡味凉时饱，推窗半夕阳。

反游仙诗（讽友人戒烟）

下界齐州九点烟，曾从劫里悟神仙。
如今熄却炉头火，几见还丹[1]老少年。

面目庐山认始真，终成仙李亦何因。
记从铁拐斜街过，花底秦宫正笑人。

撮土能开顷刻花，年来勾漏[2]饱丹砂。
桑田阅尽还沧海，何处灵洲可泊槎。

三千童女复童男，十万楼船海外探。
今日都归秦劫火，一帆天际望江南。

何须仙骨几生修，笑说君平卜未休。
悟得支矶原片石，不妨分赠到牵牛。

祥云非雾亦非烟，欲拔坑头火上莲。
谁信恒河沙数劫，点金难救大罗仙。

长安市上醉来应，烟火人间忆旧曾。
寄语淮南休舐鼎，寻常鸡犬亦飞升。

真疑缩地费长房[3]，梦记卢生亦太忙。
一枕邯郸还未觉，回头休更问黄粱。

拼教掷米便成珠，屡见王乔舄化凫[4]。
隔壁几曾关痛痒，爪痕空自羡麻姑。

五云楼阁隐三山，玉杵琼浆枉驻颜。
怪底天台旧刘阮，翻寻仙药到人间。

[1] 还丹，指服用道家合九转丹和朱砂再次提炼而成的仙丹，得道成仙。

［2］勾漏，山名，在今广西北流县东北，有山峰耸立如林，溶洞勾曲穿漏，故名。为道家所传三十六小洞天的第二十二洞天。据《晋书》载，葛洪欲求长生，听说交趾出丹，求为勾漏令。

［3］费长房，东汉汝南人，曾为市掾。后从壶公入山学仙。能医重病，鞭笞百鬼，驱使社公。一日之间，传说费长房有缩地的术法。后因失符，被众鬼所杀。

［4］王乔舄化凫，用化凫典。汉应劭《风俗通·正失·叶令祠》：俗说汉明帝时，尚书郎河东王乔迁为叶令。乔有神术，每月朔常诣台朝。帝怪其来数而不见车骑，密令太史候望之，言其临至时，常有双凫从东南飞来。因伏伺见凫，举罗，但得一双舄耳。使尚方识视，四年中所赐尚书官属履也。

题　画（梦中得句）

溪流雨过长山腰，茅屋三间傍野桥。
无限潇湘荡寒碧，坐听丛竹响风潮。

牛郎赠织女

支机犹为报平安，只隔长河一水寒。
但愿年年无此别，任他儿女作牛看。

织女答牛郎

鹊儿休自太高飞，问讯何年抱犊归。
天帝聘钱偿未了，几闻交谪到牛衣。

病　起

百鸟林中乐，园亭晓气清。医庸知健好，情澹觉愁轻。

驱疟凭诗圣，降魔仗酒兵。天机原活泼，静处得长生。

不药得中医，天医只是时。古方随俗订，生草疗贫宜。
金鼓催神降，灯香笑妇痴。惊魂慈母禳，垂老尚孩儿。

客中书感寄刘少彭丈郭宾实[1]同年并示六弟十一弟兼申台北之约

添饭加衣海上书，天涯风雨慰何如。
齑盐情旧怀萧寺，莼脍秋深忆故庐。
宦本无心奚论薄，交原古谊不妨疏。
故山猿鹤如相问，舒卷闲云任太虚。

秋花亭馆自萧森，竹箨松鳞解作林。
家室粗完儿女愿，田园娱老弟兄心。
千金朽骨空怜骏，半爨焦桐始辨琴。
呼马呼牛吾亦应，早从弦外觅知音。

不折花枝折柳枝，黄河秋老白云词。
风怀如旧情难遣，皮骨空存恨可知。
破浪乘风非少日，卖浆屠狗仗明时。
朝来万里涛头望，目极澄江寄所思。

卖卜桥边识马周[2]，鸢肩五十记平头。
扶余倘祚虬髯汉，款段羞从马少游。
万卷藏书千日酒，五湖归计一扁舟。
寒潭剑气冲牛斗，卧看星文百尺楼。（台北剑潭）

[1] 郭宾石，即郭名昌，号宾石，又作宾实，福建侯官人。清代官员郭柏荫之子，清光绪八年（1882）举人。渡台任知县，光绪十二年（1886）因抚番有功，加同知衔。离台后，赴任湖北直隶州知州。

[2] 马周（601—648），唐初宰相，字宾王，博州茌平人。少年孤贫，熟读《诗经》和《春秋》，后到长安，为中郎将常何门客，因替常何代笔写作策论得到唐太宗赏识，入门下省为官，升迁迅速，官至中书令，四十八岁时病逝。岑文本曾说马周“鸢肩火色”，即两肩上耸像鸱，面有红光，有飞黄腾达之兆，但不持久。

寄瞻云

屡讯催归竟不归，天涯劳燕怅分飞。
可怜垂病兄南望，天际蒲帆趁夕晖。

蓬飘何事恋江湖，骨肉团圞望眼枯。
犊裈典完司马渴[1]，文君无复旧当垆。

黄花怜我瘦于秋，梅绽冬心又岭头。
衰病敢辞风浪恶，定来东海捉闲鸥。

打鸭惊鸳莫懊侬，折来杨柳骂东风。
知君心作沾泥絮，一缚情禅放不松。

[1] 司马渴，汉司马相如患有消渴疾。后即用“相如渴”作患消渴病的典故。

家苍翘兄题图

壮烈而还武襄[1]起，海疆烽静屹长城。
翩翩书记风流甚，泽潞雄谈快论兵[2]。

海寨荒村独闭门，将军平揖赋高轩。
六君子[3]后文端继，
（先世仲麟公与杨宏中等伏阙上书，史称六君子）
同愧旌忠末代孙。（仲麟公、文端公[4]雍正五年同祀忠祠）

遏末封胡后辈行，父书能读阿咸[4]强。
蕊珠年少登科记，累叶联翩桂籍香。
（余与君次儿资熙暨资美侄先后联科）

诵德先芬尚待兴，名山事业有传灯。
纵无封禅求遗稿，（君抱太仆公、进士公遗集商余再梓刻）
盛世征文过茂陵。

菊荐寒泉配水仙，旧时昆弟半华颠。
绿衣末坐陪家督，春草池塘梦阿连。

［1］武襄，即明代抗倭名将俞大猷，谥“武襄”。

［2］泽潞雄谈快论兵，用唐代诗人杜牧事。会昌年间，宰相李德裕主持抗击回纥侵扰和平定泽潞藩镇叛乱的军事活动，杜牧上书陈述用兵方略，得到采纳，取得“泽潞平，略如牧策”的效果。

［3］六君子，南宋宁宗庆元年间，右相赵汝愚遭韩党诬陷，杨宏中、林仲麟等六位太学生上书为赵汝愚辩诬，要求保救赵汝愚，因而惹怒当权的韩侂胄，被放逐各地编管，时称“庆元六君子”。林仲麟（1173—1245），字景仲，宁德二都梅溪人。宋绍熙五年（1194），太学考试第一。“六君子”案贬到永州。韩侂胄死后，于嘉定七年（1214）登甲戌科特奏名，官至广东都府参军，赠忠谏大夫。

［4］阿咸，即阮咸，西晋陈留尉氏（今河南开封尉氏）人，字仲容。与叔叔阮籍同列“竹林七贤”。

六弟同作

教儿能读上清书，天许安仁奉板舆。
（资熙侄以教习请假归养）
家庆有图容待补，慰怀风雨病相如。（君晚年病，偏枯）

七叶书香有替人，玉堂衣钵一家春。
（文端公起家翰林，逮君七世，科第书香相继）

他年乡国征文献，好附儒林旧谏臣。

（文端公祀名宦乡贤，粤、闽省志有专传）

十一弟同作

野鹤闲身象外传，添来梅鹤即逋仙。
披图我为焚香拜，古处须眉尚宛然。

壁野坚清策练团，英雄肝胆洗儒酸。
平生不惯随人后，早薄齑盐一冷官。（君壮年力辞保举）

岁暮口占

腊鼓催年岁又阑，遣闲骨董旧书摊。
平生金石多奇癖，过眼烟云割爱难。

闹邻初学笑冬烘，入笠归豚补拙工。
我亦偷闲课娇女，雪庭飞絮谢东风。

题　画

周昉[1]屏风画折枝，胭脂添买入时宜。
春秋闺课多佳日，次第看花为补诗。

水精砚匣架珊瑚，夜坐能参画理无。
错把淡妆浓抹比，对调金粉合欢图。

[1] 周昉，字仲朗、景玄，陕西西安人。先后官越州、宣州长史。唐代画家，工仕女，多写贵族妇女，所作优游闲适，容貌丰腴，衣着华丽，用笔劲简，色彩柔艳，为当时宫廷、士大夫所重，称绝一时。现存《簪花仕女图》、《虢国夫人游春图》等画作。

又题画

东风得意马蹄初，学士青莲杏尚书。
领袖玉堂春富贵，子孙长守课花庐。

追挽凌寄庾少尉

番禺凌君梅，官厦门石浔巡检[1]。性戆直，不得志于长官，拂袖归。遽卒，因为诗以吊之。

粗官轻掷真强项，清白长盟鹭水滨。
功过何心碑在口，使君原是读书人。

当年辛苦护花枝，当作甘棠去后思。
谁信清娱欢梦短，那堪回忆送行时。（其仲姬为余所赠）

[1] 石浔巡检司，清顺治十八年（1661），移烈屿巡检司驻同安石浔。康熙十九年（1680）移驻厦门，仍名石浔，设巡检一员，掌管治安及兼管厦防司狱。巡检署设厦门港碧山岩碧山寺前，原址已废，遗迹无存。巡检（从九品）由同安知县委派。

送陈剑门[1]大令（棨伦）之官济上

凉风吹酒醒，一笑大江横。
之子天涯别，美人迟暮情。（君考授知县，二十年始出山）
读书为世用，忍泪送君行。邹鲁民风厚，鸣琴起颂声。

济上编循吏，高歌眼独青。泰山雄一览，东海记重经。

局冷棋多变，筝催酒不停。离群一声雁，红叶满前汀。

昆季多词伯，文章入选楼。华堂星再聚，桂府月同修。
赌酒才燕市，征歌又鹭洲。浮生笑劳燕，随地足勾留。

万笏朝天去，（觞于万石岩，岩顶石刻“万笏朝天”）
岩边石点头。
凤鸾鸣盛际，鸥鹭订同游。沧海多明月，蓬莱接十洲。
岳云肤寸润，休问稻粱谋。

[1] 陈剑门，即陈棨伦，字剑门，福建晋江人，陈棨仁五弟。光绪元年（1875）举人。光绪二十二年（1896）仲秋，始出任山东费县任知县。故诗中有“二十年始出山”之注。

题周四芸轩鳌江图

刺桐城郭草鸡[1]谣，二百年来战气销。
难得君家好昆季，太平村社话渔樵。

万夫胆落壮军声，海寨连环控百城。
盖世英雄浪淘尽，只今人忆郑延平。
（君住延平王故里，尝于沙滩得玉刻“心雄万夫”小印）

法轮西转海朝东，（议创小轮船至安海）不借蒲帆叶叶风。
他日舣槎远相访，隔篱呼取旧邻翁。

汉家禺筴亦名流，富贵神仙福慧修。
好把父书还我读，（起莘[2]哲嗣）海云天际现鳌头。

[1] 草鸡，指郑成功。王士祯《池北偶谈》载：“明崇祯庚辰，闽僧贯一居厦门，掘地见古砖，面刻古隶四行‘草鸡夜鸣，长耳大尾……’识者曰：‘鸡，酉字也；加草字，合长耳大尾，郑字也。’”

[2] 起莘，即周起莘，初名之道，字次修，浙江萧山人。清初廪监生。著有《倚玉堂文钞》。

偶　寄

芙蓉未合谪秋江，帘卷西风酒力降。
他日归来鹿门隐，与君同礼绣经幢。

岫云起灭出山心，天际飞鸿盼远音。
游子身衣慈母线，那堪一字九回吟。

倚天阑槛看星文，盛事推排忽到君。
但富腰钱还跨鹤，扬州明月要平分[1]。

[1] 扬州明月要平分，用“跨鹤扬州”典，南朝梁殷芸《小说·吴蜀人》：“有客相从，各言所志，或愿为扬州刺史，或愿多资财，或愿骑鹤上升。其一人曰：‘腰缠十万贯，骑鹤上扬州。’欲兼三者。”后以“跨鹤扬州”指豪富冶游繁华之地。

题　画

横塘疏柳隔芙蓉，北固[1]青青澹远峰。
啼鸟落花烟雨寺，六朝如梦一声钟。

[1] 北固，亦作“北顾”。在今江苏省镇江市东北，有南、中、北三峰。北峰三面临江，形势险要，故称。

园斋夜坐

近水楼台夜气清，芙蓉帘幕露华明。

画桥深处碧阴静，雨过鱼游唼浪轻。

悄倚阑干月色沉，绣屏香袅百花阴。
海棠庭院春灯寂，读罢雏鬟夜课琴。

忘　　名

敢道忘名阅历深，风波何计挽升沉。
留将退步还天地，直以豪情况古今。
有酒有诗闲遣兴，逢花逢月剧关心。
掉头时复东南望，予侮绸缪雨未阴[1]。

[1] 予侮，原为侮予，引《孟子》："诗云：'迨天之未阴雨，彻彼桑土，绸缪牖户。今此下民，或敢侮予！'孔子曰：'为此诗者，其知道乎！'能治其国家，谁敢侮之！""予侮绸缪雨未阴"句，表关心东南形势。

杜　　门

杜门非谢客，鱼鸟亦相亲。静坐得天趣，清谈远俗尘。
茶香浓转薄，诗境淡弥真。悟得中和意，心同万物春。

六弟归自台北述近事有赋

时局沧桑变，风云意气平。北门思寇准[1]，孤岛结田横。
荒服蛮夷长，雄边子弟兵。累朝培植意，海国屹长城。

[1] 北门思寇准，宋孔平仲《孔氏谈苑》："寇莱公守北门，虏使经由，问曰：'相公望重，何以不在中书？'答曰：'主上以朝廷无事，北门锁钥非准不可。'"

湘　妃

数峰青去总魂销，目断衡阳水不潮。
香草美人春寂寂，白云明月夜迢迢。
寒潭竹筱应同泪，野庙桃花合并祧。
忍向湘南问瑶瑟，绿斜依旧长裙腰。

洛　神

采旄杂遝桂旗香，箫鼓迎神湍濑旁。
合祝龙宫千万岁，翻题茧纸十三行[1]。
琴弹欲讯无萧旷[2]，枕秘如留孰魏王[3]？
惆怅微波达诚素，由来赋梦本荒唐。

[1] 十三行，东晋王献之用小楷书《洛神赋》，自宋以来，仅存中间十三行，所以一般简称《十三行》。

[2] 萧旷，裴铏所撰唐传奇《萧旷》中人物，善弹琴，于洛水遇洛神。

[3] 枕秘如留孰魏王，据《文选》李善注《洛神赋》，曹植仰慕甄氏，甄氏死后，曹植得到她生前所用的枕头，途经洛水时梦见甄氏前来幽会，遂有感而发，写下《洛神赋》这一名篇。

假　山

千岩万壑自天成，面目庐山记不清。
一笏袖将东海去，大云依旧福苍生。

元旦戏占

岁朝清晏无个事，半世安闲天所赐。
今年更觉闲中闲，风日晴和畅人意。
柴门剥啄喧书僮，献岁焚香告天地。
小奚花下名刺通，大书深刻斗名字。
既云拜谒专且诚，余事别启无乃戏。
迁流世业觚不觚[1]，俗尚仪文寄所寄。
我欲随人数纸投，检点衣裳还在笥。
何如闭户饮屠苏[2]，呼取邻翁同一醉。
醉余遍走四城闉，到门一揖亲拜至。
聊作当年放学时，某山某水约童稚。
于今重过里门游，社妪村翁谈旧谊。
年年岁岁复重来，鹤发鸡皮长不异。
归来骑取独龙车，试问当途谁并辔？

[1] 觚不觚，比喻事物名实不符。语出《论语·雍也》：“子曰：‘觚不觚，觚哉！觚哉！’”

[2] 屠苏，亦作“屠酥”。药酒名，古代风俗农历正月初一饮屠苏酒。

邱二仲立都尉题图

君侯家世今扶风，矫矫卓立人中龙。
十年款段娱乡里，荷承门荫荣褒忠。
忠孝由来起后贤，人疑浊世多翩翩。
魏征妩媚留侯弱，扶上征鞍马亦怜。
一朝赤嵌[1]烽尘起，子弟平原捍闾里。

锦衣玉貌小将军，夜集渔团渡仓兕。
满意功名唾手成，祖鞭[2]猛着扬先声。
谁知卧榻甘鼾睡，气短终军[3]为请缨。
抛得闲身惟野服，古井无波照心曲。(住蚶壳井[4])
四顾苍茫有所思，只身天地盟幽独。
摩挲弓剑泪纷纷，帐下孤儿裹血裙。
当日先皇含泪讯，南阳旧部疏遗闻。
更思祖德先芬诵，入海卢循[5]快擒纵。
黑洋只手独屠鲸，横海威名谁与共。
生面凌烟两代同，战酣褒鄂多英风。
他年补入丹青笔，白袷黄骢尚少容。

[1] 赤嵌，古城名。即1653年荷兰殖民者在今台湾台南市所筑的普罗文查(Provintia)城。

[2] 祖鞭，先着，先手。今用以表达勤奋、争先之意。语出《世说新语·赏誉》："刘琨与亲旧书曰：'吾枕戈待旦，志枭逆虏，常恐祖生（指祖逖）先吾着鞭耳。'"

[3] 终军（约前133—前112），字子云，济南人，西汉著名的外交家、军事家。武帝时自请出使南越，表示"愿受长缨，必羁南越王而致之阙下！"。后被南越宰相吕嘉杀害，死时年仅20余岁。

[4] 蚶壳井，位于厦门老市区中华片区的外清巷。原外清巷22号邱厝主人为清代名将邱良功之后裔，故"邱二仲立都尉"当为邱良功子孙。蚶壳井即在22号邱厝大门外。

[5] 卢循（？—411），字于先，小名元龙，河北省涿州市人，是西晋司空从事中郎卢谌的曾孙。东晋末年孙恩以五斗米道起事，败死。卢循统率孙恩余众继续反抗晋廷，世称"孙恩卢循之乱"。终被交州刺史杜慧度所破，自杀死。

六弟同作

下泽车乘马少游，只论风雅亦千秋。

南阳父老传遗思，图取须眉认小侯。

过江王谢尚门风，跌宕湖山两宇公。（吴君纶堂）
气尽一时闾里侠，曾从杯酒识英雄。

封侯何必定鸢肩，圯上传书弱少年。
好约功成赤松去，却来平地访神仙。

频年乡国动边烽，欲斫蛟鼍起卧龙。
翻为狂澜回只手，肯教裘带自雍容。

题桃源村舍图

陈玉耕以意为之，抚古桃源图，点缀金碧楼台，人物则易以时世妆。

新开卅六鸳鸯馆，万树桃花百二廊。
画幌香帘齐卷遍，丽人来往尽浓妆。

桑麻鸡犬即桃源，花落花开水一村。
春色武陵依旧胜，太平租税乐田园。

楼台金碧总玲珑，芳草晴川一棹中。
尘世绮罗天上锦，桃花原是一般红。

松棚风袅稻花香，半角青山隐夕阳。
料得相逢旧渔父，却来尘世话沧桑。

送家烈松文学赴试

秋风猎猎动长林，昂首能教万马喑。
未分燕台空市骨，遂劳神骏屈千金。[1]

伏枥羞颜枉识途，九边霜冷阵云孤。
星精夜应天闲诏，一洗长河万草枯。

[1] 未分燕台空市骨，遂劳神骏屈千金，花费千金，买千里马的骨头。战国时郭隗以马作喻，劝说燕昭王招揽贤士，说古代君王悬赏千金买千里马，三年后得一死马，用五百金买下马骨，于是不到一年，得到三匹千里马。比喻若能真心求贤，贤士将闻风而至，语出《战国策·燕策一》。

挽胡采庭邑侯

（名晋兟，安徽人。由安溪令调侯官，未交代即殁。眷贫，不能归，无一人过问，余全力摒挡，始得扶柩成行。）

扶舆一笑别须臾，城郭人民感慨无？
丁令归来偏化鹤[1]，王乔仙去幻飞凫。
生遗匹绢真廉吏[2]，死尚戎装信丈夫。
跃马洪都焚堡寨，阵云深处晓星孤。

清华门第冠南州，年少从官仕学优。
十载盐梅资斡济，（官盐场）半挑琴鹤足风流。
干将利用锋虞折，制锦先传谱尚留。
满目疮痍空待补，一襟遗泪炳千秋。

一编循吏合儒林，父老讴思话绿阴。
用猛莫如宽以济，爱民原与道相寻。
丰年禾黍占人瑞，（今岁大获）
天府图书课士心。（公拟购《图书集成》置考亭书院）
八月潮州韩吏部，唐祠蕉荔[3]到于今。

壶觞北海溯恩知，丝竹东山雅集时。
乐事成愁偏感逝，旧游如梦寄遐思。

鸿题椽笔谀先墓，（费两日程，为先观察赐题栗主）
骀唱蓬庐载口碑。
兜率海天崇位业，万家无计挽骑箕[4]。

[1] 丁令，即丁令威。传说他是汉辽东人，学道后成仙化鹤归来，落城门华表柱上。时有少年，举弓欲射之，鹤乃飞，徘徊空中而言曰："有鸟有鸟丁令威，去家千年今始归。城郭如故人民非，何不学仙冢累累。"见陶潜《搜神后记》。

[2] 生遗匹绢真廉吏，用范宣子典，表廉洁俭省。韩豫章遗绢百匹，不受；减五十匹，复不受；如是减半，遂至一匹，既终不受。韩后与范同载，就车中裂二丈与范，云："宁可使妇无裈邪？"范笑而受之。事见《世说新语·言行》。

[3] 唐祠蕉荔，指纪念柳宗元的柳侯祠中所立的《柳州罗池庙碑》，此碑碑文为韩愈所撰，其中的《享神诗》首句为"荔子丹兮蕉黄"。

[4] 骑箕，指大臣死亡。傅说一星，在箕星尾星之间，相传为傅说死后升天而化。后用"骑箕"指游仙，典出《庄子·大宗师》。

感　赋

证明功过夜焚香，敢向人前较短长。
慰我欢愉鸡味肋，为谁辛苦鼠搬姜[1]。
数椽梅鹤供吟榻，千里莼鲈滞客乡。
竹屋纸窗清兴发，追寻旧梦少年场。

[1] 鼠搬姜，比喻劳而无用，语出明朱国祯《涌幢小品·竹轩》。

王铭卿明府调任诏安诗以送之

渡江梅柳古怀恩，一夜春风遍膴原。

水活铜鱼通地脉，（浚城渠）
山留玉带话天根。（约访大轮山寺朱文公讲堂）
百年养士销兵气，两世论交接道源。
听说嘉禾诸父老，使君还我泣攀辕。

记随竹马旧儿童，几度旌旗拜下风。
海国有人歌众母，天南怜我赋从戎。
寇恂[1]可借乡邦慰，君实知名妇孺同。
此去韩潮接苏海，扬舲高唱大江东。

[1] 寇恂，用"借寇"典，东汉寇恂曾为颍川太守，颇有政绩，后离任。建武七年他跟随光武帝南征魏嚣途经颍川，百姓遮道向光武帝请求"复借寇君一年"。后因以"借寇"为地方上挽留官吏的典故。典出《后汉书·寇恂传》。

赠家澧叟

岛上灵光述旧缘，枌榆行辈最称先。
过江白马论宗派，渡海红羊话劫年。
两字传家清白吏，百年行乐酒诗仙。
只今马服舆人颂，椰竹千家喜雨天。

香稻柴门一笑逢，飞凫偶憩得仙踪。
纵谈史论千秋鉴，还起文章八代宗。
眷属梅妻迟结子，（叟花甲，复再庆多男）
棋枰橘叟合归农。
耦耕倘遂花田愿，海会[1]幢边百八钟。

[1] 海会，指佛教的盛大集会。

题画鱼

桃花锦浪晚晴红，旧梦江湖笑语中。
一夕风雷破天去，这回惊煞老渔翁。

阅尽风涛历尽滩，放怀随处海天宽。
沧溟六月聊同息，几被寻常冷眼看。

岧峣太华俯龙门，谁向昆仑独溯源。
只手倘教云雨施，银河掀浪洗乾坤。

在藻依蒲雨露新，恩波涵咏凤池春。
侯王富贵双鱼谶，蓬巷传来吉语真。

寒　食

石泉槐火雨前春，帘扬东风柳絮新。
壶榼芳游斗寒具，城中多少未炊人。

赠一奚

欧阳赋秋声，童子垂头睡。四壁让虫号，颇领静中趣。
惟予嗜夜吟，童睡还兼醉。忽鼾忽叫嚣，往往败清思。
揉眼拨炉灰，手战壶坠地。卢仝困水厄[1]，孝先鼓边笥[2]。
果然三上工，作赋漫如厕。归来费推敲，月下双扉坠。
只好装蒙聋，吟睡各适志。奴仆注命宫，矧愧萧颖士[3]。
那敢搅清眠，吟诗乃余事。相隔上下床，喧呶长恣肆。
呓语复如谵，双脚蹬犊鼻。请崇一字褒，敕尔曰僮帅。

[1] 卢仝困水厄，卢仝（约795—835），河北省涿县人，早年隐居少室山，自号玉川子。唐代诗人，博览经史，工诗精文，不愿仕进，后于甘露之变中遇害。卢仝好茶成癖，有《走笔谢孟谏议寄新茶》等作品传世。水厄，三国魏晋以后，渐行饮茶，其初不习饮者，戏称为“水厄”。后亦指嗜茶。

[2] 边笥，指满肚子学问犹如装满典籍的书簏。

[3] 萧颖士（717—768），字茂挺，安徽省阜阳人。唐开元二十三年（735）进士，天宝初年，补秘书正字。后召为集贤校理，因不肯谄事宰相李林甫，受其排斥，出为广陵参军事。终官扬州功曹参军。以推引后辈为己任，从业学生众多，世称“萧夫子”。

百灵鸟

一卷多心[1]共课鹦，百般灵巧误聪明。
如何飞向樊笼里，只是人前善作声。

[1] 多心，即《般若波罗蜜多心经》，是般若经系列中一部言简义丰、博大精深、提纲挈领、极为重要的经典。现以唐代三藏法师玄奘的译本为最流行。

衡　宫

诗卷终南入道年，衡宫遗事散秋烟。
红颜黑海空留偈，白浪青州好悟禅。
尘世百年花上露，风怀七字酒中篇。
天涯我亦公车客，语向樽前一惘然。

挽黄霁川[1]丈（贻楫）

清华门第冠温陵，岂屑凡民尚待兴。

簪笔凤池原济美，探花鳌顶最高层。
散仙风骨严操履，先辈仪型慎式矜。
捧诵先皇教忠诏，感恩垂涕望觚棱。
（先公抚浙时，蒙显庙忠勤正直之褒）

曾记金台撰仗年，春明骑马杏花天。
引瞻阊阖谈王会，（丙戌同朝贺）议辑梯航靖朔边。
薏苡辨诬书弭谤，（年来频遭谤毁，今始大白）
茑依附牒重联。（卒前一月专丁来，欲为儿女联姻）
从今笔冷珊瑚架，无复昌黎荐士笺。（徐协揆叠次疏荐）

[1] 黄霁川，即黄贻楫（1832—1895），字远伯，号霁川。里居、阅历见卷一《秋日客感寄和黄霁川中翰》注。

书强学会[1]

部洲五大论强学，沧海灵鳌一柱擎。
万派根源归学海，千秋担荷属儒生。
道原经术通时务，兵协戎机审敌情。
何待楚材资晋用，二三豪杰答升平。

只手能开万古春，化机动荡转鸿钧。
气含刚健扶元会，功济怀柔慎睦邻。
六合混同中建极，万邦和协命维新。
昆仑源上探星宿，会见天骄识凤麟。

[1] 强学会，又称译书局。光绪二十一年（1895）11 月，康有为、梁启超等成立强学会，创办《中外纪闻》、《强学报》，“先以报事为主”，倡导维新变法。

岁腊同人集万梅盦观牡丹四儿（辂存）年幼诗先成聊广其意以励之

海南日丽占春光，富贵神仙聚一堂。
肯与岁寒三友共，此花原属冠群芳。

艳福能教晚节坚，林园锦绣得春先。
出身首荷东皇宠，矾弟梅兄漫比肩。

吹嘘休更羡冬烘，雨露冰霜亦化工。
十万金铃催羯鼓，后身何恨不唐宫。

渡江春晓茁仙葩，一夕东风度岁华。
傅粉何郎原铁石，相公清兴续梅花。

踏灯词示六弟

火树金鳌不夜天，芳园桃李宴初筵。
燕南灯市珠江月，闲与儿童话少年。

纱笼风袅树梢灯，人倚江楼第几层？
月照晶帘花照水，尚疑钟鼓隔西兴。

蓬巷传来吉语多，一天凉露耿星河。
璇闺镜听春灯寂，修竹寒侵翠袖罗。

灯月双擎彻绛霄，宫壶夜漏海添潮。
锦屏十二围珠翠，一掷全绯艳夺幺。

连宵风雨讶彭城，姜被[1]天涯旧梦萦。
忆否去年今夜月，昆仑东望马关兵。

[1] 姜被，用典。东汉姜肱“与二弟仲海、季江，俱以孝行著闻。其友爱天至，常共卧起。”典出《后汉书·姜肱传》。后因以“姜被”指兄弟和兄弟之情。

夜　渡

系马临津馆，垂杨古渡头。水平舟自稳，风急缆能收。
凉月催笳急，孤花动客愁。倚栏独凭眺，渺渺大江流。

宿兰云小筑赠贺香若兼示兰云主人[1]

门前止水镜湖春，谁识风流贺季真。
绝好林亭富花竹，不妨诗酒作闲人。

园竹何须问主看，兴来借榻卧袁安[2]。
清狂我亦稽康[3]懒，怕向人前一整冠。

沧海弯环缚钓槎，烟波深处好浮家。
主人雅擅卢仝癖，闲唤樵青伴煮茶。

一房秋水冷于僧，老大江湖夜雨灯。
添个鸣禽辋川宿，柴门香稻水云塍。

[1] 兰云主人，即卢善荪，其别墅名“兰云小筑”，故称“兰云主人”。

[2] 袁安（？—92），字邵公，汝南汝阳（今河南省商水西南）人。东汉政治家，先后任河南尹等职，官至司徒，并在和帝时期与专权的外戚窦氏抗衡。据《后汉书·袁安传》载：袁安未发迹时，洛阳大雪，人多出乞食，安独僵卧不起，洛阳令见而贤之，举为孝廉。

[3] 嵇康（224—263），字叔夜，谯国铚县（今安徽省濉溪县）人 。三国曹魏时著名思想家、文学家，“竹林七贤”的精神领袖。倡玄学新风，继承老庄的养生思想，著有《养生论》。

赠卢善荪郎中

家世卢仝旧品茶，江山佳气助清嘉。
兰云雅集尊耆旧（君新建小筑），榕雨深谈阅岁华。
贞寿门庭娱荻管，聪明冰雪悟梅花。
我来东海尘扬[1]后，桃熟先寻八月槎[2]。

德种枌榆播善名，香山洛社[3]薄公卿。
神仙得福多行乐，儿女钟情妙养生。
花竹满庭金石富，图书绕座管弦清。
郁金少妇馨兰膳，星聚台江岁岁明。

[1] 东海尘扬，东海变为陆地，扬起灰尘。典出晋葛洪《神仙传·麻姑》，后以“东海扬尘”喻世事巨变。

[2] 八月槎，传说中八月里按期通往天河的船筏。典出晋张华《博物志》。

[3] 香山洛社，香山指唐代白居易、胡杲等九位老人志趣相投，在洛阳香山龙门寺欢聚宴游的集会。洛社即宋文彦博、富弼、司马光等十三位耆旧在洛阳置酒相乐的旧事。

九月望日鼓山云水亭祝宋徽国公[1]生日

月窟天根道气清，瓣香私淑愧同庚。
天教岳降扶文运，人在川流悟道情。
福地今犹传过化，灵源（鼓山灵源洞）谁为浚聪明？
我来且荐寒泉菊，天际风涛石鼓声。

[1] 宋徽国公，即南宋著名理学家朱熹，死后追封徽国公。

柯硕甫明经为其妹林烈妇征诗

南姥磅礴钟雄奇，靖海澄海谁黄施。
枌榆灵淑征聚散，璇闺间气关兴衰。
金题玉蹬盛褒赐，绰楔绵亘将军祠。
儒林丈人述先德，节孝近数西村碑。
夕阳芳草多埋没，里老搜崇尊门楣。
柯君孝友本天性，手持行状为妹悲。
柯家之女林家妇，光我门族崇音徽。
三党贤声久耳熟，谀墓讵藉词纷披。
族谱亭边事载笔，女宗彤史垂令仪。
恢甫之妻痛夫死，夫死旬日终殉之。
时维光绪岁乙未，中秋轮满刚呈辉。（八月十三日死之）
从容就义匪激烈，大节凛凛通神祇。
慈姑无言阿母泣，果遂斯志洵吾儿。
弥留含睇复凝笑，天乎一语不及私。
儿生命薄秉天赋，饮鸩自乐甘如饴。
化彼精卫石填海，韩凭[1]之冢蝴蝶飞。
悲深行路增太息，说著老泪挥涟洏。
我惭林下[3]主宗邑，讵肯嫜婴[2]诬赠貤？
（烈妇、烈女，例专奏方得请旌，重人命也）
吁嗟乎！鹿洞之山何奇嶷，虎溪之水何涟漪。
临江拾取女贞子，连理夜发双虬枝。
他生记取团圞月，还有光明在后时。

[1] 韩凭，相传为宋康王舍人。其妻何氏貌美，为宋康王所夺，韩凭沦为城旦。后夫妻二人双双殉情，遗愿合葬。康王弗听，使冢墓相望。旬日有

大梓木生于墓端，旬日而大盈抱，屈体相就，根交于下，枝错于上。宋人名其树为“相思树”。

[2] 媕娿，依违从人，敷衍逢迎。

[3] 林下，林下风气之省，称颂妇女闲雅飘逸的风采。典出《世说新语·贤媛》。

寄南浦山长翁六先生安宇[1]

南浦迢迢春水绿，江山如画诗人屋。
黄檗山头夜著书，逍遥大是平生福。
满堂采访罗诸贤，香案承书望若仙。
褒忠旌孝吾曹事，遗轶搜寻四十年。
忆昔黄巾窜浙闽，仙霞控御雄湘军。
浦东蕃盛握冲要，万山屏蔽连榆枌。
乡国升平数往事，独扫稗编成传志。
文章藻采冠儒绅，纲纪人伦风大吏。
一编耆旧著乡评，布衣亦自侪公卿。
山林殉国多大节，励以薄俗严虚声。
坐拥皋比霜面冷，茶烟半榻离尘境。
书堂深柳一蝉鸣，夕阳瘦写黄花影。
忆昨征帆隔烟树，去年今日梅花渡。
秋风携手上龙台，因君一诵文通[2]赋。
家山风景话江乡，赵北燕南驿路长。
我亦梦中传彩笔，偏教离恨到江郎。

[1] 安宇，即翁昭泰。里居、阅历见卷首《翁序》注。当年翁昭泰受福建浦城县知县之邀，主纂光绪《续修浦城县志》。曾主讲浦城县的南浦书院，故称“南浦山长”。南浦，福建浦城县县治所在，今为浦城县南浦街道办事处。

［2］文通，即江淹（444—505），字文通，河南省商丘市人。历宋、齐、梁三朝，宋元徽二年（474），因触怒建平王刘景素由镇军参军被贬为建安吴兴县（今福建浦城县）令。后任中书侍郎、庐陵内史等职，官至金紫光禄大夫。著有《江文通集》等。

家嘏渔生日

屿上相逢两少年，海天重聚半华颠。
隔篱听说邻翁寿，杯酒欢呼共拍肩。

两家环佩彩衣班，樽酒豚谛互往还。
小女牵衣含笑语，阿哥同日颂南山[1]。（四儿铬存同日生）

太仆吾家老范韩[2]，耆英洛社恰联欢。（时甫丈生日仅隔一日）
东邻扶醉西邻过，金谷柴桑一例看。

岁丰人寿太平民，东海尘扬此问津。
鸡犬桑麻同击壤[3]，桃花源里一家春。

［1］颂南山，祝寿语。语本《诗·小雅·天保》："如月之恒，如日之升，如南山之寿，不骞不崩。"
［2］范韩，指北宋经略边疆防御西夏的名臣范仲淹与韩琦。
［3］击壤，指《击壤歌》。相传唐尧时有老人击壤而唱此歌。有年五十击壤于路者，观者曰："大哉，尧德乎！"击壤者曰："吾日出而作，日入而息，凿井而饮，耕田而食，尧何等力！"事见王充《论衡·艺增》。

赠叶玉阶

风满楼头望替人，堂前乳燕剧伤春。
异乡加饭怜兄妹，残铗歌鱼[1]愧主宾。
玉茗细谈新客恨，（君家茗生孝廉著《客途秋恨》[2]弹词）

老松如证旧吟身。
隔江鼙鼓渔阳泪，湖海相逢语更亲。

[1] 残铗歌鱼，用“冯諼弹铗”典，用以指处境困窘而多有所求。典出《战国策·齐策四》。

[2]《客途秋恨》，南音曲，广东南海人叶瑞伯作。讲述文人缪艮（1766—?）与妓女麦秋娟的爱情故事。先后有白驹荣、杜焕等粤曲名伶演唱，并三度改编成粤剧电影。叶茗生，据载为叶瑞伯之弟，名延英，字茗生。是粤讴《除却了阿九》的作者。

读南普陀旧题碣感怀奎乐峰[1]制府（俊）易实甫[2]观察（顺鼎）

丝竹东山敞盛筵，旧游如梦总寒烟。
廿年风景犹城郭，万里晴澜接海天。
浪说鲁戈能退日[1]，夙闻铜柱慎筹边[2]。
拨云细读摩崖记，击楫中流望济川。

[1] 奎乐峰，即瓜尔佳·奎俊（1843—1916），字乐峰，满洲正白旗人，蒙古族。清光绪十四年（1888）任福建兴泉永道，旋升福建按察使。后任山西巡抚、四川总督等职，宣统三年（1911）为内阁弼德院顾问大臣。

[2] 易实甫，即易顺鼎（1858—1920），字实甫，号哭庵，湖南省汉寿县人。清光绪元年（1875）举人，以举人捐候补道，《马关条约》签订后，曾两次经厦门去台湾，协助刘永福抗战。著有《四魂集》等。

[3] 浪说鲁戈能退日，为力挽危局之典故。典出《淮南子·览冥训》：“鲁阳公与韩构难，战酣，日暮，援戈而撝之，日为之反三舍。”

[4] 夙闻铜柱慎筹边，用“马援柱”典。东汉马援征服交趾，立铜柱以为汉南边疆界的标志。事见《后汉书·马援传》。

立春先日园梅冲放煮酒约陈耀秋星使杜珉庭贰侯小集万梅盦

庇人杜老千间厦，爱客元龙百尺楼[1]。
持较逋仙梅十亩，前身明月几生修。

簇簇亭台曲曲阑，万花香里醉团圆。（是日琼儿、轺儿侍）
山堂雅集为鸡黍，春到人间笑语欢。

多谢梅花七字诗，春风裙屐少年时。
郎君自是和羹手，（星使勤劳懋著，将有不次之迁）
驿使江南寄一枝。

长安书记自翩翩，泽潞高谈快着鞭。
可有罪言惊四座，莺花鄠杜护樊川。（珉庭久充使幕）

[1] 百尺楼，泛指高楼，典出《三国志·魏志·陈登传》。

咏　　史

洛下谁人识裴度？鹤姿龙马见精神。
相公他日平淮蔡，聊慰当年落第身。

日僧水谷魁曜为其母寿征诗

万里扶桑恋日晖，寸心春草傍庭闱。
循陔洁膳馨兰养，取次秋风待早归。

慈云东望霭瀛洲，福地传经汗漫游。
身似菩提心似雪（所居名雪心院），海天华屋正添筹。

寄张邑侯（廷锡）

岁丰民乐颂神君，花落闲庭静校文。
我为张堪歌麦穗[1]，十年闲忆故山云。

[1] 张堪，字君游，南阳宛县人，张衡之祖。任渔阳太守期间，于狐奴开稻田八千余顷，劝民耕种，以致殷富。百姓歌曰：“桑无附枝，麦穗两岐。张君为政，乐不可支。”

五律　一十一首
五古　二首
七绝　七十七首　附录八首
七律　二十八首
七古　四首
以上古近体及附录共一百三十首

福雅堂诗钞卷十一

东海集

曾舒怡　校注

东渡感事呈唐维卿[1]方伯家时甫[2]星使兼怀幕府诸公

三貂[3]晴雪正东风，旧迹重寻类断蓬。
千里波涛悬梦寐，万家忧乐到心胸。(久不东渡，民俗奢俭顿殊)
田横孤岛悲尤愤，充国屯边罪亦功。(垦抚事)
山海征输民力竭，忍教元气凿鸿蒙。(鸡笼开山)

目极楼船济六师，江淮遮蔽此藩篱。(甲申、乙酉之役)
雨余莫忘谈墙筑，米短何堪议灶炊。(岁歉，转资内地海运)
渡海神仙工点铁，(时余榷金税，议延泰西矿师，用机器探采)
逢场傀儡惯牵丝。
重瀛但祝销兵气，筹笔无劳疏十思。

赤嵌营连壮海山，红毛城畔唱刀环。
晋公节钺平淮蔡，汉相旌旗扫洞蛮。
鲲岛浪淘朝雨过，鹿门波撼夜潮还。
平原子弟怀风义，卜式忧时鬓已斑。

驿路萧萧识马周，鸢肩翻悔稻粱谋。
关河歧路英雄泪，(郭宾石[4]同年落第，同渡海)
暮夜中庭妾妇羞。(时开保举)
枕畔南柯原梦幻，袖中东海只浮沤。
我来共索梅花笑，清博头衔不夜侯。(时兼榷茶税)

[1] 唐维卿，即唐景崧（1841—1903），字维卿、薇卿，广西灌阳人。清同治四年（1865）进士，光绪九年（1883），赴越南招抚黑旗军刘永福。中法战争期间，幕勇参加抗法战争有功，历升福建台湾道、台湾布政使。光绪二十年（1894），署理台湾巡抚。光绪二十一年（1895），清朝割让台湾后，被推举为台湾民主国大总统，后携眷内渡。著有《请缨日记》、《诗畴》等。

[2] 时甫，即林维源，字时甫。里居、阅历见卷首《林鼈云先生家传》注。

[3] 三貂，指三貂岭，台湾山岭名，在双溪镇与瑞芳镇交界处。

[4] 郭宾石，即郭名昌，号宾石。里居、阅历见卷十《客中书感，寄刘少彭丈、郭宾实[1]同年并示六弟、十一弟，兼申台北之约》注。

东渡遇洪荫之[1]（熙）有赠

郭秦同舟日，髯苏出狱年。天涯仍是客，胜侣尚如仙。
风定涛还响，烟销月再圆。凭阑观海意，谁为障东川。

荆州才识面，此愿慰生平。海上盟鸥鹭，筵边语燕莺。
嫉蛾群诼息，磨蝎命宫成[2]。
卿月中宵迥，何愁贯索[3]明。(邵筱帅[4]力为营救)

一览九州尽，知交海外难。
流亡图郑侠，鸡犬恋刘安。(前从郑子衡、刘履臣处通讯)
盘错奇材出，汪涵雅量宽。珊瑚撑网底，犹自贡心丹。

同渡澎湖漈，乘风破浪游。

十年人健在，一砚祖贻谋。(稚存太史曾孙)[5]
指顾风云盛，回环岛屿浮。图经如可借，重与泛欧洲。

[1] 洪荫之，即洪述祖，字荫之。里居、阅历见卷七《上海遇洪荫之将之高句骊》注。洪述祖在台湾巡抚刘铭传处任幕员，因侵吞购械款事发，下狱三年。林鹤年东渡台湾遇洪述祖，正值其出狱不久。

[2] 磨蝎，星宿名。旧时星象家言，身、命居此宫者，常多磨难。

[3] 贯索，星座名。属天市垣，共九星。据《晋书·天文志》，贯索明则天下多牢狱。

[4] 邵筱帅，即邵友濂（1841—1901），字筱春。里居、阅历见卷首《林氅云先生家传》注。

[5] 贻谋，指父祖对子孙的训诲。稚存，即洪亮吉（1746—1809），初名莲，又名礼吉，字君直、稚存，号北江、更生居士，江苏常州人。清乾隆五十五年（1790）榜眼，授编修，充国史馆编纂官，历顺天府乡试同考官，贵州学政等职，清代著名学者。洪述祖，乃洪亮吉曾孙，其名述祖，有继先祖功业之意，然洪述祖一生行迹与乃祖之行南辕北辙。

开春连旬陪唐方伯官园谯集有呈

澜回高障百川东，天使旬宣物望隆。
犹有闲情到诗酒，万家康乐岁时丰。

牡丹诗社试新茶，(是日，余馈新开牡丹，公谓可名“牡丹诗社”) 燕寝凝香静不哗。
丝竹后堂陪末座，彭宣原属旧通家。

诗牌斗罢响诗钟[1]，(诗钟为诗牌变格) 刻烛传香兴未慵。
宾客梁园尽骚雅，欢颜千万庇词宗。

东坡笠屐杖头钱，传遍江南燕子笺。
酒社相逢半诗吏，惜阴权借养花天。

酝酿能开富贵春，（院中牡丹待开）金铃香护展芳辰。
百花魁首滋培远，乡国榕门有替人。（令婿刘伯崇[2]新得殿撰）

征南人说旧筹边，（公出使越南，著《请缨日记》）
诗律申严壁垒坚。
屠罢鲸鲵闲袖手，登坛犹记马文渊。

华省翩翩五凤翔，满园桃李宴芬芳。
文昌杂录登科记，佳话新传遍玉堂。

共祝慈云覆海东，板舆天眷日初红。
欧阳门下酬恩地，画荻[3]亲传语教忠。

吏部文章信有光，翱翔李杜冠三唐。
海邦他日征文献（公近修台湾省志），江汉朝宗接混茫。

风静重瀛海不波，渡江梅柳正笙歌。
宵来不禁金吾钥，有约霓裳咏大罗。

（连夕约同方雨亭[4]、周松荪[5]两太史联诗）

[1] 诗牌，中国古代文人的传统雅戏，数人同玩，各取韵牌一叶，以牌上之韵吟诗，先成诗者或诗最佳者为胜。诗钟，是运用传统对偶艺术，限时、限题、限格、限字写作五言、六言、七言及骈体对句的一种诗歌体裁。清朝嘉庆、道光年间产生于福建。

[2] 刘伯崇，即刘福姚，原名福尧，字伯棠、伯崇，号忍庵、守勤，广西桂林人。唐景崧之婿。为晚清临桂词派重要代表人物。清光绪十八年（1892）殿试一甲第一名，授翰林院修撰，官至翰林院秘书郎，著有《忍庵词》等。

[3] 画荻，宋代欧阳修四岁而孤，母郑氏以荻管画地写字，教其读书。见《宋史・欧阳修传》。后以“画荻”为称颂母教之典。

[4] 方雨亭，即方家澍，字雨亭，福建侯官人。清光绪十八年（1892）进

士，入翰林，授兵部主事，后官浙江秀水知县、桐乡知县等。

[5] 周松荪，即周景涛，字松荪，号洵生，福建侯官人。清光绪十八年（1892）进士，散馆授主事，后任如皋知县。为晚清名医，清末被征召为御医。

唐方伯邀同刘履臣、罗星伯[1]、王进之[2]、方雨亭、周松荪、翁安宇[3]、郭宾石、王贡南[4]、郑星帆[5]、家仲良[6]诸同人联诗钟

紫薇花里晓闻钟，夜半传笺兴尚浓。
摩垒潜师攻背水，登坛飞将礼中峰。
相看扬臂围诗虎，但豁双拳困酒龙。
好拂笼纱旧尘壁，木兰斋饭悔前踪。

征南旧部壮长城，诗律严于百炼兵。
高会直方金谷盛，群仙重聚玉堂清。
一声震撼千军肃，五字推敲七步成。
响答钧天鳌背月，是谁沧海掣长鲸？

[1] 罗星伯，即罗建祥，字星伯，广东顺德人。清光绪十一年至十四年（1885—1888）任嘉义县县令，后遭革职。

[2] 王进之，即王国瑞，字进之，号辑廷，广东番禺人。清同治十二年（1873）举人。初授诏安知县。光绪二十一年（1895年），署理台湾新竹县知县。民国时，为宁德县首任知事。后贫不能归，寓居省城广东会馆，以授徒为生。

[3] 翁安宇，即翁昭泰，号安宇。里居、阅历见卷首《林鼇云先生家传》注。

[4] 王贡南，即王毓菁，字贡南，号停生，一字梦周，福建闽县人。清光绪十四年（1888）举人，晚清诗人。

[5] 郑星帆，即郑祖庚，星帆当为其号，福建闽县人。清光绪十四年

（1888）举人。会试屡试不中，回乡从事文教事业。著有《闽县乡土志》、《侯官县乡土志》等。

[6] 家仲良，即林有赓，字仲良，号怡庐，福建侯官人。早年游台湾，后返回内地，光绪二十三年（1897）举人，后补授知州。

台北再赠洪荫之

命宫磨蝎道心坚，薏苡明珠谤偶然。
纵酒未离名士气，栽花聊当美人缘。
休论世上无余子，始信人间有漏仙。
福养心源书养性，澄怀能契静中天。

茶榷感事

积雨翻成噎噎阴，海红拂槛影萧森。
英雄漫作欺人语，勤俭终成弃妇吟。
老大浮梁原错计，悲歌燕市[1]有遗音。
谁令肝腑戈矛起，惭愧平生取友心。

不信安刘是灭刘，白云苍狗总浮沤。
先机邵子多神数，（邵中丞）痛器唐衢[2]有泪流。（唐方伯）
浪说太阿曾倒柄，可闻仙侣悔同舟？
旁人啧啧诗清甚，持较梅花恐未修。

[1] 悲歌燕市，高渐离与荆轲饮于燕市，酒酣，高渐离击筑，荆轲和而歌于市中。后以“悲歌燕市”表示朋友间的情谊及惜别情怀。事见《史记·刺客列传》。

[2] 唐衢，唐中叶诗人，屡次应进士试，不第。有善哭之名，后用为伤时失意之典。事见《唐国史补》。

与家时甫太仆话旧

倦鸟知还认故林，戟门长揖遂初心。
根深葛藟[1]思寻斧，爨尾桐焦枉辨琴。
一木支持撑广厦，异苔生长契同岑。
崖州独下酬恩泪，八百孤寒合铸金。[2]

[1] 葛藟，植物名。落叶木质藤本，《左传》："葛藟犹能庇其本根，故君子以为比。"
[2] 崖州独下酬恩泪，八百孤寒合铸金，用《唐摭言》好放孤寒典，唐李德裕颇为出身寒微才能杰出的士人开路，他被贬谪到崖州后，有人写诗："八百孤寒齐下泪，一时南望李崖州。"来怀念他。

赠陈仲英[1]廉访（文騄）

湖山风月海山云，管领清时旧有闻。（由扬州量移[2]台北）
意气元龙高百尺，文章司马抗千军。
苍生自昔怀霖雨，赤嵌如今靖海氛。
时事艰难重回首，陇书何负北山文。

曾缔元方识季方，未容诗酒次公狂。
能传祖砚光家乘，独守儒毡耻宦囊。
明月一麾仙岛莅，清风两袖御屏扬。
萧萧椰竹千村雨，行部歌春正早秧。

香稻柴门扫落红，归来门巷款青骢。
仰瞻嵩华尊名宿，跌宕江山愧寓公。
海国图经星拱北，（修台湾志）瀛寰车辙水朝东。（扩火车路）
将军尺地容长揖，低首龙门不负桐。

琴爨焦余附赏音，放翁团扇独沉吟。（公赠诗扇）
得逢伯乐终昂骥，讵羡王良解获禽。
一曲《沧浪》童子咏，万牛梁栋匠人心。
玉堂老凤留衣钵，福被东瀛惠士林。

[1] 陈仲英，即陈文騄（1840—1904），字仲英，号寿民、南孙、槁叟，湖南祁阳（今衡阳市祁东县）人。清同治十三年（1887）进士，历官金华知府、杭州知府。清光绪十八年（1892）调台北知府，倡修《台湾通志》。次年，以按察使衔分巡台湾兵备道。1895 年奉旨内渡，任安徽太平、庐州知府，盐运使衔安徽候补道。著有《养福斋集》等。
[2] 量移，泛指迁职。

台北七夕书感调许豫生[1]（贞幹）

西风一雨阵云凉，甲洗天河夜有霜。（豫生提调全台团防）
但祝绣軿连夕降，眼中儿女识汾阳。（兼调郭宾石）

早岁才名薄柳州，乞将馀巧到楼头。（豫生前科新得第）
年来坊锦翻花样，搅尽蛛丝万斛愁。

鸳鸯曾许度金针，枉费文人一夕心。
香案只今怀旧吏，不司符箓但清吟。

星辉云锦掞天章，万丈光芒气吐长。
八代起衰韩吏部，喜闻驱鳄胜驱羊。

[1] 许豫生，即许贞幹，字豫生。里居、阅历见卷首《许序》注。

味青斋[1]以乌衣镜影见贻并系四律戏酬十绝句

香稻柴门水隔津，画图省识唤真真。

凭君一指天龙树，难向拈花索解人。

江城月落正霜钟，灯影南楼午梦慵。
油壁香车松柏路，一帆天远话吴淞。

蝶移花影过东墙，忏尽尘心戒尽香。
我亦沾泥同落絮，断无消息到王昌。

西风瘦煞卷帘人，分到寒香惬趣真。
寄语柴桑肯来就，问花谁主更谁宾？

翠袖偎寒鹤守梅，镜中花影自徘徊。
此身合把黄金铸，一纸人情薄秀才。

袖角裙边半著诗，风流还似蒋盘漪[2]。
国初诸老承平会，江汉春游感盛时。

鼙鼓渔阳阅岁华，天涯游子正辞家。
伤心白傅离亭句，还向浮梁讯落花。

妙明心镜意珠圆，解语花开忿独蠲。(宝珠事)
低首杜兰香一拜，最难消受是尘缘。

翻教一线隔情天，丈室维摩合咒莲。
枉说皈衣受黄教，(黄莲初[3]比部) 色心长缚野狐禅。

铁汁同参戒行台，鬓丝禅榻未香灰。
齑盐老去冰心在，不着天花悟本来。

[1] 味青斋，指许贞幹，其藏书楼名“味青斋”，藏书万卷，且多秘本。

[2] 蒋盘漪，清乾隆时诗人，袁枚好友，娶吴门女子沉瑶，沉氏，字琼如，知书工楷法，有闺中唱和诗册。事见《清稗类钞》。

[3] 黄莲初，即黄尔沤（1855—1905），又名尔瓯，字鼎礼，号莲初，福建南安人。清光绪十八年（1892）进士，授刑部主事。后弃官而归，先后任

南安诗山书院、同安轮山书院山长。

与豫生夜话

无多丘壑傲华荣，庾谢当年费较评。
（谢鲲答庾亮语，一丘一壑，自谓过之）[1]
江月山风谁管领。一池吹绉不干卿。

螳臂争馀蜗角名，蜉蝣撼树尚丁丁。
南柯一觉成蕉鹿[2]，有酒何妨作步兵。

乞得天孙贵寿无，蒙聋装就学胡涂。
不教下马逢回纥，谁识汾阳是武夫？（郭宾石）

倦看北固感萧梁，时事何堪歇后伤。
写就《郁离》经一卷，大名诸葛并南阳。
（台人呼刘小彭丈为“小诸葛”）

苍兕频呼竟渡河，回车一雨洗雕戈。
凤麟独下天骄拜，不数登坛马伏波。
（刘渊帅[3]连日过访，畅谈戎机）

天诏恩留奉使槎，鲲身鹿耳浪淘沙。
貔貅万灶欢腾夜，卜式[4]输财愿毁家。（家时帅）

[1] 一丘一壑，典出《世说新语·品藻》。晋明帝问谢鲲：“君自谓何如庾亮？”谢鲲回答：“端委庙堂，使百官准则，臣不如亮，一丘一壑，自谓过之。”

[2] 蕉鹿，后指梦幻。典出《列子·周穆王》。

[3] 刘渊帅，即刘永福（1837—1917），字渊亭，广东钦州人。黑旗军首领，清同治十二年（1874）应越南政府之邀率部抗法，被越任为三宣副提督。中法战争中受清政府收编抗法。光绪十一年（1886）率部返回广

西，次年任广东南澳镇总兵。光绪二十年（1894）帮办台湾防务，驻台南。次年被推为军民抗日首领，抗击侵台日军。十月，因孤军无援退回厦门。

[4] 卜式，河南洛阳人。以牧羊致富。西汉武帝时，匈奴屡犯边，上书朝廷，愿以家财之半捐公助边。帝欲授以官职，辞而不受。武帝封其为缑氏令，以试其治羊之法，有政绩，赐爵关内侯，官至御史大夫。

雨夜江楼独坐柬陈仲英廉访兼示豫生

椰竹风潇潇，秋江发怒潮。连旬盼晴霁，枯坐长无聊。
掉头望山海，使我忘昏朝。云忙鸦鹭乱，雨战蛟龙骄。
江村暝烟树，远戍沉寒谯。帆樯泊汉港，灯火出河桥。
漠漠鹭田寂，茫茫雉堞遥。浅深米家画，泼墨明诗寮。
检书消永昼，看剑话深宵。安得素心人，笠屐相过招。
茶半香初圆，静对忘清寥。

静云弟以余贱辰不家聚者将廿载今岁觞余于台北为诗作答，并呈刘小彭丈、许豫生、郭宾石、黄声甫诸老

阿兄今日笑开眉，海外欢逢晋一卮。
廿载家园添岁序，七旬老母庆期颐。
陆机入洛[1]依人日，季子多金慰嫂时。
秋圃黄花论晚节，与君长此醉东篱。

重话艰难缔造年，杯分让水更廉泉。
服畴忍忘先人力，肯构还欣后起贤。
但愿家肥身自瘠，敢夸性定节弥坚。

张华励志今犹昔，聊补蹉跎自乐天。

德聚星光照海州，渡江名士盛觥筹。
长途逆旅羁羊叔，中岁功名负马周。
揽镜氍毹惭舞鹤，忘机活泼押［狎］翔鸥。
彭城风雨联床旧，黄杖还应寿子由。

干戈满地策筹边，予季商量尚慎旃。
老骥昂头羞伏枥，游龙掉尾看腾渊。
布衣昆弟多行乐，海国宾朋亦雅缘。
莱彩欢联依昼锦，（弟晋衔锡一品封）春晖长祝报恩年。

［1］陆机入洛，西晋太康十年（289），陆机与陆云来到洛阳，俩人拜访了当时的名士、太常张华，张华很看重他们，并将其推荐给诸公，陆机由此声名大振。

与豫生同影行乐图各题四诗

原无我相无人相，知是前身是后身。
状出灵台心一片，庐山面目本来真。

脑满肠肥现宰官，打包行脚旧单寒。
瓣香妙证参同契，色色空空自在观。

时局艰难语尚雄，出尘鹰隼健摩空。
诗勋共策麒麟阁，飒爽英姿愧鄂公[1]。

肝胆如今合向谁？笑谈浑忆旧须眉。
信陵寂寂平原盛，多谢金闺补绣丝。

［1］鄂公，指尉迟恭（585—658），字敬德，唐朔州善阳人。累官泾州道行军总管、襄州都督，封鄂国公，唐代名将，凌烟阁二十四功臣之一。

豫生将行连夕过寓斋言别

缔缘沧海怅萍浮，话别忘机狎野鸥。
半榻茶烟清爱夜，一帘花雨澹宜秋。
异乡加饭相谆劝，中岁编诗仗去留。
同是天涯叹劳燕，那堪天际问归舟。

豫生航海南归戏为长句送之

海风扬尘振林谷，蟒甲番童解刳木。
临崖招手涉大川，目送飞鸿渐于陆。
东山瓜苦雨既零，赤舄公归毋乃速。
火轮飙转扶桑东，鬼伯崛起驱鸿蒙。
地雷轰天撼山岳，海军跳啸鸣沙虫。
五百田横誓荒岛，手斫蛟鼍宵起舞。
毁家纾难卜式贤，万牛椎尽千军犒。
（家时甫督办全台团练，兵事多赖君赞画）
帅幕军咨真人许，伏虎降龙等蛇鼠。
指挥羽扇定三军，十万降番编义旅。
（生番归顺，愿效前驱）
七鲲环列红毛城，充国训农如训兵。
屯田我亦供下走，（余捐资开大甲水圳，灌田数千顷）
甲溪万顷浮东瀛。
他年共食太平福，凤山之凤鹿门鹿。
归昌鸣盛挺险驯，万家春雨编椰竹。
重开洛社身还健，海上桃花照清浅。
绿杨移荫旧田头，双飞试认谁家燕？

刘渊亭副帅（永福）奉诏防台，林时甫星使连旬招陪板桥园谯集，酒酣述旧，并示戎机，索余长句奉纪

越国奇男子，中邦此伟人。鼓鼙思将帅，驺盖拥军民。
劲草因风起，倾葵向日频。鸭江宵告捷，鸡屿晓扬尘。
电掣方传线，云开合荡轮。两河收散卒，三楚哭庭臣。（高丽）
羽箭天山外，楼船瘴海滨。扶桑妖日闪，重译鬼方驯。（各国尚存公议）
地轴旋鲲鹿，天骄识凤麟。汾阳瞻福泽，潞国见精神。
本色英雄语，匡时柱石身。亚洲传盛会，毗舍证前因。
故国思刘表，名园访季伦[1]。通虔心款款，投分语津津。
异姓联昆友，忘形到主宾。不淫能富贵，（生平无二色）大勇本慈仁。
时事忧虞虢，雄风起越秦。三宣崇令甲，（越南封三宣提督）六国耀冠绅。
北海罗群彦，南交盛百珍。推襟情灏灏，赠缟礼彬彬。
侠异甘兴霸[2]，高同贺季真[3]。锦帆张海寨，芳鉴乞湖春。
旧梦从头说，余怀握手申。江湖容落拓，雷雨识艰辛。
子弟雄边散，宾僚故主亲。受降刑白马，有道礼黄巾[4]。
黑海旌旗蔽，红河部曲屯。风云扬大树，波浪激潜鳞。
义旅储英杰，豪交广贱贫。艰危方借寇，保障尚思巡。
未分珠崖弃，能教玉垒新。凤山扬鼓角，貂岭辟荆榛。
舴艋军容盛，獞猺礼数循。板桥宾馆接，竹堑土风询。
卜式忧时日，刘安访道辰。图经搜地主，袍泽励同寅。
前席功筹箸，监河义指囷。红毛城矗磊，赤嵌地峨岷。
鹅鹳[5]千军合，貔貅万灶均。佛郎机巧捷，克虏卜精纯。
练胆逾肩臂，（公生平服膺戚少保“练胆胜于练臂”一语）攻心辅齿唇。
片言崇九鼎，一线挽千钧。宿恨曾衔石，忘仇致厝薪。

诚能通铁石，气不识金银。
功狗劳鞭策，（公出入，必以猎犬护随）潜龙自屈伸。
老饶姜桂性，（分馈神桂）晚结竹梅邻。（罗浮卜邻）
下马争罗拜，椎牲奉祀禋。
义良垂豹略，（越南封义良男）忠厚诞麟振。（三公子）
画像开黄阁，褒章荷紫宸。田横仗孤岛，福海祚吾闽。

[1] 季伦，即石崇（249—300），字季伦，小名齐奴，河北南皮人。西晋文学家、富豪。其别墅名“金谷园”，遗址在今洛阳市东北，园极奢丽。

[2] 甘兴霸，即甘宁（？—220），字兴霸，重庆巴县人，官至西陵太守，折冲将军。少年时好游侠，组成渠师抢夺船只，人称锦帆贼。

[3] 贺季真，即贺知章（约659—744），字季真，号四明狂客，浙江萧山人。其《回乡偶书二首》其二有：“唯有门前镜湖水，春风不改旧时波。”

[4] 黄巾，东汉末年张角所领导的农民起义军，借指刘永福所部，因刘永福曾参加天地会起事，后组织反清的黑旗军。

[5] 鹅鹳，以鹅鹳并举指军阵。典出《左传》。

乙未台北立春日得句

太平帖子写宜春，岛国晴虹万象新。
我亦焚香上苍祝，海天如镜不扬尘。（元旦、立春均晴明，恒占乐岁）

海门百鹿韶光转，瀛岛三貂淑气先。
一样牡丹春富贵，修来香国便迎年。

瑞室团圞景物华，渡江梅柳自清嘉。
嬉春吉语来蓬巷，走马迎看上苑花。

江村爆竹水云暄，淮蔡宵平宴上元。
为祝甘泉报书捷，满天灯火夺昆仑。（辽东严备）

送赖云芝[1]观察转粮松沪

我为苍生祝，匡时出大儒。有恩皆雨露，无梦不江湖。
白傅霓裳感，苏卿汉节图。雄边慎筹策，注掷未全孤。

挽粟飞刍檄，书云布露勋。大江茶马市，故国酒诗群。（粤沪通津）
击楫迎桃渡，（携眷偕行）闻铃隔栈云。（讹传天马西狩）
请缨雄弱冠，如见旧终军。

誓志田横岛，兵销海蜃红。
佃渔资劲旅，（家时甫太仆集佃户，自成义旅兼招渔团）子弟教和衷。（家荫堂[2]方伯、静云六弟训练乡兵）
去国怀张翰，屯边属潞公。同舟如可济，澜挽障瀛东。

开府重瀛壮，欧阳学海宗。（唐灌阳中丞）
群公慰霖望，（刘渊亭诸公）诸将亦云从。
我愧氄毬鹤，君为上下龙。渡江梅柳盛，风劲岁寒松。

[1] 赖云芝，即赖鹤年（1842—1899），字耘芝、云芝、予龄，号寿轩，广西桂平人。清光绪十八年（1892）进士，光绪二十一年（1895）任按察使衔分巡台湾兵备道，后调任台湾派驻上海督办粮台兼营务处。官至四川布政使兼重庆关监督。著有《双节堂文集》等。

[2] 家荫堂，即林朝栋，字荫堂。里居、阅历见卷首《冯序》注。

稻江楼陪刘渊亭林时甫两帅夜话

海寨连标建赤霞，鲲身鹿耳浪淘沙。
西山秀夺花双桁，南浦云归月一槎。
鹅鹳千军江正肃，貔貅万灶衣无哗。
铃辕风静香村寂，隔院鹦哥尚唤茶。

晚　渡

忍赋公无渡，沧江慰寂寥。橹声人语隔，灯影水光摇。
塔涌波侵岸，帆低雨涨桥。醉余闲补网，风露正初潮。

刘渊亭守台南

五百田横气尚雄，曾闻孤岛盛褒忠。
誓心天地中原泪，唾手燕云再造功。
不信黄金能应忏［谶］，（旧传台湾金砂出，必有事变。近年金砂盛出，余承办金榷，渊帅语余：夷必肇衅）谁教赤嵌擅和戎？
兵销甲洗天河夜，只手澜回力障东。

家太仆维源抚垦全台兼拜团防大臣之命，奏派松年弟以浙江道员提调全台义师兼前敌营务处，台事亟，灌阳中丞[1]复有后路粮台之命，为诗勖之，兼寄家荫堂统领

予侮方思雨未阴，两河忠义抗辽金。
弦高[2]事去悲秦贾，（余时主商权）神武朝来集羽林。（诏催内渡）
忠孝两完惭子职，（六弟预嘱）安危孤注谅臣心。
陆沉忍令珠崖弃，卖塞奇章种祸深。

［1］灌阳中丞，即唐景崧，广西灌阳人。里居、阅历见本卷《东渡感事，呈唐维卿方伯、家时甫星使，兼怀幕府诸公》注。中丞，明清时代用于巡

抚的称谓。

[2] 弦高，春秋时期郑国商人。弦高以十二头牛犒劳秦军，使秦军以为郑国有了防备，取消了攻打郑国的行动。事见《左传·僖公三十三年》。

乙未五月朔越日
全台绅民权推唐中丞总统民主国有纪

天祚扶余未可知，两河忠义盼星旗。(刘营七星黑旗)
陈桥拥赵兵虞变，鄚国封韩帝不疑。
执梃降番尊使相，筑台朝汉长蛮夷。
五洲琛赆图王会，海上楼船望六师。

家时甫星使端午招同幕府板桥园夜集

海云岛月付沧桑，眼底扶余识霸王。(新立民主国)
金谷园亭诗酒录，玉溪身世绮罗场。(郭宾石同年)
隔江喧夺龙舟彩，列戟光凝燕寝香。
天汉星槎望牛斗，宣防移节镇珂乡。(星使籍漳州)

五月十三日台北激于和议，兵民交变，偕家太仆遵旨内渡[1]，仓皇炮燹，巨浪孤舟，濒于危者屡矣，虎口余生诗以志痛

内变方乘外侮忧，掀天波浪截横流。
忽惊车鬼方涂豕，始信冠人尽沐猴。
猿鹤化来山月黑，鹳鹅声乱阵云浮。
沧桑再见田横岛，错计燕云十六州[2]。

半壁斜阳列屿空，大江王气黯艟艨。
依来刘表原非策，哭到唐衢共效忠。
万里随槎虚奉使，千秋孤注误和戎。
早闻马后书生谏，得失何心语塞翁。

[1] 家太仆，即林维源。遵旨内渡，清政府签订《马关条约》割让台湾后，下诏令所有文武大小各员，着即陆续内渡。

[2] 燕云十六州，指后晋天福三年（938），石敬瑭按照契丹的要求把燕云十六州割让给契丹，使得中原北宋政权长期感受威胁。此句暗讽清廷割让台湾。

寄挽台北刘履尘[1]通守（鼎）

满地干戈动鼓鼙，沧桑时局不胜悲。
山河涕泪田横岛，家国离忧杜甫诗。
俯仰人间生趣绝，飘零海上旅魂羁。
（君藁葬台北东门外，茶厘局丁林生、张处知其处）
夜光剑气冲牛斗，波影寒潭月堕时。

平生心契课潜虚，香海罗浮共结庐。
出世情怀半仙佛，浪游踪迹混樵渔。
诙谐狐鬼聪明误，脱略公卿礼数疏。
惆怅中原诗绝笔，凄凉胜读万言书。

（君病笃，迁居予园养疴，犹作《乙未海疆感事》全韵诗数十律，台北一时传诵。姬人谓其每夕哦诗，泪渍重衾，咯血升许，以是不起。海防事初起，君于灌阳中丞前慷慨言事，及知事不济，日惟狂歌痛哭。卒前一月，犹以高丽笺写此诗呈中丞并赠予，予赆以五百金，劝其避乱上海，君捶床摇首曰：“时局至此，生复何为！”竟以闰五月初六日卒。予归其孥于岭海。）

[1] 刘履尘，即刘鼎（？—1895），履尘当为其号，广东番禺人。官广东候补通判，清光绪十一年（1885），因总办佛山火药局务不力而落职。后久游江浙，又客台北，终病卒于台湾。

寄刘渊亭副帅兼呈灌阳中丞

牖户绸缪未雨阴，东山瓜苦独行吟。
头颅拚以传关塞，肝胆终当照古今。
黑海旌旗星斗上，红河壁垒雾云深。
金牌反报黄龙捷，杯酒重开万古心。

偕家时帅内渡留别板桥园五绝五首

富贵与神仙，撒手便归去。楼阁见五云，十洲更何处？

千万买青山，百万筑园墅。海天共结邻，黄鹤忽高举。

花石半生心，种松十围长。无限鸟投林，寒露滴清响。

人生如轻尘，随处欣所托。坐爱秋月明，不记春花落。

瀛岛出岫云，东海润霖雨。不负故乡心，忍望故乡树。

咏宋史寄时帅

时帅痛孤岛无援，遵旨内渡。不以孤愤贻国忧，言之辄太息，因托咏史以见慰。嗤之者，或疑为解嘲扬雄；怜之者，定许为罪言杜牧。伤心千古，夫复何言！

金牌谁道效愚忠，诏泣黄龙痛两宫。
生入玉门原是死，天教南北限英雄。（传邓公世昌、

左公宝贵殉难甚烈）

立马吴山怅夕曛，一声桴鼓愤钗裙。（仅留一姬随侍）
千秋洒泪黄天荡，忍说湖山属使君。

挽邓壮节[1]公（世昌）

卅年习战马江湄，小范罗胸百万师。
少日纪群[2]曾把臂，中原韩范亦低眉。
出师未捷重襟泪，授命临危万口碑。
白马银涛秋荐菊，他年来酹水仙祠。

[1] 邓壮杰，即邓世昌（1849—1894），字正卿，广东番禺人。福州船政学堂首届毕业生，官至清中军中营副将，总兵衔，任致远号管带。甲午黄海海战中，弹尽舰伤，遂鼓轮怒驶，欲猛撞日舰吉野号同尽，不幸中鱼雷，与全舰官兵同殉难，死后谥号“壮节”。

[2] 纪群，指三国的陈纪和陈群，陈纪是陈群的父亲，孔融“先与纪友，后与群交，更为纪拜，由是显名”，典出《三国志·魏书·陈群传》。

丁酉四月初七日厦口东望台澎泣而有赋

（乙未四月初八日订和约，准两年后改隶日本）

海上燕云涕泪多，擎天无力奈天何！
仓皇赤壁谁诸葛？还我珠崖望伏波。
祖逖临江空击楫，鲁阳挥日竟沉戈。
鲲身鹿耳屠龙会，匹马中原志未磨。

五绝　五首
五律　九首
五古　一首
五排　一首
七绝　四十首
七律　三十一首
七古　一首
以上古近体共八十八首

福雅堂诗钞卷十二

鼓浪集

曾舒怡　校注

罢钓图（四言）

雨后推篷，江山如画。渔父隔溪，枕蓑闲话。
今日之鱼，足消酒债。红树青山，逍遥世界。
我醉欲眠，请君休怪。钓亦不得，得亦不卖。
浅水芦花，半帆低挂。

鼓浪屿叶楼逭暑偕郑补庵[1]解元（怀陔）周起莘茂才（希祖）对酒感赋

绿阴深处罥楼台，叶翳鸣蝉户懒开。
难得海山留一粟，直疑云影现蓬莱。

几叠云屏百扇窗，风帆叶叶隔秋江。
十三渡口龙头舶，无数游人驻碧幢。

日光岩迴石玲珑，海镜花天宛在中。
谁忆仙身是松雪[2]，三生同谪水精宫。

贾樯番舶水云平，岛屿萦回鼓浪声。
太息江河流日夜，中原无复汉苏卿。

风帘雾阁水亭亭，天际扶桑一发青。
携得凌波旧仙子，那堪时事酒中听。

相逢海客话瀛洲，抚髀雄谈悔壮游。
行过欧西三万里，海荒难作稻粱谋。

葡萄新酿酒波红，译馆雍容礼数通。
艳说中朝盛文物，未央砖瓦建初铜。

汉家乐土富民侯，国债如今遍部洲。
花粉征钱赋人税，愿携只履绩南游。

蜃楼吹气矗层层，花雨缤纷散锦塍。
洗出晶球一轮月，半山鳌火电竿灯。

湘波微步托词通，愿借南怀得律风。
海上云霞天送曙，看花疑在梦魂中。

三千年后见桃开，有约瑶池侍宴回。
到底人间花事胜，笑他臣朔又重来。[3]

大江东唱海初平，消得浮生酒便倾。
三万六千行乐处，愿花长好月长明。

[1] 郑补庵，即郑怀陔（1858—1896），字子源，号笙南、补庵，福建南安人，郑成功第七世族孙。清光绪十四年（1888）戊子科解元。

[2] 松雪，即赵孟頫（1254—1322），字子昂，号松雪道人、水精宫道人。宋宗室，以父荫为真州司户参军，宋亡，家居。元世祖征召入朝，累官拜翰林学士承旨。著有《松雪斋文集》。

[3] 到底人间花事胜，笑他臣朔又重来，化用古代神话“偷桃”，西王母种桃，三千年一结子，东方朔曾三次偷食，乃被谪降人间，事见《汉武故事》。

江楼夜坐

绿榕风卷助江声，倒照楼台镜槛平。
凉月一庭秋思寂，残书半榻夜谈清。
笛摇花影撩人睡，灯乱蛩吟诉客情。
飒飒金风逼寒露，海天无际雁南征。

南楼独坐

新凉秋气爽，镇日坐南楼。心静门休闭，身闲境自幽。
课花聊破睡，借酒独浇愁。客散空庭月，焚香茗一瓯。

台北避乱，初寄孥于厦门，再迁鳌江，为郑延平王故里，地患时疫，余内渡次江口，谒延平王庙，携眷仍住厦门

海山苍莽水泱泱，二百年来旧战场。
赐姓延平有遗庙，草堂诸葛尚南阳。

望断燕云十六州，书生涕泪海天愁。
重瀛缔造披榛昧，同抱东南半壁忧。

瓣香遥祝大江东，十万楼船尚借风。
起舞有惭刘越石，曾从杯酒识英雄。（刘渊亭副帅）

遥从海上望中原，一发扶桑正晓暾。
谁信黄金能化鲤，十洲云现记东藩。
（王开台时，金矿亦盛，内山生番率头目进金鲤鱼）

披襟海寨大王雄，富贵还乡不负公。
凭吊沛中诸父老，登台如见旧歌风。

甚矣吾衰感梦周，白云黄鹤去悠悠。
墓门一恸延陵剑，同是天涯悔壮游。
（东石旧友周芸轩静甫、琴轩省吾同时徂谢）

海云飘泊寄妻孥，里社鸡豚水一隅。
避世桃源花引路，断无诗兴败催租。

只轮飞转海东云，难把图经借使君。（乡人避疫多迁徙）
笑与渔郎话秦劫，桑麻鸡犬要平分。

厦门鼓浪屿卜居

海曙楼台正晓莺，千章乔木与云平。
烟霞澹宕林亭美，岛屿萦回水石明。
好约寓公同赁庑，（台湾宦绅多内渡）不妨海客共谈瀛。
袖东万里川澜感，闲倚天河颂镜清。

小住江湖不系舟，无风波处便勾留。
每谈广厦惭多士，（时茶榷初散，倚余食指尚百余家）
重访青门傍故侯。（家时帅假归，同寓岛上）
姜被[1]夙联花萼荫，（六弟同寓庐）楹书差胜稻粱谋。
添茆[2]未雨牵萝补，闲向诗情悟道修。

洋场楼槛碧玲珑，百扇晶窗九曲通。
地占高寒清弄影，室生虚白健凌空。
竹头木屑还储用，月斧云斤愧未工。
唾手燕云珠合浦，隔篱呼取到邻翁。（园楼购自西商）

两斋分课学殊科，遏末封胡孰弟哥。

星海镜源探印度，水经旁证辨欧罗。（时延西学师，分课童塾）
味莼我亦怀张翰，种树谁能类橐驼[3]？
寄语园游众桃李，古来经术济时多。

[1] 姜被，东汉姜肱与弟仲海、季江都以孝顺而闻名，他们侍奉继母至孝，“同被而寝，不入房室，以慰母心”。事见《后汉书·姜肱传》李贤注，后以“姜被”指兄弟和兄弟之情。

[2] 茆，同“茅”。

[3] 橐驼，指柳宗元《种树郭橐驼传》所记之人物郭橐驼，他养树注重“顺木之天，以致其性”，这里指教育儿童要顺其天性。

屿庐题壁

避世仙源一水分，蓼汀枫岸鹭鸥群。
春来依旧桃花笑，鸡犬全家往绿云。

三分烟水二分花，几叠楼台隐暮霞。
长日绕篱无个事，一帘秋菊读《南华》。

江天舒啸酒诗雄，岛屿萦回接远空。
惟有源头最清绝，冰心如旧玉壶中。

花天镜海月华圆，修到梅身不羡仙。
闲倚屏风课鹦鹉，舌端防有未开莲。

瑶草琪花杂海禽，池塘倒影玉森森。
画檐香袅荼蘼架，浅梦重帘匝绿阴。

桐集龙门响愈高，罨溪凉雨长三篙。
袖中东海丝纶静，沧柱擎天掣六鳌。

题郑延平王井栏

梅枯石烂看东溟，几度沧桑眼底经。
惟有山泉依旧好，月明留影照冬青。

偕六弟重游榕江访翁六安宇兼示各友

海塔认螺洲，千帆下琯头[1]。月斜樯影乱，风细橹声柔。
虾菜双桥市，莺花十里楼。乡音梅渡口，灯火下南舟。

对泊尚书庙，楼台丛绿榕。南朝灯谜虎，东海剑屠龙。
乌石无双塔，闽山第一峰。瓜莲旧庭院，诗碣未苔封。

城郭访无诸，先生尚草庐。法音恒渡海，宦贵卜充闾。
（安宇住法海寺宦贵巷）
哀乐中年酒，行藏万卷书。多君劳问讯，岛国近何如？

卅年旧童冠，六一古山泉。（王进之明府招饮六一泉）
兄弟天涯感，宾僚旧雨贤。（茶榷旧同事纷纷来会）
江山闲觅句，风月不论钱。劳燕浮生计，相期共济川。

[1] 琯头，今琯头镇，地处福建省福州市连江县南部，闽江口北岸。

泛舟自海沧次白石[1]

如画川原澹澹风，片帆斜日渡江东。
溪蒲剪水雨初涨，岸柳垂烟月乍笼。
村社荒墟谯鼓黑，楼台萧寺佛灯红。
邮签十里些些记，龙海潮分大道宫。

［1］海沧，今厦门市海沧区海沧街道。白石，即林维源的祖籍福建漳州府龙溪县白石堡吉上社，今漳州台商投资区角美镇杨厝村一带。

访家时甫太仆白石草堂

沧桑卅六沉荒岛，海上燕云泪未干。
世乱多财知聚散，天涯回首话悲欢。
高曾遗矩仍敦朴，子弟能文胜叙官。
今日舣槎傍南斗，绿杨移荫两家看。

屿庐漫兴

心清何地不桃源，鸡犬桑麻任笑喧。
半亩楼台偏近水，数家花竹自成村。
敢嗟白发犹萍梗，重味青灯胜菜根。
听说中朝论强学，且将农政课山园。

浪屿诗壁题后

过江名士竞翩翩，时事关心总惘然。
一片降幡石头去，早闻王濬[1]下楼船。

飞空楼阁龙头渡[2]，罨画林园鹿耳礁[3]。
几叠青山红树外，隔江帆影夕阳寮[4]。

梅花千顷鹤余粮，香稻柴门啄粒忙。
多少人间旧鸡犬，云中犹自忆淮王。

匪风流及到民讹，二雅翻成变雅歌。
中晚编诗述耆旧，遗山哀怨暮年多。

[1] 王濬（206—285），字士治，小字阿童，西晋弘农湖县人。恢廓有大志，为羊祜所知。咸宁五年，奉命率军攻吴。次年，烧断吴人所置横江铁索，直取建康，吴主孙皓出降。

[2] 龙头渡，在鼓浪屿东部海滨，为鼓浪屿往来厦门岛的主要渡口。

[3] 罨画，色彩鲜明的绘画，多用以形容自然景物或建筑物艳丽多姿。林园，当指林鹤年居住的怡园。鹿耳礁，鼓浪屿地名。又称“六个礁”，是指鼓浪屿东南海中和陆上的印斗石、剑石、覆鼎石、米勒石、鸡冠石、鹿耳石这六块石头。这六块石头分布的片区，民间俗称“鹿耳礁”。林鹤年的怡园就在鹿耳礁片区内。

[4] 夕阳寮，在厦门岛西南部海滨的望高石下，与鼓浪屿龙头渡隔海相望。传为明末清初著名文人、郑成功幕僚阮旻锡晚年隐居处。

偕时甫太仆登万松关吊家刚愍宫保（名文察[1]，官福建水师提督）谢琯樵[2]军咨兼寄家荫堂[3]方伯

零落人间老画师，（谢君善画）十年帅幕燕巢危。
书生一旅临关夜，半榻松风读旧碑。
（谢君殉节前夕，犹手拓林文穆《万松关碑》寄先观察）

敬亭老去昆生逝，歌板秦淮旧酒场。
扇底桃花侯雪苑，飘零海上策勤王。（谢君久客太仆板桥园）

椎牲酹酒万松关，云马风车尚往还。
问讯枌榆旧行辈，那堪时事话家山。

营门盘柳绿毵毵，一线天留古蔚岚。
十丈燕然表忠记，千秋名附左宁南。
（关门巨石，刻左文襄《平漳纪功碑》）

登楼王粲尚冬烘，琴剑飘萧渡海东。

曾记儿时摩顶语，出群骐骥阵云空。
（余弱岁由粤返闽，初谒宫保，条陈时事，谬许知兵檄，招募亲勇）

谋国如家老冏卿，雄边子弟志澄清。
大难一语忠魂慰，小范如今富甲兵。（哲嗣荫堂方伯久统义营）

[1] 文察，即林文察。里居、阅历见卷首《冯序》注。
[2] 谢琯樵，即谢颖苏（1811—1864），初字采山，后改管樵、琯樵，号懒云，福建诏安人。少能绘事，又善技击兵法，约于1857—1860年旅居台湾，曾寓居板桥林家。1864年随林文察内渡，围剿太平军，殉职于万松关战役。
[3] 荫堂，即林朝栋，字荫堂，林文察之子。里居、阅历见卷首《冯序》注。

浪屿新葺怡园[1] 与六弟种花遣兴喜占数诗

梅柳江春展岁华，桃源鸡犬水云家。
避秦敢羡游仙福，余事桑麻学课花。

不隔东风只隔篱，石栏西畔柳千丝。
湘波十幅闲垂地，梦草池边对觅诗。

花天谷雨斗旗枪[2]，茗战灵源汉玉铛。
安得中泠泉一勺，玉山茶话小沧桑。

碧桃天上倚云开，铃护春幡[3]锦绣堆。
红雨打窗风料峭，燕莺闲煞好楼台。

露华擎出海轮东，香选瑶台第几丛。
持较唐宫妃子笑，可无一骑度尘红。
（花贩自天津携牡丹花种至岭南培莳，得春较早）

谁教富贵占春先，天女华鬘解散钱[4]。
一曲清平盛汤沐，岭南从古艳花田。

万梅绕屋手亲栽，百扇晶窗傍水开。
为道罗浮旧生长，记从香海割蓬莱。

何点林园大小山，琴樽无恙笑开颜。
一灯述旧江湖梦，倚马犹闻草吓蛮。

倚天楼槛接晴虹，鲸沸溟开荡远空。
海旭云霞照鳌背，把杯同唱大江东。

缥缈神山眼界收，十洲花木凤麟游。
他年洗甲天河夜，同泊星槎问斗牛。

[1] 怡园，在鼓浪屿鹿耳礁片区内，今门牌编号为福建路 24 号。该园为林鹤年内渡后，自寓居浪屿的外国商人手中购得园楼，加以修葺，作为定居处所。取名“怡”，乃心怀台湾之意。主楼为一栋清水红砖的小楼，历经百年沧桑，至今基本保存完好。

[2] 旗枪，绿茶名。由带顶芽的小叶制成。茶芽刚刚舒展成叶称旗，尚未舒展称枪，至二旗则老，参宋王得臣《麈史》。

[3] 春幡，春旗。旧俗于立春日或挂春幡于树梢，或剪缯绢成小幡，连缀簪之于首，以示迎春之意。

[4] 天女华鬘解散钱，用天女散花典。原为佛教故事：天女散花以试菩萨和声闻弟子的道行，花至菩萨身上即落去，至弟子身上便不落。这里用以形容百花盛开。

春夜泛棹访白石草堂归次海沧阻风作北溪杂咏呈家时甫太仆

野航三两泊沙腰，枕畔推窗看晚潮。
春水鱼虾齐上市，数竿灯火集河桥。

绿杨墟市赛神祠，野管繁弦唱竹枝。
汉广周南盛游女[1]，太平村社课蚕时。（偕太仆联骑过锦宅乡看赛会）

芳畹晴栏曲曲通，采茶歌送隔山风。
筠笼冷焙春烟绿，花幂香熏宿雨红。

沙红冰白趁吴航，饧市春箫唤玉霜。
休把江瑶比乡荔，山园风物蔗蛄香。

海燕冲寒剪画桡，柳风团絮酿花朝。
河豚欲上芦芽长，撑进溪南第几桥？

江东司领小苏州，灯月千塍赛彩楼。
花价浪随茶价涨，鹭鸶香税遍溪洲。

溪北溪南溯学源，至今人仰布衣尊。
讲堂花屿春灯寂，寒竹风松水一村。

千盘鸟道万松关，壁野坚清障海山。
少保新书容我读，一灯风雨话平蛮。

联乡碉堡靖边烽，两岛全师抗虎龙。
泪落延平表忠观，故山残月大轮钟。

白礁青屿旧栖真，坠地星明石降神。
伏虎降龙好身手，宋家符箓两真人。

香稻柴门绿墅扃，楼台天半晚霞晴。
臂鹞堂蟀消闲局，一样淘雄浪跋鲸。（太仆嗜看儿童斗鹌鹑）

天汉归槎认使星，阆山琼佩侍云屏。
人间金屋仙还羡，白发红鞋笑踏青。

[1] 汉广周南盛游女，《汉广》，《诗经·周南》第九篇，全诗三章，每章八句，是青年樵夫求“游女”而不得的一首情诗。

送厦防司马张文川[1]太守计异入都

五马朝天去，宣防佐一麾。青莲吓蛮草，何武去思碑。
水暖江春渡，云开岳雨垂。旧游文献宅，风度是吾师。

薇省司丹诰，清时旧舍人。雍容能画日，温厚自和春。
风静庭花落，波澄海月新。天骄方见识，威凤集祥麟。

岳岳清严貌，深筹记海楼。(司马曾同事筹防)
相期文潞国，回望李崖州。
草泽驯羊犬，江乡结鹭鸥。渔樵闲问答，时事两悠悠。

烽烟驰海徼，庇护到樊川。知己平生感，忘机主客缘。
金台论旧市，珠网出层渊。(培植士风)
竹马儿童队，重迎会有年。

[1] 张文川，即张兆奎，举人，清光绪十八年至二十三年（1892—1897）任厦门海防同知。

徐心田大令岛上述旧

风雨江湖二十年，两家昆季半华颠。
参军白发工蛮语，司马青衫感谪迁。
隔海渔阳尚鼙鼓，临江祖逖着先鞭。
鲲身卅六沉荒岛，目极南溟破浪船。

课花亭小坐和三女丽娟原韵

百扇晶窗罥柳烟，绿春庭院护花天。
云屏十二调鹦鹉，禅课《心经》第几篇？

枣花帘卷午风凉，花韵晴栏袅画厢。
谷雨头纲碾新绿，一瓯初试鹧鸪香。

坐小鼓浪与吴生焜耀苏生君明夜话兼示四儿

半亩芳塘一鉴开，鱼苗分水出江隈。
此中会有神龙窟，好借风云破浪来。

寒堂古木起苍烟，直送江涛到耳边。
根厚由来声乃大，万山风雪记何年。

江东即事呈家太仆维源、吕广文澄[1]

风景依稀卅六年，江东父老半华颠。
寒烟橘柚千园绿，花果生涯当种田。

长桥虎渡落晴虹，拳石撑天嵌碧空。
隔岸绿榕喧市舶，秋江闲煞一渔翁。

览古忠端旧讲堂，儒风远绍北溪乡。
于今沧海横流日，谁更环球筑道场？

半江红树水边城，一角斜阳送晚钲。
海上勤王余旧部，天河新扈虎神营。

(庚子，联军入京。漳州镇曹军门志忠[2]奉诏勤王)

风旗斜展晚江红，官舫明灯照水空。
津吏千声严国课，征输从不到诗筒。

打鼓霜江唤卖鱼，月明人倚夜窗虚。
六朝好句澄江练，谢朓青山此读书。

百年生计聚沧溟，群岛千盘一发青。(近乡多贸易南洋各岛)
谁道籯金好遗子，有人寒夜课儿经。(太仆亲课诸幼子、稚孙)

篱菊霜螯选食单，诗牌犹自沁清寒。
党家太尉风流甚，美酒羊羔一例看[3]。

芳津何处不桃源，浅水芦花白石根。
他日捻髯成一笑，两家移荫绿杨村。

[1] 吕广文澄，即吕澄（1846—1908），字渊甫，号默庵，福建厦门人。清光绪十二年（1886）拔贡，授州通判，以母老请改教谕。光绪十九年（1893）举人。曾任厦门玉屏、紫阳、沧江等书院主讲。著有《青筠堂集》。

[2] 曹军门志忠，即曹志忠（1840—1916），字仁祥，湖南湘乡（今双峰县人）。15岁投清水师，参与征剿太平军，由把总累升游击、副将至福宁镇总兵。清光绪八年（1882），移防台湾，抗击法军，因功升福建陆路提督、福建水师提督。光绪二十六年（1900），八国联军犯京师，应诏由浙北援勤王。官至湖南提督、光禄大夫、建威将军。

[3] "党家太尉风流甚……"句，典出明陈继儒《辟寒部》：宋陶谷妾原是北宋名将党进的家姬，一日下雪，谷命取雪水煎茶，问之曰："党家有此景？"对曰："彼粗人，安识此景？但能知销金帐下，浅斟低唱，饮羊羔美酒耳。"

送陈梧冈[1]观察（日翔）赴小吕宋总领事之任

共羡班超此壮行，乘风破浪达重瀛。
五陵同学多新贵，中岁无闻畏后生。
车马东华同宦况，衣冠南院盛科名。
汉廷推毂贤良诏，（君叠膺保荐）寰海宣猷颂镜清。

沧海横流仗使才，鲸呿鳌掣暮云开。
故山时局维桑梓，隔岸江春渡柳梅。
蜀栈雨铃传北狩，江天风鹤怅东来。
他年甲洗天河夜，好泛星槎历上台。

[1] 陈梧冈，即陈日翔，字藻耀，号梧冈，台湾凤山县人，祖籍福建同安。清光绪十一年（1885）举人，候选道员。光绪二十八年至二十九年（1902—1903）任大清驻小吕宋总领事。

漳州北港候潮舟中寄吕渊甫[1]广文兼怀家太仆

浅水芦花送夕阳，好风吹处半帆张。
舟人解缆月初上，烟树空濛隔野塘。

握手才欢又唱骊，闲云野鹤本无羁。
相逢休更谈时局，客路飘萧两鬓丝。

闲与儿童逐队游，不风波处便勾留。
行人只道西湖乐，休认杭州与汴州。

半壁东南孰主持？渔阳鼙鼓不胜悲。

细谈尊酒愁金谷，海外勤王尚义师。

嵇吕[2]交情日暮云，湘江回首倍思君。
卅年旧雨今余几？剪烛西窗快论文。

连云大厦燕双飞，玳瑁空梁落月微。
衔遍落花何处所，怕寻春梦忍言归。

月澹风轻杨树浦，水清沙白石头村。
张为主客图[3]应遍，黄叶声中好闭门。

[1] 吕渊甫，即吕澄，字渊甫。里居、阅历见本卷《江东即事，呈家太仆维源、吕广文澄》注。

[2] 嵇吕，三国时期嵇康与吕安的并称。二人相交甚为友善。事见《晋书·嵇康传》，后因借指挚友。

[3] 主客图，即《诗人主客图》，唐末江南诗人张为著，是论述中晚唐诗人流派的诗论专著。

归怡园有赋

暂抛游屐懒评诗，倦掩藤扉习静宜。
风雨离怀千里共，江湖归梦十年迟。
绛云舒卷莺迁树，黄菊萧疏月满篱。
无用小山赋招隐，得闲聊醉酒中卮。

题卢留庵[1]中丞遗集

我从海上访留庵，一卷残诗秘石函。
踏遍麻鞋家万里，白头垂泪赋江南。

夕阳芳草渡金门，同忝旌忠末代孙。

（余先世心景公殉明难，黄忠端序遗诗）

鹿耳鲲身劳怅望，珠崖重弃不堪论。

（奉旨内渡后访金门，卢镇军成金[2]已作古）

石斋响寂复斋沉，耆旧犹存正始音。
岛国飘零馀海印，爨桐焦尽惜孤琴。

杜鹃西拜鲁王坟，汉影云根[3]（鲁王摩崖）月二分。
残壁摩挲旧酬唱，海天行脚最怜君。

[1] 卢留庵，即卢若腾（1598—1664），字闲之，号留庵，福建金门人。明崇祯十三年（1640）进士，授兵部主事，升郎中。1645 年，南明隆武立，授都察院右副都御史，驻温州，后加兵部尚书。在与清军战斗中负伤，归居金厦。著有《岛噫诗》、《方舆互考》等。

[2] 卢镇军成金，即卢成金，字珍亭，福建金门人。年约二十岁时弃文从武，投金门镇任标兵。缉捕海盗，屡建奇功，历温州镇守备、乍浦协副将、黄岩镇总兵，官至温州镇总兵。

[3] 汉影云根，明末监国鲁王朱以海手书的碑碣，位于金门县金城镇古城村古岗湖南边的献台山麓。朱以海（1618—1662），字巨川，号恒山。明朝藩王，崇祯十七年（1644），袭鲁王封爵。次年，清兵陷南京，在绍兴被拥为监国，辗转东南沿海抗清，长达十八年。后寓居金门，因哮疾而卒。

四言　一首
五律　一十首
七绝　八十三首
七律　一十二首
以上古近体共一百零六首

福雅堂诗钞卷十三

燕筑集

李　冰　校注

悯忠寺[1]看牡丹

闰三月中旬，携辂儿散步悯忠寺牡丹塍，寺僧言："今年花信较迟，沙弥闻叩扉，恰报花开，可为君贺。"次日，约郭宾石[2]直刺重履花畦，因纪以诗。

大唐悯忠寺，南横（街名）枕燕市。花竹傍城隅，忠魂恋初地。
云说古开元，京观拜恩赐。罢兵高句骊，收骨铭幽隧。
龙树选佛场，正觉具圆智。松栝何茏苁，天花自纷坠。
于今二千年，佛性恒不贰。岁岁牡丹开，邦人盛游骑。
今年危黄杨，花事颇不类。又云老阇黎，圆寂花憔悴。
物理关盛衰，造化善游戏。
我今被放来，（春闱揭晓）看花聊破睡。
于我复何征？烂漫侈呈瑞。例以金带围，少长列其次。
座有郭汾阳[3]，富贵寿考备。摩顶呼吾儿，风云奋骐骥。
如贡独角麟，讵等猧[4]白鼻。微笑悟拈花，天心其有意。
幽赏惬妙明。乘兴复一醉。（四儿辂存保荐特科）

[1] 悯忠寺，即北京的法源寺。位于北京宣武门外教子胡同南端东侧，建于

唐太宗贞观十九年（645）。

［2］郭宾石，即郭名昌，号宾石。里居、阅历见卷十《客中书感寄刘少彭丈、郭宾实同年并示六弟十一弟兼申台北之约》注。

［3］郭汾阳，即唐朝名将郭子仪，因平安史之乱有功，被封为汾阳王。此处借指郭名昌。

［4］猧，小狗。

都门赠家畏庐[1]

涉世动违俗，悠然得古欢。林亭新谱帙，枌社[2]古衣冠。
文品清时贵，功名晚节看。相逢古燕市，杯酒露心肝。

同学纷裘马，花飞滚软尘。东风喧绮陌，南柳澹芳邻。
三上雄边策，双扶大雅轮。读书为世用，一代几闻人？

［1］畏庐，即林纾，原名群玉，号畏庐。里居、阅历见卷七《西山和尚留我过冻寄林同年群玉》注。

［2］枌社，枌榆社的省称。指汉高祖的故里，泛指家乡、故里。

席间寄示诸弟侄

姜桂由来性不移，翻惩齑冷悔羹吹。
能甘铁汁思牛磨，倒嚼花须笑蝶痴。
辟谷未应愁借箸，伏雌原不负炊扅[1]。
山蕨苦茗乡园味，澹薄家风好护持。

［1］炊扅，即炊扊扅，门闩，借指曾共贫寒的妻子。

励志诗为辂儿训勖

四儿辂存，生于己卯闰三月二十七日。今春，侍余北上，年届弱冠，恰亦闰三，其小友连日以诗酒娱之。今晨，是其览揆[1]，恰乡人以《蔡文勤、文恭集》并《澄怀园八友图》[2]墨拓见贻。检行箧，复得李壮烈伯书马伏波[3]《诫子》手卷。晌午，散步海王村书摊。老书贾手持黄忠端辛巳元旦手书诗幅，云："昨始得自蜀僧。"索值甚廉，诗草苍古，忠烈之气流露行间。购归，均置儿案头，以励厥志。

儿近因胶州事，随诸公车伏阙上书，复连章疏陈时务，窃有慕夫乡先正之抗节也。夫士生幸际承平，则愿为文勤、文恭谟明弼谐，以彰黼黻。不幸如黄忠端、李壮烈身值其变，慷慨赴义，仍是读书尽性，只期无负初心，原不着些子意气，方为千秋万世完人，此则无量之寿。蜀僧其有意点化欤？袼儿勉乎哉！

女母秉生有奇气，（见集中《曾烈女纪忠诗》）前身义烈神女曾。
汝生驹齿见头角，汝祖教以波磔摹韩陵[4]。
记余恩宴鹿鸣日，两亲未老乡科登。
（余乡举，冯展云中丞赠楹帖："一举登科日，双亲未老时。"）
维时汝母携汝谢恩宴，归来上学声咿应。（余簪花日为儿开学）
转眴汝今届弱冠，南溟侧翼垂云鹏。
纷纷俗学非汝羡，凤池斯济龙斯腾。
晋字唐诗宋经义，科举束缚严文凭。（近科场改试策论）
起衰八代挽颓薄，金石刻画臣犹能。
（儿幼童试时务策冠阖属，举茂才）
迩来谬妄分学派，新旧水火暄傧朋。
处士横议杂杨墨，膺是戎狄荆舒惩。
自来豚鱼格忠信，党碑流祸相模棱。
南皮述祖千秋鉴，（张孝达制军）如彼觉路开金绳。
黄河泰山动瞻仰，豪杰岂待凡民兴。
乡之先哲揆文武，梁山二蔡文献征。

秋柯草堂（李袭伯[5]斋名）宝遗翰，儒将世法冰渊兢。
堂堂忠端黄漳浦[6]，秋鹰抉起云千层。
手扶日月动霄汉，皎然朝旭秋壶冰。
生有自来异质赋，证明因果星精僧。
乾坤整顿儿曹事，老骥伏枥胡德称。
汝今象勺明览揆，俟以人寿河斯澄。

[1] 览揆，生辰，生日。

[2]《澄怀园八友图》，绘于清乾隆二十一年（1756）。澄怀园，俗称“翰林花园”，是北京圆明园的附属花园。从雍正三年至咸丰朝，皆为南书房和上书房翰林之值庐。八友，即蔡新等八人，当年同值于上书房。乾隆四十八年（1783），蔡新抚图重观，发现七人已经谢世，不胜感叹，遂命工钩摹而勒之石，以垂永久。

[3] 马伏波，即马援（前14—49），字文渊，扶风茂陵（今陕西省兴平市）人。官至伏波将军，人称“马伏波”，是东汉朝开国功臣之一。死后谥号“忠成”。著有《诫兄子严敦书》等。

[4] 波磔，原指书法指右下捺笔。一说左撇曰波，右捺曰磔。借指书写。韩陵，即韩陵片石，在今安阳北韩陵山有座韩陵碑，碑上文章文采飞扬，用以比喻少见的文章。

[5] 李袭伯，即李廷钰（1791—1861），字润堂，号鹤樵，福建同安后滨村（今属厦门翔安区马巷镇）人，闽浙水师提督李长庚之养子。长庚阵亡，立为嗣子，承袭封爵。清嘉庆十八年（1813）补二等侍卫，后授江西南昌城守营，历九江镇、广东潮州镇、江南狼山镇总兵，道光二十二年（1842）年任浙江提督。咸丰三年（1853）会办泉属团练，旋进兵厦门剿黄潮，督办厦门军务，授福建水师提督。

[6] 黄漳浦，即黄道周（1585—1646），字幼玄，又字螭若、螭平、幼平，号石斋，福建漳浦铜山（今东山县）人。明天启二年（1622）进士，历官翰林院修撰、詹事府少詹事。南明隆武时，任吏部兼兵部尚书、武英殿大学士。抗清失败，被俘殉国，谥忠烈。

送郭宾石[1]直刺之官楚北

看谁百斛鼎全扛，蹀躞金台气未降。
双骑风云新马堡，一帆烟月旧螺江。
使君行部招黄鹤，公子重游驻碧幢。
芳草夕阳无限思，晴川五月落梅腔。

乡老能传昼锦还，戟门犹记彩衣斑。
（先公总制湖湘[2]，君随侍最久）
诗人例作州司马，仙吏曾闻草吓蛮。
（君佐家时甫星使抚番，递保今职）
瀛海早梅仙眷属，洞庭秋橘好湖山。
细侯重拜欢迎日，桃李新阴待款关。

[1] 郭宾石，即郭名昌，因在台湾协助林维源抚番，擢湖北荆门直隶州知州。
[2] 先公总制湖湘，郭名昌的父亲郭柏荫，同治六年（1867），署理湖广总督，故有此说。

都门别家畏庐同年

金堂留夕照，忍泪送君行。时事方忧国，天心未厌兵。
渡江悲暮烈，伏阙仗书生。（君偕寿伯茀[1]太史、卓芝南[2]比部上书）
泽潞言何罪？樊川气未平。

杯酒逢燕市，萧萧易水流。黄河歌一曲，白浪寄双鸥。
杨柳津沽月，枇杷沪市楼。迟君鹭门岛，重醉大江秋。

[1] 寿伯茀，即爱新觉罗·寿富，字伯茀。里居、阅历见卷七《四月十四

日，游陶然亭龙树院归途，访悯忠寺看牡丹》注。

［2］卓芝南（1855—1930），原名凌云，字芝南，号毅斋，晚号巴园老人，福建闽县人。光绪二十一年（1895）进士，历官刑部主事、主稿、秋审处总办等，后简放杭州知府，兼浙江省发审局总办，又任浙江省巡警局总办、督粮道与荆宜施道、岳常丰道等职。辛亥革命后去官，久客北京。

过李文贞赐宅

双溪旧接兰溪馆，太傅东山认谢墩。
野草夕阳珠市口，读书声里小榕村。

十刹海酒楼醉归口占

日长人静绿阴多，钟鼓楼台隔御河。
十里芙蓉万杨柳，江南无此好烟波。

万家烟树风城闉，鸥鹭香盟集水滨。
花自笑人人自笑，百年行乐几闲身？

数声短道散衙时，红藕香中理钓丝。
一例官梅何水部，闲曹簿领合如斯。

香车油壁软尘红，水曲松篁纳晚风。
遥指晴阑天半起，笙歌犹隔五云中。

晚凉洗马液池边，亭子弯弯月正圆。
玉蝀金鳌归禁院，清游还记十年前。

湘波帘卷画楼西，人语疏灯隔上堤。
水珮风环听隐约，万花移棹过香溪。

香骢扶醉放城归，钥掌金吾晓漏稀。

月浸天阶凉似海，扈班园值宿场围。（座客趋值颐和园夜班）
梯琛航赆五洲图，译馆宾僚左掖趋。
（总署翻译各报呈览，值班恒至夜深）
为祝甘泉宵奏捷，（粤西警报）乡心无梦不莼鲈。
万树梅花手自锄，（乡园新拓万梅盦）渡江归云读吾书。
一官莫溷陈同甫，（宋陈亮对孝宗言：将为国家立数百年之基，宁用以博一官乎？疏不行，渡江归去读书）
衮衮时流愧不如。（亮又曰：辨析古今，原心杪忽，于时流诚有愧焉）
新政长安等局棋，清时不藉党人碑。
天津桥畔闻鹃夜，消息应教我辈知。

送黄毓东明经南归

海客渡瀛洲，翩翩逐贵游。
襟怀黄叔度[1]，恩遇李崖州。（受知合肥伯相）
兵甲罗胸富，文章抱世忧。
秀才天下任，大范信贻谋。（尊甫同上公车）
茅茹同拔萃，之子竟岩阿。
姑性谙新妇，儿绷倒阿婆。（朝考本膺上选，以一字见遗）
贤良优诏异，孝秀出身多。（君精西学，当道荐留大学堂并举特科）
何负天人策，西京广特科。

[1] 黄叔度，即黄宪（75—122），字叔度，号徵君，慎阳（今河南省正阳县）人，是东汉著名贤士。由于他耿介正直，人品高尚，后人曾为其立碑建祠。著有《机论》等。

都门乡馆寓斋题壁

海王村里浸城霞，一例梁园数落花。
认取十间廊畔路，不堪惆怅旧宫鸦。

前孙园接后孙园，竹石依稀认谢墩。
十载研山斋[1]里过，（余所寓居即孙退谷之研山斋）
更无人解赋高轩。

铁鹳千声南柳陌，夕阳人影旧书摊。
古藤深巷围诗屋，秋水凫潭眼界宽。

相公节钺平淮蔡，万福威名草木知。
十部笙歌连上苑，结邻犹记买山时。
（余郡馆为洪文襄所购地基，左邻皖馆，近为合肥相国修拓，壮丽甲都城）

杏园三度马如飞，（那馆十年间三捷鼎甲）蓬巷儿童艳锦衣。
十里春风几开落？种松今已看成围。

天街踏遍软尘红，杨柳屯田唱晓风。
碾看轮蹄春梦碎，拥衾犹恋凤城钟。

[1] 砚山斋，孙承泽的寓所，位于北京市前门外章家桥西，今名孙公园。此园分为前孙公园、后孙公园两处。

丘菽园[1] 孝廉天外归舟图

时局维桑莫障川，东风吹上孝廉船。

鲲身鹿耳屠龙会，海上慈云更惘然。

春树归帆日暮云，韩潮苏海要平分。
何当樽酒论文夜，（去年聚首岭海）愁绝长城撼岳军。

隔江鼙鼓动渔阳，丛菊孤舟鬓有霜。
休更开元谈供奉，背人偷自按《霓裳》。（朝考新改去诗律）

三都[2]海寨控东瀛，子弟雄边尚训兵。
（郑延平守金厦二岛，于海澄多筑城寨，至今尚存）
枌社节楼新画本，（菽园家三都尝训乡团，绘斯图时，绘筹海楼以寄雄概）只今低首郑延平。

抗手金鳌顶上游，相逢海客话瀛洲。
清时贾董西京诏，东观儒科数礼优。（近开济经特科试场，改试策论）

采风清问遍樵渔，香稻柴门共结庐。
海国征诗述耆旧，百年文献望成书。（菽园新辑诗录）

重译弭兵华盛顿，五洲雄霸佛郎机。
扁舟补志瀛寰略，江上归来胜锦衣。

杨柳屯田水部梅，无聊空自斗诗才。
家山旧梦波涛恶，重赋江南剧可哀。

[1] 丘菽园，即丘炜萲（1874—1940），字湲娱，号菽园、绣原、啸虹生、星洲寓公等，福建海澄县新垵（今属厦门市海沧区）人。清光绪二十年（1894）举人，曾参加公车上书，反对割让台湾。1897 年他继承了百万遗产，长寓于新加坡。创设“丽泽”、“会吟”文社，先后创办《天南新报》、《振南日报》，并与林文庆等合办“新加坡华人女校”。1906 年后，潜心著作写诗，被尊为“南侨诗宗”。著有《菽园诗集》、《啸虹生诗集》等。

［2］三都，在今厦门市海沧区。

工曹夜值

匝地藤阴曲曲廊，澹移花影照宫墙。
六房蛩静三更月，一阁灯深万瓦霜。
衡石夜谈金谷盛，(署中古砖相传石氏遗物)
玳帘春锁玉钩凉。(玳瑁帘镇库，不知何代贡进，巧夺天工)
年来风会工机杼，闲倚天河赋七襄。

直庐[1] 题壁

六曹恩许拜封章，一代风云志士忙。
忧乐几人天下任？姓名三疏御屏扬。
由来大事将谁属？聊慰雄心只自强。
未分寒蝉谢鹰眴，断无秋思到螳螂。

［1］直庐，旧时侍臣值宿的地方。

乾清门奏事听宣恭纪

六曹分僚赞戎机，粉署恩浓榜[1]紫薇。
柱日孤松照华盖，朵云双凤下彤闱。
蚕桑课俗民风厚，货殖成书国计非。(疏陈商务六条)
列宿应官齐待漏，隔花传箭晓钟稀。

［1］榜，一作“傍”。

海淀直庐怀侄婿于晦若侍御（式枚）

菱淀荷陂画舫斋，六曹如水接天街。
袖中东海双拳石，梦里南柯夹道槐。
绝域诏书连海国，（晦若曾奉使海外）清时僚旧半天涯。
坐听宫漏春如海，花影晴阑上御阶。

颐和园趋直

十里东风万柳平，宫门闲立听新莺。
夕阳一角西山暝，钟鼓楼台界上清。

铜牛篇（并引）

西苑万寿山，铜牛镇西方。京西谚云："铜牛吼鸣刁斗，占兵象也。"迩来南北洋重修海军。秋七月，皇上奉慈舆出巡西苑，校阅新操，扈从诸曹郎行幄㶚直，纵谈咸同以来，水陆各战及目前变法维新，追溯曩时海禁，俯仰时局，敬赋长篇，词非贡谀，义从纪实，名曰《铜牛篇》，缅彼《嵩高》、《烝民》、《常武》有余思焉。

万年几见铜牛吼？不射天狼射天狗。
欧西兵气五洲雄，歌谶添香闹穰斗。
高句骊困日东倭，鸭绿江头假道俄。
蜀吴有幸孙刘并，风撼鸡笼海不波。（甲申，孙、刘两帅防台）
一朝海上燕云变，电闪妖星断沙线。
鹿耳风潮应草鸡，扶余再造开生面。（乙未，唐中丞总统全台）
中宵起舞越石刘，（刘渊亭副帅守台南）击楫横江誓不休。

谁知王浚楼船下，一片降幡出石头。

（台民穷蹙，犹护刘副帅出境，方议弃地）

吾皇神武思曾左，还我朱崖未迁播。
八旗西苑旧骠骁，辽藩宿卫兴朝佐。
武备新开后学堂，子弟雄边诏八方。
终军几辈夸年少，请缨谁为缚降王？
欢侍慈舆新校武，欃枪[1]靖扫烦天讨。
毖后惩前阅海军，津沽七七编群岛。（近拟幸天津）
峒蛮又见妖氛肆，祸构黄巾煽灾异。
十八滩头鼓峡藤，捷书夜报甘泉骑。（粤西蠢动，近报平定）
内患兼乘外侮忧，未雨翻为牖户缪。
可闻马后书生谏，终胜骑驴谒贵游。
消磨元气祸青苗，制礼元公戒吝骄。
一掬党人碑上泪，偏教遗恨到南朝。
康王泥马中兴起，检点黄袍佑孙子。
由来人事应天心，再造山河绥福履。
我今扈跸[2]古香山，万骑连营夕照间。
想见先皇勤肄武，木兰秋狝献俘还。
爪哇拜舞还苏禄[3]，航赆梯琛化身毒[4]。
碧云膜拜塔千层，朝天活佛司僧箓。
四百余兆太平民，十七万里沿边军。
星槎补志瀛寰略，扫穴犁庭罔不臣。
卖塞奇章兴互市，浪沸鲸鲵成祸水。
铁航浮海出冰洋，浩劫烟霾象焚齿。
漏卮无计补疮痍，发捻[5]乘机挠义师。
号召湘淮资庙算，儒臣三五系安危。
雨花台上碑千丈，铁券铭勋膺懋赏。
带砺山河两弟兄，画来褒鄂凌烟上。

鸩毒由来起晏安，谋国如家属范韩。
早知疢疾愁心腹，襟上英雄泪未干。
百年夷患痈谁养？诸公衮衮持英簜[6]。
主忧臣辱复何辞？闭关自守犹蛮长。
见说中原卑士麦，（泰西以卑士麦名相比合肥伯相[7]）
顾盼雄心甘马革。
矍铄登坛想据鞍，退思补过天能格。
师夷长技终制夷，克虏卜继佛郎机。
请看嗜杀流荒岛，拿破仑雄终灭之。
天心有意重兴亚，一统车书盛华夏。
地球六合终混同，正气扶轮开万化。
天山敕勒我闻歌，十八明王骑骆驼。
四方猛士大风起，大风不起如风何？

[1] 欃枪，指彗星。古人认为是凶星，主不吉。

[2] 扈跸，随侍皇帝出行至某处。跸，指帝王的车驾或行幸之处。

[3] 苏禄，即苏禄国，菲律宾古国。位于今苏禄群岛。

[4] 身毒，古人对今印度国名的音译。

[5] 发捻，清朝对太平天国与北方农民起义军（捻军）的称呼。

[6] 英簜，亦作“英荡”。古代竹制的符节，持之以作凭证。后泛指外任官员的印信和证件。

[7] 合肥伯相，即李鸿章（1823—1901），本名章铜，字渐甫、子黻，号少荃（泉）、仪叟、省心，安徽合肥人。淮军、北洋水师的创始人和统帅，官至直隶总督兼北洋通商大臣，授文华殿大学士，卒谥“文忠”。

从西苑直庐晓起策马登西山碧云寺辂儿侍

万柳阴浓上苑莺，离宫一路接云平。
菱荷晓气香逾静，竹柏凉风影倍清。
天半凤鸾常窟宅，山中猿鹤亦恩荣。
侍臣捧出金茎露，羽葆仙幢扈玉京。

咏　史

独凭忠信格豚鱼，不信张弧载鬼车。
帝简有心犹党祸，臣诛无语证爰书[1]。
宋家慈孝帘终撤，商代宽仁网未疏。
为祝延麻天箓眷，风雷长自护陶渔。

[1] 爰书，古代记录囚犯供辞及其他现场勘查与法医检验记录等的文书。

陪祀月夕坛[1] 礼成恭纪

秋色平分夜，天书祠太阴。槐街鸣御仗，桂殿播风琴。
冠剑秋霜肃，旌幢晓露深。瀛桥光凤跸，如水照臣心。

[1] 月夕坛，又名月坛，在北京阜成门外，是明清两代帝王祭祀月神的地方，始建于明嘉靖九年（1530）。明清时代，秋分亥时在月夕坛举行祭祀之礼，其中，每逢丑、辰、未、戌年，皇帝则要亲自赴月坛行祭祀礼。

请假出都小住津门

江天霞唱日轮高，软踏尘红午梦劳。
京国琴装余百衲，溪山帆影长三篙。
书焚谏院诗犹壮，歌饯旗亭酒尚豪。
明月楼台终近水，海门天柱戴灵鳌。

戊戌八月书变法

六合此气机，天地无不变。人心本不同，亦各如其面。
大造为甄陶，五洲夷郡县。一十二万年，循环递周旋。
四百余兆民，经纬界中线。开辟古唐虞，和协万邦遍。
揖让继征诛，圣神相授禅。道统治统垂，万化止于善。
耶苏天主回，于圣亦狂狷。若敖嗤馁而，贾祸发时谚。
民教树党魁，旗鼓僭专擅。井蛙徒吠鸣，市虎惊骇眩。
秉赋无中西，调停息和战。良冶鼓气球，置邮速轮电。
铁路同轨车，火器橐弓箭。杀机日以萌，器机日为便。
法变匪自今，风会相轮转。变赵为灵王，胡服驱兵弁。
变秦佐商君，法网苦诃谴。变宋祸荆公，青苗榷余羡。
为政在得人，徒法休自炫。视彼一孔儒，拘迂囿所见。
不及犹失中，等此谬敷衍。雨雪怅霏霏，先集忽为霰。
新进少年场，势焰漫相煽。圯履进留侯，刀笔震萧椽。
保此明哲身，老成资历练。不腊嗟及虞，蹇叔邦之彦。
宣公与邺侯，时同不推荐。凡民若待兴，鸩毒耽安宴。
休哉夏变夷，维新天命眷。禹吾无间然，高山大川奠。
都俞吁咈尧，复旦卿云绚。于变懋时雍，圣揆无后先。
大麓儆风雷，孺慕申余恋。丰镐盛姜嫄，孝感若操券。

调元鼎鼐功，大化深锤炼。履中复含和，民力罢征缮。
忠信格豚鱼，性理忘尊贱。测算运戎机，勇艺法求卞。
微管几左衽，特笔春秋传。万国式衣冠，重译交欢忭。
尊亲血气伦，畇畇歌夏甸。

李石鹤[1]太史、陈耀秋郎中约同出都次津门，率辂儿为予举觞诗以志谢

云白河黄唱柳青，（杨柳青，津门地名）笙歌排日宴江亭。
津沽七二逢天使，（耀秋出使小吕宋）桃熟三千记岁星。
南极筹添依海屋，东瓯槎泛聚沧溟。
秋花晚节弥珍重，宝筏龙门路几经。

[1] 李石鹤，即李清琦（1856—?），字璧生，号石鹤，福建晋江人。清光绪二十年（1894）进士，为翰林院庶吉士。光绪二十一年（1895），与汪春源、罗秀惠、黄宗鼎、叶题雁等上书都察院代奏光绪帝反对割台。抵制割台后，被授刑部主事，旋改任知县。光绪二十四年（1898），离京返回泉州至终老。

天津沿村栽菊市门赛秋亦盘盎罗列别饶风趣

一棹天河笑问津，秋花谁道不如春。
家家黄菊双螯酒，篱下相逢尽醉人。

经威海卫望胶州旅顺大连湾感赋

问谁司锁钥，终自撤藩篱。竟赋公无渡，遥传表出师。
十年空负扆[1]，一着误残棋。卧榻甘鼾睡，燕云抚壮髀。

[1] 负扆，也作“负依”，背靠屏风。指皇帝临朝听政。

夜渡芝罘[1]偕郑苏龛[2]、吴礼堂、徐少村、张子豫、陈耀秋夜话（五君皆曾充外国参赞总领事官）

明月白如昼，涵虚碧混潮。津沽通蜃气，海市接鹏霄。
风撼波涛壮，星罗岛屿遥。同舟如共济，起舞到中宵。

[1] 芝罘，古称之罘。今山东烟台市芝罘区。是中国历史上最早的外洋通商口岸之一。

[2] 郑苏龛，即郑孝胥（1860—1938），字太夷，号苏龛、海藏、海藏楼主人、夜起庵主等，福建闽侯人。清光绪八年（1882）举人，曾任清政府驻日使馆书记官等职。辛亥革命后以遗老自居，1932 年任伪满洲国总理大臣等职。著有《海藏楼诗集》等。

题罢钓图

曾经沧海风涛壮，好个收帆是顺流。
浅水芦花容我醉，隔江还有未归舟。

出都同次海上简郑苏龛同年（孝胥）

落日鸟投林，离群惊聚散。大漠扬风沙，皎皎云中翰。
南溟有鹍鹏，接翼天之半。绛云任卷舒，侧目尘中看。
回首谢鹰瞵，顾影明河畔。鸿鹄健摩青，时被流云绊。
燕雀巢高堂，亦复罗星弹。大造本至仁，此理胡自判。
一羽托云霄，万古发长叹。

七十二津沽，夜渡蓬莱宿。海上三千年，几见蟠桃熟。

狡狯谢岁星，注寿延丹箓。欢逢天使槎，为我致遥祝。

（余前日初度，同舟五君皆曾远使）

仙侣记同舟，旧事谈徐福（君曾使日本）。

神仙安可求？知足当不辱。

何年归武夷，耦耕还佩犊。虹板泊天桥，移荫垂阳绿。

采采幔亭春，并棹建溪曲。旧梦忆东华，尘劳惊转毂。

海上游龙华寺[1]题壁

十里垂杨五里亭，江南秋尽草青青。
汉家剩有灵光塔，海上鱼龙夜听经。

海山随地现蓬莱，千佛坛场旧讲台。
今日无遮成大会，眼中谁是过江才。

丛菊孤舟梦故园，谁家亭墅赋高轩。（近村多流寓官宅）
秋风莼菜双红袖，说着南朝欲断魂。

一角茶亭蘸水光，绕廊尘拂旧诗墙。
行人系马夕阳堕，御道呼銮夜进香。

杂树流莺结绮春，回车还礼百花神。（新建花神庙）
吴宫夫婿英雄样，（俗传龙华塔为孙刘亲迎故址）
负鼓盲翁演语新。

黄金布地幻楼台，海客瀛谈认劫灰。
拟补桃花三万树，武陵人去又重来。（台乱曾挈眷寓海上）

申园荒后愚园继，次第寻幽访味莼。
一样繁华金谷盛，别饶花影照淞滨。

江城如画剧清嘉，水色山光映暮霞。
不数红桥补秋禊，万家萸菊赛龙华。

[1] 龙华寺，是上海著名的寺庙，江南地区最古老的寺庙之一，始建于宋代。

赠家俊堂[1]兼简荫堂[2]统领

画里家山镜里花，那堪明月共天涯。
叠诗夙许秦淮海[3]，拜衮刚侪邓仲华[4]。
千里名驹儒将种，百年乔木世臣家。
痴仙真个痴于我，泪溢东瀛泊旧槎。

[1] 家俊堂，即林朝崧（1875—1915），字俊堂，号痴仙，台湾彰化县雾峰乡人。林朝栋之族弟，秀才出身。日本据台时，与家人内渡福建泉州，1899 年自上海返台定居。1902 年倡组栎社，任首任理事，被誉为“全台诗界泰斗”。

[2] 荫堂，即林朝栋，字荫堂。里居、阅历见卷首《冯序》注。

[3] 秦淮海，即秦观（1049—1100），字太虚、少游，号淮海居士，江苏高邮人。为婉约派一代词宗，官至太学博士，史馆编修。著有《淮海集》、《淮海居士长短句》等。

[4] 邓仲华，即邓禹（2—58），字仲华，南阳新野（今属河南省）人。东汉初年军事家，辅佐刘秀建立东汉，死后谥号“元侯”。

五律　九首
五古　四首
七绝　三十八首
七律　一十一首
七古　二首
以上古近体共六十四首

福雅堂诗钞卷十四

湖游集

李　冰　校注

吴门赠许豫生[1]观察

（豫生官杭州，奉差督鹾，移驻苏阊）

使君人颂韦苏州，箫鼓承平集雅游。
手把图经订游屐，晴宜山壑雨宜舟。

晓风吹梦到西湖，梅鹤招寻兴不孤。
几载青山曾负约，喜无封禅疏林逋。

吴宫花草不胜春，少日江湖旧酒人。
丝竹当筵动哀乐，眼中东海正扬尘。

异乡加饭兄怜弟，中岁编诗弟慰兄。（近携全稿呈校）
他日天涯重问讯，那堪回首此时情。

通家絮语到家常，老圃秋容耐晚香。
一片姑苏台畔月，万重花影照沧浪。

春好江南赠一枝（承惠盘梅），十年鼎鼐夙相期。
宵来小谢池边梦，记取同舟共济时。

（静弟同以道员指分东浙，近拟出山）

[1] 许豫生，即许贞幹，里居、阅历见卷首《林鹭云先生家传》注。

赠文小坡孝廉

一鞭回首望长安，山到江南眼界宽。
燕市酒诗消浩劫，吴宫花草续余欢。
相逢莫漫谈时局，惜别还当葆岁寒。
风雅只今沦正变，好从湖海订丛残。

淡淡亭廊曲曲楼，万书堆里半园秋。
诗边红袖余青眼，酒畔黄花笑白头。
东海流亡双画管，（君本郑氏，隶旗籍，工画法。近从齐鲁归，言河决情状，辄呜咽流涕）西风消瘦一帘钩。
王孙驿路怜芳草，几辈天涯识马周？

晓发嘉兴

万里吴船盼远程，湖山依旧笑相迎。
亭边唤取归来鹤，修到梅花尚几生？

曝书亭长醉婆娑，唱遍鸳湖百棹歌。
分付明朝舟缓发，吴中烟雨近如何？

一曲潇潇暮雨声，吴娘遗韵不胜情。
旗亭歌板无新语，我亦平明送客行。
（豫生观察分路至沪上）

苕云溪光缀画塍，一帆天远渡嘉兴。
辞官不负西湖约，走马吴山最上层。

敢将虾菜味全吴，杏雨江南兴不孤。

报到先生归去也，可无诗思寄南湖。

一掬湖春品幔亭，烟波深处语樵青[1]。
雨前持较龙团焙，蔡谱重笺证陆经。(龙井茶)

［1］樵青，指女婢。典出唐代颜真卿《浪迹先生玄真子张志和碑》：“肃宗尝锡奴婢各一，玄真配为夫妻，名夫曰‘渔僮’，妻曰‘樵青’。”

莺湖待渡

九华双阁暮潮平，波漾晴虹照影清。(暮虹桥)
湖里人家湖外寺，隔桥穿出棹歌声。

争得湖山半面缘，平沙搁浅泊溪船。
流莺小住浑相识，罨画烟波宿辋川。

莺湖眺远

水光桥市淡宜秋，暧暧湖亭晚更幽。
安得江南新画本，烟波添个夕阳楼。

湖　　游

鸳湖烟雨莺湖月，持较西湖雅俗分。
我亦扁舟乘兴发，烟波佳处鹭鸥群。

鸳湖漫兴

晴川柳港绿毵毵[1]，如画楼台镜倒涵。
忆否春明三月暮？一楼烟雨梦江南。

[1] 毵毵，形容柳树枝条细长的样子。

西湖绝句

晴川穆穆涌金波，亭课蚕桑奈柳何。
若论全湖兴水利，绿杨深处赛茶歌。
（近议拔柳栽桑不如杂莳茶柳）

一笑湖唇证旧缘，野航三两酒诗边。
燕莺识我还怜我，风月销沉八百年。

柳波泖口访春淙，唤渡人归傍午钟。
我正商量补游屐，问梅还上北高峰。

小试湖篷退省庵[1]，天留明月印三潭。
十年问讯诗僧健，弥勒相逢共一龛。（网师曾游台北）

藕灯红飐一帘秋，宋嫂鱼羹韵事留。
指点斜阳正驴背，酒边挥泪说杭州。
（苏杭内地新开租界）

蟋蟀秋原万壑山，相公无复话平蛮。
故乡旧梦红棉寺[2]，云水天涯访半闲。

冒雨冲寒拜鄂祠，六桥残柳扬鞭丝。
燕云海上重回首，我为黄龙惜盛时。

孤山清兴续梅花，舞鹤天章宠翠华。
族谱亭边疏遗稿，一湖汤沐贶林家。
（仁皇御临董其昌《舞鹤赋》，赐和靖祠）

[1] 退省庵，位于杭州西湖小瀛洲（三潭印月）。原为清湘军将领彭玉麟所建之别业。辛亥革命后，改为祭祀明末清初的学者黄宗羲、吕留良等人

的祠堂，称为浙江先贤寺。

［2］红棉寺，位于今广东省广州市越秀山，清道光初年，由僧展鼎堂修建，后湮没。

灵鹫[1]篇

尽日湖堤看花竹，里湖山映前湖绿。
六桥歌棹柳深深，行人尽道朝三竺[2]。
十里长堤五里亭，六朝如梦草青青。
西僧卓锡开灵窟，（晋西僧理慧开山）选佛坛场旧讲经。
鹫云吹堕千峰石，十丈芙蓉嵌空碧。
云根漱劖玉玲珑，网珊倒挂苍虬壁。
灵泉喷薄响春淙，云水千寻溅伏龙。（伏龙溅）
钱王香火灵山会，上界声闻下界钟。
湖山食尽太平福，佣贩湖限斗冰玉。
门前香进大西天，金镂玉琢摧陵谷。（灵鹫之峰不复堆积土壤，疑是前朝人工所搜劖而成，且看前后诸峰，全山皆石者甚多，惜为土所掩）
吴山立马靖康年，拳石瓶花费万钱。
宫妃上苑课鹦鹉，行客天津谶杜鹃。
天教花石纲[3]遗胜，洞霄点缀承平景。
当年中印夜飞来，春花秋月空昙影。
僧伽杨髡颇好事，凿破天根悟来去。
团沙炼石补娲皇，真灵位业参常住。（杨髡将山石全刻佛像，复杂以己像，后人搜出，又从而凿去头面，山灵秀钟竟为彼坏，罪浮于发掘陵寝矣）
珠襦玉匣拚捐弃，竖指龙天掉游臂。
谁为山灵一障羞，别开生面彰神瑞。

上天门对浙江潮，初日扶轮彻九霄。
沧桑历劫犹顽健，谁载灵槎渡石桥。
年来销尽红羊火，说着荒原泪潜堕。
摩挲残蚀补经幢，风吹野烧犹琼朵。
共羡长房能缩地，袖中东海醒余醉。
九华夙梦记仇池，研山清供曾镌字。
我为孤山发幽想，尺五蓬壶补方丈。
不妨飞去复飞来，万树梅花春供养。

[1] 灵鹫，指灵鹫峰，即飞来峰，位于浙江省杭州市灵隐山（今西湖区灵隐路西湖灵隐景区）。
[2] 三竺，指“三天竺”，位于浙江省杭州市灵隐山飞来峰东南的天竺山，有上天竺、中天竺、下天竺三座寺院。
[3] 花石纲，是中国历史上专运送奇花异石以满足皇帝喜好的特殊运输交通名称。在北宋徽宗时，“纲”指一个运输花石的船队，十艘运输船为一“纲”。当时负责花石纲的机构有杭州“造作局”，苏州“应奉局”等。

谒鄂王庙[1] 题十二绝句

海上燕云涕泪多，手攀遗柏恸山河。
金牌不矫黄龙诏，顾盼羞为马伏波。

绕膝云雷贯日星，湖山佳气郁英灵。
平原子弟谈风义，两字“精忠”涅[2]血青。（同行儿辈询：新塑鄂王像背后犹涅“精忠”字否？）

万里长城百战动，风波亭上黯星文。
他年慈圣还宫日，挥泪能谈撼岳军。

衮衮诸公论道年，散关匹马说临边。
于今大事谁能属？为道文官不要钱。

桥畔啼鹃送夕晖，中原变法肇宫闱。
金陀野史文孙泪，犹抱遗编早见几。

（连下二首感寓时事）

冤沉三字痛何如，涂豕翻讹载鬼车。
地下忠魂应把臂，只今无语证爰书。

万梅花下拜遗阡，门对孤山感逝川。
呼取余杯订遗稿，吾家无复谏书传。

墓门遗柏尚青青，缚虎东窗梦未醒。
天许娇娆佐桴鼓，宋家无复小朝廷。

井底银瓶起夜澜，一门忠孝语团圞。
牵衣泉下呼爷慰，悔不生儿作木兰。

蛰龙残桧尚荒山，顽铁何知任铸奸。
但祝天心能悔祸，不谈恩怨亦开颜。

项家书画鄂祠边，花石余纲散暮烟。
一片流芳亭畔月，残僧犹记打碑年。（《湖志》载：项承恩设肆鄂祠旁，卖书画花竹得名，兵燹后，祠碣半多残毁）

圣潮重洗出蒿莱，彭左中兴四杰[3]推。
谁更千秋分一席，望中烟雨几楼台。

［1］鄂王庙，即岳鄂王庙，初名“岳公行祠”，俗称“西瓜庙”。位于今浙江省宁波市鄞州区东钱湖莫枝的湖滨西路。始建于南宋端平年间，为纪念南宋抗金名将岳飞而建。

［2］涅，意为以黑色染物，以墨涂物。

［3］彭左，指彭玉麟、左宗棠。中兴四杰，指晚清四杰：曾国藩、胡林翼、左宗棠、彭玉麟。

湖上谒彭刚直师祠

明圣湖头水，千秋宛待公。龛灵修位业，潭印悟澄空。
香草三湘月，梅花万壑风。岳云高可寄，分荐水仙宫。

海岱澄清日，湖山啸咏年。此间谁伯仲？住世即神仙。
风度得如否？须眉尚宛然。祠堂重下拜，竹柏亦凌烟。

全湖斯福地，谁领小瀛洲。帝诏扬罴虎，臣心狎鹭鸥。
堤环苏子宅，门对白公楼。铁石寒香赋，诗情悟道修。

往岁公筹海，蛮乡导旆旌。
鱼珠浮绝港（公任粤，筑鱼珠炮台），羊石亘重城。
戎马书生策，楼船上将兵。雄边惭子弟，湖水证生平。

湖　　社

放船湖上社，随意弄渔竿。水静得诗趣，岚光入画看。
亭台花秀丽，鸥鹭月清寒。背指孤山岸，沧波浩淼宽。

湖　　曲

暝色澹芳洲，川原入镜流。数家桥上市，独树水边楼。
雨笠双犁健，烟钟一杵幽。湖堤深更曲，风送橹声柔。

湖上高庄六言四首

三分竹二分花，一角青山暮霞。人指辋川图画，我寻源里人家。

其　二

夕阳黄叶村庄，点点遥天雁行。花港断桥何处？数声渔笛沧浪。

其　三

好个湖光山色，亭廊曲曲深深。还带六朝烟水，可无阮啸稽琴？

其　四

领取十景湖船，安排溪山笔砚。春风门巷重来，吹落桃花片片。

吴山[1]览胜

南渡英雄泪，吴山第一峰。云中人立马，湖上客犹龙。
休更谈时局，聊为访旧踪。六桥三竺胜，江还暮烟封。

天堑飞难渡，江山入棹歌。吴淞涵浩淼，越岭郁嵯峨。
冷落霜横岸，空蒙月罨波。中流忍回首，风送夜潮多。

[1] 吴山，因山上有伍子胥祠，又称“胥山”。位于浙江省杭州市西湖东南，其山势绵亘起伏，伸入市区，左带钱塘江，右瞰西湖，为杭州名胜之一。

闻唐薇帅[1]来游湖上久候不值

公奉慈舆访净慈，（时传公奉太夫人就养来浙）
六桥咫尺寄遐思。
梅花湖上游仙棹，棠棣江南颂德碑。
（介弟春卿[2]侍郎提督浙学）
潭月印来鸿雪聚，岳云高寄鹭鸥知。
斗山在望空回首，往事休谈表出师。

[1] 唐薇帅，即唐景崧，字薇卿。里居、阅历见卷十一《东渡感事，呈唐维卿方伯、家时甫星使，兼怀幕府诸公》注。

[2] 春卿，即唐景崇（1844—1913），字春卿。广西灌阳人，唐景崧胞弟。清同治十年（1871）进士，曾任礼部侍郎、浙江学政等职，官至学务大臣兼弼德院顾问大臣，著有《新唐书注》、《经筵讲义稿》等。

俞楼访曲园[1]先生不遇题壁

泉石共桃李，（俞楼为众弟子所葺）湖山属使君。
探花传祖砚，（文孙新及弟）视草动星文。
竺印三潭月，梅封万壑云。我来思撰杖，湖上正斜曛。

[1] 曲园，即俞樾（1821—1907），字荫甫，自号曲园居士，浙江德清人。清道光三十年（1850）进士，曾任翰林院编修。清末著名学者。著有《小浮梅闲话》、《春在堂随笔》等，后辑为《春在堂全书》。

豫生同登沧浪亭辂儿侍

我游沧浪亭，快读《沧浪记》。达观乐其天，海阔群鸿戏。
浩淼凌虚舟，随意欣所寄。苏公谪宦游，因人以传地。
株茆筑数楹，山水发清秘。八百年于兹，林亭阐幽邃。
元明历沧桑，榛莽杂魑魅。斯文视替兴，若或彰灵瑞。
前年遭黄巾，劫火红羊炽。岿然灵石存，导引修废堕。
夙志具澄清，振策夺骐骥。觞咏记升平，少长列其次。
此邦夙富饶，物力东南萃。麋鹿游苏台，三吴兴水利。
矧此名胜遗，官园辟州治。视作课农亭，桑蚕勤抚字。
前楹拓讲堂，芹藻拂苍翠。弦诵鲁诸生，广厦万间庇。
五百祀名贤，鹿洞崇经肄。霁月明竹槐，香风集菱芰。
惟清斯濯缨，孺歌发微义。我公总鹾纲，浙吴饬群吏。

自昔校天禄，(前管书局) 便便腹经笥。
藏书过百城，闳中而外肆。(搜藏吴下旧书)
苏阊远相访，为我导游骑。循览吴山隈，汩汩源头异。
只手障川澜，万流汇洙泗。集虚寓寡营，澄空具圆智。
俭为德之符，廉乃清所自。勿为众物挠，无欲刚斯至。
循吏出大儒，尚友千秋事。苏公诸葛俦，澹泊以明志。
以吾一日长，聊以道吾意。临别相赠言，西风吹老泪。
高居贵不危，绝磴缓游辔。勺水自盟心，乾坤发清气。

偕许豫生访拙政园、顾园、沧浪亭，晚归饮文小坡瘦碧簃，用小坡与楚南王壬秋[1] 西园同赋原韵

多少桃花劫后开，潇潇暮雨泊苏台。
于今茂苑荒芜甚，亭墅斜阳访旧来。

[1] 王壬秋，即王闿运（1832—1916），字壬秋、壬父，号湘绮，人称“湘绮老人”，湖南湘潭人。清咸丰二年（1852）举人，尝客曾国藩幕府。后退归专事讲学，先后主讲于成都尊经书院、长沙思贤讲舍、衡州船山书院，曾任江西高等学堂总教。光绪三十四年（1908），由湖南巡抚岑春煊荐举，特授翰林院检讨，加侍读。辛亥革命后，任国史馆长，兼任参政院参政。

偕豫生访留园归饮灯船

麋鹿姑苏旧有台，一帆天远暮烟开。
莺花七里山塘月，倒泻银河入酒杯。

泛舟虎丘豫生购盘梅见贻

薄暮泊山塘，盘梅度暗香。狮峰明霁色，虎阜冷斜阳。
晓梦传江驿，清谈集野航。一枝春思发，寒岁艳归装。

未泛香溪棹，如探邓尉梅。美人余宿草，（真娘墓[1]）顽石伴经台。
索笑将诗媵，离怀唤酒催。和羹资鼎鼐，流惠到监梅。（君督鹾纲）

[1] 真娘墓，位于江苏省苏州市虎丘山断梁殿外石道右侧。真娘，唐代吴中名妓。

苏阊濒行重别豫生观察

鸿鹄忽高举，流云无定栖。黄莺解相识，惜别惊频啼。
物理尚谓然，那禁心悲凄？相别喜相见，相见还相违。
握手千万言，不敢骤言离。剪烛复剪烛，喔喔鸣朝鸡。
城外寒山钟，残月余半规。推篷何所见？江草侵城围。
雪深没桥岸，冻压江云低。白浪卷山起，孤篙泊前堤。
惘惘重致词，北风东南吹。我今归奉母，越冈辟町畦。
祝君早开府，移节粤东西。访我古花田，醉我旧松溪。
小队出郊垧，春雨鸣一犁。

五律　一十一首

五古　二首

六言　四首

七绝　三十九首

七律　三首

七古　一首

以上古近体共六十首

福雅堂诗钞卷十五

园隐集

张元基　校注

假归岛上寓园遣兴

买田阳羡[1]辞官日，笠屐披图认故林。
晴雨较量花养性，亭轩位置树留阴。
池通泉脉知鱼乐，帘卷书声和鸟吟。
鸾凤不辞香叶宿，青门聊慰种瓜心。

[1] 买田阳羡，指辞官归隐。语本宋代苏轼《菩萨蛮》："买田阳羡吾将老，从来只为溪山好。"

家太仆题图

金谷重开好结邻，（厦岛同拓寓园）燕云回望感鲲身。
万间广厦遮寒士，四海栖流颂善人。
（频年晋豫奇荒、直隶水灾，概捐巨款）
使节屯田群岛利，星轺行部百蛮春。（公在籍拜抚垦之命）
披图我为苍生祝，霖雨东山起旧臣。

陈铁香[1]山长假寓怡园南楼书此奉简

百尺元龙上，文章入选楼。里闾尊北斗，冠盖盛南州。（南陈北薛）
共抱千秋想，（互订吟稿）相期五岳游。
向平婚嫁毕，随地狎闲鸥。

郭泰同舟日，陈蕃下榻年。江湖消岁月，儿女种因缘。
休更谈时事，聊为学放颠。五洲麟凤集，海柱看擎天。（君方办团筹海）

中岁辞官早，天恩许养亲。林园金谷旧，风月玉堂新。（由翰林改秋曹）
星近光常聚，山孤德有邻。武陵寻海上，源里一家春。（君为题“海上武陵”园额）

乡思屯田柳，官闲水部梅。渔樵归计好，松菊暮怀开。
笑我聊充隐，如君老辨才。绿杨移荫美，花影照平台。

[1] 陈铁香，即陈棨仁（1837—1903），字铁香、戟门，福建晋江永宁（今石狮市永宁镇）人，定居泉州城内。清同治十三年（1874）进士，钦点翰林，改官刑部主事，迁直隶知州，诰授中宪大夫花翎知府衔。后离职回乡，曾任厦门玉屏、紫阳等书院主讲。著有《藤花吟馆诗集》等。

酬铁香太史

十年残梦曲江湄，检点襟裾与俗宜。
三五年时涂抹甚，樱桃斜畔酒兼诗。

亚洲党祸肇维新，我亦逢场傀儡人。

太息炊扅垂暮日，五羊何憾虎狼秦。

松菊荒存竹集虚，林亭一角子云[1]居。
骑驴休更寻湖上，闻道千金买谏书。

疏影横斜旧宅梅，十年雨露盼新栽。
鹤书迢递归蓬阆，驿使江南待早开。

风雨联床大梦余，池塘春草赋闲居。
绿杨隔巷东西屋，无复羹调宋嫂鱼。

小山丛桂聚琴尊，绿翳鸣蝉树荫繁。
昨夜针楼传乞巧，老随儿女拜天孙。

鹭田漠漠水云低，绿绕芳塍压槛齐。
回首玉堂春梦觉，辋川添个水禽啼。

柯亭一代尊耆宿，清望蓬莱数建安。
垂老相逢话衣钵，好花应让少年看。（辂儿侍）

[1] 子云，即扬雄（前53—18），字子云，四川成都人。西汉官吏、学者。博览群书，长于辞赋。著有《太玄》、《法言》等。

题陈铁香亲家《藤花馆诗卷》

向平婚嫁叙团圞，诗酒深谈慰旧欢。
翰墨因缘系儿女，商量五岳要平看。

夏鼎商彝配两周，（君精篆籀）吉祥文字映图球。
莱衣昼永珂乡记，福命推君第一流。
（昆季皆起家科甲，假养垂二十年封公仍健在，吾郡无第二家）

只今闽派重骚坛，十子风流数晋安。
谁与替人丁雁水，渔洋津渡壮波澜。

薇花馆接藤花馆，风月婆娑两翰林。
王谢乌衣同学少，绿杨门巷款春深。
（公妹婿龚咏樵[1]太史著《薇花馆行卷》，与公唱和甚多）

［1］龚咏樵，即龚显曾（1841—1885），字毓沂、缵善，号咏樵、盥薇公子，福建晋江人，世居泉州城内。清同治二年（1863）进士，授翰林编修，曾任詹事府赞善，与陈棨仁、黄梧阳等人组织桐阴吟社，是清末泉州有名的诗人和藏书家。著有《薇花吟馆诗存》等。

虎头山感事寄周子迪[1]廉访[2]（莲）

直道长怀父母邦，书成孤愤气难降。
田横自分沉荒岛，坡老何心唱大江。
至竟路言讹市虎，任他云影吠村庞。（市上谰言）
证明功过焚香夜，热血挥残剩此腔。

敢说安刘是灭刘，营门细柳海天秋。
楼船远下窥王浚，（敌舰未退）竹马重迎望细侯。
公论定时疑亦信，民心爱处去还留。
燕云唾手言何壮，金币东南正未休。

［1］周子迪，即周莲（1850—1920），字子迪，贵州省贵筑县（今贵阳市）人。清光绪初年岁贡生，曾任福建漳龙道、厦门道、直隶按察使、福建布政使等职。后告老回江苏如皋，武昌起义时，曾任如皋临时军政总司令。

［2］廉访，底本目录作“方伯”。

周子迪方伯因公莅厦夜宿怡园重谈旧事

对谈家国泪，起舞到宵深。时局竟如此，伤心匪自今。
山河留幻影，(影行乐图) 笙磬悔同音。(虎头山事[1]同受疑谤)
事势成骑虎，聊存补救心。

去年今日酒，燕市吊荆轲。我见犹怜甚，人皆欲杀何。
清时无党祸，乐事足岩阿。天语如存问，余生老薜萝。

万民碑在口，怀旧使君贤。斫剑空悲地，焚香可告天。
虎牙青有日，乌角白何年。薪胆君臣泪，春风范蠡船。

秋圃黄花盛，移觞合醉公。芳心同晚节，雅度挹光风。
小队郊垧外，方壶日月中。广成无量寿，(公避生日) 相约访崆峒。

[1] 虎头山事，指厦门虎头山事件。清光绪二十五年（1899），日本侵略者企图强占厦门虎头山为租界，遭到厦门人民的强烈反对，未能得逞。

周子迪方伯从公鹭门，恰值生日，招同林时甫太仆、陈铁香山长、傅孚伯太守为其称觞，杨西园[1]尚书亦来与会

海上相逢旧使君，我从嵩洛览星文。
起居潞国呼蛮长，练习楼船识汉军。
日近蓬壶原咫尺，夜谈风月要平分。
绣嶰连夕天孙降，太华峰头寄岳云。

[1] 杨西园，即杨岐珍（1836—1903），字西园，安徽寿州（今淮南市）人。

是清末淮军将领。曾任浙江省定海镇总兵、福建水师提督等。光绪十九年（1893）赴厦门视事，修建胡里山炮台基地及厦门海岸炮台群。光绪二十年（1894）奉旨赏加尚书衔。

日本志贺重昂[1]访予厦岛诗以赠之

东亚无忘鲁卫邦，雄谈时局气难降。
早闻东汉夸横海，未分南朝竟割江。
风雨鼾声愁卧榻，（公晨兴过访，适久旱大雨）
湖山情话驻游幢。
星槎喜接天河夜，愧我空余血满腔。

[1] 志贺重昂（1863—1927），日本近代国粹主义代表人物，地理学家，评论家。参与创立政教社，提倡国粹主义。著有《日本风景论》、《南洋时事》等。标题目录无“日本”两字。

家时甫太仆招陪杨西园尚书、延小山方伯菊谳

老圃秋容艳艳开，两家闲煞好楼台。
元戎小队郊坰过，笑指重瀛共举杯。

百宝雕阑百菊名，牙牌金篆注长生。（万寿菊变种名醉寿星）
莼羹糁绿银丝绘，闲注《离骚》品落英。

平沙十里雁来红，雾阁云屏宛在中。
灯映斜阳花映月，后身松雪水精宫。

小泊天河旧使槎，（太仆奉使假归）芙蓉隔岸正初花。
老渔生长秋江上，一样团圞醉落霞。

题丘菽园孝廉风月琴尊图

一曲成连海上琴，天涯寥落慰知音。
年来悟得无弦旨，残荻萧萧风满林。

七风流数过江，（偕易实甫诸君号南中七子）重摩酒垒气难降。
不妨名士多于鲫，（南士又欲侪余于实甫之列）百斛龙文鼎独扛。

天外归舟笑语欢，琴樽无恙月团圞。
他年海国添图记，万里长风送子安。（别绘天外归舟图）

觚棱旧梦忆天阊，瀛岛仙班列首行。
莫道斯人遂风月，万言书上忍言狂。（君上书言事）

洞天五百石玲珑（君居名“五百石洞天”），秋水伊人宛在中。
多少星槎榜南斗，六洲云霭少微宫。

旌旗两岛郑延平，鼓浪山头誓请缨。
乡国相逢述耆旧，把杯犹记夜谈兵。

赠陶筱云[1]太守兼怀陈耀秋郎中、朱礼泉镇军、林仲良通守

目极燕云话战氛，仲宣楼畔盼星文。（太守久于刘敏果幕府）
官场老却二千石，酒垒雄于百万军。
湖上梅开闲结伴，门前柳绿怅离群。
朋樽雅集先生馔（耀秋为太守分房所得士），到处逢迎旧使君。

[1] 陶筱云，当为陶心云，即陶浚宣，号心云。里居、阅历见本卷《易实甫观察（顺鼎）前年三访怡园不值，徘徊题诗而去，今岁陶心云太守（浚

宣）亦然，始信人生一面之难，感前后事，赋诗四首》注。

王季樵[1]少宗伯（锡蕃）游粤遄返，舟泊怡园勾留小住，行将之汴，为诗送之

南华重证大宗师，桃李门墙感旧时。（輅儿蒙咨荐特科）
广厦庇寒名士习，清流遗祸党人碑。
正平挝鼓凭鹦忏，清献焚香只鹤知。
海上相逢慰霖望，东山再出仗安危。

[1] 王季樵，即王锡蕃（1850—?），字季樵，山东黄县（今龙口市）人。清光绪二年（1876）进士，历任福建学政、詹事府少詹事等职，官至署礼部左侍郎。后因参加戊戌变法被罢官。民国后，以先觉者自居，积极参政，曾为议绅等职。著有《经义约选》等。

渡海遇黄公度星使（遵宪）

巨浪长风一叶孤，镜中云海认头颅。
掀髯休更谈时局，落落人寰此士夫。

[1] 黄公度，即黄遵宪（1848—1905），字公度，号人境庐主人、布袋和尚，广东嘉应州（今梅州）人，清光绪二年（1876）举人，曾任中国首任驻日公使、旧金山总领事、驻英参赞、新加坡总领事等职，戊戌变法时署湖南按察使，助巡抚陈宝箴推行新政。著有《人境庐诗草》等。

王斯直[1]渡台捐赈并筹画海防，止而觞之，兼赠同行孙幼谷[2]同年

王谢门风子弟佳，关心时局剧伤怀。

流亡图罢深悲悯，孤愤书成半刺乖。
诗酒江湖侯雪苑[3]，文章台阁李西涯[4]。
相期鳌顶中兴颂（斯直为可庄殿撰哲嗣），
仪凤清声格两阶。

[1] 王斯直，即王孝绳（1873—1912），字彦武，号司直（诗中作斯直），福建闽县（今福州）人。王仁堪之子，历任湖广督署文案，湖北崇阳县知县，湖北候补知府、补用道，川粤汉铁路提调，学部咨议、学部丞参上行走，诰授通议大夫。著有《王苏州（仁堪）遗书》等。

[2] 孙幼谷，即孙葆瑨，号幼谷，福建闽县（今福州）人。清光绪二十三年（1897）举人，官补用知府，历奉天河北道。与陈宝琛等闽绅创办苍霞精舍。

[3] 侯雪苑，即侯方域（1618—1655），字朝宗，号雪苑、杂庸子，河南商丘人。是明末清初散文三大家之一，著有《壮悔堂文集》、《四忆堂诗集》等。

[4] 李西涯，即李东阳（1447—1516），字宾之，号西涯。湖南茶陵人，明天顺八年（1464）进士，官至少师兼太子太师、吏部尚书、华盖殿大学士。死后赠太师，谥号“文正”。是茶陵诗派代表人物，著有《怀麓堂稿》、《怀麓堂诗话》等。

团营留别

江干车马谢公卿，雨过苔痕屐齿平。
搏击未愁鹰隼祸，疏狂聊狎鹭鸥盟。
放将倦眼看余子，哭至穷途慰步兵。（某弁事）
枌社只今存直道，我惭去就太分明。

秋入平芜绿未除，营门折柳转萧疏。
雄边子弟扶唐祚，大长蛮夷答汉书。
其或侮予毋毁室，不妨充隐赋闲居。

侯门妇稚喧松菊，老母欢颜正倚闾。

庚子八月厦门纪事[1]

欢闻洗兵马，聊话小沧桑。风鹤边犹警，池鱼火未殃。
楼船横海合，(各国战船独持公论) 击楫渡江忙。
返照扶桑日，何须羡鲁阳。

[1] 庚子八月厦门纪事，事指1900年8月23日（清光绪二十六年七月二十九日）发生于厦门的“东本愿寺事件”。是日，日本驻厦领事馆暗使日籍台湾浪人在厦门山仔顶制造“东本愿寺”自焚火灾。翌日，借口保护侨民，公然派兵登陆厦门。在美、法、俄、德等西方列强强力干预下，日独霸厦门的阴谋彻底破产，其“北守南进”的国策遭到重挫，从而导致日本山朋有县内阁倒台，并由此催生出鼓浪屿万国租界。

北　望

万骑趋秦陇，双旌扈羽林。主忧臣辱日，石烂海枯心。
南渡撤帘疏，东山破斧吟。中兴诸将在，天语慰雄襟。

独　坐

独坐忘劳怨，焚香只吁天。危疑肩莫卸，委曲数求全。
姜桂终防性，枌榆合让贤。平生持大节，盘错老逾坚。

闻李伯相奉诏北上

津沽七二海东雄，壮士天河竟不功。

局审战和宗伯纪，（宋臣李纲论南渡，惟可战乃可和）
廷争献纳仗文忠。
北朝金币销兵劫，南渡衣冠振士风。
阊阖九霄扶日月，鸿飞遵渚我思公。

哭崇文忠[1]上公（绮）

风云黯黯摧陵谷，东仓奔号北仓哭。
女儿灯散鬼火红，金川门开电光烛。
毒雾吹喷扬飞埃，虫沙劫尽猿鹤来。
蚩尤战局辟千古，机心巧夺无风雷。
抗节孤臣死而已，状元忠孝洵无愧。
甘为厉鬼挞楚秦，天不祚吾斯已矣。
千乘万骑趋新丰，吾皇西行过沛宫。
忧思猛士四方守，草间项羽方重瞳。
爱臣之才惜臣力，臣少自号杨无敌。
可怜马革裹尸还，据鞍早自愁新息。
白莲十亩照莲汀，（公殉节于保定莲汀书院）
一代儒臣亦汗青。
将星黯澹文星殒，垂老彭宣哭两楹。

[1] 崇文忠，即崇绮（1829—1900），字文山，满洲镶黄旗人，初为蒙古正蓝旗。清同治四年（1865）状元，授翰林院修撰。曾任内阁学士、热河都统、盛京将军等职，官至户部尚书。八国联军进京，他留守北京，不久逃至保定自杀。死后谥号“文节”，入祀昭忠祠。

挽李忠节[1]公（秉衡）

谣诼蛾眉生误国，英雄马革殁为神。
此心不泯忠能补，末劫难回义自伸。
一代布衣登上将，九原才子殉孤臣。
凤麟独下天骄拜，始信中原大有人。

[1] 李忠节，即李秉衡（1830—1900），字鉴堂，辽宁省庄河市人。初捐资县丞，累迁知县、知州、知府、广西按察使，安徽、山东巡抚等职，官至巡阅长江水师大臣。义和团运动兴起后，先主剿，继主抚；受命统军阻击八国联军入侵，因战败自杀。死后谥号“忠节”。

题桃梅小筑

世外仙源一水斜，桑麻鸡犬好人家。
问君几度逢渔父，闲话沧桑讯落花。

偷得闲身便是仙，因风小泊亦前缘。
罗浮离合师雄梦，花印晴岚月印川。

赠李子德都尉

湖海相逢不记年，飘萧两鬓尚随肩。
沧桑阅尽蓬莱浅，老去栽花当种田。

谣诼蛾眉一样同，百年勋阀盛门风。
（尊公提兵东粤，为壮烈伯犹子）
隔篱呼酒青天月，闲抱遗经语教忠。

翩翩书记最怜君，槖笔重瀛只卖文。
故里相看成一笑，可能蛮语步参军。

枌榆朋辈几人存？荒岛斜阳水一村。
同住桃源各鸡犬，不妨尊酒赋高轩。

大儿铭存为予制诗舫，偕次儿琼存、四儿铬存、五儿贺存、九儿载存侍游石马江[1]，乘潮泊江东桥[2]，遍览形势，归途访家太仆于白石[3]，对谈直北军事，同游者陈玉耕、冯商岩、麦仲琼、张秩生、徐子钧、林舜臣

石马江头嘘蜃青，鲸呿鳌掣排沧溟。
八百年来成互市，只今市舶横前汀。
有明海寨沿江筑，草鸡谣播摧陵谷。
筹驿犹编海上军，层楼望远飘旗纛。
吾儿访胜颇好事，画船箫鼓自来去。
过江朋旧谈沧桑，（同游多自台北归）明月青天泊牛渚。
行厨馔佐碧葡萄，醉月飞觞酒兴高。
乘潮吊古无远近，太息英雄尽浪淘。
（戚少保备倭，郑延平防海，视同重镇）
江东桥高石齿齿，相传虎渡横波里。
万松山下访遗忠，（家密卿少保[4]）云马风车安在矣。
平原子弟泪潜堕，说著忠魂弱一个。
捷书连夜盼甘泉，谁更中原话曾左。
朝来转缆白石游，溯洄宛在水中洲。
相逢莫漫谈时局，瓜落青门认故侯。

骑驴敢恋湖山美，胆薪谁为雪前耻。
酒边同校吓蛮书，照影终惭大江水。

[1] 石马江，当指漳州九龙江的石码段。

[2] 江东桥，原名虎渡桥，位于福建省九龙江北溪下游，今漳州台商投资区角美镇江东农场西则。是我国古代十大名桥之一。

[3] 白石，即林维源祖籍白石堡莆山，今属福建省龙海市角美镇埔美村吉上社。

[4] 家密卿少保，即林文察，字密卿，卒赠太子少保。里居、阅历见卷首《冯序》注。

红灯照乐府（有序）

北直红灯照，视军事为儿戏，复借神道设教，中外震骇，不能无罪。惟时局瓜分，变在目前。疑谋国者，不得已藉入卫宿，将决一死战，以明孤注。自揣兵力太单，不过借义团叫喊，以助声援。

红灯照者，义团之子若女也。人纵极愚，谁肯假神道，以驱子女于枪林弹雨中？为之子，为之女者，又何遽出此？惟平居受教民凌逼。近胶州某军复毁室侮予，情极难堪。某使之死，四百兆之民心死之也。津商归闽，历言目击红灯女儿，一入兵阵，视死如归，惟恐落后。中外各报，亦历历称述。天生忠义，成此国殇。二十二行省，得此番小儿女，一振疲癃。不特寒众国之心，且壮中原之气，予故以“女田横”美之。

中国自道咸以来，沿海防夷水陆各战，望风奔溃，久为外人所轻。一旦受困于小儿女，倾彼十国之师，不敢复言瓜分。五百田横，虫沙遽化，忠义之激发，为何如也？君子遂不忍以成败论。夫天下亦惟忠义之气，可以固结人心，维持不敝。彼执干戈，以卫社稷者，不独有千古欤？因作《红灯照乐府》。

瓜分图胡为乎？红毛炮日本刀。
乱华者五胡，当关者一夫。
四百余兆民，未甘为羊为犬为夷奴。
请看红灯照，帕首椎胸杂悲笑。
忠义喷薄死如归，寒食梨云依野庙。
桃花马上粉娇儿，甘心碎首李陵碑。
钗裙一旅纲常赖，半壁江山手护持。
我告夷酋且休矣，狼吞蚕食只如此。
鬼雄跳啸五洲来，不敌中华一女子。
擎天只手誓扶清，藉甚男儿事请缨。
他日青州吊荒岛，千秋重见女田横。

鬼联军乐府（有序）

联军北犯，藉言请出公使，犹循公法。惟以公禁毒药，暗轰北仓，尚得谓有人心乎？援俗谚：以鬼黜之。今各国公使俱在，联军恃十国之雄，终不解散，意将何若？而某某谊切同洲，甘为戎首，自谋亦不臧，例以春秋虞虢郑滑。亦慨夫言之鬼联军，一字之诛词涉戏侮。昔高宗伐鬼方[1]，《雅》、《颂》之明证，陈义敷词，各忠所事，知我罪我，公道自在人心。

嗟夫，人鬼殊途，将驱四百余兆之民，同日以殉，此则魍魉伎俩，有是情乎？一城一旅，再造河山，矧三辅雄图宅，是丰镐其所望于同洲之国者。变鲁变齐，毋忘唇齿，又岂终于昊天不吊耶？北来风鹤，西听雨铃，怆而成篇，名曰《鬼联军》。怨诽之词，中心愤激，似昧风人之旨，彼族纵不予谅，予何惧焉！

铁船浮海四万里，颠倒中原成祸水。
开门揖盗鬼揶揄，天心终悔若敖馁。

大鬼跳叫小鬼悲，新鬼旧鬼相诋諆。
津沽七二同天堑，蜉蝣撼树群儿嬉。
海氛羊石逮马江[2]，楼船王浚望风降[3]。
于今互市愁卮漏，问鼎终虞力未扛。
百年元气将谁养？海军船政余榛莽。
太阿倒柄悔同舟，击楫中流还自赏。
可怜不战珠崖弃，孤岛田横为一死。
此番忠愤起义团，战定斯和和可恃。
胆落联军鬼伯雄，十荡十决徒车攻。
鬼门关上鬼王泣，义以和会红灯红。
红灯照，鬼火落，铁甲鱼雷联十国。
鬼头终让亚洲雄，假道于虞人未觉。
盟寒东亚同洲谊，独张鬼计忘唇齿。
千年袍泽德为仇，制挺挞秦谁雪耻？
齐师伐郑灭滑还，掩卷春秋泪如雨。

[1] 高宗伐鬼方，语出自《周易》：“高宗伐鬼方，三年克之。”《诗经·大雅·荡》：“内奰于中国，覃及鬼方。”《毛传》注：“鬼方，远方也。”朱熹《集传》注：“鬼方，远夷之国也。”

[2] 海氛羊石逮马江，指清咸丰七年（1857）十一月英法联军入侵广州的广州城战役和光绪十年（1884）七月法国侵略者入侵福州马尾港的马江战役。

[3] 楼船王浚望风降，晋太康元年（280），晋武帝令王濬率舟舰自成都顺流东下，所向披靡，直抵吴都，东吴孙皓胆破魂飞，缚手而降。

开笼放鹦鹉

开笼放鹉鹦，鹦鹉自回顾。恩怨未分明，三匝犹绕树。

其　二

昔从东海来，今从东海去。返哺不及乌，天涯幸将女。

其　三

少小东海东，琪花斗瑶草。可怜掌中珠，飞堕蒙蒙雾。

其　四

感君意缠绵，群诼莫与处。相爱不言欢，相依敢言苦。

其　五

堂上弄瑶环，使君自有女。离乱贵贱殊，我亦女公子。

其　六

糠覈[1]与豆萁，更及釜中水。饮啄不自由，滴滴怀中泪。

其　七

报恩未了时，再续前缘好。报恩若了时，留待他生补。

其　八

前头未敢言，临别忍无语。金锁复锦绦，休更为君累。

[1] 覈，通“籺”。稻麦舂余的碎屑，多用指粗食。

与家太仆夜话感赋兼寄许豫生观察、郭宾石太守[1]

半帆容与记浮家，几载天河伴使槎。
暮景伤怀聊中酒，秋风多病不宜花。
干戈满目田园好，湖海闲身岁月赊。
休更征蛮谈旧部，太平村社课春茶。

[1] 许豫生，即许贞幹，字豫生。里居、阅历见卷首《许序》注；郭宾石，即郭名昌，号宾石。里居、阅历见卷十《客中书感，寄刘少彭丈、郭宾实同年并示六弟、十一弟，兼申台北之约》注。

豫生、宾石远宦吴楚，少彭、自牧相继逝世，与太仆谈及宾僚旧事彼此泫[1]然率呈

十年同印湖心月，万里相看岳顶云。
乡国飘零双鬓健，海寰征战乱丝纷。
应刘并逝空遗我，嵇阮交情倍忆君。
犵鸟蛮花驯伏腊，珠崖犹表汉家军。

[1] 泫，底本目录作“泣”。

咏　史

鼙鼓渔阳夜渡河，渭桥烽靖单于歌。
他年灵武回銮日，重按霓裳咏大罗。

易实甫观察（顺鼎）前年三访怡园不值，徘徊题诗而去，今岁陶心云[1]太守（浚宣）亦然，始信人生一面之难，感前后事，赋诗四首[2]

西望伤心拜杜鹃，天涯飘泊半华颠。
但将诗话传心曲，岐路苍茫感旧缘。

燕云唾手负雄谈，零落秦淮旧酒衫。
一棹沧江打碑去，那堪回首赋江南。（易君岛事不遂，于厦门南普陀大书深刻纪石而去）

太守风流卖字钱，闲将风俗纪遗篇。
闽南耆旧多新语，好句家家训郑笺。（陶君借卖字而谋开矿，往来漳厦；于械斗、锢婢各陋俗，均纪以长篇）

小桃源里闭门深，花竹萧疏月一林。
鸥鹭闲云自来往，遥天芳草夕阳心。

[1] 陶心云，即陶浚宣（1846—1912），原名祖望，字文冲，号心云、东湖居士、稷山居士，绍兴陶堰人。清光绪二年（1876）举人，官至知府，递升道员，加三品衔，赏戴花翎。后应聘赴广东广雅书院、湖北志书局任职。光绪二十六年（1990）游厦门，主郑霁林家经年。著有《稷庐文集》等。
[2] 首，底本目录作“章”。

庚子十月望夜看月有纪

（是夜，月下五色云现，缤纷万叠，逾时始散。）

灯火楼台十万家，珠光云气灿成霞。
九霄垂露天河静，闲倚中庭看月华。

大雪日集侄资杰、四儿辂存暨诸幼儿女怡园课诗

围炉击钵集团圞，橘绿橙黄兴未阑。
醉里不知风雪冷，早梅传讯隔帘看。

镜窗阑槛碧玲珑，野圃疏篱点缀工。
隔岸亭台映花竹，女墙开遍雁来红。

闻西狩回銮恭纪

星拱云从北极新，九重刍问更佥询。
玉门收骨临诸将，金鉴陈图起旧臣。
晓日重轮光故国，祥风遍野泽先春。
中兴灵武回銮颂，甲洗天河靖远尘。

送延小山[1]方伯赴粤省亲

大海澜回雨霁秋，鲁阳挥日障东流。
（今秋日人之役[2]，赖公转危为安）
万家生佛祠羊祜，（士绅为公建生祠于署前，去之日万民遮道）
五十封侯卜马周。
中外颂声齐恋辙，（各国领事上书政府留任）
梓桑筹济记同舟。（鹤年告假在籍襄办团防）
连圻懋绩图家庆，勋望韦平播六洲。（太封翁开府两粤）

八座承欢书锦开，衮衣人去彩衣回。
一经传世征门荫，万里宣风仗使才。（公久使泰西各国）

货殖有书恢远略，(公倡办保商局，招徕华侨)
常平储赈慰时灾。(小吕宋捐赈)
趋庭好赞迎銮颂，南极星明聚上台。

[1] 延小山，即延年，小山当为其号，正白旗人。荫生出身，光绪二十五年(1899)任兴泉永道。次年调任，二十七年回任。

[2] 日人之役，指日本人制造的“东本愿寺”自焚火灾事件。光绪二十六年(1900)七月二十九日夜，日本驻厦领事馆暗地里指使日籍台湾浪人自焚日人建于厦门山仔顶的东本愿寺，而后嫁祸中方，派兵登陆厦门。兴泉永道延年一方面调兵严防，一方面提请美、英外交官出面干预，还立即致电李鸿章，向日本外务省施加压力。经过紧张交涉，日方被迫撤退军队。

钟德门大令卸同安任诗以送之

鹭门潮接虎门寒，千里烟波浩淼宽。
何武去思[1]公论定，钟期相遇赏音难。
甘随车雨神明宰，朗澈台冰冷澹官。
十载酸醎旧调鼎，初心无负慎加餐。(久任鹾尹)

海上初逢鬓已苍，枕戈同记少年狂。
鱼龙未分珠崖弃，鹰隼终为大漠翔。
天下名山归眼底，(公遍游海岳) 寰中时局只心伤。
寻常离别休言感，家近南阳话武乡。(君与骆文忠同里社)

[1] 何武去思，原意指何武为人仁义厚道，任官时虽没有显赫的名声，离官后却常被人思念。后泛指地方士民对离职贤官的怀念。典出《汉书·何武传》。

黄擸臣[1]孝廉携其长君毓东明经，率乡人垦荒波罗洲，舟次鹭门，诗以送之

两家情话足盘桓，知己天涯洽笑欢。
岛国重瀛恣游览，平原十日小团圆。
敬恭桑梓思筹济，开辟乾坤策治安。
他日扶余远相访，相逢仍是汉衣冠。

[1] 黄擸臣，即黄乃裳（1849—1924），字擸臣、绂丞，号玖美、慕华、退庵居士，福建闽清县人。清光绪二十二年（1896），创办福建近代首份报纸《福报》。光绪二十六年（1900），承包马来西亚北婆罗洲沙捞越诗巫的土地垦殖权，率乡人垦荒。光绪三十一年（1905），受聘主办厦门《福建日日新闻》。辛亥福州起义后，曾任福建军政府交通司司长、广州国民政府高等顾问等职，主编出版《福州音普通字教科书》等。

送陈耀秋京卿赴小吕宋省亲

海天昼锦赋皇华，太傅南陈起旧家。
鲸浪鲲瀛新岛屿，鹭汀鸥溆古烟霞。
数声南浦歌杨柳，三月东风醉杏花。（前科新第）
万里承恩莱子彩，图披家庆泊星槎。

赠台督秘书横泽次郎

风流秘监自翩翩，一笑相寻海外缘。
他日扶桑话东土，有人遥指白云边。
（君昨游漳州朱紫阳白云读书处）

樽酒招邀感故山，吾家遗老尚人间。

（是日家时甫京卿家、荫堂统领同座）

相逢莫漫谈时局，北望觚棱只泪颜。

东邦犹记旧同文，仗义修诚属使君。

（贤东道儿玉源太郎[1]）

唇齿相依痛虞虢，更谁来解乱丝棼？

重洋南尽赋零丁，（余方作粤游）老去羞颜说汗青。
海国飘蓬忠所事，白头东亚抱遗经。（东亚讲席）

[1] 儿玉源太郎（1852—1906），日本近代陆军名将，被誉为明治时期第一智将，曾任桂太郎内阁的陆军大臣、内务大臣，台湾总督等重要职务。

南楼书感示辂儿

大江淘尽几英雄，都在南楼眼界中。
老近蒙聋千事好，身经忧患万缘空。
沐猴且溷场中儡，失马差同塞上翁。
一线纸鸢天尺五，为他儿女盼长风。（儿将奉差海外）

自龙海桥步至海澄[1] 酒后得诗八绝句

龙海桥深九九湾，江城如画好溪山。
夕阳一个芦花岸，无数打鱼人往还。

横江鸥鹭惯冲寒，添得鱼苗竹数竿。
十亩秫田三亩蔗，别饶生计水云宽。

十载瀛谈海客雄，折来杨柳骂东风。
儿家门巷自春色，不及溪南一钓翁。

隔江人说小苏州，卍字晴阑什锦楼。
拾得茶坑旧梅石，米家书画只宜舟。

红棉战雨助江涛，输与楼头百尺高。
传是将军亲手植，蚀残碑石半蓬蒿。
（海澄江口有施靖海手植红棉园址，《去思碑》尚存）

只今海战自年年，旗鼓中原以外天。
杯酒未终棋局变，推枰空负杖头钱。

一声檀板玉玲珑，烛影摇红试晚风。
座客不知头已白，簪花还寿主人翁。

爱寻篱落避尘喧，松绕南冈水抱村。
风月消闲成福地，他年题作谢公墩。

[1] 龙海桥，位于福建省龙海市石码镇竹厝码的九龙江出口。海澄，即今福建龙海市海澄镇，地处九龙江下游汇海之滨，史称“月港”，明代中国海外贸易的著名港口。

过蒯文通墓[1]

武信淮阴语未终，阜城门外鬼灯红。
我来酹酒寻燕市，不吊荆轲吊蒯通。

[1] 蒯文通墓，即蒯通墓，位于山东省淄博市临淄区皇城镇五路口庄东。蒯通，河北省徐水北固城镇人，本名彻。史学家避武帝刘彻讳，追书曰“通”，楚汉时说士。武信君用其策，不战而得赵地三十余城；韩信用其计遂取齐地。汉惠帝时，为丞相曹参之上宾。著有《隽永》等。

画兰赠日本驻厦领事上野专一[1]

隔墙风雨旧邻家，补屋牵萝阅岁华。
今日沧江成小别，独留芳讯到兰花。

[1] 上野专一，清光绪二十六年（1900）任日本驻厦领事。著有《台湾视察复命》等。

寄许豫生廉访绝句八首

百般心事几行诗，半说家常半纪离。
时局关心惟有泪，忍谈家国到安危。

旧游如梦恋西湖，雨打菱荷柳未枯。
一样段家桥畔月，可能闲忆到狂夫。

故交寥落几人存？老屋添茅水一村。
他日相逢话朝市，五陵裘马赋高轩。

清流遗祸党人碑，世运销沉强护持。
天为忠门留将种，秋坟休唱鲍家诗。

秃襟窄袖紫骅骝，骢马巡宣肃贵游。
剧喜雄边谈子弟，有人垂泪颂崖州。

半山经义策长沙，旧学商量邃百家。
好为士风扶正气，源从星宿溯中华。

亚洲东望抱遗经，垂老斯文亦汗青。
款段归来无个事，读书为善守林亭。

异乡风雨弟兄心，牖户绸缪殆未阴。

海柱灵鳌支大厦，盛时遭际主恩深。

（公弥留夕，画兰一帧，题诗数首，其诗即从《画兰赠上野专一》起至《寄许豫生廉访绝句》止，皆是夕所作。脱稿后，倚阑望月，忽痰涌气闭，撒手长逝，距写诗时仅十五分钟耳。抄者注）

五绝　八首
五律　一十一首
七绝　五十九首
七律　二十三首
七古　二首
乐府　二首
以上古近体共一百零五首

福雅堂诗钞卷十六

唱和集

张元基　校注

赠杨雪沧[1]山长(浚)即以奉别

贱子象勺年，游粤辞故乡。口沫蘼芜吟，心仪冠晦堂。
吾家老香溪，诵说音琅琅。道公有奇行，发为古文章。
金石寿英词(精汉隶)，李杜谁颉颃？我生扶桑东，昕夕远相望。
长乃还温陵，值公走伊凉。杖策出关外，书剑事戎行。
气得江山助，文律弥清苍。论战如论文，拥篲[2]诸侯王。
有时借箸筹，直乃张子房。堂堂淮西碑，语陋假文昌。
一言拂袖去，白发嗟为郎。
手焚后谏草，(甲戌疏陈时事，归辟后谏草堂) 热血空填腔。
台澎警倭夷，鲸鳄愁乡邦。出佐李开府，筹海先江防。
建策卫枌榆，抗论须髯张。只今乡父老，流涕望帆樯。
我时竹马迎，焚香拜道旁。炯然嵩洛姿，大漠惊鸾凰。
何期六七载，教铎来遐方。
野乘埽稗篇，(拟修《鹭江志》不果) 树撼群儿狂。
引瞻鹿洞规，自惭学殖荒。一脉衍道南，临风怀紫阳。(主紫阳讲席)
桃李发新阴，旧学重讨商。辱贻秦汉碑，文字生吉祥。
(蒙隶书焦廷寿“利得十倍”四字见贻)
利市谢襕衫，十倍难为偿。闭门注《茶经》，茗战夸旗枪。

秋江枫荻情，残客倦浮梁。(时寓茗战亭，予山居累世业茶)
闻公剥啄来，江流倒清觞。横海赋楼船，浩叹兴望洋。(同作铁甲船议)
同此抱忧时，生长惟海疆。谁与从乘桴，我或他人强。
相见在性情，猥以形迹忘。聚散原有时，感深故意长。
江草绿未歇，下里催琴装。南溟有鲲鹏，仰视天翱翔。
白鹭守空江，泫然心自伤。岸边杨柳风，憔悴多秋霜。
霜枝不堪折，欲语摧愁肠。拾取东篱花，期公晚节香。

[1] 杨雪沧，即杨浚，字雪沧。里居、阅历见卷六《偶检杨雪沧丈〈岛居杂咏〉感题》注。

[2] 拥篲，亦作“拥彗”。拿扫帚扫门，以迎宾客。表示恭敬迎接宾客或长者。

和　作

(晋江) 杨浚 (雪沧)

沉酣栗里客，朝夕耽醉乡。阳乌不肯系，去日已堂堂。
每怀群仙侣，之子奏八琅。永夜不能寐，皓月悬千章。
遐哉南飞鹤，与云何颉颃。梅花开百本，使我孤山望。
一病连三月，天地变炎凉。甚感故人意，念旧书数行。
频年走湖海，结交成老苍。草堂欲栽花，长思录事王。
修蛇嗟赴壑，牡蛎看成房。祝汝乘春令，一阳生百昌。
茫茫烟雾中，何来操筏郎？钓竿挂珊瑚，能作鱼邬腔。
高歌鹭何食？茄蕳[1]非他邦。此洲即白鹭，谏者口谁防。
苍生得环堵，绮翼何分张。请挟万言策，百丈见危樯。
君家寄珠海，来去屯门旁。簸潮指一发，招手骑凤凰。
阳冰不可冶，独立愁炎方。竟发为长句，乃今李白狂。
茗莽辟町畦，力锄千顷荒。稻粱谋亦足，南雁多随阳。
高堂倘得养，何妨九译商。况乃群季俦，佩刀在王祥。

此才胜赵璧，城可十五偿。水仙楼上客，感时窥天枪。
（尊公兰圃方伯游粤，曾上《防海御夷诸策》于林文忠，多见施行兼赞成禁烟）
为谁青铜树，万牛回栋梁。呼儿更翦烛，劝我累十觞。
忽别隔颜色，思君心浩洋。海水知天寒，彼此守一疆。
君其崇明德，努力爱时光。予亦饵云母，差喜筋骸强。
千秋金石姿，岁晚毋相忘。视彼腐雏辈，奚须较短长。
勿言老丑妇，曾炫金蟒装。风云时叵测，天许冥鸿翔。
泠泠倚修竹，翠袖美人伤。相期谒东君，旭日解严霜。
黧面转春华，葆此冰雪肠。剡藤足牢守，化为黑蛟香。

[1] 茄蔤，《尔雅》曰："荷芙蕖，其茎茄，其本蔤。"

和瞻云病起有作

陈琳佳檄杜陵诗，枕畔消闲却病宜。
折取黄花怜瘦影，抛来红豆慰相思。（眷属南来）
快游海外销金窟，牵得人间续命丝。
从此团圞集家庆，椿萱长健棣花怡。

瞻云原作

昨宵新雨乍潇潇，凉意随风入绛绡。
诗债似从秋信逼，病魔疑逐暑氛消。
药炉伴久生憎厌，茶碗初亲破寂寥。
且喜逋仙还健在，梅花如放未无聊。

和家悟村见赠原韵

丝竹生徒只隔屏，马融帐下独垂青。

文章自昔尊宗匠，骚雅于今见典型。
约略明游吟夜雨，细谈耆旧感晨星。
别来犹把瑶篇寄，拟当寒岩陋室铭。

踏马冲寒夜款关，挑灯述旧未缘悭。
三千里外伤离合，十二年来数往还。
诗学吾宗林子羽[1]，义方人仰窦燕山[2]。
怜才欲向西风诉，安得欢颜庇万间。

[1] 林子羽，即林鸿，字子羽，福建省福清县人。明洪武初，以荐授将乐县训导，官至礼部精膳司员外郎。善作诗，诗法盛唐，为“闽中十才子”之首。著有《鸣盛集》等。

[2] 窦燕山，原名窦禹钧，五代后晋时期蓟州渔阳（今天津市蓟县）人。教子有义方，五子先后登科及第。

和李子虎[1]先生（长荣）见赠原韵

绿杨深巷架朱藤，醉里光阴酒数升。
五岭以南留此席，三家而后见传灯。
文能寿世筹添海，气短怜才局似冰。
未许先生栽五柳，三唐间气应中兴。

华年书剑滞佗城，结得芳邻醉太平。（同居太平烟浒[2]）
竹马旧游深柳宅，花田闲话小蓬瀛。
登楼我独追王粲，入洛谁能誉贾生。
予季商量知己感，只惭温饱负科名。（曾为六弟议婚）

[1] 李子虎，即李长荣（1813—1877），字子黼、子虎、紫黼、文炳，号子虎居士，斋号柳堂、深柳堂，广东南海人。世居广州。曾任广州教谕等职。工诗画。著有《柳堂诗话》等。

［2］太平烟浒，林鹤年一家位于广州太平沙的寓所，详见卷五《丙申春太平烟浒寓庐重葺落成志喜》注。

香江杂感酬郭筠仙[1]星使兼呈丁雨生[2]师

参军蛮语旧乡关，南弃珠崖竟不还。
海外已成新战国，此邦犹有太平山。（山名）

百川澜挽莫东之，衮衮诸公际盛时。
谁信中原成祸水，海门终古限华夷。

缥缈虚无幻蜃楼，聚谈海客胜瀛洲。
三环米贱鱼虾贵，万户全权属富侯。

六街灯市敞层霄，横海楼船锁铁桥。
十万雄兵关外宿，有谁来射越王潮？

漏卮无计挽生灵，一疏投荒亦汗青。
地下若逢文信国，也应同泪赋零丁。
（港夷至今能谈林文忠零丁洋焚罂粟）

谁从海上称苏武？节钺曾闻拥百城。
（汉阳相国经香江题诗，自署“海上苏武”）
翻为神仙误忠孝，袖将图地献书生。
（长春仙馆求仙，酿成丁巳之变）

此间纵美非吾土，板屋秦风郑卫歌。
物力日饶民力薄，东南生计已无多。

路斜裙带客翩翩，几辈三河旧少年。
赢得黄金浣纱女，忧时同泛五湖船。（香港又名裙带路）

［1］郭筠仙，即郭嵩焘（1818—1891），字伯琛，号筠仙，湖南湘阴人。清道

光二十七年（1847）进士，曾任南书房行走、署理广东巡抚、福建按察使、清政府驻英法公使等职。是中国史上首位驻外外交官。著有《使西纪程》、《郭嵩焘奏稿》等。

[2] 丁雨生，即丁日昌（1823—1882），字禹生、雨生，号持静，广东省丰顺县人。清道光二十二年（1842）秀才，曾任广东琼州学训导、江西万安知县、江苏巡抚、福建船政大臣等职。尤爱搜聚典籍，是清代三大藏书家之一，辑有《持静斋书目》，著有《丁禹生政书》等。

和铁树子自忏诗次原韵

阿铁偶借罂粟排闷，自忏诗防溺也，非有所嗜，自忏以忏人，予因其意以和之。

是子崛强性，无乃赋畀偏。枯坐铁树堂，百虑方忧煎。
觌面何黧黑，濡墨同张颠。（君善书）
抱此烟霞癖，襟泪长自怜。
不学宰予寝，定作袁安眠。天地无昼夜，于人亦块然。
明知苦海深，偏为獭驱渊。欲回是岸头，头回亦无边。
安得转轮王，大发菩提禅。灵府瀹众生，肠胃涤腥膻。
一十二万年，娲皇炼石穿。面目反[1]本来，共饮灵山泉。
洪水决四夷，一画天开先。何处惹烟尘？龙卧风雷鞭。
茫茫造化心，欲质古圣贤。伤哉我文忠，条禁警风愆。
借子发长叹，涅磨[2]终白坚。

[1] 反，通“返”。

[2] 涅磨，即磨涅，比喻所经受的考验、折磨或外界的影响。语出《论语》。

次韵冯大诏南春游诗

杏花消息曲江春，无赖东风惯笑人。
同是少年闲里过，好从江月证吟身。

和钟友见赠原韵

千寻劲节欲摩空，为报平安与昔同。（竹园同学）
冬学闹邻思少日，秋风抟翮盼长风。
沧桑旧事谈逾密，诗酒生涯兴未穷。
记共钟期赋流水，太平烟浒雨蒙蒙。

赠冯大诏南[1]

吾交冯大才总角，吉祥止止呈金鹫。
九龄能作擘窠书，间名早已惊先觉。
头角峥嵘异诸儿，直笏朝天森五岳。
稍长独以文字雄，中原逐鹿分西东。
我遁瓯闽君守粤，三舍之避谁撄锋？
当时意气罗星斗，高踏鳌背鞭苍龙。
鸾凰失路莺鸠笑，十年事往徒呼风。
大材难用君莫悲，此意惟有苍苍知。
美人香草离骚怨，女婴群啄嫉蛾眉。
江湖憔悴书生面，旧时门馆沧桑变。
老仆重谈上学年，题来同砚余秋扇。
儿时书味夜灯知，落拓雄心犹未倦。
谁把黄金铸蔡邕，斯人定不长贫贱。

朝来别向桃花水，珍重情怀托双鲤。
努力随时爱景光，天涯何处无知己？
路逢大树揖将军，屠狗卖浆聊复尔。
关外俄罗未息兵，横鞭三万六千里。

[1] 冯大诏南，即冯兆焌，字诏南，广东鹤山人。

赠仇少川茂才（汝森）

举头明月好，一笑大江横。随遇心常泰，无求气自平。
清闲修我福，耐久见朋情。落落谈肝胆，秋风剑欲鸣。

浮云交态薄，吾道未蹉跎。理义甘刍豢，风流谢绮罗。
文章千古少，裘马五陵多。莫作升沉想，乾坤足啸歌。

次冯大赠别原韵

旧雨续新知，欢逢能几时？豪情倾北海，高会忆南皮。
我自迎桃叶，君烦折柳枝。倚闾老亲望，遑敢恋驱驰。

友箴酬姊聟[1] 冯蓬樵太守兼呈冯展云宫詹[2]

斯民三代直，吾道未难行。结契自贫贱，交情逾弟兄。
敢云善忠告，聊托不平鸣。谈笑率真性，脂韦耻近名。
微言知己感，遗议路人轻。神鬼惊狂态，乾坤矢正声。
披襟露肝胆，沽酒话平生。冬岭孤松秀，春江夜月明。
壶冰原皎皎，炉铁自铮铮。众醉难为醒，孤芳叹独清。
热肠羞妾妇，冷眼识公卿。世事江河下，时贤水火争。
桂姜参老境，金石喻交情。道以彝伦重，身非宠辱惊。

经纶关学养，担荷表忠诚。夙负澄清志，无忘鸥鹭盟。
千秋期一诺，何以答升平。

[1] 聟，古同“婿”。
[2] 冯蓬樵，即冯誉骀，字逢樵。里居、阅历见卷首《冯序》注。冯展云，即冯誉骥，号展云。里居、阅历见卷首《林鼇云先生家传》注。

次韵王永吉处士励志诗，兼示资玳、资诚、资志、资敏侄

清风明月涤尘劳，老屋空山注《楚骚》。
潜壑蛟龙归海阔，入云鹰隼盼天高。
蓬山万里思回棹，芸馆三清待珥毫。
吉谶胪传同应运，嘉宾鸣鹿赋苹蒿。

次韵酬杨西庚[1]明府

苍霖久已望来苏，经世文章属大儒。
扬意不逢休自惜，（君尚挂部议）岫云还忆故山无？

[1] 杨西庚，即杨宝吾，湖南靖州人。清咸丰十一年（1861）拔贡，任福建屏南县、台湾府彰化县、嘉义县知县等职。

和杨雪沧观察雁门策马图诗次原韵

一夜西风渡海门，掉头云梦气全吞。（时同客厦门）
旧谈关塞英雄泪，老卧湖山圣主恩。
红柳晓烟孤雁影，绿榕秋雨乱鸦昏。

记逢款段归来日，短鬓忧时尚雪痕。

南八临淮结侠儿，平闽书上受降时。
竹枝杨铁添新唱，笳拍文姬动古思。
星傍掖垣推掌故，（历官中书）风清铃阁说恩知。（久参恪靖伯[1]幕府）
雄心直寄凌烟上，横梅楼船望六师。（近日海疆筹防）

[1] 恪靖伯，即左宗棠（1812—1885），字季高，一字朴存，号湘上农人，湖南长沙人。道光七年（1827）举人，咸丰二年（1852），入佐湖南巡抚幕府，抗击太平军。历兵部郎中、浙江巡抚、闽浙总督等职，官至东阁大学士、军机大臣，封二等恪靖侯。

次韵酬黎铁盦[1]方伯（兆棠）

琴鹤东来宦迹新，天涯风雨话前因。
河汾门第怀师友，粤岳湖山旧主宾。
筹海伏波经世略，理财刘晏救时人。
书生戎马归来日，笠屐花田好结邻。（在粤同寓南城）

[1] 黎铁盦，即黎兆棠（1826—1894），字兰仲、召民，号铁盦，广东顺德人。清咸丰三年（1853）进士，任按察使，衔分巡台湾兵备道、津海关道、台湾道台、福建船政大臣、光禄寺卿等职。后曾筹办宏远公司、上海机器织布局，主持筹议、筹建开平煤矿。

酬邓五少文

仲华当日太翩翩，走马城南旧少年。
足迹壮游天下半，交情高在古人前。
豪怀阅历归平澹，时事艰难学放颠。
我悔行藏君亦尔，平生还有读书缘。

次冯大诏南原韵

肯为流俗赏，终负故人心。浩浩江河下，寥寥太古音。
草茅余坐论，风雨记招寻。有曲高难和，无弦德自愔。

诏南原作

（鹤山）冯兆炆（诏南）

不起文字祸，须平矜躁心。涕洟容唾面，笙磬赖同音。
能退即为进，枉尺嗤直寻。委怀惟任运，琴德自愔愔。

帆影与杨雪沧丈同赋

冲开烟雾快南游，无恙归桡白鹭洲。（时自粤航海归）
泛月偶随湘水转，饱风何待夕阳收。
鱼龙惊沸中流柱，星汉虚涵破浪舟。
十幅新蒲依旧展，青山红树半遮留。

湘帘和杨雪沧丈韵

槛外长江景物非，泪痕终古入帘衣。
朝看南岳悬新瀑，暮卷西山送落晖。
香草美人空怅望，白云明月尚依稀。
只余一桁青峰在，花雨残栊有梦归。

雪沧原作

［杨浚］

君山万里认依稀，反挂珊瑚待燕归。

人影几重仙子瑟，泪痕一桁女郎衣。
数峰不见垂明月，流水无情漾夕晖。
下却玲珑望颜色，九疑对面是耶非。

和吴二纶堂[1]

客里光阴驿路梅，天涯鹿洞报花开。
逢人笑说林和靖，曾抱孤山冷雪来。

明月罗浮古佛庵，铁桥寒筱碧篸篸。
宵来应作师雄梦，少日清游忆岭南。

官阁梅开伴冷官，钱塘风月海天宽。
此行放鹤亭边过，万树寒香仔细餐。

浪迹江湖愿受廛，偷闲聊复耸诗肩。
竹梅迸作平安讯，花事回头又一年。

[1] 吴二纶堂，即吴大经，字纶堂。里居、阅历见卷六《吴纶堂以苏笑三画水仙帐子索诗》注。

和罗縠臣房师[1]（大佑）闱中次苏文忠监试诗用原韵

科场斗秀才，辛苦附增廪。有明尊制科，此例胡所禀。
作俑始半山，流祸逾千稔。寥寥古元音，窳尊[2]薄坏［杯］饮。
花样习时趋，泼墨余旁沈。鄙以砖敲门，谁复瞻士品？
觥觥少宗伯，正色羞厉荏。分校列诸贤，正鹄自端审。
吾师罗豫章，悯世嗟太甚。只手障回澜，匪独夸制锦。
结网珠媚渊，披沙金杂碜。猛力着先鞭，驹齿危踔踸[3]。

士为器识先，大节冰渊凛。龙门百尺桐，下有惊鱼淰。
好音如我怀，高歌桑食葚。安得济时艰，苍生登席衽？
重华烂卿云，股肱思作朕。帝曰惟旁求，士习贵端谂。
太羹元酒陈，饐餲薄众饪。衮衮罗诸贤，我愧蜂腰沉。
大匠朽木雕，为昼斯戒寝。袖上策万言，梨枣千秋锓。
伤哉杜樊川，罪言胡不噤。卧榻千声鼾，闻鸡聊警枕。

[1] 罗穀臣，即罗大佑（1849—1892），字辅贤，号穀臣、栗园，江西九江市人。清同治十年（1871）进士，任福建惠安、永安、晋江、闽县等知县、福建海防同知、署理台南知府等职，死后清廷追赠太仆寺正卿。著有《栗园诗钞》等。房师，明清两代科举制度中，举人、进士对荐举本人试卷的同考官的尊称。

[2] 尊，通“樽”。

[3] 踔踸，行走不稳貌，比喻坎坷不得志。

罗房师原作

［罗大佑］

书生乏经纶，鼠雀窃官廪。尘坱日纷哄，簿领杂承禀。
榛芜荒旧业，废壤不复稔。每逢瑶章投，如挹琼浆饮。
东南富文学，十斛泼墨沈。分校再滥竽，月旦敢题品？
披条莫掇英，拾豆惧遗荏。千佛经灿陈，五色目宜审。
回思少小时，画眉狼籍甚。战艺偶获标，学制讵成锦。
慢膺实糠覈，空腹杂沙碜。常怀策驽骀，及此愁踔踸。
主司当代杰，风节秋霜凛。蛟鼍掣沧溟，鲵鲸动惊淰。
时当狐跳梁，疮比鸠啄葚。重瀛久摩肩，卧榻竟连衽。
九重宣明诏，曰惟贤弼朕。圣心颇空贮，臣计当密谂。
监梅资元调，醯醢陋凡饪。奇英搜晁贾，浮艳谢江沉。
钧天奏笙韶，筝笛繁声寝。寄语白袍人，虫篆漫雕锓。

狂言得世忌，欲发口屡噤。抛卷梦游仙，思藉邯郸枕。

邱小瓶（嘉澍）赠诗次韵作答

多少燕云眼底收，金台觞咏快同游。
花因耐雪情原冷，草为经风力倍遒。
夙许经师分一席，每闻风谊足千秋。
艰难时局凭谁话，江海如今已横流。

癸未会试，同寓丘君嘉澍同出第三房，均挑取誊录，赋诗奉柬即以志慨，兼呈房师黄吉裳[1]先生

（同科挑誊录林如玉、陈与同合丘君与余福建共四人。吉裳师云：林君如玉初拟元，以误一字落卷。）

绿章宵奏玉皇前，一曲霓裳小谪仙，
香火人间缘未了，回头羞说大罗天。

淮南鸡犬恋刘安，劫历空余九转丹。
同是上清供洒扫，不司符箓隶仙官。（誊录例得倩充）

头衔国史亦清华，（同签分国史馆）簪笔恩承处士家。
听说层霄多雨露，好春还放隔年花。

翻从落第序同年，千佛名经有补篇。
一夜逢莱水清浅，后开船胜早开船。（吉裳师谓：余卷早到，初拟前列，递降三次至榜将发，方以绩到卷改易）

欧阳门下受恩深，磨蝎[2]都成并命禽。

气数不常知己感，期君无负岁寒心。

[1] 黄吉裳，即黄卓元（1853—1903），字吉裳，贵州省贵阳市清镇人。清同治十三年（1874 年）进士，历任翰林院编修、云南乡试副考官、四川省乡试正考官、江西省督学等职。后休官回乡，在贵山书院执教。

[2] 磨蝎，为“磨蝎宫”的省称，星宿名。旧时迷信星象的人认为，生平行事常遭挫折者为遭逢磨蝎。

安宇和韵

（崇安）翁昭泰[1]（安宇）

好音忽到绿樽前，艳说蓬莱列上仙。（榜前传君卷进呈）
台阁分明云际现，罡风吹落九重天。

才名几日遍长安，欲寿斯民信有丹。
（宋句：“我亦有丹君信否？用时还解寿斯民”）
宣室倘蒙前席问，谏书应自厌千官。（君乡闱试策条陈时务）

梅有前因气自华，孤山一脉旧诗家。
待时牢把贞心抱，迟早终开富贵花。（君弱冠赋《未开牡丹诗》有“贞心待奏清平调，冷眼争趋富贵场”，为王文勤所赏）

瀛岛神游不计年，问津遍览百家篇。
纵饶弱水三千里，要渡终乘破浪船。

弱冠论交志气深，闽南燕北逐翔禽。
他年倘得春风意，岂仅看花一日心。

[1] 翁昭泰，号安宇。里居、阅历见卷首《翁序》注。

韦生和韵

（诏安）林壬[1]（韦生）

神山已到又回船，竟作人间有漏仙。
得失自关前定事，梦回锁院[2]五更天。（君自述闱中梦兆甚详）

趋衙听鼓宦途难，老蠹还寻换骨丹。
债帅赀郎知几许，多君心早薄粗官。

董醇贾茂擅才华，射策兰成本作家。
安得金鎞[3]为刮眼，免他朱碧误看花。

翰墨何妨证夙缘，先钞紫府视萌篇。
他年橐笔金鳌顶，不数裴家下水船。

相逢燕市酒杯深，归去聊为汗漫吟。
一片卢沟桥上月，故应愁照别离心。

[1] 林壬（1848—1887），字二有，福建诏安人。清光绪三年（1877）进士，授翰林院编修，兼国史馆协修。光绪十一年（1885），任山西乡试主考。
[2] 锁院，指科举考场。
[3] 金鎞，亦作“金錍”、“金篦”。古代治眼病的工具，形如箭头。用来刮眼膜，据说可使盲者复明。

酬邓铁香[1]京卿（承修）咏宋史

感安南三宣提督刘公永福结义团事

梁山泺接缩头湖，鱼长公然武大夫。
挞懒楚州闻夜遁，五千还见渡江无。

[1] 邓铁香，即邓承修（1841—1892），字铁香，号伯讷，广东归善（今惠阳县）人。清咸丰十一年（1861）举人，历任刑部郎中、浙江道、江南道、云南道监察御史等职，官至鸿胪寺正卿。以大胆谏言，弹劾不避权贵见称，有“铁面御史”之誉。著有《语冰阁奏疏》等。

和翁安宇[1]

歧途风雨正交加，同是天涯别恨赊。
失路忍呼群里雁，谈天翻避井中蛙。
梦迷彩笔愁江令，手抱青琴碎伯牙。
志在未应长伏枥，壮心聊与惜年华。

[1] 翁安宇，即翁昭泰，号安宇。里居、阅历见卷首《翁序》注。

安宇原唱

［翁昭泰］

当途青眼枉相加，两作刘蕡遇太赊。
得失明知同塞马，公私真欲问鸣蛙。
论文憾已无毫发，得句香常溢齿牙。
情若弟昆偏爱我，联床风雨客京华。

松幢纪梦（有序）

辛卯四月二十五日晌午，水仙宫南楼摊饭[1]。忽梦身归旧刹，跌［趺］坐禅床，经课钟声，一如常住。堂餐甫罢，方丈传呼。历数重院落，松花铺地，群鹤回翔。步至后山，石壁撑霄，磨崖篆“松幢”二字，大逾丈。万松盘磴，轮月当空。长老坐半山茅庵，初出定，貌清癯，酷类座师宝公（师数月前归道山）。余旁参，长老忽作色曰："汝从何处来？"答曰："从来处来。"曰："来太早了，且汝名心未忘，既悟去来，当作些子事业，方不负此行。惟暇时多读书，以补禅门课诵。汝自幼献花宝幢，香火灵山，相随度世，从因缘生快活；由快活生烦恼，但须防堕落。"既而叹曰："蓬莱会有清浅时。"因求慧指，曰："当一日和尚，便撞一日钟，汝还不醒？"推枕揩眼，耳畔犹觉天风海涛、松声谡谡，因作《松幢纪梦》诗十四绝句。

松幢归梦太匆匆，云脚栖来第几峰？
龛火未残香未烬，五更犹记旧撞钟。

残衲偎寒半掩关，醒来高唱念家山。
老僧指我忘归石，且憩茅团半日间。

一片孤云万树松，鹤栖云顶怕留踪。
缘何上界诸天月，似向人间半面逢。

故山瓶钵礼旃檀，且向堂参补一餐。
惹得沙弥含半笑，再来饭后晓钟残。

松花如雨故飞飞，嚼尽寒香貌不肥。
尽有热肠还故我，不妨风雪卧牛衣。

师门慧指愧传灯，云水天涯记旧曾。
今日蒲团浑未破，打包行脚我犹能。
（在都时，宝师屡约游西山）

名心未净息禅机，蓬阆清时愿也违。
早向真灵修位业，丹山无奈凤凰饥。

九仙风骨剧清寒，万种尘劳一梦看。
无用拨寻煨芋火，此中滋味懒尤残。
（宝师升少宗伯向用方殷，旋即自劾去官）

说法砭顽石亦灵，谁驯狮吼妙音听？
十年悔具降龙手，为语鸠盘补绣经。

丰干饶舌自年年，游戏楞严十种仙。
香火灵山如有约，几人无负读书缘？

[1] 摊饭，午睡。典出宋代陆游《春晚村居杂赋》诗，自注："东坡先生谓晨饮为浇书，李黄门谓午睡为摊饭。"

纪梦诗成为松幢盘陀更下一转语

一饭谁怜且赁春，人生何处不相逢？
他年王播归来日，多谢阇黎为补钟。

鹤到重霄倦不辞，十年心事老松知。
化为龙去应回首，犹恋余阴借一枝。

瞻云和诗（并引）

林尧年[1]（瞻云）

《纪梦诗》乃松幢尊者因梦悟空，由空返本，即本生情，缘情证道，以道感时。然师门谊重，于此中三致意焉。尧年少羸多病，久悟拈花，况丝竹，中年易生感慨。记总角时，梦入祇园，万树菩提婆娑，作果圆大异李，深红异桃。自后三五年辄梦，梦游至石辄止。近旅病台北，复入槐柯，故山如在醒。逾日，恰《松幢诗》来，中有所触，爰笔和之，亦子由侍坡公洞山说梦为五戒和尚，痛加针砭，使还旧规矣。

刹那一梦悟匆匆，面壁拈禅证旧峰。
万树菩提沙数佛，寒山同打十年钟。

古木寒云日闭关，潺潺流水响高山。
年来诗偈参难了，只买蒲团一个闲。

残云补衲万针松，世外偏留文字踪。
漫笑老龙鳞甲秃，海天无际又相逢。

洗将铜钵注沉檀，嚼取松花当晚餐。
囊里有无皆本分，不知人世又春残。

山门闲步看云飞，病后癯昙觉竹肥。
世路近来荆棘遍，防他钩住水田衣。

兰湖飘定一龛灯，芋火同煨记昔曾。
（余总角随兄读书兰湖煨芋寄庐）
若使买梅三百树，菜根重咬可犹能？

息将群籁悟生机，枯坐如愚愿不违。
漫笑饿乡兄弟少，西山曾伴古人饥。
（蓝鹿洲[1]先生旅台时曾撰《饿乡记》）

琼楼高耸不知寒，尘世华胥眼倦看。
为问邯郸钟道士，黄粱可许待炊残？

不碍人情即性灵，谈诗原许毒龙听。
粲花久已工饶舌，欲绣南华未买经。

娱情丝竹感中年，悔掷黄金铸浪仙。
天女月娥皆色相，谁从仙佛判因缘？

松涛倒泻水频春，五戒幢边一笑逢。
梦觉当前圆海会，大愚风雨响心钟。

春草池塘病起时，离怀如许夕阳知。
诗成愧乏生花笔，拟乞江郎借一枝。
（兄少时梦异人授彩笔一束）

[1] 林尧年，字瞻云，林鹤年之十一弟。

[2] 蓝鹿洲，即蓝鼎元（1680—1733），字玉霖、任庵，号鹿洲，福建省漳浦县人。清康熙六十年（1721），佐其族兄蓝廷珍平定台湾朱一贵起义军，功授广东普宁知县，后升广州知府。曾从厦门乘船出发考察福建、浙江等沿海岛屿。著有《平台纪略》、《鹿洲公案》等。

静云和诗（后二首）

林松年[1]（静云）

云碓千声罢午舂，山厨香积笑相蓬［逢］。
自怜烧火头陀伴，敢向人间浪打钟。

大嚼屠门有悟时，醍醐未许钝根知。
参来米汁通禅悦，倒着袈裟唱挂枝。

[1] 林松年，字静云，林鹤年之六弟。

和王金波大令见赠原韵

东谷西村响未沉，遥从汉上续题襟。
仲宣素抱登楼感，伯乐终偿伏枥心。
一院桐花联雅唱，三春桃浪听佳音。
有缘补入霓裳队，香案叨陪玉局吟。

王大令以诗奖赠季姬依韵代答

香草离忧属美人，捧心无语更含颦。
归来共索巡檐笑，妒杀樱桃点绛唇。

依旧孤山惬素心，梅花眷属伴清吟。
多生绮语浑难忏，惹得诗人托赏音。（姬人读金波之

诗，有“这王郎是斫地王郎，非天壤王郎”之语，故蒙赐诗奖赠)

芦帘纸阁澹宜家，莺蝶嬉春莫浪哗。
长日消寒无个事，替郎调墨仿簪花。

消息山茶祝雨前，宜春吉语写红笺。
愿郎只学龙团样，对品瓶笙玉局仙。

撩人软语果天成，谱入旗亭分外清。
杨柳玉关休怨别，天涯何地不云英。

添香问字旧仙姬，黄绢休猜孝女碑。
争似桥边换鹅媪，羲之题后笑开眉。

大令叠韵再赠，余亦叠以和之

年年马背复船唇，人日题诗寄故人。
今日草堂闲斗句，柳条春弄展双颦。

檐鹊朝来噪好音，灯花宵半结同心。
无端惹得香闺笑，好事消磨彻夜吟。

妇子团圞笑语哗，岁朝清供满山家。
祝如侬愿如郎愿，走马迎看阆苑花。

诗家眷属酒家仙，十幅闲情付薛笺。
慧舌巧偷还忏绮，却缘鹦鹉在头前。

乌衣王谢集群英，咏絮才高雪比清。
遏末封胡传后起，齐看射策庾兰成[1]。

红袖香围愧妙姬，诗余同校汉唐碑。
慈恩雁塔题名在，寄与萧郎一展眉。

[1] 庾兰成，即庾信（513—581），字子山、兰成，南阳新野（今属河南）人。南北朝时期诗人、文学家，官至北周骠骑大将军、开府仪同三司。名作有《枯树赋》、《哀江南赋》等，著有《庾子山集》。

大令三叠韵成忏绮诗，余亦叠和之

旋忏旋因转恼人，拈花微笑展愁颦。
从今悟得兜罗旨，枪剑何须斗舌唇。

朗抱冰壶一片心，早离尘障脱魔吟。
水仙宫冷鱼龙静，夜夜风潮作梵音。

夕阳寮畔阿侬家，补屋牵萝静不哗。
闲把金经课鹦鹉，舌端防有未开花。

呼来明月证身前，赌醉鳌山共擘笺。
忽忆踏灯时节近，安排诗谜集群仙。

欲赋游仙梦不成，解来蚕缚妙音清。
秦宫花底闲评话，仔细香闺讯玉英。（闽讴有《念玉英》一出）

燕赵当垆旧酒姬，摩挲诗壁旧题碑。
长安一夜花看遍，肯向人前浪皱眉？（君将试南宫）

送王金波春试和榕谯原韵

蓬山高会月重圆，花到长安分外妍。
天半蕊珠传甲榜，人间昼锦羡华年。
展灯喜续屠苏酒，走马恩承宴杏筵。
倘许羽衣传法曲，霓裳仙队试调弦。

赠万贰侯（鹏）

海岛雄风亦快哉，（久官金门）将军平揖镇边来。
沧洲啸傲鱼龙听，神化丹青瘴雾开。（善绘事）
早向西江濯纨绮，忍闻东海辟蒿莱。
倘教诗吏开吟社，竹马欢迎末座陪。
盛名鼎鼎冠班寮，五斗何妨强折腰。
一代雄才羁薄宦，十年倾慕到今朝。
讼庭花木娱清暇，官舫琴樽伴寂寥。
春晓云霞梅柳渡，举杯同醉大江潮。

和六弟赠诗次原韵

磨墨翻为被墨磨，卖薪求益枉徒多。
据鞍顾盼非忘老，百战雄心马伏波。

骑鹤扬州十万钱，挑灯空自忆华年。
唤回一觉樊川梦，耿耿明河月在天。

芳园桃李斗吟身，索笑梅花日数巡。
且喜两家还健在，江湖随地乐天真。

大江风月两无边，目极层楼水接天。
欲待鹏抟三万里，不妨鸥鹭澹随缘。

六弟原唱

［林松年］

英雄岁月易消磨，得意何如失意多？
跃过禹门[1]三汲浪，此中还有是非波。
（兄癸未会试卷已中式，以试策伤时，屈作誊录）

频将心事卜金钱，屐齿舲唇共若年。
兄弟江湖寒雨夜，一声柔橹五更天。

苍茫天地一闲身，感慨楼头醉几巡？
记否当年裙屐谯，满天风雨认难真。

楼居高寄水云边，山外青山别有天。
烈士壮心忘岁暮，香添红袖读书缘。

[1] 禹门，即龙门，指科举试场。

再示六弟

卅年浪迹君怜我，两地家山我忆君。
欲湔愁肠清雪浣，莫排离绪乱丝纷。
强台久避成诗债，(六弟诗兴陡发，余不能和)
劫垒重摩遇酒军。
惊起烟霞旧猿鹤，陇书移到北山文。

重赴台北和周心畬(希祖)赠别原韵兼寄六弟

不斩娄阑誓不归，楼船十万愿多违。
卖书买剑平生事，垂老翻为退鹢飞。

一挥且壮鲁阳戈，天半朱霞晚景多。
未分骊龙终睡饱，十年曾向禹门过。

旧栖梅鹤屋三间，云纵无心出岫难。
敢说苍生聊慰望，不能霖雨且还山。(台北亦置有田宅)

淮南鸡犬亦登仙，得失由来怕问天。

为计消闲何处好，大江风月不论钱。

英雄淘尽水朝东，风雨关河感慨同。
到底倒骑驴背稳，纵然失路此山中。

绮罗春里谢铅华，压线年年恨转赊。
尽有双蛾斗眉月，洛阳门对女如花。(心畲近居对门)

三貂雪霁水边城，只隔潮鸡一水程。
好放双轮碾东海，天教沙线界沧溟。

杯酒能消万古愁，苍茫云影一沙鸥。
凭栏高唱江东去，此是平生最壮游。

和同年方雨亭[1]太史见赠原韵

笑踏金鳌顶上来，(朝考第一) 龙门詄荡倚天开。
霓裳旧队先鸿唱，云路初梯展骥才。
师友渊源参学案，(校宝师遗集) 文章光焰贯星台。
同舟郭泰犹仙侣，(郭宾石同年同寓台北) 清浅蓬莱笑举杯。

[1] 方雨亭，即方家澍，字雨亭，福建侯官人。清光绪八年（1882）举人，光绪十八年（1892）进士，历官浙江秀水知县、桐乡知县等。

醉后放言柬刘履尘[1]

同是天涯两鬓苍，那堪回首卅年狂。
东风吹醒楼阑梦，休问扶余旧战场。

浊世翩翩大是佳，当年张绪最风怀。
灯围红袖谈兵夜，灞上儿曹笑楚淮。

书生横海誓屠鲸，破浪乘风转旆旌。
气尽一时闾里侠，只今低首郑延平。

相逢沦落快雄谈，知己牢骚尚二三。
时事漫须愁歇后，（郑建堂）刘安鸡犬待鸾骖。

五老星明傍五羊，（封公绘《五老图》于狮子林）
狮林弹指现沧桑。
绿衣末座偕童冠，历劫重谈誓戒香。

当年许史艳亲迎，袖海楼头旧馆甥。
三五年时涂抹甚，邻儿竹马记分明。（君为许星台[2]中丞佳婿）

海天一笑亦前缘，头没深杯学放巅。
到底耦耕归计好，绿杨移荫旧花田。

鹿耳东风吹雪霁，鲲身南日卷涛红。
苍茫身世余天地，失马容知福塞翁。

[1] 刘履尘，即刘鼎。里居、阅历见卷十一《寄挽台北刘履尘通守（鼎）》注。

[2] 许星台，即许应鑅（1820—1891），字昌言，号星台，广东番禺人。清咸丰三年（1853）进士，历任江西临江府知府、江苏布政使、浙江巡抚。修纂《南昌府志》等。

再赠履尘

海上祥云望气知，好编行集续犁眉。
（刘青田[1]著《郁离子》、《犁眉公》等集）
替人大有千秋在，重访青田问郁离。

雪夜棋枰记裼裘，太原豪举足风流。
如今陌路谁红拂？枉向虬髯语十洲。

请缨恨不祚扶余，（近出示灌阳丞《请缨日记》）
下酒何当借《汉书》。
今日大宛祠马监，当年介子靖狼胥。

南楼节度快趋陪，书记翩翩小杜才。
无事樊川费调护，梢头知有绿阴来。

一舸鸱夷慰我情，相携海客话蓬瀛。
五湖纵好扁舟去，休道人间旧姓名。

[1] 刘青田，即刘基（1311—1375），字伯温，浙江青田人。明朝开国元勋，死后谥号“文成”。著有《郁离子》等。《郁离子》是一部寓言兼议论的笔记体散文集。

海雪亭感事，叠前韵酬履尘

谣诼何尝不我知，拼教众女嫉娥眉。
《楚骚》注罢吟香草，为祝天心厌乱离。

星辰夜半动羊裘，东汉人才第一流。
饱勺严滩消宦意，只余诗思傲沧洲。（君罢官后，久游江浙）

纵酒苏台恨有余，谁云致富擅奇书。
箫声吹彻吴门市，成就江涛一子胥。

卅年鲤对旧叨陪，誉擅王郎弱冠才。
秋水落霞乡梦隔，（原籍江西）一帆风送待时来。

漫道春风不世情，百花争放艳东瀛。

残荷度腊迎年菊，欲妻寒梅未问名。

刘履臣赠诗次韵作答

万派惊涛一叶风，笑谈容与浪花中。
记从东海扬尘后，何待南柯幻梦终。(因公落职)
燕市论交风雨旧，江天舒啸酒诗雄。
楼船烽静销兵气，茶唱千村景物丰。

海山行脚倦云游，椰竹萧萧又暮秋。
错计朝云空渡海，(君姬人怛化[1]台北) 剧怜王粲尚登楼。
因公起舞终惭鹤，到处忘机不碍鸥。
花里罗浮归计好，与君同证几生修。

[1] 怛化，典出《庄子·大宗师》，原意为人之死乃自然变化，不要惊动他。后称人死为“怛化”。

公车未成行，许豫生[1]观察为诗催促，赋此作答，叠陈仲英[2]廉访韵

拈手霓裳咏大罗，相逢下界众仙多。
十年剑斫王郎恨，一曲缨清孺子歌。
月斧高寒澄玉宇，天钱逋积负银河。
记逢丁卯桥边路，忧国词臣鬓未皤。

望重承明许史间，天教补读上清书。(君前科方拟出山连擢上第)
骅骝开道风千里，鸿鹄摩霄气一嘘。
海上楼船雄马援，(君以船政得保举) 汉家文苑重相如。

月明华表从头说，（君谈仙鹤后身事甚详）
滥窃乘轩载后车。（余丁亥亦有梦迎白鹤洞主一事，甚奇）

［1］许豫生，即许贞幹，字豫生。里居、阅历见卷首《许序》注。

［2］陈仲英，即陈文騄，字仲英，里居、阅历见卷十一《赠陈仲英廉访（文騄）》注。

闻豫生述仙鹤旧缘补呈一律

明月扬州认去来，官梅东阁盼将开。
淮南鸡犬输仙眷，天半鸾凰漫俗猜。
一指悟禅花妙粲，十年领相芋重煨。
（箕述仙鹤化身于明季为显宦）
西湖亭外流云绊，香梦醒余第几回？

豫生感事再叠仲英廉访韵见寄仍次韵奉答

少日豪情忏绮罗，春风桃李故园多。
胸余块垒频浇酒，思入风云浪踏歌。
汉室富侯卑万户，唐陵游侠盛三河。
灵和旧植条青踠，絮白犹人鬓渐皤。

竭来轩盖拥门闾，恍读平生未见书。
北海清樽宏结纳，东风暖律待吹嘘。
杏香春雨人归去，菊傲秋霜客澹如。
诵德清芬传汉诂，蒲轮恩礼拜征车。

公车将发豫生以诗赠行次韵走谢

时来高借一帆风，翻悔邯郸步未工。
对镜描摹颦亦好，据鞍顾盼老犹雄。
层霄月丽星朝北，大海澜回水障东。
好放沧鲸重跋浪，台澎光现网珊红。

出都和友人感事诗

斜日金台午梦醒，香闺空诅簌钱灵。
杏花飘坠东风软，为底垂杨眼独青。

一鞭梨雨碾香尘，无赖村莺惯笑人。
恼我情场游戏甚，红氍毹[1]醉《玉堂春》[2]。

拚教堕溷转飞茵，未了名心只是尘。
三万六千芳讯早，一年花事一翻新。

岁寒梅占百花先，一片冰心冷愈坚。
我自卖文卿压线，展开眉月待秋圆。

[1] 氍毹，一种毛织或毛与其他材料混织的毯子，旧时演戏多用来铺在地上，故常用以作歌舞场、舞台的代称。

[2]《玉堂春》，是清代花部乱弹作品，中国戏曲中流传最广的剧目之一。故事见冯梦龙编订的《警世通言》。

豫生暨静云六弟同日以道员分省浙西，诗以志贺，即次豫生见示原韵

喜闻笙磬协同音，鸾鹤回翔话故林。
似我情怀惭轼辙，多君门第冠张金。
臣心自比湖光洁，帝泽长如海样深。
移荫两家春畹绿，苍烟乔木起千寻。

览古苏堤更白塘，相辉豸绣懔秋霜。
逋仙莫漫寻清贯，苏小无劳叙故乡。
时局维桑方楫渡，使君行部有壶浆。
圣湖次第听舆颂，遗爱凭人话夕阳。

叠陈仲英廉访旧韵寄贺豫生

轮樯五虎密星罗，筹笔雄边九译多。
獬豸宣防怀远诏，触蛮绥靖凯旋歌。
酒宣牌令重摩垒，茗战旗枪曳落河。(忝司茶榷)
许史金张盛闾馆，期公洛社鬓双皤。

早年誉满卜充闾，优行昌黎荐士书。
潜蛰龙游敷雨润，重霄鹤舞借云嘘。
芝田种福仙应妒，蕊榜名经佛不如。
藻绘升平迈燕许，中朝文物富舟车。

和味青主人[1]无题原韵

渔阳鼙鼓阵云排，秦晋鹓盟悔不谐。

得失何心谈塞马，功名无梦角泥蜗。
燕莺逐队添游兴，鸥鹭忘机狎野怀。
安得鸠盘同忏绮，与君齐受八方斋。

[1] 味青主人，即许贞幹，其藏书楼名“味青斋”，故称。

次味青主人八芝兰感事原韵

（八芝兰，村名，在台北剑潭东）

槐黄秋老惯忙匆，浪说灵犀点点通。
但祝随鸦成凤侣，断无舞鹤不羊公。
桃潭千尺双奁水，柳港三更一叶风。
悟遍道缘参遍偈，未应惆怅桂堂东。

施沄舫[1]殿校同避乱厦岛以诗见投次韵

岛月海云寻旧梦，英雄淘尽白沙坡。（坡在厦港）
霓裳声里渔阳鼓，消遣吟怀仗酒魔。
同是天涯话夙因，眼中东海正扬尘。
那堪沦落相逢夜，垂老浮梁学嫁人。

未痴臣叔报恩年，誉满家驹附集贤。（心存侄乡科忝同谱帙）
敢向法宫论旧谱，落花重扫大罗天。（癸未挑誊录）

百丈涛头入海鸣，洞天鼓浪壮平生。（余时寓鼓浪洞天）
楼台嘘蜃排云矗，裙屐仙山界上清。

修到嫏嬛课玉虚，清规白鹿肄匡庐。
海东珊网瀛洲长，（主讲海东）香案承恩校秘书。

[1] 施沄舫，即施士洁（1855—1922），字应嘉，号沄舫、耐公，台湾台南

人，祖籍福建晋江。清光绪三年（1877）进士，官至工部郎中。后因无意仕途，辞职返乡，任海东书院山长，从事讲学。光绪二十年（1894）从台湾内渡厦门，居住鼓浪屿林尔嘉家。1911 年任马巷厅通判。民国后，日与名流唱和，结菽庄吟社，益以诗酒自放。著有《后苏龛合集》等。

赠易实甫[1]观察（顺鼎）

部州五大奇男子，一代诗才变雅多。
晋室褒忠刘越石，（君东渡激扬刘渊帅）崖门吊古易秋河。
辨奸著论存清议，正气扶轮独浩歌。
目极燕云空涕泪，手攀遗柏诵蒿莪。（君欲殉母，自号哭盦）

[1] 易实甫，即易顺鼎，字实甫。里居、阅历见卷十《读南普陀旧题碣感怀奎乐峰制府（俊）易实甫观察（顺鼎）》注。

次易实甫见赠原韵

亚洲风会党维新，涂炭衣冠敝帚珍。（台民不愿改装易服）
曲庇辽金终祸宋，旧盟安息已通秦。
纲常扶植惟忠孝，时局艰难孰主臣。
我亦依刘旧王粲，南阳置驿盛通宾。

实甫原唱

［易顺鼎］

即论诗思已清新，肝胆轮困更可珍。
蹈海鲁连原志士，输边卜式本名臣。
（君家时甫冏卿义团，得君襄赞尤多）
两河忠义难忘宋，三户英雄好灭秦。

忍令梓乡成异域，回天终望主兼宾。

叠沄舫韵再酬兼呈灌阳中丞[1]

早岁才名京国誉，紫薇华省侍銮坡。
如椽大笔参中秘，会见降龙与伏魔。

龙华旧会证灵因，散尽天花不染尘。
一杵诗钟残雪夜，程门寒立几传人。

牡丹诗社斗新年，官阁梅开主客贤。（同参唐维帅幕府）
惆怅堂前两飞燕，乌衣门巷夕阳天。

风静涵园鼓角鸣，将台星冷夜潮生。
因君重读《平泉记》[2]，芳草王孙驿路清。
（施侯、涵园将台，均在厦岛）

松解含贞竹抱虚，自锄明月补吾庐。
买山我亦浑充隐，万树梅花读道书。

[1] 灌阳中丞，即唐景崧，广西灌阳人。里居、阅历见卷十一《东渡感事，呈唐维卿方伯、家时甫星使，兼怀幕府诸公》注。

[2]《平泉记》，李德裕著。李德裕为唐武宗时宰相，他在此书中告诫子孙，要继承保护平泉山庄的一切。然而在他被贬死于崖州后，平泉山庄也没保住。

感事咏宋史

十二金牌诏未颁，黄龙诸将悔生还。
江山南渡秦长脚，风月西湖贾半闲。
一旅义旗迎白马，千秋桴鼓属红颜。（生番女儿愿助战）

只今海上燕云泪，谁复中原著辨奸。

静云六弟和韵

［林松年］

南朝金币尚恩颁，北望燕云竟不还。
立马吴山终应忏，骑驴湖上忍投闲。
我从人望诛张浚，谁信天心属伯颜。
他日岳坟重下拜，铸将顽铁复惩奸。
（粤人近拟于邓壮节墓铸大东沟失节诸臣）

题翁六安宇花亭诗壁

秋阴散城隅，花竹闭门寂。长日参画禅，独踞松间石。
前年君访我，今岁我逢君。东海扬尘后，时事两不闻。
白发为昆弟，结交弱冠初。相逢一杯酒，胜读万言书。
台澎卅六岛，转眼成燕云。伤哉宋南渡，廷议徒纷纷。
皎皎天涯月，滔滔江上波。丈夫志四海，吾道未蹉跎。
行役嗟予季，乡国蟒甲兵。男儿好身手，沧海誓屠鲸。
手把珊瑚竿，扬帆弄明月。笑指东海鳌，一柱擎天出。
扁舟泛西施，陌路逢红拂。儿女识英雄，江湖乱离日。
桃源仙眷属，魏晋古桑麻。燕子乌衣巷，春风尚几家？
从君建溪深，耦耕避尘俗。白云时往还，浩歌幔亭曲。

翁安宇和作

前年我访君，今年君访我。平生会合缘，相遇颇不左。

回首卅载前，兄弟互许可。中年异哀乐，变迁测诚叵。
我昔造怡庐，棣萼联瑶朵。厚德承先芬，福报征后果。
鸿图日扩充，势若始然火。富岂尽由天，人事无丛脞。
藐躬返自顾，半生何坎坷？章句疲精神，米盐累细琐。
失群悲孤鸿，负子输螺蠃。骨肉多缺憾，形骸等聋跛。
一菀与一枯，自已求福祸。消息参盈虚，丰啬由勤惰。
资君直谅友，绸缪臻贴妥。箴规药石贻，投赠琼瑶荷。
谋我八口安，免我双眉锁。缓急信足恃，感极泪忽堕。
悠忽悔少年，艰难昧粒颗。补牢惧已晚，老壮愧廉颇。
此别各天涯，相思废寝坐。誓将归武夷，身世免颠簸。
天倘假后缘，宦海联伴伙。风月浩无边，珠江共扶柁。

次韵答袁叔舆[1] 农部（绪钦）

冲霄一鹗早相期，文字因缘信有之。
仙侣同舟怀郭泰，上公推毂誉袁丝。
鳄溪化雨随车日，鹭岛春风入座时。
东海扬尘今视昔，隔年萍聚费愁思。

韩潮苏海许平分，（主讲韩江）坛席名山待使君。
丹凤回翔自高下，玉麟行止轶侪群。
樽倾北海分延客，腹坦东床不负军。（君为侯军门佳婿）
喜听郎官应列宿，大江连夕盼星文。

[1] 袁叔舆，即袁绪钦（1857—?），字叔舆、敬祜，号幔亭，湖南长沙人。清光绪二十年（1894）进士，官至户部主事。辛亥后任湖南高等师范讲席。著有《幔亭诗集》、《涵鉴斋文录》等。

岁暮端溪山长林扬伯[1]（国赓）书来述旧诗以答之

岭南朴数学，谭（宗浚）[2]廖（廷相）[3]两林子（国赓、国赞[4]）。
更有入洛才，文（廷式）[5]于（式枚）[6]相崛起。
学海回波澜，广雅坚壁垒。仪征树前模，南皮继芳轨。
（阮文达、张制府）
雨露发新阴，三冬足文史。白鹿崇约规，星聚撰杖几。
（朱子襄、陈兰甫两山长）
大匠绳墨工，豫章萃楩杞。万牛回栋梁，嵩岳扶云峙。
俯瞰龙门高，世济凤池美。衮衮罗簪裾，翩翩绝纨绮。
嗟予异苔岑，敬恭等桑梓。冬学闹比邻，童塾怀旧里。
落落閟幽踪，交淡情弥旨。
十载结邻居，（林君居予邻右，为孔方伯校丛书将十年）山河渺尺咫。
何年归寓公，烟浒绿杨里。结庐百花田，摊书五羊市。
葆此岁寒姿，洛社序年纪。何来岭头梅，多谢逢驿使。
永夜发长叹，念旧书一纸。香梦隔罗浮，宛在水中沚。
溯洄道阻长，大风吹海水。海南丽离明，吾道干城恃。
小雅大雅材，于斯叹观止。逮今流弊多，聚讼纷讪毁。
曰轶赐超回，孔孟相诟訾。伤哉宋南渡，安石崇诞诡。
伪学更党人，宇宙成波靡。今之强学长，毋乃多自是。
寄语愿学俦，人物慎臧否。欲强五部洲，河清匪难俟。
兴亚黜欧罗，一柱中流砥。毋沦载鬼车，甘作负涂豕。
地球终混同，六合此性理。耶苏天主回，设教亦自彼。
凡有血气伦，尊亲我心喜。为语一孔儒，大道证元始。
培养扩新知，行远虽自迩。追思上学初，吾鲁其有豸。
端石粹磨砻，斯道曷云已。春风转鸿钧，公门盛桃李。

[1] 林扬伯，即林国赓（1855—?），字扬伯，广东番禺人。清光绪十八年（1892）进士，选翰林院庶吉士，散馆一等改吏部文选司兼验封司主事。父病乞假归里后，曾任端溪书院山长等。著有《读陶集札记》等。

[2] 谭宗浚，字叔裕。里居、阅历见卷五《江上逢谭叔裕兼怀廖泽群、潘椒堂》注。

[3] 廖廷相，字泽群。里居、阅历见卷五《待月桥和杨湘舲兼简廖泽群》注。

[4] 国赞，即林国赞（1850—1889），字明仲，广东番禺人。清光绪十五年（1889）进士，以主事用，签分刑部直录司行走。以足疾乞假归里。著有《三国志裴注述》等。

[5] 文廷式（1856—1904），字道希，号芸阁、芗德，罗霄山人、纯常子，江西萍乡人，生于广东潮州。清光绪十六年（1890）进士，历任授翰林院侍读学士、会试试卷官等职，深得光绪帝赏识。戊戌政变后出走日本。是名词人、维新派人物。著有《纯常子枝语》等。

[6] 于式枚，字晦若。里居、阅历见卷五《落灯夕六弟邀同邓弼卿驾部、何颖幼郎中、王春海广文花舫赏灯，是夕，因雨未至者于晦若、吴玉臣两太史，石星巢中翰》注。

酬陈香雪[1]会元（海梅）

衣钵元家剩此灯，同安而后见温陵。（前明元灯吾闽自许同安獬、李温陵廷机后，至我朝，仅米脂令陈常夏[2]与君继起）
百年海峤星还聚，一夕冰壶月再澄。
天与吉云占太史，地培文运应中兴。
蓬山倘许陪仙队，一曲霓裳老尚能。（君请停殿试）

[1] 陈香雪，即陈海梅（1850—1924），字香雪，福建福州人。清光绪二十四年（1898）进士，任浙江龙泉县知县、国学研究会词章讲席等职。民国时期，因其儿子陈培琨任厦门道尹，遂定居鼓浪屿。晚年加入菽庄诗社，组织鹭江吟社。著有《丁戊山房诗集》等。

［2］陈常夏（1630—1694），字长宾，号江园、铁山。福建省晋江金井人，祖籍福建省南靖。清顺治十八年（1661）进士，官至陕西米脂知县。著有《江园集》等。

补和唐中丞四老诗

老　伶

十字樱斜数落红，夕阳门巷款青骢。
梧桐南内新唐院，杨柳西清旧汉宫。
金粉飘零嗟傀儡，江山歌舞倦英雄。
鄂君翠被谁家夜，愁绝屯田唱晓风。

老　妓

江春梅柳续欢游，身世蓬飘浪拍鸥。
桃叶惯迎双桨夜，荻花重拨四弦秋。
华年子弟乌衣巷，旧梦英雄燕子楼。
选遍梧桐栖遍竹，凤凰原傍锦枝头。

老　僧

龙树参天讲道场，岸回津筏几沧桑？
红羊历劫还初地，白马驮经遍上方。
踏破铁鞋云自绊，证成金粟月留香。
故山松竹春犹健，一杵寒钟午梦长。

老　马

少日孙阳解爱才，一鞭遥籋[1]栈云开。
早知白首终扬辔，始信黄金尚有台。

千里名驹还矍铄，百年神骏未蒿莱。
清时刍牧惭筋力，曾画凌烟第几回？

[1] 籋，古通“蹑”，踏。

酬郑星帆[1]孝廉（祖庚）

紫薇花底吼诗钟，谁为健者文中雄？
（唐中丞署斋联诗钟吟社）
登坛飞将礼中峰，虫鱼笺疏毛郑工。
咳唾珠玉俪青红，黄鹄健举声摩空。
神仙醉踏金芙蓉，兴来濯足扶桑东。
鞭策鳌柱垂双虹，果然胪唱九霄中。
（诗钟唱诗传名，一如胪唱例）
黄粱未熟邯郸梦，解嘲时复嗤吕翁。
奏名进士唐南宫，先生与我将毋同。
清谈一拂修仪容，乌衣王谢尊门风。
琐琐姻娅惭吾宗，门楣光庇荣登龙。
坦腹傲睨卑王公，踞床气摄[2]千罴熊。
皎然玉树含青葱，輖饥季女愁飞蓬。
悔教夫婿觅侯封，阿翁微哂装痴聋。（家时甫太仆）
汾阳福泽兼丰功，婿乡异数纷酬庸。
轩轩霞举今太冲，丈人峰峻非吾从。
金石词润鸣琤琮，力挽颓薄归磨砻。
田横之岛谁旌忠？凭君健笔书崆峒。（君著《台阳纪事》）
鲲身鹿耳割要冲，红羊浩劫鸣沙虫。
鹳鹅军乱声倥偬，部洲五大愁荒洪。
井心铁史词炼锋，真宰上诉泣苍穹。

所南续笔非滥充，延平圭组悬雕弓。
君家赐姓荣九重，台澎桑梓弥敬恭。
梅魂一缕凌霜松，（台南延平王祠有返魂梅）寒潭双剑安边烽。
千秋间气灵斯钟，勋阀再造桓圭崇。
名驹千里云蹑踪，因君起舞磨青铜，瓣香永爇曾南丰。

[1] 郑星帆，即郑祖庚。里居、阅历见卷十一《唐方伯邀同刘履臣、罗星伯、王进之、方雨亭、周松荪、翁安宇、郭宾石、王贡南、郑星帆、家仲良诸同人联诗钟》注。
[2] 摄，通“慑”。畏怯，使畏怯。

酬黄怡舫部曹

双骖小住昔论园，官阁梅开雪亦温。
老我谈诗酬下里，多君垂泪说中原。
黄公圯上游仙梦，何逊扬州说士恩。
祖砚能传盛桃李，读书秋树味香根。

次冯诏南见赠原韵

结缡事膏沐，戒旦毋司晨。忆君弱冠初，孙刘伉俪亲。（君娶夫人孙族）
奠雁鸣雍雍，稽拜三光神。
维时宴花烛，黄（朴士）郑（朗山）仇（少山）林（鹫云）伦。
賙饥季女贤，家世忘清贫。闹房崇廋词，我辈弥率真。
二南讽周召，（君字召南，以专阃诵二南诗为新婚通名）欲笑还含嚬。
予时亦婚媾，与君相比邻。新人初却扇，扑面惊风尘。
五岭三山游，尺素缔缘因。（予新婚即出游）偶逢驿使梅，安语传闺人。

感君代答言，戒慎饬冠绅。相爱逾手足，此意良足珍。
天涯重回首，渺渺思鸿鳞。珠江清且长，越岭孤峰峋。
车笠毋相忘，缓急同指囷。孤芳纫沅兰，晚节凌霜筠。
黾勉誓同心，差胜新人新。

次家琴南[1]同年见赠原韵

晋安诗派崇双木，（家膳部为闽十子之冠[2]）寒堂宛在荐秋菊。
清芬诵德嗣吾宗，一凤鸣霄集桐竹。
众仙重话大罗天[3]，霓裳旧队推尊宿。
山林钟鼎各千秋，苍霞一老饶清福。
疏灯人语隔双桥，绕郭榕阴蘸波绿。
朅来十日平原游，浊酒狂歌于愿足。
呼儿翦烛累十觞，海上逍遥胜丹箓。
昨宵一梦到罗浮，风送云璈幔亭曲。
由来一粟渺沧江，跨杖云飞腾绿玉。
神仙游戏幻青藜[4]，校书有约寻天禄。
万家烟树凤城春，来年更补金台轴。
归鞭同指泰山云，百丈峋嵝倚天读。

[1] 琴南，即林纾，字琴南。里居、阅历见卷首《恭题福雅堂诗钞》注。

[2] 膳部，指林鸿（约1338—1383），字子羽，福建福清人。明洪武初，荐授将乐训导，洪武七年（1374）拜礼部精膳司员外郎。年未四十自免归。善作诗，诗法盛唐。闽十子，即明初以林鸿为首的十位闽中诗人，均出自福州一府，在洪武、永乐年间结社唱和，人称“闽中十子”。

[3] 大罗天，指天外之天，最高最广之天。

[4] 青藜，藜杖。这里借指苦读之事。事见六朝无名氏撰写的《三辅黄图》。

都门谈岛上旧事次王贡南[1]孝廉赠韵

海上燕云界远瀛，珠崖东弃浪吞声。
登楼共有依刘感，泛棹难忘访戴情。
荆市悲歌闾里侠，大荒披发鬼神兵。
只余一掬金台泪，酒尚温时笔尚横。

[1] 王贡南，即王毓菁，字贡南、梦周，号停生，福建闽县人，清光绪十四年（1888）举人。台湾巡抚唐景崧的幕僚。光绪十五年（1889），“牡丹诗社”在台北立社之时，即与唐景崧等相唱和。乙未割台时有诗留感。著有《诗钟话》等。

贡南原唱

王毓菁（贡南）

一编热泪话东瀛，迸入燕台击筑声。
九死麻鞋工部状，十年布帽幼安情。
中原膏血倾孤岛，往事虫沙尽义兵。
我亦将军旧宾客，海天无地哭田横。

次韵酬家仲衡茂才[1]

鹰隼摩空俯泰华，烟云腕下走龙蛇。
故山诗史尊王笔，绝域戎机载鬼车。
旧梦相逢赋春草，清才流誉灿江花。
请缨未分珠崖弃，淘尽雄心博浪沙。

[1] 仲衡，即林资铨（1877—1940），字仲衡，号壶隐，台湾台中人，雾峰林

家林朝栋次子。乙未（1895）割台，随父兄内渡，先避难泉州，辗转榕、沪、京之间。后就读日本东京中央大学。善诗文，与从叔林朝崧、从弟林资修组织“栎社”。茂才，底本目录作“太学”。

再次仲衡韵

潜蛰蛟龙瘴雾开，果然平地一声雷。
相逢洛下真英物，不愧吾家小辨才。
荣世科名馨五桂，过江门第盛三槐。
须知兵甲罗胸富，累叶清芬裕本来。
（令祖刚愍公、尊甫荫堂统领，勋门世荫）

出都寓海上许豫生观察诗来重申虎丘西湖之约次韵奉答

碧汉银槎枉渡津，翩然一笑返江滨。
虎溪月印西湖月，还有平生未了尘。

图经翻为使君留，汗漫平原十日游。
海上燕云余怅望，可堪仙侣说同舟。（豫生乙未同事台北）

一编残泪溅金台，尽有诗情待别裁。
放鹤亭边劳赠答，梅花应待老逋开。

闲挈斜川续胜游，（四儿辂存侍）半帆容与记归舟。
相翩莫漫谈时局，沧海如今已横流。

豫生原唱

[许贞幹]

一纸琼瑶下析津，故人访我圣湖滨。
萧斋早扫南州榻，待洗东华十斛尘。

问君何事苦勾留，酒地花天海上游。
知否临江人迟客？朝朝望断木兰舟。

西风一夕遍苏台，满院秋容待翦裁。
吩咐黄化聊耐冷，诗人未到不须开。
(拟刻《南中十子诗》，君与予皆在焉，西河君郡望也)

笔端浩气满乾坤，桑海归来义愤存。
破碎河山同感慨，爰将忠迹表蚝墩。

当时痛哭割台湾，未肯金牌奉诏还。
仓葛哀呼竟何益，全军难保武蛮山。(君参林太仆团防事时，予方奉命总统全台各路义军。割台之役，太仆遵旨内渡，予乃率义军抗议保台，卒之转战，支离无成而去。武峦山在台中)

英雄愧说郑延平，目断残山一角青。
何日天戈竟东指，视师海上更留铭。
(保台之举，日人平山氏比予为郑成功，可愧也。“海上视师”，朱子磨崖字，或以为为郑有台谶云)

黯黯归云拥海槎，浪纡筹策事量沙。
岛中义士依然在，伏腊年年奉汉家。

经史无功世贱儒，茫茫时局感潜夫。
斩新花样愁经眼，颠倒天吴紫凤图。

尊酒东山拜大忠，浩歌人自气如虹。
残篇重检王炎午，来祭庐陵信国公。
（和平里行外，予尚有祭公生日文及诗）

徙尽虹桥桥畔蚝，北风吹客冷萧骚。
沁园一阕君须记，落木斜阳句更豪。

次志贺重昂[1]赠韵兼寄竹添馆森鸿两君

天汉乘槎待渡时，江烟如絮雨如丝。
扶桑万里观风使，不采明珠只采诗。

[1] 志贺重昂（1863—1927），日本地理学家，评论家。参与创立政教社，提倡国粹主义。著有《日本风景论》、《南洋时事》。

志贺原唱

（日本）志贺重昂

闲吟抱膝独忧时，湖上逋仙鬓欲丝。
圣世本无封禅议，家风梅鹤旧存诗。
（哲嗣景商，绮岁亦能诗）

题丘仙根[1]水部（逢甲）文信国潮阳和平里蚝墩遗碣诗后

海东卅六沉荒岛，持较燕云涕泪多。
他日褒忠耆旧传，两朝诗字壮山河。

气留星狱炳乾坤，扛鼎龙文笔力存。
剩有蚝珠照沧海，可无疑义谢公墩。

十年乡梦卖鱼湾，（湾在龙岩信国公待渡处）一旅勤王待渡还。
天为陆张留后死，不随风雨驻崖山。

成仁取义语和平，一样丹心照汗青。
补拓指南前后录，（信国公在狱著）千秋衣带共留铭。

海上飘零使节槎，田横孤岛尽虫沙。
（君乙未在台统义师，余亦佐家太仆督办义团）
两河忠义难忘宋，垂泪中原问岳家。

激扬忠谠属师儒，道济韩潮信士夫。（近掌教潮阳）
我亦从君分一席，天涯重写访碑图。

平原子弟语旌忠，残石摩挲气吐虹。
横剑萧萧闾里侠，又添佳话到文公。

谚传驱鳄更驱蚝，（俗传蚝不敢蚀碑字）唐宋文章继《楚骚》。
配食韩祠秋荐菊，后堂丝竹状元豪。（台人称丘君有状元才）

[1] 丘仙根，即丘逢甲（1864—1912），字仙根、吉甫，号蛰庵、仲阏、华严子，别署海东遗民、南武山人、仓海君，台湾苗栗人，祖籍广东镇平（今蕉岭），清光绪十五年（1889）进士，授工部主事。其无意为官，返台任台中衡文书院主讲。乙未战争时率兵抗击登台日军，失败后到广东办新学。民国时为孙中山临时政府参议院议员。著有《岭云海日楼诗钞》等。

仙根和作

丘逢甲（仙根）

故人天末缄诗至，格似龙标供奉多。
不愧南中称十子，一时人望属西河。（菽老）
更闻欲作圣湖游，访胜欣同李郭舟。
鹤和一声梅万本，君家旧事擅风流。

次日本石川戈足[1]见赠原韵

鸥浪浮沉总不惊，扶桑时局际升平。
看山直倒中华外，东国輶轩有正声。

我愧为儒尚一冠，谁能只手障川澜？
多君细话同文旧，犹抱秦燔拜杏坛。

[1] 石川戈足（1847—1927），字子渊、维室，号柳城、墨仙、可睡斋，日本爱知县海部郡佐屋村人。著名南画大家。

和日本筑水赠韵

燕筑饶雄气，扶桑太瘦生。五洲同作客，两岛细谈兵。
身健游斯壮，时艰命亦轻。春秋纪虞虢，忍泪讯台澎。

酬日本结成琢原韵

燕云余海上，风浪卷台澎。国计纾筹策，予心澹死生。
纵谈天下事（君主台南报馆），雄视海东兵。
假道防虞虢，斯言未可轻。

百川方鼎沸，澜挽望南皮。（南皮张尚书之洞人望所归）
宗社千秋鉴，环球一勺蠡。
中原多战鹿，残着有仙棋。君亦忧时者，沧江忍赋骊。

次韵酬日本山吉盛义[1]

救时无术医无方，归来歌咏撑吟肠。

水田十亩莳花竹，秋江憔悴蘼芜香。
寒涛万里浸蟾魄，云水无踪殊落落。
邻翁旧策东海鳌，一剑萧萧聊当仆。
鸥浮鹭拍沧波间，兴来赠答思无端。
杖钱扶醉鼓浪市，隔篱呼取相酡颜。

[1] 山吉盛义，号米溪，日本人。大约于清光绪二十六年（1900）任日本驻厦门领事馆的书记官，光绪二十九年（1903）任事务代理。光绪三十年（1904）赴朝鲜，次年再到厦门，光绪三十二年（1906）奉召回国。

次李子德都尉感事韵

六洲王会战图开，一夜天河走电雷。
上将闻铃愁远栈，相公煨芋画残灰。
昆池尔日消羊劫，蜀道何年吊马嵬。
汉代铜驼秦代篓，长安棋局感从来。

宣室陈词问鬼神，红灯千点照来频。
两京宅镐还营洛，万里归王尚率宾。（各国联军准备迎銮）
燕幕危巢依故国，（子德为上野领事司记室）
虎门残戟怆先人。（子德勋门世荫）
他年同上金天颂，手拓灵飞拜玉真。（子德善书）

答泽村繁太郎[1]

故人天际下双鱼，还向云中讯起居。
垂老蹉跎聊补过，得闲犹读数行书。

[1] 泽村繁太郎，日本人，台湾总督府派驻厦门的派遣员。以其具有汉学知

识的背景在厦门活动，与厦门当地士绅共同发起创办厦门东亚书院。著有《对岸事情》（即《厦门事情》，1908）等。

和山吉盛义即席韵

秋风飘泊尚江干，起舞琼楼玉宇寒。
呼取邻翁茶当酒，一帘花韵试龙团。

次陶心云[1]太守（浚宣）赠韵

广雅群仙唱晚霞，（君旧同事泽群太史、肇初明经、桂阶鹾尹，皆总角旧交）
绿杨移落记浮家。（余寓与广雅书局，仅隔城墙）
名高未合闲栽柳，老健何妨更买花。（君新得姬人）
三窟营巢嗤狡兔，（大箸厦俗锢婢文）十年赴壑奋修蛇。
云烟旧沈金台墨，淘尽英雄此浪沙。

[1] 陶心云，即陶浚宣，号心云。里居、阅历见卷十五《易实甫观察（顺鼎）前年三访怡园不值，徘徊题诗而去，今岁陶心云太守（浚宣）亦然，始信人生一面之难，感前后事，赋诗四首》注。

题徐乃秋[1]观察香雪巢诗卷即以奉呈

海滨邹鲁风微茫，紫阳过化开闽乡。
其时未秩同安簿，于今豸绣参黄堂。
三州遥领观风使，备兵冲要严边防。
润色鸿业盛文藻，前周后倪谁颉颃。
觥觥我公玉堂彦，治狱平恕跻曹郎。

诗笔勘断乌台案，坡仙玉局骖鸾凰。
韩潮苏海灏无际，一半心热南丰香。
布帛菽粟悦闾巷，动以天性关伦常。
蔼然温厚风人旨，力挽薄俗含坚刚。
清词一卷俪香雪，巢居旧卧高义皇。
呼儿漉酒动吟讽，萧然万籁梅花冈。
倚天阑槛霁新月，烟雾晴豁空扶桑。

[1] 徐乃秋，即徐兆丰，字乃秋。里居、阅历见卷首《陈序》注。

乃秋和韵

徐兆丰（乃秋）

词源百道流浑茫，津逮遂遍八闽乡。
君家子羽及高叟，雅称入室兼升堂。（闽中诗派开于明代子羽，先生时谓之林派继之者，高君彦恢也）
三唐元单辨铢黍，两宋别派严堤防。
后来谢（在杭）曹（能始）赅众妙，云龙上下相颉颃。
出风入雅才蔚起，作手今又推曹郎。
归昌一鸣凡鸟哑，翩然五色翔鸾凰。
示我新诗得解脱，如睹梅熟闻稚香。
自君视之余事耳，一班所露犹寻常。
鲲身鹿耳览形胜，金城铁郭输坚刚。
玉斧一挥天险失，筹边不获襄赞皇。
眼看时局遽如此，归与高筑华子冈。（君于役台湾，与唐中丞、刘军门参画军事，自割台后，遂退居厦门鼓浪屿，每谈及时事，辄欷歔不置云）
福雅只今成变雅，不堪小劫话沧桑。

席间再赠乃秋观察

西川节度东藩伯，(前任奎乐帅周子迪方伯，不数年开府建藩)
一盏传灯宛待公。
时局东南民力竭，吓蛮书在悔和戎。
(侄婿子晦若侍御，赞合肥伯相幕府书来，极道和议之难)
桑梓何功共济舟，团兵均赋策筹楼。(时劝办民团义饷)
把杯独下瀛东泪，(是日招饮) 每望燕云掉白头。

徐乃秋观察去思诗

民气日凋敝，当春自和畅。明公甫下舆，抚循滋教养。
岛俗混华夷，其地沦榛莽。镇定以为能，无纵复无枉。
察吏与观风，谨饬持英荡。国人皆曰贤，政宽而道广。
抚兹三郡氓，疲癃关痛痒。讲院集时髦，流风事宏奖。
经术时务通，静志消群党。伤哉时事艰，良晤发深想。
我亦受一廛，膜拜齐瞻仰。温厚理性情，时复聆清响。
唱别到山陬，雾翳开晴朗。忽闻我公行，士庶同惘惘。
聚散本无常，如复亦如往。庆云长在霄，舒卷随风荡。
吹作九秋霖，八闽遍膏壤。永爇南丰香，上供嘉禾长。
(君近刻印曰“嘉禾长”)

乃秋和韵

徐兆丰

盛时四夷服，皇风八埏畅。自开互市禁，厥患如痈养。
藩篱一以撤，兵端伏丛莽。自维迂腐性，不敢寻尺枉。
一麾将十年，使节叨持荡。金厦实险要，门户界闽广。

抚驭苟失宜，爬搔未着痒。方怀负乘忧，乃蒙过情奖。
寓贤得我公，廓然化偏党。昔年佐戎旃，巾扇风规想。
赠言佩韦弦，缔交深景仰。落笔五岭摇，抚琴众山响。
新诗屡示我，眼界忽开朗。吟筒互赓迭，别情增怅惘。
骊驹一曲听，不觉神为往。离合亦偶然，所嗟遭板荡。
悯此文物邦，将变膻臊壤。会当归竹西，头衔署亭长。
（余旧有竹西亭长印章）

辛卯四月十日约乡老携樽叩乃秋观察官园恭饯再呈四诗

偶来海上泊星槎，架笔珊瑚供奉家。
想见铃辕政多暇，野人扶杖乞梅花。

一天梅雨正蒙蒙，小憩棠阴语未终。
记得诵诗闻政日，跻堂称酒绘豳风。

唱遍遗山乐府篇，东南民力逊当年。
（公向大府力陈厦岛捐输之难）
临歧莫漫谈时局，清夜焚香只吁天。

重迓旌幢拜细侯，去思千里尚闻讴。
海邦会见珠还浦，东望江云掉白头。

乃秋和韵

徐兆丰

忽地延津去泛槎，别情难遣是君家。（近与贤乔梓诗筒来往）
韶光四月程千里，看遍江头楝子花。

柳枝摇曳雨空蒙，《三叠阳关》曲未终。
多谢临歧一樽酒，还珠堂上愧流风。（堂为前贤治事之所）

变风变雅怕开篇，欣纪周宣猎碣年。
料得迎銮诸父老，欢呼又见日中天。（闻本月有回銮之信）

莫道闲身傲五侯，每闻抱膝动清讴。（君谈及时事辄欷歔不置）
匡时尚待回澜手，会有征书到陇头。

徐乃秋观察以画梅系诗作别和韵即以送行

折取梅枝作柳枝，送君难是别君时。
披图我作甘棠拜，留与行人话去思。

怡园开樽约同陈铁香[1]山长追饯徐乃秋观察之任延津

人生遇合缘，相聚必以类。钟鼎与山林，士或各有志。
惟其声气投，不以形迹异。觥觥江都公，治郡称循吏。
帝曰惟汝贤，超拜巡海使。其时太丘陈，讲院群贤萃。
宾主盛东南，各把入林臂。同咏大罗天，往事犹能记。
（公与山长乡会同年，同由翰林改刑曹）
我亦受一廛，负米拜恩赐。宇下隶帡幪，聊作寓公寄。
朱陈旧有连，琐琐及姻谊。（山长与余儿女姻亲）
三人事唱酬，乘兴拼一醉。
呼儿罗酒浆，时或以诗赘。（四儿辂存侍）
梅柳隔江春，我自乐衡泌。
公来减驺从，拄笏缓游辔。津吏刺扁舟，乡老导前骑。
相与款蓬门，庞吠知客至。庭际绿阴稠，少长列其次。
帘扬落花红，池萦新柳翠。前村课农亭，宣讲集清议。
岛屿分华夷，我公勤抚字。嘘蜃幻楼台，卧榻甘鼾睡。
已无干净土，悔作桃源避。（余辟怡园，于地掘得“小桃源”

石额，时适割台内渡，人以为谶）
东望失燕云，迸作珠崖弃。
昨日督邮来，万国作公地。（鼓浪屿近拟作公地）
公今幸量移，慷慨存大义。
安得归市从，聊慰豳岐意。扶杖泣攀辕，西风吹老泪。

[1] 陈铁香，即陈棨仁，字铁香。里居、阅历见卷十五《陈铁香山长假寓怡园南楼书此奉简》注。

乃秋和韵

徐兆丰

茫茫人海中，相聚各以类。出处视所遭，静躁不同志。
但能臭味投，讵以殊方异。我生寡所偕，中年乃作吏。
郎署任浮沉，枝官备驱使。峨峨白云楼，自昔人才萃。
每乐订同心，不敢失交臂。太丘我齐年，宦迹同时记。
燕市倏分襟，重逢天所赐。（铁香同年，同以散馆官西曹，自君南归廿余年后，余官鹭江君主讲席，始获再见）
维时水曹郎，鹭门高躅寄。
三友喜摹图，岁寒敦古谊。雅集敞西园，陶然拼一醉。
更联冰玉欢，（鼇翁四公子即同年快婿）那用羔雁贽。
胸中具丘壑，眼底即衡泌。
纵谈及时艰，谁揽澄清辔。两宫值蒙尘，西策岐阳骑。
回首甘泉宫，烽火旦夕至。麦饭进无人，号咷占旅次。
幸瞻华岳云，远隔居庸翠。佳兵终不祥，遂定和戎议。
大哉我皇言，华夷同抚字。所嗟肉食流，昏昏各梦睡。
寸策曾未筹，三窟欲巧避。今日一城割，明日百里弃。
大辱古罕闻，丧师兼失地。惟望血性人，激发忠与义。
五夜听鸡声，公等其有意。酒阑试起舞，漫洒临歧泪。

叠吕渊甫[1]广文韵追送乃秋观察赴任延津

斗酒何辞诗百篇，班生行矣比登仙。
半年宦迹飘蓬梗，一路滩声绕木绵。
梅影香巢仍雪月，松鳞潜壑长风烟。
宵来团扇家家画，好句都从梦里传。

江天此会前缘在，休问诗豪更酒豪。
共道使君真跌宕，剧怜残客尚萧骚。
九霄云凤迎朝旭，（报称将回銮）万里沧鲸掣怒涛。（遣散勤王兵）
指顾屏藩阊阖觐，（公升擢尚待觐见）星临华盖自天高。

[1] 吕渊甫，即吕澄，字渊甫。里居、阅历见卷十二《江东即事，呈家太仆维源、吕广文澄》注。

乃秋和韵

徐兆丰

闭户长吟福雅篇，家风今又见逋仙。
樽前萍梗同留迹，帘外桐阴乍脱绵。
一角林亭环岛屿，八方盘敦靖烽烟。
喜看诸道班师诏，乌鹊佳音岂浪传。
（近因和议将成，入卫诸军已各遣还镇）

天涯此聚原非偶，怪底当筵饮兴豪。
（主人及荫堂大公祖饮尤畅）
时局愧难施补救，宦途那敢涉牢骚。
二千里外歌朝雨，十八滩头听夜涛。
难得纪群交谊订，一门意气薄云高。（谓景商四公子）

挽陈穆斋[1]太守（联科）

大雅才高总不群，乡园棋局正纷纷。
卅年旧雨空存我，几个晨星又弱君。
垂老重瀛聊慰愿，（前年尚游小吕宋）筹边万里悔言勋。
一麾竟负平生志，旧曲伊凉那忍闻。
先公部曲浙江东，白旅黄骢少日雄。
世拥旌旄光昼锦，里承冠盖绍门风。
芳园贳酒莺才唤，（邻右怡芳园酒帘）
谷圃投壶马未终。（君所居谷圃，同人设投壶会卅年）
今日黄公垆下过，不堪重醉落花红。

[1] 陈穆斋，即陈联科，字穆斋。里居、阅历见卷六《陈穆斋太守〈出塞〉诗题后》注。

渊甫次韵

（同安）吕澂（渊甫）

垂老龙媒尚逸群，盐车负轭路歧纷。
风尘驰逐空余子，裘带雍容属使君。
治郡未修纯吏谱，行边只策纪程勋。
（穆斋幕日甘肃，著《西征日记》）
囊琴今与人俱杳，《三叠阳关》不再闻。
（穆斋能琴，常作《阳关三叠》）

家世楼船出海东，惟君草檄擅文雄。
儒生欲播芃苗雨，将种犹馀大树风。
藏轴万签经蠹蚀，俸田数亩付蝝终。
最怜稚子还娇小，泪染啼鹃亦尽红。

桂庭次韵

（同安）王步蟾[1]（桂庭）

世德千秋迈纪群，壮心偏厌俗尘纷。
江山有恨成终古，天地无情夺此君。
出塞曾随班定远，谈兵岂让杜司勋。
玉门往事今休说，薤露凄凉不忍闻。

狂澜欲障百川东，海水群飞角众雄。
我似幼安思避地，君如元干愿乘风。
讵知绝域周流倦，竟使长材不遇终。
五马双旌何处去，磊泉岩下夕阳红。（君家近磊泉岩）

[1] 王步蟾（1853—1904），字金波，号桂庭，福建厦门人。清光绪二年（1876）优元，光绪五年（1879）举人，历官闽清县教谕，后辞归厦门，掌教禾山、紫阳书院。著有《小兰雪堂诗钞》。

中秋前三夕施沄舫、郑毓臣上舍订鸡黍局，余打桨践约，适中翰出游，乐而忘返，留诗藉订后缘兼以志谢

江村闭门居，明月清风我。楼台万籁寂，独踞松间坐。
花木深翳如，随风悟飘堕。有客相见招，鸡黍杂瓜蓏。
隔江夕阳寮，（寮仔后即前明夕阳寮诗社旧地，中翰于此卜安乐窝）
霜岸明渔火。枫荻大江秋，打桨动游舸。
浔阳客未发，相约复相左。主人自忘归，残客愁无那。
避面殊尹邢，枯坐类聋跛。（是夕多杂宾）江州信流连，沦落天涯伙。
残泪渍青衫，坐花聊志果。举酒复回灯，风转溢江柁。

永夜琵琶声，斯乐亦云颇。思君望眼穿，怜我愁眉锁。
展读苏盦诗，刚健含婀娜。解围凭步障，箍易悔颐朵。
我本不速客，风月两娑婆。赤壁赋后游，老饕胡不可。

沄舫和韵

（台湾、晋江）施士洁（沄舫）

濠梁各自知，非鱼亦非我。达人有至乐，肯向蒲团坐。
情禅忏者谁，三生绮业堕。贱子今老矣，荒落类匏蓏。
行脚恣所之，因缘在香火。五湖烟水间，鸱夷且泛舸。
儒冠尔何物，少壮计殊左。逆旅秉烛游，百年几刹那。
一笑不忘履，孰敢谓余跛。秋江夕阳寮，莺花动繁夥。
反主竟为客，践约愧未果。安得神山风，中途引回柁。
平时文字交，窃许道义颇。倏然私念萌，铜雀小乔锁。
君勿嗤饕餮，仆勿羞袅娜。堂堂问罪师，郇笺降五朵。
严于汉殿下，俯伏对駊娑。后会赎前愆，再拜诏曰可。

沄舫赠诗即叠原韵和之

剥啄闻君来，我已开笑口。呼童煮山茗，福田汲井受。
谋此鸡膳双，回尽羊肠九。反宾迭为主，无独差有偶。（施郑联东）
口沫渍蜗延，江心驰鹚首。兴乘山阴棹，溺戒垆头酒。
将军腹皤皤，无乃自呼负。何如文字饮，箴规寓铭右。
差胜拥黄婆，翻喜怡红友。时局侈外交，老拙供下走。
水月明色空，镜花悟无有。谏果味犹甘，嚼蜡伊谁咎。（沄舫本事）
感君绝妙词，黄绢猜齑臼。胆瓶插丁香，拳石拔子久。
可怜金玉姿，（沄舫本事）长伴烟霞叟。食指忽动鼋，海肾还滋狗。
枫荻夕阳寮，自昔烟花薮。因君形自忘，忸我颜斯厚。
苎罗村在望，新诗效颦丑。尹邢成避面，嫂叔敢援手。

东坡三毳词，斯例能沿否。

沄舫原作

施士洁（沄舫）

野人餍粗粝，其福不在口。殴然大烹来，圣养非所受。
君卿侯鲭五，王母霞觞九。雄者公膳双，雌者女床偶。
醉者果龙腹，醒者拥螓首。安得熊鱼兼，美人及醇酒。
鹭江中秋月，对之呼负负。照我过江左，照我还江右。
吁嗟我与君，邕粲互师友。以君夔蚿怜，而我蛩駏走。
河清寿几何？良觌岂常有。眷焉灯烛光，参商复谁咎？
避面同尹邢，交臂失杵臼。门题吕安在，舟访戴逵久。
咄哉五脏神，敢欺饭疏叟。菜园空踏羊，酒市渺屠狗。
纵逃饕餮名，宁遁胭脂薮。矧兹具鸡黍，故人意良厚。
作诗自补过，一洗东施丑。所惭未伴食，负此调羹手。
他日更解鼋，指动君知否？

再叠韵和沄舫

戊戌预新政，余生誓缄口。（戊戌诏许郎曹封奏余上书几陷不测）
大贤喜闻过，腹量观所受。
言玷白圭三，运厄黄杨九。养晦同木鸡，詅痴类土偶。
在我本忘形，欣君翻自首。衽席起兵戎，旗枪动茶酒。
颦施漫解嘲，老逋偿积负。险韵斗尖叉，新铭镌左右。
大梦觉游仙，狂言惊诤友。视此当头喝，慎毋掩耳走。
于理在必无，于事容或有。绘图索流亡，（郑毓臣）忏绮明罪咎。
讽诫励盘盂，剿袭防窠臼。吾恐季孙忧，人交平仲久。
青果味谏臣，（本事）丛爵忽渊薮。心旷神自怡，交澹情自厚。
对榻卧烟霞，扑镜惭老丑。黄金散热肠，翠袖笼寒手。

猗兰怅秋江，兴动莼鲈否？

沄舫再叠韵

［施士洁］

仆也今之狂，雌黄任众口。得谤遍九州，翕然笑而受。
朅来燕子国，云萝吞八九。老凤孤无巢，宁与凡鸟偶。
何处野鸳鸯，双飞忽聚首。譬如夜半客，权以茶当酒。
君乃为大索，持券责逋负。直使郑监门，（谓毓臣）欲袒不敢右。
咄哉老徐娘，竟作忘年友。见此鸠盘荼，能无曳兵走。
洛神聊托赋，先生本乌有。指鹿强为马，孰肯任其咎。
蓝桥路已绝，安得捣药臼。不复萝周公，甚矣吾衰久。
何以利吾身，一笑王曰叟。心同入定僧，状若丧家狗。
白傅泣青衫，小谪风流薮。同病每相怜，退之与子厚。
当头棒一喝，爱我忘我丑。会沿三毳例，酬君八叉手。
平分月色秋，旧雨倘来否？

三叠沄舫韵

联军集轮樯，齐出津沽口。举觞庆回銮，百禄自天受。
国运厄黄杨，消灾醉重九。茱萸插鬓偕，此会原非偶。
诗兴败催租，往事频回首。满城风雨声，还就菊花酒。
拇战旗鼓当，从不分胜负。譬彼董甘军，秦陇逾山右。
披襟雄大王，撰杖呼小友（四儿辂存）。凤麟供鞭笞，骐骥效奔走。
大索党人碑，江鄂惩富有。无欲气则刚，有好心常咎。
濯冰须在壶，碾谷还当臼。喜君参妙闻，入室香逾久。
话兰悟夙因，梅鹤孤山叟。花屿盟鹭鸥，桃源认鸡狗。
罟鱼空羡渊，窟兔终焚薮。味谏若回甘，训词味深厚。
阿翁漫装聋，巧妇偏呈丑。毋闭金玉音，重洗羹汤手。

讪泣出中庭，能复施施否？

沄舫三叠韵

［施士洁］

诗翁例馋癖，两肩荷一口。赖此贤东道，小知乃大受。
鹭门不速客，十会预者九。君我互主宾，奚翅二五偶。
其间娘子军，兆衅为戎首。何人射戟支，释以杯中酒。
我和君则战，君胜我则负。始知骚坛豪，无能出其右。
杰特熊豹姿，吓倒鹿豖友。再鼓气已衰，遁向深山走。
秋斋抱禅寂，心空诸所有。闭户且藏拙，括囊或无咎。
君乃逐北之，绰然力举臼。愧我强效颦，笔墨荒疏久。
盘桓抚孤松，（寄庐在松林下）相对支离叟。吟髭空捻断，画虎反类狗。
颇怪郑鹧鸪，（毓臣）直抵逋逃薮。抛玉以引砖，此薄而彼厚。
毕竟老阿婆，宁嫌新媚丑。异日重登堂，笑把两君手。
石头竖降幡，龙骧许我否？

五绝　一十首
五律　七首　附录一首
五古　一十首　附录八首
五排　一首
七绝　一百一十八首　附录四十五首
七律　五十六首　附录一十二首
七古　六首　附录二首
以上古近体及附录共二百七十六首

林鹭云鹤年先生年谱

陈　峰　编撰

林鹤年，字鹭云，又字谦章，号铁林，晚号怡园老人，福建安溪县崇信里胪传乡（今芦田镇芦田村）人。

曾祖林子里，贡生出身，入国子监。著有《松陇轩舆地星学》等书，刻于浙江永嘉。

祖林腾振，少时业儒，后经商，在广东番禺置立家业。以筹办海防出力，经保举而授同知。

父林远芳，字文发，号兰圃。幼通十三经，不屑于八股之文，未应科举。时清政府实行海禁政策，唯广州开禁，故于广州从商，足迹广东、台湾、东南亚等地。因捐助海防，依筹防案保举以道员选用，诰授奉政大夫。于福建安溪娶王氏，在广东番禺娶梁氏，子十一人。卒，赠资政大夫、光禄大夫。

二兄名讳不详，字吉云；五弟，名讳不详，字捷云，英年早逝；六弟林松年，字静云，邑庠生。以海防筹饷，经保举而授花翎、二品衔道员，签分浙江，任都转盐运使。后回广州省亲，得疾而终；十一弟林尧年，字瞻云。

清道光二十七年丁未（1847年）　一岁

九月十五日，出生于广东番禺（今广州市番禺区）之太平沙。排行第四，为梁夫人所出。

清道光二十八年戊申（1848年）　二岁

居番禺。

清道光二十九年己酉（1849年） 三岁

居番禺。

清道光三十年庚戌（1850年） 四岁

同年友郭名昌出生。郭名昌（1850—?），号宾石，又作宾实，福建侯官人。后曾任湖北荆门直隶州知州。

清咸丰元年辛亥（1851年） 五岁

世交林朝栋出生。林朝栋（1851—1904），又名松，字荫堂，号又密，台湾彰化雾庄（今台中县雾峰）人，林文察之子，雾峰林家第六代。

清咸丰二年壬子（1852年） 六岁

同年友林纾出生。林纾（1852—1924），原名群玉，字琴南，号畏庐、别署冷红生，晚称蠡叟、践卓翁、六桥补柳翁、春觉斋主人，福建闽县（今福州）莲宅村人。后官教谕。

清咸丰三年癸丑（1853年） 七岁

居番禺。

清咸丰四年甲寅（1854年） 八岁

居番禺。

清咸丰五年乙卯（1855年） 九岁

同年友卓孝复出生。卓孝复（1855—1930），原名凌云，字芝南，号毅斋、巴园老人，福建闽县（今福州市）人。

清咸丰六年丙辰（1856年） 十岁

同年友陈衍出生。陈衍（1856—1937），字叔伊，号石遗，福建侯官人。后曾任台湾巡抚刘铭传、湖广总督张之洞的幕僚。

清咸丰七年丁巳（1857年） 十一岁

十一月十四日（12月29日），英法联军攻陷广州，烧杀抢劫，无恶不作。于炮火中，护卫母亲避难。在礼拜堂挽住英国教士辩论，质问英人博爱何在？

清咸丰八年戊午（1858年） 十二岁

同年友方家澍出生。方家澍（1858—1903），字雨亭，福建侯官人。后历官浙江秀水知县、桐乡知县等。

清咸丰九年己未（1859 年）　十三岁

清咸丰十年庚申（1860 年）　十四岁

同年友郑孝胥出生。郑孝胥（1860—1938），字太夷，号苏龛、海藏、海藏楼主人、夜起庵主等，福建闽侯人。

清咸丰十一年辛酉（1861 年）　十五岁

清同治元年壬戌（1862 年）　十六岁

清同治二年癸亥（1863 年）　十七岁

清同治三年甲子（1864 年）　十八岁

春，在广州拜访户部尚书罗淳衍，于罗府结识画家罗清。罗淳衍（1814—1874），字星斋，号椒生，广东顺德人。道光十五年（1835）进士，官至户部尚书。谥文恪。罗清（1821—1899），字雪谷，号壶冰，别署罗浮山樵、雪谷山人等，广东番禺人。

是年，返回福建就试，居安溪胪传乡。从伯父林征士学文。

十月，闻太平天国侍王李世贤率部攻入漳州城讯，筹军饷、集乡兵，赴援福建提督林文察进剿太平军。是役，林文察战死于漳州万松关。作《家密卿宫保佐左恪靖师，视师漳州，檄招族党筹饷报效。予自粤航海，次厦口。羽报宫保阵没江东桥战垒，重经，抚膺志恸》一诗以悼。林文察（1828—1864），字密卿，台湾彰化雾庄（今台中县雾峰）人。咸丰四年（1854），率乡勇应征围剿转台的小刀会，立功得以游击补用。后协助平定戴春潮事件，并于闽、浙、赣等地对抗太平军，累升参将、副将、总兵、福建陆路提督。死后，赠太子少保衔，赐谥刚愍，诰授振威将军。

清同治四年乙丑（1865 年）　十九岁

居安溪胪传乡。

学政曹秉濬拔之补博士弟子员，屡试辄优等，充增广生。曹秉濬，字子明，号朗川，广东番禺人。同治元年（1862）进士，选庶吉士，散馆授编修。是年提督福建学政。

清同治五年丙寅（1866年） 二十岁

居安溪胪传乡。

清同治六年丁卯（1867年） 二十一岁

清同治七年戊辰（1868年） 二十二岁

清同治八年己巳（1869年） 二十三岁

是年，学政冯誉骥举行岁试。为避姻戚之嫌，未赴试。冯誉骥，字仲良，号展云，广东高要（今肇庆市端州区）人，林鹤年姐夫的兄弟。道光二十四年（1844）进士，授翰林院编修，历官内阁学士，时以詹事府少詹事提督福建学政。官至刑部左侍郎，授陕西巡抚。

友杨浚渡台。林鹤年与之相识或于是年。杨浚（1830—1890），字雪沧，号健公、冠悔道人，福建侯官人，祖籍福建晋江。咸丰二年（1852）举人，同治四年（1865）任内阁中书，及国史、方略两馆校对官。

清同治九年庚午（1870年） 二十四岁

友杨浚应淡水同知陈培桂之邀，总纂撰修《淡水厅志》。

清同治十年辛未（1871年） 二十五岁

清同治十一年壬申（1872年） 二十六岁

清同治十二年癸酉（1873年） 二十七岁

友吴鲁登拔萃科，入国子监。吴鲁（1845—1912），字肃堂，号且园、老迟、白华庵主，福建晋江人。

清同治十三年甲戌（1874年） 二十八岁

友吴鲁授刑部七品京官。任满升刑部主事，充秋审处总办。

友杨浚上疏论时事遭指斥，遂请归田，居于厦门，归辟后谏草堂。

清光绪元年乙亥（1875年） 二十九岁

清光绪二年丙子（1876年） 三十岁

友林维源响应福建巡抚丁日昌筹商海防、修建台阳铁路之倡，代表板桥林家捐献洋银五十万两，得内阁中书官衔。后因时局多变，此款虚悬。林维源（1840—1905），字时甫，号冏卿，台北板桥人，祖籍福建龙溪。

友翁昭泰中举人。翁昭泰，字诚纲，号安宇，福建崇安人。早年结识林鹤年，

相交共游四十余年。曾任福建浦城县的南浦书院主讲。

清光绪三年丁丑（1877 年）　三十一岁

山西、河南大旱，自广州寄信给六弟林松年，请其谆劝林维源先将虚悬的修建铁路之款助赈。不久返厦门，与友林维源聚首听涛园，谈及河道总督李鹤年恰有是议，再三怂恿。林维源慨然乐从。事成后，清廷特旨林维源晋三品京卿。

清光绪四年戊寅（1878 年）　三十二岁

五月，因山西、河南旱灾再起，友林维源以生母钟夫人名义捐纹银两万两添赈。清廷赐钟夫人“尚义可风”牌坊。

冬，夜宿马巷厅沙溪驿（今厦门市翔安区内厝镇前垵村顶沙溪、下沙溪社内）。

见壁题数诗有感，作《和沙溪店题壁诗》。

清光绪五年己卯（1879 年）　三十三岁

居厦门。襄办团练，会办军饷。

闰三月二十七日（5 月 17 日），四子林辂存生于厦门。林辂存（1879—1919），字景商，号鹭生。

李迈平再次回任厦门海防厅同知，作《李秋农司马再莅鹭江》诗。李迈平，秋农当为其号，广东番禺人。清光绪元年（1875）任厦门海防厅同知，次年离任。

清光绪六年庚辰（1880 年）　三十四岁

清光绪七年辛巳（1881 年）　三十五岁

居厦门。

是年，作《湘帘和杨雪沧丈韵》等诗，以和杨浚原诗。岁暮，杨浚复有《岁暮怀林氅云即步其赠行原韵寄鹭门》诗唱和。

清光绪八年壬午（1882年） 三十六岁

秋，与六弟林松年同赴福州参加福建乡试，试前于寓所壁上题《壬午乡闱前戏题寓壁》诗，有“痴心尚想能烧尾，俗骨何因便脱胎”句。

九月十五日（10月26日），乡榜揭晓，中举人。座师为爱新觉罗·宝廷，房师为罗大佑。时罗大佑分校，得其试卷，颇为叹赏，因有过激之语，恐犯当时禁忌，未敢推荐。发榜前，正考官爱新觉罗·宝廷感到试中缺乏佳策，令各房房师搜寻落卷。罗大佑遂以其试卷呈进，宝廷以经策荐拔林鹤年。爱新觉罗·宝廷（1840—1891），初名宝贤，字少溪，号竹坡，后改为字仲献，号难斋，晚年自号偶斋、奇奇子，满洲正蓝旗人。清同治七年（1868）进士，授翰林院庶吉士、翰林院编修。官浙江乡试副考官，礼部右侍郎、正黄旗蒙古副都统等职。时任福建乡试正考官。典试完毕，于归途中娶江山船女儿汪氏为妾。还朝，自劾罢官。罗大佑（1849—1892），字辅贤，号穀臣、栗园，九江府德化县（在今江西省九江市区）人。清同治十年（1871）进士，历任福建惠安、永安、晋江、闽县等知县，福建海防同知。

乡贡策对《海防兵制诸策》，刊入“墨选”。

于是科乡试中，结交同榜中举者林纾、陈衍、郭名昌、郑孝胥、方家澍、卓孝复等。

是冬，皇太后万寿祝嘏，赏爱新觉罗·宝廷三品秩。宝廷免官后，居家清贫，然处之泰然，吟咏自乐。林鹤年常以巨资济其家，且时与唱和。

母梁太夫人携诸儿自广州初次返乡。

冬，取道广州，赴京参加会试。有《公车道经岭海喜晤十弟亦有台北之行》诗。

清光绪九年癸未（1883 年） 三十七岁

春，参加礼部会试。试卷初拟前列，然递降三次，至榜将发时被更换，落第。后挑取誊录第一，充国史馆誊录官。时同科第三房福建人挑取誊录者，有林如玉、陈与同、邱嘉澍，共四人。房师黄卓元。黄卓元（1853—1903），字吉裳，贵州贵阳市清镇人。清同治十三年（1874 年）进士，曾任翰林院编修、云南乡试副考官、四川省乡试正考官、江西省督学等职。后休官回乡，在贵山书院执教。

同年友林纾会试落第。

识交叶芾棠。叶芾棠，福建侯官（今福州市闽侯县）人。时亦赴京同科应试。

五月，返乡，出都前作诗赠恩师爱新觉罗 · 宝廷。宝廷于端阳夜作诗唱和。

十一月，法国侵略者攻陷河内。应越南国王阮福之请求，驻扎在中越边境的刘永福率领的黑旗军协助抵抗法军侵略。中法战争爆发。

清光绪十年甲申（1884 年） 三十八岁

七月二十三日（8 月 23 日），入侵福建马尾港的法国远东舰队突袭马尾港内的福建水师舰队。马尾海战爆发。福建水师仓皇应战，然因毫无准备而致全军覆没。

是时，寓居香港，为宗党姻戚监守巨资。闻马尾海战告警，作《寓香江叠闻马江警电呈大司马彭雪琴师》诗，呈兵部尚书彭玉麟。彭玉麟（1816—1890），字雪琴，号退省庵主人、吟香外史，湖南衡阳人。协助曾国藩创办湘军水师，官至兵部尚书。时奉旨办理两广防务，驻香港，为粤省筹饷。

七月，清政府下诏对法国正式宣战。

是时，应彭玉麟“权照洋例保借军饷”之请，代向英国银行筹措贷款。坚辞彭玉麟拟上奏赐三品衔，请移奖英国银行商董。

十月，友林维源因中法战争爆发，避居厦门。经台湾巡抚刘铭传婉词劝勉，林维源以候选道员衔，奉命总办台北团练事宜，并为刘铭传督办台湾军务，提供大笔军费。

清光绪十一年乙酉（1885 年）　三十九岁

二月，台湾防务告急，左宗棠令沈应奎率师援台。向沈应奎倡议组织渔团与台湾吴鸿源提督配合，共护援军飞渡澎湖。作有《左侯相檄方伯沈吉田师冒险援台，舟次厦口。余倡集渔团约吴春波军门护吾师所部湘军，飞渡澎湖沟》一诗。沈应奎（1821—1895），字小筠，号吉田，浙江平湖人。附贡生出身，历任泰顺教谕、署泉州知府、贵州布政使等职。率师援台后，授台湾布政使，护理台湾巡抚。吴鸿源，字春波，福建同安石浔人。行伍出身，同治八年（1869），任台湾水师协副将，升浙江处州总兵。咸丰年间，先后官金门右营游击、安平镇副将、海坛镇总兵、福建提督。时先期募勇援台。

五月，清政府北洋大臣李鸿章与法国公使巴特纳在天津签订《中法会订越南条约》。慈禧太后下诏停战，中法战争结束。

闻讯，作《闻津门和议成呈左侯相、彭宫保两师》诗，呈左宗棠、彭玉麟。

十月，慈禧太后下旨同意左宗棠的奏请，福建政务由闽浙总督兼管，将福建巡抚改为台湾巡抚，正式下诏在台湾建省。刘铭传任福建台湾巡抚。

冬，入都。经安平驿，见厢壁有丰润《闺中寄外闽中》之作，作《和安平驿题壁诗》以唱和。

清光绪十二年丙戌（1886 年）　四十岁

除夕，在京。于爱新觉罗・宝廷的府第偶斋，陪从恩师辞岁。归道经下斜花厂，见盆梅、牡丹盛开，遂请园丁摘取，送呈恩师爱新觉罗・宝廷，作馈岁之献。元旦，补呈诗一首。

元旦，入宫朝贺，作《丙戌元旦早朝恭纪》诗。时黄贻楫同朝贺。黄贻楫（1832—1895），字远伯，号霁川，福建晋江人。两广总督黄宗汉长子。清同治十三年（1874）进士（探花），授翰林院编修。历馆阁校勘、刑部主事、广东学政等职。后辞官归里，任泉州清源书院山长。

春，再次参加礼部会试，落第。同年友林纾亦会试落第。

居京期间，与恩师爱新觉罗·宝廷频繁往来，时常吟诵唱和。

离京。作《丙戌出都呈座师宝公》诗，以别恩师爱新觉罗·宝廷。宝廷及其子均有诗唱和。

二月十八日，因台湾巡抚刘铭传奏设抚垦大臣，内阁侍读学士林维源受命赴台帮办台北开垦、抚番事务。同年友郭名昌渡台入林维源幕。

林维源协助刘铭传丈量田亩、清查赋税。同年友陈衍受邀入林维源幕，掌记室。

同年友郭名昌因抚番有功，仍以知县归部选用，并加同知衔。

夏，唐景崧就任福建台湾兵备道，加按察使衔，兼提督学政。于台南道署创诗钟社团——斐亭吟社，大力倡导诗钟创作。唐景崧（1841—1903），字维卿，广西灌阳人。同治四年（1865）进士，选庶吉士，授吏部主事。光绪八年（1882），法越事起，自请出关赴越南招刘永福黑旗军参加抗法斗争。结束后，率军回国。以功赏花翎，赐号迦春巴图鲁，晋二品秩。

清光绪十三年丁亥（1887年）　四十一岁

二月二十四日，邵友濂擢首任福建台湾布政使。邵友濂（1840—1901），字筱春、小村、攸枝，浙江余姚人。清同治举人，历任道员、河南按察使等职。

四月，经福建台湾巡抚刘铭传奏荐，清廷委派林维源督办台湾铁路及商务。

岁暮，同年友陈衍辞归故里。

清光绪十四年戊子（1888年）　四十二岁

是年，实现闽台分治，台湾正式单独设省，由原来的2府8县4厅增为3府11县4厅1直隶州。刘铭传任首任台湾巡抚。

清光绪十五年己丑（1889年） 四十三岁

回安溪故乡。按，林鹤年屡次返归胪传乡，行公益事甚多，如立义仓、办义塾、捐资修缮大宗支祠与邑中考舍，又如施医给槥、育婴恤贫等，然具体时间未详。

清光绪十六年庚寅（1890年） 四十四岁

春，赴京参加庚寅恩科会试，落第。同年友林纾亦会试落第。

是科，友吴鲁高中状元，授翰林编修。后历任陕西典试主考、安徽及云南督学、云南主考、吉林提学使、学部丞参等职，诰授资政大夫。

落第归。偕友人陈棨仪、族侄林心存同舟，归途中于潞河驿作《渔父词》、《出都次潞河旅舍题壁》诗二首，有“春来还荷东皇宠，同在尧天雨露中”句。

是年，恩师爱新觉罗·宝廷逝世。

是年，友杨浚病逝于厦门讲舍。杨浚晚年致力讲学，曾任教于漳州丹霞、霞文、厦门紫阳、金门浯江等书院。

清光绪十七年辛卯（1891年） 四十五岁

夏，回安溪故乡。三谒先父封茔，拟筑墓庐，卜地未定。作《辛卯夏还山有作》以纪。

夏，作《秋司马（嘉禾）为民事不惬于长官，以病假去，厦门士民攀辕泣恋，为作去思诗》一首，以送别海防同知秋嘉禾。秋嘉禾，字露轩，别号诲老人，浙江山阴（今绍兴）人。同治四年（1865）举人，历任福建云霄厅同知、南平知县、鹿港厅同知。光绪十六年（1890）十月，调任厦门海防厅同知，颇多惠政。时以病去职回绍兴。

是年，邵友濂接刘铭传任台湾巡抚。

清光绪十八年壬辰（1892年） 四十六岁

春，再赴京参加会试，作《壬辰春将赴公车，戏作老女嫁十绝句，柬同行诸君，聊当催妆》诗一首。第四次会试落第。同年友林纾亦会试落第。

是科，同年友方家澍登进士，授翰林院庶吉士。

四月十四日，游陶然亭龙树院归途，访悯忠寺看牡丹

在京。与同年友林纾等人编校恩师爱新觉罗·宝廷遗集《偶斋诗集》。因校刊事与林纾发生龃龉，林纾宣称与其绝交。作《西山和尚留我过冻寄林同年群玉》诗以嘲之。

捐官道员。奉命承办台湾茶税和船捐等局务，再次东渡台湾。同年友郭名昌亦落第归，同舟渡海。遇洪述祖，作《东渡遇洪荫之（熙）有赠》，有“郭秦同舟日，髯苏出狱年”句。洪述祖（1855—1919），字荫之，号观川居士，江苏常州人。

作《东渡感事，呈唐维卿方伯、家时甫星使，兼怀幕府诸公》诗，有“久不东渡，民俗奢俭顿殊”注。按，林鹤年随父经商台湾，屡往来海峡两岸，故台湾官绅诸公多为熟稔。

应台湾巡抚邵友濂、友林维源等人之聘，商办抚垦，拓地数百里。又购西洋机器，以兴水利，创办金矿，生产樟脑。

于筹办全台铁路，奖以知府用。

捐资参与兴修大甲圳，灌田数千顷。。

应邀参加台湾布政使唐景崧邀集台北名士举办的诗钟聚会，特以船舶运载山东曹州名种牡丹二十盆到会，以增众诗人之雅兴。故唐景崧将诗会取名为“牡丹吟社”。

是年，唐景崧升任布政使。

清光绪十九年癸巳（1893年）　四十七岁

居台湾。

恩师爱新觉罗·宝廷遗集《偶斋诗集》刊行。

作《赠陈仲英廉访（文騄）》诗。陈文騄（1840—1904），字仲英，号寿民，又号南孙，晚号槁叟。湖南祁阳（今衡阳市祁东

县）人。同治十三年（1887）进士。光绪十八年，由杭州知府调任台湾知府，倡修《台湾通志》。时以按察使衔分巡台湾兵备道。

清光绪二十年甲午（1894 年） 四十八岁

二月二十六日（4 月 1 日），自台北登程。第五次赴京参加会试。

三月初五日（4 月 10 日），由杨村（今天津武清区杨村街道）抵都。过丰台时，有“五年三度看花来（庚寅至甲午公车）”诗句。因迟到，泉郡会馆已无住处，于仙龛旁下榻。补名入场。

是科，与同年友林纾双双落第。归途经上海。于上海遇洪述祖，有《上海遇洪荫之将之高句骊》诗。时朝鲜两党相争为乱，袁世凯欲立奇功，电李鸿章调兵保汉城。李鸿章派直隶提督叶志超，统兵赴韩“平乱”。此役引起中日之战。时洪述祖为叶志超聘作军师随军赴韩。因赴韩之役得以结识袁世凯。后袁世凯窃取大总统，委以内务部秘书，成为袁嫡系。1913 年 3 月 20 日，受袁世凯指使，行刺宋教仁。1919 年被判以绞刑。

七月，甲午中日海战。

七月，作《刘渊亭副帅永福奉诏防台，林时甫星使连句招陪板桥园讌集，酒酣述旧，并示戎机，索余长句奉纪》诗。时刘永福奉旨率军赴台，帮巡抚邵友濂办理防务。刘永福（1837—1917），字渊亭，广东钦州人。黑旗军首领。同治十二年（1874）应越南政府之邀率部抗法，被越任为三宣副提督。中法战争中受清政府收编抗法。光绪十一年（1886）率部返回广西，次年任广东南澳镇总兵。

十月初三日（10 月 31 日）唐景崧署理台湾巡抚。

清光绪二十一年乙未（1895 年） 四十九岁

三月二十三日（4 月 17 日），李鸿章与日本首相伊藤博文签订《马关条约》。中国割让台湾全岛及所有附属岛屿、澎湖列岛给日本，并赔偿日本兵费。

四月初八日（5月2日），康有为率梁启超等数千名赴京应试的举人联名上书光绪皇帝，反对与日本签订丧权辱国的《马关条约》。

台警告急。受命襄理前敌军务，保以道员用，加按察使衔。

抚垦全台大臣林维源兼拜团防大臣。六弟林松年为林维源奏派以浙江道员提调全台义师兼前敌营务处，训练乡兵。

四月二十四日（5月18日），清政府派李经方赴台湾办理交割事宜，并责令台湾官兵内渡。

五月初二日（5月25日），台湾民主国成立，推唐景崧为民主国总统。作《乙未五月朔越日，全台绅民权推唐中丞总统民主国有纪》诗。

五月初四日（5月27日）日军分兵两路进攻台湾，五月十一日，日军攻占基隆。

五月十二日（6月4日），台湾民主国总统府兵变。

五月十三日（6月5日），与林维源等遵旨携眷内渡。离台时作《五月十三日，台北激于和议，兵民交变，偕家太仆遵旨内渡，仓皇炮燹，巨浪孤舟，濒于危者屡矣，虎口余生，诗以志痛》、《偕家时帅内渡，留别板桥园五绝五首》等。

五月十四日（6月6日），台湾民主国总统唐景崧化装逃回厦门。

五月十五日（6月7日），台北被日军攻陷。

刘永福被推为军民抗日首领，转战台中、彰化、云林、苗栗，抗击侵台日军。

闰五月初六日，友刘鼎病故于台北。作《寄挽台北刘履尘通守（鼎）》诗以悼，有"满地干戈动鼓鼙，沧桑时局不胜悲。山河涕泪田横岛，家国离忧杜甫诗"句。刘鼎，号履尘，广东番禺人。官广东候补通判，因总办佛山火药局务不力而落职。后久游江浙，又客寓台北。病重时，正逢割台事起，迁居林鹤年寓园养病，犹作

《乙未海疆感事》全韵诗数十律。林鹤年贶五百金，劝其避乱上海，捶床摇首曰：“时局至此，生复何为!”卒，葬于台北。后林鹤年送其妻子、儿女回归广东。

七月二十三日（9月11日），日本第二师团增援台湾。刘永福退守台南安平炮台。

九月初一日（10月18日），刘永福因孤军无援，弹尽粮绝，退回厦门。

九月初四日（10月21日），台南陷落，台湾全境被日军占据。

十月十八日（12月4日），友黄贻楫逝世，享年六十四岁。作《挽黄霁川丈（贻楫）》诗以悼。

十一月，北京强学会成立。作《书强学会》诗以赞。

内渡后，初寄居厦门，后又暂居南安石井。

是年，同年友卓孝复中进士，后任刑部主事、杭州知府等职。

友叶芾棠中进士，改翰林院庶吉士。后历任翰林院编修、国史馆协修官、监察御史等职。

同年友林纾第七次应会试，未中，遂绝意仕途，专心于文学著译。

值兴泉永道周莲生日，招同林维源、陈棨仁、杨岐珍等人为其设席称觞。周莲（1850—1920），字子迪，贵州省贵筑县（今贵阳市）人。清光绪初年岁贡生，曾任福建漳龙道，时任兴泉永道。陈棨仁（1837—1903），字铁香、戟门，福建晋江永宁（今石狮市永宁镇）人。林鹤年亲家。清同治十三年（1874）进士。官直隶知州。后离职回乡，曾主讲厦门玉屏、紫阳书院。杨岐珍（1836—1903），字西园，安徽寿州（今淮南市）人。光绪十九年（1893）任福建水师提督，二十一年五月由台回任。

清光绪二十二年丙申（1896年）　五十岁

春，位于广州太平沙的烟浒寓庐重葺落成。作《丙申春太平烟浒寓庐重葺落成志喜》诗以纪。

夏，自寓居浪屿的外国商人手中购得位于鹿耳礁的园楼，加以修葺，作为定居处所。取名“怡园”，乃心怀台湾之意。修筑怡园时，无意之中得吕世谊手书的“小桃源”石刻，于石上加镌“避氛内渡，筑园得吕不翁书小桃源石刻，人以为忏，受嵌诸壁。光绪丙申夏，林鹤年跋”。

友叶芾棠任珠江道御史，道经厦门，访于鼓浪屿之怡园。约同舟偕行赴广州。

清光绪二十三年丁酉（1897 年） 五十一岁

四月初七日，作《丁酉四月初七日厦门口东望台澎泣而有赋》诗。

十月十九日（11 月 13 日），德国出兵强占胶州湾，引发列强瓜分中国的狂潮。

清光绪二十四年戊戌（1898 年） 五十二岁

年初，陪四子林辂存入都，赴经济特科考试。时黄乃裳与长男黄景岱同应经济特科之荐，亦赴京师。黄乃裳（1849—1924），字黻臣、绂丞，号玖美、慕华、退庵居士，福建闽清县人。光绪二十年举人。光绪二十二年在福州创办了福建最早的报纸《福报》，鼓吹维新。光绪二十三年（1897）入京会试，选为拔贡。

二月十四日（3 月 6 日），清廷与德国签订《中德胶澳租借条约》，将胶州湾及南北两岸租与德国。

闰三月，林辂存被录用，派充总理各国事务衙门章京上行走。

闰三月中旬，携林辂存游北京悯忠寺，作《悯忠寺看牡丹》诗。春，友爱新觉罗·寿富中进士，选翰林院庶吉士。寿富（1865—1900），爱新觉罗氏，字伯茀（一作伯福），号菊客，满洲镶蓝旗人，爱新觉罗·宝廷长子。光绪十四年举人。

闰三月十二日（5 月 2 日），四子林辂存随林旭等三百余名福建举人上书总理衙门，抗议驻青岛德兵闯入即墨县城文庙，捣毁孔子及子路像。

四月二十三日（6 月 11 日），光绪帝颁布《定国是诏》，实施变法。

因甲午之役献款助军需，被授予工部虞衡司郎中职，分派修则例、陪祀列坛。时作有《工曹夜值》、《直庐题壁》、《颐和园趋直》等诗。

六月，奉诏签注《校邠庐抗议》，以印发群臣阅读。《校邠庐抗议》，不分卷，冯桂芬撰。共收政论 47 篇，针对咸丰朝以后的社会大变动，及科技水平落后的状况，提出一系列改革方案，为改良思想之先声。冯桂芬（1809—1874），字林一，号景亭。江苏吴县人。道光二十年（1840）进士，授翰林院编修，擢詹事府右中允。

逗留京师。上《商务六条疏》备陈时务。

秋，闻友爱新觉罗・寿富将被派赴日本考察学校章程，作《送寿伯茀太史富奉使日本》《感伯茀之行怆怀先公宝座师》诗两首相赠。

八月初六日（9 月 21 日），慈禧太后发动宫廷政变，囚禁光绪帝，杀害谭嗣同等“六君子”，戊戌变法失败。作《戊戌八月书变法》诗。

八月初八日（9 月 23 日，秋分），奉命随众臣陪皇帝赴月坛行祭祀礼。作《陪祀月夕坛礼成恭纪》诗，时任职工部虞衡司郎中。

四子林辂存《请行切音新字折》上都察院，请代奏皇帝将厦门人卢戆章的《一目了然初阶》一书颁行天下。光绪帝谕旨：“着总理各国事务衙门调取卢戆章等所著之书，详加考验具奏”。后因戊戌政变，此事束之高阁。

八月二十二日（10 月 7 日），四子林辂存因崇尚维新、鼓吹新字而遭保守派弹劾。父子恐被言官罗织罪名，遂告假归家。

道经杭州，拜访许贞幹。

清光绪二十五年己亥（1899 年）　五十三岁

元旦，回到厦门。

七月十八日，厦门民众围堵虎头山划界现场，驱赶企图插界的日本领事馆官员，后又罢市抗议，是为虎头山租界事件。为此，作《虎头山感事寄周子迪方伯》诗呈福建按察使周莲。后又作有《周子迪方伯因公莅厦，夜宿怡园，重谈旧事》诗。周莲任职兴泉永道时，日本政府挟甲午战争余威，强求在虎头山设立专管租界。周莲受命与日方周旋，以民情尚武为由，虚以委蛇。后虽签订《厦门日本专管租界续约章程》，然未实现。

四子林辂存在台湾总督府派遣员泽村繁太郎的倡议下，邀请厦门当地士绅与日本人共同创办厦门东亚书院。

十二月二十二日，(1900 年 1 月 22 日)，厦门东亚书院第一次董事会在鼓浪屿泽村住处召开。董事会由与厦门士绅林尔嘉、陈悦周、林鹤年、林辂存、陈纲、陈阿顺 6 人和在厦日本人 6 人组成。

清光绪二十六年庚子（1900 年）　五十四岁

居厦门。

正月十六日（2 月 15 日），厦门东亚书院举行开学典礼。

七月二十日（8 月 14 日），八国联军侵入北京。闻慈禧太后和光绪皇帝避难西逃之讯，面北痛哭。

七月二十二日，友爱新觉罗·寿富自缢殉国，其弟寿蕃及胞妹、堂妹同时殉节。闻讯，作《寿伯茀太史富哀词》、《补挽宗室寿蕃仲茀》诗二首悼寿富兄弟。

闻受命统军阻击八国联军入侵的巡阅长江水师大臣李秉衡，因战败自杀，作《挽李忠节公（秉衡)》诗以悼。李秉衡（1830—1900)，字鉴堂，辽宁庄河人。初捐资县丞，官至巡阅长江水师大臣。

闻留守北京的户部尚书崇绮自尽殉国，作《哭崇文忠上公(绮)》诗以悼。崇绮（1829—1900），字文山，满洲镶黄旗人。同治四年（1865）状元，授翰林院修撰，官至户部尚书。

作《鬼联军乐府（有序)》一首，有“谊切同洲，甘为戎首”句，指责日本帝国主义者参与八国联军入侵。作《红灯照乐府(有序)》一首，颂歌义和团女兵组织“红灯照”，有“得此番小儿女，一振疲癃。不特寒众国之心，且壮中原之气，予故以‘女田横’美之”。

七月二十九日（8月23日)，日本驻厦领事馆暗使日籍台湾浪人在厦门山仔顶制造东本愿寺自焚火灾。翌日，借口保护侨民，公然派兵登陆厦门。兴泉永道延年一方面调兵严防，一方面提请美、英外交官出面干预，还立即致电李鸿章，向日本外务省施加压力。在美、法、俄、德等西方列强强力干预下，日独霸厦门的阴谋彻底破产。作《庚子八月厦门纪事》诗，以记此事件。延年，正白旗人。荫生出身，光绪二十五年（1989）任兴泉永道。

兴泉永道延年赴粤，作《送延小山方伯赴粤省亲》诗饯行。

十一月，在厦门送友黄乃裳赴沙捞越，作《黄黻臣孝廉携其长君毓东明经率乡人垦荒波罗洲舟次鹭门诗以送之》诗。时黄乃裳承包马来西亚北婆罗洲沙捞越诗巫的土地垦殖权，先后在闽清、闽侯等地招得垦农600余人赴沙捞越垦荒。

清光绪二十七年辛丑（1901）　五十五岁

八月二十四日，慈禧太后和光绪皇帝从西安起驾返回北京。闻讯作《闻西狩回銮恭纪》诗。

十月十五日，自鼓浪屿过渡厦门岛，携幼子赴书塾，及拜访亲友谈话。晚赴夕阳寮酒家独酌，入夜始归鼓浪屿怡园。当晚，画兰一幅，作《画兰赠日本驻厦领事上野专一》、《寄许豫生廉访绝句八首》诗。脱稿后，倚栏望月，忽痰涌气闭，撒手长逝。

十月十六日晨，卒。

原配何氏。另于安溪别置室施氏，分祧两处。何氏逝于厦门，续娶郑氏、妾岑氏。

子十四人：

长子林铭存，国学生。自小学习计会，及长，从事轮船业务和樟脑、茶等商业，与西洋商人贸易往来，均以片言取信。以海防议叙得五品秩。林鹤年晚年得以养闲的怡园，即林铭存筹资最多。

次子林琼存，国学生。

三子林福存，国学生。性至孝，先卒。

四子林辂存，字景商，邑庠生。光绪二十四年考取经济特科，以郎中用，派充总理各国事务衙门章京上行走。后改道员，签分江苏补用，旋调广东，奖给花翎。之后，林辂存回到福建，先后在安溪考亭、崇文等书院掌教多年。又将其父林鹤年在芦田“七星坠地”四合院开办的私塾，改为兰圃学校。不久，出国往南洋、日本等地游历。辛亥革命后，为福建咨议局议员和咨政院议员，任福建暨南局局长。民国二年（1913），为民国政府第一届国会议员，任福建暨南局总理。1919 年英年早逝，年仅 41 岁。

五子林贺存，以吏员候选府经历，议叙五品衔。精于英国语言、文字，亦留心时务。

六子林嘉存，业儒，居于安溪故乡。

七子林铿存，殇。

八子林宪存，殇。

九子林载存，林鹤年逝世时尚幼。

其余，祜存、惠存、厚存、鉴存、偶存俱早殇。

女十三人。

孙男六人，兰曾、国馨、三酥、国通、淡生、国华。

孙女五人。

后　　记

位于鼓浪屿福建路24号的怡园，是晚清福建八大诗人之一林鹤年的故居。与鼓浪屿岛上诸多豪华的、声名大噪的洋楼别墅相比，这座清水红砖的三层小楼显得有点普通，有点默默无闻。自从鼓浪屿成为国家5A级旅游景区之后，这座经历百年沧桑的风貌建筑，逐渐地引起人们的注目。旅游开发的需要，促使人们去挖掘那一座座老别墅背后沉寂多年的历史故事，而经历晚清动荡风云、颇具传奇色彩的怡园主人林鹤年，自然会被牵扯出来，在旅游网站、在游客微博上大晒其屋其人其事。或许是对林鹤年的研究只局限在文史界内而导致人们对他了解甚少，由此出现一些网站、博客不求甚解、望文生义的述说，以至穿凿附会、以讹传讹。有人将怡园内“小桃源”石刻的题字者吕世宜说成是林鹤年的挚友，殊不知吕世宜去世之年，林鹤年只是个五岁的孩童。又有人将林鹤年称为“台湾道台”，而实际上，林鹤年并未任职台湾道，而是“台警告急，复襄前敌军务，保以道员用，加按察使衔”（吴鲁《林鹭云先生家传》），也就是个相当于道员的临时职务而已。还有人称林鹤年于清光绪九年（1883）“参加礼部考试，得第一名”，这也是个断章取义之说，让人误解为他取中会元，其实他参加的是礼部挑取誊录官的考试，得了第一，被任命为国史馆誊录官，是一种负责誊录考生试卷事务的官员。

正因为有如此对历史人物的穿凿附会、以讹传讹之说，故正本清源、还真面目也就成为文史工作者的使命。而通过点校、注释的手段，将生涩难懂、不作句读的古文献资料整理出来，也就是文史工作者完成其使命的工作之一。把林鹤年的诗集《福雅堂诗钞》纳入《厦门文献丛刊》的编纂计划中，点校出版，正是为了实现《厦门文献丛刊》编纂目的，即让其“发挥地方文献为当地社会和经济发展服务之作用”。通过阅读整理后的《福雅堂诗钞》，就可以更为清晰地认识林鹤年其人其屋其事，从中挖掘出具有正面教育意义的资料，而在今天的旅游开发中为我所用。

《福雅堂诗钞》曾于清光绪二十九年（1903）由其子林辂存刊刻行世，然而我们今日未能找到这个版本。我馆收藏的只有民国五年（1916）都门印书局铅印线装本，乃林鹤年的后裔重刊。收入《台湾文献汇刊》第四辑的《福雅堂诗钞》，也是以此本影印的。这个本子虽有百年历史，但保存完好，字迹清晰，因此，此次校注即以此为底本。其文字点校与注释仍沿袭《厦门文献丛刊》的点校原则。

本书的校注工作，由我馆老馆员吴辉煌率三位年轻的馆员共同完成。新人的加盟，为这支编纂团队注入了新生力量，有助于我馆文献开发工作的永续发展，可喜可贺！新手操刀，难免疏漏，故敬祈诸位方家多多教正！

编者

2016年3月

前言

民间传说是口头叙事文学，一般由与历史事件、历史人物及地方风物有关的故事组成，是劳动人民智慧的结晶，是历史发展的见证，是本土民间文化的精华，更是一个地区重要的文化资源。浙江历史悠久，经济发达，文化昌盛，素有“文化之邦”的盛名，几千年来留下了大量美丽动人的民间传说。入选浙江省非物质文化遗产乃至国家非物质文化遗产的民间传说，与浙江当地的风土人情紧密相关，能够充分体现浙江当地的文化特色。编撰中英对照的浙江民间传说，对于G20之后向全世界进一步推广宣传浙江文化，具有非常重要的现实意义。然而，针对此类民间传说的科普类著作非常少，中英对照版本更是罕见。因此，在浙江省社科联社科普及课题基金的资助下，在搜集整理各类浙江民间传说资料的基础上，本课题组以国家非物质文化遗产和浙江省非物质文化遗产中的浙江民间传说为主要素材编著了此读本。

读本共五章26个传说，每个传说按照如下五大板块编排：

【传说背景】介绍民间传说的基本信息，为读者提供历史背景或文化背景。

【传说故事】讲述传说故事群中耳熟能详的故事内容。

【文化注释】讲解故事内容所涉及的文化词语。

【文化价值】归纳总结民间传说所体现的文化价值。

【传说地址】提供与传说相关的旅游景点等位置信息。

通过对五大板块内容以中英对照的形式进行编撰，读本力求向国内外读者呈现浙江文化中最有魅力的一面及浙江民间传说中最有文化特色的一面，从而使人们更加深入了解浙江的政治、经济、生活等各个方面，为浙江文化的国际化传播提供有益的补充。此外，通过对传说地址的介绍，进一步推介浙江旅游资源，为大家的旅游提供参考。

我们希望，读本既能满足普通百姓了解浙江文化、学习英语的需求，又能满足外籍人士了解浙江文化、学习汉语的需求。我们也希望，这一读本的编写能够抛砖引玉，吸引广大同行将更多浙江文化元素推广到全世界。

在读本编写过程中，编者倾注了大量的时间和心血，但囿于有限的经验和水平以及第一手资料的缺乏，读本中有些内容和信息可能存在着出入和欠缺，有些翻译可能存在争议，恳请专家、读者予以批评指正。此外，文献引证部分如有侵犯原作者的权益之处，请及时联系编者。

最后，感谢前同事郭颖在故事收集过程中给予的帮助和支持。

编者

2019年10月

目录

第　一　章

帝王王妃传说

Chapter 1　Legends of Monarchs and Concubines

钱王传说

The Legend of King Qian

【传说背景】

钱王（852—932），姓钱名镠，字具美，浙江临安人。五代十国时期吴越国创建者，吴越文化的主要开创者和中国经济文化中心从北方转移到南方的开拓者，杭州“人间天堂”的奠基人。钱镠出身贫苦，十六岁时靠贩卖海盐为生，后成为董昌偏将，逐步扩张自己的势力，逐渐占据以杭州为首的两浙十三州，建立吴越国，偏安江南八十六年，传三十五代。在位的四十一年间，钱王采取保境安民的政策，使吴越国经济繁荣、文人荟萃。他的主要功绩为修建钱塘江海塘和疏浚太湖。

钱王勤政爱民、从严治国，深受广大人民的爱戴。钱王传说是以钱镠生平事迹衍化而成的民间传说故事群，在浙江一带家喻户晓、妇孺皆知。传说故事源远流长、内容丰富，涉及其生平、家世，艰苦创业、见义勇为、建功立业、除暴安良、关心百姓疾苦的精神品质以及地名、风俗传说。钱王传说在《钱塘遗事》《吴越备史》等宋元笔记，以及《浙江通志》《西湖游览志》等地方志中均有所记载。近年来，钱王传说被大量创作成戏剧、电影、电视剧，这些文学艺术在民众中产生很大影响，造成回流，又在一定程度上推动了故事的口头传播。

【Background Introduction】

King Qian（852–932）, with his family name as Qian, given name Liu, and courtesy name Jümei, was from Lin'an, Zhejiang Province. King Qian was the creator of Wuyue State（907–978）in the Five Dynasties and Ten Kingdoms period, the main pathfinder of Wuyue culture, the pioneer transferring Chinese economic and cultural center from the north to the south, and the founder making Hangzhou City "heaven on earth". Born in a poor family, Qian Liu made a living by selling sea salt at the age of sixteen. Later, he became the Deputy General of Dong Chang, gradually expanding his own power and occupying the thirteen states of Zhejiang Province with Hangzhou City as the head. Then he created the State of Wuyue, retaining sovereignty over regions south of the Yangtze River for 86 years and for 35 generations. Beyond his 41-year reign, King Qian took the policies of safeguarding the state sovereignty and the well-being of the people contributing to the prosperous economy and a galaxy of literati. His main achievements were having the Seawall of Qiantang River constructed and the Taihu Lake dredged.

King Qian was a diligent and strict ruler who loved his people and was loved by all. The legend of King Qian is a group of folklore stories evolving from the life experiences of Qian Liu, widely known in Zhejiang Province. With a long history and abundant contents, the legend involves King Qian's life experiences, family history, entrepreneurship, doing boldly what is righteous, achievements, getting rid of the cruel and pacifying the good people, caring about the sufferings of the civilians and the legends of place names and local customs. The legends of King Qian were recorded both in the short sketches of the Song and the Yuan Dynasties, such as *Historical events in Qiantang*（Qian Tang Yi Shi）, *History of State of Wuyue*（Wu Yue Bei Shi）, and in the regional annals, such as *Annals of Zhejiang Province*（Zhe Jiang Tong Zhi）, and *Notes on the West Lake*（Xi Hu You Lan Zhi）. In recent years, the legends of King Qian have been largely recomposed into literature arts, such as dramas, films and teleplays, which have made a great influence on the public, which, in return, has to some extent promoted the propagation of the stories orally.

【传说故事】

唐朝末期，吴越国的钱镠勇敢无比，当时百姓称之为钱王。钱王治理杭州的时候，大多数事情还比较容易处理，最头疼的一件事就是钱塘江两岸堤坝的修筑问题。由于钱塘江潮的潮头极高，潮水冲击的力量又猛，因此钱塘江两岸的堤坝，总是这边修好，那边坍塌，以至于出现了“黄河日修一斗金，钱江日修一斗银”的说法。

当时，有人告诉钱王，海塘难修是因为钱塘江潮神作怪的缘故。钱王说：“让我自己去降伏这个潮神！到农历八月十八这一天，给我聚集一万名弓箭手到江边!”

为什么会选定八月十八这一天呢？原来八月十八是潮神生日，这天潮头最高，水势更是凶猛无比。而且，据说潮神还会在潮头上骑着白马跑呢。

到了八月十八那天，钱王精选了一万名弓箭手，打算齐聚江边降伏潮神。然而，由于途中需要经过一座宝石山，而那个地方山路狭窄，只能容纳一人通过，因此，弓箭手迟迟未到。钱王得知缘由，便用脚把这座山蹬成了两半，使山中间出现了一条宽宽的道路，士兵才得以一一通过。从此，那儿就被叫作“蹬开岭”，钱王那双硕大无比的脚印，至今还深陷在石壁上，清晰可见。

到达江边后，一万名弓箭手排好阵势，个个雄赳赳、气昂昂地拿着弓箭，望着江水。钱塘江两岸的百姓，受尽潮水灾害之苦，听说钱王射潮神，都争着来观战助阵，江岸黑压压地挤满了人。钱王受到这般阵势的鼓舞，奋笔写下“为报潮神并水府，钱塘且借与钱城”，并将其扔进江中，叱道：“喂，潮神听好了！如果你答应了，就不许把潮水涌来！假如潮水仍然要来，那就不要怪我手下无情了！”但潮神却仍然不理不睬，只见远远一条白线，飞疾滚来，越来越快，越来越猛，等到近时，就像爆炸了的冰山、倾覆了的雪堆似的奔腾翻卷，直向大王台冲来。钱王见此，大吼一声：“放箭！”他抢先射出了第一箭。顿时，万箭齐发，直射潮头。围观的百姓们都跺脚拍掌，大声呐喊助威。一会儿工夫，便连续射出了三万支箭，竟逼得潮头不敢向岸边冲击过来。钱王又下令：“追射！”那潮头只好弯弯曲曲地向西南逸去，最后消失得无影无踪了。

直到今天，潮水一到六和塔边就快没有了，而在六和塔前面，江水弯弯曲曲地向前流去，像个“之”字，因此人们将此地称为“之江”。

从那时起，钱塘江海堤的修筑工程才得以顺利进行。后人为了纪念钱王射潮的功绩，便在与功臣山一水相隔的地方建起钱王祠，并把江边的海堤称为“钱塘”。

【Story in English】

At the end of the Tang Dynasty, Qian Liu in State of Wuyue（907–978）was so brave that people at that time called him King Qian. When King Qian governed Hangzhou City, he could handle most of the things quite easily, but what made him the most worried was the construction of the dams on both sides of Qiantang River. Because of the high tide of fierce strength of the Qiantang River, the case was often that when the dam on this side was just constructed the dam on the other side had collapsed, so that there was a proverb saying, “It takes a bucket of gold（about $8.27 million）to construct the dams of the Yellow River every day, and it takes a bucket of silver to construct the dams of the Qiantang River every day”.

At that time, someone told King Qian that the reason why it was hard to construct the seawall was that there was a god of tide in Qiantang River making troubles. King Qian then said, “I will subjugate the God of Tide myself! On the 18th day of the eighth month of the Chinese lunar calendar, I want 10,000 archers assembled by the river!”

Why did he choose this day? As it was the birthday of the God of Tide, on this day the tide was the highest and the most fierce. Moreover, it was said that the God of Tide would ride a white horse rushing on the tide.

On that day, King Qian selected 10,000 archers, intending to vanquish the god of tide. However, as they must pass the Baoshi Mountain to get to the river, and only one man could pass it at one time because of the narrow mountain road, it took a lot of time but the archers still did not arrive at the river. Informed of the reason, King Qian kicked the mountain into halves with his feet and there emerged a rather wide road in the middle of the mountain so that the archers went through successfully. Since then, the place has been called "Kicked Hill" (Deng Kai Ling). The huge footprints of King Qian are still left on the hill, clear and distinct.

Arriving at the river, the 10,000 archers lined up looking at the river with bows and arrows in their hands full of courage. The civilians living by Qiantang River had suffered a lot from the tide disasters, so when they heard King Qian was going to shoot the God of Tide, they all rushed to watch and cheered for King Qian. The river banks were then crowded with people. King Qian was deeply encouraged by that, so he wrote a sentence quickly, "Please lend the Qiantang River to the city", and threw it into the river, shouting loudly, "The God of Tide, listen to me! If you accept, you must not turn the tide anymore! But if you refuse, do not blame me for my cruelty!" However, the God of Tide just ignored him. One could only see the white string rushing from afar with a faster and faster speed. When it came near the bank, it rolled fiercely just like the exploded iceberg and keeled snow drifts, rushing directly to the King stage. Seeing this, King Qian shouted, "Release!" and shot the first arrow. All of a sudden, ten thousand arrows shot at once directly to the tide. Looking at this, the civilians all clapped hands and stamped feet, shouting and cheering loudly. In a few minutes, thirteen thousand arrows shot continuously, forcing the tide not daring to come nearer. King Qian ordered, “Continue!” The tide had no choice but to wind its way to the southwest and disappeared at last.

Until today, the tide would nearly disappear when it comes near the Liuhe Pagoda, in front of which the river water would wind its way forward, so people called it “Zigzagging River”（Zhi Jiang）.

Since then, the seawall construction project of the Qiantang River could go smoothly. The later generations built a King Qian Ancestral Temple facing the Gongchen Mountain and called the seawall by the river “Qian Tang” so as to commemorate the contributions of King Qian.

【文化注释】

吴越国（907—978）：五代时期十国中的一国，由浙江杭州临安人钱镠所创建，都城为钱塘（杭州），全盛时其范围包括今之浙江全境、上海全境、苏州全境和福建东北部。

宝石山：位于杭州西湖的北里湖北岸，是北山有名的风景区。山高78米，山体属火成岩中的流纹岩和凝灰岩，含氧化铁，呈赭红色，在日光映照下，如流霞缤纷，熠熠闪光，似翡翠玛瑙，因此取名宝石山。

六和塔：六和塔位于杭州西湖之南，钱塘江畔月轮山上，是中国现存最完好的砖木结构古塔之一。始建于北宋开宝三年（970），为僧人智元禅师为镇江潮而创建，取佛教“六和敬”之意，命名为六和塔。

钱塘：秦王政25年（前222），秦灭楚，设置钱唐县，隶属于会稽郡（郡治在今苏州市）。隋朝置杭州，钱唐县成为首县。唐朝，为避国号讳，改钱唐为钱塘。

【Cultural Notes】

State of Wuyue (907–978): One of the ten states in the Five Dynasties, created by Qian Liu from Lin'an, Hangzhou City, Zhejiang Province, with its capital city as Qiantang (Hangzhou). In the heyday, the state sovereignty included the whole Zhejiang Province, Shanghai City, Suzhou and northeast Fujian Province.

Baoshi Mountain: It is located at the north side of Beili Lake of the West Lake in Hangzhou, the famous scenic spot of Bei Mountain. With 78 meters high, the mountain was made of reddish rhyolite and tuff containing iron oxide, sparkling in the sun looking like jades, so it is called Baoshi Mountain.

Liuhe Pagoda: Located on the Yuelun Mountain by the Qiantang River at the south of the West Lake in Hangzhou City, it is one of the most well-preserved existing ancient pagodas made with post and panel structure. The pagoda was originally built in 970 in the Northern Song Dynasty by the monk Zhiyuan to suppress the river tide, whose name was evolved from the meaning of the ideology of "Liu He Jing" in Buddhism.

Qiantang: In 222 BC, the First Emperor of Qin established Qiantang County subordinate to Kuaiji Prefecture (the current Suzhou City). Hangzhou City was established in the Sui Dynasty, with Qiantang County as the first county. In the Tang Dynasty, the Chinese character Tang was changed into another one so as to be differentiated from the title of Tang Dynasty.

【文化价值】

吴越钱王是浙江历史上重要的杰出人物之一，而钱王传说也以其丰富的思想内涵和极高的美学价值深受人们赞赏。

首先，钱王传说真切地表达了广大人民群众的意志、愿望和爱憎。几千年来，浙江先民为了生存而艰苦卓绝地与自然抗争，抵御海潮。钱王射潮驱退洪水的故事，表达了人们征服自然的普遍愿望。

其次，钱王传说凝聚了浙江人民求真务实的创造精神。钱王保境安民，纳土归宋，造福一方。而他本人也在《制龙王》的传说中被描绘成一个充满斗争精神的劳动英雄，和底层民众的心紧贴在一起。

再次，钱王传说体现了深刻的教育意义和隽永的审美价值。钱王传说所反映的其治国有方、审时度势、招揽人才、采纳谏言、不忘乡谊等优秀品德及“以和为贵”的思想精髓，到今天仍然能够成为我们教科书里的内容。

最后，“元宵钱王祭”在一定程度上丰富了杭州民众的节日文化生活，增添了西湖名胜的人文内涵。杭州民众世代纪念这位在历史上做过一些好事、对浙江经济发展有过一定贡献的钱王，因此，“钱王祭”成为一种颇具特色及影响力的节日民俗传统。

【Cultural Value】

King Qian of the State of Wuyue was one of the most outstanding characters in the history of Zhejiang Province, and the legends of King Qian are also deeply praised for the abundant connotation and high aesthetic value.

Firstly, the legends of King Qian vividly express the will, desires and affections of the public. For thousands of years, the ancestors in Zhejiang Province have fought hard against the nature and the tide disasters for a living. The story of King Qian shooting the tide and defeating the flood expresses people's common desire of fighting against the nature.

Secondly, the legends of King Qian condensed the innovative spirit of looking for the truth and being practical of the people in Zhejiang Province. He safeguarded the state sovereignty and protected the well-being of the local people and then paid allegiance to the Song Dynasty benefiting his people. He was portrayed as a labor hero full of the spirit of fighting in the legend of *Dragon King* (Zhi Long Wang), which brought him closer to the hearts of the lower classes.

Thirdly, the legends of King Qian embody the profound educational significance and meaningful aesthetic value. The high virtues and ideological quintessence reflected in the legend can still be compiled in the textbooks, such as governing the state well, considering the situation, keeping talented people, listening to others' suggestion, valuing the old friendship and making sure that peace is the most precious.

Finally, "the memorial ceremony for King Qian at the Lantern Festival" has to some extent enriched the holiday and cultural life of Hangzhou people and added the humanistic connotation to the West Lake Scenic Spots. In order to commemorate King Qian who had done some good things in history and made contributions to the development of Zhejiang economy, people in Hangzhou has made "the memorial ceremony for King Qian" a traditional festival custom with specific characteristics and influence.

【传说地址】

钱王祠：位于柳浪闻莺景点内，最初是为了纪念吴越国钱王而建的表忠祠，至今已有900多年历史。主要看点有功德坊、圣旨等牌楼、钱王钱镠塑像及一块刻着“钱祠表忠”的石雕，北面有三评西湖十景碑记。苏轼的《表忠观碑记》是书法史上的名碑之一，不过原碑早已不复存在，钱王祠内现存的是明代嘉靖年间的重刻版，也算得上弥足珍贵。

钱王陵：是杭州城缔造者、唐末五代吴越王钱镠的陵墓，是浙江省唯一保存完好的帝王陵墓，全国重点文物保护单位、杭州市爱国主义教育基地之一、临安“红色之旅”景点。钱王陵坐落在浙江临安锦城街道太庙山，海拔92米，距杭州市38公里。陵墓背靠太庙山，左右列青龙白虎两砂，与功臣山遥遥相对。陵区内筑有牌坊、钱王祠、州祠、凌烟安国楼等景点，到处是苍翠的松柏、凄迷的芳草。登上安国楼，青山绿水的秀丽美景尽收眼底。昔为“临安十景”之一：钱王古冢。

【Location】

King Qian Ancestral Temple: Located in the scenic spot of Orioles Singing in the willows, it was originally built to commemorate King Qian of the State of Wuyue (907–978) with the history of over 900 years. There are mainly the Merits Arch (Gong De Fang) ,the statue of King Qian and a stone sculpture with "Loyalty by the Qian Ancestral Temple" (Qian Ci Biao Zhong) inscribed on it,on the north of which there is the inscriptional record of three comments on the ten views of the West Lake. *Viewing Loyalty Tablets* (Biao Zhong Guan Bei Ji) by Su Shi is one of the famous tablets in the history of Chinese calligraphy, but the original tablet is long gone. The existing one in the King Qian Ancestral Temple was printed in the Ming Dynasty, which is also very precious.

King Qian Imperial Tomb: As the Imperial Tomb of King Qian, it is the only well-preserved imperial mausoleum in Zhejiang Province, the Major Historical and Cultural Site Protected at the National Level, one of the Patriotic Education Base in Hangzhou and the scenic spot of "Red Tourism" in Lin'an. It is located at Taimiao Mountain, Lin'an, with the height of 92 meters, 38 miles from Hangzhou City. Standing against Taimiao Mountain, with statues of the Green Dragon and White Tiger standing on both sides, it faces the Gongchen Mountain from afar, in which there are some scenic spots, such as a memorial arch, King Qian Ancestral Temple, State Ancestral Temple and Anguo Building. With green pines and cypresses, and forlorn grasses seen everywhere, one can see all the beautiful scenes of green mountains and waters on the Anguo Building. It used to be one of the "Ten Views of Lin'an": the ancient burial of King Qian.

西施传说

The Legend of Xi Shi

【传说背景】

西施，又称西子，中国古代四大美女之首，是中国传统文化中美的象征。西施传说发源于春秋时期的越国（今浙江诸暨）。春秋时期，诸侯混战，越国大败，称臣于吴国，越王勾践卧薪尝胆，以谋复国。在国难当头之际，西施忍辱负重，以身救国，与郑旦一起被越王勾践献给吴王夫差，成为吴王最宠爱的妃子，乱吴宫，以霸越。

西施传说以吴越战争为历史背景，以西施一生的传奇经历为主干，围绕西施的生活与命运展开，既有国仇家恨，又有男情女爱，也有渔樵耕读，如《沉鱼之美》《西施三吟》等。除人物传说之外，西施传说还与诸暨的地方特产和风俗有关，比如地名传说《白鱼潭》、物产传说《香榧眼》《麦草扇》和风俗传说《西施送蚕花》《三江口水灯》等。

西施传说起源于民间口头讲述，迄今已有两千五百多年的历史了，最早的文字记载见于《墨子》《孟子》等，《越绝书》和《吴越春秋》中则有详尽记载。除民间文学记载，传说还以戏剧、曲艺等形式加以流播。

【Background Introduction】

Xi Shi, also known as Xi Zi, was the most beautiful one of the Four Great Beauties in ancient China as well as the symbol of beauty in the Chinese traditional culture. The legend of Xi Shi originated in the Yue State of the Spring and Autumn period in Zhuji, Zhejiang Province today. During the Spring and Autumn period, the Yue State was defeated utterly in the wars among the states, yielding to Wu State. The King Gou Jian of Yue endured hardships to plan the restoration of his state. As the country was faced with the crisis, Xi Shi endured humiliation in order to carry out an important task and save the country. Along with Zheng Dan, she was presented by King Gou Jian of Yue to King Fu Chai of Wu, becoming his favorite concubine so as to disorder the Wu Palace.

With the battles between Wu and Yue as the historical background, and the legendary experiences of Xi Shi as the core, the legend of Xi Shi tells the life and fate of Xi Shi, including the hatred of the countries, the love between men and women, and the fishermen, the woodcutters, the farmers, and the scholars, such as *Beauty of Sinking Fishes* (Chen Yu Zhi Mei), and *Xi Shi Crying for Three Times* (Xi Shi San Yin). Besides the figure legends, the legends of Xi Shi are also related to the local specialty and custom of Zhuji City, such as the place name legend *White Fishes Pond* (Bai Yu Tan), the product legends like *The Terreya Grandis Eyes* (Xiang Fei Yan) and *Wheatgrass Fan* (Mai Cao Shan), and the custom legends like *Xi Shi Sending Silkworm* (Xi Shi Song Can Hua) and *Water Lanterns at Three Rivers Estuary* (San Jiang Kou Shui Deng).

With over 2,500 years of history, the legend of Xi Shi originated from the oral narrative in the folk. The earliest literal records were found in *Mozi*, *The Works of Mencius* and so on, and it was elaborately recorded in *Yue Jue Shu* and *Annals of Wu and Yue*（Wu Yue Chun Qiu）. In addition to the oral transmission of the folk literature, the legend is also spread in the forms of operas, folk arts and so on.

【传说故事】

春秋时期，越王勾践继位后的第三年（前494），吴、越两国交战，越国被吴国打败，勾践手下的三万大军仅存五千，不得已只好退守于会稽山。此时吴国兵临城下，勾践听取大夫范蠡和文种之意屈膝求和，与夫人一起入吴做吴王驾前马夫。为奴三年获释后，勾践又听取大夫文种提出的“灭吴九术”中“遗美女以惑其心而乱其谋”的主张，决定派范蠡去民间寻美。

当时，西施的美丽聪慧在苎萝山下、浣江两岸早有传闻。范蠡依据线索，在浣纱溪畔的浣纱石上见到了西施，果然名不虚传。尽管多情的他对西施一见钟情，但为了君王的重托及复国大业，他忍痛割爱，决定将西施带回越国新都会稽。途中，他们经过一个深潭。那里翠竹倒映，潭水碧绿，人称“碧水潭”。潭中的鱼儿听说西施是绝代佳人，盼望着能够一饱眼福。如今西施要来了，这正是一个千载难逢的机会。但是，船身太高而水面太低，鱼儿拼命抬头，还是看不清楚。有一条小鲤鱼特别聪明，它把身子一侧，平躺在水面上，一只眼睛朝了天。这下，岸上的情景和船中的人儿都看得一清二楚。别的鱼儿见了也纷纷效仿，霎时全潭一片鱼肚白。侍女见状，惊叫起来：“咦，潭中为何一片银光？”西施闻声，探出头来一望，不禁赞叹道：“好一个白鱼潭。”奇怪的是，众人惊呼，鱼儿纹丝不动；西施轻轻一句话，鱼儿竟动了情，全部沉到潭底去了。这时，范蠡悟出了道理，上前对西施说：“启禀娘娘，鱼儿并非闻声急遁，而是惊艳急沉。娘娘堪称沉鱼之美啊！”从此，这个碧水潭就被称为“白鱼潭”，西施的“沉鱼之美”也流传千古，成了佳话。

经勾践及夫人认可，西施习武学礼三年，而后由范蠡亲率车船马队渡钱塘江，抵达吴国都城姑苏（今江苏省苏州市），献给吴王夫差。由于西施天生丽质，禀赋聪慧，一进吴宫便深得吴王宠爱，但西施整日闷闷不乐，在吴宫只笑了两笑半，连三笑都没笑成。一笑吴王井，即吴王夫差为了让西施照影，花了三年九个月在山顶挖了一口井，西施看到自己的面影，想到自己重任在身，于是对吴王粲然一笑；二笑勾践洞，即西施巧妙地让吴王把勾践当年受辱的“勾践洞”改名为“西施洞”，掩去越国之耻，因此嫣然一笑；半笑玩月池，即吴王为博西施一笑，在吴王井前造玩月池，西施借助池水，将遥不可及的天上月捧在掌心，想到吴王如此糊涂，全然不觉越国要报仇雪恨，而自己国土将失，于是轻蔑地笑了半笑。

在吴宫十多年的漫长岁月里，西施忍辱负重，巧妙周旋，终于为越国赢得了复国的时间，越国最终灭吴称霸，西施则随范蠡泛舟五湖并择地隐居下来。

【Story in English】

During the Spring and Autumn period, in the third year of the reign of Gou

Jian, the King of Yue, the Yue State was defeated in the war against the Wu State. Only 5,000 of the 30, 000 soldiers of Gou Jian survived, so he had to fell back on Kuaiji Mountain. At that time, when the attacking army of Wu reached the city gates, Gou Jian accepted the advice of Fan Li and Wen Zhong, senior officials in feudal China, and went to Wu with his wife as the horse keepers of the King of Wu. After three years of slavery, Gou Jian was released. He accepted the advice of Wen Zhong and sent Fan Li to look for the beauties in the folk so as to captivate the King of Wu.

Then, the beauty and intelligence of Xi Shi had been widely sensed by people among Zhuluo Mountain and both sides of Huan River. According to the clues, Fan Li met Xi Shi at the gauze washing rock along the gauze washing brook, finding that she was really beautiful. Although he fell for Xi Shi at the first sight, he endured pains silently and decided to take Xi Shi to Kuai Ji, the new capital of Yue. On the way, they went through a deep pond. As the bamboos were reflected on the green waters, the pond was called "Bishui Pond". Hearing that Xi Shi was a great beauty, all the fishes in the pond had been looking forward to seeing her with their own eyes. Since Xi Shi was actually going to the pond, it was the chance of a lifetime. However, as the boat was too high and the water was too low, the fishes tried hard to look up but they still could not see her clearly. One small carp was so clever that it laid down on the river with one of its eyes facing the sky. Under this situation, it could see clearly the scenes on the shore and the people on the boat. Seeing this, other fishes also followed suit. All of a sudden, the whole pond was covered with the white bellies of fishes. Looking at this, the maid shouted, "Hey, why is there a sheet of silver?" Hearing this, Xi Shi looked out and she could not help but to praise, "What a beautiful White Fishes

Pond!" But the strange thing was that the fishes were still when other people shouted, but with several words of Xi Shi, all the fishes went to the bottom of the pond. Then, Fan Li sensed the truth and walked toward Xi Shi and said, "Your Empress, the fishes did not escape from your voice but sank for your beauty. You have the beauty of sinking the fishes!" Since then, Bishui Pond has been called "White Fishes Pond", and the "beauty of sinking fishes" has also become a much-told tale from generation to generation.

After the approval of Gou Jian and his wife, Xi Shi spent three years learning martial arts and manners. Then Fan Li led a fleet of carriages, ships and horses crossing Qiantang River, arriving at Gu Su, the capital of Wu Kingdom (Suzhou City of Jiangsu Province today) and presented Xi Shi to Fu Chai, the King of Wu. As Xi Shi was born rather beautiful and intelligent, she was deeply loved by King Wu when she entered the Wu Palace. But Xi Shi mopped around all day long. She just smiled for two and a half times in Wu Palace, not even for three times. The first smile was for the King Wu Well. In order to enable Xi Shi to see herself in the water, King Wu spent 45 months in having a well dug at the top of a mountain. As she was looking at her reflection in the well, she realized her great mission, so she gave King Wu a brilliant smile. The second smile was for the Gou Jian Cave. Xi Shi ably let King Wu change "Gou Jian Cave" where Gou jian had been humiliated as "Xi Shi Cave" so as to cover up the humiliation of Yue, so she gave another brilliant smile. The half smile was for the Playing Moon Pond. In order to see Xi Shi smiling, King Wu had the Playing Moon Pond created in front of King Wu Well. Making use of the water, Xi Shi held the moon in her hands. Thinking that King Wu was so foolish that he did not sense he was going to lose his country and Yue would be restored, she gave a scornful half smile.

For over ten years of staying in Wu Palace, Xi Shi endured humiliation and dealt with a lot of difficulties winning enough time for Gou Jian to restore Yue Kingdom. Eventually, Yue Kingdom defeated Wu Kingdom as the hegemony, while Xi Shi followed Fan Li traveling around by boat and living in seclusion.

【文化注释】

春秋时期：中国历史上自公元前770年至公元前476年这段时期，总共295年，是中国历史上奴隶社会的瓦解时期。

勾践（约前520—前465）：春秋末年越国国君。公元前496年即位，同年在檇李大败吴师。公元前494年，越军败于夫椒，勾践被迫向吴求和，并到吴国服苦役。三年后，勾践被释放回越国，返国后重用范蠡、文种，卧薪尝胆使越国国力渐渐恢复，最后终于灭掉吴国成为霸主。

范蠡（前536—前448）：春秋末期著名的政治家、军事家、经济学家和道家学者。他曾献策辅助越王勾践复国，后隐去。

文种（？—前472）：春秋末期著名的谋略家，越王勾践的谋臣，和范蠡一起为勾践最终打败吴王夫差立下赫赫功劳。越国灭吴以后，范蠡劝文种逃跑，但他不听，仍然留在越国当丞相，而后与勾践在治国方略上发生强烈的冲突，最后被勾践赐死。

【Cultural Notes】

The Spring and Autumn period： The period from 770 BC to 476 BC in Chinese history with a total of 295 years. It was the disintegration period of the slavery society in Chinese history.

Gou Jian（about 520 BC – 465 BC）: The King of Yue Kingdom at the end of the Spring and Autumn Period. Acceding to the throne in 496 BC, he defeated the Wu army at Li in the same year. In 494 BC, the Yue army was defeated by the Wu army at Fujiao, when Gou Jian had no way but to surrender and went to Wu Kingdom at hard labor. Three years later, he was released and returned to Yue Kingdom. Then he put Fan Li and Wen Zhong in an important position, and he himself underwent self-imposed hardships so as to gradually strengthen the state power of Yue Kingdom. Finally, Yue destroyed Wu and became the hegemony.

Fan Li（536 BC – 448 BC）: He was a famous statesman, strategist, economist and Taoist scholar at the end of the Spring and Autumn period. He once made suggestions to King Yue helping him restore Yue State and finally lived in seclusion.

Wen Zhong（? – 472 BC）: As a famous strategist at the end of the Spring and Autumn period and an adviser of King Yue, he made great contributions to the restoration of Yue Kingdom along with Fan Li. After Yue Kingdom destroyed Wu Kingdom, Fan Li tried to persuade Wen Zhong to run away, but he refused to do so. Instead, he stayed in Yue Kingdom as the prime minister. However, he had a strong conflict with Gou Jian on the strategy of ruling the country, and finally was given death by Gou Jian.

【文化价值】

在两千多年的流传过程中，西施传说内容不断丰富，地域不断扩展，涉及的古迹、历史人物不断增多。这些都从不同的角度歌颂了西施的美丽、善良和为国献身的精神。

首先，西施具有容颜美、姿态美、心灵美这三位一体的完善之美，是中华文化中美的化身，在我国传统文化审美趋向和美学价值的研究上具有独特的地位。

其次，西施传说褒扬真善美，崇尚英雄主义和献身精神，弘扬爱乡爱国爱民族的思想品格，表达了人们积极向上的精神追求。

再次，西施传说中所反映出来的古吴越政治形势、地理风貌、风土人情等信息，是研究古代吴越文化的参照本，将对吴越历史研究起到重要的推动作用。

最后，西施传说具有浓厚的地域特色和民间特色，以“西施传说”为题材的文艺作品囊括了民间传说的所有类型，对我国民间文学的产生、发展具有重大的研究价值。

【Cultural Value】

In the process of the spreading of over 2,000 years, the contents of Xi Shi legends have been enriched and the regions expanded, with growing involved historical sites and figures. All these have, from different perspectives, praised the beauty, kindness and the spirit of sacrificing for the country of Xi Shi.

Firstly, with the perfect beauty combining the beauty of appearance, posture and heart, Xi Shi was the incarnation of beauty in Chinese culture, having a specific position in the research of the aesthetic tendency and aesthetic value of Chinese traditional culture.

Secondly, the legends of Xi Shi praise the true, the good and the beautiful, advocate heroism and dedication, and promote the character of loving one’s own hometown, country and nation, which express people’s upward pursuit of spirit.

Thirdly, the political situation, geographical features and local conditions of the ancient Wu and Yue reflected in the legends of Xi Shi are the regulations for the researches of Wu and Yue cultures, which will play an important role in promoting the researches of Wu and Yue history.

Finally, as the legend of Xi Shi is full of strong local characteristics and folk characteristics, the literary works depicting "the legend of Xi Shi" include all types of folklore, which are of great research value to the generation and development of the folk literature in China.

【传说地址】

西施传说的历史遗存大多保留于西施故里——浙江诸暨城南苎萝山下。目前尚存的主要景点有：

西施故里：坐落于西施的故乡——浙江诸暨。主要景点有西施殿、门楼、古越台、沉鱼池、碑廊等。西施故里以西施文化为主题，自然风光优美，文化内涵丰富，充分展示了古越文化和故里风情。

西施山遗址：位于市区五云门外东北1.2公里处，亦称美人宫，传为西施习步处。曾采集有青铜犁、锄、镢、镰等，还有原始青瓷、印纹硬陶和黑皮灰陶碎片。

【Location】

The historical sites of Xi Shi legends intensively exist at the hometown of Xi Shi— the foot of Zhuluo Mountain in the south of Zhuji, Zhejiang Province. Currently, the main attractions are:

The hometown of Xi Shi: Located in the hometown of Xi Shi—Zhuji Zhejiang, mainly including Xi Shi Palace, gate house, Sinking Fishes Pond and Tablet Corridors. With Xi Shi culture as the theme, the hometown of Xi Shi is embedded with beautiful scenery and abundant cultural connotation, fully displaying the culture of the ancient Yue State and the native customs.

The Site of Xi Shi Mountain: Located in the northeast of Wu Yun Men, 1.2 kilometers away from it, it is also called the Beauty Palace. According to the legend, it was the place where Xi Shi used to learn how to walk elegantly. There used to be bronze plough, hoes and sickles, primitive celadon, plating hard potteries and black pottery fragments collected here.

虞舜传说

The Legend of Yu Shun

【传说背景】

虞舜（前2277—前2178），上古五帝之一。姓姚，传说因其目有双瞳而取名“重华”。传说是父系氏族社会后期部落联盟首领，建立虞国，被后世尊称为帝，史称帝舜、虞舜。虽然舜从小受到父亲、后母和后母所生之子的迫害，历经磨难，但他仍然和善相对，孝敬父母，爱护异母弟弟。舜的这种以德为先、以和谐为依归的为人处世方式和治国理政方略，深得百姓的赞誉。此外，虞舜在治国理政方面也表现出了出色的领导才能。他重用贤才，曾任命禹治理洪水，平复水患。

虞舜传说在古代典籍《尚书》《山海经》《越绝书》《论语》等中均有零星记述，尤其在司马迁的《史记·五帝本纪》中更是详尽。史料记载中，最早是将舜作为神话人物，主要讲述作为猎人的舜和野象斗争的故事。后来，随着时间的推移，演变成以“行孝”“禅让”为核心的一系列故事，围绕虞舜出生及出生地传说、家庭生活传说、生母握登传说、圣母庙传说，耕种、渔猎、制陶等传说及执政治国传说展开。

【Background Introduction】

Yu Shun（2277 BC – 2178 BC）, one of the five emperors in ancient times. His surname was Yao, and it was said that he was named “Chonghua” because he had two pupils in each of his eyes. According to the legend, as the leader of the tribe alliance in the late patriarchal society, he built Yu Kingdom, titled by the later generations as Emperor and known Emperor Shun and Yu Shun in history. Since Shun was young, he had been treated badly by his father, his stepmother and their son. Despite of all these hardships, he still showed respect to his parents and cared for his brother. His morality-oriented and harmony-oriented method of interaction with others and strategies of ruling the state and dealing with politics were greatly appreciated by his people. Besides, Yu Shun showed excellent leadership in ruling the state and dealing with politics by putting the talented people in important positions, ever appointing Yu to govern the flood who finally solved the problems.

There were a few records about the legend of Yu Shun in ancient classics, such as Book of History, Book of Mountains and Seas, Book of Yue History（Yue Jue Shu）, and The Analects of Confucius, and elaborate details were recorded in Records of the Historian-Five Emperors by Sima Qian. According to the earliest historical records, Shun was regarded as a mythical figure and there were mainly some stories of Shun as a hunter fighting against a wild elephant. Later, with time passing by, the legend evolved into a series of stories with "filial piety" and "abdication" as the core revovling around the legends of the birth and birthplace of Yu Shun, the legend of his family life, the legend of his mother Wo Deng, the legend of Goddess Temple, and the legends of cultivation, fishing, hunting, and pottery making and the legend of ruling the country.

【传说故事】

传说舜出生当天，天空出现一只重明鸟，落在他家窗户上，咕咕叫了好一会儿。等孩子呱呱落地时，窗户上的重明鸟不见了，而刚出生的小男孩的眼窝里则长了两个瞳仁。因此，人们都说小男孩是重明鸟再世。小男孩聪明伶俐，他的父亲瞽叟给他取名为重华。

天有不测风云。舜五岁时，母亲握登因病去世。后来，父亲瞽叟娶了一个叫仇的女人，做了舜的后娘。这位后娘性格怪异，脾气暴躁，心狠手辣。她于一年后生了一个儿子叫象。因平时溺爱，象成了一个傲慢无礼的坏小子。仇象母子因嫉妒舜相貌非凡、资质聪明，对舜百般刁难。

一年冬天，弟弟象哭闹着要吃鱼。寒冬腊月，河面上结了厚厚的冰，哪里还能捉到鱼呢？象是年幼无知，而后娘明明知道却心中高兴，当即告诉舜的父亲瞽叟。瞽叟遇事不明，又对后妻言听计从，就吩咐舜下河去捞鱼。父命难违，虽然舜还只是一个十来岁的孩子，但他还是冒着凛冽的寒风，瑟瑟发抖地出门了。他知道要在冰冻的河水里捉到鱼是十分困难的。怎么办呢？舜只好一边走路，一边祈祷上苍帮忙。这时，他看见一堆倒伏在地上的枯草，就用枯草编织成一个粗劣的草垫子。舜把草垫子铺在冰冻的河面上，脱下衣服，卧在草垫子上，想靠自己的体温慢慢地融化冰层，再设法捕鱼。

舜的孝心感动了上天。一道焦灼的阳光集中照射到草垫子上，不一会儿，草垫子被点燃了。草垫子一烧，冰层就加速融化，马上出现了一个冰窟窿，许多鲤鱼接二连三地从冰窟窿里跳了出来。舜就用枯草串起这些鲤鱼，背在肩上，高高兴兴地回家了。

舜在打骂声中逐渐长大成人。他吃苦耐劳，开垦荒地，大象帮他耕地，小鸟帮他耘田。舜还善于动脑筋，他捕鱼手法高明，鱼捕得很多时，除少量自食以外，他把鱼悉数分给捕鱼少的人，还手把手传授捕鱼方法。此外，舜还改进了制陶工艺。他虚心请教工匠，反复摸索，终于使烧制的陶器工艺精巧、品种繁多。

舜的贤德和智慧得到了四岳的肯定，他们纷纷向尧举荐舜做帝位接班人。尧做事谨慎，决定亲自考察。他看到舜正赶着两头牛往草丛走，于是问：“舜，耕田是雄牛快还是雌牛快？”舜一听问话，马上脱鞋过溪，“长老，耕田是雄牛快。”尧又问：“你在河那边就可以回答，何必再淌水过来呢？”舜轻声答道：“长老，我的牛一雌一雄，当着雌牛的面讲雄牛耕地更快，它要伤心的。”尧帝一听，觉得舜确实不错，当即将自己的两个女儿许配给他。

舜登上帝位以后，德法并治，天下太平，百姓无不拍手称快。虞王国的疆土大大开拓，共建十二州。舜帝的仁德和声威远播四海。

【Story in English】

According to the legend, on the day when Shun was born, there came a Chongming bird falling on his window and cooing for a long time. When the baby was born, the bird disappeared but the baby got two pupils in each of his eyes. Therefore, it was said that the little boy was the reincarnation of the Chongming bird. The little boy was very clever, so his father Gu Sou named him Chonghua.

However, accidents would happen. When Shun was five years old, his mother passed away due to illness. Later, his father married Qiu who became the stepmother of Shun. She was eccentric, grumpy and vicious. A year later, she gave birth to a son named Xiang, who grew up into an arrogant bad boy, for his parents were too indulgent to him. Xiang and his mother envied Shun of his excellent appearance and intelligence, so they always made things difficult for Shun on purpose.

One winter, Xiang cried out loud wanting to eat fish. As the river was covered with thick ice in this cold winter, where could one get fish? Xiang was ignorant for being young, but his mother wasn't. However, She immediately told Gu Sou that Xiang would like to eat fish. Gu Sou was not clear with the situation and he always did what his wife wanted him to do, so he asked Shun to catch fish in the river. As Shun could not defy his father, he went out trembling in face of the cold wind although he was just a teenager. He knew it was rather difficult to catch fish in the frozen river. So how to do with it? Shun could only pray that gods could help him. At this time, he saw a pile of withered grass on the ground, which he weaved into a rough straw mattress. Spreading the straw mattress on the frozen river, taking off his clothes and lying down on the mattress, Shun intended to first melt the ice with his body temperature and then try to catch fish.

Gods were moved by his filial piety. A blast of hot sunshine concentrated on irradiating the mattress, so it burst into fire in a short time. With the burning mattress, the ice melt at a higher speed. Soon there emerged an ice hole, out of which many carps jumped. Shun then strung the carps, put them on his back and went home in gleeful mood.

Shun gradually grew up with beat and scold. But he bore hardships and stood hard work, and reclaimed wasteland, elephants helping him plough and birds weeding the fields. Besides, Shun was good at thinking. With excellent fishing technique, he could always catch many fish, few of which were eaten by himself and his family. He distributed all other fish to those who only caught very few fish and taught them how to catch as many fish as possible hand by hand. Besides, Shun improved the potting craft. By consulting the craftsmen with an open mind and exploring again and again, he finally made a wide variety of exquisite potteries.

His virtue and wisdom was appreciated by Siyue, so they recommended Shun to Yao as the successor of the throne one after another. But Yao was so cautious that he decided to inspect Shun in person. Seeing Shun driving two cattles towards the grass cluster, he asked Shun, "Shun, is it the ox or the kine that ploughs faster?" Hearing this, Shun immediately took off his shoes going through the stream, "Sir, the ox does." Yao asked, "Since you could answer my question on the other side of the stream, why did you bother to come over here?" Shun responded in a soft voice, "Sir, I have one ox and one kine there. If the kine heard what I said, it would be sad." As Emperor Yao was satisfied with his answer, making sure that Shun was indeed a good man, he immediately married his two daughters to Shun.

As Shun got enthroned, he governed the kingdom with both morality and law. Peace reigned over the land and people all praised him. The territory of Yu Kingdom was greatly expanded into 12 states, and the kindheartedness and prestige of Emperor Shun spread far and wide.

【文化注释】

制陶：用黏土或者其他非金属材料制作陶器等产品，然后加热硬化。陶器是中国古代灿烂文化的重要组成部分，标志着中国新石器时代的开始。上虞是制陶最早的地方，成了中国陶器制造中心；到东汉，陶过渡成了瓷，上虞又成了越窑青瓷的发源地。

四岳：中国上古传说人物。历史上对四岳的解释不一。《国语·周语下》认为四岳是中国古代神话中的水神共工的从孙；《史记》则认为四岳是指四个人。

尧（约前2377—前2259）：中国上古时期“五帝”之一。他从父亲帝喾那里继承帝位，后禅让于舜。帝尧德高望重，深受百姓爱戴。他确立历法，颁授农耕时令；立诽谤之木，让天下百姓攻击他的过错；设置谏言之鼓，让百姓尽其言。

【Cultural Notes】

Potting: Make products like potteries with clay or other nonmetallic materials and then heat them to harden them. As the important components of the splendid culture of ancient China, potteries marked the beginning of the neolithic age in China. It was in Shangyu that people first manufactured potteries, which made Shangyu the pottery manufacturing center in China; When it came to the Eastern Han Dynasty, there is a transition from pottery to porcelain and Shangyu became the birthplace of celadon from Yue (Shaoxing) Kiln.

Siyue: The characters in ancient Chinese legends. There are different interpretations of Siyue. *The National Language - Zhou Dynasty Volume Two* (Guo Yu Zhou Yu Xia) thinks that Siyue were Gong Gong-the God of Water's brothers'grandson in ancient Chinese legends; *Records of the Grand Historian of China* thinks Siyue refers to four people.

Yao (2377 BC - 2259 BC): One of the "Five Emperors" of China in ancient times. He inherited the throne from his father, Emperor Ku, and then abdicated it to Shun. Emperor Yao, enjoying high prestige and commanding universal respect, was deeply loved by his people. He set up a calendar presenting the seasonal regulations of agriculture, erected a slanderous log allowing all the people to point out his mistakes, and set up a drum of admonishment letting people say whatever they wanted to.

【文化价值】

虞舜是中国古代杰出的部落首领，是中华文明始祖之一。虞舜传说中提倡的孝道、德治、任人唯贤、勤政、廉洁等思想，是中华民族传统文化中宝贵的精神财富，具有重要的继承和传播价值。

首先，虞舜的“崇德诚信”精神，已经成为一种稳定的文化心理，在中华大地代代相传且不断完善，影响了中国人的道德价值观。

其次，虞舜的勇于创新、敢于创造的精神，在几千年的历史发展长河中，渗透进整个中华民族的心理和意识之中，体现了中华民族自强不息的人生态度。

再次，虞舜重和谐，行教化，以德化人。他的和谐处世态度使中华民族养成了注重和谐、维护整体、谦让宽容的民族精神。

最后，虞舜传说丰富的内容是研究当时的政治、经济、文化乃至自然环境的宝贵资料。虞舜传说的神话色彩反映了远古时期民间的思维方式和艺术特征，是一种不可重复和不可企及的审美艺术。

【Cultural Value】

Yu Shun was an outstanding tribe leader in ancient China and one of the forefathers of Chinese civilization. The ideologies promoted in the legend of Yu Shun, such as filial piety, virtue, meritocracy, diligence and integrity are the precious spiritual wealth of Chinese traditional culture with important value of inheritance and propagation.

Firstly, Yu Shun's spirit of "advocating virtue and integrity" has become a stable cultural psychology, passed down from generation to generation in China, perfected constantly and influencing the moral values of Chinese people.

Secondly, Yu Shun's spirit of innovation and creation has penetrated into the psychology and consciousness of the whole Chinese nation during the long historical development, embodying an unyielding attitude toward life.

Thirdly, Yu Shun attached great importance to harmony, enlightenment and virtue. His harmonious attitudes toward things contributed to the Chinese national spirit of stressing harmony, integration and tolerance.

Finally, the rich contents of the legend are precious materials for studying the politics, economics, culture and even the natural environment of that time. Reflecting the thinking mode and artistic characteristics of folk in ancient times, the mythology of the legend is a kind of aesthetic art which is unrepeatable and unattainable.

【传说地址】

浙江境内，虞舜故迹遍布虞山舜水。其主要遗址有大舜庙、舜母山、象田山、舜井、舜江等。

舜母山：又称“握簦山”，传说中舜的诞生地。关于舜的出生还有一种说法，舜的母亲在这里上山时突然遇雨，又值临产，只好撑着“簦”（竹制的雨具）生舜。舜出生时有彩虹荡漾于野，好像是在恭迎这位贤人。至今这山下面就有一个自然村名为虹漾（现属上浦镇的甲仗村），其名源出于此。

大舜庙：祭祀大舜的祀庙。位于浙江上虞，始于夏朝，已有4000年的历史。庙宽约23米，开间五间，纵深约100米，分三进：一进为圣殿，二进为太祖殿，三进为四岳殿。庙内有石雕、木雕、砖雕、浮雕等；庙前有重华石、舜河、百官桥；庙北有舜井，东西各一，均有涌泉。

虞舜传说遍布中国的许多地方。除浙江以外，还有湖南永州的舜帝陵、永州市宁远县的三分石，山西运城舜帝陵，江苏无锡舜柯山，山东济南舜耕山（今名千佛山）、舜井，湖北随州舜井遗址等。

【Location】

There are a lot of Yu Shun relics in Zhejiang Province, mainly including the Great Shun Temple, Shunmu Mountain, Xiangtian Mountain, Shun Well and Shun River.

Shunmu Mountain: also named "Wodeng Mountain" . It is the birthplace of Shun. There is another story about Shun's birth. When Shun's mother climbed the mountain, it suddenly rained but she was just about to give birth, so she had only to gave birth to Shun holding "Deng" (Deng was a rain gear made of bamboo) . When Shun was born, the rainbow hung in the wild seeming to welcome the sage. There is a village named Rainbow Hanging (Hong Yang now, belongs to the current Jiazhang Village of Shangpu Town) at the foot of the mountain.

The Great Shun Temple: the temple used to worship the Great Shun. Located in Shangyu, Zhejiang Province, the temple was built in the Xia Dynasty with a history of 4000 years. About 23 meters high and 100 meters long, the temple has five principal rooms and three yards, namely Saint Palace, Taizu Palace and Siyue Palace. There are sculptures of stones, woods, bricks and embossment in the temple; in front of the temple there are Chonghua Stone, Shun River and Officials Bridge; and in the north of the temple there are two Shun wells in the east and west separately, both with gushing springs.

The legend of Yu Shun is popular in many places in China. Besides Zhejiang, there are Emperor Shun Mausoleum in Yongzhou, Hunan Province and Sanfen Stone in Ningyuan County of Yongzhou City; Emperor Shun Mausoleum in Yuncheng, Shanxi Province; Shunke Mountain in Wuxi, Jiangsu Province; Shungeng Mountain (the current Qianfo Mountain) and Shun Well in Jinan, Shandong Province; Shun Well relics in Suizhou, Hubei Province.

大禹传说

The Legend of the Great Yu

【传说背景】

禹，姓姒，名文命，字高密，山西夏县人。他是杰出的治水英雄，相传禹治黄河水患有功，受舜帝禅位。在位四十五年，划定中国国土为九州，建立了中国历史上第一个王朝——夏朝。后人因其伟大而尊称禹为大禹。禹死后，被安葬于浙江绍兴市南的会稽山上，因此浙江境内可见许多关于禹的文化纪念景观。

历史上有关禹的神话传说主要集中在先秦两汉时期。这时期的史料，有些把禹当作一个神话人物，如《山海经》《国语》《楚辞》《吕氏春秋》等典籍；有些则把禹描述成一位符合儒家规范的帝王典范，如《论语》《孟子》《左传》《史记》等典籍。

大禹传说主要包括大禹生卒地及后裔姒姓世谱的传说，大禹治水传说，大禹与越文化相关的传说，大禹故迹的传说，大禹与越乐、歌、舞相关的传说及大禹祭奠等。其中，大禹治水的传说最广为人知，文本内容极为丰富，有些说法与典籍记载颇为相似，有些则主要讲述大禹“三过家门而不入”的故事，还有一些故事文本发生了较大的变异，体现了故事流传地的特殊生态环境。

【Background Introduction】

Yu, with his family name as Si, his given name Wenming and his courtesy name Gaomi, was from Xia County, Shanxi Province. Yu was an outstanding water conservancy hero. According to the legend, Emperor Shun demised the throne to Yu, for he had rendered great service in the Yellow River trouble treatment. Beyond his 45-year reign, Yu delimited China's territory as Jiuzhou（meaning nine states and later becoming a poetic name for China）, and established the first dynasty in Chinese history—the Xia Dynasty. Hence, later generations address him respectfully as the Great Yu because of his greatness. After his death, Yu was buried on the Kuaiji Mountain in the south of Shaoxing, Zhejiang Province, so there are many cultural monuments about Yu existing in Zhejiang Province.

In the history, the myths and legends about Yu were mainly created in the period from Pre-Qin to Han Dynasties. According to the records of this period, Yu was regarded as a mythical figure in some ancient books, such as *The Classic of Mountains and Rivers*（Shan Hai Jing）, *National Language*（Guo Yu）, *The Song of Chu*（Chu Ci）and *Lv's Commentaries of History*（Lv Shi Chun Qiu）, while in other ancient books Yu was described as the standard model of an emperor in conformity with the Confucian standard, such as *The Analects of Confucius*（Lun Yu）, *The Book of Mencius*（Meng Zi）, *The Spring and*

Autumn Annals (Zuo Zhuan) and *Historical Records* (Shi Ji).

The legends of the Great Yu mainly include the legend of the places where Yu was born and where he passed away and of the Genealogy of the Si Clan, the legend of the Great Yu controlling the blood, the legend of Yue culture connected with Yu, the legend of the historical ruins where the Great Yu used to stay, the legend of music, songs and dance of Yue connected with the Great Yu, the legend of memorial ceremonies for the Great Yu and so on. Among them, the legends of the Great Yu governing the floods were the most popular, as the text contents are extremely rich, some of which are rather similar to the records in ancient books, some of which mainly tell the story that the Great Yu "passing by his house for three times but never walking into it", and some of which have changed a lot embodying the special ecological environment of the places where the stories are spread.

【传说故事】

四五千年前，黄河流域发生了特大洪灾，洪水淹没了庄稼，冲毁了房屋，迫使老百姓流离失所。此时，一位名叫鲧的神甚是同情百姓的遭遇，就偷窃了天帝的神物"息壤"——一种生生不息、不断生长的土壤，来到人间以掩堵洪水。后来，天帝得知此事非常愤怒，就命令火神祝融杀了鲧。鲧死后，他的儿子禹接受了舜帝给他的使命，继承父业，出发治水。

此前，鲧率人花了九年的时间造堤筑坝，阻断洪水的来袭，但后来更

猛烈的洪水冲毁了堤坝。禹潜心研究父亲治水失败的原因，然后走遍黄河流域，考察受灾地区，并虚心向有经验的人征求意见。在明白了水由高处向低处流的规律之后，他改变了父亲鲧治堵洪水的办法，以开通渠道来排水、疏通河道的办法，将洪水引到大海。

忙于治理洪水的禹，离家十三年，曾三过家门而不入，被传为千古佳话。一过家门是在早晨。大禹走近家门，老远听得他母亲的骂声："父亲治水，丧命在羽山；儿子治水，一去四载。父亲是呆子，儿子是笨蛋。"后来，又看见被骂哭着的孙子和唉声叹气哄孩子的儿媳妇。大禹怕进去被恼怒的母亲拉扯着说话没个完，心想治水要紧，于是悄悄地离开了家门。二过家门是在中午。这次回家，他老远就看到了烟囱里的炊烟，并听到了母亲爽朗的笑声和一家人和谐的聊天声。大禹心想：上次过家门，一片骂声、哭声、叹气声，我尚且没有进家门，这次家里好端端的，我还进去？于是，他便绕过家门，向治水的工地奔去。三过家门是在傍晚。因办治水的事情，离家已不远，大禹就想回家看看一别十载的亲人。他策马狂奔，这时天却下起了滂沱大雨。一到家门口，禹看到屋檐下自己的儿子在梳理廊檐沟水，屋里传来妻子和母亲的声音："你爹爹治平了洪水就可以回家帮你挖廊檐沟了。"大禹听了特别感动，更坚定了治水的决心，立刻又转身上路了。

十三年来的坚持不懈终于使大禹治服洪水，他决定在会稽茅山开庆功会。各路治水的领头人陆续前来，唯独缺少防风氏。防风氏个头非常高大，曾经和大禹的父亲鲧一起治水。他倚老卖老，带人在山间筑坝拦洪，把余姚四明山北坡的水成功拦了起来。正当他以为大功告成的时候，大坝坍塌，山洪下泄，余姚百姓死伤严重。大禹十分气愤，便命随从把防风氏绑了去杀头。随后，他立即带领一行人到余姚挖江，引洪入海。防风氏死后封神，守护"封嵎之山"。

【Story in English】

Over four or five thousand years ago, a heavy flood disaster occurred in the Yellow River Basin, the flood inundating the crops, destroying the houses and forcing civilians to become destitute and homeless. At this time, a god named Gun felt pity for civilians, so he stole "Xi Rang", a kind of immortal soil that could grow endlessly from the Emperor of Heaven to the earth so as to stop the floods. Afterwards, the Emperor of Heaven was informed of it. Furiously, he commanded Zhu Rong, the God of Fire to kill Gun. After Gun's death, his son Yu accepted his mission offered by the Emperor Shun and took over his father's work to govern the blood.

Before that, Gun had spent nine years leading people to build river banks and dams so as to stop the blood, but they were destroyed by the more powerful blood. Yu worked hard to study the reason why his father had failed to govern the flood, and then he walked around the Yellow River Valley, investigating the disaster-affected areas and seeking for opinions from the experienced people with an open mind. After understanding the rule that the water flew from high to low, Yu changed his father's way of governing flood by blocking it. Instead, he diverted the floodwater into the sea by opening channels to drain away water and dredging the watercourses.

Leaving home engaged at governing the floodwater, Yu passed by his home for three times but never going into it, which became a favorite tale. It was in the morning that he first passed by his home. As Yu approached the door, he could hear his mother condemning from afar, "The father went to govern the floodwater dying at the Yu Mountain; the son went to govern the floodwater leaving home for four years. The father was an idiot. The son is a fool." Later, she began to scold her crying grandson and her daughter-in-law who was comforting her son sighing in despair. As the Great Yu was afraid that if he had walked into the house his furious mother would stop him chattering endlessly which was a waste of time used to govern the floodwater, so he walked away quietly. It was in the middle of day that Yu passed by his home the second time. He saw the smoke from the chimney from a distance and heard the bright laughter of his mother and the harmonious chat of his family. He thought: Last time when I came across my home, all I heard were the condemn, crying and sighs and I did not walk in to solve the problem. This time, as everything is all right at home, it is not necessary for me to meet them. So, he went around the house, running to the water conservancy construction site. It was in the evening that Yu passed by his home the third time. As he came near his house governing the floodwater, Yu would like to go back home to see his beloved ones after leaving them for ten years. He rode a horse rushing home, while it started to rain heavily. The moment he arrived at the entrance of his house, Yu saw his son ditching water under the eaves, and heard his wife and his mother saying in the house, "When your father finished governing the floodwater, he can come back and help you." Hearing this, the Great Yu was touched deeply and more determined in governing the floodwater, so he immediately turned around and hit the road again.

His perseverance for thirteen years finally contributed to his success in governing the floodwater on the ground, and he decided to open a victory meeting at the Mao Mountain at Kuaiji. All the leaders responsible for governing the floodwater in different places came in succession except a man whose surname was Fangfeng. With great height, Fangfeng used to govern the floodwater with Gun. Taking advantage of his seniority, he led people to build dams in the mountains, succeeding in blocking the water in the north slope on the Siming Mountain in Yuyao. Just when he thought that they had succeeded, the dam collapsed and the torrential flood flew down, causing a lot of death and serious injuries to the Yuyao people. The Great Yu was so angry that he commanded his accompanies to have Fangfeng tied and beheaded. Whereafter, he immediately led a group of people to Yuyao to dig a river so as to lead the floodwater into the sea. After Fangfeng died, he was apotheosized guarding the "Mountain of Fengyu".

【文化注释】

黄河流域：中国古代称大河，发源于中国青海省巴颜喀拉山脉，流经青海、四川、甘肃、宁夏、内蒙古、陕西、山西、河南、山东9个省区，最后于山东省东营市垦利县注入渤海，全长5464公里，是中国第二长河，仅次于长江，也是世界第五长河流。在中国历史上，黄河及沿岸流域给人类文明带来了巨大的影响，是中华民族最主要的发源地，被称为“母亲河”。

天帝：指昊天上帝，中国官方传统意义上真正的三界之主。昊天上帝是对华夏文明、对中国来讲的至高天神。

防风氏：中国上古时代神话传说中的人物。他是一位巨人，有三丈三尺高。相传是远古防风国的创始人，今天汪姓的始祖。防风神话被称为新石器时代四大神话发现之一，不仅填补我国神话传说的一项空白，更重要的是它具有较高的有关古代文化的研究价值，因此是宝贵的非物质文化遗产。

四明山：位于浙江省宁波市余姚境内，也叫金钟山，有着第二庐山之称。那里生态环境十分优越，被誉为“天然氧吧”。

【Cultural Notes】

The Yellow River Basin： Called as the great river in ancient China, the Yellow River Basin originates in Bayan Har Mountains of Qinghai province in China and flows through 9 provinces and autonomous regions, namely Qinghai, Sichuan, Gansu, Ningxia, Inner Mongolia, Shaanxi, Shanxi, Henan, and Shandong, and finally injecting into Bohai Sea, Kenli County, Dongying City, Shandong Province. With a total length of 5, 464 kilometers, it is the second longest river in China, second only to the Yangtze River, and also the fifth longest river in the world. In the Chinese history, the Yellow River and its coast areas have made a great influence on human civilization, and it is the main birthplace of the Chinese nation, so it is called “Mother River” by the Chinese people.

The Emperor of Heaven： It refers to the God Haotian, the officially true owner of the three worlds in Chinese tradition. God Haotian is the supreme god in the Chinese civilization.

Fangfeng： He was the character in the myths of ancient China, a giant with the height of nearly ten meters. According to the legend, Fangfeng was the founder of the Fengfeng country in ancient times and the first ancestor of people whose surname is Wang. The legend of Fangfeng is called one of the four discovered myths in the Neolithic Age, filling in the blank in Chinese myths and legends. More importantly, it has a relatively high value in researching the relative ancient culture, so it is a valuable intangible cultural heritage.

Siming Mountain: Located in Yuyao, Ningbo City, Zhejiang Province, it is also called Jinzhong Mountain, with the fame of the second Lushan Mountain. With the superior ecological environment, it is known as the "natural oxygen bar".

【文化价值】

大禹传说蕴含着十分丰富的民族传统文化信息，对中华民族起着无可替代的凝聚作用，影响着几千年来中国政治、社会与文化的各个方面。因此，弘扬大禹精神，对保护和传承中华民族优秀的历史文化传统，具有重要的现实意义。

首先，大禹公而忘私、为民造福、克勤克俭的崇高品质为世代所称颂。他在治水、立国的大业中所持的爱民为民、舍己为人、艰苦奋斗、百折不挠、纳言听谏、为国为民、远见卓识等精神，是中华民族优秀传统文化的重要内容。

其次，大禹治水反映了中华民族勇于与大自然抗争、团结一致、坚韧不拔的奋斗精神。大禹没有被滔天的洪水吓倒，以身作则，在任何时候都以治水为重，并积极组织大家团结治水，最终降服水患。

再次，大禹治水体现了中华民族实事求是、革故鼎新的伟大精神。大禹吸取父辈的教训，在精勘山水地理的基础上，提出了"顺水之性，不可与水相争"的观点，制订了"改堵为疏，疏堵结合"的治水方略，为后世治水做出了榜样。

最后，大禹传说体现出的举贤任能、赏罚分明的优秀品质，成为后世管理者的用人之道。无论是在治水过程中还是在治理国家时，大禹都能积极听取不同的意见和建议，让有才能的人为官，最后水患被降服，人民安居乐业。

【Cultural Value】

Embedded with abundant cultural information of Chinese tradition, the legend of the Great Yu plays an irreplaceable role in condensing the Chinese people, influencing all aspects of China's politics, societies and cultures for thousands years. Hence, it has an important and practical significance to carry forward the spirit of the Great Yu in protecting and inheriting the excellent historical and cultural traditions of China.

Firstly, his dedication to public services, his commitment to the welfare of the people and his frugality have been praised by generations. The spirits that he held in governing the floodwater and founding the state are the important content of the excellent traditional culture of the Chinese nation, such as loving and benefiting his people, sacrificing his own interests for the sake of others, working hard and perseveringly, never yielding in spite of reverses, not taking advantage of his noble status, listening to others' suggestion, working for the state and the people and having farsightedness.

Secondly, the legend of the Great Yu governing the floodwater reflects that the Chinese people have the courage to fight against the nature and the spirit of uniting as one firmly and indomitably. Instead of being scared by the monstrous floods, the Great Yu took the lead to put the mission of governing floodwater first under any circumstances and actively organize people to work together, so they finally succeeded in governing the floods.

Thirdly, the legend of the Great Yu governing the floodwater embodies the Chinese nation's great spirit of seeking truth from facts and keeping improving through reforms. Learning the lessons of the elder generation, the Great Yu put forward the concept of "following the rule of water without fighting against it" on the basis of knowing well the landscape geography, and formulated the water control strategy of "changing plugging into dredging and combining plugging and dredging", setting a good example for the later generations in governing the water.

Finally, the good qualities embodied in the legend of appointing people on their merits and keeping strictly the rules for rewards and punishments all have become the rules for the later managers. Both in the process of governing the floodwater and in governing the country, the Great Yu could actively listen to different suggestions and appoint the talented people as officials so that the floods were conquered and the people could live and work in peace and contentment.

【传说地址】

大禹精神是中华民族的宝贵财富，因此中国很多地方都留有禹的遗址。浙江绍兴是大禹许多重要活动的场地，主要遗迹有大禹陵。此外，绍兴的一些地名也与大禹有关，如夏履桥、刑塘、守陵村等。

大禹陵：古称禹穴，大禹的葬地。明太祖洪武年间，大禹陵即被钦定为全国该祭的36座王陵之一。它背靠会稽山，前临禹池，位于浙江绍兴城东南稽山门外会稽山麓，距城3公里。大禹陵景区内有许多历史遗迹、人文景致，如大禹陵庙、禹祠、窆石以及碑方题刻等，是中国东南的一大名胜古迹，也是全国百家爱国教育基地之一。在此举行的大禹祭典是古老的中国传统祭祀活动，距今已有四千多年的历史了，并于2006年经国务院批准列入第一批国家级非物质文化遗产名录。

【Location】

The spirits of the Great Yu are the precious wealth of the Chinese nation, so there are some sites of Yu left in many places in China. In Zhejiang Province, the Great Yu held many important activities in Shaoxing, so he had an inseparable relationship with this city. The Imperial Tomb of the Great Yu（Da Yu Ling）is the main site of Yu in Shaoxing. Besides, some place names in Shaoxing are also associated with the Great Yu, such as Xialv Bridge（Xia Lv Qiao）, Punishment Pond（Xing Tang）, and Tomb Guarding Village（Shou Ling Cun）.

The Imperial Tomb of the Great Yu： It was called the cave of Yu in ancient times where the Great Yu was buried. In the Ming Dynasty, the Imperial Tomb of the Great Yu was made by imperial order as one of the 36 imperial tombs that should be worshiped across the country. Standing against Kuaiji Mountain and facing the Yu Pond, the tomb is located at the Kuaiji Mountain, Shaoxing, Zhejiang Province, 3 kilometers away from the city.

As there are many historic sites and cultural scenes in the Imperial Tomb of the Great Yu scenic spots, such as the Temple of the Great Yu, the Ancestral Temple the Yu, Bian Stone and the stone monuments, the scenic spots of the imperial tomb of the Great Yu is one of the main places of interest of southeast

China, and one of the 100 national patriotic education bases. The fiesta of the Great Yu held there was the traditional ritual activity in ancient China with a history of more than 4,000 years. It was approved by the State Council to be listed in the first batch of state-level intangible cultural heritages in 2006.

勾践传说

The Legend of Gou Jian

【传说背景】

勾践（约前520—前465），浙江绍兴人，春秋末期越国的君王。春秋末期，越王勾践听说吴王夫差欲攻打越国，决定先发制人，举兵讨伐吴国，被吴王夫差打败。勾践求和，在吴国当夫差的奴仆三年，忍辱负重，讨好夫差，终于被赦回国。回国后，勾践发愤图强，养精蓄锐，立志复仇，最终打败吴国，迫使夫差自杀，灭吴称霸，成为春秋时期最后一位霸主。

越王勾践传说是以春秋时期吴越战争的历史与文化为背景，以越国霸业战争兴衰成败为基础，全方位展现了勾践的丰功伟绩和人格魅力，具有浓厚的绍兴地域特征和乡土气息。除越王勾践故事以外，传说还融入了越国群臣等历史人物的故事，形成了庞大的故事群。

越王勾践传说在《史记》《越绝书》《吴越春秋》等历史典籍中均有记载，其中最有名的典故有“卧薪尝胆”“鸟尽弓藏”“兔死狗烹”“范蠡三迁”“一孔之见”等。越王勾践卧薪尝胆的故事还被拍成电视剧，在广大群众中传播。

【Background Introduction】

Gou Jian（about 520BC–465BC）, from Shaoxing, Zhejiang Province, was the King of Yue at the end of the Spring and Autumn Period. At the end of the Spring and Autumn Period, hearing that King Fu Chai of Wu intended to invade Yue, King Gou Jian of Yue decided to strike first to gain the initiative. He raised an army to fight against Wu, only to be defeated by Fu Chai. Gou Jian then sued for peace, and after three years of being a servant in Wu enduring humiliation and fawning on Fu Chai, he was finally sent back to his own kingdom. Since then, working with stamina for the prosperity of the country and conserving strength and storing up energy, Gou Jian determined to revenge and finally he defeated Fu Chai and forced him to suicide, becoming the last hegemony of the Spring and Autumn period.

With the history and culture of wars between Wu and Yue of the Spring and Autumn period as the background and with the success and failure of Yue in wars as the foundation, the legend of Gou Jian demonstrates his great achievements and his charming personality in all directions and presents the strong regional features and local flavor of Shaoxing. Besides the tales of Gou Jian, the legend also integrates the stories of the officials of Yue, forming a large group of stories.

King Gou Jian of Yue is recorded in historical classics, such as *Records of the Great Historians of China*（Shi Ji）, *Book of Yue History*（Yue Jue Shu）and *Annals of Wu and Yue*（Wu Yue Chun Qiu）, the most popular literary quotations of which are "lying on faggots and tasting gall"（Wo Xin Chang Dan），"putting away the bows and arrows when there are no more birds to shoot"（Niao Jin Gong Cang），"cooking the hounds when no longer needed after the hares have been run down"（Tu Si Gou Peng），"Fan Li moving for three times"（Fan Li San Qian），and "viewing through a peep hole"（Yi Kong Zhi Jian）. The story of Gou Jian lying on faggots and tasting gall has been made into a TV series, spreading among the general public.

【传说故事】

春秋末期，越国被吴国打败，越王勾践带着妻子和大夫范蠡到吴国伺候吴王。整整三年，勾践受尽羞辱，白天喂马、看墓，晚上被关在阴暗潮湿的石屋里。他虽心有不服，但仍然极力装出忠心顺从的样子。吴王出门时，他走在前面牵马；吴王病时，他在床前照顾。最终，他们骗取了吴王的信任，才被释放回国。

那时，越国每年都要向吴国进贡大量的金银财宝、美女和特产。越国百姓被压得透不过气，苦不堪言。勾践回国，越国百姓受到极大的鼓舞，他们希望勾践能够发愤图强，报仇雪恨。

勾践回国后，受越国人民刻苦努力、不求苟安的精神所鼓舞，决定与百姓同甘共苦，复国报仇。他派大夫文种管理国家政事，命范蠡管理军事。他害怕自己贪图舒适的生活，消磨了报仇的志气，就亲自到田里与农夫一起干活，没日没夜；他的妻子也纺线织布。他还在西郭门头，朝着吴国的方向，造起一间简陋的小屋，取名“箭楼”。勾践就住在这里，穿着布衣，吃着粗茶淡饭，晚上枕着兵器睡在稻草堆上。他还在房子里挂了一个苦胆，每天早上起来后就尝尝胆汁的苦味，然后面向吴国，仰天自问：“勾践啊勾践，你忘了三年的耻辱了吗?”

这就是著名的卧薪尝胆的故事，传说现在绍兴西郭门外箭楼下就是当年勾践住的地方。勾践的这些举动感动了越国上下官民，经过十年的艰苦奋斗，越国终于兵精粮足，转弱为强，最后击败吴国，洗雪国耻。

越王勾践灭了吴国，在吴宫欢宴群臣。这时，他发现范蠡不知去向。第二天，范蠡的外衣在太湖边找到了，大家都以为他投湖自杀了。可是过了不久，有人给文种送来一封信，上面写着：“飞鸟打尽了，弹弓就被收藏起来；野兔捉光了，猎狗就被杀了煮来吃；敌国灭掉了，谋臣就被废弃或遭害。越王为人，只可和他共患难，不宜与他同安乐。大夫至今不离他而去，不久难免有杀身之祸。”文种这时才知范蠡并未死去，而是隐居了起来。他虽然觉得范蠡的话有道理，但又不舍得他的金钱和地位，就假装生病不去上朝。时间久了，勾践起了疑忌。一天，勾践亲自登门去探望文种，临别留下佩剑，文种明白勾践的用意，后悔不该不听范蠡的劝告，只得引剑自尽。这就是有名的“鸟尽弓藏”“兔死狗烹”的故事。

话说范蠡离开以后，辗转来到齐国，在海边结庐而居，很快就积累了数万家产，但他仗义疏财，施善乡梓。他的贤明能干被齐王赏识，让他去做齐国的宰相。但是范蠡的忧患意识很强，他后来再次请辞，搬迁至陶（今山东定陶北）定居。

【Story in English】

At the end of the Spring and Autumn Period, with Yue defeated by Wu, King Gou Jian of Yue went to Wu to serve King of Wu, taking his wife and his senior official Fan Li with him. For three years, suffering all kinds of humiliation, Gou Jian fed the horses and guarded the tombs in the daytime and was locked in a damp dark stone room at night. Despite of great anger, Gou Jian tried his utmost to pretend that he was rather royal and obedient. When King of Wu went out, he walked in front of the carriage leading the horses; when King of Wu was laid up with illness, he took care of him carefully. In the end, they wormed their way into the confidence of King of Wu so that they were sent back to their own kingdom.

At that time, Yue needed to pay tribute to Wu with a lot of money, treasures, beautiful ladies and special local products. In the face of tremendous pressure, the civilians of Yue suffered a lot. As Gou Jian returned to Yue, the civilians were extremely inspired, hoping that Gou Jian could work with stamina for the prosperity of the country and take his revenge.

Inspired by the diligence and the spirit of yearning for prosperity of the Yue people, Gou Jian decided to share the joys and sorrows of his people and restore his kingdom. He asked Wen Zhong, one of his senior officials to govern the government affairs and Fan Li to manage the military affairs. As he was afraid that he would lose his ambition for revenge with the comfortable life, he went to work with the farmers in the field around the clock; his wife also kept spinning and weaving. He even built a shabby hut called "Embrasured Watchtower" (Jian Lou) at the west gate of the city facing Wu. This was where Gou Jian used to live.

He wore sack cloth, ate coarse rice and slept on the brushwood with his head pillowed on the weapons at night. Besides, he hung a gall in the house, and every morning when he got up, he would taste the gall and ask himself facing the Wu, "Gou Jian, have you forgotten the humiliation in those three years?"

This is the famous story of Gou Jian sleeping on the brushwood and tasting the gall. According to the legend, the embrasured watchtower at the west gate of Shaoxing is where Gou Jian used to live. As all of the actions of Gou jian impressed all the officials and civilians in Yue, after ten years of hard work, Yue finally turned into a strong kingdom equipped with excellent soldiers and sample supplies and defeated Wu wiping out the humiliation.

When King Gou Jian of Yue, entertained all his officials in the Palace of Wu for defeating Wu, he could not find Fan Li anywhere. The next day, the outerwear of Fan Li was found at Lake Taihu, so everyone thought he might have drowned himself in the lake. But it was not long until Wen Zhong received a letter reading, "The bows and arrows will be put away when there are no more birds to shoot; the hounds will be killed for food once all the hares are bagged; the counselors will be deserted or killed when the enemy state is destroyed. One can only share sorrows and difficulties with King of Yue but not peace and happiness. If you do not leave him now, it may not be long before you are killed by the King." It was not until then that Wen Zhong realized Fan Li was still alive and had withdrawn from society living in seclusion. Although he knew Fan Li was right in the analysis, he were not willing to give up his money and status, so he just pretended to be ill and did not go to court. As time passed, Gou Jian thought there might be something wrong. One day, Gou Jian went to visit Wen Zhong in person and left his walking sword in the room of Wen Zhong. Understanding what Gou Jian meant, Wen Zhong regretted it that he should have accepted the advice of Fan Li, but then he had no alternative but to kill himself with the sword left by the King. Those are the famous stories of "The bows and arrows will be put away when there are no more birds to shoot"（Niao Jin Gong Cang）and "The hounds will killed for food once all the hares are bagged"（Tu Si Gou Peng）.

As Fan Li left Yue, he went to Qi building a house by the sea. He soon made a great fortune but he was generous in aiding needy people. King of Qi appreciated his wisdom and capability and appointed him as the prime minister of Qi. However, with strong awareness of unexpected development, Fan Li resigned later and moved to Tao（north of the modern Dingtao in Shandong Province）.

【文化注释】

越国（前1932—前110）：中国先秦时期的一个诸侯国，位于今淮河以南、长江流域地区。公元前110年被汉武帝灭亡，是历史上国祚最长的诸侯国。

吴国（约前11世纪—前473）：春秋中后期最强大的诸侯国之一，位于今苏皖两省长江以南部分以及环太湖浙江北部，太湖流域是吴国的核心。公元前473年，越王勾践复仇吞并吴国，吴灭亡。

卧薪尝胆：即越王卧薪尝胆的故事，现在已经演变成一个成语，用来形容一个人忍辱负重、发愤图强，终能苦尽甘来。

鸟尽弓藏、兔死狗烹：由历史典故演变成的成语，用来比喻事情成功之后，把曾经出过力的人抛弃或者杀掉。

齐国（前1122—前221）：中国历史上从西周到春秋战国时期的一个诸侯国，疆域为今山东，都城为临淄（今山东淄博）。齐桓公时，依靠海上丰富的资源，迅速成为“春秋五霸”之首。公元前221年，齐王建向秦王嬴政投降，秦国统一六国，齐灭亡。

【Cultural Notes】

Yue (1932 BC – 110 BC): As a state in the Pre-Qin period, it was located in the south of Huaihe River and the Yangtze River basin areas of today. Destroyed by Emperor Wu of Han Dynasty in 110 BC, Yue lasted longer than all the other kingdoms in history.

Wu (about 11th century BC – 473 BC): As one of the strongest kingdoms in the middle and later Spring and Autumn period, it was located in the south part of Yangtze River in Suzhou and Anhui Provinces and at Lake Taihu in the north part of Zhejiang Province. Lake Taihu Basin used to be the core of Wu. In 473 BC, Wu was defeated and perished by King Gou Jian of Yue.

Wo Xin Chang Dan: The story of King of Yue sleeping on the brushwood and tasting the gall has evolved into an idiom used to describe that a person endures hardships to accomplish some ambition.

Niao Jin Gong Cang and Tu Si Gou Peng: The historical stories have evolved into idioms used to describe that one will be kicked out after his services are no longer needed.

Qi (1122BC – 221 BC): The Qi Kingdom existed from the Western Zhou Dynasty to the Spring and Autumn period, and located in Shandong Province of today with the capital being Linzi (the modern Zibo of Shandong Province). King Qihuangong of Qi became the head of the "Five Overlords in the Spring and Autumn Period" in a short time depending on the abundant sea resources.

In 221 BC, Qi perished after King Jian of Qi surrendered to King Ying Zheng of Qin, who united all the six kingdoms.

【文化价值】

越王勾践的故事全方位展示了越王勾践的丰功伟绩和人格魅力，它植根于民间，具有重要的民间文学研究价值和历史研究价值。

首先，越王勾践忍辱负重、卧薪尝胆的故事给后人留下了“大丈夫能屈能伸”“痛定思痛，励精图治”的精神财富。他战胜强敌的勇气、决心和坚韧不拔的毅力，自古以来为人们所称道。

其次，越王勾践实行了一系列卓有成效的改革措施，最终使“荒芜之地”的越国迅速富强起来，成为“春秋五霸”之一。他的这种顺应潮流、矢志革新的创新精神，千百年来影响着后世之人。

再次，越王勾践的故事成为激励后人拼搏向上的精神力量。卧薪尝胆原指中国春秋时期的越国国王勾践励精图治以图复国的事迹，后演变为成语，形容人刻苦自励，发愤图强。

最后，勾践传说中的典故还延伸出一些家喻户晓的成语，如“兔死狗烹”“鸟尽弓藏”“十年生聚、十年教训”“投其所好、耗其斗志”“螳螂捕蝉”“范蠡三迁”等。

【Cultural Value】

Demonstrating the great achievements and personality charm in all directions, the story of Gou Jian, rooted in the folk, is of important value for folk literature and history research.

Firstly, the stories of Gou Jian enduring humiliation, sleeping on the brushwood and tasting the gall leave the later generations the spiritual wealth, such as "a great man knows when to yield and when not" (Da Zhang Fu Neng Qu Neng Shen) and "recalling a painful experience and working hard to make the country prosperous" (Tong Ding Si Tong, Li Jing Tu Zhi) . His courage, determination and perseverance of defeating a strong enemy have been praised by people from ancient times.

Secondly, Gou Jian successfully made Yue prosperous, which had been the "barren land" , and made it one of the five hegemons of the Spring and Autumn Period by implementing a series of fruitful reforms. His spirit of innovation and reformation conforming to the trend has been encouraging the later generations.

Thirdly, the story of Gou Jian has become the spiritual power encouraging the later generations to work hard and strive for a better life. Sleeping on the brushwood and tasting the gall (Wo Xin Chang Dan) was originally used to describe the experience of Gou Jian, King of Yue in the Spring and Autumn period, who worked hard to make his kingdom prosperous and take revenge, but later evolved into an idiom to describe that the person is diligent with firm resolution to succeed.

Finally, there are some well-known idioms coming out of the literary quotations in the legend of Gou Jian, such as "The hounds will be killed for food once all the hares are bagged" (Tu Si Gou Peng) , "The bows and arrows will be put away when there are no more birds to shoot" (Niao Jin Gong Cang) , "Ten years of life and ten years of lessons" (Shi Nian Sheng Ju, Shi Nian Jiao Xun) , "Catering to one's pleasure and consuming one's ambition" (Tou Qi Suo Hao, Hao Qi Dou Zhi) , "The mantis stalking the cicada" (Tang Lang Bu

Chan）and “Fan Li moving for three times”（Fan Li San Qian）.

【传说地址】

春秋时期的越国地处古九州之一的扬州，今淮河以南、长江流域东南地区。越王勾践的传说遗址也主要集中于浙江和江苏两地。江苏的越城遗址是研究吴越文化的重要遗址，该遗址尚存越王勾践进攻吴国所筑屯兵土城的遗迹，且土城底下有大量新石器时代的文化遗存。

浙江现存遗址主要是越王城遗址和越王台。

越王城遗址：位于浙江杭州市萧山区、湘湖旅游度假区海拔128米的城山之巅，是越王勾践屯兵抗吴的重要军事城堡。城址面积约2万余平方米，是迄今为止国内保存最好的古城墙遗址。1989年，浙江省人民政府将其列为重点文物保护单位。

越王台：位于浙江绍兴卧龙山东南麓，状如城楼，系后人为缅怀越王勾践卧薪尝胆复国雪耻而建。后来屡建屡毁。1939年被日机炸毁，1981年重修，塔基石砖为宋代遗物。

【Location】

Yue in the Spring and Autumn period was located in Yangzhou, one of the nine states in ancient China and the current regions in the south of Huaihe River and southeast of Yangtze River Basin. The legend relics are mainly concentrated in Zhejiang Province and Jiangsu Province. The Relics of Yue City in Jiangsu Province is the important relics used to research the culture of Wu and Yue, where a mud city built for Gou Jian to station troops against Wu is still existing under which there are a large number of cultural relics of the Neolithic Age.

The currently existing relics in Zhejiang Province are mainly the capital City Relics of King of Yue（Yue Wang Cheng Yi Zhi）and the Gate Tower of King of Yue（Yue Wang Tai）.

City Relics of King of Yue（Yue Wang Cheng Yi Zhi）: Located at the top of Chengshan Mountain of 128 meters height in Xianghu Tourist Resort of Xiaoshan District, Hangzhou, Zhejiang Province, it was the important military castle where Gou Jian stationed troops against Wu. With the site covering 20, 000 square meters, it is the best preserved relics of the ancient city wall in China, and was recognized as the key cultural relics protection unit by the People's Government of Zhejiang Province in 1989.

The Gate Tower of King of Yue（Yue Wang Tai）: Located in the southeast of Wolong Mountain in Shaoxing, Zhejiang Province, it looks like a gate tower. Made by the later generations in memory of Gou Jian undergoing self-imposed hardships so as to strengthen his resolution to defeat Wu and wipe out the humiliation. The tower underwent repeated construction and damage. It was blown up by the Japanese airplane in 1939 and was reconstructed in 1981. The stone bricks of the tower footing are the relics of the Song Dynasty.

第 二 章

文人将相传说

Chapter 2 Legends of Litterateurs, Military and Civil Authorities

刘伯温传说

The Legend of Liu Bowen

【传说背景】

刘伯温传说讲述的是元末明初著名政治家、军事家、文学家和思想家刘基的故事。刘基，字伯温，浙江青田南田山武阳村（今属文成县）人。他足智多谋，曾长期为朱元璋出谋划策，为明朝的建立立下了汗马功劳，而后来却受到排挤，辞官回家，愤懑而死。他也是杰出的文学家，与宋濂、高启并称为“明初诗文三大家”。他的文学作品《郁离子》是中国文学史上寓言体散文的杰作，《卖柑者言》被选中编入小学课本和各种文选，篇中“金玉其外，败絮其中”一句早已是家喻户晓的名言。

刘伯温的口头传说主要集中在青田、文成等地。早在明代，民间就已经开始盛传有关他的种种传说，将他作为智慧的象征，有些还有着强烈的奇幻色彩。明初黄伯生的《刘公行状》里出现了最早的书面记录。六百多年来，刘伯温传说既通过民间口口相传，又被历代文人记录加工，内容不断丰富，数量不下数百种，主要包括刘基生平家世、聪颖好学、神机妙算、除暴安良、开国功勋及其家乡的风土人情等方面。

【Background Introduction】

The legend of Liu Bowen talks about an influential figure named Liu Ji, who was a famous politician, militarist, litterateur and ideologist living in the late Yuan and early Ming dynasties. Liu Ji, courtesy name Bowen, better known as Liu Bowen, he was born in Qingtian County (present-day Wencheng County, Wenzhou, Zhejiang province). Being resourceful, Liu served as a key advisor to Zhu Yuanzhang, the founder of the Ming Dynasty, and made indispensable contributions to the foundation of the Ming dynasty. But later, he was excluded by some devil officials and resigned home and died in depression. Liu Bowen was also a distinguished litterateur, who was ranked as one of the three top poets and prosers in the early Ming Dynasty along with Song Lian and Gao Qi. His work *Yu Li Zi* was a masterpiece of allegorical prose in Chinese literature history. His another prose *The Words of an Orange Seller* has been selected into the Chinese textbooks for China's primary and secondary schools. The sentence from that passage has long been a widely-known saying: a rotten interior beneath a fine exterior.

The legends of Liu Bowen have been found and spread mainly in Qingtian and Wencheng. Back into the Ming Dynasty, there had been a bunch of stories of Liu Bowen spreading among the folks, who took him as a symbol of wisdom, and some stories carried mysterious characteristics. In the early Ming Dynasty, the first written records of Liu's stories appeared in the book *Practice of Master Liu* by Huang Bosheng. Throughout the six hundred years, the legends have been substantially enriched in terms of quantities and qualities by both folks'oral words and literature works of scholars of all times. Now, those stories cover a variety of topics, mainly including Liu Ji's life and family, wisdom and diligence, wonderful prophecies, honesty and integrity, contributions to the foundation of the Ming Dynasty, as well as the traditions and customs in his birthplace.

【传说故事】

刘伯温因神机妙算、运筹帷幄而与姜子牙、诸葛亮并称为我国历史上的“三大军师”。

元朝末年，朱元璋率领义军攻破处州、青田以后，继续征讨温州。然而温州城池坚固难攻，义军两次攻打都失败了，只得退兵到西郊山上，另等时机攻城。

这时，元军知道义军骁勇，不宜死战，便采取长期包围的战术。不到半个月，义军出现缺粮、缺水的情况，把朱元璋急坏了。他急着想请军师刘伯温来商议对策，不料军师以身体欠佳为由拒绝。朱元璋没办法只好亲自到军师帐房看望，刚跨进帐门，就听得刘伯温大笑：“有了！有了!”朱元璋忙问有什么了，刘伯温立即让座，谦逊答道：“主公洪福，白鹿城可破也!”接着向朱元璋讲出了退敌攻城的妙计。

原来，刘伯温早就料到敌人会采取断粮断水的诡计，老早派人四处找水源找食物。隆冬之际，山水枯竭，山上只有几十户穷人家养了几头母猪和五六十头小猪。幸运的是，有人在一个山洞鼠窝里找到了二三十斤糯米。刘伯温知道后，沉思良久，计上心头。他一面派人向山民买来那群小猪，用糯米喂饱，并让小孩悄悄放下山去；一面吩咐所有士卒脱下白色内衣晒在竹竿和树枝上。

山下的元兵见到小猪便七手八脚地抢来杀了吃，谁想一剖开猪肚子，里面都是未消化的糯米。他们想，山民终年吃不饱番薯丝，哪来的糯米？于是猜测一定是义军带上去的。既然有糯米喂猪，怎么会缺粮？又见山上到处晒满白衣衫，推测肯定不会缺水，否则如何洗衣？这两件事瞬间传遍元军上下，使得原本趾高气扬的元军顿时军心大乱。就在这时，几万义军冲下山来，以排山倒海之势将元军杀个片甲不留，一举破城。

刘伯温足智多谋，是明朝的开国元勋，朝廷内外都称他为刘国师。他还是百姓爱戴的父母官，处处为百姓着想。有一次，大国师刘伯温微服出访，住在瓯江下游一户贫苦的农民家里。好客的主人想用瓯江里的鱼来招待客人，可惜连捕几天都空手而归。管瓯江的江神知道了，感恩国师体贴百姓疾苦，于是命令鱼神用瓯江最好的鱼虾来招待国师。可是正值冬季，江上鱼虾少得可怜。鱼神只得问老母亲鱼神婆借用宝箱里的鱼种。鱼神婆虽然觉得鱼种珍贵且细小，但又不想委屈了大国师，还是将鱼种给了鱼神，并教他在放鱼种时轻念“一夜成鱼”的咒语。第二天，主人又来江上捞鱼，一捞便得很多小鱼，而且越捞越多，赶忙回家让贤妻烘炒了给大国师品尝，这味道不用说肯定鲜美无比。国师边吃边说：“若让这一带地方的穷苦百姓都能吃上这种鱼该多好！”国师的话非常灵验，从此，瓯江里真的多了这种繁殖很快的小鱼，年年岁岁都捞不尽呢。后来，青田人就称此鱼为“国师鱼”，用这种鱼做的菜成了当地的一道特色名菜。

【Story in English】

Because of his ingenious planning and brilliant team-handling abilities, Liu

Bowen was known as one of the "three great strategists" in Chinese history, together with Jiang Ziya and Zhuge Liang.

In the late years of the Yuan Dynasty, the insurrectionary army led by Zhu Yuanzhang had taken Chuzhou and Qingzhou, and continued their way to conquer Wenzhou. To their dismay, however, the intense defense made the city unimaginably hard to attack. After two failing attacks, the insurrectionary army had to retreat to the mountains in the western suburban area and wait for another opportunity to launch further attacks.

At that time, the Yuan army was aware of the insurrectionary army's brave and battle-wise qualities, so they didn't plan to fight directly; instead they adopted the strategy of siege in a long run. After no more than half a month, the insurrectionary army began to run short of food and water, which caused great anxieties to Zhu Yuanzhang, the leader. He was in great eager to seek help from Liu Bowen, the army adviser. But to his surprise, Liu refused to offer any advice for the reason of bad health. In despair, Zhu Yuanzhang had to go in person to the place where Liu stayed. On stepping into the door, Zhu heard a loud laughter from Liu Bowen, who was then saying happily: "Good! Good!" Zhu Yuanzhang asked anxiously what was good. Seeing the leader, Liu Bowen stood up immediately to offer him the seat and replied humbly, "Your Majesty is blessed, for the Bailu city can be conquered now." Then, Liu Bowen described the brilliant plan of repulsing away the enemy and taking the city.

In fact, Liu Bowen had made a right guess that the enemy would adopt the strategy of siege, cutting their resources of food and water, therefore Liu had already sent a group of soldiers to look for food and water in the surroundings. But unfortunately, in the freezing midwinter, water was frozen and it was extremely difficult to find food. In the mountainous area, there were only dozens of poor families who raised a few sows and about fifty piglets. To their fortune, someone found a cave in which there were a dozen kilograms of sticky rice preserved by rats for the winter. When informed of this situation, Liu Bowen had a long and deep thinking before he came up with a wise plan. Liu Bowen ordered his men to buy the piglets from the farmers, feeding them with the sticky rice found in the cave, and asked some children to send the piglets down the mountain secretly. At the same time, Liu ordered all the soldiers to take off their white shirts and hung them out on the bamboo poles or the tree branches.

When seeing lots of piglets running down the mountains, the Yuan army was quite surprised and happy that they caught them and killed them to eat at no time. They got astonished when cutting open the piglets'bellies only to see them full of indigested sticky rice. They wondered where the sticky rice came from, for the farmers on the mountain were starving and in shortage of dried sweet potatoes, there was no way for them to get sticky rice to feed piglets. The rice must be from the insurrectionary army. As a result, there should be plenty of food resources in the insurrectionary army so that they even fed pigs with sticky rice. Meanwhile, the Yuan army saw the upper mountain covered with washed white shirts, which implied that the insurrectionary army had enough water, too. Otherwise, how would they waste water washing clothes?

Rumors of fed piglets and washed white shirts got spread throughout the whole Yuan army, making the over-proud soldiers deeply nervous and lack of confidence. At that moment, thousands of insurrectionary soldiers rushed down the mountain to attack the enemies with an overwhelming power, killing almost everyone and took the city at one shot.

As a contributor who aided in founding the Ming Dynasty, Liu Bowen was intelligent and resourceful, and was called "Grand Master" inside and outside of the imperial court. He was also a responsible government official, thinking for the people all the time. Once, Liu Bowen paid an uninformed visit to his hometown and stayed at a poor farmer's house in the downstream of Oujiang River. The hospitable host wanted to treat the guest with fish from the Oujiang River. Unfortunately, he went fishing for days but got nothing. When the god in the Oujiang River was informed of this news, he thought of Liu Bowen's great deeds to the people and felt obliged to offer special treat to the national counselor. So the river god ordered the fish god to provide the counselor with the best fish in the river. However, the fact was that in the cold winter there was few fish in the river. The fish god had to ask his mother for fries reserved in her treasure box. The mother thought that those fries were too small and precious to give away. Nevertheless, she was unwilling to treat the national counselor badly, so she gave the fries to her son and reminded him that he should say the incantation of "turning the fries into fish overnight" while scattering the fries into the river. The next day, that farmer went to the river to fish again. This time he obtained lots of small fish and the more he fished, the more fish he got. He returned home immediately to ask his wife to cook the small fish to serve the national counselor, and Liu Bowen was very satisfied with the tasty fish. Liu said as he was eating, "What if the poor folks are all able to have this kind of fish, which could be wonderful!" Later the national counselor's words became true. Since then, there were countless small fish in the Oujiang river which reproduced so quickly that people along the river had an inexhaustible source of fish to eat. Later, this kind of fish was named as "fish of the Grand Master" by people in Qingtian county, and the dish with the fish has long become a local specialty.

【文化注释】

朱元璋：大明太祖高皇帝朱元璋（1328—1398），明朝开国皇帝，中国继汉高祖刘邦以来第二位平民出身的君主。1368年（至正二十八年）在应天府称帝，国号大明。后结束了蒙元在中原的统治，平定四川、广西、甘肃、云南等地，最终统一中国。

义军：古代统治阶级或民间临时组合起来的部队。元末，朝廷昏庸，走投无路的百姓纷纷发动农民起义，各地接连组成义军讨元。

【Cultural Notes】

Zhu Yuanzhang: Zhu Yuanzhang (1328–1398) was the founder and the first emperor of China's Ming Dynasty, the second emperor in China's history who was born a peasant (the first one was Liu Bang, the first emperor of the Han Dynasty). In 1368 (the 28th Zhizheng Years), Zhu Yuanzhang proclaimed himself Emperor of the Ming dynasty in Nanjing. He ended the rule of Mongol-led Yuan Dynasty in the central plains of China by driving away the Mongols from the provinces of Sichuan, Guangxi, Gansu and Yunnan, and finally unified China.

Insurrectionary army: Also called insurrectionary force, it was usually led by the ruling class or by folks who rose in rebellion against the government. In the late years of the Yuan Dynasty, the government's relentless ruling forced the people to fight against it. Insurgent forces were formed everywhere around China.

【文化价值】

刘伯温一生讲忠义、有才华、富有传奇色彩，这样的人物正是中国老百姓所推崇的，反映了老百姓希望本民族本地区出现杰出人才的愿望。刘伯温传说以他的生平事迹为基础，融入了地方风物特色，充分体现了浙南人民物质与精神文化的方方面面，也包含了我国人民对传统文化的追求和向往。

首先，刘伯温传说中描述他智慧过人的故事占了很大比例，这些故事是广大民众长期以来的智慧结晶，对后人具有智慧教科书的重要意义，对我们认识自然和社会存在借鉴价值。

其次，刘伯温一生是传统道德的典范，他的道德品质对现实仍有教化作用，是中华民族一笔丰厚的精神财富。刘伯温的民本思想、义利思想、诚信思想及为官之道和谋事之策在今天看来仍然有着重要的现实意义。

最后，刘伯温传说还具有增强民族凝聚力的价值。刘伯温的家乡文成县是我国的著名侨乡，刘氏后裔遍布世界各地，其中多人担任当地的侨领。刘伯温传说及刘基庙春秋两祭，极大地凝聚了中华游子们的爱国爱乡之情，有利于祖国的统一大业。

【Cultural Value】

Liu Bowen was a great person of virtues, talents and legends, a kind of people deeply adored and respected by Chinese people, reflecting the people's wishes that there should be such great persons in the places where they live. Based on his life story and combined with local features, the legends of Liu

Bowen are comprehensive reflections of every aspect in the material and spiritual life of people in the southern Zhejiang province, which also include Chinese people's passions and pursuits towards the traditional culture.

To begin with, a big proportion of legends about Liu Bowen talks about his distinguished wisdom and talents. These stories are wisdom of Chinese people throughout the history, which are of great significance in educating the future generations, and of precious reference values for us to learn about nature and the society.

Next, Liu Bowen has set a typical example of morality, whose virtues and qualities are still educational in modern days, deserving to be Chinese people's spiritual wealth. In his life, Liu Bowen put emphasis on people's benefits, practicing honesty and integrity. His people-oriented thoughts along with his manners to govern and ways to make plans are valuable to learn even today.

Lastly, legends of Liu Bowen also play an important role in promoting national cohesion. Since Liu Bowen's birthplace—Wencheng county—has long been a famous hometown of overseas Chinese, Liu's descendants can be found all over the world, many of whom being the local leaders of overseas Chinese. Therefore, Liu Bowen's stories and the two yearly sacrifices in spring and autumn in Liu Ji Temple have played a significant role in enhancing the overseas Chinese's patriotism towards both the country and their hometowns, which makes contributions to the reunification of our motherland.

【传说地址】

刘伯温传说的分布区域可分为：（1）以文成县为核心的瓯越文化圈，

包括瓯江、飞云江、敖江三江流域内的温州市全境及丽水市的青田县；（2）除瓯越文化圈外的吴越文化圈，包括浙江省、江苏省等；（3）全国范围内的其他地区，以及属于儒学文化圈的韩国、日本、新加坡等东南亚国家，包括世界各地的华人区。

刘伯温传说分布的核心地——文成县，地处浙江省南部，隶属温州市。文成县是刘伯温的故乡，县名就来自刘基的谥号“文成”。文成境内有刘基故里、诚意伯庙和刘基墓等刘伯温遗迹。

刘基故里景区：位于文成县南田山。刘基故里现存多处完好的人文景观，主要有刘基故居、书院、刘基读书路等。

诚意伯庙：背靠华盖山。木质结构。建于明天顺三年（1458），系国家级重点文物保护单位。庙分“王佐”“帝师”两水坊，头门、仪门、正厅、追远祠五重，占地3000平方米。正厅有刘基及其子刘琏、刘璟坐像三尊，左廊有个900斤的古铜钟。

刘基墓：在石圃山中支夏山之麓，系国家级文保单位。占地812平方米，墓前有石碑一方，上刻“明敕开国太师刘文成公墓”。据载，刘伯温临死前，其子刘琏、刘璟呈上有石马、石狮、石将军把门，条块石铺成的三进三圈坟墓图，被刘伯温撕得粉碎。刘伯温劝诫儿子说：“墓字上草下土，若用石铺，怎么生草？古人造字，大有讲究，人不能靠造坟墓立牌坊流芳百世。试想，张良墓、诸葛武侯墓又在哪里?”按遗训，刘伯温之墓不放条石块石。

【Location】

When talking about the legends of Liu Bowen, different regional scopes can be found：The first scope is the Ouyue cultural circle with Wencheng county as the center, including Wenzhou within the stream of Oujiang River, Feiyun River, and Aojiang River, and Qingtian county in Lishu. The second scope refers to the Wuyue cultural circle excluding Ouyue cultural circle, which contains Zhejiang and Jiangsu provinces. The last scope includes not only the other areas around China but also the Confucius cultural circle in Korea, Japan, Singapore and other places with overseas Chinese.

The central place where Liu Bowen's legends spread is Wencheng county, located in Wenzhou, southern Zhejiang. Wencheng county is Liu Bowen's hometown, and the name "Wencheng" comes from Liu's posthumous title—Wencheng. In Wencheng, there is Liu's former residence, his tomb, Chengyibo Temple and other relics related to Liu Bowen.

Scenic Spots of Liu Ji's Hometown：It is located in the Nantian Mountain, Wencheng county. A number of historical and cultural heritages remain in good condition there, like Liu Ji's former residence, his former academy and the way to it.

Chengyibo Temple：It is located against Huagai Mountain. Built in the third year of Tianshun（1458）in the Ming Dynasty, the temple belongs to the National key cultural relics protection unit. The temple is divided into several parts, covering an area of 3,000 square meters. In the central hall of the temple, there stand three grand bronze statues of Liu Ji and his sons, Liu Lian and Liu Jing. A 450-kilogram bronze bell is in the left of the hall.

Liu Ji's tomb： It is located at the foot of the Xia Mountain in the middle of Shipu Mountain. The tomb is the national cultural relics protection unit, covering an area of 812 square meters. In front of the tomb, there is a stele with the inscriptions of "The First National Counselor of the Ming Dynasty" . According to the historical records, it was said that before Liu Bowen died, his sons Liu Lian and Liu Jing presented him their blueprint of his tomb, in which the tomb was designed to use stones everywhere so as to make the tomb grand and magnificent. Surprisingly, Liu Ji got very angry at this, tearing it into pieces at once, and told his sons: "The character tomb contains grass on the top and earth at the bottom. If the tomb is built with stone from top to bottom, how can grass grow? Our ancestors created the characters with great care and thinking, and a person's fame doesn't depend on how grand his tomb is. Just think of Zhang Liang and Zhuge Liang, the two great people of wisdom, do you know where their tombs are?" As a result, there is no more stone except the stele in Liu Ji's tomb according to his will.

苏东坡传说

The Legend of Su Dongpo

【传说背景】

苏轼（1037—1101），号东坡居士，世称苏东坡。北宋著名文学家、书法家、画家。苏轼被认为是宋代文学最高成就的代表，在诗、词、散文、书、画等方面取得了很高的成就。其诗题材广阔，善用夸张、比喻等修辞，独具风格；其词开创了豪放派风格；其散文亦豪放自如。苏轼与唐代韩愈、柳宗元以及宋代苏洵、苏辙、王安石、曾巩、欧阳修并称为“唐宋八大家”。

苏轼还是北宋颇有影响力的政治家，一生共经历了三次在朝、三次外任、三次被贬。虽然他天赋英才，但一生仕途坎坷。这些皆因他为人刚正不阿，始终坚持自己的政治立场并直言不讳。他性格豪迈，为人表里如一，讲究风节操守，为官时为老百姓切切实实做了许多好事。

苏东坡传说流传范围很广，其中尤以他在杭州的传说数量最多，也最为精彩。这些传说有些讲述他爱护百姓，有些则渲染他的才气。杭州西湖景点“苏堤春晓”和“三潭印月”等地方风物以及杭州传统菜肴“东坡肉”等皆与他有关，人们千百年来一直在传颂着苏东坡的丰功伟绩。

【Background Introduction】

Su Shi（1037–1101）was a well-known writer, poet, calligrapher and artist of the Song Dynasty. His pseudonym is Dongpo Jushi, and he is often referred to as Su Dongpo. Su Shi was greatly distinguished in the literary creation of poetry, *ci* poetry, prose, calligraphy and painting, and was acknowledged to be the highest literary standards during the Song Dynasty. His poems cover a wide range of topics, with a sophisticated mastering of rhetorical devices such as exaggeration and metaphor. He broke through the subtle and decadent style popular since the Late Tang and formed a free and powerful *ci* style of his own. This style can also be seen in his prose. Su Shi was traditionally classified as one of the Eight Great Prose Masters of the Tang and Song Dynasties, along with Han Yu and Liu Zongyuan in the Tang Dynasty and Su Xun, Su Zhe, Wang Anshi, Zen Gong and Ouyang Xiu in the Song Dynasty.

Su was also an important figure in Song Dynasty politics, who experienced all through his life three times of holding office at court, three times of being a local official and three times of being exiled. Therefore, in spite of his outstanding talents, Su went through rises and falls in his official career, mainly for his personality of being upright and outspoken, and always adhering to his political position. Su boasted the virtues of boldness, generosity and integrity and brought numerous benefits to the folks when serving the government.

The legends of Su Dongpo are widespread, with his legends in Hangzhou being the most numerous and the most remarkable. Those stories either depict his devotion to the folks or speak highly of his talents in literature. For centuries, Su's high merits and heroic deeds have been shown in Hangzhou local scenery like Spring Dawn at Su Causeway and Three Pools Mirroring the Moon, and also in Dongpo Pork, a prominent dish in Hangzhou cuisine, named in his honor.

【传说故事】

元祐四年（1089），苏轼任浙西地区的行政长官兼杭州知州。继十八年前任杭州通判，苏轼再次回到了令他魂牵梦萦的西湖，却发现如今的西湖满目疮痍。原来，西湖遭遇了生态恶化的问题。湖面上水生植物大量繁衍，抑制了水下生物的生长；同时湖底淤泥过多，堵住了水道，使得湖水腐臭不堪。苏轼身为诗人，对美好事物向来敏感，岂能容忍昔日“淡妆浓抹总相宜”的西湖被摧残至此！同时，西湖是杭州城农田灌溉、民用水的重要来源。苏轼作为注重民生的父母官，怎能无所作为！

为了治理好西湖，苏轼多次上奏向朝廷请求拨款，引起了朝中大臣的强烈不满，但苏轼并不理睬。幸好他深得太后信任，奏折得以批准。疏通西湖湖底，工程相当浩大。苏轼在料理政务之余，和数千民工、船夫一起整日忙碌在西子湖畔和湖底，甚至有时候没等来太守专用餐，拿起民工的饭食一饱了之。

历经没日没夜的四个月，西湖清淤工程圆满竣工。接下来却出现一个大问题：挖出来的淤泥和水草该如何处理呢？经过实地考察和研究，苏轼想出一个两全其美的绝招——在西湖的西侧建一条长堤。以前，杭州人民要想从西湖南岸走到北岸，必须沿着曲折的湖岸走上十余里之远，有了这条长堤，往返距离大大缩短，长堤还成为西湖上的一道亮丽风景线。

当地人为了纪念苏轼的丰功伟绩，把这条长堤取名为“苏公堤”，简称“苏堤”。冬尽初春之际，漫步于西湖，一堤六桥九亭，湖光粼粼，杨柳依依，艳桃灼灼，让人心旷神怡，流连忘返！这就是“苏堤春晓”的由来了。南宋时，“苏堤春晓”被列为“西湖十景”之首。

为防止西湖湖底淤泥堆积，苏轼还在湖水最深处建了三座瓶形石塔，取名“三潭”。宋代以后，每当中秋佳节，人们去西湖赏月，高塔镜湖，皓月当空，如若在塔内中空处点上蜡烛，在洞口贴上薄纸，烛光透过薄纸，使得塔影、云影、月影化为一体，正所谓“天上月一轮，湖中影成三”。“三潭印月”由此得名，并成为“西湖十景”之一。

杭州的老百姓对苏轼做的这件大好事，无不心存感恩。听说他在徐州、黄州任职时最喜欢吃猪肉，于是一到过年，大家就抬着猪肉和美酒来给他拜年。苏轼收到后，指点家人将肉切成方块，加调味和酒，用他自创的烹调方法煨制成红酥酥的红烧肉，然后分送给参加疏浚西湖工程的民工们吃。大家吃后无不称奇，亲切地把他送来的肉称为“东坡肉”。

【Story in English】

In the fourth year of Yuanyou (1089), Su Shi was assigned to be the magistrate of western Zhejiang province as well as prefecture chief of Hangzhou city. Eighteen years ago, Su had been to Hangzhou as the Vice Prefect of the Prefecture, and this city had left fantastic impressions on him, so Su was always eager to return. But the time he went back, Su Shi was totally astonished to find the terrible ecological deterioration in the West Lake—too many water plants inhabiting on the surface of water led to the death of underwater plants, causing damage to the ecological balance of the whole area; meanwhile too much silt depositing at the bottom blocked the circulation of water, making the water stinky. Su Shi, a poet who was sensitive to natural beauty, couldn't bear the status quo of the once always charming West Lake with either light or heavy makeup. What's more, the water was an indispensable source for irrigating crops and daily use. Therefore, Su decided to do something with it, as he cared a lot for the local people.

To do this project, Su needed large sums of appropriation from the central government. He kept reporting to the throne for money although such consistent requests aroused strong dissatisfaction from many ministers in the imperial court. Fortunately, the emperor approved of Su's request for he had often been trusted by the emperor's mother, and then commenced the grand project. In addition to dealing with regular official business every day, Su Shi devoted himself into long hours of working either by the lakeside or at the bottom with thousands of laborers and boatmen. At times he worked so hard that he was too hungry to wait for his working meals that he ate with the workers regardless of the simple dishes.

Having been working day and night for four months, this project was fully completed of cleaning up the plants and silt in the West Lake. However, here came another serious problem： where to dump the plants and mud from the lake? Through investigations and studies, an amazing idea went up to Su's mind, which was to pile up all the mud into a causeway along the lake. In the past time, the local people had to walk miles along the zigzag bank in order to get from the north of the Westlake to the south or the other way around. With such a causeway on the lake, it took much less time to finish the journey, and the causeway could also add beauty to the landscape as a whole.

To honor his great deeds and credits to the city, the local people named this causeway after his surname "Su". The scenery along the Su Causeway delighted the travelers'eyes most in early spring. Walking along the West Lake, you would pass one causeway, six bridges and nine pavilions, with shimmering water under your feet, fresh willows and flaming peach blossoms on each side, which made you so relaxed and refreshed that you would like to linger on and on. Then people entitled this attraction as Dawn on the Su Causeway in Spring, ranking No. 1 on the list of Ten Sceneries of West Lake in the Southern Song Dynasty.

Later, three stone towers were built to prevent silt accumulation in the center of the West Lake where the water was the most deep. These three tower were named Three Pools. After the Song Dynasty, when the Mid-autumn Festival came, people would go to the West Lake to appreciate the moon. If a candle is lit in the hollow of the tower and a sheet of paper is pasted over the holes, the light of the candle passes through the paper, making the shadow of the tower, the cloud and the moon become one. As the saying goes, “The moon is round in the sky, and the shadows in the lake are three” . The “Three Pools Mirroring the Moon” got its name from this, and became one of the “Ten Sceneries of West Lake” .

All the local people in Hangzhou felt rather grateful for this grand project led by Su Shi. To express their gratitude, they were eager to do something to please Su Shi. It was said that Su was fond of eating pork when serving the government in Xuzhou and Huangzhou, then in every spring festival, people in Hangzhou would bring lots of pork and fine wine to pay a New Year visit to Su Shi. Su Shi, as a gastronome, taught the folk how to cook pork—cutting the pork into thick and 2 inches squares, adding wine and soybean sauce to it. It turned out to be super tasty. The mouthfeel was oily but not greasy and the dish was fragrant with wine. Su delivered the pork to those workers and boatmen who took part in the project. People were all overwhelmed at this delicious dish that they named it Dongpo Pork, which has become a local cuisine with world fame.

【文化注释】

太守：又称郡守，中国古代的一种地方官职，一般是掌理地方郡一级行政区的地方行政官。原为战国时代郡守的尊称。汉景帝时，郡守改称为太守，为一郡最高行政长官。

西湖十景：指浙江省杭州市著名旅游景点西湖及其周边的十处特色风景。经历三次定义（或评定），南宋时的“西湖十景”最为著名，分别是苏堤春晓、曲院风荷、平湖秋月、断桥残雪、花港观鱼、柳浪闻莺、三潭印月、双峰插云、雷峰夕照、南屏晚钟。后又于1985年评定“新西湖十景”，2007年举办了“三评西湖十景”。

东坡肉：又名红烧肉，是江南地区特色传统名菜。东坡肉在浙菜、川菜、鄂菜等菜系中都有，且各地做法也有差异，但主料和造型大同小异，都是半肥半瘦的猪肉切成整整齐齐的麻将块儿，烹饪后红得透亮，色如玛瑙，软而不烂，肥而不腻。

【Cultural Notes】

Prefecture chief: Also called sheriff, Prefecture chief was the name of a local official in ancient China, who was to take charge of administrative work in a county. It was originally called sheriff in Warring States Period, which was later changed to be Prefecture chief by Emperor Jing of the Western Han Dynasty.

Ten Scenes of West Lake: It refers to the well-known scenic spot West Lake and its surrounding attractions in Hangzhou, the capital city of Zhejiang province. Ten Scenes of West Lake were revoted twice in modern days, one in 1985 called Ten New Scenes of West Lake and the latest voting in 2007. Nevertheless, the original ten selected in the Southern Song Dynasty are the most famous - Dawn on the Su Causeway in Spring, Breeze-ruffled Lotus at Quyuan Garden, Autumn Moon over the Calm Lake, Lingering Snow on the Broken Bridge, Viewing Fish at Flower Pond, Orioles Singing in the Willows, Three Pools Mirroring the Moon, Twin Peaks Piercing the Clouds, Leifeng Pagoda in Evening Glow and Evening Bell Ringing at the Nanping Hill.

Dongpo Pork: Also called stewed pork, Dongpo Pork is a famous dish in the south of the lower reaches of the Yangtze River. Dongpong pork can be found in different regional cuisines, like Zhejiang cuisine, Sichuan cuisine and Hubei cuisine. In spite of its special cooking ways, Dongpo pork in different areas utilizes almost the same ingredients. The pork is cut into thick, about 2 inches squares just like pieces of mah-jong tiles and should consist equally of fat and lean meat. The mouthfeel is tender, oily but not greasy. The meat is brightly red like agate, and fragrant with wine.

【文化价值】

苏轼在散文、诗、词、书法、绘画等方面都达到了极高的成就，其"进退自如，宠辱不惊"的人生态度也为后代文人所景仰。此外，他以宽广的审美眼光去拥抱大千世界的审美态度对后人富有启迪意义。

首先，苏轼的诗不但影响宋代的诗歌，且对明代的公安派诗人和清初的宋诗派诗人都有重要启迪作用。苏轼的词体解放精神直接为南宋辛派词人所继承，形成了与婉约派平分秋色的豪放派。苏轼的散文，尤其小品文，是明代标举独抒性灵的公安派散文的艺术渊源，在清代袁枚、郑燮的散文中仍可见苏轼散文的影响。

其次，在书法方面，苏轼擅长行书、楷书，他将王僧虔、颜真卿等名家的创作风格融会贯通后自成一家。

再次，在绘画上，苏轼擅长画墨竹，且绘画重视神似，主张画外有情，反对形似，反对程序的束缚，提倡"诗画本一律，天工与清新"，而且明确地提出了"士人画"的概念，对以后"文人画"的发展奠定了一定的理论基础。

最后，苏轼在杭州任地方官时勤政亲民、造福百姓的事迹和乐观旷达、开朗幽默的人格魅力为杭州和西湖增添了浓厚的人文底蕴。他给西湖和杭州留下的名扬千古的诗篇，成为西湖文化最精粹的部分。

【Cultural Value】

Su Shi obtained enormous achievements in prose, poetry, ci poetry, and calligraphy. Staying on top of his life during both good time and bad time, Su was deeply appreciated and followed by later generations. In his view, beauty existed in every creature in this world, so he embraced the surroundings with substantial tolerance, and such aesthetic view is of great inspiration to the later people.

In terms of poetry, Su's work impacted not only his own time, but poets in the Ming Dynasty and the Qing Dynasty. The Gong'an school in the Ming Dynasty and Song-poetry school in the Qing Dynasty were both influenced to a great degree. Su's liberal style of ci-poetry was carried on and developed by Xin school of ci poetry in the Southern Song Dynasty, forming the bold and unconstrained school which was distinctive to the graceful and restrained poetic genre. The Gong'an school of prose in the Ming Dynasty, leading in natural literal genre, drew its origin from Su's proses, and such influence can be found even in the work of Yuan Mei and Zheng Xie in the Qing Dynasty.

As for calligraphy, Su Shi was good at cursive style and regular script. He combined the writing skills of many calligraphers like Wang Sengqian and Yan Zhenqing, and formed a unique style of his own.

When talking about painting, Su Shi was specialized in ink-painting bamboo. He emphasized greatly that the painting should be alike in spirit with the original image, depicting its characteristics and moods instead of just being similar in form or appearance. He disapproved of the limitations of traditional ways to paint, but advocated that painting ought to be natural and original like poetry. Su put forward a new concept of scholar's painting, a theoretical basement for the concept of literati painting developed later.

Last but not least, Su Shi's devotion to the people when he was a local official in Hangzhou, his deeds for the benefit of the people, and his optimistic and open-minded, cheerful and humorous personality charm added a strong cultural heritage to Hangzhou and the West Lake. He left behind for the West Lake and Hangzhou poems that will live on forever, becoming the most quintessential part of West Lake culture.

【传说地址】

苏东坡曾先后两次在杭州任官，总共历时五年。因此，杭州的很多自然风物都记载着苏东坡的人生足迹。

苏堤：南起南屏山麓，北到栖霞岭下，全长近三公里，是北宋大诗人苏东坡任杭州知州时，疏浚西湖，利用挖出的淤泥构筑而成。后人为了纪念苏东坡治理西湖的功绩将其命名为苏堤。

三潭印月：被誉为“西湖第一胜境”，在我国风景名胜中也占有极其重要的地位，人民币一元纸币的背面就采用了三潭印月的盛景。

三潭印月岛与湖心亭、阮公墩鼎足而立，合称“湖中三岛”。当年苏轼在完成浚湖筑堤后，命人在湖中立下三个石塔（现有石塔为明代重建），以防湖底淤泥再次堆积。

苏东坡纪念馆：位于杭州西湖苏堤南端的映波桥旁，毗邻雷峰塔、净寺、花港观鱼。占地面积4200平方米，建筑面积550平方米，建成于1988年12月28日。2004年重整开放。内设主楼展厅、碑廊、百坡亭、酹月轩等，展出了苏东坡生平政绩逸事和文学艺术创造成就。

【Location】

Su Shi served as an official twice in Hangzhou, for totally five years. So records of his life footprints can be found in many of the natural features of Hangzhou.

Su Causeway: It starts from the foot of Nanping Mountain and ends at the foot of Qixia hill, with a length of about three kilometers. It was built of the mud produced in the project of cleaning up the plants and silt in the West Lake initiated by Su Shi when he was Hangzhou's prefecture chief. In order to pay memorial to Su Shi's substantial credits in this project, this causeway was later named as Su Causeway, after his surname.

Three Pools Mirroring the Moon: It is known as the top attraction of the West Lake, and also enjoys a preeminent status in China's natural sceneries. On the back side of the one yuan bill, there is a picture taken of the three pools. The island with three pools, together with the Mid-Lake Island pavilion and Ruangong Isle are called Three Isles of the Lake, also called the Lesser Yingzhou. In the Song Dynasty when Su Shi finished the project of cleaning up the plants and silt in the West Lake, he asked laborers to lay three stone towers in the midst of the lake to prevent silt from piling up again. But the current towers were rebuilt in the Ming Dynasty.

Su Dongpo Memorial Hall: It is located near the Yingbo Bridge in the south end of Su Causeway near the Leifeng Tower, Jing Temple and Viewing Fish at Flower Pond. Covering an area of 4,300 square meters with a construction area of 550 square meters, the memorial hall was completed on December 28th, 1988. It was reopened to the public in 2004 after some maintenance. Inside the memorial there is a main hall, stone tablets, Baipo Pavilion, Leiyue Porch etc., with displays of Su's life experiences, anecdotes, deeds and accomplishments in literature and arts.

王羲之传说

The Legend of Wang Xizhi

【传说背景】

王羲之（303—361），字逸少，琅琊（今属山东临沂）人，后迁至会稽山阴（今浙江绍兴），官至右将军、会稽内史，所以人称“王右军”。王羲之是东晋时期著名书法家，其书法兼善隶、草、楷、行各体，摆脱了汉魏笔风，博采众长，自成一家，达到了“贵越群品，古今莫二”的高度。代表作《兰亭集序》被誉为“天下第一行书”。千百年来，王羲之被人们誉为“书圣”，其书法作品深受世人喜爱。他的儿子王献之也是著名书法家，两人被合称为“二王”。

王羲之传说大多发生在会稽山阴一带，以东晋时期的历史与文化为背景，以王羲之的奇闻异事为基础，涉及他学书作书、钟情山水、爱国爱民、蔑视权贵等内容，并由此衍生出一些成语典故以及当地地名。这些传说在六朝时期就已流传于越地民间并屡见于典籍记载，至今绵延不绝，在民间文学界、文化艺术界都具有重要影响。经过民间的广泛传讲和多次收集整理，这些传说已经在浙江绍兴形成了一个庞大的传说故事群，现存两百多篇。

【Background Introduction】

Wang Xizhi (303–361), courtesy name Yishao, was born in Linyi, Shandong. He migrated to Kuaiji, present–day Shaoxing, Zhejiang and spent most of his life there. He once held the position of general in the right army, so people also called him Right General Wang. He was a distinguished calligrapher in the Eastern Jin Dynasty, and was a master of all forms of Chinese calligraphy—clerical script, cursive script, regular script and semi–cursive script (also called running script), especially the semi–cursive script. Wang combined the strength of different calligraphers before him to form a special style of his own, distinctive from that in the Han and Wei Dynasty, and he was generally regarded as the greatest Chinese calligrapher in history. His most famous work is *Preface to the Poems Composed at the Orchid Pavillion*, known as the best running script work in the world. Throughout the history of more than a thousand years, people have admired his work so much that he is called the sage of calligraphy. His son, Wang Xianzhi, was also a well–known calligrapher, and they together are known as "Two Wang" (two calligraphers surnamed Wang).

The legends of Wang Xizhi are usually found in the area of Shanyin, Kuaiji. With the historical and cultural backgrounds of the Eastern Jin Dynasty, these legends are based on Wang's life stories and anecdotes, covering various topics like his progress in learning calligraphy and his great achievements, his passions toward the country's natural scenery, his patriotism to the motherland and sympathy to the people, as well as his disdain for the authorities. Those legends are also the origins of many Chinese idioms, literary quotations and names for local places. Since the time of Six Dynasties, Wang's stories have been widespread among the folks and recorded in the written books. Till now, they have inserted substantial impacts in the local literature, cultural and art circles. Having been circulated from generation to generation and collected and profiled for many times, a vast treasury of stories and legends of Wang Xizhi have been formed in Shaoxing, Zhejiang, with an existing number of over 200.

【传说故事】

会稽山水清秀，风景秀丽。东晋时期，不少文人雅士闲居于此。晋穆帝永和九年（353）农历三月初三，四十多位文人雅士以及军政高官聚集在会稽郡山阴城的兰亭里举办一场集会，当时称“修禊”，也就是现代人所说的文艺派对。这场集会的东道主就是“书圣”王羲之，当时他任右将军会稽内史。

王羲之提议，今日“群贤毕至，少长咸集”，大家不妨玩个“曲水流觞，饮酒赋诗”的游戏。游戏规则如下：大家在曲折蜿蜒的溪水两旁席地而坐，用捞兜将斟上酒的酒杯轻轻放入溪水，让其顺流而下。酒杯在谁的面前停下，谁就要将酒一饮而尽，然后赋诗一首；

若不幸才思不敏，作不出诗来，就要罚酒三斗。

说完，曲水上已经有酒杯慢慢漂过来了。大家有的已经打好腹稿，巴望着酒杯停在自己面前；未寻着灵感的，则希望酒杯继续往前漂。如果运气不佳，诗未成而酒已至，便只好喝酒了。若干轮后，总共成诗37首，汇集成《兰亭集》。活动结束，大家都推举王羲之为《兰亭集》作序，王羲之欣然答应，趁着酒兴，一气呵成《兰亭集序》。《兰亭集序》是王羲之书法艺术的代表作，被后世誉为“天下第一行书”。

王羲之的字之所以写得这样好，除了与天资有关，最重要的是他的刻苦勤练。他曾经在池塘边练习写字，每次写完就在池塘里洗笔砚，后来整个池塘的水都变黑了。五十三岁的他还在认真临摹古人碑帖，甚至于走在路上，坐在椅子上，都在揣摩名家字帖，手指也不停地在自己身上画字形，时间一久，衣服都被划破了。

有一次都上床睡觉了，王羲之还在凌空画字，不知不觉地画到他妻子的身上。他的妻子点醒他要创造自己的字体。从此，他广泛研读碑帖字迹，集各家之所长，得千变万化之神，再加上勤练，终于自成一体。由于不停地刻苦练字，王羲之的腕力非常大，笔力强劲。有一次，皇帝要到北郊祭祀，让王羲之把祝词写在一块木板上，再派木匠去雕刻。木匠雕刻的时候，发现到木头三分深的地方，竟然还渗透着墨汁呢，不由赞叹：“右将军的字，真是入木三分呀!”

此后，人们便根据故事的情节，直接用“入木三分”来形容写文章、说话内容深刻或讲故事形象逼真。

【Story in English】

Kuaiji is famous for its beautiful natural scenery with high mountains and clear water. In the Eastern Jin Dynasty, many literates and scholars settled in here. On the third day of the third lunar month in the ninth year of Yonghe（353）when the Emperor Mu of Jin Dynasty was on the throne, more than forty literates, influential officials and officers got together to have a party in the Orchid Pavilion in Shanyin city, Kuaiji county. The party was then called “Xiuqi”, similar to what we now take as a theme party. It was held by Wang Xizhi, the sage of calligraphy, who was at that time holding an important position in the local government of Kuaiji.

Wang Xizhi made a suggestion that since all the wise and capable people, whether young or old,were there, they should play a special game in which people drank wine and made poems by the water. The rule to the game was as follows: the participators would sit along the winding lake, putting wine cups（also called Shang at that time）on the water. Then the cups would be filled with wine, flowing slowly in the water. When the cup with wine ever stopped beside a person, the person was supposed to drink up the wine and make a poem impromptu. If unluckily, the person was unable to utter a poem at once, he would be imposed to drink a lot more wine as a fine.

After a little while, the game started, with the cups full of wine flowing mildly down. The whole crowd was anxious. Those who had already had a poem in mind were just eager to see the cup stop in front of him, while those who weren't ready with the poems hoped to escape this run. The unlucky ones, who were picked up by the cup without a poem in mind had to obey the rule and drank quite a lot of wine. The game lasted for several runs with a result of 37 poems created, which then formed a collection called *The Anthology of the Orchid Pavilion*. In the end, all the participators proposed that Wang Xizhi write a preface for the anthology, which Wang accepted with pleasure. Wang was a little bit drunk and excited at that time, and he finished the preface at one stretch.

Wang Xizhi's impressive achievements in calligraphy were partly due to his talents, but mainly related to his full devotion and great diligence. Wang used to practice calligraphy by a pool every day, and whenever he finished, he would wash his writing brush and ink stone in the pool. After a period, the whole pool turned black. When he reached the age of 53, Wang Xizhi was still keeping copying the stone inscriptions of earlier calligraphers. He would not stop practicing even when he was walking on a road or sitting on a chair with his mind deducting masters'works and his fingers writing on his clothes. Time passing by, even his clothes got torn by his practice.

Once, Wang Xizhi was lying on the bed at night, and his fingers were still writing in the air. Unconsciously he was writing on his wife's body, who then reminded him of creating his own calligraphy style. After that, Wang began to read inscription works as extensively as he could to collect every calligrapher's strength, and when combining those strong points with his innovative work and dedication, he finally produced a unique style of his own. As Wang never stopped practicing calligraphy, he had great strength in his waists, making his writing strong and impressive. That was well recorded in one story: once the emperor wanted to offer sacrifice to the gods and ancestors, he ordered Wang Xizhi to write greeting words on a wooden board before it was sent to be engraved by carpenters. When the carpenters were engraving the board, they found it in surprise that the ink had entered three-tenths of an inch into the timber. They then spoke highly of Wang's skills, "Right General Wang's work is written in such a forceful hand!"

Later, people learned of this story and began to use the phrase "penetrating" to describe the impressiveness of a writing or speaking and the vividness of a story.

【文化注释】

修禊：古代传统民俗，于阴历三月上旬的巳日（魏以后定为三月三日），人们群聚于水滨嬉戏洗濯，以去除不祥和求福。后来，这种民俗演变成中国古代诗人雅聚的经典范式，其中以发生在会稽郡山阴城（今绍兴越城区）的兰亭修禊和长安曲江修禊最为著名。

觞：羽觞（“觞”音如“商”）是中国古代的一种盛酒器具，器具外形椭圆、浅腹、平底，两侧有半月形双耳，有时也有饼形足或高足，考古界亦称其为耳杯。羽觞出现于战国时期，一直延用至汉晋，其后逐渐消失。

碑帖：“碑”和“帖”是两个不同的概念。“碑”指的是石刻的拓本；“帖”原是指书法家的墨迹真笔。宋代以后将汇集的名家真迹，经钩勒上石或上枣木板，经镌刻捶拓，这样的汇帖刻本，也称“帖”。“碑帖”常放在一起合称，现在主要指石刻、木刻文字的拓本或印本，可供学习书法用。

祭祀：意为敬神、求神和祭拜祖先，是华夏礼典的一部分，是儒家礼仪中的主要部分。清明节、端午节、重阳节是中国传统的祭祖日。

【Cultural Notes】

Xiuqi: It is an ancient Chinese custom falling on the third day of the third lunar month. On that day, people took bath by the river so as to avoid evil and pray for happiness. Later, this custom changed to be a typical get-together for ancient Chinese literates, and the party held in the Orchid Pavilion in Shanyin city, Kuaiji county (now Shaoxing) is one of the two most well-known events along with the one taking place in Qujiang River, Chang'an city (now Xi'an).

Shang: Also called Yushang. It is a kind of wine cup used in the ancient China, which is in the shape of oval with a shallow and flat base. There are two half-moon-shaped handles on both sides, like ears to men, and occasionally there is a pie-shaped foot or a high foot, so it is also called ear cup in archaeological field. Yushang came into use in the Warring States period and was passed down until the Han Dynasty and Jin Dynasty. It then began to be phased out.

Stone Inscription: "Bei" and "Tie" are two different concepts. "Bei" refers to stone rubbings while "Tie" originally refers to calligraphers' writing. After the Song Dynasty, those collected writing rubbings from inscriptions on stones or woods are generally referred to as "Tie". "Bei" and "Tie" are usually mentioned together as a single phrase, and now they mainly mean rubbings from inscriptions on stones or woods, which are significant learning materials for calligraphy.

Offering Sacrifice: It means to pay worship to the god, the ancestors, and to pray for blessing. Offering sacrifice is not only part of ancient Chinese rituals but also an important part in Confucian rituals. The Qingming Festival, the Dragon Boat Festival and the Double Ninth Festival are traditional Chinese days to offer sacrifice.

【文化价值】

王羲之传说历史悠久，内容纷呈，富有特色，全面展现了王羲之聪明才智、爱国亲民、蔑视权贵等高尚品性。这些故事源于民间，传于民间，本身赋有浓厚的绍兴地域特色和乡土气息，具有重要的人文价值、历史价值、教育价值、艺术价值、民俗学价值，为民间文学和历史研究提供了有益的资料。

首先，王羲之被历代书法家奉为“书圣”，其书法影响了一代又一代的书法家。他是书法改革家，开创了新的书法风格。他的书法颇具独创性和审美性，成为历代书法宗师临摹的范本。他的《书论》被古今书法家当作学习书法和从事书法创作的主要教材。

其次，王羲之传说具有较高的教育意义。民间流传有很多关于他勤学苦练、孜孜不倦的故事，如笔山、入木三分等。此外，他还有创新的意识和精益求精的艺术追求。这些传说也能够教育和激励年轻人，通过刻苦努力有所收获。

最后，王羲之传说体现了中国古代知识分子的文化传统和优良品质。他从来没有停止在政治上和艺术上的追求。他有着高尚的人格、淳朴的心灵。他还有爱国、爱家、深切同情百姓疾苦的入世情怀以及厌恶官场、寄身世外的道家思想。

【Cultural Value】

With a long-standing history, abundant contents, and unique characteristics, the legendary stories about Wang Xizhi have a full display of Wang's outstanding wisdom and talents, patriotism to the country and sympathy to the people, and his disdain for the authorities. Those stories originated from the local folks and have been widespread throughout the history. As a result, the legends are of distinctive regional features of Shaoxing and of great humanistic, historical, educational, artistic and folklore values, offering constructive references for folk literature studies and historical researches.

To begin with, Wang Xizhi has been considered as the sage of calligraphy by calligraphers of all times, and his calligraphy works have inserted tremendous influence on generations of calligraphers. Wang was a calligraphy reformer, creating a new calligraphic style of his own. His calligraphy was original and aesthetically pleasing, and became a model for generations of calligraphy masters to copy. His "Treatise on Calligraphy" has been used by calligraphers throughout the ages as the main textbook for learning and creating calligraphy.

Next, the stories of Wang Xizhi have substantial educational significance. There are lots of folklore stories describing his diligence and persistency in practicing calligraphy, such as Pen Mountain (It was said that Wang spent so much time practicing calligraphy that the writing brushes he broke would pile up like a small mountain) and Ru Mu San Fen (penetrating) and the like. In addition, Wang was brave enough to innovate and persevering enough to pursue perfection. Therefore, these stories have the power to educate and stimulate the younger generations to achieve success through very hard work.

Last but not least, the legends of Wang Xizhi are a typical reflection of cultural traditions and fine qualities of the ancient Chinese literates. Wang never stopped his own pursuit in politics and arts. He was a man of noble character and simple mind. He entertained on the one hand worldly feelings of patriotism towards his country and birthplace, and sympathy to the people, and on the other hand Taoist ideas of disdaining the authorities and retreating away from the world.

【传说地址】

兰亭：位于浙江绍兴西南部，因王羲之所作“天下第一行书”《兰亭集序》而成为中国山水园林的发源地以及历代书法家的朝圣圣地。现今的兰亭是根据明嘉靖时兰亭的旧址重建的，亭中有一座三角形的碑亭，上刻“鹅池”两个草书大字，相传是王羲之手书。兰亭里还有曲水流觞、右军祠、墨池、临池十八缸等景点，均与王羲之有关。

戒珠寺：位于浙江省绍兴市越城区蕺山南麓，为城中八大名寺之一，寺内现辟有王羲之陈列室。传说戒珠寺原为王羲之别业，他在此居住时，曾丢失一颗宝珠，当时怀疑是一位交往甚密的老僧所窃。老僧知道后含愤而死。后来发现宝珠为自家白鹅误吞，王羲之追悔莫及，自此戒了玩珠之好，同时舍宅为寺以纪念老僧。此外，他还亲题横匾“戒珠寺”以告诫自己。

题扇桥：位于浙江省绍兴市区城东北角，戒珠寺前，现桥为清道光八年（1828）在原址重修。相传，王羲之每次走上这座小桥，总会见到一个摆小摊卖六角竹扇的老婆婆，但生意并不好。为了帮助老婆婆，王羲之在她所卖的扇上题了五个字，并让她对人说这是王右军题的字。照此，扇子很快被一抢而空，有些人还多给了一些扇钱。从此，这座桥就被叫作“题扇桥”。

王羲之墓：位于浙江省嵊州市城东金庭镇瀑布山，距城区32公里，该景点现为该市重点文物保护单位。史载王羲之卒葬于此。附近景点有书圣殿、金庭观、王羲之故居等。

【Location】

The Orchid Pavilion: It is located in the southwestern part of Shaoxing, Zhejiang, famous as the place where the best running script, *Preface to the Poems Composed at the Orchid Pavilion* was written by Wang Xizhi. The Orchid Pavilion has become the headstream for the development of Chinese classic landscape gardens and the holy place for the country's calligraphers of all times. The current pavilion was built on the former site during the Jiajing years in the Ming Dynasty. Inside the pavilion there is a triangle-shaped pavilion, with two cursive scripts "Goose Pool" on it, which was said to be written by Wang Xizhi himself. There are also other tourist attractions in the pavilion closely related to Wang Xizhi, like qu shui liu shang (the pool where people sit along, drinking and making poems), memorial temple to Right General Wang, dark pool, eighteen tanks to practice calligraphy and so on.

Jiezhu Temple: It is located in the south side of the Ji Mountain in the Yuecheng District, Shaoxing City. It is one of the eight famous temples in Shaoxing, where there is an exhibition hall for Wang Xizhi. Based on the folklore, Jiezhu Temple used to be Wang's residence. Once he lost a pearl in that house and he suspected that the pearl must be stolen by an old monk who was his close friend. When the monk heard of Wang's suspicion, he committed suicide in anger. Some time later, the lost pearl was found in a goose's belly. It turned out that one of Wang's geese swallowed the pearl by accident. Knowing the truth, Wang Xizhi was most regretful and got rid of his hobby in collecting pearls. At the same time, he turned this house into a temple to memorize that old monk. He even wrote down a horizontal tablet with the three characters Jiezhu Temple on it to remind himself of this tragedy.

Tishan Bridge: It is located in the northeastern corner of Shaoxing, in front of the Jiezhu Temple. The current bridge was rebuilt on its former site in 1828, the eighth year of Daoguang in the Qing Dynasty. It was said that every time Wang Xizhi walked on the bridge, he would meet an old woman who was selling bamboo fans in a small stand. Since the old woman didn't make a good business,

Wang Xizhi wanted to offer some help. He wrote five characters on her fans, telling her to inform customers of the fact that those characters were written by him. To her surprise, the fans were sold out in a short time. Someone even offered a higher price. Later, this bridge was called Tishan Bridge.

The tomb of Wang Xizhi: It is located in the Pubu Mountain, Jinting County, eastern of Shengzhou city, Zhejiang, 32 kilometers away from downtown. This site is on the list of the municipal key cultural relics. According to the historical records, Wang Xizhi was buried here after his death. In the surroundings, there are other scenic spots like Sage Palace, Jinting Temple and Wang Xizhi's former residence.

张阁老传说

The Legend of Zhang Gelao

【传说背景】

张阁老是民间对明朝内阁首辅张璁的尊称。张璁（1475—1539），浙江温州府永嘉三都人（今温州市龙湾区永中街道普门村）。他自幼聪慧好学，胸怀远志，20岁考取秀才，24岁中举人。然而，他先后7次上京考进士，都以落败告终。于是他发奋苦读，专攻礼学，终于在47岁时中二甲进士，观政礼部。明朝嘉靖年间官至内阁首辅，在位期间清廉奉公，以严革贪赃枉法、罢撤天下镇守太监、清理勋戚庄田等改革闻名，是明朝大改革的奠基人。谥号文忠，嘉靖皇帝特赐赠太师。

张璁除了是一位政治家、改革家，还是一位诗人。他一生写下的大量诗文和著作，成为后人了解他生平、性情、学问和功业的宝贵资料。

张璁的许多逸闻、掌故，经过长期流传形成了民间口头文学“张阁老传说”。传说故事内容丰富，涉及他的多个方面：少年好学、才思敏捷；

不畏权贵，敢于斗争；嫉恶如仇，不徇私情；注重乡情，乐于助人；等等。这些故事在老百姓中口耳相传，经久不衰，成为民间口头文学库藏中的瑰宝。

【Background Introduction】

Zhang Gelao is the respectful title given by the folks to Zhang Cong, the cabinet chief secretary of the Ming Dynasty. Zhang Cong（1475–1539）was born in San Du, Yongqiang county, Wenzhou, Zhejiang（now Pumen village, Yongzhong Neighborhood, Longwan District, Wenzhou）. Early in the childhood, Zhang Cong was smart and diligent, broad-minded and far-reaching. In the age of 20, he passed the imperial examination at the county level to attain Xiucai, and in 24, he became a Juren, a successful candidate in the imperial examination at the provincial level. But when taking the civil service examination in the capital Beijing, he failed 7 times in total. And as a result, he stayed at home and spent all his time learning the ritual studies. Finally at the age of 47, he attained the second degree of Jinshi at the civil service examination and entered the government. Zhang Gelao held an important position in the government during the Jiajing Years, up to the cabinet chief secretary. When serving in the imperial court, Zhang Gelao observed the relevant code of conduct and the law and honestly performed his official duties. Zhang was the leading person of the great reform in the Ming Dynasy, famous for important reforms of eliminating corruption through misuses of law, dismissing the chief eunuchs all over the country, and disposing of Xun Qi's estates. After his death, Zhang was given the posthumous title as Wenzhong, and Emperor Jiajing granted him as Taishi.

Zhang Cong was not only a great politician and reformer, but also a poet. Zhang Cong was productive in writing during his lifetime, whose works offer the later generations great treasure to know his life, characters, academic achievements and contributions.

Legends, anecdotes and stories of Zhang Gelao have formed an important component of the folklore cultures of Zhang Cong through long terms of being widespread. Zhang Gelao's stories cover a wide varietiy of topics, including every aspect of Gelao's life： hard-working childhood, talented and quick in thinking； braveness against the authorities, willing to speak for the disadvantaged； hatred of injustice and selflessness； sincere feelings towards his hometown and kind-heartedness. Through oral circulation, those stories have become everlasting, a bright pearl in the Chinese folk literature treasury.

【传说故事】

明嘉靖年间，内阁首辅张璁广受老百姓爱戴，人称张阁老。他在京任职期间，对从温州来的同乡人，不论熟识与否，都会在百忙中抽空接待。

有个永嘉永强人，前往京城投亲不遇，盘缠用光后走投无路。一天，他忽然想起在朝当大官的张阁老，想以同乡之情去借点回家的盘缠。然而，他与张阁老素不相识，又无贵重礼品可赠，只有随身带着的五六斤瓯柑。他到了阁老府门口，硬着头皮说自己是从浙江温州来投亲的，特地送篮瓯柑孝敬阁老。张阁老听说有家乡人求见，立刻让人召唤。永强人见到阁老，赶忙叩见，递上瓯柑，说明来意，恳求阁老赐借盘缠回家，表明自己将感激不尽。

张阁老看到瓯柑后灵机一动，他让永强人第二天挑三个最大的瓯柑拿到午朝门口叫卖。有人来买就要价十两银子一个，对方若嫌贵就自己剥了吃掉；第二回来买要价二十两一个，若还价就再剥了吃；等到第三回来买就要价三十两一个。永强人半信半疑，但还是点头答应，第二天午后就在午朝门口摆了三只瓯柑叫卖。

这时，嘉靖皇帝和张阁老正在紫禁城里下棋。下到一半，皇帝喊口渴，张阁老从袖中拿出一个又红又大的瓯柑，双手呈给皇上。谁想嘉靖吃了连赞：“好柑好柑！”阁老见机说午朝门口有人正在卖这种瓯柑，只是价格十分昂贵。嘉靖笑道：“天下富贵帝王家，区区数两银子，何足计较！”立即吩咐一个太监去买柑。

小太监真的跟永强人讨价还价了两次。两个瓯柑顷刻就被永强人吃掉了。小太监无法，只得咬咬牙花三十两买下最后一个瓯柑，回宫呈给皇帝。嘉靖吃得不过瘾，天天要吃瓯柑。没过几天，这个永强人的瓯柑就卖完了。皇帝买柑的消息传开去，瓯柑身价百倍，誉满京师。

温州永强地区的人民一直以这位亲民善民的阁老为荣。温州永强还有一条“太师河”，据说也是当地百姓为了感激张太师而命名的。嘉靖年间，永强一带年年闹水灾，粮食颗粒无收，民不聊生。然而当地官府却不报灾情，反而天天派衙役下乡催交皇粮，交不出就抢，见人就打。许多人被逼得外出逃荒，挨户讨饭。此时恰逢张太师因病告假回家，看到乡民这副情境，十分难过。地方父老听说阁老回来，也纷纷前来诉苦。于是，太师以邀请知府县令来家做客为由询问灾情。知府县令们纷纷低头认错，太师趁机声色俱厉地教训了这帮父母官。

官员们回去后，立即将永嘉灾情逐级上报，报到了朝廷。这时太师也已回京。在他的推动下，嘉靖皇帝降旨免掉了灾区税赋，并让浙江布政司修堤开河，全面治理永强横河。

【Story in English】

During the Jiajing years, Zhang Cong, the cabinet chief secretary received wide respect from the folks, and people called him Zhang Gelao amiably. During the years when Gelao was holding the position in the imperial court, whenever a fellow from Wenzhou—his hometown—came to meet him, Gelao would always take time off to receive him or her no matter he was familiar with the person or not.

One day, a man from Yongqiang county met big difficulties in the capital Beijing. He planned to take refuge in a relative family there but couldn't find them. When using up all his money, the man was driven desperate. At that time, he thought of Zhang Gelao, who was then an influential official in the government. He had no way out but went to beg Gelao for money so that he could return back to Wenzhou. He hoped Gelao would help him out of sympathy as fellows.

However, the man had never made Zhang Gelao's acquaintance, nor did he have any valuable gifts but only three kilograms of oranges to give away. When he reached the gate of Zhang Gelao's mansion, he summoned up all his courage to notify the housekeeper that he came from Wenzhou, Zhejiang, and had brought some good-quality oranges to visit Gelao. Informed of the news that some fellow was visiting, Zhang Gelao called in that man immediately, who entered the mansion and bowed to Gelao in salute at once. He presented the oranges to Gelao, and told him the purpose to visit him, begging Gelao for money to return home.

Zhang Gelao decided to offer help to this fellow and he came up with a smart idea. He asked the man from Yongqiang county to pick up three largest oranges for sale in the afternoon market, and said to him: if someone wanted to buy one, he would ask for 10 silvers each. If the other part ever offered a bargain, he would peel the orange and eat it himself. If the person came to buy for a second time, he offered twice the price. If the customer hesitated again, he would eat the second, too. And for the third time, he asked three times of the original price. The man from Yongqiang was not quite convinced by Zhang Cong's idea, but he agreed to do so as well. The next afternoon, he put down three large oranges in the market for sale.

At the same time, Jiajing Emperor was playing Chinese chess with Zhang Gelao in the Forbidden City. In the midst, the emperor felt thirsty and Zhang Gelao took out a big and bright orange to the emperor with both hands. Having had the orange, Jiajing could't help to say highly of the good taste. Seeing this, Zhang Gelao seized the opportunity to tell the emperor that he knew a man who was selling this kind of oranges in the market but at a very high price. Jiajing laughed to say, "Never mind the money since everything in this country belongs to the imperial family." He demanded at once that an eunuch go to buy oranges.

Interestingly, the eunuch indeed offered two bargains with the man from Yongqiang, and the man ate two oranges instead. The eunuch had nothing to do but spent 30 silvers to buy the last orange and took it back to the emperor. As Jiajing hadn't had enough oranges, he demanded his men to buy them every day. In a few days, the man from Yongqiang had sold out all his oranges. And the news came widespread in the capital that the emperor kept buying his oranges. It turned out that these oranges multiplied in value and became quite popular among the city.

People living in Yongqiang county, Wenzhou city have long been proud of Zhang Gelao, the people-oriented official who was born there. There is a river called Taishi River in Yongqiang, Wenzhou, which is said to be named after Zhang Gelao, the Taishi, out of great gratitudes from the local people. During the Jiajng years, Yongqiang had been flood-stricken every year. The grain had gone unproductive and the people were struggling to survive. To make matters worse, the local governors did not report the disastrous situation to the central government, but instead they sent officials to collect taxes from every household. If one was unable to pay, they would rob everything valuable and beat everyone they saw. Many a person was forced to leave their homes and beg for a living somewhere else. Just at that time, Zhang Taishi took time off from his position because of bad health, he went back to his hometown, Yongqiang, only to witness such miserable conditions of his fellowmen, feeling deeply sad. The local people heard of Gelao's return, went to pay visits and made desperate complaints about the local governors' misuse of their authority. Knowing this, Zhang Taishi decided to invite the mayors and county's magistrates to be guests at his home as a chance to ask for the disastrous situations. When asked, those local governors all bended down their heads in shame, and Taishi seized the opportunity to give a serious lesson. Back home, the magistrates began to report the disaster level by level to the imperial court. Meanwhile Taishi had returned back to service in the capital. With his help, Jiajing Emperor issued an imperial edict not to impose any taxes in the flood-stricken areas, and also demanded the Zhejiang chief secretary to build up causeways and dig canals, dredging the Henghe River comprehensively.

【文化注释】

嘉靖：嘉靖（1522—1566）是明朝第十一位皇帝明世宗朱厚熜的年号，明朝使用嘉靖这个年号一共四十五年。

降旨：指皇帝下发旨意。

布政司：明朝时承宣布政使的辖区是国家一级行政区，简称“布政使司”“布政司”“藩司”，不称“行省”。布政使司设左、右承宣布政使各一人，即一级行政区最高行政长官。

【Cultural Notes】

Jiajing: Jiajing Emperor, personal name Zhu Houcong, was the 11th emperor of the Chinese Ming Dynasty who ruled from 1522 to 1566, totally 45 years.

Issuing: It refers to the action of an emperor's issuing an imperial edict.

Chief secretary: In the Ming Dynasty, the top governor in a provincial level was called the chief secretary. There were two chief secretaries in a province in the Ming Dynasty.

【文化价值】

张阁老的传说是张璁文化的重要组成部分，是研究温州经济与文化的重要参考。作为我国民间文学宝库中的一颗璀璨的明珠，张阁老传说对人文历史、民风民俗、独特方言等社会科学课题均有重要参考价值。

首先，这些流传在温州民间的阁老传说，是当地人民群众长期以来的集体创作，是老百姓对张璁形象的再创造。通过这些传说，可以在某种程度上观察到那个年代的社会经济面貌，以及风土人情，也可以看出人民群众对历史人物的爱戴与憎恶。

其次，张阁老传说凸显了乡情、人情、亲情等人间温情，弘扬了温州人民勤劳、智慧、正直、创新的精神，对发展地方经济、提高民族凝聚力、促进国家统一，都发挥了重要作用。

最后，张阁老秉政期间力图革新、推行廉政、整顿吏治、改革宦权，他这种不畏权贵、刚正不阿、以人为本的精神和理念，对后人具有重要的教育意义，对现今的社会发展具有借鉴价值。

【Cultural Value】

The legends of Zhang Gelao have formed an important component of the cultures of Zhang Cong, which serve as significant reference materials to study the economy and culture of Wenzhou. As a bright pearl in the Chinese folk literature treasury, Zhang Gelao's stories are of great reference values in the social science subjects concerning humanity history, folk customs and traditions, and special local dialects.

Those legends of Gelao spread in Wenzhou are the collective works of the folks throughout the history, who recreated the image of Zhang Cong based on the historical records. Through the stories, we are able to get some knowledge of the social and economic development at that ancient time as long as the past traditions and customs. We can also get to know how much people love the respectable historical characters and how much people hate the devil guys.

The legends of Zhang Gelao emphasize all kinds of human feelings like people's passion towards their hometown, mutual help between individuals and true love among families. They have also highlighted the great qualities of diligence, wisdom, integrity and innovation in people of Wenzhou, playing a significant part not only in developing the local economy, but in promoting our national cohesion and reunification.

In addition, when serving the country, Zhang Gelao made great efforts to push necessary reforms, advocate an honest and clean government, and deprive eunuchs of their dictatorship. His magnificent virtues—distaining the authorities, being upright and outspoken, keeping people's benefits as priorities—are of significant meaning to educate future generations and of important reference value for today's social development.

【传说地址】

张阁老传说主要流传在浙江永嘉永强三都普门（今属温州市龙湾区永中街道）一带，遗迹主要有张骢祖祠、阁老路、三牌坊等。

张璁祖祠：俗称张阁老祖祠，坐落在浙江省温州市龙湾区永中街道普门村太师路53号。祠面宽五间，共两进，左右厢房各七间，重檐悬山顶。张璁祖祠无论在建筑形式、结构布局还是装饰手法上

都反映出了浙南地区宗祠建筑的特性，具有鲜明的地域特色。

阁老路：明朝老百姓为纪念改革家张璁，将张璁曾经出入的道路称为阁老路，予以纪念。阁老路在龙湾区交通史上具有极其重要的地位和价值，促进了当地社会的发展，从明代沿用至2008年，经拓宽改建之后，重新命名为“永定路”。

三牌坊：温州城区信河街“七十二条半巷”之一，东起信河街，西至九山公园，巷长500余米，明万历年间更名为寿宁坊。

明嘉靖十四年（1535），张璁告老还乡。皇帝赐其在温州城内繁华处造府第，以表彰其功勋。但张璁不愿打扰老乡生活，就在温州城内松台山北麓清静偏僻的地方兴建府第。张府大门称为“大士门”。大士门进去是张家祠堂，是张家祭祖之所。后遭火灾迁往现温州妙果寺西侧，名“张璁碑亭”。亭内当中有一石碑，刻着嘉靖的御书。府右一排建筑是张家小姐的住所，专供府中女眷梳妆打扮，因而得名“妆楼下”。大士门前面有一个湖，湖前有一条进入张府的大路，建有“孤忠”“赉贤”“柱国”三座石牌坊，时人称“三牌坊”。

【Location】

The legends of Zhang Gelao are mainly popular in what now is Yongzhong neighborhood, Longwan District, Wenzhou. In Wenzhou, major relics concerning

Zhang Gelao can be found in Memorial Temple of Zhang Cong, Gelao Road and Three Arches.

Memorial Temple of Zhang Cong: Usually called Memorial Temple of Zhang Gelao, it is located in No. 53, Taishi Road, Pumen county, Yongzhong Neighborhood, Longwan District, Wenzhou, Zhejiang. The temple is five rooms wide, with two entrances, and seven rooms on the left and right side separately. In terms of forms, structures, layouts and decorations, Zhang Cong's memorial temple is a typical example of temple architectures in south Zhejiang Province, boasting distinctively local characteristics.

Gelao Road: In order to pay respect to Zhang Cong, also called Zhang Gelao in history, the great reformer in the Ming Dynasty, people retitled the road as Gelao Road where Zhang Cong used to pass. Having been used from the Ming Dynasty to the year of 2008, this load has played an important part in Longwan's transportation history. Today, it has been widened and rebuilt, with its name changed into Yongding Road.

Three Arches: It is one of the 72 half-alleys on Xinhe Street, Wenzhou, starting from Xinhe Street in the east to the Jiushan Park in the west, with a total length of 500 meters or so. In the Wanli years of the Ming Dynasty, this path was renamed as Shouning Arch.

In the fourteenth year of Jiajing (1535), Zhang Cong retired from his position and returned to his hometown. The emperor granted him to build a mansion in Wenzhou downtown so as to recognize his contributions. However, Zhang Cong was unwilling to disturb the quiet life of his fellowmen. He then decided to build a house in the north foot of Songtai Mountain where it was tranquil. The gate to his mansion was called master's gate. Walking through the gate, one can reach the ancestral hall of Zhang Cong's family, where the family got together to offer sacrifice to their ancestors. The hall was caught fire and burned down later. So the family rebuilt it in the west of Miaoguo Temple in Wenzhou, naming it Zhang Cong's tablet, where there stood a stone stele with inscriptions from Emperor Jiajing. Back to Zhang Cong's mansion, in the right side there is a row of building for the ladies to get dressed up, so these buildings are called Makeup Building. Outside the mansion there lies a wide road and a lake, three stone arches (used to be called Three Arches) named loyalty, wisdom and patriotism are standing there.

岳飞传说

The Legend of Yue Fei

【传说背景】

岳飞（1103—1142），字鹏举，河南汤阴县人，中国南宋爱国军事家。他坚决主张抗击金军的侵犯，反对妥协，率领岳家军同金军进行了数百次战斗，所向披靡，是中国历史上著名的抗金名将。然而，宋高宗和秦桧力主宋金议和。在议和过程中，奸臣秦桧以“莫须有”的罪名将岳飞毒死在临安（今浙江杭州）风波亭。宋孝宗时，岳飞冤狱被平反，追谥武穆，后又追谥忠武，封鄂王，尸骨改葬于西湖畔栖霞岭。

岳飞不仅军事才能突出，文学才华也是将帅中少有的。他在出师北伐、壮志未酬的悲愤中写下的千古绝唱《满江红》，千百年来一直都是令人士气振奋的不朽佳作，是千古传诵的爱国名篇。

宋元时期对岳飞事迹的典籍记载，以史实为主，较少有夸张和美化的成分。明清以来，采纳传说的成分开始逐渐增多。清代《说岳全传》就是在采纳史料和民间传说材料的基础上，经过改编再创作而撰写成的章回体小说。此外，还有一些文本记载了岳飞死后显灵的故事或者与岳飞有关的风物传说。除史料记载和口耳相传以外，岳飞形象还被搬上了戏曲说唱舞台，广泛流传。

【Background Introduction】

Yue Fei （1103–1142）, courtesy name Pengju, was born in Tangyin County, Henan Province. He was a patriotic military commander of the Southern Song Dynasty. He firmly advocated resisting the invasion of the Jin Army, and was against any action to compromise. As a general of Yuejia Army, he was so invincible that he led more than a hundred successful campaigns against the forces of the Jin Dynasty. Thus Yue has become in Chinese history a preeminent military commander in resisting the Jin people. In spite of Yue's efforts to regain the lost territories, both Emperor Gaozong and Qin Hui, the chancellor, called for peace. In the course of peace negotiations, the treacherous official Qin Hui poisoned Yue Fei to death at Fengbo Pavilion in Lin'an （now Hangzhou, Zhejiang Province）. When Emperor Xiaozong of Song Dynasty vindicated the previous unjust imprisonment, Yue Fei was posthumously named Wumu, and later he was posthumously named Zhongwu and crowned as King of E. His body was buried at Qixia Ridge by the West Lake.

Yue Fei is not only of strong military capabilities, but also of great accomplishments in literature which is rarely seen among military commanders. The immortal song "*Man Jiang Hong*", which he wrote in the midst of his grief and anger when he left for the northern expedition and failed to achieve his ambition, has been a morale-boosting and patriotic masterpiece for thousands of years.

In the Song and Yuan Dynasty, the records of Yue Fei was mainly based on the truth, with little exaggerations and embellishment. But in the Ming and Qing Dynasty, the descriptions of Yue Fei drew more and more elements from legends and folk stories. *The Complete Story of Yue Fei* in the Qing Dynasty is a typical example. This book is in a pattern of serial novel, adopted and reproduced according to historic records and local folklore about Yue Fei. There also exist stories of Yue's posthumous life as a god and other legends relevent to Yue Fei. Apart from historic records and circulation by word of mouth and ear, Yue Fei's grand image has also been moved to the opera stage and circulated widely.

【传说故事】

北宋末年，金军大举入侵中原，一直打到京城。金兵一路上烧杀抢掠，京城十室九空，老百姓痛苦连天，就连宋徽宗、宋钦宗两位皇帝也被俘虏。

有道是“乱世出忠臣”，岳飞就是这样一位忠心耿耿的大臣。他让母亲在他的背上刺“精忠报国”四个字，提醒自己时刻牢记“靖康之耻”。岳飞率领的军队被称为“岳家军”，以“冻死不拆屋，饿死不掳掠”著称，民间还流传着“撼山易，撼岳家军难”的名句，可见岳

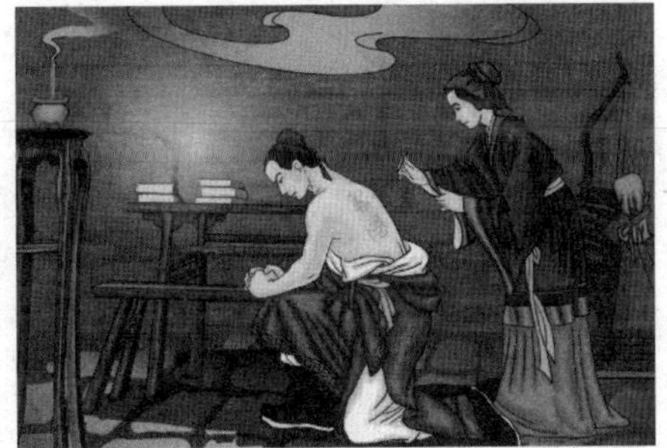

飞治军严明、善于谋略。

岳飞要求岳家军遵守纪律，做到秋毫无犯，自己也身体力行。一次行军经过某地，部队第二天就要出发。地方官听说岳飞来了，天一亮就在城外路口搭起帐篷，准备了盛宴饯别岳将军。可是，眼看队伍快走完了，也未见到岳飞，这些地方官着急地问："大将军何在？"殿后军官回答说："已混杂在普通将佐中走了！"为了不打扰地方，岳飞不摆官架子，严于律己，为将士们做出了榜样。

岳飞执法严明，赏罚公平，待千万人如待一人。在攻莫牙关时，张宪的部下郭进先登，岳飞当场解下金束带，连同自己所用的银器加以赏赐，并把他从士兵升为军官。谁如果违反纪律，也不问是亲还是疏，是官还是兵，绝不放过。岳家军屯驻徽州时，老百姓控告岳飞舅父姚某有欺压行为，岳飞就将此事转告母亲，要母亲罚她的兄弟。一天，部队从徽州出发，岳飞和舅父姚某同行。不料，这位舅父受姐姐责罚后不但不认错，反而怀恨在心，竟图谋杀死岳飞，结果被岳飞一举擒下马来，斩首示众。

一支严格执行命令、视死如归、武艺高强并得到人民拥护的军队，必然是所向无敌、百战百胜的军队。这支军队为朝廷抵抗金兵、收复河山做出了不可磨灭的贡献。然而，就在抗金战争取得辉煌胜利的时刻，宋高宗赵构却担心一旦中原收复，金人放回他的哥哥宋钦宗，到时候他的皇位就不保了。于是，他急切地希望与金军议和。金人安插在南宋朝廷里窃取了宰相高位的内奸秦侩，和高宗狼狈为奸，密谋制订了全线撤军、葬送抗金大好形势的罪恶计划。他们首先命令东、西两线收兵，造成岳家军孤军作战的不利态势后，急令岳飞班师回朝。岳飞为了保存抗金实力，不得不忍痛撤军。

岳飞一回到临安，立即陷入秦桧等人布置的罗网。绍兴十一年（1141），他遭诬告“谋反”，被关进了临安大理寺（原址在今杭州小车桥附近）。同年除夕夜，岳飞以“莫须有”的罪名被杀害于大理寺狱内，年仅三十九岁。

【Story in English】

In the late years of the Northern Song Dynasty, the Jin people invaded the central China with a large army, and they took hold of many cities and soon began to invade the capital. Along the way they kept burning, killing and pillaging, leading to large quantities of people abandoning their homes and escaping to other places. Even Emperor Huizong and Qinzong were caught into captivity.

There is an old saying "turbulent days produce loyalty", and Yue Fei was just such a loyal officer at that time. Yue's mother tattooed on his back four Chinese Characters "Jing Zhong Bao Guo", which means to serve the country with the utmost loyalty, and these characters constantly reminded him of the disgrace of Jingkang Incident. The army force led by Yue Fei was called Yuejia Army, with the reputation of never destroying people's fields or pillaging towns or villages even facing the harshest time. The folklore described the Yuejia army by saying "it is easy to shake the mountain, while it is difficult to shake the Yuejia Army", which shows that Yue Fei rules the army strictly and he is very good at strategy.

Yue Fei demanded his troops to observe strict discipline and do no damage to the folks, and he as the general was no exception. Once in a march, the troop was about to leave a place on the next morning. Having heard of the news, the local officials put up tents in the dawn and prepared a large feast to give Yue Fei a farewell. However, seeing that all the troop had passed and there was no sight of Yue Fei, those local officials were so anxious that they asked where the general was. One officer answered, "The general is dressed like a common officer and has left already." In order to keep the folk's life in peace, Yue never put on airs. He kept self-discipline, setting a good example for the whole force.

Yue Fei treated everyone equally in his army in terms of reward and punishment. In the battle to regain Moya Pass, Guo Jin, a solider led by Zhang Xian, was the first to reach the pass. Yue immediately loosened his golden belt as well as his own silverwares and gave them to Guo Jin as rewards, and got him promoted to be an officer. As for those who violated the army's disciplines, he would give due punishment no matter he was a solider, an officer, or even Yue's relative. When the troop was stationed in Huizhou, the local people accused a Mr. Yao, the brother to Yue's mother, of bullying others. Then Yue Fei informed his mother of this affair, hoping his mother to give Mr. Yao a warning. To his surprise, Mr. Yao not only denied his misbehavior, but also attempted to revenge on Yue Fei. One day when the troop started its expedition from Huizhou, Mr. Yao rode a horse side by side with Yue, and suddenly he began to attack the latter, who was so angry that he fought him down the horse and got him executed at the spot.

With strict discipline, absolute loyalty, specialization in martial arts and people's support, this Yuejia army was definitely invincible, winning almost all the battles they participated in, and making everlasting contributions to resisting the Jin Dynasty and regaining the lost territory of the Southern Song Dynasty. However, right at the moment when great success had been achieved in the fight against Jin's invasion, Emperor Gaozong feared that once the central plains were regained, Jin would release Qinzong, threatening his claim to the throne. For this reason, Gaozong was actually eager to sue for peace. At that time, a minister called Qin Hui in the Southern Song Dynasty, who was in fact sent by Jin as a spy, managed to become the prime minister in the imperial court. He then advised Gaozong to recall Yue Fei and his army for a peace talk, which was to give up all the efforts made to regain the lost lands. They first ordered retreats from other troops in the eastern and western directions, causing a disadvantage for Yue's troop as they were then alone in the battle with no relief troops, and then Yue was ordered a score of times to return with great urgency. Knowing the importance of preventing the army from a useless sacrifice, he had to submit to the orders of his emperor and returned to the capital.

As soon as Yue Fei reached Lin'an, the capital of the Southern Song Dynasty, he fell in a conspiracy made by Qin Hui and his accomplice. In 1141 (the eleventh year of Shaoxing), Yue was captured for treason and imprisoned in the Dali Temple (located near what it is now Xiaoche Bridge). On the lunar New Year's Eve in 1141, Yue Fei was sentenced to death and executed on unfounded charges. He died at the age of 39.

【文化注释】

靖康之耻：又称靖康之乱，是中国历史上的一次著名事件。靖康二年

（1127）四月，金军攻破东京（今河南开封），俘虏了宋徽宗、宋钦宗父子及大量赵氏皇族、后宫妃嫔与贵卿、朝臣等三千余人，押解北上。

岳家军：宋朝军队多以主将姓氏称某家。岳家军是南宋初年由岳飞领导的抗金军队，军队纪律严明，训练有素，战斗力极强。

宋高宗：赵构（1107—1187），宋朝第十位皇帝，在位三十五年。南宋开国皇帝，宋徽宗赵佶第九子，宋钦宗赵桓异母弟。他在位时，迫于形势起用岳飞等大将抗金，但大部分时间仍重用主和派的秦桧等人，后来甚至处死岳飞。

秦侩：秦侩（1090—1155），曾位至南宋丞相，前后执政十九年，深得高宗宠信。秦桧奉行割地、称臣、纳贡的议和政策，极力贬斥抗金将士，以"莫须有"罪名害死民族英雄岳飞，是中国历史上著名的奸臣之一。

大理寺：大理寺（最高审判机关），是宋朝的中央监狱，由宋高宗赵构南逃到临安建都后所设。抗金名将岳飞以"莫须有"的罪名被打入大理寺狱，并被害于狱内的风波亭。

莫须有："莫须"二字是宋朝人的口语，是"大概""也许"的意思。莫须有，也许有，形容无中生有。南宋抗金名将岳飞等人被秦桧诬陷治罪，秦桧辩说："飞子云与张宪书虽不明，其事体莫须有。"

【Cultural Notes】

Jingkang Incident： Also called Jingkang Chaos, Jingkang Incident was a big event in Chinese history. In April, the second year of Jingkang, the force of the Jin Dynasty obtained Kaifeng, the capital of the Northern Song Dynasty and captured Emperor Huizong and Qinzong as well as three thousand royal family members, concubines, ministers and courtiers. The captives were escorted north to Jin's territory.

Yuejia Army: In the Song Dynasty, armies were usually named after the surname of the general. Yuejia Army was a force led by General Yue Fei in the early years of the Southern Song Dynasty. This army was famous for its strict discipline, careful training and great fighting ability.

Emperor Gaozong: Emperor Gaozong (1107–1187), personal name Zhao Gou was the tenth emperor in the Song Dynasty who was on the throne for 35 years. Emperor Gaozong was also the first emperor in the Southern Song Dynasty, the ninth son of Emperor Huizong and half-brother to Emperor Qinzong. During the years Emperor Gaozong was on the throne, only when the country was in peril would he assign Yue Fei to resist the Jin people's invasion, but most of the time he put those ministers who advocated peace in important positions, like Qin Hui. Because of his stand for peace, he executed Yue Fei to death even when the latter had contributed so much to the country.

Qin Hui: Qin Hui (1090–1155) was the chancellor when Emperor Gaozong was on the throne in the Southern Song Dynasty. Qin had been in the imperial court for nineteen years and was deeply trusted by the emperor. Qin advocated suing for peace through policies of ceding territory, paying indemnities and accepting the status of being a vassal of the Jin Empire publicly. To a great degree did he persecute Yue Fei, a meritorious general in fighting for the Song against the Jin Dynasty and even executed him to death on an unfounded charge. Qin Hui is notorious as one of the most famous traitors in Chinese history.

Dali Temple: Jail of Dali Temple, the highest judicial organ, was the central jail in the Southern Song Dynasty, built after Emperor Gaozong escaped to Lin'an which was later the capital of the Southern Song Dynasty. The famous general Yue Fei who had lots of successful battles against the Jin Dynasty was imprisoned in this Jail for an unfair charge, and then executed in Fengbo Pavilion inside the jail.

Mo Xu You（Could be true）：“Mo Xu” was the oral language in the Song Dynasty, meaning maybe or might. Something “Mo Xu You” means it might be real, but in fact false. When Qin Hui was planning to persecute Yue Fei, a meritorious general in fighting for the Song Dynasty against the Jin Dynasty, Qin once said, “Though lack of evidences for traiting in the statements of Yue Fei's son Yue Yun and Zhang Xian, Yue Fei's officer, Yue Fei's charge could be true.”

【文化价值】

岳飞从含冤而死至今已经九百多年，他在中华大地乃至全世界都有着非常大的影响。

首先，岳飞为了国家和民族的尊严宁死不屈，他的崇高精神和高尚人格反映了广大人民群众对一切美好品德的推崇和向往。岳飞精神是中华民族气概的象征，成为激发人们更加热爱祖国、热爱人民、坚决反抗外来侵略的一种鼓舞力量。

其次，岳飞是中国历史上有名的常胜将军，他的治军方略为当时诸将帅所钦佩，也为朝廷所共赞。其中有一些治军经验，直到今天仍然具有借鉴价值。

再次，这些表达出爱国主义热情的岳飞传说，在近代中国多灾多难之时，长期鼓舞着广大民众团结一致，抵抗外辱，反映了民众对历史的理解和评价，显示出传说的珍贵价值。

最后，岳飞传说形象生动，体现了广大人民对历史人物爱憎分明的强烈情感和真挚的爱国热情。如今，在美丽的西子湖畔，仍保留了许多与岳飞传说有关的历史遗迹，充分体现了历代人民对岳飞连绵不绝的崇敬和纪念之情。

【Cultural Value】

Although it has been thousands of years since Yue Fei died because of a false charge, he is still inserting tremendous impacts on China and the world as a whole.

To maintain the country's and the people's dignity, Yue Fei would rather die than submit to suing for peace. As a symbolization of Chinese spirits, Yue Fei's noble personality and great merits reflect the public's advocacy and desire for meritorious morality, and have become the inspirational power for the Chinese people to love the motherland, love the people and resolutely resist foreign aggression.

Yue Fei was also one of the most successful military generals in Chinese history, whose wise methods for deploying an army were admired by other generals and officers at that time, and recognized by the imperial court. Some of his ways to lead a force are even effective and helpful at present.

In addition, legends of Yue Fei deliver messages of patriotism, and have long encouraged the public to be united as one people and fight against foreign invasion especially during times when the country was under great difficulties. The wide circulation of such legendary of great historic values is an indication of how the public rightly understands and comments on the history.

Finally, the lively legendary stories of Yue Fei have become an implication of people's sincere patriotism, and strong but distinct feelings towards historic characters—who to love and who to hate. Today, around the attractive West Lake, there are lots of historic relics reserved which are related to Yue Fei's legends, deeply showing generations of people's respectful feelings and everlasting memory of Yue Fei.

【传说地址】

岳飞墓：亦称岳坟，位于杭州栖霞岭南麓，建于南宋嘉定十四年（1221），一直保存到现在。墓门的下边有四个铁铸的人像，即陷害岳飞的秦桧、王氏、张俊、万俟卨四人，他们反剪双手，面墓而跪，仿佛在向历史忏悔。墓门上有联“青山有幸埋忠骨，白铁无辜铸佞臣”。

岳王庙：为纪念岳飞，中国许多地方都修筑了岳王庙，规模较大的有安阳汤阴、杭州、朱仙镇、靖江、宜丰等地的岳飞庙。杭州的岳王庙位于栖霞岭南麓，是墓庙一体的建筑群。

翠微亭：全国翠微亭有四座，其中一座位于杭州西子湖畔飞来峰的半山腰，是岳飞含冤枉死后，韩世忠夫妇为纪念岳飞而建。因为岳飞曾经在

游览池州翠微亭时写下诗篇，所以韩世忠便将此亭也命名为翠微亭。如今人们提起翠微亭，多指杭州翠微亭。

杭州风波亭：该亭在杭州市北浣纱路浙江第一监狱。南宋时为大理寺，亭在狱内。因南宋名将岳飞被秦桧以“莫须有”罪名杀害于风波亭的故事闻名。

【Location】

The Tomb of Yue Fei: It is located in the southern foot of Qixia Hill in Hangzhou. Built in 1221, the fourteenth year of Jiading, the Southern Song Dynasty, this tomb had been well preserved till today. Down the gate to the tomb, there are four iron-made statues belonging to Qin Hui, Lady Wang (Qin Hui's wife), Zhang Jun and Moqi Xie (two of Qin Hui's subordinates). They were made to kneel before Yue Fei's tomb with their hands behind their backs, seemingly to make confess to the history. There is a poem hanging on the gate surrounding the statues that reads, "The green hill is fortunate to be the burial ground of a loyal general, the white iron was innocent to be cast into the statues of traitors."

The Temple of Yue Fei: A number of temples of memorial were built to pay respect to Yue Fei in different places of China, of which some grand ones are located in Tangyin county in Anyang, Hangzhou, Zhuxian Town, Jinjiang and Yifeng, etc. The Temple of Yue Fei in Hangzhou is located in the southern foot of Qixia Hill, an architectural complex including both the tomb and the temple.

Cuiwei Pavilion: There are totally four pavilions named Cuiwei in the whole country, and the one in Hangzhou is located in the hillside of Feilai peak near the West Lake. After Yue Fei's unfair execution, Han Shizhong and his wife built the pavilion to honor him and entitled it as Cuiwei, since Yue Fei had once traveled to another Cuiwei pavilion in Chizhou and written down some poems. Today, when Cuiwei pavilion is mentioned, it mainly refers to the one in Hangzhou.

Fengbo Pavilion in Hangzhou: The pavilion is in the now Zhejiang First Prison, located on Huansha Road, north of Hangzhou. In the Southern Song Dynasty, this place was called Dali Temple with the pavilion inside. It became known to the public for the famous general Yue Fei's story of being executed here on an unfounded charge by Qin Hui.

戚继光传说

The Legend of Qi Jiguang

【传说背景】

戚继光（1528—1588），字元敬，谥号武毅。明朝抗倭名将，民族英雄。他驻守抗倭前线台州七年有余，率领戚家军九战九捷，扫平了沿海地区的多年倭患，保卫了百姓的生命财产安全。他也是一位杰出的兵器专家和军事工程家，曾经改造、发明了各种火攻武器，建造了大小战船、战车，并在长城上修建了空心敌台。他所著兵书及在各个不同历史时期呈报朝廷的奏疏和修议，极大地丰富了祖国的兵学宝库，为后人留下了宝贵的精神财富。此外，他还工诗文、善书法，为后人称赞。

戚继光传说以他和戚家军的征战经历为基础，经过广泛流播，已经形成了包括他的治军传说、破敌传说、军事创新传说、民间习俗、事象传说以及神话等多层面的民间故事群。目前，仅椒江、临海、温岭等地搜集戚继光抗倭传说就有40余篇。这些传说除了流传于临海的民谣、传说、谜语等民间文学作品中，还渗透在道情、乱弹、莲花落等民间表演形式中。400多年来，民间口耳相传、不断丰富的戚家军抗倭故事更是传诵不衰、脍炙人口。

【Background Introduction】

Qi Jiguang （1528–1588）, courtesy name Yuanjing, posthumous name Wuyi, was a military general and a national hero during the Ming Dynasty. He was best remembered for his leadership in resisting Japanese pirate activities along the southeast coast China. He stationed in Taizhou, the frontier for no less than 7 years, leading his army to accomplish all the nine battles against the invaders, which eliminated the coastal areas of years of harassment from Japanese pirates and protected the safety of people's lives and property. Qi Jiguang was also an outstanding weapon expert and military engineer, who improved and invented kinds of fire weapons, transformed warships and chariots of different sizes, and even built hollow barbican in the Ancient Great Wall of Taizhou. The books of military practice he wrote, and the memorials and suggestions to the throne through his life have enriched greatly the country's military history and left invaluable spiritual legacy to the younger generations. What's more, he was accomplished in poetry, prose, calligraphy, which received substantial praise from the public.

Legends of Qi Jiguang's resisting Japanese pirates' harassment are based mainly on his battle experiences, which through wide spread have formed series of stories on different topics—troop deployment, defensive planning, military innovation, local customs, mythical stories, etc. At present, at least 40 legends have been collected about Qi Jiguang and his great deeds in only three places of Jiaojiang, Linhai and Wenling, not to mention the whole country. These legends have not only been spread in coastal areas through folk rhymes, folk stories and riddles, but also in other forms of folk arts like Daoqing, Luantan, Lianhualuo and the like. In the history of over 400 years, Qi's stories have been constantly enriched and circulated by the people and won universal recognition.

【传说故事】

戚继光以自己过人的智慧和大无畏的精神，带领戚家军赶除倭寇，让广大人民远离了水深火热的生活，因此在当时受到百姓敬仰。为了纪念这位民族英雄，民间流传了很多关于戚继光带兵打仗、从严治军的传说，例如戚继光斩子的故事，几百年来在浙闽两地广泛流传。

明嘉靖年间，倭寇三千多人在海门一带登陆，准备去临海、仙游一带劫掠。当时率军驻扎在海门的戚继光为了歼灭这股倭寇，令戚小将军率兵一部于双港与城西交界的花冠岩一带埋伏，自己率军迎敌，然后佯败引敌至上界岭。待敌全部进入埋伏圈后，伏兵尽起，戚继光收兵，两军夹击，将敌歼灭。但戚小将军年轻气盛，歼敌心切，没等倭寇全部进入埋伏圈就擂鼓冲锋，使一部分倭寇逃脱。

战后回营帐，戚继光当众宣布，戚小将军违抗

军令，斩首示众。一些将领跪在地上请求从宽处罚，留他一条性命，立功赎罪。戚继光不答应，说："我是一军的主帅，如果我的儿子违抗军令可以不杀，以后还怎么带兵？谁还执行军令？"于是，他就在白水洋上街水井口，忍痛斩了儿子。后来，当地百姓为了纪念打了胜仗却被斩首的戚小将军，就在水井口用小石子铺起花样石子街，又在花冠岩山下修建了太尉庙，让人们永远记住这位小将军的抗倭功绩。

如今，在浙江沿海地区，存在许多与戚继光抗倭相关的风俗习惯。例如在浙江台州地区，清明节不是一天，而是"清明长长节，做到端午歇"。这与戚继光抗倭有密切联系。原来，嘉靖年间，倭寇猖狂地入侵东南沿海地区，兵荒马乱。台州人们为了反击侵略者，好多青年男子投身于戚家军。清明节来了，戚家军时刻准备消灭进犯的敌人，不可能放假回家去扫墓。但祭祀祖宗是件大事，必须要做。于是戚继光就让战士到清明节时轮流回家扫墓，这样扫墓就从清明节开始一直拖到端午节。这种做法后来就成了一种习俗延续下来。

此外，在浙江温岭、玉环两地，原籍居民的元宵节格外特殊。元宵节原本是在农历正月十五，但他们却在正月十四过元宵。原来嘉靖年间，戚继光在浙江抗倭时于农历正月十四歼灭了进犯的倭寇，为人民消除了一大祸患。老百姓为了庆贺这次胜利，就在这天过元宵节。从那时起，年年如此，随后演变成一种习俗。

【Story in English】

With his distinguished wisdom and courage, Qi Jiguang led his army to eradicate the Japanese pirates from China, and brought people's miserable life back to normal. Therefore, Qi has received tremendous respect and admiration from the folks at that time. In order to pay memorial to this national hero, people passed stories and legends through narration of Qi 's military experiences and troop deployment, among which there are some well-known ones being circulated widely in Zhejiang and Fujian provinces, like the story of Qi's executing his own son.

During Jiajing years, more than three thousand Japanese pirates landed in Haimen, heading to Linhai and Xianyou for their harassment. At that time, general Qi and his army was stationed in Haimen. So Qi made a defensive plan wishing to defeat the pirates' troop completely. He commanded his son who was a junior general then to lead a small troop to lay in ambush in the corolla rock at the juncture of Shuanggang and the west of the city. In the meanwhile, Qi himself led a troop to meet the enemy, then pretended to be defeated and chased by the enemy to Shangjie hill. The troop in ambush would not come to fight until all the pirates got into the trap. Two troops would eliminate the enemy by joint efforts. However the real story was a little bit different. Because of young age and lack of patience, junior general Qi ordered a charge before all the pirate troop went into the ambush area, causing a part of enemies to manage to escape from the trap.

As soon as the battle was ended and the troops arrived at their tents, general Qi made an announcement that junior general Qi had disobeyed his command and should be executed in public. A number of generals and officers went down on their knees to plead for a mercy of no deadly execution to the junior general Qi. But general Qi rejected their requests and said, "I'm the general of this force, and junior general Qi is my son. If my son ever violates my command and gets away without due punishment, I would lose my authority over you since you won't take my commands seriously. Then how should I act as the general?" Hence after, near a well on the Baishuiyang Street, Qi made his son executed with great grief in heart. Later, to commemorate this junior general Qi who achieved a successful battle but still got executed, the folks paved the path near the well with speckled stones and built up a temple down the corolla rock, which have recorded the contributions of this young general in resisting the Japanese pirates.

Today in the coastal areas of Zhejiang province, there exist many customs which are relevant to Qi Jiguang and his deeds in eliminating the Japanese pirates. Take Taizhou as an example, the Qingming Festival there falls not on a single day, but from the fourth or fifth day of the fourth lunar month until the Dragon Boat Festival on the fifth day of the fifth lunar month. This special custom is closely related to Qi Jiguang and his army. During the Jiajing years, the Japanese pirates made vast harassment at the coastal areas in southeast China, leaving people in turmoil of war. Local people in Taizhou, especially the young men threw themselves into the General Qi's army with the hope to eradicate the pirates' invasion as soon as possible. When the Qingming Festival fell, the soldiers in the force were not able to go back home and visit the graves of their ancestors since they were always prepared to fight against the enemies. Since no holiday was allowed for the soldiers and tomb-sweeping was such a must thing to everyone, general Qi made a decision that soldiers could take turns to have a few days off and go tomb-sweeping around the Qingming Festival. Therefore, the last soldiers didn't take days off until the Dragon Boat Festival. This has later become a local custom which has been observed till now.

Another example takes place in the special Lantern Festival in Wenling and Yuhuan. The original residents there celebrated the Lantern Festival on the fourteenth day of the first lunar month, instead of the fifteenth day. The reason is as follows. During the Jiajing years, Qi Jiguang and his army won a successful battle against the Japanese pirates on the fourteenth day of the first lunar month, ridding people of the harassment from the enemies. In order to celebrate this success, the folks decided to spend the Lantern Festival on that day. Year after year, this practice has turned to be traditional.

【文化注释】

清明节：中国传统节日，也是最重要的祭祀节日之一，是祭祖和扫墓的日子。中华民族传统的清明节大约始于周代，距今已有两千五百多年的历史，传统习俗包括禁火、扫墓，还有踏青、插柳、荡秋千等活动。浙江还有吃青团的风俗。清明节假期在历史上曾经历多次变迁，现行规定是清明节放假三天。

戚家军：又称义乌兵、浙军，嘉靖三十八年（1559）成军于浙江义乌，总兵力四千人，主力是义乌的农民和矿工。戚家军因为戚继光而得名，是明朝一支很有名气的军队。戚家军因其严明的军纪、职业化的训练水平、东亚最先进的装备而被誉为“16至17世纪东亚最强军队”。

元宵节：为农历正月十五，是春节之后的第一个重要节日，也是中国的传统节日之一。正月是农历的元月，古人称夜为“宵”，所以把一年中第一个月圆之夜正月十五称为元宵。吃元宵、赏花灯、猜灯谜、舞狮子、踩高跷等是元宵节的重要民俗。

【Cultural Notes】

Qingming Festival: It is a traditional Chinese festival and one of the important days to sweep tombs and offer sacrifice. This festival dated back to the Zhou Dynasty, which was about two thousand and five hundred years ago. People tend to stop cooking, sweep tombs of the dead, and offer sacrifice to their ancestors. The customs of Qingming Festival also include variable outdoor activities like spring outing, planting willow trees and playing on a swing. In Zhejiang province, people would also make green sticky rice dumplings as a traditional specialty for the day. The Qingming Festival has undergone many changes throughout history, with the current rule being a three-day holiday for the festival.

General Qi's Army: It was also called Yiwu Army or Zhejiang Army, founded in the 38th year of Jiajing（1559）in Yiwu, Zhejiang with a total force of 4,000 soldiers, mainly farmers and miners from Yiwu. This army was named after its general Qi Jiguang, and it was a very famous force in the Ming Dynasty. Renowned for its strict discipline and professional training, equipped with the most advanced weapons in Southeast Asia, general Qi's army was reputed as the strongest force in Southeast Asia during the 16th and 17th centuries.

Lantern Festival: It falls on the fifteenth day of the first Lunar month, the first festive day right after the Spring Festival and one of the Chinese traditional festivals. This is the first full moon of the new year, called Yuanxiao, symbolizing unity and perfection. The customs of the Lantern Festival include eating Yuanxiao（glutinous rice ball）, appreciating lanterns and solving the puzzles on the lanterns, watching lion dance and walking on stilts.

【文化价值】

戚继光戎马一生，立下显赫战功。他个人杰出的军事才能、高尚的品质和人格力量，以及戚家军的辉煌战绩，都深深扎根在人们的心中，世世代代为老百姓赞颂。抗倭故事本身包含的丰富历史信息，以及深刻的内涵思想，对浙闽地方文学史、军事史学、文化史学术研究具有重要价值。

首先，戚继光传说具有重要的德育价值和激励作用。戚继光作为一位伟大的爱国主义者和民族英雄，在中华民族的历史上有着举足轻重的地位。戚继光抗倭故事重点突出了团结一致、抵御外敌的爱国主义精神，直到今天仍然使后世人民心潮澎湃、热血沸腾，这对教育青年一代，陶冶广大青少年的爱国情操，提高全民综合素质，都将起到重要作用。

其次，他的军事思想能克敌制胜，在中外影响至深，被后世的军事家视为法宝和指南，在战斗中被实践和运用。此外，戚继光的改革精神也激励我们看清形势，深入思考，不断进行技术创新，从而达到事半功倍的效果。

最后，戚继光传说历史悠久，在流传过程中不断完善、不断丰满，渗透了百姓的风俗习惯，并和台州临海等地的百姓生活习俗同步演进。因此，从这传说中能够一窥临海古城的古往今来以及地方百姓的思想和智慧。

【Cultural Value】

Qi Jiguang had a remarkable military career all through his life. His outstanding military expertise, noble qualities and merits, his army's bravery and success have already been spoken highly and become unforgettable to the folks from generation to generation. With vast historical information and deep connotations, the legends of Qi Jiguang and his army's resisting the Japanese pirates' harassment are of magnificence to the academic research of local literature, military history and cultural history in Zhejiang and Fujian provinces.

To start with, general Qi's legends play an important role in moral education and stimulation. Qi Jiguang has long carried a big weight in Chinese history as a great patriot and remarkable national hero. His stories of fighting against Japanese invasion highlight unity and patriotism in the face of foreign aggression. Such spirit is still precious today in making young people full of passion to fight against difficulties and enemies. Those stories are of substantial educational values to teach the younger generations of patriotism, and improve the people's overall qualities.

Next, Qi Jiguang's military theories and practice recorded have left great legacy to the later generations. His military theories have been cherished as guidance and proved practical and successful by other militarists home and abroad. What's more, Qi Jiguang's innovative spirits teach us to keep a clear mind about different situations, have deep thinking, and keep technological innovation so as to yield twice the result with half the effort.

Finally, with long historical standing, those legends of Qi Jiguang have been enriched and perfected through circulation from generation to generation, penetrating into the local customs and traditions of Linhai, Taizhou, and developing together throughout the history. Hence, those legendary stories are of significant reflections of Linhai, the old city's past and present and its people's great wisdom.

【传说地址】

戚继光在明嘉靖年间镇守浙江宁波、绍兴、台州三府抗倭。四百多年来，临海、椒江一带留下了许多戚继光的历史遗迹，如祠庙、碑刻、街路村井名等，以表达人们对这位民族英雄的敬仰、感激和怀念。目前，尚存完整的传承场地是抗倭古城桃渚城。

桃渚城：位于浙江省临海市桃渚镇城里村，东南距海仅十余公里。始建于明正统八年（1443），为防御倭寇入侵而建。桃渚城是研究明代卫所制度和沿海防御体系的重要实物资料。目前，城墙主体和三个城门都保持完好，城内街巷都保持着明清风貌，绝大部分民居为清代建筑。城内石碑《桃堵城新建敌台碑记》记载了戚继光于嘉靖三十八年（1559）救桃渚和在桃渚城上建敌台的功绩。

【Location】

During the Jiajing years of the Ming Dynasty, Qi Jiguang and his army were stationed in Ningbo, Shaoxing, Taizhou of Zhejiang province to fight against the invasion from the Japanese pirates. For the four hundred years, a great number of historic relics have been reserved mainly in Linhai and Jiaojiang, like temples and inscriptions which are indications of people's sincere admiration, gratitude and miss for this national hero. Some streets, roads or counties in those areas are named relevant to Qi Jiguang and his experience there. At present, there is one intact old city—Taozhu city—which is the preserved battlefield and memorial place for that period of history.

Taozhu city: It is located in Chengli village, Taozhu county, Linhai, Zhejiang, with a distance of only ten kilometers southeast to the sea. The city was built in the 8th year of Zhengtong (1443) in the Ming Dynasty to defense Japanese invasion. Taozhu city is an important physical material for studying the military guard system and coastal defense system in the Ming Dynasty. Today, the major part of city walls and three city gates are preserved in good condition, and the streets and lanes inside the city maintain the architectural styles of Ming and Qing Dynasty with most residences built in the Qing Dynasty. The stone stele of the city, with "Inscription on Taozhu City's Newly Built Defense Platform" on it is a record of the contributions made by general Qi when he eradicated Taozhu city of Japanese pirates in the 38th year of Jiajing (1559) and constructed the defense platform.

第 三 章

名胜古迹传说

Chapter 3 Legends of Scenic Spots and Historic Sites

西湖传说

The Legend of the West Lake

【传说背景】

西湖位于浙江省杭州市西面，是中国大陆首批国家重点风景名胜区和中国十大风景名胜之一，自古以来以湖光山色之美而名扬天下。西湖传说是由老百姓创造的与西湖相关的民间故事，以名山、名水、名人为主要特征，形成了一个令人瞩目的庞大故事群，内容涉及历史人物传说、历史事件传说、地方古迹传说、自然风物传说和社会风俗传说，尤以白蛇传说、梁祝传说、济公传说、苏东坡传说、岳飞传说、于谦传说和一大批名胜传说最为著名。

西湖传说内容丰富多彩，充分体现了劳动人民的智慧和创造力。千百年来，西湖传说通过评话、宝卷、杂剧、传奇、民间曲艺以及文人笔迹等多种文学艺术形式得以广泛、深入地流传在民间。传说原来主要流传于杭州市范围之内，尤以西湖周边地区为甚。后来，随着人口流动，尤其是旅游业的迅猛发展，西湖传说中的一些精品流向全国各地，甚至在海外也产生了巨大的影响。

西湖传说是地方性传说的集成。由于大部分著名的传说故事已经在本书的其他章节有所涉及，因此，本章节主要介绍西湖传说的源头——西湖的来历。

【Background Introduction】

Located at the west side of Hangzhou, Zhejiang Province, the West Lake belongs to the first batch of national key scenic spots in China and is one of China's top ten scenic spots, famous for the beauty of lakes and mountains since ancient times. As the folk stories related to the West Lake were created by common people, with famous mountains, waters and celebrities as the main characteristics, the legend of the West Lake has developed into a huge group of remarkable stories, including the legends of historical legends, historical events, local relics, natural scenery and social custom, the most famous ones of which are the legend of White Snake, the legend of Liang Shanbo and Zhu Yingtai, the legend of Ji Gong, the legend of Su Dongpo, the legend of Yue Fei, the legend of Yu Qian and a large amount of legends of Scenic spots.

With rich and colorful contents, the legend of the West Lake fully presents the wisdom and creation of the working people. For a thousand years, the legend of the West Lake has been spread widely and deeply in the folk through various forms of literature and art, such as Ping Hua（professional storytelling in a local dialect）, Bao Juan（Buddhist song-tales）, Za Ju（poetic drama）, legends, folk arts and literati calligraphy. The legend was originally circulated in Hangzhou, especially in the areas around the West Lake. Afterwards, with the population flow, especially with the rapid development of tourism, some choicest goods related to the legend of the West Lake have been spread across the country and even had an enormous influence aboard.

The legend of the West Lake is the integration of the local tales. As most of the famous tales have been introduced in other chapters of this book, this chapter will mainly introduce the origin of the West Lake.

【传说故事】

杭州西湖，在很早就被誉为中华大地上的“东南明珠”。民间流传的明珠传说把西湖说成是由天上的玉龙和金凤用宝石磨成的明珠变成的。玉龙和金凤两个名字则取自西湖南岸的玉龙山和钱塘江北岸的凤凰山两座山峰。

相传，在天河东边的石洞里住着一条雪白的玉龙，在天河西边的大树林里住着一只通体黄亮的彩色金凤。玉龙和金凤是邻居，他们经常在一起玩耍。有一天，他俩一个在天空飞，一个在天河游，飞呀，游呀，不知不觉就来到一个仙岛上，在岛上他们发现了一块银白色的大石头。金凤看了很喜欢，就对玉龙说：“你看这块石头多好看呀！我们把它琢磨成一颗珠子吧？”玉龙点头答应，于是他俩就动工了。玉龙用爪子抓，金凤用嘴啄。日复一日，年复一年，他俩真的把石头琢成了一颗璀璨滚圆的明珠。这真是一颗宝珠，它光芒四射，照到哪里，哪里就山明水秀，人寿年丰。

后来，这件事情传到天宫，被王母娘娘知道了，心里非常羡慕。王母娘娘心想：这么好的奇珍异宝，当然应该归我所有。于是她就派天兵天将趁玉龙和金凤睡熟的时候偷走了宝珠。玉龙和金凤一觉醒来，发现明珠不见了，急忙四下寻找。他们沿着明珠的亮光找去，一直找到王母娘娘的天宫。此时，各路神仙正在伸头探脑地对着明珠叫好呢。玉龙和金凤走上前去说："这颗明珠是我们的。"王母娘娘听到后怒回道："胡说！我是玉皇大帝的亲娘，世上的宝物都是我的。"玉龙和金凤据理力争："这颗明珠既不是天上生的，也不是地上长的，是我俩辛辛苦苦一天一天、一年一年琢磨出来的。"

可是王母仍不肯归还，还命天兵天将把玉龙和金凤赶出去。于是，三个人都紧紧抓着放明珠的金盘，谁也不肯松手。你拉我扯的时候，金盘一摇晃，明珠就从盘子里滚了下来，从天上掉到地下去了。玉龙和金凤见明珠往下掉，也翻身跟下来。这颗明珠一到地上，立刻变成了波光粼粼的西湖。玉龙舍不得离开自己的明珠，就变成一座雄伟的玉龙山守护它；金凤也舍不得自己的明珠，就变成一座青翠的凤凰山来守护它。

从此凤凰山和玉龙山就静静地站在西湖的旁边。直到现在，杭州还流传着两句古老的歌谣：西湖明珠从天降，龙飞凤舞到钱塘。

实际上，西湖是一个泻湖。早在秦朝时，西湖还是钱塘江即将注入东海处的一个江海湾。后来，由于潮汐的冲击，泥沙在西湖南北两侧的吴山和宝石山堆积，形成了沙洲。日积月累，沙洲不断扩展，形成了一个冲积平原，把江海湾和钱塘江分隔开来，原来的江海湾变成了一个内湖，即现在的西湖。

【Story in English】

The West Lake of Hangzhou has been known as the "Pearl of the Southeast" of China from early on. According to the "Pearl Legend" spread in the folk, the West Lake was originally a pearl polished by a celestial jade dragon and a celestial gold phoenix. The names of the jade dragon and the golden phoenix came from "Jade Dragon Mountain" on the south side of the West Lake and "Phoenix Mountain" on the north side of Qiantang River.

According to the legend, there lived a white jade dragon at the stone cave in the east of the Milky Way and a yellow gold phoenix in the big woods in the west of the Milky Way. As neighbors, the two often played together. One day, as the jade dragon flied in the sky and the gold phoenix swam in the Milky Way, they arrived at a celestial island unconsciously where they found a big silver stone. At the sight of the stone, the gold phoenix liked it and then said to the jade dragon, "How beautiful is the stone! Why don't we chisel it into a bead?" The jade dragon agreed, so they started working. The jade dragon clawed it and the gold phoenix pecked it. From day to day and year after year, the two succeeded in chiseling the stone into a shinning round bead. With radiate brilliant light, it was indeed a precious bead, as no matter where it shined, there would be green mountains and clean waters and the people there would live longer and healthier with bumper harvest.

Later, the news were spread to the Celestial Palace and when the Queen of Heaven heard this news, she was rather jealous. She said to herself, "As it is such a precious treasure, of course I should own it." So she sent the celestial troops to steal the precious bead when jade dragon and gold phoenix were asleep. Waking up only to find the bead was lost, the jade dragon and the gold phoenix immediately looked round for it. Walking along with the light of the bead, they arrived at the celestial palace of the Heaven Queen, where the gods were just appreciating the shinning bead. Then the dragon and the phoenix stepped forward, saying, "The bead belongs to us." However, hearing this, the Heaven Queen replied angrily, "Nonsense! I am the mother of the Jade Emperor, so all the treasures of the Heaven should belong to me." The dragon and the phoenix would not give in to her, "The bead did not come out of nothing. It was chiseled by us with many years of hard work."

Nevertheless, the Heaven Queen still refused to return the bead and even ordered the celestial troops to drive the dragon and the phoenix out. Thereupon, the three, clutching tight the gold plate carrying the bead, would not let it go. The bead then rolled down the plate in chaos, dropping from the heaven to the earth. Seeing the bead dropping down, the jade dragon and the gold phoenix flied down intending to protect it. The moment when the bead dropped on the ground, it turned into the glittering West Lake. As they were reluctant to leave their bead, the jade dragon turned into the magnificent Jade Dragon Mountain to protect it and the gold phoenix turned into the green Phoenix Mountain.

Ever since then, the Phoenix Mountain and the Jade Dragon Mountain have been standing still beside the West Lake. Up to now, there are still two old ballads spreading in Hangzhou, "Bead, the West Lake, coming from the heaven; the dragon and phoenix therewith flying to Qiantang".

In fact, the West Lake is a lagoon. As early as in the Qin Dynasty, the West Lake was a bay connecting Qiantang River and the East China Sea. Later, due to the impact of the tide, the sediment accumulated at Wushan Hill and Precious Stone Hill at the two sides of the West Lake, forming a sandbar. Over a long period of accumulation, the sandbar gradually expanded and formed an aggraded valley plain, which separated the river bay from Qiantang River. The original river bay became a lake, namely the West Lake.

【文化注释】

天宫：中国神话传说中天帝、神仙居住的宫殿。

王母娘娘：另称西王母、王母，居住在西方的昆仑山，是古代中国神话传说中掌管不死药、罚恶、预警灾疠的长生女神。

天兵天将：中国神话传说中天界的将领和士兵。

玉龙山：又名玉皇山，海拔239米，道教主流全真派圣地，地处西湖与钱塘江之间，原名龙山，远望如巨龙横卧，雄姿英发。

凤凰山：位于杭州市东南面，主峰海拔178米。北近西湖，南接江滨，形若飞凤，故名。

吴山：位于浙江省杭州市西湖东南方，高94米。它左带钱塘江，右瞰西湖，为杭州的名胜。

宝石山：位于杭州西湖的北里湖北岸，高78米。位于宝石山东面的保俶塔是其著名景点。

【Cultural Notes】

The Celestial Palace: According to the Chinese myths and legends, the Emperor of Heaven and the immortals live there.

Queen of Heaven（Wang Mu Niang Niang）: Also known as the Queen Mother of the West（Xi Wang Mu）and Heavenly Queen（Wang Mu）. Living in Kunlun Mountain in the west, she is the goddess of immortality in charge of the medicine of immortality, punishing the evil and warning disasters.

Celestial Troops: The celestial generals and soldiers in Chinese myths.

Jade Dragon Mountain: Also known as Jade Emperor Mountain（Yu Huang Shan）. With an altitude of 239 meters, it is the holy land of Quanzhen Sect—the mainstream of Taoism. Located between the West Lake and Qiantang River and its original name being Dragon Mountain, it looks like a lying dragon with majestic appearance from afar.

Phoenix Mountain: Located in the southeast of Hangzhou and the altitude of its main peak being 178 meters, it is close to the West Lake in the north and the riverside to the south. It is shaped like a flying phoenix, hence the name.

Wushan Hill: Located in the southeast of the West Lake in Hangzhou. With an altitude of 94 meters, it is at the right side of Qiantang River and the left side of the West Lake, known as a scenic spot of Hangzhou.

Precious Stone Hill: It is located on the north side of Beili Lake of the West Lake in Hangzhou, with an altitude of 78 meters. Baochu Pagoda in the east of Precious Stone Hill is its famous scenic spot.

【文化价值】

西湖以其优美的自然风光享誉世界，而在源远流长的吴越文化土壤里滋长起来的西湖传说，是人们认识杭州、认识西湖、理解吴越祖先的一把金钥匙。

首先，西湖传说反映了西湖周边人们的社会生活，体现了人民勇于与自然抗争的精神，表达了人们对贪官污吏和各种社会败类的痛恨和鞭挞。

其次，西湖传说歌颂了劳动人民勤劳、善良、机智、勇敢的优秀品质，反映了人民向往自由、幸福生活的愿望。

再次，西湖传说包含了丰富的文化知识、社会经验、生活习俗等重要资料，可以使人们了解西湖的历史风貌和社会发展，认识杭州的民风民俗等。

最后，西湖传说具有重要的审美和教育价值，寄寓了人们美好的愿望与理想，注入了对美好生活及未来的期盼和追求，使人们在审美的同时，认识自然、了解社会、感悟人生。

【Cultural Value】

The West Lake is known across the world for its beautiful natural scenery, and the legend of the West Lake growing from the soils of the long-standing Wu and Yue culture is a gold key for people to know the ancestors in Wu and Yue, the West Lake and Hangzhou.

Firstly, the legend of the West Lake reflects the social life of people around the West Lake, embodies people's spirit of fighting against nature, and expresses people's hatred and scourging of the corrupt officials and various pests of society.

Secondly, the legend of the West Lake praises the excellent characters of the working people, such as diligence, goodness, wit and courageousness and reflects people's desire for freedom and a happy life.

Thirdly, as the legend of the West Lake contains important materials, such as the abundant cultural knowledge, social experience and life customs, people can learn from it the historic feature and social development of the West Lake and the folk custom of Hangzhou.

Finally, with important aesthetic and educational value, the legend sends wonderful wishes and ideals and is injected with peoples, desire and longing for the beautiful life and future. It allows people to know the nature, understand the society and comprehend the life while appreciating the beauty.

【传说地址】

西湖：位于浙江省杭州市西面，世界文化景观遗产。湖面面积约6.39平方公里，绕湖一周近15公里。西湖为国家5A级风景名胜区，有西湖十景（苏堤春晓、曲院风荷、平湖秋月、断桥残雪、花港观鱼、柳浪闻莺、三潭印月、双峰插云、雷锋夕照、南屏晚钟），新西湖十景（吴山天风、满陇桂雨、玉皇飞云、云栖竹径、九溪烟树、黄龙吐翠、龙井问茶、虎跑梦泉、阮墩环碧、宝石流霞）和三评西湖十景（灵隐禅踪、六和听涛、岳墓栖霞、湖滨晴雨、钱祠表忠、万松书缘、杨堤景行、三台云水、梅坞春早、北街梦寻）等著名景点。

【Location】

The West Lake: Located in the west of Hangzhou, Zhejiang Province, it belongs to the world cultural landscape heritages, covering an area of about 6.39 square kilometers and nearly 15 kilometers around the lake. As the national 5A level scenic spot, the West Lake enjoys many famous scenic spots, such as Ten Scenes of West Lake (Dawn on the Su Causeway in Spring, Wine-making Yard and Lotus Pool in Summer, Moon over the Peaceful Lake in Autumn, Remnant Snow on the Bridge in Winter, Fish Viewing at the Flower Pond, Orioles Singing in the Willows, Three Pools Mirroring the Moon, Two Peaks Piercing the Clouds, Leifeng Pagoda in the Sunset and Evening Bell Ringing at the Nanping Hill), Ten New Views of the West Lake (Heavenly Wind over Wushan Hill, Sweet Osmanthus Rain at Manjuelong Village, Clouds Scurrying over Jade Emperor Hill, Bamboo-lined Path at Yunqi, Nine Creeks Meandering Trough a Misty Forest, Yellow Dragon Cave Dressed in Green, Inquiring About Tea at Dragon Well, Dreaming of Tiger Spring at Hupao Valley, Ruan Gong Islet Submerged in Greenery and Precious Stone Hill Floating in the Rosy Cloud), and Ten Scenes of West Lake on the Third Evaluation (Zen Retreat at Lingyin Temple, Listening to the Tidal Roar at Six Harmonies, General Yue's Tomb at Cloud-Lingering Hill, Sunny and Rainy Views from the Lakeside, King Qian's Temple of Loyalty, A Love Legend at Wansong Academy, Historical Reflections on Governor Yang Causeway, Crisscross Lakes against Cloudy Santai Hill, Early Spring at Meijiawu Tea Village, and Seeking the Dreams at Historic Beishan Street).

烂柯山传说

The Legend of Lanke Mountain

【传说背景】

烂柯山传说源于晋朝樵夫王质上山看棋烂柯的故事。“柯”指斧子的木柄。相传王质所看之棋为源于中国的围棋，因此，烂柯山被称为围棋之根所在地。时至今日，“烂柯”一词在国内外期刊上仍屡见不鲜。

烂柯山传说最早的文字记载是晋朝中期虞喜的《志林》中“王质遇仙”的故事。而后，北魏孝文帝时郦道元的《水经注》、南朝梁武帝时任昉的《述异记》等诸多史料中都有记载。经各个历史时期广大劳动人民的口口相传，“王质遇仙”的故事带动了烂柯山民间传说的发展，逐渐形成了种类繁多、数量庞大的烂柯山传说系列：有以“王质遇仙”为母题的传说，有以“成仙得道”为主题的传说，有烂柯山的民俗传说，有依附于烂柯山地域某一地（或一景）的传说。经挖掘整理，目前传说数量已达近百个。这些传说流传范围很广，涉及浙江、山西、广东、陕西、河南等国内十二个省份，在日本也有流传、记述。

【Background Introduction】

The legend of Lanke Mountain originated from the tale that a woodcutter in the Jin Dynasty named Wang Zhi went up the mountain to watch a chess match and left "Ke" get rotten. "Ke" refers to the wooden handle of the axe. According to the legend, it was weiqi (a game played with black and white pieces on a board of 361 crosses) that Wang Zhi went to watch, so Lanke Mountain was named the place where the root of weiqi was. Even to this day, the term "lanke" (rotten handle) is frequently mentioned in both domestic and foreign journals.

The legend of Lanke Mountain was first literally recorded in *Zhi Lin* by Yu Xi in the middle of the Jin Dynasty, telling the tale of "Wang Zhi encountering two immortals". And then it was also recorded in a lot of historical books, such as *Commentary on the Waterways Classic* by Li Daoyuan in the Northern Wei Dynasty and *Accounts of Marvels* by Ren Fang in the Southern Dynasties. Orally spread by the laboring people of various historical periods, the tale of "Wang Zhi encountering two immortals" promoted the development of the legend of Lanke Mountain so that the latter gradually formed a series of different tales of Lanke Mountain amounting to nearly 100 tales through excavation and management, such as the tales on the theme of becoming immortal, the tales of Lanke Mountain customs and the tales of places (or scenic spots) related to Lanke Mountain. Those tales have been spread in a large scale, including twelve

Chinese provinces, such as Zhejiang Province, Shanxi Province, Guangdong Province, Shanxi Province and Henan Province. At the same time, there are also records about the tales in Japan.

【传说故事】

相传晋朝中期，衢州府有户人家，全家三口人，一个瞎子奶奶、一个孙子、一个孙女。三人相依为命，孙女在家照顾奶奶，孙子王质则起早摸黑上山砍柴，把砍的柴换成钱和粮食，供全家勉强维持生活。

一天，王质又出门砍柴了。有两个过路人经过王质家门口，觉得肚子饿得厉害，就向瞎子奶奶借灶做饭："老奶奶，我们两人想借你家的灶头烧顿饭吃，可以吗?"老奶奶答道："这有啥不可以的，只是，我那孙儿一早就去城外砍柴了，到现在还没有回来，灶底的柴都烧光了，要麻烦你们等一下。"过路客人忙说："没关系，柴火我们自己想办法解决。"于是，两人一个灶上、一个灶底地忙开了。灶底的人把自己的腿伸进灶里当柴烧，烧了一只又烧另一只；灶上的人则用手捏鼻涕，捏了一把又一把。两人忙活半天，烧出来三大碗面。二人各吃一碗，留下一大碗作为酬谢，便告辞而去。

不久，王质砍柴回来，见桌上有一大碗面，捧起就吃，吃完后对奶奶说："我从来没吃过这么好吃的面，是哪里弄来的?"奶奶就一五一十地把事情原原本本说了一遍。王质听了感到奇怪，这时他突然发现自己家的桌子、板凳的腿全部烧焦了，顿时火冒三丈，随手拿起一把斧子便追赶出去，一直追到城南一座山上，看见有两个人在山洞里下围棋。王质本来就是个棋迷，见这两人下得正起劲，就用斧头柄往地上一垫，坐在一旁看棋。这两人一边下棋一边吃桃，还掰了半个桃递给王质，桃核掼在一边。

王质边吃边看，边看边吃，等他吃得不想吃时，扔在地上的桃核已发芽长成桃树。

一局还没下完，两个下棋人提醒王质说："小鬼！你还不回去，看你的斧头柄都烂了。"王质低头一看，发现自己砍柴用的斧头柄真的烂了。他赶紧下山回家，可是回家的路全都变了样。他清楚地记得自家门口有株大樟树，樟树底下有口井（据说是王质自己挖的，叫"太白井"）。他边走边问，好不容易走到城里，却怎么也找不到自己的家，向街坊邻居一打听，才知原先的父老乡亲早已不在人世，自己的奶奶已经过世好几百年了，后代玄孙的胡子都已经花白了。

王质感叹地说："真是山中方一日，世上已千年哪！"从此就有了"烂柯棋根"之说。但据晋虞喜《志林》所载，王质在石室所观下棋者，不是两位老人，而是两个童子。也有传说称那两个仙人，一个是铁拐李，一个是吕洞宾。

【Story in English】

According to the legend, there lived a family in Quzhou, which consisted of the blind grandma, her grandson and her granddaughter. The three family members depended on one another for survival, the granddaughter staying at home taking care of the grandma while the grandson Wang Zhi going up the mountain to cut firewoods from dawn to dusk and exchange the firewoods for money and food so that the three could eke out a living.

One day, Wang Zhi went out cutting firewoods when two starving passers-by asked the blind grandma, "Grandma, could you please allow us to cook in your kitchen?" She said, "Of course, go ahead please. But we are out of firewoods. As my grandson went out of the city to cut firewood and he has not returned, you might have to wait for a while." The passers-by said immediately, "It doesn't matter. We can get the firewoods." Then, the two started working, one cooking the food and the other one lightening the fires. The latter put his own legs into the kitchen range firing them as firewoods; the former blew his nose as noodles. After a while, they made three large bowls of noodles. Each of the two ate a bowl, leaving another one as a reward, and then they went away.

Soon, Wang Zhi came back. Seeing the bowl of noodles on the table, he was so glad and ate them all. Then he asked his grandma, "I have never eaten such delicious noodles. Grandma, where did you get it?" The grandma then told him the whole thing in detail. Feeling strange, Wang Zhi suddenly found that all the legs of his table and benches were burned, which made him so furious that he picked up an axe and went to look for the two passers-by. Going out of the city, he still could not find them, only to see two men playing weiqi in a cave. Wang Zhi was a weiqi fan, and seeing the two was excited about the game, he then put the axe next to them, sitting on the handle and watching. The two ate peaches while playing weiqi and gave Wang Zhi half of a peach leaving the peach pit aside. Watching and eating, eating and watching, when he felt he would not like another more to eat, he did not notice that the peach pit on the floor had grown into a peach tree.

The two had not finished the game but they reminded Wang Zhi, "Kid! You'd better leave. Look at your axe. Its handle is rotten." Wang Zhi then looked down, finding that the handle of the axe which he used to cut firewoods were really rotten. He hurried down the mountain, only to find the roads to home looked different. He could clearly recall that there stood a large camphor tree in front of his house, and there was a well（It was said that Wang Zhi dug the well himself, naming it "Taibai Well".）under the tree. Walking and asking, he finally went into the city, but he just could not find his home. After asking the neighbors, he got to know that his fellow countrymen had all passed away, that his grandma had passed away hundreds of years ago and that the great-great-grandsons had grown rather old.

Wang Zhi sighed, "Indeed, I just stayed in the mountain for a day, while thousands of years had passed in the world!" Ever since then, there has been a saying of "Rotten Handle being the Root of Weiqi"（Lan Ke Qi Gen）. However, in *Zhi Lin* by Yu Xi in the Jin Dynasty, it was two kids but not two old men that Wang Zhi watched playing weiqi. Besides, there are other tales claiming that the two immortals were Iron Crunch Li（Tie Guai Li）and Lv Dongbin.

【文化注释】

围棋：起源于大约公元前6世纪的中国，是一种策略性双人棋类游戏，使用格状棋盘及黑白二色棋子进行对弈。

铁拐李：又称李铁拐，中国民间传说及道教中的八仙之首。在中国民间，他的主要影响在医药领域。传说他背上的大葫芦里保存着神奇的丹药，所以后来民间从事膏药行业的人把他看作自己的祖师。

吕洞宾：名岩，字洞宾，道号纯阳子，自称回道人。原为儒生，40岁遇郑火龙真人传剑术，64岁遇钟离权传丹法，道成之后，普度众生，世间多有传说，被尊为剑祖、剑仙。

【Cultural Notes】

Weiqi: Originating from China in the 6th century BC, it is a strategic board game played by two persons with black and white pieces on a board of 361 crosses.

Iron Crunch Li（Tie Guai Li）: Also known as Li Iron Crunch（Li Tie Guai）, he is the head of the Eight Immortals in Chinese folk tales and the Taoism. In Chinese folk, he mainly had influences in the medical field. It has been said that the big gourd that he carried on his hack contained magical medicine, so afterwards all the Chinese people in the medicine industry have been regarding him as the founder.

Lv Dongbin: With his given name as Yan, courtesy name as Dongbin, and Taoist monastic name as Chunyangzi, he called himself Huidaoren. He was originally a Confucian scholar. At the age of 40, he met Immortal Zheng Huolong who taught him swordsmanship and at the age of 64 he met Zhong Liquan who taught him the art of elixir. After becoming an immortal, he had been delivering all living creatures from torment so he was honored as the progenitor of sword and the immortal of sword, there being a lot of tales of his life stories.

【文化价值】

首先，烂柯山传说是一个在特定历史条件下，在特定的环境和时间中产生的特殊产物。它具备民族民俗价值，其浓厚的民族文化色彩，是衢州具有代表性的“两子”文化（孔子文化和棋子文化）的重要组成部分。

其次，烂柯山传说主要包含“山中方一日，世上已千年”的流行观念和“世事沧桑易变，方外万古长春”的处世思想，引导人们用积极的和超脱的人生态度对待生活。

再次，烂柯山传说阐释了中国传统文化中天人和谐的哲学思想。它不仅向人们勾勒出一幅世外桃源的仙境，而且倡导天人相互协调这一中国古代哲学的最高理想，其中寄寓了劳动人民对自然与生命的抗争和生存欲望。

最后，烂柯山传说传承的文化环境和它所包含的文化品格，与我国劳动人民的民俗心理和审美追求一脉相承。源自烂柯山传说的遗迹，如衢州古城名“柯城”、柯城区“石室乡”“石梁镇”的名称等，反映了当时的社会状态和衢州人民的生活状态。

【Cultural Value】

Firstly, the legend of Lanke Mountain is a special product of a specific historical condition, environment and time. It is a representative culture of Quzhou's “Two Zis” culture (Confucius Culture, Kong Zi in China and Chess Culture, Qi Zi in China).

Secondly, the legend of Lanke Mountain mainly contains the popular concept of “a day passing in the mountains while thousands of years passing in the world” and the thought of life that things always change fast in the world while things remain the same in the mountains, guiding people to treat life with an active and detached attitude towards life.

Thirdly, the legend of Lanke Mountain illustrates the philosophy in Chinese traditional culture that the nature and people are in harmonious relationship. Not only did the legend paint a fictitious land of peace for people, but also it advocated the harmony between human and nature which was the supreme ideal in the philosophy of ancient China. The legend also symbolizes the struggle of the working people against nature and life and their desire to survive.

Finally, the inheriting cultural environment and the cultural characters contained in the legend accords with the folk psychology and aesthetic pursuit of Chinese laboring people. The legend sites reflect the social situation and the life situation of people in Quzhou at that time, such as "Ke City" (Ke Cheng), the ancient name of Quzhou, and "Shishi Village" (Stone Room), "Shi Liang Town" (Stone Beam) in Ke City.

【传说地址】

烂柯山：又名石室山、石桥山，位于衢州市区东南十公里处的石室乡境内，是一座道教名山，又是围棋仙地。该山海拔164米，东西长4公里，南北宽2公里，群山盘回，景色幽邃。远眺烂柯主峰，如一座巨大的石桥，鬼斧神工，蔚为奇观。

烂柯山原有八景：石梁、青霞洞、一线天、金井玉田、仙人棋、日迟

亭、柯山塔、宝岩寺。此外，还有忠壮陵园、梅岩、赤松岩、集仙观、崇文洞、樵隐岩等景点。景区最核心的部分是天然的石梁，石梁下主洞高10米，东西宽30米，南北深20米，道书中称它为“青霞第八洞天”。洞内有一个巨大的围棋盘，石梁上方有一条缝隙，上面刻着“一线天”。

【Location】

Lanke Mountain: Also named Shishi Mountain and Shiqiao Mountain, it is located in Shishi Villiage in southeast of Quzhou, ten kilometers away from downtown. It is a famous mountain of Taoism and a fairy land of weiqi. With the altitude of 164 meters, the mountain is 4 kilometers long from east to west and 2 kilometers wide from south to north with mountains around and quiet scenery. Seen from afar, the main peak of Lanke Mountain is like a huge stone bridge, ghostly and magnificent.

There are eight sights in the mountain: Stone Beam, Qingxia Cave, A Thread of Sky, Gold Well and Jade Field, Immortals' weiqi, Richi Pavilion, Keshan Pagoda and Baoyan Temple. Besides, there are other scenic spots, such as Zhongzhuang Cemetery, Plum Rock, Pinus Densiflora Rock, Jixian Temple, Chongwen Cave and Qiaoyin Rock. The central part of the scenic area is the natural stone beam, under which the main cave is 10 meters high, 30 meters wide from east to west and 20 meters deep from south to north, known as "The Eighth Qingxia Cave" in Taoist books. There is a huge weiqi board in the cave and a crack above the stone beam which is inscribed with "Yi Xian Tian" (A Thread of Sky).

钱塘江传说

The Legend of Qiantang River

【传说背景】

钱塘江，古称浙，全名“浙江”，又名“折江”“之江”“罗刹江”。钱塘江最早见名于《山海经》，因流经古钱塘县（今杭州）而得名，是吴越文化的主要发源地之一。钱塘江传说，是居住在钱塘江两岸的人们口耳相传的关于钱塘江的一系列传说故事，其中比较著名的有造钱塘传说、潮神传说、钱王射潮传说等。

钱塘江传说大多与钱塘潮有关。钱塘江潮被誉为“天下第一潮”，是世界第一大自然奇观。由于钱塘江出海口的特殊地形，加上天体引力和地球自转的离心作用，钱塘江潮水呈现出汹涌澎湃的特点。汹涌澎湃的潮水除了给两岸的人们带来雄壮的涌潮奇观之外，也给周边人们的生产生活带来了灾难。因此，钱塘江两岸的人们对于潮水有着复杂的感情，既敬畏它，又希望能够征服它。一方面，人们希望通过自身的力量来镇压和抵挡潮水，如钱王射潮传说；另一方面，人们还希望潮神保佑，希望通过立潮神庙，对潮神顶礼膜拜而使潮水平息，如潮神伍子胥传说。

【Background Introduction】

Known as Zhe (falling tone) in ancient China, with full name as "Zhe (falling tone) River", Qiantang River is also known as "Zhe (rising tone) River", "Zhi River", and "Luocha River". First recorded in *Classic of Mountains and Seas*, Qiantang River was famous for flowing through Qiantang County (current Hangzhou), one of the main birthplaces of Wu and Yue culture. The legend of Qiantang River is actually a series of tales related to Qiantang River spread orally by people living on both sides of the river, the relatively famous ones of which are the legend of Qiantang River construction, the legend of the Tide God, the legend of King Qian shooting the tide and so on.

Most of the tales of Qiantang River are associated with the tide of Qiantang River. Known as "the top tide of the world", the tide of Qiantang River is the world's greatest natural wonder. Because of the special terrain of the Qiantang River's marine outfall and the centrifugal action of the celestial gravitation and the earth rotation, the tide of Qiantang River is rather turbulent. Not only did the turbulent tide present the surrounding people with marvelous spectacle of the magnificent tidal bore, but also it brought disasters to their production and living. Hence, the surrounding people held complex feelings toward the tide, revering it and wishing to conquer it. On the one hand, people wished to suppress and resist the tide with their own power, such as the legend of King Qian shooting the tide;

on the other hand, people pinned their hopes on the bless of Tide God, wishing to quiet the tide down by building the temples of Tide God and worshiping the Tide God, as in the legend of Wu Zixu, the Tide God.

【传说故事】

相传，春秋战国时期，有一个大夫名为伍子胥，他智勇双全，深得吴王阖闾赏识而被委以重任。后来，在伍子胥的全力举荐下，吴王阖闾立夫差为太子。然而，夫差即位后却远君子而亲小人。吴越两国争霸，越国被吴国打败。为了保存实力，越王勾践表面上向吴国称臣，暗中却卧薪尝胆，准备复国。此事被吴国大臣伍子胥察觉，多次劝说吴王杀掉勾践，甚至在夫差不愿改变决定的时候直言相谏："大王实在是太糊涂了！勾践卑膝求和只图他日反攻，大王却看不明白他的险恶用心。如若大王再这样糊涂下去，只怕老臣总有一天会看到越国的军队反灭了吴国！"夫差渐渐对伍子胥一再地忠心进谏起了反感，君臣之间的关系日渐疏远。夫差急于进图中原，率大军攻齐，伍子胥坚决反对此事。在奸臣挑拨离间下，夫差派人送了一把宝剑给伍子胥，令其自刎。伍子胥怒发冲冠，大骂夫差昏庸无道，还嘱咐门客说："把我的眼睛挖下来，悬挂在东门上，我要看着越国攻灭吴国。"然后，他自刎而死。吴王听说后大怒，就把伍子胥的尸体投入江中。在伍子胥死后九年，吴国为越国偷袭所灭。

据说伍子胥的尸体被投入钱塘江的那天，正是农历八月十八，钱塘江涌潮由此而生。涌潮时，人们还能见到子胥白马素车奔驰于潮头之上。为纪念伍子胥，后人在吴山立祠，称伍公祠，又有胥山庙之称。伍子胥被奉为“潮神”，俗称“海潮王”。

话说钱塘江本由东海龙王掌管，现在却多出一个海潮王与他抗争，龙王真是有一肚子的怨气。于是，他鼓动虾兵蟹将与海潮王斗法，要将他赶走。但是伍子胥是名将，加上海潮王的神威，东海龙王很快败下阵来。他搬出水晶宫，在沿江陆地上建起了九座龙王庙暂且安息，伺机反击。海潮王精通兵法，便在龙王庙之间建起了九座海神庙，日夜守着。

龟丞相向东海龙王献计，让吴越王钱镠在观潮节那天万箭射潮，以迫使海潮王倒退。果然，海潮王措手不及，只好暂时退兵。然而，东海龙王的阴谋被海潮王识破。他怒从心起，趁东海龙王不备，怒潮齐发，海水奔腾，向各龙王庙冲去。不久，龙王庙水漫金山，变成一堆烂泥。有趣的是，附近的海神庙和老百姓的房舍农田却安然无恙。从此，“大水冲了龙王庙”的说法就产生了。

海潮王和东海龙王为了争夺钱塘江的统治权而大动干戈，结果弄得两败俱伤，也时时累及两岸无辜百姓。后来，观音菩萨来调解。双方经过慎重考虑，答应共住一江，互敬互重，互不侵犯。双方还约定：不管发生什么情况，潮水在海宁盐官占鳌塔下必须连成一线。据说，这就是“一线潮”的来历。

【Story in English】

According to the legend, during the Spring and Autumn Period and the Warring States Period, a senior official named Wu Zixu was deeply appreciated by King Helv of Wu and entrusted with important works, for he was both brave and resourceful. Later, under the wholehearted recommendation of Wu Zixu, Helv appointed Fuchai to be the crown prince. However, when Fuchai ascended to the throne, he was close to men of meanness and estranged from men of virtue. Yue was defeated by Wu when contending for hegemony against Wu. In order to save the power, King Gou Jian of Yue, pretended to submit to Wu, but he underwent self-imposed hardships so as to strengthen his resolution to restore his state in private, which was noticed by Wu Zixu, the senior official of Wu. So he tried for many times to persuade King of Wu to kill Gou Jian, and even told Fuchai directly when he was reluctant to change his mind, "Your Majesty, you are so muddled! The reason why Gou Jian cringed and sued for peace is that he intended to counterattack some day, and yet Your Majesty, you don't grasp his evil intention. You Majesty, if you keep being muddled, I'm afraid there might be the day when the troops of Yue destroy Wu!" Gradually, Fuchai was disgusted with the repeated faithful recommendations of Wu Zixu, so they were increasingly estranged from each other with each passing day. Fuchai was eager to march into the central plains and attack Qi with main forces, which was firmly opposed by Wu Zixu. Under the provocation of treacherous court officials, Fuchai sent someone to send a sword to Wu Zixu asking him to commit suicide. With his hairs standing on end with anger, Wu Zixu cursed Fuchai furiously for his muddleheadedness and told his hanger-on, "Gouge out my eyes and hang them on the east gate, as I would like to see how Yue destroys Wu." Then he committed suicide. Hearing what Wu Zixu had said before he died, King of Wu was so furious that he had the body of Wu Zixu thrown into the river. In the 9th year after Wu Zixu died, Yue launched a sneak attack and finally destroyed Wu.

According to the legend, it was on lunar August 18 that the body of Wu Zixu was thrown into Qiantang River, which was the birth of the tidal bore of Qiantang River. At the time of the tide bore, people could see Zixu riding a carriage with a white horse on the top of the tide. In memory of Wu Zixu, the later generations built an ancestral temple on Wushan Hill known as Wugong Temple and Xushan Temple. Wu Zixu was known as "Tide God", commonly known as "King of the tide".

It was said that Qiantang River was originally in the charge of the Dragon King of the East China Sea, but then there emerged a King of the tide to compete with him so he was full of complaints. Thereupon, he encouraged his shrimp soldiers and crab generals to fight against King of the tide intending to drive him away. However, it was not long before he was defeated as Wu Zixu was a famous general and was injected with the invincible might of King of the tide. He then moved out of the Crystal Palace and built nine Dragon King temples on the land along the river for a rest awaiting an opportunity to fight back. As the Tide God was proficient in military strategy and tactics, he built nine Tide God temples among the Dragon King temples to guard the Dragon King day and night.

The Turtle Prime Minister suggested Dragon King to ask King Qian to shoot the tide at the tidal view festival so as to force Tide God to move back. Tide God was totally unprepared, so he had no choice but to retreat temporarily. However, the plot of the Dragon King was seen through by the Tide God. With great anger, the Tide God took advantage of the Dragon King's unpreparedness and rushed the waters to the temples of the Dragon King. Soon, the Dragon King temples were rushed by the flood into piles of mud. It was interesting to note that the Tide God temples and the surrounding houses and farmland of people remained intact. From then on, the saying of "the flood rushing the Dragon King temples" came into being.

Tide God and Dragon King fought severely for the domination of Qiantang River, not only were both sides weakened by the war, but also they brought sorrow to the innocent surrounding people. Later, Avalokitesvara came to mediate. After careful consideration, both sides agreed to share the river with mutual respect and mutual non-aggression. Besides, both parties agreed： no matter what happens, the tide must form a straight line under the Zhan'ao Pagoda of Yanguan Town, Haining, which, as was said, was the origin of “one-line bore”.

【文化注释】

伍子胥（前559—前484）：名员，字子胥，春秋末期吴国大夫、军事家。以封于申，也称申胥。

阖闾（前514—前496）：春秋末期吴国君主。

夫差（约前528—前473）：姬姓，吴氏，春秋时期吴国末代国君，阖闾之子。

东海龙王：中国神话人物，为四海龙王之首，居于东海海底水晶宫。东海龙王为司雨之神，主宰雨水、雷鸣、洪灾、海潮、海啸等。

大水冲了龙王庙：由钱塘潮传说而产生的一个歇后语，现用来比喻自己人因不相识而产生误会、冲突和争端。

一线潮：未见潮影，先闻潮声。耳边传来轰隆隆的巨响，江面仍是风平浪静。响声越来越大，震耳欲聋。远处，雾蒙蒙的江面出现一条白线，迅速西移。再近，白线变成了一堵水墙，逐渐升高。随着白墙的迅速向前推移，涌潮来到眼前，有万马奔腾之势、雷霆万钧之力。

【Cultural Notes】

Wu Zixu（559BC - 484BC）： With his given name as Yuan, courtesy name as Zixu, he was the senior official and strategist of Wu at the end of the Spring and Autumn Period. Enfeoffed in Shen, he was also known as Shenxu.

Helv（514BC - 496BC）： King of Wu at the end of the Spring and Autumn Period.

Fuchai（about 528 BC - 473 BC）： With his family name as Ji, he was the last king of Wu at the end of the Spring and Autumn Period, the son of King Helv of Wu.

Dragon King of the East China Sea： As the character of Chinese mythology, he was the head of the Dragon Kings of the Four Seas, living at the Crystal Palace at the bottom of the East China Sea. Regarded as the dispenser of rain, Dragon King of the East China Sea, was also known as Dragon God in charge of rain, thunder, floods, sea tide, tsunami, etc.

The Floods Rushing the Dragon King temples： As a two-part allegorical saying produced from the legend of Qiantang tide, it is now used to describe that misunderstandings, conflicts and disputes occur among people of the same side just because they do not know each other.

One-line Bore： You may hear the tide before seeing it. Hearing the loud noise of the tide, you can only see the silent river in front of you. With the noise getting louder and louder, the noise rose to a deafening pitch. In the distance, there emerges a white line on the foggy river moving westward rapidly. When it gets closer, the white line turns into a water wall rising gradually. With the white wall rapidly moving forward, the tidal bore comes to the front with the force of tens of thousands of horses galloping and the tremendous power of a thunderbolt.

【文化价值】

流传千年的钱塘江传说内容丰富，涉及地名、人物、风物、俗语等，不仅为举世闻名的钱塘江增添了丰厚的文化内涵，还为我们更好地认识和发展钱塘江提供了生动的文化依据。

首先，钱塘江传说反映了人定胜天的淳朴信念。与钱塘江潮水相关的诸多传说都体现出人们渴望与大自然和平相处、过上平安幸福生活的美好愿望。

其次，钱塘江传说展示了钱塘江两岸的民俗和传统文化。钱塘江文化不仅包括弄潮、治水、围垦等文化，还包含了“江、河、山、茶、丝、孝”等特色文化。

再次，钱塘江传说弘扬了浙江先民追求真善美的精神。传说中的许多人物，如伍子胥、钱镠、夏衍等是真、善、美的化身，是平民百姓的精神寄托。

最后，与钱塘江传说紧密相连的钱塘江海塘修建工程，向人们描绘了钱塘江先民们不畏艰险、坚忍不拔的感人故事，反映了两岸民众修堤抗潮的决心和智慧，也体现了他们朴素的唯物主义哲学理念。

【Cultural Value】

Being abundant in contents covering place names, characters, scenery and proverbs, the legend of Qiantang River with a history of a thousand years not only increases rich cultural connotation for the famous river, but also provides a vivid cultural basis for us to better understand and develop the river.

Firstly, the legend of Qiantang River reflects the simple conviction that man can conquer nature. The tales related to Qiantang River tide all give expression to the good wish that people are eager to win the nature and live a safe and happy life.

Secondly, the legend of Qiantang River demonstrates the folk custom and the traditional culture of the surrounding people. The culture of Qiantang River includes not only the culture of playing with the tide, governing the floods and enclosing tideland for cultivation, but also the characteristic culture of "rivers, mountains, tea, silk and filial piety".

Thirdly, the legend of Qiantang River carries forward Zhejiang people's spirit of pursuing the true, the good and the beautiful. Many figures in the tales, such as Wu Zixu, Qian Liu and Xia Yan, were all the incarnation of the true, the good and the beautiful, and the idols on whom the civilians pined their spirit.

Finally, the Qiantang River seawall construction project which were closely related to the legend of Qiantang River depicted the moving stories that the surrounding people were fearless of danger and difficulty, firm and indomitable. It also reflected the resolution and wisdom of the surrounding people to build the dyke against the tide, and embodied their simple materialist philosophy.

【传说地址】

钱塘江：浙江省第一大河，被誉为浙江的"母亲河"。钱塘江流域是中国文明的重要发祥地之一，也是吴越文化的发源地之一。钱塘江流经今安徽省南部和浙江省，经杭州湾注入东海。钱塘江干支流开发历史悠久，沿岸有许多名山、秀水、奇洞和古迹，如千岛湖、六和塔、黄公望故居等旅游景点和历史遗存。

此外，钱塘潮是世界一大自然奇观。每年农历八月十八，钱江涌潮最大，而浙江省海宁盐官镇是为观潮的第一胜地，因此钱塘潮亦称“海宁潮”。

【Location】

Qiantang River: As the biggest river in Zhejiang Province, it is known as the “mother river” of Zhejiang Privince. The Qiantang River basin is both one of the important birthplaces of Chinese civilization and one of the birthplaces of Wu and Yue culture. Qiantang River flows through the current south part of Anhui Province and Zhejiang Province, flowing into the East China Sea at Hangzhou bay. The development of the mainstream and branches of Qiantang River has a long history, so there are many famous mountains, clean waters, marvelous caves and historic relics along the river, such as the Thousand-island Lake, Pagoda of Six Harmonies, and the Former Residence of Huang Gongwang.

Besides, the Qiantang tide is a great natural wonder in the world. Every lunar August 18, the Qiantang tide bore will reach its peak, and Yanguan Town of Haining, Zhejiang Province is the best place to watch the tide bore, so Qiantang tide is also known as “Haining tide”.

上林湖传说

The Legend of Shanglin Lake

【传说背景】

上林湖位于浙江省慈溪市桥头镇，三面环山，风景秀丽。上林湖四周的山，如黄鳝山、开刀山、栲栳山等，奇峰怪石叠生，让人产生无限的遐想，有关上林湖的故事和传说也随之产生。再加上上林湖一带烧制青瓷的历史悠久，可溯至东汉晚期。经两晋、隋唐直至北宋，在长达千余年的制瓷烧窑过程中，也产生了不少关于青瓷制作的故事。因此，上林湖传说主要是以秀美的自然景观和越窑制作技艺为主要内容的民间传说，分为风俗风物、爱情生活、神仙鬼怪、烧窑传说等类别，数量达数百个。这些传说故事短小精悍、意味隽永，有的诡谲神异，有的情爱脉脉；有的惊心动魄，有的温柔缠绵。

上林湖传说流传历史久远，起源于东汉时期，唐宋以来引起文人墨客的关注，传说素材曾出现在历代诗人、作家、书法家等的作品中。

【Background Introduction】

Located at Qiaotou Town, Cixi City, Zhejiang Province, Shanglin Lake is very beautiful embraced on three sides by green mountains. The surrounded mountains such as Huangshan Mountain, Kaidao Mountain and Kaolao Mountain, are abundant with strange rocks and peculiar peaks which endow people with infinite fanciful thoughts, the stories and tales related to Shanglin Lake thereby coming into being. Moreover, there is a long history of celadon firing in the area of Shanglin Lake, which can be dated back to the late Eastern Han Dynasty, through the two Jin Dynasties, Sui and Tang Dynasties until the Northern Song Dynasty. In the process of making porcelain for more than a thousand years, many stories about celadon production have also been produced. Therefore, the legend of Shanglin Lake is mainly a folklore about the beautiful natural landscape and the skill of making Yue kiln. Hundreds of these tales are classified into categories such as love, fairies and ghosts, and tales of burning kilns. These legends are short, concise and meaningful, some are bizarre, some are romantic, some are thrilling and some are tender.

With a long history, the legend of Shanglin Lake originated in the Eastern Han Dynasty and has been paid attention to by the scholars since the Tang and Song Dynasties, when it was mentioned by the poets, writers and calligraphers in their work in later ages.

【传说故事】

在上林湖传说故事群中，有关上林湖来历的传说与西湖颇为相似。相传，王母娘娘手下有一头青狮和一头白象，它们是非常要好的朋友。青狮和白象每天在昆仑山上寻找宝玉。有一天，他们终于找到了一块举世无双的碧玉。正当青狮白象为找到碧玉而高兴时，王母娘娘却要它们把这块碧玉交出来。青狮白象不肯，王母娘娘便派天兵天将前来夺宝。后来，青狮白象中了埋伏，碧玉从象嘴中滑出，坠落在栲栳山下，变成了一泓碧水，而青狮白象也化作两座山，守护于上林湖边，直至今天。上林湖山清水秀、环境清幽、景色迷人。

上林湖地区从东汉晚期开始烧制青瓷，至今已有千余年之久。明朝嘉靖年间，上林湖已有72家烧制青瓷的窑厂，烧出的青瓷制品远近闻名，有的远销国外，有的作为贡品。有一年，72家窑厂的东家和一批烧窑师傅邀来了一班名师能匠，采集了天下珍贵的玉石粉，准备烧出一张玉眠床（实为瓷眠床），以显示上林湖窑工的高超技艺。窑工们分工负责，日夜操劳，苦干数日，这件稀世之宝“玉眠床”终于快完成了，只差一根六木档没有烧出。据说这张玉眠床，夏天，人躺在上面，全身凉快；冬天，人躺在上面，暖烘烘的。

这件事一传十，十传百，越传越奇，终于被当朝奸相严嵩知道了。严嵩和浙东何御史本就不和，现在又得知玉眠床有这么多好处，就开始动坏脑筋。一天上早朝，严嵩向嘉靖皇帝上奏道："浙江慈溪鸣鹤场的何御史图谋不轨，意欲谋篡皇位，已在上林湖烧好了玉眠床，作为登基时的龙床。"嘉靖皇帝听信了奸臣谗言，派人到上林湖暗访，果然有玉眠床之事，于是龙颜大怒，马上传下圣旨查办何御史，并派人把玉眠床火速押运到京，没收入库。可怜何御史为这事被满门抄斩。

何御史被斩以后，严嵩暗暗得意：一则除掉了眼中钉；二则玉眠床押运到京后，就可慢慢想法子好弄到自己手中享用。由于严嵩的奏本，72家窑厂都被牵连。但没等查办钦差出京，这个消息就早早传到了上林湖。

窑工们知道严嵩是当朝大奸臣，陷害忠良，心中十分气愤。为了不使宝床落入奸臣之手，大家决定把它连同刚烧出的一根六木档统统沉入了上林湖的湖底。

严嵩找不到玉眠床，心中不悦，下令上林湖七十二窑全部封闭，窑工被赶出浙东，流落异乡。据说，这张玉眠床下沉的位置正是湖中央。那里水深无底，玉眠床从此无法被捞上来，至今还沉在湖底。

【Story in English】

Among the tales of the Shanglin Lake, the tale of its origin is rather similar to that of the West Lake. According to the legend, the Queen of Heaven had a blue lion and a white elephant who were very intimate friends. They looked for precious jade on the Kunlun Mountain every day and finally found a piece of unique one. Just as they were happy for finding the jade, the Queen of Heaven asked them to hand it in to her. They refused, so the Queen of Heaven sent celestial troops and generals to snatch the treasure. Later, the lion and the elephant was caught in an ambush and the jade slipped out of the elephant's mouth falling at the foot of Kaolao Mountain and turning into a green lake, and then the blue lion and the white elephant thereby turned into two mountains guarding the Shanglin Lake until today. The mountains and lakes are very beautiful, secluded and charming.

It was in the late Eastern Han Dynasty that people started to fire celadon, which has a history of over one thousand years. During the reign of Emperor Jiajing of the Ming Dynasty, there were 72 kiln factories making celadon near Shanglin Lake, whose celadon products were rather famous, some of which were exported overseas and some of which were presented to the emperor as tributes. One year, the owners and a group of kilnmen of the 72 kiln factories invited some skillful kilnmen, collecting all the precious jade powder and intending to make a jade bed (actually a celadon bed) so as to display the superb artistry of the kilnmen at Shanglin Lake. The klinmen were assigned different jobs working day and night. After several days of hard work, the job of making the rare treasure "Jade Bed" was almost accomplished, only leaving a Liumudang unbaked. It was said that in summer, people would feel rather cool lying on the jade bed and in winter, rather warm.

The news was then spread more and more widely with weirder and weirder contents, and it was finally heard by the prime minister Yan Song who was rather treacherous at that time. Since Yan Song did not go well with provincial censor He of eastern Zhejiang Province, he started to think about something evil as he learned that the jade bed had so many advantages. One day on the morning court, Yan Song informed the Emperor Jiajing, "Provincial Censor He at the Minghe Field, Cixi City, Zhejiang Province intended to usurp the throne and he has made a jade bed as the emperor bed when he should ascend the throne." Believing the slanderous talk of the treacherous court official, Emperor Jiajing sent someone to investigate in secret. Getting to know that there was indeed a jade bed, the emperor was so furious that he immediately sent orders to investigate and examine Provincial Censor He. He also had the jade bed sent to the capital and confiscated in the royal storeroom. All families of Provincial Censor He was killed over this innocently.

After Provincial Censor He was killed, Yan Song was secretly pleased, for he finally killed his most hatred person and he could take his time to come up with an idea to get the jade bed after it was sent to the capital. All the 72 kiln factories were implicated because of Yan Song. But the news had been spread to the Shanglin Lake before the responsible imperial envoy went out of the capital.

Knowing that Yan Song, the treacherous court official, framed up the faithful and upright officials, the kilnmen were very angry. In order not to let the treacherous court official get the precious bed, they decided to sink it with the freshly fired Liumudang into Shanglin Lake.

Yan Song could not find the "Jade Bed" and felt uncomfortable, so he had all the 72 kiln factories closed and all the kilnmen driven out of eastern Zhejiang Province. It is said that the jade bed was just sunk in the center of the lake bottom. As the lake is rather deep, the jade bed has not been brought up and it is still lying at the bottom of the lake.

【文化注释】

严嵩（1480—1567）：明朝著名的权臣，擅专国政达20年之久，累进吏部尚书、少傅兼太子太师。

嘉靖皇帝（1507—1567）：明世宗朱厚熜，在位早期他英明苛察，严以驭官，宽以治民，整顿朝纲，减轻赋役，对外抗击倭寇，重振国政，开创了嘉靖中兴的局面。

越窑：中国古代南方著名的青瓷窑，汉族传统制瓷工艺的珍品之一。所在地主要在今浙江省上虞、余姚、慈溪、宁波等地。

【Cultural Notes】

Yan Song（1480-1567）：A powerful minister in Ming Dynasty, he operated the political affairs for 20 years, ever working as Ministry of Personnel, junior tutor and imperial tutor of the crown prince.

Emperor Jiajing（1507-1567）：Zhu Houcong, the eleventh Emperor of the Ming Dynasty. In the early years of his reign, he was a wise and harsh ruler who was strict with officials and lenient with the people. Inside, he reorganized the law of the imperial court and reduced servitude, and outside, he fought against the Japanese pirates and revitalized national politics, creating the resurgence of Jiajing.

Yue Kiln： The famous celadon kiln in ancient southern China, it is one of the treasures of the traditional porcelain technology of Han nationality, mainly in the current cities of Zhejiang Province, such as Shangyu, Yuyao, Cixi and Ningbo.

【文化价值】

上林湖传说与上林湖的山水相融合，为我们展示出一幅多姿多彩的，集人物与爱情、神怪与风俗于一体的民间故事。

首先，上林湖的传说反映了上林湖的奇山异石、美丽景色，同时依据这里的山水特点，将一草一木、一山一石、一沟一溪赋予了神奇与灵性，激励着人民向往美好生活。

其次，上林湖传说披露了古代窑工们在烧制瓷器过程中的辛劳与艰难，反映了他们不畏艰难、精益求精的工匠精神。在千余年的烧瓷历史中，他们创造了巧夺天工的精美瓷器，其中“秘色瓷”一直受到国内外古陶瓷学术界的关注。

再次，上林湖越窑遗址是我国现存青瓷遗址中规模最大、保存最完整、烧造时间最长的窑址，是国内外陶瓷专家公认的“母亲窑”。上林湖传说使这里所烧制的只见记载不见实物的瓷器有了佐证素材。

最后，上林湖越窑青瓷深受世界各国的钟爱，成为古代宁波对外贸易、对外交流的桥梁。唐宋以来，越窑青瓷通过宁波港，远销朝鲜、日本及阿拉伯等国家和地区。此外，在印度、伊朗、埃及等国家，均有上林湖生产的青瓷遗物出土。

【Cultural Value】

Integrated with the mountains and water of Shanglin Lake, the legend of Shanglin Lake has presented us with the colorful folk tales combining people, love, supernatural creatures and custom.

Firstly, the legend of Shanglin Lake reflects the peculiar mountains and rocks and beautiful scenery of Shanglin Lake, and at the same time endows each and every grass, tree, mountain, rock, gutter and stream with magic and universal spirit according to the landscape characteristics, inspiring people to long for a better life.

Secondly, the legend of Shanglin Lake discloses the hard work and hardships of the ancient kilnmen in the process of making porcelains and reflects their craftmanship of seeking for better quality regardless of the difficulties. In the porcelain history of over one thousand years, they created wonderful and exquisite porcelains, among which the "secret-color glaze porcelain" has been drawing the interest and attention of both domestic and international academic communities of ancient ceramics .

Thirdly, the Yue Kiln site at Shanglin Lake is the largest, best preserved celadon kiln site with the longest firing time in China, recognized as the "mother kiln" by the experts both at home and abroad. The legend of Shanglin Lake presents supporting materials for the porcelains which only exist in the records.

Finally, Yue kiln celadon of Shanglin Lake is loved by many countries all over the world and has become a bridge for foreign trade and communication in Ningbo in ancient times. Since the Tang and Song Dynasties, Yue Kiln celadon has been exported to other countries and regions, such as North Korea, Japan and Arabia through Ningbo Bay. In addition, celadon relics produced in Shanglin Lake have been unearthed in India, Iran, Egypt and other countries.

【传说地址】

上林湖：位于浙江省慈溪市桥头镇，周围群山怀抱，湖岸曲折多姿，山野间果木丰盛，是别具风光的一处胜地。上林湖景区的主要景点有湖南面的栲栳山，

山上有盘陀石、松江石和石屋等；还有湖东面的杜湖、白洋湖、五磊寺和金山寺等名胜古迹。上林湖还是我国越窑青瓷发祥地和著名产地之一，120余个青瓷窑址犹如一颗颗璀璨的明珠点缀在20公里的湖岸线上，成为上林湖景区的一大看点。

【Location】

Shanglin Lake: Located in Qiaotou Town, Cixi City, Zhejiang Province, the lake is surrounded by mountains with a zigzagging lakeshore and abundant fruit trees and known as a scenic spot with unique landscape. The main attractions are the Kaolao Mountain in the south of the lake, on which there are Pantuo Rock, Songjiang Rock, Stone House and so on. There are also places of interest in the east of the lake, such as Du Lake, Baiyang Lake, Wulei Temple and Jinshan Temple. Besides, Shanglin Lake is one of the birthplaces and famous producing areas of Yue Kiln celadon in China. Over 129 celadon sites intersperse the 20 kilometers long lakeshore like bright pearls, making it a major attraction of Shanglin Lake scenic area.

皋亭山传说

The Legend of Gaoting Mountain

【传说背景】

皋亭山位于美丽富饶的杭嘉湖平原，离杭州西湖仅数十公里。她自然景观优美，历史积淀厚重，人文资源丰富，是著名的历史文化名山。它以旖旎的山水留下了许多帝王将相的遗踪和忠臣义士的传奇；以独步天下的桃源花坞吸引历代文人墨客吟诗作赋；以反映历史时代痕迹的众多传说引得人们口耳相传。

皋亭山传说种类繁多，内容丰富，涵盖了各个历史时期人们对皋亭山地区自然环境的认知、生活习俗、人文景观等内容，形成了一个较大的“传说群”，迄今共收集到主要故事近百篇，是当地先民们的丰厚精神财富。皋亭山传说开始时以口耳相传的方式流传于杭州江干、拱墅和余杭一带，后辐射至杭嘉湖平原。吴关荣先生搜集整理了皋亭山的众多传说，并出版《皋亭山传说》一书。此书后被纳入国家图书馆、国家数字图书馆馆藏图书，并作为特色资源中文图书向国内外读者推荐。

【Background Introduction】

Located in the beautiful and fertile Hangzhou, Jiaxing and Huzhou plain, only dozens of kilometers from the West Lake of Hangzhou, the Gaoting Mountain is a famous historical and cultural mountain with beautiful natural landscape, rich historical heritage and abundant human resources. The fascinating landscape there has recorded many traces of emperors, kings, generals and ministers as well as legends of loyal and righteous officials. The unique Taoyuan Flower Dock has attracted writers and scholars of all dynasties to compose poems. Many legends reflecting the traces of the historical era in Gaoting Mountain have been passed down among the people.

The legend of Gaoting Mountain is of great variety and rich content, covering people's perception of the natural environment, living customs, and cultural landscape of Gaoting Mountain in various historical periods, forming a larger "legendary group". Up to now, there have been nearly a hundred main stories collected, which were the rich spiritual wealth of the local ancestors. The tales of Gaoting Mountain were firstly spread orally in Jianggan, Gongshu and Yuhang of Hangzhou, and were later spread to Hangzhou, Jiaxing and Huzhou plain. Mr. Wu Guanrong has collected and sorted out many tales of Gaoting Mountain and published *Tales of Gaoting Mountain*, which was then brought into the national library, the national digital library collection of books and was recommended to readers both at home and abroad as the Chinese book with special features.

【传说故事】

“惶恐滩头说惶恐，零丁洋里叹零丁。人生自古谁无死，留取丹心照汗青。”这首《过零丁洋》，成为中国历史上的不朽篇章，为历代中国人民传颂。作者抗元英雄文天祥，正是在皋亭山“留取丹心照汗青”。

南宋德佑年间，元朝丞相伯颜统率号称二十万铁骑的军队，分数路大举南侵，企图一举灭亡南宋。元军强渡长江，直逼当时的南宋都城临安，虎视眈眈地屯兵于皋亭山麓。丞相文天祥临危受命，带领使节团，代表南宋皇帝与伯颜议和谈判。

使节团沿走马塘，穿九里松，过笕桥、丁桥，一路所见尽是“市集萧条觅无人，田地荒芜杂草盛”的凄惨景象。两国谈判的地点定在伯颜的军中大帐。文天祥正欲进入大帐时，两旁的元军卫士突然高喊：“宋国来使，下拜丞相!”文天祥不慌不忙，镇定自若地朝伯颜走近了几步，只是向他作了一揖。伯颜勃然大怒，喝道：“见了本帅，为何不拜!”文天祥冷冷地说道：“我是大宋丞相，尔乃元军之帅，按朝纲之礼，岂有丞相下拜元帅之举?”这铿锵有力的话语，说得伯颜霎时愣了一愣。文天祥接着凛然正气地说：“我朝已历三百来年，贵朝现在打算与本朝议和还是动武，请你明说!”伯颜吞吞吐吐地说：“此事好说……只要贵朝皇帝与本帅面谈。”文天祥接口道：“可是贵朝屡次食言，怎能取信于人!”伯颜厚颜地说：“行军打仗，可谓兵不厌诈。对于贵朝，我们历来是讲信用的。”文天祥又道：“讲信义就好！你我作为两国丞相，今天就订好盟，你们先退兵到江北一带，再将议和大事传呈贵朝，待贵朝皇帝令到，然后我们再继续议定具体细节之事吧！”

伯颜面带轻视地说：“看我元军兵临城下，你们宋朝还有什么能耐？”文天祥恼怒地说：“可是，你们没有胜算，只有自欺欺人的空想。”

伯颜反问道：“为什么？”文天祥道：“你朝连年征战，伤亡惨重，还有多少人力、物力可以调动参战？看我朝军民同仇敌忾，誓与京城共存亡。我们大宋的京师临安城，必将成为第二次常州之争，最终必将把你们这些贪婪凶残的暴徒打得头破血流，落个有来无回的下场！”

这一番义正词严的话语，击中了伯颜的要害。伯颜听后气得暴跳如雷，命人要把文天祥拉下去斩首，可是文天祥巍然不动，毫无怯意，说道：“民不畏死，死何惧焉？吾身为大宋宰相，就欠一死报国，任你刀砍斧劈，何惧之有！”他大义凛然、视死如归的气概，震慑了整个元军大帐。伯颜无计可施，只得把文天祥监禁于元军兵营之中。

南宋灭亡后，文天祥与其侍从被元兵押解北上，途中脱逃。后又重新积聚力量，高举抗元大旗，直到最后英勇就义，终年四十七岁。

【Story in English】

“To feel trepidation beside the terrified beach, to sigh with loneliness in the sea of desolation. Who can avert his death since time immemorial? Let my heart remain true to shine in the annals.” (translated by Huang Xinqu) The poem *A Prisoner's Lamentation* has become an immortal chapter in Chinese history widely read by the Chinese people of generations. Wen Tianxiang, the author of the poem and the hero against the Yuan army, just “let his heart remain true and shine in the annals” in Gaoting Mountain.

During the reign of Emperor Deyou in the Southern Song Dynasty, the prime minister Bo Yan of the Yuan Dynasty divided the 200, 000 cavalries into several groups to invade the southern areas, intending to destroy the Song Dynasty at the first try. Forcing its way across the Yangtze River, the Yuan army approached Lin'an, the capital of the Song Dynasty and stationed its troops at the foot of Gaoting Mountain with a covetous look. Entrusted with a mission at a critical and difficult moment, Wen Tianxiang, the prime minister led the diplomatic corps to conduct peace negotiations with Bo Yan on behalf of the emperor of the Southern Song Dynasty.

Walking along Zoumatang village, through Jiulisong, across Jianqiao town and Dingqiao town, they could only see the misery that "the markets were desolate without anyone and the fields were barren full of weeds". The negotiation was set in Bo Yan's army tent. As Wen Tianxiang was about to enter the pavilion, the Yuan guardians standing on both sides shouted loudly, "The Song envoy, kneel to our prime minister!" Unhurried, Wen Tianxiang composedly stepped forward, just bowing to Bo Yan. The latter flew into a rage, shouting, "I am the marshal! How dare you not kneel to me?" Wen Tianxiang said coldly, "I am the prime minister of the great Song Dynasty while you are just the marshal of Yuan army. According to the law of the imperial court, how could the prime minister kneel to the marshal?" Bo Yan was suddenly stunned by his forceful words and speechless. Wen Tianxiang then said with dignity and honor, "As the Song Dynasty has gone through over 300 years, now please speak frankly whether the Yuan Dynasty wish to make peace with us or to start a fight!" Bo Yan spoke in a halting way, "It is not difficult to solve this problem—as long as your emperor negotiates with me face to face." Wen Tianxiang said, "But your court repeatedly breaks your promises, so how can I trust you!" Bo Yan said shamelessly, "There can never be too much deception in war; but we have been keeping our words to your court." Wen Tianxiang then said, "That's great. As the prime ministers, you and I can covenant today. Your army retreats to the northern area of the Yangtze River and then sends the message of negotiating peace to your court. After your emperor gave you the order, we could continue to discuss and decide the details!"

Bo Yan said scornfully, "As our army reaches your city gates, what else can you do?" Wen Tianxiang said angrily, "However, you have no chance of winning but empty fantasies to delude yourselves."

Bo Yan asked, "Why?" Wen Tianxiang answered, You have suffered heavy casualties in successive years, and how much manpower and material resources can you apply into the war? On the contrary, our soldiers and civilians share a bitter hatred of the enemy, swearing to live with the capital or die with it. The capital Lin'an of the great Song Dynasty will surely become the second Fight for Changzhou and you greedy and brutal tyrants will end up in a bloodbath with no way back."

Those righteous words hit the nail on the head. Hearing this, Bo Yan was so furious that he intended to have Wen Tianxiang decapitated, but the latter was rather composed, saying, "as our civilian dare not to die, how could I am afraid of dying? As the Song prime minister, I just wish to sacrifice for my country. No matter how you would like to kill me, I have no fear!" His spirit of standing firm for the cause of justice and facing death calmly shocked and frightened all men in the Yuan tent. At the end of his wits, Bo Yan had no choice but to imprison Wen Tianxiang in the Yuan military camp.

After the Southern Song perished, Wen Tianxiang and his attendants were escorted northward by the Yuan soldiers. Escaping on the way, he had regained strength and raised the flag against the Yuan Dynasty until he finally sacrificed at the age of 47.

【文化注释】

元：元朝（1206—1368），蒙古族建立的王朝，定都大都（今北京）。自1271年忽必烈定国号为元，历时98年，传五世十一帝。

文天祥（1236—1283）：南宋末期政治家、文学家、爱国诗人、抗元名将、民族英雄。

南宋（1127—1279）：北宋靖康之耻后，宋代皇室在江南建立的政权，首都临安府（今杭州），与北宋合称为宋朝。南宋历时153年，传五世九帝。

伯颜（1236—1295）：元朝大将。他善诗能曲，是元代著名的政治家、军事家。

常州之争：1275年，在元世祖忽必烈灭宋之战中，元军攻占宋常州（今属江苏）的战役。

【Cultural Notes】

Yuan：The Yuan Dynasty（1206-1368）was established by the Mongolian with its capital at Dadu（the current Beijing）and a history of 98 years and 11 emperors of 5 generations.

Wen Tianxiang（1236-1283）： The statesman, litterateur, patriotic poet, famous general against Yuan, and national hero in the late Southern Song Dynasty.

The Southern Song Dynasty （1127–1279）： After the Humiliation of Jingkang in the Northern Song Dynasty, the royal family of Song established the Southern Song Dynasty in regions south of the Yangtze River with its capital in Lin'an（the current Hangzhou）. The Northern Song Dynasty and the Southern Song Dynasty are collectively named as the Song Dynasty. The Southern Song Dynasty witnessed nine emperors during its 153 years of history.

Bo Yan（1236–1295）：The senior general of the Yuan Dynasty. Good at poetry and music, he was a famous statesman and strategist of the Yuan Dynasty.

The Fight for Changzhou：In 1275, in the war when the emperor of the Yuan Dynasty, Kublai destroyed the Song Dynasty, the Yuan army attacked and occupied Changzhou of the Song Dynasty （belonging to the current Suzhou Province）.

【文化价值】

皋亭山传说扎根于民间，极富生活气息和地方特色。这些传说讴歌了人间的真善美，鞭挞了社会的假恶丑，为人类留下一笔巨大的文化遗产。

首先，皋亭山传说讲述了在兵家必争之地皋亭山，历代将士守护古代杭城的英勇事迹，激励着后人勇敢斗争。

其次，皋亭山茶祖传说向世人表明，皋亭山古茶乃杭茶之祖。而出土于皋亭山南、钱塘江对岸的八千年前的茶籽，证明杭州湾一带是茶文化的起源地。

再次，皋亭山传说中讲述了我国二十四孝之一的丁兰刻木事亲的故事，以此为题材的孝道传说成为传统社会家喻户晓的教化故事。

最后，皋亭山传说也体现了与中国传统文化结下不解之缘的“桃文化”。“桃”与“孝道”有渊源，北宋时皋亭山乡农以桃作为孝敬长辈的寿礼的习俗传遍全国。此外，相传丁兰孝敬双亲的木像也是用桃木刻制而成的。

【Cultural Value】

The tales of Gaoting Mountain are rooted in the folk, extremely rich in vitality and local characteristics. Those tales praise the true, the good and the beautiful in the world and scourge the falsehood, the evil and the ugliness, leaving a huge sum of cultural heritage for human beings.

Firstly, the tales tell about the heroic deeds of generals and soldiers protecting the ancient Hangzhou at Gaoting Mountain which was a place of strategic importance, inspiring generations of Chinese people to fight bravely and stand up resolutely against the foreign aggression.

Secondly, the tale of tea ancestor at Gaoting Mountain shows that the ancient tea at Gaoting Mountain was the ancestor of Hangzhou tea. Besides, the tea seeds of 8, 000 years ago unearthed in the south of Gaoting Mountain across the Qiantang River can prove that the Hangzhou bay area was the birthplace of tea culture.

Thirdly, the tales of Gaoting Mountain tell the story of Ding Lan making wooden statues and treating them as his parents, which was one of the 24 filial piety stories in China, and the filial piety stories with Ding Lan as the subject have become the widely known enlightenment stories of the traditional families.

Finally, the tales of Gaoting Mountain embody the “peach culture” which is closely related to traditional Chinese culture. "Peaches" being deeply related to "filial piety", in the Northern Song Dynasty, the custom that the farmers at Gaoting Mountain used peaches as the birthday present for the elder members of their family was spread across the country. Besides, according to the tales, the wooden statue of Ding Lan's filial respect for his parents was made by peach woods.

【传说地址】

皋亭山景区：位于杭州老城区东北部的江干区丁桥镇境内，距离杭州市中心约18公里，是杭州北部旅游的核心区。皋亭山景区因境内的皋亭山而得名，海拔361.1米。皋亭山景区的主要景点有孝道文化馆、千桃园、茶祖峒等。

【Location】

Gaoting Mountain Scenic Area: Located in Dingqiao Town, Jianggan District, southeast part of the old city of Hangzhou, nearly 18 kilometers from the downtown of Hangzhou, it is the tourism core area of the north part of Hangzhou. The scenic area is famous for the Gaoting Mountain which is 361.1 meters high, with the main scenic spots including the Filial Piety Cultural Center, Qiantao Park and Chazu Cave.

第 四 章

浪漫爱情传说

Chapter 4 Legends of Romantic Loves

梁祝传说

The Legend of Liang Shanbo and Zhu Yingtai (The Butterfly Lovers)

【传说背景】

梁祝传说讲述的是梁山伯和祝英台的爱情故事，距今已有1600多年的历史了。它与白蛇传说、孟姜女传说、牛郎织女传说并称为中国古代“四大民间传说”。迄今为止，我国最早记录梁祝的文字，见于唐代张读所著的《宣室志》。其中完整地展现了梁祝传说中的“同装”“同窗”“同葬”的主要情节，并且明确表明了传说的发源地为浙东一带，且两位主人公均为浙江人。宋代，与梁祝传说相关的民间信仰开始出现。明清时期，有关梁祝传说的文本记载多了起来，故事也由其发源地浙江向全国各地扩布，故事情节也越发生动。人们在用口头方式广为传讲梁祝故事之外，还虚构了梁祝的坟墓和读书处，用来证明这个故事原先就发生在当地，以增强故事的真实性。

梁祝传说千百年来深受我国广大民众的喜爱，历代相传，颂扬不息。如今更是流传到海外诸多国家，通过诗歌、散文、电影、戏曲、音乐、舞蹈等形式广泛传播。梁山伯和祝英台被誉为“东方的罗密欧与朱丽叶”。

【Background Introduction】

With a history of over 1600 years, the legend of Butterfly Lovers tells the romance between Liang Shanbo and Zhu Yingtai. It ranks among "the Four Folk Legends" in ancient China with the Legend of White Snake, the Legend of Meng Jiangnv and the Legend of the Cowherd and the Weaver Girl. So far, the earliest textual record about the butterfly lovers can be seen in *Xuan Shi Zhi*（Tang Dynasties Ghosts and Gods Story）written by Zhang Du in the Tang Dynasty, which fully shows the main plots in the legend such as dressed in the same clothes, studying in the same school and buried in the same tomb, and makes it clear that the birthplace of the legend was in Eastern Zhejiang Province and that both Liang Shanbo and Zhu Yingtai were from Zhejiang Province. It was in the Song Dynasty that the folk belief related to the legend of Butterfly Lovers emerged. In Ming and Qing Dynasty, there were more and more written texts about the legend and as it was spread across the country, its plots were becoming more vivid. In addition to widely spreading the legend orally, people invented the graves of Liang Shanbo and Zhu Yingtai and their school to prove that the story happened in the locality so as to strengthen its authenticity.

The Legend of Liang Shanbo and Zhu Yingtai has been deeply loved by Chinese people for over a thousand years, and told from generation to generation with eternal praise. Now the legend has even been widely spread to many overseas countries in the form of poetry, prose, movie, drama, music and dance, known as the “Oriental Romeo and Juliet”.

【传说故事】

浙江绍兴上虞祝家庄有一才女祝英台，从小喜爱读书，吟诗诵句，出口成章。到她十五六岁的时候，家乡已经找不到良师，于是她说服父母，同意她到杭州求学。然而，在那个时代，女孩子外出读书有诸多不便。于是祝英台女扮男装，打扮成一个英俊小生的样子，带着打扮成书童的丫鬟，离家求学去了。

求学途中，祝英台邂逅了同到杭州求学的会稽书生梁山伯，两人谈话十分投机，并义结金兰，以兄弟相称。他们同窗三载，形影不离，结下深厚的情义，然而梁山伯一直未曾发现祝英台是个女孩子。一晃三年时光过去了，祝英台学成先归。启程回家的时候，梁山伯一定要亲自送她。二人一路上相依相随，总是不愿意分开。祝英台有意向梁山伯表露自己的感情，但又不便直说，只好打着比方来启发梁山伯。不料梁山伯未解其意，英台假说将小妹相许，而后两人恋恋不舍地分别了。英台归家后，父母便将她强行许配给了马家。

两年后，梁山伯到上虞拜

访祝英台。得知英台的女儿身和婚配后，伤心至极。三年后梁山伯出任鄞县县令，终因多年相思成疾，一病不起，死后葬于鄞城西清道山下。马家迎亲的日子到了，在父亲的命令下，祝英台硬被推进花轿抬走了。祝英台不顾别人的阻挠，一定要走出花轿到梁山伯墓祭拜。她放声大哭，痛不欲生。正在这时，电闪雷鸣，风雨大作，坟墓裂开一条大缝，祝英台喊着梁山伯的名字，纵身跳进墓里去了。

不久，雨停了，云开了，只见一对美丽的蝴蝶从坟头上飞起来，绕着坟头翩翩起舞。人们都说这对蝴蝶就是梁山伯与祝英台。至今，人们还把黑花纹、翠绿斑点、尾翼上有两根长长飘带的大蛱蝶叫作“梁山伯祝英台”呢。

【Story in English】

In the Zhu's Village of Shangyu, Shaoxing City, Zhejiang Province, there lived a talented girl named Zhu Yingtai who, loving reading when she was pretty young, could recite poetry and speak eloquently. When she turned 15 years old, no teachers excellent enough to teach her could be found in her hometown, so she persuaded her parents to allow her to go to Hangzhou for further education. At that time, however, there were so many inconveniences for a girl to go out for education. Then, she disguised herself as a handsome young man leaving home for education in the company of her maid who was also disguised as a boy servant.

On the way to Hangzhou, Zhu Yingtai came across Liang Shanbo, a young scholar coming to Hangzhou for education from Kuaiji. They chatted casually about any topic, finding they liked each other, so they adopted each other as sworn brothers. As schoolmates for three years, like peas and carrots, they had forged profound friendship but Liang Shanbo had never found that Zhu Yingtai was actually a girl. With time flying, three years passed in a flash. Zhu Yingtai was going to leave for home as she had successfully accomplished her study. When she departed for home, Liang Shanbo insisted on seeing her off in person. The two accompanied each other along the way, not willing to say goodbye. Zhu Yingtai intended to express her affection to Liang Shanbo, but she was too shy to say it out, so she chose to enlighten him by drawing an analogy. Beyond expectation, Liang Shanbo did not understand what Zhu Yingtai tried to express. Zhu Yingtai had no choice but to say that she would like to marry her younger sister to him. By saying her sister, Zhu Yingtai meant herself but Liang Shanbo did not know. Then the two said goodbye reluctantly. When she arrived at home, her parents betrothed her to the Ma family by force.

Two years later, Liang Shanbo went to Shangyu to visit Zhu Yingtai, only to find that she was actually a girl and had been engaged with someone else. He was overwhelmed by grief. Three years later, Liang Shanbo was appointed as the magistrate of Yin County. He missed Zhu Yingtai so much that he fell sick in bed and finally died, buried under the Qingdao Hill in the west of Yin County. On the day when Ma came to fetch the bride, Zhu Yingtai was forced into the bridal sedan chair under the command of her father. Regardless of others' objections, Yingtai was determined to walk out of the bridal sedan chair and came to Liang Shanbo's tomb to worship him. Crying out loud, she could not live with so much pain. Just then, the lightening flashed, the thunder rumbled, and the storm burst in all its fury. All of a sudden, a large crevice split the tomb and Zhu Yingtai, crying the name of Liang Shanbo, jumped into the bomb.

Soon, the rain stopped and the clouds scattered. People only saw two beautiful butterflies flying up from the grave mound and dancing around it trippingly. It was said that the butterflies were Liang Shanbo and Zhu Yingtai. Up to now, people still think of Sasakia charonda with black patterns, green spots and two long ribbons on the tails as "Liang Shanbo and Zhu Yingtai".

【文化注释】

丫鬟：指婢女，也叫丫头，是封建社会的产物。她们大部分是因为家庭生活困苦而被卖到主人家服务的，也有些祖辈就是主人家的奴才，因此一生下来就注定是主人家的使唤丫头。

迎亲：源于周代的中国传统婚姻习俗之一。指男方用花轿鼓乐等到女方家迎接新娘。迎亲队伍一般包括花轿、乐队以及新娘的嫁妆。

花轿：传统中式婚礼上使用的特殊轿子，以红色装饰来显示喜庆吉利。用花轿迎娶新娘的风俗是宁波人在南宋时形成的。据传花轿是宋康王赵构所赐。花轿由四人抬着，临到新娘家时，女方放鞭炮迎接。这时小孩子们拦住轿子不让进门，抬轿的就得给些礼金（称“轿门纸包”）才行。此时，新娘按惯例拖延上轿时间，俗称“捱上轿”。

【Cultural Notes】

Maids: Also called servant girls and slave girls, they were the products of the feudal society. They were sold to serve their masters mostly because they were rather poor and sometimes it was because their ancestors were the servants of the host families so that they were destined to be the servant girls when they were born.

Fetching the bride： It was one of the Chinese traditional marriage customs originating from the Zhou Dynasty, referring to the bridegroom going to the bride's home to fetch her with a bridal sedan chair and strains of music accompanied by drumbeats. In general, the procession included a bridal sedan chair, a band and the bride's dowry.

The bridal sedan chair： It was a special sedan chair used on the traditional Chinese wedding decorated as red to show joy and auspiciousness. It was in the Southern Song Dynasty that the custom of fetching the bride with a bridal sedan chair emerged in Ningbo City. It was said that the bridal sedan chair was granted by Zhao Gou, King Kang of Song Dynasty. The bridal sedan chair was lifted up by four people and when it came close to the bride's home, her family would set off firecrackers to welcome the procession. At this moment, the children stopped the bridal sedan chair, not letting it going through the door, so the people lifting up the chair had to give them some cash gifts (called as "the door paper packages"). At this point, the bride would postpone the time of getting into the bridal sedan chair according to the custom, which was called "getting into the bridal sedan chair late".

【文化价值】

梁祝传说丰富多彩，既有各种异文的完整爱情故事，又有祝英台女扮男装求学、梁祝三载同窗和殉情化蝶的单体故事，还有梁山伯清官传说、与梁祝有关的习俗传说等。据统计，梁祝传说的版本已达一百多个，流传于中国大多数省、市、自治区。浙江流传的梁祝传说占目前搜集到的传说总数的百分之六十以上，这些传说反映了浙江宁波、上虞和杭州的地方特色。

首先，传说富有江南地方特色，清风杨柳，缠绵悱恻，这种柔美的艺术形式，反映了江南百姓的审美心理特点，也显示出梁祝传说产生的地域环境特色。

其次，祝英台为了求学，女扮男装，反映了当时女性追求知识、寻求男女平等的强烈愿望。她敢于违抗父母之命、媒妁之言，摒弃传统的婚姻观念，反映了当时人们追求真正的爱情、崇尚婚恋自由的美好愿望。

再次，梁山伯情深义重，对爱情忠贞不渝，为官清廉，造福于民，体现了中华民族的优良传统。

最后，蝴蝶因其翼色彩斑斓，被古人作为吉祥物而称颂和赞美。梁祝二人爱情坚贞，最后化为蝴蝶的情节展现了人间的至爱、至美。

【Cultural Value】

The colorful Butterfly Lovers Legend contains not only the complete love story of different editions, but also the single stories such as Zhu Yingtai disguising herself as a man for education, Liang Shanbo and Zhu Yingtai being schoolmates for three years and they turning into two butterflies after they died for love. There are also legend of Liang Shanbo being a honest and upright official, and legend of customs. According to statistics, there have been more than one hundred versions of the Butterfly Lovers Legend, spreading among the majority of provinces and autonomous regions in China. The legends of the Butterfly Lovers spread in Zhejiang Province account for more than sixty percent of all the accumulated legends, which reflect the local characteristics in Ningbo City, Shangyu City and Hangzhou City of Zhejiang Province.

Firstly, the legend was full of local characteristics in regions south of the Yangtze River, such as the cool breeze blowing the willow trees with tender and romantic sentiments. The mellow form of art reflects the aesthetic psychological characteristics of the local people and the regional environmental characteristics of its birthplace.

Secondly, that Zhu Yingtai disguised herself as a man for education reflected women's pursuit of knowledge and seeking to be equal to men at that time. She dared to defy the command of her parents and abandoned the traditional concept of marriage, reflecting people's good will of pursuing true love and advocating freedom.

Thirdly, Liang Shanbo was a man of great passion, loyal to his love, honest and righteous as an official. He was also a man of the people and a man who embodied the fine tradition of the Chinese people.

Finally, the butterflies were eulogized and praised as a mascot for their colorful and beautiful wings by the ancient people. The plot of Liang Shanbo and Zhu Yingtai turning into butterflies for love shows the greatest love and beauty in the world.

【传说地址】

梁祝文化公园：梁祝文化公园为晋代梁祝墓、庙古遗址所在地，是一个以倡导梁祝爱情为文化内涵的爱情主题公园。公园位于浙江省

宁波市鄞州区高桥镇，占地面积300余亩，以梁祝故事情节“草桥结拜”“三载同窗”“十八相送”“楼台相会”“化蝶永伴”为主导游线，形成一个规模宏大的爱情主题公园。

万松书院：根据越剧《梁山伯与祝英台》剧情推演，梁山伯和祝英台同窗共读的地方，应该是杭州的万松书院。书院入口浮雕正面展现了梁祝同窗三载的场景，左边“拜师”体现了尊师重教的中国传统美德，右边“日课”是教者诲人不倦、学者孜孜以求的写照。书院内设的“梁祝书房”展现了梁祝当年刻苦攻读、“促膝并肩两无猜”的场景。

【Location】

Butterfly Lovers Cultural Park: As the location of the ancient tomb and temple of Liang Shanbo and Zhu Yingtai in the Jin Dynasty, the Butterfly Lovers Cultural Park is a love theme park with the promotion of love between Liang Shanbo and Zhu Yingtai as the cultural connotation. Located in Gaoqiao Town, Yinzhou District, Ningbo City, Zhejiang Province, with a floor area of 300 mu, it is a huge love theme park with the plots of the Butterfly Lovers Legend as the main travel route such as "adopting each other as sworn brothers at the grass bridge", "being schoolmates for three years", "escorting her eighteen courses", "reuniting at the tower", "butterfly lovers".

Wansong Academy: Deduced from the plots of the Yue Opera Liang Shanbo and Zhu Yingtai, it should be in the Wansong Academy of Hangzhou that they studied together as schoolmates. The anaglyph at the entrance directly demonstrates the scenes of Liang Shanbo and Zhu Yingtai studying for three years, with “apprentice”（Bai Shi） written on the left embodying the Chinese traditional virtue of respecting the teacher and his teaching, and “lesson”（Ri Ke） on the right embodying the teachers being tireless in teaching and the students assiduously learning. The “Butterfly Lovers Study” established in the academy shows the scenes of Liang Shanbo and Zhu Yingtai studying hard side by side with intimacy.

白娘子与许仙传说

The Legend of Lady White Snake and Xu Xian

【传说背景】

早在白娘子与许仙传说产生之前，在中国的大地上已经有各种风貌的蛇妻故事在流播了。既有以《博异志·李黄》为代表的异文，强调蛇妻的妖毒害人；又有如《夷坚志》中所收集的一大批早期白蛇故事，讲述人蛇婚恋的悲剧。古代人与异类的婚恋故事和关于蛇的神话传说故事不断酝酿，催生出了一大批蛇妻故事。

蛇妻故事在流播过程中，与杭州西湖以及镇江、苏州的地方风物相结合，与南宋时期江浙一带的民俗风情和小市民的生活经验和思想感情相结合，便塑造出了白娘子、许仙、小青、法海这样一系列的虚构人物，并且由他们之间的矛盾冲突构成了白娘子与许仙传说。

【Background Introduction】

Long before the Legend of White Snake was created, there had been various stories of male humans' snake wives spreading in China, among which there were both the supernatural stories represented by *Record of Fantastic Stories · Li Huang* that emphasized the malevolence and victimization of the snake wives and a multitude of early stories about white snakes collected in *Record of Yi Jian* describing the tragedy of the marriages between men and snakes. With the constant incubation of the stories of marriages between the ancient people and other species and of the tales, legends and myths of snakes, there emerged a large number of stories about snake wives. While being spread, the stories of male humans' snake wives was combined with the West Lake of Hangzhou, the local scenery of Zhenjiang and Suzhou, as well as the folk custom of Jiangsu and Zhejiang provinces in Southern Song Dynasty, and the life experiences, thoughts and feelings of ordinary people, thus creating a series of fictional characters such as Lady White Snake, Xu Xian, Xiao Qing and Fa Hai, the conflicts among whom constituted the Legend of White Snake.

【传说故事】

相传在四川峨眉山的山洞里，住着两条修炼千年的蛇精，一条白蛇，一条青蛇。两条蛇精向往人间的幸福生活，便在一年清明时节，化作两个美丽的姑娘。白蛇变成了一位小姐，取名白素贞；青蛇变成了一位侍女，取名小青。

清明节这天，风和日丽，白素贞和小青来到杭州西湖游玩。在断桥边，两位姑娘遇到了一位倚栏向远处眺望的后生许仙。白素贞见那后生不高不矮，生得眉清目秀，相貌忠厚，不禁一见钟情。小青为了帮姐姐赢得后生的心，想了个巧法子，让白素贞暗地做法。不一会儿，天下起雨来，白素贞故意借许仙的雨伞，在还伞时向许仙表明了爱慕之情。最终两人结为夫妻。由此，别人称呼白素贞为白娘子。许仙、白娘子带着小青搬到镇江，开了名为“保和堂”的药店，开始了治病救人的生活。

端午节这天，江南风俗是家家男女老少喝雄黄酒来辟邪。白娘子经不住丈夫的苦劝，勉强喝下一杯药酒。药性发作后现出蛇身原形，将许仙吓得昏死过去。白娘子为救丈夫，冒险到昆仑山盗取灵芝仙草，和守护仙草的白鹤斗武。白娘子救夫心切，感动了昆仑山主南极仙翁，仙翁破例送了她一株仙草，许仙得以复活。

和尚法海在镇江金山寺做方丈。他为了使寺内香火旺盛，施展妖术，在镇江城内散布瘟疫，想叫人们到寺里烧香许愿。但保和堂的“避瘟丹”很灵，使瘟疫传不开来。法海非常生气，便连劝带逼地要许仙出家，并强迫他留在寺内，以此来分离夫妻二人。白娘子闻讯，到金山寺讨要丈夫。法海不肯放人，还恶言攻击。白娘子一急，施法术水漫金山寺。但无奈她有孕在身，斗不过法海，只得和小青回到杭州。白娘子和小青重到断桥，正在含悲发愁的时候，与逃出金山寺来杭州寻妻的许仙不期而遇，两人重归于好。法海不肯善罢甘休，他从镇江赶到杭州，趁白娘子生下儿子身体虚弱之时将白娘子变成一条白蛇，收进金钵，镇压在雷峰塔下。法海还不放心，在净慈寺住下来看守着。

小青听了白娘子的话，回到峨眉山的蛇仙洞修炼。看到自己的本领练得差不多了，就来到净慈寺，跟法海打斗了三天三夜，震得地动山摇。突然一声巨响，雷峰塔倒了，白娘子从塔里跳了出来，和小青一起追打法海。法海打不过白娘子和小青，只得走为上策，逃上天界，哀求如来佛救命。如来佛也恨他心术太坏，一脚把他踢进西湖。为了防止被抓住，法海东躲西藏，最后将自己的身体一缩再缩，缩成一个一寸来长的小和尚，钻到螃蟹的硬壳里，永远不再出来了。

据说螃蟹原来是直立着走路的，但是自从肚子里钻进了那个横行霸道的法海和尚，就再也不能直走，只好横着爬行。直到今天，人们吃螃蟹的时候，揭开那个背壳，还能看到一个和尚模样的小东西横卧在里面呢。

【Story in English】

According to the legend, in a cave of Mount Emei in Sichuan Province lived two snake spirits, a white snake and a green snake, who have been in training for thousands of years. As those two yearned for the happiness of human life, they turned into two beautiful girls during the Qingming Festival which was in early April. The White Snake turned into a senorita named Bai Suzhen and the Green Snake turned into her maid named Xiao Qing.

It being fine and warm on tomb-sweeping day, Bai Suzhen and Xiao Qing came to visit the West Lake of Hangzhou. Beside the Broken Bridge over the lake, the two girls came across Xu Xian, a young man leaning against the railing looking into the distance. Bai Suzhen fell for Xu Xian at the first sight as he was of medium height with fine features looking rather honest. In order to help her sister win his love, Xiao Qing came up with an ingenious idea asking Bai Suzhen to practice magic secretly. Soon, it began to rain. Bai Suzhen found an excuse to borrow the umbrella from Xu Xian and expressed her affection to him when returning him the umbrella so that they got married. Ever since then, she was called Lady White. Xu Xian and Lady White moved to Zhenjiang in the company of Xiao Qing and opened a pharmacy named Baohetang, where they began to lead a life of curing the sicknesses and saving the patients.

On the Dragon Boat Festival, the custom in regions south of the Yangtze River was that every one, both men and women, young and old, should drink realgar liquor to exorcise evil spirits. Lady White couldn't stand her husband's persuasion and reluctantly drank a cup of medical wine. The medicine took effect and she showed her prototype as a huge snake and it scared Xu Xian to death. In order to save her husband, Lady White risked her life to steal the ganoderma lucidum immortal grass on the Kunlun Mountains and fought against the white crane guarding the grass. Her eagerness of saving her husband moved the Great Emperor of Longevity of the South Pole who was the owner of the mountains so that he made an exception and gave her the immortal grass. Xu Xian was then brought back to life.

There was a monk named Fa Hai who was the Buddhist abbot of Jinshan Temple in Zhenjiang. In order to make the temple prosperous, he practiced evil magic intending to make people burn joss sticks and make wishes in the temple by spreading plague in Zhenjiang City. Nevertheless, the "plague-avoiding medicine" of Baohetang was very effective, so it was impossible for Fa Hai to spread the plague successfully. Fa Hai was so angry that he tried to persuade and even forced Xu Xian to become a monk staying in the temple so as to separate the couple. After Lady White heard the news, she went to Jinshan Temple to get back her husband. As Fa Hai refused to let Xu Xian go and hurled insults at her, Lady White was so furious that she practiced magic to fill the temple with water. However, as she was pregnant, she could not defeat Fa Hai. So she had no alternative but to return to Hangzhou with Xiao Qing. Back to the Broken Bridge with sadness and sorrow, they met by chance Xu Xian who had just escaped from Jinshan Temple and came to Hangzhou for his wife. They were reconciled to each other. But refusing to let it go easily, Fa Hai, rushing from Zhenjiang to Hangzhou, pettily turned Lady White into a white snake when she was in a low state of health after giving birth to a son. Then he incorporated her into his golden bowl and suppressed her under the Leifeng Pagoda. After that, Fa Hai stayed in Jingci Temple to guard the pagoda in case Lady White would escape.

Xiao Qing took Lady White's advice and returned to the snake spirit cave of Mount Emei to practice and train herself. When she thought she was capable enough to defeat Fa Hai, she came to Jingci Temple and fought against him so hard for three days and three nights that both the earth and the mountains were shaking. All of a sudden, the Leifeng Pagoda fell down with a loud noise. Jumping out of the pagoda, Lady White then chased and fought against Fa Hai with Xiao Qing. Failing to defeat them, Fa Hai had no choice but to escape to the sky and beg the Buddha to save his life. However, hating it that he was extremely bad, the Buddha kicked him into the West Lake. Worrying about being caught, Fa Hai hid and hid, eventually transforming into a one-inch-long monk and finally burrowing into the hard shell of a crab, never coming out again.

It was said that the crabs used to walk straight forward, but since the overbearing monk went into the crab's shell, they then could only move sideways. Until today, when eating crabs, people can still see a small monk-like creature lying inside after uncovering the crab shell.

【文化注释】

峨眉山：位于中国四川省乐山市峨眉山市境内，是我国的佛教名山，其佛教文化构成了峨眉山历史文化的主体。峨眉山—乐山大佛于1996年被列入《世界文化与自然遗产名录》。

西湖：位于浙江省杭州市，是中国大陆主要的观赏性淡水湖泊之一。2011年杭州西湖文化景观被正式列入《世界文化遗产名录》。著名景点包括西湖十景和新西湖十景等。

端午节：每年农历五月初五为端午节。该节日起源于中国，是流行于汉字文化圈诸国的传统文化节日。划龙舟和吃粽子是端午节的传统。2009年，中国端午节被列入世界非物质文化遗产，成为中国首个入选世界非物质文化遗产的节日。

雄黄酒：传说白娘子在端午节饮雄黄酒现原形。雄黄酒是指用研磨成粉末的雄黄泡制而成的白酒或黄酒。杭州民间有端午节饮雄黄酒辟邪的习俗。

金山寺：位于江苏镇江市西北的金山。金山寺始建于东晋，距今已有1600多年的历史了。原名泽心寺，南朝时始称金山寺，是中国佛教诵经设斋、礼佛拜忏和追荐亡灵的水陆法会的发源地。

【Cultural Notes】

Mount Emei: Located in Emeishan City, Leshan, Sichuan Province, Mount Emei is a famous Buddhist mountain, whose Buddhist culture constitutes the main part of the historic culture of Mount Emei. Mount Emei and Leshan Giant Buddha were included in World Cultural and Natural Heritage List in 1996.

West Lake: Located in Hangzhou City, Zhejiang Province, the West Lake is one of the main ornamental fresh waters in Chinese mainland. The West Lake Cultural Landscape of Hangzhou was formally included in World Cultural Heritage List. There are twenty famous scenic spots including the traditional "Top Ten" and the "New Top Ten" .

Dragon Boat Festival: The fifth day of the fifth lunar month is the Dragon Boat Festival. Originating in China, it is a traditional festival popular in countries belonging to the cultural circle of Chinese characters. It is the tradition for people to row dragon boats and eat rice dumplings in the festival. In 2009, the Chinese Dragon Boat Festival was included in World Intangible Cultural Heritage List, becoming China's first festival in the list.

Realgar wine: It is said that Lady White turned into her stereotype because of drinking a cup of realgar liquor. This liquor refers to the distilled spirit or the yellow rice or millet wine made from brewed realgar powders. There exists a custom that people in Hangzhou drink the realgar liquor to exorcise evil spirits in the Dragon Boat Festival.

Jinshan Temple: Located on Jinshan mountain in the northwest part of Zhenjiang City, Jiangsu Province, the Jinshan Temple, originally built in the

Eastern Jin Dynasty, has a history of 1600 years. With its original name as Zexin Temple, it was first called Jinshan Temple in the Southern Dynasty. It was the birthplace of water and land Dharma rituals where the Chinese Buddhists chant sutras, establish Monastic Dinning Hall, pay respect for Buddha, make confession and visit the spirits of the dead.

【文化价值】

白娘子与许仙传说不仅具有极高的历史研究价值，而且也折射出了浙江人民的信仰和女性意识的觉醒。

首先，白蛇传反映了浙江人的信仰。“白”在汉字里含有洁净、清楚、直率之意。白色，在中国远古民俗中首先是作为纯洁、吉祥的征兆。罕见的白色禽兽出现，常被视为祥瑞。蛇作为一种图腾崇拜，是中国远古图腾崇拜中起源最早、分布最广的一种动物崇拜。

其次，故事所讲述的是一段人蛇恋情，人蛇恋作为人妖恋的一种具体表现形态，是早期人神婚恋在人类进入文明时代之后的一种转化。故事所塑造的白娘子、许仙、法海和小青等人物形象，表达了女性意识的觉醒，教育人们多做善事。

最后，白蛇传传说中还保留了大量古代传统习俗，如端午的节日饮食等，帮助人们了解节日饮食文化。

【Cultural Value】

Legend of Lady White Snake is not only of high historical value, but also reflects the beliefs of Zhejiang people and the awareness of women.

Firstly, Legend of Lady White Snake reflects the belief of Zhejiang people. White includes the meaning of clean, clear and straightforward. In ancient folk custom, white is a sign of pure and good luck. The appearance of a rare white animal is often regarded as a good beginning. Snake, as a kind of totemism, is an animal worship which has the earliest origin and is the most widely spread.

Secondly, the story tells the love between a man and a snake. The transformation from love between a man and a good spirit to love between a man and a evil spirit reflects the coming of human civilization. The characters depicted in the story show the awakening of women's awareness and teach us to be more virtuous.

Lastly, a great deal of ancient customs and traditions are retained in Lady White Snake, such as food in the Dragon Boat Festival, which helps us know more about the food culture.

【传说地址】

白蛇传的故事与杭州有着深刻的渊源。杭州的名胜古迹、地方风物等成为了白蛇传故事的重要载体。西湖景区的断桥、雷峰塔等自然和文化景观与白蛇传形成了密不可分的关系。

断桥：西湖众多桥梁中名气最大的桥。它处于杭州北里湖和外西湖的分水点上。桥东北部的碑亭里立有一块石碑，上书“断桥残

雪”。断桥残雪为西湖十景之一，因其在冬日的独特美景而得名。冬日雪后，断桥的阳面石桥无遮无拦，在阳光照耀下，积雪很快消融，而桥的阴面因为没有得到阳光照射，还被白雪覆盖。从远处的宝石山望去，桥面似断非断，故称断桥。传说白娘子清明节游西湖时在断桥遇到许仙，并一见倾心；水漫金山后，两人又在此相会。

雷峰塔：又名皇妃塔、西关砖塔，位于浙江省省会杭州市西湖风景区南岸夕照山的雷峰上。旧雷峰塔已于1924年倒塌，后重建，新建的雷峰塔为中国首座彩色铜雕宝塔。雷峰夕照为西湖十景之一。传说法海和尚骗许仙至金山寺，白娘子水漫金山救许仙，被法海镇在雷峰塔下。后小青苦练法力，终于打败了法海，雷峰塔倒塌，白素贞才获救了。

【Location】

The Legend of White Snake is deeply associated with Hangzhou whose scenic spots, historic sites and local scenery are the important carriers of the legend. The natural and cultural scenery such as the Broken Bridge on the West Lake and Leifeng Pagoda is also inseparable from the legend.

The Broken Bridge: As the most famous one among the numerous bridges on the West Lake, the Broken Bridge is located on the watershed point between the North Inner Lake and the Outer West Lake. In the northeast part of the bridge there is pavilion in which there stands a stone tablet with "Lingering Snow on the Broken Bridge” written on it. The Lingering Snow on the Broken Bridge is one of the Ten Scenes of West Lake, famous for its unique beauty in winter. After the snow in winter, the sunny side of the stone bridge is covered with nothing as the snow melts soon with the sun shining, while the shadier side of the bridge is covered with the accumulated snow. Looking far from the Precious Stone Hill, the bridge is like illusively broken, so it is called the Broken Bridge. It is said that when Lady White came to visit the West Lake, it was beside the Broken Bridge that she came across Xu Xian and fell for him at first sight; after Lady White had filled the Jinshan Temple with water, they reunited here on the Broken Bridge.

Leifeng Pagoda: Also named as Princess Pagoda and Xiguan Brick Pagoda, Leifeng Pagoda is located on the Xizhao Mountain in the scenic spots south of Hangzhou City, the provincial capital of Zhejiang Province. Collapsing in 1924, the old Leifeng Pagoda was later rebuilt. The new Leifeng Pagoda is the first colorized bronze pagoda in China. Leifeng Pagoda in Evening Glow is one of the Ten Scenes of the West Lake. It is said that as the monk Fa Hai tricked Xu Xian to the Jinshan Temple, Lady White was then suppressed by Fa Hai under the Leifeng Pagoda for filling the temple with water to save her husband. Afterwards, Xiao Qing practiced her mana so hard that she finally defeated Fa Hai. In the end, Leifeng Pagoda collapsed and Lady White was saved.

刘阮传说

The Legend of Liu and Ruan

【传说背景】

刘阮传说即为“刘阮遇仙”的故事，最早可见于晋代干宝的《搜神记》。南朝刘义庆的《幽明录》、宋代《太平广记》等亦有类似记载。汉代时，在天台一带民间口耳相传，后经文人记述而流传更广。唐代以后，民间口头文学与各类民俗文艺的改编相互融合，刘阮传说成为诗词、小说、戏剧、曲艺、绘画、雕刻等文艺形式的题材，也因此影响更加广泛。

刘阮传说折射了我国中世纪的社会历史条件和思想文化潮流。首先，魏晋南北朝时期，华夏大地战乱不断，政权更迭频繁，四处兵荒马乱，颠沛流离的百姓向往着太平盛世的理想社会。在这一历史背景下，刘阮传说为人们塑造了一个远离尘世纷扰的世外桃源，表达了人们对美好生活的向往。其次，魏晋南北朝时期的封建礼教相对松弛，人们追求个性的解放和灵魂的自由，女性的自我意识增强，其积极追求理想爱情和美好婚姻的愿望体现在传说所塑造的两位女神形象中。

【Background Introduction】

The legend of Liu and Ruan tells the story of "Liu and Ruan meeting the immortals", which was recorded as early as in *In search of the Supernatural* (Sou Shen Ji) by Gan Bao in the Jin Dynasty. There are also similar descriptions in *Record of the Nether World* (You Ming Lu) by Liu Yiqing in the Southern Dynasties and *Extensive Records Compiled in the Taiping Years* (Tai Ping Guang Ji) in the Song Dynasty. In the Han Dynasty, the legend was spread orally among the people in the Tiantai County of Zhejiang Province and was later circulated more widely with the descriptions of the scholars. After the Tang Dynasty, with the combination of the folk oral literature and the recomposition of various popular literature, the Legend of Liu and Ruan has become the subject of a lot of art forms such as poetry, novels, dramas, Qu Yi (Chinese folk art forms), painting, and sculpture, which have made the legend more influential.

This legend reflects the social and cultural conditions and the cultural trends in the Middle Ages of China. Firstly, in Wei, Jin and Southern and Northern Dynasties, with constant wars and frequently changed regimes, the displaced people yearned for an ideal society of peace and prosperity. In this historical background, the Legend of Liu and Ruan created a fictitious land of peace away from the troubles on earth, expressing people's aspirations for the future. Secondly, as the feudal moral codes in Wei, Jin and Southern and Northern Dynasties were relatively loose, people pursued the liberation of personality and freedom of soul. Women's self-consciousness was enhanced, and their aspirations for ideal love and a good marriage were embodied in the two fairies described in the legend.

【传说故事】

刘阮传说讲述了刘晨、阮肇两人入桃源采药遇仙、结缘成亲、回乡送别、重返桃源、修炼得道、悬壶济世、为民造福等一系列传奇故事。传说共分为五个方面：刘阮二人采药遇仙与仙女双双结下姻缘传说；刘阮修炼得道、为民造福传说；天台山桃源山水传说；民间与刘阮遇仙相关的风物传说；刘阮遇仙的民谚、歌谣。

相传公元6年春的一天，在天台山的沟壑里，出现了两位采药的后生，一个叫刘晨，一个叫阮肇，他们攀藤登崖，蹚溪涉水，在山谷间，迷失了方向。二人抖尽粮袋，奄奄一息地倚靠在岩石下，忽听得一阵银铃般的笑声随风而来。二人一惊，这人烟稀少的山沟里怎么会有姑娘的笑声？山崖上长着一棵结满桃子的桃树，身边流淌的小溪里竟漂来一碗胡麻饭。惶惑又有些惊异的后生溯流而寻，桃花丛中出现了两位妙龄的女子，两位女子一口就喊出他们的名字，恍然入梦的两个后生，跟着她们来到桃花掩映的山洞里。在桃花丛中，两位后生与两位仙女顿生爱意，坠入爱河。美丽的仙女采药烧饭，黄昏时分，在洞中摆开棋盘对弈。半年过后，两位后生回乡心切，两位仙女见状，将天上仙药相赠，依依相送。回到村子的后生，发现离家时栽下的小树苗，竟成了参天古树，“仙境半年，人间却已过了三百年”。与村人形同陌路的刘晨、阮肇，于晋太元八年（383）又回到天台的桃源。可此时，两位仙女为解救百姓病痛，私自将天上仙药传于人间，也因此被玉皇大帝化成了双女峰。悲痛欲绝的刘阮二人在桃源搭了间茅舍，修炼得道，种药施医，为民造福，与仙女化成的双女峰相伴永远……

【Story in English】

The Legend of Liu and Ruan tells a series of legendary stories of Liu Chen and Ruan Zhao gathering herbs in the peach garden and meeting the fairies, getting married with them, leaving for their hometown, returning to the peach garden, becoming immortals and benefiting the people. The legend consists of five aspects： the legend of Liu and Ruan meeting the fairies while gathering herbs and getting married with them； the legend of Liu and Ruan becoming immortals and benefiting the people； the landscape legend of the peach garden on Tiantai Mountain； the scenery legends related to Liu and Ruan meeting the fairies； and the folk proverbs and ballads about Liu and Ruan meeting the fairies.

According to the legend, in a Spring day of 6 AD, there came two young men gathering herbs in the gully of Tiantai Mountain, Liu Chen and Ruan Zhao. They climbed the mountains with rattans and crossed the waters, making an arduous journey and losing their way in the valley. Eating out of their food, they leaned against a rock at the last gasp. All of a sudden, a burst of twinkling laughter came with the wind. With great surprise, they wondered why there were girls laughing in the sparsely populated valley. Looking around, they found a peach tree full of ripe peaches standing on the cliff, a stream flowing beside them and a bowl of linseed rice floating to them. Feeling anxious and surprised, the two young men searched along the stream, only to find two beautiful young fairies appearing among the flowers who called their name correctly without any hesitation. The two men felt like in the dream following the two fairies in the cave hidden behind the peach blossom. Surrounded by the beautiful blossom and the euphonious stream, the four fell in love and got married. After that, the beautiful fairies gathered herbs, cooked meals and played weiqi with their husbands for fun at dusk. After six months, as the two young men was eager to return to their hometown, the two fairies presented them with the immortal medicine and then saw them off, reluctant to part. To their surprise, when they came home, they found the saplings that they had planted before they went out had grown to grand old trees. "Six months in the fairyland equals three centuries on earth." As Liu Chen and Ruan Zhao knew no one in their hometown, they returned to the fairyland in Tiantai Mountain in 383 AD. However, the two fairies were punished by the Jade Emperor and turned into twin peaks for they had circulated the immortal medicine on earth without his permission, although they had intended to relieve the people from great pains. The heartstricken Liu and Ruan built a cottage in the fairyland, lived in it and succeeded in cultivating immortality. They panted herbs, cured people and benefited people while accompanying the twin peaks turned from the two fairies forever.

【文化注释】

悬壶济世：史籍记载，古代行医者无论走到哪里身上都背着一个葫芦，葫芦既可以作为盛药的药壶，本身也可为药。因此，后来人称行医卖药之人为“悬壶”，而医生这一职业被赞誉为“悬壶济世”，意指颂扬医生救死扶伤的高尚品德。

天台山：南朝宋（420—479）时的天台山泛指绍兴与台州两地间的广大山脉。东晋孙绰（314—371）所作的《游天台山赋》中的天台山也包括现今的绍兴新昌县天姥山。

胡麻饭：俗称麻糍，是以上等糯米为主料，经水浸透后蒸熟，然后用木杵在石臼中捣成糊状，再揉成铜板大小的片团，最后粘上芝麻和白糖。据传胡麻饭常为神仙待客所用，因此被称为“神仙饭”。

晋太元：晋武帝年号。

【Cultural Notes】

People carrying a cucurbit curing the sick（Xuan Hu Ji Shi）: According to the historic records, the ancient Chinese doctors always carried a cucurbit no matter where they went, as the cucurbits could not only hold the medicine but also be used as medicine. Therefore, people later called those who cured the people and sold medicine as “people carrying a cucurbit”（Xuan Hu）and praised the doctors as “people carrying a cucurbit curing the sick”（Xuan Hu Ji Shi）to appreciate their noble and moral quality of healing the wounded and rescuing the dying.

Tiantai Mountain: It referred to the grand mountain ranges between Shaoxing City and Taizhou City in general in Song of the Southern Dynasties（420–479 AD）. The Tiantai Mountain in *A Tour to Tiantai Mountain*（You Tian Tai Shan Fu）by Sun Chuo（314–371 AD）in the Eastern Jin Dynasty included the current Tianmu Mountain in Xinchang County of Shaoxing City as well.

Linseed Rice: The linseed rice is commonly known as fried glutinous pudding. With inferior glutinous rice as the main ingredient, people should first soak it in water, steam it, and then mash it in the stone mortar with a stone pestle, knead it to pieces as large as a copper coin, and finally put some sesame and white sugar on it. It is said that the linseed rice is always used by immortals to treat the quests, so it is also called the "immortal rice".

Jin Taiyuan： The reign title of Emperor Wu of the Jin Dynasty.

【文化价值】

刘阮传说既创造了一个自由幸福、为人们所向往的理想世界，也塑造了两位热情奔放、主动追求爱情婚姻自由的女性形象。

首先，传说表达了人们对美好生活的追求。故事将乡土气息与浪漫爱情相结合，以人仙的爱情传奇为主线，同时又与天台山的神山秀水相映衬，表达了人们向往浪漫爱情、向往神仙般美好生活的心境。

其次，传说体现了当地的民间信仰。刘晨、阮肇两人修炼得道，治病救人。两位仙女则为了解除百姓病痛，将仙药偷偷带到人间。因此，刘阮和仙女被当地百姓奉为神医和药仙，民间纷纷造庙供奉。

最后，传说体现了当地的特产文化。天台乌药是乌药中的上品，2006年天台县被国家林业局评为“中国乌药之乡”。神奇的天台乌药被当地百姓认为是当年仙女带到人间的仙药；而天台县“围棋之乡”的称号也被百姓溯源至刘阮二人与仙女在洞中的对弈。

【Cultural Value】

The Legend of Liu and Ruan created both an ideal world of freedom and happiness that every one yearned for, and two female images of passion and enthusiasm who actively pursued the freedom of love and marriage.

Firstly, the legend expressed peoples ' aspirations for a happy life. By combining the local flavor with the romantic love, the legend took the romance between humans and immortals as the main line. At the same time, with the beautiful landscape of Tiantai Mountain, it expressed people's aspirations for romantic love and the life as good as that of the immortals.

Secondly, it embodied the local belief. Liu Chen and Ruan Zhao succeeded in cultivating immortality. They panted herbs and cured people, and the two fairies brought the immortal medicine to the earth so as to relieve the great pains of the people without the permission of the Jade Emperor. Hence, Liu, Ruan and the two fairies were worshiped by the local people as their immortal doctors and medicine fairies, people building a lot of temples to enshrine and worship them.

Finally, it reflected the culture of local specialties. The roots of three-nerved spicebush grown on the Tiantai Mountain are of the top grade. China's State Forestry Administration conferred "the hometown of the root of three-nerved spicebush in China" on the Tiantai County in 2006. The magical roots of three-nerved spicebush in Tiantai Mountain are considered by the local people as the immortal medicine brought to the earth by the fairies from the heaven; and the title "the hometown of weiqi (a game played with black and white pieces on a board of 361 crosses)" of Tiantai County is also traced back to the game of weiqi played by Liu, Ruan and the two fairies.

【传说地址】

桃源景区：浙江省台州市天台县白鹤镇境内的桃源景区是刘阮爱情传说的发源地。目前，桃源景区以双女峰和桃源洞最为著名。

新昌刘门山：浙江绍兴新昌县的刘门山，因其南面与天台县交界，也被不少学者考证为刘阮传说的发生地。迎惆怅溪而上，经过迎仙桥，沿刘阮二人采药所要经过的盘曲小径至刘门山，已有千年历史的刘阮庙就建于此。沿刘阮庙攀缘而上至刘阮与仙女的居所——仙人洞，旁边有仙女弈棋石。

【Location】

Peach Garden Scenic Attraction: The peach garden scenic attraction in the Baihe Town, Tiantai County, Taizhou City, Zhejiang Province is the birthplace of the romance of Liu, Ruan and the two fairies. Currently, the twin peaks and the peach garden cave are the most popular of the scenic attraction.

Liumen Mountain of Xinchang County： Bordering the Tiantai County in the south, the Liumen Mountain of Xinchang County, Shaoxing City, Zhejiang Province was considered as the birthplace of the legend by lots of scholars with textual sources. Walking up along the "Chouchang Stream" , passing through the "Yingxian Bridge" , along the zigzagging path where Liu and Ruan passed for herbs to Liumen Mountain, you will find the "Temple of Liu and Ruan" standing there with a history of a thousand years. Climbing up along the temple to the residence of Liu, Ruan and the two fairies—the immortals cave, you will find the stone used by the fairies to play weiqi next to it.

高机与吴三春传说

The Legend of Gao Ji and Wu Sanchun

【传说背景】

高机与吴三春传说是一个广泛流传于浙南地区的民间爱情绝唱。高机与吴三春被喻为浙南的“梁山伯与祝英台”。传说距今已有几百年的历史了，但具体产生于何时，找不到任何的文字记载，仅能从各种艺术形式的唱词内容做初步判断。永嘉道情和文成畲族山歌的开篇唱词都认为故事发生在清代，而温州鼓词唱本却把故事发生的时间认定为明代，与明代温州繁荣的丝织业相匹配。

故事先以山歌、道情、花鼓、渔鼓、鼓词、布袋戏等说唱形式在主人翁高机的家乡苍南县流传，后扩散至浙西南一带的汉族民间。除了口耳相传，故事还被改编成乱弹、越剧、瓯剧、婺剧等戏剧和连环画、章回小说等文艺形式，使之传播更为广泛，影响更为深远。虽然传说有不同的唱本，但故事情节大致相近，只是结尾不尽相同。总体来看，前期的乱弹、曲艺和民歌多以大团圆的喜剧结尾，而后期经艺术家改变的戏曲则以二人的爱情悲剧结尾。

【Background Introduction】

The legend of Gao Ji and Wu Sanchun is a folk love masterpiece widely spread in Southern Zhejiang Province, honored as the Southern Zhejiang version of "Liang Shanbo and Zhu Yingtai" . The legend has a history of several hundred years, but no literary records have been found to prove the specific time when it was produced, so we can only make preliminary judgment through librettos of various art forms. The introductory sections of Expressing Love（Dao Qing, a form of folk art）of Yong Jia and the folk song of She（one of China's ethnic minorities）in Wencheng County all indicate that the story first occurred in the Qing Dynasty, while the drum ballads of Wenzhou City suggest that it was first produced in the Ming Dynasty matching the prosperous silk industry in Wenzhou City in the Ming Dynasty.

The story was first popular in Cangnan County, the hometown of the main character Gao Ji, as was shown in folk songs, Expressing Love（Dao Qing, a form of folk art), flower-drum, Yu-drum（a percussion instrument made of bamboo), drum ballads and puppet and later spread among the Han people in the Southwest of Zhejiang Province. Apart from being spread orally, the story was rearranged into dramas such as Luan Tan（the general term for Chinese opera melodies other than Kunshan and Yiyang melodies in the Qing Dynasty）, Yue Opera, Ou Opera and Wu Opera, and literary forms such as comic books, and chapters novels. Although there are different kinds of librettos, the plots are roughly similar, but the endings are different. Overall, the early Luan Tan, folk arts and folk songs mostly ended with happy ending, while the later dramas rearranged by the artists all ended with the love tragedy.

【传说故事】

明嘉靖年间，温州平阳人高机是一个手艺高超的织绸工人，长得英俊潇洒，他织的瓯绸平滑细腻而光泽鲜亮，在浙南一带十分出名，被称为“高机绸”。

处州府龙泉县富商吴文达为了巴结府尹，拟用最为昂贵的“高机绸”作为庆贺府尹之母六十寿诞的礼品，遂重金礼聘高机前到龙泉帮忙织寿屏。吴文达为此专门把厢房作为机房安放织绸机，以供高机织绸之用。

文达独生女三春天生丽质、聪颖过人，且善于刺绣。她倾慕高机手艺出众，风流倜傥，经常下楼到机房观看高机织绸，日久生情，二人情投意合，引为知己。一年后，高机因母亲生病要离开吴家，三春恋恋不舍。丫头玲聪会意，便安排高机和吴三春二人在绣楼私定终身，二人表示愿意生生世世永为夫妇。然而，高吴两家身份地位悬殊，结亲是门不当户不对的事，并且两人是在没有经过父母同意的情况下私定终身。因此，吴文达知道此事后，恼羞成怒，坚决反对。

高机觉得两家门第悬殊太大，要结为夫妇几乎没有可能，为此犹豫不决。但三春却不顾父亲的反对，拿出那个时代女子少有的勇气，毅然决定与高机私奔。两人在船老大黄三的协助下，趁夜偷偷乘船离开龙泉到达江心屿。

吴文达到处找不到三春，于是严刑拷问玲聪。得知三春和高机私奔的消息后，派人追赶，终于在温州江心寺将两人截获。三春被父亲带回龙泉家中，另配他人，而高机则被擒送到永嘉县衙，在吴文达的操作下以“拐卖良家妇女”的罪名被判入狱三年。

三年后高机出狱，但是他心里始终放不下三春。为了探听三春的消息，他乔装成卖绡客来到龙泉吴家，此时吴家红灯高挂。通过多方打听，高机得知三春即将于次日出嫁。玲聪认出高机，于是将此事告诉三春，并暗地里把他招引进门。三春担心父亲加害高机，便故意装作不认识他，私下却让玲聪将金银暗藏到麦饼中赠给高机。玲聪引高机到厨房用餐，又在菜肴中暗藏哑谜。高机误以为三春变心，愤然离去。路经桃花岭时，从麦饼中发现金银，又回想菜肴中的哑谜，这才得知三春的一片苦心，一时气塞心头，竟成疯颠。

第二天，三春迎亲花轿途经桃花岭，见高机疯疯颠颠，心痛如绞，以剪刀自裁于花轿之中。高机见三春为己殉情，也投江而死。

【Story in English】

In the reign of Emperor Jiajing of the Ming Dynasty, Gao Ji from Pingyang County of Wenzhou was a great and handsome weaver. The Ou Silk that he weaved was smooth, exquisite and bright, known as “Gao Ji Silk” in Southern Zhejiang Province.

The rich businessman Wu Wenda of Longquan County, Chuzhou State intended to use the most expensive “Gao Ji Silk” as the present to celebrate the 60th birthday of the state governor's mother so as to fawn on the state governor hence he employed Gao Ji to Longquan County to weave the birthday folding screen at a high price. Wu Wenda specially arranged a wing room (an adjacent accommodation) as the machine room to place the woven machine so that Gao Ji could work in a comfortable environment.

Sanchun, the only daughter of Wenda was naturally beautiful and intelligent with a good skill of embroidery. As she admired that Gao Ji had excellent craftsmanship and attractive appearance, she often went downstairs watching him working in the machine room. As time passed by, they fell in love with each other having mutual affinity. One year later, Gao Ji had to leave to take care of his sick mother, while Sanchun found it hard to tear herself away from him. Her maid Lingcong was so clever that she understood the affection of Sanchun and she came up with an idea that Gao Ji and Wu Sanchun were engaged to each other in private in the attic room swearing that they would like to stay with each other as couples forever and ever. However, the social and political status and economic status of the Gaos and the Wus were incompatible and the two were engaged to each other without the permission of their parents, Wu Wenda turned angry from embarrassment after knowing it, and firmly opposed their marriage.

Knowing that with great disparity of status they could never get married, Gao Ji had no idea about what to do. Nevertheless, regardless of her father's firm opposition, Sanchun was much more courageous than any other girls at that time so that she resolutely decided to elope with Gao Ji. With the help of Huang San, the owner of the boat, the two left Longquan to Jiangxin Island by boat secretly at night.

Failing to find his daughter, Wu Wenda tortured Lingcong asking her to tell him where Sanchun went. As soon as he knew that her daughter had eloped with Gao Ji, he sent his servants to search them and finally caught them at Jiangxin Temple in Wenzhou. Sanchun was brought back to her home in Longquan and was forced by her father to be engaged to someone else, while Gao Ji was arrested and was sent up for three years in Yongjia County Governance Office for "abducting an innocent girl" under the secret manipulation of Wu Wenda.

Three years later, Gao Ji was released from prison, but he still fell for Sanchun. In order to inquire about the news of Sanchun, he disguised himself as a vendor selling cosmetics and came for Sanchun in Longquan, only to find that there hang a lot of red lanterns high in front of her house. Through multiple inquiries, he learned that Sanchun was going to get married the next day. At that time, Lingcong recognized Gao Ji, so she told Sanchun that Gao Ji had come for her and brought him to get into the house in private. As Sanchun was afraid that her father would kill Gao Ji, she pretended that she did not know him but asked Lingcong to give him the wheat bread in which some gold and silver hidden secretly. Lingcong took Gao Ji to the kitchen for lunch and hid a riddle in the dish. However, mistakenly assuming that Sanchun had fallen in love with someone else, Gao Ji left in great anger, only to find the gold and silver in the wheat bread when passing through the Taohua Hill. Recalling the riddle in the dish, he suddenly realized that what Sanchun had done was only for his own good. He was so mad at himself that he became insane.

The next day, Sanchun in the bridal sedan chair passed through Taohua Hill, seeing Gao Ji acting as a lunatic. She had an excruciating pain in the chest so that she killed herself with scissors in the bridal sedan chair. Finding that Sanchun died for him, Gao Ji also drowned himself in the river.

【文化注释】

瓯绸：因温州古地名为瓯而得名，指温州地区生产的一种丝织品，是温州古代手工业史上的一朵奇葩。其特点为轻薄柔软、纹理细密、色泽光鲜。瓯绸起源于西晋，宋元时期远近闻名，到明清时期达到发展的黄金时期。如今用缫丝车和半自动丝绸机生产的丝绸，虽然受到人们的喜爱，但已经不是传统的瓯绸了。

厢房：正房前面两侧的房子。

江心屿：中国四大名屿之一，位于浙江省温州市北面瓯江中游。屿内风景秀丽，东西双塔凌空，映衬江心寺。现存江心寺为清朝乾隆五十四年（1789）重建，但宋代的古钟仍然存在。

县衙：衙是古时官署之称。县衙就是指县府衙门。

【Cultural Notes】

Ou Silk: A kind of silk produced in Wenzhou, it was called Ou Silk as the ancient name of Wenzhou was Ou. It was a wonderful work in the history of Wenzhou's ancient handicraft industry. Ou silks were thin, soft, fine-grained and colorful. Ou Silk originated in the Western Jin Dynasty, became widely famous in the Song and Yuan Dynasties and reached the golden period of development in the Ming and Qing Dynasties. However, nowadays the silks are produced by using the reeling machines and semi-automatic silk machines. Although they are popular among people, they are no longer the traditional Ou Silk.

Wing room：The houses on both sides in front of the principal house.

Jiangxin Island： As one of China's four most famous islands, it is located in the middle reach of Oujiang River north of the Wenzhou City of Zhejiang Province. The island scenery is very beautiful with west and east twin towers high up in the air setting off the Jiangxin Temple. The existing Jiangxin Temple was reconstructed in the 54th year（1789）of Emperor Qianlong in the Qing Dynasty, but the ancient bell of the Song Dynasty still exists.

The County Government Office （Xian Ya）： Ya refers to the ancient government office, Xian Ya referring to the government office of a county.

【文化价值】

高机与吴三春传说通过讲述两位主人公凄美的爱情故事，承载了当时当地的人文、历史和社会元素，成为叩动浙南人心灵的佳作，数代艺术家纷纷为之呕心沥血。这个传说在温州民间衍生出了“高机分别，哭得闹热”的口头禅，在艺术界被称为“不逊色于《罗密欧与朱丽叶》的爱情故事”。

首先，高机与吴三春互相倾慕、私定终身，反映了当时人们勇于打破封建社会的门第观念，追求爱情自由的先进思想。

其次，通过描写高机技艺高超的织绸技能，向人们展示了温州地区丝织业的发达。一些老艺术家认为，高机应是“高技”的谐音，是浙南地区当时技术较高的丝织工的综合形象。作为古代温州手工业的奇葩，瓯绸的诞生和发展反映了温州人面对困难敢于拼搏、勇于创新的精神。

再次，吴三春用剪刀自裁于花轿之中，因此温州民间将吴三春奉为“花轿神”。20世纪50年代，温州一些地方花轿店的后堂就供奉着“花轿神”吴三春，这能够反映当时的民间信仰。

最后，高机与吴三春传说唱本多样，但大多能在展现主人翁分别、相思和忠贞的同时，展现浙南的民俗风情和自然风光，具有较高的艺术价值和历史文献价值。

【Cultural Value】

By telling a sad love story, the Legend of Gao Ji and Wu Sanchun conveyed the local humane, historic and social elements at that time, becoming a masterpiece touching the soul of people in the Southern Zhejiang Province, and several generations of artists have worked wholeheartedly for it. A pet phrase "Gao Ji parting, crying loud" was derived from the legend among the people in Wenzhou City and the legend is honored as "a love story not inferior to Romeo and Juliet" in the art world.

Firstly, Gao Ji and Wu Sanchun falling in love with each other and engaged to each other secretly reflects that people at that time were brave to break the family status concept in the feudal society and pursue the freedom of love.

Secondly, the legend presents people with the prosperous silk industry in Wenzhou City by describing the excellent weaving skills of Gao Ji. Some experienced artists believe that Gao Ji was the harmonic tone of "high skill" (Gao Ji) and that he was the integrated image of those excellent weavers. As the masterpiece in the handicraft industry of ancient Wenzhou City, the emergence and development of Ou Silk reflects Wenzhou people's spirit of being courageous to fight and innovate in the face of difficulties.

Thirdly, Wu Sanchun killed herself with scissors in her bridal sedan chair, so the Wenzhou people worshiped her as the "Sedan Goddess". In the 1950s, the "Sedan Goddess" Wu Sanchun was enshrined and worshiped in the back of the bridal sedan chair stores in some regions of Wenzhou City, reflecting the folk belief of the people at that time.

Finally, there are various librettos of the Legend of Gao Ji and Wu Sanchun, most of which not only express the separation, lovesickness and loyalty of the two characters, but also show the folk customs and natural scenery of the southern part of Zhejiang Province. The librettos thus have high artistic value and historical literature value.

【传说地址】

高机与吴三春传说发生在今浙江省温州市平阳县鳌江镇五板桥村和丽水市龙泉市西街街道宫头村。

五板桥村：村里的五板桥殿供奉着纪念高机的香炉盏和神像。村中原建有高机庙，现在庙虽然被拆掉了，但老人们还都清楚地记着庙里原先立着的高机塑像和一对用石灰塑在神龛两侧的“高郎自有千秋在，吴女姓名万古传”的对联。

宫头村：宫头村面对

老虎岗山，背靠风景秀丽的凤凰山，瓯江支流绕村而过。这座古老的村庄有两座规模宏大的古民居，名叫姜家大屋，分别建于明代和清代。虽然距今已有480多年的历史了，但是房子仍然保持着原貌。据说这里就是龙泉富翁吴文达的员外府。高机与吴三春的故事就发生在这座深墙大院里。

【Location】

The Legend of Gao Ji and Wu Sanchun happened in Wubanqiao Village, Aojiang Town, Pingyang County, Wenzhou City, Zhejiang Province and the Gongtou Village, West Street, Longquan City, Lishui City, Zhejiang province.

Wubanqiao Village: There is still an incense burner and a statue enshrined and worshiped to commemorate Gao Ji in Wubanqiao Memorial Temple in Wubanqiao Village. There used to stand a Gao Ji Temple in this village. Now, although the temple has been torn down, the elder people also clearly remember the original statue of Gao Ji and the couplets moulded with lime on both sides of the shrine meaning "the Love Story of Gao Ji and Wu Sanchun will last forever".

Gongtou Village: The Gongtou Village faces the Laohugang Mountain back against the beautiful Fenghuang Mountain, with the branch of Ou River bypassing the village. There are two large-scale ancient dwellings in the ancient village named as "the House of the Jangs", respectively built in the Ming Dynasty and the Qing Dynasty. Although the house has a history of over 480 years, it still maintains its original appearance. It is said that it was the rich businessman Wu Wenda's house, where the story of Gao Ji and Wu Sanchun took place.

琼奴与苕郎传说

The Legend of Qiongnu and Tiaolang

【传说背景】

琼奴与苕郎传说讲述的是宋代民间少女王琼奴与徐苕郎的凄美爱情故事，被誉为“常山版梁祝故事”。宋代祝穆的《古今事文类聚》，明代李昌祺的《剪灯余话》、周复俊的《泾林杂记》、冯梦龙的《情史类略》，清代靓芬女史的《女聊斋志异》等古籍中皆有记载。

琼奴与苕郎传说已经有近千年的历史了，起先在琼奴的出生地浙江省常山县流传，而后经民间和历代文人的创作将故事推广到全国。20世纪20年代，川剧研究者尹昌龄以王琼奴的传说为蓝本，编写了大型的川剧《离燕哀》，被称为近代三大川剧名剧之一。近年来，为了传承和弘扬当地优秀文化遗产，常山县通过连环画、越剧、话剧、音乐电视、小说等艺术形式来讲述琼奴和苕郎的故事。

【Background Introduction】

The legend was a poignant romance between Wang Qiongnu who was a folk girl in the Song Dynasty and Xu Tiaolang, known as the "Changshan version of Liang Shanbo and Zhu Yingtai". It was recorded in the *Collection of Ancient and Modern Stories* by Zhu Mu in the Song Dynasty, *Chatting Late at Night* by Li Changqi, *Jing Lin Miscellany* by Zhou Fujun, *History of Love Stories* by Feng Menglong in the Ming Dynasty, *Bizarre Stories about Legendary Girls* by Liang Fen Nv Shi in the Qing Dynasty, etc.

With nearly a thousand years of history, the legend first circulated in Changshan County, Zhejiang Province, the birthplace of Qiongnu, and then spread across the country by the ancient writers and folk people. In the 1920s, taking the legend of Wang Qiongnu as the blueprint, Yin Changling, the researcher of Sichuan Opera, compiled a large-scale Sichuan Opera *Sorrow of A Displaced Swallow*, known as one of the three famous modern Sichuan Operas. In recent years, in order to inherit and carry forward the local excellent cultural heritages, people in Changshan County have been telling the story of Qiong Nu and Tiao Lang through the artistic forms of comic books, Yue Opera, drama, music, television, novels and so on.

【传说故事】

王琼奴，字润贞，系浙江省衢州市常山县人。两岁时，琼奴的父亲就因病去世，母亲童氏只好带着她改嫁给富贵人家的沈必贵。沈必贵没有子女，因此将琼奴视如己出，百般疼爱。琼奴学一行，精一行，到十四岁时，就工于歌辞，擅长音律，琴、棋、书、画无不精通。由于兼备女子的德（品德）、言（言诗）、容（容貌）、工（女工）四种品质，远近的人家争相来求亲，其中同乡的徐从道、刘均玉两家为子求亲的愿望尤为迫切。徐家儿子苕郎、刘家儿子汉老都是仪容秀整之人，且都与琼奴同岁。沈必贵思忖良久，却始终定不下来：刘家世代为平民，却一夜暴富；徐家本来显贵，现在却是清贫如洗。

后来，沈必贵采纳了家族中的有识之士提出的建议，让两位年轻人在酒席间咏诗作画，以此来测试两人的器量和文采。刘汉老出身富贵，平时懒于读书，沉思许久却一句也写不出，而徐苕郎却从容应对，顷刻间诗稿即成。于是，琼奴和苕郎的婚事也就定下来了。刘家娶亲未成，痛恨徐沈两家，便捏造出一个莫须有的罪名诬告陷害他们。徐家和沈家都被发配，大江南北，天各一方，音讯全无。

不久，沈必贵去世，只剩琼奴和母亲童氏相依为命。当地官员吴指挥贪恋琼奴姿色，想纳其为小妾。童氏推托说琼奴已经许配给他人，委婉地拒绝了。吴指挥以官府的名义恐吓威逼母女，但琼奴就是不肯答应，她认为人不同于禽兽的地方就是因为有诚信。吴指挥恼羞成怒，派人把他们赶到别处去住，打算困辱母女二人。这时，沈必贵生前好友驿使杜君把驿站里的一间廊屋借给她们安身。

一天，有几位身着军服的人到驿站投宿。童氏发现其中一位青年特别敦厚谨慎，样子

不太像武士，而青年也几次注视童氏。随后，童氏仔细询问，得知青年竟是徐苕郎。琼奴和苕郎悲喜交加，众人也感叹万分。杜君于是出钱备礼，让二人当日成婚。不料此事被吴指挥知道了，他陷害苕郎，把他抓捕入狱，用杖刑打死了他。他又威胁童氏母女，如果不答应婚事，她们也将必死无疑。琼奴只好让母亲先答应下来。巧合的是，监察御史傅公当晚突然下榻驿站。琼奴知道后写了诉状上告，最终吴指挥不得不认罪服法。

傅公命令州官将苕郎安葬在城郭之外。琼奴哭着送葬，然后自沉于墓旁的水池里。傅公将夫妻二人合葬并将详情禀告皇帝。皇帝下旨为琼奴立牌坊，赐颁“贤义妇之墓”的匾额，以示表彰。童氏也由官府发放衣服粮食，优抚赡养。

【Story in English】

Wang Qiongnu, also called Runzhen, was born in Changshan County, Quzhou City, Zhejiang Province. When Qiongnu was two, her father died due to illness. Her mother had no choice but to remarry to a rich man named Shen Bigui. Shen Bigui had no biological child, so he raised Qiongnu as if she had been his own daughter, treating her extremely well. Qiongnu was clever, good at whatever she was taught, so she became proficient in music, chess, calligraphy and painting at the age of fourteen. As she possessed all the four excellent qualities of a girl, namely morality, poetry, beauty and needlework, people living near or far all competed to propose to her for their sons, and the desire of Xu Congdao and Liu Junyu living in the same village with Qiongnu were particularly urgent. Both Tiaolang, the son of Xu Congdao, and Hanlao, the son of Liu Junyu, looked very handsome and were of the same age as Qiongnu. After lengthy consideration,

Shen Bigui still couldn't make the final decision: The Lius' ancestors were all civilians but his family made a fortune overnight; while the Xus' ancestors were all personages but his family was impoverished financially at that time.

Later, Shen Bigui took the advice from a far-sighted relative and asked the two young men to chant poetry and paint pictures during the banquet so as to test their tolerance and literary talent. Born with a silver spoon in his mouth, Liu Hanlao was usually too lazy to read, so he could not write a word after thinking for a long time. However, Xu Tiaolang responded calmly and composed a poet instantly. So, Qiongnu and Tiaolang's marriage was settled down. Failing to marry Qiongnu, Liu Hanlao and his family resented Qiongnu and Tiaolang, so they fabricated an unwarranted accusation to frame them. The Xus and the Shens were banished far apart, losing contact with each other.

Soon, Shen Bigui died, leaving Qiongnu and her mother Tong depending on each other for survival. Coveting Qiongnu's beauty, Commander Wu, the local official, wanted her to become his concubine. Tong said that Qiongnu had been engaged to someone else, politely turning him down. Although Commander Wu kept bullying and threatening them in the name of the local authority, Qiongnu just did not agree, as she believed that it was integrity that distinguished human beings from animals. Turning angry from embarrassment, Commander Wu had them expelled to another place to live, intending to trap and humiliate them. Then, the estafette Du Jun, a close friend of Shen Bigui, lent them a gallery house in the stage for them to settle down.

One day, several people dressed in military uniforms came to the stage. Tong noticed that among them there was a young man who looked particularly honest, sincere and cautious, not very much like a warrior, and the young man also glanced at her for several times. Thereafter, after detailed inquiry, Tong learned that the young man was actually Xu Tiaolang. Qiongnu and Tiaolang were overwhelmed by mixed feelings, and other people present were also deeply touched. Du Jun then paid for the wedding ceremony so that the two could get married the same day. Beyond their expectation, Commander Wu heard it somehow. Thereupon, he framed Tiaolang, sent him into prison, and finally tortured him to death with the rod. He then came to threaten Tong and her daughter, saying that they would also be dead without any doubt unless Qiongnu promised to marry him. Qiongnu had no choice but to temporarily agree to his proposal. Coincidentally, the Supervisory Censor Fu Gong suddenly decided to sleep in the stage at that night. When Qiongnu heard the news, she wrote a petition appealing to the Supervisory Censor for help. Finally, Commander Wu had no choice but to plead guilty.

Fu Gong ordered the state officer to have Tiaolang buried outside the city. Qiongnu joined the funeral procession in tears, and then drowned herself in the pond next to the tomb. Fu Gong had the couple buried together and reported the story to the emperor at length. The emperor issued an edict to build up a memorial arch for Qiongnu with a tablet reading “the tomb of a virtuous woman” as a sign of commendation. Tong had been provided with clothes, food, and preferential treatment by the local authority before she passed away.

【文化注释】

发配：封建时代的一种惩罚，是指将罪犯押送到荒僻的边远地区以服劳役，其目的是惩罚罪犯，维护社会安定和统治秩序。

小妾：指在古代一夫一妻多妾制的婚姻结构中，地位低于正妻的女性配偶。

驿使：古代驿站传送朝廷文书者。而驿站为古代供传递文书者或来往官吏等中途暂歇、住宿的地方。

监察御史：中国古代的官职，负责监察百官、巡视郡县、纠正冤狱、肃整朝仪等事务。虽然官阶不高，但可以直接向皇帝弹劾违法乱纪和不称职的官员。

牌坊：旧时为表彰某人的德行而设立的一种纪念性建筑物。

【Cultural Notes】

Banishment: A punishment in the feudal era, referring to escorting the criminals to remote areas to serve labor, with the aim of punishing criminals and maintaining social stability and ruling order.

The concubine: Referring to the female spouse whose status was below the wife in China's ancient marriage system of monogamy with several concubines.

The estafette: A person to transmit the documents of the imperial court in ancient stages. And the stage was a place provided for people who transmitted the documents and the government officials passing by to rest and sleep.

The Supervisory Censor: A government official in ancient China, responsible for monitoring all other officials, patrolling counties, correcting the wrong punishments and imprisonment, adjusting the royal amenity, etc. Although his rank was not high, he could directly impeach the lawless and incompetent officials to the emperor.

The memorial arch: A commemorative building established in honor of a person's virtue in ancient China.

【文化价值】

琼奴与苕郎传说以两人的爱情悲剧作为主线，对鱼肉百姓、暴虐成性的豪绅官吏进行控诉。故事比梁祝传说更加曲折离奇，集脆弱与坚强于一身的琼奴，似乎在歌颂着人间的真情与善良。

首先，琼奴和苕郎二人的姻缘始于父母之命，而后才在确定夫妻名分的基础上表达爱情。因此，二人的婚姻爱情遵守当时的礼法，符合封建正统的婚恋观。

其次，二人的爱情受到外在社会暴力与强权的破坏，但是琼奴表现出了坚贞不屈的女性形象，反映了当时人们对邪恶的憎恨及对爱情的渴望，同时也告诫人们讲究诚信。

最后，故事中对暴发户刘家仗势欺人及对吴指挥以权压人的描写，真实地呈现了当时官场黑暗和社会不公的现象。但故事结尾对监察御史和皇帝的描写却又反映了人们对美好生活的追求和向往。

【Cultural Value】

With the love tragedy as the central theme, the Legend of Qiongnu and Tiaolang was to denounce the despotic gentry and officials who were used to bullying and oppressing the civilians. The story is twistier and weirder than the Butterfly Lovers Legend, and Qiongnu, combined with both fragility and strong will, seemed to be praising the true feelings and goodness on earth.

Firstly, the marriage of Qiongnu and Tiaolang was settled down by their parents, after which they started to express their affection on the basis of their marriage bonds. Therefore, the marriage and love of the couple abided by the ritual law at that time, conforming to the ruling view of marriage in feudal society.

Secondly, their love was subject to external damage of social violence and power , but Qiongnu showed an unyielding female image, reflecting people's hatred to evil and desire to love. The story also warned people that they should adhere to integrity.

Finally, the description of the Lius and Commander Wu who took advantage of their power to bully people in the story truly presented the dark officialdom and social injustices. But at the end of the story, the description of the Supervisory Censor and the emperor reflected people's pursuit of and longing for a better life .

【传说地址】

琼奴与苕郎传说发生在浙江省衢州市常山县的彤弓山村。该村早在2012年就被列为浙江省首批历史文化村落保护利用重点村。村庄生态环境优美，古树参天；历史悠久，文化蕴涵丰厚。村内70%的村民都姓徐，徐氏宗祠记载着历史发展的遗迹。目前，彤弓山村在保护和传承文化瑰宝的同时，正致力于打造农家乐休闲旅游特色村。

【Location】

The legend of Qiongnu and Tiaolang took place in Tonggongshan Village, Changshan County, Quzhou City, Zhejiang Province. The village was listed in 2012 as the first batch of important historical and cultural villages in Zhejiang Province to be protected. The village has a beautiful ecological environment with towering old trees and a long history with rich cultural connotation. 70% of the villagers are surnamed by Xu, and the relics of historical development are recorded in their ancestral hall. At present, the villagers are committed to building a characteristic village with agritainment while protecting and inheriting cultural treatures.

第 五 章

宗教仙道传说

Chapter 5 Legends of Religous Dignitarites and Immortals

济公传说

The Legend of Ji Gong

【传说背景】

济公传说是由南宋高僧道济的故事演变发展起来的。据史料记载，道济应是浙江天台曾任都尉李文和的后代，南宋绍兴十八年（1148）生于天台县永宁村，十七岁时在国清寺出家，后随师到杭州灵隐寺剃度、受戒，半生云游四方，在净慈寺做书记僧，南宋嘉定二年（1209）圆寂于杭州虎跑寺。

在济公的生前身后，天台出现了许多关于他的灵异传说。据调查，现存于天台民间的济公传说有数百种。传说以济公生平经历为主线，以惩恶扬善为中心，用风趣诙谐的基调讲述了济公身世、童年生活、扶危济困、戏佞降魔、民俗风物等故事。《北涧集》《净慈寺志》《武林梵志》《灵隐寺志》及《台州府志》《浙江通志》等地方志均有记载济公的生平及其所作所为体现的禅宗精神。

周恩来总理说："人民很喜欢济公，因为他关心人，为不公平的事打抱不平。"八百多年来，济公传说在民间口耳相传，同时还被改编成小说、影视、书画、雕塑等艺术形式，影响世界各地。

【Background Introduction】

The legend of Ji Gong evolved from the story of a monk named Dao Ji in the Southern Song Dynasty. According to the historical records, Dao Ji was the son of Li Wenhe who was once the commandant of Tiantai County, Zhejiang Province. Born in the Yongning Village, Tiantai County in 1148 (in the Southern Song Dynasty), he became a monk in Guoqing Temple at the age of 17 and then followed his master to Lingyin Temple in Hangzhou City, where he had the tonsure and was initiated into monkhood. Spending half of his life traveling a lot, he was a secretary monk of Jingci Temple and he passed away in Hupao Temple in Hangzhou City in 1209 (in the Southern Song Dynasty).

There were many supernatural tales about Ji Gong, no matter when he was alive or when he passed away. According to the survey, currently, there are hundreds of tales about Ji Gong spreading among the people in Tiantai County. With his life experiences as the main line, and his spirit of praising virtue and punishing vice as the center, the legend of Ji Gong tells the stories of his life experiences, his childhood, his helping those in danger and relieving those in need, his teasing evildoers and conquering demons and the stories about local scenery and folkways. The Zen spirit embodied in the life experiences and actions of Ji Gong have all been recorded in the regional annals, such as *Beijian*

Anthology（Bei Jian Ji）, *Annals of Jingci Temple*（Jing Ci Si Zhi）, *Annals of Buddhist Temples in Wulin*（Wu Lin Fan Zhi）, *Annals of Lingyin Temple*（Ling Yin Si Zhi）, *Taizhou Chronicle*（Tai Zhou Fu Zhi）and *General Annals of Zhejiang Province*（Zhe Jiang Tong Zhi）.

Premier Zhou Enlai said, "The reason why people loved Ji Gong was that he cared for people and always defended people against injustices." Over the past 800 years, in addition to being spread orally in the folk, the legend of Ji Gong has been made into some art forms, such as novels, films and television, paintings and calligraphy, and sculpture, having an influence around the world.

【传说故事】

济公父亲名李茂春，此人不贪功利，做了几年官后便弃职归隐于家。李茂春年过四十，膝下却无一男半女，于是夫妻二人到天台国清寺罗汉前求子。二人乐善好施，感动神佛，不久便顺利怀胎。巧合的是，济公降生之时，国清寺内十八罗汉之一的降龙罗汉同时崩塌，因此传说济公是降龙罗汉投胎所生。

济公一生云游四海、疾恶如仇、扶危济困、好打抱不平，因此弱小无助的底层民众把他当知心朋友。

传说杭州栖霞岭下有一个财主，为人凶狠残暴，专门欺压穷人。他不仅有一群家丁恶奴，还专门养了一只凶猛的狗来显威风。一天，一老一少两个艺人到村里来卖唱。他们正好到了财主家门前的空地上，老艺人拉琴，小孙女唱歌，清越的歌声引来许多的观众。忽然，财主家的大门打开了，里面走出两个恶奴，其中一个手中牵着狗。恶奴嫌两个艺人在财主家门前卖唱，放狗咬伤了老人。财主见状，又命狗咬伤了小孙女。

这时，一位邋遢和尚走来，见此情景，用手中的破蒲扇朝狗轻轻一扇，那恶狗立即在地上打了个滚，呜哩呜哩地叫着逃进了大门。财主见这疯癫和尚，心里有点发毛，赶紧溜进大门。

过了三天，财主的腿上长出了一个碗口大的疖子，痛得他整天长吁短叹，寻遍杭城名医，都无能为力。后来，财主听说净慈寺的济公和尚是神医，便派人将他请来。财主一看济公竟然是那天赶狗的和尚，心中不悦，但也只好忍气吞声地请他治病。

济公见财主身边正站着牵狗的恶奴，于是便说："要治伤只有一个办法，就是把他的腿锯下来接到你的身上。"

恶奴一听，吓得面如土色，苦苦哀求主人不要锯他的腿，但财主哪里肯，便吩咐济公立即动手。济公拿了把铁锯，先把财主的腿锯下来，又把恶奴的腿锯下，接到财主的身上。财主走了几步，腿非常好使，不由得开心大笑；而恶奴被锯掉了一条腿，痛得嗷嗷大叫。

恰巧，门外跑来了那只恶狗。济公便把狗腿锯下，接到恶奴的身上。恶奴很不高兴，可站起来一走，因狗腿短，走起来就一高一低，一摇一晃，十足的奴才相。那条被锯掉腿的狗也痛得汪汪直叫。济公想了想，从地上抓起一把泥土，捏成一条狗腿接在狗身上，说："这条腿是泥捏的，当心不可下水。"

从此，狗撒尿都把腿抬得高高的，怕把泥腿弄湿了，而人们看见恶奴便把他叫作"狗腿子"。

【Story in English】

The father of Ji Gong was Li Maochun. He was not greedy for power, so he returned to his hometown resigning after several years of being an official. As Li Maochun was over forty yet and had no children, Mr. And Mrs. Li went to Guoqing Temple in Tiantai County to pray to the Arhats hoping that they could get a kid. The immortals and the Buddhas were so moved by their beneficence that they blessed the couple with a son. Coincidentally, at the moment when Ji Gong was born, the statue of Xianglong Arhat, one of the Eighteen Arhats, collapsed suddenly. Hence, people presumed that Ji Gong was the transmigration of Xianglong Arhat.

In his life, Ji Gong traveled a lot. He abhorred evils as deadly foes, helped those in danger, relieved those in need and always defended people against injustices, so the weak and helpless unprivileged people considered him as their intimate friends.

According to the legend, there lived a rich man down Qixia Hill of Hangzhou City, who was vicious and brutal and frequently oppressed the poor. Not only did he have a group of outrageous slaves, but also he kept a fierce dog to show off his prowess. One day, an old man and his grand-daughter, who were two entertainers, came to the village to sing for a living. They went right in the vacant lot in front of the house of the rich man, where the old man played erhu （a kind of Chinese musical instrument） and his grand-daughter sang with her clear voice drawing large audience. All of a sudden, the front door of the rich man's house was opened, of which two evil slaves walked out with a fierce dog. They hated that the two entertainers sang in front of the rich man's house, so they sent the dog on the old man. Seeing this, the rich man asked them to sent the dog on his grand-daughter.

At that time, a slovenly monk came. When he saw what was happening, he used the shabby cattail leaf fan in his hand to fan the dog slightly, and the evil dog immediately rolled on the ground, barking and fleeing into the gate. Looking at the "mad" monk, the rich man felt nervous, so he sneaked into the house without hesitation.

After three days, the rich man had a boil on his leg as large as a bowl. It hurt so much that he kept sighing and groaning all day long. He sent his slaves to search all the famous doctors for him, but none of them had an idea about what to do with his leg. Later, the rich man heard that the monk Ji Gong in Jingci Temple was a highly skilled doctor, so he sent his slaves to invite Ji Gong to his house. As the rich man recognized that it was Ji Gong who had driven his dog away, he was rather unhappy, but he could only swallow his anger and ask him to cure him.

Seeing the slave who sent the dog that day standing right next to the rich man, Ji Gong said, "There is only one way to cure you, which is to cut off his (the slave's) leg and reattach it on your body."

Hearing this, the evil slave was so scared that his face turned as white as ashes. He besought his master bitterly not to cut his leg, but the rich man was just indifferent and asked Ji Gong to cut off their legs immediately. Taking out a rusted saw, Ji Gong first cut off the leg of the rich man, then the leg of his evil slave and attached it to the rich man's body. The rich man took a few steps, feeling so comfortable that he kept laughing out loud; while the evil slave lost a leg and kept crying out loud because of the pain.

As chance would have it, the fierce dog ran into the house. Ji Gong then cut off one leg of the dog and reattached it to the slave. The slave was overwhelmed with joy, but as he stood up and took a few steps, he looked rather strange with one leg long and the other one short, which was just like the servile behavior. The dog, losing one of its legs, kept barking loud with extreme pain. On second thoughts, Ji Gong grabbed a handful of mud, mold it into a dog leg and reattached it to the dog, saying to it, “As this leg is made of mud, you must never sink it into water.”

Ever since then, the dog has to lift its leg up high when peeing so as not to make the mud leg wet, and people have been calling the evil slaves “the dog’s leg” .

【文化注释】

罗汉：梵文阿罗汉的音译略称。罗汉是小乘佛教中佛陀得道弟子修证最高的果位，而在大乘佛教中排名仅次于佛、菩萨，处于第三位。阿罗汉意译为应供、杀贼、无生，杀贼是去除一切生活中的烦恼，无生是解脱生死不受轮回之苦，应供是接受天上人间的供养。

蒲扇：用蒲葵的叶子和柄制成的扇子。蒲扇轻便、价廉，在中国古代是最为普及的扇子。夏天，蒲扇可以用来扇风，给人们送去清凉；古代煮药时，药童用它来加大火力。

狗腿子：由济公传说而演变来的一种说法，指为恶势力效劳、做帮凶的人。

【Cultural Notes】

Arhat: Called Luohan in China, it is the abbreviation of A Luo Han which is the transliteration of Arhat. Arhat is the highest attainment position among the Buddha's disciples in Hinayana Buddhism, and ranks the third after Buddha and Bodhisattva in Mahayana Buddhism. Arahat can be translated into responding to an offering, killing thieves, and inanimate. Killing thieves is to remove all the troubles in life. Inanimate is to liberate life and death from the suffering of reincarnation, and responding to an offering is to accept the offerings of heaven and earth.

Cattail leaf fans: Made from the leaves and handle of sabal. The cattail leaf fans are portable and inexpensive, so they were the most popular fans in ancient China. In summer, people could use the cattail leaf fans to cool themselves down; in ancient China, the drug boys used the cattail leaf fans to increase the fire while decocting medicinal herbs.

The dog's leg: An expression evolving from the legend of Ji Gong, referring to those working for the vicious power.

【文化价值】

济公虽然鞋儿破，帽儿破，身上的袈裟破，但他的美好心灵没有被外表的丑陋遮挡。济公传说在讲述济公一生经历的同时，向我们诉说着浙江的历史和文化。

首先，济公传说从不同的角度歌颂济公的聪明睿智以及他惩恶扬善、无我利他的精神，反映当时的人民对这种精神的向往与崇敬。对这种精神的弘扬对于形成见义勇为、助人为乐的社会风尚，具有良好的推动作用。

其次，济公传说蕴含着特定的时代特征。济公出生的南宋充满了黑暗。南宋高宗王朝对外不能抵御金兵的入侵，对内不能治国安邦。当时苛捐杂税沉重，农民被迫起义反抗。济公超自然的神秘力量是人民心理愿望的反映。

再次，济公传说体现了天台的佛教文化和民风民俗。早在东晋南北朝时期，佛教文化就在天台山孕育滋生。济公传说是大乘佛教思想和佛教世俗化发展的产物。传说中济公行侠仗义的性格充分反映了当地淳朴刚健的民风。

最后，济公传说体现了当地的饮食文化。天台风味小吃“卷饼筒”传说就是济公首创；天台人春节第一天吃“五味粥”的习惯也是因济公传说流传下来的。因为济公是男性，所以直到今天，天台还讲究要家里的男子煮五味粥呢。

【Cultural Value】

Although his shoes, hats and cassock were all shabby, the beautiful heart of Ji Gong was not shaded by his ugly appearance. As the legend of Ji Gong presents the life experiences of Ji Gong, it also tells us the history and culture of Zhejiang Province.

Firstly, the legend of Ji Gong sings of his wisdom and intelligence from different angles, as well as his spirit of punishing the evil and promoting the good, and his selflessness and altruism, reflecting people's yearning and reverence for these spirits. The promotion of these spirits will have a positive effect on the formation of a social culture of courage and helping others.

Secondly, the legend of Ji Gong implies the specific era characteristics. The Southern Song Dynasty when Ji Gong was born was full of darkness and suffocation. The imperial court in the reign of Emperor Gaozong in the Southern Song Dynasty could not resist the invasion from the Jin State, nor could it administer state affairs well and ensure national security. At that time, the exorbitant tax levies forced the farmers to stage an uprising. The supernatural mysterious force of Ji Gong was the reflection of people's psychological desire.

Thirdly, the legend of Ji Gong embodies the Buddhism culture and the folk customs of Tiantai County. As early as in the Jin Dynasty and the Northern and Southern Dynasties, the Buddhism culture was bred in Tiantai Mountain. The legend of Ji Gong was a product of development of Mahayana Buddhism and Buddhism secularization. That Ji Gong had a strong sense of justice and was always ready to help the weak fully reflected the local virile and simple folkway.

Finally, the legend of Ji Gong embodies the local diet culture. According to the legend, the flavor snack "rolls"（Juan Bing Tong） in Tiantai County was originally created by Ji Gong； the habit of eating the "five-flavor porridge"（Wu Wei Zhou） on the first day of the Spring Festival in Tiantai County was handed down from the legend of Ji Gong. As Ji Gong is a man, it is still the men who are asked to cook the five-flavor porridge until today.

【传说地址】

天台县的济公故居、济公院和杭州西湖边的灵隐、净慈、虎跑等名刹，都和素有"活佛"之称的济公和尚有着紧密的联系。

济公故居：在永宁村原李府处复建。李府花园——陇西园也得以恢复。济公故居是目前台州市内名人故居恢复得最好最完美的建筑群，已成为世界各地济公信众心中的圣地。

赤城山济公院：济公故里的赤城山瑞霞洞是济公少年时读书之处。赤城山历史上是佛、道同一的名山。中国道教第六洞天的玉京洞也在此山。济公院就是在赤城山瑞霞洞上重修起来的。

灵隐寺：济公十七岁在天台国清寺出家后，随师到杭州灵隐寺，并在寺内剃度。灵隐寺位于杭州西湖以西，背靠北高峰，面朝飞来峰。灵隐寺为江南著名古刹，也是中国佛教禅宗十大古刹之一，始建于东晋咸和元年（326），后在清顺治年间重建。寺内的济公殿里供奉着“济公活佛”，殿内四壁的十八幅壁画描绘着济公的传奇一生。

净慈寺：济公在灵隐寺喝

酒吃肉，疯疯癫癫，不为住持所喜，于是被赶出山门，后住净慈寺。净慈寺位于浙江省杭州市西湖南岸的南屏山慧日峰下，与雷峰塔相对，始建于五代吴越国时期，原名永明禅寺，南宋时改称净慈寺，并建了五百罗汉堂。寺内的济公殿和运木古井向游人讲述着济公的故事。此外，因寺内钟声响彻，其在南宋时被誉为“南屏晚钟”，且成为西湖十景之一。

虎跑寺：济公圆寂于虎跑寺。虎跑寺位于杭州西南大慈山，以寺中的名泉虎跑泉而著名。该寺建于唐元和年间，后屡次兴废，现已无僧人住持，改为公园，园内有济公殿、济公塔和济公雕塑。

【Location】

The former residence of Ji Gong and Ji Gong Yard of Tiantai County, and the famous temples, such as Lingyin Temple, Jingci Temple and Hupao Temple by the West Lake in Hangzhou City are all closely linked to the monk Ji Gong who has always been recognized as the “Living Buddha”.

The Former Residence of Ji Gong: It was reconstructed at the location where used to stand the house of the Lis at the Yongning Village. The garden of the Lis—Longxi Garden was also restored. The former residence is currently a building group which has been restored the most successfully among all the former residences of the celebrities in Taizhou City, becoming the holy land of the followers of Ji Gong across the world.

Ji Gong Yard on the Chicheng Mountain: The Ruixia Cave on the Chicheng Mountain in the hometown of Ji Gong was the place where he used to read books when he was young. In history, Chicheng Mountain is the famous mountain where the Buddhism and Taoism coexist. Yujing Cave, the sixth cave of Chinese Taoism is also on this mountain. It was at the Ruixia Cave on the Chicheng Mountain where Ji Gong Yard was rebuilt.

Lingyin Temple: After becoming a monk at the age of seventeen, Ji Gong followed his master to Lingyin Temple in Hangzhou City and had the tonsure in the temple. Located in the west of the West Lake, with Beigao Peak standing behind it and facing Feilai Peak, Lingyin Temple is not only a famous temple in regions south of the Yangtze River, but also one of the ten ancient temples of Chinese Buddhism Zen. It was originally built in 326 in the Eastern Jin Dynasty and was rebuilt during the reign of Emperor Shunzhi of the Qing Dynasty. In the Ji Gong Palace of the temple, the statue of "the Living Buddha Ji Gong" is enshrined and worshiped, and the eighteen wall paintings on the four walls portray the legendary life of Ji Gong.

Jingci Temple: As Ji Gong used to eat meat, drink alcohol and behave in a crazy manner in Lingyin Temple, he was resented by the abbot, who drove him out of Lingyin Temple. After that, he lived in Jingci Temple. Located down the Huiri Peak, Nanping Mountain in the south of the West Lake in Hangzhou City, Zhejiang Province, opposite to Leifeng Pagoda, Jingci Temple was originally built in the State of Wuyue (907–978) of the Five Dynasties with its original name as Yongming Temple. In the Southern Song Dynasty, it was renamed as Jingci Temple and the hall of 500 Arhats were built. The Ji Gong Palace in the temple and the ancient well which was once used by Ji Gong to carry the woods tell the tourists the story of Ji Gong. In addition, as the bell in the temple resounds loud, it is known as "Evening Bell Ringing at the Nanping Hill", which has become one of the ten famous scenic spots of the West Lake.

Hupao Temple: Ji Gong passed away in Hupao Temple. Located on the Daci Mountain in the southwest of Hangzhou, Hupao Temple was famous for Hupao Spring. The temple was originally built in the Tang Dynasty, going through repeated prosperity and downfall. At present, as there were no monks governing the temple, it has been changed into a park where there stand the Ji Gong Palace, Ji Gong Tower and Ji Gong Statue.

观音传说

The Legend of Guanyin

【传说背景】

观音，又称观世音，是佛教中慈悲和智慧的象征，也是浙江民间最深入人心的佛教形象。中国的观音信仰和传说源自印度佛教的传入。早在公元前7世纪，观世音本是印度一对可爱的小马驹。公元前3世纪，大乘佛教将其演变成“马头观世音”，到公元前后，改为男身。传入中国以后，观音起初也是男身，唐代以后才顺应中国民众的信仰需求，逐渐演变为中国化的女性形象。

观音传说最早来自佛经，大致是说凡人遇到苦难，只要口持观世音菩萨的名号，就能从苦海中被救度出来。《楞严经》中说观世音可以显现三十三化身，其中最有名的是手拿杨枝、净瓶，滋润悲苦众生的药王——杨柳观音，以及身披白色长袍、保众生平安的白衣观音等。此外，民间还流传有千手千眼观音，指观音能够循声救苦，做到千处有求千处应。

在中国，观音灵异传说在古书中多有记载，如《昌国县志》《普陀山志》等。此外，传说还通过戏曲、说唱、章回小说等形式在更大范围扩布，著名的古典小说《西游记》便是一例。

【Background Introduction】

Guanyin, also called Guanshiyin, is the symbol of compassion and wisdom in Buddhism as well as the image of Buddhism rooted the most deeply in the hearts of the people in Zhejiang Province. The belief and legend of Guanyin in China originated in the introduction of India Buddhism. As early as in the 7th century BC, Guanshiyin was a pair of cute little ponies in India. In the 3rd century BC, Mahayana Buddhism turned them into "Horse Head Guanshiyin" (Ma Tou Guan Shi Yin) and then into a male around the Christian era. When introduced into China, it was also a male at first. It was since the Tang Dynasty that Guanyin gradually evolved into the Chinese female image in compliance with the needs of the Chinese people's belief.

First coming from the Buddhist scripture, the Guanyin legend roughly says that anyone in trouble can be saved from the sea of hardship as long as he or she prays to the avalokitesvara (Guanshiyin). *Lengyanjing* says that Guanshiyin can change into 33 incarnations, the most famous ones of which are the king of medicine with a willow and a bottle in the hand moistening the miserable people—Willow Guanyin (Yang Liu Guan Yin), White Clothes Guanyin (Bai Yi Guan Yin) in long white robes protecting the general people, and so on. Besides, there is a version of Guanyin with thousands of hands and feet popular in the folk and the Buddhist scriptures, referring to that Guanyin can hear the sufferings and save a thousand people at the same time.

In China, the supernatural legends of Guanyin are recorded in many ancient books, such as *Annals of Changguo County*（Chang Guo Xian Zhi）and *Annals of Mount Putuo*（Pu Tuo Shan Zhi）. Besides, the legends have been propagated in a larger scale in forms of operas, rap and chapter novels（a type of traditional Chinese novel with each chapter headed by a couplet giving the gist of its content）, with the famous ancient novel *Journey to the West* as a good example.

【传说故事】

浙江各地流传着许多观音救苦救难的美好传说，而浙江舟山的普陀山据传是观音菩萨应化的道场。舟山民间对观音的信仰已经相沿成俗，因此各种各样的观音传说也就在民间广泛流传开来。

相传，观音菩萨原是古代妙庄国王的三女儿妙善公主。她生得聪慧美丽，从小笃信佛法。妙庄王为了找一位继承人，在妙善到婚嫁年龄的时候，决定为她找个驸马。妙善却不肯婚嫁。后来，因受不了妙庄王的一再逼婚，她干脆抗旨出走，执意到桃花山白雀寺削发出家。妙庄王一气之下，派人趁黑夜一把火烧了白雀寺。可是，妙善双手合十，紧闭双目，盘腿静坐，口念佛号，一心修行。寺院的房舍几乎全部烧光了，可妙善修行的后殿却没有烧着。她在神力的辅助下，坐一条小船来到洛珈山，从此在此静心修行。

后来，妙庄王得了重病，久治不愈。御医说需要亲骨肉的手眼做药引才能医治，而身边的两位女儿却都不肯献出手眼。妙善得知此事后，不念父王旧恶，毅然挖下自己的双眼，斩下自己的双手，制成药丸，救活了父亲。上天神灵为她的孝心所感动，使妙善公主长出了千手千眼。

话说观音菩萨在洛珈山修炼成佛后，看中普陀山风景优美，想到那里开设道场。然而，她慧眼远观，却见普陀山瘴气弥漫、百花凋零、鸟兽潜踪。原来，这个岛被从云雾洞来的红蛇精所占，它经常东游西荡，残害生灵。观音于是化作一位美丽的姑娘去找蛇精，却远远看到梵音洞里走出一个红脸大汉，挡住去路，欲行非礼。观音知大汉乃红蛇精所化，便施礼说道："你是蛇仙吧？为何要离开云雾洞到普陀山来占据佛门圣地，在这里糟蹋生灵？"蛇精眼睛一瞪："你这是什么话？我在这座岛上住了好几百年，这里怎么会是佛门之地？你赶快离开洛珈山。"观音说："难道洛珈山也是你的？"蛇精说："普陀、洛珈本是一个山头，你不知道吗？"观音说："有何依据？"蛇精说："我的真身正好可以绕岛一圈。"观音于是让蛇精证明给她看。蛇精摇身变成一条大蛇，沿着山脚弯弯曲曲延伸开去，眼看就要头尾接拢了，观音抬脚轻轻一蹬，将洛珈山蹬出老远，从此普陀、洛珈分开为两个山头，蛇身只能绕普陀山一圈。蛇精知道上当了，连忙说再绕一次。观音拿出一只金钵，对蛇精说："你如果能在这个金钵上绕一圈，我就把普陀山让给你。"蛇精心想："这有何难？"于是将身子缩小，盘在金钵沿口上。观音乘机一拨，蛇精掉入金钵里，观音立即捂紧钵口。蛇

精求饶，观音说："怜你修行不易，今天就放你一条生路，废你千年的修行，立刻回你的云雾洞去修炼。"观音赶走了蛇精，从洛珈山纵身一跃，跳上了普陀山，在她落脚的那块岩石上，留下一个深深的脚印，后人称之为"观音跳海石"。

【Story in English】

There are a lot of beautiful legends of Guanyin saving the people in hardships and troubles circulating in Zhejiang Province and it is said that Mount Putuo in Zhoushan City, Zhejiang Province, is the ashram where Avalokitesvara came to the earth to educate people. The belief in Guanyin has become commonplace in Zhoushan City with generations of promotion, so various Guanyin legends are spread widely in the folk.

According to the legend, Avalokitesvara was originally Princess Miaoshan, the third daughter of the ancient King Miaozhuang. With fine appearance and intelligence, she deeply believed in Buddhism. In order to find a successor, King Miaozhuang decided to look for a Fuma（huaband of the Princess）for Miaoshan at the marriage age. However, Miaoshan refused to get married. Later, as she could not bear it that King Miaozhuang had repeatedly forced her to get married, she just left the palace against the order of the King, determined to cut her hair and become a Buddhist nun in Baique Temple at Taohua Mountain. With great anger, King Miaozhuang had Baique Temple burned down under the cover of night. However, Miaoshan just folded her hands, closed her eyes, sat cross-legged, and recited the Buddhas' names, setting her mind on Buddhism. As a result, almost all the houses and rooms of the temple were burned out, but the rear court room where Miaoshan practiced Buddhism remained intact. With the aid of the divine power, she took a small boat to Luojia Mountain, and started to meticulously practice Buddhism. Later, falling ill, King Miaozhuang could not get over after long treatment. The imperial physicians said that only by using the hands and eyes of the King's daughters as the medicine inducers could the King be cured, but the two daughters around him were not willing to contribute their hands or eyes. Informed of this, Miaoshan resolutely dug out her eyes and cut off her hands to make a pill so as to save her father, regardless of his old grievance. The gods in Heaven were moved by her filial piety, so they made a thousand hands and a thousand eyes grow on Princess Miaoshan.

As Avalokitesvara became a Buddhist in Luojia Mountain, she liked the beautiful scenery in Mount Putuo, thinking of setting up an ashram there. However, seeing from a distance, she found that Mount Putuo was covered with miasma, flowers withered and birds and animals lurked. It turned out that the island was occupied by a red snake demon from Yunwu Cave, who wandered a lot destroying creatures. Thereupon, Guanyin turned into a beautiful girl to meet the red snake demon, only to see at a distance that a man with red faces came out of the Fanyin Cave and blocked the way, intending to spoil her. Guanyin knew that the man was the demon, so she saluted and said, "Are you the snake immortal? Why did you leave Yunwu Cave to occupy Putuo Mountain and destroy creatures in the sacred place of Buddhism?" The snake demon stared at her, saying, "What are you talking about? I have been living on the island for hundreds of years. How could it be the sacred place of Buddhism? You had better leave Luojia Mountain as soon as possible." Guanyin said, "Could it be said that Luojia Mountain also belongs to you?" The snake demon said, "Putuo and

Luojia share the same hill. Can't you dig it?" Guanyin said, "What is your proof?" The snake demon said, "My real body is just right for a lap around the island." So Guanyin asked the snake demon to prove to her. The snake demon then changed into a huge snake, zigzagging forward along the foot of the mountain. Just as his head and his tail were about to meet, Guanyin lifted her foot and kicked gently Luojia Mountain afar. Ever since then, Putuo and Luoshan has been separated into two hills. The snake body could only go around Mount Putuo. Realizing that he was cheated, he immediately said that he would like to try once more. Guanyin took out a golden bowl, saying to the snake demon, "If you could go around the golden bowl, I could give you Mount Putuo." The snake demon said to himself, "How hard could this be?" So he shrank his body and began to circle at the rim of the golden bowl. Guanyin took this opportunity to throw him into the bowl and covered it tight. The snake demon begged for mercy, so Guanyin said, "considering that it was hard for you to have these achievements, today I will let you go, but I need to abolish your practice of a thousand years. And now, you just return to Yunwu Cave to practice." Driving away the snake demon, Guanyin jumped onto Putuo Mountain, leaving a deep footprint on the rock where she landed, which was called "Guanyin Jumping into Sea Rock" by the later generations.

【文化注释】

驸马：中国古代对帝王女婿的称谓。驸马原是官职名称，最早出现在汉武帝时期，全称为驸马都尉。魏晋以后，帝婿都加封驸马都尉的称号，简称驸马。后来，人们便以驸马来称呼帝婿。

洛珈山：位于普陀山东南约5.3公里处，与普陀山隔海相望。相传观世音菩萨先在洛珈山发迹、修行，得道后才到普陀山开辟观音道场。洛珈山上主要有圆通庵、大悲殿、大觉殿、伽蓝殿、五百罗汉塔、四十八愿塔、水晶宫等。

金钵：钵，形状像盆但尺寸较小，有金钵、铜钵、铁钵、木钵等。佛教中，钵用来指僧人吃饭所用的食器，也指僧人用来募化乞食的器具。

修行：出家学佛或学道以修养德行，从而能超凡脱俗，摆脱生死轮回。

观音跳：普陀山龙湾岗东南濒海处的一个景点，与洛珈山隔海相望，由“观音跳海石”和“西方净苑”组成。观音跳海石为朝圣的信徒必拜之圣地，因为石顶上有观音菩萨的足迹；西方净苑则为清修的佳所。

【Cultural Notes】

Fuma: It was how the ancient Chinese called the emperor's sons-in-law. Fuma was originally the name of a government post emerging as early as in the Han Dynasty, with the full title as Fuma Duwei. After the Wei and Jin Dynasties, all the sons-in-law of the emperors would be granted the title of Fuma Duwei, called Fuma for short. Afterwards, people started to call the sons-in-law of the emperors as Fuma.

Luojia Hill: Located about 5.3km southeast of Mount Putuo, and divided with Mount Putuo by the sea. According to the legend, it was at the Luojia Hill that Avalokiteshvara started her way and practiced Buhhdism and it was when she became the Bodhisattva that she went to Mount Putuo to build Guanyin ashram. On Luojia Hill, there are mainly Yuantong Temple, Dabei Palace, Dajue

Palace, Jialan Palace, Five Hundred Arhats Pagoda, Forty-Eight Wishes Pagoda, Crystal Palace and so on.

The golden bowl： The bowl looks like a basin but smaller. There are golden bowls, copper bowls, iron bowls, wooden bowls and so on. In Buddhism, the bowls can be used by the monks both to eat food and to beg for alms.

To practice： It is believed that if you become a monk practicing Buddhism or become a Taoist priest practicing Taoism, you can detach yourself from the world and get rid of the death and rebirth.

Guanyin Jumping： It is a scenic spot along the coast in the southeast of Longwan Port of Mount Putuo, facing Luojia Hill across the sea, and consisting of "Guanyin Jumping into Sea Rock"（Guan Yin Tiao Hai Shi） and "Xifang Temple"（Xi Fang Jing Yuan）. The rock is the sacred place where the pilgrims must visit, as there is the footprint left by Avalokitesvara on the rock. The temple is the good place for Kiyonaga.

【文化价值】

首先，观音传说寄托了旧社会底层劳动人民的希望与期待。当人们遭受重重压迫和种种灾难之时，他们企图摆脱厄运，但又无能为力。这时，大慈大悲的观音菩萨及她的那种超凡力量能够给人们带来情感慰藉。

其次，观音传说中所体现的惩恶扬善、救世和谐的中华民族传统文化内核，有助于和谐社会的建设。

再次，观音也成为中国与世界各国文化交流的纽带。观音信奉已超越了民族和国界，“劝人为善、爱好和平”的观音文化现象传播到了世界各地。

最后，观音造像凝聚着历代工艺大师和能工巧匠的艺术创造智慧。观音造像不仅遍布各地寺庙，而且进入了千家万户。这些造像作为一种艺术创造，启发人们的进一步遐想，催生出新的传说故事。

【Cultural Value】

Firstly, the working people in the old days placed their hopes and expectations on Guanyin legends. When people were under heavy depression and in various disasters, they tried to get rid of bad fortunes but they could do nothing. At this time, the charitable Avalokitesvara and her supernatural power could give the general people emotional comfort.

Secondly, the core elements of traditional Chinese culture were reflected in Guanyin legend, such as praising virtue and punishing vice and saving the general people and bringing them into harmony. These elements are helpful for the stability of the society and the construction of a harmonious society.

Thirdly, Guanyin has become a tie of cultural exchanges between China and the rest of the world. The Guanyin belief has far transcended nations and borders and the Guanyin culture of "Being kind and loving peace" has been propagated around the world.

Finally, Guanyin statues embody the wisdom of artistic creation of the master crafters of generations. Guanyin statues are worshiped not only in the temples but also in people's houses. As a kind of artistic creation, those statues have inspired people to further innovate and create new legends and stories.

【传说地址】

传说浙江舟山的普陀山是观音教化众生的道场，也是观音显灵说法的道场。农历二月十九、六月十九、九月十九是传说中观音菩萨的生日、成道日和涅槃日，朝山进香者不远千里纷纷而来。

普陀山：浙江舟山群岛中的一个小岛，素有“海天佛国”“南海圣境”之称。它与四川峨眉山、山西五台山、安徽九华山并称为“中国四大佛教名山”。山海相连的普陀山因其神奇、神圣、神秘而被誉为驰名中外的旅游胜地，是国家5A级旅游风景区，主要游览景点包括：

普陀山三寺：普济禅寺、法雨禅寺、慧济禅寺。其中，普济禅寺始建于宋，是山中供奉观音的主刹，建筑面积约11000多平方米。法雨禅寺始建于明，依山凭险，层层叠建，周围古木参天，极为幽静。慧济禅寺建于佛顶山上，又名佛顶山寺。

普陀山三宝：多宝塔、杨枝观音碑、九龙藻井。

普陀山三石：磐陀石、心字石、二龟听法石。

普陀山三洞：朝阳洞、潮音洞、梵音洞。

普陀山十二景：莲洋午渡、短姑圣迹、梅湾春晓、磐陀夕照、莲池夜月、法华灵洞、古洞潮声、朝阳涌日、千步金沙、光熙雪霁、茶山夙雾、天门清梵。

【Location】

According to the legend, Mount Putuo at Zhoushan City, Zhejiang Province is the ashram where Guanyin educated the general people as well as the ashram where Guanyin shew her appearance and taught the principles. Every lunar February 19th, June 19th and September 19th which are respectively, according to the legend, the birthday, becoming Bodhisattva day and Nirvana day of Avalokitesvara, there will be pilgrims coming from afar to the mountain to offer incense to Avalokitesvara.

Mount Putuo: It is a small island of the Zhoushan islands in Zhejiang Province, generally known as "Buddhism Country on the Sea" (Hai Tian Fo Guo) and "Sacred Place in the South Sea" (Nan Hai Sheng Jing) . Mount Putuo in Zhejiang Province, Mount Emei in Sichuan Province, Mount Wutai in Shanxi Province and Mount Jiuhua in Anhui Province are the four major Buddhist mountains in China. With mountains and sea connected, Mount Putuo is regarded as a tourist destination famous both at home and abroad. It is the National 5A Scenic Spot and the main scenic spots are as follows.

The three temples on Mount Putuo: Puji Temple, Fayu Temple and Huiji Temple. Originally built in the Song Dynasty, Puji Temple is the main temple worshiping Guanyin on the mountain with the covered area of over 11, 000 square meters. Originally built in the Ming Dynasty, Fayu Temple is very quiet, built layer upon layer and surrounded by towering ancient trees. Huijing Temple is built on the Foding Mountain, so it is also known as Fodingshan Temple.

Three treasures on Mount Putuo: Duobao Pagoda, Willow Guanyin Tablet

（Yang Zhi Guan Yin Bei）and Jiulongzao Well.

Three rocks on Mount Putuo： Pantuo rock, Xinzi rock and Two Turtles Listening to the Principles Rock（Er Gui Ting Fa Shi）.

Three caves on Mount Putuo： Chaoyang Cave, Chaoyin Cave and Fanyin Cave.

Twelve scenes of Mount Putuo： Lotus in the Afternoon（Lian Yang Wu Du）, Sacred Trace of Duangu（Duan Gu Sheng Ji）, Mount Putuo in Spring（Mei Wan Chun Xiao）, Evening Glow on Pantuo Rock（Pan Tuo Xi Zhao）, Lotus Pond in Moonlight（Lian Chi Ye Yue）, Fahua Cave（Fa Hua Ling Dong）, Waves in the Ancient Cave（Gu Dong Chao Sheng）, Brilliant Rising Sun（Zhao Yang Yong Ri）, Golden Sand（Qian Bu Jin Sha）, Snow-Covered Landscape of Guangxi Peak（Guang Xi Xue Ji）, Frog on Tea Mountain（Cha Shan Su Wu）, and Landscape in Fanyin Cave（Tian Men Qing Fan）.

布袋和尚传说

The Legend of Bag Monk

【传说背景】

布袋和尚传说是依据五代后梁高僧契此的故事演变发展而来的。契此生长于奉化县城背面的长汀村，因号“长汀子”。成年后，他在与该村隔河相对的岳林寺出家，常以杖背一布袋四处行走而被称为“布袋和尚”。梁贞明二年（916），布袋和尚在岳林寺东廊的一块青石上坐化。世人因其圆寂前的一首辞世偈而认为他是弥勒佛的化身，遂以其形象塑造弥勒佛像，当成弥勒供奉，并将他出家的岳林寺定为弥勒道场。

布袋和尚传说，孕育于五代，至宋代开始流传，至今已成为家喻户晓的民间故事精粹。据初步调查，口头流传在他生活过的长汀村及周边地区的布袋和尚传说有百余则。传说的主要内容包括身世来历、童年趣事、出家圆寂、扶危济困、惩恶扬善、僧俗和谐等方面。最早在《宋高僧传》中有详细记载，后《浙江通志》《宁波府志》《奉化县志》《岳林寺志》等均有记载。布袋和尚的事迹在正史里的记载很简略，但在奉化，民间口耳相传的方式使故事延续下来，并使之被搜集整理到多部出版物中。此外，故事还被拍成影视作品，广泛流传。

【Background Introduction】

The Legend of Bag Monk evolved from the story of Qi Ci who was the eminent monk of the Later Liang Dynasty of the Five Dynasties. As Qi Ci was born and brought up at the Changting Village back of Fenghua County, he was named as “Chang Ting Zi”. When he grew up, he became a monk at the Yuelin Temple that stood facing the village and was separated from each other by the river, and he was known as “Bag Monk”, for he always carried a bag with him, no matter where he went. In the second year of the reign of Emperor Zhenming of the Liang Dynasty, the Bag Monk passed away while sitting cross legged on a bluestone at the east corridor of Yuelin Temple. The public considered him as the incarnation of Maitreya because of the poem that he had composed the moment before he passed away, so people molded the statue of Maitreya according to his appearance, enshrined and worshiped him as Maitreya and set Yuelin Temple where he had chosen to become a monk as Maitreya Ashram.

Conceived in the Five Dynasties and spread in the Song Dynasty, the Legend of Bag Monk has developed into a household name as a folk masterpiece. According to preliminary investigation, there have been over a hundred legends of the Bag Monk orally spread in Changting Village where he ever lived and the surrounding areas. The main contents of the legend include six aspects, namely his life experience, funny stories of his childhood, his becoming a monk and passing away, his helping those in danger and relieving those in need, his praising virtue and punishing vice, and the harmony between the monks and other people. The legend was recorded elaborately as early as in *The Biography of Eminent Monks* (Song Gao Seng Zhuan) in the Song Dynasty, and was later recorded in *Annals of Zhejiang Province* (Zhe Jiang Tong Zhi), *Annals of Ningbo City* (Ning Bo Fu Zhi), *Annals of Fenghua County* (Feng Hua Xian Zhi) and *Annals of Yuelin Temple* (Yue Lin Si Zhi). There are only some brief introductions of the stories of the Bag Monk in the history books written in biographical style. However, the stories have been orally passed down from generation to generation and collected in a number of publications in the Fenghua County. In addition, the stories have been made into films and television programs widely circulated.

【传说故事】

在全国各大寺院的天王殿里，都有一尊坦胸露腹、笑容满面的弥勒菩萨在笑迎四方香客。这些弥勒菩萨据说就是根据布袋和尚的形象塑造的。

传说有一次奉化发洪水，从穿越县城的县江上游漂下来一块木板，板上躺着一个赤身裸体的男孩，随时有失去生命的危险。这时，县江西岸长汀村的张重天发现了他，心生怜爱之心，于是把孩子抱回家，与妻子商量着把孩子收养了下来，给他取名契此。

契此从小就随父母到岳林禅寺拜佛。稍年长的时候，他也常和小伙伴到寺里玩耍。日久天长，契此对佛教产生了信仰，动了出家为僧的念头。而当时正值唐朝末年，社会动乱，张重天夫妇也想让契此找个清静之地以避祸患，就同意了儿子的想法。从此，契此背着一个布袋，云游四方，人称“布袋和尚”。

布袋和尚来自民间，与民为善，聪明睿智，受到广大民众的喜爱。

五代十国时期，吴越国统治着临安（今杭州）一带。国家虽小，尚能偏安一隅。皇帝在有了三个儿子以后，非常盼望能有一个女儿。后终能如愿，晚年得女，大喜过望。小公主一天天长大，能说爱唱，十分惹人喜爱。皇帝对她百依百顺，万般娇纵之下，小公主变得非常任性，稍有不满就大吵大叫。皇帝不但不教育她，反而千方百计满足她的种种无理要求。

小公主七岁那年的夏天，一天午睡时被外面的倾盆大雨惊醒。她出门看到地上积起的雨水水面上溅起一个个小水泡。看着小泡生了灭，灭了生，非常有趣，小公主产生了一个奇怪的想法。她跑到屋里把父亲拉到屋檐下一起看。正当皇帝觉得莫名其妙的时候，小公主说：“父皇，我想用这些水泡做成一个美丽的花环戴在头上。那肯定很漂亮。”皇帝知道水泡一碰就碎，根本不可能用来做花环，可他为了不让女儿闹得翻天覆地，就下令把全国的工匠都召来，叫他们三天之内为公主做出一个用水泡制成的花环。工匠们面面相觑，谁都不知道这水泡花环该怎么做。皇帝整天被小公主逼着要水泡花环。皇帝爱女心切，下令工匠在十二小时之内做出来，不然全部砍头。

规定的时间马上就要到了，工匠们还是想不出办法，只等着人头落地了。这时，云游四方的布袋和尚来了。他自告奋勇，声称自己可以做水泡花环。皇帝很高兴，答应如果能做出水泡花环，就把工匠给放了。布袋和尚又对小公主说：“聪

明的公主，请您把水洼里最美丽的水泡挑出来，让我给您串一个最美丽的花环。”小公主满心欢喜地去拣水泡，不料小手一碰到水泡，水泡就破碎了，怎么拣也拣不到。布袋和尚这时开口说：“尊敬的公主，水泡泡就像水中花、镜中月一样，只能看不能摸。追求虚幻的东西，结果只能是失望和悲哀。”小公主领悟了布袋和尚所说的话，从此不再任性胡闹了。

【Story in English】

At the Hall of Heavenly Kings of every big temple in China, there is a statue of Maitreya bare-chested and with a beaming face welcoming all the pilgrims. The prototype of all those statues is the Bag Monk.

According to the legend, once upon a time, when Fenghua County was flooded, there came a wooden board floating on the water from the upstream of the County river across the county, on which lay a naked boy who might lose his life at any minute. This was where Zhang Chongtian of Changting Village on the west bank of the County River found the boy. He was rather compassionate so that he brought the poor boy home and decided to adopt him after discussing with his wife, naming the little boy Qi Ci.

When Qi Ci was young, his parents always took him to Yuelin Temple to worship Buddha. As he grew older, he usually went to play in the temple with his little friends. With the years going by, Qi Ci embraced Buddhism and wanted to become a monk. At the end of the Tang Dynasty, the situation was turbulent. As Mr. and Mrs. Zhang would like Qi Ci to find a shelter and get away from the turmoil, they asked him to pursue his dream. Ever since then, Qi Ci started to travel across the country carrying a bag with him, known as “Bag Monk”.

The Bag Monk came from the folk. He was friendly to every one, wise and intelligent and widely welcomed by the general public.

In the Five Dynasties and Ten Kingdoms period, the Wuyue Kingdom governed Lin’an（modern Hangzhou）. Small as the kingdom was, its king was content to exercise sovereignty over a part of the land. As the king already had three sons, he was looking forward to a girl. Finally, his wish was fulfilled and he was rather delighted to have a girl in his twilight years. As the little princess grew old day by day, she was good at singing and dancing, very adorable. The king was so indulgent to the little princess, giving her whatever she wanted, that she turned to be very capricious, shouting and crying loud whenever she was unsatisfied. However, the king not only did not blame her, but made every endeavor to meet all of her unreasonable needs.

In the summer when the little princess turned seven, she woke up with a start in the afternoon as it rained cats and dogs outside. Then, she walked outsides, finding there were lots of bubbles on the rain water accumulated on the ground. When the little princess watched the bubbles occurring, breaking and occurring again, a strange idea suddenly came to her mind. Hence, she ran into the house and dragged her father outside under the eaves watching with her. As the king felt puzzled, the little princess said, “Father, I want to wear a beautiful garland made of those bubbles. I must look very beautiful in it.” The king totally understood that it was impossible as the bubbles would immediately break with any touch. However, in order to prevent her daughter from going too far, he gave an order to have all the artisans across the country assembled in the palace and asked them to make a wreath made of bubbles within three days. Looking at each other in speechless despair, no one knew how to make the bubble wreath. The little princess forced her father to give her a bubble wreath without giving him a break. The king loved her daughter so much that he asked the artisans to finish within twelve hours, or their heads would all be cut off.

With the deadline coming, they still could not come up with any idea. As they had no choice but to wait to die, the Bag Monk showed up. He came forward, claiming that he could make a bubble wreath. The king was pleased, promising that he would release those artisans as long as he could make a wreath. Bag Monk said to the little princess, "Your Highness, how intelligent you are! Could you please pick up the most beautiful bubble in the water, so that I can make the most beautiful wreath for you." The little princess then went to pick up the bubble with glee, only to find that as soon as she touched the bubble it would break. No matter how hard she had tried, she just could not pick up any. At this time, Bag Monk said, "Your Highness, the bubbles are just like the flowers in the mirror and the moon in the water. You can only see them but you can never actually touch them. If you always pursue something unreal, you will only get despair and melancholy." The little princess comprehended what the Bag Monk said. Since then, she became wise and never ran wild.

【文化注释】

天王殿：佛教寺院内的第一重殿，自南北宋之后开始出现在中国大部分寺院里。殿内正中供奉着弥勒的塑像，左右供奉四大天王的塑像，背面供奉韦驮天尊塑像。

五代十国：中国历史上的大分裂时期。公元907年唐朝灭亡以后，我国中原地区先后有五个政权，即后梁、后唐、后晋、后汉、后周。960年，赵匡胤发动兵变，篡后周建立北宋，五代结束。而在唐末、五代及宋初，中原地区之外存在过许多割据政权，其中前蜀、后蜀、吴越等十余个割据政权被后世史学家统称为十国。后来北宋建立后基本实现了统一。

【Cultural Notes】

Hall of Heavenly Kings: The first and most important temple in the Buddhist temples. Since the South and North Song Dynasties, the majority of the Buddhist temples have been equipped with one. The statue of Maitreya is enshrined and worshiped in the middle of the hall, with the statues of Four Heavenly Kings on its sides and Skanda behind it.

Five Dynasties and Ten Kingdoms Period: the great schism period in Chinese history. After the Tang Dynasty perished in 907 AD, Central China has witnessed five regimes, namely the Later Liang Dynasty, the Later Tang Dynasty, the Later Jin Dynasty, the Later Han Dynasty and the Later Zhou Dynasty. In 960, Zhao Kuangyin Launched a mutiny and succeeded in establishing the Northern Song Dynasty, making the end of the Five Dynasties. Besides, in the late Tang Dynasty, the Five Dynasties and the early Song Dynasty, China witnessed many local separatist regimes, ten of which, such as the Former Shu Dynasty, the Later Shu Dynasty, the Wuyue Dynasty and so on, are called Ten Kingdoms by the later historians. Later, when the Northern Song Dynasty was established, the reunification was basically realized.

【文化价值】

布袋和尚传说将生活中的布袋和尚，运用雕塑、文学等艺术形式进行加工提高，使其具有积极乐观、宽容大度、助人为乐的良好品德，成为世世代代影响奉化人民的宝贵历史文化遗产。

首先，布袋和尚坦胸凸肚、笑口常开的形象体现了他坦诚、自然、无拘无束的风格。人们以他的形象来塑造弥勒佛，是因为布袋和尚来自民间，与民为善，更能接近下层劳动人民的生活，更能使人们感觉到亲切，因此会更能受到人们的喜爱。

其次，传说中所讲述的布袋和尚扶贫济困、惩恶扬善、智破难题等故事，一方面反映了人们对宽容、和善、快乐的追求，另一方面也能教给人们待人处世的方式，具有重要的教育意义。

再次，传说反映了唐末、五代浙江奉化的历史风貌、民俗风情、特产风物等。传说奉化著名特产水蜜桃、芋艿头、苔菜，都曾受布袋和尚点化，奉化人插秧的动作也是布袋和尚所传授。

最后，以布袋和尚为原型塑造的中国弥勒佛，使原本庄严的未来佛演变为坦胸凸肚、笑口常开的模样，同时具有一副善解人意、豁然大度的神态。这是佛教中国化的重要内容之一，体现了中国文化和中国人民善于吸收、理解与消化外来文化的特性。

【Cultural Value】

The Legend of Bag Monk processed and improved the image of the Bag Monk in real life with some art forms, such as sculpture and literature. The legend endowed him with good characters, such as optimistic attitude, magnanimous tolerance and kindness, making the image the precious historical and cultural heritage affecting the people of Fenghua County, generation after generation.

Firstly, the Bag Monk being bare-chested and with a beaming face reflects his style of honesty, nature and freedom. The reason why people molded the statue with his image was that the Bag Monk, coming from the folk, was friendly to the people and could get close to the lower labor people's life so that people felt that he was rather kind and loved him.

Secondly, the stories described in the legend, such as his helping those in poverty and relieving those in need, praising virtue and punishing vice and solving the difficulties with his intelligence, not only reflected people's pursuit for tolerance, kindness and happiness, but also taught people the way of treating people and dealing with things, which is of great educational significance.

Thirdly, the legend reflected the historic features, folk customs and specialty customs at Fenghua County, Zhejiang Province of the late Tang Dynasty and the Five Dynasties. According to the legend, the famous special local products, such as juicy peaches, taros and dried sea grass, were all enlightened by his wisdom. Besides, the way how the Fenghua people transplanted rice seedlings were taught by the Bag Monk.

Finally, The Chinese Maitreya molded with the image of the Bag Monk turned the originally solemn Buddha of the Future into a Buddha who was bare-chested and smiling happily, looking considerate and generous. This is one of the important contents of the localization of Buddhism in China, embodying that the Chinese culture and Chinese people's characteristics of being good at absorbing, understanding and digesting the foreign culture.

【传说地址】

奉化的岳林寺和雪窦寺，是弥勒化身布袋和尚的主要传道之地，因此是两所主要的弥勒道场。

岳林寺：布袋和尚剃度和圆寂之所、举世闻名的弥勒道场。前身为南朝梁大同二年（536）所建的崇福院，位于县江以西。唐代大中二年（848）迁建县江以东，改称岳林寺。禅寺先后五次遭焚，五次重建，而且规模不断扩大，最后一次建于光绪十四年（1888）。1955年6月，撞钟楼被雷电击毁。后复建的岳林寺，位于布袋和尚故乡长汀村的奉中山中畚塘。

雪窦寺：位于宁波市奉化区溪口镇以西十公里的雪窦山中心。前身是晋时女尼在山顶的瀑布口修建的瀑布院。唐代会昌元年（841）迁到现址，两宋时期达到鼎盛。千年来，雪窦寺五次被毁，数度重兴，几经变迁，但其在海内外的声誉一直很高。美国、日本、新加坡、马来西亚等国家及中国香港、澳门等地区都有佛教界人士前来观光、朝拜、做佛事，并常常有捐赠。

【Location】

The Yuelin Temple and Xuedou Temple in Fenghua County used to be the main places where the Bag Monk, the incarnation of Maitreya preached, so they are now the two main Maitreya Ashram.

Yuelin Temple： the place where the Bag Monk became a monk and passed away, the world-famous Maitreya Ashram. It was formerly known as Chongfu Yard built in Liang of the Southern Dynasties, located in the west of the County river. In the Tang Dynasty, it was relocated in the east of the County River, renamed as Yuelin Temple. The temple has been destroyed by fire for five times and reconstructed for five times, with the last time being in the fourteenth year of the reign of Emperor Guangxu in the Qing Dynasty. Every time when it was reconstructed, the scale would be expanded. In June 1955, the clock tower was destroyed by the lightning. After reconstruction Yuelin Temple was located in Changting Village, the hometown of Bag Monk.

Xuedou Temple： it is located in the center of the Xuedou Mountain 10 kilometers west of the Xikou Town, Fenghua District, Ningbo City. It was formerly known as the Waterfall Yard built by a Buddhist nun near a waterfall at the top of the Xuedou Mountain. It was moved to the current position in 841（the Tang Dynasty）and reached its highest level of prosperity in the North and South Song Dynasties. In the past one thousand years, the Xuedou Temple has been destroyed for five times, reconstructed and moved for several times, but it has always been famous across the world. There are Buddhists from countries like the United States, Japan, Singapore and Malaysia and regions like Chinese Hong

Kong and Macao coming to go sightseeing, worship, hold a Buddhist service and always make a donation.

寒山拾得传说

The Legend of Han Shan and Shi De

【传说背景】

寒山与拾得两位大师是佛教史上著名的诗僧。寒山拾得传说，最早在赞宁所编纂的《宋高僧传》中有详细记载。大致内容是说寒山是唐代天台山的癫僧，常年生活在洞穴之中。拾得是丰干禅师在路边捡的小孩，长大后在国清寺烧饭，常把寺僧们吃剩的饭菜收拾在竹筒里，等寒山来吃。寺僧们看不起这两个人，但他们却都有着神奇的本领。后来，寒山为躲避太守的拜访，躲进岩穴，岩穴合拢，从此不见。后人找到寒山生前写的诗约300首，编成诗集传世。

后来，这个传说和万回和尚的传说合二为一，使内容发生了很大变化。宋元以后，寒山、拾得基本被定格为“和合二仙”。清代翟灏《通俗编》记载，清雍正年间，封寒山大士为和圣，拾得大士为合圣。当代采录的“和合二仙”传说，增添了友情和爱情发生冲突的情节，故事也越发动人了。目前，民间流传的寒山拾得传说有十余种版本。

【Background Introduction】

The two masters, Han Shan and Shi De, were the famous monk poets in the Buddhism history. The legend of Han Shan and Shi De was recorded at great length as early as in the *Biography of Eminent Monks in the Song Dynasty* by Zan Ning. The general content was that Han Shan was a mad monk on the Tiantai Mountain in the Tang Dynasty, who lived in the cave throughout the years. Shi De was picked up by Chan master Fenggan on the side of the road. When he grew up, he cooked in the Guoqing Temple. He usually collected the leftovers of the monks in the bamboo tube, so that Han Shan could come to eat. Although the monks looked down upon them, they both had magical powers. Later, in order to avoid the visitation of the prefecture chief in feudal China, Han Shan hid into the grotto. The grotto was then closed and Han Shan never shew up. The later generations found about 300 poems written by Han Shan, so they compiled the poems into a poetry anthology which has been handed down from ancient times.

Later, the legend has been combined with the legend of monk Wan Hui, which made the contents change a lot. After the Song and Yuan Dynasties, Han Shan and Shi De were recognized as “Two Immortals of Peace and Harmony”（He He Er Xian）. As *Series of Common Expressions* by Zhai Hao in the Qing Dynasty recorded, the Emperor Yongzheng rated Han Shan as Saint of Peace（He Sheng）, and Shi De Saint of Harmony（He Sheng）. The legends of Two Immortals of Peace and Harmony collected in the contemporary era added the plots of the conflict between love and friendship which made the story more impressive. At present, there are over ten versions of the legend of Han Shan and Shi De spread in the folk.

【传说故事】

在天台县西南方，离城六十里的地方有一座山，石屏卓立，四山环合，据说六月暑天也能见到雪，因此叫做“寒岩”。山中隐居着一个人，叫寒山。此人衣着破烂，拖着一双大木屐，有时自言自语，有时站立拊掌，自得其乐。

拾得是个苦命人，刚出生就被父母遗弃在荒郊，幸亏天台山的高僧丰干和尚化缘经过，就慈悲为怀，将他带至国清寺中抚养，并起名“拾得”。拾得慢慢长大，忠实勤快，于是被派至厨房干杂活，常将一些残羹剩菜送给未入寺的寒山吃。后来，丰干和尚见他俩如此要好，便让寒山进寺和拾得一起烧火做饭。从此，两人朝夕相处，形影不离。

有一年，一位越州的汪氏由女儿芙蓉陪同来寺进香。不料汪氏却病倒在国清寺中。临终前，她托付寒山和拾得照料芙蓉，并期望芙蓉能与其中一位结为夫妻。汪氏去世以后，寒山、拾得二人对芙蓉更是情同手足。拾得与芙蓉因年龄相仿而渐生爱慕之情，但有人见寒山年长无妻，便提议寒山与芙蓉结为夫妻。

一天清早，寒山出外砍柴回来，路过小院，只听得窗里传来隐隐的哭泣声，知是芙蓉。再仔细一听，拾得正在劝说她。拾得说：“我们三人情同手足，不能为这事伤了和气。寒山哥哥既然也喜欢你，就应该让他高兴……”寒山一听全明白了，当即决定离开，成全他们。于是，他拿起一块石头，在小院的泥墙上画了个光头和尚，旁边题了“此去无寻”四个字，悄悄走了。

拾得和芙蓉在寺院久等不见寒山回来，到门外一看，一担青柴已倚墙放好。他俩左右张望，发现了寒山留下的字和画，才知道他已经出家做和尚去了。拾得明白事情原由以后，发誓要找到寒山。芙蓉知道寒山和拾得的真情厚谊，只好忍痛与拾得分别了。

拾得为了寻找寒山，历尽千辛万苦，问了很多寺庙，却一直打听不到他的下落。有一天，他来到苏州古城，听说城外的一座寺院来了一位和尚，其相貌竟与寒山一样。拾得大喜，心想今日兄弟相会，一定要送点礼物。但他已无分文，正在为难之时，他看到旁边荷塘里有许多盛开的荷花，就赶忙跑去摘下最红最大的一朵，捧在手里走进了寺院。

寒山见拾得千里迢迢而来，想必腹中饥饿，急忙从房中捧出一只盛着素饼的竹盒。二人相见，寒山送盒，拾得献荷。

在寒山拾得的民间画像中，两人一持荷花，一捧圆盒，意为“和（荷）谐合（盒）好”。因此，两人被称为“和合二仙”。

从此以后，寒山和拾得更加亲密无间，互敬互助。几年以后，拾得外出传道，云游各地。据说他后来东渡到了日本，而寒山一直在苏州枫桥镇上施药舍茶，最后在枫桥寺院圆寂。

【Story in English】

In the southwest of Tiantai County, 60 miles away from the city, there stood a mountain with a stone screeen that stands out and is surrounded by hills on the four sides. It was said that people could see snow on the mountain even in the summer in June, so it was called the "Cold Rock" (Han Yan) . In the mountain there lived a man, named Han Shan. In rags and with a pair of big clogs, he enjoyed himself by sometimes saying to himself and sometimes standing and clapping.

Shi De was a miserable man. He was abandoned by his parents when he was born. Fortunately, a monk from Tiantai Mountain, Feng Gan, passed by when begging for alms. With compassion in his heart, he brought the baby to Guoqing Temple, where he was brought up and was named "Shi De" . Shi De grew up gradually, loyal and hardworking, so he was sent to do odd jobs in the kitchen. At that time, Han Shan was still outside the temple and very poor, and Shi De often gave some leftover food to him. Seeing how good Han Shan and Shi De were, Feng Gan then let Han Shan enter the temple and work in the kitchen too. Since then, the two kept each other's company all the time.

One year, a woman with her family name being Wang came to the temple to offer incense to Buddha accompanied by her daughter Furong. Beyond expectation, she fell ill in Guoqing Temple. Shortly before her death, she entrusted Han Shan and Shi De to take care of Furong, and expected that Furong could marry one of them. After she died, Han Shan and Shi De treated Furong even more attentively. As Shi De and Furong were about the same age, they gradually fell in love with each other. However, someone proposed that Han Shan should marry Furong as he had been single for a long time.

Early in the morning, Han Shan came back after cutting firewood outside. When he passed by the yard, he heard someone crying oppressively in the window, and realized that it was Furong who was crying. Listening carefully, he found that Shi De was trying to persuade her. Shi De said, "We three are just like brothers. We should not fall out over this. Since brother Han Shan also falls for you, we should not disappoint him." Hearing this, Han Shan understood the whole thing, so he immediately decided to leave the temple so that Shi De and Furong could get married. Thereupon, he picked up a rock and drew a bald monk on the mud wall in the yard, next to which he wrote "nowhere to find me" and left quietly.

As Shi De and Furong had waited for Han Shan for so long but he did not show up, they went outside, only to find a bundle of firewood leaning against the wall. They looked around, finding the words and picture left by Han Shan. They then knew that he went to become a monk. Since Shi De understood the reason why Han Shan left, he vowed to find Han Shan. Realizing the deep friendship between Han Shan and Shi De, Furong had no choice but to leave Shi De reluctantly. In order to find Han Shan, Shi De experienced innumerable trials and hardships, and went to many temples, but he just could not know where Han Shan had gone. One day, Shi De came to the ancient Suzhou City, hearing that in the temple outside the city there came a monk who looked just like Han Shan. Shi De was overwhelmed with joy, saying to himself that he must prepare a gift for Han Shan as the brothers could finally reunite on this day. However, he had no money. Just as he had no idea what to do, he saw there were many lotus flowers blooming in the pond. He then rushed to pick up the biggest one and held it into the temple.

Seeing Shi De coming from afar, Han Shan thought he must be starving, so he hurriedly took out a bamboo box with some bread inside from his room to Shi De. When they reunited, Han Shan sent the box and Shi De sent the lotus, which became a deed praised far and wide. In folk paintings with Han Shan and Shi De, one of them was holding a lotus flower and the other a round box, meaning "harmonious and united", as lotus and harmony are partial tones in Chinese, the same as box and unity. The two then were called "the Two Immortals of Peace and Harmony".

Since then, Han Shan and Shi De had been more intimate, respecting and assisting each other. Several years later, Shi De went out to preach, traveling around. It was said that he later traveled to Japan, while Han Shan stayed in Fengqiao Town of Suzhou and passed away in Fengqiao Temple.

【文化注释】

进香：到圣地或者寺庙烧香膜拜神佛。进香始于周朝文王时期，周人以生烟祭天；汉武帝时，香进入日常生活，中国的第一个香炉也发明出来了，我国香事进入一个新阶段。现在，民间除了会向祖先和佛进香外，也会向财神等民间信仰的其他神进香。

和尚：这一说法来源于梵文，是对有一定资格堪为人师的人的尊称。在中国则指佛教中出家修行的男教徒，有时也指女僧。“和”为佛教生死往来之三世界的统称，“尚”是高尚的意思，“和尚”代表佛教谦和至尚的修行者。

寺庙：寺和庙的通称，指供奉神佛或圣贤的处所。寺庙是我国悠久历史文化的象征，被称为“历史文物的保险库”。目前，寺庙文化已经渗透进我们生活的各个方面，如天文、地理、绘画、建筑、雕刻、民俗等。

圆寂：佛教用语，指僧人死后升天。所谓圆寂，具足一切功德为圆，远离一切烦恼为寂，为佛教修行理想的最终目的。

【Cultural Notes】

Offering incense to Buddhas (Jin Xiang): It means to burn joss sticks and worship the gods and immortals in the holy land or the temples. It started from the Zhou Dynasty when people generated smoke to worship the heaven; In the Han Dynasty, the joss sticks entered into people's daily life and China's first incense burner was invented, which meant that China's incense matter came into a new stage. Now, in addition to offering incense to the ancestors and Buddhas, people will also offer incense to other gods worshiped by the folk, such as the god of wealth.

Monk (He Shang): The expression derived from Sanskrit. It is the honorific of those who have the qualification to become others' masters. In China, monks refer to the male pilgrims of Buddhism, sometimes used to refer to the female monks. With "He" being the general term of the three world of the exchanges of life and death in Buddhism and "Shang" meaning nobility, "He Shang" represents the modest and gentlest Buddhists.

Temples: the general term of the Buddhist temples and Taoist temples, referring to the residences for people to enshrine and worship the gods, Buddhas and sages. The temples are the symbol of China's long history and culture, known as "the safe vault of historical relics". At present, the temple culture has penetrated into all aspects of our life, such as astronomy, geography, painting, architecture, sculpture and folk custom.

Passing away (Yuan Ji): the Buddhism expression, referring to the monks' going up to heaven after death. By "Yuan Ji", "Yuan" means being equipped with all the merits and virtues, and "Ji" means staying away from all the troubles, which are the ultimate goals of the Buddhists.

【文化价值】

寒山和拾得是文殊、普贤菩萨的化身。传说他们手持的物品，件件都是有讲究的。荷花是并蒂莲的意思，盒子象征“好合”，而盒子中飞出的五只蝙蝠则寓意着五福临门、大吉大利。寒山拾得传说故事情节简单，却蕴含着和合的理念，并且衍生出一些民间风俗和信仰，具有独特而杰出的价值。

首先，传说凝结、承载和传播着中国传统文化的精髓——和合理念，蕴涵了民众对和合的崇尚和追求，同时教育我们，在构建和谐社会时，要“以和为贵”。

其次，传说歌颂了情同手足的深厚情谊。寒山和拾得朝夕相处，相亲相爱。当爱情和友情发生冲突时，二人都义无反顾选择友情。

再次，传说帮助人们了解地方风土人情和风俗习惯。旧时的年画常以和合二仙为题材来寄托人们希望和和美美、吉祥和睦的普遍心理；江浙民间婚礼中悬挂二仙画像，祈求夫妻好合、家庭和睦。

最后，传说具有重要的教育意义和文化交流价值。《寒山子集》中的诗以清新优雅、超凡脱俗的意境由浅入深地向世人讲述人生哲理。目前，这些诗集已经漂洋过海，被译成英语、法语、日语等多国语言，成为中外交流的重要组成部分。

【Cultural Value】

Han Shan and Shi De are the incarnations of Manjusri and Samantabhadra Bodhisattva. According to the legend, the objects held in their hands have special meanings. The lotus means twin lotus flowers on one stalk, the box (He) embodies "eternal affection" (Hao He), and the five bats flying out of the box mean the five blessings descending upon the house and the most favorable auspices. With simple plots, the legend of Han Shan and Shi De contains the concept of peace and harmony, from which some folk customs and beliefs derived, having unique and outstanding value.

Firstly, the legend condenses, conveys and propagates the essence of China's traditional culture — the concept of peace and harmony, containing people's admiration and aspiration for peace and harmony, and at the same time educating us that we need to know "harmony is the most precious" in the construction of a harmonious society.

Secondly, the legend praises the deep brotherly friendship. Han Shan and Shi De were together from morning to night, were kind to each other and loved each other. When there were conflicts between love and friendship, both of them chose friendship without hesitation.

Thirdly, the legend helps people to understand the local conditions and customs. With the two immortals of peace and harmony as the theme, the old-timey New Year pictures embodied people's common desire for peace, beauty, auspiciousness and harmony; people hang the pictures of the two gods at the folk wedding in Zhejiang Province to earnestly hope for the harmonious union of the new couples and desire for domestic peace.

Finally, the legend is of significant value in education and cultural communication. The poems in *Poem Anthology of Han Shan*（Han Shan Zi Ji）, with the artistic conception of freshness, elegance, and extraordinary refinement, tell people the life philosophy from the shallower to the deeper. At present, the poetry anthology has been translated into multiple languages, such as English, French and Japanese, and become the important component of the exchanges between China and foreign countries.

【传说地址】

寒山与拾得传说的遗迹主要有苏州枫桥的寒山寺，寺里塑着和合二仙的塑像，还有一块寒山和拾得画像的碑刻。在日本，也建有拾得寺和寒山寺。在浙江，天台山的国清寺是寒山和拾得隐居七十年的地方，是一座历史文化古刹，在佛教发展史上具有重要的地位。

国清寺：位于浙江省天台山南麓，始建于隋开皇十八年（598），明、清以来屡毁屡建，现存建筑为清雍正十二年（1734）重修，主要有塔碑、隋梅、观音殿、报恩塔等建筑。国清寺是中国以及日本天台宗的祖庭，现为国家重点文物保护单位。

【Location】

The archaeological site of the legend of Han Shan and Shi De is mainly Hanshan Temple in Suzhou Province, in which there stand the statues of the two gods and an inscription of their portraits. In Japan, there is Shi De Temple and Hanshan Temple. In Zhejiang Province, the Guoqing Temple in Tiantai Mountain was the place where Han Shan and Shi De dwelt for seventy years. As a historical and cultural ancient temple, it has an important status in the development history of Buddhism.

Guoqing Temple: Located at the southern foot of Tiantai Mountain in Zhejiang Province, it was originally built in 598. Since Ming and Qing Dynasties, the temple experienced repeated destruction and construction. The current construction was rebuilt in 1734, with the main buildings as the tower monument, the prune tree planted in the Sui Dynasty, Avalokitesvara Palace and Kindness-repaying Tower. Guoqing Temple is the ancestral temple of Tiantai Sect both in China and in Japan, and it is now the Key Cultural Relics Site Under the State Protection.

黄大仙传说

The Legend of Wong Tai Sin

【传说背景】

黄大仙传说源起于历史人物黄初平（又作皇初平），俗称黄大仙。他是我国东南沿海民间广为传颂、普遍敬祀的道教区域性神明。黄大仙在晋成帝威和三年（328）出生于兰溪市黄湓村，十五岁那年在赤松子指引下到金华山的石室修炼，后在北山得道成仙。

黄大仙传说迄今已有1600多年的历史了，最早文字记载于东晋著名道教理论家葛洪的《神仙传》中，此后典籍诗文和民间文学都在记录着传说的传承和变异。典籍记载中以其修炼成仙为主要内容，夹以少量的生平和显圣故事，宋代以后增加了有关地方风物的记载。民间传说则以黄大仙运用法术去惩治贪官、扶弱助贫和造福一方百姓为主要内容。

此外，传说还通过绘画、曲艺、婺剧、电视等文艺形式得到广泛传播。因此，除了其中心发源地浙江省金华市，湖南长沙、四川射洪等地也有类似的遗迹和传说，同时传说还远播到美国、加拿大、法国以及东南亚诸国。

【Background Introduction】

The Legend of Wong Tai Sin originated from a historical figure Huang Chuping, commonly known as Wong Tai Sin. He is a regional Taoist god wildly worshiped and generally enshrined in China's South-East coastal areas. Born in Huangpen Village, Lanxi City in the third year of the reign of Emperor Cheng of Jin Dynasty（328 AD）, Wong Tai Sin at the age of fifteen went to practice in a stone room at the Jinhua Mountain under the guidance of Chi Song Zi and later became an immortal at the North Mountain.

The Legend of Wong Tai Sin has a history of over 1600 years, and it was recorded as early as in *The Tales of Immortals*（Shen Xian Zhuan）by Ge Hong, a famous Taoist theorist in the Eastern Jin Dynasty, and its inheritance and variation were later recorded in some ancient books, poetic prose and folk literature. The main plot in the ancient books was about how Wong Tai Sin became an immortal with a few stories about his life experiences and making its presence as an immortal, and there were some records of the local scenery added after the Song Dynasty. The main plot in the folklore was how Wong Tai Sin used his magic arts to punish the corrupt officials, help those in danger and relieve those in poverty, and benefit the people.

Besides, the legend is wildly spread through some art forms, such as painting, folk arts, Wuju opera and television programme. Therefore, in addition to its main birthplace Jinhua, Zhejiang Province, there are similar relics and legends in places like Changsha of Hunan Province, and Shehong of Sichuan Province. At the same time, the legend has also been spread as far as to the United States, Canada, France and the Southeast Asian countries.

【传说故事】

东晋时，社会秩序混乱，歪风邪气盛行。玉帝于是派绿毛龟下凡，赠个仙胎给善良人家，让他为凡人做个好榜样，重塑良好风气。仙龟来到浙江金华北山地界，打听到这里有两个好人，一个叫梁伯义，一个叫黄九丐。在对两人进行了一系列的试探与比较后，仙龟确定黄九丐为真善人。玉帝于是赐了两个仙胎给黄九丐。晋咸和三年（328），黄九丐家的双胞胎出生，哥哥叫黄初起，弟弟叫黄初平。

转眼间兄弟俩长大了。有一年快过年的时候，黄九丐让初平到市镇上去买米。初平路过一个凉亭，见一位教书先生要上吊，于是夺下绳子询问究竟。原来，教书先生在外地教了一年书，带回二十两银子准备过年，路过市镇时见一个蛮话先生在讲蛮话，心想："天底下哪有书理讲不过蛮话的?"于是和蛮话先生打赌。教书先生指着一株柳树念："柳树青时万张叶。"蛮话先生说："我就不相信那柳树正好一万张叶。你如果不服输，就把脱落的叶子和留在树上的叶子一起数数。"蛮话先生胡搅蛮缠，教书先生只好输掉二十两银子。初平决定帮教书先生拿回银子。他拿出仅有的十两银子和蛮话先生打赌。初平说："先生全身十斤肉。"蛮话先生连忙说："你输了，我身上起码八十斤肉。"说着就想来收银子，初平把他的手摁住，说："我讲十斤就是十斤。先生不信，可以割下来称称。"说完，从旁边肉摊取来一把刀，就要动手割肉。蛮话先生吓得脸色煞白，只好认输。

初平把银子送还给教书先生，自己也买了米回家了。

从十五岁开始，黄初平跟随一位道士修仙学道，不知不觉已经四十年了。他住在北山的大云观里。有一天，屋外下起了大雨。突然，观门口来了个俊俏的姑娘，想进观避雨。初平连忙请姑娘进来并热了饭菜给她吃。到了傍晚时分，雨还没有停歇，姑娘就央求初平让她留宿观内。初平虽然觉得孤男寡女不方便，但见姑娘可怜，便安排她睡在房间床上，自己则睡在灶下。半夜时分，姑娘借口害怕，要初平陪她一起睡，被初平呵斥。第二天，姑娘洗过脸，谢过初平就走了。初平见姑娘的金手镯丢下了，就赶紧去追，却怎么也追不上。后到鸡笼山时，姑娘一个金鸡独立，站在路边的一块大石头上。初平见姑娘停步，脚步更快了。眼看追到大石旁，却被脚下的东西绊了一下，头撞在大石上。这一撞，姑娘不见了，初平也不见了，只见天上一朵彩云，一朵白云，慢慢朝东飘去。原来，这个姑娘就是南海观音，她听说黄初平人好，就化作一个俊俏的姑娘来试探他。见初平不贪色、不贪财，就按玉帝的旨意，度他升仙去了。

现在鸡笼山那块大石头上的头印和手掌印，就是当年黄初平撞出来的。石头背后那只脚印，是观音娘娘留下的。

【Story in English】

In the Eastern Jin Dynasty, the society was out of order with unhealthy practices and evil phenomena prevailing. The Jade Emperor then sent the immortal Green Turtle to descend to the world and present an immortal baby to a virtuous family, so that he could set a good example in the mortal world and restore the good morals. The immortal turtle came to the North Mountain, Jinhua, Zhejiang Province, knowing that there were two philanthropists, Liang Boyi and Huang Jiugai. After a series of tests and comparisons, he finally made sure that Huang Jiugai was the real philanthropist. The Jade Emperor then granted Huang Jiugai two immortal babies. In 328, the twins were born in the home of Huang Jiugai, with the elder brother named Huang Chuqi and the younger brother Huang Chuping.

As time flied, the twins grew up. One year when the Chinese New Year was coming, Huang Jiugai asked Chuping to go to town and buy some rice. Passing by a pavilion, Chuping saw that a teacher was going to hang himself, so he grabbed the rope and asked the teacher why he would suicide. The teacher told him that after teaching elsewhere for a year, he was now going home with twenty ounces of silvers for the New Year. As he passed by the town, he saw Mr. Manhua who was speaking unreasonally, then he said to himself, "How could something nonsense defeat the principles in the books?" Hence, he took up a bet with the man. He pointed at a willow saying, "When the willow turns green, there will be ten thousand leaves on the tree." The man said, "I don't believe there are just ten thousand leaves on the tree, no more, no less. If you insist, why don't you count both the fallen leaves and the leaves on the tree?" The man harassed the teacher with unreasonable demands, so the teacher had no choice but to lose all his money. Chuping decided to take back the money for him. Then, he took out all his ten ounces of silvers to bet with the man. Chuping said, "your flesh weighs ten pounds." The man immediately said, "You lose My flesh weighs at least eighty pounds." He then wanted to take the money, but Chuping pressed his hand on the desk, saying, "I don't believe it. If you insist, why don't you cut it off and weigh it?" He then took a knife from the meat shop next to them, ready to cut the man's flesh. The man was so scared that he could only admit that he lost. Chuping gave the money back to the teacher and then he bought the rice and returned home.

At the age of fifteen, Huang Chuping started to follow a Taoist to learn how to become an immortal. Forty years passed unconsciously and he lived in the Da Yun Guan (a Taoist temple) on the North Mountain. One day, when it rained heavily outside, there came a beautiful girl at the doorstep, intending to come inside to take shelter from the rain. Chuping of course asked the girl to come in and cooked some dishes for her. As evening came, it was still raining. The girl then begged Chuping to allow her to sleep in the temple. Although Chuping thought it was inconvenient for a boy and a girl to sleep in the same room, he arranged the poor girl to sleep in the bedroom and he himself slept in the kitchen. At midnight, the girl said that she was scared and hoped that Chuping could sleep with her, only to be reproached by him. The next day, after washing her face, the girl thanked Chuping and then left. Chuping saw that the girl left her golden bracelet here, so he hurriedly went out and tried to catch up with her. But no matter how hard he tried, he just could not make it. When they arrived at the Jilong Mountain, the girl stood with one foot on a big rock by the road. Seeing that the girl stopped, Chuping walked faster. As he came near the big rock, he stumbled and hit on the rock. Then the girl disappeared, so did Chuping. One could only see a colorful cloud and a white cloud flowing to the east slowly. In fact, the girl was Avalokitesvara. Hearing that Huang Chuping was a philanthropist, she changed into a beautiful girl to test him. Seeing that Chuping was neither greedy nor prurient, she followed the order of the Jade Emperor and made him immortal.

The head print and hand print in the big rock on the Jilong Mountain were made by Huang Chuping when he hit the rock, and the foot print on the back of the rock was left by Avalokitesvara.

【文化注释】

玉帝：玉皇大帝的简称。道教称天界最高主宰之神为“玉皇大帝”，上掌三十六天，下握七十二地，掌管一切神、佛、仙、圣和人间、地府之事。

道士：指中国信奉道教教义并修习道术的神职人员。道教是中国土生土长的宗教，距今有4700多年的历史了，它以黄帝为始祖、老子为道祖、张陵为教祖。在道教的产生和发展过程中，神仙信仰成为道教徒们最直接、最原始的追逐对象。

【Cultural Notes】

The Jade Emperor: The abbreviation of the Jade Emperor the Supreme Deity of Taoism. Taoists claim that the god with the greatest power in heaven is “the Jade Emperor the Supreme Deity of Taoism” who governs both the 36 heavens and 72 earths, all gods, Buddhas, immortals and saints, and all events happening on earth and in hell.

Taoists: Referring to the Chinese clergies believing in the doctrine of Taoism and practicing the Taoist magical arts. Taoism is a native religion in China with a history of over 4700 years, with Yellow Emperor as the earliest ancestor, Lao Zi as the founder of Taoist School, and Zhang Ling as the founder of Taoism. In the process of the emergence and development of Taoism, the belief in the immortals has become the most direct and the most primitive pursuit of the Taoists.

【文化价值】

黄大仙传说通过讲述东晋道士黄大仙生平及修仙得道、行善止恶、扶弱济贫等传说故事，反映了当时政治格局和传统文化观念共同作用下的民众的社会思想和情感，同时寓教于乐，使人们受到人生哲理之启迪。

首先，传说反映了当时的历史和社会现状。当时政权更迭、社会动荡不安，黄大仙传说中所塑造的理想神仙世界是对残酷现实社会的一种补偿和超越，反映了人们希望神灵庇佑，早日摆脱困苦的愿望。

其次，传说的精髓“扬善惩恶、济困扶贫”体现了人类对真善美的共同追求，反映了人民群众的要求和愿望。它所倡导的“助人为乐、为民造福”的精神，不仅为中华民族所提倡，也是世界优秀文化的重要组成部分。

再次，传说与倡导和谐、和平、和睦的道家文化及民众生活紧密结合，成为多地、多国文化交流的重要载体，对构建和谐社会具有非凡的意义。

最后，传说也体现了当地的特产文化。原生在黄湓村的“大仙菜”，传说是黄大仙用治病救人后的药渣做肥料后长大的；传说中，金华九峰茶能清热利目，但味道又苦又涩，黄大仙施了法术才使它变得喷喷香。

【Cultural Value】

By telling the stories of the life experiences of Wong Tai Sin who was a Taoist in the Eastern Jin Dynasty, how he became an immortal, how he did good deeds and stopped the bad deeds, and how he helped those in poverty and relieved those in need, the Legend of Wong Tai Sin reflected the social thoughts and feelings of people at that time under the influence of both the political pattern and the traditional culture. At the same time, the legend taught people the life philosophy through lively activities.

Firstly, the legend reflected the historical and social reality at that time when the regimes changed a lot, and the society was out of order. The ideal immortal world created in the legend was a kind of compensation to the crucial reality, reflecting that people wished the gods could protect them and rescue them out of the hardships.

Secondly, the essence of the legend of "rewarding the good and punishing the evil, and helping those in need and relieving those in poverty" embodied people's common aspiration for the true, the good and the beautiful. The spirit of "helping others and benefiting people" that the legend advocated not only has been promoted by the Chinese people, but also accords with the world excellent culture.

Thirdly, the legend is closely integrated with the Taoist culture of promoting harmony, peace and kindness and people's lives, which has become the important carrier of the intercultural communication, and has special significance for the construction of a harmonious society.

Finally, the legend also embodies the specialty of local culture. According to the legend, the fertilizer of "Tai Sin vegetable" (Da Xian Cai) originally grown in Huangpen Village was actually the residues of the herbs which were once used by Wong Tai Sin to cure the sickness and save the patients; and the Jiufeng tea in Jinhua City could clear the heat in people's bodies and was good for people's eyes, but it used to taste rather bitter and Wong Tai Sin used magical arts to make it smell fragrant.

【传说地址】

黄大仙传说以浙江省金华（北）山一带为中心发源地。浙江省内与传说相关的景点主要集中在金华山黄大仙景区和黄大仙故里。

金华山黄大仙景区：为道教第三十六洞天所在地，位于国家级AAAA级风景名胜区金华双龙风景名胜区的中心景区。景区内主要景点有黄大仙祖宫、仙瀑洞和朝真洞。黄大仙祖宫呈九进阶布局，大殿（赤松宫）内供奉黄大仙香樟木雕的坐像，大殿左右两壁仿青铜根木浮雕，刻有黄大仙1000多年得道成仙，到中国香港显圣的26个典故。仙瀑洞内瀑布落差达73米，引起国内外的轰动。朝真洞则相传为黄大仙修炼得道处，主洞内的“石棋盘”和“天池”，相传为当年仙人用水与弈棋之处。

黄大仙故里：位于金华兰溪市北隅的黄湓村，村东入口处矗立石牌楼

一座，上嵌“黄大仙故里”五个大字，村内尚留有牧羊路、利市路、黄大仙故居、二仙井等遗迹。故居内有黄大仙传说的图画及有关史料陈列；二仙井相传为“晋黄初平兄弟所开凿，味极甘美”。井栏上刻有“二仙井”三字，为明崇祯癸酉年（1631）重新修立。井旁墙壁上嵌有“仙井”石碑，为乾隆年间遗物。

【Location】

The North Mountain, Jinhua City, Zhejiang Province was the central birthplace of the Legend of Wong Tai Sin. At present, the scenic attractions in Zhejiang Province related to the legend are mainly in Wong Tai Sin scenic region of Jinhua Mountain and the hometown of Wong Tai Sin.

Wong Tai Sin scenic region of Jinhua Mountain: The thirty-sixth hole of Taoism, located at the center of Shuanglong scenic region of Jinhua City, which is now the national AAAA grade scenic spot. The main scenic spots are Wong Tai Sin Ancestral Palace, the Immortal Waterfall Cave and the Chaozhen Cave. Wong Tai Sin Ancestral Palace has a nine-step layout. In the main hall (Chi Song Palace), the sitting statue of Wong Tai Sin made of the camphor wood is enshrined and the left and right walls of the main hall are caved with imitation bronze root wood relief, which are engraved with 26 allusions of Wong Tai Sin becoming immortal in more than 1000 years and making his presence as an immortal in Hangkong. The waterfall in the Immortal Waterfall Cave is 73 meters high, causing a sensation at home and abroad. According to the legend, it was at the Chaozhen Cave that Wong Tai Sin learned the Taoist magic arts. The "Stone Board" (Shi Qi Pan) and "Heaven Pool" (Tian Chi) were the places where the immortals used to play weiqi and get water.

The Hometown of Wong Tai Sin: It is located in Huangpen Village at the north corner of Lanxi City, Jinhua City. At the east entrance of the village stands a stone archway with "The Hometown of Wong Tai Sin" embedded on it. There are still some relics left in the village, such as the Muyang Road, Lishi Road, the former residence of Wong Tai Sin, and the Well of Two Immortals. In the former residence of Wong Tai Sin, there displays the pictures of the legend and relevant historical records. According to the legend, the Well of Two Immortals was dug by Huang Chuping and Huang Chuqi so its water tastes rather delicious. "The Well of Two Immortals" are embedded on the brandrith, which was rebuilt in 1631. A stone tablet carved with "The Well of Immortals" is embedded in the wall beside the well, and it is the relic of the Qianlong Period of Qing Dynasty.

参 考 文 献

[1] 顾希佳. 浙江民间故事史[M]. 杭州:杭州出版社,2008.

[2] 周航,王全吉. 浙江民间故事[M]. 杭州:浙江文艺出版社,2007.

[3] 周航,王全吉. 浙江民间故事精粹[M]. 杭州:浙江文艺出版社,2010.

[4] 史为昆. 中国神话与民间故事大全集[M]. 北京:外文出版社,2012.

[5] 明月生. 中国神话与民间传说[M]. 北京:北京联合出版公司,2013.

[6] 浙江文艺出版社. 山海经故事丛书:济公的传说[M]. 杭州:浙江文艺出版社,2009.

[7] 浙江文艺出版社. 山海经故事丛书:西施的故事[M]. 杭州:浙江文艺出版社,2009.

[8] 浙江文艺出版社. 山海经故事丛书:七个才子六个癫[M]. 杭州:浙江文艺出版社,2009.

[9] 浙江文艺出版社. 山海经故事丛书:海宁潮传说[M]. 杭州:浙江文艺出版社,2013.

[10] “西湖天下”丛书编辑部. 西湖民间故事[M]. 杭州:浙江摄影出版社,2011.

[11] 周静书. 浙江省非物质文化遗产代表作丛书:梁祝传说[M]. 杭州:浙江摄影出版社,2009.

[12]吴一舟,陶琳,沈少英. 浙江省非物质文化遗产代表作丛书:西湖传说[M]. 杭州:浙江摄影出版社,2012.

[13] 张坚. 浙江省非物质文化遗产代表作丛书:观音传说[M]. 杭州:浙江摄影出版社, 2014.

[14] 邱瑜,孙希如,韩小娟,等. 浙江省非物质文化遗产代表作丛书:黄大仙传说[M]. 杭州:浙江摄影出版社,2014.

[15] 陈炳云,叶和君,曾娓阳,等. 浙江省非物质文化遗产代表作丛书:刘伯温传说[M]. 杭州:浙江摄影出版社,2012.

[16] 童萃斌. 西湖文化博览丛书:神话西湖[M]. 杭州:杭州出版社,2000.

[17] 王国平. 西湖神话[M]. 杭州:杭州出版社,2006.

[18] 王德军,吕芸芳. 用英语说中国:文化[M]. 上海:上海科学普及出版社,2008.

[19] 本书编写组. 旅游胜地的民俗与传说:江之南[M]. 北京:中国旅行出版社,2005.

[20] 吴关荣. 皋亭山传说[M]. 北京:中国文联出版社,2008.

[21] 吴关荣. 皋亭山传说续集[M]. 北京:中国文联出版社,2015.

[22] 范中义. 戚继光传 [M]. 北京:中华书局,2003.

[23] 龚延明. 岳飞的故事 [M]. 杭州:浙江古籍出版社,2011.

[24] 王兆军. 书圣之道:王羲之传 [M]. 北京:作家出版社,2014.

[25] 罗杨. 中国民间故事丛书　浙江宁波　余姚卷[M]. 北京:知识产权出版社,2015.

[26] 罗杨. 中国民间故事丛书　浙江宁波　鄞州卷[M]. 北京:知识产权出版社,2015.

[27] 周航,王全吉. 浙江民间故事·神仙传说卷[M]. 杭州:浙江文艺出

版社，2011.

[28] 周航，王全吉. 浙江民间故事·名胜风物卷[M]. 杭州：浙江文艺出版社，2011.

[29] 周航，王全吉. 浙江民间故事·风云人物卷[M]. 杭州：浙江文艺出版社，2011.

[30] 何劲松. 布袋和尚和弥勒文化[M]. 北京：宗教文化出版社，2003.

[31] 顾希佳. 西湖风俗[M]. 杭州：杭州出版社，2004.

[32] 刘建华. 化蝶梁祝[M]. 长春：东北师范大学出版社，2013.